GABRIEL

THE SOUTH AMERICAN FOOTBALL YEARBOOK

2024

British Library Cataloguing in Publication Data
A catalogue record for this book is available from the British Library

ISBN: 978-1-86223-513-7

Copyright © 2024, SOCCER BOOKS LIMITED (01472 696226)
72 St. Peter's Avenue, Cleethorpes, DN35 8HU, United Kingdom

Web site   www.soccer-books.co.uk
e-mail   info@soccer-books.co.uk

All rights are reserved. No part of this publication may be reproduced, stored in a retrieval system or transmitted, in any form or by any means, electronic, mechanical, photocopying, recording, or otherwise, without the prior written permission of Soccer Books Limited.

Printed in the UK by 4edge Ltd

Dear Readers

For a long time, we have been considering changing the publication date for this yearbook because the season in South America is now played between January and December of each calendar year, to align with better climatic conditions for football. All 10 CONMEBOL countries have now moved to this timetable, so it has become time to make the change and we are now able to publish this yearbook much closer to the end of the championships and various cup competitions played in South America.

The FIFA World Cup in Qatar had barely finished, with Argentina and Messi's triumph still fresh in our memories, when the new qualification competition for the 2026 World Cup began in September 2023. As the number of participants in the final tournament has been greatly increased from 32 to 48 (the rights and wrongs of which should certainly be debated), no fewer than 6 national teams from South America will now qualify directly for the final tournament, and a 7th place for a South American team is quite possible through the Inter-Confederation play-offs. If 7 out of 10 teams were to qualify, it would mean that 70% of all CONMEBOL teams would be participants in the tournament, whilst Europe (just as an example) has had their 13 places (out of 55 UEFA Members) increased to just 16 places, so a mere 29% of European countries will qualify. The additional tournament places for Asian and African countries seems to be quite fair, but CONMEBOL is certainly going to be over-represented in 2026.

Argentina got off to a strong start in qualifying and already look well-placed to comfortably finish among the top 6 teams. The euphoria after winning their third World Cup title is understandably immense, and the entire country is behind the team. Even if some of the games were very close, Argentina won the prestigious duel against Brazil in the Maracanã Stadium (1-0), although just five days earlier they lost for the first time since the World Cup, falling to a surprising 2-0 defeat against Uruguay in Buenos Aires at La Bombonera. The championship, with no fewer than 28 clubs competing, was played during the first half of the year and was easily won by CA River Plate who topped the table by 11 points to claim their 38th title. However, it is very questionable whether a league with 28 clubs makes any sense at all. At some point there was talk of a gradual reduction in the size of the league, but plans to actually make any changes seem to have been shelved. In the second half of the season, the Copa de la Liga Profesional was played, a competition "invented" during the pandemic, which then decides the distribution of the International Cup competition places based on a points system. So, a very difficult program with at least 41 games to be played, yet with practically no break throughout the year.

As expected, Bolivia began the World Cup qualifiers poorly, losing 5 out of 6 games, but did at least win 2-0 against Peru in La Paz. Club The Strongest La Paz became champions in the 2023 Primera División, but the defending champions, Club Bolívar La Paz (who finished second this time), performed very well in the Copa Libertadores and reached the quarter-final stage. Similar to its much larger neighbour, Argentina, a Copa de la División Profesional was also held here, played in parallel to the championship. Club Bolívar won the first edition of this competition.

Brazil is currently experiencing one of its biggest crises which has been ongoing for some years, but never as acute as in the last few months. While the Copa Libertadores has been dominated by Brazilian clubs for the past 5 years (Fluminense FC Rio de Janeiro won in 2023 but were simply outclassed by Manchester City to lose 4-0 in the FIFA World Club Cup Final), the national team is going through extremely difficult times. Of the first 6 games played in the World Cup qualifiers, no fewer than 3 were lost, something which is almost unthinkable to such a proud footballing nation. The 1-0 defeat to World Champions Argentina was extremely painful but perhaps not unexpected (though it marked Brazil's first-ever defeat in a World Cup qualifier played on home soil!), but after drawing 1-1 against Venezuela in Cuiabá, defeats to Uruguay (2-0) and Colombia (2-1) followed. Interim Coach Fernando Díniz (also coach of Fluminense) was highly praised at the beginning of the qualifiers, but his stock plummeted as quickly as the team's form and he was duly sacked. There were then strong indications that Real Madrid coach, Carlo Ancelotti was to take over the role, though not until after the Copa

América in 2024, but he instead decided to remain in Madrid for a further two years following discussions with the Brazilian FA. Ancelotti did, however, state that he might be interested in the Brazil job in 2026, if it was available at the time! For now, Dorival Júnior has been installed as the new coach and we will see how well he gets the seleção back on track, even though failure to qualify for the World Cup seems impossible given all the tournament places available. The championship was won by Palmeiras São Paulo, although Botafogo Rio de Janeiro led the table for a long time. However, Botafogo's form collapsed during the latter stages of the season and they didn't win a game after Round 30 – this terrible run of form included a 4-3 defeat to Palmeiras on their home pitch even though they had been leading 3-0 at half-time!

Chile confirmed that its golden generation (which won the Copa América in 2015 and 2016) has really not been replaced and the national team continues to suffer poor results. The 3-0 loss in Maturín against Venezuela was difficult to explain and things are not looking rosy for this qualifying series. The National Championship, on the other hand, was much more exciting, CD Cobresal El Salvador led the league for half of the championship, but on the last matchday they lost at Union Española and CD Huachipato took the opportunity to snatch the title with a 2-0 victory against Audax Italiano.

Colombia is the only team that has yet to lose in the 2026 World Cup qualifiers. The prestigious duel against Brazil was won 2-1 in Barranquilla and the team's chances of taking part in the World Cup in 2026 look extremely good. It is of great credit to the new coach, Nestor Lorenzo, that the team has not lost any of the 16 games played since he took charge. Overall, Colombia is currently in very good shape. Incidentally, the Colombian championship is one of two in South America (Paraguay is the other) where the Apertura and Finalización (Clausura) stages of the league season have separate champions of their own. Millnarios FC Bogotá won the Torneo Apertura 2023, while CDP Junior Barranquilla became champions in the Torneo Finalización 2023.

The Ecuador team has also performed very well and has lost only one game in the World Cup qualifiers, in Buenos Aires against the world champions. In Quito they defeated Uruguay (2-1) and Chile (1-0). Unfortunately, 3 points have been deducted from their total as punishment for the federation's falsification of a player's birth certificate in the qualifiers for the previous World Cup, but Ecuador still remains on course for 2026. Félix Sánchez Bas, former coach of Qatar at the 2022 World Cup, took over in March 2023 and the results achieved so far are quite good. The top division, Serie A 2023 was won by LDU de Quito on penalties (after 0-0 and 1-1 draws in the finals) and, Ecuadorian clubs performed very well in the continental competitions. Independiente del Valle won the Recopa Sudamericana against Fluminense Rio de Janeiro in February 2023, then LDU de Quito also became successful, they triumphed in the 2023 Copa Sudamericana (1-1 after extra-time and 4-3 in the penalty shoot-out against Fortaleza FC from Brazil).

Paraguay enjoyed a very good World Cup tournament in South Africa in 2010, but then missed out on qualification for 2014, 2018 and 2022. It is a current trend for Argentine coaches to be hired as national coaches, but Daniel Garnero isn't able to perform miracles and Paraguay's current 7th place in the qualifiers is mainly because some of their opponents are even weaker. A 7th place finish would be enough to qualify for the Inter-confederation play-offs, but there are still 12 games to play and it is difficult to predict what will happen. Libertad Asunción won both championships in 2023 (Apertura and Clausura), Óscar René Cardozo Marín (Libertad) was top scorer both times, but the striker is 40 years old, which explains a lot about the current problems with the Paraguayan national team: they urgently need young talent to emerge if they are going to have a chance of success in the future.

Peru have proven to be the worst team in South America since their defeat in an extremely close Inter-Confederation Play-off for Qatar 2022 against Australia (the score was 0-0 after extra-time but Peru lost 5-4 on penalties). Apart from being in last place in the qualifiers with just 2 points from six games, the need for a new generation of players is becoming increasingly clear. Some players have long since passed their peak, as with Chile since 2017, but the country has failed to develop fresh talent for a long time and it is questionable whether Peru can perform any better in the foreseeable future. The clubs from Lima dominate the championship (Club Universitario de Deportes Lima became champions in 2023), but Peruvian clubs achieve very little in the continental competitions.

Curiously, Uruguayan clubs – once among the toughest in South America, see the victories of Peñarol and Nacional Montevideo in the Copa Libertadores – have become irrelevant at international level for many years. Nacional Montevideo was the last Uruguayan team to win the Copa Libertadores, but that was as far back as 1988, and Uruguay has been waiting in vain for a similar victory for 35 years. Following the disappointment of the 2022 World Cup in Qatar, where the team was eliminated in the first round, action had to be taken. The country needed new players, even if still-talented veterans such as Luis Suárez and Edinson Cavani wanted to play for the national team. With a few exceptions, the team has been rejuvenated since Argentinian coach Marcelo Bielsa took over in May 2023 and the team looks well on course to qualify for the next World Cup. After 6 games, Uruguay currently stand in second place behind Argentina, and with what results: firstly, Brazil were defeated in Estadio Centenario (2-0), then the "squadra celeste" also won 2-0 in Buenos Aires against the world champions. It seems all but certain that a World Cup place will be within the Uruguayan's grasp. Liverpool FC Montevideo became champions in 2023 in a complicated championship format, which includes a rather dubious Torneo Intermedio (the point of which nobody really understands), which unnecessarily takes away any sort of a break for the players between the Apertura and Clausura.

Venezuela is currently experiencing one of the country's best phases since 2011, when the team secured 4th place at the Copa América. The current team got off to a good start in the qualifiers for the 2026 World Cup and, at the time of writing, stands in 4th place in the table. Venezuela remains the only CONMEBOL country never to have qualified for a World Cup finals tournament so hopes in the country are high this time around. Wins against Paraguay (1-0) and Chile (3-0) were crowned by a 1-1 draw in Cuiabá against Brazil. We will now need to wait and see whether these good results will continue as the qualification competition progresses.

This 15th edition of the South American Football Yearbook contains, as usual, detailed statistics for the recent 2023 football season throughout South America, at both club and international level. You will find full line-ups of both major club competitions in 2023 and all international matches played by all CONMEBOL countries with complete statistical data and details about national teams players. There is also a preview for the 2024 Copa América.

Please enjoy the read!

The Author

ABBREVIATIONS

Ape	Apertura	M	Matches played
Cla	Clausura	(s)	Matches played as substitute
DOB	Date of birth	G	Goals
(F)	International friendly matches		
(WCQ)	2026 FIFA World Cup Qualifiers		

FIFA COUNTRY CODES – SOUTH AMERICA

ARG	Argentina	ECU	Ecuador
BOL	Bolivia	PAR	Paraguay
BRA	Brazil	PER	Peru
CHI	Chile	URU	Uruguay
COL	Colombia	VEN	Venezuela

FIFA COUNTRY CODES – EUROPE

ARM	Armenia	ISR	Israel
BEL	Belgium	ITA	Italy
BUL	Bulgaria	NED	Netherlands
CYP	Cyprus	POR	Portugal
CZE	Czech Republic	RUS	Russia
DEN	Denmark	SCO	Scotland
ENG	England	ESP	Spain
FRA	France	SWE	Sweden
GER	Germany	TUR	Turkey
GRE	Greece		

FIFA COUNTRY CODES – NORTH & CENTRAL AMERICA

BAH	Bahamas	HAI	Haiti
CAN	Canada	MEX	Mexico
CRC	Costa Rica	PAN	Panama
DOM	Dominican Republic	TRI	Trinidad and Tobago
SLV	El Salvador	USA	United States of America
GUA	Guatemala		

FIFA COUNTRY CODES – ASIA

QAT	Qatar	SYR	Syria
KSA	Saudi Arabia	UAE	United Arab Emirates

FIFA COUNTRY CODES – AFRICA

ALG	Algeria	CIV	Ivory Coast
ANG	Angola	MLI	Mali
CMR	Cameroon	NGA	Nigeria
EQG	Equatorial Guinea	STP	São Tomé e Príncipe
GAB	Gabon	SEN	Senegal
GHA	Ghana	RSA	South Africa

FIFA COUNTRY CODES – OCEANIA

NZL	New Zeealand

SUMMARY

Editorial	3
Abbreviations, FIFA Country Codes	6
Summary	7

COMPETITIONS FOR NATIONAL TEAMS
2026 FIFA World Cup – Qualifiers	9
2024 Copa América – Preview	11

SOUTH AMERICAN CONTINENTAL COMPETITIONS FOR CLUB TEAMS 2023
Recopa Sudamericana 2023	13
Copa Libertadores 2023	15
Copa Sudamericana 2023	70

NATIONAL ASSOCIATIONS ... 128

Argentina
National and international records	129
Campeonato de Primera División 2023	141
Copa de la Liga Profesional 2023	147
Copa Argentina 2023	152
The Clubs 2023	153
Campeonato de Primera Nacional 2023	182
The Argentinian National Team 2023	184

Bolivia
National and international records	188
Campeonato de la División Profesional 2023	195
Copa de la División Profesional 2023	200
The Clubs 2023	205
Segunda División – Copa "Simón Bolívar" 2023	223
The Bolivian National Team 2023	226

Brazil
National and international records	231
Campeonato Brasileiro Série A 2023	237
Copa do Brasil 2023	243
The Clubs 2023	243
Campeonato Brasileiro Série B 2023	267
The State Championships 2023	268
The Brazilian National Team 2023	324

Chile
National and international records	328
Primera División de Chile 2023	335
Copa Chile 2023	339
The Clubs 2023	340
Campeonato Nacional de Primera División B 2023	356
The Chilean National Team 2023	357

Colombia
- National and international records — *361*
- Primera A 2023 — *368*
- Copa Colombia 2023 — *380*
- The Clubs 2023 — *381*
- Primera B 2023 — *404*
- The Colombian National Team 2023 — *407*

Ecuador
- National and international records — *412*
- Campeonato Ecuatoriano de Fútbol - Serie A 2023 — *417*
- The Clubs 2023 — *424*
- Campeonato Ecuatoriano de Fútbol - Serie B 2023 — *440*
- The Ecuadorian National Team 2023 — *441*

Paraguay
- National and international records — *445*
- División Profesional - Copa de Primera Tigo – Ueno 2023 — *453*
- Copa Paraguay 2023 — *459*
- The Clubs 2023 — *460*
- División Intermedia 2023 — *475*
- The Paraguayan National Team 2023 — *476*

Peru
- National and international records — *480*
- Liga 1 Betsson 2023 — *487*
- The Clubs 2023 — *495*
- Liga 2 de Fútbol Profesional del Perú 2023 — *514*
- The Peruvian National Team 2023 — *515*

Uruguay
- National and international records — *519*
- Campeonato Uruguayo de Primera División 2023 — *526*
- The Clubs 2023 — *534*
- Campeonato Uruguayo de Segunda División 2023 — *550*
- The Uruguayan National Team 2023 — *552*

Venezuela
- National and international records — *556*
- Primera División de Venezuela 2023 — *562*
- The Clubs 2023 — *567*
- Segunda División de Venezuela 2023 — *583*
- The Venezuelan National Team 2023 — *585*

THE SOUTH AMERICAN FOOTBALLER OF THE YEAR 2023 — *589*

COMPETITIONS FOR NATIONAL TEAMS

FIFA WORLD CUP 2026

The 23rd FIFA World Championship Finals will be hosted by the United States, Canada and Mexico between 11 June – 19 July 2026. All 10 FIFA-affiliated CONMEBOL national associations have entered the World Cup qualifiers. The format of the qualifying tournament is identical to the previous six editions, all national teams will play a home and away match against each other competing team. The top-6 national teams were qualified automatically for the Final Tournament. The 7th placed South American team will advance to the Inter-Confederation Play-offs.

QUALIFYING MATCHES RESULTS

Matchday 1

07.09.2023	Ciudad del Este	Paraguay - Peru	0-0
07.09.2023	Barranquilla	Colombia - Venezuela	1-0(0-0)
07.09.2023	Buenos Aires	Argentina - Ecuador	1-0(0-0)
08.09.2023	Montevideo	Uruguay - Chile	3-1(2-0)
08.09.2023	Belém	Brazil - Bolivia	5-1(1-0)

Matchday 2
12.09.2023	La Paz	Bolivia - Argentina	0-3(0-2)
12.09.2023	Quito	Ecuador - Uruguay	2-1(1-1)
12.09.2023	Maturín	Venezuela - Paraguay	1-0(0-0)
12.09.2023	Santiago	Chile - Colombia	0-0
12.09.2023	Lima	Peru - Brazil	0-1(0-0)

Matchday 3
12.10.2023	Barranquilla	Colombia - Uruguay	2-2(1-0)
12.10.2023	La Paz	Bolivia - Ecuador	1-2(0-1)
12.10.2023	Buenos Aires	Argentina - Paraguay	1-0(1-0)
12.10.2023	Santiago	Chile - Peru	2-0(0-0)
12.10.2023	Cuiabá	Brazil - Venezuela	1-1(0-0)

Matchday 4
17.10.2023	Maturín	Venezuela - Chile	3-0(1-0)
17.10.2023	Asunción	Paraguay - Bolivia	1-0(0-0)
17.10.2023	Quito	Ecuador - Colombia	0-0
17.10.2023	Montevideo	Uruguay - Brazil	2-0(1-0)
17.10.2023	Lima	Peru - Argentina	0-2(0-2)

Matchday 5
16.11.2023	La Paz	Bolivia - Peru	2-0(1-0)
16.11.2023	Maturín	Venezuela - Ecuador	0-0
16.11.2023	Barranquilla	Colombia - Brazil	2-1(0-1)
16.11.2023	Buenos Aires	Argentina - Uruguay	0-2(0-1)
16.11.2023	Santiago	Chile - Paraguay	0-0

Matchday 6
21.11.2023	Asunción	Paraguay - Colombia	0-1(0-1)
21.11.2023	Montevideo	Uruguay - Bolivia	3-0(2-0)
21.11.2023	Quito	Ecuador - Chile	1-0(1-0)
21.11.2023	Rio de Janeiro	Brazil - Argentina	0-1(0-0)
21.11.2023	Lima	Peru - Venezuela	1-1(1-0)

STANDINGS (at 21.11.2023)

1.	Argentina	6	5	0	1	8	-	2	15
2.	Uruguay	6	4	1	1	13	-	5	13
3.	Colombia	6	3	3	0	6	-	3	12
4.	Venezuela	6	2	3	1	6	-	3	9
5.	Ecuador	6	3	2	1	5	-	3	8
6.	Brazil	6	2	1	3	8	-	7	7
7.	Paraguay	6	1	2	3	1	-	3	5
8.	Chile	6	1	2	3	3	-	7	5
9.	Bolivia	6	1	0	5	4	-	14	3
10.	Peru	6	0	2	4	1	-	8	2

COPA AMÉRICA 2024 - PREVIEW

- CONMEBOL -
COPA AMERICA
USA 2024

The 2024 Copa América will be the 48th edition of the Copa América, the quadrennial international men's soccer championship organized by South America's football ruling body CONMEBOL. Similar to 2016 (Copa América Centenario) the tournament will be held in the United States and co-organized by CONCACAF. The tournament will be held from June 20 to July 14, 2024, and the winner will later compete in the 2025 CONMEBOL–UEFA Cup of Champions against the UEFA Euro 2024 winner.

The tournament will include 16 teams: all ten CONMEBOL national teams and six national teams from CONCACAF (which will qualify trough the 2023-2024 CONCACAF Nations League). Currently, there are four CONCACAF teams always qualified, other two teams will be determined in two Play-off matches scheduled for March 2024.

The group stage draw was held in the "James L. Knight Center" in Miami on 7 December 2023.

1) For the draw, the four teams in Pot 1 were pre-seeded into their respective groups, determined as follows: Argentina (Copa América title holders), were seeded into Group A; Mexico (CONCACAF Gold Cup title holders) were seeded into Group B; the United States (as highest ranked CONCACAF team in the October 2023 FIFA World Rankings), was seeded into Group C; Brazil (as next-highest ranked CONMEBOL team in the October 2023 FIFA World Rankings) was seeded into Group D.
2) The remaining 12 teams were placed into Pots 2–4 according to their October 2023 World Rankings (in brackets).

Pot 1: Argentina (1), Mexico (14), United States (host, 12), Brazil (5).
Pot 2: Uruguay (11), Colombia (15), Ecuador (32), Peru (35).
Pot 3: Chile (40), Panama (41), Venezuela (49), Paraguay (53).
Pot 4: Jamaica (55), Bolivia (85), Canada / Trinidad and Tobago, Costa Rica / Honduras

The four groups for the Final Tournament are as follows:

GROUP A
Argentina
Canada / Trinidad and Tobago
Peru
Chile

GROUP B
Mexico
Jamaica
Ecuador
Venezuela

GROUP C
United States
Bolivia
Uruguay
Panama

GROUP D
Brazil
Costa Rica / Honduras
Colombia
Paraguay

The group stage schedule:

GROUP A	20.06.2024	Atlanta	Argentina - Canada / Trinidad and Tobago
	21.06.2024	Arlington	Peru - Chile
	25.06.2024	Kansas City	Peru - Canada / Trinidad and Tobago
	25.06.2024	East Rutherford	Chile - Argentina
	29.06.2024	Miami Gardens	Argentina - Peru
	29.06.2024	Orlando	Canada / Trinidad and Tobago - Chile

GROUP B	22.06.2024	Santa Clara	Ecuador - Venezuela
	22.06.2024	Houston	Mexico - Jamaica
	26.06.2024	Paradise	Ecuador - Jamaica
	26.06.2024	Inglewood	Venezuela - Mexico
	30.06.2024	Glendale	Mexico - Ecuador
	30.06.2024	Austin	Jamaica - Venezuela

GROUP C	23.06.2024	Arlington	United States - Bolivia
	23.06.2024	Miami Gardens	Uruguay - Panama
	27.06.2024	Atlanta	Panama - United States
	27.06.2024	East Rutherford	Uruguay - Bolivia
	01.07.2024	Kansas City	United States - Uruguay
	01.07.2024	Orlando	Bolivia - Panama

GROUP D	24.06.2024	Houston	Colombia - Paraguay
	24.06.2024	Inglewood	Brazil - Costa Rica / Honduras
	28.06.2024	Glendale	Colombia - Costa Rica / Honduras
	28.06.2024	Paradise	Paraguay - Brazil
	02.07.2024	Santa Clara	Brazil - Colombia
	02.07.2024	Austin	Costa Rica / Honduras - Paraguay

Quarter-Finals: 04-05-06.07.2024

Semi-Finals: 09-10.07.2024

Third Place Play-off / Final: 13/14.07.2024

SOUTH AMERICAN CONTINENTAL COMPETITIONS FOR CLUB TEAMS 2023

RECOPA SUDAMERICANA 2023

The Recopa Sudamericana is an annual football competition disputed between the reigning champions of the previous year's Copa Libertadores and the Copa Sudamericana. Previously, the Recopa Sudamericana was contested between the Copa Libertadores winner and the Supercopa „João Havelange" (created 1988) champion until the Supercopa was disbanded 1997.

The 2023 (31st) edition was disputed between CR Flamengo Rio de Janeiro (Brazil, 2022 Copa Libertadores winner) and CEAR Independiente del Valle Sangolquí (Ecuador, 2022 Copa Sudamericana winner).

21.02.2023, Estadio Banco Guayaquil, Quito; Attendance: 8,811
Referee: Piero Daniel Maza Gómez (Chile)
CEAR Independiente del Valle Sangolquí - CR Flamengo Rio de Janeiro   1-0(0-0)
Independiente del Valle: Wellington Moisés Ramírez Preciado, Mateo Carabajal, Richard Hernán Schunke, Agustín Eugenio García Basso, Matías Ignacio Fernández Cordero, Cristian Alberto Pellerano (Cap) (73.Michael Ryan Hoyos), Lorenzo Abel Faravelli, Beder Julio Caicedo Lastra (84.Jordy José Alcívar Macías), Junior Nazareno Sornoza Moreira (90+3.Nicolás Martín Previtali), Lautaro Ariel Díaz (73.Julio Joao Ortíz Landázuri [*sent off 88*]), Kevin José Rodríguez Cortez (84.Alan Steve Minda García). Trainer: Martín Rodrigo Anselmi (Argentina).
Flamengo: Santos, Guillermo Varela Olivera, Fabricio Bruno, David Luiz, Ayrton, Éverton Ribeiro (Cap) (78.Éverton), Thiago Maia (86.Matheus Gonçalves), Arturo Erasmo Vidal Pardo, Giorgian Daniel de Arrascaeta Benedetti, Gabriel Barbosa, Pedro (63.Erick Antonio Pulgar Farfán). Trainer: Vítor Manuel de Oliveira Lopes Pereira (Portugal).
Goal: 1-0 Mateo Carabajal (69).

28.02.2023, Estádio "Jornalista Mário Filho" [Maracanã], Rio de Janeiro; Attendance: 71,411
Referee: Andrés Matías Matonte Cabrera (Uruguay)
CR Flamengo Rio de Janeiro - CEAR Independiente del Valle Sangolquí   1-0(0-0,1-0,1-0);
                                                                                      4-5 on penalties
Flamengo: Santos, Guillermo Varela Olivera (82.Matheuzinho), David Luiz, Fabricio Bruno, Ayrton (112.Marinho), Éverton Ribeiro (Cap) (82.Matheus Gonçalves), Thiago Maia (72.Gerson), Giorgian Daniel de Arrascaeta Benedetti, Arturo Erasmo Vidal Pardo (78.Éverton), Pedro (112.Mateusão), Gabriel Barbosa. Trainer: Vítor Manuel de Oliveira Lopes Pereira (Portugal).
Independiente del Valle: Wellington Moisés Ramírez Preciado, Mateo Carabajal, Richard Hernán Schunke, Agustín Eugenio García Basso, Matías Ignacio Fernández Cordero (90+2.Patrik Kleiver Mercado Altamirano), Cristian Alberto Pellerano (Cap) (100.Nicolás Martín Previtali), Lorenzo Abel Faravelli, Beder Julio Caicedo Lastra (99.Gustavo Orlando Cortéz Quiñónez), Jordy José Alcívar Macías (63.Kevin José Rodríguez Cortez), Junior Nazareno Sornoza Moreira (72.Anthony Rigoberto Landázuri Estacio), Lautaro Ariel Díaz (72.Michael Ryan Hoyos). Trainer: Martín Rodrigo Anselmi (Argentina).
Goal: 1-0 Giorgian Daniel de Arrascaeta Benedetti (90+6).
Penalties: Giorgian Daniel de Arrascaeta Benedetti (saved); Lorenzo Abel Faravelli 0-1; David Luiz 1-1; Michael Ryan Hoyos 1-2; Éverton 2-2; Nicolás Martín Previtali 2-3; Gerson 3-3; Richard Hernán Schunke 3-4; Gabriel Barbosa 4-4; Anthony Rigoberto Landázuri Estacio 4-5.

2023 Recopa Sudamericana Winner: **CEAR Independiente del Valle Sangolquí** (ECU)

RECOPA SUDAMERICANA (1989-2023)
TABLE OF HONOURS

Year	Club	Country
1989	Club Nacional de Football Montevideo	(URU)
1990	Club Atlético Boca Juniors Buenos Aires	(ARG)
1991	Club Olimpia Asunción[1]	(PAR)
1992	Club Social y Deportivo Colo Colo Santiago	(CHI)
1993	São Paulo Futebol Clube	(BRA)
1994	São Paulo Futebol Clube	(BRA)
1995	Club Atlético Independiente Avellaneda	(ARG)
1996	Grêmio Foot-Ball Porto Alegrense	(BRA)
1997	Club Atlético Vélez Sarsfield Buenos Aires	(ARG)
1998	Cruzeiro Esporte Clube Belo Horizonte	(BRA)
1999	*No competition*	
2000	*No competition*	
2001	*No competition*	
2002	*No competition*	
2003	Club Olimpia Asunción	(PAR)
2004	Club Sportivo Cienciano de Cuzco	(PER)
2005	Club Atlético Boca Juniors Buenos Aires	(ARG)
2006	Club Atlético Boca Juniors Buenos Aires	(ARG)
2007	Sport Club Internacional Porto Alegre	(BRA)
2008	Club Atlético Boca Juniors Buenos Aires	(ARG)
2009	Liga Deportiva Universitaria Quito	(ECU)
2010	Liga Deportiva Universitaria Quito	(ECU)
2011	Sport Club Internacional Porto Alegre	(BRA)
2012	Santos Futebol Clube	(BRA)
2013	Sport Club Corinthians Paulista São Paulo	(BRA)
2014	Clube Atlético Mineiro Belo Horizonte	(BRA)
2015	Club Atlético River Plate Buenos Aires	(ARG)
2016	Club Atlético River Plate Buenos Aires	(ARG)
2017	Club Atlético Nacional Medellín	(COL)
2018	Grêmio Foot-Ball Porto Alegrense	(BRA)
2019	Club Atlético River Plate Buenos Aires	(ARG)
2020	CR Flamengo Rio de Janeiro	(BRA)
2021	CSD Defensa y Justicia Florencio Varela	(ARG)
2022	SE Palmeiras São Paulo	(BRA)
2023	CEAR Independiente del Valle Sangolquí	(ECU)

[1] No final match disputed. Club Olimpia Asunción won both Copa Libertadores and the Supercopa „João Havelange" and was declared Recopa winners.

COPA LIBERTADORES 2023

The 2023 Copa CONMEBOL Libertadores was the 64th edition of the Copa Libertadores, CONMEBOL's and South Americas most important club tournament.

List of participating clubs:

Argentina (6 teams)	CA Boca Juniors Buenos Aires Racing Club de Avellaneda CA Patronato de la Juventud Católica Paraná CA River Plate Buenos Aires AA Argentinos Juniors Buenos Aires CA Huracán Buenos Aires
Bolivia (4 teams)	Club Bolívar La Paz Club The Strongest La Paz Club Always Ready La Paz Club Atlético Nacional Potosí
Brazil (7+1 teams)	SE Palmeiras São Paulo SC Internacional Porto Alegre Fluminense FC Rio de Janeiro SC Corinthians Paulista São Paulo Club Athletico Paranaense Curitiba Clube Atlético Mineiro Belo Horizonte Fortaleza Esporte Clube CR Flamengo Rio de Janeiro (*2022 Copa Libertadores winners*)
Chile (4 teams)	CSD Colo-Colo Santiago CD Ñublense Chillán CD Provincial Curicó Unido CD Magallanes San Bernardo
Colombia (4 teams)	Atlético Nacional Medellín Deportivo Pereira FC Deportivo Independiente Medellín Millonarios FC Bogotá

Ecuador (4+1 teams)	SD Aucas Quito Barcelona SC Guayaquil CD Universidad Católica Quito CD El Nacional Quito CEAR Independiente del Valle Sangolquí (*2022 Copa Sudamericana winners*)
Paraguay (4 teams)	Club Olimpia Asunción Club Libertad Asunción Club Cerro Porteño Asunción Club Nacional Asunción
Peru (4 teams)	Club Alianza Lima Foot Ball Club Melgar Arequipa Club Sporting Cristal Lima Deportivo Sport Huancayo
Uruguay (4 teams)	Club Nacional de Football Montevideo Liverpool FC Montevideo CD Maldonado CA Boston River Montevideo
Venezuela (4 teams)	Metropolitanos de Caracas FC Monagas SC Maturín Carabobo FC Valencia Zamora FC Barinas

QUALIFYING STAGES

FIRST STAGE

07.02.2023, Estadio Huancayo, Huancayo; Attendance: 0
Referee: Nicolás Gamboa (Chile)
Deportivo Sport Huancayo - Club Nacional Asunción   **2-1(0-0)**
Huancayo: Ángel Gustavo Zamudio Chávez, Rodrigo Jesús Colombo, Juan Augusto Barreda Bellido (89.Kevin Josué Ferreyra Chonlón), Jimmy Valoyes Córdoba, Donald Diego Millán Rodríguez (77.Ray Jesús Gómez Carreño), Ricardo Enrique Salcedo Smith, Alfredo Junior Rojas Pajuelo (46.Alexis Sleiter Rojas Castilla), Marcos Alexander Lliuya Cristobal, Carlos Esteban Ross Cotal, Carlos Humberto Escobar Ortíz (70.Ronal Omar Huaccha Jurado), Juan David Pérez Benítez (46.Luis Enrique Benítes Vargas). Trainer: Nifflin Bermúdez Tucto.
Nacional: Héctor Adán Espínola Varela, Carlos Adalberto Rolón Ibarra, Francisco Javier Báez Ramírez, Claudio Ronaldo Núñez Aquino, Fernando Aurelio Román Villalba, Edgardo Daniel Orzusa Cáceres, Roberto Mathías Martínez Pereira (77.Juan David Argüello Arias), Jordán Federico Santacruz Rodas (83.Gustavo Ángel Aguilar Encina), Juan Fernando Alfaro, Feliciano Brizuela Báez (77.Gustavo Rubén Caballero González), Cristhian David Ocampos Domínguez (76.Willian Benito Candia Garay). Trainer: Pedro Alcídes Sarabia Achucarro.
Goals: 1-0 Carlos Humberto Escobar Ortíz (52), 1-1 Feliciano Brizuela Báez (69), 2-1 Ronal Omar Huaccha Jurado (90+6).

14.02.2023, Estadio Defensores del Chaco, Asunción
Referee: Darío Humberto Herrera (Argentina)
Club Nacional Asunción - Deportivo Sport Huancayo 3-1(0-1)
Nacional: Héctor Adán Espínola Varela, Carlos Adalberto Rolón Ibarra, Francisco Javier Báez Ramírez, Claudio Ronaldo Núñez Aquino (46.Richard Ariel Cabrera Aveiro), Fernando Aurelio Román Villalba, Edgardo Daniel Orzusa Cáceres (46.David Manuel Fleitas Montiel), Willian Benito Candia Garay (46.Jordán Federico Santacruz Rodas), Roberto Mathías Martínez Pereira (85.Gustavo Rubén Caballero González), Juan Fernando Alfaro, Feliciano Brizuela Báez (68.Gustavo Ángel Aguilar Encina), Cristhian David Ocampos Domínguez. Trainer: Pedro Alcídes Sarabia Achucarro.
Huancayo: Ángel Gustavo Zamudio Chávez, Rodrigo Jesús Colombo, Juan Augusto Barreda Bellido, Hugo Alexis Ademir Ángeles Chávez, Jimmy Valoyes Córdoba, Donald Diego Millán Rodríguez, Ricardo Enrique Salcedo Smith (90.Alfredo Junior Rojas Pajuelo), Marcos Alexander Lliuya Cristobal (90.Juan David Pérez Benítez), Leonardo Marcelo Villar Callupe (76.Luis Enrique Benítes Vargas), Carlos Esteban Ross Cotal (66.Ángel Arturo Pérez Madrid), Carlos Humberto Escobar Ortíz (90.Ronal Omar Huaccha Jurado). Trainer: Nifflin Bermúdez Tucto.
Goals: 0-1 Donald Diego Millán Rodríguez (39), 1-1 Cristhian David Ocampos Domínguez (62), 2-1 Roberto Mathías Martínez Pereira (69), 3-1 David Manuel Fleitas Montiel (90+8).
[Club Nacional Asunción won 4-3 on aggregate]

08.02.2023, Estadio „Hernando Siles Reyes", La Paz
Referee: Yender Yoscan Herrera Toledo (Venezuela)
Club Atlético Nacional Potosí - CD El Nacional Quito 1-6(1-5)
Nacional Potosí: Saidt Mustafá Céspedes, Víctor Martín Galain Pécora, Óscar Añez Urachianta, Maximiliano Iván Ortíz Cuello, Daniel Mancilla Durán (46.Saulo Henry Guerra Pérez), Martín Alejandro Chiatti (23.Tommy Tobar Reyes), Jorge Marcos Andia Pizarro, Gustavo Alberto Cristaldo Britez, Luis Fernando Pavia Mamani (46.Heber Edgar Leaños), Maximiliano Ezequiel Núñez, Martín Sebastián Prost. Trainer: Víctor Hugo Andrada Canalis (Argentina).
El Nacional: David Estalin Cabezas Medina, Maicon Stiven Solís Arroyo, Norman Andrés Micolta Arroyo, Walter Jhonnier Chalá Rosales, Bryan Cristhian Nazareno Morcillo, Madison Marcelo Julio Santos (78.Jipson George Orovio Arroyo), Eddy Joel Mejía Montero (59.Daniel Alberto Patiño Mencias), Jorge Antonio Ordoñez Galarce (59.Byron Efrain Palacios Vélez), Jefferson Laider Valverde Arboleda (88.Faberth Manuel Balda Rodríguez), Jerry Luis Parrales Arizaga, Ronie Edmundo Carrillo Morales (59.Gustavo Adolfo Asprilla Caicedo). Trainer: Ever Hugo Almeida Almada (Paraguay).
Goals: 0-1 Jorge Antonio Ordoñez Galarce (5), 0-2 Walter Jhonnier Chalá Rosales (13), 0-3 Ronie Edmundo Carrillo Morales (16), 0-4 Jorge Antonio Ordoñez Galarce (38), 1-4 Martín Sebastián Prost (45+1), 1-5 Maicon Stiven Solís Arroyo (45+4), 1-6 Gustavo Adolfo Asprilla Caicedo (89).

15.02.2023, Estadio Olímpico „Atahualpa", Quito
Referee: Bruno Arleu de Araujo (Brazil)
CD El Nacional Quito - Club Atlético Nacional Potosí 3-1(2-0)
El Nacional: David Estalin Cabezas Medina, Maicon Stiven Solís Arroyo, Norman Andrés Micolta Arroyo (88.Adrián Fabricio Angulo Borja), Walter Jhonnier Chalá Rosales, Bryan Cristhian Nazareno Morcillo, Madison Marcelo Julio Santos (65.Bryan Gabriel Oña Simbaña), Eddy Joel Mejía Montero (46.Faberth Manuel Balda Rodríguez), Jorge Antonio Ordoñez Galarce (75.Byron Efrain Palacios Vélez), Jefferson Laider Valverde Arboleda, Jerry Luis Parrales Arizaga, Ronie Edmundo Carrillo Morales (75.Gustavo Adolfo Asprilla Caicedo). Trainer: Ever Hugo Almeida Almada (Paraguay).
Nacional Potosí: Saidt Mustafá Céspedes, Víctor Martín Galain Pécora, Maximiliano Iván Ortíz Cuello, Heber Edgar Leaños, Widen Saucedo Candia, Jorge Marcos Andia Pizarro, Gustavo Alberto Cristaldo Britez (83.Layonel Figueroa Prado), Diego Josué Hoyos Carrillo, Saulo Henry Guerra Pérez (66.Óscar Añez Urachianta), Tobar Tommy Tobar Reyes, Martín Sebastián Prost. Trainer: Víctor Hugo Andrada Canalis (Argentina).
Goals: 1-0 Norman Andrés Micolta Arroyo (18), 2-0 Madison Marcelo Julio Santos (45), 2-1 Gustavo Alberto Cristaldo Britez (55), 3-1 Byron Efrain Palacios Vélez (90+1).
[CD El Nacional Quito won 9-2 on aggregate]

09.02.2023, Estadio Centenario, Montevideo
Referee: Wagner do Nascimento Magalhães (Brazil)
CA Boston River Montevideo - Zamora FC Barinas 3-1(1-0)
Boston River: Santiago Ibraim Silva Azambuja, Pedro Silva Torrejón, Leonard Richard Costa Martínez, Guzmán Rodríguez Ferrari, Santiago Corbo Fariello, Jonathan Matías Urretaviscaya da Luz (58.Martín Fernández Benítez), Emiliano Gastón Sosa Viera (58.Francisco Barrios Azzini), Martín Alejandro Fernández Figueira, Mathías Alexander Acuña Maciel (73.Alexander Nicolás Machado Aycaguer), Emiliano Gómez Dutra (80.Hernán Novick Rettich), Cristian Gonzalo Olivera Ibarra (73.Leandro Suhr Avondet). Trainer: Daniel Alejandro Farías Acosta (Venezuela).
Zamora FC: Carlos Alberto Salazar Lugo, Giovanni José Dolgetta Soto, Alejandro Alonso Yearwood Francis, Cleidemar Yonathan Osorio Paredes, Robert Alexander Garcés Sánchez, Andrés Alejandro Hernández Hernández (67.José Pilar Velásquez Barreto), Yuxer McAllyster Requena Venales (46.César Enrique Martínez Quintero), Luis Ángel Casimiro Peña Martínez (56.César Andrés Magallán Estaba), Maikol Julián Quintero Mora, Miguel Antonio Celis Napolitano (57.Jorman Israel Aguilar Bustamante), Jeizon Jesús Ramírez Chacón (73.Luis Humberto Vargas Archila). Trainer: Francesco Stifano Garzone.
Goals: 1-0 Leonard Richard Costa Martínez (23), 2-0 Mathías Alexander Acuña Maciel (55), 3-0 Emiliano Gómez Dutra (64), 3-1 César Andrés Magallán Estaba (75).

16.02.2023, Estadio "Agustín Tovar", Barinas
Referee: Andrés José Rojas Noguera (Colombia)
Zamora FC Barinas - CA Boston River Montevideo 0-1(0-1)
Zamora FC: Carlos Alberto Salazar Lugo, Giovanni José Dolgetta Soto, Alejandro Alonso Yearwood Francis, Cleidemar Yonathan Osorio Paredes, José Pilar Velásquez Barreto (69.Luis Alejandro Rangel Molina), Robert Alexander Garcés Sánchez (69.Luis Humberto Vargas Archila), Yuxer McAllyster Requena Venales (34.Mauricio Isaac Márquez Centeno), Maikol Julián Quintero Mora (46.César Enrique Martínez Quintero), Jorman Israel Aguilar Bustamante [sent off 45+2], Yanoswky Yohan Reyes Jiménez (57.Andrés Alejandro Hernández Hernández), Jeizon Jesús Ramírez Chacón [sent off 50]. Trainer: Francesco Stifano Garzone.
Boston River: Santiago Ibraim Silva Azambuja, Pedro Silva Torrejón, Emanuel Tomás Beltrán Bardas, Leonard Richard Costa Martínez, Guzmán Rodríguez Ferrari [sent off 73], Jonathan Matías Urretaviscaya da Luz (84.Gian Franco Allala Menéndez), Emiliano Gastón Sosa Viera, Martín Alejandro Fernández Figueira (78.Leandro Suhr Avondet), Mateo Germán Torres Álvarez (61.Emiliano Gómez Dutra), Mathías Alexander Acuña Maciel (84.Bruno Gabriel Barja Sampedro), Emiliano Rodríguez Rosales (78.Marco Leonardo Mancebo Clavero). Trainer: Daniel Alejandro Farías Acosta (Venezuela).
Goal: 0-1 Jonathan Matías Urretaviscaya da Luz (20).
[CA Boston River Montevideo won 4-1 on aggregate]

SECOND STAGE

21.02.2023, Estadio Defensores del Chaco, Asunción
Referee: Anderson Daronco (Brazil)
Club Nacional Asunción - Club Sporting Cristal Lima **2-0(0-0)**
Nacional: Héctor Adán Espínola Varela, Ismael Benegas Arévalos, Carlos Adalberto Rolón Ibarra, Richard Ariel Cabrera Aveiro, Fernando Aurelio Román Villalba, Roberto Mathías Martínez Pereira (89.Gustavo Rubén Caballero González), Jordán Federico Santacruz Rodas, Juan Fernando Alfaro, Feliciano Brizuela Báez, David Manuel Fleitas Montiel (68.Gustavo Ángel Aguilar Encina), Cristhian David Ocampos Domínguez (74.Alan Alberto Gómez Benítez). Trainer: Pedro Alcídes Sarabia Achucarro.
Sporting Cristal: Renato Alfredo Solis Salinas, Nilson Evair Loyola Morales (87.Rafael Julián Lutiger Vidalón), Gianfranco Chávez Massoni, Ignacio da Silva Oliveira, Carlos Jhilmar Lora Saavedra, Víctor Yoshimar Yotún Flores (33.Adrián Ademir Ascues Earl), Leandro Sosa Toranza (87.Washington Bryan Corozo Becerra), Jesús Emanuel Pretell Panta, Jesús Abdallah Castillo Molina, Irven Beybe Ávila Acero (61.Joao Alberto Grimaldo Ubidia), Alejandro Hohberg González (61.Brenner Marlos Varanda de Oliveira). Trainer: Tiago Retzlaff Nunes (Brazil).
Goals: 1-0 Roberto Mathías Martínez Pereira (46), 2-0 Gustavo Ángel Aguilar Encina (90+7).

28.02.2023, Estadio Nacional, Lima; Attendance: 17,743
Referee: Cristian Marcelo Garay Reyes (Chile)
Club Sporting Cristal Lima - Club Nacional Asunción **5-1(0-0)**
Sporting Cristal: Renato Alfredo Solis Salinas, Nilson Evair Loyola Morales (77.Leonardo Javier Díaz Laffore), Gianfranco Chávez Massoni, Ignacio da Silva Oliveira, Carlos Jhilmar Lora Saavedra, Leandro Sosa Toranza (46.Irven Beybe Ávila Acero), Jesús Emanuel Pretell Panta (46.Gerald Martin Távara Mogollón), Jesús Abdallah Castillo Molina, Jostin Alexis Alarcón Paquiyauri (77.Adrián Ademir Ascues Earl), Brenner Marlos Varanda de Oliveira (90+3.Rafael Julián Lutiger Vidalón), Washington Bryan Corozo Becerra. Trainer: Tiago Retzlaff Nunes (Brazil).
Nacional: Héctor Adán Espínola Varela, Ismael Benegas Arévalos, Carlos Adalberto Rolón Ibarra, Richard Ariel Cabrera Aveiro (46.Francisco Javier Báez Ramírez), Fernando Aurelio Román Villalba, Edgardo Daniel Orzusa Cáceres, Willian Benito Candia Garay (46.Gustavo Rubén Caballero González), Roberto Mathías Martínez Pereira (77.Rodrigo Francisco Vera Encina), Juan Fernando Alfaro, Feliciano Brizuela Báez (30.Claudio Ronaldo Núñez Aquino), Cristhian David Ocampos Domínguez (77.David Manuel Fleitas Montiel). Trainer: Pedro Alcídes Sarabia Achucarro.
Goals: 1-0 Irven Beybe Ávila Acero (46), 1-1 Gustavo Rubén Caballero González (47), 2-1 Irven Beybe Ávila Acero (67), 3-1 Ignacio da Silva Oliveira (74), 4-1 Carlos Jhilmar Lora Saavedra (89), 5-1 Washington Bryan Corozo Becerra (90+5).
[Club Sporting Cristal Lima won 5-3 on aggregate]

21.02.2023, Estadio Monumental "David Arellano", Santiago
Referee: Yael Cristian Falcón Pérez (Argentina)
CD Provincial Curicó Unido - Club Cerro Porteño Asunción **0-1(0-0)**
Curicó Unido: Fabián Alfredo Cerda Valdés, Omar Jesús Merlo, Augusto Sebastián Barrios Silva, Ronald Bladimir De La Fuente Arias, Cristián Alexander Zavala Briones, Mario Anibal Sandoval Toro (62.Felipe Sebastián Ortíz Venegas), Franco Bechtholdt Chervaz, Yerko Bastián Leiva Lazo, Agustín Nadruz Blanco, Federico Gastón Castro, Diego Martín Coelho Díaz (87.Felipe Luciano Fritz Saldías). Trainer: Damián Darío Muñoz Galaz.
Cerro Porteño: Miguel Ángel Ramón Martínez Irala, Juan Gabriel Patiño Martínez, Alberto Espínola Giménez, Gabriel Alejandro Báez Corradi, Leonardo Daniel Rivas Conge, Claudio Ezequiel Aquino (69.Antonio Javier Galeano Ferreira), Federico Gastón Carrizo (69.Braian José Samudio Segovia), Ángel Rodrigo Cardozo Lucena (90+2.Damián Josué Bobadilla Benítez), Wilder Viera Caballero, Diego Churín Puyo, Robert Osmar Morales Benítez (74.Marcelo Martins Moreno). Trainer: Facundo Sava (Argentina).
Goal: 0-1 Juan Gabriel Patiño Martínez (89).

28.02.2023, Estadio „General Pablo Rojas", Asunción; Attendance: 17,759
Referee: Wilmar Alexander Roldán Pérez (Colombia)
Club Cerro Porteño Asunción - CD Provincial Curicó Unido   1-0(0-0)
Cerro Porteño: Miguel Ángel Ramón Martínez Irala, Juan Gabriel Patiño Martínez, Alberto Espínola Giménez, Gabriel Alejandro Báez Corradi, Leonardo Daniel Rivas Conge, Claudio Ezequiel Aquino, Federico Gastón Carrizo (64.Antonio Javier Galeano Ferreira), Ángel Rodrigo Cardozo Lucena (81.Robert Ayrton Piris Da Motta), Wilder Viera Caballero (64.Damián Josué Bobadilla Benítez), Diego Churín Puyo (81.Marcelo Martins Moreno), Robert Osmar Morales Benítez (74.Braian José Samudio Segovia). Trainer: Facundo Sava (Argentina).
Curicó Unido: Fabián Alfredo Cerda Valdés, Omar Jesús Merlo, Augusto Sebastián Barrios Silva (82.Joaquín Esteban González Saavedra), Ronald Bladimir De La Fuente Arias, Cristián Alexander Zavala Briones (76.Felipe Luciano Fritz Saldías), Mario Anibal Sandoval Toro (88.Diego Alonso Urzúa Rojas), Franco Bechtholdt Chervaz, Yerko Bastián Leiva Lazo, Agustín Nadruz Blanco (76.Jason Paolo Flores Abrigo), Federico Gastón Castro (82.Ian Franco Aliaga Basaes), Diego Martín Coelho Díaz. Trainer: Damián Darío Muñoz Galaz.
Goal: 1-0 Robert Osmar Morales Benítez (51).
[Club Cerro Porteño Asunción won 2-0 on aggregate]

22.02.2023, Estadio Olímpico de la Universidad Central de Venezuela, Caracas; Attendance: 1,567
Referee: Gery Anthony Vargas Carreño (Bolivia)
Carabobo FC Valencia - Clube Atlético Mineiro Belo Horizonte   0-0
Carabobo: Jérémy Emmanuel Vachoux, Carlos Javier Lujano Sánchez, Leonardo Jesús Aponte Matute, Miguel Ángel Pernía Almao, Juan David Cuesta Santos, Francisco Javier Flores Sequera (75.Williams José Pedrozo García), Gustavo Junior González Pérez (65.Moussa Bagayoko), Carlos José Sosa Moreno (65.Taddeus Nkeng Fomakwang), Juan Camilo Pérez Vasco, José Manuel Balza Liscano (81.Edson Alejandro Tortolero Toro), Juan Francisco Apaolaza. Trainer: Juan Domingo Tolisano.
Atlético Mineiro: Éverson, Mariano, Dodô, Jemerson, Bruno Fuchs, Edenílson, Patrick (81.Igor Gomes), Allan, Pedrinho (81.Hyoran), Paulinho, Ademir (61.Eduardo Sasha). Trainer: Eduardo Germán Coudet (Argentina).

01.03.2023, Estádio „Governador Magalhães Pinto" [Mineirão], Belo Horizonte
Referee: Diego Mirko Haro Sueldo (Peru)
Clube Atlético Mineiro Belo Horizonte - Carabobo FC Valencia   3-1(2-1)
Atlético Mineiro: Éverson, Dodô, Renzo Saravia, Jemerson, Paolo Mauricio Lemos Merladett (64.Nathan Silva), Edenílson (75.Igor Gomes), Patrick (85.Hyoran), Allan, Pedrinho (46.Federico Matías Zaracho), Hulk, Paulinho (75.Eduardo Jesús Vargas Rojas). Trainer: Eduardo Germán Coudet (Argentina).
Carabobo: Jérémy Emmanuel Vachoux, Carlos Javier Lujano Sánchez, Leonardo Jesús Aponte Matute, Miguel Ángel Pernía Almao *[sent off 49]*, Juan David Cuesta Santos, Francisco Javier Flores Sequera, Michael O'Neal Covea Uzcátegui (69.Carlos José Sosa Moreno), Gustavo Junior González Pérez (83.Moussa Bagayoko), Juan Camilo Pérez Vasco, José Manuel Balza Liscano (83.Gabriel Jaime Alejandro Vargas Díaz), Juan Francisco Apaolaza (69.Edson Alejandro Tortolero Toro). Trainer: Juan Domingo Tolisano.
Goals: 1-0 Hulk (16), 2-0 Paulinho (18), 2-1 Miguel Ángel Pernía Almao (45+3), 3-1 Edenílson (73).
[Clube Atlético Mineiro Belo Horizonte won 3-1 on aggregate]

22.02.2023, Estadio „Rodrigo Paz Delgado", Quito
Referee: Gustavo Adrián Tejera Capo (Uruguay)
CD El Nacional Quito - Deportivo Independiente Medellín   2-2(0-1)
El Nacional: David Estalin Cabezas Medina, Maicon Stiven Solís Arroyo, Norman Andrés Micolta Arroyo, Walter Jhonnier Chalá Rosales, Bryan Cristhian Nazareno Morcillo, Bryan Gabriel Oña Simbaña (57.Gustavo Adolfo Asprilla Caicedo), Madison Marcelo Julio Santos (83.Jipson George Orovio Arroyo), Jorge Antonio Ordoñez Galarce (31.Byron Efrain Palacios Vélez; 83.Eddy Joel Mejía Montero), Jefferson Laider Valverde Arboleda, Jerry Luis Parrales Arizaga, Ronie Edmundo Carrillo Morales. Trainer: Ever Hugo Almeida Almada (Paraguay).
Independiente Medellín: Andrés Felipe Mosquera Marmolejo, Andrés Felipe Cadavid Cardona, Daniel Londoño Castañeda, Jordy João Monroy Ararat (73.Edwuin Steven Cetré Angulo), Jhon Alexander Palacios Santos (89.Guillermo Alejandro Tegüé Caicedo), Édgar Felipe Pardo Castro (73.Miguel Ángel Monsalve González), Andrés Ricaurte Vélez, Víctor Andrés Moreno Córdoba, Ever Augusto Valencia Ruiz, Luciano Daniel Pons (68.Diber Armando Cambindo Abonia), David Alejandro Loaiza Gutiérrez (68.Daniel Alejandro Torres Rojas). Trainer: David González Giraldo.
Goals: 0-1 Ever Augusto Valencia Ruiz (19), 1-1 Byron Efrain Palacios Vélez (55), 2-1 Ronie Edmundo Carrillo Morales (67 penalty), 2-2 Daniel Londoño Castañeda (87).

01.03.2023, Estadio „Atanasio Girardot", Medellín; Attendance: 23,500
Referee: Raphael Claus (Brazil)
Deportivo Independiente Medellín - CD El Nacional Quito   2-1(0-0)
Independiente Medellín: Andrés Felipe Mosquera Marmolejo, Andrés Felipe Cadavid Cardona, Daniel Londoño Castañeda (46.Yulián Andrés Gómez Mosquera), Jordy João Monroy Ararat (85.Edwuin Steven Cetré Angulo), Jhon Alexander Palacios Santos, Édgar Felipe Pardo Castro (80.Enmerson Geovanny Batalla Martínez), Daniel Alejandro Torres Rojas, Andrés Ricaurte Vélez (80.Jaime Alberto Alvarado Hoyos), Víctor Andrés Moreno Córdoba, Ever Augusto Valencia Ruiz, Luciano Daniel Pons (68.Diber Armando Cambindo Abonia). Trainer: David González Giraldo.
El Nacional: David Estalin Cabezas Medina, Maicon Stiven Solís Arroyo (71.Bryan Gabriel Oña Simbaña), Norman Andrés Micolta Arroyo [sent off 76], Walter Jhonnier Chalá Rosales, Bryan Cristhian Nazareno Morcillo, Madison Marcelo Julio Santos, Jorge Antonio Ordoñez Galarce (71.Gustavo Adolfo Asprilla Caicedo), Jefferson Laider Valverde Arboleda, Jerry Luis Parrales Arizaga, Ronie Edmundo Carrillo Morales, Byron Efrain Palacios Vélez (61.Steven Alex Gómez Mina). Trainer: Ever Hugo Almeida Almada (Paraguay).
Goals: 1-0 Jordy João Monroy Ararat (67), 2-0 Diber Armando Cambindo Abonia (73), 2-1 Jerry Luis Parrales Arizaga (90+2).
[Deportivo Independiente Medellín won 4-3 on aggregate]

22.02.2023, Estadio Centenario, Montevideo
Referee: Wilmar Alexander Roldán Pérez (Colombia)
CA Boston River Montevideo - CA Huracán Buenos Aires   0-0
Boston River: Santiago Ibraim Silva Azambuja, Gian Franco Allala Menéndez, Pedro Silva Torrejón, Emanuel Tomás Beltrán Bardas, Marco Leonardo Mancebo Clavero, Leonard Richard Costa Martínez, Jonathan Matías Urretaviscaya da Luz (73.Leandro Suhr Avondet), Emiliano Gastón Sosa Viera, Martín Alejandro Fernández Figueira, Mathías Alexander Acuña Maciel (83.Bruno Gabriel Barja Sampedro), Cristian Gonzalo Olivera Ibarra. Trainer: Daniel Alejandro Farías Acosta (Venezuela).
Huracán: Lucas Abraham Chaves, Omar Fernando Tobio, Gastón Sauro, Guillermo Tomás Soto Arredondo, Ángel Guillermo Benítez, Federico Fattori Mouzo, Gabriel Alejandro Gudiño (75.Walter Uriel Mazzantti), Héctor Jonás Acevedo (83.Santiago Gastón Luján), Santiago Hezze, Matías Fernando Cóccaro Ferreira (84.Juan Manuel García), Juan Carlos Gauto (61.Nicolás Fernando Cordero). Trainer: Diego Omar Dabove.

01.03.2023, Estadio „Tomás Adolfo Ducó", Parque Patricios, Buenos Aires
Referee: Wilton Pereira Sampaio (Brazil)
CA Huracán Buenos Aires - CA Boston River Montevideo   1-0(0-0)
Huracán: Lucas Abraham Chaves, Omar Fernando Tobio, Gastón Sauro, Guillermo Tomás Soto Arredondo, Ángel Guillermo Benítez (73.Lucas Eduardo Carrizo), Federico Fattori Mouzo, Gabriel Alejandro Gudiño (63.Juan Carlos Gauto), Héctor Jonás Acevedo (82.Matías Marcos Gómez), Santiago Hezze, Nicolás Fernando Cordero (83.Juan Manuel García), Matías Fernando Cóccaro Ferreira (73.Lucas Nahuel Castro). Trainer: Diego Omar Dabove.
Boston River: Santiago Ibraim Silva Azambuja, Pedro Silva Torrejón, Emanuel Tomás Beltrán Bardas, Marco Leonardo Mancebo Clavero, Guzmán Rodríguez Ferrari, Jonathan Matías Urretaviscaya da Luz, Emiliano Gastón Sosa Viera (86.Mateo Germán Torres Álvarez), Martín Alejandro Fernández Figueira (83.Bruno Gabriel Barja Sampedro), Mathías Alexander Acuña Maciel, Emiliano Gómez Dutra (86.Martín Fernández Benítez), Cristian Gonzalo Olivera Ibarra. Trainer: Daniel Alejandro Farías Acosta (Venezuela).
Goal: 1-0 Matías Fernando Cóccaro Ferreira (45+7 penalty).
[CA Huracán Buenos Aires won 1-0 on aggregate]

23.02.2023, Estadio "Domingo Burgueño", Maldonado
Referee: Carlos Andrés Betancur Gutiérrez (Colombia)
CD Maldonado - Fortaleza Esporte Clube   0-0
Maldonado: Guillermo Martín Reyes Maneiro, Ángel Gabriel Cayetano Pírez, Robinson Martín Ferreira García, Guillermo Gastón Cotugno Lima, Facundo Julián Píriz González, Nicolás Queiroz Martínez (83.Lucas Javier Núñez Núñez), Hernán Darío Toledo (83.Diego Romero Lanz), Fernando Agustín Alfaro Bares, Washington Eduardo Darias Lafuente, Claudio Paul Spinelli (72.Marcos Patricio Camarda Télis), Aldo Tomás Luján Fernández (72.Matías Nicolás Tellechea Pérez). Trainer: Fabián Coito Machado.
Fortaleza: Fernando Miguel, Titi, Bruno Pacheco, Tinga, Marcelo Benevenuto, Lucas Sasha, Tomás Pochettino (81.Guilherme), Caio Alexandre, Hércules (65.Calebe), Thiago Galhardo (65.Juan Martín Lucero), Romarinho (81.Dudu). Trainer: Juan Pablo Vojvoda Rizzo (Argentina).

02.03.2023, Estádio „Governador Plácido Castelo" [Castelão], Fortaleza; Attendance: 52,502
Referee: Jesús Noel Valenzuela Sáez (Venezuela)
Fortaleza Esporte Clube - CD Maldonado   4-0(1-0)
Fortaleza: Fernando Miguel, Titi, Bruno Pacheco, Tinga, Marcelo Benevenuto, Tomás Pochettino (85.José Welison), Calebe (65.Guilherme), Caio Alexandre, Hércules (85.Lucas Sasha), Thiago Galhardo (75.Juan Martín Lucero), Romarinho (75.Dudu). Trainer: Juan Pablo Vojvoda Rizzo (Argentina).
Maldonado: Guillermo Martín Reyes Maneiro, Robert Fabián Herrera Rosas (72.Diego Romero Lanz), Ángel Gabriel Cayetano Pírez, Robinson Martín Ferreira García, Guillermo Gastón Cotugno Lima, Facundo Julián Píriz González (72.Lucas Javier Núñez Núñez), Matías Nicolás Tellechea Pérez (56.Rodrigo Ariel Muniz Menosse), Nicolás Queiroz Martínez, Hernán Darío Toledo, Fernando Agustín Alfaro Bares (46.Aldo Tomás Luján Fernández), Claudio Paul Spinelli (56.Enzo Araciel Borges Couto). Trainer: Fabián Coito Machado.
Goals: 1-0 Thiago Galhardo (45+5), 2-0 Juan Martín Lucero (83), 3-0 Guilherme (86), 4-0 Juan Martín Lucero (90+2).
[Fortaleza Esporte Clube won 4-0 on aggregate]

23.02.2023, Estadio El Teniente, Rancagua
Referee: Andrés Luis Joaquín Merlos (Argentina)
CD Magallanes San Bernardo - Club Always Ready La Paz   3-0(1-0)
Magallanes: Matías Gastón Rodríguez Olivera, Christian Alberto Vilches González, Fernando Piñero, Matías Alonso Vásquez Poblete (50.Marcelo Alejandro Filla Toro), Carlos Andrés Villanueva Roland (70.Cristóbal Andrés Jorquera Torres), Tomás Benjamín Aránguiz Aránguiz, Thomas Luciano Jones Mariani (69.Simón Alberto Contreras Valenzuela), Felipe Ignacio Espinoza Ramírez, Alfred Jeafran Canales Céspedes (69.Iván Gonzalo Vásquez Quilodrán), Felipe Ignacio Flores Chandía (87.Javier Ignacio Quiroz Núñez), Julián Israel Alfaro Gaete. Trainer: Nicolás Arnaldo Núñez Rojas.
Always Ready: Carlos Alexander Mosquera Blandón, Nelson David Cabrera Báez, Jorge Enrique Flores Yrahory (71.Leyvin Jhojane Balanta Fory; 87.Denilson Valda Martinez), William Parra Sinisterra, Edarlyn Reyes Ureña, Marc François Enoumba, Diego Daniel Medina Roman, Adalid Terrazas Abasto (46.Marcos Daniel Riquelme), Julio Héctor Herrera Farel, Dorny Alexander Romero Chalas (72.Wilfried Guemiand Bony), Jayro Hestefano Jean. Trainer: Pablo Andrés Godoy Cartes (Paraguay).
Goals: 1-0 Christian Alberto Vilches González (21), 2-0 Fernando Piñero (80), 3-0 Marcelo Alejandro Filla Toro (89).

02.03.2023, Estadio „Hernando Siles Reyes", La Paz
Referee: Alexis Adrián Herrera Hernández (Venezuela)
Club Always Ready La Paz - CD Magallanes San Bernardo   1-3(0-1)
Always Ready: Carlos Alexander Mosquera Blandón, Jorge Enrique Flores Yrahory, William Parra Sinisterra, Merardo David Robles Amarilla, Edarlyn Reyes Ureña, Marc François Enoumba [*sent off* 42], Adalid Terrazas Abasto (46.Nelson David Cabrera Báez), Julio Héctor Herrera Farel (54.Diego Daniel Medina Roman, Wilfried Guemiand Bony (46.Jayro Hestefano Jean), Marcos Daniel Riquelme (90+1.Moisés Paniagua Leaño), Dorny Alexander Romero Chalas (64.Alfredo Miguel Alanoca Choque). Trainer: Pablo Andrés Godoy Cartes (Paraguay).
Magallanes: Matías Gastón Rodríguez Olivera, Christian Alberto Vilches González, Fernando Piñero, Matías Alonso Vásquez Poblete, Carlos Andrés Villanueva Roland (68.Javier Ignacio Quiroz Núñez), Tomás Benjamín Aránguiz Aránguiz (61.Yorman Zapata Mina), Thomas Luciano Jones Mariani, Felipe Ignacio Espinoza Ramírez, Alfred Jeafran Canales Céspedes (68.Iván Gonzalo Vásquez Quilodrán), Felipe Ignacio Flores Chandía (61.Cristóbal Andrés Jorquera Torres), Julián Israel Alfaro Gaete (82.Felipe Cadenazzi). Trainer: Nicolás Arnaldo Núñez Rojas.
Goals: 0-1 Matías Alonso Vásquez Poblete (9), 0-2 Julián Israel Alfaro Gaete (50), 0-3 Felipe Ignacio Flores Chandía (53), 1-3 Edarlyn Reyes Ureña (90+1).
[CD Magallanes San Bernardo won 6-1 on aggregate]

23.02.2023, Estadio „Rodrigo Paz Delgado", Quito
Referee: Bráulio da Silva Machado (Brazil)
CD Universidad Católica Quito - Millonarios FC Bogotá   0-0
Universidad Católica: Darwin Patricio Cuero Anangonó (46.Rafael Enrique Romo Pérez), Franklin Joshua Guerra Cedeño, Kevin Andres Minda Ruales, Tomás Alexis Oneto, Gregori Alexander Anangonó Minda, Willian Daniel Cevallos Caicedo (64.Mauro Alberto Díaz), Santiago Gabriel Zamora Araujo (80.Daniel Emiliano Clavijo Romero), Arón David Rodríguez Franco (73.José Joel Carabalí Prado), Layan Manuel Loor Requelme, Cristian Ariel Colmán Ortíz (79.Cristian Martínez Borja), Ismael Díaz de León. Trainer: Daniel Alberto Neculman Suárez (Argentina).
Millonarios: Álvaro David Montero Perales, Elvis Yohan Perlaza Lara, Juan Pablo Vargas Campos, Andrés Llinás Montejo, Omar Andrés Bertel Vergara, Daniel Felipe Cataño Torres (73.Jarrinson Yuber Quiñones Guerrero), David Mackalister Silva Mosquera (87.Óscar Luis Vanegas Zúñiga), Daniel Eduardo Giraldo Cárdenas, Juan Carlos Pereira Díaz, Leonardo Fabio Castro Loaiza (73.Jader Andrés Valencia Mena), Óscar Manuel Cortés Cortés (82.Edgar Andrés Guerra Hernández). Trainer: Alberto Miguel Gamero Morillo.

02.03.2023, Estadio „Nemesio Camacho" 'El Campín', Bogotá; Attendance: 25,787
Referee: Facundo Raúl Tello Figueroa (Argentina)
Millonarios FC Bogotá - CD Universidad Católica Quito**2-1(0-1)**
Millonarios: Álvaro David Montero Perales, Elvis Yohan Perlaza Lara (90+2.Israel Alba Marín), Juan Pablo Vargas Campos, Andrés Llinás Montejo, Omar Andrés Bertel Vergara, Daniel Felipe Cataño Torres (87.Óscar Luis Vanegas Zúñiga), David Mackalister Silva Mosquera (79.Jader Andrés Valencia Mena), Daniel Eduardo Giraldo Cárdenas (F46.ernando Uribe Hincapié), Larry Vásquez Ortega, Leonardo Fabio Castro Loaiza (87.Juan Carlos Pereira Díaz), Óscar Manuel Cortés Cortés. Trainer: Alberto Miguel Gamero Morillo.
Universidad Católica: Darwin Patricio Cuero Anangonó, Franklin Joshua Guerra Cedeño [*sent off 44*], Kevin Andres Minda Ruales, Tomás Alexis Oneto, Gregori Alexander Anangonó Minda, Facundo Martín Martínez Montagnoli, Santiago Gabriel Zamora Araujo (46.Yúber Antonio Mosquera Perea), Arón David Rodríguez Franco (79.Cristian Martínez Borja), Layan Manuel Loor Requelme, Cristian Ariel Colmán Ortíz (66.José Joel Carabalí Prado), Ismael Díaz de León. Trainer: Daniel Alberto Neculman Suárez (Argentina).
Goals: 0-1 Ismael Díaz de León (38 penalty), 1-1 Leonardo Fabio Castro Loaiza (62), 2-1 Daniel Felipe Cataño Torres (69).
[Millonarios FC Bogotá won 2-1 on aggregate]

THIRD STAGE

08.03.2023, Estadio „Nemesio Camacho" 'El Campín', Bogotá; Attendance: 33,250
Referee: Piero Daniel Maza Gómez (Chile)
Millonarios FC Bogotá - Clube Atlético Mineiro Belo Horizonte**1-1(1-0)**
Millonarios: Álvaro David Montero Perales, Elvis Yohan Perlaza Lara (46.Israel Alba Marín), Juan Pablo Vargas Campos, Andrés Llinás Montejo, Omar Andrés Bertel Vergara, Daniel Felipe Cataño Torres (90.Luis Andrés Paredes Busatamante), David Mackalister Silva Mosquera, Daniel Eduardo Giraldo Cárdenas, Larry Vásquez Ortega (72.Juan Carlos Pereira Díaz), Leonardo Fabio Castro Loaiza (72.Fernando Uribe Hincapié), Óscar Manuel Cortés Cortés (72.Jader Andrés Valencia Mena). Trainer: Alberto Miguel Gamero Morillo.
Atlético Mineiro: Éverson, Dodô, Renzo Saravia (81.Mariano), Jemerson, Paolo Mauricio Lemos Merladett, Edenílson, Patrick (75.Hyoran), Otávio, Allan (87.Igor Gomes), Hulk, Paulinho (75.Eduardo Jesús Vargas Rojas). Trainer: Eduardo Germán Coudet (Argentina).
Goals: 1-0 David Mackalister Silva Mosquera (42), 1-1 Paulinho (66).

15.03.2023, Estádio „Governador Magalhães Pinto" [Mineirão], Belo Horizonte; Attendance: 42,169
Referee: Fernando Andrés Rapallini (Argentina)
Clube Atlético Mineiro Belo Horizonte - Millonarios FC Bogotá**3-1(0-0)**
Atlético Mineiro: Éverson, Dodô, Renzo Saravia, Jemerson, Paolo Mauricio Lemos Merladett, Edenílson (46.Pedrinho), Patrick, Allan (13.Otávio), Federico Matías Zaracho (87.Igor Gomes), Hulk (90+1.Eduardo Jesús Vargas Rojas), Paulinho (90.Réver). Trainer: Eduardo Germán Coudet (Argentina).
Millonarios: Álvaro David Montero Perales, Elvis Yohan Perlaza Lara, Jorge Enrique Arias De la Hoz, Óscar Luis Vanegas Zúñiga, Juan Pablo Vargas Campos, Daniel Felipe Cataño Torres (61.Óscar Manuel Cortés Cortés), David Mackalister Silva Mosquera, Daniel Eduardo Giraldo Cárdenas (80.Fernando Uribe Hincapié), Juan Carlos Pereira Díaz (46.Jader Andrés Valencia Mena), Larry Vásquez Ortega, Leonardo Fabio Castro Loaiza (87.Luis Andrés Paredes Busatamante). Trainer: Alberto Miguel Gamero Morillo.
Goals: 1-0 Paulinho (49), 2-0 Paulinho (81), 3-0 Hulk (88), 3-1 Fernando Uribe Hincapié (90+3).
[Clube Atlético Mineiro Belo Horizonte won 4-2 on aggregate]

08.03.2023, Estadio El Teniente, Rancagua; Attendance: 2,334
Referee: Kevin Ortega Pimentel (Peru)
CD Magallanes San Bernardo - Deportivo Independiente Medellín   1-1(0-0)
Magallanes: Matías Gastón Rodríguez Olivera, Christian Alberto Vilches González, Fernando Piñero, Marcelo Alejandro Filla Toro (78.Alfred Jeafran Canales Céspedes), Carlos Andrés Villanueva Roland (57.Cristóbal Andrés Jorquera Torres), Tomás Benjamín Aránguiz Aránguiz, Thomas Luciano Jones Mariani (72.Felipe Cadenazzi), Felipe Ignacio Espinoza Ramírez, Felipe Ignacio Flores Chandía (78.Simón Alberto Contreras Valenzuela), César Alexis Cortés Pinto, Julián Israel Alfaro Gaete (57.Yorman Zapata Mina). Trainer: Nicolás Arnaldo Núñez Rojas.
Independiente Medellín: Andrés Felipe Mosquera Marmolejo, Andrés Felipe Cadavid Cardona, Jordy João Monroy Ararat, Daniel Alejandro Torres Rojas, Andrés Ricaurte Vélez (84.Jaime Alberto Alvarado Hoyos), Víctor Andrés Moreno Córdoba, Ever Augusto Valencia Ruiz (83.Edwuin Steven Cetré Angulo), Enmerson Geovanny Batalla Martínez (84.Deinner Alexander Quiñónes Quiñónes), Miguel Ángel Monsalve González (65.Jorge Leguín Cabezas Hurtado), Luciano Daniel Pons, Yulián Andrés Gómez Mosquera (33.Daniel Londoño Castañeda). Trainer: David González Giraldo.
Goals: 0-1 Enmerson Geovanny Batalla Martínez (70), 1-1 Yorman Zapata Mina (90+5).

15.03.2023, Estadio „Atanasio Girardot", Medellín; Attendance: 17,046
Referee: Wilton Pereira Sampaio (Brazil)
Deportivo Independiente Medellín - CD Magallanes San Bernardo   2-0(2-0)
Independiente Medellín: Andrés Felipe Mosquera Marmolejo, Andrés Felipe Cadavid Cardona, Daniel Londoño Castañeda, Jordy João Monroy Ararat (72.Jhon Alexander Palacios Santos [sent offf 85]), Daniel Alejandro Torres Rojas, Víctor Andrés Moreno Córdoba, Ever Augusto Valencia Ruiz (82.Edwuin Steven Cetré Angulo), Jaime Alberto Alvarado Hoyos, Enmerson Geovanny Batalla Martínez (63.Édgar Felipe Pardo Castro), Miguel Ángel Monsalve González (72.Deinner Alexander Quiñónes Quiñónes), Luciano Daniel Pons (82.Jorge Leguín Cabezas Hurtado). Trainer: David González Giraldo.
Magallanes: Matías Gastón Rodríguez Olivera, Christian Alberto Vilches González, Fernando Piñero, Marcelo Alejandro Filla Toro (75.Simón Alberto Contreras Valenzuela), Nicolás Ignacio Crovetto Aqueveque (68.Nicolás Berardo), Tomás Benjamín Aránguiz Aránguiz, Thomas Luciano Jones Mariani (74.Felipe Cadenazzi), Alfred Jeafran Canales Céspedes (46.Carlos Andrés Villanueva Roland), Felipe Ignacio Flores Chandía [sent offf 67], César Alexis Cortés Pinto, Julián Israel Alfaro Gaete (46.Yorman Zapata Mina). Trainer: Nicolás Arnaldo Núñez Rojas.
Goals: 1-0 Luciano Daniel Pons (15), 2-0 Luciano Daniel Pons (39).
[Deportivo Independiente Medellín won 3-1 on aggregate]

09.03.2023, Estadio „Tomás Adolfo Ducó", Parque Patricios, Buenos Aires; Attendance: 8,288
Referee: Andrés Matías Matonte Cabrera (Uruguay)
CA Huracán Buenos Aires - Club Sporting Cristal Lima   0-0
Huracán: Lucas Abraham Chaves, Omar Fernando Tobio (51.Joaquín Ariel Novillo), Gastón Sauro, Guillermo Tomás Soto Arredondo, Ángel Guillermo Benítez, Federico Fattori Mouzo, Héctor Jonás Acevedo (69.Juan Fernando Garro), Santiago Hezze (82.Lucas Nahuel Castro), Nicolás Fernando Cordero, Matías Fernando Cóccaro Ferreira (69.Juan Manuel García), Juan Carlos Gauto (82.Valentín Alberto Burgoa). Trainer: Diego Omar Dabove.
Sporting Cristal: Renato Alfredo Solis Salinas, Nilson Evair Loyola Morales, Gianfranco Chávez Massoni, Ignacio da Silva Oliveira, Carlos Jhilmar Lora Saavedra, Víctor Yoshimar Yotún Flores (74.Leandro Sosa Toranza), Jesús Emanuel Pretell Panta (74.Gerald Martin Távara Mogollón), Jesús Abdallah Castillo Molina, Jostin Alexis Alarcón Paquiyauri (80.Adrián Ademir Ascues Earl), Brenner Marlos Varanda de Oliveira (66.Irven Beybe Ávila Acero), Washington Bryan Corozo Becerra (80.Joao Alberto Grimaldo Ubidia). Trainer: Tiago Retzlaff Nunes (Brazil).

16.03.2023, Estadio Nacional, Lima; Attendance: 35,832
Referee: Raphael Claus (Brazil)
Club Sporting Cristal Lima - CA Huracán Buenos Aires   **1-0(0-0)**
Sporting Cristal: Renato Alfredo Solis Salinas, Nilson Evair Loyola Morales, Gianfranco Chávez Massoni, Ignacio da Silva Oliveira, Carlos Jhilmar Lora Saavedra, Víctor Yoshimar Yotún Flores (90+9.Rafael Julián Lutiger Vidalón), Jesús Emanuel Pretell Panta (64.Gerald Martin Távara Mogollón), Jesús Abdallah Castillo Molina, Jostin Alexis Alarcón Paquiyauri (82.Alejandro Hohberg González), Brenner Marlos Varanda de Oliveira (63.Joao Alberto Grimaldo Ubidia), Washington Bryan Corozo Becerra (64.Irven Beybe Ávila Acero). Trainer: Tiago Retzlaff Nunes (Brazil).
Huracán: Lucas Abraham Chaves, Omar Fernando Tobio, Gastón Sauro, Guillermo Tomás Soto Arredondo, Ángel Guillermo Benítez, Federico Fattori Mouzo, Héctor Jonás Acevedo (90+2.Valentín Alberto Burgoa), Santiago Hezze, Nicolás Fernando Cordero (90+2.Juan Fernando Garro), Matías Fernando Cóccaro Ferreira (82.Juan Manuel García), Juan Carlos Gauto (70.Gabriel Alejandro Gudiño). Trainer: Diego Omar Dabove.
Goal: 1-0 Irven Beybe Ávila Acero (90+7).
[Club Sporting Cristal Lima won 1-0 on aggregate]

09.03.2023, Estádio „Governador Plácido Castelo" [Castelão], Fortaleza; Attendance: 42,275
Referee: Facundo Raúl Tello Figueroa (Argentina)
Fortaleza Esporte Clube - Club Cerro Porteño Asunción   **0-1(0-1)**
Fortaleza: Fernando Miguel, Titi, Bruno Pacheco (46.Lucas Crispim), Tinga, Marcelo Benevenuto, Tomás Pochettino, Calebe (82.Júnior Santos), Caio Alexandre, Hércules (68.Yago Pikachu), Thiago Galhardo (68.Juan Martín Lucero), Romarinho (68.Guilherme). Trainer: Juan Pablo Vojvoda Rizzo (Argentina).
Cerro Porteño: Jean Paulo Fernandes Filho, Juan Gabriel Patiño Martínez, Alberto Espínola Giménez, Gabriel Alejandro Báez Corradi, Leonardo Daniel Rivas Conge *[sent off 60]*, Claudio Ezequiel Aquino (79.Damián Josué Bobadilla Benítez), Federico Gastón Carrizo (86.Antonio Javier Galeano Ferreira), Ángel Rodrigo Cardozo Lucena (79.Braian José Samudio Segovia), Wilder Viera Caballero, Diego Churín Puyo (86.Robert Ayrton Piris Da Motta), Robert Osmar Morales Benítez (61.Enzo Daniel Giménez Rojas). Trainer: Facundo Sava (Argentina).
Goal: 0-1 Diego Churín Puyo (34).

16.03.2023, Estadio „General Pablo Rojas", Asunción; Attendance: 35,928
Referee: Jesús Noel Valenzuela Sáez (Venezuela)
Club Cerro Porteño Asunción - Fortaleza Esporte Clube   **2-1(1-0)**
Cerro Porteño: Jean Paulo Fernandes Filho, Juan Gabriel Patiño Martínez, Alberto Espínola Giménez, Gabriel Alejandro Báez Corradi, Claudio Ezequiel Aquino (73.Braian José Samudio Segovia), Federico Gastón Carrizo (90+1.Enzo Daniel Giménez Rojas), Robert Ayrton Piris Da Motta, Ángel Rodrigo Cardozo Lucena (74.Damián Josué Bobadilla Benítez), Wilder Viera Caballero, Diego Churín Puyo (74.Fernando Fabián Fernández Acosta), Robert Osmar Morales Benítez (85.Alexis Adrián Fariña Romero). Trainer: Facundo Sava (Argentina).
Fortaleza: João Ricardo, Titi, Emanuel Brítez, Marcelo Benevenuto, Lucas Crispim, Tomás Pochettino (86.Guilherme), Caio Alexandre, Hércules (63.Calebe), Thiago Galhardo (72.Júnior Santos), Juan Martín Lucero (72.Sergio Germán Romero), Romarinho (46.Yago Pikachu). Trainer: Juan Pablo Vojvoda Rizzo (Argentina).
Goals: 1-0 Federico Gastón Carrizo (38), 2-0 Claudio Ezequiel Aquino (62), 2-1 Guilherme (90+2).
[Club Cerro Porteño Asunción won 3-1 on aggregate]

GROUP STAGE

Each group winner and runner-up advanced to the Round of 16. Teams ranked third were qualified for the 2023 Copa Sudamericana.

GROUP A

05.04.2023, Estadio „Gonzalo Pozo Ripalda", Quito; Attendance: 5,006
Referee: José Ramón Argote Vega (Venezuela)
SD Aucas Quito - CR Flamengo Rio de Janeiro   **2-1(0-1)**
Aucas: Hernán Ismael Galíndez, Edison Armando Caicedo Castro (76.Angelo Javier Mina Jara), Aubrey Rudolph Robert David, Luis David Cangá Sánchez, Pedro Pablo Perlaza Caicedo (82.Luis Ángel Cano Quintana), Rómulo Otero Vásquez, Édison Fernando Vega Obando (75.Michael Alexander Carcelén Carabalí), Carlos Andrés Cuero Quiñónez, Jhonny Raúl Quiñónez Ruiz, Eryc Leonel Castillo Arroyo (82.Jordan Lenín Rezabala Anzules), Jhon Jairo Cifuente Vergara (62.Roberto Javier Ordóñez Ayoví). Trainer: César Alejandro Farías Acosta (Venezuela).
Flamengo: Santos, Filipe Luís, Pablo, Rodrigo Caio, Wesley (60.Guillermo Varela Olivera), Éverton Ribeiro (80.Pedro), Arturo Erasmo Vidal Pardo (61.Gerson), Victor Hugo, Marinho (60.Ayrton Lucas), Gabriel Barbosa, Matheus França (83.Everton). Trainer: Vítor Pereira.
Goals: 0-1 Matheus França (39), 1-1 Eryc Leonel Castillo Arroyo (58), 2-1 Roberto Javier Ordóñez Ayoví (85).

05.04.2023, Estadio „Alcaldesa Ester Roa Rebolledo", Concepción; Attendance: 11,800
Referee: Bismarks Elias Santiago Pitalua (Colombia)
CD Ñublense Chillán - Racing Club de Avellaneda   **0-2(0-1)**
Ñublense: Alison Nicola Pérez Barone, Rafael Antonio Caroca Cordero, Bernardo Humberto Cerezo Rojas, Raimundo Andrés Rebolledo Valenzuela (73.Jorge Alexis Henríquez Neira), Nicolás Mauricio Zalazar, Lorenzo Enrique Reyes Vicencio (84.Andrés Alejandro Vilches Araneda), Jovany Alberto Campusano Villega, Juan Andrés Leiva Mieres, Robinson Manuel Rivera Zúñiga (57.Alex Joel Valdés Voissin), Patricio Rodolfo Rubio Pulgar, Bayron Andrés Oyarzo Muñoz. Trainer: Jaime Eusebio García Arévalo.
Racing Club: Gabriel Arias Arroyo, Emiliano Adrián Insúa Zapata, Leonardo Germán Sigali, Iván Alexis Pillud, Gabriel Hernán Rojas, Nicolás Adrián Oroz (84.Héctor Hugo Fertoli), Matías Nicolás Rojas Romero (71.Edwin Andrés Cardona Bedoya), Aníbal Ismael Moreno, José Paolo Guerrero Gonzales (71.Maximiliano Samuel Romero), Gabriel Agustín Hauche (78.Gastón Nicolás Reniero), Tomás Agustín Avilés Mancilla (70.Juan Ignacio Martín Nardoni). Trainer: Fernando Rubén Gago.
Goals: 0-1 Matías Nicolás Rojas Romero (16), 0-2 José Paolo Guerrero Gonzales (54).

19.04.2023, Estádio „Jornalista Mário Filho" [Maracanã], Rio de Janeiro; Attendance: 48,895
Referee: Wilmar Alexander Roldán Pérez (Colombia)
CR Flamengo Rio de Janeiro - CD Ñublense Chillán   **2-0(2-0)**
Flamengo: Santos, David Luiz (77.Rodrigo Caio), Léo Pereira, Ayrton Lucas, Fabrício Bruno (61.Everton), Arturo Erasmo Vidal Pardo (61.Wesley), Thiago Maia, Gerson, Marinho (61.Éverton Ribeiro), Gabriel Barbosa, Pedro (89.Matheus França). Trainer: Jorge Luis Sampaoli Moya (Argentina).
Ñublense: Alison Nicola Pérez Barone, Rafael Antonio Caroca Cordero, Bernardo Humberto Cerezo Rojas, Raimundo Andrés Rebolledo Valenzuela (79.Juan Guillermo Córdova Torres), Nicolás Mauricio Zalazar, Lorenzo Enrique Reyes Vicencio, Jovany Alberto Campusano Villega, Juan Andrés Leiva Mieres (79.Branco Antonio Provoste Ovalle), Robinson Manuel Rivera Zúñiga (65.Pablo Mauricio Aránguiz Salazar), Andrés Alejandro Vilches Araneda (58.Alex Joel Valdés Voissin), Bayron Andrés Oyarzo Muñoz (79.Jorge Alexis Henríquez Neira). Trainer: Jaime Eusebio García Arévalo.
Goals: 1-0 Pedro (15), 2-0 Pedro (38).

20.04.2023, Estadio „Presidente Juan Domingo Perón", Avellaneda; Attendance: 15,547
Referee: Christian Fred Ferreyra Fernández (Uruguay)
Racing Club de Avellaneda - SD Aucas Quito   3-2(2-0)
Racing Club: Gabriel Arias Arroyo, Leonardo Germán Sigali, Gonzalo Rubén Piovi, Gabriel Hernán Rojas (84.Óscar Mauricio Opazo Lara), Facundo Mura, Jonathan David Gómez, Juan Ignacio Martín Nardoni, José Paolo Guerrero Gonzales (84.Emiliano Adrián Insúa Zapata), Gabriel Agustín Hauche (84.Gastón Nicolás Reniero), Maximiliano Samuel Romero (89.Jonathan Sebastián Galván), Tomás Agustín Avilés Mancilla (59.Maximiliano Nicolás Moralez [*sent off 78*]). Trainer: Fernando Rubén Gago.
Aucas: Hernán Ismael Galíndez, Edison Armando Caicedo Castro, Wilker José Ángel Romero, Luis David Cangá Sánchez, Darío Javier Aimar Álvarez (46.Édison Fernando Vega Obando), Pedro Pablo Perlaza Caicedo, Rómulo Otero Vásquez (84.Luis Ángel Cano Quintana), Carlos Andrés Cuero Quiñónez, Jhonny Raúl Quiñónez Ruiz (84.Michael Alexander Carcelén Carabalí), Eryc Leonel Castillo Arroyo (73.Roberto Javier Ordóñez Ayoví), Jhon Jairo Cifuente Vergara (46.Aubrey Rudolph Robert David [*sent off 90+4*]). Trainer: César Alejandro Farías Acosta (Venezuela).
Goals: 1-0 Maximiliano Samuel Romero (12), 2-0 Juan Ignacio Martín Nardoni (17), 2-1 Eryc Leonel Castillo Arroyo (48), 2-2 Luis David Cangá Sánchez (56), 3-2 Wilker José Ángel Romero (86 own goal).

02.05.2023, Estadio „Alcaldesa Ester Roa Rebolledo", Concepción; Attendance: 2,813
Referee: Kevin Ortega Pimentel (Peru)
CD Ñublense Chillán - SD Aucas Quito   2-1(0-1)
Ñublense: Alison Nicola Pérez Barone, Rafael Antonio Caroca Cordero, Enzo Francesco Guerrero Segovia, Bernardo Humberto Cerezo Rojas, Raimundo Andrés Rebolledo Valenzuela (46.Jovany Alberto Campusano Villega), Nicolás Mauricio Zalazar (46.Andrés Alejandro Vilches Araneda), Lorenzo Enrique Reyes Vicencio (69.Bayron Andrés Oyarzo Muñoz), Juan Andrés Leiva Mieres, Jorge Alexis Henríquez Neira, Pablo Mauricio Aránguiz Salazar (86.Alex Joel Valdés Voissin), Patricio Rodolfo Rubio Pulgar (90+4.Lucas Nicolás Abascia). Trainer: Jaime Eusebio García Arévalo.
Aucas: Damián Andrés Frascarelli Gutiérrez, Edison Armando Caicedo Castro, Luis Manuel Romero Véliz (30.Darío Javier Aimar Álvarez), Wilker José Ángel Romero, Luis David Cangá Sánchez, Pedro Pablo Perlaza Caicedo, Rómulo Otero Vásquez (78.Jhon Jairo Cifuente Vergara), Édison Fernando Vega Obando (66.Jordan Lenín Rezabala Anzules), Carlos Andrés Cuero Quiñónez, Jhonny Raúl Quiñónez Ruiz (77.Angelo Javier Mina Jara), Eryc Leonel Castillo Arroyo (66.Roberto Javier Ordóñez Ayoví). Trainer: César Alejandro Farías Acosta (Venezuela).
Goals: 0-1 Rómulo Otero Vásquez (24), 1-1 Patricio Rodolfo Rubio Pulgar (79), 2-1 Andrés Alejandro Vilches Araneda (90+1).

04.05.2023, Estadio „Presidente Juan Domingo Perón", Avellaneda; Attendance: 25,325
Referee: Jesús Noel Valenzuela Sáez (Venezuela)
Racing Club de Avellaneda - CR Flamengo Rio de Janeiro   1-1(0-1)
Racing Club: Gabriel Arias Arroyo, Emiliano Adrián Insúa Zapata, Leonardo Germán Sigali, Gabriel Hernán Rojas, Facundo Mura, Nicolás Adrián Oroz, Aníbal Ismael Moreno (46.Jonathan Sebastián Galván), Juan Ignacio Martín Nardoni, José Paolo Guerrero Gonzales (46.Gastón Nicolás Reniero), Gabriel Agustín Hauche [*sent off 26*], Maximiliano Samuel Romero (79.Emiliano Daniel Saliadarre). Trainer: Fernando Rubén Gago.
Flamengo: Santos, Léo Pereira, Ayrton Lucas, Fabrício Bruno, Wesley [*sent off 71*], Éverton Ribeiro (82.Everton), Arturo Erasmo Vidal Pardo (65.Giorgian Daniel de Arrascaeta Benedetti), Erick Antonio Pulgar Farfán, Thiago Maia, Gabriel Barbosa, Pedro (65.Bruno Henrique). Trainer: Jorge Luis Sampaoli Moya (Argentina).
Goals: 0-1 Gabriel Barbosa (45+3), 1-1 Nicolás Adrián Oroz (73).

23.05.2023, Estadio „Gonzalo Pozo Ripalda", Quito; Attendance: 3,706
Referee: Gery Anthony Vargas Carreño (Bolivia)
SD Aucas Quito - Racing Club de Avellaneda **1-2(0-1)**
Aucas: Damián Andrés Frascarelli Gutiérrez, Edison Armando Caicedo Castro, Wilker José Ángel Romero (75.Michael Alexander Carcelén Carabalí), Luis David Cangá Sánchez, Rómulo Otero Vásquez, Édison Fernando Vega Obando (74.Jordan Lenín Rezabala Anzules), Carlos Andrés Cuero Quiñónez, Marcos Pedro Mejía Mero (63.Luis Ángel Cano Quintana), Jhonny Raúl Quiñónez Ruiz (63.Roberto Javier Ordóñez Ayoví), Eryc Leonel Castillo Arroyo, Jhon Jairo Cifuente Vergara (46.Kavier Vicente Ortíz Cortéz). Trainer: César Alejandro Farías Acosta (Venezuela).
Racing Club: Gabriel Arias Arroyo, Leonardo Germán Sigali, Gonzalo Rubén Piovi, Gabriel Hernán Rojas (74.Emiliano Adrián Insúa Zapata), Facundo Mura, Maximiliano Nicolás Moralez, Jonathan David Gómez (63.Jonathan Sebastián Galván), Nicolás Adrián Oroz (87.Jeffrey Catriel Cabellos Vázquez), Aníbal Ismael Moreno, Juan Ignacio Martín Nardoni, Gastón Nicolás Reniero (73.José Paolo Guerrero Gonzales). Trainer: Fernando Rubén Gago.
Goals: 0-1 Gastón Nicolás Reniero (2), 0-2 Gabriel Hernán Rojas (69), 1-2 Rómulo Otero Vásquez (90+4).

24.05.2023, Estadio „Alcaldesa Ester Roa Rebolledo", Concepción
Referee: Esteban Daniel Ostojich Vega (Uruguay)
CD Ñublense Chillán - CR Flamengo Rio de Janeiro **1-1(0-1)**
Ñublense: Alison Nicola Pérez Barone, Rafael Antonio Caroca Cordero, Bernardo Humberto Cerezo Rojas, Raimundo Andrés Rebolledo Valenzuela (63.Andrés Alejandro Vilches Araneda), Nicolás Mauricio Zalazar, Lorenzo Enrique Reyes Vicencio, Jovany Alberto Campusano Villega, Juan Andrés Leiva Mieres (90+1.Branco Antonio Provoste Ovalle), Robinson Manuel Rivera Zúñiga (46.Jorge Alexis Henríquez Neira), Patricio Rodolfo Rubio Pulgar (85.Juan Guillermo Córdova Torres), Bayron Andrés Oyarzo Muñoz (85.Pablo Mauricio Aránguiz Salazar). Trainer: Jaime Eusebio García Arévalo.
Flamengo: Matheus Cunha, Filipe Luís (69.Ayrton Lucas), David Luiz, Guillermo Varela Olivera (69.Léo Pereira), Fabrício Bruno, Arturo Erasmo Vidal Pardo (75.Erick Antonio Pulgar Farfán), Thiago Maia, Gerson, Gabriel Barbosa, Everton (74.Victor Hugo), Pedro. Trainer: Jorge Luis Sampaoli Moya (Argentina).
Goals: 0-1 Gabriel Barbosa (34), 1-1 Jorge Alexis Henríquez Neira (72).

07.06.2023, Estadio „Gonzalo Pozo Ripalda", Quito; Attendance: 4,079
Referee: Ángel Arteaga Cabriales (Venezuela)
SD Aucas Quito - CD Ñublense Chillán **0-0**
Aucas: Hernán Ismael Galíndez, Edison Armando Caicedo Castro [*sent off 10*], Aubrey Rudolph Robert David, Franklin Alexander Carabalí Carabalí (70.Jordan Lenín Rezabala Anzules), Rómulo Otero Vásquez, Édison Fernando Vega Obando, Carlos Andrés Cuero Quiñónez (79.Christian Fernando Alemán Alegría), Luis Ángel Cano Quintana (79.Jhonny Raúl Quiñónez Ruiz), Sergio Saúl Quintero Chavez (60.Michael Alexander Carcelén Carabalí), Eryc Leonel Castillo Arroyo, Jhon Jairo Cifuente Vergara (59.Kavier Vicente Ortíz Cortez). Trainer: César Alejandro Farías Acosta (Venezuela).
Ñublense: Alison Nicola Pérez Barone, Rafael Antonio Caroca Cordero, Bernardo Humberto Cerezo Rojas, Raimundo Andrés Rebolledo Valenzuela (64.Lucas Nicolás Abascia), Nicolás Mauricio Zalazar [*sent off 38*], Lorenzo Enrique Reyes Vicencio, Jovany Alberto Campusano Villega (31.Juan Guillermo Córdova Torres), Juan Andrés Leiva Mieres (73.Enzo Francesco Guerrero Segovia), Robinson Manuel Rivera Zúñiga, Patricio Rodolfo Rubio Pulgar (73.Andrés Alejandro Vilches Araneda), Bayron Andrés Oyarzo Muñoz (63.Jorge Alexis Henríquez Neira). Trainer: Jaime Eusebio García Arévalo.

08.06.2023, Estádio „Jornalista Mário Filho" [Maracanã], Rio de Janeiro; Attendance: 63,963
Referee: Gustavo Adrián Tejera Capo (Uruguay)
CR Flamengo Rio de Janeiro - Racing Club de Avellaneda   2-1(1-0)
Flamengo: Matheus Cunha, David Luiz, Ayrton Lucas (89.Filipe Luís), Fabrício Bruno, Wesley, Éverton Ribeiro (78.Matheus França), Erick Antonio Pulgar Farfán, Giorgian Daniel de Arrascaeta Benedetti (61.Everton), Thiago Maia (61.Victor Hugo), Gerson (88.Arturo Erasmo Vidal Pardo), Pedro. Trainer: Jorge Luis Sampaoli Moya (Argentina).
Racing Club: Gabriel Arias Arroyo, Leonardo Germán Sigali (53.Jonathan Sebastián Galván), Gonzalo Rubén Piovi, Gabriel Hernán Rojas, Facundo Mura, Jonathan David Gómez, Nicolás Adrián Oroz (76.Tomás Agustín Avilés Mancilla), Matías Nicolás Rojas Romero (85.Maximiliano Nicolás Moralez), Aníbal Ismael Moreno, Gabriel Agustín Hauche (76.José Paolo Guerrero Gonzales), Gastón Nicolás Reniero (46.Baltasar Luis Rodríguez). Trainer: Fernando Rubén Gago.
Goals: 1-0 Wesley (36), 1-1 Matías Nicolás Rojas Romero (49), 2-1 Victor Hugo (83).

28.06.2023, Estádio „Jornalista Mário Filho" [Maracanã], Rio de Janeiro; Attendance: 62,924
Referee: Andrés José Rojas Noguera (Colombia)
CR Flamengo Rio de Janeiro - SD Aucas Quito   4-0(3-0)
Flamengo: Matheus Cunha, Filipe Luís, David Luiz, Léo Pereira, Wesley (65.Fabrício Bruno), Éverton Ribeiro (66.Everton), Giorgian Daniel de Arrascaeta Benedetti, Thiago Maia (66.Erick Antonio Pulgar Farfán), Victor Hugo, Bruno Henrique (75.Matheus Gonçalves), Pedro (65.Gabriel Barbosa). Trainer: Jorge Luis Sampaoli Moya (Argentina).
Aucas: Hernán Ismael Galíndez, Wilker José Ángel Romero, Luis David Cangá Sánchez, Rómulo Otero Vásquez, Édison Fernando Vega Obando (77.Michael Alexander Carcelén Carabalí), Carlos Andrés Cuero Quiñónez, Jhonny Raúl Quiñónez Ruiz, Luis Ángel Cano Quintana (70.Jefferson Antonio Montero Vite), Sergio Saúl Quintero Chavez (46.Jeison Daniel Chalá Vásquez), Ronald Elain Briones Legarda (46.Diego Armando Corozo Castillo), Eryc Leonel Castillo Arroyo (70.Jhon Jairo Cifuente Vergara). Trainer: Santiago Escobar Saldarriaga (Colombia).
Goals: 1-0 Pedro (9), 2-0 Léo Pereira (30), 3-0 Bruno Henrique (42), 4-0 Victor Hugo (55).

28.06.2023, Estadio „Presidente Juan Domingo Perón", Avellaneda; Attendance: 17,385
Referee: Kevin Ortega Pimentel (Peru)
Racing Club de Avellaneda - CD Ñublense Chillán   4-0(0-0)
Racing Club: Gabriel Arias Arroyo, Leonardo Germán Sigali, Iván Alexis Pillud, Gonzalo Rubén Piovi, Gabriel Hernán Rojas, Jonathan David Gómez (69.Nicolás Adrián Oroz), Matías Nicolás Rojas Romero (89.Baltasar Luis Rodríguez), Aníbal Ismael Moreno (89.Tomás Agustín Avilés Mancilla), Juan Ignacio Martín Nardoni, Gabriel Agustín Hauche (69.José Paolo Guerrero Gonzales), Maximiliano Samuel Romero (86.Agustín Axel Ojeda). Trainer: Fernando Rubén Gago.
Ñublense: Alison Nicola Pérez Barone, Enzo Francesco Guerrero Segovia (60.Bayron Andrés Oyarzo Muñoz), Bernardo Humberto Cerezo Rojas, Juan Guillermo Córdova Torres, Raimundo Andrés Rebolledo Valenzuela, Lucas Nicolás Abascia, Juan Andrés Leiva Mieres (87.Walter Ignacio Martínez Tauda), Jorge Alexis Henríquez Neira (78.Branco Antonio Provoste Ovalle), Robinson Manuel Rivera Zúñiga, Pablo Mauricio Aránguiz Salazar (78.Rodrigo Antonio Cisterna Arancibia), Andrés Alejandro Vilches Araneda. Trainer: Jaime Eusebio García Arévalo.
Goals: 1-0 Matías Nicolás Rojas Romero (50), 2-0 Gabriel Agustín Hauche (54), 3-0 Aníbal Ismael Moreno (71), 4-0 Gonzalo Rubén Piovi (86).

FINAL STANDINGS

1.	**Racing Club de Avellaneda**	6	4	1	1	13	-	6	13
2.	**CR Flamengo Rio de Janeiro**	6	3	2	1	11	-	5	11
3.	*CD Ñublense Chillán*	6	1	2	3	3	-	10	5
4.	SD Aucas Quito	6	1	1	4	6	-	12	4

GROUP B

04.04.2023, Estadio „Atanasio Girardot", Medellín; Attendance: 19,311
Referee: Facundo Raúl Tello Figueroa (Argentina)
Deportivo Independiente Medellín - SC Internacional Porto Alegre   1-1(0-0)
Independiente Medellín: Luis Erney Vásquez Caicedo, Andrés Felipe Cadavid Cardona, Daniel Londoño Castañeda, Jordy Joâo Monroy Ararat, Édgar Felipe Pardo Castro, Daniel Alejandro Torres Rojas, Víctor Andrés Moreno Córdoba, Jaime Alberto Alvarado Hoyos, Enmerson Geovanny Batalla Martínez (82.David Alejandro Loaiza Gutiérrez), Luciano Daniel Pons (89.Diber Armando Cambindo Abonia), Edwuin Steven Cetré Angulo (82.Yulián Andrés Gómez Mosquera). Trainer: David González Giraldo.
Internacional: Keiller, Gabriel Iván Mercado (61.Rodrigo Moledo), Fabricio Tomás Bustos Sein, Vitão, Thauan Lara, Alan Patrick (90.Matheus Dias), Carlos María de Pena Bonino, Maurício (61.Pedro Henrique), João Lucas de Souza Cardoso (70.Gabriel Baralhas), Luiz Adriano (70.Lucca), Wanderson. Trainer: Mano Menezes.
Goals: 1-0 Víctor Andrés Moreno Córdoba (52), 1-1 Alan Patrick (86).

04.04.2023, Estadio Olímpico de la Universidad Central de Venezuela, Caracas; Attendance: 2,536
Referee: Fernando Andrés Rapallini (Argentina)
Metropolitanos de Caracas FC - Club Nacional de Football Montevideo   1-2(0-1)
Metropolitanos: Giancarlo Schiavone Modica, Jefre José Vargas Belisario, Néstor José Gabriel Cova Meneses, Andrés Enrique Ferro Peña, Carlos Eduardo Cermeño Uzcátegui (62.Jhon Lorens Marchán Cordero), Christian Adán Larotonda Adán (83.Walter Ramón Araújo Molinas), Robinson Daniel Flores Barrios, Edwin David Laszo Ramos, Carlos Jair Gruezo Chamorro, Charlis José Ortíz García (83.Francisco Vidal Bareiro Muñoz), Freddy Enrique Vargas Piñero. Trainer: José María Morr Azuaje.
Nacional: Sergio Ramón Rochet Álvarez, Fabián Ariel Noguera, Camilo Damián Cándido Aquino, Leandro Nicolás Lozano Fernández, Yonatan Alexis Rodríguez Benítez (73.Diego Martín Rodríguez Berrini), Marcos Daniel Montiel González, Francisco Ginella Dabezies, Emmanuel Gigliotti, Federico Andrés Martínez Berroa (66.Gastón Rodrigo Pereiro López), Alfonso Trezza Hernández, Franco Misael Fagúndez Rosa (73.Diego Martín Zabala Morales). Trainer: Álvaro Gutiérrez Felscher.
Goals: 0-1 Emmanuel Gigliotti (23), 1-1 Charlis José Ortíz García (52), 1-2 Francisco Ginella Dabezies (90+1).

18.04.2023, Estádio "José Pinheiro Borda" [Beira-Rio], Porto Alegre; Attendance: 27,885
Referee: Yael Cristian Falcón Pérez (Argentina)
SC Internacional Porto Alegre - Metropolitanos de Caracas FC   1-0(0-0)
Internacional: Keiller, Gabriel Iván Mercado, Renê, Vitão, Igor Gomes (63.Thauan Lara), Alan Patrick, Gabriel Baralhas (62.Gustavo Campanharo), João Lucas de Souza Cardoso (46.Carlos María de Pena Bonino), Luiz Adriano (71.Alemão), Pedro Henrique, Wanderson (79.Lucca). Trainer: Mano Menezes.
Metropolitanos: Giancarlo Schiavone Modica, Jefre José Vargas Belisario, Néstor José Gabriel Cova Meneses (88.Ely Antonio Valderrey Medino), Andrés Enrique Ferro Peña, Carlos Eduardo Cermeño Uzcátegui (68.Walter Ramón Araújo Molinas), Christian Adán Larotonda Adán, Robinson Daniel Flores Barrios, Edwin David Laszo Ramos, Carlos Jair Gruezo Chamorro, Charlis José Ortíz García (79.Steven Jesús Pabón Delgado), Freddy Enrique Vargas Piñero (68.Diego Andrés Castillo Mosquera). Trainer: José María Morr Azuaje.
Goal: 1-0 Alemão (90+1).

19.04.2023, Estadio Gran Parque Central, Montevideo; Attendance: 26,456
Referee: Darío Humberto Herrera (Argentina)
Club Nacional de Football Montevideo - Deportivo Independiente Medellín   2-1(1-0)
Nacional: Sergio Ramón Rochet Álvarez, Diego Fabián Polenta Musetti, Fabián Ariel Noguera, Camilo Damián Cándido Aquino, Leandro Nicolás Lozano Fernández, Diego Martín Zabala Morales, Yonatan Alexis Rodríguez Benítez (67.Marcos Daniel Montiel González), Francisco Ginella Dabezies (73.Diego Martín Rodríguez Berrini), Gastón Rodrigo Pereiro López (67.Manuel Monzeglio Velázquez), Federico Andrés Martínez Berroa, Juan Ignacio Ramírez Polero (58.Bruno Damiani). Trainer: Álvaro Gutiérrez Felscher.
Independiente Medellín: Luis Erney Vásquez Caicedo, Andrés Felipe Cadavid Cardona, Daniel Londoño Castañeda, Jordy Joâo Monroy Ararat, Édgar Felipe Pardo Castro (63.Deinner Alexander Quiñónes Quiñónes), Daniel Alejandro Torres Rojas (81.Andrés Ricaurte Vélez), Víctor Andrés Moreno Córdoba, Jaime Alberto Alvarado Hoyos, Miguel Ángel Monsalve González (63.Enmerson Geovanny Batalla Martínez), Luciano Daniel Pons, Diber Armando Cambindo Abonia. Trainer: David González Giraldo.
Goals: 1-0 Gastón Rodrigo Pereiro López (37), 1-1 Luciano Daniel Pons (79), 2-1 Fabián Ariel Noguera (90+6).

03.05.2023, Estádio "José Pinheiro Borda" [Beira-Rio], Porto Alegre; Attendance: 36,791
Referee: Facundo Raúl Tello Figueroa (Argentina)
SC Internacional Porto Alegre - Club Nacional de Football Montevideo   2-2(1-1)
Internacional: Keiller, Gabriel Iván Mercado, Renê, Vitão, Igor Gomes (64.Fabricio Tomás Bustos Sein), Gustavo Campanharo (86.Matheus Dias), Alan Patrick, Carlos María de Pena Bonino, Maurício (82.Lucca), Wanderson (64.Pedro Henrique), Alemão (82.Luiz Adriano). Trainer: Mano Menezes.
Nacional: Sergio Ramón Rochet Álvarez, Diego Fabián Polenta Musetti, Fabián Ariel Noguera, Camilo Damián Cándido Aquino, Leandro Nicolás Lozano Fernández, Diego Martín Rodríguez Berrini, Diego Martín Zabala Morales, Yonatan Alexis Rodríguez Benítez (67.Marcos Daniel Montiel González), Gastón Rodrigo Pereiro López (63.Franco Misael Fagúndez Rosa), Juan Ignacio Ramírez Polero (81.Bruno Damiani), Alfonso Trezza Hernández (90.Federico Andrés Martínez Berroa). Trainer: Álvaro Gutiérrez Felscher.
Goals: 1-0 Gabriel Iván Mercado (11), 1-1 Diego Martín Zabala Morales (38), 2-1 Carlos María de Pena Bonino (83), 2-2 Fabián Ariel Noguera (90+1).

03.05.2023, Estadio „Atanasio Girardot", Medellín; Attendance: 18,051
Referee: Cristian Marcelo Garay Reyes (Chile)
Deportivo Independiente Medellín - Metropolitanos de Caracas FC   4-2(4-1)
Independiente Medellín: Luis Erney Vásquez Caicedo, Andrés Felipe Cadavid Cardona, Daniel Londoño Castañeda, Jonathan Marulanda Vásquez, Andrés Ricaurte Vélez (79.Yulián Andrés Gómez Mosquera), Deinner Alexander Quiñónes Quiñónes (68.Edwuin Steven Cetré Angulo), Víctor Andrés Moreno Córdoba (46.Jhon Alexander Palacios Santos), Jaime Alberto Alvarado Hoyos (60.David Alejandro Loaiza Gutiérrez), Miguel Ángel Monsalve González (60.Enmerson Geovanny Batalla Martínez), Andrés Felipe Ibargüen García, Luciano Daniel Pons. Trainer: David González Giraldo.
Metropolitanos: Giancarlo Schiavone Modica, Jefre José Vargas Belisario, Andrés Enrique Ferro Peña, Ely Antonio Valderrey Medino (46.Néstor José Gabriel Cova Meneses), Carlos Eduardo Cermeño Uzcátegui (46.Walter Ramón Araújo Molinas), Christian Adán Larotonda Adán (79.Jhon Lorens Marchán Cordero), Robinson Daniel Flores Barrios (79.Ángelo Yonnier Lucena Soteldo), Edwin David Laszo Ramos, Carlos Jair Gruezo Chamorro, Charlis José Ortíz García, Diego Andrés Castillo Mosquera (46.Freddy Enrique Vargas Piñero). Trainer: José María Morr Azuaje.
Goals: 1-0 Carlos Jair Gruezo Chamorro (1 own goal), 1-1 Daniel Londoño Castañeda (15 own goal), 2-1 Andrés Felipe Cadavid Cardona (25), 3-1 Miguel Ángel Monsalve González (34), 4-1 Luciano Daniel Pons (45), 4-2 Jhon Lorens Marchán Cordero (90+3).

23.05.2023, Estadio „Atanasio Girardot", Medellín; Attendance: 15,466
Referee: Diego Mirko Haro Sueldo (Peru)
Deportivo Independiente Medellín - Club Nacional de Football Montevideo   2-1(1-1)
Independiente Medellín: Luis Erney Vásquez Caicedo, Andrés Felipe Cadavid Cardona, Daniel Londoño Castañeda, Jonathan Marulanda Vásquez (87.Jordy Joâo Monroy Ararat), Daniel Alejandro Torres Rojas, Víctor Andrés Moreno Córdoba, Jaime Alberto Alvarado Hoyos, Andrés Felipe Ibargüen García (88.Jhon Alexander Palacios Santos), Luciano Daniel Pons (74.David Alejandro Loaiza Gutiérrez), Edwuin Steven Cetré Angulo (65.Deinner Alexander Quiñónes Quiñónes), Diber Armando Cambindo Abonia. Trainer. Juan Sebastián Botero Arango.
Nacional: Sergio Ramón Rochet Álvarez, Diego Fabián Polenta Musetti, Fabián Ariel Noguera, Camilo Damián Cándido Aquino (74.Christian Andrés Almeida Rodríguez), Leandro Nicolás Lozano Fernández, Diego Martín Rodríguez Berrini (86.Marcos Daniel Montiel González), Diego Martín Zabala Morales, Yonatan Alexis Rodríguez Benítez, Juan Ignacio Ramírez Polero (74.Emmanuel Gigliotti), Alfonso Trezza Hernández (74.Federico Andrés Martínez Berroa), Franco Misael Fagúndez Rosa (66.Gastón Rodrigo Pereiro López). Trainer: Álvaro Gutiérrez Felscher.
Goals: 0-1 Diego Martín Rodríguez Berrini (12), 1-1 Andrés Felipe Ibargüen García (25), 2-1 Deinner Alexander Quiñónes Quiñónes (68).

25.05.2023, Estadio Olímpico de la Universidad Central de Venezuela, Caracas; Attendance: 2,385
Referee: Nicolás Martín Lamolina (Argentina)
Metropolitanos de Caracas FC - SC Internacional Porto Alegre   1-2(0-2)
Metropolitanos: Giancarlo Schiavone Modica, Jefre José Vargas Belisario, Néstor José Gabriel Cova Meneses (89.Jhon Lorens Marchán Cordero), José Luis Moreno Peña, Andrés Enrique Ferro Peña, Carlos Eduardo Cermeño Uzcátegui (79.Francisco Vidal Bareiro Muñoz), Christian Adán Larotonda Adán, Edwin David Laszo Ramos (46.Giovanny José Sequera Sequera [*sent off 84*]), Charlis José Ortíz García, Darwin de Jesús Gómez Rivas (83.Ángelo Yonnier Lucena Soteldo), Freddy Enrique Vargas Piñero (89.Irwin Rafael Antón Barroso). Trainer: José María Morr Azuaje.
Internacional: John Victor, Rodrigo Moledo, Nicolás Hernández Rodríguez [*sent off 90+3*], Thauan Lara, Gustavo Campanharo (46.Carlos María de Pena Bonino), Alan Patrick, Rômulo, Joâo Lucas de Souza Cardoso (72.Gabriel Baralhas), Luiz Adriano (66.Alemão), Pedro Henrique (82.Igor Gomes), Wanderson (67.Matheus Dias). Trainer: Mano Menezes.
Goals: 0-1 Alan Patrick (17 penalty), 0-2 Luiz Adriano (30), 1-2 Freddy Enrique Vargas Piñero (50).

07.06.2023, Estadio Gran Parque Central, Montevideo; Attendance: 29,155
Referee: Darío Humberto Herrera (Argentina)
Club Nacional de Football Montevideo - SC Internacional Porto Alegre   1-1(0-0)
Nacional: Sergio Ramón Rochet Álvarez, Diego Fabián Polenta Musetti, Christian Andrés Almeida Rodríguez, Fabián Ariel Noguera, Leandro Nicolás Lozano Fernández, Diego Martín Rodríguez Berrini (87.Bruno Damiani), Diego Martín Zabala Morales, Yonatan Alexis Rodríguez Benítez (66.Francisco Ginella Dabezies), Federico Andrés Martínez Berroa, Juan Ignacio Ramírez Polero, Franco Misael Fagúndez Rosa (66.Alfonso Trezza Hernández). Trainer: Álvaro Gutiérrez Felscher.
Internacional: John Victor, Gabriel Iván Mercado, Renê, Vitão, Igor Gomes, Alan Patrick, Carlos María de Pena Bonino (76.Gustavo Campanharo, Rômulo (87.Rodrigo Moledo), Joâo Lucas de Souza Cardoso, Luiz Adriano (65.Alemão), Pedro Henrique (65.Wanderson). Trainer: Mano Menezes.
Goals: 0-1 Alan Patrick (63), 1-1 Bruno Damiani (89).

08.06.2023, Estadio Olímpico de la Universidad Central de Venezuela, Caracas; Attendance: 2,329
Referee: Maximiliano Nicolás Ramírez (Argentina)
Metropolitanos de Caracas FC - Deportivo Independiente Medellín   0-1(0-0)
Metropolitanos: Giancarlo Schiavone Modica, Jefre José Vargas Belisario, José Luis Moreno Peña [*sent off* 70], Ely Antonio Valderrey Medino (72.Néstor José Gabriel Cova Meneses), Jhon Lorens Marchán Cordero (57.Carlos Eduardo Cermeño Uzcátegui), Christian Adán Larotonda Adán, Christian Alexander Camarillo Adames, Charlis José Ortíz García, Darwin de Jesús Gómez Rivas (72.Jayson Alfredo Martínez Vásquez), Freddy Enrique Vargas Piñero (87.Luis José Annese Aragúren), Francisco Vidal Bareiro Muñoz (72.Carlos Jair Gruezo Chamorro). Trainer: José María Morr Azuaje.
Independiente Medellín: Andrés Felipe Mosquera Marmolejo, Daniel Londoño Castañeda, Jordy Joâo Monroy Ararat, Jhon Alexander Palacios Santos, Andrés Ricaurte Vélez (60.Daniel Alejandro Torres Rojas), Víctor Andrés Moreno Córdoba, Jaime Alberto Alvarado Hoyos, Miguel Ángel Monsalve González (86.Jorge Leguín Cabezas Hurtado), Andrés Felipe Ibargüen García (10.Enmerson Geovanny Batalla Martínez; 86.Ever Augusto Valencia Ruiz), Luciano Daniel Pons, Edwuin Steven Cetré Angulo. Trainer: Juan Sebastián Botero Arango.
Goal: 0-1 Enmerson Geovanny Batalla Martínez (46).

28.06.2023, Estadio Gran Parque Central, Montevideo; Attendance: 30,832
Referee: Roberto Bruno Pérez Gutiérrez (Peru)
Club Nacional de Football Montevideo - Metropolitanos de Caracas FC   1-0(1-0)
Nacional: Sergio Ramón Rochet Álvarez, Diego Fabián Polenta Musetti, Fabián Ariel Noguera, Camilo Damián Cándido Aquino (85.Christian Andrés Almeida Rodríguez), Leandro Nicolás Lozano Fernández, Diego Martín Rodríguez Berrini, Diego Martín Zabala Morales, Yonatan Alexis Rodríguez Benítez (86.Marcos Daniel Montiel González), Gastón Rodrigo Pereiro López (66.Franco Misael Fagúndez Rosa), Federico Andrés Martínez Berroa (66.Alfonso Trezza Hernández), Juan Ignacio Ramírez Polero (63.Bruno Damiani). Trainer: Álvaro Gutiérrez Felscher.
Metropolitanos: Giancarlo Schiavone Modica, Jefre José Vargas Belisario, Néstor José Gabriel Cova Meneses, Andrés Enrique Ferro Peña, Steven Jesús Pabón Delgado, Carlos Eduardo Cermeño Uzcátegui (60.Giovanny José Sequera Sequera), Christian Adán Larotonda Adán, Charlis José Ortíz García (87.Oscar David Hinojosa Solís), Darwin de Jesús Gómez Rivas (74.Jayson Alfredo Martínez Vásquez), Freddy Enrique Vargas Piñero (60.Juan Ernesto Mancín Salami), Francisco Vidal Bareiro Muñoz (74.Luis José Annese Aragúren). Trainer: José María Morr Azuaje.
Goal: 1-0 Diego Fabián Polenta Musetti (40).

28.06.2023, Estádio "José Pinheiro Borda" [Beira-Rio], Porto Alegre; Attendance: 38,567
Referee: Facundo Raúl Tello Figueroa (Argentina)
SC Internacional Porto Alegre - Deportivo Independiente Medellín   3-1(3-0)
Internacional: John Victor, Gabriel Iván Mercado, Renê, Fabricio Tomás Bustos Sein, Vitão, Alan Patrick, Rômulo, Maurício (63.Carlos María de Pena Bonino), João Lucas de Souza Cardoso, Luiz Adriano (46.Pedro Henrique; 86.Jean Dias), Wanderson (80.Alemão). Trainer: Mano Menezes.
Independiente Medellín: Andrés Felipe Mosquera Marmolejo, Andrés Felipe Cadavid Cardona, Daniel Londoño Castañeda, Jordy Joâo Monroy Ararat, Jhon Alexander Palacios Santos, Daniel Alejandro Torres Rojas (82.Deinner Alexander Quiñónes Quiñónes), Jaime Alberto Alvarado Hoyos, Miguel Ángel Monsalve González (60.Enmerson Geovanny Batalla Martínez), Luciano Daniel Pons, Edwuin Steven Cetré Angulo (60.Ever Augusto Valencia Ruiz), Jorge Leguín Cabezas Hurtado (29.David Alejandro Loaiza Gutiérrez). Trainer: Juan Sebastián Botero Arango.
Goals: 1-0 Maurício (3), 2-0 Luiz Adriano (22), 3-0 Luiz Adriano (27), 3-1 Luciano Daniel Pons (50).

FINAL STANDINGS

1.	**SC Internacional Porto Alegre**	6	3	3	0	10	- 6	12
2.	**Club Nacional de Football Montevideo**	6	3	2	1	9	- 7	11
3.	*Deportivo Independiente Medellín*	6	3	1	2	10	- 9	10
4.	Metropolitanos de Caracas FC	6	0	0	6	4	- 11	0

| **GROUP C** |

05.04.2023, Estadio „General Pablo Rojas", Asunción
Referee: Darío Humberto Herrera (Argentina)
Club Cerro Porteño Asunción - Barcelona SC Guayaquil   **2-1(1-0)**
Cerro Porteño: Jean Paulo Fernandes Filho, Eduardo Schroeder Brock, Alberto Espínola Giménez (88.Enzo Daniel Giménez Rojas), Gabriel Alejandro Báez Corradi, Claudio Ezequiel Aquino (89.Antonio Javier Galeano Ferreira), Federico Gastón Carrizo (81.Ronaldo Nawel De Jesús López), Robert Ayrton Piris Da Motta, Rafael Andrés Carrascal Avilez, Damián Josué Bobadilla Benítez, Diego Churín Puyo, Robert Osmar Morales Benítez (81.Braian José Samudio Segovia). Trainer: Facundo Sava (Argentina).
Barcelona SC: Javier Nicolás Burrai, Carlos Emiliano Rodríguez Rodríguez, Pedro Pablo Velasco Arboleda, Lucas Alexander Sosa, Joshué Jampier Quiñónez Rodríguez (46.Germán Agustín Rodríguez Rosano), Damián Rodrigo Díaz (46.Cristian Jonatan Ortíz), Fernando Vicente Gaibor Orellana (85.Fidel Francisco Martínez Tenorio), Bruno Piñatares Prieto, Adonis Stalin Preciado Quintero (64.Jonathan Jesús Bauman), Francisco David Fydriszewski (64.Janner Hitcler Corozo Alman), Segundo Arlen Portocarrero Rodríguez. Trainer: Fabián Daniel Bustos Barbero (Argentina).
Goals: 1-0 Claudio Ezequiel Aquino (28 penalty), 1-1 Cristian Jonatan Ortíz (70), 2-1 Diego Churín Puyo (73).

05.04.2023, Estadio „Hernando Siles Reyes", La Paz; Attendance: 16,178
Referee: Alexis Adrián Herrera Hernández (Venezuela)
Club Bolívar La Paz - SE Palmeiras São Paulo   **3-1(2-1)**
Bolívar: Carlos Emilio Lampe Porras, Diego Bejarano Ibañez (68.Nicolás Agustín Ferreyra), José Manuel Sagredo Chávez [*sent off 52*], Jesús Manuel Sagredo Chávez, Bryan Daniel Bentaberry Varela, Roberto Carlos Fernández Toro, Fernando Javier Saucedo Pereyra (75.Leonel Justiniano Arauz), Pablo Hervías Ruiz (81.Miguel Ángel Villarroel Tardio), Gabriel Alejandro Villamíl Cortéz, Patricio Julián Rodríguez (68.Javier Uzeda Alderete), Ronnie Alan Fernández Sáez (81.Gabriel Buscariol Poveda). Trainer: Beñat San José Gil (Spain).
Palmeiras: Marcelo Lomba, Luan, Mayke (63.Pedro Lima), Gustavo Garcia (46.Gabriel Menino), Vanderlan, Jaílson [*sent off 44*], Fabinho (46.Richard Ríos Montoya), José Manuel Alberto López, Kaiky Naves (77.Ian Custódio), Breno Lopes (81.Rafael Navarro), Artur. Trainer: Abel Ferreira.
Goals: 0-1 José Manuel Alberto López (13), 1-1 Pablo Hervías Ruiz (20), 2-1 Diego Bejarano Ibañez (45+1), 3-1 Javier Uzeda Alderete (89).

19.04.2023, Estadio Monumental „Isidro Romero Carbo", Guayaquil; Attendance: 12,235
Referee: Kevin Ortega Pimentel (Peru)
Barcelona SC Guayaquil - Club Bolívar La Paz   **2-1(1-0)**
Barcelona SC: Javier Nicolás Burrai, Carlos Emiliano Rodríguez Rodríguez, Mario Alberto Pineida Martínez, Pedro Pablo Velasco Arboleda, Lucas Alexander Sosa, Damián Rodrigo Díaz (84.Fidel Francisco Martínez Tenorio), Fernando Vicente Gaibor Orellana (77.Bruno Piñatares Prieto), Janner Hitcler Corozo Alman (62.Gabriel Jhon Cortéz Casierra), Leonai Souza de Almeida, Cristian Jonatan Ortíz (62.Jonathan Jesús Bauman), Francisco David Fydriszewski (62.Adonis Stalin Preciado Quintero). Trainer: Fabián Daniel Bustos Barbero (Argentina).
Bolívar: Carlos Emilio Lampe Porras, Diego Bejarano Ibañez (84.Gabriel Buscariol Poveda), Jesús Manuel Sagredo Chávez, Nicolás Agustín Ferreyra, Bryan Daniel Bentaberry Varela, Roberto Carlos Fernández Toro, Fernando Javier Saucedo Pereyra (84.Miguel Ángel Villarroel Tardio), Pablo Hervías Ruiz (68.Lucas Leónidas Chávez Cruz), Leonel Justiniano Arauz (58.Patricio Julián Rodríguez), Gabriel Alejandro Villamíl Cortéz (83.Carlos Antonio Melgar Vargas), Ronnie Alan Fernández Sáez. Trainer: Beñat San José Gil (Spain).
Goals: 1-0 Fernando Vicente Gaibor Orellana (37), 1-1 Ronnie Alan Fernández Sáez (70), 2-1 Jonathan Jesús Bauman (74).

20.04.2023, Estádio „Estádio Cícero Pompeu de Toledo" [Morumbi], São Paulo
Referee: Fernando Andrés Rapallini (Argentina)
SE Palmeiras São Paulo - Club Cerro Porteño Asunción   **2-1(0-1)**
Palmeiras: Weverton, Marcos Rocha, Gustavo Raúl Gómez Portillo, Luan, Vanderlan, Zé Rafael, Gabriel Menino (46.Richard Ríos Montoya), José Manuel Alberto López (55.Rafael Navarro), Jhonatan (55.Endrick), Dudu (87.Breno Lopes), Artur (83.Gustavo Garcia). Trainer: Abel Ferreira.
Cerro Porteño: Jean Paulo Fernandes Filho, Eduardo Schroeder Brock, Alberto Espínola Giménez (87.Enzo Daniel Giménez Rojas), Gabriel Alejandro Báez Corradi, Claudio Ezequiel Aquino, Federico Gastón Carrizo (46.Braian José Samudio Segovia), Robert Ayrton Piris Da Motta, Rafael Andrés Carrascal Avilez (88.Ángel Rodrigo Cardozo Lucena), Damián Josué Bobadilla Benítez, Diego Churín Puyo (58.Fernando Fabián Fernández Acosta), Robert Osmar Morales Benítez (72.Antonio Javier Galeano Ferreira). Trainer: Facundo Sava (Argentina).
Goals: 0-1 Damián Josué Bobadilla Benítez (5), 1-1 Gustavo Raúl Gómez Portillo (64), 2-1 Rafael Navarro (76).

03.05.2023, Estadio „General Pablo Rojas", Asunción; Attendance: 32,630
Referee: Wilmar Alexander Roldán Pérez (Colombia)
Club Cerro Porteño Asunción - Club Bolívar La Paz   **0-4(0-3)**
Cerro Porteño: Jean Paulo Fernandes Filho, Eduardo Schroeder Brock, Alberto Espínola Giménez (73.Enzo Daniel Giménez Rojas), Gabriel Alejandro Báez Corradi, Claudio Ezequiel Aquino, Federico Gastón Carrizo (60.Antonio Javier Galeano Ferreira), Robert Ayrton Piris Da Motta, Rafael Andrés Carrascal Avilez (60.Wilder Viera Caballero), Damián Josué Bobadilla Benítez (87.Sergio Ismael Díaz Velázquez), Fernando Fabián Fernández Acosta, Robert Osmar Morales Benítez (46.Braian José Samudio Segovia). Trainer: Facundo Sava (Argentina).
Bolívar: Carlos Emilio Lampe Porras, Diego Bejarano Ibañez (81.Jesús Manuel Sagredo Chávez), José Manuel Sagredo Chávez, Nicolás Agustín Ferreyra, Bryan Daniel Bentaberry Varela, Roberto Carlos Fernández Toro [*sent off 86*], Fernando Javier Saucedo Pereyra (81.Leonel Justiniano Arauz), Carlos Antonio Melgar Vargas (73.Miguel Ángel Villarroel Tardio), Gabriel Alejandro Villamíl Cortéz, Patricio Julián Rodríguez (73.Ramiro Vaca Ponce), Carmelo Algarañaz Añez (88.Gabriel Buscariol Poveda). Trainer: Beñat San José Gil (Spain).
Goals: 0-1 Gabriel Alejandro Villamíl Cortéz (18), 0-2 Robert Ayrton Piris Da Motta (23 own goal), 0-3 Diego Bejarano Ibañez (25), 0-4 Patricio Julián Rodríguez (49).

03.05.2023, Estadio Monumental „Isidro Romero Carbo", Guayaquil; Attendance: 17,726
Referee: Andrés José Rojas Noguera (Colombia)
Barcelona SC Guayaquil - SE Palmeiras São Paulo   **0-2(0-1)**
Barcelona SC: Víctor Eduardo Mendoza Izurieta, Carlos Emiliano Rodríguez Rodríguez, Mario Alberto Pineida Martínez, Pedro Pablo Velasco Arboleda (73.Segundo Arlen Portocarrero Rodríguez), Lucas Alexander Sosa, Damián Rodrigo Díaz (73.Gabriel Jhon Cortéz Casierra), Fernando Vicente Gaibor Orellana, Janner Hitcler Corozo Alman (61.Francisco David Fydriszewski), Leonai Souza de Almeida, Cristian Jonatan Ortíz (46.Adonis Stalin Preciado Quintero), Germán Agustín Rodríguez Rosano (61.Jonathan Jesús Bauman). Trainer: Fabián Daniel Bustos Barbero (Argentina).
Palmeiras: Weverton, Gustavo Raúl Gómez Portillo, Mayke, Joaquín Piquerez Moreira, Murilo (29.Luan), Zé Rafael, Raphael Veiga (72.Richard Ríos Montoya), Gabriel Menino, Dudu (72.Breno Lopes), Rony (79.Gustavo Garcia), Artur (80.Rafael Navarro). Trainer: Abel Ferreira.
Goals: 0-1 Raphael Veiga (45+3 penalty), 0-2 Gustavo Raúl Gómez Portillo (47).

23.05.2023, Estadio „Hernando Siles Reyes", La Paz
Referee: Francisco Giuliano Gilabert Morales (Chile)
Club Bolívar La Paz - Barcelona SC Guayaquil   1-0(0-0)
Bolívar: Carlos Emilio Lampe Porras, Diego Bejarano Ibañez (86.Miguel Ángel Villarroel Tardio), José Manuel Sagredo Chávez (62.Jesús Manuel Sagredo Chávez), Nicolás Agustín Ferreyra, Bryan Daniel Bentaberry Varela, Fernando Javier Saucedo Pereyra (57.Ramiro Vaca Ponce), Pablo Hervías Ruiz (57.Javier Uzeda Alderete), Gabriel Alejandro Villamíl Cortéz, Lucas Leónidas Chávez Cruz (63.Gabriel Buscariol Poveda), Patricio Julián Rodríguez, Ronnie Alan Fernández Sáez. Trainer: Beñat San José Gil (Spain).
Barcelona SC: Víctor Eduardo Mendoza Izurieta, Pedro Pablo Velasco Arboleda, Lucas Alexander Sosa, Joshué Jampier Quiñónez Rodríguez, Bruno Piñatares Prieto, Janner Hitcler Corozo Alman (46.Fidel Francisco Martínez Tenorio; 56.Guillermo Alejandro Rendón Moreira), Adonis Stalin Preciado Quintero (51.Germán Agustín Rodríguez Rosano), Leonai Souza de Almeida, Cristian Jonatan Ortíz (51.Jonathan Jesús Bauman), Francisco David Fydriszewski, Segundo Arlen Portocarrero Rodríguez. Trainer: Fabián Daniel Bustos Barbero (Argentina).
Goal: 1-0 Ronnie Alan Fernández Sáez (90+5).

24.05.2023, Estadio „General Pablo Rojas", Asunción; Attendance: 23,492
Referee: Andrés Matías Matonte Cabrera (Uruguay)
Club Cerro Porteño Asunción - SE Palmeiras São Paulo   0-3(0-1)
Cerro Porteño: Jean Paulo Fernandes Filho, Juan Gabriel Patiño Martínez (46.Pedro Esteban Álvarez Benitez), Alberto Espínola Giménez, Gabriel Alejandro Báez Corradi [*sent off 15*], Claudio Ezequiel Aquino (73.Alexis Adrián Fariña Romero), Federico Gastón Carrizo (17.Leonardo Daniel Rivas Conge), Robert Ayrton Piris Da Motta, Ángel Rodrigo Cardozo Lucena, Wilder Viera Caballero (73.Damián Josué Bobadilla Benítez), Diego Churín Puyo, Antonio Javier Galeano Ferreira (90+1.Robert Osmar Morales Benítez). Trainer: Facundo Sava (Argentina).
Palmeiras: Weverton, Gustavo Raúl Gómez Portillo, Luan, Mayke, Joaquín Piquerez Moreira, Zé Rafael (74.Jaílson), Raphael Veiga (59.Richard Ríos Montoya [*sent off 77*]), Gabriel Menino (59.Jhonatan), Dudu (67.Breno Lopes), Rony (74.José Manuel Alberto López), Artur. Trainer: Abel Ferreira.
Goals: 0-1 Artur (25), 0-2 Artur (58), 0-3 Rony (68).

06.06.2023, Estadio „Hernando Siles Reyes", La Paz; Attendance: 16,281
Referee: Cristian Marcelo Garay Reyes (Chile)
Club Bolívar La Paz - Club Cerro Porteño Asunción   2-0(1-0)
Bolívar: Carlos Emilio Lampe Porras, Diego Bejarano Ibañez (85.Miguel Ángel Villarroel Tardio), José Manuel Sagredo Chávez, Nicolás Agustín Ferreyra, Bryan Daniel Bentaberry Varela (67.Jesús Manuel Sagredo Chávez), Roberto Carlos Fernández Toro (90+4.Javier Uzeda Alderete), Leonel Justiniano Arauz, Gabriel Alejandro Villamíl Cortéz, Lucas Leónidas Chávez Cruz (66.Carmelo Algarañaz Añez), Patricio Julián Rodríguez (66.Ramiro Vaca Ponce), Ronnie Alan Fernández Sáez. Trainer: Beñat San José Gil (Spain).
Cerro Porteño: Jean Paulo Fernandes Filho, Alberto Espínola Giménez, Pedro Esteban Álvarez Benitez (75.Eduardo Schroeder Brock), Leonardo Daniel Rivas Conge, Claudio Ezequiel Aquino (76.Robert Osmar Morales Benítez), Federico Gastón Carrizo, Robert Ayrton Piris Da Motta, Ángel Rodrigo Cardozo Lucena, Enzo Daniel Giménez Rojas (85.Antonio Javier Galeano Ferreira), Wilder Viera Caballero (40.Damián Josué Bobadilla Benítez), Diego Churín Puyo. Trainer: Facundo Sava (Argentina).
Goals: 1-0 Gabriel Alejandro Villamíl Cortéz (5), 2-0 Lucas Leónidas Chávez Cruz (48).

07.06.2023, Allianz Parque, São Paulo; Attendance: 33,602
Referee: Andrés José Rojas Noguera (Colombia)
SE Palmeiras São Paulo - Barcelona SC Guayaquil **4-2(0-2)**
Palmeiras: Weverton, Gustavo Raúl Gómez Portillo, Luan, Mayke, Joaquín Piquerez Moreira, Zé Rafael (87.Jaílson), Raphael Veiga, Gabriel Menino (46.José Manuel Alberto López), Dudu (84.Breno Lopes), Rony (84.Endrick), Artur (90+2.Bruno Tabata). Trainer: Abel Ferreira.
Barcelona SC: Víctor Eduardo Mendoza Izurieta, Mario Alberto Pineida Martínez (22.Adonis Stalin Preciado Quintero), Lucas Alexander Sosa, Joshué Jampier Quiñónez Rodríguez (61.Bruno Piñatares Prieto), Damián Rodrigo Díaz, Fernando Vicente Gaibor Orellana, Janner Hitcler Corozo Alman, Leonai Souza de Almeida, Cristian Jonatan Ortíz (84.Germán Agustín Rodríguez Rosano), Francisco David Fydriszewski, Segundo Arlen Portocarrero Rodríguez. Trainer: Fabián Daniel Bustos Barbero (Argentina).
Goals: 0-1 Francisco David Fydriszewski (33), 0-2 Francisco David Fydriszewski (38), 1-2 Gustavo Raúl Gómez Portillo (46), 2-2 Joaquín Piquerez Moreira (58), 3-2 Artur (70), 4-2 Endrick (86).

29.06.2023, Allianz Parque, São Paulo; Attendance: 33,250
Referee: Jesús Noel Valenzuela Sáez (Venezuela)
SE Palmeiras São Paulo - Club Bolívar La Paz **4-0(2-0)**
Palmeiras: Weverton, Gustavo Raúl Gómez Portillo, Luan, Mayke, Joaquín Piquerez Moreira, Raphael Veiga (87.Jhonatan), Gabriel Menino (87.Luis Guilherme), Richard Ríos Montoya (87.Fabinho), Dudu (90.Breno Lopes), Rony, Artur (87.Kaiky Naves). Trainer: Abel Ferreira.
Bolívar: Carlos Emilio Lampe Porras, José Manuel Sagredo Chávez (74.Carmelo Algarañaz Añez), Jesús Manuel Sagredo Chávez, Nicolás Agustín Ferreyra, Bryan Daniel Bentaberry Varela, Roberto Carlos Fernández Toro, Fernando Javier Saucedo Pereyra (65.Pablo Hervías Ruiz), Leonel Justiniano Arauz, Gabriel Alejandro Villamíl Cortéz, Patricio Julián Rodríguez (84.Ramiro Vaca Ponce), Ronnie Alan Fernández Sáez (85.Lucas Leónidas Chávez Cruz). Trainer: Beñat San José Gil (Spain).
Goals: 1-0 Rony (24), 2-0 Artur (34), 3-0 Joaquín Piquerez Moreira (76), 4-0 Artur (85).

29.06.2023, Estadio Monumental „Isidro Romero Carbo", Guayaquil
Referee: Darío Humberto Herrera (Argentina)
Barcelona SC Guayaquil - Club Cerro Porteño Asunción **2-2(0-2)**
Barcelona SC: Javier Nicolás Burrai, Carlos Emiliano Rodríguez Rodríguez, Mario Alberto Pineida Martínez (74.Germán Agustín Rodríguez Rosano), Lucas Alexander Sosa, Damián Rodrigo Díaz (69.Fidel Francisco Martínez Tenorio), Fernando Vicente Gaibor Orellana (74.Gabriel Jhon Cortéz Casierra), Janner Hitcler Corozo Alman, Adonis Stalin Preciado Quintero (46.Cristian Jonatan Ortíz), Leonai Souza de Almeida, Francisco David Fydriszewski (46.Jonathan Jesús Bauman), Segundo Arlen Portocarrero Rodríguez. Trainer: Fabián Daniel Bustos Barbero (Argentina).
Cerro Porteño: Jean Paulo Fernandes Filho, Juan Gabriel Patiño Martínez, Eduardo Schroeder Brock, Alberto Espínola Giménez (58.Enzo Daniel Giménez Rojas), Gabriel Alejandro Báez Corradi, Claudio Ezequiel Aquino, Federico Gastón Carrizo (82.Antonio Javier Galeano Ferreira), Rafael Andrés Carrascal Avilez, Wilder Viera Caballero (77.Ángel Rodrigo Cardozo Lucena), Damián Josué Bobadilla Benítez (82.Pedro Esteban Álvarez Benitez), Diego Churín Puyo. Trainer: Facundo Sava (Argentina).
Goals: 0-1 Damián Josué Bobadilla Benítez (2), 0-2 Claudio Ezequiel Aquino (43 penalty), 1-2 Janner Hitcler Corozo Alman (57), 2-2 Jonathan Jesús Bauman (87 penalty).

FINAL STANDINGS

1.	**SE Palmeiras São Paulo**	6	5	0	1	16	-	6	15
2.	**Club Bolívar La Paz**	6	4	0	2	11	-	7	12
3.	*Barcelona SC Guayaquil*	6	1	1	4	7	-	12	4
4.	Club Cerro Porteño Asunción	6	1	1	4	5	-	14	4

GROUP D

04.04.2023, Estadio „Hernando Siles Reyes", La Paz; Attendance: 27,581
Referee: Jesús Noel Valenzuela Sáez (Venezuela)
Club The Strongest La Paz - CA River Plate Buenos Aires   3-1(2-0)
The Strongest: Guillermo Viscarra Bruckner, Gonzalo Gabriel Castillo Cabral, Carlos Daniel Roca Avellaneda, Adrián Johnny Jusino Cerruto, Michael Javier Ortega Dieppa (67.Carlos Julio Robles Rocha), Luciano Nahuel Ursino Pegolo (83.Junior Gabriel Arias Cácerers), Jaime Darío Arrascaita Iriondo, Alvaro Daniel Quiroga Sardina, Enrique Luis Triverio (84.Gabriel Agustín Sotomayor Cardozo), Eugenio Horacio Isnaldo (75.José Alfredo Flores López), Jeyson Ariel Chura Almanza (66.Saúl Torres Rojas). Trainer: Ismael Rescalvo Sánchez (Spain).
River Plate: Franco Armani, Paulo César Díaz Huincales, Emanuel Hernán Mammana, Enzo Hernán Díaz, Marcelo Andrés Herrera Mansilla Barrios, Enzo Nicolás Pérez (55.Ignacio Martín Fernández), Rodrigo Germán Aliendro, Agustín Palavecino Lamela (81.Esequiel Omar Barco), José Antonio Paradela (55.Santiago Simón), Lucas Beltrán (81.José Salomón Rondón Giménez), Pablo César Solari Ferreyra (67.Miguel Ángel Borja Hernández). Trainer: Martín Gastón Demichelis.
Goals: 1-0 Enrique Luis Triverio (25 penalty), 2-0 Enrique Luis Triverio (35), 3-0 Gonzalo Gabriel Castillo Cabral (48), 3-1 Lucas Beltrán (66 penalty).

05.04.2023, Estadio Nacional, Lima
Referee: Wilmar Alexander Roldán Pérez (Colombia)
Club Sporting Cristal Lima - Fluminense FC Rio de Janeiro   1-3(1-1)
Sporting Cristal: Renato Alfredo Solis Salinas, Gianfranco Chávez Massoni, Ignacio da Silva Oliveira, Carlos Jhilmar Lora Saavedra, Leonardo Javier Díaz Laffore (69.Washington Bryan Corozo Becerra), Víctor Yoshimar Yotún Flores [sent off 90+6], Leandro Sosa Toranza (62.Jostin Alexis Alarcón Paquiyauri), Jesús Emanuel Pretell Panta (85.Gerald Martin Távara Mogollón), Jesús Abdallah Castillo Molina, Brenner Marlos Varanda de Oliveira (69.Irven Beybe Ávila Acero), Joao Alberto Grimaldo Ubidia (86.Alejandro Hohberg González). Trainer: Tiago Retzlaff Nunes (Brazil).
Fluminense: Fábio, Marcelo (64.Lima), Samuel Xavier, Nino, Felipe Melo (46.Vitor Mendes), Ganso (78.Thiago Santos), Jhon Adolfo Arias Andrade, André, Alexsander, Germán Ezequiel Cano Recalde (78.Lelê), Keno (70.Gabriel Pirani). Trainer: Fernando Diniz.
Goals: 1-0 Joao Alberto Grimaldo Ubidia (18), 1-1 Germán Ezequiel Cano Recalde (35), 1-2 Germán Ezequiel Cano Recalde (59), 1-3 Vitor Mendes (81).

18.04.2023, Estádio „Jornalista Mário Filho" [Maracanã], Rio de Janeiro; Attendance: 52,419
Referee: Carlos Arturo Ortega Jaimes (Colombia)
Fluminense FC Rio de Janeiro - Club The Strongest La Paz   1-0(1-0)
Fluminense: Fábio, Marcelo (30.John Kennedy), Samuel Xavier, Nino, Felipe Melo (72.Vitor Mendes), Ganso, Lima, Jhon Adolfo Arias Andrade (81.Gabriel Pirani), André, Alexsander, Germán Ezequiel Cano Recalde (81.Lelê). Trainer: Fernando Diniz.
The Strongest: Guillermo Viscarra Bruckner, Gonzalo Gabriel Castillo Cabral, Saúl Torres Rojas (87.José Alfredo Flores López), Carlos Daniel Roca Avellaneda, Adrián Johnny Jusino Cerruto, Carlos Julio Robles Rocha, Michael Javier Ortega Dieppa (72.John Elian García Sossa), Jaime Darío Arrascaita Iriondo, Alvaro Daniel Quiroga Sardina (81.Junior Gabriel Arias Cácerers), Enrique Luis Triverio, Eugenio Horacio Isnaldo (73.Sebastián Matías Claure Sanz). Trainer: Ismael Rescalvo Sánchez (Spain).
Goal: 1-0 Nino (40).

19.04.2023, Estadio Monumental „Antonio Vespucio Liberti", Buenos Aires; Attendance: 62,978
Referee: John Alexander Ospina Londoño (Colombia)
CA River Plate Buenos Aires - Club Sporting Cristal Lima   **4-2(2-2)**
River Plate: Franco Armani, Milton Oscar Casco, Leandro Martín González Pírez, Paulo César Díaz Huincales, Enzo Hernán Díaz [*sent off 38*], Enzo Nicolás Pérez (86.Agustín Palavecino Lamela), Ignacio Martín Fernández (60.Marcelo Andrés Herrera Mansilla Barrios), Diego Nicolás de la Cruz Arcosa (46.Rodrigo Germán Aliendro), Esequiel Omar Barco, José Salomón Rondón Giménez (46.Pablo César Solari Ferreyra), Lucas Beltrán (76.José Antonio Paradela). Trainer: Martín Gastón Demichelis.
Sporting Cristal: Renato Alfredo Solis Salinas, Gianfranco Chávez Massoni, Ignacio da Silva Oliveira, Rafael Julián Lutiger Vidalón (59.Irven Beybe Ávila Acero; 65.Joao Alberto Grimaldo Ubidia), Carlos Jhilmar Lora Saavedra, Leonardo Javier Díaz Laffore (73.Johan Arturo Alexander Madrid Reyes), Jesús Emanuel Pretell Panta (65.Gerald Martin Távara Mogollón), Jesús Abdallah Castillo Molina, Jostin Alexis Alarcón Paquiyauri (73.Leandro Sosa Toranza), Brenner Marlos Varanda de Oliveira, Washington Bryan Corozo Becerra. Trainer: Tiago Retzlaff Nunes (Brazil).
Goals: 0-1 Ignacio da Silva Oliveira (6), 1-1 Diego Nicolás de la Cruz Arcosa (18), 2-1 Lucas Beltrán (36), 2-2 Washington Bryan Corozo Becerra (41), 3-2 Esequiel Omar Barco (52), 4-2 Pablo César Solari Ferreyra (61).

02.05.2023, Estádio „Jornalista Mário Filho" [Maracanã], Rio de Janeiro; Attendance: 62,505
Referee: Esteban Daniel Ostojich Vega (Uruguay)
Fluminense FC Rio de Janeiro - CA River Plate Buenos Aires   **5-1(1-1)**
Fluminense: Fábio, Marcelo (88.John Kennedy), Samuel Xavier, Nino, Felipe Melo (70.Vitor Mendes), Ganso, Jhon Adolfo Arias Andrade, André, Alexsander, Germán Ezequiel Cano Recalde (88.Lelê), Keno (40.Lima). Trainer: Fernando Diniz.
River Plate: Franco Armani, Milton Oscar Casco, Leandro Martín González Pírez, Emanuel Hernán Mammana (62.Pablo César Solari Ferreyra), Marcelo Andrés Herrera Mansilla Barrios, Enzo Nicolás Pérez (83.Agustín Palavecino Lamela), Ignacio Martín Fernández (70.Robert Samuel Rojas Chávez), Rodrigo Germán Aliendro, Diego Nicolás de la Cruz Arcosa (62.José Antonio Paradela), Esequiel Omar Barco, Lucas Beltrán (83.Santiago Simón). Trainer: Martín Gastón Demichelis.
Goals: 1-0 Germán Ezequiel Cano Recalde (29), 1-1 Lucas Beltrán (39), 2-1 Germán Ezequiel Cano Recalde (53), 3-1 Jhon Adolfo Arias Andrade (75), 4-1 Germán Ezequiel Cano Recalde (86), 5-1 Jhon Adolfo Arias Andrade (90+1).

02.05.2023, Estadio Nacional, Lima; Attendance: 13,354
Referee: Leodán Franklin González Cabrera (Uruguay)
Club Sporting Cristal Lima - Club The Strongest La Paz   **1-0(0-0)**
Sporting Cristal: Renato Alfredo Solis Salinas, Gianfranco Chávez Massoni, Ignacio da Silva Oliveira, Rafael Julián Lutiger Vidalón (64.Jostin Alexis Alarcón Paquiyauri), Carlos Jhilmar Lora Saavedra, Víctor Yoshimar Yotún Flores, Gerald Martin Távara Mogollón (46.Jesús Abdallah Castillo Molina), Jesús Emanuel Pretell Panta (90.Juan Gilbert Sánchez Rosales), Alejandro Hohberg González (86.Leonardo Javier Díaz Laffore), Brenner Marlos Varanda de Oliveira (46.Washington Bryan Corozo Becerra), Joao Alberto Grimaldo Ubidia. Trainer: Tiago Retzlaff Nunes (Brazil).
The Strongest: Guillermo Viscarra Bruckner, Gonzalo Gabriel Castillo Cabral, Saúl Torres Rojas, Carlos Daniel Roca Avellaneda, Adrián Johnny Jusino Cerruto, Carlos Julio Robles Rocha (86.Junior Gabriel Arias Cácerers), Michael Javier Ortega Dieppa (69.Alvaro Daniel Quiroga Sardina), Luciano Nahuel Ursino Pegolo (78.Cristian Paul Arano Ruiz), Jaime Darío Arrascaita Iriondo (46.Eugenio Horacio Isnaldo), John Elian García Sossa, Enrique Luis Triverio. Trainer: Ismael Rescalvo Sánchez (Spain).
Goal: 1-0 Carlos Jhilmar Lora Saavedra (80).

25.05.2023, Estadio „Hernando Siles Reyes", La Paz
Referee: Felipe Andrés González Alveal (Chile)
Club The Strongest La Paz - Fluminense FC Rio de Janeiro   1-0(1-0)
The Strongest: Guillermo Viscarra Bruckner, Gonzalo Gabriel Castillo Cabral, Saúl Torres Rojas, Carlos Daniel Roca Avellaneda, Adrián Johnny Jusino Cerruto, Michael Javier Ortega Dieppa (79.Junior Gabriel Arias Cácerers), Luciano Nahuel Ursino Pegolo, Alvaro Daniel Quiroga Sardina, Enrique Luis Triverio, Gabriel Agustín Sotomayor Cardozo (70.Eugenio Horacio Isnaldo), Jeyson Ariel Chura Almanza (53.Jaime Darío Arrascaita Iriondo). Trainer: Claudio Darío Biaggio (Argentina).
Fluminense: Fábio, David Braz (71.Alan), Manoel, Guga, João Henrique, Thiago Santos (62.Arthur), Gabriel Pirani (46.Jhon Adolfo Arias Andrade), Martinelli, Isaac (62.André), John Kennedy (81.Kauã Elias), Lelê. Trainer: Fernando Diniz.
Goal: 1-0 Enrique Luis Triverio (4).

25.05.2023, Estadio Nacional, Lima; Attendance: 34,374
Referee: Cristian Marcelo Garay Reyes (Chile)
Club Sporting Cristal Lima - CA River Plate Buenos Aires   1-1(0-0)
Sporting Cristal: Renato Alfredo Solis Salinas, Gianfranco Chávez Massoni, Ignacio da Silva Oliveira, Rafael Julián Lutiger Vidalón [*sent off 73*], Carlos Jhilmar Lora Saavedra (87.Adrián Ademir Ascues Earl), Víctor Yoshimar Yotún Flores, Jesús Emanuel Pretell Panta (62.Gerald Martin Távara Mogollón), Jesús Abdallah Castillo Molina, Jostin Alexis Alarcón Paquiyauri (79.Leonardo Javier Díaz Laffore), Alejandro Hohberg González (62.Joao Alberto Grimaldo Ubidia), Brenner Marlos Varanda de Oliveira (79.Leandro Sosa Toranza). Trainer: Tiago Retzlaff Nunes (Brazil).
River Plate: Franco Armani, Milton Oscar Casco, Paulo César Díaz Huincales (89.Pablo César Solari Ferreyra), Enzo Hernán Díaz (59.Marcelo Andrés Herrera Mansilla Barrios), Robert Samuel Rojas Chávez, Enzo Nicolás Pérez (59.Miguel Ángel Borja Hernández), Ignacio Martín Fernández (77.José Antonio Paradela), Rodrigo Germán Aliendro, Diego Nicolás de la Cruz Arcosa (89.Matías Exequiel Suárez), Esequiel Omar Barco, Lucas Beltrán. Trainer: Martín Gastón Demichelis.
Please note: José Salomón Rondón Giménez was sent off (90+6) on the bench.
Goals: 1-0 Víctor Yoshimar Yotún Flores (63), 1-1 Rodrigo Germán Aliendro (84).

07.06.2023, Estadio Monumental „Antonio Vespucio Liberti", Buenos Aires; Attendance: 66,362
Referee: Wilmar Alexander Roldán Pérez (Colombia)
CA River Plate Buenos Aires - Fluminense FC Rio de Janeiro   2-0(0-0)
River Plate: Franco Armani, Milton Oscar Casco, Leandro Martín González Pírez, Robert Samuel Rojas Chávez, Marcelo Andrés Herrera Mansilla Barrios (74.Paulo César Díaz Huincales), Ignacio Martín Fernández (66.Claudio Matías Kranevitter), Rodrigo Germán Aliendro, Diego Nicolás de la Cruz Arcosa (82.Agustín Palavecino Lamela), Esequiel Omar Barco, Lucas Beltrán (82.Miguel Ángel Borja Hernández), Pablo César Solari Ferreyra (74.José Antonio Paradela). Trainer: Martín Gastón Demichelis.
Fluminense: Fábio, Samuel Xavier (84.John Kennedy), Nino, Guga (60.Gabriel Pirani), Felipe Melo, Ganso, Lima, Jhon Adolfo Arias Andrade, André Martinelli (77.Lelê), Germán Ezequiel Cano Recalde. Trainer: Fernando Diniz.
Goals: 1-0 Lucas Beltrán (49), 2-0 Esequiel Omar Barco (90+7 penalty).

07.06.2023, Estadio „Hernando Siles Reyes", La Paz; Attendance: 15,571
Referee: Esteban Daniel Ostojich Vega (Uruguay)
Club The Strongest La Paz - Club Sporting Cristal Lima **1-2(1-1)**
The Strongest: Guillermo Viscarra Bruckner, Gonzalo Gabriel Castillo Cabral, Saúl Torres Rojas (81.Jeyson Ariel Chura Almanza), Carlos Daniel Roca Avellaneda (65.Junior Gabriel Arias Cácerers), Adrián Johnny Jusino Cerruto, Michael Javier Ortega Dieppa, Luciano Nahuel Ursino Pegolo, Jaime Darío Arrascaita Iriondo (78.Pablo Elías Pedraza Bustos), Alvaro Daniel Quiroga Sardina, Enrique Luis Triverio, Gabriel Agustín Sotomayor Cardozo (81.John Elian García Sossa). Trainer: Claudio Darío Biaggio (Argentina).
Sporting Cristal: Renato Alfredo Solis Salinas, Gianfranco Chávez Massoni [*sent off 31*], Ignacio da Silva Oliveira, Carlos Jhilmar Lora Saavedra (62.Washington Bryan Corozo Becerra), Leonardo Javier Díaz Laffore, Víctor Yoshimar Yotún Flores, Leandro Sosa Toranza, Gerald Martin Távara Mogollón (62.Jesús Abdallah Castillo Molina), Alejandro Hohberg González (39.Jesús Emanuel Pretell Panta), Brenner Marlos Varanda de Oliveira (76.Irven Beybe Ávila Acero), Joao Alberto Grimaldo Ubidia (76.Adrián Ademir Ascues Earl). Trainer: Tiago Retzlaff Nunes (Brazil).
Goals: 1-0 Enrique Luis Triverio (13), 1-1 Brenner Marlos Varanda de Oliveira (23), 1-2 Washington Bryan Corozo Becerra (80).

27.06.2023, Estadio Monumental „Antonio Vespucio Liberti", Buenos Aires; Attendance: 62,910
Referee: Gustavo Adrián Tejera Capo (Uruguay)
CA River Plate Buenos Aires - Club The Strongest La Paz **2-0(1-0)**
River Plate: Franco Armani, Milton Oscar Casco, Paulo César Díaz Huincales, Enzo Hernán Díaz, Robert Samuel Rojas Chávez (89.Marcelo Andrés Herrera Mansilla Barrios), Enzo Nicolás Pérez (60.Pablo César Solari Ferreyra), Ignacio Martín Fernández, Rodrigo Germán Aliendro (89.Agustín Palavecino Lamela), Diego Nicolás de la Cruz Arcosa (72.Claudio Matías Kranevitter), Esequiel Omar Barco, Lucas Beltrán (72.Miguel Ángel Borja Hernández). Trainer: Martín Gastón Demichelis.
The Strongest: Guillermo Viscarra Bruckner, Gonzalo Gabriel Castillo Cabral, Saúl Torres Rojas, Carlos Daniel Roca Avellaneda, Adrián Johnny Jusino Cerruto, Michael Javier Ortega Dieppa (80.Junior Gabriel Arias Cácerers), Luciano Nahuel Ursino Pegolo, Alvaro Daniel Quiroga Sardina, Enrique Luis Triverio, Eugenio Horacio Isnaldo (87.John Elian García Sossa), Jeyson Ariel Chura Almanza (69.Jaime Darío Arrascaita Iriondo). Trainer: Ricardo Manuel Nunes Formosinho (Portugal).
Goals: 1-0 Rodrigo Germán Aliendro (13), 2-0 Miguel Ángel Borja Hernández (90).

27.06.2023, Estádio „Jornalista Mário Filho" [Maracanã], Rio de Janeiro; Attendance: 50,683
Referee: Piero Daniel Maza Gómez (Chile)
Fluminense FC Rio de Janeiro - Club Sporting Cristal Lima **1-1(1-1)**
Fluminense: Fábio, Marcelo (90.Lelê), Samuel Xavier, Nino, Felipe Melo, Ganso (75.Martinelli), Lima (83.Gabriel Pirani), Jhon Adolfo Arias Andrade, André, Germán Ezequiel Cano Recalde (90.Felipe Andrade), Keno. Trainer: Fernando Diniz.
Sporting Cristal: Renato Alfredo Solis Salinas, Nilson Evair Loyola Morales (87.Leandro Sosa Toranza), Ignacio da Silva Oliveira, Rafael Julián Lutiger Vidalón (79.Leonardo Javier Díaz Laffore), Carlos Jhilmar Lora Saavedra, Víctor Yoshimar Yotún Flores, Jesús Emanuel Pretell Panta (72.Gerald Martin Távara Mogollón), Jesús Abdallah Castillo Molina, Alejandro Hohberg González (79.Washington Bryan Corozo Becerra), Brenner Marlos Varanda de Oliveira (87.Irven Beybe Ávila Acero), Joao Alberto Grimaldo Ubidia. Trainer: Tiago Retzlaff Nunes (Brazil).
Goals: 1-0 Germán Ezequiel Cano Recalde (22), 1-1 Brenner Marlos Varanda de Oliveira (37).

FINAL STANDINGS

1.	Fluminense FC Rio de Janeiro	6	3	1	2	10	-	6	10
2.	CA River Plate Buenos Aires	6	3	1	2	11	-	11	10
3.	*Club Sporting Cristal Lima*	6	2	2	2	8	-	10	8
4.	Club The Strongest La Paz	6	2	0	4	5	-	7	6

GROUP E

04.04.2023, Estadio „Diego Armando Maradona", Buenos Aires; Attendance: 8,673
Referee: Diego Mirko Haro Sueldo (Peru)
AA Argentinos Juniors Buenos Aires - CEAR Independiente del Valle Sangolquí   1-0(0-0)
Argentinos Juniors: Federico Vicente Lanzillota, Lucas Hernán Villalba, Kevin Mac Allister, Santiago Gabriel Montiel (74.Luciano Federico Sánchez), Marco Genaro Di Cesare, Francisco González Metilli (90+2.Franco David Moyano), Fabricio Domínguez Huertas (61.Alan Jesús Rodríguez Guaglianoni), Federico Redondo Solari, Marcelo Javier Cabrera Rivero, Gabriel Avalos Stumpfs, Gastón Nicolás Verón (90+2.Thiago Thomas Nuss). Trainer: Gabriel Alejandro Milito.
Independiente del Valle: Wellington Moisés Ramírez Preciado, Richard Hernán Schunke, Agustín Eugenio García Basso (68.Gustavo Orlando Cortéz Quiñónez), Matías Ignacio Fernández Cordero, Mateo Carabajal, Cristian Alberto Pellerano (68.Michael Ryan Hoyos), Lorenzo Abel Faravelli (82.Jordy José Alcívar Macías), Júnior Nazareno Sornoza Moreira (83.Martín Nicolás Previtali), Julio Joao Ortíz Landázuri, Lautaro Ariel Díaz (75.Marcelo Martins Moreno), Kevin José Rodríguez Cortez. Trainer: Martín Rodrigo Anselmi (Argentina).
Goal: 1-0 Marcelo Javier Cabrera Rivero (46).

06.04.2023, Estadio Centenario, Montevideo; Attendance: 2,348
Referee: Andrés José Rojas Noguera (Colombia)
Liverpool FC Montevideo - SC Corinthians Paulista São Paulo   0-3(0-1)
Liverpool: Sebastián Javier Britos Rodríguez, Miguel Ángel Ramón Samudio (78.Leandro Gastón Otormín Fumero), Juan Manuel Izquierdo Viana, Gonzalo Germán Pérez Corbalán, Gastón Nicolás Martirena Torres, César Marcelo Meli (53.Martín Barrios do Santos), Gonzalo Nápoli Soria, Alan Damián Medina Silva, Lucas Maximiliano Lemos Mayuncaldi (60.Mateo Antoni Pavón), Maicol Gabriel Cabrera Galain (78.Matías Sebastián Silva Figarola), Luciano Rodríguez Rosales. Trainer: Jorge Rodrigo Bava.
Corinthians: Cássio, Fábio Santos, Fágner, Gil, Fabián Cornelio Balbuena González, Renato Augusto (15.Maycon), Giuliano (77.Paulinho), Fausto Mariano Vera (77.Du Queiroz), Roni (46.Víctor Danilo Cantillo Jiménez), Roger Guedes, Yuri Alberto (83.Ángel Rodrigo Romero Villamayor). Trainer: Fernando Lázaro.
Goals: 0-1 Fabián Cornelio Balbuena González (45+1), 0-2 Roger Guedes (49), 0-3 Roger Guedes (63).

18.04.2023, Estadio Banco Guayaquil, Quito; Attendance: 2,198
Referee: Ángel Arteaga Cabriales (Venezuela)
CEAR Independiente del Valle Sangolquí - Liverpool FC Montevideo   2-0(1-0)
Independiente del Valle: Wellington Moisés Ramírez Preciado, Richard Hernán Schunke, Agustín Eugenio García Basso, Matías Ignacio Fernández Cordero (81.Anthony Rigoberto Landázuri Estacio), Mateo Carabajal, Cristian Alberto Pellerano, Michael Ryan Hoyos (73.Marcelo Martins Moreno), Júnior Nazareno Sornoza Moreira (81.Patrik Kleiver Mercado Altamirano), Julio Joao Ortíz Landázuri (73.Jordy José Alcívar Macías), Yaimar Abel Medina Ortíz (64.Alan Steve Minda García), Lautaro Ariel Díaz. Trainer: Martín Rodrigo Anselmi (Argentina).
Liverpool: Sebastián Javier Britos Rodríguez, Miguel Ángel Ramón Samudio (68.Gervasio Olivera Fernández), Gonzalo Germán Pérez Corbalán, Gastón Nicolás Martirena Torres, Mateo Antoni Pavón, César Marcelo Meli, Gonzalo Nápoli Soria (46.Ignacio Rodríguez Elduayen), Alan Damián Medina Silva (46.Leandro Gastón Otormín Fumero), Fabricio Díaz Badaracco (68.Martín Barrios do Santos), Rúben Daniel Bentancourt Morales (77.Maicol Gabriel Cabrera Galain), Luciano Rodríguez Rosales. Trainer: Jorge Rodrigo Bava.
Goals: 1-0 Júnior Nazareno Sornoza Moreira (27), 2-0 Alan Steve Minda García (67).

19.04.2023, Neo Química Arena, São Paulo; Attendance: 40,670
Referee: Jesús Noel Valenzuela Sáez (Venezuela)
SC Corinthians Paulista São Paulo - AA Argentinos Juniors Buenos Aires   0-1(0-1)
Corinthians: Cássio, Fábio Santos, Fágner (39.Du Queiroz), Gil, Fabián Cornelio Balbuena González, Giuliano (79.Paulinho), Víctor Danilo Cantillo Jiménez (46.Roni), Fausto Mariano Vera, Matheus Araujo (46.Ángel Rodrigo Romero Villamayor), Roger Guedes, Yuri Alberto. Trainer: Fernando Lázaro.
Argentinos Juniors: Federico Vicente Lanzillota, Miguel Ángel Torrén (82.Marco Genaro Di Cesare), Lucas Hernán Villalba, Kevin Mac Allister, Santiago Gabriel Montiel, Francisco González Metilli (70.Luciano Federico Sánchez), Franco David Moyano, Federico Redondo Solari, Marcelo Javier Cabrera Rivero (82.Fabricio Domínguez Huertas), Gabriel Ávalos Stumpfs, Gastón Nicolás Verón (74.Thiago Thomas Nuss). Trainer: Gabriel Alejandro Milito.
Goal: 0-1 Marcelo Javier Cabrera Rivero (13).

02.05.2023, Estadio Centenario, Montevideo; Attendance: 3,134
Referee: Ivo Nigel Méndez Chávez (Bolivia)
Liverpool FC Montevideo - AA Argentinos Juniors Buenos Aires   2-2(0-1)
Liverpool: Sebastián Javier Britos Rodríguez, Miguel Ángel Ramón Samudio, Juan Manuel Izquierdo Viana, Andrés Federico Pereira Castelnoble, Gonzalo Germán Pérez Corbalán (67.Maicol Gabriel Cabrera Galain), Gastón Nicolás Martirena Torres, César Marcelo Meli (84.Paulo Matías Zunino Escudero), Martín Barrios do Santos, Rúben Daniel Bentancourt Morales, Leandro Gastón Otormín Fumero (46.Alan Damián Medina Silva), Rodrigo Rivero Fernández (46.Gonzalo Nápoli Soria). Trainer: Jorge Rodrigo Bava.
Argentinos Juniors: Federico Vicente Lanzillota, Miguel Ángel Torrén, Lucas Hernán Villalba [*sent off 88*], Kevin Mac Allister, Santiago Gabriel Montiel, Francisco González Metilli (55.Alan Jesús Rodríguez Guaglianoni), Franco David Moyano, Federico Redondo Solari, Marcelo Javier Cabrera Rivero, Gabriel Ávalos Stumpfs (89.Leandro Nahuel González Pírez), Gastón Nicolás Verón (84.Leonardo Matías Heredia). Trainer: Gabriel Alejandro Milito.
Goals: 0-1 Francisco González Metilli (45+1), 1-1 Rúben Daniel Bentancourt Morales (48), 1-2 Miguel Ángel Torrén (60 penalty), 2-2 Rúben Daniel Bentancourt Morales (76).

02.05.2023, Neo Química Arena, São Paulo; Attendance: 39,984
Referee: Piero Daniel Maza Gómez (Chile)
SC Corinthians Paulista São Paulo - CEAR Independiente del Valle Sangolquí   1-2(1-1)
Corinthians: Cássio, Fágner, Gil, Matheus Bidu, Murillo, Giuliano (57.Paulinho), Maycon (64.Du Queiroz), Fausto Mariano Vera (85.Matheus Araujo), Adson (85.Ángel Rodrigo Romero Villamayor), Roger Guedes, Yuri Alberto (57.Pedro Henrique). Trainer: Vanderlei Luxemburgo.
Independiente del Valle: Wellington Moisés Ramírez Preciado, Richard Hernán Schunke, Agustín Eugenio García Basso, Gustavo Orlando Cortéz Quiñónez (90+1.Esnáider Eliécer Cabezas Castillo), Matías Ignacio Fernández Cordero, Mateo Carabajal, Cristian Alberto Pellerano, Michael Ryan Hoyos (63.Kevin José Rodríguez Cortez), Julio Joao Ortíz Landázuri (90+1.Patrik Kleiver Mercado Altamirano), Jordy José Alcívar Macías (72.Martín Nicolás Previtali), Lautaro Ariel Díaz (72.Ray Kendry Páez Andrade). Trainer: Martín Rodrigo Anselmi (Argentina).
Goals: 0-1 Lautaro Ariel Díaz (22), 1-1 Roger Guedes (35), 1-2 Lautaro Ariel Díaz (52).

24.05.2023, Estadio Centenario, Montevideo; Attendance: 835
Referee: Jhon Alexander Hinestroza Romaña (Colombia)
Liverpool FC Montevideo - CEAR Independiente del Valle Sangolquí   1-0(0-0)
Liverpool: Sebastián Javier Britos Rodríguez, Miguel Ángel Ramón Samudio, Juan Manuel Izquierdo Viana (74.Ignacio Rodríguez Elduayen), Andrés Federico Pereira Castelnoble, Gonzalo Germán Pérez Corbalán (46.Rodrigo Rivero Fernández), Gastón Nicolás Martirena Torres, César Marcelo Meli (84.Paulo Matías Zunino Escudero), Gonzalo Nápoli Soria, Alan Damián Medina Silva (90+1.Gervasio Olivera Fernández), Lucas Maximiliano Lemos Mayuncaldi (46.Martín Barrios do Santos), Rúben Daniel Bentancourt Morales. Trainer: Jorge Rodrigo Bava.
Independiente del Valle: Wellington Moisés Ramírez Preciado [*sent off 45+3*], Richard Hernán Schunke, Agustín Eugenio García Basso, Gustavo Orlando Cortéz Quiñónez, Matías Ignacio Fernández Cordero, Mateo Carabajal (83.Yaimar Abel Medina Ortíz), Cristian Alberto Pellerano, Lorenzo Abel Faravelli (45+7.Kleber David Pinargote Lara), Julio Joao Ortíz Landázuri (70.Patrik Kleiver Mercado Altamirano), Jordy José Alcívar Macías (83.Júnior Nazareno Sornoza Moreira), Marcelo Martins Moreno (46.Michael Ryan Hoyos). Trainer: Martín Rodrigo Anselmi (Argentina).
Goal: 1-0 Rúben Daniel Bentancourt Morales (65).

24.05.2023, Estadio „Diego Armando Maradona", Buenos Aires; Attendance: 21,830
Referee: Carlos Arturo Ortega Jaimes (Colombia)
AA Argentinos Juniors Buenos Aires - SC Corinthians Paulista São Paulo   0-0
Argentinos Juniors: Alexis Martín Arias, Miguel Ángel Torrén, Leonel Hernán González (90+4.Luciano Federico Sánchez), Kevin Mac Allister, Santiago Gabriel Montiel (90+3.Pablo Agustín Minissale), Francisco González Metilli, Franco David Moyano, Alan Jesús Rodríguez Guaglianoni, Fabricio Domínguez Huertas (56.Leonardo Matías Heredia), Marcelo Javier Cabrera Rivero, Gastón Nicolás Verón (67.Thiago Thomas Nuss [*sent off 78*]). Trainer: Gabriel Alejandro Milito.
Corinthians: Carlos Miguel, Gil, Bruno Méndez Cittadini, Matheus Bidu (90.Fábio Santos), Murillo, Paulinho (28.Roni), Maycon (73.Ángel Rodrigo Romero Villamayor), Fausto Mariano Vera, Adson (90.Wesley Gassova), Roger Guedes, Yuri Alberto. Trainer: Vanderlei Luxemburgo.

07.06.2023, Estadio „Diego Armando Maradona", Buenos Aires; Attendance: 1,136
Referee: Roberto Bruno Pérez Gutiérrez (Peru)
AA Argentinos Juniors Buenos Aires - Liverpool FC Montevideo   2-1(0-0)
Argentinos Juniors: Alexis Martín Arias, Miguel Ángel Torrén, Lucas Hernán Villalba, Kevin Mac Allister, Santiago Gabriel Montiel, Francisco González Metilli, Franco David Moyano, Alan Jesús Rodríguez Guaglianoni, Federico Redondo Solari (55.Gastón Nicolás Verón), Marcelo Javier Cabrera Rivero (55.Leonardo Matías Heredia), Gabriel Ávalos Stumpfs (79.José María Herrera Ares). Trainer: Gabriel Alejandro Milito.
Liverpool: Sebastián Javier Britos Rodríguez, Miguel Ángel Ramón Samudio, Juan Manuel Izquierdo Viana (90.Ignacio Rodríguez Elduayen), Andrés Federico Pereira Castelnoble, Gonzalo Germán Pérez Corbalán, Gastón Nicolás Martirena Torres, César Marcelo Meli (85.Paulo Matías Zunino Escudero), Gonzalo Nápoli Soria, Alan Damián Medina Silva (90.Rodrigo Rivero Fernández), Lucas Maximiliano Lemos Mayuncaldi (71.Martín Barrios do Santos), Rúben Daniel Bentancourt Morales (85.Renzo Neri Machado Pertusso). Trainer: Jorge Rodrigo Bava.
Goals: 0-1 Rúben Daniel Bentancourt Morales (50 penalty), 1-1 Leonardo Matías Heredia (61), 2-1 Lucas Hernán Villalba (90+5).

07.06.2023, Estadio Banco Guayaquil, Quito; Attendance: 4,563
Referee: Alexis Adrián Herrera Hernández (Venezuela)
CEAR Independiente del Valle Sangolquí - SC Corinthians Paulista São Paulo   3-0(2-0)
Independiente del Valle: Kleber David Pinargote Lara, Richard Hernán Schunke, Matías Ignacio Fernández Cordero, Anthony Rigoberto Landázuri Estacio (80.Kevin José Rodríguez Cortez), Cristian Alberto Pellerano (80.Patrik Kleiver Mercado Altamirano), Michael Ryan Hoyos (64.Lautaro Ariel Díaz), Lorenzo Abel Faravelli, Júnior Nazareno Sornoza Moreira (70.Ray Kendry Páez Andrade), Julio Joao Ortíz Landázuri, Jordy José Alcívar Macías, Yaimar Abel Medina Ortíz (70.Gustavo Orlando Cortéz Quiñónez). Trainer: Martín Rodrigo Anselmi (Argentina).
Corinthians: Cássio, Fágner, Gil, Bruno Méndez Cittadini (73.Caetano), Matheus Bidu (46.Roni), Murillo, Renato Augusto (71.Pedro Henrique), Maycon (71.Biro), Fausto Mariano Vera, Roger Guedes (71.Adson), Yuri Alberto. Trainer: Vanderlei Luxemburgo.
Goals: 1-0 Michael Ryan Hoyos (17), 2-0 Michael Ryan Hoyos (24), 3-0 Júnior Nazareno Sornoza Moreira (69).

28.06.2023, Estadio Banco Guayaquil, Quito; Attendance: 4,033
Referee: Wilmar Alexander Roldán Pérez (Colombia)
CEAR Independiente del Valle Sangolquí - AA Argentinos Juniors Buenos Aires   3-2(1-1)
Independiente del Valle: Alexis Napoleón Villa León, Agustín Eugenio García Basso (58.Beder Julio Caicedo Lastra), Matías Ignacio Fernández Cordero, Mateo Carabajal, Michael Ryan Hoyos (65.Kevin José Rodríguez Cortez), Lorenzo Abel Faravelli, Julio Joao Ortíz Landázuri, Jordy José Alcívar Macías, Yaimar Abel Medina Ortíz (58.Gustavo Orlando Cortéz Quiñónez), Ray Kendry Páez Andrade (82.Patrik Kleiver Mercado Altamirano), Lautaro Ariel Díaz (82.Marcelo Martins Moreno). Trainer: Martín Rodrigo Anselmi (Argentina).
Argentinos Juniors: Alexis Martín Arias, Miguel Ángel Torrén (85.Marco Genaro Di Cesare), Leonel Hernán González (74.Luciano Federico Sánchez), Kevin Mac Allister, Santiago Gabriel Montiel [*sent off 90+11*], Francisco González Metilli (80.Gastón Nicolás Verón), Franco David Moyano, Alan Jesús Rodríguez Guaglianoni, Federico Redondo Solari (74.Leonardo Matías Heredia), Marcelo Javier Cabrera Rivero (80.Fabricio Domínguez Huertas [*sent off 90+7*]), Gabriel Ávalos Stumpfs. Trainer: Gabriel Alejandro Milito.
Goals: 1-0 Lorenzo Abel Faravelli (23), 1-1 Mateo Carabajal (44 own goal), 2-1 Lautaro Ariel Díaz (48), 2-2 Leonardo Matías Heredia (87), 3-2 Kevin José Rodríguez Cortez (90).

28.06.2023, Neo Química Arena, São Paulo; Attendance: 26,556
Referee: Ángel Arteaga Cabriales (Venezuela)
SC Corinthians Paulista São Paulo - Liverpool FC Montevideo   3-0(1-0)
Corinthians: Carlos Miguel, Fábio Santos, Rafael Ramos (84.Ryan Gustavo), Caetano, Murillo, Giuliano (79.Gabriel Moscardo), Fausto Mariano Vera (84.Léo Mana), Matheus Araujo, Adson, Wesley Gassova (60.Pedro Henrique), Felipe Augusto (79.Giovane). Trainer: Vanderlei Luxemburgo.
Liverpool: Sebastián Javier Britos Rodríguez, Miguel Ángel Ramón Samudio, Juan Manuel Izquierdo Viana, Andrés Federico Pereira Castelnoble, Gastón Nicolás Martirena Torres, Gonzalo Nápoli Soria (82.Martín Barrios do Santos), Alan Damián Medina Silva (83.Leandro Gastón Otormín Fumero), Lucas Maximiliano Lemos Mayuncaldi (68.Rodrigo Rivero Fernández), Fabricio Díaz Badaracco, Rúben Daniel Bentancourt Morales, Luciano Rodríguez Rosales. Trainer: Jorge Rodrigo Bava.
Goals: 1-0 Matheus Araujo (32), 2-0 Felipe Augusto (64), 3-0 Adson (80).

	FINAL STANDINGS							
1.	CEAR Independiente del Valle Sangolquí	6	4	0	2	10 - 5	12
2.	AA Argentinos Juniors Buenos Aires	6	3	2	1	8 - 6	11
3.	*SC Corinthians Paulista São Paulo*	6	2	1	3	7 - 6	7
4.	Liverpool FC Montevideo	6	1	1	4	4 - 12	4

GROUP F

05.04.2023, Estadio „Hernán Ramírez Villegas", Pereira
Referee: Raphael Claus (Brazil)
Deportivo Pereira FC - CSD Colo-Colo Santiago   1-1(0-1)
Pereira: Aldair Alejandro Quintana Rojas, Carlos Andrés Ramírez Aguirre, Geisson Alexander Perea Ocoró, Juan Pablo Zuluaga Estrada, Diego Armando Hernández Quiñones (69.Edisson Restrepo Perea), Jhonny Alexander Vásquez Salazar (46.Yílmar Andrés Velásquez Palacios), Maicol Giovanny Medina Medına (46.Kevın Ademola Aladesanmı Sánchez), Johan Steven Bocanegra Mora, Ángelo José Rodríguez Henry (69.Kevin Alexander Palacios Salazar), Arley José Rodríguez Henry (84.Larry Johan Angulo Riascos), Jimer Esteban Fory Mejía. Trainer: Alejandro Restrepo Mazo.
Colo-Colo: Brayan Josué Cortés Fernández, Ramiro Gabriel González Hernández, Matías de los Santos de los Santos (16.Daniel Ademir Gutiérrez Rojas), Maximiliano Joel Falcón Picart, Jeyson Alejandro Rojas Orellana (84.Bruno Giuliano Gutiérrez Vilches), Esteban Andres Pavez Suazo, César Nicolás Fuentes González, Leonardo Roque Albano Gil Chiguay (84.Vicente Tomás Pizarro Durcudoy), Marcos Nikolas Bolados Hidalgo (67.Leandro Iván Benegas), Agustín Bouzat, Damián Nicolás Pizarro Huenuqueo (67.Fabián Andrés Castillo Sánchez). Trainer: Gustavo Enrique Domingo Quinteros Desábato (Bolivia).
Goals: 0-1 Leonardo Roque Albano Gil Chiguay (24 penalty), 1-1 Ángelo José Rodríguez Henry (81).

06.04.2023, Estadio Monumental, Maturín; Attendance: 40,127
Referee: Wilton Pereira Sampaio (Brazil)
Monagas SC Maturín - CA Boca Juniors Buenos Aires   0-0
Monagas: Orlando Mosquera, Hárold Oshkaly Cummings Segura, Rubén Alejandro Ramírez Dos Ramos, Christopher Jesús Rodríguez González, Iván Alejandro Anderson Hernández, Aldo Emmanuel Quiñónez Ayala (87.Anthony Miguel Blondell Blondell), Santiago Herrera Yallonardo (71.Edgar Leonardo Carrión Dorta), Edanyilber José Navas Alayón, Andrés Josué Romero Tocuyo (88.Richard Josué Iriarte Hernández), Abdiel Arroyo Molinar, Fernando Andrés Basante Barcelo (58.Leandro Josué Rodríguez Santaella). Trainer: Jhonny Ferreira Camacho Duarte.
Boca Juniors: Sergio Germán Romero, Facundo Sebastián Roncaglia [*sent off 86*], Frank Yusty Fabra Palacios, Bruno Amílcar Valdez Rojas [*sent off 40*], Jorge Nicolás Figal, Juan Edgardo Ramírez (79.Ignacio Ezequiél Agustín Fernández Carballo), Guillermo Matías Fernández, Alan Gonzalo Varela, Darío Ismael Benedetto (76.Miguel Ángel Merentiel Serrano; 86.Norberto Alejandro Briasco Balekian), Sebastián Villa Cano, Luca Daniel Langoni (46.Luis Jan Piers Advíncula Castrillón). Trainer: Mariano Andrés Herrón.

18.04.2023, Estadio „Alberto José Armando", Buenos Aires; Attendance: 40,200
Referee: Andrés Matías Matonte Cabrera (Uruguay)
CA Boca Juniors Buenos Aires - Deportivo Pereira FC   2-1(0-0)
Boca Juniors: Sergio Germán Romero, Luis Jan Piers Advíncula Castrillón, Jorge Nicolás Figal, Nicolás Valentini, Valentín Barco, Óscar Davıd Romero Vıllamayor (69.Martín Ismael Payero), Guillermo Matías Fernández, Alan Gonzalo Varela, Darío Ismael Benedetto (74.Luis Ismael Vázquez), Sebastián Villa Cano, Norberto Alejandro Briasco Balekian (69.Miguel Ángel Merentiel Serrano). Trainer: Jorge Francisco Almirón Quintana.
Pereira: Aldair Alejandro Quintana Rojas, Carlos Andrés Ramírez Aguirre, Geisson Alexander Perea Ocoró, Juan Pablo Zuluaga Estrada (71.Eber Antonio Moreno Gómez), Juan Sebastián Quintero Fletcher, Yílmar Andrés Velásquez Palacios, Jhonny Alexander Vásquez Salazar (19.Maicol Giovanny Medina Medina [*sent off 90+1*]), Johan Steven Bocanegra Mora (85.Larry Johan Angulo Riascos), Ángelo José Rodríguez Henry, Arley José Rodríguez Henry, Jimer Esteban Fory Mejía. Trainer: Alejandro Restrepo Mazo.
Goals: 0-1 Jimer Esteban Fory Mejía (76), 1-1 Luis Jan Piers Advíncula Castrillón (89), 2-1 Alan Gonzalo Varela (90+9).

19.04.2023, Estadio Monumental „David Arellano", Santiago; Attendance: 28,671
Referee: Anderson Daronco (Brazil)
CSD Colo-Colo Santiago - Monagas SC Maturín   1-0(1-0)
Colo-Colo: Brayan Josué Cortés Fernández, Ramiro Gabriel González Hernández, Maximiliano Joel Falcón Picart, Daniel Ademir Gutiérrez Rojas, Jeyson Alejandro Rojas Orellana (83.Leonardo Roque Albano Gil Chiguay), Esteban Andres Pavez Suazo, César Nicolás Fuentes González, Marcos Nikolas Bolados Hidalgo (88.Alexander Antonio Oroz Huerta), Agustín Bouzat, Carlos Alonso Enrique Palacios Núñez (68.Vicente Tomás Pizarro Durcudoy), Damián Nicolás Pizarro Huenuqueo (88.Leandro Iván Benegas). Trainer: Gustavo Enrique Domingo Quinteros Desábato (Bolivia).
Monagas: Orlando Mosquera, Hárold Oshkaly Cummings Segura (87.Anthony Miguel Blondell Blondell), Rubén Alejandro Ramírez Dos Ramos, Óscar Constantino González Rengifo, Christopher Jesús Rodríguez González, Iván Alejandro Anderson Hernández, Edson Daniel Castillo García (74.Leandro Josué Rodríguez Santaella), Santiago Herrera Yallonardo (58.Cristhian Yonaiker Rivas Vielma), Edanyilber José Navas Alayón, Andrés Josué Romero Tocuyo, Fernando Andrés Basante Barcelo (58.Abdiel Arroyo Molinar). Trainer: Jhonny Ferreira Camacho Duarte.
Goal: 1-0 Carlos Alonso Enrique Palacios Núñez (45+6 penalty).

03.05.2023, Estadio Monumental „David Arellano", Santiago; Attendance: 21,310
Referee: Raphael Claus (Brazil)
CSD Colo-Colo Santiago - CA Boca Juniors Buenos Aires   0-2(0-1)
Colo-Colo: Fernando Carlos De Paul Lanciotti, Ramiro Gabriel González Hernández, Maximiliano Joel Falcón Picart, Daniel Ademir Gutiérrez Rojas (84.Alexander Antonio Oroz Huerta), Bruno Giuliano Gutiérrez Vilches, Esteban Andres Pavez Suazo, César Nicolás Fuentes González (87.Lucas Sebastián Soto Olivares), Leonardo Roque Albano Gil Chiguay (88.Vicente Tomás Pizarro Durcudoy), Agustín Bouzat, Carlos Alonso Enrique Palacios Núñez [sent off 67], Damián Nicolás Pizarro Huenuqueo. Trainer: Gustavo Enrique Domingo Quinteros Desábato (Bolivia).
Boca Juniors: Sergio Germán Romero, Facundo Sebastián Roncaglia, Luis Jan Piers Advíncula Castrillón, Jorge Nicolás Figal, Marcelo Alexis Weigandt (46.Nicolás Valentini), Valentín Barco (75.Óscar David Romero Villamayor), Guillermo Matías Fernández, Martín Ismael Payero (62.Ignacio Ezequiél Agustín Fernández Carballo), Alan Gonzalo Varela (62.Cristian Nicolás Medina), Sebastián Villa Cano, Luis Ismael Vázquez (66.Miguel Ángel Merentiel Serrano). Trainer: Jorge Francisco Almirón Quintana.
Goals: 0-1 Luis Jan Piers Advíncula Castrillón (13), 0-2 Sebastián Villa Cano (65).

04.05.2023, Estadio „Hernán Ramírez Villegas", Pereira; Attendance: 11,849
Referee: Ramon Abatti Abel (Brazil)
Deportivo Pereira FC - Monagas SC Maturín   2-1(2-0)
Pereira: Aldair Alejandro Quintana Rojas, Carlos Andrés Ramírez Aguirre (33.Yeison Abelardo Súarez Vásquez), Geisson Alexander Perea Ocoró, Juan Pablo Zuluaga Estrada (80.Jhonny Alexander Vásquez Salazar), Juan Sebastián Quintero Fletcher, Yílmar Andrés Velásquez Palacios, Eber Antonio Moreno Gómez (80.Jesús Steven Murillo León), Johan Steven Bocanegra Mora (69.Larry Johan Angulo Riascos), Ángelo José Rodríguez Henry, Arley José Rodríguez Henry (69.Juan Danilo Santacruz González), Jimer Esteban Fory Mejía. Trainer: Alejandro Restrepo Mazo.
Monagas: Orlando Mosquera, Rubén Alejandro Ramírez Dos Ramos, Óscar Constantino González Rengifo, Christopher Jesús Rodríguez González, Iván Alejandro Anderson Hernández (88.Anthony Miguel Blondell Blondell), Edson Daniel Castillo García (88.Richard Josué Iriarte Hernández), Cristhian Yonaiker Rivas Vielma (76.Leandro Josué Rodríguez Santaella), Edanyilber José Navas Alayón (66.Fernando Andrés Basante Barcelo), Andrés Josué Romero Tocuyo, Abdiel Arroyo Molinar (65.Edgar Leonardo Carrión Dorta), David Enmanuel Martínez Morales. Trainer: Jhonny Ferreira Camacho Duarte.
Goals: 1-0 Carlos Andrés Ramírez Aguirre (20 penalty), 2-0 Jimer Esteban Fory Mejía (41), 2-1 David Enmanuel Martínez Morales (65).

23.05.2023, Estadio Monumental, Maturín; Attendance: 24,930
Referee: Bráulio da Silva Machado (Brazil)
Monagas SC Maturín - CSD Colo-Colo Santiago   **1-1(0-0)**
Monagas: Orlando Mosquera, Hárold Oshkaly Cummings Segura, Rubén Alejandro Ramírez Dos Ramos, Christopher Jesús Rodríguez González, Edson Daniel Castillo García, Cristhian Yonaiker Rivas Vielma (90+6.Santiago Herrera Yallonardo), Edanyilber José Navas Alayón (84.Fernando Andrés Basante Barcelo), Andrés Josué Romero Tocuyo (84.Abdiel Arroyo Molinar), Edgar Leonardo Carrión Dorta (72.Leandro Josué Rodríguez Santaella), Richard Josué Iriarte Hernández, David Emmanuel Martínez Morales. Trainer: Jhonny Ferreira Camacho Duarte.
Colo-Colo: Fernando Carlos De Paul Lanciotti [*sent off 90+1*], Maximiliano Joel Falcón Picart, Daniel Ademir Gutiérrez Rojas (46.Jordhy Eduardo Thompson Dávila), Bruno Giuliano Gutiérrez Vilches (46.Vicente Tomás Pizarro Durcudoy), Alan Gabriel Saldivia Vázquez, Esteban Andres Pavez Suazo, César Nicolás Fuentes González, Leonardo Roque Albano Gil Chiguay (71.Marco Rodrigo Rojas Walen), Marcos Nikolas Bolados Hidalgo (90+3.Brayan Josué Cortés Fernández), Agustín Bouzat, Damián Nicolás Pizarro Huenuqueo (71.Leandro Iván Benegas). Trainer: Gustavo Enrique Domingo Quinteros Desábato (Bolivia).
Goals: 1-0 Rubén Alejandro Ramírez Dos Ramos (62), 1-1 Marcos Nikolas Bolados Hidalgo (86).

24.05.2023, Estadio „Hernán Ramírez Villegas", Pereira
Referee: Wagner do Nascimento Magalhães (Brazil)
Deportivo Pereira FC - CA Boca Juniors Buenos Aires   **1-0(0-0)**
Pereira: Aldair Alejandro Quintana Rojas, Juan Pablo Zuluaga Estrada, Juan Sebastián Quintero Fletcher, Yeison Abelardo Súarez Vásquez, Yílmar Andrés Velásquez Palacios, Jhonny Alexander Vásquez Salazar, Maicol Giovanny Medina Medina, Johan Steven Bocanegra Mora (87.Carlos Andrés Ramírez Aguirre), Ángelo José Rodríguez Henry (90+6.Kevin Ademola Aladesanmi Sánchez), Juan Danilo Santacruz González (57.Arley José Rodríguez Henry), Jimer Esteban Fory Mejía. Trainer: Alejandro Restrepo Mazo.
Boca Juniors: Sergio Germán Romero, Facundo Sebastián Roncaglia (46.Nicolás Valentini), Luis Jan Piers Advíncula Castrillón, Frank Yusty Fabra Palacios, Jorge Nicolás Figal, Guillermo Matías Fernández, Martín Ismael Payero (57.Cristian Nicolás Medina), Alan Gonzalo Varela (86.Luis Ismael Vázquez), Darío Ismael Benedetto (77.Miguel Ángel Merentiel Serrano), Sebastián Villa Cano, Norberto Alejandro Briasco Balekian (57.Marcelo Alexis Weigandt). Trainer: Jorge Francisco Almirón Quintana.
Goal: 1-0 Arley José Rodríguez Henry (78).

06.06.2023, Estadio Monumental, Maturín; Attendance: 23,100
Referee: Alex Fabricio Cajas Torres (Ecuador)
Monagas SC Maturín - Deportivo Pereira FC   **1-0(1-0)**
Monagas: Orlando Mosquera, Hárold Oshkaly Cummings Segura, Rubén Alejandro Ramírez Dos Ramos (46.Fernando Andrés Basante Barcelo), Óscar Constantino González Rengifo, Christopher Jesús Rodríguez González, Iván Alejandro Anderson Hernández, Edson Daniel Castillo García (52.Edgar Leonardo Carrión Dorta), Aldo Emmanuel Quiñónez Ayala, Cristhian Yonaiker Rivas Vielma (87.Richard Josué Iriarte Hernández), Edanyilber José Navas Alayón (87.David Leandro Guevara Morales), Abdiel Arroyo Molinar (90+1.Santiago Herrera Yallonardo). Trainer: Jhonny Ferreira Camacho Duarte.
Pereira: Aldair Alejandro Quintana Rojas, Juan Pablo Zuluaga Estrada (87.Kevin Alexander Palacios Salazar), Juan Sebastián Quintero Fletcher, Yeison Abelardo Súarez Vásquez, Yílmar Andrés Velásquez Palacios, Eber Antonio Moreno Gómez (46.Johan Steven Bocanegra Mora), Jhonny Alexander Vásquez Salazar (87.Geisson Alexander Perea Ocoró), Maicol Giovanny Medina Medina (69.Juan Danilo Santacruz González), Ángelo José Rodríguez Henry, Arley José Rodríguez Henry (78.Kevin Ademola Aladesanmi Sánchez), Jimer Esteban Fory Mejía. Trainer: Alejandro Restrepo Mazo.
Goal: 1-0 Edanyilber José Navas Alayón (19 penalty).

06.06.2023, Estadio „Alberto José Armando", Buenos Aires; Attendance: 43,700
Referee: Anderson Daronco (Brazil)
CA Boca Juniors Buenos Aires - CSD Colo-Colo Santiago   1-0(0-0)
Boca Juniors: Sergio Germán Romero, Luis Jan Piers Advíncula Castrillón, Frank Yusty Fabra Palacios, Bruno Amílcar Valdez Rojas, Jorge Nicolás Figal, Marcelo Alexis Weigandt, Guillermo Matías Fernández, Cristian Nicolás Medina, Alan Gonzalo Varela (65.Ignacio Ezequiél Agustín Fernández Carballo), Darío Ismael Benedetto (64.Miguel Ángel Merentiel Serrano; 69.Luis Ismael Vázquez), Luca Daniel Langoni (16.Óscar David Romero Villamayor). Trainer: Jorge Francisco Almirón Quintana.
Colo-Colo: Brayan Josué Cortés Fernández, Ramiro Gabriel González Hernández (76.Daniel Ademir Gutiérrez Rojas), Érick Andrés Wiemberg Higuera, Bruno Giuliano Gutiérrez Vilches (8.Jeyson Alejandro Rojas Orellana), Alan Gabriel Saldivia Vázquez, Esteban Andres Pavez Suazo, César Nicolás Fuentes González, Leonardo Roque Albano Gil Chiguay (65.Jordhy Eduardo Thompson Dávila), Marcos Nikolas Bolados Hidalgo (65.Marco Rodrigo Rojas Walen), Agustín Bouzat (65.Fabián Andrés Castillo Sánchez), Damián Nicolás Pizarro Huenuqueo. Trainer: Gustavo Enrique Domingo Quinteros Desábato (Bolivia).
Goal: 1-0 Marcelo Alexis Weigandt (55).

29.06.2023, Estadio „Alberto José Armando", Buenos Aires; Attendance: 40,564
Referee: Andrés Matías Matonte Cabrera (Uruguay)
CA Boca Juniors Buenos Aires - Monagas SC Maturín   4-0(1-0)
Boca Juniors: Sergio Germán Romero, Frank Yusty Fabra Palacios (66.Gonzalo Agustín Sandez), Bruno Amílcar Valdez Rojas [*sent off 36*], Marcelo Alexis Weigandt, Nicolás Valentini, Valentín Barco (85.Juan Edgardo Ramírez), Guillermo Matías Fernández, Martín Ismael Payero (46.Facundo Sebastián Roncaglia), Cristian Nicolás Medina (73.Esteban Leonardo Rolón), Alan Gonzalo Varela, Miguel Ángel Merentiel Serrano (66.Luis Ismael Vázquez). Trainer: Jorge Francisco Almirón Quintana.
Monagas: Jorge Alfredo Roa Ruiz, Rubén Alejandro Ramírez Dos Ramos, Christopher Jesús Rodríguez González, Iván Alejandro Anderson Hernández, Edson Daniel Castillo García (87.Santiago Herrera Yallonardo), Cristhian Yonaiker Rivas Vielma (68.Edanyilber José Navas Alayón), Andrés Josué Romero Tocuyo, Edgar Leonardo Carrión Dorta (55.Leandro Josué Rodríguez Santaella), Abdiel Arroyo Molinar [*sent off 50*], David Enmanuel Martínez Morales, Fernando Andrés Basante Barcelo (87.Ronald José Rodríguez Vizcaíno). Trainer: Jhonny Ferreira Camacho Duarte.
Goals: 1-0 Marcelo Alexis Weigandt (39), 2-0 Valentín Barco (61), 3-0 Luis Ismael Vázquez (86), 4-0 Luis Ismael Vázquez (89).

29.06.2023, Estadio Monumental „David Arellano", Santiago; Attendance: 38,130
Referee: Wilton Pereira Sampaio (Brazil)
CSD Colo-Colo Santiago - Deportivo Pereira FC   0-0
Colo-Colo: Fernando Carlos De Paul Lanciotti, Érick Andrés Wiemberg Higuera (46.Leonardo Roque Albano Gil Chiguay), Maximiliano Joel Falcón Picart, Jeyson Alejandro Rojas Orellana (73.Jordhy Eduardo Thompson Dávila), Alan Gabriel Saldivia Vázquez, Esteban Andres Pavez Suazo, César Nicolás Fuentes González, Marcos Nikolas Bolados Hidalgo (73.Darío Lezcano Mendoza), Agustín Bouzat, Carlos Alonso Enrique Palacios Núñez, Damián Nicolás Pizarro Huenuqueo. Trainer: Gustavo Enrique Domingo Quinteros Desábato (Bolivia).
Pereira: Aldair Alejandro Quintana Rojas, Juan Pablo Zuluaga Estrada, Juan Sebastián Quintero Fletcher, Yeison Abelardo Súarez Vásquez (82.Diego Armando Hernández Quiñones), Yílmar Andrés Velásquez Palacios, Eber Antonio Moreno Gómez, Jhonny Alexander Vásquez Salazar, Larry Johan Angulo Riascos (76.Carlos Andrés Ramírez Aguirre), Kener Julián Valencia Chará, Ángelo José Rodríguez Henry (82.Arley José Rodríguez Henry), Jimer Esteban Fory Mejía. Trainer: Alejandro Restrepo Mazo.

FINAL STANDINGS
1. **CA Boca Juniors Buenos Aires**   6   4   1   1   9 - 2   13
2. **Deportivo Pereira FC**   6   2   2   2   5 - 5   8
3. *CSD Colo-Colo Santiago*   6   1   3   2   3 - 5   6
4. Monagas SC Maturín   6   1   2   3   3 - 8   5

GROUP G

04.04.2023, Estadio „Alejandro Villanueva", Lima
Referee: Carlos Arturo Ortega Jaimes (Colombia)
Club Alianza Lima - Club Athletico Paranaense Curitiba   0-0
Alianza: Ángelo Ademir Campos Turriarte, Carlos Augusto Zambrano Ochandarte, Santiago García, Edinson José Chávez Quiñónez (32.Carlos Joao Montoya García), Ricardo César Lagos Puyén, Josepmir Aarón Ballón Villacorta, Basilio Gabriel Costa Heredia (71.Franco Zanelatto Téllez), Brayan Roberto Reyna Casaverde, Jesús Castillo Peña (82.Oswaldo Josué Valenzuela Dileo), Christian Alberto Cueva Bravo (71.Andrés Felipe Andrade Torres), Pablo David Sabbag Daccarett (82.Hernán Barcos). Trainer: Guillermo Sandro Salas Suárez.
Athletico Paranaense: Bento, Thiago Heleno [*sent off 78*], Zé Ivaldo (46.Matheus Felipe), Khellven, Pedrinho, Fernandinho, Miguel David Terans Pérez (71.Alex Santana), Erick, Agustín Canobbio Graviz (82.Rômulo), Tomás Esteban Cuello (71.Willian), Vitor Roque (77.Pablo). Trainer: Paulo Turra.

06.04.2023, Estádio „Governador Magalhães Pinto" [Mineirão], Belo Horizonte; Attendance: 40,177
Referee: Yael Cristian Falcón Pérez (Argentina)
Clube Atlético Mineiro Belo Horizonte - Club Libertad Asunción   0-1(0-1)
Atlético Mineiro: Éverson, Dodô (46.Federico Matías Zaracho), Renzo Saravia, Paolo Mauricio Lemos Merladett, Nathan Silva, Edenílson (63.Igor Gomes), Patrick (46.Rubens), Otávio (63.Isaac), Pedrinho (90+3.Réver), Eduardo Jesús Vargas Rojas, Paulinho. Trainer: Eduardo Germán Coudet (Argentina).
Libertad: Martín Andrés Silva Leites, Iván Rodrigo Piris Leguizamón, Diego Francisco Viera Ruiz Díaz, Alexander Nahuel Barboza Ullúa, Lorenzo António Melgarejo Sanabria, Álvaro Marcial Campuzano, Matías David Espinoza Acosta (71.Luis Carlos Cardozo Espillaga), Lucas Daniel Sanabria Brítez (71.Rubén Darío Lezcano Portillo), Diego Alexander Gómez Amarilla (58.Iván Rodrigo Ramírez Segovia), Héctor Daniel Villalba (67.Camilo Sebastián Mayada Mesa), Alfio Ovidio Oviedo Álvarez (67.Adrián Alcaraz Torales). Trainer: Daniel Óscar Garnero (Argentina).
Goal: 0-1 Diego Alexander Gómez Amarilla (9).

18.04.2023, Estádio "Joaquim Américo Guimarães" [Arena da Baixada], Curitiba; Attendance: 27,401
Referee: Pablo Gastón Echavarría (Argentina)
Club Athletico Paranaense Curitiba - Clube Atlético Mineiro Belo Horizonte   2-1(2-0)
Athletico Paranaense: Bento, Pedro Henrique, Zé Ivaldo, Khellven, Pedrinho, Fernandinho, Miguel David Terans Pérez (78.Tomás Esteban Cuello), Erick, Christian (84.Hugo Moura), Rômulo (66.Thiago Andrade), Vitor Roque (78.Pablo). Trainer: Paulo Turra.
Atlético Mineiro: Éverson, Mariano [*sent off 87*], Dodô (59.Hyoran), Jemerson, Paolo Mauricio Lemos Merladett (90+4.Bruno Fuchs), Rodrigo Andrés Battaglia, Patrick, Federico Matías Zaracho, Pedrinho (77.Eduardo Jesús Vargas Rojas), Hulk, Paulinho. Trainer: Eduardo Germán Coudet (Argentina).
Goals: 1-0 Vitor Roque (7), 2-0 Miguel David Terans Pérez (35 penalty), 2-1 Paulinho (70).

20.04.2023, Estadio Defensores del Chaco, Asunción; Attendance: 2,909
Referee: Facundo Raúl Tello Figueroa (Argentina)
Club Libertad Asunción - Club Alianza Lima   **1-2(0-0)**
Libertad: Martín Andrés Silva Leites, Iván Rodrigo Piris Leguizamón (84.Rubén Darío Lezcano Portillo), Diego Francisco Viera Ruiz Díaz, Alexander Nahuel Barboza Ullúa, Lorenzo António Melgarejo Sanabria (22.Enso David González Medina; 84.Iván Rodrigo Ramírez Segovia), Álvaro Marcial Campuzano, Matías David Espinoza Acosta, Lucas Daniel Sanabria Brítez (63.Roque Luis Santa Cruz Cantero), Diego Alexander Gómez Amarilla, Héctor Daniel Villalba, Alfio Ovidio Oviedo Álvarez (63.Óscar René Cardozo Marín). Trainer: Daniel Óscar Garnero (Argentina).
Alianza: Ángelo Ademir Campos Turriarte, Carlos Augusto Zambrano Ochandarte, Pablo Nicolás Míguez Farre, Gino Peruzzi Lucchetti, Ricardo César Lagos Puyén, Josepmir Aarón Ballón Villacorta, Andrés Felipe Andrade Torres, Brayan Roberto Reyna Casaverde (74.Pablo Damián Lavandeira Hernández), Jesús Castillo Peña (80.Oswaldo Josué Valenzuela Dileo), Marco Aldair Rodríguez Iraola (87.Hernán Barcos), Pablo David Sabbag Daccarett. Trainer: Guillermo Sandro Salas Suárez.
Goals: 0-1 Marco Aldair Rodríguez Iraola (46), 0-2 Pablo David Sabbag Daccarett (71), 1-2 Óscar René Cardozo Marín (90+4 penalty).

03.05.2023, Arena Independência, Belo Horizonte; Attendance: 17,563
Referee: Andrés Matías Matonte Cabrera (Uruguay)
Clube Atlético Mineiro Belo Horizonte - Club Alianza Lima   **2-0(0-0)**
Atlético Mineiro: Éverson, Jemerson, Nathan Silva, Bruno Fuchs (88.Réver), Rodrigo Andrés Battaglia (73.Otávio), Federico Matías Zaracho (88.Cadu), Igor Gomes, Rubens, Eduardo Jesús Vargas Rojas (76.Hyoran), Hulk, Cristian David Pavón (76.Edenílson). Trainer: Eduardo Germán Coudet (Argentina).
Alianza: Ángelo Ademir Campos Turriarte, Carlos Augusto Zambrano Ochandarte, Santiago García, Gino Peruzzi Lucchetti, Ricardo César Lagos Puyén, Josepmir Aarón Ballón Villacorta, Andrés Felipe Andrade Torres (72.Christian Alberto Cueva Bravo), Brayan Roberto Reyna Casaverde, Jesús Castillo Peña, Marco Aldair Rodríguez Iraola (72.Franco Zanelatto Téllez), Pablo David Sabbag Daccarett. Trainer: Guillermo Sandro Salas Suárez.
Goals: 1-0 Igor Gomes (59), 2-0 Igor Gomes (68).

04.05.2023, Estadio Defensores del Chaco, Asunción
Referee: John Alexander Ospina Londoño (Colombia)
Club Libertad Asunción - Club Athletico Paranaense Curitiba   **1-2(1-0)**
Libertad: Martín Andrés Silva Leites, Iván Rodrigo Piris Leguizamón, Diego Francisco Viera Ruiz Díaz, Alexander Nahuel Barboza Ullúa, Néstor Rafael Giménez Florentín (82.Roque Luis Santa Cruz Cantero), Álvaro Marcial Campuzano, Lucas Daniel Sanabria Brítez (71.Matías David Espinoza Acosta), Diego Alexander Gómez Amarilla (57.Rubén Darío Lezcano Portillo), Óscar René Cardozo Marín (71.Alfio Ovidio Oviedo Álvarez), Héctor Daniel Villalba (71.Iván Rodrigo Ramírez Segovia), Enso David González Medina. Trainer: Daniel Óscar Garnero (Argentina).
Athletico Paranaense: Bento, Thiago Heleno (87.Zé Ivaldo), Pedro Henrique, Khellven, Pedrinho, Fernandinho, Miguel David Terans Pérez (77.Christian), Alex Santana (77.Erick), Vitor Bueno (46.Thiago Andrade), Pablo (46.Rômulo), Vitor Roque. Trainer: Paulo Turra.
Goals: 1-0 Óscar René Cardozo Marín (10), 1-1 Rômulo (52), 1-2 Alex Santana (65).

23.05.2023, Estádio „Governador Magalhães Pinto" [Mineirão], Belo Horizonte; Attendance: 39,683
Referee: Wilmar Alexander Roldán Pérez (Colombia)
Clube Atlético Mineiro Belo Horizonte - Club Athletico Paranaense Curitiba   2-1(0-0)
Atlético Mineiro: Éverson, Mariano (63.Renzo Saravia), Jemerson, Nathan Silva, Rodrigo Andrés Battaglia, Hyoran (63.Igor Gomes), Federico Matías Zaracho, Rubens (63.Patrick), Hulk, Cristian David Pavón (82.Eduardo Jesús Vargas Rojas), Paulinho (89.Edenílson). Trainer: Eduardo Germán Coudet (Argentina).
Athletico Paranaense: Bento, Thiago Heleno, Madson, Pedro Henrique (85.Matheus Felipe), Fernando, Erick (43.Alex Santana), Hugo Moura, Christian (67.Vitor Bueno), Pablo (84.Willian), Agustín Canobbio Graviz, Vitor Roque (46.Tomás Esteban Cuello). Trainer: Paulo Turra.
Goals: 0-1 Alex Santana (51), 1-1 Paulinho (68), 2-1 Paulinho (87).

23.05.2023, Estadio „Alejandro Villanueva", Lima; Attendance: 29,299
Referee: Fernando Andrés Rapallini (Argentina)
Club Alianza Lima - Club Libertad Asunción   1-2(0-1)
Alianza: Franco Manuel Saravia Rojas, Carlos Augusto Zambrano Ochandarte, Santiago García, Yordi Eduardo Vílchez Cienfuegos, Ricardo César Lagos Puyén, Josepmir Aarón Ballón Villacorta (58.Marco Aldair Rodríguez Iraola), Pablo Damián Lavandeira Hernández (58.Basilio Gabriel Costa Heredia), Brayan Roberto Reyna Casaverde, Jesús Castillo Peña, Franco Zanelatto Téllez (58.Christian Alberto Cueva Bravo), Pablo David Sabbag Daccarett (66.Hernán Barcos). Trainer: Guillermo Sandro Salas Suárez.
Libertad: Martín Andrés Silva Leites, Iván Rodrigo Piris Leguizamón, Diego Francisco Viera Ruiz Díaz, Alexander Nahuel Barboza Ullúa, Néstor Rafael Giménez Florentín, Lorenzo António Melgarejo Sanabria (81.Matías David Espinoza Acosta), Álvaro Marcial Campuzano, Lucas Daniel Sanabria Brítez (68.Cristian Miguel Riveros Núñez), Diego Alexander Gómez Amarilla, Héctor Daniel Villalba (81.Iván Rodrigo Ramírez Segovia), Alfio Ovidio Oviedo Álvarez (46.Óscar René Cardozo Marín). Trainer: Daniel Óscar Garnero (Argentina).
Goals: 0-1 Santiago García (45+2 own goal), 0-2 Lorenzo António Melgarejo Sanabria (55), 1-2 Yordi Eduardo Vílchez Cienfuegos (90+3).

06.06.2023, Estádio "Joaquim Américo Guimarães" [Arena da Baixada], Curitiba; Attendance: 26,714
Referee: Gery Anthony Vargas Carreño (Bolivia)
Club Athletico Paranaense Curitiba - Club Libertad Asunción   1-0(0-0)
Athletico Paranaense: Bento, Thiago Heleno, Madson, Pedro Henrique, Fernando, Miguel David Terans Pérez (71.Thiago Andrade), Alex Santana (88.Hugo Moura), Erick, Agustín Canobbio Graviz (71.Christian), Tomás Esteban Cuello (46.Vitor Bueno), Vitor Roque (83.Rômulo). Trainer: Paulo Turra.
Libertad: Martín Andrés Silva Leites, Iván Rodrigo Piris Leguizamón, Diego Francisco Viera Ruiz Díaz, Alexander Nahuel Barboza Ullúa, Álvaro Marcial Campuzano, Matías David Espinoza Acosta, Lucas Daniel Sanabria Brítez (88.Alfio Ovidio Oviedo Álvarez), Diego Alexander Gómez Amarilla, Óscar René Cardozo Marín (77.Roque Luis Santa Cruz Cantero), Héctor Daniel Villalba, Enso David González Medina (76.Marcelo Fabián Fernández Benítez). Trainer: Daniel Óscar Garnero (Argentina).
Goal: 1-0 Christian (72).

06.06.2023, Estadio „Alejandro Villanueva", Lima; Attendance: 23,554
Referee: Facundo Raúl Tello Figueroa (Argentina)
Club Alianza Lima - Clube Atlético Mineiro Belo Horizonte   0-1(0-0)
Alianza: Ángelo Ademir Campos Turriarte, Carlos Augusto Zambrano Ochandarte, Santiago García, Yordi Eduardo Vílchez Cienfuegos, Ricardo César Lagos Puyén (71.Pablo David Sabbag Daccarett; 81.Pablo Damián Lavandeira Hernández), Josepmir Aarón Ballón Villacorta (71.Jairo Jair Concha Gonzáles), Brayan Roberto Reyna Casaverde, Jesús Castillo Peña, Hernán Barcos, Christian Alberto Cueva Bravo, Marco Aldair Rodríguez Iraola (57.Franco Zanelatto Téllez). Trainer: Guillermo Sandro Salas Suárez.
Atlético Mineiro: Éverson, Jemerson, Nathan Silva, Bruno Fuchs (84.Renzo Saravia), Rodrigo Andrés Battaglia, Hyoran (67.Patrick), Federico Matías Zaracho, Rubens (67.Guilherme Arana), Hulk, Cristian David Pavón (78.Otávio), Paulinho (85.Paolo Mauricio Lemos Merladett). Trainer: Eduardo Germán Coudet (Argentina).
Goal: 0-1 Hulk (62).

27.06.2023, Estádio "Joaquim Américo Guimarães" [Arena da Baixada], Curitiba; Attendance: 24,467
Referee: Alexis Adrián Herrera Hernández (Venezuela)
Club Athletico Paranaense Curitiba - Club Alianza Lima   3-0(1-0)
Athletico Paranaense: Bento, Thiago Heleno (81.Matheus Felipe), Pedro Henrique, Zé Ivaldo, Khellven, Fernandinho (90.Hugo Moura), Vitor Bueno (63.Alex Santana), Erick, Christian, Agustín Canobbio Graviz (62.Miguel David Terans Pérez), Vitor Roque (90.Marcelo Cirino). Trainer: Wesley Carvalho.
Alianza: Ángelo Ademir Campos Turriarte, Pablo Nicolás Míguez Farre, Santiago García, Yordi Eduardo Vílchez Cienfuegos (46.Edinson José Chávez Quiñónez), Ricardo César Lagos Puyén, Josepmir Aarón Ballón Villacorta, Brayan Roberto Reyna Casaverde (67.Franco Zanelatto Téllez), Jairo Jair Concha Gonzáles, Jesús Castillo Peña, Hernán Barcos (75.Pablo David Sabbag Daccarett), Marco Aldair Rodríguez Iraola (57.Christian Alberto Cueva Bravo). Trainer: Guillermo Sandro Salas Suárez.
Goals: 1-0 Vitor Bueno (8), 2-0 Vitor Roque (63), 3-0 Vitor Roque (88).

27.06.2023, Estadio Defensores del Chaco, Asunción
Referee: Fernando Andrés Rapallini (Argentina)
Club Libertad Asunción - Clube Atlético Mineiro Belo Horizonte   1-1(0-0)
Libertad: Martín Andrés Silva Leites, Iván Rodrigo Piris Leguizamón, Diego Francisco Viera Ruiz Díaz, Alexander Nahuel Barboza Ullúa, Cristian Miguel Riveros Núñez (58.Antonio Bareiro Álvarez), Matías David Espinoza Acosta (46.Néstor Rafael Giménez Florentín), Lucas Daniel Sanabria Brítez, Diego Alexander Gómez Amarilla, Roque Luis Santa Cruz Cantero (73.Alfio Ovidio Oviedo Álvarez), Héctor Daniel Villalba, Enso David González Medina (58.Lorenzo António Melgarejo Sanabria). Trainer: Daniel Óscar Garnero (Argentina).
Atlético Mineiro: Éverson, Mariano (90.Renzo Saravia), Jemerson, Paolo Mauricio Lemos Merladett, Guilherme Arana, Edenílson, Rodrigo Andrés Battaglia, Federico Matías Zaracho (85.Otávio), Hulk, Cristian David Pavón (63.Igor Gomes), Paulinho (90.Patrick). Trainer: Luiz Felipe Scolari.
Goals: 1-0 Antonio Bareiro Álvarez (61), 1-1 Igor Gomes (68).

FINAL STANDINGS

1.	Club Athletico Paranaense Curitiba	6	4	1	1	9 - 4	13
2.	Clube Atlético Mineiro Belo Horizonte	6	3	1	2	7 - 5	10
3.	*Club Libertad Asunción*	6	2	1	3	6 - 7	7
4.	Club Alianza Lima	6	1	1	4	3 - 9	4

GROUP H

05.04.2023, Estadio „Brigadier General Estanislao López", Santa Fe
Referee: Wagner do Nascimento Magalhães (Brazil)
CA Patronato de la Juventud Católica Paraná - Atlético Nacional Medellín   1-2(1-0)
Patronato: Matías Alexis Budiño, Cristian Leandro González, Facundo Cobos (63.Lucas Nahuel Kruspzky), Sergio Maximiliano Ojeda, Matías Lautaro Ruíz Díaz (83.Alexander Sebastián Sosa), Joel Gonzalo Ghiraldello, Nicolás Mario Domingo, Fabio Francisco Vázquez (77.Brian Agustín Nievas), Mateo Levato (46.Enzo Roberto Díaz Morales), Juan Cruz Esquivel (78.Nazareno Damián Solís), Ignacio Russo Cordero. Trainer: Walter Nicolás Otta.
Nacional Medellín: Harlen Alfred Castillo Moreno, Cristián Eduardo Zapata Valencia, Juan Felipe Aguirre Tabares, Andrés Felipe Román Mosquera (46.Édier Ocampo Vidal), Danovis Banguero Lerma (46.Andrés Salazar Osorio), Dorlan Mauricio Pabón Ríos, Sebastián Gómez Londoño, Nelson Daniel Palacio Ruiz (46.Yerson Candelo Miranda), Nelson Alexander Deossa Suárez, Jader Barbosa da Silva Gentil (71.Juan Pablo Torres Patiño), Tomás Ángel Gutiérrez (71.Jefferson Andrés Duque Montoya). Trainer: Paulo Autuori de Mello (Brazil).
Goals: 1-0 Mateo Levato (2), 1-1 Dorlan Mauricio Pabón Ríos (77 penalty), 1-2 Dorlan Mauricio Pabón Ríos (79).

06.04.2023, Estadio Monumental de la UNSA, Arequipa; Attendance: 13,684
Referee: Anderson Daronco (Brazil)
Foot Ball Club Melgar Arequipa - Club Olimpia Asunción   1-1(1-1)
FBC Melgar: Carlos Alberto Cáceda Ollaguez, Leonel Ezequiel Galeano, Elías Alejandro Ramos Castillo, Alec Hugo Deneumostier Ortmann, Paolo Alessandro Reyna Lea, Horacio De Dios Orzán, Tomás Martínez (70.Jean Pierre Archimbaud Arriarán), Alexis Arias Tuesta (70.Walter Angello Tandazo Silva), Bernardo Nicolás Cuesta, Cristian Ariel Bordacahar, Luis Enrique Iberico Robalino (80.Pablo Daniel Magnín). Trainer: Mariano Andrés Soso (Argentina).
Olimpia: Juan Ángel Espínola González, Víctor Ezequiel Salazar, Luis Felipe Zárate Cardozo (33.Antolín Alcáraz Viveros), Mateo Gamarra González, Iván Arturo Torres Riveros (63.Juan Manuel Romero Báez), Alejandro Daniel Silva González (79.Diego Joel Torres Garcete), Richard Ortíz Bustos, Marcos Ezequiel Gómez Paredes, Hugo Francisco Fernández Martínez (46.Facundo Gabriel Zabala), Guillermo Miguel Paiva Ayala (78.Facundo Bruera), Fernando David Cardozo Paniagua. Trainer: Diego Vicente Aguirre Camblor (Uruguay).
Goals: 0-1 Guillermo Miguel Paiva Ayala (14), 1-1 Bernardo Nicolás Cuesta (20).

18.04.2023, Estadio Defensores del Chaco, Asunción; Attendance: 13,983
Referee: Raphael Claus (Brazil)
Club Olimpia Asunción - CA Patronato de la Juventud Católica Paraná   1-0(1-0)
Olimpia: Gastón Hernán Olveira Echeverría, Víctor Ezequiel Salazar (88.Sérgio Andrés Otálvaro Botero), Luis Felipe Zárate Cardozo, Mateo Gamarra González, Iván Arturo Torres Riveros (46.Facundo Gabriel Zabala), Alejandro Daniel Silva González, Richard Ortíz Bustos, Marcos Ezequiel Gómez Paredes, Hugo Francisco Fernández Martínez (68.Diego Joel Torres Garcete), Guillermo Miguel Paiva Ayala (75.Facundo Bruera), Fernando David Cardozo Paniagua (88.Ramón Martínez López). Trainer: Diego Vicente Aguirre Camblor (Uruguay).
Patronato: Julio César Salvá, Cristian Leandro González, Facundo Cobos (77.Nazareno Damián Solís), Sergio Maximiliano Ojeda, Matías Lautaro Ruíz Díaz (77.Enzo Roberto Díaz Morales), Joel Gonzalo Ghiraldello (85.Juan Cruz Esquivel), Nicolás Mario Domingo, Fabio Francisco Vázquez, Juan Pablo Baringa (77.Jorge Vidal Valdez Chamorro), Ignacio Russo Cordero, Alexander Sebastián Sosa (68.Lautaro Nicolás Comas). Trainer: Walter Nicolás Otta.
Goal: 1-0 Fernando David Cardozo Paniagua (44).

20.04.2023, Estadio Metropolitano „Roberto Meléndez", Barranquilla; Attendance: 0
Referee: Wilton Pereira Sampaio (Brazil)
Atlético Nacional Medellín - Foot Ball Club Melgar Arequipa   3-1(2-0)
Nacional Medellín: Harlen Alfred Castillo Moreno, Cristián Eduardo Zapata Valencia, Andrés Felipe Román Mosquera, Cristian Castro Devenish, Danovis Banguero Lerma (46.Andrés Salazar Osorio), Dorlan Mauricio Pabón Ríos (73.Yair Mena Palacios), Yerson Candelo Miranda, Sebastián Gómez Londoño, Nelson Daniel Palacio Ruiz (64.Jhon Fredy Duque Arias), Jader Barbosa da Silva Gentil (46.Nelson Alexander Deossa Suárez), Tomás Ángel Gutiérrez (64.Jefferson Andrés Duque Montoya). Trainer: Paulo Autuori de Mello (Brazil).
FBC Melgar: Carlos Alberto Cáceda Ollaguez, Leonardo William Mifflin Cabezudo, Elías Alejandro Ramos Castillo (76.Pablo Daniel Magnín), Alec Hugo Deneumostier Ortmann, Paolo Alessandro Reyna Lea (76.Jean Pierre Archimbaud Arriarán), Horacio De Dios Orzán, Tomás Martínez, Alexis Arias Tuesta (64.Jhamir Adrián D´Arrigo Huanca), Bernardo Nicolás Cuesta, Cristian Ariel Bordacahar, Luis Enrique Iberico Robalino (85.Kenji Giovanni Cabrera Nakamura). Trainer: Mariano Andrés Soso (Argentina).
Goals: 1-0 Dorlan Mauricio Pabón Ríos (28), 2-0 Dorlan Mauricio Pabón Ríos (38 penalty), 2-1 Luis Enrique Iberico Robalino (57), 3-1 Dorlan Mauricio Pabón Ríos (59).

02.05.2023, Estadio „Atanasio Girardot", Medellín; Attendance: 25,623
Referee: Anderson Daronco (Brazil)
Atlético Nacional Medellín - Club Olimpia Asunción   2-2(1-0)
Nacional Medellín: Kevin Leonardo Mier Robles, Cristián Eduardo Zapata Valencia, Andrés Felipe Román Mosquera, Cristian Castro Devenish, Danovis Banguero Lerma, Dorlan Mauricio Pabón Ríos, Yerson Candelo Miranda (80.Jarlan Junior Barrera Escalona), Sebastián Gómez Londoño, Nelson Daniel Palacio Ruiz, Nelson Alexander Deossa Suárez, Jefferson Andrés Duque Montoya (80.Francisco da Costa Aragão). Trainer: Paulo Autuori de Mello (Brazil).
Olimpia: Gastón Hernán Olveira Echeverría, Víctor Ezequiel Salazar, Luis Felipe Zárate Cardozo, Mateo Gamarra González, Facundo Gabriel Zabala, Alejandro Daniel Silva González (90.Ramón Martínez López), Richard Ortíz Bustos, Marcos Ezequiel Gómez Paredes (77.Hugo Lorenzo Quintana Escobar), Hugo Francisco Fernández Martínez (77.Juan Manuel Romero Báez [*sent off 90+5*]), Guillermo Miguel Paiva Ayala (73.Facundo Bruera), Fernando David Cardozo Paniagua. Trainer: Diego Vicente Aguirre Camblor (Uruguay).
Goals: 1-0 Dorlan Mauricio Pabón Ríos (26), 1-1 Fernando David Cardozo Paniagua (48), 2-1 Cristian Castro Devenish (65), 2-2 Facundo Bruera (78).

04.05.2023, Estadio „Presbítero Bartolomé Grella", Paraná; Attendance: 5,734
Referee: Gery Anthony Vargas Carreño (Bolivia)
CA Patronato de la Juventud Católica Paraná - Foot Ball Club Melgar Arequipa   4-1(1-0)
Patronato: Matías Alexis Budiño, Cristian Leandro González, Facundo Cobos (79.Lucas Nahuel Kruspzky), Lautaro Dante Geminiani, Sergio Maximiliano Ojeda, Nicolás Mario Domingo, Jorge Vidal Valdez Chamorro (79.Kevin Damián González), Gerardo Damián Arce (61.Ignacio Russo Cordero), Nazareno Damián Solís (68.Fabio Francisco Vázquez), Mateo Levato, Juan Cruz Esquivel (79.Enzo Roberto Díaz Morales). Trainer: Walter Nicolás Otta.
FBC Melgar: Carlos Alberto Cáceda Ollaguez, Leonel Ezequiel Galeano, Alec Hugo Deneumostier Ortmann, Paolo Alessandro Reyna Lea (28.Sebastián José Cavero Nakahoro), Pedro Guillermo Ibáñez Gálvez (62.Pablo Daniel Magnín), Horacio De Dios Orzán, Tomás Martínez, Alexis Arias Tuesta (61.Jean Pierre Archimbaud Arriarán), Bernardo Nicolás Cuesta, Cristian Ariel Bordacahar, Luis Enrique Iberico Robalino (83.Kenji Giovanni Cabrera Nakamura). Trainer: Mariano Andrés Soso (Argentina).
Goals: 1-0 Juan Cruz Esquivel (4), 1-1 Tomás Martínez (53), 2-1 Sergio Maximiliano Ojeda (59), 3-1 Juan Cruz Esquivel (70), 4-1 Mateo Levato (86).

24.05.2023, Estadio Monumental de la UNSA, Arequipa
Referee: Edina Alves Batista (Brazil)
Foot Ball Club Melgar Arequipa - Atlético Nacional Medellín   **0-1(0-0)**
FBC Melgar: Carlos Alberto Cáceda Ollaguez, Leonel Ezequiel Galeano, Alec Hugo Deneumostier Ortmann, Sebastián José Cavero Nakahoro, Horacio De Dios Orzán, Jean Pierre Archimbaud Arriarán, Tomás Martínez (66.Jhamir Adrián D´Arrigo Huanca), Walter Angello Tandazo Silva (78.Kenji Giovanni Cabrera Nakamura), Bernardo Nicolás Cuesta, Pablo Daniel Magnín (57.Luis Enrique Iberico Robalino), Cristian Ariel Bordacahar (78.Alexis Arias Tuesta). Trainer: Mariano Andrés Soso (Argentina).
Nacional Medellín: Kevin Leonardo Mier Robles, Sergio Andrés Mosquera Zapata, Juan Felipe Aguirre Tabares, Danovis Banguero Lerma, Dorlan Mauricio Pabón Ríos (68.Jarlan Junior Barrera Escalona), Yerson Candelo Miranda (90+6.Jhon Fredy Duque Arias), Sebastián Gómez Londoño, Nelson Daniel Palacio Ruiz, Jhon Elmer Solís Romero [*sent off 50*], Francisco da Costa Aragão (78.Óscar Andrés Perea Aboncе), Brahian Palacios Alzate (67.Cristian Castro Devenish). Trainer: Paulo Autuori de Mello (Brazil).
Goal: 0-1 Danovis Banguero Lerma (88).

25.05.2023, Estadio „Brigadier General Estanislao López", Santa Fe; Attendance: 4,587
Referee: Jesús Noel Valenzuela Sáez (Venezuela)
CA Patronato de la Juventud Católica Paraná - Club Olimpia Asunción   **0-2(0-1)**
Patronato: Julio César Salvá, Cristian Leandro González, Facundo Cobos, Sergio Maximiliano Ojeda (63.Joel Gonzalo Ghiraldello), Matías Lautaro Ruíz Díaz (58.Agustín Ramos Eckhart), Nicolás Mario Domingo, Jorge Vidal Valdez Chamorro (73.Enzo Roberto Díaz Morales), Nazareno Damián Solís (58.Ignacio Russo Cordero), Juan Pablo Barinaga (46.Gerardo Damián Arce), Mateo Levato, Juan Cruz Esquivel. Trainer: Walter Nicolás Otta.
Olimpia: Gastón Hernán Olveira Echeverría, Víctor Ezequiel Salazar (37.Diego Joel Torres Garcete), Jhohan Sebastián Romaña Espitia, Luis Felipe Zárate Cardozo, Mateo Gamarra González, Facundo Gabriel Zabala, Iván Arturo Torres Riveros (67.Hugo Lorenzo Quintana Escobar), Alejandro Daniel Silva González, Ramón Martínez López, Hugo Francisco Fernández Martínez (86.Facundo Bruera), Fernando David Cardozo Paniagua. Trainer: Diego Vicente Aguirre Camblor (Uruguay).
Goals: 0-1 Iván Arturo Torres Riveros (9), 0-2 Diego Joel Torres Garcete (76).

06.06.2023, Estadio Monumental de la UNSA, Arequipa; Attendance: 4,900
Referee: Bruno Arleu de Araujo (Brazil)
Foot Ball Club Melgar Arequipa - CA Patronato de la Juventud Católica Paraná   **5-0(4-0)**
FBC Melgar: Carlos Alberto Cáceda Ollaguez, Leonel Ezequiel Galeano, Alec Hugo Deneumostier Ortmann, Horacio De Dios Orzán (82.Bruno Fabricio Portugal Paredes), Jean Pierre Archimbaud Arriarán, Tomás Martínez (38.Alexis Arias Tuesta), Walter Angello Tandazo Silva, Jhamir Adrián D´Arrigo Huanca, Kenji Giovanni Cabrera Nakamura (68.Carlos Abraham Aguinaga Romero), Bernardo Nicolás Cuesta (82.Luis Enrique Iberico Robalino), Cristian Ariel Bordacahar (67.Elías Alejandro Ramos Castillo). Trainer: Mariano Andrés Soso (Argentina).
Patronato: Matías Alexis Budiño, Lucas Nahuel Kruspzky, Cristian Leandro González, Lautaro Dante Geminiani, Joel Gonzalo Ghiraldello (46.Facundo Cobos), Nicolás Mario Domingo, Fabio Francisco Vázquez (85.Nazareno Damián Solís), Brian Agustín Nievas (34.Juan Cruz Esquivel), Juan Pablo Barinaga, Enzo Roberto Díaz Morales (63.Kevin Damián González), Alexander Sebastián Sosa (63.Sebastián Malimberni). Trainer: Walter Nicolás Otta.
Goals: 1-0 Bernardo Nicolás Cuesta (8 penalty), 2-0 Cristian Ariel Bordacahar (13), 3-0 Tomás Martínez (22 penalty), 4-0 Bernardo Nicolás Cuesta (41), 5-0 Jhamir Adrián D´Arrigo Huanca (58).

08.06.2023, Estadio Defensores del Chaco, Asunción; Attendance: 30,891
Referee: Wilton Pereira Sampaio (Brazil)
Club Olimpia Asunción - Atlético Nacional Medellín **3-0(1-0)**
Olimpia: Gastón Hernán Olveira Echeverría, Jhohan Sebastián Romaña Espitia (71.Sérgio Andrés Otálvaro Botero), Luis Felipe Zárate Cardozo, Mateo Gamarra González, Facundo Gabriel Zabala, Iván Arturo Torres Riveros (64.Richard Ortíz Bustos), Alejandro Daniel Silva González (88.Hugo Lorenzo Quintana Escobar), Marcos Ezequiel Gómez Paredes, Hugo Francisco Fernández Martínez (88.Facundo Bruera), Guillermo Miguel Paiva Ayala (71.Diego Joel Torres Garcete), Fernando David Cardozo Paniagua. Trainer: Diego Vicente Aguirre Camblor (Uruguay).
Nacional Medellín: Kevin Leonardo Mier Robles, Cristián Eduardo Zapata Valencia (73.Cristian Blanco Betancur), Sergio Andrés Mosquera Zapata, Cristian Castro Devenish, Éder Ocampo Vidal (62.Yerson Candelo Miranda), Juan Pablo Torres Patiño (62.Jader Barbosa da Silva Gentil), Jarlan Junior Barrera Escalona, Jhon Fredy Duque Arias, Nelson Daniel Palacio Ruiz, Andrés Salazar Osorio (62.Nelson Alexander Deossa Suárez), Tomás Ángel Gutiérrez (73.Jefferson Andrés Duque Montoya). Trainer: Paulo Autuori de Mello (Brazil).
Goals: 1-0 Mateo Gamarra González (19), 2-0 Guillermo Miguel Paiva Ayala (50), 3-0 Diego Joel Torres Garcete (90).

27.06.2023, Estadio Manuel Ferreira, Asunción
Referee: Raphael Claus (Brazil)
Club Olimpia Asunción - Foot Ball Club Melgar Arequipa **4-1(4-0)**
Olimpia: Gastón Hernán Olveira Echeverría, Sérgio Andrés Otálvaro Botero, Luis Felipe Zárate Cardozo (67.Orlando Junior Barreto Viera), Mateo Gamarra González (46.Antolín Alcáraz Viveros), Facundo Gabriel Zabala, Iván Arturo Torres Riveros (59.Richard Ortíz Bustos), Alejandro Daniel Silva González, Marcos Ezequiel Gómez Paredes, Hugo Francisco Fernández Martínez (84.Brian Guillermo Montenegro Benítez), Guillermo Miguel Paiva Ayala (59.Diego Joel Torres Garcete), Fernando David Cardozo Paniagua. Trainer: Diego Vicente Aguirre Camblor (Uruguay).
FBC Melgar: Jorge Denilson Cabezudo Ormeño, Leonel Ezequiel Galeano, Alec Hugo Deneumostier Ortmann (34.Elías Alejandro Ramos Castillo), Paolo Alessandro Reyna Lea, Horacio De Dios Orzán, Jean Pierre Archimbaud Arriarán, Tomás Martínez (86.Luis Enrique Iberico Robalino), Walter Angello Tandazo Silva, Kenji Giovanni Cabrera Nakamura (34.Jhamir Adrián D´Arrigo Huanca), Bernardo Nicolás Cuesta, Cristian Ariel Bordacahar (87.Carlos Abraham Aguinaga Romero). Trainer: Mariano Andrés Soso (Argentina).
Goals: 1-0 Alejandro Daniel Silva González (2 penalty), 2-0 Guillermo Miguel Paiva Ayala (9), 3-0 Guillermo Miguel Paiva Ayala (23), 4-0 Fernando David Cardozo Paniagua (31), 4-1 Tomás Martínez (54).

27.06.2023, Estadio „Atanasio Girardot", Medellín
Referee: Paulo Cesar Zanovelli da Silva (Brazil)
Atlético Nacional Medellín - CA Patronato de la Juventud Católica Paraná **0-1(0-0)**
Nacional Medellín: Kevin Leonardo Mier Robles, Sergio Andrés Mosquera Zapata, Cristian Castro Devenish, Éder Ocampo Vidal, Juan Pablo Torres Patiño, Jhon Fredy Duque Arias (80.Yéiler Andrés Góez [*sent off 90+8*]), Jhon Elmer Solís Romero, Andrés Salazar Osorio (70.Álvaro Anyiver Angulo Mosquera), Jader Barbosa da Silva Gentil (70.Óscar Andrés Perea Aboncé), Brahian Palacios Alzate (64.Yair Mena Palacios), Jayder Asprilla Moreno (63.Tomás Ángel Gutiérrez). Trainer: Paulo Autuori de Mello (Brazil).
Patronato: Julio César Salvá, Lucas Nahuel Kruspzky (46.Juan Pablo Baringa), Cristian Leandro González, Lautaro Dante Geminiani, Sergio Maximiliano Ojeda, Matías Lautaro Ruíz Díaz (87.Jorge Martín Aruga Torales), Fabio Francisco Vázquez (68.Gastón Alejandro Novero), Gerardo Damián Arce (46.Lautaro Valentín Pereyra), Nazareno Damián Solís, Enzo Roberto Díaz Morales, Juan Cruz Esquivel (63.Kevin Damián González). Trainer: Rodolfo Jorge De Paoli.
Goal: 0-1 Cristian Leandro González (81).

FINAL STANDINGS
1.	**Club Olimpia Asunción**	6	4	2	0	13 - 4	14
2.	**Atlético Nacional Medellín**	6	3	1	2	8 - 8	10
3.	*CA Patronato de la Juventud Católica Paraná*	6	2	0	4	6 - 11	6
4.	Foot Ball Club Melgar Arequipa	6	1	1	4	9 - 13	4

ROUND OF 16

01.08.2023, Estadio „Hernando Siles Reyes", La Paz; Attendance: 26,320
Referee: Guillermo Enrique Guerrero Alcívar (Ecuador)
Club Bolívar La Paz - Club Athletico Paranaense Curitiba   3-1(2-1)
Bolívar: Carlos Emilio Lampe Porras, Diego Bejarano Ibañez (66.Miguel Ángel Villarroel Tardio), José Manuel Sagredo Chávez, Nicolás Agustín Ferreyra, Bryan Daniel Bentaberry Varela, Leonel Justiniano Arauz, Gabriel Alejandro Villamíl Cortéz, Patricio Julián Rodríguez (66.Javier Uzeda Alderete), Ronnie Alan Fernández Sáez, Francisco da Costa Aragão Aragão (82.Carmelo Algarañaz Añez), Bruno Sávio da Silva. Trainer: Beñat San José Gil (Spain).
Athletico Paranaense: Bento, Zé Ivaldo, Kaique Rocha, Khellven (87.Madson), Lucas Ángel Esquivel, Arturo Erasmo Vidal Pardo (74.Vitor Bueno), Fernandinho (75.Hugo Moura), Erick, Agustín Canobbio Graviz, Thiago Andrade (46.Cacá), Vitor Roque (58.Pablo). Trainer: Wesley Carvalho.
Goals: 0-1 Erick (9), 1-1 Ronnie Alan Fernández Sáez (13), 2-1 Diego Bejarano Ibañez (27), 3-1 Ronnie Alan Fernández Sáez (76).

08.08.2023, Estádio "Joaquim Américo Guimarães" [Arena da Baixada], Curitiba; Attendance: 31,972
Referee: Kevin Ortega Pimentel (Peru)
Club Athletico Paranaense Curitiba - Club Bolívar La Paz   2-0(1-0,2-0,2-0); 4-5 on penalties
Athletico Paranaense: Bento, Thiago Heleno, Zé Ivaldo, Khellven, Lucas Ángel Esquivel, Arturo Erasmo Vidal Pardo, Fernandinho, Erick, Pablo (61.Vitor Bueno), Agustín Canobbio Graviz (90+2.Marcelo Cirino), Vitor Roque. Trainer: Wesley Carvalho.
Bolívar: Carlos Emilio Lampe Porras, Diego Bejarano Ibañez, José Manuel Sagredo Chávez (87.Jesús Manuel Sagredo Chávez), Nicolás Agustín Ferreyra, Bryan Daniel Bentaberry Varela, Jairo Quinteros Sierra, Leonel Justiniano Arauz, Gabriel Alejandro Villamíl Cortéz, Patricio Julián Rodríguez (60.Bruno Sávio da Silva), Ronnie Alan Fernández Sáez (60.Fernando Javier Saucedo Pereyra), Francisco da Costa Aragão Aragão (87.Carmelo Algarañaz Añez). Trainer: Beñat San José Gil (Spain).
Goals: 1-0 Fernandinho (31 penalty), 2-0 Vitor Roque (67).
Penalties: Diego Bejarano Ibañez 0-1; Marcelo Cirino 1-1; Leonel Justiniano Arauz 1-2; Vitor Bueno 2-2; Fernando Javier Saucedo Pereyra 2-3; Fernandinho 3-3; Carmelo Algarañaz Añez 3-4; Arturo Erasmo Vidal Pardo 4-4; Bruno Sávio da Silva 4-5; Thiago Heleno (missed).
[Club Bolívar La Paz won 5-4 on penalties (after 3-3 on aggregate)]

01.08.2023, Estadio „Diego Armando Maradona", Buenos Aires; Attendance: 7,860
Referee: Piero Daniel Maza Gómez (Chile)
AA Argentinos Juniors Buenos Aires - Fluminense FC Rio de Janeiro   1-1(1-0)
Argentinos Juniors: Alexis Martín Arias [*sent off 76*], Mariano Ezequiel Bíttolo (74.Rodrigo Ezequiel Cabral), Lucas Hernán Villalba, Luciano Federico Sánchez (61.Pablo Agustín Minissale), Marco Genaro Di Cesare, Francisco González Metilli (75.Matías Gabriel Vera), Franco David Moyano, Federico Redondo Solari, Marcelo Javier Cabrera Rivero, Gabriel Ávalos Stumpfs (44.Gastón Nicolás Verón), Luciano Emilio Gondou Zanelli (74.Leonardo Matías Heredia). Trainer: Gabriel Alejandro Milito.
Fluminense: Fábio, Marcelo [*sent off 58*], Samuel Xavier, Nino, Felipe Melo (81.Martinelli), Ganso (61.Diogo Barbosa), Lima, Jhon Adolfo Arias Andrade (90+4.Yony Alexander González Copete), André, Germán Ezequiel Cano Recalde, Keno (81.Leonardo Cecilio Fernández López). Trainer: Fernando Diniz.
Goals: 1-0 Gabriel Ávalos Stumpfs (14), 1-1 Samuel Xavier (87).

08.08.2023, Estádio „Jornalista Mário Filho" [Maracanã], Rio de Janeiro
Referee: Alexis Adrián Herrera Hernández (Venezuela)
Fluminense FC Rio de Janeiro - AA Argentinos Juniors Buenos Aires   2-0(0-0)
Fluminense: Fábio, Samuel Xavier, Diogo Barbosa, Nino, Felipe Melo (60.Martinelli), Ganso, Lima (72.Danielzinho), Jhon Adolfo Arias Andrade, André, Germán Ezequiel Cano Recalde (90+2.Marlon), Keno (72.John Kennedy). Trainer: Fernando Diniz.
Argentinos Juniors: Miguel Ángel Acosta, Lucas Hernán Villalba, Santiago Gabriel Montiel [*sent off 90+9*], Marco Genaro Di Cesare, Pablo Agustín Minissale (90+2.Leonardo Matías Heredia), Francisco González Metilli (84.Fabricio Domínguez Huertas), Franco David Moyano, Alan Jesús Rodríguez Guaglianoni (90+3.Gastón Nicolás Verón), Federico Redondo Solari, Marcelo Javier Cabrera Rivero (90+2.Rodrigo Ezequiel Cabral), Luciano Emilio Gondou Zanelli (56.Thiago Thomas Nuss). Trainer: Gabriel Alejandro Milito.
Goals: 1-0 Samuel Xavier (86), 2-0 John Kennedy (90+7).
[Fluminense FC Rio de Janeiro won 3-1 on aggregate]

01.08.2023, Estadio Monumental „Antonio Vespucio Liberti", Buenos Aires; Attendance: 64,696
Referee: Jesús Noel Valenzuela Sáez (Venezuela)
CA River Plate Buenos Aires - SC Internacional Porto Alegre   2-1(0-1)
River Plate: Franco Armani, Milton Oscar Casco, Leandro Martín González Pírez, Paulo César Díaz Huincales, Enzo Hernán Díaz, Enzo Nicolás Pérez (64.Pablo César Solari Ferreyra), Ignacio Martín Fernández (82.Agustín Palavecino Lamela), Rodrigo Germán Aliendro, Diego Nicolás de la Cruz Arcosa (86.Santiago Simón), Esequiel Omar Barco, Lucas Beltrán (86.Matías Exequiel Suárez). Trainer: Martín Gastón Demichelis.
Internacional: Sergio Ramón Rochet Álvarez, Gabriel Iván Mercado, Renê, Fabricio Tomás Bustos Sein (67.Igor Gomes), Vitão, Charles Mariano Aránguiz Sandoval (74.Rômulo), Alan Patrick (87.Pedro Henrique), Carlos María de Pena Bonino, João Lucas de Souza Cardoso, Enner Remberto Valencia Lastra (74.Luiz Adriano), Wanderson (67.Gustavo Campanharo). Trainer: Eduardo Germán Coudet (Argentina).
Goals: 0-1 Enner Remberto Valencia Lastra (45+1), 1-1 Pablo César Solari Ferreyra (65), 2-1 Pablo César Solari Ferreyra (79).

08.08.2023, Estádio "José Pinheiro Borda" [Beira-Rio], Porto Alegre; Attendance: 50,479
Referee: Andrés Matías Matonte Cabrera (Uruguay)
SC Internacional Porto Alegre - CA River Plate B. Aires   2-1(0-0,2-1,2-1); 9-8 on penalties
Internacional: Sergio Ramón Rochet Álvarez, Gabriel Iván Mercado, Renê, Fabricio Tomás Bustos Sein (82.Igor Gomes), Vitão, Charles Mariano Aránguiz Sandoval (72.Luiz Adriano), Alan Patrick (87.Bruno Henrique), Maurício (72.Pedro Henrique), João Lucas de Souza Cardoso, Enner Remberto Valencia Lastra, Wanderson (82.Carlos María de Pena Bonino). Trainer: Eduardo Germán Coudet (Argentina).
River Plate: Franco Armani, Milton Oscar Casco (78.Robert Samuel Rojas Chávez), Leandro Martín González Pírez (83.Facundo Colidio), Paulo César Díaz Huincales, Enzo Hernán Díaz, Enzo Nicolás Pérez (40.Ignacio Martín Fernández), Rodrigo Germán Aliendro, Diego Nicolás de la Cruz Arcosa, Esequiel Omar Barco (83.Agustín Palavecino Lamela), Lucas Beltrán, Pablo César Solari Ferreyra. Trainer: Martín Gastón Demichelis.
Goals: 1-0 Gabriel Iván Mercado (70), 2-0 Alan Patrick (78), 2-1 Robert Samuel Rojas Chávez (90).
Penalties: Agustín Palavecino Lamela 0-1; Luiz Adriano 1-1; Lucas Beltrán 1-2; Enner Remberto Valencia Lastra 2-2; Ignacio Martín Fernández 3-3; Bruno Henrique 3-2; Diego Nicolás de la Cruz Arcosa 3-4; Pedro Henrique 4-4; Facundo Colidio 4-5; Renê 5-5; Rodrigo Germán Aliendro 5-6; Gabriel Iván Mercado 6-6; Pablo César Solari Ferreyra (missed); Carlos María de Pena Bonino (missed); Enzo Hernán Díaz 6-7; João Lucas de Souza Cardoso 7-7; Paulo César Díaz Huincales 7-8; Igor Gomes 8-8; Robert Samuel Rojas Chávez (missed); Sergio Ramón Rochet Álvarez 9-8.
[SC Internacional Porto Alegre won 9-8 on penalties (after 3-3 on aggregate)]

02.08.2023, Estádio „Governador Magalhães Pinto" [Mineirão], Belo Horizonte; Attendance: 52,587
Referee: Facundo Raúl Tello Figueroa (Argentina)
Clube Atlético Mineiro Belo Horizonte - SE Palmeiras São Paulo   0-1(0-1)
Atlético Mineiro: Éverson, Renzo Saravia (80.Mariano), Jemerson, Guilherme Arana, Igor Rabello, Rodrigo Andrés Battaglia, Otávio (62.Pedrinho), Federico Matías Zaracho (37.Igor Gomes), Hulk, Cristian David Pavón (80.Hyoran), Paulinho (80.Alan Kardec). Trainer: Luiz Felipe Scolari.
Palmeiras: Weverton, Gustavo Raúl Gómez Portillo, Mayke, Joaquín Piquerez Moreira, Murilo, Zé Rafael, Raphael Veiga (90+1.José Manuel Alberto López), Gabriel Menino (64.Richard Ríos Montoya), Dudu (65.Jhonatan), Rony (90+1.Breno Lopes), Artur (77.Marcos Rocha). Trainer: Abel Ferreira.
Goal: 0-1 Raphael Veiga (29).

09.08.2023, Allianz Parque, São Paulo
Referee: Fernando Andrés Rapallini (Argentina)
SE Palmeiras São Paulo - Clube Atlético Mineiro Belo Horizonte   0-0
Palmeiras: Weverton, Gustavo Raúl Gómez Portillo, Mayke, Joaquín Piquerez Moreira, Murilo, Zé Rafael (85.Richard Ríos Montoya), Raphael Veiga (87.Fabinho), Gabriel Menino, Dudu (85.Jhonatan), Rony, Artur. Trainer: Abel Ferreira. *Please note: Endrick was sent off on the bench (90+4).*
Atlético Mineiro: Éverson, Renzo Saravia (82.Pedrinho), Jemerson, Guilherme Arana, Igor Rabello (38.Paolo Mauricio Lemos Merladett), Rodrigo Andrés Battaglia (74.Edenílson), Hyoran (46.Patrick), Otávio, Hulk, Cristian David Pavón (46.Igor Gomes), Paulinho. Trainer: Luiz Felipe Scolari.
[SE Palmeiras São Paulo won 1-0 on aggregate]

02.08.2023, Estadio „Hernán Ramírez Villegas", Pereira; Attendance: 13,733
Referee: Yael Cristian Falcón Pérez (Argentina)
Deportivo Pereira FC - CEAR Independiente del Valle Sangolquí   1-0(0-0)
Pereira: Aldair Alejandro Quintana Rojas, Carlos Andrés Ramírez Aguirre, Juan Pablo Zuluaga Estrada, Juan Sebastián Quintero Fletcher, Eber Antonio Moreno Gómez, Jhonny Alexander Vásquez Salazar, Larry Johan Angulo Riascos (81.Ewil Hernando Murillo Renteria), Carlos Emiro Garcés Torres (89.Geisson Alexander Perea Ocoró), Arley José Rodríguez Henry (89.Jordy João Monroy Ararat), Juan Danilo Santacruz González (63.Johan Steven Bocanegra Mora), Jimer Esteban Fory Mejía. Trainer: Alejandro Restrepo Mazo.
Independiente del Valle: Wellington Moisés Ramírez Preciado, Agustín Eugenio García Basso, Matías Ignacio Fernández Cordero, Mateo Carabajal, Cristian Alberto Pellerano (63.Ray Kendry Páez Andrade), Lorenzo Abel Faravelli, Júnior Nazareno Sornoza Moreira (72.Beder Julio Caicedo Lastra), Julio Joao Ortíz Landázuri, Jordy José Alcívar Macías (81.Patrik Kleiver Mercado Altamirano), Lautaro Ariel Díaz (72.Michael Ryan Hoyos), Kevin José Rodríguez Cortez (81.Marcelo Martins Moreno). Trainer: Martín Rodrigo Anselmi (Argentina).
Goal: 1-0 Juan Danilo Santacruz González (58).

09.08.2023, Estadio Olímpico „Atahualpa", Quito; Attendance: 16,654
Referee: Darío Humberto Herrera (Argentina)
CEAR Independiente del Valle Sangolquí - Deportivo Pereira FC 1-1(1-0)
Independiente del Valle: Wellington Moisés Ramírez Preciado, Beder Julio Caicedo Lastra (67.Kevin José Rodríguez Cortez), Matías Ignacio Fernández Cordero (78.Gustavo Orlando Cortéz Quiñónez), Mateo Carabajal, Cristian Alberto Pellerano (60.Anthony Rigoberto Landázuri Estacio), Michael Ryan Hoyos, Lorenzo Abel Faravelli, Júnior Nazareno Sornoza Moreira (67.Jordy José Alcívar Macías), Julio Joao Ortíz Landázuri, Ray Kendry Páez Andrade (78.Marcelo Martins Moreno), Lautaro Ariel Díaz. Trainer: Martín Rodrigo Anselmi (Argentina).
Pereira: Aldair Alejandro Quintana Rojas, Carlos Andrés Ramírez Aguirre, Juan Pablo Zuluaga Estrada, Juan Sebastián Quintero Fletcher, Eber Antonio Moreno Gómez, Jhonny Alexander Vásquez Salazar, Larry Johan Angulo Riascos (52.Ewil Hernando Murillo Rentería), Carlos Emiro Garcés Torres (90.Geisson Alexander Perea Ocoró), Ángelo José Rodríguez Henry, Arley José Rodríguez Henry (90.Yeison Abelardo Súarez Vásquez), Jimer Esteban Fory Mejía. Trainer: Alejandro Restrepo Mazo.
Goals: 1-0 Michael Ryan Hoyos (6), 1-1 Larry Johan Angulo Riascos (50).
[Deportivo Pereira FC won 2-1 on aggregate]

02.08.2023, Estadio Gran Parque Central, Montevideo; Attendance: 32,524
Referee: Raphael Claus (Brazil)
Club Nacional de Football Montevideo - CA Boca Juniors Buenos Aires 0-0
Nacional: Salvador Ichazo Fernández, Daniel Eduardo Bocanegra Ortíz, Diego Fabián Polenta Musetti, Gabriel Alejandro Báez Corradi, Leandro Nicolás Lozano Fernández, Diego Martín Rodríguez Berrini (11.Thiago Emanuel Helguera Merello), Diego Martín Zabala Morales, Yonatan Alexis Rodríguez Benítez, Juan Ignacio Ramírez Polero (72.Bruno Damiani), Alfonso Trezza Hernández, Franco Misael Fagúndez Rosa (81.Gonzalo Castro Irizábal). Trainer: Álvaro Gutiérrez Felscher.
Boca Juniors: Sergio Germán Romero, Luis Jan Piers Advíncula Castrillón (78.Valentín Barco), Frank Yusty Fabra Palacios, Jorge Nicolás Figal, Marcelo Alexis Weigandt, Nicolás Valentini, Guillermo Matías Fernández, Jorman David Campuzano Puentes (46.Oscar Exequiel Zeballos), Cristian Nicolás Medina (83.Faustino Marcos Alberto Rojo), Alan Gonzalo Varela, Miguel Ángel Merentiel Serrano (77.Lucas Ezequiel Janson). Trainer: Jorge Francisco Almirón Quintana.

09.08.2023, Estadio „Alberto José Armando", Buenos Aires; Attendance: 49,780
Referee: Anderson Daronco (Brazil)
CA Boca Juniors Buenos Aires - Club Nacional de Football Montevideo 2-2(1-1,2-2,2-2);
4-2 on penalties
Boca Juniors: Sergio Germán Romero, Faustino Marcos Alberto Rojo (72.Nicolás Valentini), Luis Jan Piers Advíncula Castrillón, Frank Yusty Fabra Palacios, Jorge Nicolás Figal (46.Bruno Amílcar Valdez Rojas), Valentín Barco, Guillermo Matías Fernández, Cristian Nicolás Medina, Alan Gonzalo Varela (86.Oscar Exequiel Zeballos), Édinson Roberto Cavani Gómez (71.Darío Ismael Benedetto), Miguel Ángel Merentiel Serrano (59.Marcelo Alexis Weigandt). Trainer: Jorge Francisco Almirón Quintana.
Nacional: Salvador Ichazo Fernández, Daniel Eduardo Bocanegra Ortíz, Diego Fabián Polenta Musetti, Gabriel Alejandro Báez Corradi, Leandro Nicolás Lozano Fernández (80.Lucas Nahuel Morales Burruzo), Gonzalo Castro Irizábal (63.Franco Misael Fagúndez Rosa), Diego Martín Rodríguez Berrini (72.Juan Ignacio Ramírez Polero), Diego Martín Zabala Morales, Yonatan Alexis Rodríguez Benítez, Alfonso Trezza Hernández, Bruno Damiani (71.Emmanuel Gigliotti). Trainer: Álvaro Gutiérrez Felscher.
Goals: 1-0 Miguel Ángel Merentiel Serrano (12), 1-1 Alfonso Trezza Hernández (16), 2-1 Luis Jan Piers Advíncula Castrillón (47), 2-2 Juan Ignacio Ramírez Polero (75).
Penalties: Oscar Exequiel Zeballos 1-0; Juan Ignacio Ramírez Polero (saved); Darío Ismael Benedetto 2-0; Diego Fabián Polenta Musetti 2-1; Nicolás Valentini (saved); Daniel Eduardo Bocanegra Ortíz (saved); Guillermo Matías Fernández (missed); Emmanuel Gigliotti 3-2; Valentín Barco 4-1.
[CA Boca Juniors Buenos Aires won 4-2 on penalties (after 2-2 on aggregate)]

03.08.2023, Estadio „Atanasio Girardot", Medellín; Attendance: 28,791
Referee: Braulio da Silva Machado (Brazil)
Atlético Nacional Medellín - Racing Club de Avellaneda   4-2(1-0)
Nacional Medellín: Harlen Alfred Castillo Moreno, Cristián Eduardo Zapata Valencia, Juan Felipe Aguirre Tabares, Cristian Castro Devenish (72.Édier Ocampo Vidal), Jhon Fredy Duque Arias, Álvaro Anyiver Angulo Mosquera, Neyder Stiven Moreno Betancur (78.Óscar Andrés Perea Abonce), Nelson Alexander Deossa Suárez, Jhon Elmer Solís Romero, Jefferson Andrés Duque Montoya (72.Eric Kleybel Ramírez Matheus), Brahian Palacios Alzate (59.Marcos Maximiliano Cantera Mora). Trainer: Diego Alejandro Arias Hincapié.
Racing Club: Matías Nicolás Tagliamonte, Leonardo Germán Sigali, Gonzalo Rubén Piovi, Gabriel Hernán Rojas, Facundo Mura (46.Gastón Nicolás Martirena Torres), Jonathan David Gómez (65.Roger Beyker Martínez Tobinson), Nicolás Adrián Oroz, Aníbal Ismael Moreno, Juan Ignacio Martín Nardoni (45+1.Agustín Axel Ojeda), Gabriel Agustín Hauche, Maximiliano Samuel Romero (84.Baltasar Luis Rodríguez). Trainer: Fernando Rubén Gago.
Goals: 1-0 Cristián Eduardo Zapata Valencia (34), 2-0 Jefferson Andrés Duque Montoya (61), 3-0 Marcos Maximiliano Cantera Mora (83), 3-1 Gonzalo Rubén Piovi (87 penalty), 3-2 Gonzalo Rubén Piovi (90+4 penalty), 4-2 Marcos Maximiliano Cantera Mora (90+5).

10.08.2023, Estadio „Presidente Juan Domingo Perón", Avellaneda; Attendance: 38,731
Referee: Jesús Noel Valenzuela Sáez (Venezuela)
Racing Club de Avellaneda - Atlético Nacional Medellín   3-0(1-0)
Racing Club: Gabriel Arias Arroyo, Leonardo Germán Sigali, Gonzalo Rubén Piovi, Gabriel Hernán Rojas, Tobías Javier Rubio, Jonathan David Gómez, Nicolás Adrián Oroz, Aníbal Ismael Moreno, Agustín Axel Ojeda (66.Baltasar Luis Rodríguez), Gabriel Agustín Hauche (66.Santiago Alexander Quirós), Roger Beyker Martínez Tobinson (68.Maximiliano Samuel Romero). Trainer: Fernando Rubén Gago.
Nacional Medellín: Harlen Alfred Castillo Moreno, Cristián Eduardo Zapata Valencia, Juan Felipe Aguirre Tabares, Cristian Castro Devenish (60.Andrés Felipe Román Mosquera), Marcos Maximiliano Cantera Mora (60.Brahian Palacios Alzate), Jhon Fredy Duque Arias (68.Juan Pablo Torres Patiño), Álvaro Anyiver Angulo Mosquera, Neyder Stiven Moreno Betancur (80.Jayder Asprilla Moreno), Nelson Alexander Deossa Suárez, Jhon Elmer Solís Romero, Jefferson Andrés Duque Montoya (60.Eric Kleybel Ramírez Matheus). Trainer: Diego Alejandro Arias Hincapié.
Goals: 1-0 Roger Beyker Martínez Tobinson (28), 2-0 Agustín Axel Ojeda (50), 3-0 Juan Felipe Aguirre Tabares (56 own goal).
[Racing Club de Avellaneda won 5-4 on aggregate]

03.08.2023, Estádio „Jornalista Mário Filho" [Maracanã], Rio de Janeiro; Attendance: 67,066
Referee: Darío Humberto Herrera (Argentina)
CR Flamengo Rio de Janeiro - Club Olimpia Asunción   1-0(0-0)
Flamengo: Matheus Cunha, David Luiz, Ayrton Lucas, Fabrício Bruno, Wesley, Éverton Ribeiro (75.Victor Hugo), Giorgian Daniel de Arrascaeta Benedetti (90.Everton), Gerson, Allan (75.Thiago Maia), Gabriel Barbosa, Bruno Henrique. Trainer: Jorge Luis Sampaoli Moya (Argentina).
Olimpia: Juan Ángel Espínola González, Jhohan Sebastián Romaña Espitia, Mateo Gamarra González, Facundo Gabriel Zabala, Iván Arturo Torres Riveros, Alejandro Daniel Silva González (77.Víctor Ezequiel Salazar), Richard Ortíz Bustos, Marcos Ezequiel Gómez Paredes (86.Ramón Martínez López), Hugo Francisco Fernández Martínez (70.Hugo Lorenzo Quintana Escobar), Walter Rodrigo González Sosa (71.Brian Guillermo Montenegro Benítez), Fernando David Cardozo Paniagua (87.Diego Joel Torres Garcete). Trainer: Francisco Javier Arce Rolón.
Goal: 1-0 Bruno Henrique (49).

10.08.2023, Estadio Defensores del Chaco, Asunción
Referee: Wilmar Alexander Roldán Pérez (Colombia)
Club Olimpia Asunción - CR Flamengo Rio de Janeiro   **3-1(1-1)**
Olimpia: Juan Ángel Espínola González, Jhohan Sebastián Romaña Espitia, Mateo Gamarra González, Facundo Gabriel Zabala, Iván Arturo Torres Riveros (86.Orlando Junior Barreto Viera), Alejandro Daniel Silva González (86.Víctor Ezequiel Salazar), Richard Ortíz Bustos, Marcos Ezequiel Gómez Paredes (60.Brian Guillermo Montenegro Benítez), Hugo Francisco Fernández Martínez (60.Ramón Martínez López), Walter Rodrigo González Sosa (67.Facundo Bruera), Fernando David Cardozo Paniagua. Trainer: Francisco Javier Arce Rolón.
Flamengo: Matheus Cunha, Filipe Luís (77.Ayrton Lucas), David Luiz, Fabrício Bruno, Wesley, Éverton Ribeiro (67.Victor Hugo), Giorgian Daniel de Arrascaeta Benedetti, Thiago Maia (83.Luiz Araújo), Gerson (78.Allan), Gabriel Barbosa, Bruno Henrique. Trainer: Jorge Luis Sampaoli Moya (Argentina).
Goals: 0-1 Bruno Henrique (8), 1-1 Iván Arturo Torres Riveros (12), 2-1 Richard Ortíz Bustos (69), 3-1 Facundo Bruera (80).
[Club Olimpia Asunción won 3-2 on aggregate]

QUARTER-FINALS

22.08.2023, Estadio „Hernando Siles Reyes", La Paz; Attendance: 36,054
Referee: Darío Humberto Herrera (Argentina)
Club Bolívar La Paz - SC Internacional Porto Alegre   **0-1(0-1)**
Bolívar: Carlos Emilio Lampe Porras, Diego Bejarano Ibañez, José Manuel Sagredo Chávez, Nicolás Agustín Ferreyra (63.Javier Uzeda Alderete), Bryan Daniel Bentaberry Varela, Leonel Justiniano Arauz (70.Miguel Ángel Villarroel Tardio), Gabriel Alejandro Villamíl Cortéz (83.Fernando Javier Saucedo Pereyra), Patricio Julián Rodríguez (83.Carmelo Algarañaz Añez), Ronnie Alan Fernández Sáez, Francisco da Costa Aragão Aragón, Bruno Sávio da Silva. Trainer: Beñat San José Gil (Spain).
Internacional: Sergio Ramón Rochet Álvarez, Gabriel Iván Mercado, Renê, Fabricio Tomás Bustos Sein (77.Gabriel), Vitão, Nicolás Hernández Rodríguez, Charles Mariano Aránguiz Sandoval (86.Bruno Henrique), Alan Patrick (68.Igor Gomes), João Lucas de Souza Cardoso, Enner Remberto Valencia Lastra (86.Luiz Adriano), Wanderson (77.Carlos María de Pena Bonino). Trainer: Eduardo Germán Coudet (Argentina).
Goal: 0-1 Enner Remberto Valencia Lastra (16).

29.08.2023, Estádio "José Pinheiro Borda" [Beira-Rio], Porto Alegre; Attendance: 49,137
Referee: Esteban Daniel Ostojich Vega (Uruguay)
SC Internacional Porto Alegre - Club Bolívar La Paz   **2-0(1-0)**
Internacional: Sergio Ramón Rochet Álvarez, Gabriel Iván Mercado (66.Nicolás Hernández Rodríguez), Hugo Mallo, Renê, Fabricio Tomás Bustos Sein, Charles Mariano Aránguiz Sandoval (66.Bruno Henrique), Alan Patrick, Maurício (75.Carlos María de Pena Bonino), João Lucas de Souza Cardoso (75.Gabriel), Enner Remberto Valencia Lastra (88.Luiz Adriano), Wanderson. Trainer: Eduardo Germán Coudet (Argentina).
Bolívar: Carlos Emilio Lampe Porras, Diego Bejarano Ibañez, Jesús Manuel Sagredo Chávez, Nicolás Agustín Ferreyra, Bryan Daniel Bentaberry Varela, Leonel Justiniano Arauz (64.Ramiro Vaca Ponce), Gabriel Alejandro Villamíl Cortéz, Patricio Julián Rodríguez (64.Fernando Javier Saucedo Pereyra), Ronnie Alan Fernández Sáez, Francisco da Costa Aragão Aragón (87.Luis Fernando Paz Vargas), Bruno Sávio da Silva (71.Carmelo Algarañaz Añez). Trainer: Beñat San José Gil (Spain).
Goals: 1-0 Enner Remberto Valencia Lastra (11), 2-0 Enner Remberto Valencia Lastra (60).
[SC Internacional Porto Alegre won 3-0 on aggregate]

23.08.2023, Estadio „Alberto José Armando", Buenos Aires
Referee: Wilton Pereira Sampaio (Brazil)
CA Boca Juniors Buenos Aires - Racing Club de Avellaneda   0-0
Boca Juniors: Sergio Germán Romero, Faustino Marcos Alberto Rojo (66.Oscar Exequiel Zeballos), Luis Jan Piers Advíncula Castrillón (66.Marcelo Alexis Weigandt), Frank Yusty Fabra Palacios, Jorge Nicolás Figal, Nicolás Valentini, Valentín Barco (48.Miguel Ángel Merentiel Serrano), Guillermo Matías Fernández (90+4.Darío Ismael Benedetto), Cristian Nicolás Medina, Ignacio Ezequiél Agustín Fernández Carballo (66.Lucas Ezequiel Janson), Édinson Roberto Cavani Gómez. Trainer: Jorge Francisco Almirón Quintana.
Racing Club: Gabriel Arias Arroyo, Leonardo Germán Sigali, Gonzalo Rubén Piovi, Gabriel Hernán Rojas, Tobías Javier Rubio (46.Gastón Nicolás Martirena Torres), Jonathan David Gómez, Nicolás Adrián Oroz (76.Agustín Ezequiel Almendra), Aníbal Ismael Moreno, Agustín Axel Ojeda (90+3.Santiago Alexander Quirós), Gabriel Agustín Hauche (63.Juan Fernando Quintero Paniagua), Maximiliano Samuel Romero. Trainer: Fernando Rubén Gago.

30.08.2023, Estadio „Presidente Juan Domingo Perón", Avellaneda; Attendance: 41,597
Referee: Andrés Matías Matonte Cabrera (Uruguay)
Racing Club de Avellaneda - CA Boca Juniors Buenos Aires   0-0 aet; 1-4 on penalties
Racing Club: Gabriel Arias Arroyo, Leonardo Germán Sigali, Gonzalo Rubén Piovi, Gabriel Hernán Rojas, Gastón Nicolás Martirena Torres, Jonathan David Gómez (79.Agustín Ezequiel Almendra), Juan Fernando Quintero Paniagua, Aníbal Ismael Moreno (62.Baltasar Luis Rodríguez), Juan Ignacio Martín Nardoni, Agustín Axel Ojeda (79.Gabriel Agustín Hauche), Maximiliano Samuel Romero (87.Roger Beyker Martínez Tobinson). Trainer: Fernando Rubén Gago.
Boca Juniors: Sergio Germán Romero, Faustino Marcos Alberto Rojo, Luis Jan Piers Advíncula Castrillón (90.Oscar Exequiel Zeballos), Frank Yusty Fabra Palacios (90+2.Marcelo Josemir Saracchi Pintos), Jorge Nicolás Figal, Nicolás Valentini (46.Marcelo Alexis Weigandt), Guillermo Matías Fernández (86.Jorman David Campuzano Puentes), Cristian Nicolás Medina, Ignacio Ezequiél Agustín Fernández Carballo, Édinson Roberto Cavani Gómez, Miguel Ángel Merentiel Serrano (46.Lucas Ezequiel Janson). Trainer: Jorge Francisco Almirón Quintana.
Penalties: Oscar Exequiel Zeballos 0-1; Gonzalo Rubén Piovi (saved); Lucas Ezequiel Janson 0-2; Juan Fernando Quintero Paniagua 1-2; Édinson Roberto Cavani Gómez 1-3; Leonardo Germán Sigali (saved); Faustino Marcos Alberto Rojo 1-4.
[CA Boca Juniors Buenos Aires won 4-1 on penalties (after 0-0 on aggregate)]

23.08.2023, Estadio „Hernán Ramírez Villegas", Pereira; Attendance: 22,789
Referee: Facundo Raúl Tello Figueroa (Argentina)
Deportivo Pereira FC - SE Palmeiras São Paulo   0-4(0-3)
Pereira: Aldair Alejandro Quintana Rojas, Carlos Andrés Ramírez Aguirre, Juan Pablo Zuluaga Estrada, Juan Sebastián Quintero Fletcher (78.Kener Julián Valencia Chará), Eber Antonio Moreno Gómez (46.Jordy João Monroy Ararat), Jhonny Alexander Vásquez Salazar (83.Ewil Hernando Murillo Renteria), Maicol Giovanny Medina Medina (46.Johan Steven Bocanegra Mora), Carlos Emiro Garcés Torres, Ángelo José Rodríguez Henry, Arley José Rodríguez Henry (30.Adrián Martín Balboa Camacho), Jimer Esteban Fory Mejía. Trainer: Alejandro Restrepo Mazo.
Palmeiras: Weverton, Marcos Rocha, Gustavo Raúl Gómez Portillo, Mayke, Joaquín Piquerez Moreira (85.Vanderlan), Murilo, Zé Rafael (85.Fabinho), Raphael Veiga (78.Jhonatan), Gabriel Menino (70.Richard Ríos Montoya), Dudu (70.Artur), Rony. Trainer: Abel Ferreira.
Goals: 0-1 Raphael Veiga (23 penalty), 0-2 Marcos Rocha (31), 0-3 Mayke (34), 0-4 Rony (82).

30.08.2023, Allianz Parque, São Paulo; Attendance: 37,785
Referee: Cristian Marcelo Garay Reyes (Chile)
SE Palmeiras São Paulo - Deportivo Pereira FC **0-0**
Palmeiras: Weverton, Marcos Rocha (46.Mayke), Gustavo Raúl Gómez Portillo, Luan, Joaquín Piquerez Moreira (46.Vanderlan), Murilo, Zé Rafael, Raphael Veiga (62.Artur), Richard Ríos Montoya, José Manuel Alberto López (87.Kevin), Rony (62.Endrick). Trainer: Abel Ferreira.
Pereira: Aldair Alejandro Quintana Rojas, Carlos Andrés Ramírez Aguirre, Juan Pablo Zuluaga Estrada (83.Kener Julián Valencia Chará), Juan Sebastián Quintero Fletcher [*sent off 76*], Jordy João Monroy Ararat, Johan Steven Bocanegra Mora (70.Maicol Giovanny Medina Medina), Ewil Hernando Murillo Renteria (70.Yimmi Andrés Congo Caicedo), Carlos Emiro Garcés Torres, Ángelo José Rodríguez Henry, Adrián Martín Balboa Camacho (83.Geisson Alexander Perea Ocoró), Jimer Esteban Fory Mejía. Trainer: Alejandro Restrepo Mazo.
[SE Palmeiras São Paulo won 4-0 on aggregate]

24.08.2023, Estádio „Jornalista Mário Filho" [Maracanã], Rio de Janeiro; Attendance: 64,047
Referee: Andrés Matías Matonte Cabrera (Uruguay)
Fluminense FC Rio de Janeiro - Club Olimpia Asunción **2-0(1-0)**
Fluminense: Fábio, Samuel Xavier (88.Guga), Diogo Barbosa, Nino, Felipe Melo (57.Martinelli), Ganso (77.Leonardo Cecilio Fernández López), Jhon Adolfo Arias Andrade (77.Alexsander), André, Germán Ezequiel Cano Recalde, Keno, John Kennedy (88.Lelê). Trainer: Fernando Diniz.
Olimpia: Juan Ángel Espínola González, Jhohan Sebastián Romaña Espitia, Mateo Gamarra González, Facundo Gabriel Zabala, Orlando Junior Barreto Viera, Iván Arturo Torres Riveros (55.Marcos Ezequiel Gómez Paredes), Alejandro Daniel Silva González (81.Víctor Ezequiel Salazar), Ramón Martínez López (70.Hugo Lorenzo Quintana Escobar), Hugo Francisco Fernández Martínez (81.Derlis Alberto González Galeano), Walter Rodrigo González Sosa (55.Guillermo Miguel Paiva Ayala), Fernando David Cardozo Paniagua. Trainer: Francisco Javier Arce Rolón.
Goals: 1-0 André (43), 2-0 Germán Ezequiel Cano Recalde (59).

31.08.2023, Estadio Defensores del Chaco, Asunción; Attendance: 34,793
Referee: Jesús Noel Valenzuela Sáez (Venezuela)
Club Olimpia Asunción - Fluminense FC Rio de Janeiro **1-3(1-1)**
Olimpia: Juan Ángel Espínola González, Víctor Ezequiel Salazar, Jhohan Sebastián Romaña Espitia, Mateo Gamarra González, Facundo Gabriel Zabala, Iván Arturo Torres Riveros (61.Hugo Francisco Fernández Martínez), Alejandro Daniel Silva González (83.Hugo Lorenzo Quintana Escobar), Richard Ortíz Bustos (83.Brian Guillermo Montenegro Benítez), Marcos Ezequiel Gómez Paredes (46.Guillermo Miguel Paiva Ayala), Fernando David Cardozo Paniagua [*sent off 71*], Facundo Bruera (61.Derlis Alberto González Galeano). Trainer: Francisco Javier Arce Rolón.
Fluminense: Fábio, Samuel Xavier, Diogo Barbosa, Nino, Felipe Melo (56.Marlon), Ganso (63.Lima), Jhon Adolfo Arias Andrade (88.Lelê), André, Germán Ezequiel Cano Recalde, Keno (63.Alexsander), John Kennedy (87.Yony Alexander González Copete). Trainer: Fernando Diniz.
Goals: 0-1 John Kennedy (24), 1-1 Facundo Gabriel Zabala (44), 1-2 Germán Ezequiel Cano Recalde (80), 1-3 Germán Ezequiel Cano Recalde (90+1).
[Fluminense FC Rio de Janeiro won 5-1 on aggregate]

SEMI-FINALS

27.09.2023, Estádio „Jornalista Mário Filho" [Maracanã], Rio de Janeiro; Attendance: 67,515
Referee: Darío Humberto Herrera (Argentina)
Fluminense FC Rio de Janeiro - SC Internacional Porto Alegre   **2-2(1-1)**
Fluminense: Fábio, Marcelo, Samuel Xavier [*sent off 45*], Nino, Felipe Melo (46.Marlon), Ganso (46.Alexsander), Jhon Adolfo Arias Andrade, André, Germán Ezequiel Cano Recalde, Keno (89.Lima), John Kennedy (46.Guga). Trainer: Fernando Diniz.
Internacional: Sergio Ramon Rochet Álvarez, Gabriel Iván Mercado, Hugo Mallo, Renê, Vitão (85.Igor Gomes), Charles Mariano Aránguiz Sandoval (66.Bruno Henrique), Alan Patrick (75.Lucca), Maurício (75.Dalbert), João Lucas de Souza Cardoso (46.Rômulo), Enner Remberto Valencia Lastra, Wanderson. Trainer: Eduardo Germán Coudet (Argentina).
Goals: 1-0 Germán Ezequiel Cano Recalde (10), 1-1 Hugo Mallo (45+5), 1-2 Alan Patrick (64), 2-2 Germán Ezequiel Cano Recalde (78).

04.10.2023, Estádio "José Pinheiro Borda" [Beira-Rio], Porto Alegre; Attendance: 50,002
Referee: Jesús Noel Valenzuela Sáez (Venezuela)
SC Internacional Porto Alegre - Fluminense FC Rio de Janeiro   **1-2(1-0)**
Internacional: Sergio Ramón Rochet Álvarez, Gabriel Iván Mercado, Hugo Mallo, Renê, Vitão, Charles Mariano Aránguiz Sandoval (74.Bruno Henrique), Alan Patrick, Maurício (74.Carlos María de Pena Bonino), João Lucas de Souza Cardoso (90.Lucca), Enner Remberto Valencia Lastra, Wanderson (90.Luiz Adriano). Trainer: Eduardo Germán Coudet (Argentina).
Fluminense: Fábio, Marcelo, Nino, Guga (80.Yony Alexander González Copete), Felipe Melo (46.John Kennedy), Ganso (65.Lima), Jhon Adolfo Arias Andrade, André, Alexsander (46.Martinelli), Germán Ezequiel Cano Recalde, Keno (85.Marlon). Trainer: Fernando Diniz.
Goals: 1-0 Gabriel Iván Mercado (10), 1-1 John Kennedy (81), 1-2 Germán Ezequiel Cano Recalde (87).
[Fluminense FC Rio de Janeiro won 4-3 on aggregate]

28.09.2023, Estadio „Alberto José Armando", Buenos Aires; Attendance: 53,615
Referee: Wilmar Alexander Roldán Pérez (Colombia)
CA Boca Juniors Buenos Aires - SE Palmeiras São Paulo   **0-0**
Boca Juniors: Sergio Germán Romero, Faustino Marcos Alberto Rojo (71.Nicolás Valentini), Luis Jan Piers Advíncula Castrillón, Frank Yusty Fabra Palacios, Jorge Nicolás Figal, Valentín Barco (71.Lucas Ezequiel Janson), Guillermo Matías Fernández (77.Jorman David Campuzano Puentes), Cristian Nicolás Medina, Ignacio Ezequiél Agustín Fernández Carballo (87.Oscar Exequiel Zeballos), Édinson Roberto Cavani Gómez, Miguel Ángel Merentiel Serrano (77.Darío Ismael Benedetto). Trainer: Jorge Francisco Almirón Quintana.
Palmeiras: Weverton, Marcos Rocha, Gustavo Raúl Gómez Portillo, Mayke (90+4.Breno Lopes), Joaquín Piquerez Moreira, Murilo, Zé Rafael (87.Fabinho), Raphael Veiga, Gabriel Menino (78.Richard Ríos Montoya), Rony (90+4.Endrick), Artur (78.Luis Guilherme). Trainer: Abel Ferreira.

05.10.2023, Allianz Parque, São Paulo; Attendance: 40,398
Referee: Andrés Matías Matonte Cabrera (Uruguay)
SE Palmeiras São Paulo - CA Boca Juniors Buenos Aires   1-1(0-1,1-1,1-1); 2-4 on penalties
Palmeiras: Weverton, Marcos Rocha (46.Kevin), Gustavo Raúl Gómez Portillo, Mayke (78.Luis Guilherme), Joaquín Piquerez Moreira, Murilo, Zé Rafael (78.Fabinho), Raphael Veiga, Gabriel Menino (68.José Manuel Alberto López), Rony, Artur (46.Endrick). Trainer: Abel Ferreira.
Boca Juniors: Sergio Germán Romero, Faustino Marcos Alberto Rojo [*sent off 66*], Luis Jan Piers Advíncula Castrillón, Frank Yusty Fabra Palacios (82.Marcelo Josemir Saracchi Pintos), Jorge Nicolás Figal, Valentín Barco (68.Nicolás Valentini), Guillermo Matías Fernández, Cristian Nicolás Medina, Ignacio Ezequiél Agustín Fernández Carballo, Édinson Roberto Cavani Gómez, Miguel Ángel Merentiel Serrano (56.Bruno Amílcar Valdez Rojas). Trainer: Jorge Francisco Almirón Quintana.
Goals: 0-1 Édinson Roberto Cavani Gómez (23), 1-1 Joaquín Piquerez Moreira (73).
Penalties: Édinson Roberto Cavani Gómez (saved); Raphael Veiga (saved); Bruno Amílcar Valdez Rojas 0-1; Gustavo Raúl Gómez Portillo (saved); Nicolás Valentini 0-2; Kevin 1-2; Jorge Nicolás Figal 1-3; Joaquín Piquerez Moreira 2-3; Guillermo Matías Fernández 2-4.
[CA Boca Juniors Buenos Aires won 4-2 on penalties (after 1-1 on aggregate)]

FINAL

04.11.2023, Estádio "Jornalista Mário Filho" [Maracanã], Rio de Janeiro; Attendance: 69,232
Referee: Wilmar Alexander Roldán Pérez (Colombia)
CA Boca Juniors Buenos Aires - Fluminense FC Rio de Janeiro   1-2(0-1,1-1)
Boca Juniors: Sergio Germán Romero, Luis Jan Piers Advíncula Castrillón, Frank Yusty Fabra Palacios [*sent off 105+7*], Jorge Nicolás Figal (113.Bruno Amílcar Valdez Rojas), Nicolás Valentini, Valentín Barco (78.Luca Daniel Langoni), Guillermo Matías Fernández, Cristian Nicolás Medina (105.Vicente Taborda), Ignacio Ezequiél Agustín Fernández Carballo (105.Marcelo Josemir Saracchi Pintos), Édinson Roberto Cavani Gómez (78.Darío Ismael Benedetto), Miguel Ángel Merentiel Serrano (90.Lucas Ezequiel Janson). Trainer: Jorge Francisco Almirón Quintana.
Fluminense: Fábio, Marcelo (80.Diogo Barbosa), Samuel Xavier (85.Guga), Nino, Felipe Melo (52.Marlon), Ganso (80.John Kennedy [*sent off 101*]), Jhon Adolfo Arias Andrade, André, Martinelli (80.Lima), Germán Ezequiel Cano Recalde, Keno (103.David Braz). Trainer: Fernando Diniz.
Goals: 0-1 Germán Ezequiel Cano Recalde (36), 1-1 Luis Jan Piers Advíncula Castrillón (72), 1-2 John Kennedy (99).

<u>Copa Libertadores Winner 2023</u>: **Fluminense FC Rio de Janeiro** (Brazil)
<u>Best Goalscorer</u>: Germán Ezequiel Cano Recalde (ARG, Fluminense FC Rio de Janeiro) – 13 goals

COPA LIBERTADORES (1960-2023)
TABLE OF HONOURS

1960	Club Atlético Peñarol Montevideo	(URU)
1961	Club Atlético Peñarol Montevideo	(URU)
1962	Santos Futebol Clube	(BRA)
1963	Santos Futebol Clube	(BRA)
1964	Club Atlético Independiente Avellaneda	(ARG)
1965	Club Atlético Independiente Avellaneda	(ARG)
1966	Club Atlético Peñarol Montevideo	(URU)
1967	Racing Club Avellaneda	(ARG)
1968	Club Estudiantes de La Plata	(ARG)
1969	Club Estudiantes de La Plata	(ARG)
1970	Club Estudiantes de La Plata	(ARG)
1971	Club Nacional de Football Montevideo	(URU)

Year	Club	Country
1972	Club Atlético Independiente Avellaneda	(ARG)
1973	Club Atlético Independiente Avellaneda	(ARG)
1974	Club Atlético Independiente Avellaneda	(ARG)
1975	Club Atlético Independiente Avellaneda	(ARG)
1976	Cruzeiro Esporte Clube Belo Horizonte	(BRA)
1977	Club Atlético Boca Juniors Buenos Aires	(ARG)
1978	Club Atlético Boca Juniors Buenos Aires	(ARG)
1979	Club Olimpia Asunción	(PAR)
1980	Club Nacional de Football Montevideo	(URU)
1981	Clube de Regatas do Flamengo Rio de Janeiro	(BRA)
1982	Club Atlético Peñarol Montevideo	(URU)
1983	Grêmio Foot-Ball Porto Alegrense	(BRA)
1984	Club Atlético Independiente Avellaneda	(ARG)
1985	Asociación Atlética Argentinos Juniors Buenos Aires	(ARG)
1986	Club Atlético River Plate Buenos Aires	(ARG)
1987	Club Atlético Peñarol Montevideo	(URU)
1988	Club Nacional de Football Montevideo	(URU)
1989	Atlético Nacional Medellín	(COL)
1990	Club Olimpia Asunción	(PAR)
1991	Club Social y Deportivo Colo-Colo Santiago	(CHI)
1992	São Paulo Futebol Clube	(BRA)
1993	São Paulo Futebol Clube	(BRA)
1994	Club Atlético Vélez Sársfield Buenos Aires	(ARG)
1995	Grêmio Foot-Ball Porto Alegrense	(BRA)
1996	Club Atlético River Plate Buenos Aires	(ARG)
1997	Cruzeiro Esporte Clube Belo Horizonte	(BRA)
1998	Club de Regatas Vasco da Gama Rio de Janeiro	(BRA)
1999	Sociedade Esportiva Palmeiras São Paulo	(BRA)
2000	Club Atlético Boca Juniors Buenos Aires	(ARG)
2001	Club Atlético Boca Juniors Buenos Aires	(ARG)
2002	Club Olimpia Asunción	(PAR)
2003	Club Atlético Boca Juniors Buenos Aires	(ARG)
2004	Corporación Deportiva Once Caldas Manizales	(COL)
2005	São Paulo Futebol Clube	(BRA)
2006	Sport Club Internacional Porto Alegre	(BRA)
2007	Club Atlético Boca Juniors Buenos Aires	(ARG)
2008	Liga Deportiva Universitaria Quito	(ECU)
2009	Club Estudiantes de La Plata	(ARG)
2010	Sport Club Internacional Porto Alegre	(BRA)
2011	Santos Futebol Clube	(BRA)
2012	Sport Club Corinthians Paulista São Paulo	(BRA)
2013	Clube Atlético Mineiro Belo Horizonte	(BRA)
2014	Club Atlético San Lorenzo de Almagro	(ARG)
2015	Club Atlético River Plate Buenos Aires	(ARG)
2016	Atlético Nacional Medellín	(COL)
2017	Grêmio Foot-Ball Porto Alegrense	(BRA)
2018	Club Atlético River Plate Buenos Aires	(ARG)
2019	CR Flamengo Rio de Janeiro	(BRA)
2020	Sociedade Esportiva Palmeiras São Paulo	(BRA)
2021	Sociedade Esportiva Palmeiras São Paulo	(BRA)
2022	CR Flamengo Rio de Janeiro	(BRA)
2023	Fluminense FC Rio de Janeiro	(BRA)

COPA SUDAMERICANA 2023

- CONMEBOL -
SUDAMERICANA

The 2023 Copa Sudamericana was the 22nd edition of the CONMEBOL's and South Americas second most important club tournament.

List of participating clubs:

Argentina (6+2 teams)	Club de Gimnasia y Esgrima La Plata CSD Defensa y Justicia Florencio Varela CA Tigre Victoria CA Newell's Old Boys Rosario Club Estudiantes de La Plata CA San Lorenzo de Almagro *CA Huracán Buenos Aires** *CA Patronato de la Juventud Católica Paraná***
Bolivia (4 teams)	CD Oriente Petrolero Santa Cruz de la Sierra CD Guabirá Montero CD Palmaflor del Trópico Villa Tunari CSCD Blooming Santa Cruz de la Sierra
Brazil (6 +2 teams)	São Paulo Futebol Clube América FC Belo Horizonte Botafogo de FR Rio de Janeiro Santos Futebol Clube Goiás EC Goiânia Red Bull Bragantino *Fortaleza Esporte Clube** *SC Corinthians Paulista São Paulo***
Chile (4+3 teams)	CD Palestino Santiago CD Cobresal El Salvador CD Universidad Católica Santiago Audax CS Italiano La Florida *CD Magallanes San Bernardo** *CD Ñublense Chillán*** *CSD Colo-Colo Santiago***

Colombia (4+2 teams)	CD Tolima Ibagué CDP Junior Barranquilla Club Independiente Santa Fe Bogotá Rionegro Águilas Doradas *Millonarios FC Bogotá** *CD Independiente Medellín***
Ecuador (4+1 teams)	Liga Deportiva Universitaria de Quito CS Emelec Guayaquil CD Cuenca Delfín SC Manta *Barcelona SC Guayaquil***
Paraguay (4+1 teams)	Club Guaraní Asunción Tacuary FC Asunción Club General Caballero Dr. Juan León Mallorquín CS Ameliano Asunción *Club Libertad Asunción***
Peru (4+1 teams)	Club Universitario de Deportes Lima CD Universidad César Vallejo Trujillo Club Sportivo Cienciano Cuzco Deportivo Binacional FC Juliaca *Club Sporting Cristal Lima***
Uruguay (4 teams)	CA River Plate Montevideo CA Peñarol Montevideo Defensor Sporting Club Montevideo Danubio FC Montevideo
Venezuela (4 teams)	Estudiantes de Mérida FC Deportivo Táchira FC San Cristóbal Caracas FC Academia Puerto Cabello CF

*Clubs eliminated from the 2023 Copa Libertadores Third Round and transferred to this competition.
**Clubs eliminated from the 2023 Copa Libertadores Group Stage (as third placed) and transferred to this competition.

FIRST STAGE

Qualifiers - Bolivia

08.03.2023, Estadio „Ramón 'Tahuichi' Aguilera", Santa Cruz de la Sierra; Attendance: 20,100
Referee: Guillermo Enrique Guerrero Alcívar (Ecuador)
CD Guabirá Montero - CD Oriente Petrolero Santa Cruz de la Sierra 0-1(0-0)
Guabirá: Jhon Jairo Cuellar Vaca, Santiago Echeverría, Alejandro Melean Villarroel (80.Iván Enrique Huayhuata Romero), Fran Geral Supayabe Alpiri, Carlos Andrés Chore Aguilera (66.Jorge Daniel González Vázquez), Santos Rodrigo Navarro Arteaga (77.Harry Céspedes Velasco), Diego Martín Alaníz Ávila, Sebastián Agustín Gallegos Berriel, Bruno Miranda Villagomez, Juan Carlos Montenegro Sedamano (46.Freddy Alessandro Abastoflor Molina), Rodrigo Ruiz Díaz Molinas (80.Gustavo Peredo Ortíz). Trainer: Mauricio Ronald Soria Portillo.
Oriente Petrolero: Wilson Daniel Quiñónez Amarilla, Luis Alberto Gutiérrez Herrera, Juan Salvador Bartolome Mercado Galvez, Wilfredo Soleto Vargas, Samuel Guzmán Camargo (90+7.Adrián Sandoval López), Cristian Marcelo Álvarez, Erwin Junior Sánchez Paniagua (90+7.Sebastián Álvarez Vargas), Daniel Rojas Céspedes, Jonatan Ezequiel Cristaldo (75.Leonardo Adrián Villagra Enciso), Jorge Iván Correa (80.Luis Andrés Zeballos Barrientos), Henry Vaca Urquisa (46.Cristhian Alexseis Árabe Pedraza). Trainer: Erwin Sánchez Freking.
Goal: 0-1 Jorge Iván Correa (73).

09.03.2023, Estadio „Ramón 'Tahuichi' Aguilera", Santa Cruz de la Sierra
Referee: Augusto Bergelio Aragón Bautista (Ecuador)
CSCD Blooming Santa Cruz de la Sierra - CD Palmaflor del Trópico Villa Tunari   6-0(3-0)
Blooming: Braulio Uraezaña Cuñaendi, Jonathan Leonardo Lacerda Araújo, Juan Gabriel Valverde Rivera, Jaime Enrique Villamíl Cortez, César Benjamín Romero Ortíz, Arquímedes José Figuera Salazar (78.Richet Gómez Miranda), José Fernando Arismendi Peralta, Rafinha Mollercke (77.Leonardo Berteli Fenga „Léo Fenga"), Richard Spenhay Arauz (57.Jorge Eduardo Lovera Rivas), Gastón Rodríguez Maeso (71.Juan Carlos Arce Justiniano), José Luis Sinisterra Castillo (71.César Alejandro Menacho Claros). Trainer: Carlos Julio Bustos (Argentina).
Palmaflor del Trópico: Rubén Escobar Fernández, Ramón David Coronel Gómez (66.Ricardo Iván Orihuela Ribera), Arturo Rafael Mina Meza (66.Ronny Fernando Montero Martínez), Óscar Junior Baldomar Roca, Juan Sebastián Reyes Farrel, Luis Carlos Rodríguez Cujuy (82.Miyhel Anyelo Ortíz Burgos), Matías Pisano, Juan Sergio Adrián Rodriguez (66.Rai Pablo Lima Martínez), Luis José Vargas García, Gilbert Álvarez Vargas, Jonatan José Cañete (66.Fernando David Luna). Trainer: Claudio Daniel Brizuela (Argentina).
Goals: 1-0 José Luis Sinisterra Castillo (16), 2-0 José Luis Sinisterra Castillo (38), 3-0 Gastón Rodríguez Maeso (45+1), 4-0 José Luis Sinisterra Castillo (51), 5-0 Gastón Rodríguez Maeso (54), 6-0 Leonardo Berteli Fenga „Léo Fenga" (80).

<u>**Qualifiers - Chile**</u>

07.03.2023, Estadio El Teniente, Rancagua; Attendance: 3,045
Referee: Jhon Alexander Ospina Londoño (Colombia)
Audax CS Italiano La Florida - CD Universidad Católica Santiago   3-2(1-2)
Audax Italiano: Joaquín Emanuel Muñoz Almarza, Carlos Alfredo Labrín Candia, Nicolás Esteban Fernández Muñoz (76.Oliver Jesús Rojas Múñoz), Marcelo Alfonso Díaz Rojas, Osvaldo Javier Bosso Torres, Fernando Ezequiel Juárez, Matías Ignacio Sepúlveda Méndez (87.Marco Antonio Collao Ramos), Gonzalo Alejandro Ríos (76.Gabriel Alejandro Hachen), Esteban Patricio Matus Castro (87.Roberto Andrés Cereceda Guajardo), Gonzalo Ariel Sosa (69.Luis Enrique Riveros Valenzuela), Michael Andrés Fuentes Vadulli. Trainer: Manuel Fernández (Argentina).
Universidad Católica: Matías Ezequiel Dituro, Mauricio Anibal Isla Isla, Gary Christofer Kagelmacher Pérez, Eugenio Esteban Mena Reveco, Erwin Branco Ampuero Vera (90.Alfonso Cristián Parot Rojas), César Ignacio Pinares Tamayo, Brayan Andrés Rovira Ferreira, Ignacio Antonio Saavedra Pino (72.Cristian Alejandro Cuevas Jara), Franco Matías Di Santo, Fernando Matías Zampedri, Alexander Ernesto Aravena Guzman (72.Gonzalo Andrés Tapia Dubournais). Trainer: Ariel Enrique Holan (Argentina).
Goals: 0-1 Fernando Matías Zampedri (16), 1-1 Matías Ignacio Sepúlveda Méndez (19), 1-2 Fernando Matías Zampedri (36), 2-2 Gonzalo Ariel Sosa (56), 3-2 Michael Andrés Fuentes Vadulli (58).

09.03.2023, Estadio El Teniente, Rancagua; Referee: Andrés José Rojas Noguera (Colombia)
CD Cobresal El Salvador - CD Palestino Santiago   0-1(0-1)
Cobresal: Leandro Daniel Requena, Francisco Arturo Alarcón Cruz, Diego Andrés Céspedes Maturana, Pablo Ignacio Cárdenas Baeza, Alejandro Maximiliano Camargo (82.Nelson Alejandro Sepúlveda Moya), Leonardo Felipe Valencia Rossel (61.Christopher Ignacio Mesías Sepúlveda), Marcelo Pablo Jorquera Silva (83.Yerco Abraham Oyanedel Hernández), Walter Maximiliano Rueda (61.Franco Emanuel García), Cecilio Alfonso Waterman Ruiz, Gastón Andrés Lezcano (83.Julio Alfonso Castro Gutiérrez), César Augusto Munder Rodríguez [*sent off 90+6*]. Trainer: Gustavo Ernesto Huerta Araya.
Palestino: César Pablo Rigamonti, Cristián Fernando Suárez Figueroa, Fernando Nicolás Meza, Dilan Patricio Zúñiga Espinoza, José Carlos Bizama Venegas (79.Maicol Andrés León Muñoz), Carlos Agustín Farías, Misael Aldair Dávila Carvajal, Fernando Nicolás Cornejo Miranda (69.Ariel Elías Martínez Arce), Bryan Paul Carrasco Santos (69.Bryan Alfonso Véjar Utreras), Jonathan Óscar Benítez (59.Bruno Barticciotto dí Bartolo), Maximiliano Nahuel Salas (79.Nicolás Alonso Meza Muñoz). Trainer: Pablo Andrés Sánchez (Argentina).
Goal: 0-1 Misael Aldair Dávila Carvajal (28).

Qualifiers - Colombia

08.03.2023, Estadio „Atanasio Girardot", Medellín; Attendance: 1,784
Referee: Alexis Adrián Herrera Hernández (Venezuela)
Rionegro Águilas Doradas - Club Independiente Santa Fe Bogotá   1-2(0-1)
Rionegro: José David Contreras Verna, Jean Franco Alexi Fuentes Velazco, Mateo Puerta Peláez (89.Diego Valdés Giraldo), Jeison Estiven Quiñónes Botina, Yhormar David Hurtado Torres, Jean Carlos Pineda Jiménez, Jesús David Rivas Hernández, Kevin Duván Castaño Gil, Álex Stik Castro Giraldo (76.Fabián Alexis Suárez Chalares), Marco Jhonnier Pérez Murillo (57.Auli Alexander Oliveros Estrada), Jhon Fredy Salazar Valencia (76.Johan Camilo Caballero Cristancho). Trainer: Lucas Fidolo González Vélez.
Independiente Santa Fe: José Johan Silva Hurtatiz, Dairon Mosquera Chaverra, Fabián Alexis Viáfara Alarcón, Marlon Aldair Torres Obeso (69.Jersson David González Niño), Harold Andrés Rivera Chavarro (79.Iván Andrés Rojas Vásquez), Fabián Héctor Sambueza (79.Christian Camilo Marrugo Rodríguez), Julián Camilo Millán Díaz, Kevin Andrés Mantilla Camargo (12.José Manuel Aja Livchich), Wilson David Morelo López, José David Enamorado Gómez (69.Wilfrido de la Rosa Mendoza), Jhojan Camilo Torres Guazá. Trainer: Harold Rivera Roa.
Goals: 0-1 Dairon Mosquera Chaverra (45+4), 1-1 Jean Carlos Pineda Jiménez (65), 1-2 Wilfrido de la Rosa Mendoza (83).

09.03.2023, Estadio „Manuel Murillo Toro", Ibagué; Attendance: 9,777
Referee: Jesús Noel Valenzuela Sáez (Venezuela)
CD Tolima Ibagué - CDP Junior Barranquilla   1-0(1-0)
CD Tolima: William David Cuesta Mosquera, Julián Alveiro Quiñónes García, Anderson Darley Angulo Tenorio, Léider Andrés Riascos Suárez, Juan David Ríos Henao, Estefano Arango González, Eduardo José Sosa Vega (73.Juan Manuel Valencia Aponzá), Carlos Andrés Esparragoza Pérez (73.Cristian Esteban Trujillo Riascos), Facundo Nicolás Boné Vale (90+4.Diego Fernando Herazo Moreno), Brayan Alexander Gil Hurtado (68.Juan Fernando Caicedo Benítez), Junior Alexis Hernández Angulo. Trainer: Hernán Torres Oliveros.
Junior: Mario Sebastián Viera Galaín, Walmer Pacheco Mejía (46.Nilson David Castrillón Burbano), Iván René Scarpeta Silgado, Edwin Alberto Herrera Hernández, José Enrique Ortíz Córtes, Juan Fernando Quintero Paniagua, Carlos José Sierra López, Carlos Arturo Bacca Ahumada (62.Brayan León Muñiz), Omar Antonio Albornoz Contreras (63.Vladimir Javier Hernández Rivero), Luis Fernando Sandoval Oyola (27.Didier Andrés Moreno Asprilla), Jhon Jaider Vélez Carey (26.Luis Daniel González Cova). Trainer: Arturo Ernesto Reyes Montero.
Goal: 1-0 Junior Alexis Hernández Angulo (7).

Qualifiers - Ecuador

07.03.2023, Estadio „Rodrigo Paz Delgado", Quito; Referee: Darío Humberto Herrera (Argentina)
Liga Deportiva Universitaria de Quito - Delfín SC Manta   4-0(2-0)
LDU Quito: Alexander Domínguez Carabalí, Ricardo Adé Kat, José Alfredo Quintero Ordóñez, Leonel Enrique Quiñónez Padilla, Facundo Santiago Rodríguez Fábregas, Alex Renato Ibarra Mina (70.Ángel Emanuel González), Lisandro Joel Alzugaray (85.Danny Gabriel Luna Moran), Lucas Ezequiel Piovi (82.Mauricio Leonel Martínez), Alexander Antonio Alvarado Carriel (81.Sebastián González Baquero), Óscar Steven Zambrano Preciado, José Enrique Angulo Caicedo (81.Juan Luis Anangonó León). Trainer: Luis Francisco Zubeldía (Argentina).
Delfín SC: Juan Martín Rojas, Matías José Ferreira Guerrero, Josué William Cuero Mercado, Luis Adrián Caicedo Valencia, Cristian Gabriel García, Renny Salén Jaramillo Barre (71.Juan Diego Rojas Caicedo), Ruyery Alfonso Blanco Yus (46.Jostin Aldahir Alman Herrera), Brian Ezequiel Oyola, Nicolás Omar Eduardo Goitea (61.Jonnathan Gabriel Mina Jara), Maikel Stalin Reyes Alcivar (46.Nixon Andrés Molina Torres), Juan Pablo Ruiz Gómez (46.Alexis Agustín Rodríguez). Trainer: Guillermo Andrés Duró (Argentina).
Goals: 1-0 Lisandro Joel Alzugaray (7), 2-0 José Enrique Angulo Caicedo (20), 3-0 Alexander Antonio Alvarado Carriel (78), 4-0 Luis Adrián Caicedo Valencia (90+2 own goal).

09.03.2023, Estadio „George Capwell", Guayaquil
Referee: Yael Cristian Falcón Pérez (Argentina)
CS Emelec Guayaquil - CD Cuenca   **2-1(1-0)**
Emelec: Pedro Alfredo Ortíz Angulo, Christian Geovanny Cruz Tapia (46.Bryan Ignacio Carabalí Cañola), Luis Fernando León Bermeo, Aníbal Leguizamón Espínola, Dixon Jair Arroyo Espinoza (86.José Francisco Cevallos Enríquez), Romario Javier Caicedo Ante (86.Marcos Jackson Caicedo Caicedo), Diego Gonzalo García Cardozo (76.Jhon Jairo Sánchez Enríquez), José Alberti Loyarte, Samuel Alejandro Sosa Cordero, Miler Alejandro Bolaños Reascos, Alejandro Jair Cabeza Jiménez (65.Bryan Dennis Angulo Tenorio). Trainer: Miguel Ángel Rondelli (Argentina).
CD Cuenca: Hamilton Emanuel Piedra Ordóñez, Marcos Andrés López Cabrera, Bryan Steven Rivera Andrango (89.Sixto Romario Mina Arroyo), Luciano Leonel Recalde, Bruno Ezequiel Duarte, Ronny Alfonso Biojó Preciado (90+1.Vilinton Germán Branda Mérlin), Nicolás Rinaldi (65.Esteban Nicolás Dávila Alarcón), Rodrigo Iñaki Melo, Lucas Eduardo Mancinelli, Enzo Adrián López (65.Raúl Óscar Becerra), Jalmar Johan Almeida Márquez (46.Sergio Daniel López). Trainer: Gabriel del Valle Medina (Argentina).
Goals: 1-0 Miler Alejandro Bolaños Reascos (13), 1-1 Lucas Eduardo Mancinelli (49 penalty), 2-1 Miler Alejandro Bolaños Reascos (89).

Qualifiers - Paraguay

07.03.2023, Estadio Defensores del Chaco, Asunción; Attendance: 224
Referee: José Cabero (Chile)
Tacuary FC Asunción - Club General Caballero Dr. Juan León Mallorquín   **2-2(1-0,2-2,2-2);**
    4-2 on penalties
Tacuary: Carlos María Servín Caballero, Nery Rubén Bareiro Zorrilla, Gastón Ariel García (77.Luis Alberto Cabral Vázquez), Alexis Roque Fabián Fernández Nizio, Igor Francisco Ribeiro, Marcelo Miguel Paredes Váldez, Hugo Iván Valdez Medina (77.Matías Nicolás Verdún Alonso), Alfredo Ramón Amarilla (71.Víctor Hugo Ayala Núñez), Óscar Ramón Ruiz Roa, Jose Edson Barros da Silva „Edson Caríus" (77.Renzo Domingo Carballo Romero), Valdeci Moreira da Silva (55.Patryck Magalhães Ferreira). Trainer: Carlos Humberto Paredes Monges.
General Caballero: Juanito José Alfonso Guevara, Miller David Mareco Colmán (90+7.Cesar Tobías Castellano), Wildo Javier Alonso Bobadilla (89.Roberto Andrés Ovelar Maldonado), Pablo Javier Adorno Martínez, Manuel Romero Galeano, Franco Lautaro Costa [*sent off 20*], José Manuel Vera, Juan José Heinze (46.Derlis Darío Martínez González), Guillermo Fernando Hauché, Clementino González Martínez (73.Tomás Eliezer Lezcano Olmedo), Jorge Luis Sanguina Morínigo (88.Edgar Milciades Benítez Santander). Trainer: Troadio Daniel Duarte Barreto.
Goals: 1-0 Óscar Ramón Ruiz Roa (27), 1-1 Gastón Ariel García (49 own goal), 1-2 Derlis Darío Martínez González (68), 2-2 Marcelo Miguel Paredes Váldez (84).
Penalties: Roberto Andrés Ovelar Maldonado 0-1; Patryck Magalhães Ferreira 1-1; Guillermo Fernando Hauché 1-2; Óscar Ramón Ruiz Roa 2-2; Edgar Milciades Benítez Santander (saved); Víctor Hugo Ayala Núñez 3-2; Cesar Tobías Castellano (saved); Marcelo Miguel Paredes Váldez 4-2.

08.03.2023, Estadio „Manuel Ferreira", Asunción; Attendance: 2,243
Referee: Cristian Marcelo Garay Reyes (Chile)
Club Guaraní Asunción - CS Ameliano Asunción   3-1(1-0)
Guaraní: Rodrigo Martin Muñoz Salomón, Marcos Antonio Cáceres Centurión, Raúl Alejandro Cáceres Bogado, José David Moya Rojas, Walter David Clar Fritz (89.Miguel Ángel Benítez Guayuan), Néstor Abraham Camacho Ledesma (78.Rodrigo Daniel Amarilla Rodas), Luis Carlos Fariña Olivera (59.Rubén Darío Ríos), Gastón Ignacio Gil Romero, Víctor Hugo Dorrego Coito (89.Marcelo José Palau Balzaretti), Matías Emanuel Segovia Torales, Federico Javier Santander Mereles (59.Enrique Javier Borja Araujo). Trainer: Hernán Rodrigo López Mora (Uruguay).
Ameliano: Joaquin Matías Papaleo, Walter Cabrera Cañiza, Franco Lautaro Ortellado (81.Giovanni Emmanuel Bogado Duarte), Hugo Javier Benítez, Víctor Hugo Rojas Ortíz, Edgar Catalino Zaracho Zorilla, Blas Antonio Cáceres Garay (65.Luis Alejandro Ortíz Franco), Fredderik Alexander Alfonso Colmán, Elías Rubén Sarquis Vargas (86.Aníbal Gabriel Vega da Silva), Julio Sebastián Doldán Zacarías (65.Richard Daniel Torales Peralta), Fredy David Vera Gaona (46.Elvio de Jesús Vera Brítez). Trainer: Humberto Antonio García Ramírez.
Goals: 1-0 Federico Javier Santander Mereles (45+2), 1-1 Blas Antonio Cáceres Garay (47), 2-1 Víctor Hugo Dorrego Coito (53), 3-1 Enrique Javier Borja Araújo (60).

Qualifiers - Peru

08.03.2023, Estadio Nacional, Lima; Attendance: 1,409
Referee: José Burgos (Uruguay)
CD Universidad César Vallejo Trujillo - Deportivo Binacional FC Juliaca   3-1(1-1)
Universidad: Carlos Alfonso Grados Heredia, Carlos Antonio Ascues Ávila, Renzo Renato Garcés Mori, Carlos Miguel Cabello Anagua (86.Santiago Andrés Torres González), Juan Jesús Quiñones Goicochea, Jairo David Vélez Cedeño (90+2.Ronald Jhonatan Quinteros Sánchez), Frank Joseph Ysique Alguedas, Aldair Amarildo Fuentes Siguas (86.Ángel Leonardo Rodríguez Güelmo), Aldo Stefano Olaya Maker (64.Osnar Noronha Montani), Alejandro Junior Ramírez Zárate (64.Ray Andrés Vanegas Zúñiga), Yorleys Mena Palacios. Trainer: Washington Sebastián Abreu Gallo (Uruguay).
Deportivo Binacional: Diego Mauricio Enríquez Gutiérrez, Yonatan Yovanny Murillo Alegría, Stiwar Mena Serna, Roberto Daniel Villamarín Mora (84.Éder Benjamin Villalta Mori), Orlando Núñez Castillo (83.Héctor Alipio Zeta Lacherre), Edson Diego Aubert Cervantes, Freddy Alejandro Oncoy Huarote (84.Ángel Elías Romero Iparraguirre), Andy Jeferson Polar Paredes, Brandon Roberto Palacios Bustamante (87.Jack Harrinson Cirilo Silva), Brayan Alexis Fernández Garcés, Jefferson Justo Cáceres Chávez (68.Jack Kevin Durán Abán). Trainer: Wilmar Elar Valencia Pacheco.
Goals: 0-1 Brandon Roberto Palacios Bustamante (1), 1-1 Aldo Stefano Olaya Maker (40), 2-1 Ray Andrés Vanegas Zúñiga (74), 3-1 Stiwar Mena Serna (82 own goal).

09.03.2023, Estadio Monumental, Lima; Attendance: 38,572
Referee: Gustavo Adrián Tejera Capo (Uruguay)
Club Universitario de Deportes Lima - CS Cienciano Cuzco   2-0(1-0)
Universitario: José Aurelio Carvallo Alonso, Aldo Sebastián Corzo Chávez, Williams Ismael Riveros Ibáñez, Matías Ezequiel Di Benedetto, Nelson Jhonny Luis Cabanillas Jésus (46.José Vidal Bolívar Ormeño), Martín Pérez Guedes (68.Jorge Salvador Murrugarra Torres), Rodrigo Andrés Ureña Reyes, Piero Aldair Quispe Córdova (89.José Daniel Rivera Martínez), Emanuel Herrera (83.Alexander Nasim Succar Cañote), Andy Jorman Polo Andrade, Luis Alfredo Urruti Giménez (68.Horacio Martín Calcaterra). Trainer: Jorge Daniel Fossati Lurachi (Uruguay).
Cienciano: Miguel Ángel Vargas Mañan, José Ramón Leguizamón Ortega, Luis Fernando Garro Sánchez (46.Franco Anthony Medina Soto), Ayrthon Carlos Edú Quintana Azalde, Alberto Abdiel Quintero Medina, Ángel Ojeda Allauca (37.Hansell Argenis Riojas La Rosa), Carlos Javier Beltrán Neroni, Gonzalo Federico González Pereyra (74.Sharif Aaron Ramírez Naupari), Jean Carlos Francisco Deza Sánchez (62.Kevin Armando Sandoval Laynes), Carlos Jhon Garcés Acosta, Juan Bautista Romagnoli Costa (74.Gianlucca Fatecha Benítez). Trainer: Leonel de Jesús Álvarez Zuleta (Colombia).
Goals: 1-0 Piero Aldair Quispe Córdova (10), 2-0 Emanuel Herrera (70).

Qualifiers - Uruguay

07.03.2023, Estadio "Domingo Burgueño Miguel", Maldonado
Referee: Anderson Daronco (Brazil)
CA River Plate Montevideo - CA Peñarol Montevideo   0-4(0-3)
River Plate: Fabrizio Nicolás Correa González, Victorio Maximiliano Pereira Páez, Horacio David Salaberry Marrero, Santiago Brunelli Llorca, Facundo Kidd Álvarez (63.Ezequiel Busquets Sanguinetti), Gonzalo Castro Irizabal (77.Joaquín Lavega Colzada), Walter Alejandro Gargano Guevara (65.Matías Iván Alfonso Colina), Pablo Javier García Lafluf, Ramiro Nicolás Cristóbal Calderón (63.Juan Cruz de los Santos), Joaquin Gabriel Trasante Hernández, Hernán Daniel Rivero (63.Jonathan David Santos Duré). Trainer: Gustavo Díaz Domínguez.
Peñarol: Thiago Gastón Cardozo, Jorge Hernán Menosse Acosta, Lucas Camilo Hernández Perdomo, Léo Coelho, Pedro Milans Carámbula, Diego Valentín Rodríguez Alonso (72.Nicolás Rossi Marachlian), Sebastián Javier Rodríguez Iriarte, Sebastián Carlos Cristóforo Pepe (62.Rodrigo Agustín Saravia Salvia), Ignacio Jesús Laquintana Marsico (71.Alán Kevin Méndez Olivera), Santiago Damián Homenchenko Bianchi (72.Sergio Damián García Graña), Douglas Matías Arezo Martínez (78.Óscar José Cruz González). Trainer: Alfredo Carlos Arias Sánchez.
Goals: 0-1 Douglas Matías Arezo Martínez (8), 0-2 Douglas Matías Arezo Martínez (16 penalty), 0-3 Pedro Milans Carámbula (21), 0-4 Douglas Matías Arezo Martínez (75).

08.03.2023, Estadio Gran Parque Central, Montevideo; Attendance: 5,170
Referee: Bruno Arleu de Araujo (Brazil)
Defensor Sporting Club Montevideo - Danubio FC Montevideo   0-0 aet; 3-4 on penalties
Defensor Sporting: Matías Ezequiel Dufour Camacho, Matías Emiliano Rocha Calderón, Juan Sebastián Boselli Graf, Nicolás Alejandro Rodríguez Charquero, Gonzalo Gastón Freitas Silva, Fernando Gastón Elizari Sedano (79.Lucas Agazzi Galeano), Juan de Dios Pintado Leines (55.Facundo Bonifazi Castro), Lucas Paul de los Santos Ruiz Díaz, Matías Ezequiel Abaldo Menyou, Adrián Martin Balboa Camacho (79.Álvaro Damián Navarro Bica), Andrés Martín Ferrari Malveira (70.Anderson Nathael Duarte da Silva). Trainer: Marcelo Fabián Méndez Russo.
Danubio: Mauro Daniel Goicoechea Furia, Luis Leandro Sosa Otermin (90.Ribair Rodríguez Pérez), Martín Rea Zuccotti, Rafael Germán Haller Piloni, Lucas Agustín Ferreira Zagas, Kevin Mathías Lewis Rodríguez, Juan Andrés Millán Santarcieri, Franco González Fernández (67.Guillermo Luis May Bartesaghi), Diego Daniel Vera Méndez (46.Jannenson Alberto Sarmiento Escobar), Sebastián Bruno Fernández Miglierina (81.Santiago Fabián Silva Silva), Alejo Cruz Techera (90.Facundo Ezequiel Silvera Adreoli). Trainer: Esteban Néstor Conde Quintana.
Penalties: Juan Andrés Millán Santarcieri 0-1; Álvaro Damián Navarro Bica 1-1; Rafael Germán Haller Piloni (saved); Matías Emiliano Rocha Calderón (saved); Ribair Rodríguez Pérez (saved); Lucas Paul de los Santos Ruiz Díaz 2-2; Lucas Agustín Ferreira Zagas 1-2; Anderson Nathael Duarte da Silva (saved); Guillermo Luis May Bartesaghi 2-3; Nicolás Alejandro Rodríguez Charquero 3-3; Jannenson Alberto Sarmiento Escobar 3-4; Matías Ezequiel Abaldo Menyou (missed).

Qualifiers - Venezuela

07.03.2023, Estadio Olímpico de la Universidad Central de Venezuela, Caracas; Attendance: 3,514
Referee: Ivo Nigel Méndez Chávez (Bolivia)
Caracas FC - Academia Puerto Cabello CF   **0-1(0-0)**
Caracas FC: Alain Baroja Méndez, Alexander David González Sibulo (77.Manuel Alejandro Sulbarán Solano), Rubert José Quijada Fasciana, Daniel Alejandro Rivillo Godoy, Roger Alexander Manríque Laorta (67.Renné Alejandro Rivas Alezones), Ronaldo David Rivas Vielma, Leonardo José Flores Soto, Anderson Rafael Contreras Pérez (56.Santiago Alfonzo Rodriguez Pacheco), Bryant Jesús Ortega Carmona, Saúl Alejandro Guarirapa Briceño (67.Emanuel Mercado), Ade Oguns (57.Richard Enríque Celis Sánchez). Trainer: Leonardo Alberto González Antequera.
Puerto Cabello: Luis Enrique Romero Durán, José Luis Granados Asprilla, Carlos Gregorio Rivero González, Edwin de Jesús Peraza Larez, Raudy Javier Guerrero Reyes (66.Richard José Figueroa Avilés), Kevin Eduardo de la Hoz Morys, Henrys Junior Alcalá Cedeño (66.George Ayimbire Ayine), Williams José Lugo Ladera (46.Juan Carlos Colina Silva), Luifer Enríque Hernández Quintero (84.Andrés Eduardo Montero Cadenas), Gideon Iliya Zuma (38.Alfredo Horacio Stephens Francis), Danny Marcos Pérez Valdez. Trainer: Noel Argelio Sanvicente Bethelmy.
Goal: 0-1 Luifer Enríque Hernández Quintero (53).

08.03.2023, Estadio Metropolitano, Mérida; Attendance: 15,913
Referee: Sávio Pereira Sampaio (Brazil)
Estudiantes de Mérida FC - Deportivo Táchira FC San Cristóbal   **1-1(0-1,1-1,1-1);**
    3-1 on penalties
Estudiantes: Beycker Eduardo Velásquez Ortega, Juan Carlos Medina Pérez, Edison José Penilla Herrera (69.Marcel Daniel Guaramato García), José Alexis Doldán Aquino, Devinson Rafael Martínez Daboin, Jesús Javier Gómez Mercado (65.Cristian Leonardo Flores Calderón), Cristian Yonaiker Rivas Vielma (82.Jorge Alberto Páez Santamaria), Wilfredo Daniel Peña Peña, Aarón David Rodríguez Pérez (65.Luis Alejandro Arenas Martínez), Ervin Vladimir Zorrilla Pérez, Junior José Paredes Jaspe. Trainer: José Alí Cañas Navas.
Deportivo Táchira: Jesús David Camargo Villafañe, Pablo Jesús Camacho Figueira, José Luis Marrufo Jiménez, Jiovany Javier Ramos Díaz, Gonzalo Daniel Mottes, Leandro Ariel Fioravanti, Julián Alonso Figueroa Rentería (90.Gonzalo Gabriel Ritacco), Nelson Antonio Hernández Bellorín (90.Diomar Ángel Díaz Calderón), Esli Samuel García Cordero (74.Jean Franco Castillo Castillo), Anthony Chelin Uribe Francia (65.Bryan José Castillo Rosendo), Yerson Ronaldo Chacón Ramírez (90.Edder José Farías Martínez). Trainer: Eduardo José Saragó Carbón.
Goals: 0-1 Yerson Ronaldo Chacón Ramírez (25), 1-1 Junior José Paredes Jaspe (87).
Penalties: José Alexis Doldán Aquino 1-0; Diomar Ángel Díaz Calderón (saved); Cristian Leonardo Flores Calderón (saved); Edder José Farías Martínez (saved); Ervin Vladimir Zorrilla Pérez 2-0; Gonzalo Gabriel Ritacco 2-1; Jorge Alberto Páez Santamaria 3-1; Bryan José Castillo Rosendo (missed).

GROUP STAGE

Each group winner were qualified to the Round of 16, while runners-up together with 8 teams ranked third in the 2023 Copa Libertadores Group Stage advanced to the Knock-out Round Play-offs.

GROUP A

04.04.2023, Estadio Mansiche, Trujillo; Attendance: 2,912
Referee: Fernando David Espinoza (Argentina)
CD Universidad César Vallejo Trujillo - Liga Deportiva Universitaria de Quito   1-2(0-0)
Universidad: Carlos Alfonso Grados Heredia, Jerson Vásquez Shapiama, Carlos Antonio Ascues Ávila, Renzo Renato Garcés Mori, Carlos Miguel Cabello Anagua, Jairo David Vélez Cedeño [*sent off 75*], Frank Joseph Ysique Alguedas, Aldair Amarildo Fuentes Siguas (86.Juan Jesús Quiñones Goicochea), Aldo Stefano Olaya Maker (55.Osnar Noronha Montani), Yorleys Mena Palacios, Ray Andrés Vanegas Zúñiga (77.Ángel Leonardo Rodríguez Güelmo). Trainer: Washington Sebastián Abreu Gallo (Uruguay).
LDU Quito: Alexander Domínguez Carabalí, Ricardo Adé Kat, José Alfredo Quintero Ordóñez, Leonel Enríque Quiñónez Padilla (77.Bryan Josías Ramírez León), Facundo Santiago Rodríguez Fábregas, Alex Renato Ibarra Mina (87.Danny Gabriel Luna Moran), Lisandro Joel Alzugaray, Lucas Ezequiel Piovi, Alexander Antonio Alvarado Carriel (77.Jhojan Esmaides Julio Palacios), Óscar Steven Zambrano Preciado (76.Ángel Emanuel González), José Enrique Angulo Caicedo (87.Juan Luis Anangonó León). Trainer: Luis Francisco Zubeldía (Argentina).
Goals: 0-1 Lisandro Joel Alzugaray (52), 1-1 Jairo David Vélez Cedeño (70 penalty), 1-2 Juan Luis Anangonó León (90+6).

06.04.2023, Estadio El Teniente, Rancagua
Referee: Cristian Ferreyra (Uruguay)
CD Magallanes San Bernardo - Botafogo de FR Rio de Janeiro   2-2(1-1)
Magallanes: Matías Gastón Rodríguez Olivera, Christian Alberto Vilches González, Nicolás Berardo Konic (81.Felipe Espinoza Ramírez), Fernando Piñero, Marcelo Alejandro Filla Toro, Carlos Andrés Villanueva Rolland [*sent off 50*], Tomás Benjamín Aránguiz Aránguiz, Thomas Luciano Jones Mariani (81.Cristóbal Andrés Jorquera Torres), Alfred Jeafran Canales Céspedes (88.Javier Ignacio Quiroz Núñez), Julián Israel Alfaro Gaete (58.Simón Alberto Contreras Valenzuela), Yorman Zapata Mina (81.Manuel Fernando Vicuña Martínez). Trainer: Nicolás Arnaldo Núñez Rojas.
Botafogo: Lucas Perri, Marçal, Víctor Leandro Cuesta, Leonel Di Plácido (70.Rafael), Adryelson, Carlos Eduardo (82.Lucas Fernandes), Gabriel (70.Marlon Freitas), Tchê Tchê, Tiquinho Soares, Gustavo Sauer (70.Carlos Alberto), João Victor (86.Luis Henrique). Trainer: Luís Manuel Ribeiro de Castro (Portugal).
Goals: 0-1 Tiquinho Soares (6), 1-1 Alfred Jeafran Canales Céspedes (16), 1-2 Carlos Eduardo (58), 2-2 Simón Alberto Contreras Valenzuela (75).

19.04.2023, Estadio „Rodrigo Paz Delgado", Quito; Attendance: 6,937
Referee: José Ramón Argote Vega (Venezuela)
Liga Deportiva Universitaria de Quito - CD Magallanes San Bernardo   4-0(0-0)
LDU Quito: Alexander Domínguez Carabalí, Ricardo Adé Kat, José Alfredo Quintero Ordóñez (63.Daykol Alejandro Romero Padilla), Leonel Enríque Quiñónez Padilla (46.Bryan Josías Ramírez León), Facundo Santiago Rodríguez Fábregas, Alex Renato Ibarra Mina (63.Ángel Emanuel González), Lisandro Joel Alzugaray (82.Sebastián González Baquero), Lucas Ezequiel Piovi, Alexander Antonio Alvarado Carriel, Jhojan Esmaides Julio Palacios, José Enrique Angulo Caicedo (74.Mauricio Leonel Martínez). Trainer: Luis Francisco Zubeldia (Argentina).
Magallanes: Diego Andrés Tapia Rojas, Nicolás Berardo Konic, Fernando Piñero, Marcelo Alejandro Filla Toro [*sent off 39*], Nicolás Ignacio Crovetto Aqueveque (46.Felipe Espinoza Ramírez), Iván Gonzalo Vásquez Quilodrán (46.Tomás Benjamín Aránguiz Aránguiz), Cristóbal Andrés Jorquera Torres (46.Yorman Zapata Mina), Manuel Fernando Vicuña Martínez (68.Javier Ignacio Quiroz Núñez), Alfred Jeafran Canales Céspedes [*sent off 90+1*], Felipe Cadenazzi (43.Matías Alonso Vásquez Poblete), Julián Israel Alfaro Gaete. Trainer: Nicolás Arnaldo Núñez Rojas.
Goals: 1-0 José Enrique Angulo Caicedo (53), 2-0 José Enrique Angulo Caicedo (55), 3-0 Mauricio Leonel Martínez (86), 4-0 Fernando Piñero (89 own goal).

20.04.2023, Estádio Olímpico „Nilton Santos", Rio de Janeiro; Attendance: 19,486
Referee: Maximiliano Nicolás Ramírez (Argentina)
Botafogo de FR Rio de Janeiro - CD Universidad César Vallejo Trujillo   4-0(2-0)
Botafogo: Lucas Perri, Rafael, Víctor Leandro Cuesta, Leonel Di Plácido, Adryelson, Carlos Eduardo (76.Raí), Danilo Barbosa (67.Tchê Tchê), Lucas Fernandes, Tiquinho Soares (66.Janderson), João Victor (57.Luis Henrique), Júnior Santos (57.Gustavo Sauer). Trainer: Luís Manuel Ribeiro de Castro (Portugal).
Universidad: Carlos Alfonso Grados Heredia, Jerson Vásquez Shapiama, Carlos Antonio Ascues Ávila, Renzo Renato Garcés Mori [*sent off 72*], Carlos Miguel Cabello Anagua, Anderson Mishael Villacorta Beltrán [*sent off 45*], Frank Joseph Ysique Alguedas, Aldair Amarildo Fuentes Siguas (46.Ángel Leonardo Rodríguez Güelmo), Aldo Stefano Olaya Maker (76.Juan Jesús Quiñones Goicochea), Yorleys Mena Palacios (65.Alejandro Junior Ramírez Zárate), Facundo Rodríguez Calleriza. Trainer: Washington Sebastián Abreu Gallo (Uruguay).
Goals: 1-0 João Victor (14), 2-0 Tiquinho Soares (45+3 penalty), 3-0 Carlos Eduardo (57), 4-0 Tchê Tchê (73 penalty).

02.05.2023, Estadio El Teniente, Rancagua; Attendance: 647
Referee: Fernando Andrés Rapallini (Argentina)
CD Magallanes San Bernardo - CD Universidad César Vallejo Trujillo   2-2(2-1)
Magallanes: Matías Gastón Rodríguez Olivera, Christian Alberto Vilches González, Nicolás Berardo Konic, Fernando Piñero, Carlos Andrés Villanueva Rolland (70.Manuel Fernando Vicuña Martínez), Iván Gonzalo Vásquez Quilodrán (70.Simón Alberto Contreras Valenzuela), Tomás Benjamín Aránguiz Aránguiz, Thomas Luciano Jones Mariani (79.Cristóbal Andrés Jorquera Torres), Felipe Ignacio Flores Chandia, Julián Israel Alfaro Gaete (79.Alonso Raul Barría Rivas), Yorman Zapata Mina. Trainer: Nicolás Arnaldo Núñez Rojas.
Universidad: Carlos Alfonso Grados Heredia, Carlos Antonio Ascues Ávila, Carlos Miguel Cabello Anagua, Juan Jesús Quiñones Goicochea, Sais Giusseppe Santibáñez Cano, Ángel Leonardo Rodríguez Güelmo (46.Osnar Noronha Montani), Jairo David Vélez Cedeño, Frank Joseph Ysique Alguedas, Aldair Amarildo Fuentes Siguas, Yorleys Mena Palacios, Facundo Rodríguez Calleriza (73.Ray Andrés Vanegas Zúñiga). Trainer: Washington Sebastián Abreu Gallo (Uruguay).
Goals: 0-1 Frank Joseph Ysique Alguedas (19), 1-1 Nicolás Berardo Konic (23), 2-1 Sais Giusseppe Santibáñez Cano (33 own goal), 2-2 Yorleys Mena Palacios (56).

04.05.2023, Estádio Olímpico „Nilton Santos", Rio de Janeiro
Referee: Darío Humberto Herrera (Argentina)
Botafogo de FR Rio de Janeiro - Liga Deportiva Universitaria de Quito   0-0
Botafogo: Lucas Perri, Marçal, Víctor Leandro Cuesta, Leonel Di Plácido, Adryelson, Carlos Eduardo, Tchê Tchê (85.Marlon Freitas), Danilo Barbosa (67.Lucas Fernandes), Tiquinho Soares, Gustavo Sauer (64.Júnior Santos), Luis Henrique (64.João Victor). Trainer: Luís Manuel Ribeiro de Castro (Portugal).
LDU Quito: Alexander Domínguez Carabalí, Ricardo Adé Kat, José Alfredo Quintero Ordóñez, Leonel Enríque Quiñónez Padilla, Richard Alexander Mina Caicedo (71.Ángel Emanuel González), Facundo Santiago Rodríguez Fábregas, Alexander Antonio Alvarado Carriel (90+5.Bryan Josías Ramírez León), Jhojan Esmaides Julio Palacios, Sebastián González Baquero (90+5.Marcos David Olmedo Garrido), Óscar Steven Zambrano Preciado, José Enrique Angulo Caicedo (79.Lisandro Joel Alzugaray). Trainer: Luis Francisco Zubeldía (Argentina).

23.05.2023, Estadio El Teniente, Rancagua
Referee: Maximiliano Nicolás Ramírez (Argentina)
CD Magallanes San Bernardo - Liga Deportiva Universitaria de Quito   1-1(1-1)
Magallanes: Matías Gastón Rodríguez Olivera, Nicolás Berardo Konic, Fernando Piñero, Matías Alonso Vásquez Poblete, Carlos Andrés Villanueva Rolland (62.Marcelo Alejandro Filla Toro), Tomás Benjamín Aránguiz Aránguiz (79.Cristóbal Andrés Jorquera Torres), Felipe Espinoza Ramírez, Javier Ignacio Quiroz Núñez (62.Christian Alberto Vilches González), Felipe Ignacio Flores Chandia, Yorman Zapata Mina (86.Alonso Raul Barría Rivas), Simón Alberto Contreras Valenzuela (46.Nicolás Ignacio Crovetto Aqueveque). Trainer: Braulio Antonio Leal Salvo.
LDU Quito: Alexander Domínguez Carabalí, Ricardo Adé Kat, José Alfredo Quintero Ordóñez, Mauricio Leonel Martínez, Facundo Santiago Rodríguez Fábregas, Bryan Josías Ramírez León, Alex Renato Ibarra Mina (76.Ángel Emanuel González), Lucas Ezequiel Piovi, Alexander Antonio Alvarado Carriel, Jhojan Esmaides Julio Palacios (70.Lisandro Joel Alzugaray), Juan Luis Anangonó León (70.José Enrique Angulo Caicedo). Trainer: Luis Francisco Zubeldía (Argentina).
Goals: 0-1 Facundo Santiago Rodríguez Fábregas (45+1), 1-1 Felipe Ignacio Flores Chandia (45+8).

25.05.2023, Estadio Mansiche, Trujillo
Referee: Facundo Raúl Tello Figueroa (Argentina)
CD Universidad César Vallejo Trujillo - Botafogo de FR Rio de Janeiro   2-3(0-3)
Universidad: Carlos Alfonso Grados Heredia, Carlos Antonio Ascues Ávila, Renzo Renato Garcés Mori, Juan Jesús Quiñones Goicochea, Ronald Jhonatan Quinteros Sánchez, Ángel Leonardo Rodríguez Güelmo (75.Osnar Noronha Montani), Jairo David Vélez Cedeño (85.Aldo Stefano Olaya Maker), Frank Joseph Ysique Alguedas, Santiago Andrés Torres González (90+5.Aldair Amarildo Fuentes Siguas), Alejandro Junior Ramírez Zárate, Yorleys Mena Palacios. Trainer: Washington Sebastián Abreu Gallo (Uruguay).
Botafogo: Lucas Perri, Marçal, Víctor Leandro Cuesta (46.Luis Geovanny Segovia Vega), Leonel Di Plácido, Adryelson (46.Philipe Sampaio), Carlos Eduardo (63.Galvão), Tchê Tchê (46.Raí), Marlon Freitas, Tiquinho Soares, Gustavo Sauer (76.Júnior Santos), João Victor. Trainer: Luís Manuel Ribeiro de Castro (Portugal).
Goals: 0-1 João Victor (21), 0-2 Adryelson (31), 0-3 Gustavo Sauer (37), 1-3 Yorleys Mena Palacios (65), 2-3 Osnar Noronha Montani (78).

06.06.2023, Estadio „Rodrigo Paz Delgado", Quito; Attendance: 11,212
Referee: José Ramón Argote Vega (Venezuela)
Liga Deportiva Universitaria de Quito - Botafogo de FR Rio de Janeiro   0-0
LDU Quito: Alexander Domínguez Carabalí, José Alfredo Quintero Ordóñez, Mauricio Leonel Martínez, Leonel Enríque Quiñónez Padilla (79.Bryan Josías Ramírez León), Richard Alexander Mina Caicedo, Facundo Santiago Rodríguez Fábregas, Alex Renato Ibarra Mina, Lucas Ezequiel Piovi, Alexander Antonio Alvarado Carriel, Jhojan Esmaides Julio Palacios (79.Sebastián González Baquero), José Enrique Angulo Caicedo (66.Juan Luis Anangonó León). Trainer: Luis Francisco Zubeldía (Argentina).
Botafogo: Lucas Perri, Rafael (46.Leonel Di Plácido), Víctor Leandro Cuesta, Adryelson, Hugo, Carlos Eduardo, Tchê Tchê, Marlon Freitas, Gustavo Sauer (84.Lucas Fernandes), João Victor (46.Luis Henrique), Janderson (65.Júnior Santos). Trainer: Luís Manuel Ribeiro de Castro (Portugal).

08.06.2023, Estadio Mansiche, Trujillo; Attendance: 385
Referee: Leandro Rey Hilfer (Argentina)
CD Universidad César Vallejo Trujillo - CD Magallanes San Bernardo   3-2(2-1)
Universidad: Máximo Saúl Rabines Terrones, Carlos Antonio Ascues Ávila, Renzo Renato Garcés Mori, Juan Jesús Quiñones Goicochea, Ronald Jhonatan Quinteros Sánchez (70.Ángel Leonardo Rodríguez Güelmo), Jairo David Vélez Cedeño (90+1.Leandro Roberto Fleitas Ovejero, Frank Joseph Ysique Alguedas, Aldair Amarildo Fuentes Siguas (46.Osnar Noronha Montani), Santiago Andrés Torres González (90+1.Anderson Mishael Villacorta Beltrán), Alejandro Junior Ramírez Zárate (70.Ray Andrés Vanegas Zúñiga), Yorleys Mena Palacios. Trainer: Washington Sebastián Abreu Gallo (Uruguay).
Magallanes: Matías Gastón Rodríguez Olivera, Nicolás Berardo Konic, Fernando Piñero [sent off 32], Matías Alonso Vásquez Poblete (46.Albert Alejandro Acevedo Vergara), Carlos Andrés Villanueva Rolland (46.Christian Alberto Vilches González), Tomás Benjamín Aránguiz Aránguiz (84.Cristóbal Andrés Jorquera Torres), Felipe Espinoza Ramírez, Alfred Jeafran Canales Céspedes (78.Javier Ignacio Quiroz Núñez), Felipe Ignacio Flores Chandia, Julián Israel Alfaro Gaete (70.Simón Alberto Contreras Valenzuela), Yorman Zapata Mina. Trainer: Mario José Salas Saieg.
Goals: 1-0 Aldair Amarildo Fuentes Siguas (3), 2-0 Jairo David Vélez Cedeño (35), 2-1 Carlos Andrés Villanueva Rolland (42), 3-1 Yorleys Mena Palacios (80), 3-2 Yorman Zapata Mina (89 penalty).

29.06.2023, Estadio „Rodrigo Paz Delgado", Quito
Referee: Andrés Luis Merlos (Argentina)
Liga Deportiva Universitaria de Quito - CD Universidad César Vallejo Trujillo   3-0(1-0)
LDU Quito: Alexander Domínguez Carabalí, José Alfredo Quintero Ordóñez (64.Lisandro Joel Alzugaray), Mauricio Leonel Martínez, Leonel Enríque Quiñónez Padilla, Richard Alexander Mina Caicedo (64.Sebastián González Baquero), Bryan Josías Ramírez León, Alex Renato Ibarra Mina (78.Ángel Emanuel González), Lucas Ezequiel Piovi, Alexander Antonio Alvarado Carriel, Jhojan Esmaides Julio Palacios (78.Danny Gabriel Luna Moran), José Enrique Angulo Caicedo (68.Jairón Andrés Charcopa Cabezas). Trainer: Luis Francisco Zubeldía (Argentina).
Universidad: Máximo Saúl Rabines Terrones, Leandro Roberto Fleitas Ovejero, Carlos Antonio Ascues Ávila, Renzo Renato Garcés Mori, Carlos Miguel Cabello Anagua, Juan Jesús Quiñones Goicochea, Jairo David Vélez Cedeño (80.Santiago Andrés Torres González), Aldair Amarildo Fuentes Siguas (78.Ronald Jhonatan Quinteros Sánchez), Yorleys Mena Palacios (80.Osnar Noronha Montani), Ray Andrés Vanegas Zúñiga [sent off 50], Facundo Rodríguez Calleriza (63.Alejandro Junior Ramírez Zárate). Trainer: Washington Sebastián Abreu Gallo (Uruguay).
Goals: 1-0 Jhojan Esmaides Julio Palacios (29), 2-0 Alexander Antonio Alvarado Carriel (76), 3-0 Lisandro Joel Alzugaray (88).

29.06.2023, Estádio Olímpico „Nilton Santos", Rio de Janeiro; Attendance: 27,504
Referee: Bismarks Elias Santiago Pitalua (Colombia)
Botafogo de FR Rio de Janeiro - CD Magallanes San Bernardo   1-1(1-0)
Botafogo: Lucas Perri, Rafael (46.Leonel Di Plácido), Víctor Leandro Cuesta, Adryelson (88.Mauro Joel Carli), Hugo, Carlos Eduardo, Tchê Tchê (85.Danilo Barbosa), Marlon Freitas [*sent off 67*], Tiquinho Soares, Gustavo Sauer (46.Júnior Santos), João Victor (46.Luis Henrique). Trainer: Luís Manuel Ribeiro de Castro (Portugal).
Magallanes: Matías Gastón Rodríguez Olivera, Albert Alejandro Acevedo Vergara, Nicolás Berardo Konic, Matías Alonso Vásquez Poblete (81.Simón Alberto Contreras Valenzuela), Iván Gonzalo Vásquez Quilodrán, Cristóbal Andrés Jorquera Torres (54.Andrés Souper de la Cruz), Thomas Luciano Jones Mariani, Felipe Espinoza Ramírez [*sent off 90+3*], Alfred Jeafran Canales Céspedes (54.Tomás Benjamín Aránguiz Aránguiz), Felipe Ignacio Flores Chandia (46.Alonso Raul Barría Rivas), Julián Israel Alfaro Gaete (46.Yorman Zapata Mina). Trainer: Mario José Salas Saieg.
Goals: 1-0 Marlon Freitas (19), 1-1 Yorman Zapata Mina (80).

FINAL STANDINGS

1.	**Liga Deportiva Universitaria de Quito**	6	3	3	0	10 - 2	12
2.	*Botafogo de FR Rio de Janeiro*	6	2	4	0	10 - 5	10
3.	CD Magallanes San Bernardo	6	0	4	2	8 - 13	4
4.	CD Universidad César Vallejo Trujillo	6	1	1	4	8 - 16	4

GROUP B

05.04.2023, Estadio Centenario, Montevideo; Attendance: 1,968
Referee: Jhon Alexander Ospina Londoño (Colombia)
Danubio FC Montevideo - CS Emelec Guayaquil   2-0(1-0)
Danubio: Mauro Daniel Goicoechea Furia, Luis Leandro Sosa Otermin (73.Kevin Mathías Lewis Rodríguez), Martín Rea Zuccotti, Rafael Germán Haller Piloni, Lucas Agustín Ferreira Zagas, Juan Andrés Millán Santarcieri, Facundo Ezequiel Saravia Saravia (82.Santiago Ernesto Romero Fernández), Franco González Fernández (64.Santiago Fabián Silva Silva), Sebastián Bruno Fernández Miglierina (64.Diego Daniel Vera Méndez), Guillermo Luis May Bartesaghi, Alejo Cruz Techera (73.Santiago Ezequiel Etchebarne Peressini). Trainer: Esteban Néstor Conde Quintana.
Emelec: Pedro Alfredo Ortíz Angulo, Aníbal Leguizamón Espínola, Bryan Ignacio Carabalí Cañola, Caín Jair Fara, José Francisco Cevallos Enríquez, Romario Javier Caicedo Ante (69.Edgar Eyffer Lastre Mercado), Diego Gonzalo García Cardozo, Joseph Alejandro Espinoza Montenegro, Bleiner David Agrón Mosquera (54.Jhon Jairo Sánchez Enríquez), Cristhian Javier Valencia Sánchez (69.José Alberti Loyarte), Alejandro Jair Cabeza Jiménez (74.Tommy Leonardo Chamba Chenche). Trainer: Miguel Ángel Rondelli (Argentina).
Goals: 1-0 Juan Andrés Millán Santarcieri (5), 2-0 Guillermo Luis May Bartesaghi (90).

06.04.2023, Estadio „Tomás Adolfo Ducó", Buenos Aires; Attendance: 5,523
Referee: Kevin Paolo Ortega Pimentel (Peru)
CA Huracán Buenos Aires - Club Guaraní Asunción   4-1(2-1)
Huracán: Lucas Abraham Chaves, Omar Fernando Tobio, Gastón Sauro, Guillermo Tomás Soto Arredondo, Ángel Guillermo Benítez, Lucas Nahuel Castro (88.Juan Fernando Garro Gallerani), Federico Fattori Mouzo, Gabriel Alejandro Gudiño (71.Santiago Gastón Luján), Santiago Hezze, Nicolás Fernando Cordero (71.Matías Fernando Cóccaro Ferreira), Juan Carlos Gauto (88.Valentín Alberto Burgoa). Trainer: Diego Omar Dabove.
Guaraní: Rodrigo Martin Muñoz Salomón, Marcos Antonio Cáceres Centurión, Raúl Alejandro Cáceres Bogado, José David Moya Rojas [*sent off 75*], Walter David Clar Fritz (46.Alexis Javier Cantero Fernández), Néstor Abraham Camacho Ledesma (83.Luis Carlos Fariña Olivera), Gastón Ignacio Gil Romero, Víctor Hugo Dorrego Coito (72.Bernardo Romeo Benítez Fariña), Rubén Darío Ríos, Rodrigo Daniel Amarilla Rodas (46.Gustavo David Vargas Areco), Federico Javier Santander Mereles (72.Enrique Javier Borja Araújo). Trainer: Hernán Rodrigo López Mora (Uruguay).
Goals: 1-0 Santiago Hezze (14), 1-1 Federico Javier Santander Mereles (18), 2-1 Leonardo Fabio Castro Loaiza (35), 3-1 Santiago Gastón Luján (84), 4-1 Juan Fernando Garro Gallerani (90).

19.04.2023, Estadio „Manuel Ferreira", Asunción; Attendance: 912
Referee: Flavio Rodrigues de Souza (Brazil)
Club Guaraní Asunción - Danubio FC Montevideo   2-1(0-1)
Guaraní: Rodrigo Martin Muñoz Salomón, Raúl Alejandro Cáceres Bogado, Walter David Clar Fritz (80.Miguel Ángel Benítez Guayuan), Gustavo David Vargas Areco, Luis Carlos Fariña Olivera, Rubén Darío Ríos, Luis Gilberto Martínez Soto (46.Estivel Iván Moreira Benítez), Bernardo Romeo Benítez Fariña (89.Kevin Agustín Lezcano), Thiago Adrián Servín Aguilar, Rodrigo Daniel Amarilla Rodas (46.Facundo Barceló Viera), Federico Javier Santander Mereles (80.Enrique Javier Borja Araújo). Trainer: Hernán Rodrigo López Mora (Uruguay).
Danubio: Mauro Daniel Goicoechea Furia, Luis Leandro Sosa Otermin, Martín Rea Zuccotti, Rafael Germán Haller Piloni, Lucas Gabriel Monzón Lemos, Kevin Mathías Lewis Rodríguez (87.Facundo Ezequiel Saravia Saravia), Juan Andrés Millán Santarcieri, Franco González Fernández (69.Lucas Agustín Ferreira Zagas), Sebastián Bruno Fernández Miglierina, Guillermo Luis May Bartesaghi, Alejo Cruz Techera (87.Jonatan Daniel Álvez Sagar). Trainer: Esteban Néstor Conde Quintana.
Goals: 0-1 Guillermo Luis May Bartesaghi (42), 1-1 Federico Javier Santander Mereles (68 penalty), 2-1 Facundo Barceló Viera (76).

20.04.2023, Estadio „George Capwell", Guayaquil
Referee: Bruno Arleu de Araujo (Brazil)
CS Emelec Guayaquil - CA Huracán Buenos Aires   1-0(1-0)
Emelec: Pedro Alfredo Ortíz Angulo, Christian Geovanny Cruz Tapia (41.Bryan Ignacio Caralí Cañola), Luis Fernando León Bermeo, Aníbal Leguizamón Espínola (73.Bleiner David Agrón Mosquera), Caín Jair Fara, José Francisco Cevallos Enríquez (59.Joseph Alejandro Espinoza Montenegro), Romario Javier Caicedo Ante, Diego Gonzalo García Cardozo (59.Jhon Jairo Sánchez Enríquez), José Alberti Loyarte, Cristhian Javier Valencia Sánchez, Alejandro Jair Cabeza Jiménez (73.Bryan Dennis Angulo Tenorio). Trainer: Miguel Ángel Rondelli (Argentina).
Huracán: Lucas Abraham Chaves, Omar Fernando Tobio, Guillermo Tomás Soto Arredondo, Ángel Guillermo Benítez, Joaquín Ariel Novillo, Lucas Nahuel Castro (78.Gabriel Alejandro Gudiño), Federico Fattori Mouzo (82.Juan Manuel García), Valentín Alberto Burgoa (60.Juan Fernando Garro Gallerani), Santiago Hezze, Nicolás Fernando Cordero (60.Matías Fernando Cóccaro Ferreira), Juan Carlos Gauto. Trainer: Diego Omar Dabove.
Goal: 1-0 Caín Jair Fara (17).

02.05.2023, Estadio „Tomás Adolfo Ducó", Buenos Aires; Attendance: 5,516
Referee: Bráulio da Silva Machado (Brazil)
CA Huracán Buenos Aires - Danubio FC Montevideo   1-1(0-1)
Huracán: Lucas Abraham Chaves, Omar Fernando Tobio, Gastón Sauro (27.Joaquín Ariel Novillo), Ángel Guillermo Benítez, Lucas Nahuel Castro, Federico Fattori Mouzo (60.Nicolás Fernando Cordero), Gabriel Alejandro Gudiño (60.Enzo Nahuel Luna), Santiago Hezze, Iván Gonzalo Valenzuela (60.Patricio Martín Pizarro), Matías Fernando Cóccaro Ferreira, Juan Carlos Gauto. Trainer: Diego Omar Dabove.
Danubio: Mauro Daniel Goicoechea Furia, Luis Leandro Sosa Otermin (80.Jannenson Alberto Sarmiento Escobar), Martín Rea Zuccotti (73.Santiago Ezequiel Etchebarne Peressini), Rafael Germán Haller Piloni, Lucas Gabriel Monzón Lemos, Kevin Mathías Lewis Rodríguez, Juan Andrés Millán Santarcieri, Santiago Fabián Silva Silva (81.Santiago Ernesto Romero Fernández, Sebastián Bruno Fernández Miglierina (75.Facundo Ezequiel Silvera Adreoli), Guillermo Luis May Bartesaghi, Alejo Cruz Techera. Trainer: Esteban Néstor Conde Quintana.
Goals: 0-1 Rafael Germán Haller Piloni (24), 1-1 Joaquín Ariel Novillo (69).

03.05.2023, Estadio „Manuel Ferreira", Asunción; Attendance: 877
Referee: Wilton Pereira Sampaio (Brazil)
Club Guaraní Asunción - CS Emelec Guayaquil   1-1(0-0)
Guaraní: Rodrigo Martin Muñoz Salomón, Raúl Alejandro Cáceres Bogado, José David Moya Rojas, Alexis Javier Cantero Fernández, Luis Carlos Fariña Olivera (61.Bernardo Romeo Benítez Fariña), Gastón Ignacio Gil Romero (61.Estivel Iván Moreira Benítez), Víctor Hugo Dorrego Coito, Rubén Darío Ríos (89.Kevin Agustín Lezcano), Thiago Adrián Servín Aguilar, Federico Javier Santander Mereles, Facundo Barceló Viera (70.Marcelo José Palau Balzaretti [*sent off 90+5*]). Trainer: Hernán Rodrigo López Mora (Uruguay).
Emelec: Pedro Alfredo Ortíz Angulo, Luis Fernando León Bermeo, Aníbal Leguizamón Espínola, Bryan Ignacio Carabalí Cañola, Caín Jair Fara, Edgar Eyffer Lastre Mercado (61.Diego Gonzalo García Cardozo), José Francisco Cevallos Enríquez (70.José Alberti Loyarte), Jhon Jairo Sánchez Enríquez (80.Juan José Pérez Suaza), Cristhian Javier Valencia Sánchez (61.Carlos Gabriel Villalba Rivas), Tommy Leonardo Chamba Chenche (80.Joseph Alejandro Espinoza Montenegro), Alejandro Jair Cabeza Jiménez. Trainer: Miguel Ángel Rondelli (Argentina).
Goals: 1-0 Federico Javier Santander Mereles (63), 1-1 Alejandro Jair Cabeza Jiménez (83).

25.05.2023, Estadio Centenario, Montevideo; Attendance: 1,445
Referee: Raphael Claus (Brazil)
Danubio FC Montevideo - Club Guaraní Asunción   0-2(0-0)
Danubio: Mauro Daniel Goicoechea Furia, Luis Leandro Sosa Otermin (79.Facundo Ezequiel Saravia Saravia), Martín Rea Zuccotti, Rafael Germán Haller Piloni, Lucas Gabriel Monzón Lemos, Kevin Mathías Lewis Rodríguez, Juan Andrés Millán Santarcieri, Santiago Fabián Silva Silva (54.Diego Daniel Vera Méndez), Sebastián Bruno Fernández Miglierina (79.Maximiliano Nahuel Añasco Dornells), Guillermo Luis May Bartesaghi, Alejo Cruz Techera (79.Santiago Ernesto Romero Fernández). Trainer: Esteban Néstor Conde Quintana.
Guaraní: Rodrigo Martin Muñoz Salomón, Raúl Alejandro Cáceres Bogado, José David Moya Rojas, Walter David Clar Fritz (46.Alexis Javier Cantero Fernández), Néstor Abraham Camacho Ledesma (46.Facundo Barceló Viera; 63.Enrique Javier Borja Araújo), Gastón Ignacio Gil Romero, Víctor Hugo Dorrego Coito (46.Luis Carlos Fariña Olivera), Rubén Darío Ríos, Bernardo Romeo Benítez Fariña, Federico Javier Santander Mereles (83.Brahian Matías Fernández Fernández), Fernando José Román Torales. Trainer: Hernán Rodrigo López Mora (Uruguay).
Goals: 0-1 Federico Javier Santander Mereles (74 penalty), 0-2 Alexis Javier Cantero Fernández (80).

25.05.2023, Estadio „Tomás Adolfo Ducó", Buenos Aires
Referee: Andrés José Rojas Noguera (Colombia)
CA Huracán Buenos Aires - CS Emelec Guayaquil **2-2(1-1)**
Huracán: Lucas Abraham Chaves, Omar Fernando Tobio (74.Patricio Martín Pizarro), Guillermo Tomás Soto Arredondo, Joaquín Ariel Novillo, César Román Ibáñez, Lucas Nahuel Castro (59.Héctor Jonás Acevedo), Federico Fattori Mouzo, Santiago Hezze, Matías Nicolás Gómez (79.Lucas Eduardo Carrizo), Nicolás Fernando Cordero (59.Matías Fernando Cóccaro Ferreira), Walter Uriel Mazzantti (79.Gabriel Alejandro Gudiño) Trainer: Sebastián Alejandro Battaglia.
Emelec: Pedro Alfredo Ortíz Angulo, Luis Fernando León Bermeo, Aníbal Leguizamón Espínola, Bryan Ignacio Carabalí Cañola (69.Diego Gonzalo García Cardozo), Caín Jair Fara, Samuel Alejandro Sosa Cordero (72.Jhon Jairo Sánchez Enríquez), Carlos Gabriel Villalba Rivas, Cristhian Javier Valencia Sánchez (69.José Francisco Cevallos Enríquez), Miler Alejandro Bolaños Reascos, Bryan Dennis Angulo Tenorio (81.Juan José Pérez Suaza), Alejandro Jair Cabeza Jiménez [*sent off 90+11*]. Trainer: Miguel Ángel Rondelli (Argentina). *Please note: Joseph Alejandro Espinoza Montenegro was sent off on the bench (90+5).*
Goals: 1-0 Santiago Hezze (6), 1-1 Alejandro Jair Cabeza Jiménez (18), 2-1 Héctor Jonás Acevedo (60), 2-2 Miler Alejandro Bolaños Reascos (86).

07.06.2023, Estadio „George Capwell", Guayaquil
Referee: Flavio Rodrigues de Souza (Brazil)
CS Emelec Guayaquil - Club Guaraní Asunción **1-1(1-1)**
Emelec: Pedro Alfredo Ortíz Angulo, Luis Fernando León Bermeo, Aníbal Leguizamón Espínola, Bryan Ignacio Carabalí Cañola (74.Jhon Jairo Sánchez Enríquez), Caín Jair Fara (83.Romario Javier Caicedo Ante), José Francisco Cevallos Enríquez (83.Tommy Leonardo Chamba Chenche), Diego Gonzalo García Cardozo, Samuel Alejandro Sosa Cordero, Carlos Gabriel Villalba Rivas (69.Cristhian Javier Valencia Sánchez), Miler Alejandro Bolaños Reascos, Bryan Dennis Angulo Tenorio. Trainer: Hernán Torres Oliveros (Colombia).
Guaraní: Rodrigo Martin Muñoz Salomón, Marcos Antonio Cáceres Centurión, Raúl Alejandro Cáceres Bogado, José David Moya Rojas, Alexis Javier Cantero Fernández, Néstor Abraham Camacho Ledesma, Gastón Ignacio Gil Romero (75.Estivel Iván Moreira Benítez), Víctor Hugo Dorrego Coito (69.Luis Carlos Fariña Olivera), Rubén Darío Ríos (58.Luis Gilberto Martínez Soto), Bernardo Romeo Benítez Fariña, Federico Javier Santander Mereles (69.Rodrigo Daniel Amarilla Rodas). Trainer: Hernán Rodrigo López Mora (Uruguay).
Goals: 1-0 Diego Gonzalo García Cardozo (13), 1-1 Bernardo Romeo Benítez Fariña (39).

08.06.2023, Estadio Centenario, Montevideo; Attendance: 1,714
Referee: Carlos Arturo Ortega Jaimes (Colombia)
Danubio FC Montevideo - CA Huracán Buenos Aires **1-0(0-0)**
Danubio: Mauro Daniel Goicoechea Furia, Luis Leandro Sosa Otermin, Rafael Germán Haller Piloni, Lucas Gabriel Monzón Lemos (30.Martín Rea Zuccotti), Lucas Agustín Ferreira Zagas, Kevin Mathías Lewis Rodríguez, Juan Andrés Millán Santarcieri, Santiago Fabián Silva Silva (46.Santiago Ezequiel Etchebarne Peressini), Diego Daniel Vera Méndez (78.Jannenson Alberto Sarmiento Escobar), Guillermo Luis May Bartesaghi, Alejo Cruz Techera (65.Sebastián Bruno Fernández Miglierina). Trainer: Esteban Néstor Conde Quintana.
Huracán: Lucas Abraham Chaves, Gastón Sauro, Fernando Torrent Guidi (75.Guillermo Tomás Soto Arredondo), Ángel Guillermo Benítez, Lucas Eduardo Carrizo, Patricio Martín Pizarro (86.Matías Fernando Cóccaro Ferreira), Fernando Gabriel Godoy, Santiago Hezze (86.Lucas Nahuel Castro), Valentín Andrés Sánchez (62.Walter Uriel Mazzantti), Juan Manuel García (62.Nicolás Fernando Cordero), Juan Carlos Gauto. Trainer: Sebastián Alejandro Battaglia.
Goal: 1-0 Guillermo Luis May Bartesaghi (84 penalty).

28.06.2023, Estadio „George Capwell", Guayaquil
Referee: Bráulio da Silva Machado (Brazil)
CS Emelec Guayaquil - Danubio FC Montevideo   2-1(1-0)
Emelec: Gilmar Eduardo Napa Caiceido, Luis Fernando León Bermeo, Aníbal Leguizamón Espínola, Bryan Ignacio Carabalí Cañola (89.Bleiner David Agrón Mosquera), Edgar Eyffer Lastre Mercado (74.Jhon Jairo Sánchez Enríquez), José Francisco Cevallos Enríquez (75.José Alberti Loyarte), Romario Javier Caicedo Ante, Diego Gonzalo García Cardozo (83.Cristhian Javier Valencia Sánchez), Carlos Gabriel Villalba Rivas, Miler Alejandro Bolaños Reascos, Bryan Dennis Angulo Tenorio. Trainer: Hernán Torres Oliveros (Colombia).
Danubio: Mauro Daniel Goicoechea Furia, Luis Leandro Sosa Otermin [*sent off 90+4 on the bench*] (36.Santiago Ernesto Romero Fernández), Santiago Ezequiel Etchebarne Peressini, Martín Rea Zuccotti, Rafael Germán Haller Piloni, Lucas Agustín Ferreira Zagas (72.Santiago Fabián Silva Silva), Kevin Mathías Lewis Rodríguez, Juan Andrés Millán Santarcieri, Franco González Fernández, Jannenson Alberto Sarmiento Escobar (46.Guillermo Luis May Bartesaghi), Sebastián Bruno Fernández Miglierina (65.Diego Daniel Vera Méndez). Trainer: Esteban Néstor Conde Quintana.
Goals: 1-0 Bryan Ignacio Carabalí Cañola (36), 2-0 Edgar Eyffer Lastre Mercado (64), 2-1 Diego Daniel Vera Méndez (68).

28.06.2023, Estadio „Manuel Ferreira", Asunción; Attendance: 1,360
Referee: Bruno Arleu de Araujo (Brazil)
Club Guaraní Asunción - CA Huracán Buenos Aires   2-0(2-0)
Guaraní: Rodrigo Martin Muñoz Salomón, Marcos Antonio Cáceres Centurión, Raúl Alejandro Cáceres Bogado, José David Moya Rojas, Miguel Ángel Benítez Guayuan, Néstor Abraham Camacho Ledesma, Gastón Ignacio Gil Romero (88.Gustavo David Vargas Areco), Víctor Hugo Dorrego Coito (67.Estivel Iván Moreira Benítez), Rubén Darío Ríos (46.Luis Gilberto Martínez Soto), Bernardo Romeo Benítez Fariña (67.Alberto Cirilo Contrera Jiménez), Federico Javier Santander Mereles (77.Luis Carlos Fariña Olivera). Trainer: Juan Pablo Pumpido (Argentina).
Huracán: Lucas Abraham Chaves, Omar Fernando Tobio, Fernando Torrent Guidi (20.Iván Gonzalo Valenzuela [*sent off 41*]), Ángel Guillermo Benítez, Lucas Eduardo Carrizo, Federico Fattori Mouzo, Santiago Gastón Luján [*sent off 61*], Valentín Andrés Sánchez (68.Héctor Jonás Acevedo), Walter Uriel Mazzantti (78.Matías Nicolás Gómez), Matías Fernando Cóccaro Ferreira (77.Nicolás Fernando Cordero), Juan Carlos Gauto (46.Juan Manuel García). Trainer: Sebastián Alejandro Battaglia.
Goals: 1-0 Federico Javier Santander Mereles (29 penalty), 2-0 Néstor Abraham Camacho Ledesma (43 penalty).

FINAL STANDINGS

1.	Club Guaraní Asunción	6	3	2	1	9 - 7	11
2.	*CS Emelec Guayaquil*	6	2	3	1	7 - 7	9
3.	Danubio FC Montevideo	6	2	1	3	6 - 7	7
4.	CA Huracán Buenos Aires	6	1	2	3	7 - 8	5

GROUP C

05.04.2023, Estadio „Ramón 'Tahuichi' Aguilera", Santa Cruz de la Sierra; Attendance: 12,881
Referee: Franklin Andres Congo Viteri (Ecuador)
CD Oriente Petrolero Santa Cruz de la Sierra - Club Estudiantes de La Plata   **0-1(0-0)**
Oriente Petrolero: Wilson Daniel Quiñónez Amarilla, Hermes David Villalba Jacquet, Juan Salvador Bartolome Mercado Galvez [*sent off 86*], Wilfredo Soleto Vargas (70.Sebastián Álvarez Vargas), Samuel Guzmán Camargo (46.Ayrton Cristhian Paz Terán), Erwin Junior Sánchez Paniagua (70.Ferddy Andrés Roca Vivancos), Héctor Ronaldo Sánchez Camaras (61.Cristian Marcelo Álvarez), Daniel Rojas Céspedes, Jonatan Ezequiel Cristaldo (61.Leonardo Adrián Villagra Enciso, Jorge Iván Correa, Henry Vaca Urquisa. Trainer: Erwin Sánchez Freking.
Estudiantes: Mariano Gonzalo Andújar, Mauricio Luciano Lollo [*sent off 71*], Leonardo Ezequiel Godoy, Zaid Abner Romero, Gastón Benedetti Taffarel (75.Juan Cruz Guasone), Santiago Misael Núñez (46.Emanuel David Más Sgros), Fernando Rubén Zuqui, Jorge Agustín Rodríguez, Santiago Lionel Ascacíbar [*sent off 42*], Mauro Boselli (80.Mateo Pellegrino Casalanguila), Benjamín Rollheiser (90.Eros Nazareno Mancuso). Trainer: Eduardo Rodrigo Domínguez.
Goal: 0-1 Leonardo Ezequiel Godoy (63).

06.04.2023, Estadio Defensores del Chaco, Asunción
Referee: Mathías de Armas (Uruguay)
Tacuary FC Asunción - Red Bull Bragantino   **1-4(1-1)**
Tacuary: Carlos María Servín Caballero, Yony Enrique Villasanti Aquino, Nicolás Alfredo Lugano Roncio (68.Alexis Roque Fabián Fernández Nizio), Luis Mario Martínez González (68.Édgar Ramón Benítez Franco), Javier Alexandro Vallejos Fleitas, Hugo Iván Valdez Medina, Elías Ezequiel Alfonso Aranda (74.Antonio Oviedo Cortizo), Ronal Ivan Domínguez Colman, Gustavo Raúl Medina Rivas (68.Miguel Ángel Benítez Guayuan), Jose Edson Barros da Silva „Edson Caríus" (74.Patryck Magalhães Ferreira), Valdeci Moreira da Silva. Trainer: Badayco Jorge Crispín Maciel.
Red Bull: Lucão, Aderlan, Juninho Capixaba, Leonardo Javier Realpe Montaño, Natan, Matheus Fernandes, Jadsom (76.Lucas Evangelista), Alerrandro (68.Thiago Nicólas Borbas Silva), Bruninho (76.Eduardo Sasha), Sorriso (68.Gustavinho), Talisson (68.Everton). Trainer: Pedro Miguel Faria Caixinha (Portugal).
Goals: 1-0 Jose Edson Barros da Silva „Edson Caríus" (22), 1-1 Juninho Capixaba (39), 1-2 Alerrandro (49), 1-3 Talisson (62), 1-4 Gustavinho (77).

18.04.2023, Estádio „Nabi Abi Chedid", Bragança Paulista; Attendance: 2,892
Referee: Francisco Gilabert (Chile)
Red Bull Bragantino - CD Oriente Petrolero Santa Cruz de la Sierra   **5-0(3-0)**
Red Bull: Lucão, Aderlan, Juninho Capixaba, Eduardo Santos, Natan, Lucas Evangelista (58.Eric Ramires), Matheus Fernandes (73.Jadsom), Henry David Mosquera Sánchez (58.Sorriso), Eduardo Sasha (73.Thiago Nicólas Borbas Silva), Helinho (58.Everton), Gustavinho. Trainer: Pedro Miguel Faria Caixinha (Portugal).
Oriente Petrolero: Wilson Daniel Quiñónez Amarilla, Hermes David Villalba Jacquet, Wilfredo Soleto Vargas, Samuel Guzmán Camargo (46.Jonatan Ezequiel Cristaldo), Sebastián Álvarez Vargas, Cristian Marcelo Álvarez (71.Samuel Josue Sandoval Torrico), Erwin Junior Sánchez Paniagua, Daniel Rojas Céspedes, Ricardo Antonio Sandoval López (46.Henry Vaca Urquisa), Jorge Iván Correa (71.Luis Alberto Gutiérrez Herrera), Leonardo Adrián Villagra Enciso (81.Luis Andrés Zeballos Barrientos). Trainer: Jesus Leonardo Eguez Rivero.
Goals: 1-0 Helinho (5), 2-0 Aderlan (15), 3-0 Eduardo Sasha (33 penalty), 4-0 Gustavinho (62), 5-0 Sorriso (90+6).

18.04.2023, Estadio "Jorge Luis Hirschi", La Plata; Attendance: 17,287
Referee: Piero Daniel Maza Gómez (Chile)
Club Estudiantes de La Plata - Tacuary FC Asunción   4-0(0-0)
Estudiantes: Mariano Gonzalo Andújar [*sent off 82*], Leonardo Ezequiel Godoy, Zaid Abner Romero, Juan Cruz Guasone (46.Guido Marcelo Carrillo), Gastón Benedetti Taffarel, Santiago Misael Núñez (72.Eros Nazareno Mancuso), Fernando Rubén Zuqui, Jorge Agustín Rodríguez, Mauro Boselli (86.Mauro Andrés Méndez Acosta), Benjamín Rollheiser (86.Claudio Daniel Sappa), Matías Emanuel Godoy (46.Pablo Daniel Piatti). Trainer: Eduardo Rodrigo Domínguez.
Tacuary: Carlos María Servín Caballero, Édgar Ramón Benítez Franco, Alexis Roque Fabián Fernández Nizio, Igor Francisco Ribeiro, Luis Mario Martínez González, Víctor Hugo Ayala Núñez (72.Marcos David Benítez Acosta), Marcelo Miguel Paredes Váldez (78.Jorge Daniel González Marquet), Hugo Iván Valdez Medina (72.Antonio Oviedo Cortizo), Ronal Ivan Domínguez Colman, Óscar Ramón Ruiz Roa (78.Renzo Domingo Carballo Romero), Matías Nicolás Verdún Alonso (46.Rodney Miguel Pedrozo). Trainer: Ever Iván Almeida Romero.
Goals: 1-0 Pablo Daniel Piatti (63), 2-0 Santiago Misael Núñez (71), 3-0 Eros Nazareno Mancuso (81), 4-0 Guido Marcelo Carrillo (90+4).

02.05.2023, Estadio Defensores del Chaco, Asunción
Referee: Fernando Vejar Díaz (Chile)
Tacuary FC Asunción - CD Oriente Petrolero Santa Cruz de la Sierra   3-1(1-1)
Tacuary: Carlos María Servín Caballero, Nery Rubén Bareiro Zorrilla, Luis Alberto Cabral Vázquez, Rodney Miguel Pedrozo, Igor Francisco Ribeiro, Rodolfo Argüello Balbuena (46.Óscar Ramón Ruiz Roa), Jorge Daniel González Marquet (56.Ronal Ivan Domínguez Colman), Elías Ezequiel Alfonso Aranda (69.Marcos David Benítez Acosta), Alfredo Ramón Amarilla (46.Patryck Magalhães Ferreira), Jose Edson Barros da Silva „Edson Caríus" (72.Thiago Constantino Emmanuel Vidal Obregón), Derlis Osmár Rodríguez Maciel. Trainer: Ever Iván Almeida Romero.
Oriente Petrolero: Wilson Daniel Quiñónez Amarilla, Hermes David Villalba Jacquet, Wilfredo Soleto Vargas, Ayrton Cristhian Paz Terán, Fabio Darío Vargas Ruiz, Cristian Marcelo Álvarez (81.Héctor Ronaldo Sánchez Camaras), Erwin Junior Sánchez Paniagua (68.Ricardo Antonio Sandoval López), Daniel Rojas Céspedes, Jonatan Ezequiel Cristaldo (67.José Alaín Niño de Guzmán Montero), Leonardo Adrián Villagra Enciso (82.Diego Tobías Cabrera Amarilla), Alejandro Ampuero Tomicha (56.Javier Alexander Vargas Ruiz). Trainer: Jesus Leonardo Eguez Rivero.
Goals: 1-0 Jose Edson Barros da Silva „Edson Caríus" (14), 1-1 Cristian Marcelo Álvarez (29 penalty), 2-1 Jose Edson Barros da Silva „Edson Caríus" (52), 3-1 Elías Ezequiel Alfonso Aranda (57).

02.05.2023, Estádio „Nabi Abi Chedid", Bragança Paulista; Attendance: 3,236
Referee: Carlos Arturo Ortega Jaimes (Colombia)
Red Bull Bragantino - Club Estudiantes de La Plata   0-0
Red Bull: Cleiton, Aderlan, Juninho Capixaba, Eduardo Santos, Natan, Lucas Evangelista (72.Jadsom), Matheus Fernandes, Alerrandro (64.Henry David Mosquera Sánchez), Helinho (64.Eduardo Sasha), Bruninho (80.Gustavinho), Sorriso (72.Vitinho). Trainer: Pedro Miguel Faria Caixinha (Portugal).
Estudiantes: Claudio Daniel Sappa, Mauricio Luciano Lollo, Leonardo Ezequiel Godoy, Zaid Abner Romero, Gastón Benedetti Taffarel, Santiago Misael Núñez, José Ernesto Sosa, Fernando Rubén Zuqui, Jorge Agustín Rodríguez, Mauro Boselli (46.Mauro Andrés Méndez Acosta), Benjamín Rollheiser (77.Matías Emanuel Godoy). Trainer: Eduardo Rodrigo Domínguez.

25.05.2023, Estadio Defensores del Chaco, Asunción; Attendance: 1,209
Referee: José Ramón Argote Vega (Venezuela)
Tacuary FC Asunción - Club Estudiantes de La Plata   0-4(0-0)
Tacuary: Carlos María Servín Caballero, Nery Rubén Bareiro Zorrilla, Luis Alberto Cabral Vázquez, Yony Enrique Villasanti Aquino (46.Marcos David Benítez Acosta), Édgar Ramón Benítez Franco, Igor Francisco Ribeiro (46.Rolando Valentín Ortíz Correa), Jorge Daniel González Marquet (71.Gustavo Raúl Medina Rivas), Víctor Hugo Ayala Núñez (62.Lucas Ramón Romero Gómez), Alfredo Ramón Amarilla, Jose Edson Barros da Silva „Edson Caríus" (77.Juan Andrés Gómez Larrosa), Renzo Domingo Carballo Romero. Trainer: Ever Iván Almeida Romero.
Estudiantes: Mariano Gonzalo Andújar, Leonardo Ezequiel Godoy (71.Santiago Lionel Ascacíbar), Zaid Abner Romero, Gastón Benedetti Taffarel (62.Emanuel David Más Sgros), Santiago Misael Núñez (46.Juan Cruz Guasone), José Ernesto Sosa, Fernando Rubén Zuqui, Jorge Agustín Rodríguez, Mauro Boselli, Guido Marcelo Carrillo (62.Mauro Andrés Méndez Acosta), Matías Emanuel Godoy (62.Eros Nazareno Mancuso). Trainer: Eduardo Rodrigo Domínguez.
Goals: 0-1 Leonardo Ezequiel Godoy (56), 0-2 Mauro Boselli (59), 0-3 Nery Rubén Bareiro Zorrilla (75 own goal), 0-4 Mauro Boselli (77).

25.05.2023, Estadio „Ramón 'Tahuichi' Aguilera", Santa Cruz de la Sierra
Referee: Bismarks Elias Santiago Pitalua (Colombia)
CD Oriente Petrolero Santa Cruz de la Sierra - Red Bull Bragantino   0-4(0-2)
Oriente Petrolero: Wilson Daniel Quiñónez Amarilla, Hermes David Villalba Jacquet, Juan Salvador Bartolome Mercado Galvez, Wilfredo Soleto Vargas (24.Héctor Ronaldo Sánchez Camaras), Sebastián Álvarez Vargas (46.Luis Andrés Zeballos Barrientos), Ayrton Cristhian Paz Terán (63.Samuel Guzmán Camargo), Cristian Marcelo Álvarez, Erwin Junior Sánchez Paniagua, Daniel Rojas Céspedes, Leonardo Adrián Villagra Enciso, Ferddy Andrés Roca Vivancos (15.Cristhian Alexseis Árabe Pedraza). Trainer: Ángel Guillermo Hoyos Marchisio (Argentina).
Red Bull: Cleiton, Juninho Capixaba, Leonardo Javier Realpe Montaño, José Andrés Hurtado Cheme, Luan Patrick, Lucas Evangelista, Jadsom (53.Matheus Fernandes), Eduardo Sasha (53.Thiago Nicolás Borbas Silva), Helinho (76.Sorriso), Vitinho (76.Henry David Mosquera Sánchez), Bruninho (35.Eric Ramires). Trainer: Pedro Miguel Faria Caixinha (Portugal).
Goals: 0-1 Eduardo Sasha (21), 0-2 Bruninho (30), 0-3 Lucas Evangelista (78), 0-4 Thiago Nicolás Borbas Silva (82).

07.06.2023, Estadio "Jorge Luis Hirschi", La Plata
Referee: Kevin Paolo Ortega Pimentel (Peru)
Club Estudiantes de La Plata - Red Bull Bragantino   1-1(0-1)
Estudiantes: Mariano Gonzalo Andújar, Mauricio Luciano Lollo (46.Fernando Rubén Zuqui), Leonardo Ezequiel Godoy, Zaid Abner Romero, Gastón Benedetti Taffarel, Santiago Misael Núñez, José Ernesto Sosa (82.Matías Emanuel Godoy), Jorge Agustín Rodríguez, Santiago Lionel Ascacíbar (74.Guido Marcelo Carrillo), Mauro Boselli, Benjamín Rollheiser (87.Franco Zapiola Yamartino). Trainer: Eduardo Rodrigo Domínguez.
Red Bull: Cleiton, Juninho Capixaba [sent off 64], Eduardo Santos, Leonardo Javier Realpe Montaño, Lucas Evangelista, Matheus Fernandes, Eric Ramires (87.Gustavinho), Henry David Mosquera Sánchez, Eduardo Sasha (67.Guilherme Lopes), Vitinho (76.Luan Patrick), Thiago Nicolás Borbas Silva (87.Alerrandro). Trainer: Pedro Miguel Faria Caixinha (Portugal).
Goals: 0-1 Eric Ramires (45+1), 1-1 Benjamín Rollheiser (66 penalty).

08.06.2023, Estadio „Ramón 'Tahuichi' Aguilera", Santa Cruz de la Sierra; Attendance: 6,894
Referee: Javier Feres Marino (Uruguay)
CD Oriente Petrolero Santa Cruz de la Sierra - Tacuary FC Asunción   1-3(0-2)
Oriente Petrolero: Wilson Daniel Quiñónez Amarilla, Hermes David Villalba Jacquet, Juan Salvador Bartolome Mercado Galvez (76.Sebastián Álvarez Vargas), Samuel Guzmán Camargo (76.Ayrton Cristhian Paz Terán), Cristian Marcelo Álvarez, Erwin Junior Sánchez Paniagua, Daniel Rojas Céspedes, José Jamir Berdecio Mendoza (46.Jonatan Ezequiel Cristaldo), Cristhian Alexseis Árabe Pedraza, Leonardo Adrián Villagra Enciso (76.Héctor Ronaldo Sánchez Camaras), Javier Alexander Vargas Ruiz (46.Jorge Iván Correa). Trainer: Ángel Guillermo Hoyos Marchisio (Argentina).
Tacuary: Diego Sebastián Huesca Colmán, Luis Alberto Cabral Vázquez, Édgar Ramón Benítez Franco, Igor Francisco Ribeiro, Rodolfo Argüello Balbuena, Víctor Hugo Ayala Núñez, Martín Núñez Domínguez (54.Hugo Iván Valdez Medina), Marcos David Benítez Acosta (51.Alexis Roque Fabián Fernández Nizio), Gustavo Raúl Medina Rivas (52.Ronal Ivan Domínguez Colman), Lucas Ramón Romero Gómez (66.Jorge Daniel González Marquet), Valdeci Moreira da Silva (52.Óscar Ramón Ruiz Roa). Trainer: Ever Iván Almeida Romero.
Goals: 0-1 Valdeci Moreira da Silva (30), 0-2 Martín Núñez Domínguez (43), 0-3 Hermes David Villalba Jacquet (78 own goal), 1-3 Daniel Rojas Céspedes (87).

28.06.2023, Estadio "Jorge Luis Hirschi", La Plata; Attendance: 16,514
Referee: Manuel Vergara (Chile)
Club Estudiantes de La Plata - CD Oriente Petrolero Santa Cruz de la Sierra   4-0(2-0)
Estudiantes: Mariano Gonzalo Andújar, Zaid Abner Romero, Gastón Benedetti Taffarel, Eros Nazareno Mancuso, Santiago Misael Núñez (52.Jorge Agustín Rodríguez), José Ernesto Sosa (52.Fernando Rubén Zuqui), Santiago Lionel Ascacíbar (68.Juan Cruz Guasone), Mauro Boselli (68.Franco Zapiola Yamartino), Guido Marcelo Carrillo, Benjamín Rollheiser (79.Nicolás Jeremías Palavecino), Matías Emanuel Godoy. Trainer: Eduardo Rodrigo Domínguez.
Oriente Petrolero: Wilson Daniel Quiñónez Amarilla, Luis Alberto Gutiérrez Herrera, Hermes David Villalba Jacquet, Juan Salvador Bartolome Mercado Galvez, Samuel Guzmán Camargo (46.Héctor Ronaldo Sánchez Camaras), Sebastián Álvarez Vargas (65.Samuel Josue Sandoval Torrico), Cristian Marcelo Álvarez (88.Luis Andrés Zeballos Barrientos), Erwin Junior Sánchez Paniagua, Jonatan Ezequiel Cristaldo, Cristhian Alexseis Árabe Pedraza (88.Javier Alexander Vargas Ruiz), Jorge Iván Correa (78.Ayrton Cristhian Paz Terán). Trainer: Ángel Guillermo Hoyos Marchisio (Argentina).
Goals: 1-0 Mauro Boselli (28), 2-0 Guido Marcelo Carrillo (30), 3-0 Benjamín Rollheiser (62), 4-0 Eros Nazareno Mancuso (90+5).

28.06.2023, Estádio „Nabi Abi Chedid", Bragança Paulista; Attendance: 4,115
Referee: Fernando Véjar Díaz (Chile)
Red Bull Bragantino - Tacuary FC Asunción   7-1(4-1)
Red Bull: Cleiton, Aderlan (64.José Andrés Hurtado Cheme), Eduardo Santos, Luan Patrick, Guilherme Lopes, Lucas Evangelista (64.Gustavinho), Eric Ramires (75.Praxedes), Jadsom, Eduardo Sasha (64.Thiago Nicolás Borbas Silva), Vitinho, Sorriso (75.Alerrandro). Trainer: Pedro Miguel Faria Caixinha (Portugal).
Tacuary: Carlos María Servín Caballero, Luis Alberto Cabral Vázquez, Rodney Miguel Pedrozo, Igor Francisco Ribeiro, Luis Mario Martínez González, Jorge Daniel González Marquet (61.Gustavo Raúl Medina Rivas), Elías Ezequiel Alfonso Aranda (36.Lucas Ramón Romero Gómez), Ronal Ivan Domínguez Colman, Óscar Ramón Ruiz Roa (60.Alfredo Ramón Amarilla), Jose Edson Barros da Silva „Edson Carius" (61.Martín Núñez Domínguez), Derlis Osmár Rodríguez Maciel (79.Rolando Valentín Ortíz Correa). Trainer: Ever Iván Almeida Romero.
Goals: 1-0 Sorriso (6), 2-0 Lucas Evangelista (19), 3-0 Eduardo Sasha (21), 4-0 Sorriso (29), 4-1 Óscar Ramón Ruiz Roa (39), 5-1 Eduardo Sasha (48), 6-1 Eduardo Sasha (49), 7-1 Thiago Nicolás Borbas Silva (87).

	FINAL STANDINGS							
1.	**Red Bull Bragantino**	6	4	2	0	21	- 3	14
2.	*Club Estudiantes de La Plata*	6	4	2	0	14	- 1	14
3.	Tacuary FC Asunción	6	2	0	4	8	- 21	6
4.	CD Oriente Petrolero Santa Cruz de la Sierra	6	0	0	6	2	- 20	0

GROUP D

06.04.2023, Estadio „Misael Delgado", Valencia; Attendance: 4,908
Referee: Michael Espinoza Valles (Peru)
Academia Puerto Cabello CF - CD Tolima Ibagué **0-2(0-1)**
Puerto Cabello: Luis Enrique Romero Durán, José Luis Granados Asprilla, Carlos Gregorio Rivero González (24.Jacob Olorunwa Adebanjo), Edwin de Jesús Peraza Larez, Raudy Javier Guerrero Reyes (46.Alfredo Horacio Stephens Francis), Kevin Eduardo de la Hoz Morys, Henrys Junior Alcalá Cedeño (46.Juan Carlos Colina Silva), Williams José Lugo Ladera, Luifer Enríque Hernández Quintero (76.Marco Antonio Bustillo Benítez), Gideon Iliya Zuma (67.Andrés Eduardo Montero Cadenas), Danny Marcos Pérez Valdez. Trainer: Noel Argelio Sanvicente Bethelmy.
CD Tolima: Christian Vargas Cortez, Julián Alveiro Quiñónes García, Facundo Nicolás Boné Vale (82.Fabián Camilo Mosquera Mercado), Anderson Darley Angulo Tenorio, Léider Andrés Riascos Suárez, Juan David Ríos Henao, Estefano Arango González, Yeison Estiven Guzmán Gómez, Cristian Esteban Trujillo Riascos (45+4.Juan Pablo Nieto Salazar), Diego Fernando Herazo Moreno (59.Juan Fernando Caicedo Benítez), Junior Alexis Hernández Angulo. Trainer: Hernán Torres Oliveros.
Goals: 0-1 Diego Fernando Herazo Moreno (45+5), 0-2 Yeison Estiven Guzmán Gómez (56 penalty).

06.04.2023, Estadio "José Dellagiovanna", Victoria
Referee: Esteban Daniel Ostojich Vega (Uruguay)
CA Tigre Victoria - São Paulo FC **0-2(0-0)**
Tigre: Gonzalo Marinelli, Víctor Emanuel Aguilera, Brian Abel Luciatti, Lautaro Óscar Montoya (89.Héctor Martín Garay), Lucas Blondel (89.Tomás Oscar Badaloni), Leonardo Sebastián Prediger (89.Agustín Ezequiel Cardozo), Lucas Ariel Menossi, Alexis Castro (68.Blas Esteban Armoa Núñez), Aarón Nicolás Molinas (89.Cristian Exequiel Zabala), Facundo Colidio, Mateo Retegui. Trainer: Diego Hernán Martínez.
São Paulo FC: Rafael Monteiro, Robert Abel Arboleda Escobar, Alan Javier Franco, Lucas Beraldo, Nathan Mendes (84.Rafinha Mollercke), Wellington Rato (80.Alisson), Jhegson Sebastián Méndez Carabalí (76.Luan), Michel Daryl Araújo Villar, Rodrigo Nestor (76.Marcos Paulo), David, Erison (76.Luciano). Trainer: Rogério Mücke Ceni.
Goals: 0-1 Erison (57), 0-2 Erison (74).

18.04.2023, Estádio „Cícero Pompeu de Toledo", São Paulo; Attendance: 16,827
Referee: Ivo Nigel Méndez Chávez (Bolivia)
São Paulo FC - Academia Puerto Cabello CF **2-0(0-0)**
São Paulo FC: Rafael Monteiro, Robert Abel Arboleda Escobar, Raí Ramos, Lucas Beraldo, Michel Daryl Araújo Villar, Rodrigo Nestor, Pablo Maia, Luciano (70.Patryck), Alisson (59.Wellington Rato), Caio Paulista (83.Marcos Paulo), Juan (46.Jonathan Calleri). Trainer: Rogério Mücke Ceni.
Puerto Cabello: Luis Enrique Romero Durán, Carlos Gregorio Rivero González, Edwin de Jesús Peraza Larez, Diego Andrés Osio Valencia, Kevin Eduardo de la Hoz Morys (79.Joel Fernando Cáceres Álvarez), Henrys Junior Alcalá Cedeño, Williams José Lugo Ladera (79.Raudy Javier Guerrero Reyes), Luifer Enríque Hernández Quintero (66.George Ayimbire Ayine), Gideon Iliya Zuma (57.Juan Carlos Colina Silva), Danny Marcos Pérez Valdez, Richard José Figueroa Avilés (57.Alfredo Horacio Stephens Francis). Trainer: Noel Argelio Sanvicente Bethelmy.
Goals: 1-0 Marcos Paulo (86), 2-0 Michel Daryl Araújo Villar (88).

20.04.2023, Estadio „Manuel Murillo Toro", Ibagué
Referee: Luis Eduardo Quiroz Prado (Ecuador)
CD Tolima Ibagué - CA Tigre Victoria **1-2(0-0)**
CD Tolima: Christian Vargas Cortez, Juan Guillermo Arboleda Sánchez, Facundo Nicolás Boné Vale (84.Estefano Arango González), José Abad Cuenú Rodríguez, Léider Andrés Riascos Suárez [*sent off 70*], Juan José Mera González, Juan David Ríos Henao, Juan Pablo Nieto Salazar (63.Kevin Andrés Pérez Pérez), Yeison Estiven Guzmán Gómez (77.Juan José Rubiano Falla), Fabián Camilo Mosquera Mercado, Juan Fernando Caicedo Benítez (63.Diego Fernando Herazo Moreno). Trainer: Hernán Torres Oliveros.
Tigre: Gonzalo Marinelli, Víctor Emanuel Aguilera, Brian Abel Luciatti, Sebastián Nahuel Prieto (89.Brian Alexis Leizza), Héctor Martín Garay, Martín Yamir Ortega (68.Tomás Oscar Badaloni), Lucas Ariel Menossi (77.Cristian Exequiel Zabala), Alexis Castro (67.Aarón Nicolás Molinas), Agustín Ezequiel Cardozo, Blas Esteban Armoa Núñez (89.Lucas Blondel), Facundo Colidio. Trainer: Diego Hernán Martínez.
Goals: 1-0 Facundo Nicolás Boné Vale (59), 1-1 Facundo Colidio (66), 1-2 Tomás Oscar Badaloni (78).

02.05.2023, Estadio „Manuel Murillo Toro", Ibagué
Referee: Felipe Andrés González Alveal (Chile)
CD Tolima Ibagué - São Paulo FC **0-0**
CD Tolima: Christian Vargas Cortez, Julián Alveiro Quiñónes García, Facundo Nicolás Boné Vale (46.Yeison Estiven Guzmán Gómez), Juan José Mera González (68.José Abad Cuenú Rodríguez), Juan David Ríos Henao, Jeison Steven Lucumí Mina (80.Kevin Andrés Pérez Pérez), Estefano Arango González, Juan Manuel Valencia Aponzá (46.Juan Pablo Nieto Salazar), Fabián Camilo Mosquera Mercado, Diego Fernando Herazo Moreno (87.Juan José Rubiano Falla), Junior Alexis Hernández Angulo. Trainer: Juan Cruz Real (Argentina).
São Paulo FC: Rafael Monteiro, Rafinha, Robert Abel Arboleda Escobar, Alan Javier Franco, Michel Daryl Araújo Villar (67.Wellington Rato), Gabriel Neves Perdomo (52.Rodrigo Nestor), Pablo Maia, Luciano (68.Juan), Alisson, Caio Paulista (85.Raí Ramos), Marcos Paulo (85.Luan). Trainer: Dorival Júnior.

03.05.2023, Estadio „Misael Delgado", Valencia; Attendance: 3,650
Referee: Augusto Bergelio Aragón Bautista (Ecuador)
Academia Puerto Cabello CF - CA Tigre Victoria **0-3(0-1)**
Puerto Cabello: Luis Enrique Romero Durán, José Luis Granados Asprilla, Carlos Gregorio Rivero González, Joel Fernando Cáceres Álvarez (46.Kevin Eduardo de la Hoz Morys), Jacob Olorunwa Adebanjo, Juan Carlos Colina Silva (71.George Ayimbire Ayine), Henrys Junior Alcalá Cedeño, Williams José Lugo Ladera (84.Richard José Figueroa Avilés), Luifer Enríque Hernández Quintero (70.Raudy Javier Guerrero Reyes), Alfredo Horacio Stephens Francis, Danny Marcos Pérez Valdez (78.Marco Antonio Bustillo Benítez). Trainer: Noel Argelio Sanvicente Bethelmy.
Tigre: Gonzalo Marinelli, Víctor Emanuel Aguilera, Brian Abel Luciatti, Sebastián Nahuel Prieto, Brian Alexis Leizza, Lucas Ariel Menossi (87.Matías Román Espíndola), Alexis Castro (59.Cristian Exequiel Zabala), Agustín Ezequiel Cardozo (77.Leonardo Sebastián Prediger), Blas Esteban Armoa Núñez (59.Lucas Blondel), Facundo Colidio (77.Javier Agustín Obando), Mateo Retegui. Trainer: Diego Hernán Martínez.
Goals: 0-1 Mateo Retegui (24 penalty), 0-2 Lucas Ariel Menossi (68), 0-3 Lucas Blondel (81).

23.05.2023, Estadio „Misael Delgado", Valencia; Attendance: 2,254
Referee: Bryan Loaiza López (Ecuador)
Academia Puerto Cabello CF - São Paulo FC　　　　　　　　　　**0-2(0-1)**
Puerto Cabello: Luis Enrique Romero Durán, José Luis Granados Asprilla, Carlos Gregorio Rivero González, Edwin de Jesús Peraza Larez, Diego Andrés Osio Valencia, Kevin Eduardo de la Hoz Morys (77.Andrés Eduardo Montero Cadenas), Juan Carlos Colina Silva (62.Gideon Iliya Zuma), Williams José Lugo Ladera (77.Richard José Figueroa Avilés), Luifer Enríque Hernández Quintero (62.Alfredo Horacio Stephens Francis), George Ayimbire Ayine (56.Henrys Junior Alcalá Cedeño), Danny Marcos Pérez Valdez. Trainer: Noel Argelio Sanvicente Bethelmy.
São Paulo FC: Rafael Monteiro, Raí Ramos, Alan Javier Franco, Diego Costa, Patryck, Wellington Rato (65.Jonathan Calleri), Michel Daryl Araújo Villar, Luan (65.Pablo Maia), Rodriguinho (46.Alisson), Marcos Paulo (77.Luciano), Juan (85.Gabriel Neves Perdomo). Trainer: Dorival Júnior.
Goals: 0-1 Wellington Rato (28), 0-2 Alisson (90+4).

24.05.2023, Estadio "José Dellagiovanna", Victoria
Referee: Kevin Paolo Ortega Pimentel (Peru)
CA Tigre Victoria - CD Tolima Ibagué　　　　　　　　　　**0-0**
Tigre: Gonzalo Marinelli, Víctor Emanuel Aguilera, Víctor Fernando Cabrera, Lucas Blondel, Héctor Martín Garay, Lucas Ariel Menossi (81.Blas Esteban Armoa Núñez), Alexis Castro (88.Sebastián Luciano Emanuel Medina), Agustín Ezequiel Cardozo, Cristian Exequiel Zabala (67.Aarón Nicolás Molinas), Facundo Colidio, Mateo Retegui. Trainer: Diego Hernán Martínez.
CD Tolima: Alvino Neto Volpi, Juan Guillermo Arboleda Sánchez, José Abad Cuenú Rodríguez, Léider Andrés Riascos Suárez, Juan Pablo Nieto Salazar, Jeison Steven Lucumí Mina, Estefano Arango González (83.Juan José Rubiano Falla), Yeison Estiven Guzmán Gómez (63.Facundo Nicolás Boné Vale), Fabián Camilo Mosquera Mercado [*sent off 80*], Diego Fernando Herazo Moreno (64.Brayan Alexander Gil Hurtado), Junior Alexis Hernández Angulo. Trainer: Juan Cruz Real (Argentina).

06.06.2023, Estadio "José Dellagiovanna", Victoria; Attendance: 8,964
Referee: Augusto Bergelio Aragón Bautista (Peru)
CA Tigre Victoria - Academia Puerto Cabello CF　　　　　　　　　　**2-1(1-0)**
Tigre: Gonzalo Marinelli, Brian Abel Luciatti, Víctor Fernando Cabrera, Sebastián Nahuel Prieto (50.Lautaro Óscar Montoya), Héctor Martín Garay, Lucas Ariel Menossi (88. Agustín Baldi), Alexis Castro (81.Aarón Nicolás Molinas), Agustín Ezequiel Cardozo (81.Leonardo Sebastián Prediger), Blas Esteban Armoa Núñez, Facundo Colidio (81.Cristian Exequiel Zabala), Tomás Oscar Badaloni. Trainer: Diego Hernán Martínez.
Puerto Cabello: Luis Enrique Romero Durán, José Luis Granados Asprilla, Carlos Gregorio Rivero González, Edwin de Jesús Peraza Larez (60.Santiago Andrés Gómez Santana), Diego Andrés Osio Valencia, Kevin Eduardo de la Hoz Morys (66.Richard José Figueroa Avilés), Juan Carlos Colina Silva (78.Andrés Eduardo Montero Cadenas), Henrys Junior Alcalá Cedeño (60.Christopher Alexander Montaña Rivas), Williams José Lugo Ladera, Alfredo Horacio Stephens Francis (78.Gerardo José Padrón Colmenares), Danny Marcos Pérez Valdez. Trainer: Noel Argelio Sanvicente Bethelmy.
Goals: 1-0 Brian Abel Luciatti (17), 2-0 Blas Esteban Armoa Núñez (56), 2-1 Danny Marcos Pérez Valdez (90+6 penalty).

08.06.2023, Estádio „Cícero Pompeu de Toledo", São Paulo; Attendance: 44,102
Referee: Leodán Franklin González Cabrera (Uruguay)
São Paulo FC - CD Tolima Ibagué **5-0(3-0)**
São Paulo FC: Rafael Monteiro, Rafinha (46.Nathan Mendes), Robert Abel Arboleda Escobar, Lucas Beraldo, Michel Daryl Araújo Villar (65.Rodrigo Nestor), Gabriel Neves Perdomo, Pablo Maia (46.Luan), Luciano (66.Marcos Paulo), Jonathan Calleri (46.David), Caio Paulista, Juan. Trainer: Dorival Júnior.
CD Tolima: Alvino Neto Volpi, Juan Guillermo Arboleda Sánchez, José Abad Cuenú Rodríguez, Léider Andrés Riascos Suárez [*sent off 28*], Juan David Ríos Henao, Juan Pablo Nieto Salazar (63.Cristian Esteban Trujillo Riascos), Jeison Steven Lucumí Mina, Estefano Arango González (56.Shean Paul Barbosa Gómez), Yeison Estiven Guzmán Gómez (31.Juan José Mera González), Diego Fernando Herazo Moreno (56.Brayan Alexander Gil Hurtado), Junior Alexis Hernández Angulo (63.Facundo Nicolás Boné Vale). Trainer: Juan Cruz Real (Argentina).
Goals: 1-0 Jonathan Calleri (28), 2-0 Luciano (35), 3-0 Caio Paulista (37), 4-0 Caio Paulista (61), 5-0 David (77).

27.06.2023, Estádio „Cícero Pompeu de Toledo", São Paulo; Attendance: 28,699
Referee: Guillermo Enrique Guerrero Alcívar (Ecuador)
São Paulo FC - CA Tigre Victoria **2-0(0-0)**
São Paulo FC: Rafael Monteiro, Robert Abel Arboleda Escobar, Alan Javier Franco, Nathan Mendes, Jhegson Sebastián Méndez Carabalí (46.Wellington Rato), Gabriel Neves Perdomo (76.Felipe Negrucci), Pablo Maia (29.Rodriguinho), Luciano, Caio Paulista, David (46.Jonathan Calleri), Marcos Paulo (69.Juan). Trainer: Dorival Júnior.
Tigre: Gonzalo Marinelli, Víctor Emanuel Aguilera, Brian Abel Luciatti, Lautaro Óscar Montoya (53.Martín Yamir Ortega), Héctor Martín Garay, Brian Alexis Leizza [*sent off 23*], Agustín Ezequiel Cardozo (82.Sebastián Luciano Emanuel Medina), Cristian Exequiel Zabala (55.Víctor Fernando Cabrera), Aarón Nicolás Molinas (74.Leonardo Sebastián Prediger), Facundo Colidio (74.Blas Esteban Armoa Núñez), Mateo Retegui. Trainer: Juan Manuel Sara.
Goals: 1-0 Juan (72), 2-0 Wellington Rato (90+3).

27.06.2023, Estadio „Manuel Murillo Toro", Ibagué
Referee: Joel Alonso Alarcón Limo (Peru)
CD Tolima Ibagué - Academia Puerto Cabello CF **3-1(3-1)**
CD Tolima: Christian Vargas Cortez, Juan Guillermo Arboleda Sánchez, Facundo Nicolás Boné Vale (56.Estefano Arango González), José Abad Mera González, Juan David Ríos Henao, Juan Pablo Nieto Salazar (67.Carlos Andrés Zafarragoza Pérez), Jeison Steven Lucumí Mina (71.Kevin Andrés Pérez Pérez), Yeison Estiven Guzmán Gómez (67.Eduardo José Sosa Vega), Cristian Esteban Trujillo Riascos, Diego Fernando Herazo Moreno (71.Juan David Carabalí), Junior Alexis Hernández Angulo. Trainer: Juan Cruz Real (Argentina).
Puerto Cabello: Luis Enrique Romero Durán, José Luis Granados Asprilla, Carlos Gregorio Rivero González, Diego Andrés Osio Valencia, Santiago Andrés Gómez Santana (46.Kevin Eduardo de la Hoz Morys), Juan Carlos Colina Silva (46.Williams José Lugo Ladera), Andrés Eduardo Montero Cadenas (63.Gerardo José Padrón Colmenares), Henrys Junior Alcalá Cedeño, Luifer Enríque Hernández Quintero (82.Gabriel Alberto Monjes Bordones), Danny Marcos Pérez Valdez, Richard José Figueroa Avilés (68.Jesús Alberto Cantillo Mejía). Trainer: Noel Argelio Sanvicente Bethelmy.
Goals: 1-0 Yeison Estiven Guzmán Gómez (5), 2-0 Facundo Nicolás Boné Vale (27), 3-0 Diego Fernando Herazo Moreno (43), 3-1 Richard José Figueroa Avilés (45+1).

FINAL STANDINGS

1.	São Paulo FC	6	5	1	0	13	-	0	16
2.	*CA Tigre Victoria*	6	3	1	2	7	-	6	10
3.	CD Tolima Ibagué	6	2	2	2	6	-	8	8
4.	Academia Puerto Cabello CF	6	0	0	6	2	-	14	0

GROUP E

04.04.2023, Estadio El Teniente, Rancagua
Referee: Gustavo Adrián Tejera Capo (Uruguay)
Audax CS Italiano La Florida - CA Newell's Old Boys Rosario**0-1(0-0)**
Audax Italiano: Tomás Alejando Ahumada Oteíza, Carlos Alfredo Labrín Candia, Nicolás Esteban Fernández Muñoz, Marcelo Alfonso Díaz Rojas, Osvaldo Javier Bosso Torres, Fernando Ezequiel Juárez, Gonzalo Alejandro Ríos (87.Marco Antonio Collao Ramos), Esteban Patricio Matus Castro, Gonzalo Ariel Sosa, Gabriel Alejandro Hachen (71.Matías Ignacio Sepúlveda Méndez), Michael Andrés Fuentes Vadulli (71.Luis Enrique Riveros Valenzuela). Trainer: Manuel Fernández (Argentina).
Newell's Old Boys: Lucas Adrián Hoyos, Bruno Alejandro Pittón, Willer Emilio Ditta Pérez, Jherson Steven Mosquera Castro, Zahir Facundo Mansilla, Jorge Eduardo Recalde Ramírez (79.Djorkaeff Néicer Reasco González), Iván Alejandro Gómez (79.Marcelo César Esponda), Cristian Ezequiel Ferreira, Lisandro Luciano Sebastián Montenegro (61.Marcos Ezequiel Portillo), Jonathan Diego Menéndez (61.Ramiro Gabriel Sordo), Brian Nicolás Aguirre. Trainer: Gabriel Iván Heinze.
Goal: 0-1 Brian Nicolás Aguirre (90+4).

04.04.2023, Estadio „Ramón 'Tahuichi' Aguilera", Santa Cruz de la Sierra; Attendance: 13,709
Referee: Luis Eduardo Quiroz Prado (Ecuador)
CSCD Blooming Santa Cruz de la Sierra - Santos FC**0-1(0-0)**
Blooming: Braulio Uraezaña Cuñaendi [*sent off 58*], Jonathan Leonardo Lacerda Araújo, Juan Gabriel Valverde Rivera (77.Richard Spenhay Arauz), César Benjamín Romero Ortíz, Denilson Durán Zabala, Juan Carlos Arce Justiniano (62.Jhohan Francisco Gutiérrez Oliveira), Arquímedes José Figuera Salazar, José Fernando Arismendi Peralta, Rafinha Mollercke (89.César Alejandro Menacho Claros), Gastón Rodríguez Maeso (78.Christian Marcelo Latorre Long), José Luis Sinisterra Castillo (78.Leonardo Berteli Fenga „Léo Fenga"). Trainer: Carlos Julio Bustos (Argentina).
Santos FC: João Paulo, Eduardo Bauermann, Messias, Felipe Jonatan, Nathan, Camacho, Lucas Lima (90+5.Miguel Ángel Terceros Acuña), Dodi, Ivonei (64.Ângelo), Lucas Barbosa (81.Daniel Felipe Ruiz Rivera), Marcos Leonardo. Trainer: Odair Hellmann.
Goal: 0-1 Eduardo Bauermann (90+8).

18.04.2023, Estadio „Marcelo Bielsa", Rosario; Attendance: 9,955
Referee: Jhon Alexander Hinestroza Romaña (Colombia)
CA Newell's Old Boys Rosario - CSCD Blooming Santa Cruz de la Sierra**3-0(2-0)**
Newell's Old Boys: Lucas Adrián Hoyos, Guillermo Luis Ortíz, Víctor Gustavo Velázquez Ramos, Bruno Alejandro Pittón (71.Ángelo Martino), Armando Jesús Méndez Alcorta, Pablo Javier Pérez (81.Guillermo Balzi), Marcos Ezequiel Portillo (72.Justo Giani), Juan Sebastián Sforza, Lisandro Luciano Sebastián Montenegro (74.Marcelo César Esponda), Jonathan Diego Menéndez, Djorkaeff Néicer Reasco González. Trainer: Gabriel Iván Heinze.
Blooming: Jhohan Francisco Gutiérrez Oliveira, Jonathan Leonardo Lacerda Araújo, César Benjamín Romero Ortíz, Denilson Durán Zabala, Juan Carlos Arce Justiniano (68.Omar Pedro Siles Canda), Arquímedes José Figuera Salazar, Christian Marcelo Latorre Long, José Fernando Arismendi Peralta (68.Jorge Eduardo Lovera Rivas), Rafinha Mollercke (80.Samuel Garzón Garzón), Richard Spenhay Arauz (68.Miguel Ángel Becerra Vaca), José Luis Sinisterra Castillo (80.César Alejandro Menacho Claros). Trainer: Carlos Julio Bustos (Argentina).
Goals: 1-0 Marcos Ezequiel Portillo (27), 2-0 Djorkaeff Néicer Reasco González (45), 3-0 Marcos Ezequiel Portillo (62).

20.04.2023, Estádio „Urbano Caldeira", Santos; Attendance: 8,866
Referee: Andrés José Rojas Noguera (Colombia)
Santos FC - Audax CS Italiano La Florida   **0-0**
Santos FC: João Paulo, Eduardo Bauermann, Messias, Felipe Jonatan (14.Lucas Pires), Nathan, Lucas Lima, Yeferson Julio Soteldo Martínez, Dodi, Rodrigo Fernández Cedrés (77.Miguel Ángel Terceros Acuña), Marcos Leonardo (77.Deivid Washington), Ângelo (63.John Stiven Mendoza Valencia). Trainer: Odair Hellmann.
Audax Italiano: Tomás Alejando Ahumada Oteíza, Roberto Andrés Cereceda Guajardo, Carlos Alfredo Labrín Candia, Marcelo Alfonso Díaz Rojas (61.Sebastián Ernesto Pereira Arredondo), Osvaldo Javier Bosso Torres, Fernando Ezequiel Juárez (71.Michael Andrés Fuentes Vadulli), Matías Ignacio Sepúlveda Méndez, Oliver Jesús Rojas Múñoz (81.Nicolás Esteban Fernández Muñoz), Gonzalo Alejandro Ríos (60.Gabriel Alejandro Hachen), Gonzalo Ariel Sosa, Luis Enrique Riveros Valenzuela (70.Gonzalo Estebán Álvarez Morales). Trainer: José Antonio Calderón Bilbao.

02.05.2023, Estadio „Marcelo Bielsa", Rosario; Attendance: 10,327
Referee: Alexis Adrián Herrera Hernández (Venezuela)
CA Newell's Old Boys Rosario - Santos FC   **1-0(0-0)**
Newell's Old Boys: Lucas Adrián Hoyos, Guillermo Luis Ortíz, Bruno Alejandro Pittón (71.Ángelo Martino), Willer Emilio Ditta Pérez, Jherson Steven Mosquera Castro, Jorge Eduardo Recalde Ramírez, Iván Alejandro Gómez, Marcos Ezequiel Portillo (77.Pablo Javier Pérez), Juan Sebastián Sforza, Brian Nicolás Aguirre, Pablo Javier Pérez (62.Ramiro Gabriel Sordo). Trainer: Gabriel Iván Heinze.
Santos FC: João Paulo, Eduardo Bauermann, Messias, Nathan (90+1.Ed Carlos), Lucas Pires, Lucas Lima, Dodi, Rodrigo Fernández Cedrés (88.Ângelo), John Stiven Mendoza Valencia, Daniel Felipe Ruiz Rivera (62.Lucas Braga), Deivid Washington. Trainer: Odair Hellmann.
Goal: 1-0 Iván Alejandro Gómez (84).

04.05.2023, Estadio El Teniente, Rancagua
Referee: Diego Mirko Haro Sueldo (Peru)
Audax CS Italiano La Florida - CSCD Blooming Santa Cruz de la Sierra   **2-0(1-0)**
Audax Italiano: Tomás Alejando Ahumada Oteíza, Roberto Andrés Cereceda Guajardo (71.Esteban Patricio Matus Castro), Nicolás Esteban Fernández Muñoz (71.Oliver Jesús Rojas Múñoz), Marcelo Alfonso Díaz Rojas (46.Matías Ignacio Sepúlveda Méndez), Osvaldo Javier Bosso Torres, Fernando Ezequiel Juárez, Sebastián Ernesto Pereira Arredondo, Gonzalo Alejandro Ríos, Gonzalo Ariel Sosa (71.Luis Enrique Riveros Valenzuela), Gabriel Alejandro Hachen (86.Gonzalo Estebán Álvarez Morales), Michael Andrés Fuentes Vadulli. Trainer: Luca Miguel Marcogiuseppe (Argentina).
Blooming: Braulio Uraezaña Cuñaendi, Jonathan Leonardo Lacerda Araújo, Jaime Enrique Villamíl Cortez, César Benjamín Romero Ortíz, Arquímedes José Figuera Salazar [*sent off 84*], Christian Marcelo Latorre Long, José Fernando Arismendi Peralta (72.Leonardo Berteli Fenga „Léo Fenga"), Rafinha Mollercke (73.Ronald Cuéllar Ortíz), Jorge Eduardo Lovera Rivas (59.Juan Carlos Arce Justiniano), Richard Spenhay Arauz (58.Omar Pedro Siles Canda), José Luis Sinisterra Castillo (46.César Alejandro Menacho Claros). Trainer: Carlos Julio Bustos (Argentina).
Goals: 1-0 Gonzalo Ariel Sosa (45), 2-0 Gonzalo Alejandro Ríos (66).

24.05.2023, Estadio El Teniente, Rancagua
Referee: Christian Ferreyra (Uruguay)
Audax CS Italiano La Florida - Santos FC   **2-1(1-1)**
Audax Italiano: Tomás Alejando Ahumada Oteíza, Roberto Andrés Cereceda Guajardo (77.Esteban Patricio Matus Castro), Carlos Alfredo Labrín Candia, Marcelo Alfonso Díaz Rojas (85.Osvaldo Javier Bosso Torres), Fernando Ezequiel Juárez, Oliver Jesús Rojas Múñoz, Sebastián Ernesto Pereira Arredondo, Gonzalo Alejandro Ríos (8.Nicolás Esteban Fernández Muñoz), Gonzalo Ariel Sosa, Gabriel Alejandro Hachen (77.Matías Ignacio Sepúlveda Méndez), Luis Enrique Riveros Valenzuela (84.Michael Andrés Fuentes Vadulli). Trainer: Luca Miguel Marcogiuseppe (Argentina).
Santos FC: João Paulo, Messias, João Lucas, Joaquim [*sent off 45+2*], Lucas Pires, Camacho (85.Ivonei), Alison (46.Maicon), Rodrigo Fernández Cedrés, Daniel Felipe Ruiz Rivera (62.Yeferson Julio Soteldo Martínez), Ângelo (79.Weslley Patati), Deivid Washington (79.Lucas Barbosa). Trainer: Odair Hellmann.
Goals: 0-1 Camacho (20), 1-1 Gonzalo Ariel Sosa (45+5), 2-1 Gonzalo Ariel Sosa (55).

24.05.2023, Estadio „Ramón 'Tahuichi' Aguilera", Santa Cruz de la Sierra; Attendance: 2,475
Referee: Carlos Andres Betancur Gutiérrez (Colombia)
CSCD Blooming Santa Cruz de la Sierra - CA Newell's Old Boys Rosario   **2-3(1-1)**
Blooming: Braulio Uraezaña Cuñaendi, Jonathan Leonardo Lacerda Araújo, César Benjamín Romero Ortíz, Denilson Durán Zabala, Christian Marcelo Latorre Long, José Fernando Arismendi Peralta (73.Leonardo Berteli Fenga „Léo Fenga"), Rafinha Mollercke (77.César Alejandro Menacho Claros), Jorge Eduardo Lovera Rivas (66.Juan Carlos Arce Justiniano), Richard Spenhay Arauz (66.Omar Pedro Siles Canda), Gastón Rodríguez Maeso (73.Ronald Cuéllar Ortíz), José Luis Sinisterra Castillo. Trainer: Carlos Julio Bustos (Argentina).
Newell's Old Boys: Lucas Adrián Hoyos, Víctor Gustavo Velázquez Ramos, Bruno Alejandro Pittón (74.Leonel Jesús Vangioni Rangel), Willer Emilio Ditta Pérez, Armando Jesús Méndez Alcorta, Jorge Eduardo Recalde Ramírez (85.Djorkaeff Néicer Reasco González), Iván Alejandro Gómez (90.Guillermo Luis Ortíz), Cristian Ezequiel Ferreira (73.Marcos Ezequiel Portillo), Juan Sebastián Sforza, Jonathan Diego Menéndez (74.Pablo Javier Pérez), Ramiro Gabriel Sordo. Trainer: Gabriel Iván Heinze.
Goals: 1-0 Rafinha Mollercke (12), 1-1 Iván Alejandro Gómez (36), 1-2 Christian Marcelo Latorre Long (58 own goal), 1-3 Jorge Eduardo Recalde Ramírez (67), 2-3 Leonardo Berteli Fenga „Léo Fenga" (88).

06.06.2023, Estádio „Urbano Caldeira", Santos; Attendance: 6,204
Referee: Jesús Noel Valenzuela Sáez (Venezuela)
Santos FC - CA Newell's Old Boys Rosario   **1-2(0-1)**
Santos FC: João Paulo, Luiz Felipe (74.Maicon), Messias, Nathan (90+2.Ângelo), Lucas Pires (90+2.Lucas Barbosa), Lucas Lima, Alison (69.Ivonei), Yeferson Julio Soteldo Martínez, Dodi, John Stiven Mendoza Valencia (69.Weslley Patati), Marcos Leonardo. Trainer: Odair Hellmann.
Newell's Old Boys: Lucas Adrián Hoyos, Guillermo Luis Ortíz, Bruno Alejandro Pittón (82.Ângelo Martino), Willer Emilio Ditta Pérez, Jherson Steven Mosquera Castro, Jorge Eduardo Recalde Ramírez (90+12.Djorkaeff Néicer Reasco González), Iván Alejandro Gómez, Cristian Ezequiel Ferreira (90+5.Marcos Ezequiel Portillo), Juan Sebastián Sforza, Brian Nicolás Aguirre (90+4.Víctor Gustavo Velázquez Ramos), Ramiro Gabriel Sordo (90+12.Pablo Javier Pérez). Trainer: Gabriel Iván Heinze.
Goals: 0-1 Juan Sebastián Sforza (45+1), 1-1 Marcos Leonardo (80 penalty), 1-2 Marcos Ezequiel Portillo (90+8).

07.06.2023, Estadio „Ramón 'Tahuichi' Aguilera", Santa Cruz de la Sierra; Attendance: 2,155
Referee: Juan Carlos Andrade Arreaga (Ecuador)
CSCD Blooming Santa Cruz de la Sierra - Audax CS Italiano La Florida   1-2(1-2)
Blooming: Braulio Uraezaña Cuñaendi, Jonathan Leonardo Lacerda Araújo, Miguel Ángel Becerra Vaca, Denilson Durán Zabala, Arquímedes José Figuera Salazar, Christian Marcelo Latorre Long, José Fernando Arismendi Peralta (73.Leonardo Berteli Fenga „Léo Fenga"), Rafinha Mollercke, Omar Pedro Siles Canda (63.Ronald Cuéllar Ortíz), Gastón Rodríguez Maeso (73.César Alejandro Menacho Claros), José Luis Sinisterra Castillo. Trainer: Carlos Julio Bustos (Argentina).
Audax Italiano: Tomás Alejando Ahumada Oteíza, Roberto Andrés Cereceda Guajardo (64.Esteban Patricio Matus Castro), Carlos Alfredo Labrín Candia, Marcelo Alfonso Díaz Rojas (84.Diego Andres Monreal Villablanca), Fernando Ezequiel Juárez, Matías Ignacio Sepúlveda Méndez (64.Gabriel Javier Bosso Torres), Gonzalo Alejandro Ríos (84.Michael Andrés Fuentes Vadulli), Gonzalo Ariel Sosa, Luis Enrique Riveros Valenzuela. Trainer: Luca Miguel Marcogiuseppe (Argentina).
Goals: 0-1 Matías Ignacio Sepúlveda Méndez (12), 1-1 José Luis Sinisterra Castillo (30), 1-2 Matías Ignacio Sepúlveda Méndez (38).

29.06.2023, Estádio „Urbano Caldeira", Santos; Attendance: 2,891
Referee: Augusto Bergelio Aragón Bautista (Ecuador)
Santos FC - CSCD Blooming Santa Cruz de la Sierra   0-0
Santos FC: Vladimir, Luiz Felipe, Alex de Oliveira, Kevyson, Camacho (65.Lucas Lima), Sandry, Lucas Barbosa (64.John Stiven Mendoza Valencia), Miguel Ángel Terceros Acuña (64.Rodrigo Fernández Cedrés), Daniel Felipe Ruiz Rivera (75.Yeferson Julio Soteldo Martínez), Cadu (85.Ed Carlos), Deivid Washington. Trainer: Paulo César Turra.
Blooming: Braulio Uraezaña Cuñaendi, Abraham Cabrera Scapin, Jaime Enrique Villamíl Cortez (46.Denilson Durán Zabala), César Benjamín Romero Ortíz, Arquímedes José Figuera Salazar, Christian Marcelo Latorre Long [*sent off 84*], José Fernando Arismendi Peralta (83.Jonathan Leonardo Lacerda Araújo), Omar Pedro Siles Canda, Ronald Cuéllar Ortíz (73.César Alejandro Menacho Claros), Richet Gómez Miranda, Gastón Rodríguez Maeso (90+4.Saúl Wilfredo Severiche Cuellar). Trainer: Carlos Julio Bustos (Argentina).

29.06.2023, Estadio „Marcelo Bielsa", Rosario
Referee: Jhon Alexander Ospina Londoño (Colombia)
CA Newell's Old Boys Rosario - Audax CS Italiano La Florida   1-1(0-1)
Newell's Old Boys: Williams Barlasina, Leonel Jesús Vangioni Rangel (63.Ángelo Martino), Víctor Gustavo Velázquez Ramos, Armando Jesús Méndez Alcorta, Zahir Facundo Mansilla, Marcos Ezequiel Portillo (63.Pablo Javier Pérez), Lisandro Luciano Sebastián Montenegro, David José Sotelo (56.Iván Alejandro Gómez), Djorkaeff Néicer Reasco González, Justo Giani (73.Ramiro Gabriel Sordo), Pablo Javier Pérez (57.Brian Nicólas Aguirre). Trainer: Gabriel Iván Heinze.
Audax Italiano: Tomás Alejando Ahumada Oteíza, Roberto Andrés Cereceda Guajardo, Carlos Alfredo Labrín Candia, Nicolás Esteban Fernández Muñoz (46.Oliver Jesús Rojas Múñoz), Marcelo Alfonso Díaz Rojas (68.Marco Antonio Collao Ramos), Osvaldo Javier Bosso Torres, Fernando Ezequiel Juárez (68.Matías Ignacio Sepúlveda Méndez), Gonzalo Alejandro Ríos (68.Luis Enrique Riveros Valenzuela), Gonzalo Ariel Sosa, Gabriel Alejandro Hachen (75.Sebastián Ernesto Pereira Arredondo), Michael Andrés Fuentes Vadulli. Trainer: Luca Miguel Marcogiuseppe (Argentina).
Goals: 0-1 Roberto Andrés Cereceda Guajardo (6), 1-1 Armando Jesús Méndez Alcorta (90+7).

FINAL STANDINGS

1.	CA Newell's Old Boys Rosario	6	5	1	0	11 - 4	16
2.	*Audax CS Italiano La Florida*	6	3	2	1	7 - 4	11
3.	Santos FC	6	1	2	3	3 - 5	5
4.	CSCD Blooming Santa Cruz de la Sierra	6	0	1	5	3 - 11	1

GROUP F

04.04.2023, Estadio „Nemesio Camacho", Bogotá
Referee: Piero Daniel Maza Gómez (Chile)
Millonarios FC Bogotá - CSD Defensa y Justicia Florencio Varela   3-0(0-0)
Millonarios: Álvaro David Montero Perales, Elvis Yohan Perlaza Lara, Jorge Enrique Arias de la Hoz, Juan Pablo Vargas Campos, Andrés Llinás Montejo, Daniel Felipe Cataño Torres (88.Jarrinson Yuber Quiñones Guerrero), David Macalister Silva Mosquera (89.Stiven Vega Londoño), Daniel Eduardo Giraldo Cárdenas, Larry Vásquez Ortega (80.Juan Carlos Pereira Díaz), Leonardo Fabio Castro Loaiza (80.Luis Carlos Ruiz Morales), Óscar Manuel Cortés Cortés (90+2.Edgar Andrés Guerra Hernández). Trainer: Alberto Miguel Gamero Morillo.
Defensa y Justicia: Luis Ezequiel Unsain, Tomás Cardona Bernaschina, Ariel Agustín Sant'Anna Quintero, Alexis Nelson Nahuel Soto, Nazareno Fernández Colombo (76.Julián Malatini), Gabriel Gustavo Alanís (64.Tomás Lautaro Escalante), Kevin Facundo Gutiérrez, Julián Alejo López (64.Edwin Stiven Mosquera Palacios), David Matías Barbona, Nicolás Emanuel Fernández (76.Juan Bautista Miritello), Santiago Germán Solari Ferreyra (64.Gastón Alberto Togni). Trainer: Julio César Vaccari.
Goals: 1-0 Leonardo Fabio Castro Loaiza (59 penalty), 2-0 Leonardo Fabio Castro Loaiza (69), 3-0 David Macalister Silva Mosquera (72).

05.04.2023, Estádio "Raimundo Sampaio", Belo Horizonte; Attendance: 4,424
Referee: Guillermo Enrique Guerrero Alcívar (Ecuador)
América FC Belo Horizonte - CA Peñarol Montevideo   4-1(2-0)
América FC: Matheus Cavichioli, Marlon, Iago Maidana, Éder Ferreira, Arthur, Alê Egêa (67.Mateus Gonçalves), Martín Nicolás Benítez (46.Leandro Emmanuel Martínez), Juninho (66.Lucas Kal), Matheuzinho, Gonzalo Mathías Mastriani Borges (67.Wellington Paulista), Everaldo (82.Henrique Almeida). Trainer: Vágner Carmo Mancini.
Peñarol: Thiago Gastón Cardozo, Jorge Hernán Menosse Acosta, Lucas Camilo Hernández Perdomo, Léo Coelho, Pedro Milans Carámbula, Sebastián Javier Rodríguez Iriarte, Sebastián Carlos Cristóforo Pepe (67.Rodrigo Agustín Saravia Salvia), Alán Kevin Méndez Olivera (67.Diego Alejandro Rolán Silva), Santiago Damián Homenchenko Bianchi (58.Abel Mathías Hernández Platero), Douglas Matías Arezo Martínez, Nicolás Rossi Marachlian (58.Brian Nicolás Mansilla Islas). Trainer: Alfredo Carlos Arias Sánchez.
Goals: 1-0 Éder Ferreira (3), 2-0 Gonzalo Mathías Mastriani Borges (6), 3-0 Gonzalo Mathías Mastriani Borges (56), 4-0 Wellington Paulista (68), 4-1 Brian Nicolás Mansilla Islas (76).

19.04.2023, Estadio „ Norberto 'Tito' Tomaghello", Florencio Varela; Attendance: 5,926
Referee: Alexis Adrián Herrera Hernández (Venezuela)
CSD Defensa y Justicia Florencio Varela - América FC Belo Horizonte   2-1(0-0)
Defensa y Justicia: Luis Ezequiel Unsain, Nicolás Martín Tripichio (46.Julián Alejo López), Tomás Cardona Bernaschina, Ariel Agustín Sant'Anna Quintero, Alexis Nelson Nahuel Soto, Julián Malatini, Kevin Facundo Gutiérrez (90+1.Nazareno Fernández Colombo), David Matías Barbona (76.Tomás Lautaro Escalante), Nicolás Emanuel Fernández, Gastón Alberto Togni (90+1.Jorge Darío Cáceres Ovelar), Santiago Germán Solari Ferreyra (66.Gabriel Gustavo Alanís). Trainer: Julio César Vaccari.
América FC: Matheus Cavichioli, Nino Paraíba (86.Wellington Paulista), Ricardo Silva, Marlon, Éder Ferreira, Lucas Kal (75.Leandro Emmanuel Martínez), Alê Egêa, Juninho, Felipe Azevedo (56.Matheuzinho), Gonzalo Mathías Mastriani Borges (56.Aloísio), Everaldo (75.Adyson). Trainer: Vágner Carmo Mancini.
Goals: 1-0 Julián Alejo López (49), 2-0 Alexis Nelson Nahuel Soto (51), 2-1 Lucas Kal (63).

20.04.2023, Estadio Campeón del Siglo, Montevideo; Attendance: 18,885
Referee: Cristian Marcelo Garay Reyes (Chile)
CA Peñarol Montevideo - Millonarios FC Bogotá   0-2(0-0)
Peñarol: Thiago Gastón Cardozo, Jorge Hernán Menosse Acosta, Lucas Camilo Hernández Perdomo (81.Juan Manuel Ramos Pintos), Yonathan Nicolás Rak Barragán, Pedro Milans Carámbula, Sebastián Javier Rodríguez Iriarte (81.Diego Alejandro Rolán Silva), Alán Kevin Méndez Olivera (57.Nicolás Rossi Marachlian), Santiago Damián Homenchenko Bianchi (57.Carlos Andrés Sánchez Arcosa), Sergio Damián García Graña (78.Rodrigo Agustín Saravia Salvia), Abel Mathías Hernández Platero, Douglas Matías Arezo Martínez. Trainer: Alfredo Carlos Arias Sánchez.
Millonarios: Álvaro David Montero Perales, Elvis Yohan Perlaza Lara, Jorge Enrique Arias de la Hoz, Juan Pablo Vargas Campos, Andrés Llinás Montejo, Daniel Felipe Cataño Torres (90+2.Edgar Andrés Guerra Hernández), David Macalister Silva Mosquera (89.Stiven Vega Londoño), Daniel Eduardo Giraldo Cárdenas, Larry Vásquez Ortega, Leonardo Fabio Castro Loaiza (89.Jader Andrés Valencia Mena), Óscar Manuel Cortés Cortés (90+2.Jarrinson Yuber Quiñones Guerrero). Trainer: Alberto Miguel Gamero Morillo.
Goals: 0-1 Elvis Yohan Perlaza Lara (54), 0-2 Óscar Manuel Cortés Cortés (65).

03.05.2023, Estadio „Nemesio Camacho", Bogotá; Attendance: 25,877
Referee: Guillermo Enrique Guerrero Alcívar (Ecuador)
Millonarios FC Bogotá - América FC Belo Horizonte   1-1(1-1)
Millonarios: Álvaro David Montero Perales, Elvis Yohan Perlaza Lara, Jorge Enrique Arias de la Hoz, Juan Pablo Vargas Campos, Andrés Llinás Montejo, Daniel Felipe Cataño Torres (76.Jader Andrés Valencia Mena), David Macalister Silva Mosquera (90+2.Edgar Andrés Guerra Hernández), Daniel Eduardo Giraldo Cárdenas, Larry Vásquez Ortega, Leonardo Fabio Castro Loaiza (82.Fernando Uribe Hincapié), Óscar Manuel Cortés Cortés. Trainer: Alberto Miguel Gamero Morillo.
América FC: Matheus Cavichioli, Nino Paraíba, Ricardo Silva, Éder Ferreira, Nicolas (85.Iago Maidana), Alê Egêa (85.Danilo Avelar), Martín Nicolás Benítez (60.Leandro Emmanuel Martínez), Juninho, Aloísio (84.Lucas Kal), Felipe Azevedo (77.Gonzalo Mathías Mastriani Borges), Everaldo. Trainer: Vágner Carmo Mancini.
Goals: 1-0 Leonardo Fabio Castro Loaiza (16), 1-1 Felipe Azevedo (45+2).

04.05.2023, Estadio „ Norberto 'Tito' Tomaghello", Florencio Varela; Attendance: 7,354
Referee: José Ramón Argote Vega (Venezuela)
CSD Defensa y Justicia Florencio Varela - CA Peñarol Montevideo   4-1(2-0)
Defensa y Justicia: Luis Ezequiel Unsain, Tomás Cardona Bernaschina, Ariel Agustín Sant'Anna Quintero, Alexis Nelson Nahuel Soto, Nazareno Fernández Colombo, Gabriel Gustavo Alanís (24.Santiago Germán Solari Ferreyra), Kevin Facundo Gutiérrez (89.Julián Malatini), Julián Alejo López, David Matías Barbona (64.Tomás Lautaro Escalante), Nicolás Emanuel Fernández, Gastón Alberto Togni (89.Jorge Darío Cáceres Ovelar). Trainer: Julio César Vaccari.
Peñarol: Thiago Gastón Cardozo, Jorge Hernán Menosse Acosta, Matías Aguirregaray Guruceaga, Yonathan Nicolás Rak Barragán, Diego Valentín Rodríguez Alonso (84.Lucas Camilo Hernández Perdomo), Nahuel Herrera Viera (46.Rodrigo Agustín Saravia Salvia), Sebastián Javier Rodríguez Iriarte (84.Máximo David Alonso Fontes), Sebastián Carlos Cristóforo Pepe, Douglas Matías Arezo Martínez, Brian Nicolás Mansilla Islas (18.Alán Kevin Méndez Olivera), Bruno Emanuel Betancor Baeza (64.Abel Mathías Hernández Platero). Trainer: Alfredo Carlos Arias Sánchez.
Goals: 1-0 Ariel Agustín Sant'Anna Quintero (39), 2-0 Ariel Agustín Sant'Anna Quintero (45+1), 2-1 Sebastián Javier Rodríguez Iriarte (58), 3-1 Nicolás Emanuel Fernández (70), 4-1 Gastón Alberto Togni (80).

23.05.2023, Estádio "Raimundo Sampaio", Belo Horizonte; Attendance: 1,967
Referee: Ivo Nigel Méndez Chávez (Bolivia)
América FC Belo Horizonte - CSD Defensa y Justicia Florencio Varela   2-3(2-1)
América FC: Matheus Cavichioli, Ricardo Silva, Marlon (65.Everaldo), Nicolas, Júlio (77.Iago Maidana), Alê Egêa (72.Leandro Emmanuel Martínez), Martín Nicolás Benítez, Juninho, Mateus Henrique (65.Felipe Azevedo), Aloísio (72.Rodrigo Varanda), Gonzalo Mathías Mastriani Borges. Trainer: Vágner Carmo Mancini.
Defensa y Justicia: Luis Ezequiel Unsain, Tomás Cardona Bernaschina, Ariel Agustín Sant'Anna Quintero, Alexis Nelson Nahuel Soto, Julián Malatini, Gabriel Gustavo Alanís (85.Santiago Martín Ramos Mingo), Kevin Facundo Gutiérrez, Julián Alejo López, David Matías Barbona (69.Nicolás Martín Tripichio), Nicolás Emanuel Fernández (90.Juan Bautista Miritello), Gastón Alberto Togni (90.Santiago Germán Solari Ferreyra). Trainer: Julio César Vaccari.
Goals: 1-0 Martín Nicolás Benítez (11), 1-1 Gastón Alberto Togni (29), 2-1 Gonzalo Mathías Mastriani Borges (45), 2-2 Gastón Alberto Togni (46), 2-3 Julián Alejo López (69).

23.05.2023, Estadio „Nemesio Camacho", Bogotá
Referee: Alexis Adrián Herrera Hernández (Venezuela)
Millonarios FC Bogotá - CA Peñarol Montevideo   3-1(3-0)
Millonarios: Álvaro David Montero Perales, Elvis Yohan Perlaza Lara, Jorge Enrique Arias de la Hoz, Stiven Vega Londoño, Juan Pablo Vargas Campos (59.Omar Andrés Bertel Vergara), Andrés Llinás Montejo, David Macalister Silva Mosquera (89.Larry Vásquez Ortega), Daniel Eduardo Giraldo Cárdenas, Leonardo Fabio Castro Loaiza (68.Fernando Uribe Hincapié), Luis Andrés Paredes Bustamante (89.Edgar Andrés Guerra Hernández), Beckham David Castro Espinosa (69.Jarrinson Yuber Quiñones Guerrero). Trainer: Alberto Miguel Gamero Morillo.
Peñarol: Thiago Gastón Cardozo, Jorge Hernán Menosse Acosta, Léo Coelho (84.Yonathan Nicolás Rak Barragán), Juan Manuel Ramos Pintos (73.Santiago Nicolás Díaz Prado), Pedro Milans Carámbula, Sebastián Carlos Cristóforo Pepe (84.Matías Aguirregaray Guruceaga), Braulio Guisolfo López, Douglas Matías Arezo Martínez, Brian Nicolás Mansilla Islas (54.Diego Valentín Rodríguez Alonso), Máximo David Alonso Fontes (54.Nicolás Rossi Marachlian), Bruno Emanuel Betancor Baeza. Trainer: Alfredo Carlos Arias Sánchez.
Goals: 1-0 Jorge Enrique Arias de la Hoz (9), 2-0 Jorge Hernán Menosse Acosta (23 own goal), 3-0 Luis Andrés Paredes Bustamante (29), 3-1 Douglas Matías Arezo Martínez (49 penalty).

06.06.2023, Estadio Campeón del Siglo, Montevideo; Attendance: 5,162
Referee: Francisco Gilabert (Chile)
CA Peñarol Montevideo - CSD Defensa y Justicia Florencio Varela   0-3(0-1)
Peñarol: Thiago Gastón Cardozo, Jorge Hernán Menosse Acosta (85.Yonathan Nicolás Rak Barragán), Matías Aguirregaray Guruceaga, Léo Coelho, Juan Manuel Ramos Pintos, Carlos Andrés Sánchez Arcosa (62.Máximo David Alonso Fontes), Sebastián Javier Rodríguez Iriarte (69.Diego Alejandro Rolán Silva), Sebastián Carlos Cristóforo Pepe, Alán Kevin Méndez Olivera (46.Nicolás Rossi Marachlian), Rodrigo Agustín Saravia Salvia (69.Braulio Guisolfo López), Douglas Matías Arezo Martínez. Trainer: Alfredo Carlos Arias Sánchez.
Defensa y Justicia: Luis Ezequiel Unsain, Tomás Cardona Bernaschina, Ariel Agustín Sant'Anna Quintero, Alexis Nelson Nahuel Soto, Nazareno Fernández Colombo (81.Julián Malatini), Gabriel Gustavo Alanís (77.Santiago Germán Solari Ferreyra), Kevin Facundo Gutiérrez (90.Tomás Lautaro Escalante), Julián Alejo López (77.Nicolás Martín Tripichio), David Matías Barbona, Nicolás Emanuel Fernández (90.Juan Bautista Miritello), Gastón Alberto Togni. Trainer: Julio César Vaccari.
Goals: 0-1 Gastón Alberto Togni (42), 0-2 Nicolás Emanuel Fernández (50), 0-3 Santiago Germán Solari Ferreyra (87).

06.06.2023, Estádio "Raimundo Sampaio", Belo Horizonte; Attendance: 2,325
Referee: Guillermo Enrique Guerrero Alcívar (Ecuador)
América FC Belo Horizonte - Millonarios FC Bogotá   2-0(1-0)
América FC: Mateus Pasinato, Marlon (84.Nicolas), Iago Maidana, Júlio, Alê Egêa (84.Rodriguinho), Juninho, Mateus Henrique, Breno, Aloísio (59.Gonzalo Mathías Mastriani Borges), Wellington Paulista (59.Rodrigo Varanda), Everaldo (72.Leandro Emmanuel Martínez). Trainer: Vágner Carmo Mancini.
Millonarios: Álvaro David Montero Perales, Elvis Yohan Perlaza Lara, Juan Pablo Vargas Campos, Omar Andrés Bertel Vergara, Alex Fernando Moreno Paz, Daniel Felipe Cataño Torres (80.Jarrinson Yuber Quiñones Guerrero), Daniel Eduardo Giraldo Cárdenas (80.Juan Carlos Pereira Díaz), Larry Vásquez Ortega (80.Stiven Vega Londoño), Ramiro Alberto Brochero Vásquez (46.Beckham David Castro Espinosa), Luis Andrés Paredes Bustamante (46.Edgar Andrés Guerra Hernández), Óscar Manuel Cortés Cortés. Trainer: Alberto Miguel Gamero Morillo.
Goals: 1-0 Aloísio (40), 2-0 Breno (70).

29.06.2023, Estadio Centenario, Montevideo; Attendance: 4,658
Referee: Diego Mirko Haro Sueldo (Peru)
CA Peñarol Montevideo - América FC Belo Horizonte   1-2(1-0)
Peñarol: Thiago Gastón Cardozo, Jorge Hernán Menosse Acosta, Matías Aguirregaray Guruceaga (56.Joaquín Ferreira Padilla), Lucas Camilo Hernández Perdomo, Yonathan Nicolás Rak Barragán, Sebastián Javier Rodríguez Iriarte, Sebastián Carlos Cristóforo Pepe (67.Santiago Damián Homenchenko Bianchi), Alán Kevin Méndez Olivera (81.Máximo David Alonso Fontes), Sergio Damián García Graña, Douglas Matías Arezo Martínez (67.Abel Mathías Hernández Platero), Brian Nicolás Mansilla Islas (81.Matías Agustín Ferreira Correa). Trainer: Darío Octavio Rodríguez Peña.
América FC: Mateus Pasinato, Marlon, Éder Ferreira, Júlio, Alê Egêa, Martín Nicolás Benítez (66.Juninho), Leandro Emmanuel Martínez, Mateus Henrique (46.Danilo Avelar), Breno (76.Felipe Azevedo), Gonzalo Mathías Mastriani Borges (66.Aloísio), Everaldo (56.Rodrigo Varanda). Trainer: Vágner Carmo Mancini.
Goals: 1-0 Sebastián Javier Rodríguez Iriarte (28), 1-1 Danilo Avelar (78), 1-2 Juninho (88).

29.06.2023, Estadio „ Norberto 'Tito' Tomaghello", Florencio Varela; Attendance: 5,324
Referee: Cristian Marcelo Garay Reyes (Chile)
CSD Defensa y Justicia Florencio Varela - Millonarios FC Bogotá   3-1(2-1)
Defensa y Justicia: Luis Ezequiel Unsain, Nicolás Martín Tripichio (79.Julián Alejo López), Tomás Cardona Bernaschina, Ariel Agustín Sant'Anna Quintero, Alexis Nelson Nahuel Soto, Nazareno Fernández Colombo, Gabriel Gustavo Alanís (90+4.Tomás Lautaro Escalante), Kevin Facundo Gutiérrez (90+4.Julián Malatini), Nicolás Emanuel Fernández (90.Federico Versaci), Rodrigo Manuel Bogarín Giménez (79.Santiago Germán Solari Ferreyra), Gastón Alberto Togni. Trainer: Julio César Vaccari.
Millonarios: Álvaro David Montero Perales, Elvis Yohan Perlaza Lara, Jorge Enrique Arias de la Hoz, Stiven Vega Londoño (46.Larry Vásquez Ortega), Andrés Llinás Montejo, Omar Andrés Bertel Vergara (53.Israel Alba Marín), Daniel Felipe Cataño Torres, David Macalister Silva Mosquera (70.Beckham David Castro Espinosa), Daniel Eduardo Giraldo Cárdenas (90+5.Ramiro Alberto Brochero Vásquez), Fernando Uribe Hincapié (70.Luis Andrés Paredes Bustamante), Jader Andrés Valencia Mena. Trainer: Alberto Miguel Gamero Morillo.
Goals: 1-0 Nicolás Emanuel Fernández (3), 2-0 Nicolás Emanuel Fernández (13), 2-1 Daniel Felipe Cataño Torres (18), 3-1 Nicolás Emanuel Fernández (60).

FINAL STANDINGS

1.	**CSD Defensa y Justicia Florencio Varela**	6	5	0	1	15 - 8	15
2.	*América FC Belo Horizonte*	6	3	1	2	12 - 8	10
3.	Millonarios FC Bogotá	6	3	1	2	10 - 7	10
4.	CA Peñarol Montevideo	6	0	0	6	4 - 18	0

GROUP G

04.04.2023, Estádio "Hailé Pinheiro", Goiânia
Referee: José Cabero (Chile)
Goiás EC Goiânia - Club Independiente Santa Fe Bogotá   0-0
Goiás: Tadeu, Sidimar, Maguinho, Hugo, Edu (46.Lucas Halter), Willian Oliveira (79.Fellipe Bastos), Everton Morelli, Zé Ricardo, Diego Gonçalves (69.Diego), Alesson (79.Ariel), Philippe (69.Matheus Peixoto). Trainer: Augusto Sérgio Ferreira „Guto Ferreira".
Independiente Santa Fe: Juan Daniel Espitia Rodríguez, Dairon Mosquera Chaverra, Carlos Alberto Moreno Romaña, José Manuel Aja Livchich, Christian Camilo Marrugo Rodríguez (55.Neyder Stiven Moreno Betancur), Harold Andrés Rivera Chavarro (55.Jhojan Camilo Torres Guazá), Julián Camilo Millán Díaz (14.David Esteban Ramírez Pïsciotti), Iván Andrés Rojas Vásquez, Hugo Rodallega Martínez, Wilfrido de la Rosa Mendoza, José David Enamorado Gómez (87.Wilson David Morelo López). Trainer: Harold Rivera Roa.

05.04.2023, Estadio „Juan Carmelo Zerillo", La Plata; Attendance: 13,193
Referee: Andrés Matías Matonte Cabrera (Uruguay)
Club de Gimnasia y Esgrima La Plata - Club Universitario de Deportes Lima   0-1(0-0)
Gimnasia y Esgrima: Tomás Durso, Sandro Leonardo Morales, Matías Germán Melluso (88.Antonio Napolitano), Guillermo Nicolás Enrique (79.Bautista Barros Schelotto Suárez), Felipe Sánchez, Juan Ignacio Miramón, Tomás Ramiro Muro (57.Alan Alejandro Sosa), Alan Hernán Lescano, Cristian Alberto Tarragona (79.Ivo Mammini), Franco Soldano, Maximiliano Gabriel Comba (57.Carlos Nicolás Colazo). Trainer: Sebastián Ariel Romero.
Universitario: José Aurelio Carvallo Alonso, Aldo Sebastián Corzo Chávez, Williams Ismael Riveros Ibáñez, Matías Ezequiel Di Benedetto, Nelson Jhonny Luis Cabanillas Jésus (90+1.Jorge Salvador Murrugarra Torres), Martín Pérez Guedes, Rodrigo Andrés Ureña Reyes (75.Horacio Martín Calcaterra), Piero Aldair Quispe Córdova (90+1.Marco Antonio Saravia Antinori), Emanuel Herrera (64.Alexander Nasim Succar Cañote), Andy Jorman Polo Andrade, Luis Alfredo Urruti Giménez (63.Alfonso Daniel Barco Del Solar). Trainer: Jorge Daniel Fossati Lurachi (Uruguay).
Goal: 0-1 Alexander Nasim Succar Cañote (85 penalty).

18.04.2023, Estadio „Nemesio Camacho", Bogotá
Referee: Guillermo Enrique Guerrero Alcívar (Ecuador)
Club Independiente Santa Fe Bogotá - Club de Gimnasia y Esgrima La Plata   2-1(0-1)
Independiente Santa Fe: Juan Daniel Espitia Rodríguez, Fabián Alexis Viáfara Alarcón, Fabio Alejandro Delgado Tacán, David Esteban Ramírez Pïsciotti, Christian Camilo Marrugo Rodríguez (71.Fabián Héctor Sambueza [*sent off 90*]), Iván Andrés Rojas Vásquez (87.Wilson David Morelo López), Kevin Andrés Mantilla Camargo, Hugo Rodallega Martínez, Wilfrido de la Rosa Mendoza (71.Jersson David González Niño), José David Enamorado Gómez, Jhojan Camilo Torres Guazá (66.Jonathan Daniel Barboza Bonilla). Trainer: Harold Rivera Roa.
Gimnasia y Esgrima: Tomás Durso, Sandro Leonardo Morales (73.Diego Gonzalo Mastrángelo), Matías Germán Melluso, Bautista Barros Schelotto Suárez, Felipe Sánchez, Carlos Nicolás Colazo (73.Tomás Ramiro Muro), Agustín Gabriel Bolívar, Juan Ignacio Miramón, Alan Hernán Lescano (81.Antonio Napolitano), Cristian Alberto Tarragona, Franco Soldano (81.Maximiliano Gabriel Comba). Trainer: Sebastián Ariel Romero.
Goals: 0-1 Alan Hernán Lescano (41), 1-1 Kevin Andrés Mantilla Camargo (57), 2-1 Hugo Rodallega Martínez (90+6).

20.04.2023, Estadio Monumental, Lima; Attendance: 47,132
Referee: Gery Anthony Vargas Carreño (Bolivia)
Club Universitario de Deportes Lima - Goiás EC Goiânia   **2-2(0-0)**
Universitario: José Aurelio Carvallo Alonso, Aldo Sebastián Corzo Chávez (86.Alfonso Daniel Barco Del Solar), Williams Ismael Riveros Ibáñez, Matías Ezequiel Di Benedetto, Nelson Jhonny Luis Cabanillas Jésus, Martín Pérez Guedes (80.José Daniel Rivera Martínez), Rodrigo Andrés Ureña Reyes (86.Alexander Nasim Succar Cañote), Piero Aldair Quispe Córdova (63.Horacio Martín Calcaterra), Emanuel Herrera (63.Luis Alfredo Urruti Giménez), Andy Jorman Polo Andrade, Álex Eduardo Valera Sandoval. Trainer: Jorge Daniel Fossati Lurachi (Uruguay).
Goiás: Tadeu, Maguinho, Bruno Melo, Sander, Lucas Halter, Everton Morelli, Zé Ricardo (89.Sidimar), Julián Eduardo Palacios (79.Guilherme Marques), Vinícius (90+4.Alesson), Matheus Peixoto (78.Philippe), Diego (80.Bruno Santos). Trainer: Emerson Rodrigues Ávila.
Goals: 0-1 Everton Morelli (57), 0-2 Maguinho (65), 1-2 Williams Ismael Riveros Ibáñez (87), 2-2 Álex Eduardo Valera Sandoval (90+6).

04.05.2023, Estadio „Juan Carmelo Zerillo", La Plata; Attendance: 9,647
Referee: Luis Eduardo Quiroz Prado (Ecuador)
Club de Gimnasia y Esgrima La Plata - Goiás EC Goiânia   **0-2(0-0)**
Gimnasia y Esgrima: Nelson Federico Insfrán, Tomás Agustín Fernández, Guillermo Nicolás Enrique, Rodrigo Leonel Gallo, Diego Gonzalo Mastrángelo [*sent off 54*], Tomás Ramiro Muro (74.Leandro Juan Hugo Mamut), Alexis Steimbach, Alan Alejandro Sosa (80.Eric Iván Jesús Ramírez), Nicolás Agustín Sánchez (80.Juan Ignacio Miramón), Cristian Alberto Tarragona (75.Franco Soldano), Franco Ramón Torres (63.Ivo Mammini). Trainer: Sebastián Ariel Romero.
Goiás: Marcelo Rangel, Sidimar, Maguinho, Lucas Halter, Hugo (90+4.Sander), Fellipe Bastos (75.Guilherme Marques), Jhonny Lucas (46.Everton Morelli), Zé Ricardo, Julián Eduardo Palacios (75.Apodi), Vinícius (86.Matheuzinho), Matheus Peixoto. Trainer: Emerson Rodrigues Ávila.
Goals: 0-1 Vinícius (55 penalty), 0-2 Matheus Peixoto (82 penalty).

04.05.2023, Estadio Monumental, Lima; Attendance: 48,391
Referee: Gustavo Adrián Tejera Capo (Uruguay)
Club Universitario de Deportes Lima - Club Independiente Santa Fe Bogotá   **2-0(1-0)**
Universitario: José Aurelio Carvallo Alonso, Aldo Sebastián Corzo Chávez, Williams Ismael Riveros Ibáñez, Matías Ezequiel Di Benedetto, Nelson Jhonny Luis Cabanillas Jésus (85.José Vidal Bolívar Ormeño), Martín Pérez Guedes (84.Jorge Salvador Murrugarra Torres), Horacio Martín Calcaterra (63.Yuriel Darío Celi Guerrero), Rodrigo Andrés Ureña Reyes, Emanuel Herrera (63.José Daniel Rivera Martínez), Andy Jorman Polo Andrade, Álex Eduardo Valera Sandoval (85.Alfonso Daniel Barco Del Solar). Trainer: Jorge Daniel Fossati Lurachi (Uruguay).
Independiente Santa Fe: Juan Daniel Espitia Rodríguez, Fabián Alexis Viáfara Alarcón (46.Juan Daniel Roa Reyes), Fabio Alejandro Delgado Tacán (46.Dubán Felipe Palacio Mosquera), David Esteban Ramírez Pisciotti, Christian Camilo Marrugo Rodríguez (66.Wilson David Morelo López), Iván Andrés Rojas Vásquez (86.Harold Andrés Rivera Chavarro), Kevin Andrés Mantilla Camargo, Hugo Rodallega Martínez, Wilfrido de la Rosa Mendoza (46.Jersson David González Niño), José David Enamorado Gómez, Jhojan Camilo Torres Guazá. Trainer: Harold Rivera Roa.
Goals: 1-0 Emanuel Herrera (11), 2-0 Matías Ezequiel Di Benedetto (66).

23.05.2023, Estadio „Juan Carmelo Zerillo", La Plata; Attendance: 8,441
Referee: Ángel Antonio Arteaga Cabriales (Venezuela)
Club de Gimnasia y Esgrima La Plata - Club Independiente Santa Fe Bogotá   1-0(0-0)
Gimnasia y Esgrima: Tomás Durso, Sandro Leonardo Morales, Matías Germán Melluso, Bautista Barros Schelotto Suárez, Felipe Sánchez [*sent off 45+1*], Agustín Gabriel Bolívar (63.Antonio Napolitano), Leandro Juan Hugo Mamut (46.Bruno Palazzo), Franco Soldano (63.Franco Ramón Torres), Eric Iván Jesús Ramírez (77.Tomás Ramiro Muro), Maximiliano Gabriel Comba (63.Alan Hernán Lescano), Ivo Mammini. Trainer: Sebastián Ariel Romero.
Independiente Santa Fe: Juan Daniel Espitia Rodríguez, Dairon Mosquera Chaverra, José Manuel Aja Livchich, Marlon Aldair Torres Obeso, Juan Daniel Roa Reyes [*sent off 90+1 on the bench*] (81.Fabián Alexis Viáfara Alarcón), Jonathan Daniel Barboza Bonilla, Iván Andrés Rojas Vásquez, Jersson David González Niño (55.Neyder Stiven Moreno Betancur), Hugo Rodallega Martínez (88.Jeferson Rivas Tirado), Wilson David Morelo López [*sent off 42*], José David Enamorado Gómez.
Trainer: Gerardo Alberto Bedoya Múnera.
Goal: 1-0 Franco Ramón Torres (90+2).

23.05.2023, Estádio "Hailé Pinheiro", Goiânia; Attendance: 9,435
Referee: Guillermo Enrique Guerrero Alcívar (Ecuador)
Goiás EC Goiânia - Club Universitario de Deportes Lima   1-0(0-0)
Goiás: Tadeu, Sidimar, Bruno Melo, Bruno Santos (70.Apodi), Hugo (46.Sander), Edu (46.Julián Eduardo Palacios), Willian Oliveira, Felipe Ferreira (46.Diego), Zé Ricardo, Alesson, Philippe (79.Novaes). Trainer: Emerson Rodrigues Ávila.
Universitario: José Aurelio Carvallo Alonso, Aldo Sebastián Corzo Chávez (90+3.José Daniel Rivera Martínez), Williams Ismael Riveros Ibáñez, Matías Ezequiel Di Benedetto, Nelson Jhonny Luis Cabanillas Jésus, Martín Pérez Guedes (71.Alfonso Daniel Barco Del Solar), Horacio Martín Calcaterra (71.Piero Aldair Quispe Córdova), Rodrigo Andrés Ureña Reyes, Emanuel Herrera (59.Luis Alfredo Urruti Giménez), Andy Jorman Polo Andrade, Álex Eduardo Valera Sandoval (90+3.Alexander Nasim Succar Cañote). Trainer: Jorge Daniel Fossati Lurachi (Uruguay).
Goal: 1-0 Apodi (89).

08.06.2023, Estádio "Hailé Pinheiro", Goiânia; Attendance: 7,928
Referee: Ivo Nigel Méndez Chávez (Bolivia)
Goiás EC Goiânia - Club de Gimnasia y Esgrima La Plata   0-0
Goiás: Tadeu, Sidimar, Maguinho, Bruno Santos, Hugo, Edu, Guilherme Marques (64.Ariel [*sent off 66*]), Everton Morelli (81.Felipe Ferreira), Jhonny Lucas (71.Apodi), Alesson (81.Matheuzinho), Novaes (65.Lucas Emmanuel). Trainer: Emerson Rodrigues Ávila.
Gimnasia y Esgrima: Tomás Durso, Sandro Leonardo Morales, Matías Germán Melluso (81.Elías Agustín Ramírez), Guillermo Nicolás Enrique, Diego Gonzalo Mastrángelo, Antonio Napolitano (81.Alan Hernán Lescano), Juan Ignacio Miramón, Alexis Steimbach (68.Carlos Nicolás Colazo), Cristian Alberto Tarragona, Maximiliano Gabriel Comba (68.Franco Soldano), Franco Ramón Torres (69.Benjamín Domínguez). Trainer: Sebastián Ariel Romero.

08.06.2023, Estadio „Nemesio Camacho", Bogotá; Attendance: 9,863
Referee: Felipe Andrés González Alveal (Chile)
Club Independiente Santa Fe Bogotá - Club Universitario de Deportes Lima   2-0(1-0)
Independiente Santa Fe: Juan Daniel Espitia Rodríguez, Dairon Mosquera Chaverra, Fabián Alexis Viáfara Alarcón, José Manuel Aja Livchich, Marlon Aldair Torres Obeso, Harold Andrés Rivera Chavarro (46.Neyder Stiven Moreno Betancur), Jonathan Daniel Barboza Bonilla (85.Jhojan Camilo Torres Guazá), Fabián Héctor Sambueza (85.David Esteban Ramírez Písciotti), Iván Andrés Rojas Vásquez, Hugo Rodallega Martínez (90+4.Juan Camilo Aristizábal Gómez), Wilfrido de la Rosa Mendoza (71.Dubán Felipe Palacio Mosquera). Trainer: Gerardo Alberto Bedoya Múnera.
Universitario: José Aurelio Carvallo Alonso, Aldo Sebastián Corzo Chávez, Williams Ismael Riveros Ibáñez, Marco Antonio Saravia Antinori, Nelson Jhonny Luis Cabanillas Jésus *[sent off 12]*, Martín Pérez Guedes, Horacio Martín Calcaterra (67.Piero Aldair Quispe Córdova), Rodrigo Andrés Ureña Reyes (67.Alfonso Daniel Barco Del Solar), Andy Jorman Polo Andrade (46.Hugo Axell Ancajima Effio), Luis Alfredo Urruti Giménez (22.José Vidal Bolívar Ormeño), Álex Eduardo Valera Sandoval (85.Alexander Nasim Succar Cañote). Trainer: Jorge Daniel Fossati Lurachi (Uruguay).
Goals: 1-0 Hugo Rodallega Martínez (27), 2-0 Neyder Stiven Moreno Betancur (78).

28.06.2023, Estadio „Nemesio Camacho", Bogotá; Attendance: 16,945
Referee: Leodán Franklin González Cabrera (Uruguay)
Club Independiente Santa Fe Bogotá - Goiás EC Goiânia   1-2(0-1)
Independiente Santa Fe: Juan Daniel Espitia Rodríguez, Dairon Mosquera Chaverra, Fabián Alexis Viáfara Alarcón, José Manuel Aja Livchich, David Esteban Ramírez Písciotti, Christian Camilo Marrugo Rodríguez (70.Harold Andrés Rivera Chavarro), Jonathan Daniel Barboza Bonilla (53.Jhojan Camilo Torres Guazá), Fabián Héctor Sambueza, Iván Andrés Rojas Vásquez (88.Dubán Felipe Palacio Mosquera), Hugo Rodallega Martínez, Wilfrido de la Rosa Mendoza (46.José David Enamorado Gómez). Trainer: Gerardo Alberto Bedoya Múnera.
Goiás: Tadeu, Bruno Melo, Bruno Santos (59.Maguinho), Lucas Halter, Hugo (69.Sander), Guilherme Marques (69.Everton Morelli), Willian Oliveira, Zé Ricardo, Julián Eduardo Palacios (59.Alesson), Diego Gonçalves (69.Matheus Peixoto), Matheuzinho. Trainer: Armando Evangelista.
Goals: 0-1 Guilherme Marques (24), 1-1 Hugo Rodallega Martínez (72), 1-2 Matheuzinho (90+5).

28.06.2023, Estadio Monumental, Lima; Attendance: 50,056
Referee: Esteban Daniel Ostojich Vega (Uruguay)
Club Universitario de Deportes Lima - Club de Gimnasia y Esgrima La Plata   1-0(1-0)
Universitario: José Aurelio Carvallo Alonso *[sent off 90+9]*, Aldo Sebastián Corzo Chávez, Williams Ismael Riveros Ibáñez, Matías Ezequiel Di Benedetto, José Vidal Bolívar Ormeño, Martín Pérez Guedes, Marco Antonio Saravia Antinori, Alfonso Daniel Barco Del Solar (61.Jorge Salvador Murrugarra Torres), Piero Aldair Quispe Córdova (84.Luis Alfredo Urruti Giménez), Emanuel Herrera (62.Horacio Martín Calcaterra), Andy Jorman Polo Andrade, Álex Eduardo Valera Sandoval (90.Alexander Nasim Succar Cañote). Trainer: Jorge Daniel Fossati Lurachi (Uruguay). *Please note: Roberto Siucho Neira were sent of on the bench (90+9).*
Gimnasia y Esgrima: Tomás Durso *[sent off 90+9]*, Sandro Leonardo Morales *[sent off 90+9]*, Bautista Barros Schelotto Suárez (66.Guillermo Nicolás Enrique), Diego Gonzalo Mastrángelo, Carlos Nicolás Colazo (85.Eric Iván Jesús Ramírez *[sent off 90+9]*), Antonio Napolitano (66.Franco Ramón Torres *[sent off 90+8]*), Juan Ignacio Miramón *[sent off 71]*, Alan Hernán Lescano, Cristian Alberto Tarragona *[sent off 90+9]*, Franco Soldano (75.Ivo Mammini), Benjamín Domínguez (86.Elías Agustín Ramírez *[sent off 90+9]*). Trainer: Sebastián Ariel Romero. *Please note: Nelson Federico Insfrán were sent of on the bench (90+9).*
Goal: 1-0 Piero Aldair Quispe Córdova (40).

FINAL STANDINGS

1. Goiás EC Goiânia	6	3	3	0	7	-	3	12
2. *Club Universitario de Deportes Lima*	6	3	1	2	6	-	5	10
3. Club Independiente Santa Fe Bogotá	6	2	1	3	5	-	6	7
4. Club de Gimnasia y Esgrima La Plata	6	1	1	4	2	-	6	4

GROUP H

04.04.2023, Estadio Metropolitano, Mérida; Attendance: 15,604
Referee: Roberto Paul Sánchez Rodríguez (Ecuador)
Estudiantes de Mérida FC - CA San Lorenzo de Almagro   0-1(0-1)
Estudiantes: Beycker Eduardo Velásquez Ortega, Juan Carlos Medina Pérez (18.Anthony Gabriel Matos Rivero), Marcel Daniel Guaramato García (46.Néstor Eduardo Canelón Gil), Edison José Penilla Herrera, José Alexis Doldán Aquino, Jesús Javier Gómez Mercado, Cristian Leonardo Flores Calderón (46.Wilfredo Daniel Peña Peña), Jorge Alberto Páez Santamaria (72.Guilmer Ángel Giro Mendoza), Aarón David Rodríguez Pérez, Ervin Vladimir Zorrilla Pérez, Junior José Paredes Jaspe (81.Luis Alejandro Arenas Martínez). Trainer: José Alí Cañas Navas.
San Lorenzo: Augusto Martín Batalla Barga, Rafael Enrique Pérez Almeida, Federico Agustín Gattoni, Gastón Alan Hernández, Agustín Giay (58.Gonzalo Luján Melli), Carlos Alberto Sánchez Moreno [sent off 7], Jalil Juan José Elías, Agustín Alberto Martegani (11.Cristian Nahuel Barrios), Iván Ezequiel Leguizamón (74.Ezequiel Osvaldo Cerutti), Andrés Vombergar (74.Gastón Matías Campi), Malcom Nahuel Braida. Trainer: Rubén Darío Insúa Carballa.
Goal: 0-1 Federico Agustín Gattoni (33).

05.04.2023, Estádio "Governador Plácido Aderaldo Castelo", Fortaleza; Attendance: 26,073
Referee: Jhon Alexander Hinestroza Romaña (Colombia)
Fortaleza EC - CD Palestino Santiago   4-0(1-0)
Fortaleza: Fernando Miguel, Titi, Emanuel Brítez, Dudu (84.Tinga), Yago Pikachu (74.Tomás Pochettino), José Welison, Lucas Crispim, Calebe (74.Hércules), Caio Alexandre, Thiago Galhardo (60.Juan Martín Lucero), Guilherme (61.Moisés). Trainer: Juan Pablo Vojvoda Rizzo (Argentina).
Palestino: César Pablo Rigamonti, Cristián Fernando Suárez Figueroa, Fernando Nicolás Meza, Dilan Patricio Zúñiga Espinoza, Benjamin Ignacio Rojas Ferrera (76.Maicol Andrés León Muñoz), Carlos Agustín Farías, Misael Aldair Dávila Carvajal, Fernando Nicolás Cornejo Miranda (58.Nicolás Alonso Meza Muñoz), Bryan Paul Carrasco Santos (58.Ariel Elías Martínez Arce), Jonathan Óscar Benítez (68.Bryan Alfonso Véjar Utreras), Bruno Barticciotto dí Bartolo. Trainer: Pablo Andrés Sánchez (Argentina).
Goals: 1-0 Thiago Galhardo (4), 2-0 Tomás Pochettino (75), 3-0 Juan Martín Lucero (90+1), 4-0 Tomás Pochettino (90+4).

18.04.2023, Estadio El Teniente, Rancagua; Attendance: 1,628
Referee: Michael Espinoza Valles (Peru)
CD Palestino Santiago - Estudiantes de Mérida FC   1-0(0-0)
Palestino: César Pablo Rigamonti (70.Gonzalo Antonio Collao Villegas), Cristián Fernando Suárez Figueroa, Fernando Nicolás Meza, Benjamin Ignacio Rojas Ferrera, Carlos Agustín Farías [sent off 90+4], Misael Aldair Dávila Carvajal (87.Bryan Alfonso Véjar Utreras), Ariel Elías Martínez Arce (87.Nicolás Alonso Meza Muñoz), Fernando Nicolás Cornejo Miranda, Bryan Paul Carrasco Santos (70.Maicol Andrés León Muñoz), Jonathan Óscar Benítez (63.Bruno Barticciotto dí Bartolo), Maximiliano Nahuel Salas. Trainer: Pablo Andrés Sánchez (Argentina).
Estudiantes: Beycker Eduardo Velásquez Ortega, Marcel Daniel Guaramato García (76.Néstor Eduardo Canelón Gil), Anthony Gabriel Matos Rivero, Edison José Penilla Herrera, José Alexis Doldán Aquino, Jesús Javier Gómez Mercado (76.Ayrton Andrés Páez Yepez), Cristian Leonardo Flores Calderón (46.Jorge Alberto Páez Santamaria), Wilfredo Daniel Peña Peña (58.Luis Alejandro Arenas Martínez), Aarón David Rodríguez Pérez, Ervin Vladimir Zorrilla Pérez, Junior José Paredes Jaspe [sent off 82]. Trainer: José Alí Cañas Navas.
Goal: 1-0 Misael Aldair Dávila Carvajal (53).

20.04.2023, Estadio „Pedro Bidegain", Buenos Aires; Attendance: 14,222
Referee: Esteban Daniel Ostojich Vega (Uruguay)
CA San Lorenzo de Almagro - Fortaleza EC   **0-2(0-0)**
San Lorenzo: Augusto Martín Batalla Barga, Rafael Enrique Pérez Almeida, Federico Agustín Gattoni, Gastón Alan Hernández, Agustín Giay (82.Gonzalo Maroni), Jalil Juan José Elías, Francisco Perruzzi, Adam Fernando Bareiro Gamarra (61.Iván Ezequiel Leguizamón), Andrés Vombergar (82.Nicolás Blandi), Cristian Nahuel Barrios, Malcom Nahuel Braida. Trainer: Rubén Darío Insúa Carballa.
Fortaleza: Fernando Miguel, Titi, Bruno Pacheco, Emanuel Brítez, Tinga, Lucas Sasha (60.Hércules), Yago Pikachu (85.José Welison), Tomás Pochettino (59.Calebe), Caio Alexandre, Juan Martín Lucero (18.Silvio Ezequiel Romero), Moisés (84.Guilherme). Trainer: Juan Pablo Vojvoda Rizzo (Argentina).
Goals: 0-1 Augusto Martín Batalla Barga (90 own goal), 0-2 Guilherme (90+2).

03.05.2023, Estadio El Teniente, Rancagua; Attendance: 1,772
Referee: Carlos Andres Betancur Gutiérrez (Colombia)
CD Palestino Santiago - CA San Lorenzo de Almagro   **0-0**
Palestino: César Pablo Rigamonti, Cristián Fernando Suárez Figueroa, Benjamin Ignacio Rojas Ferrera, Antonio Alejandro Ceza Gavilán, Misael Aldair Dávila Carvajal, Ariel Elías Martínez Arce, Bryan Alfonso Véjar Utreras, Fernando Nicolás Cornejo Miranda (86.Maicol Andrés León Muñoz), Bryan Paul Carrasco Santos (68.Bruno Barticciotto dí Bartolo), Jonathan Óscar Benítez (90+1.Felipe Sebastián Chamorro Aspe), Maximiliano Nahuel Salas. Trainer: Pablo Andrés Sánchez (Argentina).
San Lorenzo: Augusto Martín Batalla Barga, Rafael Enrique Pérez Almeida, Federico Agustín Gattoni [sent off 73], Gastón Alan Hernández, Agustín Giay (58.Ezequiel Osvaldo Cerutti), Jalil Juan José Elías, Iván Ezequiel Leguizamón (46.Agustín Alberto Martegani), Adam Fernando Bareiro Gamarra (75.Gastón Matías Campi), Andrés Vombergar, Cristian Nahuel Barrios (58.Gonzalo Luján Melli), Malcom Nahuel Braida. Trainer: Rubén Darío Insúa Carballa.

04.05.2023, Estádio "Governador Plácido Aderaldo Castelo", Fortaleza; Attendance: 28,534
Referee: Jhon Alexander Hinestroza Romaña (Colombia)
Fortaleza EC - Estudiantes de Mérida FC   **6-1(2-1)**
Fortaleza: Fernando Miguel, Titi, Bruno Pacheco, Tinga, Marcelo Benevenuto (60.Emanuel Brítez), Yago Pikachu, José Welison, Tomás Pochettino (56.Calebe), Caio Alexandre (80.Vinicius Zanocelo), Thiago Galhardo (80.Silvio Ezequiel Romero), Guilherme (55.Moisés). Trainer: Juan Pablo Vojvoda Rizzo (Argentina).
Estudiantes: Beycker Eduardo Velásquez Ortega, Marcel Daniel Guaramato García (80.Rafael José Castrillo Belisario), Anthony Gabriel Matos Rivero, Edison José Penilla Herrera, José Alexis Doldán Aquino, Jesús Javier Gómez Mercado (73.Cristian Leonardo Flores Calderón), Sebastián Augusto Uzcátegui Jaen (46.Jorge Alberto Páez Santamaria), Aarón David Rodríguez Pérez, Néstor Eduardo Canelón Gil (73.Wilfredo Daniel Peña Peña), Antony José Medrano Fuentes (46.Ervin Vladimir Zorrilla Pérez), Luis Alejandro Arenas Martínez. Trainer: José Alí Cañas Navas.
Goals: 1-0 Yago Pikachu (29 penalty), 2-0 José Welison (43), 2-1 Luis Alejandro Arenas Martínez (45+5), 3-1 Thiago Galhardo (72 penalty), 4-1 Calebe (76), 5-1 Moisés (86), 6-1 Silvio Ezequiel Romero (90+1).

24.05.2023, Estádio "Governador Plácido Aderaldo Castelo", Fortaleza
Referee: Gustavo Adrián Tejera Capo (Uruguay)
Fortaleza EC - CA San Lorenzo de Almagro **3-2(2-1)**
Fortaleza: João Ricardo, Titi, Emanuel Brítez, Tinga, Dudu (81.Yago Pikachu), José Welison, Tomás Pochettino (63.Thiago Galhardo), Calebe (82.Marcelo Benevenuto), Caio Alexandre (75.Hércules), Silvio Ezequiel Romero (74.Juan Martín Lucero), Moisés. Trainer: Juan Pablo Vojvoda Rizzo (Argentina).
San Lorenzo: Augusto Martin Batalla Barga, Rafael Enrique Pérez Almeida, Gastón Matías Campi, Gonzalo Luján Melli (82.Daniel Ezequiel Herrera), Carlos Alberto Sánchez Moreno, Jalil Juan José Elías, Gonzalo Maroni (71.Elián Mateo Irala), Francisco Perruzzi (46.Andrés Vombergar), Nicolás Blandi (46.Iván Ezequiel Leguizamón), Adam Fernando Bareiro Gamarra, Malcom Nahuel Braida. Trainer: Rubén Darío Insúa Carballa.
Goals: 1-0 Gonzalo Luján Melli (17 own goal), 1-1 Gonzalo Maroni (20), 2-1 Silvio Ezequiel Romero (25), 2-2 Gonzalo Maroni (56), 3-2 Yago Pikachu (90+7 penalty).

25.05.2023, Estadio Metropolitano, Mérida
Referee: Augusto Bergelio Aragón Bautista (Ecuador)
Estudiantes de Mérida FC - CD Palestino Santiago **1-5(1-2)**
Estudiantes: Beycker Eduardo Velásquez Ortega, Omar Alberto Labrador Gutiérrez, Marcel Daniel Guaramato García, Edison José Penilla Herrera [*sent off 45+4*], José Alexis Doldán Aquino, Cristian Leonardo Flores Calderón (64.Aarón David Rodríguez Pérez), Jorge Alberto Páez Santamaria, Ervin Vladimir Zorrilla Pérez, Néstor Eduardo Canelón Gil (46.Javier Alejandro Márquez Torres), Junior José Paredes Jaspe (64.Jesús Javier Gómez Mercado), Luis Alejandro Arenas Martínez. Trainer: José Alí Cañas Navas.
Palestino: César Pablo Rigamonti, Cristián Fernando Suárez Figueroa, Fernando Nicolás Meza, Benjamin Ignacio Rojas Ferrera, Carlos Agustín Farías, Misael Aldair Dávila Carvajal, Bryan Alfonso Véjar Utreras (85.Alan Tomás Riquelme Ormazábal), Fernando Nicolás Cornejo Miranda (85.Maicol Andrés León Muñoz), Nicolás Alonso Meza Muñoz (62.Jonathan Óscar Benítez), Bryan Paul Carrasco Santos (90.Martín Ignacio Araya Vera), Bruno Barticciotto dí Bartolo. Trainer: Pablo Andrés Sánchez (Argentina).
Goals: 0-1 Bryan Paul Carrasco Santos (24 penalty), 0-2 Bruno Barticciotto dí Bartolo (26), 1-2 Luis Alejandro Arenas Martínez (33), 1-3 Bryan Paul Carrasco Santos (69), 1-4 Carlos Agustín Farías (73), 1-5 José Alexis Doldán Aquino (82 own goal).

06.06.2023, Estadio Metropolitano, Mérida; Attendance: 576
Referee: Jhon Alexander Hinestroza Romaña (Colombia)
Estudiantes de Mérida FC - Fortaleza EC **1-0(0-0)**
Estudiantes: Beycker Eduardo Velásquez Ortega, Marcel Daniel Guaramato García, José Alexis Doldán Aquino, Javier Alejandro Márquez Torres, Devinson Rafael Martínez Daboin, Jesús Javier Gómez Mercado (58.Ayrton Andrés Páez Yepez), Jorge Alberto Páez Santamaria (88.Cristian Leonardo Flores Calderón), Aarón David Rodríguez Pérez (70.Wilken Samir Ramírez Holguín), Ervin Vladimir Zorrilla Pérez (88.Rafael José Castrillo Belisario), Néstor Eduardo Canelón Gil (58.Wilfredo Daniel Peña Peña), Junior José Paredes Jaspe. Trainer: Franklin José Lucena Peña.
Fortaleza: João Ricardo, Titi, Marcelo Benevenuto, Dudu, Lucas Sasha (63.Juan Martín Lucero), Yago Pikachu, José Welison (80.Hércules), Lucas Crispim, Calebe (72.Alexsandro Amorim), Vinicius Zanocelo (64.Tomás Pochettino), Silvio Ezequiel Romero (63.Thiago Galhardo). Trainer: Juan Pablo Vojvoda Rizzo (Argentina).
Goal: 1-0 Ervin Vladimir Zorrilla Pérez (62).

08.06.2023, Estadio „Pedro Bidegain", Buenos Aires; Attendance: 14,110
Referee: Diego Mirko Haro Sueldo (Peru)
CA San Lorenzo de Almagro - CD Palestino Santiago   0-0
San Lorenzo: Augusto Martín Batalla Barga, Rafael Enrique Pérez Almeida, Federico Agustín Gattoni, Gastón Alan Hernández, Agustín Giay (46.Gonzalo Luján Melli; 77.Ezequiel Osvaldo Cerutti [*sent off 86*]), Jalil Juan José Elías, Gonzalo Maroni (46.Agustín Alberto Martegani), Nicolás Blandi (46.Adam Fernando Bareiro Gamarra), Andrés Vombergar (57.Iván Ezequiel Leguizamón), Cristian Nahuel Barrios, Malcom Nahuel Braida. Trainer: Rubén Darío Insúa Carballa.
Palestino: César Pablo Rigamonti, Cristián Fernando Suárez Figueroa, Fernando Nicolás Meza, Benjamin Ignacio Rojas Ferrera (60.Dilan Patricio Zúñiga Espinoza), Carlos Agustín Farías, Misael Aldair Dávila Carvajal, Bryan Alfonso Véjar Utreras, Fernando Nicolás Cornejo Miranda (77.Nicolás Alonso Meza Muñoz), Bryan Paul Carrasco Santos (67.Jonathan Óscar Benítez), Maximiliano Nahuel Salas, Bruno Barticciotto dí Bartolo. Trainer: Pablo Andrés Sánchez (Argentina).

27.06.2023, Estadio „Pedro Bidegain", Buenos Aires; Attendance: 10,088
Referee: Gery Anthony Vargas Carreño (Bolivia)
CA San Lorenzo de Almagro - Estudiantes de Mérida FC   4-1(1-1)
San Lorenzo: Augusto Martín Batalla Barga, Rafael Enrique Pérez Almeida, Federico Agustín Gattoni, Gastón Alan Hernández, Agustín Giay (46.Nicolás Blandi), Jalil Juan José Elías, Agustín Alberto Martegani (62.Gonzalo Maroni), Iván Ezequiel Leguizamón (75.Gonzalo Luján Melli), Adam Fernando Bareiro Gamarra, Cristian Nahuel Barrios (86.Francisco Perruzzi), Malcom Nahuel Braida. Trainer: Rubén Darío Insúa Carballa.
Estudiantes: Beycker Eduardo Velásquez Ortega, Marcel Daniel Guaramato García, Anthony Gabriel Matos Rivero, Javier Alejandro Márquez Torres, Devinson Rafael Martínez Daboin, Jesús Javier Gómez Mercado (63.Jorge Alberto Páez Santamaria), Wilfredo Daniel Peña Peña (78.Ayrton Andrés Páez Yepez), Wilken Samir Ramírez Holguín, Aarón David Rodríguez Pérez (78.Cristian Leonardo Flores Calderón), Néstor Eduardo Canelón Gil (64.Ervin Vladimir Zorrilla Pérez), Luis Alejandro Arenas Martínez (78.Rafael José Castrillo Belisario). Trainer: Franklin José Lucena Peña.
Goals: 0-1 Luis Alejandro Arenas Martínez (3), 1-1 Adam Fernando Bareiro Gamarra (45+4 penalty), 2-1 Adam Fernando Bareiro Gamarra (55), 3-1 Malcom Nahuel Braida (70), 4-1 Cristian Nahuel Barrios (71).

27.06.2023, Estadio El Teniente, Rancagua; Attendance: 871
Referee: Carlos Arturo Ortega Jaimes (Colombia)
CD Palestino Santiago - Fortaleza EC   1-2(0-1)
Palestino: César Pablo Rigamonti, Cristián Fernando Suárez Figueroa, Dilan Patricio Zúñiga Espinoza, Antonio Alejandro Ceza Gavilán, Carlos Agustín Farías, Misael Aldair Dávila Carvajal, Bryan Alfonso Véjar Utreras, Fernando Nicolás Cornejo Miranda (77.Jonathan Óscar Benítez), Bryan Paul Carrasco Santos, Maximiliano Nahuel Salas, Bruno Barticciotto dí Bartolo. Trainer: Pablo Andrés Sánchez (Argentina).
Fortaleza: João Ricardo, Titi, Emanuel Brítez, Marcelo Benevenuto, Lucas Sasha (65.Tomás Pochettino), Yago Pikachu, Lucas Crispim (88.Bruno Pacheco), Calebe (73.Juan Martín Lucero), Caio Alexandre, Silvio Ezequiel Romero (73.Thiago Galhardo), Guilherme (65.Hércules). Trainer: Juan Pablo Vojvoda Rizzo (Argentina).
Goals: 0-1 Lucas Crispim (20), 0-2 Juan Martín Lucero (74), 1-2 Carlos Agustín Farías (76).

FINAL STANDINGS

1.	**Fortaleza EC**	6	5	0	1	17 - 5	15
2.	*CA San Lorenzo de Almagro*	6	2	2	2	7 - 6	8
3.	CD Palestino Santiago	6	2	2	2	7 - 7	8
4.	Estudiantes de Mérida FC	6	1	0	5	4 - 17	3

KNOCK-OUT ROUND PLAY-OFFS

11.07.2023, Estadio Monumental Isidro Romero Carbo, Guayaquil; Attendance: 4,931
Referee: Gustavo Adrián Tejera Capo (Uruguay)
Barcelona SC Guayaquil - Club Estudiantes de La Plata   2-1(1-1)
Barcelona: Javier Nicolás Burrai, Luca Alexander Sosa, Pedro Pablo Perlaza Caicedo (88.Carlos Emilio Rodríguez Rodríguez), Joshué Jampier Quiñónez Rodríguez, Fernando Vicente Gaibor Orellana (79.Bruno Piñatares Prieto), Fidel Francisco Martínez Tenorio (68.Adonis Stalin Preciado Quintero), Janner Hitcler Corozo Alman, Leonai Souza, Jonathan Jesús Bauman (68.Damián Rodrigo Díaz), Francisco David Fydriszewski (79.Germán Agustín Rodríguez Rosano), Segundo Arlen Portocarrero Rodríguez. Trainer: Segundo Alejandro Castillo Nazareno.
Estudiantes: Mariano Gonzalo Andújar, Mauricio Luciano Lollo, Leonardo Ezequiel Godoy, Juan Cruz Guasone, Gastón Benedetti Taffarel, Santiago Misael Núñez (46.Ezequiel Matías Muñoz), Jorge Agustín Rodríguez, Santiago Lionel Ascacíbar, Guido Marcelo Carrillo (75.Mateo Pellegrino Casalanguila), Benjamín Rollheiser (75.Franco Zapiola Yamartino), Mauro Andrés Méndez Acosta (65.Fernando Rubén Zuqui). Trainer: Eduardo Rodrigo Domínguez.
Goals: 1-0 Fidel Francisco Martínez Tenorio (29), 1-1 Leonardo Ezequiel Godoy (45), 2-1 Janner Hitcler Corozo Alman (78).

18.07.2023, Estadio "Jorge Luis Hirschi", La Plata; Attendance: 17,289
Referee: Wilton Pereira Sampaio (Brazil)
Club Estudiantes de La Plata - Barcelona SC Guayaquil   4-0(3-0)
Estudiantes: Mariano Gonzalo Andújar, Mauricio Luciano Lollo (87.Juan Cruz Guasone), Leonardo Ezequiel Godoy, Gastón Benedetti Taffarel, Santiago Misael Núñez, Jorge Agustín Rodríguez, Santiago Lionel Ascacíbar, Franco Zapiola Yamartino (78.Martiniano Moreno Díaz), Guido Marcelo Carrillo (64.Mauro Boselli), Benjamín Rollheiser (78.Deian Verón), Mauro Andrés Méndez Acosta (64.Fernando Rubén Zuqui). Trainer: Eduardo Rodrigo Domínguez.
Barcelona: Javier Nicolás Burrai, Luca Alexander Sosa, Pedro Pablo Perlaza Caicedo, Joshué Jampier Quiñónez Rodríguez, Fernando Vicente Gaibor Orellana (46.Damián Rodrigo Díaz), Fidel Francisco Martínez Tenorio (57.Adonis Stalin Preciado Quintero), Bruno Piñatares Prieto, Janner Hitcler Corozo Alman (57.Carlos Emilio Rodríguez Rodríguez), Leonai Souza, Francisco David Fydriszewski (77.Jonathan Jesús Bauman), Segundo Arlen Portocarrero Rodríguez. Trainer: Segundo Alejandro Castillo Nazareno.
Goals: 1-0 Mauro Andrés Méndez Acosta (6), 2-0 Mauro Andrés Méndez Acosta (19), 3-0 Benjamín Rollheiser (38), 4-0 Guido Marcelo Carrillo (48).
[Club Estudiantes de La Plata won 5-2 on aggregate]

11.07.2023, Estadio Monumental "David Arellano", Santiago; Attendance: 29,700
Referee: Fernando Andrés Rapallini (Argentina)
CSD Colo-Colo Santiago - América FC Belo Horizonte   2-1(0-0)
Colo-Colo: Fernando Carlos de Paul Lanciotti, Óscar Mauricio Opazo Lara, Maximiliano Joel Falcón Picart, Alan Gabriel Saldivia Vázquez, Jordhy Eduardo Thompson Dávila (46.Fabián Andrés Castillo Sánchez), Esteban Andrés Pavez Suazo, César Nicolás Fuentes González, Leonardo Roque Albano Gil (88.Érick Andrés Wiemberg Higuera), Agustín Bouzat, Carlos Alonso Enrique Palacios Núñez, Damián Nicolás Pizarro Huenuqueo (87.Leandro Iván Benegas). Trainer: Gustavo Domingo Quinteros Desabato (Bolivia).
América FC: Mateus Pasinato, Wanderson (72.Leandro Emmanuel Martínez), Éder Ferreira, Nicolas, Júlio, Alê Egêa, Matheuzinho (60.Everaldo), Rodriguinho (80.Marlon), Breno (72.Juninho), Gonzalo Mathías Mastriani Borges (60.Wellington Paulista), Rodrigo Varanda. Trainer: Vágner Carmo Mancini.
Goals: 1-0 Leonardo Roque Albano Gil (46), 2-0 Leonardo Roque Albano Gil (63), 2-1 Alê Egêa (90+3).

18.07.2023, Estádio "Raimundo Sampaio", Belo Horizonte
Referee: Darío Humberto Herrera (Argentina)
América FC Belo Horizonte - CSD Colo-Colo Santiago   5-1(3-0)
América FC: Mateus Pasinato, Éder Ferreira, Lucas Kal, Nicolas (77.Marlon), Júlio, Alê Egêa (86.Iago Maidana), Matheuzinho (66.Everaldo), Rodriguinho, Breno (66.Leandro Emmanuel Martínez), Gonzalo Mathías Mastriani Borges, Rodrigo Varanda (66.Martín Nicolás Benítez). Trainer: Vágner Carmo Mancini.
Colo-Colo: Fernando Carlos de Paul Lanciotti, Óscar Mauricio Opazo Lara, É. Wiemberg (46.Jordhy Eduardo Thompson Dávila), Maximiliano Joel Falcón Picart, Alan Gabriel Saldivia Vázquez, Esteban Andrés Pavez Suazo, César Nicolás Fuentes González (77.Fabián Andrés Castillo Sánchez), Leonardo Roque Albano Gil, Agustín Bouzat, Carlos Alonso Enrique Palacios Núñez, Damián Nicolás Pizarro Huenuqueo. Trainer: Gustavo Domingo Quinteros Desabato (Bolivia).
Goals: 1-0 Matheuzinho (6), 2-0 Gonzalo Mathías Mastriani Borges (21), 3-0 Matheuzinho (25), 3-1 Jordhy Eduardo Thompson Dávila (62), 4-1 Gonzalo Mathías Mastriani Borges (85), 5-1 Alan Gabriel Saldivia Vázquez (90+4 own goal).
[América FC Belo Horizonte won 6-3 on aggregate]

11.07.2023, Neo Química Arena, São Paulo; Attendance: 36,686
Referee: Jesús Noel Valenzuela Sáez (Venezuela)
SC Corinthians Paulista São Paulo - Club Universitario de Deportes Lima   1-0(0-0)
Corinthians: Carlos Miguel, Rafael Ramos (77.Léo Mana), Bruno Méndez Cittadini, Caetano, Matheus Bidu (77.Maycon), Biro (62.Ángel Rodrigo Romero Villamayor), Giuliano, Matheus Araújo (62.Renato Augusto), Adson, Felipe Augusto, Pedro Henrique (40.Giovane). Trainer: Vanderlei Luxemburgo da Silva.
Universitario: Diego Alonso Romero Cachay, Aldo Sebastián Corzo Chávez, Williams Ismael Riveros Ibáñez, Matías Ezequiel Di Benedetto, José Vidal Bolívar Ormeño (90+4.Nelson Jhonny Luis Cabanillas Jésus, Rodrigo Andrés Ureña Reyes, Jorge Salvador Murrugarra Torres (60.Alfonso Daniel Barco Del Solar), Piero Aldair Quispe Córdova (78.Horacio Martín Calcaterra), Andy Jorman Polo Andrade, Luis Alfredo Urruti Giménez (60.Édison Michael Flores Peralta), Álex Eduardo Valera Sandoval [*sent off 73*]. Trainer: Jorge Daniel Fossati Lurachi (Uruguay).
Goal: 1-0 Felipe Augusto (79).

18.07.2023, Estadio Monumental, Lima; Attendance: 46,811
Referee: Wilmar Alexander Roldán Pérez (Colombia)
Club Universitario de Deportes Lima - SC Corinthians Paulista São Paulo   1-2(0-0)
Universitario: Diego Alonso Romero Cachay, Aldo Sebastián Corzo Chávez (84.Alexander Nasim Succar Cañote), Williams Ismael Riveros Ibáñez, Matías Ezequiel Di Benedetto [*sent off 90+12*], Nelson Jhonny Luis Cabanillas Jésus, Martín Pérez Guedes (72.Horacio Martín Calcaterra [*sent off 90+11*]), Rodrigo Andrés Ureña Reyes, Piero Aldair Quispe Córdova, Emanuel Herrera (72.José Daniel Rivera Martínez), Andy Jorman Polo Andrade (84.Hugo Axell Ancajima Effio), Luis Alfredo Urruti Giménez (56.Édison Michael Flores Peralta). Trainer: Jorge Daniel Fossati Lurachi (Uruguay).
Please note: Piero Estefano Guzmán Simbala were sent off on the bench (90+13).
Corinthians: Carlos Miguel, Rafael Ramos (55.Léo Mana), Bruno Méndez Cittadini, Caetano, Matheus Bidu, Murillo, Giuliano (85.Ryan Gustavo [*sent off 90+10*]), Ruan Oliveira (46.Matheus Araújo [*sent off 90+11*]), Adson (60.Maycon), Róger Guedes (78.Biro), Felipe Augusto (59.Biro). Trainer: Vanderlei Luxemburgo da Silva.
Goals: 0-1 Maycon (70), 1-1 Édison Michael Flores Peralta (77 penalty), 1-2 Ryan Gustavo (90+2).
[SC Corinthians Paulista São Paulo won 3-1 on aggregate]

12.07.2023, Estadio "Presbítero Bartolomé Grella", Paraná; Attendance: 3,759
Referee: Gery Anthony Vargas Carreño (Bolivia)
CA Patronato de la Juventud Católica Paraná - Botafogo de FR Rio de Janeiro   0-2(0-0)
Patronato: Matías Alexis Budiño, Lautaro Dante Geminiani, Sergio Maximiliano Ojeda, Joel Gonzalo Ghiraldello, Nicolás Mario Domingo, Fabio Francisco Vázquez, Jorge Vidal Valdez Chamorro (90.Ignacio Russo Cordero), Gerardo Damián Arce (62.Lautaro Valentín Pereyra), Juan Pablo Barinaga (72.Alexander Sebastián Sosa), Gastón Alejandro Novero, Juan Cruz Esquivel. Trainer: Rodolfo Jorge De Paoli.
Botafogo: Lucas Perri, Marçal (46.Hugo), Víctor Leandro Cuesta (46.Luis Geovanny Segovia Vega), Leonel Di Plácido (75.Galvão), Philipe Sampaio, Carlos Eduardo (46.Gustavo Sauer), Danilo Barbosa, Breno, Júnior Santos, Carlos Alberto (56.Diego Manuel Hernández González), Janderson. Trainer: Bruno Miguel Silva do Nascimento "Bruno Lage".
Goals: 0-1 Carlos Alberto (52), 0-2 Janderson (65).

19.07.2023, Estádio Olímpico „Nilton Santos", Rio de Janeiro; Attendance: 20,509
Referee: Kevin Paolo Ortega Pimentel (Peru)
Botafogo de FR Rio de Janeiro - CA Patronato de la Juventud Católica Paraná   1-1(1-0)
Botafogo: Roberto Júnior Fernández Torres, Víctor Leandro Cuesta, Leonel Di Plácido, Philipe Sampaio, Hugo, Tchê Tchê (59.Lucas Fernandes), Danilo Barbosa, Matías Emanuel Segovia Torales (46.Júnior Santos), Gustavo Sauer (72.Breno), Luis Henrique (59.Diego Manuel Hernández González), Janderson (72.Carlos Alberto). Trainer: Bruno Miguel Silva do Nascimento "Bruno Lage".
Patronato: Matías Alexis Budiño, Facundo Cobos (86.Juan Pablo Barinaga), Sergio Maximiliano Ojeda, Joel Gonzalo Ghiraldello, Nicolás Mario Domingo, Fabio Francisco Vázquez, Jorge Vidal Valdez Chamorro, Kevin Damián González (58.Nazareno Damián Solís), Gastón Alejandro Novero (46.Tomás Cáceres), Lautaro Valentín Pereyra (58.Gerardo Damián Arce), Enzo Roberto Díaz Morales (86.Alexander Sebastián Sosa). Trainer: Rodolfo Jorge De Paoli.
Goals: 1-0 Luis Henrique (3), 1-1 Gerardo Damián Arce (67).
[Botafogo de FR Rio de Janeiro won 3-1 on aggregate]

12.07.2023, Estadio Nacional, Lima
Referee: Raphael Claus (Brazil)
Club Sporting Cristal Lima - CS Emelec Guayaquil   0-1(0-0)
Sporting Cristal: Renato Alfredo Solis Salinas, Nilson Evair Loyola Morales (77.Nicolás Pasquini), Gianfranco Chávez Massoni, Ignácio da Silva Oliveira, Carlos Jhilmar Lora Saavedra (70.Leandro Sosa Toranza), Víctor Yoshimar Yotún Flores, Jesús Emanuel Pretell Panta, Jesús Abdallah Castillo Molina (59.Jostin Alexis Alarcón Paquiyauri), Alejandro Hohberg González (59.Washington Bryan Corozo Becerra), Brenner Marlos Varanda de Oliveira (78.Irven Beybe Ávila Acero), Joao Alberto Grimaldo Ubidia. Trainer: Tiago Retzlaff Nunes (Brazil).
Emelec: Pedro Alfredo Ortíz Angulo, Luis Fernando León Bermeo, Aníbal Leguizamón Espínola, Bryan Ignacio Carabali Cañola, José Francisco Cevallos Enríquez (79.Cain Jair Fara), Romario Javier Caicedo Ante, Diego Gonzalo García Cardozo (46.Jhon Jairo Sánchez Enríquez), Carlos Gabriel Villalba Rivas, Cristhian Javier Valencia Sánchez, Miler Alejandro Bolaños Reascos (65.Samuel Alejandro Sosa Cordero), Alejandro Jair Cabeza Jiménez (90+6.José Alberti Loyarte). Trainer: Hernán Torres Oliveros (Colombia).
Goal: 0-1 José Francisco Cevallos Enríquez (52).

19.07.2023, Estadio „George Capwell", Guayaquil; Attendance: 20,729
Referee: Piero Daniel Maza Gómez (Chile)
CS Emelec Guayaquil - Club Sporting Cristal Lima   0-0
Emelec: Pedro Alfredo Ortíz Angulo, Luis Fernando León Bermeo, Aníbal Leguizamón Espínola, Bryan Ignacio Caralabí Cañola, José Francisco Cevallos Enríquez (68.Samuel Alejandro Sosa Cordero), Romario Javier Caicedo Ante, Diego Gonzalo García Cardozo (68.Alexis Zapata Álvarez), Carlos Gabriel Villalba Rivas, Cristhian Javier Valencia Sánchez, Miler Alejandro Bolaños Reascos (59.Jhon Jairo Sánchez Enríquez), Alejandro Jair Cabeza Jiménez (78.Bryan Dennis Angulo Tenorio). Trainer: Hernán Torres Oliveros (Colombia).
Sporting Cristal: Renato Alfredo Solis Salinas, Nicolás Pasquini (77.Irven Beybe Ávila Acero), Gianfranco Chávez Massoni, Ignácio da Silva Oliveira, Rafael Julián Lutiger Vidalón (46.Jostin Alexis Alarcón Paquiyauri), Víctor Yoshimar Yotún Flores, Leandro Sosa Toranza (46.Franco Anthony Medina Soto), Jesús Emanuel Pretell Panta (68.Gerald Martin Távara Mogollón), Alejandro Hohberg González (68.Washington Bryan Corozo Becerra), Brenner Marlos Varanda de Oliveira, Joao Alberto Grimaldo Ubidia. Trainer: Tiago Retzlaff Nunes (Brazil).
[CS Emelec Guayaquil won 1-0 on aggregate]

12.07.2023, Estadio „Atanasio Girardot", Medellín
Referee: Alexis Adrián Herrera Hernández (Venezuela)
CD Independiente Medellín - CA San Lorenzo de Almagro   0-1(0-0)
Independiente: Andrés Felipe Mosquera Marmolejo, Daniel Londoño Castañeda, Jonathan Marulanda Vásquez (70.Diego Fernando Moreno Quintero), Jhon Alexander Palacios Santos, Daniel Alejandro Torres Rojas (84.Miguel Ángel Monsalve González), Déinner Alexander Quiñónes Quiñónes (57.Juan Manuel Cuesta Baena), Víctor Andrés Moreno Córdoba, Luciano Daniel Pons, Edwuin Stiven Cetré Angulo *[sent off 31]*, David Alejandro Loaiza Gutiérrez (57.Jaime Alberto Alvarado Hoyos), Brayan León Muñiz (46.Leyser Chaverra Renteria). Trainer: Alfredo Carlos Arias Sánchez (Uruguay).
San Lorenzo: Augusto Martín Batalla Barga, Rafael Enrique Pérez Almeida, Gastón Matías Campi, Gonzalo Luján Melli, Agustín Giay, Jalil Juan José Elías, Francisco Perruzzi (46.Gonzalo Maroni), Iván Ezequiel Leguizamón (90.Diego Ezequiel Calcaterra), Adam Fernando Bareiro Gamarra (86.Nicolás Blandi), Cristian Nahuel Barrios (57.Agustín Alberto Martegani), Malcom Nahuel Braida. Trainer: Rubén Darío Insúa Carballa.
Goal: 0-1 Adam Fernando Bareiro Gamarra (67).

19.07.2023, Estadio „Pedro Bidegain", Buenos Aires
Referee: Anderson Daronco (Brazil)
CA San Lorenzo de Almagro - CD Independiente Medellín   2-0(1-0)
San Lorenzo: Augusto Martín Batalla Barga, Rafael Enrique Pérez Almeida, Gastón Alan Hernández, Gonzalo Luján Melli, Agustín Giay, Jalil Juan José Elías, Gonzalo Maroni (58.Gastón Matías Campi), Iván Ezequiel Leguizamón, Adam Fernando Bareiro Gamarra (89.Diego Andrés Perea), Cristian Nahuel Barrios (79.Agustín Alberto Martegani), Malcom Nahuel Braida. Trainer: Rubén Darío Insúa Carballa.
Independiente: Andrés Felipe Mosquera Marmolejo, Daniel Londoño Castañeda, Leyser Chaverra Renteria (61.Yulián Andrés Gómez Mosquera), Jhon Alexander Palacios Santos, Daniel Alejandro Torres Rojas (46.Ánderson Daniel Plata Guillén), Déinner Alexander Quiñónes Quiñónes (81.Juan David Arizala Micolta), Jaime Alberto Alvarado Hoyos (81.Diego Fernando Moreno Quintero), José Enrique Ortíz Cortés, Miguel Ángel Monsalve González (61.Juan Manuel Cuesta Baena), Luciano Daniel Pons, David Alejandro Loaiza Gutiérrez. Trainer: Alfredo Carlos Arias Sánchez (Uruguay).
Goals: 1-0 Adam Fernando Bareiro Gamarra (25 penalty), 2-0 Adam Fernando Bareiro Gamarra (80 penalty).
[CA San Lorenzo de Almagro won 3-0 on aggregate]

13.07.2023, Estadio Defensores del Chaco, Asunción
Referee: Cristian Marcelo Garay Reyes (Chile)
Club Libertad Asunción - CA Tigre Victoria   **2-1(0-1)**
Libertad: Martín Andrés Silva Leites, Iván Rodrigo Piris Leguizamón, Diego Francisco Viera Ruiz Díaz, Alexander Nahuel Barboza Ullua, Lorenzo Antonio Melgarejo Sanabria (90+2.Iván Rodrigo Ramírez Segovia), Álvaro Marcial Campuzano, Matías David Espinoza Acosta, Lucas Daniel Sanabria Brítez (77.Enso David González Medina), Diego Alexander Gómez Amarilla, Roque Luis Santa Cruz Cantero (78.Óscar René Cardozo Marín), Héctor Daniel Villalba (83.Antonio Bareiro Álvarez).
Trainer: Daniel Oscar Garnero (Argentina).
Tigre: Gonzalo Marinelli, Víctor Emanuel Aguilera, Brian Abel Luciatti, Sebastián Nahuel Prieto, Héctor Martín Garay (89.Lucas Blondel), Martín Yamir Ortega, Lucas Ariel Menossi (81.Cristian Exequiel Zabala), Agustín Ezequiel Cardozo, Blas Esteban Armoa Núñez (80.Gonzalo Nahuel Flores), Javier Agustín Obando (60.Sebastián Luciano Emanuel Medina), Mateo Retegui. Trainer: Juan Manuel Sara.
Goals: 0-1 Blas Esteban Armoa Núñez (35), 1-1 Lorenzo Antonio Melgarejo Sanabria (51), 2-1 Óscar René Cardozo Marín (88).

20.07.2023, Estadio "José Dellagiovanna", Victoria
Referee: Andrés José Rojas Noguera (Colombia)
CA Tigre Victoria - Club Libertad Asunción   **0-1(0-1)**
Tigre: Gonzalo Marinelli, Víctor Emanuel Aguilera, Brian Abel Luciatti, Víctor Fernando Cabrera (46.Aarón Nicolás Molinas), Sebastián Nahuel Prieto, Héctor Martín Garay, Lucas Ariel Menossi, Alexis Castro (58.Gonzalo Nahuel Flores), Agustín Ezequiel Cardozo (80.Cristian Exequiel Zabala), Blas Esteban Armoa Núñez (80.Tomás Oscar Badaloni), Mateo Retegui. Trainer: Juan Manuel Sara.
Libertad: Martín Andrés Silva Leites, Iván Rodrigo Piris Leguizamón, Diego Francisco Viera Ruiz Díaz, Alexander Nahuel Barboza Ullua, Lorenzo Antonio Melgarejo Sanabria (85.Iván Rodrigo Ramírez Segovia), William Gabriel Mendieta Pintos (46.Néstor Rafael Giménez Florentín), Álvaro Marcial Campuzano, Matías David Espinoza Acosta, Lucas Daniel Sanabria Brítez (66.Hernesto Ezequiel Caballero Benítez), Óscar René Cardozo Marín (66.Antonio Bareiro Álvarez), Héctor Daniel Villalba (90+4.Enso David González Medina). Trainer: Daniel Oscar Garnero (Argentina).
Goal: 0-1 Alexander Nahuel Barboza Ullua (24).
[Club Libertad Asunción won 3-1 on aggregate]

13.07.2023, Estadio „Alcaldesa Ester Roa Rebolledo", Concepción
Referee: Flavio Rodrigues de Souza (Brazil)
CD Ñublense Chillán - Audax CS Italiano La Florida   **0-0**
Ñublense: Alison Nicola Pérez Barone, Rafael Antonio Caroca Cordero, Bernardo Humberto Cerezo Rojas, Nicolás Mauricio Zalazar, Lorenzo Enrique Reyes Vicencio, Santiago Dittborn Martínez-Conde (64.Juan Andrés Leiva Mieres), Jovany Alberto Campusano Villega, Robinson Manuel Rivera Zúñiga, Pablo Mauricio Aránguiz Salazar (73.Raimundo Andrés Rebolledo Valenzuela), Andrés Alejandro Vílches Araneda (63.Alex Joel Valdés Voissin), Bayron Andrés Oyarzo Muñoz (63.Víctor Ismael Sosa). Trainer: Jaime Eusebio García Arévalo.
Audax Italiano: Tomás Alejando Ahumada Oteíza, Roberto Andrés Cereceda Guajardo (67.Esteban Patricio Matus Castro), Carlos Alfredo Labrín Candia, Marcelo Alfonso Díaz Rojas, Osvaldo Javier Bosso Torres, Fernando Ezequiel Juárez, Matías Ignacio Sepúlveda Méndez (84.Gonzalo Estebán Álvarez Morales), Oliver Jesús Rojas Múñoz, Gonzalo Alejandro Ríos (61.Gabriel Alejandro Hachen), Gonzalo Ariel Sosa, Michael Andrés Fuentes Vadulli (84.Nicolás Esteban Fernández Muñoz). Trainer: Luca Miguel Marcogiuseppe (Argentina).

21.07.2023, Estadio El Teniente, Rancagua
Referee: Facundo Raúl Tello Figueroa (Argentina)
Audax CS Italiano La Florida - CD Ñublense Chillán   0-1(0-0)
Audax Italiano: Tomás Alejando Ahumada Oteíza, Roberto Andrés Cereceda Guajardo (79.Esteban Patricio Matus Castro), Carlos Alfredo Labrín Candia, Nicolás Esteban Fernández Muñoz, Marcelo Alfonso Díaz Rojas, Osvaldo Javier Bosso Torres, Fernando Ezequiel Juárez (64.Alessandro Riep Klekoc), Gonzalo Alejandro Ríos (34.Matías Ignacio Sepúlveda Méndez), Gonzalo Ariel Sosa, Gabriel Alejandro Hachen, Michael Andrés Fuentes Vadulli (79.Gonzalo Esteban Álvarez Morales). Trainer: Luca Miguel Marcogiuseppe (Argentina).
Ñublense: Alison Nicola Pérez Barone, Rafael Antonio Caroca Cordero, Bernardo Humberto Cerezo Rojas, Nicolás Mauricio Zalazar, Lorenzo Enrique Reyes Vicencio, Jovany Alberto Campusano Villega (70.Raimundo Andrés Rebolledo Valenzuela), Juan Andrés Leiva Mieres (87.Santiago Dittborn Martínez-Conde), Robinson Manuel Rivera Zúñiga, Alex Joel Valdés Voissin (63.Patricio Rodolfo Rubio Pulgar), Víctor Ismael Sosa (70.Pablo Mauricio Aránguiz Salazar), Bayron Andrés Oyarzo Muñoz (87.Branco Antonio Provoste Ovalle). Trainer: Jaime Eusebio García Arévalo.
Goal: 0-1 Bayron Andrés Oyarzo Muñoz (50).
[CD Ñublense Chillán won 1-0 on aggregate]

ROUND OF 16

01.08.2023, Estadio „George Capwell", Guayaquil; Attendance: 14,812
Referee: Flavio Rodrigues de Souza (Brazil)
CS Emelec Guayaquil - CSD Defensa y Justicia Florencio Varela   1-2(1-0)
Emelec: Pedro Alfredo Ortíz Angulo, Luis Fernando León Bermeo, Aníbal Leguizamón Espínola, Bryan Ignacio Carabalí Cañola, José Francisco Cevallos Enríquez (63.Alexis Zapata Álvarez), Romario Javier Caicedo Ante, Diego Gonzalo García Cardozo (63.Edgar Eyffer Lastre Mercado), Samuel Alejandro Sosa Cordero (75.Jhon Jairo Sánchez Enríquez), Carlos Gabriel Villalba Rivas (75.Michael Alexander Carcelén Carabalí), Cristhian Javier Valencia Sánchez, Bryan Dennis Angulo Tenorio. Trainer: Hernán Torres Oliveros (Colombia).
Defensa y Justicia: Enrique Alberto Bologna Gómez, Nicolás Martín Tripichio, Tomás Cardona Bernaschina, Ariel Agustín Sant'Anna Quintero (76.Lucas David Pratto), Alexis Nelson Nahuel Soto, Julián Malatini, Julián Alejo López, David Matías Barbona, Nicolás Emanuel Fernández (90.Tomás Lautaro Escalante), Gastón Alberto Togni, Santiago Germán Solari Ferreyra (63.Gabriel Gustavo Alanís). Trainer: Julio César Vaccari.
Goals: 1-0 Bryan Ignacio Carabalí Cañola (5), 1-1 Nicolás Emanuel Fernández (87), 1-2 Gastón Alberto Togni (90+1).

08.08.2023, Estadio Único „Diego Armando Maradona", La Plata; Attendance: 8,754
Referee: Wilton Pereira Sampaio (Brazil)
CSD Defensa y Justicia Florencio Varela - CS Emelec Guayaquil   1-0(0-0)
Defensa y Justicia: Enrique Alberto Bologna Gómez, Nicolás Martín Tripichio, Tomás Cardona Bernaschina, Ariel Agustín Sant'Anna Quintero, Alexis Nelson Nahuel Soto, Julián Malatini, Kevin Facundo Gutiérrez, David Matías Barbona (90+2.Manuel Agustín Duarte), Nicolás Emanuel Fernández (89.Lucas David Pratto), Gastón Alberto Togni (89.Jorge Darío Cáceres Ovelar), Santiago Germán Solari Ferreyra (77.Julián Alejo López). Trainer: Julio César Vaccari.
Emelec: Pedro Alfredo Ortíz Angulo, Luis Fernando León Bermeo, Aníbal Leguizamón Espínola, José Francisco Cevallos Enríquez (67.Alexis Zapata Álvarez), Romario Javier Caicedo Ante, Diego Gonzalo García Cardozo (82.Tommy Leonardo Chamba Chenche), Samuel Alejandro Sosa Cordero, Carlos Gabriel Villalba Rivas (78.Cristhian Javier Valencia Sánchez), Michael Alexander Carcelén Carabalí (82.Dixon Jair Vera Rodríguez), Jackson Gabriel Rodríguez Perlaza, Bryan Dennis Angulo Tenorio. Trainer: Hernán Torres Oliveros (Colombia).
Goal: 1-0 David Matías Barbona (62).
[CSD Defensa y Justicia Florencio Varela won 3-1 on aggregate]

01.08.2023, Estadio Defensores del Chaco, Asunción; Attendance: 8,165
Referee: Alexis Adrián Herrera Hernández (Venezuela)
Club Libertad Asunción - Fortaleza EC 0-1(0-0)
Libertad: Martín Andrés Silva Leites, Iván Rodrigo Piris Leguizamón (84.Iván Rodrigo Ramírez Segovia), Diego Francisco Viera Ruiz Díaz, Alexander Nahuel Barboza Ullua, Lorenzo Antonio Melgarejo Sanabria, Álvaro Marcial Campuzano, Hernesto Ezequiel Caballero Benítez (46.Antonio Bareiro Álvarez), Matías David Espinoza Acosta (46.Néstor Rafael Giménez Florentín), Lucas Daniel Sanabria Brítez, Óscar René Cardozo Marín (83.Roque Luis Santa Cruz Cantero), Héctor Daniel Villalba (71.Enso David González Medina). Trainer. Daniel Oscar Garnero (Argentina).
Fortaleza: João Ricardo, Titi, Bruno Pacheco, Emanuel Brítez, Tinga, Yago Pikachu, José Welison (82.Lucas Sasha), Pedro Augusto (73.Tomás Pochettino), Caio Alexandre (83.Imanol Javier Machuca), Juan Martín Lucero (73.Thiago Galhardo), Guilherme (65.Calebe). Trainer: Juan Pablo Vojvoda Rizzo (Argentina).
Goal: 0-1 José Welison (20).

08.08.2023, Estádio "Governador Plácido Aderaldo Castelo", Fortaleza; Attendance: 50,542
Referee: Facundo Raúl Tello Figueroa (Argentina)
Fortaleza EC - Club Libertad Asunción 1-1(0-1)
Fortaleza: João Ricardo, Titi (67.Guilherme), Bruno Pacheco, Emanuel Brítez, Tinga, José Welison, Pedro Augusto (46.Tomás Pochettino), Calebe (39.Yago Pikachu), Imanol Javier Machuca (67.Marinho), Caio Alexandre, Thiago Galhardo (85.Silvio Ezequiel Romero). Trainer: Juan Pablo Vojvoda Rizzo (Argentina). *Please note: Marcelo Benevenuto were sent off on the bench (90+5).*
Libertad: Martín Andrés Silva Leites, Iván Rodrigo Piris Leguizamón *[sent off 87]*, Diego Francisco Viera Ruiz Díaz, Alexander Nahuel Barboza Ullua, Néstor Rafael Giménez Florentín *[sent off 90+12]*, Lorenzo Antonio Melgarejo Sanabria, Álvaro Marcial Campuzano (73.Cristian Miguel Riveros Núñez), Matías David Espinoza Acosta, Lucas Daniel Sanabria Brítez (90+1.Hernesto Ezequiel Caballero Benítez), Óscar René Cardozo Marín *[sent off 90+5 on the bench]* (64.Marcelo Fabián Fernández Benítez; 90+1.Iván Rodrigo Ramírez Segovia), Héctor Daniel Villalba (64.Antonio Bareiro Álvarez). Trainer: Daniel Oscar Garnero (Argentina).
Goals: 0-1 Matías David Espinoza Acosta (44), 1-1 Marinho (90+1).
[Fortaleza EC won 2-1 on aggregate]

01.08.2023, Neo Química Arena, São Paulo; Attendance: 40,251
Referee: Gustavo Adrián Tejera Capo (Uruguay)
SC Corinthians Paulista São Paulo - CA Newell's Old Boys Rosario 2-1(0-1)
Corinthians: Cássio (46.Carlos Miguel), Fágner (76.Gil), Bruno Méndez Cittadini, Matheus Bidu, Biro (63.Ángel Rodrigo Romero Villamayor), Maycon, Ruan Oliveira (76.Fausto Mariano Vera), Matheus Araújo (46.Wesley Gassova), Adson, Murillo, Yuri Alberto. Trainer: Vanderlei Luxemburgo da Silva.
Newell's Old Boys: Lucas Adrián Hoyos, Guillermo Luis Ortíz, Víctor Gustavo Velázquez Ramos, Ángelo Martino, Jherson Steven Mosquera Castro (84.Armando Jesús Méndez Alcorta), Zahir Facundo Mansilla (59.Ivan Glavinovich), Jorge Eduardo Recalde Ramírez, Iván Alejandro Gómez, Cristian Ezequiel Ferreira (83.Ramiro Gabriel Sordo), Marcos Ezequiel Portillo (59.Lisandro Luciano Sebastián Montenegro; 84.Brian Nicolás Aguirre), Juan Sebastián Sforza. Trainer: Gabriel Iván Heinze.
Goals: 0-1 Marcos Ezequiel Portillo (45+4), 1-1 Yuri Alberto (57 penalty), 2-1 Wesley Gassova (65).

08.08.2023, Estadio „Marcelo Bielsa", Rosario
Referee: Andrés José Rojas Noguera (Colombia)
CA Newell's Old Boys Rosario - SC Corinthians Paulista São Paulo   0-0
Newell's Old Boys: Lucas Adrián Hoyos, Guillermo Luis Ortíz, Víctor Gustavo Velázquez Ramos, Ángelo Martino (84.Pablo Javier Pérez), Armando Jesús Méndez Alcorta, Ivan Glavinovich (77.Ramiro Gabriel Sordo), Jorge Eduardo Recalde Ramírez (84.Djorkaeff Néicer Reasco González), Iván Alejandro Gómez (84.Marcos Ezequiel Portillo), Cristian Ezequiel Ferreira, Juan Sebastián Sforza, Guillermo Balzi (60.Brian Nicolás Aguirre). Trainer: Gabriel Iván Heinze.
Corinthians: Cássio, Gil, Bruno Méndez Cittadini, Caetano, Matheus Bidu (60.Fábio Santos), Maycon, Fausto Mariano Vera, Ruan Oliveira (67.Giuliano), Adson (77.Fágner), Wesley Gassova (60.Ángel Rodrigo Romero Villamayor), Yuri Alberto (77.Felipe Augusto). Trainer: Vanderlei Luxemburgo da Silva.
[SC Corinthians Paulista São Paulo won 2-1 on aggregate]

02.08.2023, Estadio "Jorge Luis Hirschi", La Plata
Referee: Andrés José Rojas Noguera (Colombia)
Club Estudiantes de La Plata - Goiás EC Goiânia   3-0(0-0)
Estudiantes: Mariano Gonzalo Andújar, Mauricio Luciano Lollo (56.Matías Emanuel Godoy), Leonardo Ezequiel Godoy, Gastón Benedetti Taffarel, Santiago Misael Núñez, Fernando Rubén Zuqui (80.Nicolás Jeremías Palavecino), Jorge Agustín Rodríguez, Santiago Lionel Ascacíbar, Franco Zapiola Yamartino (46.Guido Marcelo Carrillo; 73.Martiniano Moreno Díaz), Benjamín Rollheiser, Mauro Andrés Méndez Acosta. Trainer: Eduardo Rodrigo Domínguez.
Goiás: Tadeu, Bruno Melo, Bruno Santos [*sent off 47*], Lucas Halter, Hugo, Willian Oliveira (64.Vinícius), Luis Oyama (64.Everton Morelli), Anderson Oliveira (76.Alesson), Higor Meritão, Allano (53.Apodi), João Magno. Trainer: Armando Evangelista.
Goals: 1-0 Guido Marcelo Carrillo (54), 2-0 Benjamín Rollheiser (63), 3-0 Benjamín Rollheiser (84).

09.08.2023, Estádio Serra Dourada, Goiânia; Attendance: 34,337
Referee: Gery Anthony Vargas Carreño (Bolivia)
Goiás EC Goiânia - Club Estudiantes de La Plata   0-2(0-1)
Goiás: Tadeu, Maguinho (70.Apodi), Bruno Melo, Lucas Halter (61.Edu), Hugo, Guilherme Marques (55.Everton Morelli), Luis Oyama, Higor Meritão, Vinícius, Allano (55.Alesson), João Magno (70.Diego Gonçalves). Trainer: Armando Evangelista.
Estudiantes: Mariano Gonzalo Andújar, Mauricio Luciano Lollo, Leonardo Ezequiel Godoy, Gastón Benedetti Taffarel, Santiago Misael Núñez (46.Juan Cruz Guasone), Nicolás Andrés Fernández (46.Eros Nazareno Mancuso), Fernando Rubén Zuqui (81.José Ernesto Sosa), Jorge Agustín Rodríguez, Santiago Lionel Ascacíbar, Benjamín Rollheiser (61.Deian Verón), Mauro Andrés Méndez Acosta (61.Martiniano Moreno Díaz). Trainer: Eduardo Rodrigo Domínguez.
Goals: 0-1 Gastón Benedetti Taffarel (5), 0-2 Benjamín Rollheiser (50).
[Club Estudiantes de La Plata won 5-0 on aggregate]

02.08.2023, Estádio Olímpico „Nilton Santos", Rio de Janeiro; Attendance: 23,916
Referee: Andrés Matías Matonte Cabrera (Uruguay)
Botafogo de FR Rio de Janeiro - Club Guaraní Asunción   2-1(0-1)
Botafogo: Roberto Júnior Fernández Torres, Víctor Leandro Cuesta, Leonel Di Plácido, Adryelson (46.Philipe Sampaio), Hugo, Carlos Eduardo, Tchê Tchê (82.Lucas Fernandes), Marlon Freitas, Gustavo Sauer (46.Matías Emanuel Segovia Torales), João Victor (72.Júnior Santos), Janderson (46.Tiquinho Soares). Trainer: Bruno Miguel Silva do Nascimento "Bruno Lage".
Guaraní: Rodrigo Martin Muñoz Salomón, Raúl Alejandro Cáceres Bogado, José David Moya Rojas, Paul Vicente Riveros Allende, Néstor Abraham Camacho Ledesma (78.Facundo Barceló Viera), Gastón Ignacio Gil Romero, Rubén Darío Ríos, Estivel Iván Moreira Benítez (78.Luis Gilberto Martínez Soto), Bernardo Romeo Benítez Fariña (65.Jonathan David Gallardo), Felipe Franco Salomoni, Federico Javier Santander Mereles. Trainer: Juan Pablo Pumpido (Argentina).
Goals: 0-1 Bernardo Romeo Benítez Fariña (3), 1-1 Hugo (65), 2-1 Tiquinho Soares (90 penalty).

09.08.2023, Estadio Defensores del Chaco, Asunción; Attendance: 4,273
Referee: Felipe Andrés González Alveal (Chile)
Club Guaraní Asunción - Botafogo de FR Rio de Janeiro   0-0
Guaraní: Rodrigo Martin Muñoz Salomón, Raúl Alejandro Cáceres Bogado (90+3.Rodrigo Daniel Amarilla Rodas), José David Moya Rojas, Paul Vicente Riveros Allende, Néstor Abraham Camacho Ledesma, Gastón Ignacio Gil Romero (77.Elías Rubén Sarquis Vargas), Rubén Darío Ríos (61.Facundo Barceló Viera), Estivel Iván Moreira Benítez (77.Brahian Matías Fernández Fernández), Bernardo Romeo Benítez Fariña (77.Jonathan David Gallardo), Felipe Franco Salomoni, Federico Javier Santander Mereles. Trainer: Juan Pablo Pumpido (Argentina).
Botafogo: Roberto Júnior Fernández Torres, Marçal, Philipe Sampaio, Adryelson, Tchê Tchê (46.Marlon Freitas), Danilo Barbosa, Lucas Fernandes (78.Gustavo Sauer), Matías Emanuel Segovia Torales (46.Luis Henrique), Diego Manuel Hernández González (64.Carlos Alberto), Galvão (22.Leonel Di Plácido), Júnior Santos. Trainer: Bruno Miguel Silva do Nascimento "Bruno Lage".
[Botafogo de FR Rio de Janeiro won 2-1 on aggregate]

03.08.2023, Estádio "Raimundo Sampaio", Belo Horizonte; Attendance: 2,546
Referee: Gery Anthony Vargas Carreño (Bolivia)
América FC Belo Horizonte - Red Bull Bragantino   1-1(0-1)
América FC: Mateus Pasinato, Marlon (82.Nicolas), Éder Ferreira, Lucas Kal (58.Leandro Emmanuel Martínez), Júlio, Juninho, Jhegson Sebastián Méndez Carabalí, Matheuzinho (46.Rodrigo Varanda), Rodriguinho, Breno (58.Gonzalo Mathías Mastriani Borges), Renato Marques (46.Pedrinho). Trainer: Vágner Carmo Mancini.
Red Bull: Cleiton, Juninho Capixaba, Léo Ortiz, Luan Cândido (56.Sorriso), José Andrés Hurtado Cheme, Natan (82.Luan Patrick), Lucas Evangelista, Matheus Fernandes (70.Yani David Quintero Rivas), Eduardo Sasha (69.Vitinho), Thiago Nicolás Borbas Silva, Gustavinho (56.Bruninho). Trainer: Pedro Miguel Faria Caixinha (Portugal).
Goals: 0-1 Éder Ferreira (41 own goal), 1-1 Gonzalo Mathías Mastriani Borges (73).

10.08.2023, Neo Química Arena, São Paulo
Referee: Jhon Alexander Ospina Londoño (Colombia)
Red Bull Bragantino - América FC Belo Horizonte   3-3(2-2,3-3,3-3); 3-4 on penalties
Red Bull: Cleiton, Aderlan, Juninho Capixaba, Léo Ortiz, Luan Patrick, Lucas Evangelista, Matheus Fernandes (46.Jadsom), Eduardo Sasha (46.Matheus Gonçalves), Vitinho (64.Luan Cândido), Bruninho (46.Thiago Nicolás Borbas Silva), Sorriso (72.Talisson). Trainer: Pedro Miguel Faria Caixinha (Portugal).
América FC: Mateus Pasinato (46.Matheus Cavichioli), Marlon, Éder Ferreira, Lucas Kal (76.Leandro Emmanuel Martínez), Júlio, Alê Egêa, Juninho, Óscar Javier Méndez Albornoz (26.Gonzalo Mathías Mastriani Borges), Matheuzinho (76.Everaldo), Rodriguinho, Paulinho Bóia (76.Martín Nicolás Benítez). Trainer: Fabián Daniel Bustos Barbero (Argentina).
Goals: 1-0 Sorriso (5), 1-1 Gonzalo Mathías Mastriani Borges (45+1), 2-1 Sorriso (45+3), 2-2 Éder Ferreira (45+5), 3-2 Léo Ortiz (57), 3-3 Gonzalo Mathías Mastriani Borges (90+10 penalty).
Penalties: Gonzalo Mathías Mastriani Borges (missed); Léo Ortiz (saved); Everaldo 0-1; Lucas Evangelista 1-1; Éder Ferreira 1-2; Luan Cândido 2-2; Júlio 2-3; Juninho Capixaba 3-3; Alê Egêa 3-4; Thiago Nicolás Borbas Silva (saved).
[América FC Belo Horizonte won 4-3 on penalties (after 4-4 on aggregate)]

03.08.2023, Estadio „Pedro Bidegain", Buenos Aires; Attendance: 12,736
Referee: Wilmar Alexander Roldán Pérez (Colombia)
CA San Lorenzo de Almagro - São Paulo FC   1-0(0-0)
San Lorenzo: Augusto Martín Batalla Barga, Rafael Enrique Pérez Almeida, Gastón Matías Campi, Gastón Alan Hernández, Agustín Giay, Jalil Juan José Elías, Gonzalo Maroni (71.Carlos Alberto Sánchez Moreno), Iván Ezequiel Leguizamón, Adam Fernando Bareiro Gamarra, Cristian Nahuel Barrios, Malcom Nahuel Braida. Trainer: Rubén Darío Insúa Carballa.
São Paulo FC: Rafael Monteiro, Rafinha Mollercke, Robert Abel Arboleda Escobar, Lucas Beraldo, Wellington Rato (62.David), Rodrigo Nestor (62.Michel Daryl Araújo Villar), Pablo Maia, Luciano (83.Alexandre Pato), Jonathan Calleri, Alisson, Caio Paulista. Trainer: Dorival Júnior.
Goal: 1-0 Adam Fernando Bareiro Gamarra (51).

10.08.2023, Estádio „Cícero Pompeu de Toledo", São Paulo; Attendance: 51,816
Referee: Esteban Daniel Ostojich Vega (Uruguay)
São Paulo FC - CA San Lorenzo de Almagro   2-0(1-0)
São Paulo FC: Rafael Monteiro, Rafinha, Robert Abel Arboleda Escobar, Lucas Beraldo, Wellington Rato (77.Juan), Rodrigo Nestor (84.Diego Costa), Pablo Maia, Luciano (84.Michel Daryl Araújo Villar), Jonathan Calleri, Alisson (77.Gabriel Neves Perdomo), Caio Paulista (50.Welington). Trainer: Dorival Júnior.
San Lorenzo: Augusto Martín Batalla Barga, Rafael Enrique Pérez Almeida, Gastón Matías Campi, Gastón Alan Hernández, Agustín Giay, Carlos Alberto Sánchez Moreno (63.Gonzalo Maroni), Jalil Juan José Elías, Iván Ezequiel Leguizamón (73.Nicolás Blandi), Adam Fernando Bareiro Gamarra, Cristian Nahuel Barrios, Malcom Nahuel Braida (81.Gonzalo Luján Melli). Trainer: Rubén Darío Insúa Carballa.
Goals: 1-0 Jonathan Calleri (45), 2-0 Luciano (67).
[São Paulo FC won 2-1 on aggregate]

03.08.2023, Estadio „Alcaldesa Ester Roa Rebolledo", Concepción; Attendance: 6,524
Referee: Kevin Paolo Ortega Pimentel (Peru)
CD Ñublense Chillán - Liga Deportiva Universitaria de Quito   0-1(0-0)
Ñublense: Alison Nicola Pérez Barone, Rafael Antonio Caroca Cordero, Bernardo Humberto Cerezo Rojas, Raimundo Andrés Rebolledo Valenzuela (55.Bayron Andrés Oyarzo Muñoz), Nicolás Mauricio Zalazar, Lorenzo Enrique Reyes Vicencio, Santiago Dittborn Martínez-Conde (46.Robinson Manuel Rivera Zúñiga), Jovany Alberto Campusano Villega, Juan Andrés Leiva Mieres (82.Alex Joel Valdés Voissin), Víctor Ismael Sosa (65.Pablo Mauricio Aránguiz Salazar), Patricio Rodolfo Rubio Pulgar. Trainer: Jaime Eusebio García Arévalo.
LDU Quito: Alexander Domínguez Carabalí, Ricardo Adé Kat, José Alfredo Quintero Ordóñez, Mauricio Leonel Martínez (81.Jefferson Laider Valverde Arboleda), Leonel Enríque Quiñónez Padilla, Richard Alexander Mina Caicedo, Alex Renato Ibarra Mina, Lucas Ezequiel Piovi, Alexander Antonio Alvarado Carriel (89.Walter Leodán Chalá Vázquez), Sebastián González Baquero, José Paolo Guerrero Gonzales (89.José Enrique Angulo Caicedo). Trainer: Luis Francisco Zubeldía (Argentina).
Goal: 0-1 José Paolo Guerrero Gonzales (60).

10.08.2023, Estadio „Rodrigo Paz Delgado", Quito
Referee: Yael Cristian Falcón Pérez (Argentina)
Liga Deportiva Universitaria de Quito - CD Ñublense Chillán   2-3(1-1,2-3,2-3);
                                                                    4-3 on penalties
LDU Quito: Alexander Domínguez Carabalí, Ricardo Adé Kat, José Alfredo Quintero Ordóñez, Mauricio Leonel Martínez (70.Sebastián González Baquero), Leonel Enríque Quiñónez Padilla, Richard Alexander Mina Caicedo (70.Bryan Josías Ramírez León), Alex Renato Ibarra Mina, Lucas Ezequiel Piovi (69.Óscar Steven Zambrano Preciado), Alexander Antonio Alvarado Carriel (76.Jairón Andrés Charcopa Cabezas), Jhojan Esmaides Julio Palacios (76.Lisandro Joel Alzugaray), José Paolo Guerrero Gonzales. Trainer: Luis Francisco Zubeldía (Argentina).
Ñublense: Alison Nicola Pérez Barone, Rafael Antonio Caroca Cordero, Bernardo Humberto Cerezo Rojas, Raimundo Andrés Rebolledo Valenzuela (39.Juan Guillermo Córdova Torres), Nicolás Mauricio Zalazar, Rodrigo Antonio Cisterna Arancibia (59.Juan Andrés Leiva Mieres), Lorenzo Enrique Reyes Vicencio, Santiago Dittborn Martínez-Conde (59.Víctor Ismael Sosa), Jovany Alberto Campusano Villega (90.Lucas Nicolás Abascia), Robinson Manuel Rivera Zúñiga, Patricio Rodolfo Rubio Pulgar. Trainer: Jaime Eusebio García Arévalo.
Goals: 1-0 Jhojan Esmaides Julio Palacios (26), 1-1 Patricio Rodolfo Rubio Pulgar (35 penalty), 1-2 Richard Alexander Mina Caicedo (60 own goal), 2-2 Sebastián González Baquero (90+1), 2-3 Robinson Manuel Rivera Zúñiga (90+3).
Penalties: Bernardo Humberto Cerezo Rojas 0-1; José Paolo Guerrero Gonzales 1-1; Lorenzo Enrique Reyes Vicencio 1-2; Lisandro Joel Alzugaray 2-2; Robinson Manuel Rivera Zúñiga (saved); Leonel Enríque Quiñónez Padilla 3-2; Víctor Ismael Sosa 3-3; Sebastián González Baquero 4-3; Patricio Rodolfo Rubio Pulgar (saved).
[Liga Deportiva Universitaria de Quito won 4-3 on penalties (after 3-3 on aggregate)]

QUARTER-FINALS

22.08.2023, Neo Química Arena, São Paulo; Attendance: 35,572
Referee: Jesús Noel Valenzuela Sáez (Venezuela)
SC Corinthians Paulista São Paulo - Club Estudiantes de La Plata   1-0(1-0)
Corinthians: Cássio, Fábio Santos, Gil, Bruno Méndez Cittadini, Biro (57.Gustavo Silva), Murillo, Renato Augusto, Matías Nicolás Rojas Romero (70.Giuliano), Maycon, Gabriel Moscardo (79.Ruan Oliveira), Yuri Alberto (69.Ángel Rodrigo Romero Villamayor). Trainer: Vanderlei Luxemburgo da Silva.
Estudiantes: Mariano Gonzalo Andújar, Mauricio Luciano Lollo, Leonardo Ezequiel Godoy, Eros Nazareno Mancuso, Santiago Misael Núñez, José Ernesto Sosa (78.Franco Zapiola Yamartino), Fernando Rubén Zuqui (69.Javier Adolfo Altamirano Urzúa), Jorge Agustín Rodríguez, Santiago Lionel Ascacíbar, Mauro Boselli (78.Mauro Andrés Méndez Acosta), Benjamín Rollheiser. Trainer: Eduardo Rodrigo Domínguez.
Goal: 1-0 Gil (17).

29.08.2023, Estadio "Jorge Luis Hirschi", La Plata; Attendance: 23,082
Referee: Wilmar Alexander Roldán Pérez (Colombia)
Club Estudiantes de La Plata - SC Corinthians Paulista São Paulo   1-0(1-0,1-0,1-0);
                                                                      2-3 on penalties
Estudiantes: Mariano Gonzalo Andújar, Mauricio Luciano Lollo, Gastón Benedetti Taffarel, Eros Nazareno Mancuso (85.Mauro Boselli), Santiago Misael Núñez, José Ernesto Sosa, Jorge Agustín Rodríguez (78.Fernando Rubén Zuqui), Santiago Lionel Ascacíbar, Guido Marcelo Carrillo, Benjamín Rollheiser, Mauro Andrés Méndez Acosta. Trainer: Eduardo Rodrigo Domínguez.
Corinthians: Cássio, Fábio Santos, Gil, Lucas Veríssimo, Bruno Méndez Cittadini, Renato Augusto (81.Fausto Mariano Vera), Matías Nicolás Rojas Romero, Maycon, Ruan Oliveira (46.Yuri Alberto), Gabriel Moscardo (60.Giuliano), Ángel Rodrigo Romero Villamayor (46.Wesley Gassova). Trainer: Vanderlei Luxemburgo da Silva.
Goal: 1-0 Mauro Andrés Méndez Acosta (1).
Penalties: José Ernesto Sosa 1-0; Fábio Santos 1-1; Benjamín Rollheiser (saved); Giuliano (saved); Mauricio Luciano Lollo (missed); Fausto Mariano Vera 1-2; Mauro Andrés Méndez Acosta 2-2; Matías Nicolás Rojas Romero 2-3; Santiago Lionel Ascacíbar (saved).
[SC Corinthians Paulista São Paulo won 3-2 on penalties (after 1-1 on aggregate)]

23.08.2023, Estádio Olímpico „Nilton Santos", Rio de Janeiro; Attendance: 25,255
Referee: Gery Anthony Vargas Carreño (Bolivia)
Botafogo de FR Rio de Janeiro - CSD Defensa y Justicia Florencio Varela   1-1(0-0)
Botafogo: Roberto Júnior Fernández Torres, Víctor Leandro Cuesta, Philipe Sampaio, Hugo, Gabriel (65.Júnior Santos), Tchê Tchê, Danilo Barbosa, Lucas Fernandes (85.Janderson), Galvão (85.Marlon Freitas), João Victor (46.Luis Henrique), Matheus Nascimento (46.Diego Costa). Trainer: Bruno Miguel Silva do Nascimento "Bruno Lage".
Defensa y Justicia: Enrique Alberto Bologna Gómez, Tomás Cardona Bernaschina, Ariel Agustín Sant'Anna Quintero, Alexis Nelson Nahuel Soto, Julián Malatini, Kevin Facundo Gutiérrez, Julián Alejo López, David Matías Barbona (83.Lucas David Pratto), Nicolás Emanuel Fernández (83.Rodrigo Manuel Bogarín Giménez), Gastón Alberto Togni (90+2.Jorge Darío Cáceres Ovelar), Santiago Germán Solari Ferreyra (70.Nicolás Martín Tripichio). Trainer: Julio César Vaccari.
Goals: 1-0 Gabriel (56), 1-1 Nicolás Martín Tripichio (78).

30.08.2023, Estadio „Florencio Sola", Banfield; Attendance: 16,648
Referee: Jhon Alexander Ospina Londoño (Colombia)
CSD Defensa y Justicia Florencio Varela - Botafogo de FR Rio de Janeiro 2-1(1-1)
Defensa y Justicia: Enrique Alberto Bologna Gómez, Nicolás Martín Tripichio, Tomás Cardona Bernaschina, Ariel Agustín Sant'Anna Quintero, Alexis Nelson Nahuel Soto, Julián Malatini, Kevin Facundo Gutiérrez (12.Santiago Germán Solari Ferreyra; 90+1.Jorge Darío Cáceres Ovelar), Julián Alejo López, David Matías Barbona (90+1.Santiago Martín Ramos Mingo), Nicolás Emanuel Fernández (90+1.Lucas David Pratto), Gastón Alberto Togni (86.Gabriel Gustavo Alanís). Trainer: Julio César Vaccari.
Botafogo: Roberto Júnior Fernández Torres, Marçal, Víctor Leandro Cuesta, Leonel Di Plácido (46.Mateo Ponte Costa), Philipe Sampaio, Tchê Tchê, Danilo Barbosa (62.Matías Emanuel Segovia Torales), Marlon Freitas (61.Gabriel), Lucas Fernandes (75.Janderson), Diego Costa, Luis Henrique (85.Carlos Alberto). Trainer: Bruno Miguel Silva do Nascimento "Bruno Lage".
Goals: 1-0 Nicolás Emanuel Fernández (15), 1-1 Enrique Alberto Bologna Gómez (45+3 own goal), 2-1 Nicolás Emanuel Fernández (72).
[CSD Defensa y Justicia Florencio Varela won 3-2 on aggregate]

24.08.2023, Estádio "Raimundo Sampaio", Belo Horizonte; Attendance: 3,301
Referee: Wilmar Alexander Roldán Pérez (Colombia)
América FC Belo Horizonte - Fortaleza EC 1-3(0-3)
América FC: Matheus Cavichioli, Danilo Avelar (66.Marlon), Daniel Borges, Esteban Burgos, Éder Ferreira, Juninho, Óscar Javier Méndez Albornoz (46.Lucas Kal), Leandro Emmanuel Martínez, Wellington Paulista (61.Gonzalo Mathías Mastriani Borges), Paulinho Bóia (70.Rodrigo Varanda), Pedrinho (61.Felipe Azevedo). Trainer: Fabián Daniel Bustos Barbero (Argentina).
Fortaleza: João Ricardo, Titi, Bruno Pacheco, Emanuel Brítez, Tinga, José Welison, Tomás Pochettino (78.Pedro Augusto), Caio Alexandre (90+2.Lucas Crispim), Marinho (78.Yago Pikachu), Juan Martín Lucero (66.Thiago Galhardo), Guilherme (66.Romarinho). Trainer: Juan Pablo Vojvoda Rizzo (Argentina).
Goals: 0-1 Guilherme (15), 0-2 Tomás Pochettino (21), 0-3 Guilherme (41), 1-3 Gonzalo Mathías Mastriani Borges (69).

31.08.2023, Estádio "Governador Plácido Aderaldo Castelo", Fortaleza; Attendance: 56,916
Referee: Felipe Andrés González Alveal (Chile)
Fortaleza EC - América FC Belo Horizonte 2-1(1-0)
Fortaleza: João Ricardo, Titi, Bruno Pacheco, Emanuel Brítez, Tinga, José Welison, Tomás Pochettino (64.Thiago Galhardo), Pedro Augusto (81.Lucas Crispim), Marinho (75.Yago Pikachu), Juan Martín Lucero (75.Silvio Ezequiel Romero), Guilherme (65.Imanol Javier Machuca). Trainer: Juan Pablo Vojvoda Rizzo (Argentina).
América FC: Matheus Cavichioli, Esteban Burgos, Éder Ferreira, Júlio, Alê Egêa (75.Matheuzinho), Óscar Javier Méndez Albornoz, Rodriguinho (77.Samuel), Mateus Henrique (77.Paulinho), Gonzalo Mathías Mastriani Borges, Everaldo (55.Breno), Paulinho Bóia (55.Rodrigo Varanda). Trainer: Fabián Daniel Bustos Barbero (Argentina).
Goals: 1-0 Guilherme (22), 2-0 Marinho (66), 2-1 Breno (89).
[Fortaleza EC won 5-2 on aggregate]

24.08.2023, Estadio „Rodrigo Paz Delgado", Quito; Attendance: 30,648
Referee: Jhon Alexander Ospina Londoño (Colombia)
Liga Deportiva Universitaria de Quito - São Paulo FC   2-1(2-0)
LDU Quito: Alexander Domínguez Carabalí, Ricardo Adé Kat, José Alfredo Quintero Ordóñez, Mauricio Leonel Martínez (77.Alexander Antonio Alvarado Carriel), Leonel Enríque Quiñónez Padilla, Facundo Santiago Rodríguez Fábregas, Alex Renato Ibarra Mina (60.Lisandro Joel Alzugaray), Lucas Ezequiel Piovi (88.Jefferson Laider Valverde Arboleda), Jhojan Esmaides Julio Palacios, Sebastián González Baquero (88.Óscar Steven Zambrano Preciado), José Paolo Guerrero Gonzales (77.José Enrique Angulo Caicedo). Trainer: Luis Francisco Zubeldía (Argentina).
São Paulo FC: Rafael Monteiro, Rafinha, Robert Abel Arboleda Escobar, Welington, Lucas Beraldo (45+4.Alan Javier Franco), Wellington Rato (63.Luciano), Rodrigo Nestor (63.Michel Daryl Araújo Villar), Gabriel Neves Perdomo (46.Luan), Lucas Moura, Jonathan Calleri, Alisson (77.James David Rodríguez Rubio). Trainer: Dorival Júnior.
Goals: 1-0 Jhojan Esmaides Julio Palacios (2), 2-0 Alex Renato Ibarra Mina (25), 2-1 Lucas Moura (80).

31.08.2023, Estádio „Cícero Pompeu de Toledo", São Paulo; Attendance: 52,658
Referee: Alexis Adrián Herrera Hernández (Venezuela)
São Paulo FC - Liga Deportiva Universitaria de Quito   1-0(0-0,1-0,1-0); 4-5 on penalties
São Paulo FC: Rafael Monteiro, Rafinha, Robert Abel Arboleda Escobar, Welington (67.James David Rodríguez Rubio), Lucas Beraldo, Rodrigo Nestor (67.Michel Daryl Araújo Villar), Pablo Maia (58.Wellington Rato), Lucas Moura, Luciano, Jonathan Calleri, Alisson. Trainer: Dorival Júnior.
LDU Quito: Alexander Domínguez Carabalí, Ricardo Adé Kat, Mauricio Leonel Martínez, Leonel Enríque Quiñónez Padilla, Richard Alexander Mina Caicedo (64.Jefferson Laider Valverde Arboleda; 90+7.Lisandro Joel Alzugaray), Facundo Santiago Rodríguez Fábregas, Alex Renato Ibarra Mina (84.Daykol Alejandro Romero Padilla), Lucas Ezequiel Piovi, Alexander Antonio Alvarado Carriel *[sent off 48]*, Jhojan Esmaides Julio Palacios, José Paolo Guerrero Gonzales. Trainer: Luis Francisco Zubeldía (Argentina).
Goal: 1-0 Robert Abel Arboleda Escobar (77).
Penalties: Jonathan Calleri 1-0; José Paolo Guerrero Gonzales 1-1; James David Rodríguez Rubio (missed); Lisandro Joel Alzugaray 1-2; Lucas Moura 2-2; Mauricio Leonel Martínez 2-3; Lucas Beraldo 3-3; Leonel Enríque Quiñónez Padilla 3-4; Wellington Rato 4-4; Jhojan Esmaides Julio Palacios 4-5.
[Liga Deportiva Universitaria de Quito won 5-4 on penalties (after 2-2 on aggregate)]

SEMI-FINALS

26.09.2023, Neo Química Arena, São Paulo; Attendance: 42,196
Referee: Esteban Daniel Ostojich Vega (Uruguay)
SC Corinthians Paulista São Paulo - Fortaleza EC**1-1(1-1)**
Corinthians: Cássio, Fábio Santos, Fágner, Gil, Lucas Veríssimo, Renato Augusto, Giuliano, Maycon, Wesley Gassova (55.Ángel Rodrigo Romero Villamayor), Gabriel Moscardo (65.Gustavo Mosquito), Yuri Alberto. Trainer: Vanderlei Luxemburgo da Silva.
Fortaleza: João Ricardo, Titi, Bruno Pacheco, Emanuel Brítez, Tinga, José Welison (78.Lucas Sasha), Tomás Pochettino (71.Calebe), Caio Alexandre (79.Pedro Augusto), Marinho (53.Yago Pikachu), Juan Martín Lucero, Guilherme (71.Imanol Javier Machuca). Trainer: Juan Pablo Vojvoda Rizzo (Argentina).
Goals: 0-1 José Welison (22), 1-1 Yuri Alberto (40).

03.10.2023, Estádio "Governador Plácido Aderaldo Castelo", Fortaleza; Attendance: 60,151
Referee: Andrés José Rojas Noguera (Colombia)
Fortaleza EC - SC Corinthians Paulista São Paulo**2-0(0-0)**
Fortaleza: João Ricardo, Titi, Bruno Pacheco, Emanuel Brítez, Tinga, Yago Pikachu, José Welison (90.Lucas Crispim), Tomás Pochettino (70.Pedro Augusto), Caio Alexandre (82.Lucas Sasha), Juan Martín Lucero (90.Thiago Galhardo), Guilherme (70.Imanol Javier Machuca). Trainer: Juan Pablo Vojvoda Rizzo (Argentina).
Corinthians: Cássio, Fábio Santos (81.Matheus Bidu), Fágner (81.Bruno Méndez Cittadini), Gil, Lucas Veríssimo, Renato Augusto, Matías Nicolás Rojas Romero (73.Gustavo Mosquito), Maycon, Gabriel Moscardo (60.Wesley Gassova), Ángel Rodrigo Romero Villamayor (60.Giuliano), Yuri Alberto. Trainer: Luis Antônio Venker de Menezes „Mano Menezes".
Goals: 1-0 Yago Pikachu (49), 2-0 Tinga (55).
[Fortaleza EC won 3-1 on aggregate]

27.09.2023, Estadio „Rodrigo Paz Delgado", Quito
Referee: Raphael Claus (Brazil)
Liga Deportiva Universitaria de Quito - CSD Defensa y Justicia Florencio Varela**3-0(2-0)**
LDU Quito: Alexander Domínguez Carabalí, Ricardo Adé Kat, José Alfredo Quintero Ordóñez, Mauricio Leonel Martínez (75.Óscar Steven Zambrano Preciado), Leonel Enríque Quiñónez Padilla, Facundo Santiago Rodríguez Fábregas, Alex Renato Ibarra Mina (75.Lisandro Joel Alzugaray), Lucas Ezequiel Piovi, Jhojan Esmaides Julio Palacios, Sebastián González Baquero (83.Bryan Josías Ramírez León), José Paolo Guerrero Gonzales. Trainer: Luis Francisco Zubeldía (Argentina).
Defensa y Justicia: Enrique Alberto Bologna Gómez, Nicolás Martín Tripichio, Alexis Nelson Nahuel Soto, Jorge Darío Cáceres Ovelar, Santiago Martín Ramos Mingo, Julián Malatini, Julián Alejo López, Lucas David Pratto (81.Facundo Nahuel Echevarría), David Matías Barbona (62.Gonzalo Pablo Castellani), Gastón Alberto Togni, Santiago Germán Solari Ferreyra (62.Gabriel Gustavo Alanís; 81.Jonathan Alessandro Berón). Trainer: Julio César Vaccari.
Goals: 1-0 José Paolo Guerrero Gonzales (17), 2-0 José Paolo Guerrero Gonzales (42), 3-0 Lucas Ezequiel Piovi (88).

04.10.2023, Estadio Ciudad de Lanús, Lanús; Attendance: 11,540
Referee: Piero Daniel Maza Gómez (Chile)
CSD Defensa y Justicia Florencio Varela - Liga Deportiva Universitaria de Quito   0-0
Defensa y Justicia: Enrique Alberto Bologna Gómez, Nicolás Martín Tripichio, Tomás Cardona Bernaschina, Ariel Agustín Sant'Anna Quintero (77.Gonzalo Pablo Castellani), Alexis Nelson Nahuel Soto, Jorge Darío Cáceres Ovelar (66.Santiago Germán Solari Ferreyra), Santiago Martín Ramos Mingo, Julián Alejo López (46.Manuel Agustín Duarte; 77.Andrés Lorenzo Ríos), Lucas David Pratto, David Matías Barbona, Gastón Alberto Togni. Trainer: Julio César Vaccari.
LDU Quito: Alexander Domínguez Carabalí, Ricardo Adé Kat, José Alfredo Quintero Ordóñez, Mauricio Leonel Martínez, Leonel Enríque Quiñónez Padilla, Facundo Santiago Rodríguez Fábregas, Alex Renato Ibarra Mina (86.Richard Alexander Mina Caicedo), Lucas Ezequiel Piovi, Jhojan Esmaides Julio Palacios (90.Óscar Steven Zambrano Preciado), Sebastián González Baquero (69.Alexander Antonio Alvarado Carriel), José Paolo Guerrero Gonzales (90.José Enrique Angulo Caicedo). Trainer: Luis Francisco Zubeldía (Argentina).
[Liga Deportiva Universitaria de Quito won 3-0 on aggregate]

FINAL

28.10.2023, Estadio "Domingo Burgueño", Maldonado; Attendance: 17,420
Referee: Jesús Noel Valenzuela Sáez (Venezuela)
Fortaleza EC - Liga Deportiva Universitaria de Quito   1-1(0-0,1-1,1-1); 3-4 on penalties
Fortaleza: João Ricardo, Titi, Bruno Pacheco, Emanuel Brítez, Tinga, José Welison (84.Pedro Augusto), Tomás Pochettino (83.Thiago Galhardo), Caio Alexandre (105.Lucas Sasha), Marinho (74.Imanol Javier Machuca), Juan Martín Lucero (100.Silvio Ezequiel Romero), Guilherme (65.Yago Pikachu). Trainer: Juan Pablo Vojvoda Rizzo (Argentina).
LDU Quito: Alexander Domínguez Carabalí, Ricardo Adé Kat, José Alfredo Quintero Ordóñez, Mauricio Leonel Martínez, Leonel Enríque Quiñónez Padilla (97.Bryan Josías Ramírez León), Facundo Santiago Rodríguez Fábregas, Alex Renato Ibarra Mina (40.Lisandro Joel Alzugaray), Lucas Ezequiel Piovi, Jhojan Esmaides Julio Palacios, Sebastián González Baquero (64.Alexander Antonio Alvarado Carriel), José Paolo Guerrero Gonzales. Trainer: Luis Francisco Zubeldía (Argentina).

Goals: 1-0 Juan Martín Lucero (48), 1-1 Lisandro Joel Alzugaray (56).

Penalties:
Thiago Galhardo 1-0; José Paolo Guerrero Gonzales (saved);
Lisandro Joel Alzugaray 1-1; Yago Pikachu 2-1;
Mauricio Leonel Martínez 2-2; Silvio Ezequiel Romero (saved);
Jhojan Esmaides Julio Palacios 2-3; Tinga 3-3;
Alexander Antonio Alvarado Carriel (saved);
Pedro Augusto (saved); Lucas Ezequiel Piovi 3-4; Emanuel Brítez (saved).

Copa Sudamericana Winner 2023: **Liga Deportiva Universitaria de Quito** (ECU)

Best Goalscorer: Gonzalo Mathías Mastriani Borges (URU, América FC Belo Horizonte) – 9 goals

COPA SUDAMERICANA (2002-2023) TABLE OF HONOURS		
2002	Club Atlético San Lorenzo de Almagro Buenos Aires	(ARG)
2003	Club Sportivo Cienciano de Cuzco	(PER)
2004	Club Atlético Boca Juniors Buenos Aires	(ARG)
2005	Club Atlético Boca Juniors Buenos Aires	(ARG)
2006	Club de Fútbol Pachuca	(MEX)
2007	Arsenal Fútbol Club de Sarandí	(ARG)
2008	Sport Club Internacional Porto Alegre	(BRA)
2009	Liga Deportiva Universitaria de Quito	(ECU)
2010	Club Atlético Independiente Avellaneda	(ARG)
2011	CFP de la Universidad de Chile Santiago	(CHI)
2012	São Paulo Futebol Clube	(BRA)
2013	Club Atlético Lanús	(ARG)
2014	Club Atlético River Plate Buenos Aires	(ARG)
2015	Independiente Santa Fe Bogotá	(COL)
2016	Associação Chapecoense de Futebol	(BRA)
2017	Club Atlético Independiente Avellaneda	(ARG)
2018	Club Athletico Paranaense Curitiba	(BRA)
2019	CEAR Independiente del Valle Sangolquí	(ECU)
2020	CSD Defensa y Justicia Florencio Varela	(ARG)
2021	Club Athletico Paranaense Curitiba	(BRA)
2022	CEAR Independiente del Valle Sangolquí	(ECU)
2023	Liga Deportiva Universitaria de Quito	(ECU)

NATIONAL ASSOCIATIONS

The South American Football Confederation, commonly known as CONMEBOL, but also known as CSF (from Spanish: Confederación Sudamericana de Fútbol) is the continental governing body of association football in South America and it is one of FIFA's six continental confederations. CONMEBOL - the oldest continental confederation in the world, having its headquarters located in Luque (Paraguay) - is responsible for the organization and governance of South American football's major international tournaments. With only 10 member football associations, it has the fewest members of all the confederations in FIFA. This 10 member associations are as follows:

ARGENTINA

The FA:
Asociación del Fútbol Argentino
Viamonte 1366/76 Buenos Aires 1053
Year of Formation: 1893
Member of FIFA since: 1912
Member of CONMEBOL since: 1916
Internet: www.afa.org.ar

The Country:
República Argentina (Argentine Republic)
Capital: Buenos Aires
Surface: 2,780,400 km²
Inhabitants: 47,327,407 [2022]
Time: UTC-3

NATIONAL TEAM RECORDS

First international match:
20.07.1902, Montevideo: Uruguay – Argentina 0-6

Most international caps:
Lionel Andrés Messi
180 caps (since 2005)

Most international goals:
Lionel Andrés Messi
106 goals / 180 caps (since 2005)

OLYMPIC FOOTBALL TOURNAMENTS 1908-2020

1908	Did not enter		1976	Qualifiers
1912	Did not enter		1980	*Withdrew*
1920	Did not enter		1984	Qualifiers
1924	Did not enter		1988	Final Tournament (Quarter-Finals)
1928	Final Tournament (Runners-up)		1992	Qualifiers
1936	Did not enter		1996	Final Tournament (Runners-up)
1948	Did not enter		2000	Qualifiers
1952	Did not enter		2004	**Final Tournament (Winners)**
1956	Did not enter		2008	**Final Tournament (Winners)**
1960	Final Tournament (Quarter-Finals)		2012	Qualifiers
1964	Final Tournament (Group Stage)		2016	Final Tournament (Group Stage)
1968	Qualifiers		2020	Final Tournament (Group Stage)
1972	Qualifiers			

FIFA CONFEDERATIONS CUP 1992-2017

1992 (Winners), 1995 (Runners-up), 2005 (Runners-up).

COPA AMÉRICA	
1916	Runners-up
1917	Runners-up
1919	3rd Place
1920	Runners-up
1921	**Winners**
1922	4th Place
1923	Runners-up
1924	Runners-up
1925	**Winners**
1926	Runners-up
1927	**Winners**
1929	**Winners**
1935	Runners-up
1937	**Winners**
1939	*Withdrew*
1941	**Winners**
1942	Runners-up
1945	**Winners**
1946	**Winners**
1947	**Winners**
1949	*Withdrew*
1953	*Withdrew*
1955	**Winners**
1956	3rd Place
1957	**Winners**
1959	**Winners**
1959E	Runners-up
1963	3rd Place
1967	Runners-up
1975	Round 1
1979	Round 1
1983	Round 1
1987	4th Place
1989	3rd Place
1991	**Winners**
1993	**Winners**
1995	Quarter-Finals
1997	Quarter-Finals
1999	Quarter-Finals
2001	*Withdrew*
2004	Runners-up
2007	Runners-up
2011	Quarter-Finals
2015	Runners-up
2016	Runners-up
2019	3rd Place
2021	**Winners**

FIFA WORLD CUP	
1930	Final Tournament (Runners-up)
1934	Final Tournament (1st Round)
1938	*Withdrew*
1950	*Withdrew*
1954	*Withdrew*
1958	Final Tournament (Group Stage)
1962	Final Tournament (Group Stage)
1966	Final Tournament (Quarter-Finals)
1970	Qualifiers
1974	Final Tournament (2nd Round)
1978	**Final Tournament (Winners)**
1982	Final Tournament (2nd Round)
1986	**Final Tournament (Winners)**
1990	Final Tournament (Runners-up)
1994	Final Tournament (2nd Round of 16)
1998	Final Tournament (Quarter-Finals)
2002	Final Tournament (Group Stage)
2006	Final Tournament (Quarter-Finals)
2010	Final Tournament (Quarter-Finals)
2014	Final Tournament (Runners-up)
2018	Final Tournament (2nd Round of 16)
2022	**Final Tournament (Winners)**

ARGENTINIAN CLUB HONOURS IN SOUTH AMERICAN CLUB COMPETITIONS:

COPA LIBERTADORES 1960-2023		
CA Independiente Avellaneda	7	1964, 1965, 1972, 1973, 1974, 1975, 1984
CA Boca Juniors Buenos Aires	6	1977, 1978, 2000, 2001, 2003, 2007
Club Estudiantes de La Plata	4	1968, 1969, 1970, 2009
CA River Plate Buenos Aires	4	1986, 1996, 2015, 2018
Racing Club Avellaneda	1	1967
AA Argentinos Juniors Bunoes Aires	1	1985
CA Vélez Sársfield Buenos Aires	1	1994
CA San Lorenzo de Almagro	1	2014

COPA SUDAMERICANA 2002-2023		
CA Boca Juniors Buenos Aires	2	2004, 2005
CA Independiente Avellaneda	2	2010, 2017
CA San Lorenzo de Almagro	1	2002
Arsenal FC de Sarandí	1	2007
CA Lanús	1	2013
CA River Plate Buenos Aires	1	2014
CSD Defensa y Justicia Florencio Varela	1	2020

RECOPA SUDAMERICANA 1989-2023		
CA Boca Juniors Buenos Aires	4	1990, 2005, 2006, 2008
CA River Plate Buenos Aires	3	2015, 2016, 2019
CA Independiente Avellaneda	1	1995
CA Vélez Sarsfield Buenos Aires	1	1997
CSD Defensa y Justicia Florencio Varela	1	2021

COPA CONMEBOL[1] 1992-1999		
CA Rosario Central	1	1995
CA Lanús	1	1996
CA Talleres Córdoba	1	1999

SUPERCUP „JOÃO HAVELANGE"[1] 1988-1997*		
CA Independiente Avellaneda	2	1994, 1995
Racing Club Avellaneda	1	1988
CA Boca Juniors Buenos Aires	1	1989
CA Vélez Sársfield Buenos Aires	1	1996
CA River Plate Buenos Aires	1	1997

COPA MERCOSUR[1] 1998-2001**		
CA San Lorenzo de Almagro	1	2001

[1] *defunct competition*
*Contested betwenn winners of all previous editions of the Copa Libertadores
**Contested between teams belonging countries from the southern part of South America (Argentina, Brazil, Chile, Paraguay and Uruguay).

NATIONAL COMPETITIONS
TABLE OF HONOURS

NATIONAL CHAMPIONS
1891-2023

The Amateur Era in Argentine football lasted between 1891 and 1934 and it was the first league tournament outside the United Kingdom. Between 1912-1914 (FAF = Federación Argentina de Football) and 1919-1926 (AAM = Asociación Amateurs de Football), other rival Football Associations organized their own amateur championships, but this associations were not recognized by the FIFA.

	Argentinean Amateur Championship
1891	Saint Andrew's Old Caledonians
1892	*No competition*
1893	Lomas Athletic Club Buenos Aires
1894	Lomas Athletic Club Buenos Aires
1895	Lomas Athletic Club Buenos Aires
1896	Lomas Academy Buenos Aires
1897	Lomas Athletic Club Buenos Aires
1898	Lomas Athletic Club Buenos Aires
1899	Belgrano Athletic Club
1900	Buenos Aires English High School*
1901	Alumni Athletic Club
1902	Alumni Athletic Club
1903	Alumni Athletic Club
1904	Belgrano Athletic Club
1905	Alumni Athletic Club
1906	Alumni Athletic Club
1907	Alumni Athletic Club
1908	Belgrano Athletic Club
1909	Alumni Athletic Club
1910	Alumni Athletic Club
1911	Alumni Athletic Club
1912	Quilmes Atlético Club / Club Porteño (FAF)
1913	Racing Club de Avellaneda / Club Estudiantes de La Plata (FAF)
1914	Racing Club de Avellaneda / Club Porteño (FAF)
1915	Racing Club de Avellaneda
1916	Racing Club de Avellaneda
1917	Racing Club de Avellaneda
1918	Racing Club de Avellaneda
1919	Club Atlético Boca Juniors Buenos Aires / Racing Club de Avellaneda (AAM)
1920	Club Atlético Boca Juniors Buenos Aires / Club Atlético River Plate Buenos Aires (AAM)
1921	Club Atlético Huracán Buenos Aires / Racing Club de Avellaneda (AAM)
1922	Club Atlético Huracán Buenos Aires / Club Atlético Independiente Avellaneda (AAM)
1923	Club Atlético Boca Juniors Buenos Aires / Club Atlético San Lorenzo de Almagro (AAM)
1924	Club Atlético Boca Juniors Buenos Aires / Club Atlético San Lorenzo de Almagro (AAM)
1925	Club Atlético Huracán Buenos Aires / Racing Club de Avellaneda (AAM)

1926	Club Atlético Boca Juniors Buenos Aires / Club Atlético Independiente Avellaneda (AAM)
1927	Club Atlético San Lorenzo de Almagro
1928	Club Atlético Huracán Buenos Aires
1929	Club de Gimnasia y Esgrima La Plata
1930	Club Atlético Boca Juniors Buenos Aires
1931	Club Atlético Estudiantil Porteño
1932	Club Sportivo Barracas Bolívar
1933	Club Sportivo Dock Sud Avellaneda
1934	Club Atlético Estudiantil Porteño

*became later Alumni Athletic Club

The best teams played since 1931 for the Professional League, founded in 1931. Between 1967 and 1985 two championships were played:
Metropolitano (=Met; First Division) with the club teams based in the Metropolitan area.
Nacional (=Nac) played with teams from all regions.
Between 1985/1986 and 1990/1991, the League played on European style, with autumn-spring seasons.
Since 1991/1992, two championships were played: **Apertura** (=Ape) is the initial championship of the League; **Clausura** (=Cla) is the last championship of the League.

	Argentinean Professional Championship
1931	Club Atlético Boca Juniors Buenos Aires
1932	Club Atlético River Plate Buenos Aires
1933	Club Atlético San Lorenzo de Almagro
1934	Club Atlético Boca Juniors Buenos Aires
1935	Club Atlético Boca Juniors Buenos Aires
1936	Club Atlético River Plate Buenos Aires
1937	Club Atlético River Plate Buenos Aires
1938	Club Atlético Independiente Avellaneda
1939	Club Atlético Independiente Avellaneda
1940	Club Atlético Boca Juniors Buenos Aires
1941	Club Atlético River Plate Buenos Aires
1942	Club Atlético River Plate Buenos Aires
1943	Club Atlético Boca Juniors Buenos Aires
1944	Club Atlético Boca Juniors Buenos Aires
1945	Club Atlético River Plate Buenos Aires
1946	Club Atlético San Lorenzo de Almagro
1947	Club Atlético River Plate Buenos Aires
1948	Club Atlético Independiente Avellaneda
1949	Racing Club de Avellaneda
1950	Racing Club de Avellaneda
1951	Racing Club de Avellaneda
1952	Club Atlético River Plate Buenos Aires
1953	Club Atlético River Plate Buenos Aires
1954	Club Atlético Boca Juniors Buenos Aires
1955	Club Atlético River Plate Buenos Aires
1956	Club Atlético River Plate Buenos Aires
1957	Club Atlético River Plate Buenos Aires
1958	Racing Club de Avellaneda

1959	Club Atlético San Lorenzo de Almagro	
1960	Club Atlético Independiente Avellaneda	
1961	Racing Club de Avellaneda	
1962	Club Atlético Boca Juniors Buenos Aires	
1963	Club Atlético Independiente Avellaneda	
1964	Club Atlético Boca Juniors Buenos Aires	
1965	Club Atlético Boca Juniors Buenos Aires	
1966	Racing Club de Avellaneda	
1967	Met:	Club Estudiantes de La Plata
	Nac:	Club Atlético Independiente Avellaneda
1968	Met:	Club Atlético San Lorenzo de Almagro
	Nac:	Club Atlético Vélez Sársfield Buenos Aires
1969	Met:	Club Atlético Chacarita Juniors San Martín
	Nac:	Club Atlético Boca Juniors Buenos Aires
1970	Met:	Club Atlético Independiente Avellaneda
	Nac:	Club Atlético Boca Juniors Buenos Aires
1971	Met:	Club Atlético Independiente Avellaneda
	Nac:	Club Atlético Rosario Central
1972	Met:	Club Atlético San Lorenzo de Almagro
	Nac:	Club Atlético San Lorenzo de Almagro
1973	Met:	Club Atlético Huracán Buenos Aires
	Nac:	Club Atlético Rosario Central
1974	Met:	Club Atlético Newell's Old Boys Rosario
	Nac:	Club Atlético San Lorenzo de Almagro
1975	Met:	Club Atlético River Plate Buenos Aires
	Nac:	Club Atlético River Plate Buenos Aires
1976	Met:	Club Atlético Boca Juniors Buenos Aires
	Nac:	Club Atlético Boca Juniors Buenos Aires
1977	Met:	Club Atlético River Plate Buenos Aires
	Nac:	Club Atlético Independiente Avellaneda
1978	Met:	Quilmes Atlético Club
	Nac:	Club Atlético Independiente Avellaneda
1979	Met:	Club Atlético River Plate Buenos Aires
	Nac:	Club Atlético River Plate Buenos Aires
1980	Met:	Club Atlético River Plate Buenos Aires
	Nac:	Club Atlético Rosario Central
1981	Met:	Club Atlético Boca Juniors Buenos Aires
	Nac:	Club Atlético River Plate Buenos Aires
1982	Nac:	Club Ferro Carril Oeste Buenos Aires
	Met:	Club Estudiantes de La Plata
1983	Nac:	Club Estudiantes de La Plata
	Met:	Club Atlético Independiente Avellaneda
1984	Nac:	Club Ferro Carril Oeste Buenos Aires
	Met:	Asociación Atlética Argentinos Juniors Buenos Aires
1985	Nac:	Asociación Atlética Argentinos Juniors Buenos Aires
1985/1986	Club Atlético River Plate Buenos Aires	
1986/1987	Club Atlético Rosario Central	
1987/1988	Club Atlético Newell's Old Boys Rosario	
1988/1989	Club Atlético Independiente Avellaneda	
1989/1990	Club Atlético River Plate Buenos Aires	
1990/1991	Club Atlético Newell's Old Boys Rosario	

1991/1992	Ape:	Club Atlético River Plate Buenos Aires
	Cla:	Club Atlético Newell's Old Boys Rosario
1992/1993	Ape:	Club Atlético Boca Juniors Buenos Aires
	Cla:	Club Atlético Vélez Sársfield Buenos Aires
1993/1994	Ape:	Club Atlético River Plate Buenos Aires
	Cla:	Club Atlético Independiente Avellaneda
1994/1995	Ape:	Club Atlético River Plate Buenos Aires
	Cla:	Club Atlético San Lorenzo de Almagro
1995/1996	Ape:	Club Atlético Vélez Sársfield Buenos Aires
	Cla:	Club Atlético Vélez Sársfield Buenos Aires
1996/1997	Ape:	Club Atlético River Plate Buenos Aires
	Cla:	Club Atlético River Plate Buenos Aires
1997/1998	Ape:	Club Atlético River Plate Buenos Aires
	Cla:	Club Atlético Vélez Sársfield Buenos Aires
1998/1999	Ape:	Club Atlético Boca Juniors Buenos Aires
	Cla:	Club Atlético Boca Juniors Buenos Aires
1999/2000	Ape:	Club Atlético River Plate Buenos Aires
	Cla:	Club Atlético River Plate Buenos Aires
2000/2001	Ape:	Club Atlético Boca Juniors Buenos Aires
	Cla:	Club Atlético San Lorenzo de Almagro
2001/2002	Ape:	Racing Club de Avellaneda
	Cla:	Club Atlético River Plate Buenos Aires
2002/2003	Ape:	Club Atlético Independiente Avellaneda
	Cla:	Club Atlético River Plate Buenos Aires
2003/2004	Ape:	Club Atlético Boca Juniors Buenos Aires
	Cla:	Club Atlético River Plate Buenos Aires
2004/2005	Ape:	Club Atlético Newell's Old Boys Rosario
	Cla:	Club Atlético Vélez Sársfield Buenos Aires
2005/2006	Ape:	Club Atlético Boca Juniors Buenos Aires
	Cla:	Club Atlético Boca Juniors Buenos Aires
2006/2007	Ape:	Club Estudiantes de La Plata
	Cla:	Club Atlético San Lorenzo de Almagro
2007/2008	Ape:	Club Atlético Lanús
	Cla:	Club Atlético River Plate Buenos Aires
2008/2009	Ape:	Club Atlético Boca Juniors Buenos Aires
	Cla:	Club Atlético Vélez Sársfield Buenos Aires
2009/2010	Ape:	Club Atlético Banfield
	Cla:	Asociación Atlética Argentinos Juniors Buenos Aires
2010/2011	Ape:	Club Estudiantes de La Plata
	Cla:	Club Atlético Vélez Sársfield Buenos Aires
2011/2012	Ape:	CA Boca Juniors Buenos Aires
	Cla:	Arsenal FC de Sarandí
2012/2013	Ini:	Club Atlético Vélez Sársfield Buenos Aires
	Fin:	Club Atlético Newell's Old Boys Rosario
2013/2014	Ini:	Club Atlético San Lorenzo de Almagro
	Fin:	CA River Plate Buenos Aires
2014	Tra:	Racing Club de Avellaneda
2015		CA Boca Juniors Buenos Aires
2016		CA Lanús
2016/2017		CA Boca Juniors Buenos Aires
2017/2018		CA Boca Juniors Buenos Aires

2018/2019	Racing Club de Avellaneda
2019/2020	CA Boca Juniors Buenos Aires
2021	CA River Plate Buenos Aires
2022	CA Boca Juniors Buenos Aires
2023	CA River Plate Buenos Aires

	Copa de la Liga Profesional
2020	CA Boca Juniors Buenos Aires
2021	CA Colón de Santa Fe
2022	CA Boca Juniors Buenos Aires
2023	CA Rosario Central

TOP SCORERS
1891-2023

	Argentinean Amateur Championship	
1891	F. Archer (Buenos Aires & Rosario railway)	7
1892	*No competition*	
1893	William Leslie (Lomas AC Buenos Aires)	7
1894	James Gifford (Flores Athletic Club)	4
1895	*Not awarded*	
1896	T. F. Allen (Flores Athletic Club), Juan O. Anderson (Lomas AC Buenos Aires)	7
1897	William Stirling (Lomas AC Buenos Aires)	20
1898	T. F. Allen (Lanús Athletic)	11
1899	Percy Hooton (Belgrano AC)	3
1900	Spencer Leonard (Buenos Aires English High School)	8
1901	Herbert Dorning (Belgrano AC)	5
1902	Jorge Gibson Brown (Alumni AC)	11
1903	Jorge Gibson Brown (Alumni AC)	12
1904	Alfredo Carr Brown (Alumni AC)	11
1905	Tristán González (CA Estudiantes Buenos Aires), Carlos Lett (Alumni AC)	12
1906	Eliseo Brown (Alumni AC), Percy Hooton (Quilmes AC), Henry Lawrie (Lomas AC Buenos Aires), C. H. Whaley (Belgrano AC)	8
1907	Eliseo Brown (Alumni AC)	24
1908	Eliseo Brown (Alumni AC)	19
1909	Eliseo Brown (Alumni AC)	17
1910	Watson Hutton & Arnold Pencliff (Alumni AC)	13
1911	Ricardo S. Malbrán (San Isidro AC), Ricardo S. Malbrán (Alumni AC), Antonio Piaggio (Club Porteño)	10
1912	Alberto Bernardino Ohaco (Racing Club de Avellaneda) Enrique Colla (CA Independiente Avellaneda)/FAF	9 12
1913	Alberto Bernardino Ohaco (Racing Club de Avellaneda) Guillermo Dannaher (CA Argentino de Quilmes)/FAF	20 16
1914	Alberto Bernardino Ohaco (Racing Club de Avellaneda) Norberto Carabelli (Club Hispano Argentino)/FAF	20 11
1915	Alberto Bernardino Ohaco (Racing Club de Avellaneda)	31
1916	Marius Hiller (Club de Gimnasia y Esgrima La Plata)	16
1917	Alberto Andrés Marcovecchio (Racing Club de Avellaneda)	18
1918	Albérico Zabaleta (Racing Club de Avellaneda)	13

Year	Player	Goals
1919	Alfredo Garassino, Alfredo Martín (CA Boca Juniors Buenos Aires)	6
	Alberto Andrés Marcovecchio (Racing Club de Avellaneda)/AAM	12
1920	Fausto Lucarelli (CA Banfield)	15
	Santiago Carreras (CA Vélez Sársfield Buenos Aires)/AAM	19
1921	Guillermo Dannaher (CA Huracán Buenos Aires)	23
	Albérico Zabaleta (Racing Club de Avellaneda)/AAM	32
1922	J. Clarke (Sportivo Palermo), Domingo Alberto Tarasconi (CA Boca Juniors)	11
	Manuel Seoane (CA Independiente Avellaneda)/AAM	55
1923	Domingo Alberto Tarasconi (CA Boca Juniors Buenos Aires)	40
	Martín Barceló (Racing Club de Avellaneda)/AAM	15
1924	Domingo Alberto Tarasconi (CA Boca Juniors Buenos Aires)	16
	Ricardo Lucarelli (Sportivo Buenos Aires), Luis Ravaschino (CA Independiente Avellaneda)/AAM	15
1925	José Gaslini (CA Chacarita Juniors San Martín)	16
	Alberto Bellomo (Estudiantes de La Plata)/AAM	16
1926	Roberto Eugenio Cerro (CA Boca Juniors Buenos Aires)	20
	Manuel Seoane (CA Independiente Avellaneda)/AAM	29
1927	Domingo Alberto Tarasconi (CA Boca Juniors Buenos Aires)	32
1928	Roberto Eugenio Cerro (CA Boca Juniors Buenos Aires)	32
1929	Juan Bautista Cortesse (CA San Lorenzo de Almagro), Manuel Seoane (CA Independiente Avellaneda)	13
1930	Roberto Eugenio Cerro (CA Boca Juniors Buenos Aires)	37
1931	Julio Ciancia (Club Almagro)	14
1932	Juan Carlos Irurieta (CA All Boys Buenos Aires)	23
1933	A. Lorenzo (CA Barracas Central Buenos Aires)	16
1934	C. Maseda (CA Argentino de Quilmes), Domingo Alberto Tarasconi (Club General San Martín)	16
	Argentinean Professional Championship	
1931	Alberto Máximo Zozaya (Club Estudiantes de La Plata)	33
1932	Bernabé Ferreyra (CA River Plate Buenos Aires)	43
1933	Francisco Antonio Varallo (CA Boca Juniors Buenos Aires)	34
1934	Evaristo Vicente Barrera (Racing Club de Avellaneda)	34
1935	Agustín Cosso (CA Vélez Sársfield Buenos Aires)	33
1936	Evaristo Vicente Barrera (Racing Club de Avellaneda)	33
1937	Arsenio Pastor Erico (CA Independiente Avellaneda)	47
1938	Arsenio Pastor Erico (CA Independiente Avellaneda)	43
1939	Arsenio Pastor Erico (CA Independiente Avellaneda)	40
1940	Delfín Benítez Cáceres (Racing Club de Avellaneda) Isidro Lángara Galarraga (CA San Lorenzo de Almagro)	33
1941	José Canteli (CA Newell's Old Boys Rosario)	30
1942	Rinaldo Fioramonte Martino (CA San Lorenzo de Almagro)	25
1943	Luis Arrieta (CA Lanús), Ángel Amadeo Labruna (CA River Plate Buenos Aires), Raúl Frutos (CA Platense)	23
1944	Atilio Mellone (CA Huracán Buenos Aires)	26
1945	Ángel Amadeo Labruna (CA River Plate Buenos Aires)	25
1946	Mario Emilio Heriberto Boyé Auterio (CA Boca Juniors Buenos Aires)	24
1947	Alfredo Di Stéfano Laulhé (CA River Plate Buenos Aires)	27
1948	Benjamín Santos (CA Rosario Central)	27
1949	Llamil Simes (Racing Club de Avellaneda), Juan José Pizzuti (CA Banfield)	26
1950	Mario Papa (CA San Lorenzo de Almagro)	24
1951	Júlio Carlos Santiago Vernazza (CA River Plate Buenos Aires)	22

Año		Goleador	Goles
1952		Eduardo Ricagni (CA Huracán Buenos Aires)	28
1953		Juan José Pizzuti (Racing Club de Avellaneda), Juan Benavidez (CA San Lorenzo de Almagro)	22
1954		Angel Antonio Berni Gómez (PAR, CA San Lorenzo de Almagro), Norberto Conde (CA Vélez Sársfield Buenos Aires), José Borello (CA Boca Juniors Buenos Aires)	19
1955		Oscar Massei (CA Rosario Central)	21
1956		Juan Alberto Castro (CA Rosario Central), Ernesto Grillo (CA Independiente Avellaneda)	17
1957		Roberto Zárate (CA River Plate Buenos Aires)	22
1958		José Francisco Sanfilippo (CA San Lorenzo de Almagro)	28
1959		José Francisco Sanfilippo (CA San Lorenzo de Almagro)	31
1960		José Francisco Sanfilippo (CA San Lorenzo de Almagro)	34
1961		José Francisco Sanfilippo (CA San Lorenzo de Almagro)	26
1962		Luis Artime (CA River Plate Buenos Aires)	28
1963		Luis Artime (CA River Plate Buenos Aires)	26
1964		Héctor Rodolfo Veira (CA San Lorenzo de Almagro)	17
1965		Juan Carlos Carone (CA Vélez Sársfield Buenos Aires)	19
1966		Luis Artime (CA Independiente Avellaneda)	23
1967	Met:	Bernardo Acosta (CA Lanús)	18
	Nac:	Luis Artime (CA Independiente Avellaneda)	11
1968	Met:	Alfredo Domingo Obberti (CA Los Andes)	13
	Nac:	Omar Wehbe (CA Vélez Sársfield Buenos Aires)	13
1969	Met:	Walter Machado (Racing Club de Avellaneda)	14
	Nac:	Rodolfo José Fischer (CA San Lorenzo de Almagro), Carlos Bulla (CA Platense)	14
1970	Met:	Oscar Antonio Más (CA River Plate Buenos Aires)	16
	Nac:	Carlos Arcecio Bianchi (CA Vélez Sársfield Buenos Aires)	18
1971	Met:	Carlos Arcecio Bianchi (CA Vélez Sársfield Buenos Aires)	36
	Nac:	Alfredo Domingo Obberti (CA Newell's Old Boys Rosario), José Luñíz (Centro Juventud Antoniana Salta)	10
1972	Met:	Miguel Angel Brindisi (CA Huracán Buenos Aires)	21
	Nac:	Carlos Manuel Morete (CA River Plate Buenos Aires)	14
1973	Met:	Oscar Antonio Más (CA River Plate Buenos Aires), Hugo Alberto Curioni (CA Boca Juniors Buenos Aires), Ignacio Peña (Club Estudiantes de La Plata)	17
	Nac:	Juan Gómez Voglino (CA Atlanta Buenos Aires)	18
1974	Met:	Carlos Manuel Morete (CA River Plate Buenos Aires)	18
	Nac:	Mario Alberto Kempes (CA Rosario Central)	25
1975	Met:	Héctor Horacio Scotta (CA San Lorenzo de Almagro)	28
	Nac:	Héctor Horacio Scotta (CA San Lorenzo de Almagro)	32
1976	Met:	Mario Alberto Kempes (CA Rosario Central)	21
	Nac:	Norberto Eresumo (San Lorenzo de Mar del Plata), Luis Ludueña (CA Talleres Córdoba), Víctor Marchetti (CA Unión de Santa Fé)	12
1977	Met:	Carlos Álvarez (AA Argentinos Juniors Buenos Aires)	27
	Nac:	Alfredo Letanú (Club Estudiantes de La Plata)	13
1978	Met:	Diego Armando Maradona (AA Argentinos Juniors Buenos Aires), Luis Andreucci (Quilmes AC)	22
	Nac:	José Omar Reinaldi (CA Talleres Córdoba)	18

1979	Met:	Diego Armando Maradona (AA Argentinos Juniors Buenos Aires), Sergio Élio Fortunato (Club Estudiantes de La Plata)	14
	Nac:	Diego Armando Maradona (AA Argentinos Juniors Buenos Aires)	12
1980	Met:	Diego Armando Maradona (AA Argentinos Juniors Buenos Aires)	25
	Nac:	Diego Armando Maradona (AA Argentinos Juniors Buenos Aires)	17
1981	Met:	Raúl Chaparro (Instituto Atlético Central Córdoba)	20
	Nac:	Carlos Arcecio Bianchi (CA Vélez Sársfield Buenos Aires)	15
1982	Nac:	Miguel Juárez (Club Ferro Carril Oeste Buenos Aires)	22
	Met:	Carlos Manuel Morete (CA Independiente Avellaneda)	20
1983	Nac:	Armando Mario Husillos (Club Social y Deportivo Loma Negra Olavarría)	11
	Met:	Víctor Rogelio Ramos (CA Newell's Old Boys Rosario)	30
1984	Nac:	Pedro Pablo Pasculli (AA Argentinos Juniors Buenos Aires)	9
	Met:	Enzo Francescoli Uriarte (URU, CA River Plate Buenos Aires)	24
1985	Nac:	Jorge Alberto Comas Romero (CA Vélez Sársfield Buenos Aires)	12
1985/1986		Enzo Francescoli Uriarte (URU, CA River Plate Buenos Aires)	25
1986/1987		Omar Arnaldo Palma (CA Rosario Central)	20
1987/1988		José Luis Rodríguez (Club Social, Deportivo y Cultural Español Buenos Aires)	18
1988/1989		Oscar Alberto Dertycia Álvarez (AA Argentinos Juniors Buenos Aires), Néstor Raúl Gorosito (CA San Lorenzo de Almagro)	20
1989/1990		Ariel Osvaldo Cozzoni (CA Newell's Old Boys Rosario)	23
1990/1991		Esteban Fernando González Sánchez (CA Vélez Sársfield Buenos Aires)	18
1991/1992	Ape:	Ramón Ángel Díaz (CA River Plate Buenos Aires)	14
	Cla:	Darío Oscar Scotto (CA Platense), Diego Fernando Latorre (CA Boca Juniors Buenos Aires)	9
1992/1993	Ape:	Alberto Federico Acosta (CA San Lorenzo de Almagro)	12
	Cla:	Rubén Fernando da Silva Echeverrito (URU, CA River Plate Buenos Aires)	13
1993/1994	Ape:	Sergio Daniel Martínez Alzuri (URU, CA Boca Juniors Buenos Aires)	12
	Cla:	Marcelo Fabian Espina (CA Platense), Marcelo Fabian Espina (CA River Plate Buenos Aires)	11
1994/1995	Ape:	Enzo Francescoli Uriarte (URU, CA River Plate Buenos Aires)	12
	Cla:	José Oscar Flores (CA Vélez Sársfield Buenos Aires)	14
1995/1996	Ape:	José Luis Calderón (Club Estudiantes de La Plata)	13
	Cla:	Ariel Maximiliano López (CA Lanús)	13
1996/1997	Ape:	Gustavo Enrique Reggi (CA Newell's Old Boys Rosario)	11
	Cla:	Sergio Daniel Martínez Alzuri (URU, CA Boca Juniors Buenos Aires)	15
1997/1998	Ape:	Rubén Fernando da Silva Echeverrito (URU, CA Rosario Central)	15
	Cla:	Roberto Carlos Sosa (Club de Gimnasia y Esgrima La Plata)	16
1998/1999	Ape:	Martín Palermo (CA Boca Juniors Buenos Aires)	20
	Cla:	José Luis Calderón (CA Independiente Avellaneda)	17
1999/2000	Ape:	Javier Pedro Saviola Fernández (CA River Plate Buenos Aires)	15
	Cla:	Oscar Esteban Fuertes (CA Colón)	17
2000/2001	Ape:	Juan Pablo Ángel (COL, CA River Plate Buenos Aires)	13
	Cla:	Bernardo Daniel Romeo (CA San Lorenzo de Almagro)	15
2001/2002	Ape:	Martín Alejandro Cardetti (CA River Plate Buenos Aires)	17
	Cla:	Fernando Ezequiel Cavenaghi (CA River Plate Buenos Aires)	15
2002/2003	Ape:	Néstor Andrés Silvera (CA Independiente Avellaneda)	16
	Cla:	Luciano Gabriel Figueroa Herrera (CA Rosario Central)	17
2003/2004	Ape:	Ernesto Antonio Farías (Club Estudiantes de La Plata)	12
	Cla:	Rolando David Zárate Riga (CA Vélez Sársfield Buenos Aires)	13
2004/2005	Ape:	Lisandro López (Racing Club de Avellaneda)	12
	Cla:	Hugo Mariano Pavone (Club Estudiantes de La Plata)	16

2005/2006	Ape:	Javier Edgardo Bustamante Cámpora (CA Tiro Federal Argentino Rosario)	13
	Cla:	Gonzalo Vargas Abella (URU, Club de Gimnasia y Esgrima La Plata)	12
2006/2007	Ape:	Mauro Matías Zárate (CA Vélez Sársfield Buenos Aires), Rodrigo Sebastián Palacio (CA Boca Juniors Buenos Aires)	12
	Cla:	Martín Palermo (CA Boca Juniors Buenos Aires)	11
2007/2008	Ape:	Germán Gustavo Denis (CA Independiente Avellaneda)	18
	Cla:	Nicolás Cvitanich (CA Banfield)	13
2008/2009	Ape:	José Gustavo Sand (CA Lanús)	15
	Cla:	José Gustavo Sand (CA Lanús)	13
2009/2010	Ape:	Santiago Martín Silva Olivera (URU, CA Banfield)	14
	Cla:	Mauro Boselli (Club Estudiantes de La Plata)	13
2010/2011	Ape:	Santiago Martín Silva Olivera (URU, CA Vélez Sársfield Buenos Aires) Denis Stracqualursi (CA Tigre Victoria)	11
	Cla:	Javier Edgardo Cámpora Bustamante (CA Huracán Buenos Aires) Teófilo Antonio Gutiérrez Rocancio (Racing Club de Avellaneda)	11
2011/2012	Ape:	Rubén Darío Ramírez (CD Godoy Cruz Antonio Tomba Mendoza)	12
	Cla:	Carlos Ariel Luna (CA Tigre Victoria)	12
2012/2013	Ini:	Facundo Ferreyra (CA Vélez Sársfield Buenos Aires) Ignacio Martín Scocco (CA Newell's Old Boys Rosario)	13
	Fin:	Emanuel Gigliotti (CA Colón de Santa Fé) Ignacio Martín Scocco (CA Newell's Old Boys Rosario)	11
2013/2014	Ini:	César Emanuel Pereyra (CA Belgrano Córdoba)	10
	Fin:	Mauro Matías Zárate (CA Vélez Sársfield Buenos Aires)	13
2014	Tra:	Lucas David Pratto (CA Vélez Sársfield Buenos Aires) Maximiliano Rubén Rodríguez (CA Newell's Old Boys Rosario) Silvio Ezequiel Romero (CA Lanús)	11
2015		Marco Gastón Ruben Rodríguez (CA Rosario Central)	21
2016		José Gustavo Sand (CA Lanús)	15
2016/2017		Darío Ismael Benedetto (CA Boca Juniors Buenos Aires)	21
2017/2018		Santiago Damian García Correa (URU, CD Godoy Cruz Antonio Tomba Mendoza)	17
2018/2019		Lisandro López (Racing Club de Avellaneda)	17
2019/2020		Silvio Ezequiel Romero (CA Independiente Avellaneda) Rafael Santos Borré Maury (COL, CA River Plate Buenos Aires)	12
2021		Julián Álvarez (CA River Plate Buenos Aires)	18
2022		Mateo Retegui (ITA, CA Tigre Victoria)	19
2023		Michael Nicolás Santos Rosadilla (URU, CA Talleres Córdoba) Pablo Ezequiel Vegetti Pfaffen (CA Belgrano Córdoba)	13

NATIONAL CHAMPIONSHIP
Campeonato de Primera División 2023 – Liga Profesional "Torneo Binance"
(27.02.2023 - 30.07.2023)

Results

Round 1 [27-30.01.2023]
Rosario Central - Argentinos Juniors 1-0(1-0)
Defensa y Justicia - Huracán 2-4(1-2)
San Lorenzo - Arsenal FC 1-0(0-0)
Estudiantes - CA Tigre 1-2(0-1)
CA Talleres - Independiente 0-1(0-0)
Central Córdoba - River Plate 0-2(0-1)
CA Platense - Newell's Old Boys 2-2(1-1)
Racing Club - CA Belgrano 0-0
CA Colón - CA Lanús 1-2(0-1)
Instituto AC - CA Sarmiento 0-0
Boca Juniors - Atlético Tucumán 1-0(0-0)
Barracas Central - Godoy Cruz 0-1(0-1)
CA Banfield - CA Unión 0-0
Vélez Sarsfield - Gimnasia y Esgrima 3-1(1-0)

Round 2 [03-06.02.2023]
Newell's Old Boys - Vélez Sarsfield 1-0(0-0)
CA Tigre - Rosario Central 2-2(1-1)
CA Sarmiento - Barracas Central 3-5(1-2)
Arsenal FC - Estudiantes 1-1(1-1)
CA Belgrano - River Plate 2-1(1-0)
CA Lanús - San Lorenzo 2-1(2-0)
Argentinos Juniors - Racing Club 1-0(0-0)
Independiente - CA Platense 1-2(0-1)
Boca Juniors - Central Córdoba 0-0
Atlético Tucumán - CA Talleres 0-2(0-0)
CA Unión - Instituto AC 0-2(0-2)
Godoy Cruz - CA Colón 1-0(0-0)
Gimnasia y Esgr. - Defensa y Justicia 0-2(0-0)
Huracán - CA Banfield 3-2(3-1)

Round 3 [10-13.02.2023]
Central Córdoba - CA Belgrano 0-1(0-0)
CA Colón - CA Sarmiento 0-2(0-1)
San Lorenzo - Godoy Cruz 1-0(0-0)
Defensa y Justicia - Newell's Old Boys 1-0(1-0)
CA Platense - Atlético Tucumán 1-1(1-0)
CA Talleres - Boca Juniors 2-1(1-0)
Vélez Sarsfield - Independiente 0-0
Rosario Central - Arsenal FC 2-1(1-1)
CA Banfield - Gimnasia y Esgrima 0-0
River Plate - Argentinos Juniors 2-1(0-1)
Racing Club - CA Tigre 2-2(1-1)
Instituto AC - Huracán 0-0
Barracas Central - CA Unión 1-1(1-1)
Estudiantes - CA Lanús 0-2(0-1)

Round 4 [17-20.02.2023]
Gimnasia y Esgrima - Instituto AC 2-0(1-0)
Huracán - Barracas Central 2-0(1-0)
Arsenal FC - Racing Club 0-3(0-3)
CA Lanús - Rosario Central 3-0(0-0)
CA Tigre - River Plate 0-1(0-0)
Godoy Cruz - Estudiantes 0-1(0-1)
Argentinos Juniors - CA Belgrano 3-0(1-0)
Newell's Old Boys - CA Banfield 2-0(0-0)
CA Unión - CA Colón 1-1(1-0)
Boca Juniors - CA Platense 3-1(2-1)
CA Talleres - Central Córdoba 2-0(2-0)
Independiente - Defensa y Justicia 0-2(0-2)
CA Sarmiento - San Lorenzo 0-1(0-0)
Atlético Tucumán - Vélez Sarsfield 1-1(0-0)

Round 5 [24-27.02.2023]
CA Belgrano - CA Tigre 0-2(0-0)
Rosario Central - Godoy Cruz 1-0(1-0)
San Lorenzo - CA Unión 1-0(0-0)
Estudiantes - CA Sarmiento 1-1(0-0)
CA Platense - CA Talleres 2-4(0-3)
Vélez Sarsfield - Boca Juniors 1-2(0-1)
CA Colón - Huracán 1-1(1-1)
Defensa y Justicia - Atlético Tucumán 3-0(3-0)
River Plate - Arsenal FC 1-2(1-0)
Instituto AC - Newell's Old Boys 3-1(2-0)
CA Banfield - Independiente 0-0
Barracas Central - Gimnasia y Esgrima 1-0(1-0)
Racing Club - CA Lanús 2-1(1-1)
Central Córdoba - Argentinos Juniors 1-0(1-0)

Round 6 [03-06.03.2023]
CA Unión - Estudiantes 2-0(0-0)
CA Sarmiento - Rosario Central 4-1(0-1)
CA Platense - Central Córdoba 1-1(0-0)
Gimnasia y Esgrima - CA Colón 0-0
CA Lanús - River Plate 0-2(0-1)
Atlético Tucumán - CA Banfield 1-0(1-0)
Newell's Old Boys - Barracas Central 1-0(1-0)
Independiente - Instituto AC 2-2(2-1)
Huracán - San Lorenzo 1-1(1-1)
CA Talleres - Vélez Sarsfield 1-2(0-2)
CA Tigre - Argentinos Juniors 0-1(0-1)
Godoy Cruz - Racing Club 2-0(1-0)
Arsenal FC - CA Belgrano 0-1(0-1)
Boca Juniors - Defensa y Justicia 0-0

Round 7 [10-13.03.2023]
Barracas Central - Independiente 1-1(1-1)
Argentinos Juniors - Arsenal FC 1-1(0-0)
Instituto AC - Atlético Tucumán 1-1(1-0)
San Lorenzo - Gimnasia y Esgrima 4-0(1-0)
Defensa y Justicia - CA Talleres 1-1(1-1)
Central Córdoba - CA Tigre 2-0(0-0)
CA Belgrano - CA Lanús 0-0
Racing Club - CA Sarmiento 1-0(1-0)
River Plate - Godoy Cruz 3-0(1-0)
Estudiantes - Huracán 2-1(1-0)
Rosario Central - CA Unión 1-1(0-1)
CA Banfield - Boca Juniors 1-0(1-0)
CA Colón - Newell's Old Boys 1-1(1-0)
Vélez Sarsfield - CA Platense 1-1(1-0)

Round 8 [17-21.03.2023]
CA Unión - Racing Club 1-3(0-1)
Arsenal FC - CA Tigre 2-0(0-0)
CA Platense - Defensa y Justicia 1-0(1-0)
Independiente - CA Colón 2-2(1-1)
Atlético Tucumán - Barracas Central 1-1(1-0)
Godoy Cruz - CA Belgrano 3-1(2-1)
Gimnasia y Esgrima - Estudiantes 2-1(0-1)
Boca Juniors - Instituto AC 2-3(1-2)
CA Talleres - CA Banfield 0-1(0-0)
CA Sarmiento - River Plate 0-2(0-1)
Newell's Old Boys - San Lorenzo 1-0(0-0)
Huracán - Rosario Central 0-2(0-2)
CA Lanús - Argentinos Juniors 0-0
Vélez Sarsfield - Central Córdoba 4-0(1-0)

Round 9 [30.03.-03.04.2023]
Defensa y Justicia - Vélez Sarsfield 0-0
Argentinos Juniors - Godoy Cruz 3-0(0-0)
Rosario Central - Gimnasia y Esgrima 3-1(1-1)
Estudiantes - Newell's Old Boys 3-0(2-0)
River Plate - CA Unión 1-0(1-0)
Barracas Central - Boca Juniors 0-3(0-3)
San Lorenzo - Independiente 0-0
Racing Club - Huracán 2-1(0-0)
CA Tigre - CA Lanús 2-1(1-0)
Instituto AC - CA Talleres 0-3(0-1)
CA Colón - Atlético Tucumán 0-0
CA Banfield - CA Platense 0-2(0-2)
CA Belgrano - CA Sarmiento 0-0
Central Córdoba - Arsenal FC 1-0(1-0)

Round 10 [07-09.04.2023]
CA Platense - Instituto AC 1-0(0-0)
CA Lanús - Arsenal FC 3-0(2-0)
Vélez Sarsfield - CA Banfield 3-3(3-1)
CA Talleres - Barracas Central 3-0(0-0)
CA Sarmiento - Argentinos Juniors 2-0(0-0)
Gimnasia y Esgrima - Racing Club 3-1(1-0)
CA Unión - CA Belgrano 0-3(0-2)
Defensa y Justicia - Central Córdoba 1-2(0-1)
Atlético Tucumán - San Lorenzo 1-3(1-2)
Independiente - Estudiantes 1-2(0-0)
Godoy Cruz - CA Tigre 1-1(1-1)
Newell's Old Boys - Rosario Central 0-0
Huracán - River Plate 0-3(0-2)
Boca Juniors - CA Colón 1-2(0-1)

Round 11 [11-13.04.2023]
Barracas Central - CA Platense 1-0(1-0)
Argentinos Juniors - CA Unión 5-1(3-0)
Central Córdoba - CA Lanús 1-1(1-0)
Instituto AC - Vélez Sarsfield 1-0(1-0)
CA Banfield - Defensa y Justicia 0-3(0-1)
San Lorenzo - Boca Juniors 1-0(1-0)
CA Belgrano - Huracán 2-0(1-0)
Racing Club - Newell's Old Boys 0-1(0-0)
Rosario Central - Independiente 1-0(1-0)
Estudiantes - Atlético Tucumán 0-0
Arsenal FC - Godoy Cruz 2-3(1-0)
CA Colón - CA Talleres 2-2(2-0)
River Plate - Gimnasia y Esgrima 3-0(1-0)
CA Tigre - CA Sarmiento 1-0(1-0)

Round 12 [15-17.04.2023]
Defensa y Justicia - Instituto AC 1-0(0-0)
Boca Juniors - Estudiantes 0-1(0-0)
Gimnasia y Esgrima - CA Belgrano 0-2(0-1)
Huracán - Argentinos Juniors 0-0
Vélez Sarsfield - Barracas Central 0-0
CA Unión - CA Tigre 0-0
Independiente - Racing Club 1-1(1-1)
Newell's Old Boys - River Plate 0-1(0-0)
CA Talleres - San Lorenzo 0-0
CA Platense - CA Colón 0-0
CA Banfield - Central Córdoba 1-0(1-0)
CA Sarmiento - Arsenal FC 1-0(1-0)
Atlético Tucumán - Rosario Central 2-2(1-0)
Godoy Cruz - CA Lanús 4-4(3-4)

Round 13 [21-25.04.2023]
CA Colón - Vélez Sarsfield 2-1(2-0)
CA Lanús - CA Sarmiento 2-1(2-0)
Arsenal FC - CA Unión 2-1(0-0)
Central Córdoba - Godoy Cruz 0-2(0-0)
CA Belgrano - Newell's Old Boys 1-0(1-0)
San Lorenzo - CA Platense 1-0(0-0)
Rosario Central - Boca Juniors 2-2(1-0)
Instituto AC - CA Banfield 1-1(0-1)
Estudiantes - CA Talleres 1-0(0-0)
River Plate - Independiente 2-0(1-0)
Barracas Central - Defensa y Justicia 0-2(0-0)
Racing Club - Atlético Tucumán 1-3(0-1)
Argentinos Jun. - Gimnasia y Esgrima 2-4(1-2)
CA Tigre - Huracán 1-0(1-0)

Round 14 [27-30.04.2023]
CA Platense - Estudiantes 1-2(1-2)
CA Sarmiento - Godoy Cruz 1-1(1-0)
Newell's Old Boys - Argentinos Juniors 0-0
Huracán - Arsenal FC 2-1(2-1)
Atlético Tucumán - River Plate 1-1(1-0)
Vélez Sarsfield - San Lorenzo 0-0
Gimnasia y Esgrima - CA Tigre 1-1(1-0)
Instituto AC - Central Córdoba 0-2(0-0)
CA Banfield - Barracas Central 0-0
Boca Juniors - Racing Club 3-1(2-0)
Defensa y Justicia - CA Colón 2-0(1-0)
Independiente - CA Belgrano 2-0(1-0)
CA Talleres - Rosario Central 3-1(1-1)
CA Unión - CA Lanús 1-1(0-0) [17.06.2023]

Round 15 [05-08.05.2023]
Godoy Cruz - CA Unión 0-0
Barracas Central - Instituto AC 3-0(1-0)
CA Lanús - Huracán 1-0(1-0)
CA Belgrano - Atlético Tucumán 1-0(1-0)
CA Colón - CA Banfield 2-0(2-0)
Argentinos Juniors - Independiente 2-2(0-1)
Rosario Central - CA Platense 4-0(2-0)
River Plate - Boca Juniors 1-0(0-0)
CA Tigre - Newell's Old Boys 2-2(2-1)
Estudiantes - Vélez Sarsfield 2-0(0-0)
Arsenal FC - Gimnasia y Esgrima 0-1(0-1)
San Lorenzo - Defensa y Justicia 0-0
Racing Club - CA Talleres 2-4(0-2)
Central Córdoba - CA Sarmiento 0-1(0-1)

Round 16 [12-15.05.2023]
Huracán - Godoy Cruz 0-0
Atlético Tucumán - Argentinos Juniors 1-2(1-1)
Independiente - CA Tigre 2-1(1-1)
CA Banfield - San Lorenzo 2-1(2-1)
Instituto AC - CA Colón 1-0(0-0)
Newell's Old Boys - Arsenal FC 2-0(1-0)
Defensa y Justicia - Estudiantes 1-1(1-1)
CA Platense - Racing Club 3-0(2-0)
Boca Juniors - CA Belgrano 2-0(0-0)
CA Talleres - River Plate 2-1(0-0)
Barracas Central - Central Córdoba 2-2(0-2)
CA Unión - CA Sarmiento 0-2(0-0)
Gimnasia y Esgrima - CA Lanús 1-0(0-0)
Vélez Sarsfield - Rosario Central 0-0

Round 17 [18-21.05.2023]
Arsenal FC - Independiente 2-1(1-0)
Godoy Cruz - Gimnasia y Esgrima 2-0(1-0)
Central Córdoba - CA Unión 0-1(0-0)
Rosario Central - Defensa y Justicia 2-1(1-1)
Estudiantes - CA Banfield 1-0(0-0)
Argentinos Juniors - Boca Juniors 0-1(0-0)
San Lorenzo - Instituto AC 2-0(0-0)
CA Lanús - Newell's Old Boys 1-0(1-0)
CA Tigre - Atlético Tucumán 0-0
CA Belgrano - CA Talleres 1-1(1-0)
CA Sarmiento - Huracán 0-0
CA Colón - Barracas Central 1-1(0-0)
River Plate - CA Platense 2-1(1-1)
Racing Club - Vélez Sar. 2-1(2-1) [17.06.2023]

Round 18 [26-29.05.2023]
Atlético Tucumán - Arsenal FC 1-0(0-0)
Gimnasia y Esgrima - CA Sarmiento 0-0
CA Platense - CA Belgrano 1-0(1-0)
Independiente - CA Lanús 1-1(1-0)
Barracas Central - San Lorenzo 1-0(1-0)
Defensa y Justicia - Racing Club 1-1(1-0)
CA Talleres - Argentinos Juniors 1-0(0-0)
Boca Juniors - CA Tigre 1-0(1-0)
Newell's Old Boys - Godoy Cruz 2-0(1-0)
CA Colón - Central Córdoba 2-2(0-2)
CA Banfield - Rosario Central 2-0(1-0)
Huracán - CA Unión 0-1(0-1)
Instituto AC - Estudiantes 0-0
Vélez Sarsfield - River Plate 2-2(0-1)

Round 19 [01-04.06.2023]
CA Sarmiento - Newell's Old Boys 0-0
Arsenal FC - Boca Juniors 1-0(1-0)
Estudiantes - Barracas Central 5-2(3-1)
CA Tigre - CA Talleres 1-3(1-1)
Argentinos Juniors - CA Platense 1-0(0-0)
CA Belgrano - Vélez Sarsfield 2-0(2-0)
Central Córdoba - Huracán 2-0(2-0)
Rosario Central - Instituto AC 4-1(1-0)
Racing Club - CA Banfield 2-0(1-0)
CA Unión - Gimnasia y Esgrima 2-0(0-0)
San Lorenzo - CA Colón 0-0
Godoy Cruz - Independiente 2-1(2-0)
CA Lanús - Atlético Tucumán 2-1(2-1)
River Plate - Defensa y Jus. 1-0(0-0) [17.06.23]

Round 20 [09-13.06.2023]
Barracas Central - Rosario Central 0-0
Independiente - CA Sarmiento 2-0(1-0)
CA Platense - CA Tigre 1-0(0-0)
Boca Juniors - CA Lanús 1-0(0-1)
CA Talleres - Arsenal FC 1-0(1-0)
Newell's Old Boys - CA Unión 1-1(1-0)
San Lorenzo - Central Córdoba 0-0
CA Banfield - River Plate 1-4(1-2)
Instituto AC - Racing Club 1-1(1-0)
Vélez Sarsfield - Argentinos Juniors 0-1(0-0)
CA Colón - Estudiantes 1-0(1-0)
Defensa y Justicia - CA Belgrano 2-0(1-0)
Atlético Tucumán - Godoy Cruz 2-1(1-0)
Gimnasia y Esgrima - Huracán 1-0(0-0)

Round 21 [21-26.06.2023]
Estudiantes - San Lorenzo 1-1(1-0)
Central Córdoba - Gimnasia y Esgrima 0-0
CA Tigre - Vélez Sarsfield 2-1(0-0)
Racing Club - Barracas Central 1-1(1-0)
River Plate - Instituto AC 3-1(1-1)
Godoy Cruz - Boca Juniors 4-0(2-0)
Huracán - Newell's Old Boys 1-1(1-1)
Argentinos Juniors-Defensa y Justicia 3-1(1-0)
CA Unión - Independiente 3-0(1-0)
CA Lanús - CA Talleres 2-1(0-1)
Arsenal FC - CA Platense 0-2(0-1)
Rosario Central - CA Colón 1-0(0-0)
CA Sarmiento - Atlético Tucumán 4-1(3-0)
CA Belgrano - CA Banfield 3-1(1-0)

Round 22 [30.06.-03.07.2023]
CA Platense - CA Lanús 0-1(0-0)
Vélez Sarsfield - Arsenal FC 1-0(0-0)
Atlético Tucumán - CA Unión 1-0(1-0)
Barracas Central - River Plate 2-1(1-0)
San Lorenzo - Rosario Central 1-0(1-0)
Estudiantes - Central Córdoba 1-1(1-1)
CA Talleres - Godoy Cruz 1-1(1-0)
Independiente - Huracán 1-0(1-0)
CA Colón - Racing Club 0-4(0-3)
Instituto AC - CA Belgrano 1-0(1-0)
CA Banfield - Argentinos Juniors 1-0(0-0)
Defensa y Justicia - CA Tigre 1-0(0-0)
Boca Juniors - CA Sarmiento 2-0(0-0)
Newell's O.B. - Gimnasia y Esgrima 2-2(1-2)

Round 23 [04-07.07.2023]
CA Lanús - Vélez Sarsfield 0-1(0-1)
Godoy Cruz - CA Platense 2-1(1-0)
CA Tigre - CA Banfield 1-2(0-1)
Rosario Central - Estudiantes 0-0
Racing Club - San Lorenzo 1-1(1-0)
River Plate - CA Colón 2-0(1-0)
Arsenal FC - Defensa y Justicia 1-2(1-0)
CA Unión - Boca Juniors 0-0
CA Sarmiento - CA Talleres 0-1(0-1)
Argentinos Juniors - Instituto AC 0-0
Huracán - Atlético Tucumán 0-1(0-0)
CA Belgrano - Barracas Central 0-2(0-1)
Gimnasia y Esgrima - Independiente 1-1(0-0)
Central Córdoba - Newell's Old Boys 2-0(1-0)

Round 24 [08-10.07.2023]
Estudiantes - Racing Club 0-0
San Lorenzo - River Plate 0-0
Instituto AC - CA Tigre 0-1(0-1)
CA Platense - CA Sarmiento 1-0(0-0)
Vélez Sarsfield - Godoy Cruz 1-1(0-0)
CA Banfield - Arsenal FC 0-0
Defensa y Justicia - CA Lanús 2-2(0-1)
Barracas Central - Argentinos Juniors 0-0
CA Colón - CA Belgrano 0-0
Boca Juniors - Huracán 1-0(0-0)
CA Talleres - CA Unión 0-0
Rosario Central - Central Córdoba 2-0(1-0)
Independiente - Newell's Old Boys 0-2(0-1)
Atlético Tucumán - Gimnasia y Esgr. 2-0(2-0)

Round 25 [14-17.07.2023]
CA Sarmiento - Vélez Sarsfield 1-1(0-0)
Godoy Cruz - Defensa y Justicia 2-2(0-0)
Huracán - CA Talleres 0-1(0-0)
CA Unión - CA Platense 0-0
Racing Club - Rosario Central 1-1(1-1)
River Plate - Estudiantes 3-1(3-0)
CA Belgrano - San Lorenzo 0-1(0-1)
Gimnasia y Esgrima - Boca Juniors 1-3(0-1)
CA Lanús - CA Banfield 2-2(1-1)
Central Córdoba - Independiente 0-1(0-1)
Argentinos Juniors - CA Colón 1-0(0-0)
Arsenal FC - Instituto AC 0-2(0-0)
CA Tigre - Barracas Central 0-1(0-0)
Newell's Old Boys - Atlético Tucumán 0-0

Round 26 [22-25.07.2023]
San Lorenzo - Argentinos Juniors 0-2(0-1)
Estudiantes - CA Belgrano 4-0(2-0)
CA Platense - Huracán 0-1(0-0)
Atlético Tucumán - Independiente 1-0(1-0)
Defensa y Justicia - CA Sarmiento 3-0(1-0)
Rosario Central - River Plate 3-3(1-0)
Vélez Sarsfield - CA Unión 0-0
CA Talleres - Gimnasia y Esgrima 2-2(2-1)
CA Banfield - Godoy Cruz 2-0(1-0)
Racing Club - Central Córdoba 3-1(2-0)
Boca Juniors - Newell's Old Boys 2-1(1-0)
Barracas Central - Arsenal FC 0-0
CA Colón - CA Tigre 1-3(0-1)
Instituto AC - CA Lanús 2-1(1-1)

Round 27 [28-30.07.2023]
CA Unión - Defensa y Justicia 2-0(0-0)
Argentinos Juniors - Estudiantes 2-3(0-1)
Newell's Old Boys - CA Talleres 1-1(1-1)
CA Belgrano - Rosario Central 0-0
River Plate - Racing Club 2-1(1-0)
Central Córdoba - Atlético Tucumán 0-2(0-0)
CA Sarmiento - CA Banfield 0-0

Independiente - Boca Juniors 0-2(0-0)
CA Tigre - San Lorenzo 2-0(1-0)
CA Lanús - Barracas Central 2-0(1-0)
Arsenal FC - CA Colón 2-0(1-0)
Gimnasia y Esgrima - CA Platense 1-1(1-0)
Huracán - Vélez Sarsfield 1-0(1-0)
Godoy Cruz - Instituto AC 4-2(3-1)

Final Standings

1.	**CA River Plate Buenos Aires**	27	19	4	4	50 - 20	61
2.	CA Talleres Córdoba	27	14	8	5	42 - 23	50
3.	CA San Lorenzo de Almagro	27	12	10	5	23 - 13	46
4.	CA Lanús	27	12	9	6	38 - 27	45
5.	Club Estudiantes de La Plata	27	12	9	6	35 - 24	45
6.	CSD Defensa y Justicia Florencio Varela	27	12	8	7	36 - 23	44
7.	CA Boca Juniors Buenos Aires	27	13	5	9	33 - 24	44
8.	CA Rosario Central	27	10	12	5	36 - 29	42
9.	CD Godoy Cruz Antonio Tomba Mendoza	27	11	8	8	37 - 32	41
10.	AA Argentinos Juniors Buenos Aires	27	11	7	9	31 - 22	40
11.	CA Tucumán San Miguel de Tucumán	27	9	10	8	25 - 27	37
12.	Racing Club de Avellaneda	27	9	9	9	36 - 35	36
13.	CA Belgrano Córdoba	27	10	6	11	20 - 26	36
14.	CA Newell's Old Boys Rosario	27	8	11	8	24 - 24	35
15.	CA Barracas Central Buenos Aires	27	8	11	8	25 - 30	35
16.	CA Tigre Victoria	27	9	7	11	27 - 29	34
17.	CA Platense Buenos Aires	27	9	7	11	26 - 29	34
18.	Instituto Atlético Central Córdoba	27	8	8	11	24 - 35	32
19.	CA Sarmiento Junín	27	7	9	11	23 - 26	30
20.	CA Unión de Santa Fe	27	6	12	9	19 - 25	30
21.	CA Banfield	27	7	9	11	21 - 32	30
22.	Club de Gimnasia y Esgrima La Plata	27	7	9	11	24 - 38	30
23.	CA Central Córdoba	27	7	8	12	20 - 30	29
24.	CA Independiente Avellaneda	27	6	10	11	23 - 32	28
25.	CA Vélez Sársfield Buenos Aires	27	5	12	10	24 - 27	27
26.	CA Huracán Buenos Aires	27	6	7	14	18 - 29	25
27.	CA Colón de Santa Fe	27	4	13	10	20 - 33	25
28.	Arsenal FC Sarandí	27	6	4	17	18 - 34	22

Top goalscorers:
13 goals:	**Michael Nicolás Santos Rosadilla (URU)**	**(CA Talleres Córdoba)**
	Pablo Ezequiel Vegetti Pfaffen	**(CA Belgrano Córdoba)**
12 goals:	Gabriel Ávalos Stumpfs (PAR)	(AA Argentinos Juniors Buenos Aires)
	Lucas Beltrán	(CA River Plate Buenos Aires)
	Nicolás Emanuel Fernández	(CSD Defensa y Justicia Flor. Varela)

NATIONAL CHAMPIONSHIP
Copa de la Liga Profesional 2023 / Copa "Sur Financas"
(17.08.2023 - 16.12.2023)

The 2023 Copa de la Liga Profesional de la AFA, officially called "Copa Binance" was the third edition of the Copa de la Liga Profesional, an Argentine domestic cup contested by the 28 teams that took part in the Primera División during the 2023 season.

For the group stage, the 28 teams are drawn into two groups of fourteen teams each, playing on a single round-robin basis. The top four teams advanced to the quarter-finals. All matches of the final stages (quarter-finals, semi-finals and final) were played on a single-legged basis.

Fase de Zonas - Results

Round 1 [17-21.08.2023]
Independiente - CA Colón 0-1(0-0)
Gimnasia y Esgrima - CA Talleres 0-3(0-1)
Vélez Sarsfield - Barracas Central 1-0(1-0)
Arsenal FC - Instituto AC 0-1(0-0)
Rosario Central - Atlético Tucumán 0-0
Argentinos Juniors - River Plate 3-2(2-2)
Huracán - CA Banfield 2-0(0-0)

CA Belgrano - Estudiantes 2-1(1-0)
CA Unión - Racing Club 1-1(0-1)
Boca Juniors - CA Platense 3-1(1-0)
CA Sarmiento - CA Tigre 2-0(1-0)
CA Lanús - San Lorenzo 0-1(0-0)
Newell's Old Boys - Central Córdoba 2-0(1-0)
Defensa y Justicia - Godoy Cruz 2-2(0-1)

Round 2 [26-28.08.2023]
Arsenal FC - Argentinos Juniors 3-2(1-2)
CA Colón - Gimnasia y Esgrima 2-0(2-0)
CA Talleres - Huracán 2-1(1-1)
Independiente - Vélez Sarsfield 2-1(0-0)
River Plate - Barracas Central 5-1(1-1)
CA Banfield - Rosario Central 3-0(1-0)
Atlético Tucumán - Instituto AC 0-0

San Lorenzo - CA Belgrano 2-2(1-0)
Estudiantes - CA Unión 1-3(1-0)
Newell's Old Boys - CA Lanús 1-0(1-0)
CA Tigre - Racing Club 1-2(1-2)
Godoy Cruz - Central Córdoba 1-0(0-0)
CA Platense - Defensa y Justicia 0-0
CA Sarmiento - Boca Juniors 1-0(1-0)

Round 3 [01-04.09.2023]
Gimnasia y Esgrima - Independiente 1-2(0-1)
Huracán - CA Colón 2-1(0-0)
Vélez Sarsfield - River Plate 2-0(1-0)
Instituto AC - CA Banfield 0-1(0-0)
Rosario Central - CA Talleres 2-0(2-0)
Argentinos Juniors - Atlético Tucumán 2-2(2-0)
Barracas Central - Arsenal FC 2-1(1-1)

Central Córdoba - CA Platense 3-2(1-0)
CA Lanús - Godoy Cruz 2-2(1-1)
CA Belgrano - Newell's Old Boys 1-1(1-0)
Defensa y Justicia - CA Sarmiento 1-1(0-1)
Boca Juniors - CA Tigre 0-1(0-1)
Racing Club - Estudiantes 2-1(1-0)
CA Unión - San Lorenzo 1-1(0-1)

Round 4 [13-17.09.2023]
Gimnasia y Esgrima - Vélez Sarsfield 2-1(0-1)
Independiente - Huracán 1-0(1-0)
CA Colón - Rosario Central 2-1(0-0)
CA Banfield - Argentinos Juniors 0-1(0-0)
Atlético Tucumán - Barracas Central 1-0(0-0)
CA Talleres - Instituto AC 0-0
River Plate - Arsenal FC 3-1(2-0)

CA Sarmiento - Central Córdoba 0-1(0-1)
CA Platense - CA Lanús 2-1(0-1)
CA Tigre - Estudiantes 0-0
Defensa y Justicia - Boca Juniors 1-0(1-0)
Newell's Old Boys - CA Unión 1-1(0-0)
San Lorenzo - Racing Club 1-1(1-1)
Godoy Cruz - CA Belgrano 0-0

Round 5 [18-21.09.2023]
Huracán - Gimnasia y Esgrima 2-0(0-0)
Rosario Central - Independiente 1-1(0-1)
Barracas Central - CA Banfield 1-0(1-0)
Vélez Sarsfield - Arsenal FC 2-1(1-0)
Instituto AC - CA Colón 3-1(1-1)
Argentinos Juniors - CA Talleres 3-1(1-0)
River Plate - Atlético Tucumán 1-0(0-0)

CA Lanús - CA Sarmiento 0-0
Central Córdoba - Boca Juniors 0-3(0-0)
Defensa y Justicia - CA Tigre 2-0(0-0)
Estudiantes - San Lorenzo 0-0
Racing Club - Newell's Old Boys 2-1(0-0)
CA Belgrano - CA Platense 3-0(0-0)
CA Unión - Godoy Cruz 0-0

Round 6 [23-25.09.2023]
Gimnasia y Esgrima - Rosario Central 2-1(1-1)
Huracán - Vélez Sarsfield 3-0(1-0)
Independiente - Instituto AC 0-0
CA Banfield - River Plate 1-1(0-1)
CA Colón - Argentinos Juniors 3-1(0-1)
CA Talleres - Barracas Central 4-0(3-0)
Atlético Tucumán - Arsenal FC 1-0(0-0)

Boca Juniors - CA Lanús 1-1(1-0)
Central Córdoba - Defensa y Justicia 2-1(2-0)
Newell's Old Boys - Estudiantes 0-1(0-0)
CA Tigre - San Lorenzo 0-0
CA Platense - CA Unión 1-0(0-0)
CA Sarmiento - CA Belgrano 0-0
Godoy Cruz - Racing Club 1-1(0-0)

Round 7 [29.09.-02.10.2023]
(*Interzonales*)
CA Tigre - Vélez Sarsfield 0-0
Arsenal FC - Defensa y Justicia 1-0(1-0)
San Lorenzo - Huracán 1-1(0-0)
Rosario Central - Newell's Old Boys 1-0(0-0)
Racing Club - Independiente 0-2(0-1)
CA Banfield - CA Lanús 1-0(1-0)
Boca Juniors - River Plate 0-2(0-1)
CA Colón - CA Unión 0-0
Estudiantes - Gimnasia y Esgrima 0-0
CA Talleres - CA Belgrano 0-0
Barracas Central - CA Sarmiento 1-1(1-1)
Godoy Cruz - Instituto AC 1-1(0-1)
CA Platense - Argentinos Juniors 0-0
Atlético Tucumán - Central Córdoba 0-0

Round 8 [06-10.10.2023]
Rosario Central - Huracán 1-0(1-0)
Argentinos Juniors - Independiente 0-0
Instituto AC - Gimnasia y Esgrima 1-1(0-0)
River Plate - CA Talleres 1-0(1-0)
Barracas Central - CA Colón 2-1(0-1)
Arsenal FC - CA Banfield 0-0
Vélez Sarsfield - Atlético Tucumán 3-1(3-0)

San Lorenzo - Newell's Old Boys 0-3(0-1)
CA Lanús - Defensa y Justicia 0-2(0-0)
Estudiantes - Godoy Cruz 1-0(1-0)
Central Córdoba - CA Tigre 1-0(0-0)
CA Unión - CA Sarmiento 1-0(0-0)
Racing Club - CA Platense 1-2(0-1)
CA Belgrano - Boca Juniors 4-3(4-2)

Round 9 [16-20.10.2023]
CA Banfield - Atlético Tucumán 0-0
Independiente - Barracas Central 3-0(2-0)
Gimnasia y Esgrima - Argentinos Jun. 3-2(2-1)
CA Colón - River Plate 2-2(2-1)
Rosario Central - Vélez Sarsfield 1-1(0-1)
CA Talleres - Arsenal FC 1-1(1-0)
Huracán - Instituto AC 1-3(1-2)

Central Córdoba - CA Lanús 0-0
Defensa y Justicia - CA Belgrano 0-2(0-0)
CA Platense - Estudiantes 0-0
Godoy Cruz - San Lorenzo 1-0(0-0)
CA Sarmiento - Racing Club 1-1(1-0)
CA Tigre - Newell's Old Boys 0-2(0-0)
Boca Juniors - CA Unión 2-1(1-1)

Round 10 [23-26.10.2023]
Vélez Sarsfield - CA Banfield 0-1(0-0)
Barracas Central-Gimnasia y Esgrima 1-2(0-1)
Argentinos Juniors - Huracán 1-2(1-0)
Instituto AC - Rosario Central 0-0
Arsenal FC - CA Colón 1-0(1-0)
Atlético Tucumán - CA Talleres 1-0(1-0)
River Plate - Independiente 3-0(1-0)

Estudiantes - CA Sarmiento 2-1(1-0)
CA Unión - Defensa y Justicia 0-0
Racing Club - Boca Juniors 2-1(0-0)
CA Belgrano - Central Córdoba 1-1(0-0)
San Lorenzo - CA Platense 1-1(0-0)
CA Lanús - CA Tigre 2-1(1-0)
Newell's Old Boys - Godoy Cruz 0-2(0-1)

Round 11 [28.10.-01.11.2023]
Instituto AC - Vélez Sarsfield 0-1(0-1)
CA Colón - Atlético Tucumán 1-0(1-0)
Rosario Central - Argentinos Juniors 3-1(2-0)
Gimnasia y Esgrima - River Plate 1-2(1-0)
Independiente - Arsenal FC 0-0
CA Talleres - CA Banfield 0-0
Huracán - Barracas Central 0-0

Boca Juniors - Estudiantes 0-0
CA Lanús - CA Belgrano 2-0(0-0)
CA Sarmiento - San Lorenzo 0-0
CA Platense - Newell's Old Boys 0-0
CA Tigre - Godoy Cruz 1-0(1-0)
Central Córdoba - CA Unión 2-0(1-0)
Defensa y Justicia - Racing Club 2-2(1-1)

Round 12 [03-08.11.2023]
Arsenal FC - Gimnasia y Esgrima 0-0
River Plate - Huracán 1-2(0-0)
Argentinos Juniors - Instituto AC 1-2(0-0)
Atlético Tucumán - Independiente 1-2(1-0)
Vélez Sarsfield - CA Talleres 1-1(1-1)
Barracas Central - Rosario Central 1-1(1-1)
CA Banfield - CA Colón 2-1(1-0)

CA Unión - CA Lanús 0-0
Racing Club - Central Córdoba 1-1(0-0)
Estudiantes - Defensa y Justicia 2-1(1-0)
Newell's Old Boys - CA Sarmiento 0-1(0-0)
Godoy Cruz - CA Platense 2-0(2-0)
CA Belgrano - CA Tigre 0-3(0-1)
San Lorenzo - Boca Juniors 1-1(0-0)

Round 13 [10-13.11.2023]
Gimnasia y Esgrima - Atlét. Tucumán 1-2(0-1)
Argentinos Juniors - Vélez Sarsfield 1-1(0-1)
Rosario Central - River Plate 3-1(1-1)
Huracán - Arsenal FC 1-0(1-0)
CA Colón - CA Talleres 3-0(2-0)
Independiente - CA Banfield 0-0
Instituto AC - Barracas Central 0-0

Central Córdoba - Estudiantes 0-1(0-1)
CA Lanús - Racing Club 0-2(0-2)
Defensa y Justicia - San Lorenzo 0-1(0-0)
Boca Juniors - Newell's Old Boys 1-0(0-0)
CA Tigre - CA Platense 1-1(1-0)
CA Belgrano - CA Unión 4-1(0-0)
CA Sarmiento - Godoy Cruz 0-0

Round 14 [25-28.11.2023]
CA Banfield - Gimnasia y Esgrima 2-0(0-0)
Vélez Sarsfield - CA Colón 3-1(2-0)
River Plate - Instituto AC 0-0
Atlético Tucumán - Huracán 0-2(0-1)
Arsenal FC - Rosario Central 1-2(1-2)
CA Talleres - Independiente 3-2(1-0)
Barracas Central - Argentinos Juniors 1-1(0-0)

CA Unión - CA Tigre 1-0(1-0)
CA Platense - CA Sarmiento 1-0(1-0)
Godoy Cruz - Boca Juniors 1-2(0-1)
Estudiantes - CA Lanús 1-1(1-1)
San Lorenzo - Central Córdoba 2-0(1-0)
Racing Club - CA Belgrano 4-1(2-0)
Newell's Old Boys - Defensa y Justicia 3-0(1-0)

Final Standings

Zona A

1.	CA Huracán Buenos Aires	14	8	2	4	19 - 11	26
2.	CA River Plate Buenos Aires	14	7	3	4	24 - 16	24
3.	CA Banfield	14	6	5	3	11 - 6	23
4.	CA Rosario Central	14	6	5	3	17 - 13	23
5.	CA Independiente Avellaneda	14	6	5	3	15 - 11	23
6.	CA Vélez Sársfield Buenos Aires	14	6	4	4	17 - 14	22
7.	Instituto Atlético Central Córdoba	14	4	8	2	11 - 7	20
8.	CA Colón de Santa Fe	14	6	2	6	19 - 17	20
9.	CA Talleres Córdoba	14	4	5	5	15 - 15	17
10.	CA Tucumán San Miguel de Tucumán	14	4	5	5	9 - 12	17
11.	Club de Gimnasia y Esgrima La Plata	14	4	3	7	13 - 21	15
12.	AA Argentinos Juniors Buenos Aires	14	3	5	6	19 - 23	14
13.	CA Barracas Central Buenos Aires	14	3	5	6	10 - 21	14
14.	Arsenal FC Sarandí	14	3	4	7	10 - 15	13

Zona 2

1. Racing Club de Avellaneda	14	6	6	2	22	-	16	24
2. CD Godoy Cruz Antonio Tomba Mendoza	14	5	7	2	14	-	9	22
3. CA Belgrano Córdoba	14	5	6	3	20	-	18	21
4. CA Platense Buenos Aires	14	5	5	4	13	-	16	20
5. CA Central Córdoba	14	5	4	5	11	-	14	19
6. CA Newell's Old Boys Rosario	14	5	3	6	14	-	10	18
7. CA Boca Juniors Buenos Aires	14	5	3	6	17	-	16	18
8. CA San Lorenzo de Almagro	14	3	9	2	11	-	11	18
9. Club Estudiantes de La Plata	14	4	5	5	11	-	13	17
10. CA Sarmiento Junín	14	3	7	4	8	-	8	16
11. CA Unión de Santa Fe	14	3	7	4	10	-	13	16
12. CSD Defensa y Justicia Florencio Varela	14	3	5	6	12	-	16	14
13. CA Tigre Victoria	14	3	4	7	8	-	13	13
14. CA Lanús	14	2	6	6	9	-	14	12

Top-4 of each Zone were qualified for the Play-offs / Fase Final.

Play-offs

Quarter-Finals [02-03.12.2023]

CA Huracán Buenos Aires - CA Platense Buenos Aires	1-1(1-0,1-1,1-1); 2-4 pen
CD Godoy Cruz Antonio Tomba Mendoza - CA Banfield	0-0 aet; 5-3 pen
CA River Plate Buenos Aires - CA Belgrano Córdoba	2-1(0-0)
Racing Club de Avellaneda - CA Rosario Central	2-2(0-1,2-2,2-2); 6-7 pen

Semi-Finals [09.12.2023]

CA Platense Buenos Aires - CD Godoy Cruz Antonio Tomba Mendoza	1-1(1-1,1-1,1-1); 6-5 pen
CA Rosario Central - CA River Plate Buenos Aires	0-0 aet; 2-0 pen

Copa de la Liga Profesional 2023 - Final

16.12.2023, Estadio Único Madre de Ciudades, Santiago del Estero; Attendance: n/a
Referee: Maximiliano Nicolás Ramírez
CA Platense Buenos Aires - CA Rosario Central   **0-1(0-1)**
Platense: Ramiro Jesús Macagno, Nicolás Jorge Morgantini, Ignacio José Luis Vázquez, Gastón Suso [*sent off 88*], Raúl Alberto Lozano, Facundo Russo (67.Maximiliano Zalazar), Franco Martín Díaz, Nicolás Eduardo Castro (Cap) (74.Luciano Ferreyra), Ronaldo Iván Martínez Rolón (66.Leonel Picco), Matteo Pellegrino Casalánguida (50.Nicolás Servetto). Trainer: Martín Palermo.
Rosario Central: Jorge Emanuel Broun (Cap), Damián Alberto Martínez (53.Juan Cruz Komar), Facundo Mallo Blanco, Carlos Gustavo Quintana, Gonzalo Agustín Sández (81.Alejo Agustín Toledo Gamarra), Kevin Ortíz, Tomás O'Connor (81.Octavio Andrés Bianchi), Maximiliano Lovera (74.Lautaro Darío Giaccone), Víctor Ignacio Malcorra, Jaminton Leandro Campaz, Luca Leovino Martínez Dupuy (81.Alan Francisco Rodríguez Armoa). Trainer: Miguel Ángel Russo.
Goal: 0-1 Maximiliano Lovera (40).

Top goalscorer:
  10 goals: Lucas Giuliano Passerini   (CA Belgrano Córdoba)

Aggregate Table
(Primera División 2023 + Copa de la Liga Profesional 2023)

#	Team	P	W	D	L	GF		GA	Pts
1.	CA River Plate Buenos Aires	41	26	7	8	74	-	36	85
2.	CA Talleres Córdoba	41	18	13	10	57	-	38	67
3.	CA Rosario Central	41	16	17	8	53	-	42	65
4.	CA San Lorenzo de Almagro	41	15	19	7	34	-	24	64
5.	CD Godoy Cruz Antonio Tomba Mendoza	41	16	15	10	51	-	41	63
6.	CA Boca Juniors Buenos Aires	41	18	8	15	50	-	40	62
7.	Club Estudiantes de La Plata	41	16	14	11	46	-	37	62
8.	Racing Club de Avellaneda	41	15	15	11	58	-	51	60
9.	CSD Defensa y Justicia Florencio Varela	41	15	13	13	48	-	39	58
10.	CA Lanús	41	14	15	12	47	-	41	57
11.	CA Belgrano Córdoba	41	15	12	14	40	-	44	57
12.	AA Argentinos Juniors Buenos Aires	41	14	12	15	50	-	45	54
13.	CA Tucumán San Miguel de Tucumán	41	13	15	13	34	-	39	54
14.	CA Platense Buenos Aires	41	14	12	15	39	-	45	54
15.	CA Newell's Old Boys Rosario	41	13	14	14	38	-	34	53
16.	CA Banfield	41	13	14	14	32	-	38	53
17.	Instituto Atlético Central Córdoba	41	12	16	13	35	-	42	52
18.	CA Huracán Buenos Aires	41	14	9	18	37	-	40	51
19.	CA Independiente Avellaneda	41	12	15	14	38	-	43	51
20.	CA Vélez Sársfield Buenos Aires	41	11	16	14	41	-	41	49
21.	CA Barracas Central Buenos Aires	41	11	16	14	35	-	51	49
22.	CA Central Córdoba	41	12	12	17	31	-	44	48
23.	CA Tigre Victoria	41	12	11	18	35	-	42	47
24.	CA Sarmiento Junín	41	10	16	15	31	-	34	46
25.	CA Unión de Santa Fe	41	9	19	13	29	-	38	46
26.	Club de Gimnasia y Esgrima La Plata (*Relegation Play-off*)	41	11	12	18	37	-	59	45
27.	CA Colón de Santa Fe (*Relegation Play-off*)	41	10	15	16	39	-	50	45
28.	Arsenal FC Sarandí (*Relegated*)	41	9	8	24	28	-	49	35

CA River Plate Buenos Aires, CA Talleres Córdoba, CA Rosario Central, CA San Lorenzo de Almagro, CD Godoy Cruz Antonio Tomba Mendoza and Club Estudiantes de La Plata (as 2023 Copa Argentina winners) were qualified for the 2024 Copa Libertadores.

CA Boca Juniors Buenos Aires, Racing Club de Avellaneda, CSD Defensa y Justicia Florencio Varela, CA Lanús, CA Belgrano Córdoba and AA Argentinos Juniors Buenos Aires were qualified for the 2024 Copa Sudamericana.

Relegation Play-off [01.12.2023]

Club de Gimnasia y Esgrima La Plata - CA Colón de Santa Fe   1-0(1-0)
CA Colón de Santa Fe were relegated.

Relegation Table

The team which will be relegated is determined team on average points taking into account results of the last three seasons (Primera División + Copa de la Liga 2021, Primera División + Copa de la Liga 2022 and Primera División + Copa de la Liga 2023).

Pos	Team	2021	2022	2023	Total		Aver
		P	P	P	P	M	
1.	CA River Plate Buenos Aires	75	76	85	236	120	1.967
2.	CA Boca Juniors Buenos Aires	63	79	62	204	120	1.700
3.	Racing Club de Avellaneda	53	80	60	193	120	1.608
4.	Club Estudiantes de La Plata	61	61	62	184	120	1.533
5.	CSD Defensa y Justicia Florencio Varela	59	65	58	182	120	1.517
6.	CA Talleres Córdoba	66	46	67	179	120	1.492
7.	AA Argentinos Juniors Buenos Aires	51	67	54	172	120	1.433
8.	CA San Lorenzo de Almagro	48	58	64	170	120	1.417
9.	CA Huracán Buenos Aires	51	65	51	167	120	1.392
10.	CA Belgrano Córdoba	—	—	57	57	41	1.390
11.	CA Vélez Sársfield Buenos Aires	70	46	49	165	120	1.375
12.	Club de Gimnasia y Esgrima La Plata	51	65	45	161	120	1.342
13.	CA Rosario Central	50	46	65	161	120	1.342
14.	CA Tigre Victoria	—	63	47	110	82	1.341
15.	CD Godoy Cruz Antonio Tomba Mendoza	46	51	63	160	120	1.333
16.	CA Independiente Avellaneda	58	51	51	160	120	1.333
17.	CA Newell's Old Boys Rosario	39	63	53	155	120	1.292
18.	CA Colón de Santa Fe	64	45	45	154	120	1.283
19.	Instituto Atlético Central Córdoba	—	—	52	52	41	1.268
20.	CA Tucumán San Miguel de Tucumán	40	57	54	151	120	1.258
21.	CA Barracas Central Buenos Aires	—	53	49	102	82	1.244
22.	CA Banfield	47	49	53	149	120	1.242
23.	CA Lanús	56	36	57	149	120	1.242
24.	CA Unión de Santa Fe	53	49	46	148	120	1.233
25.	CA Platense Buenos Aires	45	42	54	141	120	1.175
26.	CA Central Córdoba	43	49	48	140	120	1.167
27.	CA Sarmiento Junín	36	53	46	135	120	1.125
28.	Arsenal FC Sarandí	33	47	35	115	120	0.958

COPA ARGENTINA FINAL 2023

13.12.2023, Estadio Ciudad de Lanús, Lanús; Attendance: n/a
Referee: Maximiliano Nicolás Ramírez
Club Estudiantes de La Plata - CSD Defensa y Justicia Florencio Varela   1-0(0-0)
Goal: 1-0 Guido Marcelo Carrillo (53).

THE CLUBS 2023

ASOCIACIÓN ATLÉTICA ARGENTINOS JUNIORS BUENOS AIRES
Foundation date: August 15, 1904
Address: Punta Arenas 1271, La Paternal, 1427 Capital Federal, Ciudad de Buenos Aires
Stadium: Estadio „Diego Armando Maradona", La Paternal, Buenos Aires (25,000)

Trainer:			
	Gabriel Alejandro Milito	07.09.1980	Prim
[08.09.2023]	Pablo Adrián Guede Barriero	12.11.1974	Copa

THE SQUAD

	DOB	Primera 2023 M	(s)	G	Copa 2023 M	(s)	G
Goalkeepers:							
Federico Vicente Lanzillotta	01.12.1992	14			2		
Alexis Martín Arias	04.07.1992	13			12		
Defenders:							
Mariano Ezequiel Bíttolo	24.04.1990	5			4	(2)	
Kevin Agustín Coronel Alarcón	11.08.2004				3		
Marco Genaro di Cesare	30.01.2002	12	(1)		11	(1)	
Jonathan Sebastián Galván	25.06.1992				6	(1)	
Leonel Hernán González	15.03.1994	5	(2)			(1)	
Kevin Mac Allister	07.11.1997	20		4			
Pablo Agustín Minissale	14.01.2001	4	(1)		2		1
Santiago Gabriel Montiel	22.11.2000	17	(7)	2	9	(3)	
Román Daniel Riquelme	18.05.2002		(1)			(1)	
Luciano Federico Sánchez	25.01.1994	9	(7)				
Miguel Ángel Torrén	12.08.1988	15			9	(2)	
Román Gabriel Vega	01.01.2004				2	(3)	
Lucas Hernán Villalba	19.08.1994	24			12		1
Midfielders:							
Fabricio Domínguez Huertas (URU)	24.06.1998	8	(11)			(2)	
Francisco González Metilli	29.03.1997	19	(6)	5	10	(3)	
Leonardo Alexis Heredia	11.01.1996	7	(11)	4	7	(5)	2
Alan Hernán Lescano	11.11.2001				2	(7)	
Franco David Moyano	13.09.1997	16	(5)		5	(3)	
Federico Redondo Solari	18.01.2003	13	(8)	1	14		1
Alan Jesús Rodríguez Guaglianoni (URU)	25.01.2000	12	(7)	1	12		
Matías Gabriel Vera	26.10.1995	7	(2)			(5)	
Forwards:							
Gabriel Ávalos Stumpfs (PAR)	12.10.1990	21	(4)	12	9	(2)	5
Rodrigo Ezequiel Cabral	08.08.2000	8	(12)	1		(3)	
Marcelo Javier Cabrera Rivero (URU)	18.03.1992	19	(4)		9	(3)	
Facundo Ferreyra	14.03.1991	1	(6)				
Luciano Emilio Gondou Zanelli	22.06.2001				13	(1)	9
José María Herrera	16.04.2003	2	(11)				
Thiago Thomas Nuss	02.02.2001	12	(7)			(3)	
Gastón Nicolás Verón	23.04.2001	14	(10)		1	(3)	

ARSENAL FÚTBOL CLUB SARANDÍ

Foundation date: January 11, 1957
Address: Juan Díaz de Solís 3660, Sarandí 1872, Avellaneda, Provincia de Buenos Aires
Stadium: Estadio „Julio Humberto Grondona", Sarandí (16,300)

Trainer:			
	Carlos David Ruiz	10.11.1971	Prim
[08.05.2023]	Darío Ludovino Espínola	15.09.1973	Prim
[20.05.2023]	Federico Vilar Baudena	30.05.1977	Prim + Copa
[20.09.2023]	Darío Ludovino Espínola	15.09.1973	Copa

THE SQUAD

	DOB	Primera 2023			Copa 2023		
		M	(s)	G	M	(s)	G
Goalkeepers:							
Alejandro Gabriel Medina	17.12.1986	27			12		
Tomás Ezeuquiel Sultani	22.06.1998				2	(1)	
Defenders:							
Agustín Ismael Álvarez	04.01.2004				1		
Néstor Ariel Breitenbruch	13.09.1995	16	(3)		13		1
Iván Ezequiel Cabrera	17.02.2003				1	(3)	
Facundo Omar Cardozo	06.04.1995	6	(3)		2	(1)	
Maximiliano Tomás Centurión	20.02.1999	18	(4)		1		
Christian Fernando Chimino	09.02.1988				9		
Ignacio Gariglio	25.04.1998	9	(1)		1	(2)	
Elías Sebastián López	08.07.2000					(3)	
Leonardo Marchi Rivero	17.09.1996	2	(1)				
Franco Sergio Martínez	06.10.2002				1	(1)	
Joaquín Pombo Steinberger	18.03.2001	20		1	14		
Lucas Alessandro Souto	11.10.1998	21	(1)				
Adrián Marcelo Spörle	13.07.1995	24	(1)	1	13		
Midfielders:							
Nicolás Diego Aguirre	27.06.1990					(3)	
Alfredo Ramón Amarilla (PAR)	06.09.2001				1	(8)	
Tiago Nahuel Banega	01.07.1999	12	(3)	1			
Facundo Román Brestt	06.04.2004					(1)	
Mauro Antonio Burruchaga	27.06.1998					(6)	
Juan Ignacio Cavallaro	28.06.1994				4	(6)	1
Juan Manuel Cuesta Baena (COL)	09.02.2002	3	(5)				
Gonzalo Emanuel Muscia	09.01.2000	13	(6)		14		
Felipe Peña Biafore	05.04.2001	22	(3)				
Braian Abel Rivero	22.02.1996	10	(6)		14		
Tomás Agustín Sives	09.12.2003	1	(6)				
Santiago Federico Toloza	28.10.2002	18	(5)	4	2		1
Franco Agustín Vega	09.09.2001	3	(8)			(2)	
Forwards:							
Lucas Emanuel Brochero	23.01.1999	12	(8)		10	(1)	2
Juan Bautista Cejas	06.03.1998				7	(6)	4
Brian Lautaro Guzmán	18.01.2000	22	(5)	2	7	(5)	
Flabian Londoño Bedoya (COL)	09.07.2000	15	(7)	2	5	(2)	
Daniel Alexandro Lucero	17.04.2002	2	(5)		1	(1)	
Luís Leal dos Anjos (STP)	29.05.1987	9	(8)	3			
Leandro Raúl Moreira	14.01.2002				8	(2)	1
Santiago Martín Paiva Mattos (URU)	11.01.1999	2	(6)				

Juan Ignacio Peinipil	15.01.2002		(9)		2	(6)
Facundo Eduardo Pons	22.11.1995	10	(6)	2	1	(5)
Emiliano Sebastián Viveros Meireles	30.09.2002		(1)		8	(1)
Tobias Joel Zárate	07.07.2000		(6)			

CLUB ATLÉTICO TUCUMÁN SAN MIGUEL DE TUCUMÁN

Foundation date: September 27, 1902
Address: 25 de Mayo 1351 y República de Chile, 4000 San Miguel de Tucumán
Stadium: Estadio Monumental „José Fierro", San Miguel de Tucumán (32,700)

Trainer:	Lucas Andrés Pusineri Bignone	16.07.1976	Prim
[03.07.2023]	Favio Leandro Orsi &	18.02.1974	Copa
	Sergio Omar Gómez	19.07.1981	

THE SQUAD

	DOB	Primera 2023			Copa 2023		
		M	(s)	G	M	(s)	G
Goalkeepers:							
Tomás Ignacio Marchiori Carreño	20.06.1995	27			14		
Defenders:							
Bruno Félix Bianchi Massey	17.02.1989	24			13		
Alvaro Moisés Brandán Calachi	08.02.2000	3					
Yonathan Emanuel Cabral	10.05.1992	5	(7)				
Hernán De La Fuente	07.01.1997	7	(3)		8	(3)	
Alexis Francisco Flores	11.01.2002	3			4	(2)	
Wilson Gabriel Ibarrola Caballero (PAR)	02.07.1996	1	(3)				
Álvaro Agustín Lagos	09.10.2001					(2)	
Matías Exequiel Orihuela Bonino	17.02.1992	26		1	14		
Marcelo Damián Ortíz	13.01.1994	12	(2)	1	3		
Gonzalo Ezequiel Paz	06.06.1993					(1)	
Nicolás Fernando Romero	28.11.2003	22		1	14		1
Midfielders:							
Guillermo Gastón Acosta	31.10.1988	23	(2)		11		
Julián Matías Carrasco	13.03.2002					(4)	
Ramiro Ángel Carrera	24.10.1993				9	(1)	1
Tomás Ezequiel Castro Ponce	03.03.2001				1	(6)	
Mateo Agustín Coronel	24.10.1998	25	(2)	7	12	(1)	3
Francisco Di Franco	28.01.1995	5	(13)				
Marcelo González Cabral (PAR)	27.05.1996	3	(5)	1		(2)	
Bautista Kociubinski	26.04.2001	13	(8)	2		(8)	
Lucas Nahuel Naranjo	21.11.2001		(1)				
Joaquín Nicolás Pereyra	01.12.1998	25		1	14		1
Adrián Guillermo Sánchez	14.05.1999	17	(6)	1	11		
Renzo Iván Tesuri	07.06.1996	19	(7)		10	(4)	
Forwards:							
Walter Maximiliano Alanís	15.07.2003		(1)				
Marcelo Luciano Estigarribia	10.04.1995	22	(3)	6	8		3
Justo Giani	07.04.1999				3	(9)	
Braian Alejandro Guille	31.07.1997	2	(14)				
Kevin Amir Isa Luna	18.04.2001		(1)				
Ignacio Daniel Maestro Puch	13.08.2003	2	(15)		4	(5)	
Cristian Matías Menéndez	02.04.1988	2	(13)	2		(5)	
Axel Alan Rodríguez	25.03.1997					(4)	
Ramiro Ruíz Rodríguez	21.03.2000	9	(13)	1	1	(7)	

CLUB ATLÉTICO BANFIELD BUENOS AIRES

Foundation date: January 21, 1896
Address: Avenida Valentín Vergara 1635/55, Banfield 1828, Lomas de Zamora, Provincia de B. Aires
Stadium: Estadio "Florencio Solá", Banfield (34,901)

Trainer:	Javier Esteban Sanguinetti	08.01.1971	Prim
[09.05.2023]	Julio César Falcioni Capdevila	20.07.1956	Prim + Copa

THE SQUAD							
	DOB	Primera 2023			Copa 2023		
		M	(s)	G	M	(s)	G
Goalkeepers:							
Facundo Nicolás Cambeses	09.04.1997	27			15		
Defenders:							
Emanuel Gustavo Coronel	01.02.1997	21			15		
Luis Enrique Del Pino Mago (VEN)	15.09.1994	5	(1)				
Emanuel Mariano Insúa Zapata	10.04.1991	19	(2)	2	15		
Alejandro Ramón Maciel	22.04.1997	21	(1)		14		
Emanuel Olivera	02.04.1990	15	(1)				
Mateo Facundo Pérez	11.09.2001	3	(2)		1	(3)	
Aarón Facundo Quirós	31.10.2001	15	(3)	1	15		
Pedro Souto	05.05.2000	7	(1)				
Midfielders:							
Tomás Alexander Adoryán	22.09.2001		(2)				
Brahian Milton Alemán Athaydes (URU)	23.12.1989	23	(3)	1	2		
Alejandro Martín Cabrera	30.09.1992	22					
Yvo Nahuel Calleros Rébori (URU)	14.03.1998				1	(8)	
Martín Ezequiel Cañete	17.06.1999				12	(1)	
Alan Leonel Di Pippa	16.06.2000	1	(6)			(1)	
Matías Nahuel González	28.02.2002		(2)			(3)	
Eric Daian Remedi	04.06.1995	21	(3)		14		
Lautaro Nicolás Ríos	09.10.2000		(8)			(1)	
Ignacio Agustín Rodríguez	22.02.2002	8	(10)		15		1
Matías Alexis Romero	01.02.1996	9	(7)				
Jesús Miguel Soraire	03.12.1988				1	(8)	2
Forwards:							
Juan Pablo Álvarez	10.02.1996				11	(1)	1
Nicolás Santiago Bertolo	02.01.1986	2	(5)				
Juan Francisco Bisanz	28.08.2001	24	(2)	6	15		1
Ezequiel Augusto Bonifacio Moreno	09.05.1994					(1)	
Andrés Eliseo Chávez	21.03.1991	12	(7)	1			
Milton Giménez	12.08.1996	17	(6)	5	11	(1)	2
Alejandro Piedrahita Díaz (COL)	03.09.2002	1	(4)				
Claudio Matías Ramírez	14.03.1999					(3)	
Luciano Gerónimo Rivera Flores	18.08.2003		(7)		1	(14)	2
Nicolás Sosa Sánchez (URU)	06.04.1996	12	(11)	1	3	(7)	
Sebastián Sosa Sánchez (URU)	13.03.1994	10	(13)	1	4	(4)	1
Horacio Gabriel Tijanovich	28.02.1996	1	(5)				
Agustín José Urzi	04.05.2000	1					

CLUB ATLÉTICO BARRACAS CENTRAL BUENOS AIRES

Foundation date: April 5, 1904
Address: Olavaría 3400, Bairro Barracas, Capital Federal, Ciudad de Buenos Aires
Stadium: Estadio "Claudio 'Chiqui' Tapia", Buenos Aires (4,400)

Trainer:			
	Rodolfo Jorge de Paoli &	26.10.1978	Prim
	Alejandro Carlos Milano	10.04.1975	
[12.04.2023]	Sergio Gabriel Rondina	11.03.1971	Prim + Copa

THE SQUAD

	DOB	Primera 2023			Copa 2023		
		M	(s)	G	M	(s)	G
Goalkeepers:							
Andrés Alberto Desábato	30.03.1990	24			11		
Guido Emanuel Villar	15.02.1995	3			3	(2)	
Defenders:							
Francisco Fabián Álvarez	26.02.2000	25	(1)	4	14		1
Brian Alejandro Calderara	30.09.1998	18	(5)	2	7	(2)	
Nicolás Capraro	03.03.1998	17		1	12	(1)	
Agustín Nicolás Dattola	20.04.1999	4	(1)				
Juan Ignacio Díaz	26.05.1998	20	(3)		10		1
Rodrigo Axel Insúa	16.12.1997	16			12		
Jeremías James Griffiths	29.01.2001					(2)	
Bruno Mastronicola	01.04.2000		(1)				
Mauro Martín Peinipil	03.04.1999	22		1	7	(2)	
Fernando Andrés Prado Avelino (URU)	21.03.2001	6	(1)		3	(1)	
Maximiliano Rodríguez	14.02.1988	3	(12)		2	(5)	
Juan Pablo Serrizuela Montenegro	10.05.2001				2		
Franco Nicolás Tolosa	31.05.2001	1	(6)		5	(4)	1
Midfielders:							
Carlos Alfredo Arce	16.09.1990	19	(2)	2	10	(2)	1
Marcos Agustín Benítez	21.09.2001	5	(8)				
Siro Ignacio Cabral Rosané	07.06.2000				3	(6)	
Rodrigo Ezequiel Herrera	02.08.2000	11	(9)		3	(1)	
Alex Lionel Juárez	17.09.2004					(1)	
Matías Alejandro Laba	11.12.1991					(2)	
Lucas Fabrizio López	28.04.1998		(2)				
Facundo Leonel Mater	23.07.1998	23	(1)	3	11		
Andrés Maximiliano Puig	18.09.2000	3	(8)		1	(8)	
Iván Tapia	23.11.1998	27		4	14		2
Forwards:							
Manuel Brondo Spinelli	25.02.2002		(2)				
Alan Martín Cantero	28.06.1998	2	(14)	1		(5)	
Adrián Ricardo Centurión	19.01.1993	7	(3)				
Lucas Andrés Colitto	01.06.1994	9	(6)		2	(5)	1
Alexis Andrés Domínguez Ansorena	30.10.1996	8	(9)	1	9	(3)	2
Franco Ezequiel Frías	17.03.2002		(5)		1	(2)	
Alex Lionel Juárez	17.09.2004		(1)				
Kevin Stiven Quejada Lasso (COL)	15.10.2002		(3)				
Bruno Christian Sepúlveda	17.09.1992	24		5	9	(2)	1
Joaquín Susvielles	28.02.1991					(10)	
Julián Alex Viollaz	12.08.2002		(3)				
David Leonel Zalazar	09.05.2002				3	(2)	

CLUB ATLÉTICO BELGRANO CÓRDOBA

Foundation date: March 19, 1905
Address: Calle Dr. Arturo Orgaz 510, Barrio Alberdi 5000, Ciudad de Córdoba
Stadium: Estadio „Julio César Villagra", Córdoba (30,000)

| Trainer: | Guillermo Martín Farré | 16.03.1981 | Prim + Copa |

THE SQUAD

	DOB	Primera 2023 M	(s)	G	Copa 2023 M	(s)	G
Goalkeepers:							
Nahuel Hernán Losada	17.04.1993	26			15		
Manuel Matías Vicentini	29.08.1990	1	(1)				
Defenders:							
Juan Ignacio Barinaga	10.10.2000	17	(2)		15		3
Gabriel Carlos Compagnucci	29.08.1991	10	(8)				
Lucas Martín Diarte	04.06.1993	10	(10)	1	3	(2)	
Francisco Fabián Facello	11.01.2003		(1)			(6)	
Érik Fernando Godoy	16.08.1993	15			10		
Alex Matías Ibacache Mora (CHI)	11.01.1999	15			12	(1)	
Nicolás Meriano	09.11.2000	18	(1)			(4)	
Matías Agustín Moreno	24.09.2003	4			5	(1)	
Diego Martín Novaretti	09.05.1985	2	(7)			(1)	
Francisco Javier Oliver	30.05.1995	1	(3)				
Alejandro Daniel Rébola	24.07.1988	24			15		1
Mariano Emir Troilo	22.06.2003					(2)	
Midfielders:							
Tomás Alejandro Castro	03.09.2002	6	(2)			(3)	
Ibrahim Hesar (SYR)	15.11.1993	3	(13)			(2)	
Santiago Andrés Longo	12.04.1998	27			15		
Jeremías Nicolás Lucco Piccoli	10.12.2005					(1)	
Matías Nicolás Marín Vega (CHI)	19.12.1999				12	(1)	1
Alan Mariano Miño	28.03.1994	1	(7)		1	(6)	
Matías Tomás Palavecino	23.05.1998				1	(4)	
Guillermo Fabián Pereira	16.01.1994	4	(12)	1			
Iván Ricardo Ramírez	23.02.1990		(7)				
Ariel Mauricio Rojas	16.01.1986	12	(7)			(7)	
Esteban Leonardo Rolón	25.03.1995				10	(2)	1
Gerónimo Nehuén Tomasetti	12.05.2000		(5)				
Bruno Zapelli	16.05.2002	22	(2)	1			
Forwards:							
Andrés Felipe Amaya Rivera (COL)	24.04.2001		(1)				
Daniel Barrea	22.07.2001	1	(7)			(1)	
Fabián Ramón Bordagaray	15.02.1987	1	(9)				
Genaro Bracamonte	28.01.2003					(1)	
Pablo Alejandro Chavarría	02.01.1988					(6)	
Ariel Matías García	22.10.1991	9	(1)	1	1	(7)	
Franco Daniel Jara	15.07.1988	11	(8)	1	1	(5)	2
Facundo Valentín Lencioni	14.02.2001				11	(4)	1
Iván Ezequiel Ortigoza	01.03.1995	5	(6)				
Lucas Giuliano Passerini	16.07.1994				15		10
Lautaro Leonel Pastran Tello	27.06.2002				8	(3)	
Ulises Benjamín Sánchez Scotta	26.06.1998	25	(1)	2	15		2

Nicolás Javier Schiappacase Oliva (URU)	12.01.1999			(4)
Joaquín Susvielles	28.02.1991	(11)		
Facundo Valentín Lencioni	14.02.2001	(1)		
Pablo Ezequiel Vegetti Pfaffen	15.10.1988	27		13

CLUB ATLÉTICO BOCA JUNIORS BUENOS AIRES

Foundation date: April 3, 1905
Address: Brandsen 805, C1161AAQ, La Boca, Buenos Aires
Stadium: Estadio „Alberto José Armando" [La Bombonera], Buenos Aires (54,000)

Trainer: Hugo Benjamín Ibarra	01.04.1974	Prim
[29.03.2023] Mariano Andrés Herrón Valera	24.02.1978	Prim
[10.04.2023] Jorge Francisco Almirón Quintana	19.06.1971	Prim + Copa
[07.11.2023] Mariano Andrés Herrón Valera	24.02.1978	Copa

THE SQUAD

	DOB	Primera 2023			Copa 2023		
		M	(s)	G	M	(s)	G
Goalkeepers:							
Javier Hernán García	29.01.1987	4			5		
Sergio Germán Romero	22.02.1987	23			9		
Defenders:							
Luis Jan Piers Advíncula Castrillón (PER)	02.03.1990	16	(2)		5	(2)	
Aaron Anselmino	29.04.2005		(2)		3		
Valentín Barco	23.07.2004	11			7	(2)	
Lucas Blondel	14.09.1996				7	(1)	1
Frank Yusty Fabra Palacios (COL)	22.02.1991	15	(3)		3	(1)	
Jorge Nicolás Figal	03.04.1994	23	(1)	3	6		1
Nahuel Alejandro Génez	18.06.2003	1					
Faustino Marcos Alberto Rojo	20.03.1990				5	(2)	1
Facundo Sebastián Roncaglia	10.02.1987	9	(6)		2		
Gonzalo Agustín Sández	16.01.2001	5	(5)				
Marcelo Josemir Saracchi Pintos (URU)	23.04.1998				11		
Bruno Amílcar Valdez Rojas (PAR)	06.10.1992	16	(2)		7	(1)	
Nicolás Nahuel Valentini	06.04.2001	11	(4)	1	6	(4)	
Marcelo Alexis Weigandt	11.01.2000	14	(1)		5	(2)	
Midfielders:							
Ezequiel Eduardo Bullaude	26.10.2000				4	(7)	
Jorman David Campuzano Puentes (COL)	30.04.1996				9	(4)	
Brandon William Cortés Bustos	26.06.2001		(1)				
Ignacio Ezequiel Agustín Fernández Carballo	25.07.2002	10	(9)		8	(2)	
Guillermo Matías „Pol" Fernández	11.10.1991	21	(1)	2	5	(2)	
Diego Hernán González	09.02.1988		(4)		1	(1)	
Cristian Nicolás Medina	01.06.2002	13	(10)	3	8	(3)	1
Martín Ismael Payero	11.09.1998	6	(4)	4			
Juan Edgardo Ramírez	25.05.1993	8	(7)		2	(2)	
Esteban Leonardo Rolón	25.03.1995	1	(6)			(1)	
Óscar David Romero Villamayor (PAR)	04.07.1992	13	(3)	2			
Jabes Esteban Saralegui	12.04.2003				2	(2)	
Vicente Taborda	14.06.2001				1	(3)	
Alan Gonzalo Varela	04.07.2001	20	(4)				
Forwards:							

Darío Ismael Benedetto	17.05.1990	12	(3)	3	5	(7)	2
Norberto Alejandro Briasco Balekian (ARM)	29.02.1996	2	(12)	1	2	(3)	
Édinson Roberto Cavani Gómez (URU)	14.02.1987				7	(1)	1
Lucas Ezequiel Janson	16.08.1994				8	(4)	2
Luca Daniel Langoni	09.02.2002	8	(4)	3		(5)	
Miguel Ángel Merentiel Serrano (URU)	24.02.1996	13	(10)	7	6	(2)	7
Gonzalo Javier Morales	03.04.2003		(1)				
Nicolás Orsini	12.09.1994	3	(1)				
Luis Ismael Vázquez	24.04.2001	4	(9)	1			
Sebastián Villa Cano (COL)	19.05.1996	15	(3)				
Oscar Exequiel Zeballos	24.04.2002		(6)	1	5	(3)	1

CLUB ATLÉTICO CENTRAL CÓRDOBA DE SANTIAGO DEL ESTERO
Foundation date: June 3, 1919
Address: Granadero Saavedra, Santiago del Estero, Provincia de Santiago del Estero
Stadium: Estadio Único Madre de Ciudades / Estadio „Alfredo Terrera", Santiago del Estero (30,000 / 16,000)

Trainer:	Leonardo Carol Madelón	25.01.1963	Prim
[03.08.2023]	Omar Osvaldo De Felippe	03.04.1962	Copa

THE SQUAD							
	DOB	Primera 2023			Copa 2023		
		M	(s)	G	M	(s)	G
Goalkeepers:							
Marcos Ignacio Ledesma	15.09.1996	18					
Matías Lisandro Mansilla	15.02.1996	9			14		
Defenders:							
Lucas Emanuel Angelini	28.01.1995				5		1
Marcelo Nicolás Benítez	13.01.1991	14	(5)	1		(2)	
Brian Rolando Blasi	08.02.1996	24			2	(1)	
Gustavo Damián Canto	25.02.1994	23	(1)		14		
José Armando Gómez	06.03.2000	3	(1)		13	(1)	
Marcos Gonzalo Goñi	16.08.1998	15	(1)	1	10		
Andrés Andrés Meli	01.09.2000				8	(1)	
Julián Alejandro Navas Granados	30.11.1993	4	(4)				
Juan Gabriel Patiño Martínez (PAR)	29.11.1989				3	(1)	
Fabio Jesús Pereyra	31.01.1990	26					
Sebastián Aníbal Valdéz	06.11.1995	1	(1)		11	(1)	
Midfielders:							
Maximiliano Gonzalo Álvez	23.11.2003					(7)	
Brian Andrés Farioli	19.02.1998	23	(3)	1	13	(1)	1
Federico Jourdan	13.01.1991	2	(10)			(8)	
Enzo Maximiliano Kalinski Martínez	10.03.1987	8	(6)	1	2	(6)	
Leandro Isaac Maciel	29.12.1995	21	(3)	4	10	(2)	
Dardo Federico Miloc	16.10.1990				4		
Gino Olguín	13.03.2000					(2)	
Mauro Rodolfo Pittón	08.08.1994	23	(3)		14		
Jesús Miguel Soraire	03.12.1988	4	(15)	1			
Forwards:							
Lucas Agustín Besozzi	22.01.2003	19	(5)	3			
Ramón Cansinos	23.10.2002	1	(4)			(1)	

Facundo Castelli	18.02.1995	9	(9)	1			
Leandro Alberto Ciccolini	22.04.1995	1	(3)				
Lucas Emanuel Gamba	24.06.1987	20	(6)	5	11	(3)	2
Nicolás Leguizamón	26.01.1995		(3)		2	(5)	
Cristhian David Ocampos Domínguez (PAR)	13.07.1999				11		1
Michael Jhon Ander Rangel Valencia (COL)	08.03.1991				1	(6)	
Ciro Pablo Rius Aragallo	27.10.1988	21	(3)	1	1		
Luis Miguel Rodríguez	01.01.1985	1	(8)		5	(5)	3
Mateo Nain Sanabria Doracio	31.03.2004					(11)	3
Cristian Gonzalo Torres	24.12.1999	7	(13)	1		(1)	
Diego Emanuel Vásquez	11.09.2000		(8)			(1)	

CLUB ATLÉTICO COLÓN DE SANTA FE
Foundation date: May 5, 1905
Address: Avenida Juan José Paso 3535, 3000 Ciudad de Santa Fé
Stadium: Estadio „Brigadier General Estanislao López", Santa Fe (40,000)

Trainer:	Marcelo Saralegui Arregín (URU)	18.05.1971	Prim
[20.02.2023]	Néstor Raúl Gorosito	14.05.1964	Prim + Copa
[27.10.2023]	Israel Alejandro Damonte	06.01.1982	Copa

THE SQUAD							
	DOB	Primera 2023			Copa 2023		
		M	(s)	G	M	(s)	G
Goalkeepers:							
Ignacio Francisco Chicco	30.06.1996	27			9		
Matías Alejandro Ibáñez Basualdo	16.12.1986				5		
Defenders:							
Lucas Javier Acevedo	08.11.1991	2	(4)				
Germán Andrés Conti	03.06.1994				6	(2)	
Rafael Marcelo Delgado	13.01.1990	21			8	(2)	
Alberto Espínola Giménez (PAR)	08.02.1991				7		1
Facundo Tomás Garcés	05.09.1999	26		1	14		
Paolo Duval Goltz	12.05.1985	22	(1)		9		
Emanuel David Más Sgros	15.01.1989				8	(3)	
Eric Exequiel Meza	08.04.1999	22	(3)	2	5	(4)	1
Gian Nardelli	11.03.2000	13	(3)		3	(6)	
Augusto Schott	17.01.2000	4	(4)				
Andrew Christopher Teuten Ponzoni (URU)	20.07.1998	5	(8)	1			
Thiago Lautaro Nicolás Yossen	09.07.2004	1					
Midfielders:							
Favio Enrique Álvarez	23.01.1993				11	(3)	
Carlos Alberto Arrúa García (PAR)	30.07.1997	12	(7)			(1)	
Rubén Alejandro Botta Montero	31.01.1990				14		3
Ángel Rodrigo Cardozo Lucena (PAR)	19.10.1994				6	(4)	
Julián Antonio Chicco	13.01.1998	10	(8)				
Facundo Hernán Farías	28.08.2002	5	(3)				
Tomás Ezequiel Galván	11.04.2000	4	(9)		12		5
Guillermo Federico Gonzálvez	05.03.2003		(1)				
Stefano Nahuel Moreyra	19.01.2001	10	(1)		6	(5)	
Baldomero Perlaza Perlaza (COL)	02.06.1992	21	(1)	1	4	(7)	1
Leonel Marcelo Picco	22.10.1998	6	(5)				

	DOB	Primera 2023 M (s) G	Copa 2023 M (s) G
Gonzalo Jorge Alberto Silva	12.07.1999	(2)	
Natanael Laureano Troncoso	26.03.2001	1 (9) 1	
Cristian Orlando Vega	17.09.1993	10 (6) 1	2 (3)
Forwards:			
Ramón Darío Ábila	14.10.1989	17 (8) 6	11 (2) 4
Juan Pablo Álvarez	10.02.1996	16 (3) 1	
Damián Iván Batallini	24.06.1996		7 1
Jorge Daniel Benítez Guillén (PAR)	02.09.1992	9 (7) 2	3 (6) 1
Joaquín Bautista Ibáñez	05.09.1996	5 (2) 1	(2)
José Pablo Neris Figueredo (URU)	13.03.2000	4 (5)	
Braian Alejandro Guille	31.07.1997		(3)
Santiago Daniel Pierotti	03.04.2001	24 (2) 2	2 (5)
Facundo Martín Taborda	16.01.2001	(2)	
Javier Fabián Toledo	20.04.1986		2 (9) 1

CLUB SOCIAL Y DEPORTIVO DEFENSA Y JUSTICIA
FLORENCIO VARELA

Foundation date: March 20, 1935
Address: Avenida San Martín 360 Florencio Varela, 1888 Florencio Varela, Provincia de Buenos Aires
Stadium: Estadio „ Norberto 'Tito' Tomaghello", Florencio Varela (12,000)

| Trainer: | Julio César Vaccari | 09.07.1980 | Prim + Copa |

THE SQUAD

	DOB	Primera 2023 M (s) G	Copa 2023 M (s) G
Goalkeepers:			
Enrique Alberto Bologna Gómez	13.02.1982	6	8
Cristopher Javier Fiermarin Forlán (URU)	01.01.1998		6 (1)
Luis Ezequiel Unsain	09.03.1995	21	
Defenders:			
Jorge Darío Cáceres Ovelar (PAR)	26.01.1998	4 (11) 1	10 (2)
Ezequiel Cannavo	12.06.2002		(1)
Tomás Cardona Bernaschina	10.10.1995	23 2	6 (1) 1
Nazareno Fernández Colombo	20.03.1999	18 (1) 1	
Dylan Gissi	27.04.1991		1 (2)
Esteban Samuel Lucero	29.07.2005	1	1
Julián Malatini	31.05.2001	10 (7)	10
Alan Tobías Moringo	22.09.2005	1	
Santiago Martín Ramos Mingo	21.11.2001	4 (8)	9 (2)
Ariel Agustín Sant'Anna Quintero (URU)	27.09.1997	21 (2)	5 (2)
Thiago Tomás Schiavulli	19.09.2003	1	1 (1)
Alexis Nelson Nahuel Soto	20.10.1993	24	8 (1)
Nicolás Martín Tripichio	05.01.1996	7 (7) 1	7 (3) 2
Lautaro Valentín Vargas	01.02.2005	(1)	
Midfielders:			
Gabriel Gustavo Alanís	16.03.1994	14 (6) 1	(2)
Ángel María Benítez Argüello (PAR)	27.01.1996	(5)	
Rodrigo Manuel Bogarín Giménez (PAR)	24.05.1997	9 (5) 1	9 (1)
Gonzalo Pablo Castellani	10.08.1987	2 (8)	3 (8)
Manuel Agustín Duarte	23.08.2001		5 (3) 1
Tomás Lautaro Escalante	02.07.1999	7 (13)	6

Kevin Facundo Gutiérrez	03.06.1997	23	(1)	1			
Julián Alejo López	08.01.2000	20	(2)		9	(2)	
Lautaro López	30.03.2005				3	(2)	
Tomás Facundo Mariano Ortiz	10.03.2000		(1)			(1)	
Facundo Benjamín Schamine	24.10.2003	2	(1)		6	(1)	
Forwards:							
David Matías Barbona	22.02.1995	18	(4)	3	5	(3)	
Jonathan Alessandro Berón	09.06.2002				4	(5)	1
Facundo Nahuel Echevarría	31.07.2002		(2)	1	2	(3)	1
Lautaro Exequiel Fedele	14.07.2001		(1)		1	(2)	
Nicolás Emanuel Fernández	08.02.1996	25	(1)	12	4	(5)	1
Juan Bautista Miritello	08.02.1999	1	(14)	3			
Edwin Stiven Mosquera Palacios (COL)	27.06.2001		(5)				
Lucas David Pratto	04.06.1988				8	(5)	3
Andrés Lorenzo Ríos	01.08.1989	1	(5)		1	(1)	
Santiago Germán Solari Ferreyra	19.01.1998	16	(10)	4	9	(1)	1
Ricardo Tomás Solbes	08.07.2006		(1)				
Gastón Alberto Togni	20.09.1997	16	(4)	3	7	(5)	1
Federico Versaci	16.02.2002	2				(1)	

CLUB ESTUDIANTES DE LA PLATA

Foundation date: August 4, 1905
Address: Estudiantes La Plata, Avenida 53 Centro N°620 B1900BAZ, La Plata
Stadium: Estadio "Jorge Luis Hirschi", La Plata (30,018)

Trainer:			
	Abel Eduardo Balbo	01.06.1966	Prim
[07.03.2023]	Eduardo Rodrigo Domínguez	01.09.1978	Prim + Copa

THE SQUAD

	DOB	Primera 2023			Copa 2023		
		M	(s)	G	M	(s)	G
Goalkeepers:							
Mariano Gonzalo Andújar	30.07.1983	25			14		
Claudio Daniel Sappa	09.02.1995	2					
Defenders:							
Gastón Benedetti Taffarel	29.03.2001	16		2	11	(1)	
Federico Fernández	21.02.1989				6	(2)	
Nicolás Andrés Fernández	11.02.2002	1	(1)		4		
Leonardo Ezequiel Godoy	28.04.1995	21	(1)	1	9	(2)	
Juan Cruz Guasone	27.03.2001	2	(4)		2		
Mauricio Luciano Lollo	29.03.1987	23		3	2		
Eros Nazareno Mancuso	17.04.1999	7	(5)	1	6	(5)	
Emanuel David Más Sgros	15.01.1989	12	(3)				
Ezequiel Matías Muñoz	08.10.1990	3	(2)		2	(6)	
Santiago Misael Núñez	29.04.2000	15	(1)		12		
Ezequiel Orbe Eberbach	09.04.2005				1		
Zaid Abner Romero	15.12.1999	22		1	5	(1)	1
Midfielders:							
Javier Adolfo Altamirano Urzúa (CHI)	21.08.1999				2	(1)	
Fabricio Amato	04.06.2004					(1)	
Santiago Lionel Ascacíbar	25.02.1997	25	(1)	4	9		
Axel Atum	02.01.2006		(2)		1	(6)	
Nehuén Benedetti	24.02.2005					(1)	
Alexis Castillo Manyoma (COL)	30.01.2003				4	(4)	1
Nicolás Jeremías Palavecino	29.03.2003	1	(1)			(2)	
Gonzalo Agustín Piñeiro	03.10.2000		(2)			(3)	
Jorge Agustín Rodríguez	15.09.1995	27		2	12		
José Ernesto Sosa	19.06.1985	7	(10)	2	9	(3)	1
Deian Verón	25.09.2000		(2)		1		
Franco Zapiola Yamartino	19.02.2001	3	(6)		3	(3)	1
Fernando Rubén Zuqui	27.11.1991	16	(8)		7	(5)	1
Forwards:							
Mauro Boselli	22.05.1985	17	(5)	6	6	(3)	4
Guido Marcelo Carrillo	25.05.1991	8	(9)	1	2	(2)	1
Matías Emanuel Godoy	10.01.2002	5	(14)	2	1	(2)	
Mauro Andrés Méndez Acosta (URU)	17.01.1999	8	(11)	4	10	(1)	1
Martiniano Moreno Díaz	14.05.2003		(3)			(6)	
Mateo Pellegrino Casalanguila (ESP)	22.10.2001	1	(8)				
Pablo Daniel Piatti	31.03.1989	4	(3)			(1)	
Benjamín Rollheiser	24.03.2000	26	(1)	6	13		

CLUB DE GIMNASIA Y ESGRIMA LA PLATA

Foundation date: June 3, 1887
Address: Calle 4 N° 979, 1900 La Plata, Provincia de Buenos Aires
Stadium: Estadio "Juan Carmelo Zerillo", La Plata (24,544)

Trainer:			
	Sebastián Ariel Romero	27.04.1978	Prim + Copa
[06.09.2023]	Leonardo Carol Madelón	25.01.1963	Copa

THE SQUAD

	DOB	Primera 2023			Copa 2023		
		M	(s)	G	M	(s)	G
Goalkeepers:							
Tomás Durso	26.02.1999	26			14		
Nelson Federico Insfrán	24.05.1995	1					
Defenders:							
Bautista Barros Schelotto	13.01.2000	13	(1)	1	3		
Matías Jail Bazzi	17.02.2001	3	(2)				
Yonathan Emanuel Cabral	10.05.1992				12		1
Nicolás Carlos Colazo	08.07.1990	11	(2)		9	(1)	1
Guillermo Enrique	24.02.2000	15	(2)	1	10	(1)	
Tomás Agustín Fernández	18.05.1999		(1)				
Rodrigo Leonel Gallo	04.11.2000	1			5	(4)	
Luciano Luis Romilio Gómez	22.03.1996				1	(6)	
Gonzalo González	15.04.2003	1					
Germán Leonel Guiffrey	31.12.1997	1			7		
Diego Mastrángelo	07.11.2002	1	(1)				
Matías Germán Melluso	09.06.1998	16					
Leonardo Morales	11.04.1991	24		1	13		1
Bruno Palazzo	18.11.2000	3	(2)				
Felipe Sánchez	07.04.2004	26			2		
Midfielders:							
Agustín Gabriel Bolívar	09.01.1996	12	(4)		6	(2)	
Lucas Nahuel Castro	09.04.1989				1	(12)	
Pablo Ezequiel de Blasis	04.02.1988				8	(6)	
Alan Lescano	11.11.2001	16	(4)	3			
Leandro Juan Hugo Mamut	31.12.2003	2	(10)				
Juan Ignacio Miramón	12.06.2003	20	(1)				
Tomás Muro	05.05.2002	3	(6)				
Antonio Napolitano	16.02.1999	6	(7)		1	(2)	
Nicolás Agustín Sánchez	20.07.2004	8	(1)		1		
Rodrigo Agustín Saravia Salvia (URU)	17.08.2000				12	(1)	
Alexis Steimbach	25.07.2002	5	(7)		3	(1)	
Zago Zegarra Ferri	30.06.2001					(1)	
Forwards:							
Matías Ezequiel Abaldo Menyou (URU)	03.04.2004				9	(2)	2
Rodrigo Castillo	26.02.1999	5	(4)	1		(4)	
Sebastián Cocimano	19.05.2000		(3)				
Maximiliano Gabriel Comba	16.01.1994	6	(6)	1			
Leandro Nicolás Contín	07.12.1995	3	(3)	1			
Benjamín Domínguez	19.09.2003	14	(1)	2	8	(5)	
Ivo Mammini	15.04.2003	5	(12)	2		(6)	1
Elías Agustín Ramírez	02.05.2000		(3)				
Eric Iván Jesús Ramírez	21.09.1996	10	(11)	4	14		3

Franco Soldano	14.09.1994	16	(4)	1	1	(8)	
Alan Sosa	05.05.2003	5	(7)				
Cristian Alberto Tarragona	09.04.1991	15	(4)	5	14		4
Franco Ramón Torres	25.05.1999	4	(10)	1		(4)	

CLUB DEPORTIVO GODOY CRUZ ANTONIO TOMBA MENDOZA

Foundation date: June 21, 1921
Address: Calle Balcarce 477, CP 5501 Godoy Cruz, Mendoza,
Stadium: Estadio "Feliciano Gambarte" / Estadio Malvinas Argentinas, Godoy Cruz (14,000 / 42,000)

Trainer:			
	Rodolfo Diego Flores	11.12.1980	Prim
[11.04.2023]	Daniel Walter Oldrá	15.03.1967	Prim + Copa

THE SQUAD

	DOB	Primera 2023			Copa 2023		
		M	(s)	G	M	(s)	G
Goalkeepers:							
Diego Matías Rodríguez	25.06.1989	26			16		
Rodrigo Emanuel Saracho	06.01.1994	1					
Defenders:							
Ismael Lucas Ariel Arce	14.08.1997	23	(3)	1	16		
Pier Miqueas Barrios	01.07.1990	24			16		1
Gianluca Ferrari	30.06.1997	3					
Thomas Ignacio Galdames Millán (CHI)	20.11.1998	18	(3)	2	11		
Manuel Agustín Guillen	06.09.2001				5	(6)	
Martin Abel Luciano	12.08.2003					(2)	
Juan Andrés Meli	01.09.2000	10	(10)				
Mateo Tomás Mendoza	21.11.2004	1	(1)				
Federico Rasmussen	04.03.1992	26			15		
Braian Javier Salvareschi	13.04.1999	4	(6)	1	1	(2)	
Midfielders:							
Gonzalo Damián Abrego	07.01.2000	26		3			
Juan Alberto Andrada	04.01.1995	7	(5)		2		
Julián Eseiza	16.02.2002		(10)	1		(1)	
Roberto Nicolás Fernández Fagúndez (URU)	02.03.1998	25	(1)	1	16		1
Enzo Gaggi	14.01.1998				1	(3)	
Bruno Leyes Sosa	30.10.2001	18	(2)		15		
Hernán Darío López Muñoz	07.09.2000	20	(1)	3			
Cristian David Núñez Morales (PAR)	20.09.1997	2	(18)		1	(9)	
Claudio Agustín Valverde Molaro	26.03.2002	1	(2)			(7)	
Forwards:							
Tadeo Allende	20.02.1999	18	(4)	6	12	(3)	4
Facundo Alejandro Altamira	03.08.2001		(1)			(2)	
Daniel Octavio Barrea	22.07.2001				7	(4)	1
Luciano César Cingolani	06.04.2001	1	(9)			(3)	
Tomás José Conechny	30.03.1998	16	(8)	5	15		3
Enzo Miguel Larrosa Martínez (URU)	21.04.2001	2	(15)	2		(9)	
Hernán López Muñoz	07.09.2000				15		2
Gastón Nicolás Pedernera	09.10.2000		(1)				
Claudio Matías Ramírez	14.03.1999	3	(13)				
Enzo Rivamar	16.01.2003		(1)				
Ederson Salomón Rodríguez Lima (URU)	16.02.2000	21	(5)	5	12	(4)	1
Silvio Nahuel Ulariaga	02.03.2002	1	(4)	1			

CLUB ATLÉTICO HURACÁN BUENOS AIRES

Foundation date: November 1, 1908
Address: Avenida Caseros 3159, Parque Patricios, 1623 Capital Federal, Ciudad de Buenos Aires
Stadium: Estadio „Tomás Adolfo Ducó", Parque Patricios, Buenos Aires (48,314)

Trainer:			
	Diego Omar Dabove	18.01.1973	Prim
[10.05.2023]	Sebastián Alejandro Battaglia	08.11.1980	Prim
[03.07.2023]	Diego Hernán Martínez	16.11.1978	Prim + Copa

THE SQUAD

	DOB	Primera 2023			Copa 2023		
		M	(s)	G	M	(s)	G
Goalkeepers:							
Dante Nicolás Campisi	29.10.1996	2					
Lucas Abraham Chaves	09.08.1995	25			15		
Defenders:							
Ángel Guillermo Benítez	08.12.1993	22	(1)		9	(2)	
Lucas Eduardo Carrizo	20.05.1997	6	(3)		13		
César Fernando Ibáñez	17.06.1999	4	(2)		6	(2)	
Lucas Gabriel Merolla	27.06.1995	1					
Joaquín Ariel Novillo	19.02.1998	17					
Fabio Jesús Pereyra	31.01.1990				11	(3)	1
Patricio Pizarro	27.07.2000	6	(7)		1	(2)	
Gastón Sauro	23.02.1990	8	(3)				
Guillermo Tomás Soto Arredondo (CHI)	10.01.1994	19	(1)		1		
Lucas Alessandro Souto	11.10.1998				11	(1)	
Omar Fernando Tobio	18.10.1989	19	(1)	1	9	(1)	1
Fernando Torrent Guidi	02.10.1991	8	(1)		2	(3)	
Midfielders:							
Williams Héctor Alarcón Cepeda (CHI)	29.11.2000				10	(3)	
Franco Tomás Alfonso	04.05.2002				4	(9)	2
Valentín Alberto Burgoa	16.08.2000	3	(8)				
Lucas Nahuel Castro	09.04.1989	6	(5)				
Rodrigo Eduardo Echeverría Sáez (CHI)	17.04.1995				14	(4)	1
Federico Fattori Mouzo	22.07.1992	19	(1)		5	(4)	
Fernando Gabriel Godoy	01.05.1990	8	(1)			(2)	
Matías Marcos Gómez	23.09.2003	7	(4)			(3)	
Santiago Hezze	22.10.2001	23	(3)	2			
Santiago Gastón Luján	23.01.2002	2	(8)				
Andrés Felipe Roa Estrada (COL)	25.05.1993				1	(5)	
Valentín Andrés Sánchez	05.02.2002		(4)				
Alan Soñora (USA)	03.08.1998				8	(2)	1
Joel Soñora (USA)	15.09.1996				1	(1)	
Agostino Luigi Spina	31.10.2001	4	(1)				
Forwards:							
Héctor Jonás Acevedo	06.02.1997	10	(6)				
Matías Fernando Cóccaro Ferreira (URU)	15.11.1997	20	(4)	4	11	(3)	5
Nicolás Fernando Cordero	11.04.1999	13	(11)	4		(2)	1
Héctor Hugo Fertoli	03.12.1994				11	(1)	
Juan Manuel García	14.11.1992	5	(15)	1			
Juan Fernando Garro	24.11.1992	1	(8)	1			
Juan Carlos Gauto	02.06.2004	18	(5)	1	1		
Gabriel Alejandro Gudiño	16.03.1992	9	(5)	3			
Enzo Nahuel Luna	10.06.2002		(5)				
Walter Uriel Mazzantti	05.09.1996	12	(3)	1	12	(3)	4
Marcelo de la Cruz Pérez Mosqueira (PAR)	23.03.2001				2	(8)	
Ignacio Pussetto	21.12.1995				7	(5)	3

CLUB ATLÉTICO INDEPENDIENTE AVELLANEDA
Foundation date: January 1, 1905
Address: Avenida Mitre 470, 1870 Avellaneda, Provincia de Buenos Aires
Stadium: Estadio "Libertadores de América", Avellaneda (52,853)

Trainer:	Leandro Gabriel Stillitano	06.02.1983	Prim
[20.03.2023]	Pedro Damián Monzón	23.02.1962	Prim
[14.04.2023]	Ricardo Alberto Zielinski	14.10.1959	Prim + Copa
[22.08.2023]	Carlos Alberto Tevez	05.02.1984	Copa

THE SQUAD

	DOB	Primera 2023			Copa 2023		
		M	(s)	G	M	(s)	G
Goalkeepers:							
Rodrigo Francisco Jesús Rey	08.03.1991	27			14		
Defenders:							
Felipe Aguilar Mendoza (COL)	20.01.1993				5	(4)	
Cristhian Javier Báez (PAR)	09.04.1990	23			13		1
Sergio Damián Barreto	20.04.1999	14					
Julio Alberto Buffarini	18.08.1988				2	(4)	
Ayrton Enrique Costa	12.07.1999	24		1	4	(1)	
Edgar Joel Elizalde Ferreira (URU)	27.02.2000	13	(2)		1	(1)	
Mauricio Anibal Isla Isla (CHI)	12.06.1988				11	(1)	1
Luciano Luis Rómulo Gómez	22.03.1996	11	(2)				
Joaquin Marcelo Laso	04.07.1990	10	(2)		13		1
Javier Patricio Ostachuk	05.05.2000	3	(6)		1		
Damián Alfredo Pérez	22.12.1988	5	(2)		13		
Agustín Quiroga	06.04.2002		(1)				
Midfielders:							
Mateo Baltasar Barcia Fernández (URU)	19.02.2001	19	(6)	1		(1)	
Juan Ramón Cazares Sevillano (ECU)	03.04.1992	6	(8)				
Lucas Nahuel González Martínez	03.06.2000				6	(4)	1
Kevin Miguel Ángel López	28.12.2001	9	(8)		1	(5)	
Federico Andrés Mancuello	26.03.1989				13		
Iván José Marcone	03.06.1990	20	(2)		14		
Rubén David Martínez	14.06.2004		(2)		1	(2)	
Agustín Nicolás Mulet	22.02.2000	8	(3)			(2)	
Sergio Fabián Ortíz	23.02.2001	17	(4)	1	2	(3)	
Tomás Agustín Pozzo	27.09.2000	2	(3)			(2)	
Santiago Salle	04.06.2004	2	(8)				
Martín Nicolás Sarrafiore	20.07.1997	9	(7)			(2)	
Santiago Federico Toloza	28.10.2002				2	(3)	
Forwards:							
Rodrigo Uriel Atencio	30.06.2002		(5)				
Pedro Alexis Canelo	23.02.1992				14		4
Martín Andrés Cauteruccio Rodríguez (URU)	14.04.1987	24	(3)	11	2	(6)	
Mauricio Andrés Cuero Castillo (COL)	28.01.1993	3	(8)				
Matías Daniel Giménez Rojas	06.03.1999	18	(8)	4	12	(2)	5
Santiago López Grobin	09.02.2006		(1)				
Santiago Hidalgo Massa	17.02.2005		(11)				
Rodrigo Leonel Márquez de Meneses	15.02.2002	3	(3)				
Brian Aaron Martínez	18.08.1999	13	(4)	2	10	(1)	2
Tomás Andrea Rambert	03.01.2004	1	(1)				
Javier Ezequiel Ruiz	24.09.2004					(7)	
Javier Nicolás Vallejo	03.01.2004	13	(7)	1		(1)	

168

INSTITUTO ATLÉTICO CENTRAL CÓRDOBA

Foundation date: August 8, 1918
Address: Calle Jujuy 2602, Alta Córdoba 5000, Ciudad de Córdoba
Stadium: Estadio „Presidente Juan Domingo Perón", Córdoba (26,535)

Trainer:			
	Lucas Alfredo Bovaglio	25.10.1979	Prim
[07.06.2023]	Diego Omar Dabove	18.01.1973	Prim + Copa

THE SQUAD

Name	DOB	Primera 2023 M	(s)	G	Copa 2023 M	(s)	G
Goalkeepers:							
Jorge Carlos Carranza	07.05.1981	17					
Manuel Roffo	04.04.2000	10	(1)		14		
Defenders:							
Fernando Rubén Alarcón	16.06.1994	26			14		
Aníbal Jonathan Gastón Bay	01.02.1993	4	(4)		5	(2)	
Giuliano Cerato	10.06.1998	16	(4)		2		
Sebastián Corda	29.06.1995	23	(1)			(3)	
Juan José Franco Arrellaga (PAR)	10.02.1992	11	(1)		12		
Oscar Ariel Garrido Bigolin	20.08.1997		(9)				
Julio Leonel Mosevich	04.02.1997	19	(1)		1	(1)	
Oscar Ezequiel Jonathan Parnisari	01.06.1990	7	(4)	1	14		
Lucas Nahuel Rodríguez	27.09.1993				9	(1)	
Joaquín Varela Romero (URU)	27.06.1998	2	(4)	2			
Midfielders:							
Luciano Román Aued	01.03.1987				1	(9)	
Claudio Nicolás Barrientos	05.04.1995		(8)			(5)	1
Roberto Agustín Bochi	06.07.1989	13	(4)	1	4	(4)	
Brahian David Cuello	30.09.1997	12	(12)		6	(6)	1
Jonathan Ariel Dellarossa	18.01.2000		(1)				
Nicolás Dubersarsky	21.12.2004					(1)	
Nicolás Hugo Linares	04.03.1996	19	(4)	1	10	(1)	
Gastón Andrés Lódico	28.05.1998	27		1	14		
Leonardo Monje	26.03.2002		(2)				
Damián Puebla	15.09.2002		(1)		1		
Matías Alexis Romero	01.02.1996				7	(5)	
Franco Nahuel Watson	25.07.2002	16	(6)		2		
Nicólas Ezequiel Watson	22.05.1998	1	(5)				
Forwards:							
Héctor Jonás Acevedo	06.02.1997				9	(3)	2
Lucas Gabriel Albertengo	30.01.1991		(11)		2	(2)	1
Gabriel Maximiliano Graciani	28.11.1993	23	(3)	3	7	(7)	
Luca Klimowicz	19.05.2004					(1)	
Adrián Emmanuel Martínez	07.07.1992	26		11	13		5
Djorkaeff Néicer Reasco González (ECU)	18.01.1999					(3)	
Axel Alan Rodríguez	25.03.1997	4	(12)	1		(1)	
Gregorio Rodríguez	17.01.2000		(9)		4	(5)	1
Santiago Alejandro Rodríguez	23.08.1997	21	(6)	3	3	(2)	

CLUB ATLÉTICO LANÚS

Foundation date: January 3, 1915
Address: Calle 9 de Julio N°1680, B1824KJL Lanús, Provincia de Buenos Aires
Stadium: Estadio Ciudad de Lanús „Néstor Díaz Pérez", Lanús (46,619)

Trainer:			
	Frank Darío Kudelka	12.05.1961	Prim + Copa
[15.09.2023]	Sebastián Salomón	12.12.1978	Copa
[10.10.2023]	Ricardo Alberto Zielinski	14.10.1959	Copa

THE SQUAD

	DOB	Primera 2023			Copa 2023		
		M	(s)	G	M	(s)	G
Goalkeepers:							
Lucas Mauricio Acosta	12.03.1995	18			6		
Alan Joaquín Aguerre	23.08.1990				8		
Lautaro Alberto Morales	16.12.1999	9					
Defenders:							
Felipe Aguilar Mendoza (COL)	20.01.1993	12	(3)				
Brian Mauricio Aguilar Caraballo	13.04.2003		(4)		1	(1)	
Brian Nahuel Aguirre	28.07.2000	14	(3)		11	(1)	
Pablo Ezequiel Aranda	14.05.2001	1					
Julián Ezequiel Aude Bernardi	24.03.2003	1	(1)				
Diego Luis Braghieri	23.02.1987	5	(1)	1	5		
Juan José Cáceres	01.06.2000	20			9	(1)	1
José María Canale Domínguez (PAR)	20.07.1996	13		1	7	(1)	
Leonel Di Plácido	28.01.1994	2					
Cristian Franco Lema	24.03.1990	24		1	13		
Gonzalo Germán Pérez Corbalán (URU)	04.01.2001				5	(1)	
Juan Manuel Sánchez Miño	01.01.1990	14	(2)		7		
Julio César Soler Barreto	16.02.2005	2	(1)		5	(4)	
Midfielders:							
Tomás Belmonte	27.05.1998	21		2			
Luciano Boggio Albín (URU)	10.03.1999	16	(8)		6	(5)	1
Matías Eduardo Esquivel	22.03.1999	15	(10)	2	10	(2)	
Julián Rodrigo Fernández	22.03.1995	9	(13)		3	(2)	
David Maximiliano González	04.05.2004		(1)		1		
Raúl Alberto Loaiza Morelos (COL)	08.06.1994	13	(5)	2	10	(2)	
Felipe Peña Biafore	05.04.2001				7	(5)	
Facundo Martín Pérez	31.07.1999	2	(11)				
Franco Nahuel Watson	25.07.2002					(3)	
Forwards:							
Lautaro Germán Acosta	14.03.1988	12	(7)		6	(3)	1
Dylan Fabricio Aquino	04.06.2005		(2)			(2)	
Brian Leonel Blando	01.04.1995		(4)				
Pedro De la Vega	07.02.2001	23	(2)	6	13		
Leandro Nicolás Díaz	06.06.1992	23	(1)	11	9		3
Augusto Diego Lotti	10.06.1996				3	(7)	1
Franco Orozco	09.01.2002	14	(9)	4		(4)	
Mateo Nain Sanabria Doracio	31.03.2004		(2)				
José Gustavo Sand	17.07.1980	1	(10)	2		(9)	
Jonathan Gabriel Torres	29.12.1996				6	(3)	2
Franco Troyansky	06.03.1997	13	(11)	5	3	(5)	

CLUB ATLÉTICO NEWELL'S OLD BOYS ROSARIO

Foundation date: November 3, 1903
Address: Parque de la Independencia 2000, Rosario, Santa Fe
Stadium: Estadio „Marcelo Bielsa", Rosario (38,095)

Trainer:	Gabriel Iván Heinze	19.04.1978	Prim + Copa

THE SQUAD

Name	DOB	Primera 2023 M	(s)	G	Copa 2023 M	(s)	G
Goalkeepers:							
Lucas Adrián Hoyos	29.04.1989	27			14		
Defenders:							
Willer Emilio Ditta Pérez (COL)	23.01.1997	17					
Ivan Glavinovich	27.10.2001	1			7		
Zahir Facundo Mansilla	27.02.1999	11	(5)	1	1	(5)	
Ángelo Martino	05.06.1998	9	(4)		10	(2)	1
Armando Jesús Méndez Alcorta (URU)	31.03.1996	8	(1)		12	(2)	
Jherson Steven Mosquera Castro (COL)	18.09.1999	20		2		(1)	
Guillermo Luis Ortíz	09.08.1992	13	(2)	1	9		
Bruno Alejandro Pittón	01.02.1993	15	(5)	1		(1)	
Augusto Schott	17.01.2000				1	(3)	
Leonel Jesús Vangioni Rangel	05.05.1987	1			4	(3)	
Víctor Gustavo Velázquez Ramos (PAR)	17.04.1991	18	(2)	3	13		1
Midfielders:							
Guillermo Balzi	23.07.2001	2	(2)		4	(3)	
Marcelo César Esponda	14.01.2003		(1)				
Cristian Ezequiel Ferreira	12.09.1999	18	(2)	2	11	(1)	3
Iván Alejandro Gómez	28.02.1997	20	(3)		12	(1)	
Lisandro Luciano Sebastián Montenegro	27.03.2003	7	(5)	1		(4)	
Pablo Javier Pérez	10.08.1985	2	(13)			(4)	
Marcos Ezequiel Portillo	31.01.2000	11	(6)		3	(1)	
Juan Sebastián Sforza	14.02.2002	21	(1)	1	13	(1)	1
David José Sotelo	30.07.2003	1	(3)			(1)	
Forwards:							
Brian Nicolás Aguirre	01.06.2003	15	(5)	1	10		1
Giovanni Chiaverano Meroi	21.05.2005					(2)	
Julián Contrera	10.05.2003		(4)				
Nazareno Manuel Fúnez	06.02.2001		(2)				
Justo Giani	07.04.1999	1	(4)				
Francisco Agustín González	06.04.2001	2		1	3	(3)	2
Guillermo Luis May Bartesaghi (URU)	11.03.1998				2	(7)	2
Jonathan Diego Menéndez	05.03.1994	4	(3)				
Jeremías Leonel Pérez Tica	16.04.2003	7	(9)		1	(1)	
Djorkaeff Néicer Reasco González (ECU)	18.01.1999	7	(11)	1			
Jorge Eduardo Recalde Ramírez (PAR)	08.05.1992	20	(5)	6	13	(1)	1
Genaro Ariel Rossi	07.02.2002	1				(2)	
Fabrizio Sartori Prieto	15.07.2002		(1)				
Ignacio Schor	04.08.2000				1	(7)	
Ramiro Gabriel Sordo	29.06.2000	18	(4)	3	10	(2)	1

CLUB ATLÉTICO PLATENSE BUENOS AIRES

Foundation date: May 25, 1905
Address: Calle Juan Zufriategui 2021, Florida 1602, Vicente López, Provincia de Buenos Aires
Stadium: Estadio Ciudad de Vicente López, Florida (28,530)

THE SQUAD

Trainer:	Martín Palermo	07.11.1973	Prim + Copa

THE SQUAD

	DOB	Primera 2023			Copa 2023		
		M	(s)	G	M	(s)	G
Goalkeepers:							
Ignacio Mauricio Jesús Arce	08.04.1992	5					
Ramiro Jesús Macagno	18.03.1997	22			17		
Defenders:							
Gonzalo Iván Asis	28.03.1996	5	(1)				
Juan José Infante	07.01.1996	12	(3)		11		
Miguel Isaías Jacquet Duarte (PAR)	20.05.1995	9	(3)		2	(3)	
Raúl Alberto Lozano	02.09.1997	5			13	(1)	
Sasha Julián Marcich	29.05.1998	22	(1)	2	9		
Nicolás Jorge Morgantini	11.09.1994	17	(1)	1	7	(1)	1
Marco Pellegrino	18.07.2002	17		1			
Juan Pablo Pignani	02.07.2001	2	(3)				
Gastón Suso	12.03.1991	11	(2)	1	15	(1)	
Gonzalo Valdivia	05.04.2001	2	(5)	1	1	(5)	
Ignacio José Luis Vázquez	15.06.1997	17	(5)		17		1
Midfielders:							
Franco Pedro Baldassarra	29.09.1998	11	(11)	2			
Jerónimo Cacciabué	24.01.1998	10	(4)			(4)	
Franco Martín Díaz	28.08.2000	14	(9)	1	14	(2)	
Alejo Pablo Monje	07.08.2001		(1)				
Leonel Marcelo Picco	22.10.1998				9	(4)	
Iván Javier Rossi	01.11.1993	15	(2)		3	(6)	
Alexis Amadeo Sabella	20.06.2001	1	(6)				
Vicente Taborda	14.06.2001	20	(5)	2			
Forwards:							
Agustín Alonso	23.01.2001	1	(6)				
Nicolás Eduardo Castro	15.08.1990	25		4	15	(1)	2
Luciano Ismael Ferreyra	19.02.2002				4	(11)	1
Gabriel Alejandro Gudiño	16.03.1992				3		
Lucas Agustín Ocampo Galván (URU)	23.11.1997				11	(6)	1
Ronaldo Iván Martínez Rolón (PAR)	25.04.1996	18	(5)	3	13	(2)	5
Mateo Pellegrino Casalanguila (ESP)	22.10.2001				8	(5)	
Mauro Daniel Quiroga	07.12.1989	10	(9)	1			
Ciro Pablo Rius Aragallo	27.10.1988				9	(3)	1
Facundo Russo	03.09.2000				4	(4)	
Ignacio Schor	04.08.2000	3	(16)				
Nicolás Servetto	27.03.1996	19	(8)	6	1	(9)	1
Manuel Tucker	31.10.2004					(2)	
Maximiliano Zalazar	08.03.2001	4	(11)		1	(6)	2
Nadir Zeineddin	15.05.2000		(9)			(4)	

RACING CLUB DE AVELLANEDA

Foundation date: March 25, 1903
Address: Avenida Presidente Bartolome Mitre N°934, B1870AAW Avellaneda
Stadium: Estadio „Presidente Juan Domingo Perón", Avellaneda (55,389)

Trainer:	Fernando Rubén Gago	10.04.1986	Prim + Copa
[02.10.2023]	Sebastián Hugo Grazzini	25.01.1981	Copa

THE SQUAD

	DOB	Primera 2023 M	(s)	G	Copa 2023 M	(s)	G
Goalkeepers:							
Gabriel Arias Arroyo (CHI)	13.09.1987	24			13		
Matías Nicolás Tagliamonte	19.02.1998	3	(1)		2		
Defenders:							
Tomás Agustín Avilés	03.02.2004	12	(3)				
Juan José Cáceres	01.06.2000	1					
Nazareno Colombo	20.03.1999				7	(1)	
Gonzalo Escudero	01.04.2007					(1)	
Ignacio Galván	06.09.2002		(1)		1	(2)	
Jonathan Sebastián Galván	25.06.1992	6	(2)				
Emiliano Adrián Insúa Zapata	07.01.1989	8	(4)			(1)	
Nicolás Kozlovsky	05.05.2003				1	(2)	
Gastón Nicolás Martirena Torres (URU)	05.01.2000				7	(2)	1
Facundo Mura	24.03.1999	19	(2)	2	5		
Óscar Mauricio Opazo Lara (CHI)	18.10.1990	3	(4)				
Iván Alexis Pillud	24.04.1986	2	(7)	1	3	(1)	
Gonzalo Rubén Piovi	08.09.1994	19		4	11		2
Santiago Alexander Quirós	04.03.2003	8	(2)		2		
Gabriel Hernán Rojas	22.06.1997	16		1	13		
Tobías Javier Rubio	27.07.2004	3			5	(2)	
Leonardo Germán Sigali	29.05.1987	19			10		2
Midfielders:							
Agustín Ezequiel Almendra	11.02.2000				5	(8)	
Jeffrey Catriel Cabellos (PER)	18.08.2004		(5)				
Edwin Andrés Cardona Bedoya (COL)	08.12.1992	1	(4)				
Jonatan David Gómez	21.12.1989	19	(5)	2	6	(5)	1
David Daniel González Torres	08.07.2003					(2)	
Maximiliano Nicolás Moralez	27.02.1987	6	(11)	1			
Leonel Ariel Miranda	07.01.1994					(2)	
Aníbal Ismael Moreno	13.05.1999	16		2	9		
Juan Ignacio Martín Nardoni	14.07.2002	23	(3)	1	12		
Nicolás Adrián Oroz	01.04.1994	16	(6)	3	3	(2)	
Juan Fernando Quintero Paniagua (COL)	18.01.1993				12	(2)	5
Baltasar Luis Rodríguez	09.07.2003	4	(7)		9	(4)	5
Matías Nicolás Rojas Romero (PAR)	03.11.1995	13	(1)	6			
Emiliano Gabriel Vecchio	16.11.1988				1	(5)	2
Santino Vera	11.04.2006		(3)		2		
Forwards:							
Johan Stiven Carbonero Balanta (COL)	20.07.1999	6	(1)			(1)	
Ramiro Matías Degregorio	06.02.2003		(1)				
Román Fernández	23.09.2005		(3)				
Héctor Hugo Fértoli	03.12.1994	1	(5)				

José Paolo Guerrero Gonzales (PER)	01.01.1984	5	(10)	1			
Gabriel Agustín Hauche	27.11.1986	18	(7)	6	6	(7)	2
Roger Beyker Martínez Tobinson (COL)	23.06.1994				10	(1)	3
Nicolás Gabriel Meaurio	29.04.2003				1	(1)	
Agustín Axel Ojeda	19.06.2004	2	(3)	1	6	(5)	1
Tomás Agustín Pérez	27.04.2006		(5)			(2)	
Gastón Nicolás Reniero	18.03.1995	3	(8)	1	1		
Maximiliano Samuel Romero	09.01.1999	17	(3)	4	2	(8)	
Emiliano Daniel Saliadarre	05.05.2002	4	(3)				

CLUB ATLÉTICO RIVER PLATE

Foundation date: May 25, 1901
Address: Av. Presidente José Figueroa Alcorta 7597, Núñez 1428, Capital Federal, Buenos Aires
Stadium: Estadio Más Monumental [„Antonio Vespucio Liberti"], Buenos Aires (83,196)

Trainer:	Martín Gastón Demichelis	20.12.1980	Prim + Copa

THE SQUAD							
	DOB	Primera 2023			Copa 2023		
		M	(s)	G	M	(s)	G
Goalkeepers:							
Franco Armani	16.10.1986	26			15		
Ezequiel Ignacio Centurión	20.05.1997	1			1		
Defenders:							
Juan Sebastián Boselli Graf (URU)	04.12.2003				1		
Milton Óscar Casco	11.04.1988	21	(2)		10		
Enzo Hernán Díaz	07.12.1995	20	(2)		8	(4)	1
Paulo César Díaz Huincales (CHI)	25.08.1994	13	(2)	1	12		1
José Ramiro Funes Mori	05.03.1991				7	(4)	
Elías Gómez	09.06.1994	5					
Leandro Martín González Pírez	26.02.1992	20		1	9		
Marcelo Andrés Herrera Mansilla Barrios	03.11.1998	10	(2)		3	(3)	
Jonatan Ramón Maidana	29.07.1985	5				(1)	
Emanuel Hernán Mammana	10.02.1996	5	(2)		3		
Héctor David Martínez	21.01.1998		(1)		1	(1)	
Robert Samuel Rojas Chávez (PAR)	30.04.1996	10	(4)	1			
Midfielders:							
Rodrigo Germán Aliendro	16.02.1991	20	(1)	1	5	(4)	
Esequiel Omar Barco	29.03.1999	16	(9)	5	15	(1)	2
Diego Nicolás de la Cruz Arcosa (URU)	01.06.1997	15	(2)	4	10	(1)	2
Claudio Candelmo Jeremías Echeverri	02.01.2006		(4)			(1)	
Ignacio Martín Fernández Lobbe	12.01.1990	22	(3)	5	13	(2)	
Claudio Matías Kranevitter	21.05.1993	2	(7)		3	(5)	
Manuel Lanzini	15.02.1993				12	(3)	
Agustín Palavecino Lamela	09.11.1996	6	(15)	1	4	(3)	1
Gonzalo Nicolás Martínez	13.06.1993					(8)	1
José Antonio Paradela	15.12.1998	13	(7)	2			
Enzo Nicolás Pérez	22.02.1986	19	(1)		13	(1)	
Santiago Simón	13.06.2002	2	(8)		10	(1)	
Bruno Zuculini	02.04.1993		(1)			(1)	
Forwards:							
Franco Tomás Alfonso	04.05.2002		(5)				
Lucas Beltrán	29.03.2001	16	(9)	12			
Miguel Ángel Borja Hernández (COL)	26.01.1993	9	(12)	5	8	(4)	6

Facundo Colidio	04.01.2000				2	(12)	1
José Salomón Rondón Giménez (VEN)	16.09.1989	8	(9)	4	8	(6)	6
Pablo César Solari Ferreyra	22.03.2001	13	(8)	5	3	(11)	4
Matías Ezequiel Suárez	09.05.1988		(10)	2		(3)	

CLUB ATLÉTICO ROSARIO CENTRAL

Foundation date: December 24, 1889
Address: Calle 4 N° 979, 1900 La Plata, Provincia de Buenos Aires
Stadium: Estadio "Dr. Lisandro de la Torre" [Gigante de Arroyito], Rosario (41,654)

Trainer: Miguel Ángel Russo   09.04.1956   Prim + Copa

THE SQUAD

	DOB	Primera 2023			Copa 2023		
		M	(s)	G	M	(s)	G
Goalkeepers:							
Jorge Emanuel Broun	26.05.1986	23			17		
Gaspar Servio	09.03.1992	4					
Defenders:							
Facundo Agüero	21.01.1995	1	(4)		2	(2)	
Ulises Albano Ciccioli	02.07.2003				1		
Sebastián Ismael Cortéz Díaz	26.06.2000	3	(8)		1	(2)	
Juan Cruz Komar	13.08.1996	11	(7)	1	6	(8)	1
Facundo Mallo Blanco (URU)	16.01.1995	26		1	12	(1)	
Damián Alberto Martínez	31.01.1990	24		2	14		1
Carlos Gustavo Quintana	11.02.1988	24		2	15		
Alan Francisco Rodríguez Armoa (PAR)	15.08.2000	26		1	14	(1)	
Lucas Nahuel Rodríguez	27.09.1993	1	(6)				
Gonzalo Agustín Sández	16.01.2001				5	(9)	1
Kevin Silva	16.04.2003		(1)			(1)	
Midfielders:							
Giovanni Emmanuel Bogado Duarte (PAR)	16.09.2001					(3)	
Gino Infantino	19.05.2003	7	(10)	1			
Jaminton Leandro Campaz (COL)	24.05.2000	22	(1)	3	17		6
Francesco Lo Celso	05.03.2000		(4)			(5)	
Francis Manuel Mac Allister	30.10.1995	16	(3)	1			
Tomás O'Connor	25.03.2004	1	(7)	1	17		
Kevin Ortíz	18.09.2000	23			13	(1)	
Dannovi Quiñones Quiñones (COL)	18.01.2001					(7)	
Alejo Agustín Toledo Gamarra	01.03.2000	4	(7)		10	(4)	
Forwards:							
Octavio Andrés Bianchi	05.10.1995		(14)		4	(4)	
Jhonatan Marcelo Candia Hernández (URU)	15.03.1995	7	(4)	1			
Tobías Ariel Cervera Cadi	06.08.2002				9	(1)	2
Luciano Ismael Ferreyra	19.02.2002	1	(7)	1			
Lautaro Darío Giaccone	02.01.2001	12	(7)	4	5	(2)	
Maximiliano Alberto Lovera	09.03.1999				6	(5)	2
Víctor Ignacio Malcorra	24.07.1987	25		5	14	(2)	3
Luca Leovino Martínez Dupuy (MEX)	05.06.2001		(9)		4	(9)	2
Agustín Ignacio Módica	12.01.2003					(2)	
Walter Iván Alexis Montoya	21.07.1993	10	(3)			(1)	
Fabricio Oviedo	12.02.2004	4		1	1	(4)	
Alejo Véliz	19.09.2003	22	(1)	11			

CLUB ATLÉTICO SAN LORENZO DE ALMAGRO

Foundation date: April 1, 1908
Address: Calle Varela N°2680 C1437BJH, Cd. Buenos Aires
Stadium: Estadio „Pedro Bidegain", Nueva Pompeya, Buenos Aires (39,494)

Trainer:	Rubén Darío Insúa Carballa	17.04.1961	Prim + Copa

THE SQUAD							
	DOB	Primera 2023			Copa 2023		
		M	(s)	G	M	(s)	G
Goalkeepers:							
Facundo Altamirano	21.03.1996	5					
Augusto Martín Batalla Barga	30.04.1996	22			14		
Defenders:							
Diego Ezequiel Calcaterra	26.07.2001	2	(1)				
Gastón Matías Campi	06.04.1991	7	(7)		8	(1)	
Federico Agustín Gattoni	16.02.1999	19		1			
Agustín Giay	16.01.2004	14			13		
Gastón Alan Hernández	19.01.1998	23		1	12		1
Daniel Ezequiel Herrera	22.01.2003	2					
Gonzalo Luján Melli	27.04.2001	12	(11)		6	(3)	
Rafael Enrique Pérez Almeida (COL)	09.01.1990	24		1	13		
Tomás Ariel Silva	08.03.2003	1	(1)				
Midfielders:							
Malcom Nahuel Braida	17.05.1997	24	(1)	1	13	(1)	
Siro Ignacio Cabral Rosané	07.06.2000	1					
Jalil Juan José Elías (SYR)	25.04.1996	24	(1)	2	13		1
Carlos Manuel Insaurralde Ochart	31.01.1999		(2)			(4)	
Elián Mateo Irala	06.07.2004	2	(7)			(1)	
Gonzalo Maroni	18.03.1999	3	(9)	1	9	(5)	1
Agustín Alberto Martegani	20.05.2000	8	(8)				
Francisco Perruzzi	09.02.2001	3	(7)			(3)	
Gastón Ezequil Ramírez Pereyra (URU)	02.12.1990				1	(7)	
Carlos Alberto Sánchez Moreno (COL)	06.02.1986	19	(4)		10	(3)	
Forwards:							
Carlos Daniel Auzqui	16.03.1991				1	(4)	
Adam Fernando Bareiro Gamarra (PAR)	26.07.1996	21	(2)	5	11	(1)	7
Cristian Nahuel Barrios	07.05.1998	20	(5)	2	12		
Nicolás Blandi	13.01.1990	3	(9)	1		(4)	
Ezequiel Osvaldo Cerutti	17.01.1992	9	(6)				
Federico Girotti Bonazza	02.06.1999				9	(4)	1
Juan Ignacio Goyeneche	31.01.2001					(1)	
Agustín Hausch	21.05.2003				1	(3)	
Matías Hernández	06.01.2005		(1)				
Iván Ezequiel Leguizamón (PAR)	03.07.2002	11	(14)	2	8	(6)	
Tobias Medina	03.03.2004					(1)	
Mariano Ezequiel Peralta Bauer	20.02.1998		(1)				
Diego Andrés Perea Tapias (COL)	15.11.2002	2	(1)			(1)	
Andrés Vombergar	20.11.1994	16	(3)	5			

CLUB ATLÉTICO SARMIENTO JUNÍN

Foundation date: April 1, 1911
Address: Avenida Vicente Gandini 801, 6000 Junín, Provincia de Buenos Aires
Stadium: Estadio "Eva Perón", Junín (19,000)

Trainer:	Israel Alejandro Damonte	06.01.1982	Prim
[02.08.2023]	Pablo Hernán Lavallén	07.09.1972	Copa
[27.10.2023]	Facundo Sava	07.03.1974	Copa

THE SQUAD

	DOB	Primera 2023 M	(s)	G	Copa 2023 M	(s)	G
Goalkeepers:							
José Antonio Devecchi	09.07.1995	6			14		
Sebastián Tomás Meza	14.03.2000	21					
Defenders:							
Gonzalo Sebastián Bettini	26.09.1992	22		1	14		
Diego Ezequiel Calcaterra	26.07.2001				11	(1)	1
Carlos Ayrton Cougo Rivero (URU)	15.06.1996		(6)				
Gabriel Díaz Nuñez	19.04.2000	17	(2)	1	13		1
Alejandro César Donatti	24.10.1986	13	(4)				
Nahuel Ezequiel Gallardo	09.05.1998				1	(5)	
Luis Yamil Garnier	22.12.1982		(1)				
Juan Emanuel Hernández Rodríguez (URU)	30.10.1997	8	(5)		1	(5)	
Juan Manuel Insaurralde	03.10.1984	24			13		
Santiago Morales	27.08.2001		(1)				
Franco Ezequiel Paredes	18.03.1999				14		1
Franco Agustín Quinteros	13.10.1998	7	(3)				
Jean Pierre Rosso Génova (URU)	07.04.1997	12	(4)			(3)	
Franco Sbuttoni	06.05.1989	15	(1)		1		
Midfielders:							
Nicolás Federico Femia	08.08.1996		(2)				
Manuel García	11.06.1999	18	(5)		3	(8)	
Joaquín Gho	14.05.2003		(2)		2	(7)	
Harrinson Mancilla Mulato (COL)	22.12.1991	2	(7)			(1)	
Fernando Martínez Rojas (PAR)	13.05.1994	18	(3)		3	(1)	
José Agustín Mauri (ITA)	16.05.1996	2					
Emiliano Jorge Rubén Méndez	15.02.1989	22	(3)				
Manuel Mónaco	11.05.2002	10	(13)	2	1	(8)	
Cristian Rómulo Ojeda	22.01.1999				1	(2)	
Federico Paradela	03.07.2001					(1)	
Sergio Alejandro Quiroga Gabutti	07.06.1994	11	(10)	2	9	(4)	
Maico Alejandro Quiroz	20.11.2001				11	(3)	
Forwards:							
Yair Ezequiel Arismendi	05.04.1998	1	(1)		4	(2)	
Lautaro Cerato	20.09.2000		(2)			(5)	
Facundo Ferreyra	14.03.1991					(2)	
Cristian Agustín Fontana	11.06.1996				7	(4)	1
Jonathan David Gallardo	28.02.1997	2	(4)				
Pablo Gastón Gerzel	05.01.2000		(1)				
Luciano Emilio Gondou Zanelli	22.06.2001	19	(3)	6			
Juan Cruz Kaprof	12.03.1995	2	(11)		1	(4)	2
Lisandro López	02.03.1985	15	(7)	2	4		
Guido Mainero	23.03.1995	2	(3)		13		2
Alan Nicolás Marinelli	07.04.1999				13		
Lucas Santiago Melano	01.03.1993	11	(13)	4		(1)	
Javier Fabián Toledo	20.04.1986	17	(9)	4			

CLUB ATLÉTICO TALLERES CÓRDOBA

Foundation date: October 12, 1913
Address: Avenida Rosario de Santa Fe 15, 5000 Ciudad de Córdoba
Stadium: Estadio „Mario Alberto Kempes", Córdoba (57,000)

| Trainer: | Javier Marcelo Gandolfi | 05.12.1980 | Prim + Copa |

THE SQUAD

Name	DOB	Primera 2023 M	(s)	G	Copa 2023 M	(s)	G
Goalkeepers:							
Guido Gabriel Herrera	29.02.1992	27			14		
Defenders:							
Gastón Américo Benavídez	23.10.1995	26		1	14		
Julio Alberto Buffarini	18.08.1988	2					
Matías Ezequiel Catalán	19.08.1992	26		1	7	(1)	
Vicente Felipe Fernández Godoy (CHI)	17.02.1999		(2)				
Kevin Andrés Mantilla Camargo (COL)	22.05.2003				8		
Ángelo Martino	05.06.1998	1					
Tomás Olmos	22.01.2005	1					
Tiago Tomás Palacios	28.04.2003	2	(2)			(1)	
Nicolás Pasquini	02.01.1991	7	(1)				
Blás Miguel Riveros Galeano (PAR)	03.02.1998				4	(1)	
Juan Gabriel Rodríguez	28.02.1994	16			7		1
Lucas Matías Suárez Scalarea	17.03.1995	10	(3)		6	(3)	2
Midfielders:							
Favio Enrique Álvarez	23.01.1993		(6)				
Maximiliano Gonzalo Álvez	23.11.2003	1	(7)				
Alan Steven Franco Palma (ECU)	21.08.1998	11	(8)				
Matías Galarza Fonda (PAR)	11.02.2002				2	(7)	1
Rodrigo Garro	04.01.1998	26	(1)	5	12	(1)	2
Matías Ezequiel Gómez	23.11.2005		(2)		3	(5)	
Christian Gabriel Oliva Giménez (URU)	01.06.1996	2	(14)				
Ulises Diego Ortegoza	19.04.1997	14	(1)		9		
Juan Carlos Portillo	18.05.2000	17	(2)	1	12		
Mateo Seoane	09.02.2004					(1)	
Luis Alberto Sequeira	08.01.2003		(6)		1	(6)	
Rodrigo Román Villagra	14.02.2001	26			13		
Forwards:							
Luis Miguel Angulo Sevillano (COL)	23.03.2004				1	(2)	
Diego Barrera	22.06.2004		(7)		1	(4)	
Bruno Barticciotto di Bartolo (CHI)	07.05.2001				3	(4)	
Nahuel Lautaro Bustos	04.07.1998	4	(17)	7	8	(4)	3
Valentín Depietri	31.10.2000	6	(10)		11	(1)	1
Federico Girotti Bonazza	02.06.1999		(1)				
Bruno Ezequiel Juncos	21.01.2002					(3)	
Tomás Martín Molina	12.04.1995					(4)	
Lautaro Nahuel Ovando	10.02.2003				2	(3)	
Francisco Andrés Pizzini	19.09.1993	12	(10)	3			
Francisco José Pozzo	15.07.2003				1	(3)	
José David Romero	25.03.2003		(9)	2		(5)	
Michael Nicolás Santos Rosadilla (URU)	13.03.1993	24		13			
Ramón Sosa Acosta (PAR)	31.08.1999	20	(2)	4	9	(1)	4
Javier Nicolás Vallejo	03.01.2004				6	(3)	
Diego Luis Valoyes Ruíz (COL)	22.09.1996	16	(7)	4			
David Zalazar	09.05.2002		(1)				

CLUB ATLÉTICO TIGRE VICTORIA

Foundation date: August 3, 1902
Address: Guido Spano 1053 y Presidente Perón 1644, Victoria, Provincia de Buenos Aires
Stadium: Estadio "José Dellagiovanna", Victoria (26,282)

Trainer:			
	Diego Hernán Martínez	16.11.1978	Prim
[20.06.2023]	Juan Manuel Sara	13.10.1976	Prim + Copa
[31.08.2023]	Lucas Andrés Pusineri Bignone	16.07.1976	Prim + Copa

THE SQUAD

	DOB	Primera 2023			Copa 2023		
		M	(s)	G	M	(s)	G
Goalkeepers:							
Gonzalo Marinelli	07.02.1989	25			1		
Santiago Gerardo Rojas López	05.04.1996	2			13		
Defenders:							
Víctor Emanuel Aguilera	11.06.1989	14	(2)		1	(2)	
Lucas Blondel	14.09.1996	15	(3)				
Víctor Fernando Cabrera	07.02.1993	13			2	(2)	
Héctor Martín Garay	12.06.1999	6	(9)		10		
Brian Alexis Leizza	28.04.2000	8	(3)	1			
Kevin Joel Lomónaco	08.01.2002				1		
Brian Abel Luciatti	18.03.1993	23	(1)	3	14		2
Lautaro Óscar Montoya	07.10.1994	9	(3)			(3)	
Martín Yamir Ortega	20.08.1999	9	(3)		2		
Sebastián Nahuel Prieto	09.04.1993	16	(2)		14		
Robert Samuel Rojas Chávez (PAR)	30.04.1996				11	(1)	1
Midfielders:							
Agustín Baldi	11.05.2002					(1)	
Mateo Valentín Cáceres	25.09.2002		(1)				
Agustín Ezequiel Cardozo	30.05.1997	13	(11)	1	6	(4)	
Alexis Castro	18.10.1994	19	(3)	1	7	(4)	
Matías Román Espíndola	26.11.2003					(2)	
Ezequiel Forclaz	03.04.2003	2	(5)		6	(3)	2
Sebastián Luciano Emanuel Medina	15.03.2000		(7)		2	(4)	
Lucas Ariel Menossi	11.07.1992	18	(6)	1	14		
Aarón Nicolás Molinas	02.08.2000	14	(8)	1	10	(3)	
José Antonio Paradela	15.12.1998				13	(1)	1
Leonardo Sebastián Prediger	04.09.1986	14	(4)		9	(2)	
Cristian Exequiel Zabala	04.03.1998	10	(15)		1	(6)	1
Forwards:							
Blas Esteban Armoa Núñez (PAR)	03.02.2000	17	(8)	3	3	(8)	
Tomás Oscar Badaloni	02.05.2000	7	(9)	2	4		
Facundo Colidio	04.01.2000	19	(2)	2			
Juan Cruz Esquivel	22.08.2000					(6)	
Gonzalo Nahuel Flores	22.02.2002	3	(10)			(1)	
Renzo López Patrón (URU)	16.04.1994				4	(3)	
Javier Agustín Obando	11.03.2000	1	(7)			(3)	
Ijiel César Protti	31.01.1995		(1)				
Gastón Nicolás Reniero	18.03.1995				6	(2)	1
Mateo Retegui (ITA)	29.04.1999	20	(1)	11			

CLUB ATLÉTICO UNIÓN DE SANTA FE

Foundation date: April 15, 1907
Address: Avenida Vicente López y Planes 3513, 3000 Ciudad de Santa Fé
Stadium: Estadio „15 de Abril", Santa Fe (22,853)

Trainer:			
	Gustavo Adolfo Munúa Vera (URU)	27.01.1978	Prim
[04.04.2023]	Marcelo Mosset	29.09.1981	Prim
[12.04.2023]	Sebastián Ariel Méndez Pardiñas	04.07.1977	Prim
[26.06.2023]	Cristian Alberto "Kily" González Peret	04.08.1974	Prim + Copa

THE SQUAD

	DOB	Primera 2023			Copa 2023		
		M	(s)	G	M	(s)	G
Goalkeepers:							
Dante Nicolás Campisi	29.10.1996				2		
Santiago Andrés Mele Castanero (URU)	06.09.1997	16					
Sebastián Emanuel Moyano	26.08.1990	11			12		
Defenders:							
Franco Ezequiel Calderón	13.05.1998	22			11		
Gastón Claudio Corvalán	23.03.1989	25			14		
Lucas Ángel Esquivel	14.10.2001	11	(1)				
Francisco Joel Gerometta	01.09.1999	3	(13)		1	(3)	
Juan Pablo Ludueña	11.02.2003	2	(4)				
Lisandro Gabriel Morales	31.01.2004		(1)			(1)	
Franco Emanuel Pardo	05.04.1997				5	(2)	1
Andrés Nicolás Paz	16.10.2002	11			13		
Oscar Alberto Piris	06.06.1989	12	(1)	1		(2)	
Federico Gabriel Vera	24.03.1998	24			13		
Midfielders:							
Luciano Román Aued	01.03.1987	12	(6)	1			
Tiago Nahuel Banega	01.07.1999				4	(5)	
Martín Ezequiel Cañete	17.06.1999	7	(10)				
Jorge Gastón Comas	13.06.1998	1	(1)			(1)	
Mateo Del Blanco	31.10.2003	3	(3)		3	(9)	
Mauro Luna Diale	26.04.1999	22	(3)	3	14		1
Yeison Stiven Gordillo Vargas (COL)	25.06.1992	20	(3)	1			
Joaquín Marcos Mosqueira	01.11.2004	3	(8)		13		1
Enzo Martín Roldán	08.12.2000	17	(7)	1	7		
Patricio Damián Tanda	05.04.2002					(7)	
Valentíno Venetucci	27.02.2003		(1)				
Kevin Andrés Zenón	30.07.2001	17	(4)	2	14		2
Forwards:							
Bryan David Castrillón Gómez (COL)	30.03.1999		(12)	2			
Jerónimo Dómina	17.10.2005	13	(8)	3	11	(2)	
Tomás Leonel González	18.05.2003	3	(7)	1		(2)	
Daniel Eduardo Juárez	30.07.2001	9	(7)			(8)	
Imanol Javier Machuca	15.01.2000	22		4			
Júnior Osvaldo Marabel Jara (PAR)	26.03.1998	5	(13)				
Mariano Marcelo Meynier Arndt	05.05.2003	1	(1)				
Gonzalo Javier Morales	03.04.2003				14		4
Nicolás Orsini	12.09.1994				3	(9)	1
Thiago Vecino Berriel (URU)	25.02.1999	5	(6)				

CLUB ATLÉTICO VÉLEZ SÁRSFIELD BUENOS AIRES

Foundation date: January 1, 1910
Address: Avenida Dr. Juan Bautista Justo N°9200, C1408AKU, Ciudad de Buenos Aires
Stadium: Estadio „José Amalfitani", Buenos Aires (45,540)

	Trainer:			
	Alexander Jesús Medina Reobasco (URU)	08.08.1978	Prim	
[27.02.2023]	Marcelo René Bravo	10.01.1985	Prim	
[08.03.2023]	Ricardo Alberto Gareca Nardi	10.02.1958	Prim	
[05.06.2023]	Marcelo René Bravo	10.01.1985	Prim	
[27.06.2023]	Sebastián Ariel Méndez Pardiñas	04.07.1977	Prim + Copa	

THE SQUAD

	DOB	Primera 2023			Copa 2023		
		M	(s)	G	M	(s)	G
Goalkeepers:							
Leonardo Fabián Burián Castro (URU)	21.01.1984	19			2		
Lautaro Miguel Ángel Garzón	30.07.2003				4		
Gastón Gómez	04.03.1996	8	(1)		8		
Defenders:							
Miguel Marcelo Brizuela	05.01.1997	15	(2)			(6)	
Damián Ariel Fernández	02.01.2001	7	(2)			(1)	
Roberto Joaquín García	20.08.2001	6	(2)		10		1
Lautaro Daniel Gianetti	13.11.1993	19		1	13		
Diego Roberto Godín Leal (URU)	16.02.1986	13					
Diego Valentín Gómez	26.06.2003	13	(2)		14		1
Elías José Gómez	09.06.1994				14		
Tomás Ezequiel Guidara	13.03.1996	16	(3)		3	(2)	
Leonardo Rafael Jara	20.05.1991	8	(3)	1	6	(1)	
Francisco Gabriel Ortega	19.03.1999	25		1			
Patricio Ezequiel Pernicone	04.07.2001	1	(1)				
Midfielders:							
Elías Lautaro Cabrera	25.02.2003	12	(9)	1		(3)	
Santiago Cáseres	25.02.1997				4	(3)	
Thiago Cruz Fernández	03.04.2004	1	(2)			(3)	
José Ignacio Florentín Bobadilla (PAR)	05.07.1996	19	(1)	1	9	(1)	1
Nicolás Garayalde	21.07.1999	5	(2)		3	(4)	
Yeison Stiven Gordillo Vargas (COL)	25.06.1992				5	(3)	
Juan Ignacio Méndez Aveiro	28.04.1997	10	(3)		10	(4)	1
Cristian Nahuel Ordóñez	24.07.2004	14	(4)			(2)	
Mateo Seoane	09.02.2004	2	(12)				
Forwards:							
Claudio Ezequiel Aquino	24.07.1991				12	(1)	5
Walter Ariel Bou	25.08.1993	13	(5)	3	2	(3)	
Santiago Tomás Castro	18.09.2004	5	(16)	1	12	(2)	6
Julián Fernández	30.01.2004	6	(14)	3			
Lucas Ezequiel Janson	16.08.1994	15	(5)	4			
Lenny Ivo *Lobato* Romanelli (BRA)	03.02.2001	1	(13)			(6)	
Abiel Alessio Osorio	13.06.2002	16	(10)	2	1	(8)	
Francisco Andrés Pizzini	19.09.1993				11	(3)	
Lucas David Pratto	04.06.1988	15	(5)	3			
Gianluca Prestianni Gross	31.01.2006	13	(10)	2	2	(6)	
Braian Ezequiel Romero	15.06.1991				9	(1)	1

SECOND LEVEL
Campeonato de Primera Nacional 2023

First Round

Zona A

1. Club Almirante Brown Buenos Aires	36	17	10	9	36	-	30	61
2. Club Agropecuario Argentino Carlos Casares	36	17	8	11	46	-	36	59
3. CA San Martín San Miguel de Tucumán	36	15	11	10	38	-	24	56
4. AA Estudiantes Río Cuarto	36	16	7	13	34	-	32	55
5. CA Defensores de Belgrano Nuñez	36	15	8	13	44	-	35	53
6. CA Gimnasia y Esgrima de Jujuy	36	13	14	9	45	-	37	53
7. CA San Martín de San Juan	36	14	11	11	44	-	38	53
8. CA Temperley	36	13	14	9	42	-	38	53
9. CA Güemes Santiago del Estero	36	13	14	9	37	-	34	53
10. CD Morón	36	14	11	11	38	-	37	53
11. CA Nueva Chicago Buenos Aires	36	13	13	10	34	-	25	52
12. CA Defensores Unidos Zárate	36	12	11	13	30	-	31	47
13. CA Alvarado Mar del Plata	36	10	14	12	35	-	40	44
14. CA Patronato de la Juventud Católica Paraná	36	11	9	16	39	-	44	42
15. CA All Boys Buenos Aires	36	10	12	14	31	-	40	42
16. CSA Guillermo Brown Puerto Madryn*	36	10	11	15	35	-	42	38
17. Club Almagro Buenos Aires	36	9	10	17	26	-	36	37
18. CA San Telmo	36	10	7	19	40	-	52	37
19. CSD Flandria (*Relegated*)	36	9	7	20	33	-	56	34

*3 points deducted.

Zona B

1. CS Independiente Rivadavia Mendoza	34	20	8	6	51	-	33	68
2. CA Chacarita Juniors Buenos Aires	34	18	13	3	48	-	23	67
3. CD Maipú	34	19	6	9	46	-	31	63
4. Quilmes AC Buenos Aires	34	15	8	11	44	-	31	53
5. AMSD Atlético de Rafaela	34	14	11	9	38	-	31	53
6. CA Mitre Santiago del Estero	34	15	7	12	38	-	37	52
7. Deportivo Riestra AF Barrio Colón	34	12	14	8	40	-	34	50
8. Club Ferro Carril Oeste Buenos Aires	34	13	10	11	45	-	37	49
9. CA Brown Buenos Aires	34	11	14	9	34	-	31	47
10. CA Gimnasia y Esgrima de Jujuy	34	13	5	16	36	-	40	44
11. CSD Madryn	34	10	13	11	28	-	28	43
12. CA Racing Córdoba	34	10	11	13	44	-	43	41
13. CA Chaco For Ever Resistencia	34	11	7	16	30	-	43	40
14. CA Estudiantes Buenos Aires	34	8	12	14	31	-	40	36
15. CA Atlanta Villa Crespo	34	8	11	15	33	-	41	35
16. CA Aldosivi Mar del Plata	34	8	11	15	33	-	44	35
17. CSD Tristán Suárez Buenos Aires	34	8	10	16	36	-	53	34
18. Club Villa Dálmine Campana (*Relegated*)	34	5	5	24	21	-	56	20

Both Zona A and Zona B winners were qualified for the Campeonato de Primera Nacional 2023 Final. Teams ranked 2-7 (both Zones) advanced to Torneo Reducido.

Campeonato de Primera Nacional 2023 Final [29.10.2023]
Club Almirante Brown Buenos Aires - CS Independiente Rivadavia Mendoza 0-2(0-0,0-0)

CS Independiente Rivadavia Mendoza promoted to the 2024 Primera División, while Club Almirante Brown Buenos Aires entered the Torneo Reducido.

Torneo Reducido

First Round [27-30.10.2023]
CA San Martín San Miguel de Tucumán - Deportivo Riestra AF Barrio Colón	0-1(0-1)
CA Chacarita Juniors Buenos Aires - CA Temperley	1-2(1-1)
Club Agropecuario Argentino - Club Ferro Carril Oeste Buenos Aires	0-2(0-1)
Quilmes AC Buenos Aires - CA Gimnasia y Esgrima de Jujuy	1-0(0-0)
CD Maipú - CA San Martín de San Juan	1-0(1-0)
AA Estudiantes Río Cuarto - CA Mitre Santiago del Estero	1-0(1-0)
AMSD Atlético de Rafaela - CA Defensores de Belgrano Nuñez	1-0(0-0)

Second Round [05-08./11-13.11.2023]
CA Temperley - CD Maipú	2-1(0-0)	0-2(0-1)
Club Ferro Carril Oeste Buenos Aires - Club Almirante Brown Buenos Aires*	1-1(0-0)	0-0
Deportivo Riestra AF Barrio Colón - Quilmes AC Buenos Aires	1-1(0-0)	1-0(1-0)
AMSD Atlético de Rafaela - AA Estudiantes Río Cuarto*	0-0	0-0

Please note: higher seeded teams (First Round placement) were qualified in case of a tie.

Semi-Finals [20-22.11./26.11.2023]
Deportivo Riestra AF Barrio Colón - Club Almirante Brown Buenos Aires	2-0(0-0)	2-0(1-0)
AA Estudiantes Río Cuarto - CD Maipú*	0-0	1-1(1-0)

Please note: higher seeded teams (First Round placement) were qualified in case of a tie.

Torneo Reducido Final [02.12.2023]
Deportivo Riestra AF Barrio Colón - CD Maipú 1-0(0-0)

Deportivo Riestra AF Barrio Colón promoted to the 2024 Primera División.

THE NATIONAL TEAM 2023

INTERNATIONAL MATCHES
(16.07.2023 – 31.12.2023)

07.09.2023	*Buenos Aires*	*Argentina - Ecuador*	*1-0(0-0)*	*(WCQ)*
12.09.2023	*La Paz*	*Bolivia - Argentina*	*0-3(0-2)*	*(WCQ)*
12.10.2023	*Buenos Aires*	*Argentina - Paraguay*	*1-0(1-0)*	*(WCQ)*
17.10.2023	*Lima*	*Peru - Argentina*	*0-2(0-2)*	*(WCQ)*
16.11.2023	*Buenos Aires*	*Argentina - Uruguay*	*0-2(0-1)*	*(WCQ)*
21.11.2023	*Rio de Janeiro*	*Brazil - Argentina*	*0-1(0-0)*	*(WCQ)*

07.09.2023, 23rd FIFA World Cup Qualifiers
Estadio Monumental „Antonio Vespucio Liberti", Buenos Aires; Attendance: 84,500
Referee: Wilmar Alexander Roldán Pérez (Colombia)
ARGENTINA - ECUADOR   **1-0(0-0)**
ARG: Damián Emiliano Martínez Romero (31/0), Nahuel Molina Lucero (31/1), Cristian Gabriel Romero (23/2), Nicolás Hernán Gonzalo Otamendi (104/4), Nicolás Alejandro Tagliafico (50/0), Enzo Jeremías Fernández (14/2), Alexis Mac Allister (18/1) [77.Leandro Daniel Paredes (55/5)], Rodrigo Javier De Paul (55/2), Lionel Andrés Messi Cuccittini (Cap) (176/104) [89.Exequiel Alejandro Palacios (26/0)], Nicolás Iván González (25/4) [62.Ángel Fabián Di María Hernández (133/29)], Lautaro Javier Martínez (49/21) [77.Julián Álvarez (23/7)]. Trainer: Lionel Sebastián Scaloni (62).
Goal: Lionel Andrés Messi Cuccittini (78).

12.09.2023, 23rd FIFA World Cup Qualifiers
Estadio "Hernando Siles Reyes", La Paz; Attendance: 38,000
Referee: Esteban Daniel Ostojich Vega (Uruguay)
BOLIVIA - ARGENTINA   **0-3(0-2)**
ARG: Damián Emiliano Martínez Romero (32/0), Nahuel Molina Lucero (32/1), Cristian Gabriel Romero (24/2), Nicolás Hernán Gonzalo Otamendi (105/4), Nicolás Alejandro Tagliafico (51/1), Enzo Jeremías Fernández (15/3) [87.Ángel Martín Correa Martínez (24/3)], Alexis Mac Allister (19/1) [85.Leandro Daniel Paredes (56/5)], Rodrigo Javier De Paul (56/2) [76.Exequiel Alejandro Palacios (27/0)], Ángel Fabián Di María Hernández (Cap) (134/29), Nicolás Iván González (26/5) [85.Alejandro Garnacho Ferreyra (3/0)], Julián Álvarez (24/7) [85.Lautaro Javier Martínez (50/21)]. Trainer: Lionel Sebastián Scaloni (63).
Goals: Enzo Jeremías Fernández (31), Nicolás Alejandro Tagliafico (42), Nicolás Iván González (83).

12.10.2023, 23rd FIFA World Cup Qualifiers
Estadio Monumental „Antonio Vespucio Liberti", Buenos Aires; Attendance: 80,000
Referee: Raphael Claus (Brazil)
ARGENTINA - PARAGUAY   **1-0(1-0)**
ARG: Damián Emiliano Martínez Romero (33/0), Nahuel Molina Lucero (33/1), Cristian Gabriel Romero (25/2), Nicolás Hernán Gonzalo Otamendi (Cap) (106/5), Nicolás Alejandro Tagliafico (52/1), Enzo Jeremías Fernández (16/3) [80.Leandro Daniel Paredes (57/5)], Alexis Mac Allister (20/1), Rodrigo Javier De Paul (57/2) [90+4.Giovani Lo Celso (45/2)], Nicolás Iván González (27/5) [90+4.Lucas Ariel Ocampos Lain (12/2)], Julián Álvarez (25/7) [53.Lionel Andrés Messi Cuccittini (177/104)], Lautaro Javier Martínez (51/21). Trainer: Lionel Sebastián Scaloni (64).
Goal: Nicolás Hernán Gonzalo Otamendi (3).

17.10.2023, 23rd FIFA World Cup Qualifiers
Estadio Nacional, Lima; Attendance: 37,675
Referee: Jesús Noel Valenzuela Sáez (Venezuela)
PERU - ARGENTINA **0-2(0-2)**
ARG: Damián Emiliano Martínez Romero (34/0), Gonzalo Ariel Montiel (24/1) [34.Lucas Martínez Quarta (12/0)], Cristian Gabriel Romero (26/2) [46.Germán Alejo Pezzella (39/3)], Nicolás Hernán Gonzalo Otamendi (107/5), Nicolás Alejandro Tagliafico (53/1) [78.Marcos Javier Acuña (54/0)], Alexis Mac Allister (21/1), Enzo Jeremías Fernández (17/3), Rodrigo Javier De Paul (58/2) [78.Giovani Lo Celso (46/2)], Lionel Andrés Messi Cuccittini (Cap) (178/106), Nicolás Iván González (28/5), Julián Álvarez (26/7) [78.Lautaro Javier Martínez (52/21)]. Trainer: Lionel Sebastián Scaloni (65).
Goals: Lionel Andrés Messi Cuccittini (32, 42).

16.11.2023, 23rd FIFA World Cup Qualifiers
Estadio „Alberto José Armando", Buenos Aires; Attendance: 51,900
Referee: Wilmar Alexander Roldán Pérez (Colombia)
ARGENTINA - URUGUAY **0-2(0-1)**
ARG: Damián Emiliano Martínez Romero (35/0), Nahuel Molina Lucero (34/1), Cristian Gabriel Romero (27/2), Nicolás Hernán Gonzalo Otamendi (108/5), Nicolás Alejandro Tagliafico (54/1) [80.Marcos Javier Acuña (55/0)], Alexis Mac Allister (22/1) [46.Lautaro Javier Martínez (53/21)], Enzo Jeremías Fernández (18/3), Rodrigo Javier De Paul (59/2) [64.Exequiel Alejandro Palacios (28/0)], Lionel Andrés Messi Cuccittini (Cap) (179/106), Nicolás Iván González (29/5) [53.Ángel Fabián Di María Hernández (135/29)], Julián Álvarez (27/7) [80.Giovani Lo Celso (47/2)]. Trainer: Lionel Sebastián Scaloni (66).

21.11.2023, 23rd FIFA World Cup Qualifiers
Estádio "Jornalista Mário Filho" [Maracanã], Rio de Janeiro; Attendance: 68,138
Referee: Piero Daniel Maza Gómez (Chile)
BRAZIL - ARGENTINA **0-1(0-0)**
ARG: Damián Emiliano Martínez Romero (36/0), Nahuel Molina Lucero (35/1), Cristian Gabriel Romero (28/2), Nicolás Hernán Gonzalo Otamendi (109/6), Marcos Javier Acuña (56/0) [66.Nicolás Alejandro Tagliafico (55/1)], Giovani Lo Celso (48/2) [70.Nicolás Iván González (30/5)], Alexis Mac Allister (23/1), Rodrigo Javier De Paul (60/2), Enzo Jeremías Fernández (19/3) [70.Leandro Daniel Paredes (58/5)], Lionel Andrés Messi Cuccittini (Cap) (180/106) [78.Ángel Fabián Di María Hernández (136/29)], Julián Álvarez (28/7) [78.Lautaro Javier Martínez (54/21)]. Trainer: Lionel Sebastián Scaloni (67).
Goal: Nicolás Hernán Gonzalo Otamendi (63).

NATIONAL TEAM PLAYERS 2023			
Name	DOB	Caps	Goals
[Club 2023]			

(Caps and goals at 31.12.2023)

Goalkeepers

Damián Emiliano MARTÍNEZ Romero *[Aston Villa FC Birmingham (ENG)]*	02.09.1992	**36**	**0**

Defenders

Marcos Javier ACUÑA *[Sevilla FC (ESP)]*	28.10.1991	**56**	**0**
Lucas MARTÍNEZ Quarta *[ACF Fiorentina (ITA)]*	10.05.1996	**12**	**0**
Nahuel MOLINA Lucero *[Club Atlético de Madrid (ESP)]*	06.04.1998	**38**	**1**
Gonzalo Ariel MONTIEL *[Nottingham Forest FC (ENG)]*	01.01.1997	**24**	**1**
Nicolás Hernán Gonzalo OTAMENDI *[Sport Lisboa e Benfica (POR)]*	12.02.1988	**109**	**6**
Germán Alejo PEZZELLA *[Real Betis Balompié Sevilla (ESP)]*	27.06.1991	**39**	**3**
Cristian Gabriel ROMERO *[Tottenham Hotspur FC London (ENG)]*	27.04.1998	**28**	**2**
Nicolás Alejandro TAGLIAFICO *[Olympique Lyonnais (FRA)]*	31.08.1992	**55**	**1**

Midfielders

Rodrigo Javier DE PAUL *[Club Atlético de Madrid (ESP)]*	24.05.1994	60	2
Enzo Jeremías FERNÁNDEZ *[Chelsea FC London (ENG)]*	17.01.2001	19	3
Giovani LO CELSO *[Tottenham Hotspur FC London (ENG)]*	09.04.1996	48	2
Alexis MAC ALLISTER *[Liverpool FC (ENG)]*	24.12.1998	23	1
Lucas Ariel OCAMPOS LAIN *[Sevilla FC (ESP)]*	11.07.1994	12	2
Exequiel Alejandro PALACIOS *[Bayer 04 Leverkusen (GER)]*	05.10.1998	28	0
Leandro Daniel PAREDES *[AS Roma (ITA)]*	29.09.1994	58	5

Forwards

Julián ÁLVAREZ *[Manchester City FC (ENG)]*	31.01.2000	28	7
Ángel Martín CORREA Martínez *[Club Atlético de Madrid (ESP)]*	09.03.1995	24	3
Ángel Fabián DI MARÍA Hernández *[Sport Lisboa e Benfica (POR)]*	14.02.1988	136	29
Alejandro GARNACHO Ferreyra *[Manchester United FC (ENG)]*	01.07.2004	3	0
Nicolás Iván GONZÁLEZ *[ACF Fiorentina (ITA)]*	06.04.1998	30	5
Lautaro Javier MARTÍNEZ *[FC Internazionale Milano (ITA)]*	22.08.1997	54	21
Lionel Andrés MESSI Cuccittini *[CIF Miami (USA)]*	24.06.1987	180	106

National coach

Lionel Sebastián SCALONI [from 02.08.2018]	16.05.1978	67 M; 46 W; 15 D; 6 L; 135-37

BOLIVIA

The FA:
Federación Boliviana de Fútbol
Av. Libertador Bolívar 1168, Cochabamba
Year of Formation: 1925
Member of FIFA since: 1926
Member of CONMEBOL since: 1926
Internet: www.fbf.com.bo

The Country:
Estado Plurinacional de Bolivia (Plurinational State of Bolivia)
Capital: La Paz (executive and legislative) & Sucre (constitutional and judicial)
Surface: 1,098,581 km²
Inhabitants: 12,186,079 [2023]
Time: UTC-4

NATIONAL TEAM RECORDS

First international match:
12.10.1926, Santiago: Chile – Bolivia 7-1

Most international caps:
Marcelo Martins Moreno
108 caps (since 2007)

Most international goals:
Marcelo Martins Moreno
31 goals / 108 caps (since 2007)

OLYMPIC FOOTBALL TOURNAMENTS 1908-2020

Year	Result	Year	Result
1908	Did not enter	1976	Did not enter
1912	Did not enter	1980	Did not enter
1920	Did not enter	1984	Did not enter
1924	Did not enter	1988	Qualifiers
1928	Did not enter	1992	Qualifiers
1936	Did not enter	1996	Qualifiers
1948	Did not enter	2000	Qualifiers
1952	Did not enter	2004	Qualifiers
1956	Did not enter	2008	Qualifiers
1960	Did not enter	2012	Qualifiers
1964	Did not enter	2016	Qualifiers
1968	Did not enter	2020	Qualifiers
1972	Qualifiers		

FIFA CONFEDERATIONS CUP 1992-2017

1999 (Group Stage)

COPA AMÉRICA	
1916	Did not enter
1917	Did not enter
1919	Did not enter
1920	Did not enter
1921	Did not enter
1922	Did not enter
1923	Did not enter
1924	Did not enter
1925	Did not enter
1926	5th Place
1927	4th Place
1929	*Withdrew*
1935	*Withdrew*
1937	*Withdrew*
1939	*Withdrew*
1941	*Withdrew*
1942	*Withdrew*
1945	6th Place
1946	6th Place
1947	7th Place
1949	4th Place
1953	6th Place
1955	*Withdrew*
1956	*Withdrew*
1957	*Withdrew*
1959	7th Place
1959E	Withdrew
1963	**Winners**
1967	6th Place
1975	1st Round
1979	1st Round
1983	Group Stage
1987	Group Stage
1989	Group Stage
1991	Group Stage
1993	Group Stage
1995	Quarter-Finals
1997	Runners-up
1999	Group Stage
2001	Group Stage
2004	Group Stage
2007	Group Stage
2011	Group Stage
2015	Quarter-Finals
2016	Group Stage
2019	Group Stage
2021	Group Stage

FIFA WORLD CUP	
1930	Final Tournament (Group Stage)
1934	Did not enter
1938	Did not enter
1950	Final Tournament (Group Stage)
1954	Did not enter
1958	Did not enter
1962	Qualifiers
1966	Qualifiers
1970	Qualifiers
1974	Qualifiers
1978	Qualifiers
1982	Qualifiers
1986	Qualifiers
1990	Qualifiers
1994	Final Tournament (Group Stage)
1998	Qualifiers
2002	Qualifiers
2006	Qualifiers
2010	Qualifiers
2014	Qualifiers
2018	Qualifiers
2022	Qualifiers

BOLIVIAN CLUB HONOURS IN SOUTH AMERICAN CLUB COMPETITIONS

COPA LIBERTADORES 1960-2023
None

COPA SUDAMERICANA 2002-2023
None

RECOPA SUDAMERICANA 1989-2023
None

COPA CONMEBOL$^{(1)}$ 1992-1999
None

SUPERCUP „JOÃO HAVELANGE"$^{(1)}$ 1988-1997*
None

COPA MERCONORTE$^{(1)}$ 1998-2001**
None

$^{(1)}$ defunct competition
*Contested betwenn winners of all previous editions of the Copa Libertadores
**Contested between teams belonging countries from the northern part of South America (Bolivia, Colombia, Ecuador, Peru and Venezuela).

NATIONAL COMPETITIONS
TABLE OF HONOURS

NATIONAL CHAMPIONS 1914-2023	
|| La Paz League
1914	Club The Strongest La Paz
1915	Colegio Militar La Paz
1916-1	Club The Strongest La Paz
1916-2	Club The Strongest La Paz
1917	Club The Strongest La Paz
1918	*No competition*
1919	*No competition*
1920	*No competition*
1921	*No competition*
1922	Club The Strongest La Paz
1923	Club The Strongest La Paz
1924	Club The Strongest La Paz
1925	Club The Strongest La Paz
1926	*No competition*
1927	Nimbles Sport La Paz
1928	Colegio Militar La Paz
1929	CD Universitario La Paz
1930	Club The Strongest La Paz
1931	Nimbles Sport La Paz

1932	Club Bolívar La Paz
1933	*No competition*
1934	*No competition*
1935	Club The Strongest La Paz
1936	Ayacucho La Paz
1937	Club Bolívar La Paz
1938	Club The Strongest La Paz
1939	Club Bolívar La Paz
1940	Club Bolívar La Paz
1941	Club Bolívar La Paz
1942	Club Bolívar La Paz
1943	Club The Strongest La Paz
1944	Deportivo Ferroviario de La Paz
1945	Club The Strongest La Paz
1946	Club The Strongest La Paz
1947	CD Lítoral La Paz
1948	CD Lítoral La Paz
1949	CD Lítoral La Paz
1950	Club Bolívar La Paz
1951	Club Always Ready La Paz
1952	Club The Strongest La Paz
1953	Club Bolívar La Paz
Torneo Integrado (La Paz & Cochabamba & Oruro)	
1954	CD Lítoral La Paz
1955	CS San José Oruro
1956	Club Bolívar La Paz
1957	Club Always Ready La Paz
Torneo Nacional / Copa Simón Bolívar*	
1958	Club Jorge Wilstermann Cochabamba
1959	Club Jorge Wilstermann Cochabamba
1960	Club Jorge Wilstermann Cochabamba
1961	Deportivo Municipal La Paz
1962	*No competition*
1963	Club Aurora Cochabamba
1964	Club The Strongest La Paz
1965	Deportivo Municipal La Paz
1966	Club Bolívar La Paz
1967	Club Jorge Wilstermann Cochabamba
1968	Club Bolívar La Paz
1969	CD Universitario La Paz
1970	CD Chaco Petrolero La Paz
1971	CD Oriente Petrolero Santa Cruz de la Sierra
1972	Club Jorge Wilstermann Cochabamba
1973	Club Jorge Wilstermann Cochabamba
1974	Club The Strongest La Paz
1975	CD Guabirá Montero
1976	Club Bolívar La Paz
Professional National League	
1977	Club The Strongest La Paz
1978	Club Bolívar La Paz
1979	CD Oriente Petrolero Santa Cruz de la Sierra
1980	Club Jorge Wilstermann Cochabamba

1981	Club Jorge Wilstermann Cochabamba	
1982	Club Bolívar La Paz	
1983	Club Bolívar La Paz	
1984	CSCD Blooming Santa Cruz de la Sierra	
1985	Club Bolívar La Paz	
1986	Club The Strongest La Paz	
1987	Club Bolívar La Paz	
1988	Club Bolívar La Paz	
	CHAMPIONS	**CUP WINNERS****
1989	Club The Strongest La Paz	Escuela „Enrique Happ" Cochabamba
1990	CD Oriente Petrolero Santa Cruz de la Sierra	Club Universidad Santa Cruz
1991	Club Bolívar La Paz	Escuela „Enrique Happ" Cochabamba
1992	Club Bolívar La Paz	Escuela „Enrique Happ" Cochabamba
1993	Club The Strongest La Paz	Real Santa Cruz FC
1994	Club Bolívar La Paz	Club Stormers Sucre
1995	CD San José Oruro	Deportivo Municipal La Paz
1996	Club Bolívar La Paz	CSCD Blooming Santa Cruz de la Sierra
1997	Club Bolívar La Paz	Club Bamin Real Potosí
1998	CSCD Blooming Santa Cruz de la Sierra	Club Unión Central Tarija
1999	CSCD Blooming Santa Cruz de la Sierra	Atlético Pompeya
2000	Club Jorge Wilstermann Cochabamba	Club Universidad Iberoamericana
2001	CD Oriente Petrolero Santa Cruz de la Sierra	CD San José Oruro
2002	Club Bolívar La Paz	Club Aurora Cochabamba
2003	Ape: Club The Strongest La Paz	La Paz FC
	Cla: Club The Strongest La Paz	
2004	Ape: Club Bolívar La Paz	Club Destroyers Santa Cruz de la Sierra
	Cla: CD Oriente Petrolero Santa Cruz de la Sierra	
2005	TA: Club Bolívar La Paz	CD Universitario Sucre
	Ape: CSCD Blooming Santa Cruz de la Sierra	
2006	Ape: Club Bolívar La Paz	Municipal Real Mamoré Trinidad
	Cla: Club Jorge Wilstermann Cochabamba	
2007	Ape: Club Bamin Real Potosí	CD Guabirá Montero
	Cla: CD San José Oruro	
2008	Ape: CD Universitario Sucre	CA Nacional Potosí
	Cla: Club Aurora Cochabamba	
2009	Ape: Club Bolívar La Paz	CD Guabirá Montero
	Cla: CSCD Blooming Santa Cruz de la Sierra	
2010	Ape: Club Jorge Wilstermann Cochabamba	CA Nacional Potosí
	Cla: CD Oriente Petrolero Santa Cruz de la Sierra	
2011	TA Club Bolívar La Paz	-
2011/2012	Ape: Club The Strongest La Paz	No competition
	Cla: Club The Strongest La Paz	
2012/2013	Ape: Club The Strongest La Paz	No competition
	Cla: Club Bolívar La Paz	
2013/2014	Ape: Club The Strongest La Paz	No competition
	Cla: CD Universitario Sucre	
2014/2015	Ape: Club Bolívar La Paz	No competition
	Cla: Club Bolívar La Paz	

2015/2016	Ape:	Sport Boys Warnes	No competition
	Cla:	Club Jorge Wilstermann Cochabamba	
2016/2017	Ape:	Club The Strongest La Paz	No competition
2017	Ape:	Club Bolívar La Paz	No competition
	Cla:	Club Bolívar La Paz	
2018	Ape:	Club Jorge Wilstermann Cochabamba	No competition
	Cla:	CD San José Oruro	
2019	Ape:	Club Bolívar La Paz	No competition
	Cla:	Club Jorge Wilstermann Cochabamba	
2020	Ape:	Club Always Ready La Paz	No competition
	Cla:	Championship cancelled	
2021	/	Club Independiente Petrolero Sucre	No competition
2022	Ape:	Club Bolívar La Paz	Competition cancelled
	Cla:	Championship abandoned	
2023	/	Club The Strongest La Paz	Club Bolívar La Paz***

*between 1960 and 1976, the final play-offs for the Torneo Nacional was known as „Copa Simón Bolívar".
**The National Cup competition was reintroduced in 1989 as the Second League championship, whose winner were promoted to the First League.
***Copa de la División Profesional (since 2023)
In 2005 and 2011, the first half season was called „Torneo Adecuación".

	BEST GOALSCORERS	
1977	Jesús Reynaldo Hurtado (Club Bolívar La Paz)	28
1978	Jesús Reynaldo Hurtado (Club Bolívar La Paz)	39
1979	Raúl Horacio Baldessari (ARG, CSCD Blooming Santa Cruz de la Sierra)	31
1980	Juan Carlos Sánchez (ARG, CD Guabirá Montero)	21
1981	Juan Carlos Sánchez (ARG, CSCD Blooming Santa Cruz de la Sierra)	30
1982	Raúl Horacio Baldessari (ARG, CD Oriente Petrolero Santa Cruz de la Sierra)	25
1983	Juan Carlos Sánchez (ARG, CSCD Blooming Santa Cruz de la Sierra)	30
1984	Víctor Hugo Antelo (CD Oriente Petrolero Santa Cruz de la Sierra)	38
1985	Víctor Hugo Antelo (CD Oriente Petrolero Santa Cruz de la Sierra)	37
1986	Jesús Reynaldo Hurtado (Club The Strongest La Paz)	36
1987	Fernando Salinas (Club Bolívar La Paz)	28
1988	Fernando Salinas (Club Bolívar La Paz)	17
1989	Víctor Hugo Antelo (Real Santa Cruz FC)	22
1990	Juan Carlos Sánchez (ARG, CD San José Oruro)	20
1991	Carlos Da Silva (BRA, CD Oriente Petrolero Santa Cruz de la Sierra) Jorge Hirano Matsumoto (PER, Club Bolívar La Paz) Jasson Rodrigues (BRA, CD Chaco Petrolero La Paz)	19
1992	Álvaro Guillermo Peña (CD San José Oruro)	32
1993	Víctor Hugo Antelo (CD San José Oruro)	20
1994	Oscar Osmar González (ARG, Club Independiente Petrolero Sucre)	23
1995	Juan Berthy Suárez (CD Guabirá Montero)	29
1996	Sergio João (BRA, Club Stormers Sucre)	17
1997	Víctor Hugo Antelo (CSCD Blooming Santa Cruz de la Sierra)	24
1998	Víctor Hugo Antelo (CSCD Blooming Santa Cruz de la Sierra)	31
1999	Víctor Hugo Antelo (CSCD Blooming Santa Cruz de la Sierra)	31
2000	Daniel Alejandro Delfino (ARG, Club The Strongest La Paz)	28
2001	José Alfredo Castillo (CD Oriente Petrolero Santa Cruz de la Sierra)	42
2002	Joaquín Botero Vaca (Club Bolívar La Paz)	49

Year		Player	Goals
2003	Ape:	Thiago Leitão Polieri (Club Jorge Wilstermann Cochabamba)	19
	Cla:	Miguel Ángel Mercado Melgar (Club Bolívar La Paz)	18
2004	Ape:	José Martín Menacho Aguilera (Club Bamin Real Potosí)	15
	Cla:	Pablo Daniel Escobar Olivetti (PAR, CD San José Oruro)	17
2005	TA:	Rubén Darío Aguilera Ferreira (PAR, CD San José Oruro)	21
	Ape:	Juan Matías Fischer (ARG, Club Bolívar La Paz)	16
2006	Ape:	Cristino Alfredo Jara Mereles (Club Bamin Real Potosí)	16
	Cla:	Cristino Alfredo Jara Mereles (Club Bamin Real Potosí)	19
2007	Ape:	Hernán Boyero (ARG, CSCD Blooming Santa Cruz de la Sierra)	
		Lizandro Moyano (ARG, CD San José Oruro)	12
	Cla:	Juan Alberto Maraude (ARG, Municipal Real Mamoré Trinidad)	14
2008	Ape:	Anderson Aparecido Gonzaga (BRA, CSCD Blooming Santa Cruz de la Sierra)	16
	Cla:	Hernán Boyero (ARG, CSCD Blooming Santa Cruz de la Sierra)	
		Martín Adrian Palavicini López (CD San José Oruro)	6
2009	Ape:	William Ferreira Martínez (URU, Club Bolívar La Paz)	16
	Cla:	Cristián Omar Díaz (ARG, CD San José Oruro)	
		William Ferreira Martínez (URU, Club Bolívar La Paz)	
		Pastór Torrez (Club Bamin Real Potosí)	9
2010	Ape:	Cristián Omar Díaz (ARG, CD San José Oruro)	18
	Cla:	William Ferreira Martínez (URU, Club Bolívar La Paz)	14
2011	TA:	Juan Alberto Maraude (ARG, Municipal Real Mamoré Trinidad)	19
2011/2012	Ape:	William Ferreira Martínez (URU, Club Bolívar La Paz)	16
	Cla:	Carlos Enrique Saucedo Urgel (CD San José Oruro)	17
2012/2013	Ape:	Carlos Enrique Saucedo Urgel (CD San José Oruro)	24
	Cla:	William Ferreira Martínez (URU, Club Bolívar La Paz)	
		Juan Eduardo Fierro Ribera (CD Universitario Sucre)	17
2013/2014	Ape:	Carlos Enrique Saucedo Urgel (CD San José Oruro)	
		José Marcelo Gomes (BRA, CD San José Oruro)	16
	Cla:	Carlos Ariel Neumann (PAR, CD San José Oruro)	18
2014/2015	Ape:	Juan Miguel Callejón Bueno (ESP, Club Bolívar La Paz)	15
	Cla:	Martín Adrián Palavicini (ARG, CD Universitario Sucre)	13
2015/2016	Ape:	Martín Adrián Palavicini (ARG, CD Universitario Sucre)	19
	Cla:	Juan Leandro Vogliotti (ARG, Club Atlético Ciclón de Tarija)	12
2016/2017	Ape:	Cristian Ernesto Alessandrini (ARG, Club Atlético Nacional Potosí)	
		Juan Miguel Callejón Bueno "Juanmi" (ESP, Club Bolívar La Paz)	14
2017	Ape:	Carlos Enrique Saucedo Urgel (CD Guabirá Montero)	17
	Cla:	Gilbert Álvarez Vargas (CD Jorge Wilsterman Cochabamba)	15
2018	Ape:	Carlos Enrique Saucedo Urgel (CD San José Oruro)	18
	Cla:	Rolando Manrique Blackburn Ortega (PAN, Club The Strongest La Paz)	
		Jair Alejandro Reinoso Moreno (COL, CD San José Oruro)	
		Marcos Daniel Riquelme (ARG, Club Bolívar La Paz)	20
2019	Ape:	Carlos Enrique Saucedo Urgel (CD San José Oruro)	23
	Cla:	Juan Miguel Callejón Bueno „Juanmi Callejón" (ESP, Club Bolívar La Paz)	
		Carlos Enrique Saucedo Urgel (CD San José Oruro)	
		Jair Alejandro Reinoso Moreno (COL, Club The Strongest La Paz)	19
2020	Ape:	Marcos Daniel Riquelme (ARG, Club Bolívar La Paz)	20
	Cla:	-	
2021	/	Martín Sebastián Prost (ARG, Club Independiente Petrolero Sucre)	18
2022	Ape:	Francisco da Costa Aragão „Chico" (BRA, Club Bolívar La Paz)	10
	Cla:	-	
2023	/	Dorny Alexander Romero Chalas (DOM, Club Always Ready La Paz)	25

NATIONAL CHAMPIONSHIP
Campeonato de la División Profesional 2023
Liga Tigo 2023

<u>Please note</u>: Club Atlético Palmaflor Quillacollo moved to Villa Tunari and changed its name to CD Palmaflor del Trópico Villa Tunari.

Results

Round 1 [04-06.02.2023]
Libertad Gran Mamoré - Vaca Díez 3-2(1-0)
The Strongest - Universitario Vinto 2-1(0-0)
Oriente Petrolero - Nacional Potosí 3-0(0-0)
Guabirá - Bolívar 1-2(0-1)
Club Aurora - Always Ready 0-0
Blooming - Jorge Wilstermann 1-1(0-1)
Real Santa Cruz - CD Palmaflor 2-1(1-0)
Royal Pari - Independiente 2-1(0-1)

Round 2 [10-13.02.2023]
Always Ready-Libertad Gran Mamoré 5-0(2-0)
Universitario Vinto - Oriente Petrolero 1-1(0-1)
Nacional Potosí - Blooming 3-0(2-0)
Bolívar - Royal Pari 3-1(1-0)
Real Tomayapo - Real Santa Cruz 1-0(0-0)
Independiente - The Strongest 1-4(0-3)
Jorge Wilstermann - Club Aurora 0-2(0-2)
CD Palmaflor - Guabirá 2-0(1-0)

Round 3 [17-19.02.2023]
Blooming - Universitario Vinto 3-4(2-1)
The Strongest - Bolívar 3-2(2-1)
Royal Pari - CD Palmaflor 0-3(0-0)
Guabirá - Real Tomayapo 1-0(0-0)
Oriente Petrolero - Independiente 2-0(1-0)
Libertad Gran M. - Jorge Wilstermann 1-1(1-1)
Club Aurora - Nacional Potosí 2-0(1-0)
Vaca Díez-Always Ready 1-1(0-0)[10.05.2023]

Round 4 [24-27.02.2023]
Real Tomayapo - Royal Pari 0-2(0-2)
Real Santa Cruz - Guabirá 0-0
Nacional Potosí - Libertad Gran M. 5-1(3-1)
Independiente - Blooming 2-0(1-0)
Universitario Vinto - Club Aurora 1-1(1-0)
Bolívar - Oriente Petrolero 4-0(1-0)
CD Palmaflor - The Strongest 0-1(0-0)
Jorge Wilstermann - Vaca Díez 2-2(2-0)

Round 5 [03-06.03.2023]
Oriente Petrolero - CD Palmaflor 1-2(0-0)
Vaca Díez - Nacional Potosí 0-2(0-2)
Royal Pari - Real Santa Cruz 1-1(1-0)
Club Aurora - Independiente 2-0(1-0)
Always Ready - Jorge Wilstermann 2-2(2-2)
The Strongest - Real Tomayapo 3-1(0-1)
Blooming - Bolívar 0-5(0-2)
Libertad Gran Mamoré-Universitario Vinto 0-0

Round 6 [10-13.03.2023]
Independiente-Libertad Gran Mamoré 4-0(3-0)
Real Santa Cruz - The Strongest 1-1(1-0)
Guabirá - Royal Pari 3-2(2-0)
Real Tomayapo - Oriente Petrolero 1-1(0-1)
Nacional Potosí - Always Ready 0-2(0-2)
Bolívar - Club Aurora 1-0(0-0)
Universitario Vinto - Vaca Díez 2-0(0-0)
CD Palmaflor - Blooming 3-2(1-0)

Round 7 [30.03.-04.04.2023]
Blooming - Real Tomayapo 2-2(1-2)
Vaca Díez - Independiente 1-0(1-0)
Always Ready - Universitario Vinto 1-2(0-1)
Club Aurora - CD Palmaflor 2-1(0-1)
Jorge Wilstermann - Nacional Potosí 0-0
Libertad G. M. - Bolívar 2-0(1-0) [12.04.2023]
The Strongest - Guabirá 1-0(1-0) [10.05.2023]
O.Petrolero-Real S. Cruz 0-1(0-1) [10.05.2023]

Round 8 [07-10.04.2023]
CD Palmaflor - Libertad Gran M. 4-1(2-0)
Royal Pari - The Strongest 0-2(0-1)
Universit. Vinto - Jorge Wilstermann 0-1(0-1)
Real Santa Cruz - Blooming 2-1(0-0)
Bolívar - Vaca Díez 3-0(1-0)
Guabirá - Oriente Petrolero 2-3(1-2)
Independiente - Always Ready 1-2(1-1)
Real Tomayapo - Club Aurora 2-1(1-0)

Round 9 [14-17.04.2023]
Oriente Petrolero - Royal Pari 1-2(0-1)
Always Ready - Bolívar 2-2(1-2)
Blooming - Guabirá 3-1(1-0)
Jorge Wilstermann - Independiente 0-1(0-1)
Libertad Gran M. - Real Tomayapo 1-1(0-0)
Nacional Potosí - Universitario Vinto 2-1(1-0)
Club Aurora - Real Santa Cruz 1-1(0-0)
Vaca Díez - CD Palmaflor 3-1(3-0)

Round 10 [21-23.04.2023]
Independiente - Nacional Potosí 0-1(0-0)
Royal Pari - Blooming 1-2(1-0)
Guabirá - Club Aurora 1-0(1-0)
The Strongest - Oriente Petrolero 0-0
Real Santa Cruz - Libertad Gran M. 3-2(1-1)
Bolívar - Jorge Wilstermann 1-3(1-0)
Real Tomayapo - Vaca Díez 3-2(1-1)
Palmaflor - Always Ready 0-2(0-1) [31.05.23]

Round 11 [28.04.-02.05.2023]
Universitario Vinto - Independiente 0-1(0-0)
Blooming - The Strongest 1-3(1-1)
Club Aurora - Royal Pari 3-0(1-0)
Vaca Díez - Real Santa Cruz 2-1(1-1)
Nacional Potosí - Bolívar 3-2(1-1)
Jorge Wilstermann-CD Palmaflor 4-0(1-0)
Libertad Gran Mamoré - Guabirá 0-1(0-1)
Always Ready - Real Tomayapo 1-1(1-0)

Round 12 [05-08.05.2023]
Guabirá - Vaca Díez 2-2(0-1)
Real Santa Cruz - Always Ready 2-1(0-0)
Real Tomayapo - Jorge Wilstermann 0-0
Royal Pari - Libertad Gran Mamoré 2-0(0-0)
The Strongest - Club Aurora 2-2(1-0)
CD Palmaflor - Nacional Potosí 0-1(0-0)
Oriente Petrolero - Blooming 1-1(0-0)
Bolívar - Universitario Vinto 1-1(0-0)

Round 13 [12-15.05.2023]
Universitario Vinto-CD Palmaflor 0-1(0-1)
Nacional Potosí - Real Tomayapo 3-1(1-0)
Vaca Díez - Royal Pari 1-1(1-0)
Jorge Wilstermann - Real Santa Cruz 1-0(1-0)
Libertad Gran Mamoré-The Strongest 1-0(1-0)
Independiente - Bolívar 2-1(1-1)
Club Aurora - Oriente Petrolero 2-2(1-0)
Always Ready - Guabirá 3-0(2-0)

Round 14 [19-21.05.2023]
Real Santa Cruz - Nacional Potosí 2-0(1-0)
Real Tomayapo - Universitario Vinto 0-2(0-1)
Royal Pari - Always Ready 1-2(1-0)
The Strongest - Vaca Díez 4-1(1-1)
Guabirá - Jorge Wilstermann 1-1(1-1)
Blooming - Club Aurora 2-1(1-0)
CD Palmaflor - Independiente 0-1(0-1)
O. Petrolero - Libertad 1-1(0-0) [11.06.2023]

Round 15 [26-29.05.2023]
Bolívar - CD Palmaflor 5-1(1-0)
Libertad Gran Mamoré - Blooming 2-1(1-1)
Jorge Wilstermann - Royal Pari 0-0
Independiente - Real Tomayapo 0-3(0-2)
Nacional Potosí - Guabirá 6-0(3-0)
Universitario Vinto - Real Santa Cruz 1-0(0-0)
Vaca Díez - Oriente Petrolero 3-1(1-0)
Always Ready - The Strongest 2-0(1-0)

Round 16 [02-05.06.2023]
Club Aurora - Libertad Gran Mamoré 5-0(3-0)
Royal Pari - Nacional Potosí 2-2(0-2)
Real Tomayapo - Bolívar 0-0
Blooming - Vaca Díez 3-1(2-1)
Real Santa Cruz - Independiente 1-0(0-0)
The Strongest - Jorge Wilstermann 1-0(1-0)
Oriente Petrolero - Always Ready 2-0(2-0)
Guabirá - Universitario Vinto 1-0(1-0)

Round 17 [23-26.06.2023]
Vaca Díez - Club Aurora 2-3(2-1)
CD Palmaflor - Real Tomayapo 0-0
Nacional Potosí - The Strongest 6-3(4-0)
Universitario Vinto - Royal Pari 1-2(0-1)
Always Ready - Blooming 2-0(0-0)
Bolívar - Real Santa Cruz 3-0(2-0)
Jorge Wilstermann - Oriente Petrolero 3-2(1-1)
Independiente - Guabirá 1-0(1-0)

Round 18 [07-10.07.2023]
CD Palmaflor - Real Santa Cruz 1-0(1-0)
Vaca Díez - Libertad Gran Mamoré 2-1(0-1)
Bolívar - Guabirá 3-1(1-1)
Jorge Wilstermann - Blooming 1-0(1-0)
Always Ready - Club Aurora 3-1(1-1)
Independiente - Royal Pari 4-2(0-0)
Universitario Vinto - The Strongest 1-3(0-1)
Nacional Potosí - Oriente Petrolero 3-1(1-1)

Round 19 [15-17.07.2023]
Libertad Gran Mamoré-Always Ready 1-2(1-1)
Guabirá - CD Palmaflor 1-0(1-0)
Royal Pari - Bolívar 0-0
Club Aurora - Jorge Wilstermann 1-0(0-0)
Blooming - Nacional Potosí 1-0(0-0)
Real Santa Cruz - Real Tomayapo 1-0(0-0)
The Strongest - Independiente 2-0(1-0)
Oriente Petrolero - Universitario Vinto 1-1(0-0)

Round 20 [22-24.07.2023]
Nacional Potosí - Club Aurora 0-0
Jorge Wilstermann - Libertad Gran M. 1-0(0-0)
Real Tomayapo - Guabirá 2-0(1-0)
Bolívar - The Strongest 3-0(2-0)
CD Palmaflor - Royal Pari 2-2(2-1)
Always Ready - Vaca Díez 1-0(1-0)
Universitario Vinto - Blooming 1-0(0-0)
Independiente - Oriente Petrolero 2-0(1-0)

Round 21 [28-31.07.2023]
Royal Pari - Real Tomayapo 1-2(0-0)
Vaca Díez - Jorge Wilstermann 2-2(0-1)
The Strongest - CD Palmaflor 4-0(1-0)
Oriente Petrolero - Bolívar 1-1(1-0)
Club Aurora - Universitario Vinto 0-1(0-0)
Guabirá - Real Santa Cruz 1-2(0-1)
Blooming - Independiente 1-0(1-0)
Libertad Gran M. - Nacional Potosí 3-2(1-2)

Round 22 [04-06.08.2023]
Universitario Vinto-Libertad Gran M. 1-1(1-0)
Bolívar - Blooming 6-1(1-0)
Nacional Potosí - Vaca Díez 6-1(2-1)
Independiente - Club Aurora 1-1(0-0)
CD Palmaflor - Oriente Petrolero 1-2(1-1)
Real Santa Cruz - Royal Pari 1-0(1-0)
Real Tomayapo - The Strongest 0-0
Jorge Wilstermann - Always Ready 3-0(2-0)

Round 23 [11-14.08.2023]
Vaca Díez - Universitario Vinto 0-0
Always Ready - Nacional Potosí 3-3(2-1)
Club Aurora - Bolívar 2-1(1-1)
Oriente Petrolero - Real Tomayapo 2-0(1-0)
Libertad Gran Mamoré-Independiente 0-1(0-0)
The Strongest - Real Santa Cruz 4-0(3-0)
Royal Pari - Guabirá 4-1(3-1)
Blooming - CD Palmaflor 1-1(0-0)

Round 24 [18-21.08.2023]
CD Palmaflor - Club Aurora 0-1(0-1)
Bolívar - Libertad Gran Mamoré 3-0(2-0)
Real Santa Cruz - Oriente Petrolero 0-5(0-3)
Independiente - Vaca Díez 0-1(0-1)
Universitario Vinto - Always Ready 1-1(0-0)
Nacional Potosí - Jorge Wilstermann 2-1(0-0)
Real Tomayapo - Blooming 0-0
Guabirá - The Strongest 4-1(1-1) [07.11.2023]

Round 25 [23-26.08.2023]
Jorge Wilstermann - Universitario Vinto 0-0
The Strongest - Royal Pari 3-2(1-0)
Club Aurora - Real Tomayapo 1-2(1-0)
Blooming - Real Santa Cruz 1-3(1-1)
Oriente Petrolero - Guabirá 1-0(0-0)
Libertad Gran M. - CD Palmaflor 2-1(1-0)
Always R. - Independiente 3-2(0-1) [07.11.23]
Vaca Díez - Bolívar 4-3(1-2) [08.11.2023]

Round 26 [03-05.10.2023]
Universitario Vinto - Nacional Potosí 0-0
Independiente - Jorge Wilstermann 0-3(0-0)
Bolívar - Always Ready 5-0(2-0)
Real Santa Cruz - Club Aurora 1-1(0-1)
Real Tomayapo - Libertad Gran M. 3-2(2-1)
Royal Pari - Oriente Petrolero 1-1(1-1)
CD Palmaflor - Vaca Díez 2-2(1-2)
Guabirá - Blooming 2-1(1-0)

Round 27 [07-09.10.2023]
Libertad Gran M. - Real Santa Cruz 1-0(0-0)
Nacional Potosí - Independiente 2-4(1-1)
Always Ready - CD Palmaflor 2-0(0-0)
Jorge Wilstermann - Bolívar 3-1(1-1)
Oriente Petrolero - The Strongest 1-1(0-1)
Vaca Díez - Real Tomayapo 0-1(0-0)
Club Aurora - Guabirá 1-0(0-0)
Blooming - Royal Pari 1-1(1-0)

Round 28 [20-22.10.2023]
Palmaflor - Jo.Wilstermann 2-0(0-0) [15.10.23]
Royal Pari - Club Aurora 2-2(1-0)
Real Santa Cruz - Vaca Díez 2-1(1-0)
The Strongest - Blooming 1-0(1-0)
Real Tomayapo - Always Ready 2-0(0-0)
Bolívar - Nacional Potosí 4-3(1-2)
Guabirá - Libertad Gran Mamoré 2-2(1-2)
Independiente - Universitario Vinto 0-2(0-1)

Round 29 [04-06.11.2023]
Always Ready - Real Santa Cruz 2-0(1-0)
Vaca Díez - Guabirá 3-0(1-0)
Club Aurora - The Strongest 0-3(0-2)
Universitario Vinto - Bolívar 2-2(1-1)
Libertad Gran Mamoré - Royal Pari 0-2(0-0)
Blooming - Oriente Petrolero 2-1(1-1)
Nacional Potosí - CD Palmaflor 4-1(2-0)
Jorge Wilstermann - Real Tomayapo 3-0(1-0)

Round 30 [10-13.11.2023]
CD Palmaflor-Universitario Vinto 1-1(0-1)
The Strongest - Libertad Gran Mam. 8-0(5-0)
Real Santa Cruz - Jorge Wilstermann 1-1(0-1)
Bolívar - Independiente 5-1(2-1)
Guabirá - Always Ready 0-0
Real Tomayapo - Nacional Potosí 0-0
Oriente Petrolero - Club Aurora 1-0(1-0)
Royal Pari - Vaca Díez 2-1(0-1)

Round 31 [18-19.11.2023]
Universitario Vinto - Real Tomayapo 0-1(0-1)
Nacional Potosí - Real Santa Cruz 6-0(2-0)
Libertad Gran M. - Oriente Petrolero 3-1(1-1)
Jorge Wilstermann - Guabirá 1-0(1-0)
Independiente - CD Palmaflor 1-0(1-0)
Always Ready - Royal Pari 3-0(1-0) [23.11.23]
Vaca Díez - The Strongest 2-2(1-1) [23.11.23]
Club Aurora - Blooming 3-1(1-1) [23.11.2023]

Round 32 [24-27.11.2023]
Real Tomayapo - Independiente 2-1(0-0)
Real Santa Cruz - Universitario Vinto 0-0
Guabirá - Nacional Potosí 6-1(4-1)
CD Palmaflor - Bolívar 1-7(0-3)
Royal Pari - Jorge Wilstermann 0-0
The Strongest - Always Ready 1-1(1-0)
Blooming - Libertad Gran Mamoré 0-1(0-0)
Oriente Petrolero - Vaca Díez 1-0(1-0)

Round 33 [01-03.12.2023]
Universitario Vinto - Guabirá 1-0(0-0)
Bolívar - Real Tomayapo 4-1(2-0)
Jorge Wilstermann - The Strongest 1-1(0-0)
Independiente - Real Santa Cruz 1-0(1-0)
Always Ready - Oriente Petrolero 4-1(1-0)
Vaca Díez - Blooming 0-3(0-2)
Libertad Gran Mamoré - Club Aurora 0-1(0-0)
Nacional Potosí - Royal Pari 6-1(3-1)

Round 34 [05-06.12.2023]
Real Santa Cruz - Bolívar 3-1(1-1)
Club Aurora - Vaca Díez 3-0(2-0)
Oriente Petrolero - Jorge Wilstermann 3-0(2-0)
Guabirá - Independiente 2-0(1-0)
Royal Pari - Universitario Vinto 1-1(0-1)
The Strongest - Nacional Potosí 1-0(1-0)
Blooming - Always Ready 2-1(2-1)
Real Tomayapo - CD Palmaflor 4-0(1-0)

Final Standings

1.	Club The Strongest La Paz	32	19	8	5	65	-	34	65
2.	Club Bolívar La Paz	32	17	6	9	84	-	42	57
3.	Club Always Ready La Paz	32	16	9	7	54	-	36	57
4.	Club Atlético Nacional Potosí	32	16	6	10	72	-	46	54
5.	Club Aurora Cochabamba	32	14	9	9	45	-	31	51
6.	CDC Real Tomayapo Tarija	32	13	10	9	36	-	34	49
7.	Club Real Santa Cruz de la Sierra	32	13	7	12	31	-	42	46
8.	CD Jorge Wilsterman Cochabamba*	32	12	13	7	39	-	27	43
9.	CD Oriente Petrolero Santa Cruz de la Sierra	32	11	10	11	44	-	42	43
10.	FC Universitario de Vinto	32	9	14	9	30	-	28	41
11.	Club Independiente Petrolero Sucre	32	13	1	18	33	-	45	40
12.	Royal Pari FC Santa Cruz de la Sierra	32	8	11	13	40	-	53	35
13.	CD Guabirá Montero	32	10	5	17	34	-	49	35
14.	CSCD Blooming Santa Cruz de la Sierra	32	9	6	17	37	-	56	33
15.	FC Libertad Gran Mamoré Trinidad	32	9	6	17	32	-	65	33
16.	CD Vaca Díez Cobija	32	8	8	16	42	-	61	32
17.	CD Palmaflor del Trópico Villa Tunari	32	8	5	19	32	-	59	29

*CD Jorge Wilsterman Cochabamba – 6 points deducted for failing to pay outstanding debts

Top goalscorers:
25 goals:	**Dorny Alexander Romero Chalas (DOM)**	**(Club Always Ready La Paz)**
22 goals:	Martín Sebastián Prost (ARG)	(Club Atlético Nacional Potosí)
	Enrique Luis Triverio (ARG)	(Club The Strongest La Paz)
21 goals:	Tommy Tobar Reyes (COL)	(Club Atlético Nacional Potosí)

COPA DE LA DIVISIÓN PROFESIONAL 2023
Copa Tigo 2023

The 2023 Copa de la División Profesional (2023 Copa Tigo for sponsorship purposes) is the first edition of the Copa de la División Profesional, a Bolivian league cup competition which is contested by the 17 teams that take part in the Bolivian Primera División for the 2023 season. The matches were played on weekdays during the season, the winner being qualified for the 2023 Copa Libertadores.

Group Stage

Please note: The top-3 teams (Serie A & C) and the top-2 teams (Serie B) were qualified for the Knockout Stage.

Serie A

Date	Home		Away	Score
15.02.2023	Royal Pari FC Santa Cruz de la Sierra	-	FC Libertad Gran Mamoré Trinidad	3-0(2-0)
15.02.2023	CD Oriente Petrolero	-	CDC Real Tomayapo Tarija	1-1(0-1)
23.02.2023	CD Jorge Wilsterman Cochabamba	-	Club Bolívar La Paz	3-1(2-0)
26.04.2023	Club Bolívar La Paz	-	Royal Pari FC Santa Cruz de la Sierra	5-1(3-0)
27.04.2023	CDC Real Tomayapo Tarija	-	CD Jorge Wilsterman Cochabamba	1-5(0-4)
17.05.2023	FC Libertad Gran Mamoré Trinidad	-	CD Oriente Petrolero	4-0(1-0)
30.06.2023	Royal Pari FC Santa Cruz de la Sierra	-	CD Jorge Wilsterman Cochabamba	2-1(2-1)
01.07.2023	FC Libertad Gran Mamoré Trinidad	-	CDC Real Tomayapo Tarija	0-0
02.07.2023	CD Oriente Petrolero	-	Club Bolívar La Paz	0-2(0-0)
11.07.2023	Club Bolívar La Paz	-	FC Libertad Gran Mamoré Trinidad	4-0(2-0)
13.07.2023	Royal Pari FC Santa Cruz de la Sierra	-	CDC Real Tomayapo Tarija	3-0(1-0)
13.07.2023	CD Jorge Wilsterman Cochabamba	-	CD Oriente Petrolero	2-2(0-1)
19.07.2023	FC Libertad Gran Mamoré Trinidad	-	CD Jorge Wilsterman Cochabamba	0-2(0-1)
20.07.2023	CD Oriente Petrolero	-	Royal Pari FC Santa Cruz de la Sierra	2-1(2-1)
20.07.2023	CDC Real Tomayapo Tarija	-	Club Bolívar La Paz	1-0(1-0)
15.08.2023	CDC Real Tomayapo Tarija	-	CD Oriente Petrolero	1-0(1-0)
15.08.2023	Club Bolívar La Paz	-	CD Jorge Wilsterman Cochabamba	2-0(1-0)
16.08.2023	FC Libertad Gran Mamoré Trinidad	-	Royal Pari FC Santa Cruz de la Sierra	2-1(2-1)
24.10.2023	Royal Pari FC Santa Cruz de la Sierra	-	Club Bolívar La Paz	1-2(1-1)
24.10.2023	CD Jorge Wilsterman Cochabamba	-	CDC Real Tomayapo Tarija	0-1(0-1)
24.10.2023	CD Oriente Petrolero	-	FC Libertad Gran Mamoré Trinidad	1-2(0-1)
27.10.2023	CD Jorge Wilsterman Cochabamba	-	Royal Pari FC Santa Cruz de la Sierra	2-0(1-0)
27.10.2023	CDC Real Tomayapo Tarija	-	FC Libertad Gran Mamoré Trinidad	0-1(0-1)
27.10.2023	Club Bolívar La Paz	-	CD Oriente Petrolero	4-0(2-0)
30.10.2023	FC Libertad Gran Mamoré Trinidad	-	Club Bolívar La Paz	0-2(0-0)
30.10.2023	CDC Real Tomayapo Tarija	-	Royal Pari FC Santa Cruz de la Sierra	1-1(0-0)
30.10.2023	CD Oriente Petrolero	-	CD Jorge Wilsterman Cochabamba	1-1(0-0)
02.11.2023	CD Jorge Wilsterman Cochabamba	-	FC Libertad Gran Mamoré Trinidad	4-1(2-0)
02.11.2023	Club Bolívar La Paz	-	CDC Real Tomayapo Tarija	2-1(1-1)
02.11.2023	Royal Pari FC Santa Cruz de la Sierra	-	CD Oriente Petrolero	1-0(1-0)

#	Team	P	W	D	L	GF		GA	Pts
1.	Club Bolívar La Paz	10	8	0	2	24	-	7	24
2.	CD Jorge Wilsterman Cochabamba	10	5	2	3	21	-	12	17
3.	Royal Pari FC Santa Cruz de la Sierra	10	4	1	5	14	-	15	13
4.	FC Libertad Gran Mamoré Trinidad Trinidad	10	4	1	5	10	-	17	13
5.	CDC Real Tomayapo Tarija	10	3	3	4	8	-	14	12
6.	CD Oriente Petrolero Santa Cruz de la Sierra	10	1	3	6	7	-	19	6

Serie B

Date	Home		Away	Result
22.02.2023	CD Guabirá Montero	-	Club Real Santa Cruz de la Sierra	0-1(0-1)
22.02.2023	Club Aurora Cochabamba	-	Club The Strongest La Paz	1-1(1-0)
25.04.2023	Club The Strongest La Paz	-	CD Palmaflor del Trópico	2-0(1-0)
26.04.2023	Club Real Santa Cruz de la Sierra	-	Club Aurora Cochabamba	0-1(0-0)
01.07.2023	CD Palmaflor del Trópico	-	Club Aurora Cochabamba	0-0
02.07.2023	CD Guabirá Montero	-	Club The Strongest La Paz	1-1(1-0)
11.07.2023	CD Palmaflor del Trópico	-	Club Real Santa Cruz de la Sierra	0-0
13.07.2023	Club Aurora Cochabamba	-	CD Guabirá Montero	0-0
19.07.2023	CD Guabirá Montero	-	CD Palmaflor del Trópico	1-0(1-0)
20.07.2023	Club Real Santa Cruz de la Sierra	-	Club The Strongest La Paz	1-1(0-0)
09.08.2023	Club The Strongest La Paz	-	Club Aurora Cochabamba	0-1(0-0)
10.08.2023	Club Real Santa Cruz de la Sierra	-	CD Guabirá Montero	1-3(1-2)
23.10.2023	CD Palmaflor del Trópico	-	Club The Strongest La Paz	2-0(1-0)
23.10.2023	Club Aurora Cochabamba	-	Club Real Santa Cruz de la Sierra	2-1(0-1)
26.10.2023	Club Aurora Cochabamba	-	CD Palmaflor del Trópico	0-0
26.10.2023	Club The Strongest La Paz	-	CD Guabirá Montero	1-0(0-0)
29.10.2023	Club Real Santa Cruz de la Sierra	-	CD Palmaflor del Trópico	0-0
29.10.2023	CD Guabirá Montero	-	Club Aurora Cochabamba	2-0(0-0)
01.11.2023	CD Palmaflor del Trópico	-	CD Guabirá Montero	3-2(3-0)
01.11.2023	Club The Strongest La Paz	-	Club Real Santa Cruz de la Sierra	4-0(3-0)

#	Team	P	W	D	L	GF		GA	Pts
1.	Club Aurora Cochabamba	8	3	4	1	5	-	4	13
2.	Club The Strongest La Paz	8	3	3	2	10	-	6	12
3.	CD Guabirá Montero	8	3	2	3	9	-	7	11
4.	CD Palmaflor del Trópico Villa Tunari	8	2	4	2	5	-	5	10
5.	Club Real Santa Cruz de la Sierra	8	1	3	4	4	-	11	6

Serie C

Date	Home		Away	Result
14.02.2023	CSCD Blooming	-	CD Vaca Díez Cobija	1-2(0-0)
15.02.2023	Club Independiente Petrolero Sucre	-	Club Always Ready La Paz	1-4(0-2)
19.03.2023	Club Atlético Nacional Potosí	-	FC Universitario de Vinto	2-2(0-1)
25.04.2023	Club Always Ready La Paz	-	CSCD Blooming	1-1(0-0)
25.04.2023	FC Universitario de Vinto	-	Club Independiente Petrolero Sucre	2-0(1-0)
27.04.2023	CD Vaca Díez Cobija	-	Club Atlético Nacional Potosí	5-2(3-0)
01.07.2023	Club Atlético Nacional Potosí	-	Club Always Ready La Paz	4-0(0-0)
02.07.2023	CD Vaca Díez Cobija	-	FC Universitario de Vinto	2-1(2-0)
03.07.2023	CSCD Blooming	-	Club Independiente Petrolero Sucre	2-0(1-0)
12.07.2023	Club Always Ready La Paz	-	CD Vaca Díez Cobija	3-1(2-0)
12.07.2023	CSCD Blooming	-	FC Universitario de Vinto	2-1(1-0)
13.07.2023	Club Independiente Petrolero Sucre	-	Club Atlético Nacional Potosí	1-2(0-0)
19.07.2023	Club Atlético Nacional Potosí	-	CSCD Blooming	0-1(0-1)
21.07.2023	CD Vaca Díez Cobija	-	Club Independiente Petrolero Sucre	0-1(0-1)
21.07.2023	FC Universitario de Vinto	-	Club Always Ready La Paz	2-2(0-0)
08.08.2023	FC Universitario de Vinto	-	Club Atlético Nacional Potosí	3-1(0-0)
08.08.2023	CD Vaca Díez Cobija	-	CSCD Blooming	0-2(0-1)
09.08.2023	Club Always Ready La Paz	-	Club Independiente Petrolero Sucre	3-2(1-0)
16.08.2023	Club Atlético Nacional Potosí	-	CD Vaca Díez Cobija	5-0(4-0)
17.08.2023	Club Independiente Petrolero Sucre	-	FC Universitario de Vinto	1-1(0-0)
17.08.2023	CSCD Blooming	-	Club Always Ready La Paz	2-1(1-1)
25.10.2023	Club Always Ready La Paz	-	Club Atlético Nacional Potosí	2-2(0-1)
25.10.2023	FC Universitario de Vinto	-	CD Vaca Díez Cobija	3-2(2-0)

25.10.2023	Club Independiente Petrolero Sucre	-	CSCD Blooming		0-2(0-0)
28.10.2023	CD Vaca Díez Cobija	-	Club Always Ready La Paz		2-0(0-0)
28.10.2023	FC Universitario de Vinto	-	CSCD Blooming		2-1(2-1)
28.10.2023	Club Atlético Nacional Potosí	-	Club Independiente Petrolero Sucre		1-1(0-1)
31.10.2023	Club Always Ready La Paz	-	FC Universitario de Vinto		4-0(3-0)
31.10.2023	Club Independiente Petrolero Sucre	-	CD Vaca Díez Cobija		3-0(1-0)
31.10.2023	CSCD Blooming	-	Club Atlético Nacional Potosí		2-1(0-0)

1.	CSCD Blooming Santa Cruz de la Sierra	10	7	1	2	16 - 8	22
2.	Club Always Ready La Paz	10	4	3	3	20 - 17	15
3.	FC Universitario de Vinto	10	4	3	3	17 - 17	15
4.	Club Atlético Nacional Potosí	10	3	3	4	20 - 17	12
5.	CD Vaca Díez Cobija	10	4	0	6	14 - 21	12
6.	Club Independiente Petrolero Sucre	10	2	2	6	10 - 17	8

Knockout Stage

Quarter-Finals [28/29.11.-09/10.12.2023]

FC Universitario de Vinto - Club Bolívar La Paz	1-1(0-0)	2-2 aet; 2-3 pen
Club Always Ready La Paz - Club Aurora Cochabamba	0-1(0-1)	1-4(1-3)
Royal Pari FC Santa Cruz de la Sierra - CSCD Blooming Santa Cruz de la Sierra	0-0	2-1(0-0)
CD Jorge Wilsterman Cochabamba - Club The Strongest La Paz	1-2(1-0)	2-0(1-0)

Semi-Finals [11/12-14.12.2023]

Club Bolívar La Paz - Club Aurora Cochabamba	3-1(1-1)	0-1(0-0)
CD Jorge Wilsterman Cochabamba - Royal Pari FC Santa Cruz de la Sierra	2-0(2-0)	1-2(0-2)

Copa de la División Profesional 2023 Finals

16.12.2023, Estadio „Félix Capriles Sainz", Cochabamba; Attendance: n/a
Referee: Crhistian Jordy Alemán Peralta
CD Jorge Wilsterman Cochabamba - Club Bolívar La Paz   1-2(0-0)
Jorge Wilsterman: Arnaldo Andrés Giménez Dos Santos (Cap), Mario Alberto Cuéllar Saavedra (67.Bismark Ebuka Ubah), Julián Alberto Velázquez, Robson Leandro Dos Santos (85.Josué Limberth Mamani Tumiri), Luis Francisco Rodríguez Zegada (67.Rudy Alejandro Cardozo Fernández; 90+6.Adriel Fernández Sánchez), Jonata Felipe Machado, Cristhian Machado Pinto, Alejandro Saúl Chumacero Bracamonte, Jhon Cristian Velásquez, Rodrigo Nahuel Amaral Pereira, Ariel Gerardo Nahuelpán Osten. Trainer: Cristian Lionel Díaz (Argentina).
Bolívar: Carlos Emilio Lampe Porras, Luiz Fernando Paz (84.Yomar Rene Rocha Rodríguez), Diego Bejarano Ibañez (90+2.Jairo Quinteros Sierra), Nicolás Agustín Ferreyra, Bryan Daniel Bentaberry Varela, Leonel Justiniano Arauz (Cap) (78.Ramiro Vaca Ponce), Gabriel Alejandro Villamil Cortez, Patricio Julián Rodríguez (84.Javier Uzeda Alderete), Carmelo Algarañaz Añez, Bruno Sávio da Silva, Francisco da Costa Aragão „Chico" (85.Lucas Leónidas Chávez Cruz). Trainer: Wálter Alberto Flores Condarco. *Please note: Ronnie Alan Fernández Sáez were sent off on the bench (73).*
Goals: 0-1 Patricio Julián Rodríguez (51), 0-2 Francisco da Costa Aragão „Chico" (82), 1-2 Rodrigo Nahuel Amaral Pereira (90+1).

18.12.2023, Estadio „Hernando Siles Reyes", La Paz; Attendance: n/a
Referee: Ivo Nigel Méndez Chávez
Club Bolívar La Paz - CD Jorge Wilsterman Cochabamba   1-0(0-0)
Bolívar: Carlos Emilio Lampe Porras, Luiz Fernando Paz, Diego Bejarano Ibañez (Cap), Nicolás Agustín Ferreyra, José Manuel Sagredo Chávez [*sent off 90+7 on the bench*] (85.Bryan Daniel Bentaberry Varela), Fernando Javier Saucedo Pereyra, Ramiro Vaca Ponce, Patricio Julián Rodríguez (81.Javier Uzeda Alderete), Gabriel Alejandro Villamil Cortez, Bruno Sávio da Silva (81.Carmelo Algarañaz Añez), Francisco da Costa Aragão „Chico" (90+11.Jairo Quinteros Sierra). Trainer: Wálter Alberto Flores Condarco.
Jorge Wilsterman: Arnaldo Andrés Giménez Dos Santos (Cap) [*sent off 90+1*], Robson Leandro Dos Santos, Julián Alberto Velázquez, Martín Alejandro Chiatti, Rudy Alejandro Cardozo Fernández (84.Adriel Fernández Sánchez), Jonata Felipe Machado [*sent off 90+7*], Cristhian Machado Pinto (74.Vladimir Castellón Colque), Alejandro Saúl Chumacero Bracamonte (56.Josué Limberth Mamani Tumiri), Rodrigo Nahuel Amaral Pereira, Jhon Cristian Velásquez, Ariel Gerardo Nahuelpán Osten. Trainer: Cristian Lionel Díaz (Argentina).
Goal: 1-0 Francisco da Costa Aragão „Chico" (87).

Copa de la División Profesional 2023 Winners: **Club Bolívar La Paz**

Relegation Table

The team which will be relegated is determined team on average points taking into account results of both competitions played in 2023: Campeonato de la División Profesional and Copa de la División Profesional.

Pos	Team	Camp 2023 P	Copa 2023 P	Total P	Total M	Aver
1.	Club Bolívar La Paz	57	24	81	42	1,928
2.	Club The Strongest La Paz	65	12	77	40	1,925
3.	Club Always Ready La Paz	57	15	72	42	1,714
4.	Club Aurora Cochabamba	51	13	64	40	1,600
5.	Club Atlético Nacional Potosí	54	12	66	42	1,571
6.	CDC Real Tomayapo Tarija	49	12	61	42	1,452
7.	CD Jorge Wilsterman Cochabamba	43	17	60	42	1,428
8.	FC Universitario de Vinto	41	15	56	42	1,333
9.	CSCD Blooming Santa Cruz de la Sierra	33	22	55	42	1,309
10.	Club Real Santa Cruz de la Sierra	46	6	52	40	1,300
11.	CD Oriente Petrolero Santa Cruz de la Sierra	43	6	49	42	1,167
12.	CD Guabirá Montero	35	11	46	40	1,150
13.	Royal Pari FC Santa Cruz de la Sierra	35	13	48	42	1,143
14.	Club Independiente Petrolero Sucre	40	8	48	42	1,143
15.	FC Libertad Gran Mamoré Trinidad (*Relegation Play-offs*)	33	13	46	42	1,095
16.	CD Vaca Díez Cobija (*Relegated*)	32	12	44	42	1,048
17.	CD Palmaflor del Trópico Villa Tunari (*Relegated*)	29	10	39	40	0,975

Club Bolívar La Paz, Club The Strongest La Paz, Club Always Ready La Paz and Club Aurora Cochabamba qualified for the 2024 Copa Libertadores.

Club Atlético Nacional Potosí, CDC Real Tomayapo Tarija, CD Jorge Wilsterman Cochabamba and FC Universitario de Vinto qualified for the 2024 Copa Sudamericana.

Relegation play-offs [13-16.12.2023]

CD San Antonio Bulo Bulo Entre Ríos - FC Libertad Gran Mamoré	2-0(0-0)
FC Libertad Gran Mamoré - CD San Antonio Bulo Bulo Entre Ríos	2-0(0-0,2-0,2-0); 2-4 pen

CD San Antonio Bulo Bulo Entre Ríos promoted for the 2024 División de Fútbol Profesional

THE CLUBS 2023

CLUB ALWAYS READY LA PAZ

Foundation date: April 13, 1933
Address: *Not available*
Stadium: Estadio Municipal de Villa Ingenio, El Alto (25,000)

Trainer:	Pablo Andrés Godoy Cartes (PAR)	30.04.1984
[10.03.2023]	Claudio Darío Biaggio (ARG)	02.07.1967
[13.05.2023]	Óscar Adolfo Villegas Camara	15.04.1970

THE SQUAD

	DOB	Camp23 M	(s)	G	Copa23 M	(s)	G
Goalkeepers:							
Carlos Alexander Mosquera Blandón (COL)	19.10.1994	6			1		
Fabián Pereira Pérez	16.05.2006	2			3	(1)	
Jimmy Leandro Roca Salazar	04.05.1999	24	(1)		8		
Defenders:							
Nelson David Cabrera Báez	22.04.1983	7			1		
Héctor Manuel Cuellar Rosales	16.08.2000	14	(2)	3	10		1
Marcelo De Lima Castro	08.04.2005		(3)		1	(4)	
Marc François Enoumba (CMR)	04.03.1993	8			2		1
Jorge Enrique Flores Yrahory	01.02.1994	8			2		
Carlos Damián Medina Rodríguez	02.10.2005	1	(1)				
Diego Daniel Medina Roman	13.01.2002	28			11		
Edarlyn Reyes Ureña (DOM)	30.09.1997	18	(3)	3	5	(1)	5
Merardo David Robles Amarilla (PAR)	24.09.1991	23	(7)	2	11	(1)	
Marcelo Sebastián Suárez Justiniano	20.12.2001	4	(1)		1	(1)	
Enrique Taborga Negrete	03.04.2002	16	(4)		5	(1)	
Pablo Delmar Vaca Justiniano	31.05.2002	24			8	(1)	
Denilson Valda Martínez	21.06.1997	1	(11)			(1)	
Midfielders:							
Alfredo Miguel Alanoca Choque	20.03.1996	3	(16)			(2)	
Santiago Arce Añazgo	30.05.2000	5	(4)		3	(2)	
Matías Galindo Novillo	10.04.2006	4	(3)		2	(3)	
José Damián Gámez Choque	21.08.2006		(1)				
Julio Héctor Herrera Farel	11.02.1999	29	(3)	2	12		1
Gonzalo Mendoza Justiniano	21.01.2006					(1)	
William Parra Sinisterra (COL)	01.03.1995	6	(1)		2		
Raúl Eduardo Rocabado Concha	10.08.2004	1	(2)			(1)	
Marco Antonio Salazar Antelo	14.10.2004	18	(1)	2	1	(4)	
Kent Lucas Sánchez Gil	17.05.2006		(1)				
Adalid Terrazas Abasto	25.08.2000	24	(3)	6	11	(1)	2
Juan Carlos Vedia Barba	15.08.2003		(5)			(3)	
Alexandro Zenteno Rojas	20.01.2003	2	(2)			(3)	
Forwards:							
Bryan Wenceslao Espinoza Avila	03.01.2003	2	(6)				
Roler Ferrufino Araúz	10.10.2000		(1)	1			
Walter Flores Gutiérrez	15.01.2003		(2)				
Sebastián Galindo Novillo	29.07.2000	1	(5)			(1)	
José Carlos Martínes Garzón	18.09.2002	19	(8)	5	7	(3)	4
Jairo Hestefano Jean (HAI)	22.06.1998	11	(4)	1	6	(1)	3

Emanuel Paniagua Leaño	24.11.2005	(11)			(7)	
Moisés Paniagua Leaño	16.08.2007	6	(17)	3	6	(4)
Marcos Daniel Riquelme (ARG)	01.06.1989	6	(2)			(2)
Dorny Alexander Romero Chalas (DOM)	24.01.1998	30	(2)	25	12	4
Alan Joel Sánchez Ordoñez	04.02.2004	1			1	

CLUB AURORA COCHABAMBA

Foundation date: May 27, 1935
Address: Av. Circuito Bolivia, frente al Country Club, Zona de la Laguna Alalay, Cochabamba
Stadium: Estadio „Félix Capriles Sainz", Cochabamba (32,000)

Trainer:	Roberto Pérez Valdez (PAR)	25.10.1981

THE SQUAD

	DOB	Camp23			Copa23		
		M	(s)	G	M	(s)	G
Goalkeepers:							
David Akologo (GHA)	15.11.1997	15			10		
Luis Fernando Cárdenas Montenegro	06.02.1991	17			2		
Defenders:							
Fernando Emanuel Aguilar Dorado	11.04.1997	11	(3)		3	(1)	
Nelson Avelino Amarilla Bogado (PAR)	20.07.1987	20		1	9		
Ramiro Daniel Ballivián	08.04.1992	22	(5)		6	(5)	
Luis René Barboza Quiroz	02.04.1993	31		2	10	(2)	3
Ezequiel Michelli Ponce de León (ARG)	20.11.1990	4	(7)		3	(5)	
Daniel Nicoll Taboada Caballero	08.06.1990		(2)				
Óscar Edmundo Vaca Ortega	30.10.1988	4	(1)		6	(1)	
Midfielders:							
Brayan Aranibar Zenteno	15.07.1998	3	(3)		2		
Ariel Osmar Flores Mamani	08.10.2004	3			1	(2)	
Iván Enrique Huayhuata Romero	09.03.1989	5	(4)		5	(1)	
Sergio Alejandro Moruno Antezana	08.06.1993	2	(4)		2		
Amílcar Alvaro Sánchez Guzmán	23.01.1991	3	(26)		5	(6)	
Carlos Leonardo Sejas Albis	10.01.2004	29			10		
Darío Osmar Torrico Espejo	18.10.2000	1	(24)	3	3	(8)	
Didí Torrico Camacho	18.05.1988	26			3	(1)	
Eduardo Sebastián Zaracho Espínola (PAR)	20.01.1999	27		3	10		3
Forwards:							
Cristhian Raúl Abastoflor Subirana	18.09.2001		(1)				
Oswaldo Enrique Blanco Mancilla (COL)	21.05.1990	28	(3)	3	9	(2)	3
Gerardo Maximiliano Gómez (ARG)	03.01.1988	2	(9)			(1)	
Igor Oliveira de *Limas* (BRA)	02.01.1998		(1)				
Rodrigo Luis Ramallo Cornejo	14.10.1990	26	(3)	3	5	(3)	
Jair Alexander Reinoso Moreno (COL)	07.06.1985	30	(2)	18	8	(3)	2
José Miguel Segovia Fernández	11.09.2003		(3)		1	(1)	
Sérgio Henrique Francisco „Serginho" (BRA)	19.12.1984	15	(11)	4	8	(3)	
Jair Torrico Camacho	02.09.1986	27	(2)	4	8	(2)	
Yerco Rene Vallejos Soreta	03.04.1995	1	(7)		3	(1)	

CLUB SOCIAL, CULTURAL Y DEPORTIVO BLOOMING
SANTA CRUZ DE LA SIERRA

Foundation date: May 1, 1946
Address: Monseñor Santistevan 144, Santa Cruz
Stadium: Estadio „Ramón 'Tahuichi' Aguilera Costas", Santa Cruz de la Sierra (38,500)

Trainer:		
	Thiago Leitão Polieri (BRA)	12.06.1978
[20.02.2023]	Carlos Julio Bustos Barbero (ARG)	16.04.1966

THE SQUAD

	DOB	Camp23			Copa23		
		M	(s)	G	M	(s)	G
Goalkeepers:							
Jhohan Francisco Gutiérrez Oliveira	27.09.1996	2				(1)	
Braulio Uraezaña Cuñaendi	26.03.1995	30			12		
Defenders:							
Miguel Ángel Becerra Vaca	23.05.1993	16	(10)		7	(4)	1
Abraham Cabrera Scapin	20.02.1991	11	(3)		3		
Denilson Durán Zabala	24.03.2003	26		1	10		
Richet Gómez Miranda	03.11.1998	22	(4)	1	8	(2)	1
Iago Pereira Mendonça (BRA)	16.08.1999	1				(1)	
Guimer Justiniano Osorio	29.06.1989	6	(2)		1		
Jonathan Leonardo Lacerda Araujo (URU)	07.02.1987	13	(1)		9		
Mario Samir Pérez Zamorano	15.09.2005	1					
Oscar Leandro Ribera Guzmán	11.02.1992	2	(1)		1		
César Benjamín Romero Ortíz	03.08.2001	26		1	10		
Saúl Wilfredo Severiche Cuellar	17.05.2002	5	(2)		1	(4)	
Juan Gabriel Valverde Rivera	24.06.1990	7			1		
Jaime Enrique Villamil Cortez	05.10.1992	5	(3)		2	(1)	
Midfielders:							
Guilmar Centella Bazán	26.03.2005	3	(8)		3	(2)	
Diego Andrés Buceta Padilla	04.06.2004	2	(1)			(1)	
Daniel Alejandro Camacho Almanza	15.10.1998	2	(1)			(1)	
Arquímedes José Figuera Salazar (VEN)	06.10.1989	13			8		
Jorge Eduardo Lovera	18.04.1997	10	(2)		2		
Pablo César Luján García	26.02.2003	4	(6)		1	(4)	
Rafael Allan Mollercke "Rafinha" (BRA)	20.12.1991	19	(3)	9	4	(2)	1
Fernando Rodríguez Rendón	11.01.1996		(1)				
Omar Pedro Siles Canda	15.11.1992	24	(5)		12		1
Richard Spenhay Arauz	09.09.1997	9	(4)		1	(1)	
Forwards:							
Juan Carlos Arce Justiniano	10.04.1985	17	(7)	2	6	(2)	2
José Fernando Arismendi Peralta (URU)	31.03.1991	21	(6)	6	10	(2)	1
Ronald Cuéllar Ortiz	09.06.1997	5	(14)		5	(4)	2
Marcelo De Lima Castro	08.04.2005					(1)	
Ramiro Eguez Lima	16.03.2004		(4)			(1)	
Juan Daniel Ferrufino Arteaga	08.03.2001		(2)				
Samuel Garzón Garzón	12.05.1999		(13)			(2)	
Leonardo Berteli Fenga „Léo Fenga" (BRA)	03.01.2002	2	(9)				
César Alejandro Menacho Claros	09.08.1999	12	(11)	3	4	(6)	3
Denis Franklin Pinto Saavedra	25.08.1995		(1)				
Gastón Rodríguez Maeso (URU)	23.03.1992	21	(5)	10	6	(2)	4
José Luis Sinisterra Castillo (COL)	23.07.1998	15	(10)	3	5	(5)	1

CLUB BOLÍVAR LA PAZ

Foundation date: April 12, 1925
Address: Calle 17 de Obrajes, La Paz
Stadium: Estadio „Hernando Siles Reyes", La Paz (42,000)

Trainer:	Beñat San José Gil (ESP)	24.09.1979
[20.11.2023]	Wálter Alberto Flores Condarco	29.10.1978

THE SQUAD						
	DOB	Camp23			Copa23	
		M	(s)	G	M	(s)	G
Goalkeepers:							
Alex Arancibia Chávez	28.01.1990		(1)				
Rubén Cordano Justiniano	16.10.1998	5			3		
Carlos Emilio Lampe Porras	17.03.1987	27	(1)		13		
Defenders:							
Diego Bejarano Ibañez	24.08.1991	17	(6)	1	7	(1)	1
Bryan Daniel Bentaberry Varela (URU)	21.01.1997	19	(1)		10	(2)	
Roberto Carlos Fernández Toro	12.07.1999	14	(1)		3		2
Nicolás Agustín Ferreyra (ARG)	30.03.1993	21	(2)	1	14		
Luis Fernando Haquín López	15.11.1997	6	(1)				
Luiz Fernando Paz	09.06.2004	9	(4)	1	8	(4)	
Jairo Quinteros Sierra	07.02.2001	8	(4)	1	4	(6)	
Yomar Rene Rocha Rodríguez	21.06.2003	5	(4)	2	3	(3)	1
Jesús Manuel Sagredo Chávez	10.03.1994	12	(9)		6	(2)	
José Manuel Sagredo Chávez	10.03.1994	24	(2)	1	11	(2)	1
Jhon Jairo Velasco Chávez	08.03.2004		(1)				
Midfielders:							
Bruno Sávio da Silva (BRA)	01.08.1994	9	(3)	7	8	(3)	2
Lucas Leónidas Chávez Cruz	17.04.2003	17	(5)	4	1	(5)	
José Orlando Herrera Taborga	09.05.2003	2				(1)	
Leonel Justiniano Arauz	02.07.1992	21	(4)	1	11	(3)	1
Carlos Antonio Melgar Vargas	04.11.1994	6	(6)	2	1		
Rodrigo Paulino Paz Urquidi	15.02.2005					(1)	
Fernando Javier Saucedo Pereyra	15.03.1990	12	(8)	1	5	(2)	1
Javier Uzeda Alderete	31.07.2002	11	(10)		5	(7)	
Ervin Vaca Moreno	18.03.2004					(1)	
Ramiro Vaca Ponce	01.07.1999	17	(12)	8	12	(3)	2
Gabriel Alejandro Villamil Cortez	28.06.2001	22	(5)	6	12	(1)	1
Moisés Villarroel Angulo	07.09.1998	1	(8)			(1)	
Forwards:							
Carmelo Algarañaz Añez	27.01.1996	14	(12)	9	6	(8)	4
Francisco da Costa Aragão „Chico" (BRA)	05.05.1995	6	(6)	7	9	(1)	9
Ronnie Alan Fernández Sáez (CHI)	30.01.1991	24	(2)	18	9	(5)	1
Gabriel Buscariol *Poveda* (BRA)	07.07.1998	3	(7)	3	2		3
Pablo Hervías Ruiz (ESP)	08.03.1993	6	(7)	1		(1)	
Patricio Julián Rodríguez (ARG)	04.05.1990	8	(16)	7	7	(4)	4
Miguel Angel Villarroel Tardio	10.01.2003	6	(5)		6	(3)	
Leonardo Sebastián Viviani Hinojosa	21.09.2007		(1)				

CLUB DEPORTIVO PALMAFLOR DEL TRÓPICO VILLA TUNARI

Foundation date: September 10, 2008
Address: *Not available*
Stadium: Estadio Olímpico Bicentenario de Villa Tunari, Villa Tunari (25,000)

Trainer:		
	Claudio Daniel Brizuela (ARG)	30.08.1968
[02.04.2023]	Joaquín Pérez (ARG)	06.06.1979

THE SQUAD

	DOB	Camp23			Copa23		
		M	(s)	G	M	(s)	G
Goalkeepers:							
Carlos Mauricio Adorno Patiño	03.04.2001	24			4	(1)	
Rubén Amílcar Mamani Merida	19.10.2003		(1)				
Rubén Escobar Fernández (PAR)	06.02.1991	2			1		
Ronaldo Huanacota Terceros	09.01.2004	1					
Javier Rojas Iguaro	14.01.1996	5			3		
Defenders:							
Álvaro Elvis Ayala Nava	01.11.2004		(2)				
Óscar Junior Baldomar Roca	16.02.1996	26	(3)		6	(2)	
Ramón David Coronel Gómez (PAR)	31.03.1991	24	(2)	1	5	(1)	
Javier Guerra Villaroel	06.04.2004	10	(10)		4	(2)	
Arturo Rafael Mina Meza (ECU)	08.10.1990	10	(7)		4	(3)	
Ronny Fernando Montero Martínez	15.05.1991	18	(2)		5	(1)	
Juan Sebastián Reyes Farrell	12.03.1997	7	(3)		1		
Tristán Roco Orosco	12.07.2005	1				(2)	
Luis Carlos Rodríguez Cujuy	17.10.2002	6	(14)		4	(2)	1
Midfielders:							
Juan Sergio Adrián Rodríguez	08.03.1996	22	(3)	1	4	(2)	1
Paolo Andrés Alcócer Rojas	03.09.2000	10	(3)		4		
Kevin Aquilino Fernández Capuma	20.06.1997	2	(4)		1	(3)	
Edson García	04.06.2006		(1)				
Luis Enrique Hurtado Badani	27.09.1993	8	(15)		4	(2)	
Rai Pablo Lima Martínez	06.04.2000	7	(8)				
Fernando David Luna (ARG)	19.01.1990	11	(9)	5	2	(4)	
Ricardo Iván Orihuela Rivera	02.05.1999	11	(11)		1	(7)	1
Miyhel Anyelo Ortíz Burgos	22.10.2001	21	(5)		6		
Bruno Pinto Álvarez	15.12.2001		(1)				
Brayan Rodríguez	22.09.2005					(1)	
Jaffet Saavedra Sánchez	02.02.2003	3	(2)		1		
Mauricio Eduardo Serrano Aguirre	31.12.1996	5	(8)		2	(3)	
Richard Spenhay Arauz	09.09.1997	14		2	6		
Luis José Vargas García	31.01.1996	30	(1)		5		
David Vásquez Ramírez	03.08.1998		(2)			(1)	
Alexondro Zenteno Rojas	20.01.2003	1	(2)			(1)	
Forwards:							
Gilbert Álvarez Vargas	07.04.1992	16	(4)	9	3		
Jonathan José Cañete (ARG)	12.07.1996	16	(4)	6	2		
Milton Daniel Garzón	24.04.2001	1	(10)			(1)	
Nils Andrés Tiago Huasna Pérez	16.06.2004	15	(2)		3		
Sebastián Melgar Parada	16.07.2001	6	(4)		4		2
Matías Pisano (ARG)	13.12.1991	16	(1)	5	3		
Jorge Hugo Rojas Justiniano	06.12.1993	3	(6)	1			

CLUB DEPORTIVO GUABIRÁ MONTERO

Year of Formation: September 21, 1962
Address: Calle Isaias Parada, Santa Cruz de la Sierra
Stadium: Estadio Municipal „Gilberto Parada", Montero (18,000)

Trainer:		
	Mauricio Ronald Soria Portillo	01.06.1966
[16.04.2023]	Gualberto Mojica Olmos	07.10.1984
[23.04.2023]	Miguel Ángel Portugal Vicario (ESP)	28.11.1955
[06.06.2023]	José Aurelio Gay López (ESP)	10.12.1965
[15.08.2023]	Andrés Marinangeli (ARG)	24.04.1981

THE SQUAD

	DOB	Camp23			Copa23		
		M	(s)	G	M	(s)	G
Goalkeepers:							
Élder Arauz Saucedo	23.04.1990	20	(2)		1		
Jhon Jairo Cuéllar Vaca	15.10.1999	12			7		
Defenders:							
Mauricio Cabral Rivero	05.11.2000	8	(5)		4	(1)	1
Harry Céspedes Velasco	27.07.1998		(2)				
Carlos Andrés Chore Aguilera	03.06.2000	7	(4)		1	(1)	
Santiago Echeverría (ARG)	28.03.1990	29			8		1
Ronald Junior Gil Montenegro	30.12.2004	9			5		
Luis Fernando Gómez Balcazar	30.07.2004	3				(1)	
Jorge Daniel González Vázquez (PAR)	02.02.1997	9	(2)				
Iván Enrique Huayhuata Romero	09.03.1989	7	(3)		1		
Jefferson Ibáñez Huanca	12.02.1995	6	(7)	1		(3)	
Alejandro Meleán Villarroel (USA)	16.06.1987	15	(3)	3	5	(2)	
Milciades Portillo Castro (PAR)	21.02.1992	17		1	7		
Fran Geral Supayabe	12.01.1996	23	(5)	3	6		
Jhon Jairo Velasco Chávez	08.03.2004	4	(1)		1	(1)	
Midfielders:							
Carlos Mateo Abastoflor Aguilera	09.04.2002	8	(18)	3	2	(4)	
Brahian Égüez Flores	14.05.1992	9	(10)		6		
Cristian Fernández Fuenzalida	07.10.2003	4					
Layonel Figueroa Prado	06.07.1999	3	(7)			(4)	2
Jesús Ronald Gallegos Vera	06.09.1982	2					
Jorge Eduardo Lovera Rivas	18.04.1997	15		1	5	(1)	
Santos Rodrigo Navarro Arteaga	20.11.1990	14	(11)			(2)	
Hernán Luis Rodríguez Rodríguez	15.09.1996	7	(4)				
Hugo Denar Salvatierra Saucedo	15.01.2003	10	(5)		2	(2)	
Sergio Llamas Pardo (ESP)	06.03.1993	6	(7)	1	2	(1)	
Ángel Vaca Pesoa	03.01.2002	3	(6)	2		(2)	
Forwards:							
Freddy Alessandro Abastoflor Molina	10.01.1993	2	(5)	2	1		
Diego Martín Alaníz Ávila (URU)	19.02.1993	11	(1)	3	2		
Mauricio Chajtur Molina	07.10.1996	7	(7)	4		(5)	2
Sebastián Agustín Gallegos Berriel (URU)	18.01.1992	10				(1)	
Gerardo Maximiliano Gómez (ARG)	03.01.1988	11	(3)		5	(2)	
Bruno Miranda Villagómez	10.02.1998	9	(2)	2	1		
Juan Carlos Montenegro Sedamano	04.02.1997	4	(11)	1	3	(1)	
Paulo Eduardo Carvalho „Padu" (BRA)	31.10.1997	1	(8)	1			
Gustavo Peredo Ortíz	07.04.2000	18	(6)	2	3	(2)	2

Alejandro Gabriel Quintana (ARG)	20.02.1992	14	(1)	1	6	(1)	1
Rodrigo Ruiz Díaz Molinas (PAR)	15.01.1999	14	(1)	2	1		
Juan Leandro Vogliotti (ARG)	11.04.1985	1	(6)		3	(1)	

CLUB INDEPENDIENTE PETROLERO SUCRE
Year of Formation: April 4, 1932
Address: Avenida "German Mendoza", Sucre
Stadium: Estadio Olímpico Patria, Sucre (32,000)

Trainer:	Juan Pablo Grass	06.06.1980
[16.02.2023]	Guillermo Álvaro Peña	11.02.1965
[01.10.2023]	Juan Marcelo Robledo (ARG)	03.12.1978

THE SQUAD							
	DOB	Camp23			Copa23		
		M	(s)	G	M	(s)	G
Goalkeepers:							
Germán Arauz Saucedo	25.05.1995	24	(2)		8		
Iván Alejandro Brun (ARG)	19.01.1984	6			1		
Lorgio Fernando Castedo Julio	02.03.1988	2			1		
Defenders:							
Daniel Castellón Hinojosa	02.05.1996	24			7		
Enrique David Díaz Velázquez (URU)	04.09.1982	30			9	(1)	
Pablo Luis Grass Martínez	26.04.2005	9			3		
Sebastián Ariel Ibars (ARG)	04.06.1991	16	(1)	1	7	(1)	
Dustin Maldonado Antelo	18.03.1990	3	(2)		1	(1)	
Roy Rolando Mollinedo Carreño	06.06.2003	1					
Cristhian Rodrigo Choque Mora	04.09.2001	3	(2)			(1)	
Omar Jesús Morales Paz	18.01.1988	17	(3)		4	(1)	1
Tobías André Moriceau (ARG)	09.04.1997	9	(2)		2		
Elias Josué Peralta Salas	25.05.1998	2			1		
Edson Rigoberto Pérez Torres	16.12.1992		(9)			(2)	
Jorge Leonardo Toco Arredondo	13.01.1992	2	(3)		2		
Emerson Velásquez Bento	24.02.1999	14	(5)		4	(2)	
Midfielders:							
Mauricio Arroyo	11.03.2004	6		1	2	(2)	
Alejandro René Bejarano Sajama (ARG)	21.06.1984	19	(3)		3	(3)	
Edenilson Michels „Deni Gaúcho" (BRA)	19.07.1991		(6)			(1)	
Luis Orlando Flores	09.03.2004	1			1		
Rodrigo Manuel Gómez (ARG)	02.01.1993	15	(10)	2	5	(3)	1
Cristian Aldair López Vedia	26.05.2005		(1)				
Yesit Martínez Salazar	31.01.2002	1	(14)	1	1	(1)	
Víctor Hugo Melgar Bejarano	28.02.1988	14	(10)	2	3	(5)	1
Asaf Patzi	14.09.2004		(2)				
Yeffry Gabriel Paz Antelo	18.03.2003	3			2	(1)	
Brandon Peña Sánchez (COL)	03.10.1998	2	(8)		1	(1)	
Miguel Alejandro Quiroga Castillo	15.09.1991	15	(12)		6		
Edwin Rivera Sifuentes	01.09.1989	21	(4)	2	7		
Diego Hernán Saavedra Arando	06.08.2003	4				(1)	
Antonio *Thomaz* Santos de Barros (BRA)	02.05.1986	30		10	9	(1)	2
William Marco Velasco Quiroz	21.04.2000		(4)				
Forwards:							
Nicolás Manuel Arteaga Cabrera	14.10.1996	4	(6)		3		

Marcos Fernando De Lima Castro	10.06.1997		(4)	1		(3)	
Juan Sinforiano Godoy Viñales (PAR)	23.06.1993	20	(9)	5	6	(4)	2
Lucas de Souza Gonçalves „Lucas Gaúcho" (BRA)	13.06.1991	3	(5)		2	(1)	1
Jhoel Camilo Mamani	25.12.1999	1	(1)		1		
Humberto Segundo Osorio Botello (COL)	24.06.1988	6	(4)	2		(1)	1
Ricardo Pedriel Suárez	19.01.1987	2	(11)			(5)	1
Robin Ariel Ramírez González (PAR)	11.11.1989	17	(8)	3	7	(1)	
Óscar Diego Valda Buezo	25.04.2003	6		1	1	(3)	

CLUB JORGE WILSTERMAN COCHABAMBA

Year of Formation: November 24, 1949
Address: Calle Ecuador 673, Cochabamba
Stadium: Estadio „Félix Capriles Sainz", Cochabamba (32,000)

Trainer:	Cristian Lionel Díaz (ARG)	12.05.1976

THE SQUAD							
	DOB	Camp23			Copa23		
		M	(s)	G	M	(s)	G
Goalkeepers:							
Arnaldo Andrés Giménez Dos Santos (PAR)	09.03.1987	26	(2)		13		
Bruno Rodrigo Poveda Zeballos	22.10.2003	5			3		
Lucas Adrián Salinas Zehl	10.04.2001	1				(1)	
Defenders:							
Juan Pablo Aponte Gutiérrez	18.05.1992	11	(5)		5		
Martín Alejandro Chiatti (ARG)	01.12.1992	15			11	(1)	
Mario Alberto Cuéllar Saavedra	05.05.1989	8	(2)		4	(3)	1
Adriel Fernández Sánchez	22.03.1996	1	(19)	2		(6)	
Brian Alejandro Hinojosa Pinto	16.06.1993		(1)				
Ariel Juárez Montaño	26.03.1988	3	(9)		1	(1)	
Robson Leandro Dos Santos (BRA)	28.09.1992	28		2	14	(1)	
Carlitos José Rodríguez Sotto	22.11.2004	3	(1)			(1)	
Luis Francisco Rodríguez Zegada	22.08.1994	18	(4)	1	9	(4)	
Marcelo Sebastián Suárez Justiniano	20.12.2001	13			3		1
Mathías Sebastián Techera Pizarro (URU)	16.02.1992	3	(2)		1	(1)	
Julián Alberto Velázquez (ARG)	23.10.1990	23		3	14		3
Midfielders:							
Rodrigo Nahuel Amaral Pereira (URU)	25.03.1997	11	(4)	6	11		3
Joel Bejarano Azogue	21.03.1996		(4)				
Sergio Cardenas Rivero	13.09.2004		(1)				
Rudy Alejandro Cardozo Fernández	14.02.1990	21	(8)	4	7	(8)	2
Alejandro Saúl Chumacero Bracamonte	22.04.1991	23	(1)	1	9	(3)	2
Clemison Junior Da Silva Castañeta	08.04.2003	1			1	(3)	
Jonata Felipe Machado (BRA)	06.07.1999	23	(4)		14		
Cristhian Machado Pinto	20.06.1990	28	(3)	3	13	(1)	
Josué Limberth Mamani Tumiri	20.08.2000	7	(11)		4	(6)	1
Franco Nicolás Martínez Brazeiro (URU)	26.11.1998	6	(12)		3	(4)	
Adrián Pacheco Gordillo	02.07.2005		(3)			(1)	1
Carlos Daniel Pérez Almanza	19.02.1999		(1)				
Jhon Cristian Velásquez	22.04.2003	26		1	12	(2)	2
Forwards:							
Miguel Antonio *Bianconi* Kohl (BRA)	14.05.1992	8	(6)	2	1	(2)	2
Vladimir Castellón Colque	12.08.1989	12	(13)	5	5	(7)	

Cristian Gabriel Esparza (ARG)	30.01.1993	15	(7)	1	6	(3)	2
José Edwin Herrera Torrico	17.07.2001		(2)				
Ariel Gerardo Nahuelpán Osten (ARG)	15.10.1987	13		6	10		3
Bismark Ebuka Ubah (NGA)	05.01.1994		(11)	1	2	(4)	1
Rodrigo Mauricio Vargas Castillo	19.10.1994		(4)			(1)	

FÚTBOL CLUB LIBERTAD GRAN MAMORÉ TRINIDAD

Year of Formation: April 26, 2019
Address: Calle Pedro de la Rocha 51, Trinidad
Stadium: Estadio Gran Mamoré, Trinidad (15,000)

Trainer: Christian Jesús Reynaldo Gómez	16.09.1978
[16.02.2023] Andrés Marinangeli (ARG)	24.04.1981
[14.03.2023] José Enrique Peña Peña	10.09.1968
[20.07.2023] Humberto Viviani Ribera	10.12.1980

THE SQUAD

	DOB	Camp23			Copa23		
		M	(s)	G	M	(s)	G
Goalkeepers:							
Juan Carlos Robles Rodríguez	25.01.1985	6		2			
Juan Daniel Sandy Lazcano	22.10.2001	2			1		
Marco Daniel Vaca Vélez	10.03.1990	24			9		
Defenders:							
Daniel Yassir Eid Aguilera	21.04.2004	1	(2)			(1)	
Juan Pablo Alemán Morales	04.05.1990		(2)		1	(2)	
José Claver Arriaga Cuéllar	21.06.1997	5	(3)		3		
Jordy Joan Candía Zeballos	20.04.1996	6					
Grovert Carrillo Rodríguez	19.06.1996	12	(2)	1	2	(1)	
Shelton Cordero Quiroga	21.12.1998		(1)				
Sergio Gil Zabala	23.06.1997	31	(1)	1	9	(1)	
Leonardo Montenegro	22.03.2005	6	(4)		1	(1)	
Kadassi Khane Trazie Bi (CIV)	11.11.1996		(6)				
Jefferson Virreira Cossío	19.01.1997	14			8		
Leandro Agustín Zazpe Rodríguez (URU)	29.04.1994	27		6	9		
Midfielders:							
Mario Gabriel Barbery Gil	01.04.2002	11	(7)				
Amir Bejarano Menacho	26.07.1996	11	(7)		5	(3)	2
Oseas Mendieta Cabrera	10.06.2003	2			5	(2)	
Denilso Fernández Tokudome	06.07.2002	18	(5)	1	1	(3)	
Juan Pablo Gómez Pérez (ARG)	24.09.1992	19	(4)		3	(3)	
Pablo Maximiliano Lemos Merladett (URU)	17.12.1993	19	(6)	5	6		1
Frank Ernesto Oni Iriarte	28.12.1989	4	(15)		2	(5)	
Rodrigo Asur Orihuela Rivero	28.08.2003	1	(1)				
Clovis Daniel Roca Ugarteche	21.09.1997					(1)	
Diego Armando Rodríguez Campos	28.08.1993	23	(1)		9		
Fernando Rodríguez Rendón	11.01.1996		(5)		1	(2)	
Ronny Rodríguez Peña (COL)	26.06.1994	28	(2)	1	9	(1)	1
Luis Maki Salces (ARG)	25.11.1994	16		2	8		
Makerlo Téllez Menéndez	22.10.2002	1	(16)	1		(7)	1
Pedro Tomichá Barboza	29.06.1997	5	(4)		1	(1)	
Jorge Vargas Ortíz	17.02.1997	6	(6)			(1)	
Forwards:							

Francescoly Bejarano Menacho	26.10.1994		(2)			(1)	
José Alfredo Castillo Parada	09.02.1983		(5)				
José Edwin Herrera Torrico	17.07.2001					(3)	
Alejandro Medina Suárez	13.09.1996	6	(15)	1	1	(7)	1
Miguel Mauricio Mendoza Duarte (PAR)	27.10.1998	22	(1)	7	6		2
Mauro Ramiro Milano (ARG)	18.01.1984	5	(1)			(1)	
Patrick Torelli Souza (BRA)	30.07.1996	5	(3)		3		
Darwin Ríos Pinto	25.04.1991		(9)			(1)	1
José Gabriel Ríos Banegas	20.03.1986	3			1		
Yonathan Taborga Cortez	13.02.1996	12	(11)	4	6	(2)	1
Henrry Torrez Rey	28.10.1994	1	(1)				

CLUB ATLÉTICO NACIONAL POTOSÍ

Foundation date: March 24, 1942
Address: Pasaje Bulevar Edificio Potosi no.2425
Stadium: Estadio „Víctor Agustín Ugarte", Potosí (32,000)

Trainer:	Víctor Hugo Andrada Canalis	25.12.1958
[17.03.2023]	Flavio Horacio Robatto (ARG)	16.01.1974

THE SQUAD							
	DOB	Camp23			Copa23		
		M	(s)	G	M	(s)	G
Goalkeepers:							
Saidt Mustafá Céspedes	26.11.1989	31			9		
Gustavo Salvatierra García	24.05.1992	1			1	(1)	
Defenders:							
Carlos Oscar Añez Urachianta	23.07.1990	20	(3)	1	5		
Nelson David Cabrera Báez	22.04.1983	5	(3)		4		1
Martín Alejandro Chiatti (ARG)	01.12.1992	1	(2)		1		1
Víctor Martín Galain Pécora (URU)	02.03.1989	19	(2)		1	(2)	
Daniel Mancilla Duran	17.02.1991	19	(6)	2	3	(2)	
Maximiliano Iván Ortíz Cuello	11.10.1989	16			3	(1)	
Widen Saucedo Candia	01.03.1997	9	(3)		4	(1)	
Luis Aníbal Torrico Valverde	14.09.1986	13	(6)	5	6	(1)	
Midfielders:							
Jorge Marco Andia Pizarro	08.02.1988	18	(8)	2	8	(1)	
Gustavo Alberto Cristaldo Brítez (PAR)	31.05.1989	9	(16)	1	8	(2)	2
Víctor Manuel Cuéllar Salazar	23.09.2000	10	(13)	2	3	(6)	3
Layonel Figueroa Prado	06.07.1999		(9)		1		
Saulo Henry Guerra Pérez	14.09.1992	19	(7)	6	5	(1)	1
Marco Esthebin Gutiérrez Espinoza	29.09.2003				1		1
Diego Josué Hoyos Carrillo	29.09.1992	23	(1)	3	6	(3)	
Heber Edgar Leaños (ARG)	10.06.1990	10	(10)	1	3	(2)	
Maximiliano Ezequiel Núñez (ARG)	17.09.1986	25		2	8		2
Luis Fernando Pavia Mamani	13.06.1999	11	(8)		2	(3)	
Junior Kevin Romay Sánchez	17.04.1994		(5)			(4)	
Forwards:							
Mauricio Chajtur Molina	07.10.1996		(7)			(1)	
Andrés Felipe Córdoba Benítez (COL)	01.10.1997	1	(12)	2	3	(4)	
Martín Sebastián Prost (ARG)	11.07.1988	30	(1)	22	10		6
Luis Fernando Saldías Muñoz	27.02.1997		(1)				
Tommy Tobar Reyes (COL)	21.11.1986	30		21	6	(3)	2
Andrés Torrico Franco	10.08.2004	32			9		1

CLUB DEPORTIVO ORIENTE PETROLERO
SANTA CRUZ DE LA SIERRA

Foundation date: November 5, 1955
Address: Av. Monseñor Costas No.50 - Barrio San Antonio, Santa Cruz de la Sierra
Stadium: Estadio „Ramón 'Tahuichi' Aguilera Costas", Santa Cruz de la Sierra (38,500)

Trainer:		
	Erwin Sánchez Freking	19.10.1969
[17.04.2023]	Jesús Leonardo Egüez Rivero	28.09.1990
[02.05.2023]	Ángel Guillermo Hoyos Marchisio (ARG)	06.06.1963
[21.07.2023]	Antonio Puche Vicente (ESP)	02.08.1972

THE SQUAD

	DOB	Camp23 M	(s)	G	Copa23 M	(s)	G
Goalkeepers:							
Wilson Daniel Quiñónez Amarilla (PAR)	04.09.1988	31			8		
Diego Valdivia Ascarrunz	14.04.2001	1			2		
Defenders:							
José Alba	21.04.2005					(1)	
Sebastián Álvarez Vargas	29.08.2001	15	(1)		2	(1)	
José Berdecio Mendoza	20.01.2002	9			1	(1)	
Maximiliano Caire (ARG)	12.07.1988	6	(2)	2	4		
Jorge Enrique Flores Yrahory	01.02.1994	10	(2)		7		
César Manuel García Peralta (DOM)	13.03.1993	12	(2)	2	5		1
Luis Alberto Gutiérrez Herrera	15.01.1985	12	(1)		3		
Samuel Guzmán Camargo	07.09.2001	11	(5)	1		(2)	
Pablo Motory	17.08.2003				1		
Ayrton Cristhian Paz Teran	28.09.2002	4	(4)		1		
Juan Sebastián Reyes Farrell	12.03.1997	3	(2)		2	(2)	
Edemir Rodríguez Mercado	21.10.1984	15			7		
Anthony Michel Saavedra Rebollo	22.03.2005				1		
Adrián Sandoval López	22.03.2000	4	(3)		1		
Rodrigo Saucedo Zeballos	11.03.1999	2	(2)		1		
Wilfredo Soleto Vargas	21.02.1996	16	(3)		5		
André Sosa Domo	04.11.1998	4	(2)		1	(1)	
Midfielders:							
Cristian Marcelo Álvarez (ARG)	28.09.1992	19	(5)	5	2	(4)	
Cristhian Alexis Árabe Pedraza	25.12.1991	10	(8)	1	3	(3)	
José Camacho	26.04.2003					(1)	
Víctor Hugo Dorrego Coito (URU)	09.05.1993	10	(1)	4	5	(1)	
Franz Simón Gonzales Mejía	26.06.2000	1	(4)				
Henry MartínMontaño	28.09.2004					(1)	
Ricardo Menacho Quiroga	26.05.2003	3	(1)		2	(2)	
Juan Salvador Mercado Gálvez	06.01.1997	24	(4)	1	7		
José Alain Niño de Guzmán Montero	24.01.2003	1	(2)		1		
Rashid Nacif Joffre	12.03.2004		(1)		1		
Adrián Peña Marinkovic	10.12.2003	1	(2)		1		
Daniel Rojas Céspedes	22.02.2000	20	(3)	4	5		1
Erwin Junior Sánchez Paniagua (POR)	23.07.1992	22	(6)		8		
Héctor Ronaldo Sánchez Camaras	24.04.1997	6	(9)	2		(2)	
Ricardo Antonio Sandoval López	06.11.2001		(2)		1		
Samuel Josué Sandoval Torrico	21.05.2003	4	(1)	1	3	(3)	
Fabio Darío Vargas Ruiz	21.04.2004	4					

	DOB	M	(s)	G	M	(s)	G
Luis Andrés Zeballos Barriento	07.05.2002	1	(11)		1		
Forwards:							
Alejandro Ampuero Tomicha	20.03.2003	3	(4)		1	(2)	
Diego Tobias Cabrera Amarilla	29.01.2005		(1)				
José Alfredo Castillo Parada	09.02.1983		(4)			(1)	
Jorge Iván Correa (ARG)	04.04.1993	3	(7)	2	1		
Jonathan Ezequiel Cristaldo (ARG)	05.03.1989	14	(14)	7	5	(1)	
Marcos Daniel Riquelme (ARG)	18.02.1988	9	(2)	3	4	(3)	4
Ferddy Andrés Roca Vivancos	24.03.2000		(4)			(1)	
Jorge Hugo Rojas Justiniano	06.12.1993	11	(5)	2	2	(2)	
Henry Vaca Urquiza	27.01.1998	4	(2)	2	1		
Javier Alexander Vargas Ruiz	28.01.2003	16	(1)	1	3	(5)	
José Carlos Velasco Moreno	16.12.1998		(2)		1		
Leonardo Adrián Villagra Enciso (PAR)	02.09.1990	11	(3)	2		(1)	1

CLUB DEPORTIVO REAL SANTA CRUZ DE LA SIERRA

Foundation date: May 3, 1962
Address: *Not known*
Stadium: Estadio Real Santa Cruz, Santa Cruz de la Sierra (12,000)

Trainer:	Miguel Ángel Abrigo (ARG)	29.03.1974

THE SQUAD							
	DOB	Camp23			Copa23		
		M	(s)	G	M	(s)	G
Goalkeepers:							
Gustavo Leonardo Claros De Souza	04.03.1998	7			3		
Omar Ricardo Ledezma Chávez	26.07.2003	1					
Alejandro William Torrez Suárez	18.03.1998	24			5		
Defenders:							
Walter Emilio Antelo Ynclan	09.10.2000	28	(2)	2	8		
Ruddy Caio	26.02.2003					(1)	
Reyvin José De la rosa Núñez (DOM)	07.12.2000	1	(3)			(1)	
César Manuel Garcia Peralta (DOM)	13.03.1993	12		1	1	(1)	
Denilson Ariel Gutiérrez Choque	23.09.1998	11	(2)		3	(1)	
Brian López Nina (DOM)	20.11.1999	18	(5)	1	5	(1)	
Juan José Orellana Chavarría	02.01.1988	2	(5)				
Jorge Antonio Ortíz Ortíz	01.06.1984	24	(1)				
Julio César Pérez Peredo	24.10.1991	24			7		
Carlos Anderson Rey Salinas	13.09.1994	3	(4)		1	(1)	
Juan Francisco Rivero Franco	14.06.1989	1			1	(1)	
Edemir Rodríguez Mercado	21.10.1984	14			1		
Luis Miguel Ruano Caicedo (ECU)	13.11.1991	12	(1)		3		
Mateo Soliz Villarroel	09.02.2002		(1)				
Midfielders:							
Luis Daniel Ardaya Mancilla	14.08.2002	1					
Raúl Stefano Ardaya Lanza	25.08.1998		(1)				
Felix Imanol Cárdenas López	29.04.2000	10	(11)		1	(3)	
Jorge Carreón Negrete	17.10.1997		(2)			(1)	
Luis Ángel Condarco	07.04.2004	4	(1)		1	(3)	
Luis Sebastián Coplot Bejarano	07.02.2002		(5)			(1)	
Ángel Andrés Gutiérrez Escalante	13.01.2002		(1)				

Limberg Gutiérrez Mojica	18.06.1998	12	(6)	4	3	(2)	1
José Antonio Lanza	19.11.2001		(1)				
José Alfredo Lara Moreno	14.01.2004	5			2	(1)	
Alán Jorge Mercado Berthalet	27.07.1993	1	(3)	1	2	(1)	
Jorge Antonio Ortíz Ortíz	01.04.1984				7	(1)	
Mario Alberto Ovando Padilla	09.11.1985	11	(8)	1	2	(1)	
Diego Michel Panique Pérez	03.10.1995	1	(4)			(2)	
Richard Peñaranda Padilla	25.02.1998	1	(1)				
Samuel Pozo Challa	23.07.1997	18	(2)		5		
Hermes Mauricio Ruiz Hurtado	15.10.1999		(4)		1	(1)	
Edward Vaca Hurtado	30.09.1999	15	(13)	1	5	(1)	2
Forwards:							
Shelove Achelus (HAI)	25.09.1999	9	(5)	2	3	(2)	
José Rodolfo Bravo Roda	10.08.1997		(5)		1	(1)	
Guillermo Denis Beltrán (COL)	04.07.1999	10	(5)	1	4	(2)	
Efmamjjasond González Palacios (COL)	12.06.1999	17		7	4		
Jayro Hestefano Jean (HAI)	22.06.1998	10		4	1		
Gerson Malgor Cuyati	07.11.2003	21	(2)	1	5	(1)	1
Fabricio José Moreno Palacios (COL)	14.07.1997	14	(11)	3	2	(2)	
Andreé Gustavo Navia Rios	03.07.2000	3	(5)	1	1		
Jorge Nelson Orozco Quiroga	24.01.2000	2	(7)				
José Andrés Veizaga Vargas	11.11.1996	2	(2)			(1)	
Mateo Henrique Zoch Méndez	12.07.1996	3	(3)			(2)	

CLUB DEPORTIVO Y CULTURAL REAL TOMAYAPO TARIJA

Foundation date: February 2, 1999
Address: *Not known*
Stadium: Estadio „IV Centenario", Tarija (20,000)

Trainer:		
	Richard José Rojas Guzmán	27.02.1975
[18.03.2023]	Juan Vita (ARG)	11.05.1987
[26.06.2023]	David González Sanz (ESP)	16.04.1985
[01.09.2023]	Pablo Damián Rubinich (ARG)	27.12.1978
[18.10.2023]	Martín Eugenio Brignani (ARG)	10.05.1972

THE SQUAD							
	DOB	Camp23			Copa23		
		M	(s)	G	M	(s)	G
Goalkeepers:							
Sebastián Angulo Gamboa (COL)	03.05.1992		(2)		1		
Pedro Domingo Galindo Suheiro	13.04.1995	32			9		
Defenders:							
Rodrigo Cabrera Vera	06.02.1997		(1)				
Leandro Ezequiel Corulo (ARG)	02.06.1989	22		5	6		1
Pablo Roberto Galindo Suheiro	03.09.1997		(1)				
Hallyson Fernandes Padilha (BRA)	11.02.1994	19	(6)	1	4	(3)	
Leonardo Justiniano Valverde	20.07.2001	10	(6)		5	(1)	
Kevin Mamani	05.11.2004	31	(1)		8	(1)	
Pedro Alex Martínez Flores	17.11.1992		(7)			(2)	
Rivaldo Omar Méndez Maraz	28.11.2002	5	(5)		1	2	
Juan José Orellana Chavarría	02.01.1988	16	(1)	3	6	(1)	1
Óscar Leandro Ribera Guzmán	11.02.1992		(2)				

Juan Pablo Rioja	05.04.1988	22	(3)		3	(3)	
Ronald Wilber Sagredo Aparicio	2005	1			1		
Midfielders:							
Juan Pablo Alemán Morales	04.05.1990					(1)	
Ramón Eduardo Alvarado Melgar	15.08.2004					(1)	
Pedro Jesús Azogue Rojas	06.12.1994	27	(2)	3	6	(1)	
Marco Antonio Barrios Guevara	23.02.1995	1	(9)		2	(1)	
Jhonny Santiago Cuiza Cayo	16.06.2002				1	(4)	
Samuel Galindo Suheiro	18.04.1992	13	(9)	1	4	(2)	
Mateo Hernández (ARG)	05.10.1998	6	(5)	2			
Javier Ibáñez Segovia	10.01.1998		(2)			(1)	
Jefferson Felliphe Santos Silva „Jeffinho" (BRA)	09.02.1998	14	(6)	3	2		
Leandro Marcelo Maygua Ríos	12.09.1992	4	(8)		2	(3)	
Matias Jesús Noble (ARG)	09.08.1996	20	(6)	4	7	(1)	
Hernán Luis Rodríguez Rodríguez	15.09.1996		(3)			(1)	
Thiago Ribeiro Da Silva (BRA)	23.01.1985	31			10		
Sergio Favian Villamíl Cortez	14.12.1994	21	(7)	1	8	(1)	
Forwards:							
Luis Alberto Alí Vega	17.04.1994	11	(16)	1	3	(5)	
Miguel Agustín Graneros (ARG)	28.04.1996	30	(1)	6	10		1
Nixon *Guylherme* Rocha Brizolara (BRA)	26.12.1995	1	(5)			(1)	1
Mateo Hernández (ARG)	05.10.1998				3	(2)	1
Carlos Daniel Monges Ávalos (PAR)	23.11.1996	7	(4)	2	4	(1)	1
Jorge Nelson Orozco Quiroga	24.01.2000	7	(6)	1	1	(3)	
Diego Javier Pariani (ARG)	08.08.1993		(10)	1	2	(2)	
Yerco René Vallejos Soreta	03.04.1995	1	(3)			(1)	

ROYAL PARI FC SANTA CRUZ DE LA SIERRA FÚTBOL CLUB SANTA CRUZ DE LA SIERRA

Foundation date: November 13, 1993
Address: *Not known*
Stadium: Estadio „Ramón 'Tahuichi' Aguilera Costas", Santa Cruz de la Sierra (38,500)

Trainer:		
	Luis Marín Camacho Caballero	05.02.1977
[16.03.2023]	Roberto Orlando Mosquera Vera (PER)	21.06.1956
[23.05.2023]	David de la Torre García (MEX)	16.03.1981

THE SQUAD

	DOB	Camp23 M	(s)	G	Copa23 M	(s)	G
Goalkeepers:							
Jorge Araúz Saucedo	20.06.1994	10			3		
Joel Bernal Flores	01.02.2003	1			1		
Diego Armando Méndez Saucedo	05.10.1990	21	(2)		10		
Defenders:							
Eduardo Mauricio Álvarez Vargas	09.04.2003	22	(1)	1	7		3
Marvin Orlando Bejarano Jiménez	06.03.1988	26		1	14		
Manuel Bonilla Ribera	12.03.2005	3					
Ricardo Hernán Cadima Zenteno	06.06.2006		(2)				
Luis Eduardo Demiquel Banegas	15.01.2000	8	(5)	1	3		
Marc François Enoumba (CMR)	04.03.1993	10		1	6		
Andrés Moreno Moreno	09.10.2002	12	(7)		7	(4)	1
Tobías André Moriceau (ARG)	09.04.1997	12			8	(1)	
Hugo Ezequiel Silva (ARG)	04.02.1992	22	(2)	1	12	(1)	
Diego Samir Valverde Vaca	07.12.2003	1	(2)				
Jefferson Virreira Cossío	19.01.1997	7	(2)		1		
Juan Carlos Zampiery Rivarola	28.09.1989	9			1		
Midfielders:							
Emanuel Joel Amoroso (ARG)	08.01.1988	25	(1)	4	11	(1)	3
Mijaíl Alexander Avilés Flores (VEN)	05.06.1987	9	(1)	1	7	(2)	
Reyes Camacho	20.01.2003	1					
Juan Martín Capurro Scabini (ARG)	19.07.1994	21	(6)	1	8	(3)	
Brandon Celio Guzmán Jaime	27.02.2004		(1)			(1)	
Carlos Antonio Melgar Vargas	04.11.1994	2	(4)		1	(4)	
Esteban Orfano (ARG)	13.01.1992	14	(5)	5	6	(2)	3
Celin Josué Padilla	13.04.2004	9	(2)	1	6	(3)	1
Carlos Abelardo Ribera Guzmán	06.02.1997	7	(4)			(2)	
Juan Alexis Ribera Castillo	15.08.1995	12	(13)		5	(4)	2
Kevin Francisco Salvatierra Flores	05.08.2001	9	(15)	1	3	(8)	
Mirko Tomianovic Becerra	01.10.2001	2	(12)		1	(4)	
Alexander Raúl Zurita Torrico (ARG)	11.10.1997	16	(10)		6	(5)	
Forwards:							
Carlos Enrique Añez Oliva	06.07.1995	17	(3)		6	(5)	1
José Erik Correa Villero (COL)	20.07.1992	19	(7)	10	8	(3)	2
Bruno Miranda Villagómez	10.02.1998	7	(2)	4	4		1
David Ribera Viana	19.01.2001	7	(13)		1	(2)	
Federico Julián Sellecchia (ARG)	02.07.1994	11	(17)	8	7	(5)	
Fabricio Suárez Cortez	02.09.2003		(3)		1	(1)	

CLUB THE STRONGEST LA PAZ

Foundation date: April 8, 1908
Address: Calle Colón No. 512 esq. Comercio, La Paz
Stadium: Estadio „Hernando Siles Reyes", La Paz (42,000)

Trainer:		
	Ismael Rescalvo Sánchez (ESP)	02.03.1982
[09.05.2023]	Claudio Darío Biaggio (ARG)	02.07.1967
[22.06.2023]	Ricardo Manuel Nunes Formosinho (POR)	09.09.1956
[02.08.2023]	Pablo de María Cabanillas Palazuelos	30.08.1980

THE SQUAD

	DOB	Camp23			Copa23		
		M	(s)	G	M	(s)	G
Goalkeepers:							
Luis Rodrigo Banegas Cury	08.11.1995	4	(2)		6		
Jesús Enrique Careaga Guzmán	09.05.1997					(1)	
Guillermo Viscarra Bruckner	07.02.1993	28			4		
Defenders:							
Ronald Ronald Steven Bustos Torrelio	17.03.2004	19	(1)		5		
José María Carrasco Sanguino	16.08.1997	4	(4)		6		
Gonzalo Gabriel Castillo Cabral (URU)	17.10.1990	19	(2)		6		
Sebastián Matías Claure Sanz	26.10.1999		(5)		1	(1)	
Diego Corpus Marca	07.09.2003	1					
Adrián Johnny Jusino Williams Cerruto	09.07.1992	29	(1)	3	5	(1)	
Daniel Jhonatan Lino Justiniano	18.02.2002		(1)		1	(3)	
Pablo Elías Pedraza Bustos	10.03.1995	13	(1)	1	3	(2)	
Carlos Daniel Roca Avellaneda	11.05.1997	29	(3)		5	(1)	1
Saúl Torres Rojas	22.03.1990	8	(9)		4	(1)	
Denilson Valda Martínez	21.06.1997		(2)			(1)	
Midfielders:							
Cristian Paul Arano Ruiz	23.02.1995	1	(4)		4	(3)	
Jaime Dario Arrascaita Iriondo	02.09.1993	22	(4)	1	5	(2)	1
Jeyson Ariel Chura Almanza	03.02.2002	15	(8)	4	2	(4)	1
Jhon Elian García Sossa	13.04.2000	4	(10)		3	(1)	
Leonel López González	24.05.1994	9	(3)	2	4	(2)	
Michael Javier Ortega Dieppa (COL)	06.04.1991	18	(12)	3	3	(3)	1
Álvaro Daniel Quiroga Sardina	17.06.1995	31	(1)	2	5	(3)	
Carlos Julio Robles Rocha (COL)	16.05.1992	6	(6)		2		
Marcelo Alejandro Somoya Callejas	27.02.2004		(1)				
Luciano Nahuel Ursino Pegolo (ARG)	31.10.1988	19	(5)	8	4	(2)	
Diego Horacio Wayar Cruz	15.10.1993		(10)	1	3	(1)	1
Forwards:							
Junior Gabriel Arias Cáceres (URU)	17.05.1993	16	(13)	9	7	(2)	2
José Alfredo Flores López	03.08.2003	4	(3)		2	(3)	
Eugenio Horacio Isnaldo (ARG)	07.01.1994	6	(16)	1	9	(1)	4
Fabricio Domenico Quaglio Franco	30.07.2003	9			4	(1)	
Gabriel Agustín Sotomayor Cardozo	02.07.1999	12	(12)	7	5	(1)	1
Enrique Luis Triverio (ARG)	31.12.1988	26	(2)	22	2	(4)	

FÚTBOL CLUB UNIVERSITARIO DE VINTO

Foundation date: March 23, 2005
Address: *Not known*
Stadium: Estadio "Hipólito Lazarte", Vinto (2,000)

Trainer:	Alberto Illanes Puente	25.11.1963
[01.07.2023]	Pablo Andrés Godoy (PAR)	30.04.1984

THE SQUAD

	DOB	Camp23 M	(s)	G	Copa23 M	(s)	G
Goalkeepers:							
Gustavo Javier Almada Gonzales (PAR)	29.04.1994	11	(1)		3		
Raúl Alejandro Olivares Gálvez (CHI)	17.04.1988	21		1	9		
Defenders:							
Jordy Joan Candía Zeballos	20.04.1996	3	(1)		2	(1)	
Héctor Manuel Cuellar Rosales	16.08.2000	15		1	2		
Diago Giménez Flamminini (ARG)	01.05.1997	23	(2)		8	(2)	
Joaquín Adán Lencinas (ARG)	11.05.1988	28			10		
José Antonio Pinto Quiroz	06.05.2000	1	(3)			(2)	
Junior Kevin Romay Sánchez	17.04.1994	4	(6)	1		(1)	
Iván Gonzalo Vidaurre Mejía	02.02.1987	9	(7)		4	(1)	
Julio Demián Vila	15.01.1996	31		1	12		
Juan Carlos Zampiery Rivarola	28.09.1989	5	(3)		3	(1)	
Midfielders:							
José Andrés Alipaz Rivera	01.04.2002	21			8	(4)	
Mijaíl Alexander Avilés Flores (VEN)	05.06.1987	7	(2)			(1)	
Daniel Alejandro Camacho Almanza	15.10.1998	10	(1)		3		
Erick Brandon Cano Baneo	15.03.1999	9	(17)	1	5	(5)	
Raúl Castro Peñaloza	19.08.1989	27		1	11		
Pablo Antonio Laredo Pardo	04.10.1993	11	(1)		7		
Juan Pablo Magallanes Ribera	02.01.2003	9	(2)	1	4	(2)	
Ramiro Mamani Mamani	14.09.1991	3	(10)			(2)	
Alan Jorge Mercado Berthalet	27.07.1993	1					
Diego Fernando Navarro Iturri	08.12.1992	2	(7)			(4)	
Calet Pacamia	25.08.2000					(1)	
Denilzon Ramallo Arze	20.05.1998	1	(14)		1	(3)	1
Carlos Abelardo Ribera Guzmán	06.02.1997	2	(9)	1	2	(5)	2
Noé Zeballos Hinojosa	11.04.2000					(1)	
Forwards:							
Víctor Alonso Ábrego Aguilera	11.02.1997	24	(4)	6	10		6
William Gustavo Álvarez Vargas	15.09.1995	9	(13)	6	4	(5)	
Daniel Moisés Calero Salazar	12.09.1998	1	(5)			(1)	
Joel Calicho Laime	02.06.1995	28	(1)	1	11		2
Guilder Cuellar Rosales	21.05.1999		(5)			(2)	
Rodrigo Andrés Llano Montes (COL)	22.10.1992	22	(5)	4	11	(1)	7
Ronaldo Monteiro Pedraza	11.01.1998	6	(10)		2	(4)	1
Roy Aboubacar Ndoutoumo Kone (GAB)	16.10.1994	6	(2)	3			
Ary Junior Oliveira Aguilar	19.08.2003					(4)	
Rafael Lima Pereira „Rafinha Lima" (BRA)	01.04.1993	2	(5)	1		(2)	
Rodrigo Vargas Touchard	01.09.1989		(14)	1		(3)	

CLUB DEPORTIVO VACA DÍEZ COBIJA

Year of Formation: March 19, 1952
Address: *Not known*
Stadium: Estadio "Roberto Jordán Cuellar", Cobija (24,000)

Trainer:	José Aurelio Gay López (ESP)	10.12.1965
[01.05.2023]	Marcos Sánchez	
[08.05.2023]	Carlos Agustín Fonseca Teijeiro (ESP)	08.03.1981
[27.07.2023]	Rodrigo Marques de Santana (BRA)	29.05.1982

THE SQUAD

	DOB	Camp23 M	(s)	G	Copa23 M	(s)	G
Goalkeepers:							
Israel Peña Vargas	27.11.1998	23	(2)		4		
Enzo Mirlo Rodriguez Fuentes	12.12.2003	9	(1)		6		
Defenders:							
José Danyel Angulo Céspedes	01.03.2004		(1)			(1)	
Lázaro Claudio Crescencio Céspedes	10.04.2003	4	(2)		1	(1)	
Drulin Cruz Lozano	10.12.1998	18	(1)		5		1
Marlon Segundo Esterilla López (ECU)	09.09.1994	1	(4)				
Joel David Ezequiel Fernández	13.01.1999	23	(3)	1	7		1
Mizael Sadoque Pinto Monteiro (BRA)	20.11.2000	24	(4)	1	7	(2)	1
David Moura Hurtado	03.11.1999	7	(2)		3	(3)	
Miguel David Paredes Villalobos	01.06.1998	13	(5)	1	5	(1)	
Elieser Yosimar Quiñónes Quiñónes (COL)	04.08.1988	17	(6)		8		
Dico Andrés Roca Montaño	22.10.1996	31		2	8		
Ricardo Suárez Antelo	23.10.1993		(1)				
Weverton da Luz *Braz* (BRA)	24.03.1992	6	(5)		3	(2)	
Midfielders:							
Gabriel Becerra Sevilla	04.05.2003	2	(2)				
Victor Hugo Borobobo	30.01.1993	15	(8)		3	(5)	
Diego Alejandro Cuadros Velázquez (COL)	28.05.1996	29	(3)	9	8	(1)	1
Jean Pierre El Hague López	10.01.2004	1	(2)			(3)	
Dustin Maldonado Antelo	18.03.1990	5	(7)	1	3	(2)	
Rodrigo Nicholás Morales (ARG)	22.03.1994	30	(1)		9		
Franz Luis Parada Araúz	10.06.1992	7	(10)	2	2	(2)	1
Kevin Pontons Paz	17.08.1997	1	(2)			(3)	
Randerson Paiva dos Santos „Randerson Fininho" (BRA)	27.10.1994	16	(5)	3	5	(1)	2
Marcos Aurelio Rodríguez Álvez	27.07.2001		(2)			(1)	
Ricardo Román Arancibia	11.03.1996		(3)				
Pedro Fernando Taborga Bascope	02.02.1993	23	(3)	4	7		1
Forwards:							
José Miguel Briceño Mercado	20.01.2002	5	(17)	1	4	(4)	
Jorge Escalante Hurtado	05.08.1999				1	(1)	
Alexir Ibaguary Salcedo	02.12.1996		(10)	1		(2)	
Juan Douglas *Teles* Da Silva (BRA)	09.08.1995	7	(7)	3	2	(1)	2
Denis Franklin Pinto Saavedra	25.08.1995	7	(6)	3	4	(3)	2
Darlin Rodríguez de Souza	10.05.2004	19	(7)	5	5	(2)	1
Wayner Junior Vaca Beltrán	21.04.2005	1	(3)			(1)	
Juan Leandro Vogliotti (ARG)	11.04.1985	8	(2)	4		(2)	1

SECOND LEVEL
Segunda División – Copa "Simón Bolívar" 2023

First Stage – Primera fase Departamental [23.07.-21.08.2023]

Winners and runners-up were qualified for the Second Stage, also 6 best third ranked teams.

Grupo 1 (Beni)
1.	CD Universitario del Beni Trinidad	6	4	2	0	11 - 3		14
2.	San Lorenzo FC Trinidad	6	2	3	1	6 - 8		9
3.	Alianza Beni FC Trinidad	6	1	3	2	4 - 4		6
4.	Los Almendros Riberalta	6	0	2	3	5 - 11		2

Grupo 2 (Chiquisaca)
1.	AD Fancesa Sucre	8	6	3	0	19 - 4		18
2.	Nacional FC Sucre	8	3	4	1	12 - 9		13
3.	CD Alemán Villa Serrano	8	4	1	3	12 - 11		13
4.	Atlético Sucre CF	8	3	2	3	17 - 14		8
5.	Independiente de Camargo	8	0	0	8	6 - 27		0

Grupo 3 (Cochabamba)
1.	CD San Antonio Bulo Bulo Entre Ríos	8	5	2	1	17 - 5		17
2.	CD Pasión Celeste Cochabamba	8	2	4	1	12 - 7		13
3.	CD Real Mizque	8	3	4	1	8 - 7		13
4.	Enrique Happ del Trópico Entre Ríos	8	2	4	2	12 - 7		10
5.	Israel University de Cochabamba	8	0	0	8	4 - 27		0

Grupo 4 (La Paz)
1.	CD FATIC El Alto	8	5	3	0	24 - 7		18
2.	Academia del Balompié Boliviano La Paz	8	3	3	2	24 - 9		12
3.	Hiska Nacional La Paz	8	3	4	2	13 - 10		12
4.	CD Chaco Petrolero El Alto	8	3	3	2	15 - 14		12
5.	Huayna Potosí Palcoco Pucarani	8	0	1	7	8 - 40		1

Grupo 5 (Oruro)
1.	Gualberto Villarroel CD San José	8	6	2	0	23 - 7		20
2.	CD SUR-CAR Oruro	8	4	1	3	17 - 15		13
3.	CDT Real Oruro	8	2	3	2	20 - 9		12
4.	Club Empresa Minera Huanuni	8	2	2	4	15 - 12		5
5.	Cooperativa Minera Poopó	8	1	0	7	4 - 36		3

Grupo 6 (Pando)
1.	Club Universitario de Pando	2	2	0	0	7 - 2		6
2.	Real Mapajo Cobija	2	0	0	2	2 - 7		0

Grupo 7 (Potosí)
1.	Club Real Potosí	6	5	0	1	12 - 3		15
2.	CD Stormers San Lorenzo	6	3	2	1	10 - 2		11
3.	CAN Rosario Central Potosí	6	2	1	3	7 - 6		7
4.	CD Huracán Tupiza	6	0	1	5	2 - 17		1

Grupo 8 (Santa Cruz)						
1. Ciudad Nueva Santa Cruz Academia FC	8	6	1	1	25 - 8	19
2. CD Torre Fuerte Santa Cruz de la Sierra	8	5	0	3	15 - 7	15
3. CD 24 de Septiembre Santa Cruz de la Sierra	8	3	3	2	14 - 12	12
4. CDSC Universidad Cruceña Santa Cruz de la Sierra	8	1	2	4	6 - 17	5
5. River 66 San Julián	8	1	2	5	9 - 22	5

Grupo 9 (Tarija)						
1. Deportivo Municipal Tarija	8	5	1	1	14 - 4	16
2. Municipalidad de Yacuiba	8	4	2	2	14 - 14	14
3. CD Atlético Bermejo	8	4	1	3	12 - 7	13
4. CA Ciclón Tarija	8	1	4	3	4 - 8	7
5. CD Teniente Coronel Rodolfo García Agreda Tarija	8	0	4	4	5 - 14	4

Second Stage – Segunda fase [26.08.-02.10.2023]

Grupo A						
1. Club Real Potosí	4	3	0	1	7 - 1	9
2. Nacional FC Sucre	4	2	0	2	4 - 7	6
3. Hiska Nacional La Paz	4	1	0	3	3 - 6	3

Grupo B						
1. CD Real Mizque	4	2	1	1	8 - 6	7
2. Club Universitario de Pando	4	2	1	1	5 - 7	7
3. CD Stormers San Lorenzo	4	1	0	2	6 - 6	3

Grupo C						
1. Gualberto Villarroel CD San José	4	3	0	1	7 - 3	9
2. CDT Real Oruro	4	2	1	1	4 - 3	7
3. Municipalidad de Yacuiba	4	0	1	3	2 - 7	1

Grupo D						
1. CD Torre Fuerte Santa Cruz de la Sierra	4	2	1	1	5 - 4	7
2. CD Pasión Celeste Cochabamba	4	2	0	2	7 - 8	6
3. AD Fancesa Sucre	4	1	1	2	8 - 8	4

Grupo E						
1. CD San Antonio Bulo Bulo Entre Ríos	4	3	0	1	20 - 2	9
2. CD Atlético Bermejo	4	3	0	1	9 - 5	9
3. San Lorenzo FC Trinidad	4	0	0	4	3 - 25	0

Grupo F						
1. Deportivo Municipal Tarija	4	3	1	0	10 - 4	10
2. CD FATIC El Alto	4	2	0	2	6 - 3	6
3. CD SUR-CAR Oruro	4	0	1	3	4 - 13	1

Grupo G							
1. CD 24 de Septiembre Santa Cruz de la Sierra	4	2	1	1	8 - 5		7
2. CD Universitario del Beni Trinidad	4	2	1	1	6 - 6		7
3. Real Mapajo Cobija	4	0	2	2	3 - 6		2

Grupo H							
1. Ciudad Nueva Santa Cruz Academia FC	4	3	1	0	9 - 2		10
2. CD Alemán Villa Serrano	4	1	2	1	9 - 8		5
3. Academia del Balompié Boliviano La Paz	4	0	1	3	4 - 12		1

Third Stage - Octavos de Final [03-12.11.2023]		
Club Universitario de Pando - Gualberto Villarroel CD San José	0-1	1-4
CD FATIC El Alto - CD Real Mizque	2-0	0-2 aet; 3-4 pen
CD Pasión Celeste Cochabamba - CD Torre Fuerte Santa Cruz de la Sierra	1-0	1-5
CD Universitario del Beni Trinidad - CD 24 de Septiembre Santa Cruz de la Sierra	2-1	1-3
CDT Real Oruro - CD San Antonio Bulo Bulo Entre Ríos	2-1	0-5
Nacional FC Sucre - Deportivo Municipal Tarija	1-3	0-2
CD Atlético Bermejo - Club Real Potosí	1-0	1-3
CD Alemán Villa Serrano - Ciudad Nueva Santa Cruz Academia FC	0-3	0-4

Quarter-Finals [17-26.11.2023]		
Gualberto Villarroel CD San José - CD Real Mizque	4-1	4-1
CD Torre Fuerte Santa Cruz - CD 24 de Septiembre Santa Cruz	1-1	3-1
Deportivo Municipal Tarija - CD San Antonio Bulo Bulo Entre Ríos	2-2	0-1
Ciudad Nueva Santa Cruz Academia FC - Club Real Potosí	3-0	0-2

Semi-Finals [30.11.-03.12.2023]		
Gualberto Villarroel CD San José - CD Torre Fuerte Santa Cruz de la Sierra	5-1	4-3
Ciudad Nueva Santa Cruz Academia FC - CD San Antonio Bulo Bulo	1-1	2-5

Final [06-10.12.2023]		
CD San Antonio Bulo Bulo - Gualberto Villarroel CD San José	0-1	
Gualberto Villarroel CD San José - CD San Antonio Bulo Bulo	0-1 aet; 4-2 pen	

2023 Segunda División Winners: **Gualberto Villarroel CD San José** (promoted for the 2024 División de Fútbol Profesional)
CD San Antonio Bulo Bulo Entre Ríos were qualified for the Promotion Play-offs.

THE NATIONAL TEAM 2023

INTERNATIONAL MATCHES
(16.07.2023 – 31.12.2023)

27.08.2023	Cochabamba	Bolivia - Panama	1-2(0-1)	(F)
08.09.2023	Belém	Brazil - Bolivia	5-1(1-0)	(WCQ)
12.09.2023	La Paz	Bolivia - Argentina	0-3(0-2)	(WCQ)
12.10.2023	La Paz	Bolivia - Ecuador	1-2(0-1)	(WCQ)
17.10.2023	Asunción	Paraguay - Bolivia	1-0(0-0)	(WCQ)
16.11.2023	La Paz	Bolivia - Peru	2-0(1-0)	(WCQ)
21.11.2023	Montevideo	Uruguay - Bolivia	3-0(2-0)	(WCQ)

27.08.2023, Friendly International
Estadio „Félix Capriles", Cochabamba; Attendance: 8,000
Referee: Pablo Gastón Echavarría (Argentina)
BOLIVIA - PANAMA   **1-2(0-1)**
BOL: Guillermo Viscarra Bruckner (5/0), Diego Daniel Medina Roman (6/0) [46.Fernando Nava Ortega (1/0)], Marcelo Sebastián Suárez Justiniano (3/0), Adrián Johnny Jusino Cerruto (Cap) (31/0), Héctor Manuel Cuéllar Rosales (1/0) [63.Julio Héctor Herrera Farel (1/0)], Carlos Daniel Roca Avellaneda (4/0), Luciano Nahuel Ursino Pegolo (5/1), Daniel Rojas Céspedes (1/0) [46.Pablo Vaca Justiniano (1/0)], Jaime Darío Arrascaita Iriondo (11/1), Miguel Ángel Terceros Acuña (7/0) [63.José Carlos Martínes Garzón (1/0)], Víctor Alonso Ábrego Aguilera (11/1) [80.Enzo Eduardo Monteiro de Castro Becerra (1/0)]. Trainer: Gustavo Adolfo Costas Makeira (Argentina, 6).
Goal: Luciano Nahuel Ursino Pegolo (52).

08.09.2023, 23rd FIFA World Cup Qualifiers
Estádio Olímpico do Pará [Mangueirão], Belém; Attendance: 48,183
Referee: Juan Gabriel Benítez Marecos (Paraguay)
BRAZIL - BOLIVIA   **5-1(1-0)**
BOL: Guillermo Viscarra Bruckner (6/0), Diego Daniel Medina Roman (7/0), Adrián Johnny Jusino Cerruto (32/0), Jairo Quinteros Sierra (19/0), Marcelo Sebastián Suárez Justiniano (4/0), Roberto Carlos Fernández Toro (28/1) [58.Carlos Daniel Roca Avellaneda (5/0)], Gabriel Alejandro Villamíl Cortéz (10/0), Boris Adrián Céspedes Sauvain (11/1) [58.Luciano Nahuel Ursino Pegolo (6/1)], Diego Bejarano Ibáñez (44/3) [58.Héctor Manuel Cuéllar Rosales (2/0)], Jaime Darío Arrascaita Iriondo (12/1) [76.Jaume Albert Cuéllar Mendoza (5/0)], Marcelo Martins Moreno (Cap) (103/31) [71.Víctor Alonso Ábrego Aguilera (12/2)]. Trainer: Gustavo Adolfo Costas Makeira (Argentina, 7).
Goal: Víctor Alonso Ábrego Aguilera (78).

12.09.2023, 23rd FIFA World Cup Qualifiers
Estadio "Hernando Siles Reyes", La Paz; Attendance: 38,000
Referee: Esteban Daniel Ostojich Vega (Uruguay)
BOLIVIA - ARGENTINA   **0-3(0-2)**
BOL: Guillermo Viscarra Bruckner (7/0), José Manuel Sagredo Chávez (46/0) [73.Carmelo Algarañaz Añez (17/1)], Adrián Johnny Jusino Cerruto (33/0) [46.Luis Fernando Haquín López (26/1)], Jairo Quinteros Sierra (20/0), Diego Bejarano Ibáñez (45/3), Luciano Nahuel Ursino Pegolo (7/1) [46.Héctor Manuel Cuéllar Rosales (3/0)], Gabriel Alejandro Villamíl Cortéz (11/0) [26.Moisés Villarroel Angulo (21/1)], Roberto Carlos Fernández Toro (29/1) [*sent off 39*], Víctor Alonso Ábrego Aguilera (13/2), Jaime Darío Arrascaita Iriondo (13/1) [62.Fernando Javier Saucedo Pereyra (21/1)], Marcelo Martins Moreno (Cap) (104/31). Trainer: Gustavo Adolfo Costas Makeira (Argentina, 8).

12.10.2023, 23rd FIFA World Cup Qualifiers
Estadio „Hernándo Siles Reyes", La Paz; Attendance: 34,200
Referee: Cristian Garay (Chile)
BOLIVIA - ECUADOR **1-2(0-1)**
BOL: Guillermo Viscarra Bruckner (8/0), Diego Daniel Medina Roman (8/0) [81.Bruno Miranda Villagomez (16/2)], Luis Fernando Haquín López (27/1), José Manuel Sagredo Chávez (47/0), Héctor Manuel Cuéllar Rosales (4/0), Carlos Daniel Roca Avellaneda (6/0), Moisés Villarroel Angulo (22/1) [67.Boris Adrián Céspedes Sauvain (12/1)], Jaime Darío Arrascaita Iriondo (14/1) [46.Henry Vaca Urquiza (17/0)], Leonel Justiniano Araúz (46/2) [70.Ramiro Vaca Ponce (28/2)], Víctor Alonso Ábrego Aguilera (14/2) [46.Rodrigo Luis Ramallo Cornejo (35/7)], Marcelo Martins Moreno (Cap) (105/31). Trainer: Gustavo Adolfo Costas Makeira (Argentina, 9).
Goal: Rodrigo Luis Ramallo Cornejo (83).

17.10.2023, 23rd FIFA World Cup Qualifiers
Estadio Defensores del Chaco, Asunción; Attendance: 30,681
Referee: Gustavo Adrián Tejera Capo (Uruguay)
PARAGUAY - BOLIVIA **1-0(0-0)**
BOL: Guillermo Viscarra Bruckner (9/0), Diego Daniel Medina Roman (9/0), Luis Fernando Haquín López (28/1), José Manuel Sagredo Chávez (48/0), Héctor Manuel Cuéllar Rosales (5/0) [46.Jeyson Ariel Chura Almanza (9/0)], Carlos Daniel Roca Avellaneda (7/0) [81.Marcelo Sebastián Suárez Justiniano (5/0)], Moisés Villarroel Angulo (23/1), Danny Brayhan Bejarano Yañez (36/0) [81.Víctor Alonso Ábrego Aguilera (15/2)], Henry Vaca Urquiza (18/0) [81.Boris Adrián Céspedes Sauvain (13/1)], Marcelo Martins Moreno (Cap) (106/31), Rodrigo Luis Ramallo Cornejo (36/7) [46.Gabriel Alejandro Villamíl Cortéz (12/0)]. Trainer: Gustavo Adolfo Costas Makeira (Argentina, 10).

16.11.2023, 23rd FIFA World Cup Qualifiers
Estadio "Hernando Siles Reyes", La Paz; Attendance: 28,000
Referee: Guillermo Enrique Guerrero Alcívar (Ecuador)
BOLIVIA - PERU **2-0(1-0)**
BOL: Guillermo Viscarra Bruckner (10/0), Jairo Quinteros Sierra (21/0), Luis Fernando Haquín López (29/1), José Manuel Sagredo Chávez (49/0), Roberto Carlos Fernández Toro (30/1), Leonel Justiniano Araúz (47/2), Ramiro Vaca Ponce (29/3) [90+3.Diego Bejarano Ibáñez (46/3)], Henry Vaca Urquiza (19/1) [57.Jaime Darío Arrascaita Iriondo (15/1)], Miguel Ángel Terceros Acuña (8/0) [46.Rodrigo Luis Ramallo Cornejo (37/7)], Carmelo Algarañaz Añez (18/1) [57.Moisés Villarroel Angulo (24/1)], Marcelo Martins Moreno (Cap) (107/31) [76.Jair Alexander Reinoso Moreno (1/0)]. Trainer: Antônio Carlos Zago (Brazil, 1).
Goals: Henry Vaca Urquiza (20), Ramiro Vaca Ponce (87).

21.11.2023, 23rd FIFA World Cup Qualifiers
Estadio Centenario, Montevideo; Attendance: 46,100
Referee: Kevin Ortega Pimentel (Peru)
URUGUAY - BOLIVIA **3-0(2-0)**
BOL: Guillermo Viscarra Bruckner (11/0), Jairo Quinteros Sierra (22/0) [65.Diego Bejarano Ibáñez (47/3)], Luis Fernando Haquín López (30/1), José Manuel Sagredo Chávez (50/0), Moisés Villarroel Angulo (25/1), Leonel Justiniano Araúz (48/2) [65.Carmelo Algarañaz Añez (19/1)], Gabriel Alejandro Villamíl Cortéz (13/0), Ramiro Vaca Ponce (30/3) [90+3.Héctor Manuel Cuéllar Rosales (6/0)], Roberto Carlos Fernández Toro (31/1), Rodrigo Luis Ramallo Cornejo (38/7) [86.Jaime Darío Arrascaita Iriondo (16/1)], Marcelo Martins Moreno (Cap) (108/31) [87.Jair Alexander Reinoso Moreno (2/0)]. Trainer: Antônio Carlos Zago (Brazil, 2).

NATIONAL TEAM PLAYERS 2023			
Name	DOB	Caps	Goals
[Club 2023]			

(Caps and goals at 31.12.2023)

Goalkeepers

Guillermo VISCARRA Bruckner *[Club The Strongest La Paz]*	07.02.1993	11	0

Defenders

Diego BEJARANO Ibáñez *[Club Bolívar La Paz]*	24.08.1991	47	3
Héctor Manuel CUÉLLAR Rosales *[Club Always Ready La Paz]*	16.08.2000	6	0
Roberto Carlos FERNÁNDEZ Toro *[FK Baltika Kaliningrad (RUS)]*	12.07.1999	31	1
Luis Fernando HAQUÍN López *[Asociación Deportivo Cali (SWE)]*	15.11.1997	30	1
Adrián Johnny JUSINO Cerruto *[Club The Strongest La Paz]*	09.07.1992	33	0
Diego Daniel MEDINA Roman *[Club Always Ready La Paz]*	13.01.2002	9	0
Jairo QUINTEROS Sierra *[Club Bolívar La Paz]*	07.02.2001	22	0
Carlos Daniel ROCA Avellaneda *[Club The Strongest La Paz]*	11.05.1997	7	0
José Manuel SAGREDO Chávez *[Club Bolívar La Paz]*	10.03.1994	50	0
Marcelo Sebastián SUÁREZ Justiniano *[Club Jorge Wilstermann Cochabamba]*	20.12.2001	5	0
Pablo VACA Justiniano *[Club Always Ready La Paz]*	31.05.2002	1	0

Midfielders

Jaime Darío ARRASCAITA Iriondo [Club The Strongest La Paz]	02.09.1991	16	1
Danny Brayhan BEJARANO Yañez [Nea Salamis Famagusta FC (CYP)]	03.01.1994	36	0
Boris Adrián CÉSPEDES Sauvain [Yverdon-Sport FC (SUI)]	19.06.1995	13	1
Jeyson Ariel CHURA Almanza [Club The Strongest La Paz]	03.02.2002	9	0
Julio Héctor HERRERA Farel [Club Always Ready La Paz]	11.02.1999	1	0
Leonel JUSTINIANO Araúz [Club Bolívar La Paz]	02.07.1992	48	2
Daniel ROJAS Céspedes [CD Oriente Petrolero Santa Cruz de la Sierra]	22.02.2000	1	0
Fernando Javier SAUCEDO Pereyra [Club Bolívar La Paz]	15.03.1990	21	1
Miguel Ángel TERCEROS Acuña [Santos FC (BRA)]	25.04.2004	8	0
Luciano Nahuel URSINO Pegolo [Club The Strongest La Paz]	31.10.1988	7	1
Ramiro VACA Ponce [Club Bolívar La Paz]	01.07.1999	30	3
Gabriel Alejandro VILLAMÍL Cortéz [Club Bolívar La Paz]	28.06.2001	13	0
Moisés VILLARROEL Angulo [Rionegro Águilas Doradas (COL)]	06.09.1998	25	1

Forwards

Victor Alonso ÁBREGO Aguilera *[FC Universitario de Vinto]*	11.02.1997	**15**	**2**
Carmelo ALGARAÑAZ Añez *[Club Bolívar La Paz]*	27.01.1996	**19**	**1**
Jaume Albert CUÉLLAR Mendoza *[FC Barcelona Atlètic (ESP)]*	23.08.2001	**5**	**0**
José Carlos MARTÍNES Garzón *[Club Always Ready La Paz]*	18.09.2002	**1**	**0**
Bruno MIRANDA Villagomez *[Royal Pari FC Santa Cruz de la Sierra]*	10.02.1998	**16**	**2**
Enzo Eduardo MONTEIRO de Castro Becerra *[Santos FC (BRA)]*	27.05.2004	**1**	**0**
Marcelo Martins MORENO *[CEAR Independiente del Valle Sangolquí (ECU)]*	18.06.1987	**108**	**31**
Fernando NAVA Ortega *[Club Athletico Paranaense Curitiba]*	08.06.2004	**1**	**0**
Rodrigo Luis RAMALLO Cornejo *[Club Aurora Cochabamba]*	14.10.1990	**38**	**7**
Jair Alexander REINOSO Moreno *[Club Aurora Cochabamba]*	07.06.1985	**2**	**0**
Henry VACA Urquiza *[Maccabi Bnei Reineh FC (ISR)]*	27.01.1998	**19**	**1**

National coach

Gustavo Adolfo COSTAS Makeira (*Argentina*) [14.11.2022 – 24.10.2023]	28.02.1963	10 M; 1 W; 1 D; 8 L; 5-17
Antônio Carlos ZAGO (Brazil) [from 31.10.2023]	18.05.1969	2 M; 1 W; 0 D; 1 L; 2-3

BRAZIL

The FA:
Confederação Brasileira de Futebol
Avenida Luis Carlos Prestes n°130, Barra da Tijuca –
22775 055 Rio de Janeiro
Year of Formation: 1914
Member of FIFA since: 1923
Member of CONMEBOL since: 1916
Internet: www.cbf.com.br

The Country:
República Federativa do Brasil (Federative Republic of Brazil)
Capital: Brasilia
Surface: 8,514,877 km²
Inhabitants: 217,240,060 [2022]
Time: UTC-2 to -4

NATIONAL TEAM RECORDS

First international match:
20.09.1914, Buenos Aires: Argentina – Brazil 3-0

Most international caps:
Marcos Evangelista de Morais „Cafu"
142 caps (1990-2006)

Most international goals:
Neymar da Silva Santos Júnior
79 goals / 128 caps (since 2010)

OLYMPIC FOOTBALL TOURNAMENTS 1908-2020

Year	Result	Year	Result
1908	Did not enter	1976	Final Tournament (4th Place)
1912	Did not enter	1980	Qualifiers
1920	Did not enter	1984	Final Tournament (Runners-up)
1924	Qualifiers	1988	Final Tournament (Runners-up)
1928	Did not enter	1992	Qualifiers
1936	Did not enter	1996	Final Tournament (3rd Place)
1948	Did not enter	2000	Final Tournament (Quarter-Finals)
1952	Final Tournament (Quarter-Finals)	2004	Qualifiers
1956	Qualifiers	2008	Final Tournament (3rd Place)
1960	Final Tournament (Group Stage)	2012	Final Tournament (Runners-up)
1964	Final Tournament (Group Stage)	2016	**Final Tournament (Winners)**
1968	Final Tournament (Group Stage)	2020	**Final Tournament (Winners)**
1972	Final Tournament (Group Stage)		

FIFA CONFEDERATIONS CUP 1992-2017

1997 (Winners), 1999 (Runners-up), 2001, 2003, **2005 (Winners)**, **2009 (Winners)**, **2013 (Winners)**

COPA AMÉRICA	
1916	3rd Place
1917	3rd Place
1919	**Winners**
1920	3rd Place
1921	Runners-up
1922	**Winners**
1923	4th Place
1924	*Withdrew*
1925	Runners-up
1926	*Withdrew*
1927	*Withdrew*
1929	*Withdrew*
1935	*Withdrew*
1937	Runners-up
1939	*Withdrew*
1941	*Withdrew*
1942	3rd Place
1945	Runners-up
1946	Runners-up
1947	*Withdrew*
1949	**Winners**
1953	Runners-up
1955	*Withdrew*
1956	4th Place
1957	Runners-up
1959	Runners-up
1959E	3rd Place
1963	4th Place
1967	*Withdrew*
1975	Semi-Finals
1979	Semi-Finals
1983	Runners-up
1987	Group Stage
1989	**Winners**
1991	Runners-up
1993	Quarter-Finals
1995	Runners-up
1997	**Winners**
1999	**Winners**
2001	Quarter-Finals
2004	**Winners**
2007	**Winners**
2011	Quarter-Finals
2015	Quarter-Finals
2016	Group Stage
2019	**Winners**
2021	Runners-up

FIFA WORLD CUP	
1930	Final Tournament (1st Round)
1934	Final Tournament (1st Round)
1938	Final Tournament (3rd Place)
1950	Final Tournament (Runners-up)
1954	Final Tournament (Quarter-Finals)
1958	**Final Tournament (Winners)**
1962	**Final Tournament (Winners)**
1966	Final Tournament (Group Stage)
1970	**Final Tournament (Winners)**
1974	Final Tournament (4th Place)
1978	Final Tournament (3rd Place)
1982	Final Tournament (2nd Round)
1986	Final Tournament (Quarter-Finals)
1990	Final Tournament (2nd Round of 16)
1994	**Final Tournament (Winners)**
1998	Final Tournament (Runners-up)
2002	**Final Tournament (Winners)**
2006	Final Tournament (Quarter-Finals)
2010	Final Tournament (Quarter-Finals)
2014	Final Tournament (4th Place)
2018	Final Tournament (Quarter-Finals)
2022	Final Tournament (Quarter-Finals)

BRAZILIAN CLUB HONOURS IN SOUTH AMERICAN CLUB COMPETITIONS:

COPA LIBERTADORES 1960-2023		
Santos FC	3	1962, 1963, 2011
CR do Flamengo Rio de Janeiro	3	1981, 2019, 2022
Grêmio Foot-Ball Porto Alegrense	3	1983, 1995, 2017
São Paulo FC	3	1992, 1993, 2005
SE Palmeiras São Paulo	3	1999, 2020, 2021
Cruzeiro EC Belo Horizonte	2	1976, 1997
SC Internacional Porto Alegre	2	2006, 2010
CR Vasco da Gama Rio de Janeiro	1	1998
SC Corinthians Paulista São Paulo	1	2012
Clube Atletico Mineiro Belo Horizonte	1	2013
Fluminense FC Rio de Janeiro	1	2023

COPA SUDAMERICANA 2002-2023		
Club Athletico Paranaense Curitiba	2	2018, 2021
SC Internacional Porto Alegre	1	2008
São Paulo FC	1	2012
Associação Chapecoense de Futebol	1	2016

RECOPA SUDAMERICANA 1989-2023		
São Paulo FC	2	1993, 1994
Grêmio Foot-Ball Porto Alegrense	2	1996, 2018
SC Internacional Porto Alegre	2	2007, 2011
Cruzeiro EC Belo Horizonte	1	1998
Santos FC	1	2012
SC Corinthians Paulista São Paulo	1	2013
Clube Atletico Mineiro Belo Horizonte	1	2014
CR do Flamengo Rio de Janeiro	1	2020
SE Palmeiras São Paulo	1	2022

COPA CONMEBOL[1] 1992-1999		
Clube Atlético Mineiro	2	1992, 1997
Botafogo de FR Rio de Janeiro	1	1993
São Paulo FC	1	1994
Santos FC	1	1998

SUPERCUP „JOÃO HAVELANGE"[1] 1988-1997*		
Cruzeiro EC Belo Horizonte	2	1991, 1992
São Paulo FC	1	1993

COPA MERCOSUR[1] 1998-2001**		
SE Palmeiras São Paulo	1	1998
CR do Flamengo Rio de Janeiro	1	1999
CR Vasco da Gama Rio de Janeiro	1	2000

[1] defunct competition
*Contested betwenn winners of all previous editions of the Copa Libertadores
**Contested between teams belonging countries from the southern part of South America (Argentina, Brazil, Chile, Paraguay and Uruguay).

NATIONAL COMPETITIONS
TABLE OF HONOURS

	CHAMPIONS	CUP WINNERS
1959	-	Esporte Clube Bahia
1960	-	SE Palmeiras São Paulo
1961	-	Santos FC
1962	-	Santos FC
1963	-	Santos FC
1964	-	Santos FC
1965	-	Santos FC
1966	-	Cruzeiro EC Belo Horizonte
1967	-	SE Palmeiras São Paulo
1968	-	Botafogo de FR Rio de Janeiro
1969	-	-
1970	-	-
1971	Clube Atlético Mineiro	-
1972	SE Palmeiras São Paulo	-
1973	SE Palmeiras São Paulo	-
1974	CR Vasco da Gama Rio de Janeiro	-
1975	SC Internacional Porto Alegre	-
1976	SC Internacional Porto Alegre	-
1977	São Paulo FC	-
1978	Guarani FC Campinas	-
1979	SC Internacional Porto Alegre	-
1980	CR Flamengo Rio de Janeiro	-
1981	Grêmio Foot-Ball Porto Alegrense	-
1982	CR Flamengo Rio de Janeiro	-
1983	CR Flamengo Rio de Janeiro	-
1984	Fluminense FC Rio de Janeiro	-
1985	Coritiba FC	-
1986	São Paulo FC	-
1987	Sport Club do Recife	-
1988	Esporte Clube Bahia	-
1989	CR Vasco da Gama Rio de Janeiro	Grêmio Foot-Ball Porto Alegrense
1990	SC Corinthians Paulista São Paulo	CR Flamengo Rio de Janeiro
1991	São Paulo FC	Criciúma EC
1992	CR Flamengo Rio de Janeiro	SC Internacional Porto Alegre
1993	SE Palmeiras São Paulo	Cruzeiro EC Belo Horizonte
1994	SE Palmeiras São Paulo	Grêmio Foot-Ball Porto Alegrense
1995	Botafogo de FR Rio de Janeiro	SC Corinthians Paulista São Paulo
1996	Grêmio Foot-Ball Porto Alegrense	Cruzeiro EC Belo Horizonte
1997	CR Vasco da Gama Rio de Janeiro	Grêmio Foot-Ball Porto Alegrense
1998	SC Corinthians Paulista São Paulo	SE Palmeiras São Paulo
1999	SC Corinthians Paulista São Paulo	EC Juventude Caxias do Sul
2000	CR Vasco da Gama Rio de Janeiro	Cruzeiro EC Belo Horizonte
2001	Club Athletico Paranaense Curitiba	Grêmio Foot-Ball Porto Alegrense
2002	Santos FC	SC Corinthians Paulista São Paulo
2003	Cruzeiro EC Belo Horizonte	Cruzeiro EC Belo Horizonte
2004	Santos FC	EC Santo André
2005	SC Corinthians Paulista São Paulo	Paulista FC São Paulo

2006	São Paulo FC	CR Flamengo Rio de Janeiro
2007	São Paulo FC	Fluminense FC Rio de Janeiro
2008	São Paulo FC	Sport Club do Recife
2009	CR Flamengo Rio de Janeiro	SC Corinthians Paulista São Paulo
2010	Fluminense FC Rio de Janeiro	Santos FC
2011	SC Corinthians Paulista São Paulo	CR Vasco da Gama Rio de Janeiro
2012	Fluminense FC Rio de Janeiro	SE Palmeiras São Paulo
2013	Cruzeiro EC Belo Horizonte	CR Flamengo Rio de Janeiro
2014	Cruzeiro EC Belo Horizonte	Clube Atlético Mineiro Belo Horizonte
2015	SC Corinthians Paulista São Paulo	SE Palmeiras São Paulo
2016	SE Palmeiras São Paulo	Grêmio Foot-Ball Porto Alegrense
2017	SC Corinthians Paulista São Paulo	Cruzeiro EC Belo Horizonte
2018	SE Palmeiras São Paulo	Cruzeiro EC Belo Horizonte
2019	CR Flamengo Rio de Janeiro	Club Athletico Paranaense Curitiba
2020	CR Flamengo Rio de Janeiro	SE Palmeiras São Paulo
2021	Clube Atlético Mineiro Belo Horizonte	Clube Atlético Mineiro Belo Horizonte
2022	SE Palmeiras São Paulo	CR Flamengo Rio de Janeiro
2023	SE Palmeiras São Paulo	São Paulo Futebol Clube

	BEST GOALSCORERS	
1971	Dario José dos Santos (Clube Atlético Mineiro)	17
1972	Dario José dos Santos (Clube Atlético Mineiro) Pedro Virgilio Rocha Franchetti (São Paulo FC)	17
1973	Ramón da Silva Ramos (Santa Cruz FC Recife)	21
1974	Carlos Roberto de Oliveira „Roberto Dinamite" (CR Vasco da Gama)	16
1975	Flávio Almeida da Fonseca „Flávio Minuano" (SC Internacional Porto Alegre)	16
1976	Dario José dos Santos (SC Internacional Porto Alegre)	16
1977	José Reinaldo de Lima (Clube Atlético Mineiro)	28
1978	Paulo Luiz Massariol „Paulinho" (CR Vasco da Gama)	19
1979	César Martins de Oliveira (América FC Rio de Janeiro) Roberto César Itacaramby (Cruzeiro EC Belo Horizonte)	12
1980	Arthur Antunes Coimbra „Zico" (CR Flamengo Rio de Janeiro)	21
1981	João Batista Nunes de Oliveira (CR Flamengo Rio de Janeiro)	16
1982	Arthur Antunes Coimbra „Zico" (CR Flamengo Rio de Janeiro)	21
1983	Sérgio Bernardino „Serginho" (Santos FC)	22
1984	Carlos Roberto de Oliveira „Roberto Dinamite" (CR Vasco da Gama)	16
1985	Edmar Bernardes dos Santos (Guarani FC Campinas)	20
1986	Antônio de Oliveira Filho „Careca" (São Paulo FC)	25
1987	Luís Antônio Corrêa da Costa „Müller" (São Paulo FC)	25
1988	Nílson Esídio Mora (SC Internacional Porto Alegre)	15
1989	Túlio Humberto Pereira Costa (Goiás EC Goiânia)	11
1990	Charles Fabian Figueiredo Santos (Esporte Clube Bahia)	11
1991	Paulo César Vieira Rosa „Paulinho" (Santos FC)	15
1992	José Roberto Gama de Oliveira „Bebeto" (CR Vasco da Gama)	18
1993	Alexandre da Silva „Guga" (Santos FC)	14
1994	Márcio Amoroso dos Santos (Guarani FC Campinas) Túlio Humberto Pereira Costa (Botafogo de FR Rio de Janeiro)	19
1995	Túlio Humberto Pereira Costa (Botafogo de FR Rio de Janeiro)	23
1996	Renaldo Lopes da Cruz (Clube Atlético Mineiro) Arílson de Paula Nunes „Paulo Nunes" (Grêmio Foot-Ball Porto Alegrense)	16

Year	Player	Goals
1997	Edmundo Alves de Souza Neto (CR Vasco da Gama)	29
1998	Paulo Sergio Rosa „Viola" (Santos FC)	21
1999	Guilherme de Cássio Alves (Clube Atlético Mineiro Belo Horizonte)	28
2000	Elpídio Barbosa Conceição „Dill" (Goiás EC Goiânia) Magno Alves de Araújo (Fluminense FC Rio de Janeiro) Romário de Souza Faria (CR Vasco da Gama)	20
2001	Romário de Souza Faria (CR Vasco da Gama)	21
2002	Luís Fabiano Clemente (São Paulo FC) Rodrigo Fabri (Grêmio Foot-Ball Porto Alegrense)	19
2003	Editácio Vieira de Andrade „Dimba" (Goiás EC Goiânia)	31
2004	Washington Stecanela Cerqueira (Club Athletico Paranaense Curitiba)	34
2005	Romário de Souza Faria (CR Vasco da Gama)	22
2006	Rodrigo de Souza Cardoso (Goiás EC Goiânia)	17
2007	Josiel da Rocha (Paraná Clube Curitiba)	20
2008	Keirrison de Souza Carneiro (Coritiba FC) Washington Stecanela Cerqueira (Fluminense FC Rio de Janeiro) Kléber João Boas Pereira (Santos FC)	21
2009	Adriano Leite Ribeiro (CR Flamengo Rio de Janeiro) Diego Tardelli Martins (Clube Atlético Mineiro)	19
2010	Jonas Gonçalves Oliveira (Grêmio Foot-Ball Porto Alegrense)	23
2011	Humberlito Borges Teixeira (Santos FC)	23
2012	Frederico Chaves Guedes "Fred" (Fluminense FC Rio de Janeiro)	20
2013	Éderson Alves Ribeiro Silva (Club Athletico Paranaense Curitiba)	21
2014	Frederico Chaves Guedes "Fred" (Fluminense FC Rio de Janeiro)	18
2015	Ricardo de Oliveira (Santos FC)	20
2016	Diego de Souza Andrade (Sport Club do Recife) Frederico Chaves Guedes „Fred" (Clube Atlético Mineiro Belo Horizonte / Fluminense FC Rio de Janeiro) William de Oliveira Pottker (AA Ponte Preta Campinas)	14
2017	José Henrique da Silva Dourado (Fluminense FC Rio de Janeiro) João Alves de Assis Silva "Jô" (SC Corinthians Paulista São Paulo)	18
2018	Gabriel Barbosa Almeida (Santos FC)	18
2019	Gabriel Barbosa Almeida (CR Flamengo Rio de Janeiro)	25
2020	Cláudio Luiz Rodrigues Parise Leonel "Claudinho" (Red Bull Bragantino) Luciano da Rocha Neves (São Paulo FC)	18
2021	Givanildo Vieira de Sousa "Hulk" (Clube Atlético Mineiro Belo Horizonte)	19
2022	Germán Ezequiel Cano (ARG, Fluminense FC Rio de Janeiro)	26
2023	Paulo Henrique Sampaio Filho "Paulinho" (Clube Atlético Mineiro Belo Horizonte)	20

NATIONAL CHAMPIONSHIP
Campeonato Brasileiro Série A 2023
(15.04.2023 - 07.12.2023)

Results

Round 1 [15-16.04.2023]
América - Fluminense 0-3(0-0)
Palmeiras - Cuiabá EC 2-1(1-1)
CA Paranaense - Goiás EC 2-0(1-0)
Botafogo - São Paulo FC 2-1(1-1)
Red Bull Bragantino - EC Bahia 2-1(0-1)
Fortaleza - Internacional 1-1(0-0)
Atlético Mineiro - Vasco da Gama 1-2(1-2)
Corinthians - Cruzeiro 2-1(0-0)
Flamengo - Coritiba 3-0(1-0)
Grêmio Porto Alegre - Santos FC 1-0(1-0)

Round 2 [22-24.04.2023]
Fluminense - CA Paranaense 2-0(1-0)
Cuiabá EC - Red Bull Bragantino 1-1(0-0)
São Paulo FC - América 3-0(1-0)
Cruzeiro - Grêmio Porto Alegre 1-0(0-0)
Internacional - Flamengo 2-1(0-0)
Santos FC - Atlético Mineiro 0-0
Vasco da Gama - Palmeiras 2-2(2-1)
Coritiba - Fortaleza 0-3(0-0)
Goiás EC - Corinthians 3-1(1-1)
EC Bahia - Botafogo 1-2(1-1)

Round 3 [29.04.-01.05.2023]
Coritiba - São Paulo FC 1-1(1-0)
Fortaleza - Fluminense 4-2(2-1)
Red Bull Bragantino - Cruzeiro 0-3(0-1)
Palmeiras - Corinthians 2-1(2-0)
Santos FC - América 3-2(2-1)
Atlético Mineiro - CA Paranaense 2-1(1-0)
Flamengo - Botafogo 2-3(0-2)
Cuiabá EC - Grêmio Porto Alegre 1-2(1-1)
Internacional - Goiás EC 1-0(0-0)
Vasco da Gama - EC Bahia 0-1(0-1)

Round 4 [06-08.05.2023]
Cruzeiro - Santos FC 2-1(1-0)
Fluminense - Vasco da Gama 1-1(0-1)
América - Cuiabá EC 1-2(1-0)
CA Paranaense - Flamengo 2-1(1-1)
EC Bahia - Coritiba 3-1(1-0)
São Paulo FC - Internacional 2-0(1-0)
Botafogo - Atlético Mineiro 2-0(1-0)
Goiás EC - Palmeiras 0-5(0-1)
Grêmio Porto Alegre - RB Bragantino 3-3(1-1)
Corinthians - Fortaleza 1-1(0-0)

Round 5 [10-11.05.2023]
Red Bull Bragantino - América 2-2(2-1)
Internacional - CA Paranaense 0-2(0-0)
Santos FC - EC Bahia 3-0(2-0)
Cuiabá EC - Atlético Mineiro 0-4(0-1)
Flamengo - Goiás EC 2-0(1-0)
Cruzeiro - Fluminense 0-2(0-1)
Palmeiras - Grêmio Porto Alegre 4-1(1-1)
Coritiba - Vasco da Gama 1-1(1-0)
Botafogo - Corinthians 3-0(1-0)
Fortaleza - São Paulo FC 0-0

Round 6 [13-14.05.2023]
EC Bahia - Flamengo 2-3(1-3)
Fluminense - Cuiabá EC 2-0(1-0)
Palmeiras - Red Bull Bragantino 1-1(0-0)
Atlético Mineiro - Internacional 2-0(1-0)
Corinthians - São Paulo FC 1-1(1-1)
Grêmio Porto Alegre - Fortaleza 0-0
Vasco da Gama - Santos FC 0-1(0-1)
América - Cruzeiro 0-4(0-1)
CA Paranaense - Coritiba 3-2(0-1)
Goiás EC - Botafogo 2-1(1-1)

Round 7 [20-22.05.2023]
EC Bahia - Goiás EC 1-1(1-1)
América - Fortaleza 2-1(2-1)
Botafogo - Fluminense 1-0(0-0)
Red Bull Bragantino - CA Paranaense 2-0(1-0)
Coritiba - Atlético Mineiro 1-2(1-1)
São Paulo FC - Vasco da Gama 4-2(2-1)
Santos FC - Palmeiras 0-0
Flamengo - Corinthians 1-0(0-0)
Grêmio Porto Alegre - Internacional 3-1(2-0)
Cruzeiro - Cuiabá EC 0-1(0-1)

Round 8 [27-28.05.2023]
CA Paranaense - Grêmio Porto Alegre 1-2(1-1)
Fortaleza - Vasco da Gama 2-0(0-0)
Cuiabá EC - Coritiba 1-1(1-0)
Flamengo - Cruzeiro 1-1(1-1)
São Paulo FC - Goiás EC 2-1(0-1)
Corinthians - Fluminense 2-0(0-0)
Internacional - EC Bahia 2-0(0-0)
Atlético Mineiro - Palmeiras 1-1(1-0)
Red Bull Bragantino - Santos FC 2-0(1-0)
Botafogo - América 2-0(1-0)

Round 9 [03-05.06.2023]
Fortaleza - EC Bahia 0-0
América - Corinthians 2-0(0-0)
CA Paranaense - Botafogo 1-0(1-0)
Cruzeiro - Atlético Mineiro 0-1(0-0)
Santos FC - Internacional 1-1(1-1)
Fluminense - Red Bull Bragantino 2-1(2-0)
Grêmio Porto Alegre - São Paulo FC 2-1(2-1)
Goiás EC - Cuiabá EC 0-1(0-0)
Palmeiras - Coritiba 3-1(2-0)
Vasco da Gama - Flamengo 1-4(0-4)

Round 10 [10-11.06.2023]
Coritiba - Santos FC 0-0
Atlético Mineiro - RB Bragantino 1-1(1-1)
EC Bahia - Cruzeiro 2-2(1-2)
Corinthians - Cuiabá EC 1-1(0-0)
Botafogo - Fortaleza 2-0(1-0)
América - CA Paranaense 2-2(0-1)
Internacional - Vasco da Gama 2-1(2-1)
São Paulo FC - Palmeiras 0-2(0-1)
Flamengo - Grêmio Porto Alegre 3-0(1-0)
Goiás EC - Fluminense 2-2(1-1)

Round 11 [21-22.06.2023]
Cruzeiro - Fortaleza 0-1(0-0)
São Paulo FC - CA Paranaense 2-1(1-1)
Santos FC - Corinthians 0-2(0-2)
EC Bahia - Palmeiras 1-0(0-0)
Fluminense - Atlético Mineiro 1-1(1-1)
Grêmio Porto Alegre - América 3-1(1-1)
Coritiba - Internacional 0-1(0-0)
Cuiabá EC - Botafogo 0-1(0-0)
Vasco da Gama - Goiás EC 0-1(0-0)
Red Bull Bragantino - Flamengo 4-0(1-0)

Round 12 [24-26.06.2023]
CA Paranaense - Corinthians 1-0(1-0)
Fluminense - EC Bahia 2-1(0-1)
Fortaleza - Atlético Mineiro 2-1(0-0)
Cruzeiro - São Paulo FC 1-0(1-0)
Grêmio Porto Alegre - Coritiba 5-1(1-1)
Palmeiras - Botafogo 0-1(0-1)
América - Internacional 1-2(1-0)
Red Bull Bragantino - Goiás EC 2-0(2-0)
Santos FC - Flamengo 2-3(1-1)
Vasco da Gama - Cuiabá EC 1-0(0-0)

Round 13 [01-03.07.2023]
São Paulo FC - Fluminense 1-0(0-0)
EC Bahia - Grêmio Porto Alegre 1-2(1-1)
Flamengo - Fortaleza 2-0(1-0)
Internacional - Cruzeiro 0-0
Corinthians - Red Bull Bragantino 0-1(0-0)
CA Paranaense - Palmeiras 2-2(0-1)
Atlético Mineiro - América 2-2(2-0)
Botafogo - Vasco da Gama 2-0(0-0)
Cuiabá EC - Santos FC 3-0(0-0)
Goiás EC - Coritiba 1-2(0-2)

Round 14 [08-09.07.2023]
Cuiabá EC - EC Bahia 1-1(0-0)
Vasco da Gama - Cruzeiro 0-1(0-1)
Atlético Mineiro - Corinthians 0-1(0-0)
Coritiba - América 3-1(2-1)
Palmeiras - Flamengo 1-1(1-0)
Santos FC - Goiás EC 4-3(3-1)
Red Bull Bragantino - São Paulo FC 0-0
Fluminense - Internacional 2-0(2-0)
Fortaleza - CA Paranaense 1-0(0-0)
Grêmio Porto Alegre - Botafogo 0-2(0-0)

Round 15 [15-17.07.2023]
Botafogo - Red Bull Bragantino 2-0(0-0)
Cruzeiro - Coritiba 0-0
Fluminense - Flamengo 0-0
Fortaleza - Cuiabá EC 0-1(0-1)
São Paulo FC - Santos FC 4-1(2-0)
CA Paranaense - EC Bahia 2-0(2-0)
Internacional - Palmeiras 0-0
Goiás EC - Atlético Mineiro 0-0
Corinthians - Grêmio 4-4(3-2) [18.09.2023]
América-Vasco da Gama 0-1(0-0) [25.09.2023]

Round 16 [22-24.07.2023]
Flamengo - América 1-1(0-0)
Palmeiras - Fortaleza 3-1(1-1)
EC Bahia - Corinthians 0-0
Cuiabá EC - São Paulo FC 2-1(0-0)
Grêmio Porto Alegre-Atlético Mineiro 1-0(1-0)
Red Bull Bragantino - Internacional 0-0
Cruzeiro - Goiás EC 0-1(0-1)
Santos FC - Botafogo 2-2(1-0)
Vasco da Gama - CA Paranaense 0-2(0-0)
Coritiba - Fluminense 2-0(2-0)

Round 17 [29-30.07.2023]
CA Paranaense - Cruzeiro 3-3(1-2)
Fluminense - Santos FC 1-0(0-0)
Internacional - Cuiabá EC 1-2(1-1)
Corinthians - Vasco da Gama 3-1(1-0)
Fortaleza - Red Bull Bragantino 0-3(0-1)
Atlético Mineiro - Flamengo 1-2(1-0)
São Paulo FC - EC Bahia 0-0
América - Palmeiras 1-4(1-2)
Botafogo - Coritiba 4-1(3-1)
Goiás EC - Grêmio Porto Alegre 1-1(0-0)

Round 18 [05-06.08.2023]
Santos FC - CA Paranaense 1-1(0-1)
Goiás EC - Fortaleza 1-0(0-0)
Internacional - Corinthians 2-2(1-1)
Fluminense - Palmeiras 2-1(0-0)
São Paulo FC - Atlético Mineiro 0-2(0-1)
Vasco da Gama - Grêmio Porto Alegre 1-0(0-0)
EC Bahia - América 3-1(1-0)
Coritiba - Red Bull Bragantino 0-1(0-1)
Cruzeiro - Botafogo 0-0
Cuiabá EC - Flamengo 3-0(0-0)

Round 19 [12-15.08.2023]
Botafogo - Internacional 3-1(0-1)
Atlético Mineiro - EC Bahia 1-0(0-0)
América - Goiás EC 0-1(0-1)
Corinthians - Coritiba 3-1(0-1)
Grêmio Porto Alegre - Fluminense 2-1(2-1)
Flamengo - São Paulo FC 1-1(0-1)
Fortaleza - Santos FC 4-0(0-0)
Palmeiras - Cruzeiro 1-0(0-0)
Red Bull Bragantino - Vasco da Gama 1-1(1-1)
CA Paranaense - Cuiabá EC 2-0(1-0)

Round 20 [19-21.08.2023]
Internacional - Fortaleza 0-1(0-1)
São Paulo FC - Botafogo 0-0
Cuiabá EC - Palmeiras 0-2(0-1)
Fluminense - América 3-1(0-0)
Cruzeiro - Corinthians 1-1(1-0)
Vasco da Gama - Atlético Mineiro 1-0(1-0)
EC Bahia - Red Bull Bragantino 4-0(2-0)
Coritiba - Flamengo 2-3(1-2)
Santos FC - Grêmio Porto Alegre 2-1(0-0)
Goiás EC - CA Paranaense 1-1(0-1)

Round 21 [26-27.08.2023]
Flamengo - Internacional 0-0
Corinthians - Goiás EC 1-1(0-0)
Red Bull Bragantino - Cuiabá EC 2-0(0-0)
América - São Paulo FC 2-1(0-0)
Atlético Mineiro - Santos FC 2-0(1-0)
Botafogo - EC Bahia 3-0(1-0)
CA Paranaense - Fluminense 2-2(1-0)
Fortaleza - Coritiba 3-1(2-0)
Palmeiras - Vasco da Gama 1-0(0-0)
Grêmio Porto Alegre - Cruzeiro 3-0(1-0)

Round 22 [02-03.09.2023]
CA Paranaense - Atlético Mineiro 1-1(0-1)
Goiás EC - Internacional 0-0
Botafogo - Flamengo 1-2(1-1)
Grêmio Porto Alegre - Cuiabá EC 2-0(1-0)
Corinthians - Palmeiras 0-0
Fluminense - Fortaleza 1-0(0-0)
América - Santos FC 2-0(1-0)
EC Bahia - Vasco da Gama 1-1(1-0)
Cruzeiro - Red Bull Bragantino 0-0
São Paulo FC - Coritiba 2-1(2-1) [27.09.2023]

Round 23 [13-16.09.2023]
Flamengo - CA Paranaense 0-3(0-1)
Internacional - São Paulo FC 2-1(0-0)
Fortaleza - Corinthians 2-1(1-1)
Santos FC - Cruzeiro 0-3(0-1)
Coritiba - EC Bahia 2-4(1-3)
RB Bragantino - Grêmio Porto Alegre 2-0(2-0)
Cuiabá EC - América 2-2(2-2)
Palmeiras - Goiás EC 1-0(0-0)
Vasco da Gama - Fluminense 4-2(1-0)
Atlético Mineiro - Botafogo 1-0(0-0)

Round 24 [18-23.09.2023]
EC Bahia - Santos FC 1-2(0-0)
América - Red Bull Bragantino 0-2(0-1)
Goiás EC - Flamengo 0-0
Fluminense - Cruzeiro 1-0(0-0)
São Paulo FC - Fortaleza 1-2(0-1)
Vasco da Gama - Coritiba 5-1(2-0)
CA Paranaense - Internacional 2-1(1-1)
Grêmio Porto Alegre - Palmeiras 1-0(1-0)
Corinthians - Botafogo 1-0(0-0)
Atlético Mineiro - Cuiabá EC 1-0(1-0)

Round 25 [30.09.-02.10.2023]
Flamengo - EC Bahia 1-0(0-0)
Fortaleza - Grêmio Porto Alegre 1-1(1-0)
Cuiabá EC - Fluminense 3-0(0-0)
São Paulo FC - Corinthians 2-1(2-1)
Internacional - Atlético Mineiro 0-2(0-0)
Coritiba - CA Paranaense 2-0(2-0)
Cruzeiro - América 1-1(1-1)
Santos FC - Vasco da Gama 4-1(3-1)
Red Bull Bragantino - Palmeiras 2-1(0-1)
Botafogo - Goiás EC 1-1(0-1)

Round 26 [07-08.10.2023]
Goiás EC - EC Bahia 4-6(3-3)
Vasco da Gama - São Paulo FC 0-0
Corinthians - Flamengo 1-1(0-0)
Fluminense - Botafogo 0-2(0-2)
Internacional - Grêmio Porto Alegre 3-2(1-0)
Palmeiras - Santos FC 1-2(1-1)
CA Paranaense - Red Bull Bragantino 1-1(1-1)
Atlético Mineiro - Coritiba 1-2(0-0)
Fortaleza - América 3-2(1-2)
Cuiabá EC - Cruzeiro 0-0 [14.10.2023]

Round 27 [18-19.10.2023]
Grêmio Porto Alegre - CA Paranaense 1-2(1-1)
América - Botafogo 1-2(1-1)
Coritiba - Cuiabá EC 0-3(0-1)
EC Bahia - Internacional 1-0(1-0)
Goiás EC - São Paulo FC 2-0(2-0)
Vasco da Gama - Fortaleza 1-0(0-0)
Cruzeiro - Flamengo 0-2(0-2)
Palmeiras - Atlético Mineiro 0-2(0-1)
Santos FC - Red Bull Bragantino 1-3(0-2)
Fluminense - Corinthians 3-3(1-3)

Round 28 [21-22.10.2023]
EC Bahia - Fortaleza 2-0(1-0)
Cuiabá EC - Goiás EC 1-1(0-1)
São Paulo FC - Grêmio Porto Alegre 3-0(1-0)
Botafogo - CA Paranaense 1-1(1-1)
Atlético Mineiro - Cruzeiro 0-1(0-0)
Flamengo - Vasco da Gama 1-0(0-0)
Internacional - Santos FC 7-1(4-0)
Red Bull Bragantino - Fluminense 1-0(1-0)
Corinthians - América 1-1(0-1)
Coritiba - Palmeiras 0-2(0-2)

Round 29 [25-26.10.2023]
CA Paranaense - América 3-2(3-1)
Red Bull Bragantino-Atlético Mineiro 1-2(0-1)
Fluminense - Goiás EC 5-3(2-2)
Cruzeiro - EC Bahia 3-0(1-0)
Palmeiras - São Paulo FC 5-0(3-0)
Cuiabá EC - Corinthians 0-1(0-0)
Grêmio Porto Alegre - Flamengo 3-2(0-1)
Vasco da Gama - Internacional 1-2(0-1)
Santos FC - Coritiba 2-1(1-1)
Fortaleza - Botafogo 2-2(2-1) [23.11.2023]

Round 30 [28-29.10.2023]
América - Grêmio Porto Alegre 3-4(2-2)
Palmeiras - EC Bahia 1-0(1-0)
Atlético Mineiro - Fluminense 2-0(0-0)
CA Paranaense - São Paulo FC 1-1(1-1)
Goiás EC - Vasco da Gama 1-1(0-0)
Corinthians - Santos FC 1-1(0-0)
Internacional - Coritiba 3-4(1-2)
Botafogo - Cuiabá EC 0-1(0-0)
Fortaleza - Cruzeiro 0-1(0-0) [18.11.2023]
Flamengo-RB Bragantino 1-0(0-0)[23.11.2023]

Round 31 [31.10.-02.11.2023]
EC Bahia - Fluminense 1-0(1-0)
Corinthians - CA Paranaense 1-0(0-0)
Internacional - América 1-1(1-1)
Coritiba - Grêmio Porto Alegre 1-2(0-1)
Flamengo - Santos FC 1-2(1-1)
Atlético Mineiro - Fortaleza 3-1(1-1)
Botafogo - Palmeiras 3-4(3-0)
Cuiabá EC - Vasco da Gama 0-2(0-0)
Goiás EC - Red Bull Bragantino 0-2(0-1)
São Paulo FC - Cruzeiro 1-0(0-0)

Round 32 [04-06.11.2023]
América - Atlético Mineiro 1-1(0-0)
Grêmio Porto Alegre - EC Bahia 1-0(0-0)
Palmeiras - CA Paranaense 1-0(1-0)
Red Bull Bragantino - Corinthians 1-0(1-0)
Cruzeiro - Internacional 1-2(0-1)
Fortaleza - Flamengo 0-2(0-1)
Coritiba - Goiás EC 0-1(0-0)
Vasco da Gama - Botafogo 1-0(1-0)
Santos FC - Cuiabá EC 0-0
Fluminense - São Paulo 1-0(0-0) [22.11.2023]

Round 33 [08-09.11.2023]
América - Coritiba 0-3(0-2)
Internacional - Fluminense 0-0
CA Paranaense - Fortaleza 1-1(0-0)
São Paulo FC - Red Bull Bragantino 1-0(0-0)
Flamengo - Palmeiras 3-0(2-0)
Corinthians - Atlético Mineiro 1-1(1-0)
Goiás EC - Santos FC 0-1(0-0)
EC Bahia - Cuiabá EC 0-3(0-1)
Botafogo - Grêmio Porto Alegre 3-4(2-1)
Cruzeiro-Vasco da Gama 2-2(2-1) [22.11.2023]

Round 34 [11-12.11.2023]
Coritiba - Cruzeiro 1-0(0-0)
Flamengo - Fluminense 1-1(1-0)
Palmeiras - Internacional 3-0(1-0)
Red Bull Bragantino - Botafogo 2-2(1-2)
Grêmio Porto Alegre - Corinthians 0-1(0-1)
Atlético Mineiro - Goiás EC 2-1(1-0)
EC Bahia - CA Paranaense 1-1(0-0)
Cuiabá EC - Fortaleza 2-1(1-0)
Santos FC - São Paulo FC 0-0
Vasco da Gama - América 2-1(1-1)

Round 35 [24-27.11.2023]
Corinthians - EC Bahia 1-5(0-3)
CA Paranaense - Vasco da Gama 0-0
Fluminense - Coritiba 2-1(1-0)
Atlético Mineiro-Grêmio Porto Alegre 3-0(1-0)
Botafogo - Santos FC 1-1(1-0)
América - Flamengo 0-3(0-1)
Fortaleza - Palmeiras 2-2(1-0)
Internacional - Red Bull Bragantino 1-0(1-0)
São Paulo FC - Cuiabá EC 0-0
Goiás EC - Cruzeiro 0-1(0-0)

Round 36 [28-30.11.2023]
Vasco da Gama - Corinthians 2-4(2-2)
Santos FC - Fluminense 0-3(0-2)
Flamengo - Atlético Mineiro 0-3(0-1)
EC Bahia - São Paulo FC 0-1(0-0)
Cuiabá EC - Internacional 0-2(0-0)
Coritiba - Botafogo 1-1(0-0)
Palmeiras - América 4-0(2-0)
Grêmio Porto Alegre - Goiás EC 2-1(0-1)
Cruzeiro - CA Paranaense 1-1(0-0)
Red Bull Bragantino - Fortaleza 1-2(1-2)

Round 37 [02-03.12.2023]
Corinthians - Internacional 1-2(0-1)
Atlético Mineiro - São Paulo FC 2-1(0-0)
Flamengo - Cuiabá EC 2-1(2-0)
Palmeiras - Fluminense 1-0(1-0)
América - EC Bahia 3-2(2-1)
CA Paranaense - Santos FC 3-0(1-0)
Botafogo - Cruzeiro 0-0
Red Bull Bragantino - Coritiba 1-0(0-0)
Fortaleza - Goiás EC 1-0(1-0)
Grêmio Porto Alegre - Vasco da Gama 1-0(0-0)

Round 38 [06.12.2023]
Goiás EC - América 1-0(1-0)
EC Bahia - Atlético Mineiro 4-1(2-1)
Coritiba - Corinthians 0-2(0-2)
Cruzeiro - Palmeiras 1-1(0-1)
Cuiabá EC - CA Paranaense 3-0(2-0)
Fluminense - Grêmio Porto Alegre 2-3(1-2)
Internacional - Botafogo 3-1(1-0)
Santos FC - Fortaleza 1-2(0-1)
São Paulo FC - Flamengo 1-0(1-0)
Vasco da Gama - Red Bull Bragantino 2-1(1-0)

	Final Standings								
1.	**SE Palmeiras São Paulo**	38	20	10	8	64	-	33	70
2.	Grêmio Foot-Ball Porto Alegrense	38	21	5	12	63	-	56	68
3.	Clube Atlético Mineiro Belo Horizonte	38	19	9	10	52	-	32	66
4.	CR Flamengo Rio de Janeiro	38	19	9	10	56	-	42	66
5.	Botafogo de FR Rio de Janeiro	38	18	10	10	58	-	37	64
6.	Red Bull Bragantino	38	17	11	10	49	-	35	62
7.	Fluminense FC Rio de Janeiro	38	16	8	14	51	-	47	56
8.	Club Athletico Paranaense Curitiba	38	14	14	10	51	-	43	56
9.	SC Internacional Porto Alegre	38	15	10	13	46	-	45	55
10.	Fortaleza Esporte Clube	38	15	9	14	45	-	44	54
11.	São Paulo Futebol Clube	38	14	11	13	40	-	38	53
12.	Cuiabá Esporte Clube	38	14	9	15	40	-	39	51
13.	SC Corinthians Paulista São Paulo	38	12	14	12	47	-	48	50
14.	Cruzeiro EC Belo Horizonte	38	11	14	13	35	-	32	47
15.	CR Vasco da Gama Rio de Janeiro	38	12	9	17	41	-	51	45
16.	Esporte Clube Bahia Salvador	38	12	8	18	50	-	53	44
17.	Santos Futebol Clube (*Relegated*)	38	11	10	17	39	-	64	43
18.	Goiás EC Goiânia (*Relegated*)	38	9	11	18	36	-	53	38
19.	Coritiba Foot Ball Club (*Relegated*)	38	8	6	24	41	-	73	30
20.	América FC Belo Horizonte (*Relegated*)	38	5	9	24	42	-	81	24

Top goalscorers:
20 goals: **Paulo Henrique Sampaio Filho "Paulinho"** **(Clube Atlético Mineiro)**
17 goals: Luis Alberto Suárez Díaz (URU) (Grêmio Foot-Ball Porto Alegrense)
18 goals: Francisco das Chagas Soares dos Santos (Botafogo de FR Rio de Janeiro)
"Tiquinho"

Qualified for the 2024 Copa Libertadores (Group Stage):
SE Palmeiras São Paulo, Grêmio Foot-Ball Porto Alegrense, Clube Atlético Mineiro Belo Horizonte, CR Flamengo Rio de Janeiro, Fluminense FC Rio de Janeiro (as 2022 Copa Libertadores winners), São Paulo Futebol Clube (as 2023 Copa do Brasil winners).

Qualified for the 2024 Copa Libertadores (Qualifying Second Stage):
Botafogo de FR Rio de Janeiro, Red Bull Bragantino.

Qualified for the 2024 Copa Sudamericana:
Club Athletico Paranaense Curitiba, SC Internacional Porto Alegre, Fortaleza Esporte Clube, Cuiabá Esporte Clube, SC Corinthians Paulista São Paulo, Cruzeiro EC Belo Horizonte.

NATIONAL CUP
Copa do Brasil - Final 2023

17.09.2023, Estádio "Jornalista Mário Filho" [Maracanã], Rio de Janeiro; Attendance: 67,350
Referee: Anderson Daronco
CR Flamengo Rio de Janeiro - São Paulo Futebol Clube   0-1(0-1)
Flamengo: Matheus Cunha, Wesley (78.Matheuzinho), Fabricio Bruno, Léo Pereira, Ayrton, Erick Antonio Pulgar Farfán (78.Thiago Maia), Victor Hugo (46.Éverton Ribeiro), Gabriel Barbosa (Cap) (75.Éverton), Bruno Henrique, Pedro. Trainer: Jorge Luis Sampaoli Moya (Argentina).
São Paulo FC: Rafael Monteiro, Rafinha (Cap), Robert Abel Arboleda Escobar, Lucas Beraldo, Caio Paulista (74.Welington), Pablo Maia, Alisson (59.Gabriel Neves Perdomo), Rodrigo Nestor (67.Michel Daryl Araújo Villar), Lucas Moura (67.Luciano), Wellington Rato (75.Juan), Jonathan Calleri. Trainer: Dorival Júnior.
Goal: 0-1 Jonathan Calleri (45+1).

24.09.2023, Estádio „Cícero Pompeu de Toledo" [Morumbi], São Paulo; Attendance: 63,077
Referee: Bráulio da Silva Machado
São Paulo Futebol Clube - CR Flamengo Rio de Janeiro   1-1(1-1)
São Paulo FC: Rafael Monteiro, Rafinha (Cap), Robert Abel Arboleda Escobar (9.Diego Costa), Lucas Beraldo, Caio Paulista (65.Welington), Pablo Maia, Alisson (66.Gabriel Neves Perdomo), Wellington Rato (80.Luciano), Lucas Moura, Rodrigo Nestor (80.Michel Daryl Araújo Villar), Jonathan Calleri. Trainer: Dorival Júnior.
Flamengo: Agustín Daniel Rossi, Wesley, Fabricio Bruno, Léo Pereira, Ayrton, Thiago Maia (64.Luiz Araújo), Erick Antonio Pulgar Farfán, Giorgian Daniel de Arrascaeta Benedetti (81.Éverton Ribeiro), Gerson (81.Victor Hugo), Bruno Henrique (Cap), Pedro (74.Gabriel Barbosa). Trainer: Jorge Luis Sampaoli Moya (Argentina).
Goals: 0-1 Bruno Henrique (44), 1-1 Rodrigo Nestor (45+5).

Copa do Brasil Winner 2023: **São Paulo Futebol Clube**

THE CLUBS 2023

AMÈRICA FUTEBOL CLUBE BELO HORIZONTE
Foundation date: April 30, 1912
Address: Rua Guajararas 910, Sala 1808, Bairro Centro, 30180-101 Belo Horizonte, Minas Gerais
Stadium: Estádio "Raimundo Sampaio" [Independência], Belo Horizonte (23,018)

Trainer:		
	Vagner Carmo Mancini	24.10.1966
[08.08.2023]	Fabián Daniel Bustos Barbero (ARG)	28.03.1969
[24.11.2023]	Diogo Schüler Giacomini	20.06.1979

THE SQUAD					
		DOB	M	(s)	G
Goalkeepers:					
	Washington Aguerre (URU)	23.04.1993	2		
Jori	Joriwinnyson Santos dos Anjos Rodrigues	15.03.1996	11		
Mateus Pasinato	Mateus Pasinato	28.06.1992	10		
Matheus Cavichioli	Matheus Fernando Cavichioli	27.07.1986	15		
Defenders:					
Arthur Augusto	Arthur Augusto de Matos Soares	17.03.2003	1		

243

	Esteban Burgos (ARG)	09.01.1992	4		
Daniel Borges	Daniel Fortunato Borges	23.03.1993	8	(6)	
Danilo Avelar	Danilo Fernando Avelar	09.06.1989	24	(2)	3
Éder Ferreira	Éder Ferreira Graminho	05.04.1995	17	(7)	
Iago Maidana	Iago Justen Maidana Martins	06.02.1996	24	(6)	
Jhow	Jonathan Alecxander da Silva Valerio	12.02.2003		(1)	
Júlio	Júlio César Alves Gonçalves	28.09.2003	6	(3)	
Lucas Kal	Lucas Kal Schenfeld Prigioli	16.03.1996	16	(3)	
Marcinho	Marcio Almeida de Oliveira "Marcinho"	16.05.1996	10	(2)	
Marlon	Marlon Matheus Lopes do Nascimento	13.02.1994	18	(8)	1
Nicolas	Nicolas Vichiatto da Silva	24.02.1997	8	(3)	1
Nino Paraíba	Severino do Ramo Clementino da Silva "Nino Paraíba"	10.01.1986	2	(2)	
Ricardo Silva	Ricardo César Dantas da Silva	13.08.1992	18	(2)	1
Wanderson	Wanderson Santos Pereira	07.02.1991	5	(2)	
Midfielders:					
Alê Egêa	Alexandre Egea „Alê Egêa"	06.06.1990	14	(13)	1
	Martín Nicolás Benítez (ARG)	17.06.1994	14	(6)	3
Breno	Breno Cascardo Lemos	25.09.2003	13	(11)	1
	Juan Ramón Cazares Sevillano (ECU)	03.04.1992	1	(11)	
Juninho	Adilson dos Anjos Oliveira „Juninho"	23.10.1987	32	(4)	3
	Leandro Emmanuel Martínez (ARG)	04.06.1994	29	(6)	1
Mateus Henrique	Mateus Henrique Alves Silva	02.10.2002	7	(5)	
Matheuzinho	Matheus Leonardo Sales Cardoso „Matheuzinho"	11.02.1998	2	(5)	
	Óscar Javier Méndez Albornoz (URU)	05.12.1994	2	(5)	
Paulinho	Paulo Ricardo Alves Ibelli "Paulinho"	29.06.2004		(1)	
Rodriguinho	Rodrigo Henrique Santos de Souza "Rodriguinho"	05.06.2003	15	(5)	2
Yago Santos	Yago Santos de Andrade	03.04.2003		(1)	
Forwards:					
Adyson	Adyson do Nascimento Soares	22.09.2005	1	(7)	
Aloísio	Aloísio dos Santos Gonçalves (CHN)	19.06.1988	10	(2)	3
Everaldo	Everaldo Silva do Nascimento	28.05.1994	15	(6)	1
Felipe Azevedo	Felipe Azevedo dos Santos	10.01.1987	25	(5)	4
Henrique Almeida	Henrique Almeida Caixeta Nascentes	27.05.1991	2	(2)	
Ighor Gabryel	Ighor Gabryel Vieria Gonçalves	15.01.2003		(2)	
	Gonzalo Mathías Mastriani Borges (URU)	28.04.1993	22	(2)	11
Mateus Gonçalves	Mateus Gonçalves Martins	28.09.1994		(3)	
Mikael	Mikael Filipe Viana de Sousa	28.05.1999	1	(4)	
Paulinho Bóia	Paulo Henrique Pereira da Silva „Paulinho Bóia"	26.06.1998	2	(1)	
Pedrinho	Pedro Gabriel Pereira Lopes "Pedrinho"	10.11.1999	4	(4)	
Renato Kayzer	Renato Kayzer de Souza	17.02.1996		(3)	
Renato Marques	Renato Marques de Oliveira Junior	09.12.2003	4	(8)	3
Rodrigo Varanda	Rodrigo Santos Varanda	11.01.2003	4	(8)	2
Wellington Paulista	Wellington Pereira do Nascimento	22.04.1983		(10)	1
Yago Souza	Yago Souza de Santana	11.02.2006		(1)	

CLUB ATHLETICO PARANAENSE CURITIBA

Foundation date: May 26, 1924
Address: Rua Petit Carneiro 57, Bairro Água Verde 80240-050, Curitiba, Paraná
Stadium: Estádio "Joaquim Américo Guimarães" [Ligga Arena], Curitiba (42,372)

Trainer:	Paulo César Turra	14.11.1973
[17.06.2023]	Wesley Oliveira de Carvalho	04.06.1974

THE SQUAD

		DOB	M	(s)	G
Goalkeepers:					
Bento	Bento Matheus Krepski	10.06.1999	33		
Leo Linck	Leonardo Matias Baiersdorf Linck "Leo Linck"	03.03.2001	5		
Defenders:					
Bruno Peres	Bruno da Silva Peres	01.03.1990	1	(4)	
Cacá	Carlos de Menezes Júnior „Cacá"	25.04.1999	19		2
	Lucas Ángel Esquivel (ARG)	14.10.2001	18	(1)	
Fernando	Fernando Augusto Pereira Bueno Júnior	14.09.1999	6		
José Ivaldo	José Ivaldo Almeida Silva	21.02.1997	10	(4)	
Kaique Rocha	Kaique Rocha Lima	28.02.2001	7	(3)	1
Khellven	Khellven Douglas Silva Oliveira	25.02.2001	13	(2)	
Lucas Belezi	Lucas Belezi Barbosa	08.05.2003		(1)	
Madson	Madson Ferreira dos Santos	13.01.1992	14	(10)	2
Matheus Felipe	Matheus Felipe Santos Nascimento	09.11.1998	7	(2)	
Pedrinho	Pedro Henrique Azevedo Pereira „Pedrinho"	11.07.2002	4		
Pedro Henrique	Pedro Henrique Ribeiro Gonçalves	02.10.1995	10	(1)	1
Thiago Heleno	Thiago Heleno Henrique Ferreira	17.09.1988	31	(1)	
Vinicius Kaue	Vinicius Kaue Ribeiro Ferreira	01.03.2003	5	(1)	
Midfielders:					
Alex Santana	Alex Paulo Menezes Santana	13.05.1995	9	(12)	3
Chiqueti	Felipe Chiqueti Bandeira	09.02.2005		(1)	
Christian	Christian Roberto Alves Cardoso	19.12.2000	14	(7)	4
Daniel Martins	Daniel Sergio Martins	28.06.2002		(1)	
Dudu	Eduardo Kogitzki Anastacio "Dudu"	01.01.2006		(1)	
Erick	Erick Luis Conrado Carvalho	14.11.1997	30	(3)	4
Fernandinho	Fernando Luiz Roza „Fernandinho"	04.05.1985	23	(2)	1
	Bryan Jahir García Realpe (ECU)	18.01.2001		(1)	
Hugo Moura	Hugo Moura Arruda da Silva	03.01.1998	15	(15)	
Léo Cittadini	Leonardo Cittadini "Léo Cittadini"	27.02.1994	3	(2)	
	Miguel David Terans Pérez (URU)	11.08.1994	5	(4)	
	Arturo Erasmo Vidal Pardo (CHI)	22.05.1987	6	(1)	
Vitor Bueno	Vitor Frezarin Bueno	05.09.1994	25	(7)	5
	Bruno Zapelli (ARG)	16.05.2002	13	(8)	2
Forwards:					
	Luciano Daniel Arriagada García (CHI)	30.04.2002	1	(9)	
	Agustín Canobbio Graviz (URU)	01.10.1998	22	(7)	3
	Tomás Esteban Cuello (ARG)	05.03.2000	22	(10)	
Marcelo Cirino	Marcelo Cirino da Silva	22.01.1992	1	(3)	
Pablo	Pablo Felipe Teixeira	23.06.1992	14	(11)	7
Reinaldo	Reinaldo Nascimento Satorno	06.06.2001		(1)	
Rômulo	Rômulo José Cardoso da Cruz	08.02.2002	5	(13)	
Thiago	Thiago Eduardo de Andrade	31.10.2000	2	(8)	
Vítor Roque	Vítor Hugo Roque Ferreira	28.02.2005	19	(6)	12
Willian	Willian Gomes de Siqueira	19.11.1986	6	(12)	4

CLUBE ATLÉTICO MINEIRO BELO HORIZONTE

Foundation date: March 25, 1908
Address: Av. Olegario Maciel, 1516 , Bairro Centro, Belo Horizonte, MG CEP: 30180-110
Stadium: Arena MRV, Belo Horizonte (44,892)

Trainer:	Eduardo Germán Coudet (ARG)	12.09.1974
[19.06.2023]	Luiz Felipe Scolari	09.11.1948

THE SQUAD

		DOB	M	(s)	G
Goalkeepers:					
Éverson	Éverson Felipe Marques Pires	22.07.1990	36		
Matheus Mendes	Matheus Mendes Werneck de Oliveira	10.03.1999	2		
Defenders:					
Bruno Fuchs	Bruno de Lara Fuchs	01.04.1999	13	(2)	
Dodô	José Rodolfo Pires Ribeiro „Dodô"	06.02.1992	1		
Guilherme Arana	Guilherme Antonio Arana Lopes	14.04.1997	27	(1)	2
Igor Rabello	Igor Rabello da Costa	28.04.1995	7	(4)	
Jemerson	Jemerson de Jesus Nascimento	24.08.1992	27	(5)	
	Paolo Mauricio Lemos Merladett (URU)	28.12.1995	25	(2)	1
Mariano	Mariano Ferreira Filho	23.06.1986	17	(5)	
Nathan Silva	Nathanael Ananias da Silva	06.05.1997	4		
Paulo Vitor	Paulo Vitor Monteiro	26.08.2004		(1)	
Réver	Réver Humberto Alves Araújo	04.01.1985	1	(8)	
	Renzo Saravia (ARG)	16.06.1993	20	(6)	
Midfielders:					
	Rodrigo Andrés Battaglia (ARG)	12.07.1991	19	(3)	
Edenilson	Edenilson Andrade dos Santos	18.12.1989	15	(13)	1
Hyoran	Hyoran Kauê Dalmoro	25.05.1993	12		2
Igor Gomes	Igor Silveira Gomes	17.03.1999	17	(12)	2
Otávio	Otávio Henrique Passos Santos	04.05.1994	27		
Patrick	Patrick Bezerra do Nascimento	29.07.1992	2	(21)	
Rubens	Rubens Antonio Dias	21.06.2001	14	(10)	1
	Federico Matías Javier Zaracho (ARG)	10.03.1998	22	(5)	2
Forwards:					
Alan Kardec	Alan Kardec de Souza Pereira Junior	12.01.1989	2	(12)	1
Alisson Santana	Alisson Santana Lopes da Fonseca	21.09.2005		(5)	
Cadu	Carlos Eduardo Amaral Pereira de Castro "Cadu"	24.05.2004		(2)	
	Alan Steven Franco Palma (ECU)	21.08.1998	9	(9)	
Hulk	Givanildo Vieira de Sousa „Hulk"	25.07.1986	33	(1)	15
Isaac	Isaac Aguiar Tomich	26.03.2004		(1)	
Paulinho	Paulo Henrique Sampaio Filho "Paulinho"	15.07.2000	35	(1)	20
	Cristian David Pavón (ARG)	21.01.1996	21	(12)	3
Pedrinho	Pedro Victor Delmino da Silva „Pedrinho"	13.04.1998	6	(9)	
	Eduardo Jesús Vargas Rojas (CHI)	20.11.1989	4	(8)	1

ESPORTE CLUBE BAHIA SALVADOR

Foundation date: January 1, 1931
Address: Avenida Octávio Mangabeira 41715-000, Salvador, Bahia
Stadium: Itaipava Arena Fonte Nova, Salvador (47,907)

Trainer:		
	Renato Manuel Alves Paiva (POR)	22.03.1970
[09.09.2023]	Rogério Mücke Ceni	22.01.1973

THE SQUAD

		DOB	M	(s)	G
Goalkeepers:					
Danilo Fernandes	Danilo Fernandes Batista	03.04.1988	1		
Marcos Felipe	Marcos Felipe de Freitas Monteiro	13.04.1996	37		
Mateus Claus	Mateus Eduardo Claus	03.08.1994		(1)	
Defenders:					
André	André Dhominique Queiroz Santiago da Silva	07.10.2003	1	(2)	
	Jhoanner Stalin Chávez Quintero (ECU)	25.04.2002	7	(3)	
Cicinho	Neuciano de Jesus Gusmão "Cicinho" (BUL)	26.12.1988	9	(4)	
David Duarte	David de Duarte Macedo	24.01.1995	10	(1)	1
Gabriel Xavier	Gabriel Lheman Xavier	06.05.2001	10	(3)	
Kanu	Victor Hugo Soares dos Santos "Kanu"	07.03.1997	33		1
Luciano Juba	Luciano Batista da Silva Junior "Luciano Juba"	29.08.1999	6	(8)	1
Marcos Victor	Marcos Victor Ferreira da Silva	26.12.2001		(1)	
Matheus Bahia	Matheus Bahia Santos	11.08.1999	6	(7)	
Raul Gustavo	Raul Gustavo Pereira Bicalho	24.04.1999	4	(3)	
Vitor Hugo	Vitor Hugo Franchescoli de Souza	20.05.1991	27		1
Midfielders:					
	Nicolás Brian Acevedo Tabárez (URU)	14.04.1999	21	(10)	
	Camilo Damián Cándido Aquino (URU)	02.06.1995	15	(4)	1
Cauly	Cauly Oliveira Souza	15.09.1995	30	(2)	4
Danielzinho	Daniel Sampaio Simões "Danielzinho"	11.01.1996		(5)	
Diego Rosa	Diego Gabriel Silva Rosa	12.10.2002		(11)	
Gilberto	Gilberto Moraes Júnior	07.03.1993	21		1
Léo Cittadini	Leonardo Cittadini "Léo Cittadini"	27.02.1994	1	(6)	
	Lucas Andrés Mugni (ARG)	12.01.1992	1	(14)	
Patrick Verhon	Patrick Verhon Pertel Pereira	08.09.2004		(1)	
Rezende	Júlio César de Rezende Miranda	02.01.1995	32	(1)	2
Thaciano	Thaciano Mickael da Silva	12.05.1995	35		6
Yago Felipe	Yago Felipe da Costa Rocha	03.02.1995	16	(9)	
Forwards:					
Ademir	Ademir da Silva Santos Junior	16.02.1995	19	(14)	6
Arthur Sales	Arthur de Oliveira Sales	03.07.2002	2	(7)	1
Everaldo	Everaldo Stum	05.07.1991	25	(8)	9
Gabriel Teixeira	Gabriel Teixeira Aragão	01.04.2001	15	(10)	5
Kayky	Kayky da Silva Chagas	11.06.2003	6	(4)	2
Rafael Ratão	Rafael Rogério da Silva „Rafael Ratão"	30.11.1995	8	(10)	4
Ryan	Ryan Carlos Santos de Sousa	14.05.2002	5	(4)	
Vinicius Mingotti	Vinicius Alessandro Mingotti	07.01.2000	8	(9)	2
Vitor Jacaré	Francisco Vítor Silva Costa "Vitor Jacaré"	24.10.1999	7	(10)	1

BOTAFOGO DE FUTEBOL E REGATAS RIO DE JANEIRO

Foundation date: August 12, 1904
Address: Avenida Venceslau Brás 72, Bairro Botafago 22290-140, Rio de Janeiro, RJ
Stadium: Estádio Olímpico "Nilton Santos", Rio de Janeiro (44,661)

Trainer:	Luís Manuel Ribeiro de Castro (POR)	03.09.1961
[01.07.2023]	Cláudio Roberto da Silva "Caçapa"	29.05.1976
[18.07.2023]	Bruno Miguel Silva do Nascimento "Bruno Lage"	12.05.1976
[05.10.2023]	Lúcio Flávio dos Santos	02.03.1979
[15.11.2023]	Tiago Retzlaff Nunes	15.02.1980

THE SQUAD

		DOB	M	(s)	G
Goalkeepers:					
	Roberto Júnior Fernández Torres (PAR)	29.03.1988		(1)	
Lucas Perri	Lucas Estella Perri	10.12.1997	38		
Defenders:					
Adryelson	Adryelson Shawann Lima Silva	23.03.1998	35		1
	Víctor Leandro Cuesta (ARG)	19.11.1988	35		1
Daniel Borges	Daniel Fortunato Borges	23.03.1993		(1)	
	Leonel Di Plácido (ARG)	28.01.1994	25	(7)	1
Hugo	Hugo Gonçalves Ferreira Neto	20.09.2001	13	(9)	
Marçal	Fernando Marçal de Oliveira	19.02.1989	20	(2)	
Philipe Sampaio	Philipe Sampaio Azevedo	11.11.1994	4	(8)	
	Mateo Ponte Costa (URU)	24.05.2003		(1)	
Rafael	Rafael Pereira da Silva	09.07.1990	8	(1)	
	Luis Geovanny Segovia Vega (ECU)	26.10.1997	1	(1)	
Midfielders:					
Bastos	Bartolomeu Jacinto Quissanga "Bastos" (ANG)	23.11.1991	2	(2)	
Breno	Breno Washington Rodrigues da Silva	01.09.2000		(1)	
Carlos Eduardo	Carlos Eduardo de Oliveira Alves	17.10.1989	32	(2)	6
Danilo Barbosa	Danilo Barbosa da Silva	28.02.1996	10	(13)	3
Gabriel	Gabriel Appelt Pires	18.09.1993	10	(6)	
Galvão	João Pedro Galvão de Carvalho	07.05.2001	2	(2)	
João Victor	João Victor Santos Sa	27.03.1994	27	(6)	4
Kayque	Kayque Luiz Pereira	12.07.2000		(2)	
Lucas Fernandes	Lucas Fernandes da Silva	20.09.1997	5	(8)	
Lucas Piazón	Gustavo Lucas Domingues Piazón	20.01.1994		(1)	
Marlon Freitas	Marlon Rodrigues Freitas	27.03.1995	33	(3)	1
Newton	Newton Araújo da Costa Júnior	12.03.2000		(1)	
Raí	Raí da Silva Pessanha	21.04.2002		(1)	
Tchê Tchê	Danilo das Neves Pinheiro „Tchê Tchê"	30.08.1992	32	(4)	2
Forwards:					
Carlos Alberto	Carlos Alberto Gomes da Silva Filho	14.04.2002	1	(14)	2
Diego Costa	Diego da Silva Costa (ESP)	07.10.1988	3	(10)	3
Gustavo Sauer	Gustavo Affonso Sauerbeck „Gustavo Sauer"	30.04.1993	4	(2)	2
	Diego Manuel Hernández González (URU)	22.06.2000		(2)	
Janderson	Janderson de Carvalho Costa	06.05.1999	2	(16)	1
Júnior Santos	José Antonio dos Santos Júnior	11.10.1994	30	(7)	7
Luis Henrique	Luis Henrique Tomaz de Lima	14.12.2001	13	(21)	4
Matheus Nascimento	Matheus Do Nascimento De Paula	03.03.2004	1	(4)	1
	Matías Emanuel Segovia Torales (PAR)	04.01.2003	2	(19)	
Tiquinho Soares	Francisco das Chagas Soares dos Santos „Tiquinho"	17.01.1991	30	(3)	17

SPORT CLUB CORINTHIANS PAULISTA SÃO PAULO

Foundation date: September 1, 1910
Address: Rua São Jorge, 777 São Paulo, CEP 03087-000
Stadium: Neo Química Arena [ex-Arena Corinthians], São Paulo (47,605)

Trainer:		
	Fernando Lázaro Rodrigues Alves	03.06.1981
[20.04.2023]	Alexi Stival "Cuca"	07.06.1963
[28.04.2023]	Danilo Gabriel de Andrade	11.06.1979
[02.05.2023]	Vanderlei Luxemburgo da Silva	10.05.1952
[28.09.2023]	Luis Antônio Venker de Menezes „Mano Menezes"	11.06.1962

THE SQUAD

		DOB	M	(s)	G
Goalkeepers:					
Carlos Miguel	Carlos Miguel dos Santos Pereira	09.10.1998	1	(1)	
Cássio	Cássio Ramos	06.06.1987	37		
Defenders:					
	Fabián Cornelio Balbuena González (ARG)	23.08.1991	1		
Caetano	João Victor Andrade Caetano	24.06.1999	13	(3)	
Fábio Santos	Fábio Santos Romeu	16.09.1985	20	(5)	4
Fágner	Fágner Conserva Lemos	11.06.1989	22	(8)	
Gil	Carlos Gilberto Nascimento Silva "Gil"	12.06.1987	32		2
Léo Mana	Leonardo Mana Hernandes „Léo Mana"	06.04.2004	2	(1)	
Matheus Bidu	Matheus Lima Beltrão Oliveira "Matheus Bidu"	04.05.1999	19	(5)	
	Bruno Méndez Cittadini (URU)	10.09.1999	20	(7)	
Murillo	Murillo Santiago Costa dos Santos	04.07.2002	13		
Midfielders:					
Adson	Adson Ferreira Soares	06.10.2000	9	(6)	
Biro	Guilherme Sucigan Mafra Cunha	20.04.2004	7	(4)	
	Víctor Danilo Cantillo Jiménez (COL)	15.10.1993	2	(4)	
Chrystian Barletta	Chrystian Amaral Barletta de Almeida	05.07.2001	2	(1)	
Du Queiroz	Eduardo Santos Queiroz „Du Queiroz"	07.01.2000	2	(1)	
Gabriel Moscardo	Gabriel Silva Moscardo de Salles	28.09.2005	15	(3)	1
Giuliano	Giuliano Victor de Paula	31.05.1990	19	(11)	2
Matheus Araújo	Matheus de Araújo Andrade	22.05.2002	3	(13)	1
Maycon	Maycon de Andrade Barberan	15.07.1997	27	(5)	2
Paulinho	José Paulo Bezerra Maciel Júnior "Paulinho"	25.07.1988	1	(3)	
Renato Augusto	Renato Soares de Oliveira Augusto	08.02.1988	16	(8)	2
	Matías Nicolás Rojas Romero (PAR)	03.11.1995	7	(8)	
Roni	Roni Medeiros de Moura	15.04.1999	7	(8)	
Ruan Oliveira	Ruan de Oliveira Ferreira	23.03.2000	11	(8)	2
	Fausto Mariano Vera (ARG)	26.03.2000	17	(4)	1
Veríssimo	Lucas Verissimo da Silva	02.07.1995	15		
Wesley Gassova	Wesley Gassova Ribeiro Teixeira	05.03.2005	7	(17)	1
Forwards:					
Felipe Augusto	Felipe Augusto da Silva	18.02.2004	2	(13)	
Giovane	Giovane Santana do Nascimento	24.11.2003	1	(4)	1
Gustavo Mosquito	Gustavo Henric da Silva "Gustavo Mosquito"	07.09.1997	1	(10)	1
Júnior Moraes	Aluísio Chaves Ribeiro Moraes Júnior (UKR)	04.04.1987		(1)	
Pedro Henrique	Pedro Henrique Silva dos Santos	05.02.2006	7	(8)	1
Roger Guedes	Roger Krug Guedes	02.10.1996	15		7
	Ángel Rodrigo Romero Villamayor (PAR)	04.07.1992	13	(9)	8
Yuri Alberto	Yuri Alberto Monteiro Da Silva	18.03.2001	32	(2)	8

CORITIBA FOOT BALL CLUB

Foundation date: October 12, 1909
Address: Rua Ubaldino do Amaral 37, Bairro Alto da Glória 80060-190, Curitiba, Paraná
Stadium: Estádio "Major Antônio Couto Pereira", Curitiba (40,502)

Trainer:		
	António José Cardoso de Oliveira „Toni" (POR)	09.10.1982
[22.04.2023]	Antônio Carlos Zago	18.05.1969
[30.06.2023]	Thiago Kosloski	16.05.1981
[27.11.2023]	Guilherme Dalzotto Bossle	03.08.1984

THE SQUAD

		DOB	M	(s)	G
Goalkeepers:					
Gabriel	Gabriel Vasconcelos Ferreira	27.09.1992	31		
Luan Polli	Luan Polli Gomes	06.04.1993	4	(1)	
Pedro Lucas	Pedro Luccas Morisco da Silva	10.01.2004	3		
Defenders:					
Bruno Viana	Bruno Viana Willemen da Silva	05.02.1995	9	(1)	
	Jhon Carlos Chancellor Cedeño (VEN)	02.01.1992	3	(1)	
Diogo Batista	Diogo Batista de Souza	29.08.2003	5	(6)	
Hayner	Hayner William Monjardim Cordeiro	02.10.1995	3	(5)	
Henrique	Henrique Adriano Buss	14.10.1986	23	(1)	
Jamerson	Jamerson Santos de Jesus	09.09.1998	22	(7)	
Jean Pedroso	Jean Henrique Carneiro Pedroso	28.01.2004	6	(1)	
	Benjamín Kuščević (Jaramillo CHI)	02.05.1996	23		2
Marcos Vinicius	Marcos Vinicius da Silva Santos	26.03.1997	1	(4)	
Maurício Antônio	Maurício de Carvalho Antônio	06.02.1992	1	(2)	
Natanael	Natanael Moreira Milouski	05.01.2002	29	(4)	
Reynaldo	Reynaldo Cesar Moraes	03.01.1997	1	(5)	
Thalisson	Thalisson Gabriel Pereira Moreira	20.01.2002	11		
Thiago Dombroski	Thiago Dombroski Moreira	20.06.2002	7		
Victor Luís	Victor Luis Chuab Zamblauskas	23.06.1993	17	(7)	2
Midfielders:					
Andrey	Andrey Ramos Do Nascimento	15.02.1998	11	(15)	1
Boschilia	Gabriel Boschilia	05.03.1996	3	(8)	1
Bruno Gomes	Bruno Gomes da Silva Clevelário	04.04.2001	26	(3)	3
Fransérgio	Fransérgio Rodrigues Barbosa	18.10.1990	4	(11)	
Gabriel Silva	Gabriel Silva Azevedo Figueredo	03.07.2002	1	(3)	
	Sebastián Gómez Londoño (COL)	03.06.1996	18	(2)	2
Júnior Urso	Ocimar de Almeida Júnior "Júnior Urso"	10.03.1989	2	(4)	
Liziero	Igor Matheus Liziero Pereira	07.02.1998	8	(2)	
Lucas Ronier	Lucas Ronier Vieira Pires	26.11.2004		(2)	
Matheus Bianqui	Matheus Henrique Bianqui	31.01.1998	17	(11)	2
	Damián Marcelino Moreno (ARG)	25.06.1994	27	(4)	2
	Andreas Samaris (GRE)	13.06.1989	4		
Vilar	Gustavo Vilar dos Santos	18.04.2000	1		
Willian Farias	Willian Roberto de Farias	06.06.1989	11	(5)	
Forwards:					
Alef Manga	Alef Mangueira Severino Pereira „Alef Manga"	29.11.1994	9	(1)	4
Diogo	Diogo de Oliveira Barbosa	04.12.1996	9	(6)	1
Éberth	Éberth Araújo Nogueira	19.06.2003		(1)	
Edu	Eduardo Nascimento da Silva Júnior	05.03.1993	2	(8)	2
Garcez	Mauricio Garcez de Jesus	16.03.1997	4	(10)	1

Jesé	Jesé Rodríguez Ruiz (ESP)	26.02.1993		(6)	1
Kaio Andrade	Kaio César Andrade Lima	15.02.2004	9	(15)	
Lucas Barbosa	Lucas Henrique Barbosa	22.02.2001		(5)	
Robson	Robson dos Santos Fernandes	30.05.1991	30	(2)	12
Rodrigo Pinho	Rodrigo Cunha Pereira de Pinho	30.05.1991	5	(5)	
Ruan Assis	Ruan Lucas de Assis	20.04.2004		(4)	
	Islam Slimani (ALG)	18.06.1988	10	(1)	3
Wesley	Wesley da Conceição Duarte Moreira	02.06.2002		(1)	
William Pottker	William de Oliveira Pottker	22.12.1993	1	(3)	
Zé Roberto	José Roberto Assunção de Araujo Filho "Zé Roberto"	14.09.1993	7	(3)	1

CRUZEIRO ESPORTE CLUBE BELO HORIZONTE

Foundation date: January 2, 1921
Address: Rua Timbiras 2903, Bairro Preto 30140-062, Belo Horizonte, Minas Gerais
Stadium: Estádio "Major Antônio Couto Pereira", Curitiba (40,502)

Trainer:	Pedro Miguel Marques da Costa Filipe "Pêpa" (POR)	14.12.1980	
[01.09.2023]	Fernando Seabra	19.06.1977	
[06.09.2023]	José Ricardo Mannarino "Zé Ricardo"	13.03.1971	[Round 23-29 / 31-32 /34]
[14.11.2023]	Paulo César Autuori de Mello	25.08.1956	[Round 30 / 33 / 35-38]

THE SQUAD

		DOB	M	(s)	G
Goalkeepers:					
Anderson Paixão	Anderson Silva da Paixão	05.03.1998	1		
Rafael Cabral	Rafael Cabral Barbosa	20.05.1990	37		
Defenders:					
Igor Formiga	Igor Marques Paciencia Cardoso	08.01.1999	1	(3)	
João Marcelo	João Marcelo Messias Ferreira	13.06.2000	1	(4)	
Kaiki	Kaiki Bruno da Silva	08.03.2003	3	(5)	
Luciano Castán	Luciano Castán da Silva	13.09.1989	36		1
Marlon	Marlon Rodrigues Xavier	20.05.1997	36		3
Neris	Hueglo dos Santos Neris	17.06.1992	24	(2)	
Oliveira	Lucas da Cruz Oliveira	02.02.1996	15	(1)	1
Reynaldo	Reynaldo Cesar Moraes	03.01.1997	1	(1)	
William	William de Asevedo Furtado	03.04.1995	31	(2)	
Midfielders:					
Daniel Júnior	Daniel de Melo Araujo Júnior	09.05.2002		(4)	
Fernando Henrique	Fernando Henrique do Nascimento Pereira	01.06.2001		(7)	
Japa	João Wellington Gadelha Melo de Oliveira	02.01.2004	3	(4)	
Ian Luccas	Ian Luccas Baroni Boetto	11.02.2003	7	(7)	
Lucas Silva	Lucas Silva Borges	16.02.1993	18	(2)	
Machado	Luiz Felipe da Rosa Machado	20.01.1996	22	(13)	1
Mateus Vital	Mateus da Silva Vital Assumpção	12.02.1998	23	(9)	
Matheus Jussa	Matheus Isaias dos Santos	22.03.1996	21	(3)	1
Matheus Pereira	Matheus Fellipe Costa Pereira	05.05.1996	12	(3)	1
Neto Moura	Antonio Francisco Moura Neto	06.08.1996	6	(7)	
Nikão	Maycon Vinicius Ferreira da Cruz	29.07.1992	7	(15)	2
	Helibelton Palacios Zapata (COL)	11.06.1993	6	(4)	
Ramiro	Ramiro Moschen Benetti	22.05.1993	6		1

Richard	Richard Cândido Coelho	18.02.1994	4		
Robert	Robert Vinicius Rodrigues Silva	13.04.2005	1	(8)	1
Wallisson	Wallisson Luiz Alves Máximo	23.09.1997	2	(9)	
Forwards:					
Arthur Gomes	Arthur Gomes Lourenço	03.07.1998	17	(3)	3
Bilu	Rafael Bilu Mudesto	21.04.1999	1	(3)	
Bruno Rodrigues	Bruno Rafael Rodrigues do Nascimento	07.03.1997	30	(5)	8
Gilberto	Gilberto Oliveira Souza Junior	05.06.1989	14	(6)	3
Henrique Dourado	José Henrique da Silva Dourado	15.09.1989	2	(9)	1
João Pedro	João Pedro da Cruz Oliveira	02.02.2003		(1)	
Luis Fernando	Luis Fernando Santos Olivera	12.04.2005		(1)	
Paulo Vitor	Paulo Vitor Fernandes Pereira	24.06.1999		(8)	
Rafael Elias	Rafael Elias da Silva Bataglia	21.04.1999	6	(6)	1
Stênio	Stênio Zanetti Toledo	05.04.2003	2	(11)	
Wesley	Wesley Ribeiro Silva	30.03.1999	22	(7)	4

CUIABÁ ESPORTE CLUBE

Foundation date: December 12, 2001
Address: Avenida Tancredo Neves 133, Bairro Jardim Petrópolis, 78065-230 Cuiabá, Mato Grosso
Stadium: Arena Pantanal, Cuiabá (44,000)

Trainer:	Ivo Ricardo Abreu Vieira (POR)	10.01.1976
[11.05.2023]	Luiz Fernando Iubel	13.03.1989
[23.05.2023]	António José Cardoso de Oliveira „Toni" (POR)	09.10.1982

THE SQUAD

		DOB	M	(s)	G
Goalkeepers:					
João Carlos	João Carlos Heidemann	06.04.1988	3		
Walter	Walter Leandro Capeloza Artune	18.11.1987	35		
Defenders:					
Alan Empereur	Alan Pereira Empereur	10.03.1994	33		1
Allyson	Allyson Aires dos Santos	23.10.1990	14	(2)	
Marllon	Marllon Gonçalves Jerônimo Borges	16.04.1992	36		1
Mateusinho	Mateus da Silva Duarte	07.10.1998	5		1
Matheus Alexandre	Matheus Alexandre Anastácio de Souza	07.04.1999	33	(2)	1
Patric Calmon	Itaro Patric Cardoso Calmon	05.07.1994	5	(10)	
Raniele	Raniele Almeida Melo	31.12.1996	34	(1)	3
Ricardo	Jose Ricardo Batista Cerqueira	29.12.2002		(1)	
Uendel	Uendel Pereira Goncalves	08.10.1988	4	(5)	
Vitão	Victor Matheus dos Santos Gonçalves "Vitão"	17.09.2000		(1)	
Midfielders:					
	Pablo Daniel Ceppelini Gatto (URU)	11.09.1991	12	(9)	
Denilson Alves	Denilson Alves Borges	23.03.2001	23	(10)	1
Fernando Sobral	Fernando Pereira do Nascimento	17.12.1994	21	(12)	2
Filipe Augusto	Filipe Augusto Carvalho Souza	12.08.1993	9	(18)	
Lucas Mineiro	Lucas da Silva Izidoro "Lucas Mineiro"	24.02.1996	7	(9)	
Pablinho	Pablo Henrique Almeida Silva "Pablinho"	20.09.2003		(2)	
Rikelme	Rikelme Hernandes Amorim Rocha	16.07.2003	27	(4)	1
Rafael Gava	Rafael Gustavo Meneghel Gava	20.05.1993		(1)	
Ronald	Ronald dos Santos Lopes	18.06.1997	4	(17)	2
Forwards:					
Clayson	Clayson Henrique da Silva Vieira	19.03.1995	22	(1)	7
Derik Lacerda	Derik Gean Severino Lacerda	27.09.1999	5	(14)	1
Deyverson	Deyverson Brum Silva	08.05.1991	34	(2)	12
Emerson Negueba	Emerson Ramon Bezerra Oliveira "Emerson Negueba"	24.11.2000	5	(5)	
Iury	Iury Lirio Freitas de Castilho	06.09.1995	4	(6)	
Jonathan Cafú	Jonathan Renato Barbosa "Jonathan Cafú"	10.07.1991	23	(9)	
	Isidro Miguel Pitta Saldívar (PAR)	14.08.1999	7	(22)	5
	Nicolás Quagliata Platero (URU)	05.06.1999		(9)	
Wellington Silva	Wellington Alves da Silva	06.01.1993	13	(16)	1

CLUBE DE REGATAS DO FLAMENGO RIO DE JANEIRO

Foundation date: November 15, 1895
Address: Av. Borges de Medeiros, 997, Gávea, Rio de Janeiro, CEP 22430-041
Stadium: Estádio "Jornalista Mário Filho" [Maracanã], Rio de Janeiro (78,838)

Trainer:	Mário Jorge dos Santos Silva	10.02.1978
[17.04.2023]	Jorge Luis Sampaoli Moya (ARG)	13.03.1960
[28.09.2023]	Mário Jorge dos Santos Silva	10.02.1978
[09.10.2023]	Adenor Leonardo Bacchi "Tite"	25.05.1961

THE SQUAD

		DOB	M	(s)	G
Goalkeepers:					
Matheus Cunha	Matheus Cunha Queiroz	24.05.2001	18	(1)	
	Agustín Daniel Rossi (ARG)	21.08.1995	15		
Santos	Aderbar Melo dos Santos Neto	17.03.1990	5	(1)	
Defenders:					
Ayrton	Ayrton Lucas Dantas de Medeiros	19.06.1997	29	(6)	4
David Luiz	David Luiz Moreira Marinho	22.04.1987	11	(4)	1
Fabricio Bruno	Fabricio Bruno Soares de Faria	12.02.1996	34		
Filipe Luís	Filipe Luís Kasmirski	09.08.1985	6	(4)	
Léo Pereira	Leonardo Pereira „Léo Pereira"	31.01.1996	32		3
Matheuzinho	Matheus França Silva „Matheuzinho"	08.09.2000	7	(4)	
Pablo	Pablo Nascimento Castro	21.06.1991	4	(3)	
Rodrigo Caio	Rodrigo Caio Coquete Russo	17.08.1993		(5)	
	Guillermo Varela Olivera (URU)	24.03.1993	3	(2)	
Wesley	Wesley Vinícius França Lima	06.09.2003	27	(8)	1
Midfielders:					
Allan	Allan Rodrigues de Souza	03.03.1997	4	(5)	
	Giorgian Daniel de Arrascaeta Benedetti (URU)	01.06.1994	22	(6)	7
Éverton Ribeiro	Éverton Augusto de Barros Ribeiro	10.04.1989	15	(15)	3
Gerson	Gerson Santos da Silva	20.05.1997	31	(1)	5
Igor	Igor Jésus Lima	07.03.2003		(4)	
Marinho	Mário Sérgio Santos Costa "Marinho"	29.05.1990		(4)	
	Erick Antonio Pulgar Farfán (CHI)	15.01.1994	22	(3)	2
Thiago Maia	Thiago Maia Alencar	23.03.1997	26	(6)	
Victor Hugo	Victor Hugo Gomes Silva	11.05.2004	12	(18)	1
	Arturo Erasmo Vidal Pardo (CHI)	22.05.1987	2	(4)	
Forwards:					
André Luiz	André Luiz Inácio da Silva	23.02.2002		(2)	
Bruno Henrique	Bruno Henrique Pinto	30.12.1990	14	(15)	2
Éverton	Éverton Sousa Soares	22.03.1996	21	(12)	4
Gabriel Barbosa	Gabriel Barbosa Almeida	30.08.1996	17	(9)	5
Luiz Araújo	Luiz de Araújo Guimarães Neto	02.06.1996	10	(10)	3
Matheus França	Matheus França de Oliveira	01.04.2004	5	(4)	1
Matheus Gonçalves	Matheus Gonçalves Martins	18.08.2005		(2)	
Pedrinho	Pedro Henrique Fonseca de Araújo Martins "Pedrinho"	18.04.2003		(1)	
Pedro	Pedro Guilherme Abreu dos Santos	20.06.1997	26	(7)	13

FLUMINENSE FOOTBALL CLUB RIO DE JANEIRO

Foundation date: July 21, 1902
Address: Rua Álvaro Chaves, 41, Laranjeiras, Rio de janeiro, CEP 22231-220
Stadium: Estádio "Jornalista Mário Filho" [Maracanã], Rio de Janeiro (78,838)

Trainer: Fernando Diniz Silva   27.03.1974

THE SQUAD

		DOB	M	(s)	G
Goalkeepers:					
Fábio	Fábio Deivson Lopes Maciel	30.09.1980	35		
Pedro Rangel	Pedro Felipe de Faria Rangel	29.06.2000	2		
Vitor Eudes	Vitor Eudes de Souza Costa	21.10.1998	1		
Defenders:					
David Braz	David Braz Oliveira Filho	21.05.1987	10	(8)	
Diogo Barbosa	Diogo Barbosa Mendanha	17.08.1992	10	(9)	1
Felipe Andrade	Felipe de Andrade Vieira	29.05.2002	1	(6)	
Guga	Cláudio Rodrigues Gomes "Guga"	29.08.1998	16	(6)	1
Lucas Justen	Lucas da Silva Justen	03.07.2003	1		
Manoel	Manoel Messias Silva Carvalho	26.02.1990	2	(4)	
Marcelo	Marcelo Vieira da Silva Júnior	12.05.1988	18	(1)	1
Marlon	Marlon Rodrigues Xavier	03.07.2003	13	(2)	
Nino	Marcilio Florencia Mota Filho „Nino"	10.04.1997	26		2
Rafael Monteiro	Rafael Monteiro Reis	14.02.2004		(1)	
Samuel Xavier	Samuel Xavier Brito	06.06.1990	25		1
Vitor Mendes	Vitor Mendes Alves	13.02.1999	1	(1)	
Midfielders:					
Alexsander	Alexsander Cristhian Gomes da Costa	08.10.2003	13	(6)	
André	André Trindade da Costa Neto	16.07.2001	29	(2)	
	Jhon Adolfo Arias Andrade (COL)	21.09.1997	26	(3)	7
Arthur	Arthur Wenderrosky Sanches	24.02.2005		(2)	
Danielzinho	Daniel Sampaio Simões "Danielzinho"	11.01.1996	8	(4)	
Felipe Melo	Felipe Melo de Carvalho	26.06.1983	18	(1)	2
	Leonardo Cecilio Fernández López (URU)	08.11.1998	8	(10)	1
Gabriel Pirani	Gabriel Cordeiro Pirani	12.04.2002	6	(3)	1
Ganso	Paulo Henrique Chagas de Lima "Ganso"	12.10.1989	20	(7)	3
Giovanni Manson	Giovanni Manson Ribeiro	31.01.2002	1	(4)	
Isaac	Isaac Rodrigues de Lima	24.04.2004		(7)	
Martinelli	Matheus Martinelli Lima	05.10.2001	19	(9)	2
Thiago Santos	Thiago dos Santos	05.09.1989	9	(7)	
Forwards:					
Alan Carvalho	Alan Douglas Borges de Carvalho	10.07.1989	1		1
Alexandre Jesus	Alexandre de Jesus Jeruzalem Junior	16.09.2001		(1)	
	Germán Ezequiel Cano (ARG)	02.02.1988	28	(2)	10
	Yony Alexander González Copete (COL)	11.07.1994	6	(12)	1
João Neto	João Batista da Cruz Santos Neto	10.07.2003		(3)	1
John Kennedy	John Kennedy Batista de Souza	18.05.2002	13	(13)	6
Keno	Marcos da Silva França "Keno"	10.09.1989	18	(6)	2
Lelê	Leanderson da Silva Genésio „Lelê"	01.10.1997	8	(21)	2
Lima	Vinícius Moreira de Lima	11.06.1996	26	(9)	6

FORTALEZA ESPORTE CLUBE

Foundation date: October 18, 1918
Address: Avenida Senador Fernandez Távora 200, Pici 60510-290 Fortaleza, Ceará
Stadium: Estádio "Governador Plácido Aderaldo Castelo" [Castelão], Fortaleza (63,903)

Trainer:	Juan Pablo Vojvoda Rizzo (ARG)	13.01.1975		

THE SQUAD				
		DOB	M (s)	G
Goalkeepers:				
Fernando Miguel	Fernando Miguel Kaufmann	02.02.1985	5 (1)	
João Ricardo	João Ricardo Riedi	06.09.1988	32	
Kozlinski	Mauricio Kozlinski	18.06.1991	1	
Defenders:				
	Emanuel Brítez (ARG)	26.03.1992	31	
Bruno Pacheco	Bruno de Jesus Pacheco	08.12.1991	30 (1)	2
	Brayan Andrés Ceballos Jiménez (COL)	24.05.2001	2 (1)	
Dudu	Luís Eduardo Marques dos Santos "Dudu"	30.05.1997	4 (3)	
	Gonzalo Daniel Escobar (ARG)	16.03.1997	6 (7)	
Marcelo Benevenuto	Marcelo da Conceição Benevenuto Malaquias	07.01.1996	12	
Tinga	Guilherme de Jesus da Silva "Tinga"	01.09.1993	29 (2)	1
Titi	Christian Chagas Tarouco „Titi"	12.03.1988	32	
Yago Pikachu	Glaybson Yago Souza Lisbôa „Yago Pikachu"	05.06.1992	16 (21)	7
Midfielders:				
Caio Alexandre	Caio Alexandre Sousa e Silva	24.02.1999	32 (2)	2
Calebe	Calebe Gonçalves Ferreira da Silva	30.04.2000	16 (13)	2
Figueiredo	Tobias Pereira Figueiredo (POR)	02.02.1994	4	
Hércules	Hércules Pereira do Nascimento	20.10.2000	9 (4)	1
José Welison	José Welison da Silva	11.03.1995	20 (6)	1
Lucas Crispim	Lucas De Figueiredo Crispim	19.06.1994	5 (12)	
Lucas Sasha	Lucas Pacheco Affini „Lucas Sasha"	01.03.1990	10 (9)	
Pedro Augusto	Pedro Augusto Borges da Costa	03.03.1997	6 (8)	
	Tomás Pochettino (ARG)	01.02.1996	26 (9)	2
Vinicius Zanocelo	Vinicius Nelson de Souza Zanocelo	30.01.2001	(6)	
Forwards:				
Guilherme	Guilherme Augusto Vieira dos Santos	13.04.1995	16 (14)	3
	Juan Martín Lucero (ARG)	10.10.1991	23 (8)	9
Kauan	Kauan Rodrigues da Silva	16.04.2005	(1)	
	Imanol Javier Machuca (ARG)	15.01.2000	6 (10)	2
Marinho	Mário Sérgio Santos Costa "Marinho"	29.05.1990	15 (6)	2
Moisés	Moisés Vieira da Veiga	02.09.1996	5 (1)	3
Pedro Rocha	Pedro Rocha Neves	01.10.1994	(3)	
Romarinho	José Romario Silva de Souza "Romarinho"	01.03.1994	2 (9)	
	Silvio Ezequiel Romero (ARG)	22.07.1988	3 (14)	2
Thiago Galhardo	Thiago Galhardo do Nascimento Rocha	20.07.1989	20 (13)	5

GOIÁS ESPORTE CLUBE

Foundation date: April 6, 1943
Address: Avenida Edmundo Pinheiro de Abreu 721, Setor Bela Vista 74823-030, Goiânia, Goiás
Stadium: Estádio "Hailé Pinheiro" [Serrinha], Goiânia (14,450)

Trainer:			
	Emerson Rodrigues Ávila	16.07.1967	
[22.06.2023]	Armando Evangelista Macedo Freitas (POR)	03.11.1973	
[24.11.2023]	Mário Henrique de Souza Rocha	31.01.1980	

THE SQUAD

		DOB	M	(s)	G
Goalkeepers:					
Marcelo Rangel	Marcelo Rangel Rosa	17.05.1988	3		
Tadeu	Tadeu Antonio Ferreira	04.02.1992	35		
Defenders:					
Apodi	Luiz Diallisson de Souza Alves "Apodi"	13.12.1986	2	(11)	1
Bruno Melo	Bruno Ferreira Melo	26.10.1992	32	(1)	2
Bruno Santos	Bruno Araújo dos Santos	07.02.1993	4	(4)	
Diego	Jackson Diego Ibraim Fagundes	31.10.1995	12	(3)	
Edu	Lucas Eduardo Ribeiro de Souza "Edu"	16.06.2000	4	(5)	
Eduardo Simioni	Eduardo Simioni	01.05.2003		(1)	
Hugo	Hugo Ferreira de Farias	29.08.1997	16	(3)	1
Lucas Halter	Lucas Halter	02.05.2000	30		3
Maguinho	Magno José da Silva „Maguinho"	06.01.1992	34		2
Mina	Luis Felipe Nascimento Miranda "Mina"	12.03.2003		(1)	
Sander	Sander Henrique Bortolotto	03.10.1990	17	(4)	
Sidimar	Sidimar Fernando Cigolini	09.07.1992	12	(6)	
Xavier	Gustavo Xavier Teixeira	20.02.2004		(1)	
Midfielders:					
Allano	Allano Brendon de Souza Lima	24.04.1995	15	(4)	1
Anderson Oliveira	Anderson de Oliveira da Silva	16.07.1998	18	(2)	
Dodozinho	Vinicius Rodrigues Adelino dos Santos "Dodozinho"	15.06.2001		(15)	2
Everton Morelli	Everton Morelli Casimiro	04.11.1997	30	(2)	3
Fellipe Bastos	Fellipe Ramos Ignez Bastos	01.02.1990		(1)	
Guilherme Marques	Guilherme Costa Marques	21.05.1991	25	(5)	6
Guzzo	Raphael Gregório Guzzo (POR)	06.01.1995	5	(9)	1
Halerrandrio	Halerrandrio dos Santos Feitosa	08.07.2006		(1)	
Higor Meritão	Higor Matheus Meritão	23.06.1994	2	(6)	
Jhonny Lucas	Jhonny Lucas Flora Barboza	21.02.2000		(2)	
Junqueira	Pedro Junqueira de Oliveira	23.03.2004	2	(2)	
Oyama	Luís Felipe Oyama	30.01.1997	5	(4)	1
	Julián Eduardo Palacios (ARG)	04.02.1999	19	(8)	1
Willian Oliveira	Willian Osmar de Oliveira Silva	16.05.1993	28	(3)	
Zé Ricardo	José Ricardo Araújo Fernandes "Zé Ricardo"	03.02.1999	13		
Forwards:					
Alesson	Alesson dos Santos Batista	16.02.1999	3	(20)	2
Breno Herculano	Breno Herculano Almeida	16.02.1999		(3)	
Denzel	Denzel Nogueira Damasceno	20.01.2003		(1)	
Diego Gonçalves	Diego Gonçalves	22.09.1994	4	(6)	
João Magno	João Victo Magno de Souza Machado	15.02.1997	13	(6)	3
Lucão	Lucas Emmanuel Araújo Macedo "Lucão"	07.06.2000		(2)	
Matheus Babi	Matheus Barcelos da Silva „Matheus Babi"	18.07.1997	8	(9)	4
Matheus Peixoto	Matheus Vieira Campos Peixoto	16.11.1995	12	(1)	2

Matheus Santos	Matheus Santos Soares	29.07.1998	1	(6)	
Novaes	Gabriel Novaes Fernandes	05.04.1999	1	(2)	
Philippe	Philippe Almeida Costa	01.03.2000		(4)	
Vinícius	Vinícius Santos Silva	03.08.1993	13	(10)	

GRÊMIO FOOT-BALL PORTO ALEGRENSE
Foundation date: September 15, 1903
Address: Rua Largo dos Campeões, 1, Porto Alegre (RS), CEP 9088 – 0440
Stadium: Arena do Grêmio, Porto Alegre (55,225

Trainer:	Renato Portaluppi „Renato Gaúcho"	09.09.1962

THE SQUAD					
		DOB	M	(s)	G
Goalkeepers:					
Adriel	Adriel Vasconcelos Ramos	14.01.2001	2		
Brenno Costa	Brenno Oliveira Fraga Costa	01.04.1999	1		
Caíque	Caíque Luiz Santos da Purificação	31.07.1997	4		
Gabriel Chapecó	Gabriel Hamester Grando „Gabriel Chapecó"	29.03.2000	31		
Defenders:					
Bruno Alves	Bruno Fabiano Alves	16.04.1991	27	(2)	
Cuiabano	Luis Eduardo Soares da Silva "Cuiabano"	16.02.2003	5	(6)	1
Diogo Barbosa	Diogo Barbosa Mendanha	17.08.1992	4	(2)	
Fábio	Fábio Pereira da Silva	09.07.1990	12	(3)	
Gustavo Martins	Gustavo Martins de Souza Santos	11.08.2002	5	(12)	1
João Pedro	João Pedro Maturano dos Santos	15.11.1996	23	(6)	3
	Walter Kannemann (ARG)	14.03.1991	28		
Natã	Natã Felipe de Amorim Santos	05.06.2001		(2)	
Nathan Fernandes	Nathan Ribeiro Fernandes	16.02.2005	2	(9)	1
Pedro Geromel	Pedro Tonon Geromel	21.09.1985	6	(1)	
Reinaldo	Reinaldo Manoel da Silva	28.09.1989	30		2
Rodrigo Ely	Rodrigo Ely	03.11.1993	8	(1)	
Thomás Luciano	Thomás Luciano Trindade Lopes Mathias	14.01.2002	3	(3)	
Uvini	Bruno Uvini Bortolança	03.06.1991	16	(4)	1
Wesley Costa	Wesley da Costa Silva	04.02.2004	1		
Midfielders:					
	Lucas Agustín Besozzi (ARG)	22.01.2003	5	(7)	1
Bitello	João Paulo de Souza Mares "Bitello"	07.01.2000	18	(1)	4
	Felipe Ignacio Carballo Ares (URU)	04.10.1996	21	(1)	1
	Franco Sebastián Cristaldo (ARG)	15.08.1996	31	(3)	8
Darlan Mendes	Darlan Pereira Mendes	16.04.1998		(1)	
Everton Galdino	Everton Galdino Moreira	17.03.1997	9	(19)	6
Gustavinho	Gustavo César Mendonça Gravino "Gustavinho"	29.10.2001		(2)	
João Araujo	João Vitor Araújo da Silva	20.06.2005		(1)	
João Pedro	João Pedro Geraldino dos Santos Galvão	15.11.1996	10	(4)	
Josué Souza	Josué Souza dos Santos	25.04.2005	1	(3)	
Luan	Luan Guilherme de Jesus Vieira	27.03.1993		(5)	
Lucas Silva	Lucas Silva Borges	16.02.1993	3	(1)	
Mila	Lucas Eduardo Muller "Mila"	28.01.2003	4	(4)	
Nathan	Nathan Allan de Souza	13.03.1996	7	(13)	1
Pepê	João Pedro Vilardi Pinto "Pepê"	06.01.1998	16	(2)	1
Ronald	Ronald Cardoso Falkoski	11.02.2003	5	(5)	1

	Mathías Adalberto Villasanti Rolón (PAR)	24.01.1997	30		4
Vina	Vinícius Goes Barbosa de Souza "Vina"	15.04.1991	8	(6)	1
Forwards:					
André Henrique	André Henrique da Silva Martins	17.12.2001	1	(20)	3
Ferreira	Aldemir dos Santos Ferreira	31.12.1997	6	(19)	4
	Juan Manuel Iturbe Arévalo (PAR)	04.06.1993	1	(4)	
Lian	Lian dos Santos da Silva	20.09.2005		(1)	
	Freddy Ariel Noguera Rolón (PAR)	09.01.2004		(1)	
	Luis Alberto Suárez Díaz (URU)	24.01.1987	33		17
Zinho	Luis Henrique Hoffmann "Zinho"	09.05.2003	1	(6)	

SPORT CLUB INTERNACIONAL PORTO ALEGRE

Foundation date: April 4, 1909
Address: Av. Padre Cacique, 891, Menino Deus, Porto Alegre, CEP 90810-240
Stadium: Estádio "José Pinheiro Borda" [Beira-Rio], Porto Alegre (50,128)

Trainer:		
	Luiz Antônio Venker de Menezes "Mano Menezes"	11.06.1962
[20.07.2023]	Eduardo Germán Coudet (ARG)	12.09.1974

THE SQUAD				
		DOB	M	(s)	G
Goalkeepers:					
John Victor	John Victor Maciel Furtado	13.02.1996	9		
Keiller	Keiller da Silva Nunes	29.10.1996	10		
	Sergio Ramón Rochet Álvarez (URU)	23.03.1993	19		
Defenders:					
	Fabricio Tomás Bustos Sein (ARG)	28.04.1996	28	(1)	3
Dalbert	Dalbert Henrique Chagas Estevão	08.09.1993	7	(2)	
Dalla Corte	João Paulo Dalla Corte	07.06.2006		(1)	
	Nicolás Hernández Rodríguez (COL)	18.01.1998	12	(11)	
Hugo Mallo	Hugo Mallo Novegil (ESP)	22.06.1991	3	(3)	
Igor	Igor Gomes Silva	06.03.2001	14	(10)	
Lara	Thauan Lara dos Santos	22.01.2004	3	(7)	
	Gabriel Iván Mercado (ARG)	18.03.1987	25	(1)	
Renê	Renê Rodrigues Martins	14.09.1992	24	(4)	1
Rodrigo Moledo	Rodrigo Modesto da Silva Moledo	27.10.1987	5	(2)	
Vitão	Vitor Eduardo da Silva Matos „Vitão"	02.02.2000	25	(1)	
Midfielders:					
Alan Patrick	Alan Patrick Lourenço	13.05.1991	28	(6)	4
	Charles Mariano Aránguiz Sandoval (CHI)	17.04.1989	16	(6)	
Bruno Henrique	Bruno Henrique Corsini	21.10.1989	10	(10)	2
Campanharo	Gustavo Campanharo	04.04.1992	8	(7)	
	João Lucas de Souza Cardoso "Johnny" (USA)	20.09.2001	20	(2)	2
	Carlos María de Pena Bonino (URU)	11.03.1992	16	(11)	2
Estevão	Estevão Barreto de Oliveira	03.02.2002		(1)	
Gabriel	Gabriel Girotto Franco	10.07.1992	9	(6)	
Gabriel Baralhas	Gabriel Baralhas dos Santos	10.10.1998	2	(3)	
Gabriel Barros	Gabriel de Sousa Barros	25.10.2001	2	(3)	
Lucas Ramos	Lucas de Ramos Silveira	03.01.2001		(1)	
Matheus Dias	Matheus Dos Santos Dias	09.05.2002	6	(8)	
Maurício	Maurício Magalhães Prado	22.06.2001	22	(4)	6
Rômulo	Rômulo Zanre Zwarg	01.03.2000	12	(8)	1
Forwards:					
Alexandre Alemão	Alexandre Zurawski „Alexandre Alemão"	01.04.1998	3	(6)	1
Jean Dias	Jean Dias da Costa	22.10.1990	1	(9)	1
Lucca	Lucca Holanda Sampaio Tavares	02.04.2003	4	(15)	
Luiz Adriano	Luiz Adriano de Souza da Silva	12.04.1987	17	(12)	3
Pedro Henrique	Pedro Henrique Konzen Medina da Silva	16.06.1990	14	(12)	3
	Enner Remberto Valencia Lastra (ECU)	04.11.1989	18	(4)	9
Wanderson	Wanderson Maciel Sousa Campos	07.10.1994	26	(6)	7

SOCIEDADE ESPORTIVA PALMEIRAS SÃO PAULO

Foundation date: August 26, 1914
Address: Rua Turiaçu 1840, Perdizes 05005-000, São Paulo
Stadium: Allianz Parque [Palestra Itália Arena], São Paulo (43,713)

THE SQUAD

Trainer:	Abel Fernando Moreira Ferreira (POR)	22.11.1978		

THE SQUAD

		DOB	M	(s)	G
Goalkeepers:					
Marcelo Lomba	Marcelo Lomba do Nascimento	18.12.1986	3		
Wéverton	Wéverton Pereira da Silva	13.12.1987	35		
Defenders:					
	Gustavo Raúl Gómez Portillo (PAR)	06.05.1993	32		2
Gustavo Garcia	Gustavo Garcia dos Santos	04.01.2002	3	(2)	
Ian Custódio	Ian Custódio dos Anjos	16.04.2003		(1)	
Luan	Luan Garcia Teixeira	10.05.1993	21	(2)	1
Marcos Rocha	Marcos Luis Rocha de Aquino	11.12.1988	15	(5)	1
Mayke	Mayke Rocha de Oliveira	10.11.1992	28	(5)	1
Murilo Cerqueira	Murilo Cerqueira Paim	27.03.1997	24	(1)	3
	Joaquín Piquerez Moreira (URU)	24.08.1998	29		3
Vanderlan	Vanderlan Barbosa da Silva	07.09.2002	9	(5)	
Midfielders:					
	Eduard Andrés Atuesta Velasco (COL)	18.06.1997		(1)	
Fabinho	Fábio Silva de Freitas „Fabinho"	09.04.2002	3	(21)	
Gabriel Menino	Gabriel Vinicius Menino	29.09.2000	21	(3)	2
Jailson	Jailson Marques Siqueira	07.09.1995	1	(7)	
Jhonatan	Jhonatan dos Santos Rosa	09.09.2002	8	(12)	
Kaiky Naves	Kaiky Marques Naves	08.05.2002	5	(5)	
Kauan Santos	Kauan Santos Silva	17.06.2004		(1)	
	José Manuel Alberto López (ARG)	06.12.2000	5	(17)	5
Luis Guilherme	Luis Guilherme Lira dos Santos	09.02.2006	4	(15)	
Raphael Veiga	Raphael Cavalcante Veiga	19.06.1995	30	(1)	9
	Richard Ríos Montoya (COL)	02.06.2000	20	(17)	2
Zé Rafael	José Rafael Vivian „Zé Rafael"	16.06.1993	31		3
Forwards:					
Artur	Artur Victor Guimarães	15.02.1998	22	(9)	5
Breno Lopes	Breno Henrique Vasconcelos Lopes	24.01.1996	14	(17)	5
Bruno Tabata	Bruno Vinícius Souza Ramos	30.03.1997	1	(4)	
Dudu	Eduardo Pereira Rodrigues „Dudu"	07.01.1992	14		3
Endrick	Endrick Felipe Moreira de Sousa	21.07.2006	18	(13)	11
Estêvão	Estêvão Willian Almeida de Oliveira Gonçalves	24.04.2007		(1)	
Giovani	Giovani Henrique Amorim da Silva	01.01.2004		(2)	
Kevin	Kevin Santos Lopes de Macedo	04.01.2003	2	(5)	
Rafael Navarro	Rafael Navarro Leal	14.04.2000	1	(2)	1
Rony	Ronielson da Silva Barbosa „Rony"	11.05.1995	19	(11)	5

RED BULL BRAGANTINO BRAGANÇA PAULISTA

Foundation date: January 8, 1928 (*as Clube Atlético Bragantino*)
Address: Rua Emílio Coleta, 12900-000 Bragança Paulista, São Paulo
Stadium: Estádio "Nabi Abi Chedid" [Nabizão], Bragança Paulista (17,128)

| Trainer: | Pedro Miguel Faria Caixinha (POR) | 15.11.1970 | | |

THE SQUAD

		DOB	M	(s)	G
Goalkeepers:					
Cleiton	Cleiton Schwengber	19.08.1997	33		
Lucão	Lucas Alexandre Galdino de Azevedo „Lucão"	26.02.2001	6	(1)	
Defenders:					
Aderlan	Aderlan de Lima Silva	18.08.1990	17	(5)	
Cipriano	João Luiz da Silva Cipriano	09.11.2002	1		
Eduardo Santos	Eduardo Gonzaga Mendes Santos	28.11.1997	11	(2)	1
Guilherme Lopes	Guilherme Lopes de Almeida	14.02.2002	1	(8)	
	José Andrés Hurtado Cheme (ECU)	23.12.2001	17	(8)	
Juninho Capixaba	Luis Antonio da Rocha Junior "Juninho Capixaba"	06.07.1997	33	(1)	2
Léo Ortiz	Leonardo Rech Ortiz „Léo Ortiz"	03.01.1996	19	(1)	2
Luan Cândido	Luan Cândido de Almeida	02.02.2001	11	(11)	1
Luan Patrick	Luan Patrick Wiedthauper	20.01.2002	12	(2)	
Lucão	Lucas Rafael Gonçalves da Silva „Lucão"	25.03.1998	1	(1)	1
Lucas Cunha	Lucas de Souza Cunha	23.11.1997	1		
Natan	Natan Bernardo de Souza	06.02.2001	9	(1)	
	Leonardo Javier Realpe Montaño (ECU)	26.02.2001	19	(2)	
Midfielders:					
Bruninho	Bruno Gonçalves de Jesus "Bruninho"	14.03.2003	9	(7)	2
Eric Ramires	Eric dos Santos Rodrigues "Eric Ramires"	10.08.2000	17	(6)	3
Gustavinho	Gustavo Ribeiro Neves "Gustavinho"	23.04.2004	4	(15)	1
Jadsom	Jadsom Meemyas De Oliveira Da Silva	20.05.2001	22	(9)	1
Lucas Evangelista	Lucas Evangelista Santana de Oliveira	06.05.1995	32	(1)	1
Matheus Fernandes	Matheus Fernandes Siqueira	30.06.1998	31	(2)	1
Nathan Camargo	Nathan Camargo dos Santos	25.07.2005		(1)	
Praxedes	Bruno Conceição Praxedes	08.02.2002		(1)	
	Yani David Quintero Rivas (COL)	17.02.2002	1	(2)	
Raul	Raul Lo Gonçalves	11.07.1996	1	(2)	
Forwards:					
Alerrandro	Alerrandro Barra Mansa Realino de Souza	12.01.2000	2	(12)	1
	Thiago Nicolás Borbas Silva (URU)	07.04.2002	10	(23)	9
Eduardo Sasha	Eduardo Colcenti Antunes "Eduardo Sasha"	24.02.1992	31	(2)	11
Helinho	Helio Junio Nunes de Castro "Helinho"	25.04.2000	20	(4)	3
	Ignacio Jesús Laquintana Marsico (URU)	01.02.1999	1	(3)	
Matheus Gonçalves	Matheus Gonçalves Martins	18.08.2005	4	(8)	
	Henry David Mosquera Sánchez (COL)	15.11.2001	10	(11)	2
Sorriso	Marcos Vinicios Lopes Moura „Sorriso"	23.02.2001	8	(15)	2
Talisson	Talisson de Almeida	21.05.2002	1	(6)	3
Vitinho	Victor Hugo Santana Carvalho "Vitinho"	01.04.1999	23	(10)	2

SANTOS FUTEBOL CLUBE

Foundation date: April 14, 1912
Address: Rua Princesa Isabel, 77, Vila Belmiro, Santos, CEP 11075-501
Stadium: Estádio „Urbano Caldeira" [Vila Belmiro], Santos (16,068)

Trainer:		
	Odair Hellmann	22.01.1977
[28.06.2023]	Paulo César Turra	14.11.1973
[07.08.2023]	Diego Vicente Aguirre Camblor (URU)	13.09.1965
[17.09.2023]	Marcelo Faria Fernandes	20.04.1971

THE SQUAD

		DOB	M	(s)	G
Goalkeepers:					
João Paulo	João Paulo Silva Martins	29.06.1995	36		
Vladimir	Vladimir Orlando Cardoso de Araújo Filho	16.07.1989	2	(1)	
Defenders:					
Alex	Alex de Oliveira Nascimento	10.05.1999	5	(1)	
Cadu	Carlos Eduardo Bertolassi da Silva "Cadu"	21.02.2002		(1)	
Dodô	José Rodolfo Pires Ribeiro "Dodô"	06.02.1992	18		
Eduardo Bauermann	Eduardo Gabriel dos Santos Bauermann	13.02.1996	3		1
Felipe Jonatan	Felipe Jonatan Rocha Andrade	15.02.1998	1		
Gabriel Inocêncio	Gabriel de Souza Inocêncio	20.08.1994	12	(10)	
Jair Paula	Jair Paula da Cunha Filho	07.03.2005		(2)	
João Basso	João Othavio Basso	13.01.1997	14		
João Lucas	João Lucas de Almeida Carvalho	09.03.1998	9	(6)	
Joaquim Henrique	Joaquim Henrique Pereira Silva	28.12.1998	31		1
Junior Caiçara	Uilson de Souza Paula Júnior "Júnior Caiçara"	27.04.1989	1	(4)	
Kevyson	Kevyson Costa e Silva	29.03.2004	12	(5)	
Lucas Pires	Lucas Pires Silva	24.03.2001	7	(2)	
Luiz Felipe	Luiz Felipe Nascimento dos Santos	09.09.1993		(1)	
Maicon	Maicon Pereira Roque	14.09.1988		(1)	
Messias	Messias Rodrigues da Silva Júnior	03.11.1994	26	(2)	2
Nathan	Nathan Santos de Araújo	05.09.2001	7		
Midfielders:					
Alison	Alison Lopes Ferreira	01.03.1993	2	(3)	
Camacho	Guilherme de Aguiar Camacho	02.03.1990	4	(7)	
Deivid Washington	Deivid Washington de Souza Eugênio	05.06.2005	5	(4)	2
Dodi	Douglas Moreira Fagundes "Dodi"	17.04.1996	20	(8)	
Ed Carlos	Ed Carlos de Arruda Amorim	19.03.2001		(4)	
	Rodrigo Fernández Cedrés (URU)	03.01.1996	24	(6)	1
Ivonei	Ivonei Junior da Silva Rabelo	16.04.2002		(1)	
Jean Lucas	Jean Lucas de Souza Oliveira	22.06.1998	22		
Luan Dias	Luan Dias da Silva	31.07.1997	1	(7)	
Lucas Lima	Lucas Rafael Araujo Lima	09.07.1990	28	(7)	1
Nonato	Gustavo Nonato Santana	03.03.1998	7	(7)	1
	Tomás Eduardo Rincón Hernández (VEN)	13.01.1988	14	(2)	2
	Daniel Felipe Ruiz Rivera (COL)	30.07.2001	2	(7)	
Sandry	Sandry Roberto Santos Góes	30.08.2002	2	(3)	
	Yeferson Julio Soteldo Martínez (VEN)	30.06.1997	17	(5)	1
	Miguel Ángel Terceros Acuña (BOL)	25.04.2004		(2)	
Vinicius Balieiro	Vinicius Balieiro Lourenco De Carvalho	28.05.1999		(3)	
Forwards:					
Ângelo	Ângelo Gabriel Borges Damaceno	21.12.2004	5	(7)	2

Bruno Mezenga	Bruno Ferreira Mombra Rosa	08.08.1988		(9)	
	Julio César Furch (ARG)	27.09.1989	5	(17)	3
Lucas Barbosa	Lucas Henrique Barbosa	22.02.2001	1	(3)	
Lucas Braga	Lucas Braga Ribeiro	10.11.1996	22	(5)	
Marcos Leonardo	Marcos Leonardo Santos Almeida	02.05.2003	30	(1)	13
	John Stiven Mendoza Valencia (COL)	27.06.1992	19	(7)	6
	Alfredo José Morelos Avilez (COL)	21.06.1996	1	(2)	
	Maximiliano Joaquín Silvera Cabo (URU)	05.09.1997	3	(9)	1
Weslley Patati	Weslley Pinto Batista „Weslley Patati"	01.10.2003		(9)	

SÃO PAULO FUTEBOL CLUBE

Foundation date: January 25, 1930
Address: Praça Roberto Gomes Pedrosa, 1, São Paulo, CEP 05653-070
Stadium: Estádio „Cícero Pompeu de Toledo" [Morumbi], São Paulo (72,039)

Trainer:	Rogério Mücke Ceni	22.01.1973
[28.05.1962]	Dorival Silvestre Júnior	28.05.1962

THE SQUAD

		DOB	M	(s)	G
Goalkeepers:					
Jandrei	Jandrei Chitolina Carniel	01.03.1993	5		
Rafael Monteiro	Rafael Pires Monteiro	23.06.1989	33		
Defenders:					
	Robert Abel Arboleda Escobar (ECU)	22.10.1991	19	(1)	
Diego Costa	Diego Henrique Costa Barbosa	21.07.1999	20	(3)	
Felipe Negrucci	Felipe Negrucci Berdague	04.05.2004		(1)	
	Nahuel Adolfo Ferraresi Hernández (VEN)	19.11.1998		(1)	
	Alan Javier Franco (ARG)	11.10.1996	12	(1)	1
João Moreira	João Moreira Sanmartin Souza (POR)	21.05.2004	1		
Lucas Beraldo	Lucas Lopes Beraldo	24.11.2003	24		1
Matheus Belém	Matheus José Belém de Souza	13.03.2003	2		
Nathan Mendes	Nathan Gabriel de Souza Mendes	19.08.2002	11	(10)	1
Patryck	Patryck Lanza dos Reis	18.01.2003	4	(2)	
Rafinha	Márcio Rafael Ferreira de Souza „Rafinha"	07.09.1985	23	(2)	
Raí Ramos	Raí dos Reis Ramos	06.05.1994	4	(2)	
Welington	Welington Damascena Santos	19.02.2001	11	(5)	
Midfielders:					
	Michel Daryl Araújo Villar (URU)	28.09.1996	19	(13)	2
Caio Paulista	Caio Fernando de Oliveira "Caio Paulista"	11.05.1998	23	(5)	1
Luan	Luan Vinicius da Silva Santos	14.05.1999	8	(3)	
	Jhegson Sebastián Méndez Carabalí (ECU)	26.04.1997	4	(3)	
	Gabriel Neves Perdomo (URU)	11.08.1997	13	(7)	1
Pablo Maia	Pablo Gonçalves Maia Fortunato "Pablo Maia"	10.01.2002	29	(3)	4
Pedrinho	Pedro Veronez Vilhena "Pedrinho"	18.02.2002		(1)	
Rodrigo Nestor	Rodrigo Nestor Bertalia	09.08.2000	17	(8)	1
	James David Rodríguez Rubio (COL)	12.07.1991	9	(3)	1
Rodriguinho	Rodrigo Huendra Almeida Mendonca "Rodriguinho"	16.03.2004	1	(10)	
Talles	Talles Macedo Toledo Costa	02.08.2002	1	(6)	
Wellington Rato	Wellington Soares da Silva "Wellington Rato"	28.06.1992	21	(11)	
Forwards:					
Alexandre Pato	Alexandre Rodrigues da Silva "Alexandre Pato"	02.09.1989	1	(8)	2
Alisson	Alisson Euler de Freitas Castro	25.06.1993	26	(9)	
	Jonathan Calleri (ARG)	23.09.1993	15	(4)	9
David	David Correa da Fonseca	17.10.1995	6	(16)	2
Erison	Erison Danilo de Souza	13.04.1999	3	(10)	1
Juan	Juan Santos da Silva	07.03.2002	13	(14)	1
Lucas Moura	Lucas Rodrigues Moura da Silva "Lucas Moura"	13.08.1992	10	(4)	1
Luciano	Luciano da Rocha Neves	18.05.1993	24	(10)	9
Marcos Paulo	Marcos Paulo Costa do Nascimento (POR)	01.02.2001	6	(9)	2
Talles Wander	Talles Wander Santos Ribeiro	24.10.2003		(2)	
William	William Gomes Carvalho Santos	15.03.2006		(3)	

CLUB DE REGATAS VASCO DA GAMA RIO DE JANEIRO

Foundation date: August 21, 1898
Address: Rua Gal Almério de Moura 131, Bairro Vasco da Gama 20921-060 Rio de Janeiro, RJ
Stadium: Estádio Vasco da Gama [São Januário], Rio de Janeiro (24,584)

Trainer:		
	Maurício Nogueira Barbieri	30.09.1981
[24.06.2023]	William Batista de Almeida	13.05.1993
[17.07.2023]	Ramón Ángel Díaz (ARG)	29.08.1959

THE SQUAD

		DOB	M	(s)	G
Goalkeepers:					
Léo Jardim	Leonardo César Jardim	20.03.1995	38		
Defenders:					
	Manuel Vicente Capasso (ARG)	19.04.1996	6	(3)	
Léo	Leonardo Pinheiro da Conceição	06.03.1996	30	(4)	
Lucas Piton	Lucas Piton Crivellaro	09.10.2000	37		
Maicon	Maicon Pereira Roque	14.09.1988	14	(2)	
	Gary Alexis Medel Soto (CHI)	03.08.1987	20		
Miranda	Matheus dos Santos Miranda	19.01.2000	4	(3)	
Paulinho	Paulo Ricardo de Souza Babilônia	23.05.2005	19	(2)	1
Paulo Henrique	Paulo Henrique de Oliveira Alves	25.07.1996	10	(4)	1
Paulo Victor	Paulo Victor de Almeida Barbosa	13.04.2001		(1)	
Robson Bambu	Robson Alves de Barros	12.11.1997	16	(2)	
	José Luis Rodríguez Bebanz (URU)	14.03.1997	22	(10)	2
Zé Vitor	José Vitor Geminiano Cavalieri "Zé Vitor"	10.06.2002	1	(3)	
Midfielders:					
Andrey Santos	Andrey Nascimento dos Santos	03.05.2004	6		1
	Horacio Gabriel Carabajal (ARG)	09.12.1991		(6)	
Cauan Barros	Cauan Lucas Barros da Luz	06.05.2004	3	(5)	1
Eguinaldo	Eguinaldo de Sousa Lemos	09.08.2004		(4)	
Gabriel Dias	Gabriel Dias de Oliveira	10.05.1994		(1)	
	Matías Galarza Fonda (PAR)	11.02.2002	4	(6)	1
Jair	Jair Rodrigues Júnior	26.08.1994	16	(13)	3
Marlon Gomes	Marlon Gomes Claudino	14.12.2003	14	(9)	
Mateus Cocão	Mateus Carvalho dos Santos "Mateus Cocão"	18.03.2002	3	(6)	
Praxedes	Bruno Conceição Praxedes	08.02.2002	18	(3)	1
Rodrigo Alves	Rodrigo Alves de Holanda Santos	04.06.2002	4	(4)	
Serginho	Sérgio Antonio da Luz Junior „Serginho"	06.04.1995	5	(4)	2
Zé Gabriel	José Gabriel dos Santos Silva „Zé Gabriel"	21.01.1999	24	(3)	1
Forwards:					
Alex Teixeira	Alex Teixeira do Santos	06.01.1990	13	(9)	1
Erick Marcus	Erick Marcus dos Santos Oliveira do Carmo	01.03.2004	3	(11)	1
	Carlos Sebastián Ferreira Vidal (PAR)	13.02.1998	3	(10)	
Figueiredo	Lucas Figueiredo dos Santos	14.08.2001	7	(9)	
Gabriel Pec	Gabriel Fortes Chaves "Gabriel Pec"	11.02.2001	29	(8)	8
	Luca Nicolás Orellano (ARG)	22.03.2000	6	(12)	1
	Florent Dimitri Payet (FRA)	29.03.1987	7	(10)	2
Pedro Raul	Pedro Raul Garay da Silva	05.11.1996	9	(3)	2
Rayan	Rayan Vitor Simplício Rocha	03.08.2006	3	(3)	1
Rossi	Rosicley Pereira da Silva	22.04.1993	4	(5)	1
Rwan	Rwan Philipe Rodrigues de Souza Cruz	20.05.2001		(2)	
	Pablo Ezequiel Vegetti Pfaffen (ARG)	15.10.1988	20	(1)	10

Campeonato Brasileiro Série B 2023

1.	EC Vitória Salvador de Bahia (*Promoted*)	38	22	6	10	50	-	31	72
2.	EC Juventude Caxias do Sul (*Promoted*)	38	18	11	9	42	-	31	65
3.	Criciúma Esporte Clube (*Promoted*)	38	19	7	12	45	-	33	64
4.	Atlético Clube Goianiense (*Promoted*)	38	17	13	8	56	-	45	64
5.	Grêmio Novorizontino Novo Horizonte	38	19	6	13	48	-	30	63
6.	Mirassol FC	38	18	9	11	42	-	31	63
7.	Sport Club do Recife	38	17	12	9	59	-	40	63
8.	Vila Nova Futebol Clube Goiânia	38	17	10	11	49	-	30	61
9.	Clube de Regatas Brasil Maceió	38	16	9	13	45	-	39	57
10.	Guarani Futebol Clube Campinas	38	15	12	11	42	-	33	57
11.	Ceará Sporting Club Fortaleza	38	13	11	14	40	-	45	50
12.	Botafogo FC Ribeirão Preto	38	12	11	15	25	-	42	47
13.	Avaí FC Florianópolis	38	10	14	14	31	-	48	44
14.	Ituano Futebol Clube	38	9	15	14	33	-	38	42
15.	Associação Atlética Ponte Preta Campinas	38	9	15	14	24	-	35	42
16.	Associação Chapecoense de Futebol	38	9	13	16	38	-	43	40
17.	Sampaio Corrêa FC São Luís (*Relegated*)	38	8	15	15	31	-	43	39
18.	Tombense Futebol Clube (*Relegated*)	38	9	10	19	37	-	50	37
19.	Londrina Esporte Clube (*Relegated*)	38	7	10	21	31	-	58	31
20.	ABC Futebol Clube Natal (*Relegated*)	38	5	13	20	28	-	51	28

Promoted for the 2024 Série B season:
Amazonas FC Manaus,
Brusque Futebol Clube,
Operário Ferroviário EC Ponta Grossa,
Paysandu Sport Club Belém.

THE STATE CHAMPIONSHIPS 2023

Acre

Acre State Championship winners:

Year	Winner		Year	Winner
1919	Rio Branco FC		1971	Rio Branco FC
1920	Ypiranga SC Rio Branco		1972	Independência FC Rio Branco
1921	Rio Branco FC		1973	Rio Branco FC
1922	Rio Branco FC		1974	Independência FC Rio Branco
1923	*Not known*		1975	AC Juventus Rio Branco
1924	*Not known*		1976	AC Juventus Rio Branco
1925	*Not known*		1977	AC Juventus Rio Branco
1926	*Not known*		1978	Rio Branco FC
1927	*Not known*		1979	Rio Branco FC
1928	Rio Branco FC		1980	AC Juventus Rio Branco
1929	*Not known*		1981	AC Juventus Rio Branco
1930	Associação Atlética Militar Rio Branco		1982	AC Juventus Rio Branco
1931	*Not known*		1983	Rio Branco FC
1932	*Not known*		1984	AC Juventus Rio Branco
1933	*Not known*		1985	Independência FC Rio Branco
1934	*Not known*		1986	Rio Branco FC
1935	Rio Branco FC		1987	Atlético Acreano Rio Branco
1936	Rio Branco FC		1988	Independência FC Rio Branco
1937	Rio Branco FC		1989	AC Juventus Rio Branco
1938	Rio Branco FC		1990	AC Juventus Rio Branco
1939	Rio Branco FC		1991	Atlético Acreano Rio Branco
1940	Rio Branco FC		1992	Rio Branco FC
1941	Rio Branco FC		1993	Independência FC Rio Branco
1942	Rio Branco FC		1994	Rio Branco FC
1943	Rio Branco FC		1995	AC Juventus Rio Branco
1944	Rio Branco FC		1996	AC Juventus Rio Branco
1945	Rio Branco FC		1997	Rio Branco FC
1946	Rio Branco FC		1998	Independência FC Rio Branco
1947	Rio Branco FC		1999	AD Vasco da Gama Rio Branco
1948	América FC Rio Branco		2000	Rio Branco FC
1949	América FC Rio Branco		2001	AD Vasco da Gama Rio Branco
1950	Rio Branco FC		2002	Rio Branco FC
1951	Rio Branco FC		2003	Rio Branco FC
1952	Atlético Acreano Rio Branco		2004	Rio Branco FC
1953	Atlético Acreano Rio Branco		2005	Rio Branco FC
1954	Independência FC Rio Branco		2006	AD Senador Guiomard
1955	Rio Branco FC		2007	Rio Branco FC
1956	Rio Branco FC		2008	Rio Branco FC
1957	Rio Branco FC		2009	AC Juventus Rio Branco
1958	Independência FC Rio Branco		2010	Rio Branco FC
1959	Independência FC Rio Branco		2011	Rio Branco FC
1960	Independência FC Rio Branco		2012	Rio Branco FC
1961	Rio Branco FC		2013	Plácido de Castro FC
1962	Rio Branco FC & Atlético Acreano Rio Branco		2014	Rio Branco FC
			2015	Rio Branco FC
1963	Independência FC Rio Branco		2016	Atlético Acreano Rio Branco
1964	Rio Branco FC		2017	Atlético Acreano Rio Branco

1965	AD Vasco da Gama Rio Branco		2018	Rio Branco Football Club	
1966	AC Juventus Rio Branco		2019	Atlético Acreano Rio Branco	
1967	Grêmio Atlético Sampaio Rio Branco		2020	Galvez Esporte Clube	
1968	Atlético Acreano Rio Branco		2021	Rio Branco Football Club	
1969	AC Juventus Rio Branco		2022	Sport Clube Humaitá Porto Acre	
1970	Independência FC Rio Branco		2023	Rio Branco Football Club	

Acre State League (Campeonato Acriano) 2023

First Stage / Primeira Fase

Grupo A

1. Sport Clube Humaitá Porto Acre	5	4	0	1	17 - 3	12
2. Independência Futebol Clube Rio Branco	5	4	0	1	11 - 3	12
3. Rio Branco Football Club	5	4	0	1	8 - 5	12
4. Plácido de Castro Futebol Clube	5	2	0	3	12 - 14	6
5. Associação Desportiva Senador Guiomard	5	1	0	4	4 - 14	3
6. Andirá Esporte Clube Rio Branco	5	0	0	5	5 - 18	0

Grupo B

1. São Francisco Futebol Clube Rio Branco	4	3	1	0	12 - 7	10
2. Galvez Esporte Clube	4	2	2	0	16 - 5	8
3. Atlético Acreano Rio Branco	4	2	1	1	12 - 6	7
4. Náuas Esporte Clube Cruzeiro do Sul	4	1	0	3	6 - 13	3
5. AD Vasco da Gama Rio Branco	4	0	0	4	4 - 19	0

Top-3 of each group were qualified for the Final Stage (Hexagonal Final).

Hexagonal Final

1. **Rio Branco Football Club**	5	4	1	0	6 - 0	13
2. Sport Clube Humaitá Porto Acre	5	3	1	1	9 - 5	10
3. Galvez Esporte Clube	5	2	2	1	7 - 2	8
4. Independência Futebol Clube Rio Branco	5	2	0	3	8 - 11	6
5. Atlético Acreano Rio Branco	5	1	0	4	3 - 8	3
6. São Francisco Futebol Clube Rio Branco	5	1	0	4	6 - 13	3

Acre State Championship Winners 2023: **Rio Branco Football Club**

Alagoas

Alagoas State Championship winners:

1927	Clube de Regatas Maceió
1928	Centro Sportivo Alagoano Maceió
1929	Centro Sportivo Alagoano Maceió
1930	Clube de Regatas Maceió
1931	*No competition*
1932	*No competition*
1933	Centro Sportivo Alagoano Maceió
1934	*No competition*
1935	Centro Sportivo Alagoano Maceió
1936	Centro Sportivo Alagoano Maceió
1937	Clube de Regatas Maceió
1938	Clube de Regatas Maceió
1939	Clube de Regatas Maceió
1940	Clube de Regatas Maceió
1941	Centro Sportivo Alagoano Maceió
1942	Centro Sportivo Alagoano Maceió
1943	*No competition*
1944	Centro Sportivo Alagoano Maceió
1945	Santa Cruz FC Maceió
1946	EC Barroso Maceió
1947	EC Alexandria Maceió
1948	Santa Cruz FC Maceió
1949	Centro Sportivo Alagoano Maceió
1950	Clube de Regatas Maceió
1951	Clube de Regatas Maceió
1952	Centro Sportivo Alagoano Maceió
1953	Agremiação Sportiva Arapiraquense
1954	Ferroviário AC Maceió
1955	Centro Sportivo Alagoano Maceió
1956	Centro Sportivo Alagoano Maceió
1957	Centro Sportivo Alagoano Maceió
1958	Centro Sportivo Alagoano Maceió
1959	Centro Sportivo Capelense
1960	Centro Sportivo Alagoano Maceió
1961	Clube de Regatas Maceió
1962	Centro Sportivo Capelense
1963	Centro Sportivo Alagoano Maceió
1964	Clube de Regatas Maceió
1965	Centro Sportivo Alagoano Maceió
1966	Centro Sportivo Alagoano Maceió
1967	Centro Sportivo Alagoano Maceió
1968	Centro Sportivo Alagoano Maceió
1969	Clube de Regatas Maceió
1970	Clube de Regatas Maceió
1971	Centro Sportivo Alagoano Maceió
1972	Clube de Regatas Maceió
1973	Clube de Regatas Maceió
1974	Centro Sportivo Alagoano Maceió
1975	Centro Sportivo Alagoano Maceió
1976	Clube de Regatas Maceió
1977	Clube de Regatas Maceió
1978	Clube de Regatas Maceió
1979	Clube de Regatas Maceió
1980	Centro Sportivo Alagoano Maceió
1981	Centro Sportivo Alagoano Maceió
1982	Centro Sportivo Alagoano Maceió
1983	Clube de Regatas Maceió
1984	Centro Sportivo Alagoano Maceió
1985	Centro Sportivo Alagoano Maceió
1986	Clube de Regatas Maceió
1987	Clube de Regatas Maceió
1988	Centro Sportivo Alagoano Maceió
1989	Centro Sportivo Capelense
1990	Centro Sportivo Alagoano Maceió
1991	Centro Sportivo Alagoano Maceió
1992	Clube de Regatas Maceió
1993	Clube de Regatas Maceió
1994	Centro Sportivo Alagoano Maceió
1995	Clube de Regatas Maceió
1996	Centro Sportivo Alagoano Maceió
1997	Centro Sportivo Alagoano Maceió
1998	Centro Sportivo Alagoano Maceió
1999	Centro Sportivo Alagoano Maceió
2000	Agremiação Sportiva Arapiraquense
2001	Agremiação Sportiva Arapiraquense
2002	Clube de Regatas Maceió
2003	Agremiação Sportiva Arapiraquense
2004	SC Corinthians Alagoano Maceió
2005	Agremiação Sportiva Arapiraquense
2006	Associação Atlética Coruripe
2007	Associação Atlética Coruripe
2008	Centro Sportivo Alagoano Maceió
2009	Agremiação Sportiva Arapiraquense
2010	Murici Futebol Clube
2011	Agremiação Sportiva Arapiraquense
2012	Clube de Regatas Brasil Maceió
2013	Clube de Regatas Brasil Maceió
2014	Associação Atlética Coruripe
2015	Clube de Regatas Brasil Maceió
2016	Clube de Regatas Brasil Maceió
2017	Clube de Regatas Brasil Maceió
2018	Centro Sportivo Alagoano Maceió
2019	Centro Sportivo Alagoano Maceió
2020	Clube de Regatas Brasil Maceió
2021	Centro Sportivo Alagoano Maceió
2022	Clube de Regatas Brasil Maceió
2023	Clube de Regatas Brasil Maceió

Alagoas State League (Campeonato Alagoano) 2023

First Stage

1. Clube de Regatas Brasil Maceió	7	6	1	0	16	-	6	19
2. Agremiação Sportiva Arapiraquense	7	3	2	2	10	-	7	11
3. Murici Futebol Clube	7	3	2	2	9	-	11	11
4. Associação Atlética Coruripe	7	2	3	2	7	-	8	9
5. Centro Sportivo Alagoano Maceió	7	2	2	3	8	-	7	8
6. Clube Sociedade Esportiva Palmeira dos Índios	7	1	4	2	5	-	8	7
7. Esporte Clube Cruzeiro Arapiraca	7	2	0	5	10	-	9	6
8. Desportiva Aliança Maceió (*Relegated*)	7	1	2	4	6	-	15	5

Top-4 were qualified for the Semi-Finals.

Semi-Finals (10/12.07.-15/19.07.2023)

Associação Atlética Coruripe - Clube de Regatas Brasil Maceió	2-3(1-2)	1-3(0-1)
Murici Futebol Clube - Agremiação Sportiva Arapiraquense	1-1(0-1)	0-1(0-1)

Alagoas Championship Finals (04-09.04.2023)

Agremiação Sportiva Arapiraquense - Clube de Regatas Brasil Maceió	0-2(0-1)
Clube de Regatas Brasil Maceió - Agremiação Sportiva Arapiraquense	1-0(1-0)

Alagoas State Championship Winners 2023: **Clube de Regatas Brasil Maceió**

Amapá

Amapá State Championship winners:

Year	Winner	Year	Winner
1944	Esporte Clube Macapá	1985	Santana Esporte Clube
1945	Amapá Clube Macapá	1986	Esporte Clube Macapá
1946	Esporte Clube Macapá	1987	Amapá Clube Macapá
1947	Esporte Clube Macapá	1988	Amapá Clube Macapá
1948	Esporte Clube Macapá	1989	Independente Esporte Clube Santana
1949	*No competition*	1990	Amapá Clube Macapá
1950	Amapá Clube Macapá	1991	Esporte Clube Macapá
1951	Amapá Clube Macapá	1992	Ypiranga Clube Macapá
1952	Trem Desportivo Clube Macapá	1993	SER São José Macapá
1953	Amapá Clube Macapá	1994	Ypiranga Clube Macapá
1954	Esporte Clube Macapá	1995	Independente Esporte Clube Santana
1955	Esporte Clube Macapá	1996	*No competition*
1956	Esporte Clube Macapá	1997	Ypiranga Clube Macapá
1957	Esporte Clube Macapá	1998	Aliança
1958	Esporte Clube Macapá	1999	Ypiranga Clube Macapá
1959	Esporte Clube Macapá	2000	Santos Futebol Clube Macapá
1960	Santana Esporte Clube	2001	Independente Esporte Clube Santana
1961	Santana Esporte Clube	2002	Ypiranga Clube Macapá
1962	Santana Esporte Clube	2003	Ypiranga Clube Macapá
1963	CEA Clube	2004	Ypiranga Clube Macapá
1964	Juventus	2005	SER São José Macapá
1965	Santana Esporte Clube	2006	SER São José Macapá
1966	Juventus	2007	Trem Desportivo Clube Macapá
1967	Juventus	2008	Cristal Atlético Clube Macapá
1968	Santana Esporte Clube	2009	SER São José Macapá
1969	Esporte Clube Macapá	2010	Trem Desportivo Clube Macapá
1970	SER São José Macapá	2011	Trem Desportivo Clube Macapá
1971	SER São José Macapá	2012	Oratório Recreativo Clube Macapá
1972	Santana Esporte Clube	2013	Santos Futebol Clube Macapá
1973	Amapá Clube Macapá	2014	Santos Futebol Clube Macapá
1974	Esporte Clube Macapá	2015	Santos Futebol Clube Macapá
1975	Amapá Clube Macapá	2016	Santos Futebol Clube Macapá
1976	Ypiranga Clube Macapá	2017	Santos Futebol Clube Macapá
1977	Guarany	2018	Ypiranga Clube Macapá
1978	Esporte Clube Macapá	2019	Santos Futebol Clube Macapá
1979	Amapá Clube Macapá	2020	Ypiranga Clube Macapá
1980	Esporte Clube Macapá	2021	Trem Desportivo Clube Macapá
1982	Independente Esporte Clube Santana	2022	Trem Desportivo Clube Macapá
1983	Independente Esporte Clube Santana	2023	Trem Desportivo Clube Macapá
1984	Trem Desportivo Clube Macapá		

Amapá State League (Campeonato Amapaense) 2023

First Stage (Primeira Fase)

1.	Independente Esporte Clube Santana	7	6	0	1	20	-	9	18
2.	Trem Desportivo Clube Macapá	7	5	0	2	18	-	7	15
3.	Ypiranga Clube Macapá	7	4	2	1	21	-	9	14
4.	Oratório Recreativo Clube Macapá	7	3	2	2	12	-	8	11
5.	Santos Futebol Clube Macapá	7	2	2	3	13	-	8	8
6.	Esporte Clube Macapá	7	2	2	3	10	-	13	8
7.	São Paulo Futebol Clube Macapá	7	1	1	5	11	-	27	4
8.	Santana Esporte Clube	7	0	1	6	8	-	32	1

Top-4 teams were qualified for the Semi-Finals.

Final Stage (Fase final)

Semi-Finals (10/12.07.-15/19.07.2023)

Oratório Recreativo Clube Macapá - Independente Esporte Clube Santana	0-0	2-2(1-0)
Trem Desportivo Clube Macapá - Ypiranga Clube Macapá	0-2(0-1)	1-3(0-0)

Amapá Championship Finals (21-25.07.2023)

Trem Desportivo Clube Macapá - Independente Esporte Clube Santana	2-0(1-0)
Independente Esporte Clube Santana - Trem Desportivo Clube Macapá	3-3(2-1)

Amapá State Championship Winners 2023: **Trem Desportivo Clube Macapá**

Amazonas

Amazonas State Championship winners:

1914	Manaus Athletic Club Manaus	1969	Nacional Futebol Clube Manaus
1915	Manaus Athletic Club Manaus	1970	Nacional Fast Club Manaus
1916	Nacional Futebol Clube Manaus	1971	Nacional Fast Club Manaus
1917	Nacional Futebol Clube Manaus	1972	Nacional Futebol Clube Manaus
1918	Nacional Futebol Clube Manaus	1973	Associação Atlética Rodoviária Manaus
1919	Nacional Futebol Clube Manaus	1974	Nacional Futebol Clube Manaus
1920	Nacional Futebol Clube Manaus	1975	Atlético Rio Negro Clube Manaus
1921	Atlético Rio Negro Clube Manaus	1976	Nacional Futebol Clube Manaus
1922	Nacional Futebol Clube Manaus	1977	Nacional Futebol Clube Manaus
1923	Nacional Futebol Clube Manaus	1978	Nacional Futebol Clube Manaus
1924	*No competition*	1979	Nacional Futebol Clube Manaus
1925	*No competition*	1980	Nacional Futebol Clube Manaus
1926	*No competition*	1981	Nacional Futebol Clube Manaus
1927	Atlético Rio Negro Clube Manaus	1982	Atlético Rio Negro Clube Manaus
1928	Cruzeiro do Sul Futebol Clube Manaus	1983	Nacional Futebol Clube Manaus
1929	Manaus Sporting Club Manaus	1984	Nacional Futebol Clube Manaus
1930	Cruzeiro do Sul Futebol Clube Manaus	1985	Nacional Futebol Clube Manaus
1931	Atlético Rio Negro Clube Manaus	1986	Nacional Futebol Clube Manaus
1932	Atlético Rio Negro Clube Manaus	1987	Atlético Rio Negro Clube Manaus
1933	Nacional Futebol Clube Manaus	1988	Atlético Rio Negro Clube Manaus
1934	União Esportiva Portuguesa Manaus	1989	Atlético Rio Negro Clube Manaus
1935	União Esportiva Portuguesa Manaus	1990	Atlético Rio Negro Clube Manaus
1936	Nacional Futebol Clube Manaus	1991	Nacional Futebol Clube Manaus
1937	Nacional Futebol Clube Manaus	1992	Sul América Esporte Clube Manaus
1938	Atlético Rio Negro Clube Manaus	1993	Sul América Esporte Clube Manaus
1939	Nacional Futebol Clube Manaus	1994	América Futebol Clube Manaus
1940	Atlético Rio Negro Clube Manaus	1995	Nacional Futebol Clube Manaus
1941	Nacional Futebol Clube Manaus	1996	Nacional Futebol Clube Manaus
1942	Nacional Futebol Clube Manaus	1997	São Raimundo Esporte Clube Manaus
1943	Atlético Rio Negro Clube Manaus	1998	São Raimundo Esporte Clube Manaus
1944	Olímpico Clube Manaus	1999	São Raimundo Esporte Clube Manaus
1945	Nacional Futebol Clube Manaus	2000	Nacional Futebol Clube Manaus
1946	Nacional Futebol Clube Manaus	2001	Atlético Rio Negro Clube Manaus
1947	Olímpico Clube Manaus	2002	Nacional Futebol Clube Manaus
1948	Nacional Fast Club Manaus	2003	Nacional Futebol Clube Manaus
1949	Nacional Fast Club Manaus	2004	São Raimundo Esporte Clube Manaus
1950	Nacional Futebol Clube Manaus	2005	Grêmio Atlético Coariense Coari
1951	América Futebol Clube Manaus	2006	São Raimundo Esporte Clube Manaus
1952	América Futebol Clube Manaus	2007	Nacional Futebol Clube Manaus
1953	América Futebol Clube Manaus	2008	Holanda Esporte Clube Manaus
1954	América Futebol Clube Manaus	2009	América Futebol Clube Manaus
1955	Nacional Fast Club Manaus	2010	Peñarol Atlético Clube Itacoatiara
1956	Auto Esporte Clube Manaus	2011	Peñarol Atlético Clube Itacoatiara
1957	Nacional Futebol Clube Manaus	2012	Nacional Futebol Clube Manaus
1958	Santos Futebol Clube Manaus	2013	Princesa do Solimões EC Manacapuru
1959	Auto Esporte Clube Manaus	2014	Nacional Futebol Clube Manaus
1960	Nacional Fast Club Manaus	2015	Nacional Futebol Clube Manaus
1961	São Raimundo Esporte Clube Manaus	2016	Nacional Fast Clube Manaus
1962	Atlético Rio Negro Clube Manaus	2017	Manaus Futebol Clube
1963	Nacional Futebol Clube Manaus	2018	Manaus Futebol Clube

1964	Nacional Futebol Clube Manaus		2019	Manaus Futebol Clube
1965	Atlético Rio Negro Clube Manaus		2020	Penarol Atlético Clube Itacoatiara
1966	São Raimundo Esporte Clube Manaus		2021	Manaus Futebol Clube
1967	Olímpico Clube Manaus		2022	Manaus Futebol Clube
1968	Nacional Futebol Clube Manaus		2023	Amazonas Futebol Clube Manaus

Amazonas State Championship (Campeonato Amazonense) 2023

First Stage (Primeira Fase)

1.	Amazonas Futebol Clube Manaus	8	6	1	1	17 - 3	19
2.	Manauara Esporte Clube Manaus	8	5	2	1	21 - 6	17
3.	Princesa do Solimões EC Manacapuru	8	4	2	2	10 - 7	14
4.	Manaus Futebol Clube	8	3	4	1	7 - 5	13
5.	Nacional Futebol Clube Manaus	8	2	5	1	9 - 8	11
6.	Parintins Futebol Clube	8	2	3	3	6 - 10	9
7.	Atlético Rio Negro Clube Manaus	8	1	4	3	7 - 10	7
8.	Operário Esporte Clube Manacapuru	8	0	2	6	1 - 14	2
9.	Esporte Clube Iranduba da Amazônia (*Relegated*)	8	0	3	5	0 - 19	3

*Please note: Esporte Clube Iranduba da Amazônia were suspended for two years for involvement in bettings and relegated.
Top-8 teams were qualified for the Final Stage.

Quarter-Finals (11/14/15-18/19.03.2023)

Operário Esporte Clube Manacapuru - Amazonas Futebol Clube Manaus	1-2(0-1)	0-2(0-1)
Atlético Rio Negro Clube Manaus - Manauara Esporte Clube Manaus	0-1(0-1)	0-1(0-1)
Parintins Futebol Clube - Princesa do Solimões EC Manacapuru**	1-1(1-0)	1-1(0-0)
Nacional Futebol Clube Manaus - Manaus Futebol Clube	3-1(0-1)	0-1(0-1)

**advanced due to their best performance in the first stage.*

Semi-Finals (25.03./02.04.-01/08.04.2023)

Nacional Futebol Clube Manaus - Amazonas Futebol Clube Manaus	0-1(0-0)	0-0
Princesa do Solimões EC Manacapuru - Manauara Esporte Clube Manaus	1-3(1-3)	0-3(0-2)

Amazonas Championship Finals (15-23.04.2023)

Manauara Esporte Clube Manaus - Amazonas Futebol Clube Manaus	0-0
Amazonas Futebol Clube Manaus - Manauara Esporte Clube Manaus	1-0(0-0)

Amazonas State Championship Winners 2023: **Amazonas Futebol Clube Manaus**

Bahia

Bahia State Championship winners:

1905	Clube Internacional de Cricket Salvador
1906	Clube de Natação e Regatas São Salvador
1907	Clube de Natação e Regatas São Salvador
1908	Esporte Clube Vitória Salvador
1909	Esporte Clube Vitória Salvador
1910	Sport Club Santos Dumont Salvador
1911	Sport Club Bahia Salvador
1912	Atlético Futebol Clube Salvador
1913	Fluminense Futebol Clube Salvador
1914	Sport Club Internacional Salvador
1915	Fluminense Futebol Clube Salvador
1916	Sport Club República Salvador
1917	Sport Club Ypiranga Salvador
1918	Sport Club Ypiranga Salvador
1919	Sport Club Botafogo Salvador
1920	Sport Club Ypiranga Salvador
1921	Sport Club Ypiranga Salvador
1922	Sport Club Botafogo Salvador
1923	Sport Club Botafogo Salvador
1924	Associação Atlética da Bahia Salvador
1925	Sport Club Ypiranga Salvador
1926	Sport Club Botafogo Salvador
1927	Clube Bahiano de Tênis Salvador
1928	Sport Club Ypiranga Salvador
1929	Sport Club Ypiranga Salvador
1930	Sport Club Botafogo Salvador
1931	Esporte Clube Bahia Salvador
1932	Sport Club Ypiranga Salvador
1933	Esporte Clube Bahia Salvador
1934	Esporte Clube Bahia Salvador
1935	Sport Club Botafogo Salvador
1936	Esporte Clube Bahia Salvador
1937	Galícia Esporte Clube Salvador
1938	1/ Esporte Clube Bahia Salvador
1938	2/ Sport Club Botafogo Salvador
1939	Sport Club Ypiranga Salvador
1940	Esporte Clube Bahia Salvador
1941	Galícia Esporte Clube Salvador
1942	Galícia Esporte Clube Salvador
1943	Galícia Esporte Clube Salvador
1944	Esporte Clube Bahia Salvador
1945	Esporte Clube Bahia Salvador
1946	Assoc. Desportiva Guarany Salvador
1947	Esporte Clube Bahia Salvador
1948	Esporte Clube Bahia Salvador
1949	Esporte Clube Bahia Salvador
1950	Esporte Clube Bahia Salvador
1951	Sport Club Ypiranga Salvador
1952	Esporte Clube Bahia Salvador
1953	Esporte Clube Vitória Salvador
1965	Esporte Clube Vitória Salvador
1966	Assoc. Desportiva Leônico Salvador
1967	Esporte Clube Bahia Salvador
1968	Galícia Esporte Clube Salvador
1969	Fluminense FC Feira de Santana
1970	Esporte Clube Bahia Salvador
1971	Esporte Clube Bahia Salvador
1972	Esporte Clube Vitória Salvador
1973	Esporte Clube Bahia Salvador
1974	Esporte Clube Bahia Salvador
1975	Esporte Clube Bahia Salvador
1976	Esporte Clube Bahia Salvador
1977	Esporte Clube Bahia Salvador
1978	Esporte Clube Bahia Salvador
1979	Esporte Clube Bahia Salvador
1980	Esporte Clube Vitória Salvador
1981	Esporte Clube Bahia Salvador
1982	Esporte Clube Bahia Salvador
1983	Esporte Clube Bahia Salvador
1984	Esporte Clube Bahia Salvador
1985	Esporte Clube Vitória Salvador
1986	Esporte Clube Bahia Salvador
1987	Esporte Clube Bahia Salvador
1988	Esporte Clube Bahia Salvador
1989	Esporte Clube Vitória Salvador
1990	Esporte Clube Vitória Salvador
1991	Esporte Clube Bahia Salvador
1992	Esporte Clube Vitória Salvador
1993	Esporte Clube Bahia Salvador
1994	Esporte Clube Bahia Salvador
1995	Esporte Clube Vitória Salvador
1996	Esporte Clube Vitória Salvador
1997	Esporte Clube Vitória Salvador
1998	Esporte Clube Bahia Salvador
1999	Esporte Clube Bahia Salvador & Esporte Clube Vitória Salvador (shared)
2000	Esporte Clube Vitória Salvador
2001	Esporte Clube Bahia Salvador
2002	Palmeiras do Nordeste Feira de Santana
2002	Esporte Clube Vitória Salvador
2003	Esporte Clube Vitória Salvador
2004	Esporte Clube Vitória Salvador
2005	Esporte Clube Vitória Salvador
2006	Colo-Colo de Futebol e Regatas Ilhéus
2007	Esporte Clube Vitória Salvador
2008	Esporte Clube Vitória Salvador
2009	Esporte Clube Vitória Salvador
2010	Esporte Clube Vitória Salvador
2011	Associação Desportiva Bahia de Feira
2012	Esporte Clube Bahia Salvador

1954	Esporte Clube Bahia Salvador
1955	Esporte Clube Vitória Salvador
1956	Esporte Clube Bahia Salvador
1957	Esporte Clube Vitória Salvador
1958	Esporte Clube Bahia Salvador
1959	Esporte Clube Bahia Salvador
1960	Esporte Clube Bahia Salvador
1961	Esporte Clube Bahia Salvador
1962	Esporte Clube Bahia Salvador
1963	Fluminense FC Feira de Santana
1964	Esporte Clube Vitória Salvador

2013	Esporte Clube Vitória Salvador
2014	Esporte Clube Bahia Salvador
2015	Esporte Clube Bahia Salvador
2016	Esporte Clube Vitória Salvador
2017	Esporte Clube Vitória Salvador
2018	Esporte Clube Bahia Salvador
2019	Esporte Clube Bahia Salvador
2021	Alagoinhas Atlético Clube
2022	Alagoinhas Atlético Clube
2023	Esporte Clube Bahia Salvador

Bahia State Championship (Campeonato Baiano) 2023

First Stage

#	Team	P	W	D	L	GF	-	GA	Pts
1.	Esporte Clube Bahia Salvador	9	7	0	2	12	-	9	21
2.	Esporte Clube Jacuipense Riachão do Jacuipe	9	5	2	2	13	-	9	17
3.	Sociedade Desportiva Juazeirense	9	5	1	3	12	-	8	16
4.	Itabuna Esporte Clube	9	4	3	2	13	-	9	15
5.	Associação Desportiva Bahia de Feira	9	3	4	2	13	-	10	13
6.	Esporte Clube Vitória Salvador	9	3	3	3	11	-	11	12
7.	Barcelona Futebol Clube de Ilhéus	9	2	4	3	8	-	8	10
8.	Alagoinhas Atlético Clube	9	2	3	4	8	-	8	9
9.	Jacobinense Esporte Clube (*Relegated*)	9	2	1	6	5	-	13	7
10.	Doce Mel Esporte Clube Ipiaú (*Relegated*)	9	0	3	6	3	-	13	3

Top-4 were qualified for the Semi-Finals.

Second Stage

Semi-Finals (11/12-18/19.03.2023)

Itabuna Esporte Clube - Esporte Clube Bahia Salvador	1-0(0-0)	1-4(0-1)
Sociedade Desportiva Juazeirense - Esporte Clube Jacuipense Riachão do Jacuipe	0-1(0-0)	0-3(0-1)

Bahia Championship Finals (26.03.-02.04.2023)

Esporte Clube Jacuipense Riachão do Jacuipe - Esporte Clube Bahia Salvador	1-1(1-0)
Esporte Clube Bahia Salvador - Esporte Clube Jacuipense Riachão do Jacuipe	3-0(0-0)

Bahia State Championship Winners 2023: **Esporte Clube Bahia Salvador**

Ceará

Ceará State Championship winners:

Year	Winner	Year	Winner
1914	Rio Branco Foot-ball Club Fortaleza	1971	Ceará Sporting Club Fortaleza
1915	Ceará Sporting Club Fortaleza	1972	Ceará Sporting Club Fortaleza
1916	Ceará Sporting Club Fortaleza	1973	Fortaleza Esporte Clube
1917	Ceará Sporting Club Fortaleza	1974	Fortaleza Esporte Clube
1918	Ceará Sporting Club Fortaleza	1975	Ceará Sporting Club Fortaleza
1919	Ceará Sporting Club Fortaleza	1976	Ceará Sporting Club Fortaleza
1920	Fortaleza Esporte Clube	1977	Ceará Sporting Club Fortaleza
1921	Fortaleza Esporte Clube	1978	Ceará Sporting Club Fortaleza
1922	Ceará Sporting Club Fortaleza	1979	Ferroviário Atlético Clube Fortaleza
1923	Fortaleza Esporte Clube	1980	Ceará Sporting Club Fortaleza
1924	Fortaleza Esporte Clube	1981	Ceará Sporting Club Fortaleza
1925	Ceará Sporting Club Fortaleza	1982	Fortaleza Esporte Clube
1926	Fortaleza Esporte Clube	1983	Fortaleza Esporte Clube
1927	Fortaleza Esporte Clube	1984	Ceará Sporting Club Fortaleza
1928	Fortaleza Esporte Clube	1985	Fortaleza Esporte Clube
1929	Maguari Esporte Clube Fortaleza	1986	Ceará Sporting Club Fortaleza
1930	Orion Futebol Clube Fortaleza	1987	Fortaleza Esporte Clube
1931	Ceará Sporting Club Fortaleza	1988	Ferroviário Atlético Clube Fortaleza
1932	Ceará Sporting Club Fortaleza	1989	Ceará Sporting Club Fortaleza
1933	Fortaleza Esporte Clube	1990	Ceará Sporting Club Fortaleza
1934	Fortaleza Esporte Clube	1991	Fortaleza Esporte Clube
1935	América Futebol Clube Fortaleza	1992	Fortaleza Esporte Clube
1936	Maguari Esporte Clube Fortaleza		Ceará Sporting Club Fortaleza
1937	Fortaleza Esporte Clube		AE Tiradentes Fortaleza
1938	Fortaleza Esporte Clube		Icasa Esporte Clube Juazeiro do Norte
1939	Ceará Sporting Club Fortaleza	1993	Ceará Sporting Club Fortaleza
1940	Tramways Sport Club Fortaleza	1994	Ferroviário Atlético Clube Fortaleza
1941	Ceará Sporting Club Fortaleza	1995	Ferroviário Atlético Clube Fortaleza
1942	Ceará Sporting Club Fortaleza	1996	Ceará Sporting Club Fortaleza
1943	Maguari Esporte Clube Fortaleza	1997	Ceará Sporting Club Fortaleza
1944	Maguari Esporte Clube Fortaleza	1998	Ceará Sporting Club Fortaleza
1945	Ferroviário Atlético Clube Fortaleza	1999	Ceará Sporting Club Fortaleza
1946	Fortaleza Esporte Clube	2000	Fortaleza Esporte Clube
1947	Fortaleza Esporte Clube	2001	Fortaleza Esporte Clube
1948	Ceará Sporting Club Fortaleza	2002	Ceará Sporting Club Fortaleza
1949	Fortaleza Esporte Clube	2003	Fortaleza Esporte Clube
1950	Ferroviário Atlético Clube Fortaleza	2004	Fortaleza Esporte Clube
1951	Ceará Sporting Club Fortaleza	2005	Fortaleza Esporte Clube
1952	Ferroviário Atlético Clube Fortaleza	2006	Ceará Sporting Club Fortaleza
1953	Fortaleza Esporte Clube	2007	Fortaleza Esporte Clube
1954	Fortaleza Esporte Clube	2008	Fortaleza Esporte Clube
1955	Calouros do Ar Futebol Clube Fortaleza	2009	Fortaleza Esporte Clube
1956	Gentilândia Atlético Clube Fortaleza	2010	Fortaleza Esporte Clube
1957	Ceará Sporting Club Fortaleza	2011	Ceará Sporting Club Fortaleza
1958	Ceará Sporting Club Fortaleza	2012	Ceará Sporting Club Fortaleza
1959	Fortaleza Esporte Clube	2013	Ceará Sporting Club Fortaleza
1960	Fortaleza Esporte Clube	2014	Ceará Sporting Club Fortaleza
1961	Ceará Sporting Club Fortaleza	2015	Fortaleza Esporte Clube
1962	Ceará Sporting Club Fortaleza	2016	Fortaleza Esporte Clube
1963	Ceará Sporting Club Fortaleza	2017	Ceará Sporting Club Fortaleza

1964	Fortaleza Esporte Clube Fortaleza
1965	Fortaleza Esporte Clube
1966	América Futebol Clube Fortaleza
1967	Fortaleza Esporte Clube
1968	Ferroviário Atlético Clube Fortaleza
1969	Fortaleza Esporte Clube
1970	Ferroviário Atlético Clube Fortaleza

2018	Ceará Sporting Club Fortaleza
2019	Fortaleza Esporte Clube
2020	Fortaleza Esporte Clube
2021	Fortaleza Esporte Clube
2022	Fortaleza Esporte Clube
2023	Fortaleza Esporte Clube

Please note: 1992 - four winners (shared).

Ceará State Championship (Campeonato Cearense) 2023

First Stage

Grupo A
1. Ceará Sporting Club Fortaleza	5	4	1	0	14 - 3	13
2. Associação Desportiva Iguatu	5	3	1	1	10 - 6	10
3. Futebol Clube Atlético Cearense Fortaleza	5	2	2	1	5 - 8	8
4. Caucaia Esporte Clube	5	2	0	3	8 - 4	6
5. Barbalha Futebol Clube	5	1	0	4	6 - 13	3

Grupo B
1. Fortaleza Esporte Clube	5	4	0	1	12 - 4	12
2. Maracanã Esporte Clube	5	2	2	1	5 - 4	8
3. Ferroviário Atlético Clube Fortaleza	5	2	1	2	8 - 5	7
4. Pacajus Esporte Clube	5	1	1	3	6 - 11	4
5. Guarani Esporte Clube Juazeiro do Norte	5	0	0	5	3 - 19	0

Group winners were qualified for the Semi-Finals, while teams ranked 2-3 were qualified to the Quarter-Finals. Teams placed 4-5 advanced to the Relegation Stage.

Relegation Stage
1. Caucaia Esporte Clube	6	3	3	0	7 - 3	12
2. Barbalha Futebol Clube	6	3	0	3	8 - 7	9
3. Pacajus Esporte Clube (*Relegated*)	6	2	2	2	10 - 4	8
4. Guarani Esporte Clube Juazeiro do Norte (*Relegated*)	6	1	1	4	3 - 14	4

Final Stage

Quarter-Finals (11/12.02.-25.02.2023)
Futebol Clube Atlético Cearense Fortaleza - Associação Desportiva Iguatu	1-2(1-0)	0-1(0-1)
Ferroviário Atlético Clube Fortaleza - Maracanã Esporte Clube	2-0(0-0)	3-1(1 0)

Semi-Finals (12-18/19.03.2023)
Associação Desportiva Iguatu - Ceará Sporting Club Fortaleza	1-1(1-1)	0-2(0-1)
Ferroviário Atlético Clube Fortaleza - Fortaleza Esporte Clube	1-1(1-0)	0-4(0-2)

Ceará Championship Finals (01-08.04.2023)
Fortaleza Esporte Clube - Ceará Sporting Club Fortaleza	2-1(1-0)
Ceará Sporting Club Fortaleza - Fortaleza Esporte Clube	2-2(2-1)

Ceará State Championship Winners 2023: **Fortaleza Esporte Clube**

Distrito Federal

Distrito Federal State Championship winners:

1959	GE Brasiliense Núcleo Bandeirante
1960	Defelê Futebol Clube Brasília
1961	Defelê Futebol Clube Brasília
1962	Defelê Futebol Clube Brasília
1963	AE Cruzeiro do Sul Brasília
1964	AA Guanabara Brasília (Am)*
	Rabello Futebol Clube Brasília (Pr)*
1965	Pederneiras FC Brasília (Am)
	Rabello Futebol Clube Brasília (Pr)
1966	AA Guanabara Brasília (Am)
	Rabello Futebol Clube Brasília (Pr)
1967	Rabello Futebol Clube Brasília
1968	Defelê Futebol Clube Brasília
1969	Coenge Futebol Clube Brasília
1970	GE Brasiliense Núcleo Bandeirante
1971	CA Colombo Núcleo Bandeirante
1972	AA Serviço Gráfico Brasília
1973	CEUB Esporte Clube Brasília
1974	Pioneira Futebol Clube Taguatinga
1975	Campineira Brasília
1976	Brasília Esporte Clube
1977	Brasília Esporte Clube
1978	Brasília Esporte Clube
1979	Sociedade Esportiva do Gama
1980	Brasília Esporte Clube
1981	Taguatinga Esporte Clube
1982	Brasília Esporte Clube
1983	Brasília Esporte Clube
1984	Brasília Esporte Clube
1985	Sobradinho Esporte Clube
1986	Sobradinho Esporte Clube
1987	Brasília Esporte Clube
1988	Grêmio Esportivo Tiradentes Brasília
1989	Taguatinga Esporte Clube
1990	Sociedade Esportiva do Gama
1991	Taguatinga Esporte Clube
1992	Taguatinga Esporte Clube
1993	Taguatinga Esporte Clube
1994	Sociedade Esportiva do Gama
1995	Sociedade Esportiva do Gama
1996	Clube de Regatas Guará
1997	Sociedade Esportiva do Gama
1998	Sociedade Esportiva do Gama
1999	Sociedade Esportiva do Gama
2000	Sociedade Esportiva do Gama
2001	Sociedade Esportiva do Gama
2002	Centro de Futebol do Zico/BSB Brasília
2003	Sociedade Esportiva Gama
2004	Brasiliense Futebol Clube Taguatinga
2005	Brasiliense Futebol Clube Taguatinga
2006	Brasiliense Futebol Clube Taguatinga
2007	Brasiliense Futebol Clube Taguatinga
2008	Brasiliense Futebol Clube Taguatinga
2009	Brasiliense Futebol Clube Taguatinga
2010	Ceilândia Esporte Clube
2011	Brasiliense Futebol Clube Taguatinga
2012	Ceilândia Esporte Clube
2013	Brasiliense Futebol Clube Taguatinga
2014	Associação Atlética Luziânia
2015	Sociedade Esportiva do Gama
2016	Associação Atlética Luziânia
2017	Brasiliense Futebol Clube Taguatinga
2018	Sobradinho Esporte Clube
2019	Sociedade Esportiva do Gama
2020	Sociedade Esportiva do Gama
2021	Brasiliense Futebol Clube Taguatinga
2022	Brasiliense Futebol Clube Taguatinga
2023	Real Brasília Futebol Clube

*Am=Amateurs; Pr= Professionals

Distrito Federal State Championship (Campeonato Brasiliense) 2023

First Stage (Primeira fase)

1.	Real Brasília Futebol Clube	9	5	3	1	13 - 6	18
2.	Brasiliense Futebol Clube Taguatinga	9	4	3	2	18 - 9	15
3.	Capital Clube de Futebol Ltda Brasília	9	4	3	2	11 - 8	15
4.	Paranoá Esporte Clube	9	4	3	2	14 - 15	15
5.	Sociedade Esportiva do Gama	9	4	2	3	8 - 6	14
6.	Ceilândia Esporte Clube	9	4	2	3	12 - 11	14
7.	Samambaia Futebol Clube	9	4	1	4	16 - 16	13
8.	Sociedade Esportiva Santa Maria	9	2	1	6	9 - 14	7
9.	Taguatinga Esporte Clube (*Relegated*)	9	2	1	6	12 - 19	7
10.	Brasília Futebol Clube (*Relegated*)	9	2	1	6	9 - 18	7

Top-4 were qualified for the Second Round / Segunda Fase).

Semi-Finals (25/26.03.-01/02.04.2023)

Paranoá Esporte Clube - Real Brasília Futebol Clube* 1-1(0-1) 1-1(0-0)
Capital Clube de Futebol Ltda Brasília - Brasiliense Futebol Clube Taguatinga 0-2(0-1) 0-1(0-1)
advanced due to their best performance in the first stage.

Distrito Federal Championship Final (08-15.04.2023)

Brasiliense Futebol Clube Taguatinga - Real Brasília Futebol Clube 3-2(2-0)
Real Brasília Futebol Clube - Brasiliense Futebol Clube Taguatinga 1-0 aet; 2-1 pen

Distrito Federal State Championship Winners 2023: **Real Brasília Futebol Clube**

Espirito Santo

Espirito Santo State Championship winners:

1930	Rio Branco Atlético Clube Vitória
1931	Santo Antônio Futebol Clube Vitória
1932	Vitória Futebol Clube
1933	Vitória Futebol Clube
1934	Rio Branco Atlético Clube Vitória
1935	Rio Branco Atlético Clube Vitória
1936	Rio Branco Atlético Clube Vitória
1937	Rio Branco Atlético Clube Vitória
1938	Rio Branco Atlético Clube Vitória
1939	Rio Branco Atlético Clube Vitória
1940	Americano Futebol Clube Vitória
1941	Rio Branco Atlético Clube Vitória
1942	Rio Branco Atlético Clube Vitória
1943	Vitória Futebol Clube
1944	Caxias Futebol Clube Vitória
1945	Rio Branco Atlético Clube Vitória
1946	Rio Branco Atlético Clube Vitória
1947	Rio Branco Atlético Clube Vitória
1948	Cachoeiro FC Cachoeiro do Itapemirim
1949	Rio Branco Atlético Clube Vitória
1950	Vitória Futebol Clube
1951	Rio Branco Atlético Clube Vitória
1952	Vitória Futebol Clube
1953	Santo Antônio Futebol Clube Vitória
1954	Santo Antônio Futebol Clube Vitória
1955	Santo Antônio Futebol Clube Vitória
1956	Vitória Futebol Clube
1957	Rio Branco Atlético Clube Vitória
1958	Rio Branco Atlético Clube Vitória
1959	Rio Branco Atlético Clube Vitória
1960	Santo Antônio Futebol Clube Vitória
1961	Santo Antônio Futebol Clube Vitória
1962	Rio Branco Atlético Clube Vitória
1963	Rio Branco Atlético Clube Vitória
1964	Assoc. Desportiva Ferroviária Cariacica
1965	Assoc. Desportiva Ferroviária Cariacica
1966	Rio Branco Atlético Clube Vitória
1967	Assoc. Desportiva Ferroviária Cariacica
1968	Rio Branco Atlético Clube Vitória
1969	Rio Branco Atlético Clube Vitória
1970	Rio Branco Atlético Clube Vitória
1971	Rio Branco Atlético Clube Vitória
1972	Assoc. Desportiva Ferroviária Cariacica
1973	Rio Branco Atlético Clube Vitória
1974	Assoc. Desportiva Ferroviária Cariacica
1975	Rio Branco Atlético Clube Vitória
1976	Vitória Futebol Clube
1977	Assoc. Desportiva Ferroviária Cariacica
1978	Rio Branco Atlético Clube Vitória
1979	Assoc. Desportiva Ferroviária Cariacica
1980	Assoc. Desportiva Ferroviária Cariacica
1981	Assoc. Desportiva Ferroviária Cariacica
1982	Rio Branco Atlético Clube Vitória
1983	Rio Branco Atlético Clube Vitória
1984	Assoc. Desportiva Ferroviária Cariacica
1985	Rio Branco Atlético Clube Vitória
1986	Assoc. Desportiva Ferroviária Cariacica
1987	Guarapari Esporte Clube
1988	Ibiraçu Esporte Clube
1989	Assoc. Desportiva Ferroviária Cariacica
1990	Associação Atlética Colatina
1991	Muniz Freire Futebol Clube
1992	Assoc. Desportiva Ferroviária Cariacica
1993	Linhares Esporte Clube
1994	Assoc. Desportiva Ferroviária Cariacica
1995	Linhares Esporte Clube
1996	Assoc. Desportiva Ferroviária Cariacica
1997	Linhares Esporte Clube
1998	Linhares Esporte Clube
1999	Sociedade Desportiva Serra FC
2000	Assoc. Desportiva Ferroviária Cariacica
2001	Alegrense Futebol Clube
2002	Alegrense Futebol Clube
2003	Sociedade Desportiva Serra FC
2004	Sociedade Desportiva Serra FC
2005	Sociedade Desportiva Serra FC
2006	Vitória Futebol Clube
2007	Linhares Futebol Clube
2008	Sociedade Desportiva Serra FC
2009	Associação Atlética São Mateus
2010	Rio Branco Atlético Clube Vitória
2011	CER Associação Atlética São Mateus
2012	Esporte Clube Aracruz
2013	Assoc. Desportiva Ferroviária Cariacica
2014	Estrela do Norte FC Cachoeiro de Itapemirim
2015	Rio Branco Atlético Clube Vitória
2016	AD Ferroviária Vale do Rio
2017	Clube Atlético Itapemirim
2018	Sociedade Desportiva Serra FC
2019	Vitória Futebol Clube
2021	Real Noroeste Capixaba FC Águia Branca
2022	Real Noroeste Capixaba FC Águia Branca
2023	Real Noroeste Capixaba FC Águia Branca

Espirito Santo State Championship (Campeonato Capixaba) 2023

First Stage

1.	Vitória Futebol Clube	9	6	1	2	20	-	8	19
2.	Porto Vitória Futebol Clube	9	6	1	2	20	-	12	19
3.	Real Noroeste Capixaba FC Águia Branca	9	6	0	3	15	-	9	18
4.	Nova Venécia Futebol Clube	9	5	0	4	16	-	9	15
5.	Rio Branco Atlético Clube Vitória	9	5	0	4	11	-	12	15
6.	Sociedade Desportiva Serra FC	9	4	3	2	13	-	11	15
7.	Associação Desportiva Ferroviária Vale do Rio Doce Cariacica	9	3	2	4	8	-	14	11
8.	Estrela do Norte FC Cachoeiro de Itapemirim	9	3	1	5	9	-	11	10
9.	Vilavelhense Futebol Clube (*Relegated*)	9	2	2	5	12	-	16	8
10.	Clube Atlético Itapemirim (*Relegated*)	9	0	0	9	2	-	26	0

Top-8 qualified for the Final Stage/Quarter-Finals.

Final Stage

Quarter-Finals (17/18/19/20.03.-22/24/25/26.03.2023)

Sociedade Desportiva Serra FC - Real Noroeste Capixaba FC Águia Branca*	2-1	0-1
Rio Branco Atlético Clube Vitória - Nova Venécia Futebol Clube	2-2	0-3
AD Ferroviária Vale do Rio Doce Cariacica - Porto Vitória Futebol Clube*	2-2	1-1
Estrela do Norte FC Cachoeiro de Itapemirim - Vitória Futebol Clube*	1-2	2-1

*advanced due to their best performance in the first stage.

Semi-Finals (31.03.-/14-20/21.04.2023)

Real Noroeste Capixaba FC Águia Branca - Porto Vitória Futebol Clube	2-1	0-1 aet 3-2 pen
Nova Venécia Futebol Clube - Vitória Futebol Clube	3-1	0-2 aet 8-7 pen

Espirito Santo Championship Finals (27.04.-04.05.2023)

Nova Venécia Futebol Clube - Real Noroeste Capixaba FC Águia Branca	0-0
Real Noroeste Capixaba FC Águia Branca - Nova Venécia Futebol Clube	3-1

Espirito Santo State Championship Winners 2023: **Real Noroeste Capixaba FC Águia Branca**

Goias

Goias State Championship winners:

Amateur Era:

1944	Atlético Clube Goianiense Goiânia		1954	Goiânia Esporte Clube
1945	Goiânia Esporte Clube		1955	Atlético Clube Goianiense Goiânia
1946	Goiânia Esporte Clube		1956	Goiânia Esporte Clube
1947	Atlético Clube Goianiense Goiânia		1957	Atlético Clube Goianiense Goiânia
1948	Goiânia Esporte Clube		1958	Goiânia Esporte Clube
1949	Atlético Clube Goianiense Goiânia		1959	Goiânia Esporte Clube
1950	Goiânia Esporte Clube		1960	Goiânia Esporte Clube
1951	Goiânia Esporte Clube		1961	Vila Nova Futebol Clube Goiânia
1952	Goiânia Esporte Clube		1962	Vila Nova Futebol Clube Goiânia
1953	Goiânia Esporte Clube			

Professional Era:

1963	Vila Nova Futebol Clube Goiânia		1994	Goiás Esporte Clube Goiânia
1964	Atlético Clube Goianiense Goiânia		1995	Vila Nova Futebol Clube Goiânia
1965	Anápolis Futebol Clube		1996	Goiás Esporte Clube Goiânia
1966	Goiás Esporte Clube Goiânia		1997	Goiás Esporte Clube Goiânia
1967	Clube Recreativo Atlético Catalano		1998	Goiás Esporte Clube Goiânia
1968	Goiânia Esporte Clube		1999	Goiás Esporte Clube Goiânia
1969	Vila Nova Futebol Clube Goiânia		2000	Goiás Esporte Clube Goiânia
1970	Atlético Clube Goianiense Goiânia		2001	Vila Nova Futebol Clube Goiânia
1971	Goiás Esporte Clube Goiânia		2002	Goiás Esporte Clube Goiânia
1972	Goiás Esporte Clube Goiânia		2003	Goiás Esporte Clube Goiânia
1973	Vila Nova Futebol Clube Goiânia		2004	Clube Recreativo Atlético Catalano
1974	Goiânia Esporte Clube		2005	Vila Nova Futebol Clube Goiânia
1975	Goiás Esporte Clube Goiânia		2006	Goiás Esporte Clube Goiânia
1976	Goiás Esporte Clube Goiânia		2007	Atlético Clube Goianiense Goiânia
1977	Vila Nova Futebol Clube Goiânia		2008	Itumbiara Esporte Clube
1978	Vila Nova Futebol Clube Goiânia		2009	Goiás Esporte Clube Goiânia
1979	Vila Nova Futebol Clube Goiânia		2010	Atlético Clube Goianiense Goiânia
1980	Vila Nova Futebol Clube Goiânia		2011	Atlético Clube Goianiense Goiânia
1981	Goiás Esporte Clube Goiânia		2012	Goiás Esporte Clube Goiânia
1982	Vila Nova Futebol Clube Goiânia		2013	Goiás Esporte Clube Goiânia
1983	Goiás Esporte Clube Goiânia		2014	Atlético Clube Goianiense Goiânia
1984	Vila Nova Futebol Clube Goiânia		2015	Goiás Esporte Clube Goiânia
1985	Atlético Clube Goianiense Goiânia		2016	Goiás Esporte Clube Goiânia
1986	Goiás Esporte Clube Goiânia		2017	Goiás Esporte Clube Goiânia
1987	Goiás Esporte Clube Goiânia		2018	Goiás Esporte Clube Goiânia
1988	Atlético Clube Goianiense Goiânia		2019	Atlético Clube Goianiense Goiânia
1989	Goiás Esporte Clube Goiânia		2020	Atlético Clube Goianiense Goiânia
1990	Goiás Esporte Clube Goiânia		2021	Grêmio Esportivo Anápolis
1991	Goiás Esporte Clube Goiânia		2022	Atlético Clube Goianiense Goiânia
1992	Goiatuba Esporte Clube		2023	Atlético Clube Goianiense Goiânia
1993	Vila Nova Futebol Clube Goiânia			

Goias State Championship (Campeonato Goiano) 2023

First Stage

1.	Goiás Esporte Clube Goiânia	11	8	2	1	20 - 8	26
2.	Atlético Clube Goianiense Goiânia	11	8	1	2	25 - 13	25
3.	Vila Nova Futebol Clube Goiânia	11	5	5	1	16 - 5	20
4.	Clube Recreativo e Atlético Catalano	11	5	3	3	17 - 11	18
5.	Associação Atlética Aparecidense	11	5	2	4	11 - 10	17
6.	Anápolis Futebol Clube	11	3	6	2	12 - 8	15
7.	Iporá Esporte Clube	11	4	2	5	13 - 14	14
8.	Goiânia Esporte Clube	11	4	2	5	11 - 22	14
9.	Goianésia Esporte Clube	11	4	1	6	9 - 15	13
10.	Morrinhos Futebol Clube	11	2	2	7	13 - 18	8
11.	Grêmio Esportivo Anápolis (*Relegated*)	11	1	4	6	11 - 21	7
12.	Inhumas Esporte Clube (*Relegated*)	11	1	2	8	8 - 21	5

Top-8 were qualified for the Final Stage.

Final Stage

Quarter-Finals (21/25/26.02.-04/05.03.2023)

Goiânia Esporte Clube - Goiás Esporte Clube Goiânia	3-8(1-2)	0-2(0-1)
Iporá Esporte Clube - Atlético Clube Goianiense Goiânia	0-1(0-0)	1-7(0-4)
Anápolis Futebol Clube - Vila Nova Futebol Clube Goiânia	0-0	1-0(0-0)
Associação Atlética Aparecidense - Clube Recreativo e Atlético Catalano	3-0(1-0)	0-1(0-0)

Semi-Finals (11-19/20.03.2023)

Associação Atlética Aparecidense - Atlético Clube Goianiense Goiânia	1-2(1-1)	0-2(0-1)
Anápolis Futebol Clube - Goiás Esporte Clube Goiânia	0-1(0-0)	0-3(0-1)

Goias Championship Finals (02-09.04.2023)

Atlético Clube Goianiense Goiânia - Goiás Esporte Clube Goiânia	2-0(1-0)
Goiás Esporte Clube Goiânia - Atlético Clube Goianiense Goiânia	3-1 aet; 4-5 pen

Goias State Championship Winners 2023: **Atlético Clube Goianiense Goiânia**

Maranhão

Maranhão State Championship winners:

1918	Sport Club Luso Brasileiro São Luís	1971	Ferroviário Esporte Clube São Luís
1919	Sport Club Luso Brasileiro São Luís	1972	Sampaio Corrêa FC São Luís
1920	Football Athletic Club São Luís	1973	Ferroviário Esporte Clube São Luís
1921	Fênix Futebol Clube São Luís	1974	Moto Clube São Luís
1922	Sport Club Luso Brasileiro São Luís	1975	Sampaio Corrêa FC São Luís
1923	Sport Club Luso Brasileiro São Luís	1976	Sampaio Corrêa FC São Luís
1924	Sport Club Luso Brasileiro São Luís	1977	Moto Clube São Luís
1925	Sport Club Luso Brasileiro São Luís	1978	Sampaio Corrêa FC São Luís
1926	Sport Club Luso Brasileiro São Luís	1979	Maranhão Atlético Clube São Luís
1927	Sport Club Luso Brasileiro São Luís	1980	Sampaio Corrêa FC São Luís
1928	Vasco da Gama Futebol Clube São Luís	1981	Moto Clube São Luís
1929	*No competition*	1982	Moto Clube São Luís
1930	Sport Club Sírio São Luís	1983	Moto Clube São Luís
1931	*No competition*	1984	Sampaio Corrêa FC São Luís
1932	Tupan Esporte Clube São Luís	1985	Sampaio Corrêa FC São Luís
1933	Sampaio Corrêa FC São Luís	1986	Sampaio Corrêa FC São Luís
1934	Sampaio Corrêa FC São Luís	1987	Sampaio Corrêa FC São Luís
1935	Tupan Esporte Clube São Luís	1988	Sampaio Corrêa FC São Luís
1936	*No competition*	1989	Moto Clube São Luís
1937	Maranhão Atlético Clube São Luís	1990	Sampaio Corrêa FC São Luís
1938	Tupan Esporte Clube São Luís	1991	Sampaio Corrêa FC São Luís
1939	Maranhão Atlético Clube São Luís	1992	Sampaio Corrêa FC São Luís
1940	Sampaio Corrêa FC São Luís	1993	Maranhão Atlético Clube São Luís
1941	Maranhão Atlético Clube São Luís	1994	Maranhão Atlético Clube São Luís
1942	Sampaio Corrêa FC São Luís	1995	Maranhão Atlético Clube São Luís
1943	Maranhão Atlético Clube São Luís	1996	Bacabal Esporte Clube
1944	Moto Clube São Luís	1997	Sampaio Corrêa FC São Luís
1945	Moto Clube São Luís	1998	Sampaio Corrêa FC São Luís
1946	Moto Clube São Luís	1999	Maranhão Atlético Clube São Luís
1947	Moto Clube São Luís	2000	Moto Clube São Luís
1948	Moto Clube São Luís	2001	Moto Clube São Luís
1949	Moto Clube São Luís	2002	Sampaio Corrêa FC São Luís
1950	Moto Clube São Luís	2003	Sampaio Corrêa FC São Luís
1951	Maranhão Atlético Clube São	2004	Moto Clube São Luís
1952	Vitória do Mar Futebol Clube São Luís	2005	Sociedade Imperatriz de Desportos
1953	Sampaio Corrêa FC São Luís	2006	Moto Clube São Luís
1954	Sampaio Corrêa FC São Luís	2007	Maranhão Atlético Clube São Luís
1955	Moto Clube São Luís	2008	Moto Clube São Luís
1956	Sampaio Corrêa FC São Luís	2009	JV Lideral Esporte Clube Imperatriz
1957	Ferroviário Esporte Clube São Luís	2010	Sampaio Corrêa FC São Luís
1958	Ferroviário Esporte Clube São Luís	2011	Sampaio Corrêa FC São Luís
1959	Moto Clube São Luís	2012	Sampaio Corrêa FC São Luís
1960	Moto Clube São Luís	2013	Maranhão Atlético Clube São Luís
1961	Sampaio Corrêa FC São Luís	2014	Sampaio Corrêa FC São Luís
1962	Sampaio Corrêa FC São Luís	2015	Sociedade Imperatriz de Desportos
1963	Maranhão Atlético Clube São Luís	2016	Moto Club de São Luís
1964	Sampaio Corrêa FC São Luís	2017	Sampaio Corrêa FC São Luís
1965	Sampaio Corrêa FC São Luís	2018	Moto Clube São Luís
1966	Moto Clube São Luís	2019	Sociedade Imperatriz de Desportos
1967	Moto Clube São Luís	2020	Sampaio Corrêa FC São Luís

1968	Moto Clube São Luís
1969	Maranhão Atlético Clube São Luís
1970	Maranhão Atlético Clube São Luís

2021	Sampaio Corrêa FC São Luís
2022	Sampaio Corrêa FC São Luís
2023	Maranhão Atlético Clube São Luís

Maranhão State Championship (Campeonato Maranhense) 2023

First Stage / Primeiro Turno

Grupo A

1. Sampaio Corrêa Futebol Clube São Luís	3	3	0	0	5	-	0	9
2. IAPE Futebol Clube São Luis	3	1	0	2	2	-	3	3
3. Chapadinha Futebol Clube	3	1	0	2	4	-	6	3
4. Pinheiro Atlético Clube	3	1	0	2	3	-	5	3

Grupo B

1. Maranhão Atlético Clube São Luís	3	2	1	0	9	-	1	7
2. Moto Clube São Luís	3	1	2	0	2	-	1	5
3. Cordino Esporte Clube Barra do Corda	3	1	1	1	5	-	4	4
4. São José de Ribamar Esporte Clube	3	0	0	3	3	-	13	0

Top-2 of each group were qualified for the Final Stage

Semi-Finals (22/26.01.2023)

Sampaio Corrêa Futebol Clube São Luís - Moto Clube São Luís	3-1(0-1)
Maranhão Atlético Clube São Luís - IAPE Futebol Clube São Luis	2-0(2-0)

First Stage Final (29.01.2023)

Sampaio Corrêa Futebol Clube São Luís - Maranhão Atlético Clube São Luís   0-0 aet;   2-4 pen

Maranhão Atlético Clube São Luís, as winner of the First Stage, were qualified for the State Championship Finals.

Second Stage / Segundo Turno

Grupo A

1. Sampaio Corrêa Futebol Clube São Luís	4	3	1	0	14	-	3	10
2. Pinheiro Atlético Clube	4	2	1	1	12	-	4	7
3. Chapadinha Futebol Clube	4	1	1	2	8	-	8	4
4. IAPE Futebol Clube São Luis	4	1	1	2	5	-	7	4

Grupo B

1. Maranhão Atlético Clube São Luís	4	2	2	0	7	-	3	8
2. Moto Clube São Luís	4	2	0	2	5	-	5	6
3. Cordino Esporte Clube Barra do Corda	4	1	2	1	5	-	6	5
4. São José de Ribamar Esporte Clube	4	0	0	4	4	-	25	0

Top-2 of each group were qualified for the Final Stage

Semi-Finals (05/12.03.2023)

Sampaio Corrêa Futebol Clube São Luís - Moto Clube São Luís	0-2(0-1)
Maranhão Atlético Clube São Luís - Pinheiro Atlético Clube	3-0(1-0)

Second Stage Final (10.03.2023)

Moto Clube São Luís - Maranhão Atlético Clube São Luís	1-0(1-0)

Moto Clube São Luís, as winner of the Second Stage, were qualified for the State Championship Finals.

Maranhão Championship Finals (22-26.03.2023)

Moto Clube São Luís - Maranhão Atlético Clube São Luís	1-1(0-1)
Maranhão Atlético Clube São Luís - Moto Clube São Luís	1-1 aet; 5-4 pen

Maranhão State Championship Winners 2023: **Maranhão Atlético Clube São Luís**

Mato Grosso

Mato Grosso State Championship winners:

1943	Mixto Esporte Clube
1944	Americano Futebol Clube Cuiabá
1945	Mixto Esporte Clube Cuiabá
1946	Clube Atlético Matogrossense Cuiabá
1947	Mixto Esporte Clube Cuiabá
1948	Mixto Esporte Clube Cuiabá
1949	Mixto Esporte Clube Cuiabá
1950	Clube Atlético Matogrossense Cuiabá
1951	Mixto Esporte Clube Cuiabá
1952	Mixto Esporte Clube Cuiabá
1953	Mixto Esporte Clube Cuiabá
1954	Mixto Esporte Clube Cuiabá
1955	Clube Atlético Matogrossense Cuiabá
1956	Clube Atlético Matogrossense Cuiabá
1957	Clube Atlético Matogrossense Cuiabá
1958	Clube Esportivo Dom Bosco Cuiabá
1959	Mixto Esporte Clube Cuiabá
1960	Clube Esportivo Dom Bosco Cuiabá
1961	Mixto Esporte Clube Cuiabá
1962	Mixto Esporte Clube Cuiabá
1963	Clube Esportivo Dom Bosco Cuiabá
1964	CE Operário Várzea Grande
1965	Mixto Esporte Clube Cuiabá
1966	Clube Esportivo Dom Bosco Cuiabá
1967	CE Operário Várzea Grande
1968	CE Operário Várzea Grande
1969	Mixto Esporte Clube Cuiabá
1970	Mixto Esporte Clube Cuiabá
1971	Clube Esportivo Dom Bosco Cuiabá
1972	CE Operário Várzea Grande
1973	CE Operário Várzea Grande
1974	Operário Futebol Clube Campo Grande
1975	EC Comercial Campo Grande
1976	Operário Futebol Clube Campo Grande
1977	Operário Futebol Clube Campo Grande
1978	Operário Futebol Clube Campo Grande
1979	Mixto Esporte Clube Cuiabá
1980	Mixto Esporte Clube Cuiabá
1981	Mixto Esporte Clube Cuiabá
1982	Mixto Esporte Clube Cuiabá
1983	CE Operário Várzea Grande
1984	Mixto Esporte Clube Cuiabá
1985	CE Operário Várzea Grande
1986	CE Operário Várzea Grande
1987	CE Operário Várzea Grande
1988	Mixto Esporte Clube Cuiabá
1989	Mixto Esporte Clube Cuiabá
1990	Sinop Futebol Clube
1991	Clube Esportivo Dom Bosco Cuiabá
1992	Sorriso Esporte Clube
1993	Sorriso Esporte Clube
1994	CE Operário Várzea Grande
1995	CE Operário Várzea Grande
1996	Mixto Esporte Clube Cuiabá
1997	CE Operário Várzea Grande
1998	Sinop Futebol Clube
1999	Sinop Futebol Clube
2000	SER Juventude Primavera do Leste
2001	SER Juventude Primavera do Leste
2002	Esporte Clube Operário Várzea Grande
2003	Cuiabá Esporte Clube
2004	Cuiabá Esporte Clube
2005	SE Vila Aurora Rondonópolis
2006	Esporte Clube Operário Várzea Grande
2007	Cacerense Esporte Clube Cáceres
2008	Mixto Esporte Clube Cuiabá
2009	Luverdense EC Lucas do Rio Verde
2010	União Esporte Clube Rondonópolis
2011	Cuiabá Esporte Clube
2012	Luverdense EC Lucas do Rio Verde
2013	Cuiabá Esporte Clube
2014	Cuiabá Esporte Clube
2015	Cuiabá Esporte Clube
2016	Luverdense EC Lucas do Rio Verde
2017	Cuiabá Esporte Clube
2018	Cuiabá Esporte Clube
2019	Cuiabá Esporte Clube
2020	Nova Mutum Esporte Clube
2021	Cuiabá Esporte Clube
2022	Cuiabá Esporte Clube
2023	Cuiabá Esporte Clube

Mato Grosso State Championship (Campeonato Mato-Grossense) 2023

First Stage

1. Cuiabá Esporte Clube	9	9	0	0	26	-	4	27
2. União Esporte Clube Rondonópolis	9	5	3	1	12	-	8	18
3. Clube Esportivo Operário Várzea Grande	9	4	4	1	18	-	11	16
4. Clube Esportivo Dom Bosco	9	4	2	3	9	-	10	14
5. Luverdense Esporte Clube Lucas do Rio Verde	8	3	1	5	8	-	15	10
6. Academia Futebol Clube Rondonópolis	9	2	4	3	11	-	12	10
7. Nova Mutum Esporte Clube	9	2	3	4	8	-	9	9
8. Mixto Esporte Clube Cuiabá	9	2	3	4	9	-	13	9
9. Cacerense Esporte Clube (*Relegated*)	9	2	2	5	7	-	12	8
10. Clube Sport Sinop (*Relegated*)	9	0	2	7	7	-	21	2

Top-2 were qualified for the Semi-Finals, while teams ranked 3-6 were qualified for the Quarter-Finals.

Quarter-Finals (11.03.-14/15.03.2023)

Academia FC Rondonópolis - Clube Esportivo Operário Várzea Grande	1-0(0-0)	0-1 aet; 3-4 pen
Luverdense Esporte Clube Lucas do Rio Verde - Clube Esportivo Dom Bosco	3-1(1-1)	1-0(0-0)

Semi-Finals (18/19.03.-25.03./01.04.2023)

Luverdense Esporte Clube Lucas do Rio Verde - Cuiabá Esporte Clube	0-0	0-5(0-3)
Clube Esportivo Operário Várzea Grande - União Esporte Clube Rondonópolis	1-1(1-1)	0-1(0-0)

Mato Grosso Championship Finals (26.03.-02.04.2023)

União Esporte Clube Rondonópolis - Cuiabá Esporte Clube	0-2(0-0)
Cuiabá Esporte Clube - União Esporte Clube Rondonópolis	1-0(1-0)

Mato Grosso State Championship Winners 2023: **Cuiabá Esporte Clube**

Mato Grosso do Sul

Mato Grosso do Sul State Championship winners:

1979	Operário Futebol Clube Campo Grande
1980	Operário Futebol Clube Campo Grande
1981	Operário Futebol Clube Campo Grande
1982	Comercial Campo Grande
1983	Operário Futebol Clube Campo Grande
1984	Corumbaense Corumbá
1985	Comercial Campo Grande
1986	Operário Futebol Clube Campo Grande
1987	Comercial Campo Grande
1988	Operário Futebol Clube Campo Grande
1989	Operário Futebol Clube Campo Grande
1990	Ubiratan Dourados
1991	Operário Futebol Clube Campo Grande
1992	Clubo Esportivo Nova Andradina
1993	Comercial Campo Grande
1994	Comercial Campo Grande
1995	SER Chapadão
1996	Operário Futebol Clube Campo Grande
1997	Operário Futebol Clube Campo Grande
1998	Ubiratan Dourados
1999	Ubiratan Dourados
2000	Comercial Campo Grande
2001	Comercial Campo Grande
2002	CENE Campo Grande
2003	SER Chapadão
2004	CENE Campo Grande
2005	CENE Campo Grande
2006	Clube Atlético Coxim
2007	EC Águia Negra Rio Brilhante
2008	Ivinhema Futebol Clube
2009	Clube Esportivo Naviraiense
2010	EC Comercial Campo Grande
2011	CENE Campo Grande
2012	EC Águia Negra Rio Brilhante
2013	CENE Campo Grande
2014	CENE Campo Grande
2015	EC Comercial Campo Grande
2016	CRD 7 de Setembro Dourados
2017	Corumbaense Futebol Clube
2018	Operário Futebol Clube Campo Grande
2019	EC Águia Negra Rio Brilhante
2020	EC Águia Negra Rio Brilhante
2021	Costa Rica Esporte Clube
2022	Operário Futebol Clube Campo Grande
2023	Costa Rica Esporte Clube

Mato Grosso do Sul State Championship (Campeonato Sul-Mato-Grossense) 2023

First Stage

Grupo A
1.	Costa Rica Esporte Clube	8	6	1	1	15 - 6	19
2.	Operário Futebol Clube Campo Grande	8	5	0	3	13 - 8	15
3.	Sociedade Esportiva e Recreativa Chapadão	8	4	1	3	11 - 10	13
4.	Coxim Atlético Clube	8	2	2	4	4 - 11	8
5.	Esporte Clube Comercial Campo Grande (*Relegated*)	8	0	2	6	4 - 12	2

Grupo B
1.	Dourados Atlético Clube	8	6	1	1	11 - 5	19
2.	Ivinhema Futebol Clube	8	3	2	3	14 - 9	11
3.	Novo Futebol Clube	8	3	2	3	11 - 10	11
4.	Aquidauanense Futebol Clube	8	3	1	4	9 - 15	10
5.	Operário Atlético Caarapoense (*Relegated*)	8	1	2	5	9 - 15	5

Top-4 of each group were qualified for the Final Stage (Quarter-Finals).

Quarter-Finals (25/26.03.-02.04.2023)
Aquidauanense Futebol Clube - Costa Rica Esporte Clube	1-0(0-0)	0-2(0-0)
Sociedade Esportiva e Recreativa Chapadão - Ivinhema Futebol Clube	0-3(0-1)	4-2(2-2)
Coxim Atlético Clube - Dourados Atlético Clube	0-2(0-0)	0-6(0-1)
Novo Futebol Clube - Operário Futebol Clube Campo Grande	2-0(1-0)	1-4(0-4)

Semi-Finals (08-16.04.2023)
Ivinhema Futebol Clube - Costa Rica Esporte Clube*	0-1(0-0)	1-0(0-0)
Operário Futebol Clube Campo Grande - Dourados Atlético Clube	2-1(2-0)	0-0

*advanced due to their best performance in the first stage.

Mato Grosso do Sul State Championship Finals (23-30.04.2023)
Operário Futebol Clube Campo Grande - Costa Rica Esporte Clube	0-0
Costa Rica Esporte Clube* - Operário Futebol Clube Campo Grande	1-1(1-0)

*winner due to their best performance in the first stage.

Mato Grosso do Sul State Championship Winners 2023: **Costa Rica Esporte Clube**

Minas Gerais

Minas Gerais State Championship winners:

1915	Clube Atlético Mineiro Belo Horizonte
1916	América Futebol Clube Belo Horizonte
1917	América Futebol Clube Belo Horizonte
1918	América Futebol Clube Belo Horizonte
1919	América Futebol Clube Belo Horizonte
1920	América Futebol Clube Belo Horizonte
1922	América Futebol Clube Belo Horizonte
1922	América Futebol Clube Belo Horizonte
1923	América Futebol Clube Belo Horizonte
1924	América Futebol Clube Belo Horizonte
1925	América Futebol Clube Belo Horizonte
1926	Clube Atlético Mineiro Belo Horizonte[1]
	SE Palestra Itália Belo Horizonte[2]
1927	Clube Atlético Mineiro Belo Horizonte
1928	SE Palestra Itália Belo Horizonte
1929	SE Palestra Itália Belo Horizonte
1930	SE Palestra Itália Belo Horizonte
1931	Clube Atlético Mineiro Belo Horizonte
1932	Clube Atlético Mineiro Belo Horizonte[1]
	Villa Nova Atlético Clube Nova Lima[3]
1933	Villa Nova Atlético Clube Nova Lima
1934	Villa Nova Atlético Clube Nova Lima
1935	Villa Nova Atlético Clube Nova Lima
1936	Clube Atlético Mineiro Belo Horizonte
1937	Esporte Clube Siderúrgica Sabará
1938	Clube Atlético Mineiro Belo Horizonte
1939	Clube Atlético Mineiro Belo Horizonte
1940	SE Palestra Itália Belo Horizonte
1941	Clube Atlético Mineiro Belo Horizonte
1942	Clube Atlético Mineiro Belo Horizonte
1943	Cruzeiro Esporte Clube Belo Horizonte
1944	Cruzeiro Esporte Clube Belo Horizonte
1945	Cruzeiro Esporte Clube Belo Horizonte
1946	Clube Atlético Mineiro Belo Horizonte
1947	Clube Atlético Mineiro Belo Horizonte
1948	América Futebol Clube Belo Horizonte
1949	Clube Atlético Mineiro Belo Horizonte
1950	Clube Atlético Mineiro Belo Horizonte
1951	Villa Nova Atlético Clube Nova Lima
1952	Clube Atlético Mineiro Belo Horizonte
1953	Clube Atlético Mineiro Belo Horizonte
1954	Clube Atlético Mineiro Belo Horizonte
1955	Clube Atlético Mineiro Belo Horizonte
1956	Clube Atlético Mineiro Belo Horizonte
	Cruzeiro EC Belo Horizonte[4]
1957	América Futebol Clube Belo Horizonte
1958	Clube Atlético Mineiro Belo Horizonte
1959	Cruzeiro Esporte Clube Belo Horizonte
1960	Cruzeiro Esporte Clube Belo Horizonte
1961	Cruzeiro Esporte Clube Belo Horizonte
1969	Cruzeiro Esporte Clube Belo Horizonte
1969	Cruzeiro Esporte Clube Belo Horizonte
1970	Clube Atlético Mineiro Belo Horizonte
1971	América Futebol Clube Belo Horizonte
1972	Cruzeiro Esporte Clube Belo Horizonte
1973	Cruzeiro Esporte Clube Belo Horizonte
1974	Cruzeiro Esporte Clube Belo Horizonte
1975	Cruzeiro Esporte Clube Belo Horizonte
1976	Clube Atlético Mineiro Belo Horizonte
1977	Cruzeiro Esporte Clube Belo Horizonte
1978	Clube Atlético Mineiro Belo Horizonte
1979	Clube Atlético Mineiro Belo Horizonte
1980	Clube Atlético Mineiro Belo Horizonte
1981	Clube Atlético Mineiro Belo Horizonte
1982	Clube Atlético Mineiro Belo Horizonte
1983	Clube Atlético Mineiro Belo Horizonte
1984	Cruzeiro Esporte Clube Belo Horizonte
1985	Clube Atlético Mineiro Belo Horizonte
1986	Clube Atlético Mineiro Belo Horizonte
1987	Cruzeiro Esporte Clube Belo Horizonte
1988	Clube Atlético Mineiro Belo Horizonte
1989	Clube Atlético Mineiro Belo Horizonte
1990	Cruzeiro Esporte Clube Belo Horizonte
1991	Clube Atlético Mineiro Belo Horizonte
1992	Cruzeiro Esporte Clube Belo Horizonte
1993	América Futebol Clube Belo Horizonte
1994	Cruzeiro Esporte Clube Belo Horizonte
1995	Clube Atlético Mineiro Belo Horizonte
1996	Cruzeiro Esporte Clube Belo Horizonte
1997	Cruzeiro Esporte Clube Belo Horizonte
1998	Cruzeiro Esporte Clube Belo Horizonte
1999	Clube Atlético Mineiro Belo Horizonte
2000	Clube Atlético Mineiro Belo Horizonte
2001	América Futebol Clube Belo Horizonte
2002	AA Caldense Poços de Caldas
2003	Cruzeiro Esporte Clube Belo Horizonte
2004	Cruzeiro Esporte Clube Belo Horizonte
2005	Ipatinga Futebol Clube Ipatinga
2006	Cruzeiro Esporte Clube Belo Horizonte
2007	Clube Atlético Mineiro Belo Horizonte
2008	Cruzeiro Esporte Clube Belo Horizonte
2009	Cruzeiro Esporte Clube Belo Horizonte
2010	Clube Atlético Mineiro Belo Horizonte
2011	Cruzeiro Esporte Clube Belo Horizonte
2012	Clube Atlético Mineiro Belo Horizonte
2013	Clube Atlético Mineiro Belo Horizonte
2014	Cruzeiro Esporte Clube Belo Horizonte
2015	Clube Atlético Mineiro Belo Horizonte
2016	América Futebol Clube Belo Horizonte
2017	Clube Atlético Mineiro Belo Horizonte

Year	Winner	Year	Winner
1962	Clube Atlético Mineiro Belo Horizonte	2018	Cruzeiro Esporte Clube Belo Horizonte
1963	Clube Atlético Mineiro Belo Horizonte	2019	Cruzeiro Esporte Clube Belo Horizonte
1964	Esporte Clube Siderúrgica Sabará	2020	Clube Atlético Mineiro Belo Horizonte
1965	Cruzeiro Esporte Clube Belo Horizonte	2021	Clube Atlético Mineiro Belo Horizonte
1966	Cruzeiro Esporte Clube Belo Horizonte	2022	Clube Atlético Mineiro Belo Horizonte
1967	Cruzeiro Esporte Clube Belo Horizonte	2023	Clube Atlético Mineiro Belo Horizonte

[1] Winner of LMDT [Liga Mineira de Desportes Terrestres]
[2] Winner of AMET [Associação Mineira de Esportes Terrestres]
[3] Winner of AMEG [Associação Mineira de Esportes Geraes]
[4] two winners (shared)

Minas Gerais State Championship (Campeonato Mineiro) 2023

First Stage

Grupo A

		P	W	D	L	GF	GA	Pts
1.	Clube Atlético Mineiro Belo Horizonte	8	6	2	0	15	5	20
2.	Athletic Club São João Del Rei	8	4	3	1	13	8	15
3.	Villa Nova Atlético Clube Nova Lima	8	3	1	4	8	14	10
4.	Pouso Alegre Futebol Clube	8	2	4	2	7	10	10

Grupo B

		P	W	D	L	GF	GA	Pts
1.	América Futebol Clube Belo Horizonte	8	5	3	0	15	6	18
2.	Associação Atlética Caldense	8	1	2	5	9	15	5
3.	Clube Atlético Patrocinense	8	1	1	6	8	13	4
4.	Democrata Futebol Clube Sete Lagoas	8	0	4	4	6	12	4

Grupo C

		P	W	D	L	GF	GA	Pts
1.	Cruzeiro Esporte Clube Belo Horizonte	8	3	3	2	11	7	12
2.	Tombense Futebol Clube	8	3	2	3	14	12	11
3.	Esporte Clube Democrata Governador Valadares	8	2	4	2	8	10	10
4.	Ipatinga Futebol Clube	8	2	3	3	9	11	9

The best four teams were qualified for the Semi-Finals, while the worst three advanced to Relegation Stage.

Relegation Stage

		P	W	D	L	GF	GA	Pts
1.	Clube Atlético Patrocinense	3	2	1	0	4	1	7
2.	Associação Atlética Caldense (*Relegated*)	4	1	1	2	3	3	4
3.	(*Relegated*)	3	1	0	2	1	4	3

Semi-Finals (11/12-18/19.03.2023)

Athletic Club São João Del Rei - Clube Atlético Mineiro Belo Horizonte*	1-0(1-0)	0-1(0-0)
Cruzeiro Esporte Clube Belo Horizonte - América Futebol Clube Belo Horizonte	0-2(0-1)	1-2(0-1)

*advanced due to their best performance in the first stage.

Minas Gerais Championship Finals (01-09.04.2023)

América Futebol Clube Belo Horizonte - Clube Atlético Mineiro Belo Horizonte	2-3(1-2)
Clube Atlético Mineiro Belo Horizonte - América Futebol Clube Belo Horizonte	2-0(1-0)

Minas Gerais State Championship Winners 2023: **Clube Atlético Mineiro Belo Horizonte**

Pará

Pará State Championship winners:

Year	Winner	Year	Winner
1908	SA União Sportiva Belém	1966	Paysandu Sport Club Belém
1909	*No competition*	1967	Paysandu Sport Club Belém
1910	SA União Sportiva Belém	1968	Clube do Remo Belém
1911	*No competition*	1969	Paysandu Sport Club Belém
1912	*No competition*	1970	Tuna Luso Brasileira Belém
1913	Clube do Remo Belém	1971	Paysandu Sport Club Belém
1914	Clube do Remo Belém	1972	Paysandu Sport Club Belém
1915	Clube do Remo Belém	1973	Clube do Remo Belém
1916	Clube do Remo Belém	1974	Clube do Remo Belém
1917	Clube do Remo Belém	1975	Clube do Remo Belém
1918	Clube do Remo Belém	1976	Paysandu Sport Club Belém
1919	Clube do Remo Belém	1977	Clube do Remo Belém
1920	Paysandu Sport Club Belém	1978	Clube do Remo Belém
1921	Paysandu Sport Club Belém	1979	Clube do Remo Belém
1922	Paysandu Sport Club Belém	1980	Paysandu Sport Club Belém
1923	Paysandu Sport Club Belém	1981	Paysandu Sport Club Belém
1924	Clube do Remo Belém	1982	Paysandu Sport Club Belém
1925	Clube do Remo Belém	1983	Tuna Luso Brasileira Belém
1926	Clube do Remo Belém	1984	Paysandu Sport Club Belém
1927	Paysandu Sport Club Belém	1985	Paysandu Sport Club Belém
1928	Paysandu Sport Club Belém	1986	Clube do Remo Belém
1929	Paysandu Sport Club Belém	1987	Paysandu Sport Club Belém
1930	Clube do Remo Belém	1988	Tuna Luso Brasileira Belém
1931	Paysandu Sport Club Belém	1989	Clube do Remo Belém
1932	Paysandu Sport Club Belém	1990	Clube do Remo Belém
1933	Clube do Remo Belém	1991	Clube do Remo Belém
1934	Paysandu Sport Club Belém	1992	Paysandu Sport Club Belém
1935	*No competition*	1993	Clube do Remo Belém
1936	Clube do Remo Belém	1994	Clube do Remo Belém
1937	Tuna Luso Brasileira Belém	1995	Clube do Remo Belém
1938	Tuna Luso Brasileira Belém	1996	Clube do Remo Belém
1939	Paysandu Sport Club Belém	1997	Clube do Remo Belém
1940	Clube do Remo Belém	1998	Paysandu Sport Club Belém
1941	Tuna Luso Brasileira Belém	1999	Clube do Remo Belém
1942	Paysandu Sport Club Belém	2000	Paysandu Sport Club Belém
1943	Paysandu Sport Club Belém	2001	Paysandu Sport Club Belém
1944	Paysandu Sport Club Belém	2002	Paysandu Sport Club Belém
1945	Paysandu Sport Club Belém	2003	Clube do Remo Belém
1946	*No competition*	2004	Clube do Remo Belém
1947	Paysandu Sport Club Belém	2005	Paysandu Sport Club Belém
1948	Tuna Luso Brasileira Belém	2006	Paysandu Sport Club Belém
1949	Clube do Remo Belém	2007	Clube do Remo Belém
1950	Clube do Remo Belém	2008	Clube do Remo Belém
1951	Tuna Luso Brasileira Belém	2009	Paysandu Sport Club Belém
1952	Clube do Remo Belém	2010	Paysandu Sport Club Belém
1953	Clube do Remo Belém	2011	Independente Atlético Clube Tucuruí
1954	Clube do Remo Belém	2012	Cametá Sport Club
1955	Tuna Luso Brasileira Belém	2013	Paysandu Sport Club Belém
1956	Paysandu Sport Club Belém	2014	Clube do Remo Belém
1957	Paysandu Sport Club Belém	2015	Clube do Remo Belém

1958	Tuna Luso Brasileira Belém
1959	Paysandu Sport Club Belém
1960	Clube do Remo Belém
1961	Paysandu Sport Club Belém
1962	Paysandu Sport Club Belém
1963	Paysandu Sport Club Belém
1964	Clube do Remo Belém
1965	Paysandu Sport Club Belém

2016	Paysandu Sport Club Belém
2017	Paysandu Sport Club Belém
2018	Clube do Remo Belém
2019	Clube do Remo Belém
2020	Paysandu Sport Club Belém
2021	Paysandu Sport Club Belém
2022	Clube do Remo Belém
2023	Águia de Marabá FC Marabá

Pará State Championship (Campeonato Paraense) 2023

First Stage

Grupo A

1. Clube do Remo Belém*	8	7	0	1	17 - 8	21
2. Sociedade Esportiva Caeté*	8	2	1	5	6 - 12	7
3. Bragantino Clube do Pará	8	1	4	3	7 - 10	7
4. Sport Clube Itupiranga (*Relegated*)	8	1	3	4	8 - 12	6

Grupo B

1. Paysandu Sport Club Belém*	8	6	1	1	15 - 8	19
2. Águia de Marabá Futebol Clube Marabá*	8	4	3	1	13 - 7	15
3. Cametá Sport Club*	8	4	2	2	12 - 9	14
4. São Francisco Futebol Clube*	8	4	0	4	8 - 8	12

Grupo C

1. Castanhal Esporte Clube*	8	2	3	3	10 - 10	9
2. Tuna Luso Brasileira Belém*	8	2	2	4	11 - 13	8
3. Tapajós Futebol Clube Santarém	8	2	1	5	8 - 15	7
4. Independente Atlético Clube Tucuruí (*Relegated*)	8	0	6	2	9 - 12	6

*Eight teams with best performance were qualified for the Quarter-Finals.

Quarter-Finals (02/08/15/16-09/16/18/19.04.2023)

São Francisco Futebol Clube - Cametá Sport Club	0-1(0-0)	2-5(0-3)
Castanhal Esporte Clube - Águia de Marabá Futebol Clube Marabá	1-2(0-1)	0-2(0-1)
Sociedade Esportiva Caeté - Clube do Remo Belém	2-4(1-2)	1-2(1-1)
Tuna Luso Brasileira Belém - Paysandu Sport Club Belém	1-4(0-4)	1-1(1-1)

Semi-Finals (21/22-29/30.04.2023)

Cametá Sport Club - Clube do Remo Belém	1-1(0-0)	0-4(0-2)
Águia de Marabá Futebol Clube Marabá - Paysandu Sport Club Belém	0-1(0-0)	2-1 aet; 4-2 pen

Third Place Play-off (14-24.04.2023)

Cametá Sport Club - Paysandu Sport Club Belém	1-1(0-1)	0-2(0-1)

Pará Championship Finals (18-26.04.2023)

Águia de Marabá Futebol Clube Marabá - Clube do Remo Belém	1-0(0-0)
Clube do Remo Belém - Águia de Marabá Futebol Clube Marabá	2-1 aet; 4-5 pen

Pará State Championship Winners 2023: **Águia de Marabá Futebol Clube Marabá**

Paraíba

Paraíba State Championship winners:

Liga Desportiva Parahybana:

1919	Palmeiras Sport Club João Pessoa		1930	No competition
1920	EC Cabo Branco João Pessoa		1931	EC Cabo Branco João Pessoa
1921	Palmeiras Sport Club João Pessoa		1932	EC Cabo Branco João Pessoa
1922	Pytaguares Futebol Clube João Pessoa		1933	Palmeiras Sport Club João Pessoa
1923	América Football Club João Pessoa		1934	EC Cabo Branco João Pessoa
1924	EC Cabo Branco João Pessoa		1935	Palmeiras Sport Club João Pessoa
1925	América Football Club João Pessoa		1936	Botafogo Futebol Clube João Pessoa
1926	EC Cabo Branco João Pessoa		1937	Botafogo Futebol Clube João Pessoa
1927	EC Cabo Branco João Pessoa		1938	Botafogo Futebol Clube João Pessoa
1928	Palmeiras Sport Club João Pessoa		1939	Auto Esporte Clube João Pessoa
1929	EC Cabo Branco João Pessoa		1940	Treze Futebol Clube Campina Grande

Federação Desportiva de Football

1941	Treze Futebol Clube Campina Grande		1944	Botafogo Futebol Clube João Pessoa
1942	Clube Ástrea João Pessoa		1945	Botafogo Futebol Clube João Pessoa
1943	Clube Ástrea João Pessoa		1946	Felipéia Esporte Clube João Pessoa

Federação Paraíbana de Futebol

1947	Botafogo Futebol Clube João Pessoa		1985	No competition
1948	Botafogo Futebol Clube João Pessoa		1986	Botafogo Futebol Clube João Pessoa
1949	Botafogo Futebol Clube João Pessoa		1987	Auto Esporte Clube João Pessoa
1950	Treze Futebol Clube Campina Grande		1988	Botafogo Futebol Clube João Pessoa
1951	No competition		1989	Treze Futebol Clube Campina Grande
1952	Red Cross Football Club João Pessoa		1990	Auto Esporte Clube João Pessoa
1953	Botafogo Futebol Clube João Pessoa		1991	Campinense Clube Campina Grande
1954	Botafogo Futebol Clube João Pessoa		1992	Auto Esporte Clube João Pessoa
1955	Botafogo Futebol Clube João Pessoa		1993	Campinense Clube Campina Grande
1956	Auto Esporte Clube João Pessoa		1994	Sousa Esporte Clube
1957	Botafogo Futebol Clube João Pessoa		1995	Santa Cruz Recreativo EC Santa Rita
1958	Auto Esporte Clube João Pessoa		1996	Santa Cruz Recreativo EC Santa Rita
1959	Estrela do Mar EC João Pessoa		1997	Confiança Esporte Clube Sapé
1960	Campinense Clube Campina Grande		1998	Botafogo Futebol Clube João Pessoa
1961	Campinense Clube Campina Grande		1999	Botafogo Futebol Clube João Pessoa
1962	Campinense Clube Campina Grande		2000	Treze Futebol Clube Campina Grande
1963	Campinense Clube Campina Grande		2001	Treze Futebol Clube Campina Grande
1964	Campinense Clube Campina Grande		2002	Atlético Cajazeirense de Desportos
1965	Campinense Clube Campina Grande		2003	Botafogo Futebol Clube João Pessoa
1966	Treze Futebol Clube Campina Grande		2004	Campinense Clube Campina Grande
1967	Campinense Clube Campina Grande		2005	Treze Futebol Clube Campina Grande
1968	Botafogo Futebol Clube João Pessoa		2006	Treze Futebol Clube Campina Grande
1969	Botafogo Futebol Clube João Pessoa		2007	Nacional Atlético Clube Patos
1970	Botafogo Futebol Clube João Pessoa		2008	Campinense Clube Campina Grande
1971	Campinense Clube Campina Grande		2009	Sousa Esporte Clube
1972	Campinense Clube Campina Grande		2010	Treze Futebol Clube Campina Grande
1973	Campinense Clube Campina Grande		2011	Treze Futebol Clube Campina Grande
1974	Campinense Clube Campina Grande		2012	Campinense Clube Campina Grande
1975	Treze Futebol Clube Campina Grande		2013	Botafogo Futebol Clube João Pessoa
	Botafogo Futebol Clube João Pessoa*		2014	Botafogo Futebol Clube João Pessoa

1976	Botafogo Futebol Clube João Pessoa		2015	Campinense Clube Campina Grande
1977	Botafogo Futebol Clube João Pessoa		2016	Campinense Clube Campina Grande
1978	Botafogo Futebol Clube João Pessoa		2017	Botafogo Futebol Clube João Pessoa
1979	Campinense Clube Campina Grande		2018	Botafogo Futebol Clube João Pessoa
1980	Campinense Clube Campina Grande		2019	Botafogo Futebol Clube João Pessoa
1981	Treze Futebol Clube Campina Grande		2020	Treze Futebol Clube Campina Grande
1982	Treze Futebol Clube Campina Grande		2021	Campinense Clube Campina Grande
1983	Treze Futebol Clube Campina Grande		2022	Campinense Clube Campina Grande
1984	Botafogo Futebol Clube João Pessoa		2023	Treze Futebol Clube Campina Grande

*both teams winners (shared).

Paraíba State Championship (Campeonato Paraibano) 2023

First Phase

First Stage / Primeira Fase

1.	Sousa Esporte Clube	9	6	2	1	14 - 4	20
2.	Treze Futebol Clube Campina Grande	9	4	3	2	11 - 7	15
3.	São Paulo Crystal Futebol Clube	9	4	3	2	7 - 6	15
4.	Botafogo Futebol Clube João Pessoa	9	3	6	0	11 - 6	15
5.	Nacional Atlético Clube Patos	8	4	2	3	11 - 8	14
6.	Campinense Clube Campina Grande	9	3	5	1	8 - 6	14
7.	Centro Sportivo Paraibano	9	2	3	4	9 - 13	9
8.	Serra Branca Esporte Clube	9	1	6	2	8 - 11	9
9.	Sociedade Esportiva Queimadense (*Relegated*)	9	0	4	5	6 - 13	4
10.	Auto Esporte Clube João Pessoa (*Relegated*)	9	0	2	7	7 - 18	2

Top-4 teams were qualified for the Semi-Finals.

Semi-Finals (18/19.03.-26.03.2023)

Botafogo Futebol Clube João Pessoa - Sousa Esporte Clube	1-0(0-0) 1-5(1-2)
São Paulo Crystal Futebol Clube - Treze Futebol Clube Campina Grande	1-1(0-0) 0-1(0-1)

Paraíba Championship Finals (01-08.04.2023)

Treze Futebol Clube Campina Grande - Sousa Esporte Clube	2-1(1-1)
Sousa Esporte Clube - Treze Futebol Clube Campina Grande	1-0 aet; 2-4 pen

Paraíba State Championship Winners 2023: **Treze Futebol Clube Campina Grande**

Paraná

Paraná State Championship winners:

1915	Internacional Futebol Clube Curitiba		1971	Coritiba Foot Ball Club
1916	Coritiba Foot Ball Club		1972	Coritiba Foot Ball Club
1917	América Futebol Clube Curitiba		1973	Coritiba Foot Ball Club
1918	Britânia Sport Club Curitiba		1974	Coritiba Foot Ball Club
1919	Britânia Sport Club Curitiba		1975	Coritiba Foot Ball Club
1920	Britânia Sport Club Curitiba		1976	Coritiba Foot Ball Club
1921	Britânia Sport Club Curitiba		1977	Grêmio de Esportes Maringá
1922	Britânia Sport Club Curitiba		1978	Coritiba Foot Ball Club
1923	Britânia Sport Club Curitiba		1979	Coritiba Foot Ball Club
1924	Palestra Itália Futebol Clube Curitiba		1980	Colorado Esporte Clube Curitiba
1925	Club Athletico Paranaense Curitiba			Cascavel Esporte Clube Cascavel*
1926	Palestra Itália Futebol Clube Curitiba		1981	Londrina Esporte Clube
1927	Coritiba Foot Ball Club		1982	Club Athletico Paranaense Curitiba
1928	Britânia Sport Club Curitiba		1983	Club Athletico Paranaense Curitiba
1929	Club Athletico Paranaense Curitiba		1984	Esporte Clube Pinheiros Curitiba
1930	Club Athletico Paranaense Curitiba		1985	Club Athletico Paranaense Curitiba
1931	Coritiba Foot Ball Club		1986	Coritiba Foot Ball Club
1932	Palestra Itália Futebol Clube Curitiba		1987	Esporte Clube Pinheiros Curitiba
1933	Coritiba Foot Ball Club		1988	Club Athletico Paranaense Curitiba
1934	Club Athletico Paranaense Curitiba		1989	Coritiba Foot Ball Club
1935	Coritiba Foot Ball Club		1990	Club Athletico Paranaense Curitiba
1936	Club Athletico Paranaense Curitiba		1991	Paraná Clube Curitiba
1937	Clube Atlético Ferroviário Curitiba		1992	Londrina Esporte Clube
1938	Clube Atlético Ferroviário Curitiba		1993	Paraná Clube Curitiba
1939	Coritiba Foot Ball Club		1994	Paraná Clube Curitiba
1940	Club Athletico Paranaense Curitiba		1995	Paraná Clube Curitiba
1941	Coritiba Foot Ball Club		1996	Paraná Clube Curitiba
1942	Coritiba Foot Ball Club		1997	Paraná Clube Curitiba
1943	Club Athletico Paranaense Curitiba		1998	Club Athletico Paranaense Curitiba
1944	Clube Atlético Ferroviário Curitiba		1999	Coritiba Foot Ball Club
1945	Club Athletico Paranaense Curitiba		2000	Club Athletico Paranaense Curitiba
1946	Coritiba Foot Ball Club		2001	Club Athletico Paranaense Curitiba
1947	Coritiba Foot Ball Club		2002	Iraty Sport Club
1948	Clube Atlético Ferroviário Curitiba		2002	Club Athletico Paranaense Curitiba**
1949	Club Athletico Paranaense Curitiba		2003	Coritiba Foot Ball Club
1950	Clube Atlético Ferroviário Curitiba		2004	Coritiba Foot Ball Club
1951	Coritiba Foot Ball Club		2005	Club Athletico Paranaense Curitiba
1952	Coritiba Foot Ball Club		2006	Paraná Clube Curitiba
1953	Clube Atlético Ferroviário Curitiba		2007	Atlético Clube Paranavaí
1954	Coritiba Foot Ball Club		2008	Coritiba Foot Ball Club
1955	CA Monte Alegre Telêmaco Borba		2009	Club Athletico Paranaense Curitiba
1956	Coritiba Foot Ball Club		2010	Coritiba Foot Ball Club
1957	Coritiba Foot Ball Club		2011	Coritiba Foot Ball Club
1958	Clube Atlético Paranaense Curitiba		2012	Coritiba Foot Ball Club
1959	Coritiba Foot Ball Club		2013	Coritiba Foot Ball Club
1960	Coritiba Foot Ball Club		2014	Londrina Esporte Clube
1961	EC Comercial Cornélio Procópio		2015	Operário Ferroviário EC Ponta Grossa
1962	Londrina de Futebol e Regatas		2016	Club Athletico Paranaense Curitiba
1963	Grêmio de Esportes Maringá		2017	Coritiba Foot Ball Club
1964	Grêmio de Esportes Maringá		2018	Club Athletico Paranaense Curitiba

1965	Clube Atlético Ferroviário Curitiba	2019	Club Athletico Paranaense Curitiba
1966	Clube Atlético Ferroviário Curitiba	2020	Club Athletico Paranaense Curitiba
1967	Esporte Clube Água Verde Curitiba	2021	Londrina Esporte Clube
1968	Coritiba Foot Ball Club	2022	Coritiba Foot Ball Club
1969	Coritiba Foot Ball Club	2023	Club Athletico Paranaense Curitiba
1970	Club Athletico Paranaense Curitiba		

*both teams winners (shared).
**two editions organized in 2002; Club Athletico Paranaense Curitiba winners of Super Championship

Paraná State Championship (Campeonato Paranaense) 2023

First Stage

1.	Club Athletico Paranaense Curitiba	11	10	1	0	25 - 6	31
2.	Operário Ferroviário EC Ponta Grossa	11	8	1	2	20 - 10	25
3.	Coritiba Foot Ball Club	11	6	4	1	13 - 7	22
4.	Maringá Futebol Clube	11	6	3	2	20 - 9	21
5.	Cianorte Futebol Clube	11	5	1	5	14 - 14	16
6.	Futebol Clube Cascavel	11	4	3	4	13 - 12	15
7.	Gaio Maringá	11	3	4	4	10 - 10	13
8.	Independiente Futebol São Joseense	11	3	3	5	15 - 15	12
9.	Azuriz Futebol Clube Marmeleiro	11	2	5	4	14 - 20	11
10.	Londrina Esporte Clube	11	2	4	5	9 - 11	10
11.	Rio Branco Sport Club Paranaguá (*Relegated*)	11	1	1	9	3 - 22	4
12.	Foz de Iguaçu Futebol Clube Paranaguá (*Relegated*)	11	1	0	10	7 - 27	3

Top-8 teams were qualified for the Quarter-Finals.

Quarter-Finals (04/05.03.-11/12.03.2023)

Independiente Futebol São Joseense - Club Athletico Paranaense Curitiba	2-5(1-3)	0-4(0-2)
Gaio Maringá - Operário Ferroviário EC Ponta Grossa	1-2(0-0)	0-3(0-2)
Futebol Clube Cascavel - Coritiba Foot Ball Club	3-1(1-0)	0-0
Cianorte Futebol Clube - Maringá Futebol Clube	1-0(1-0)	0-2(0-1)

Semi-Finals (18/19.03.-25/26.03.2023)

Maringá Futebol Clube - Club Athletico Paranaense Curitiba	0-2(0-0)	0-1(0-0)
Futebol Clube Cascavel - Operário Ferroviário EC Ponta Grossa	2-1(1-1)	0-1 aet 6-5 pen

Paraná Championship Finals (01-09.04.2023)

Futebol Clube Cascavel - Club Athletico Paranaense Curitiba	1-2(0-0)
Club Athletico Paranaense Curitiba - Futebol Clube Cascavel	0-0

Paraná State Championship Winners 2023: **Club Athletico Paranaense Curitiba**

Pernambuco

Pernambuco State Championship winners:

Year	Winner		Year	Winner
1915	Esporte Clube Flamengo Recife		1970	Santa Cruz Futebol Clube Recife
1916	Sport Club do Recife		1971	Santa Cruz Futebol Clube Recife
1917	Sport Club do Recife		1972	Santa Cruz Futebol Clube Recife
1918	América Futebol Clube Recife		1973	Santa Cruz Futebol Clube Recife
1919	América Futebol Clube Recife		1974	Clube Náutico Capibaribe Recife
1920	Sport Club do Recife		1975	Sport Club do Recife
1921	América Futebol Clube Recife		1976	Santa Cruz Futebol Clube Recife
1922	América Futebol Clube Recife		1977	Sport Club do Recife
1923	Sport Club do Recife		1978	Santa Cruz Futebol Clube Recife
1924	Sport Club do Recife		1979	Santa Cruz Futebol Clube Recife
1925	Sport Club do Recife		1980	Sport Club do Recife
1926	Torre Sport Club Recife		1981	Sport Club do Recife
1927	América Futebol Clube Recife		1982	Sport Club do Recife
1928	Sport Club do Recife		1983	Santa Cruz Futebol Clube Recife
1929	Torre Sport Club Recife		1984	Clube Náutico Capibaribe Recife
1930	Torre Sport Club Recife		1985	Clube Náutico Capibaribe Recife
1931	Santa Cruz Futebol Clube Recife		1986	Santa Cruz Futebol Clube Recife
1932	Santa Cruz Futebol Clube Recife		1987	Santa Cruz Futebol Clube Recife
1933	Santa Cruz Futebol Clube Recife		1988	Sport Club do Recife
1934	Clube Náutico Capibaribe Recife		1989	Clube Náutico Capibaribe Recife
1935	Santa Cruz Futebol Clube Recife		1990	Santa Cruz Futebol Clube Recife
1936	Tramways Sport Club Recife		1991	Sport Club do Recife
1937	Tramways Sport Club Recife		1992	Sport Club do Recife
1938	Sport Club do Recife		1993	Santa Cruz Futebol Clube Recife
1939	Clube Náutico Capibaribe Recife		1994	Sport Club do Recife
1940	Santa Cruz Futebol Clube Recife		1995	Santa Cruz Futebol Clube Recife
1941	Sport Club do Recife		1996	Sport Club do Recife
1942	Sport Club do Recife		1997	Sport Club do Recife
1943	Sport Club do Recife		1998	Sport Club do Recife
1944	América Futebol Clube Recife		1999	Sport Club do Recife
1945	Clube Náutico Capibaribe Recife		2000	Sport Club do Recife
1946	Santa Cruz Futebol Clube Recife		2001	Clube Náutico Capibaribe Recife
1947	Santa Cruz Futebol Clube Recife		2002	Clube Náutico Capibaribe Recife
1948	Sport Club do Recife		2003	Sport Club do Recife
1949	Sport Club do Recife		2004	Clube Náutico Capibaribe Recife
1950	Clube Náutico Capibaribe Recife		2005	Santa Cruz Futebol Clube Recife
1951	Clube Náutico Capibaribe Recife		2006	Sport Club do Recife
1952	Clube Náutico Capibaribe Recife		2007	Sport Club do Recife
1953	Sport Club do Recife		2008	Sport Club do Recife
1954	Clube Náutico Capibaribe Recife		2009	Sport Club do Recife
1955	Sport Club do Recife		2010	Sport Club do Recife
1956	Sport Club do Recife		2011	Santa Cruz Futebol Clube Recife
1957	Santa Cruz Futebol Clube Recife		2012	Santa Cruz Futebol Clube Recife
1958	Sport Club do Recife		2013	Santa Cruz Futebol Clube Recife
1959	Santa Cruz Futebol Clube Recife		2014	Sport Club do Recife
1960	Clube Náutico Capibaribe Recife		2015	Santa Cruz Futebol Clube Recife
1961	Sport Club do Recife		2016	Santa Cruz Futebol Clube Recife
1962	Sport Club do Recife		2017	Sport Club do Recife
1963	Clube Náutico Capibaribe Recife		2018	Clube Náutico Capibaribe Recife
1964	Clube Náutico Capibaribe Recife		2019	Sport Club do Recife

1965	Clube Náutico Capibaribe Recife
1966	Clube Náutico Capibaribe Recife
1967	Clube Náutico Capibaribe Recife
1968	Clube Náutico Capibaribe Recife
1969	Santa Cruz Futebol Clube Recife

2020	Salgueiro Atlético Clube
2021	Clube Náutico Capibaribe Recife
2022	Clube Náutico Capibaribe Recife
2023	Sport Club do Recife

Pernambuco State Championship (Campeonato Pernambucano) 2023

First Stage

1.	Sport Club do Recife	12	9	3	0	29 - 6	30
2.	Retrô Futebol Clube Brasil Camaragibe	12	8	3	1	24 - 5	27
3.	Clube Náutico Capibaribe Recife	12	7	4	1	20 - 8	25
4.	Petrolina Social Futebol Clube	12	5	4	3	15 - 12	19
5.	Santa Cruz Futebol Clube Recife	12	4	6	2	15 - 13	18
6.	Salgueiro Atlético Clube	12	4	4	4	11 - 11	16
7.	Central Sport Club Caruaru	12	3	5	4	12 - 15	14
8.	Clube Atlético do Porto	12	2	8	2	6 - 5	14
9.	Associação Atlética Maguary	12	2	7	3	12 - 14	13
10.	Íbis Sport Club	12	3	3	6	13 - 22	12
11.	Afogados da Ingazeira Futebol Clube	12	2	5	5	13 - 19	11
12.	Belo Jardim Futebol Clube	12	1	2	9	9 - 26	5
13.	Caruaru City Sport Club	12	0	2	10	4 - 27	2

Top-2 were qualified for the Semi-Finals, while teams ranked 3-6 were qualified for the Quarter-Finals.

Quarter-Finals (04-06.04.2023)

Clube Náutico Capibaribe Recife - Salgueiro Atlético Clube	1-1 aet; 13-14 pen
Petrolina Social Futebol Clube - Santa Cruz Futebol Clube Recife	1-1 aet; 5-4 pen

Semi-Finals (07-08.04.2023)

Sport Club do Recife - Petrolina Social Futebol Clube	2-0(1-0)
Retrô Futebol Clube Brasil Camaragibe - Salgueiro Atlético Clube	3-1(1-1)

Pernambuco Championship Finals (15-22.04.2023)

Retrô Futebol Clube Brasil Camaragibe - Sport Club do Recife	1-2(1-1)
Sport Club do Recife - Retrô Futebol Clube Brasil Camaragibe	2-0(1-0)

Pernambuco State Championship Winners 2023: **Sport Club do Recife**

Piauí

Piauí State Championship winners:

1941	Botafogo Esporte Clube Teresina
1942	Esporte Clube Flamengo Teresina
1943	Esporte Clube Flamengo Teresina
1944	Esporte Clube Flamengo Teresina
1945	Botafogo Esporte Clube Teresina
1946	Botafogo Esporte Clube Teresina
1947	Esporte Clube Flamengo Teresina
1948	Ríver Atlético Clube Teresina
1949	Botafogo Esporte Clube Teresina
1950	Ríver Atlético Clube Teresina
1951	Ríver Atlético Clube Teresina
1952	Ríver Atlético Clube Teresina
1953	Ríver Atlético Clube Teresina
1954	Ríver Atlético Clube Teresina
1955	Ríver Atlético Clube Teresina
1956	Ríver Atlético Clube Teresina
1957	Botafogo Esporte Clube Teresina
1958	Ríver Atlético Clube Teresina
1959	Ríver Atlético Clube Teresina
1960	Ríver Atlético Clube Teresina
1961	Ríver Atlético Clube Teresina
1962	Ríver Atlético Clube Teresina
1963	Ríver Atlético Clube Teresina
1964	Esporte Clube Flamengo Teresina
1965	Esporte Clube Flamengo Teresina
1966	Piauí Esporte Clube Teresina
1967	Piauí Esporte Clube Teresina
1968	Piauí Esporte Clube Teresina
1969	Piauí Esporte Clube Teresina
1970	Esporte Clube Flamengo Teresina
1971	Esporte Clube Flamengo Teresina
1972	Sociedade Esportiva Tiradentes
1973	Ríver Atlético Clube Teresina
1974	Sociedade Esportiva Tiradentes
1975	Ríver Atlético Clube Teresina & Sociedade Esportiva Tiradentes (shared)
1976	Esporte Clube Flamengo Teresina
1977	Ríver Atlético Clube Teresina
1978	Ríver Atlético Clube Teresina
1979	Esporte Clube Flamengo Teresina
1980	Ríver Atlético Clube Teresina
1981	Ríver Atlético Clube Teresina
1982	Sociedade Esportiva Tiradentes
1983	Auto Esporte Clube Teresina
1984	Esporte Clube Flamengo Teresina
1985	Piauí Esporte Clube Teresina
1986	Esporte Clube Flamengo Teresina
1987	Esporte Clube Flamengo Teresina
1988	Esporte Clube Flamengo Teresina
1989	Ríver Atlético Clube Teresina
1990	Sociedade Esportiva Tiradentes
1991	Sociedade Esportiva de Picos
1992	4 de Julho Esporte Clube Piripiri
1993	4 de Julho Esporte Clube Piripiri
1994	Sociedade Esportiva de Picos
1995	Assoc. Atlética Cori-Sabbá Floriano
1996	Ríver Atlético Clube Teresina
1997	Sociedade Esportiva de Picos
1998	Sociedade Esportiva de Picos
1999	Ríver Atlético Clube Teresina
2000	Ríver Atlético Clube Teresina
2001	Ríver Atlético Clube Teresina
2002	Ríver Atlético Clube Teresina
2003	Esporte Clube Flamengo Teresina
2004	Parnahyba Sport Club
2005	Parnahyba Sport Club
2006	Parnahyba Sport Club
2007	Ríver Atlético Clube Teresina
2008	Barras Futebol Clube
2009	Esporte Clube Flamengo Teresina
2010	Comercial Atlético Clube Campo Maior
2011	4 de Julho Esporte Clube Piripiri
2012	Parnahyba Sport Club
2013	Parnahyba Sport Club
2014	Ríver Atlético Clube Teresina
2015	Ríver Atlético Clube Teresina
2016	Ríver Atlético Clube Teresina
2017	Associação Atlética de Altos
2018	Associação Atlética de Altos
2019	Ríver Atlético Clube Teresina
2021	Associação Atlética de Altos
2022	Fluminense Esporte Clube Teresina
2023	Ríver Atlético Clube Teresina

Piauí State Championship (Campeonato Piauiense) 2023

First Stage (Taça Estado do Piauí)

1.	Ríver Atlético Clube Teresina	14	9	4	1	29 - 11	31
2.	Fluminense Esporte Clube Teresina	14	9	4	1	24 - 9	31
3.	Associação Atlética de Altos	14	7	4	3	21 - 10	25
4.	Parnahyba Sport Club	14	4	8	2	17 - 11	20
5.	4 de Julho Esporte Clube Piripiri	14	4	4	6	14 - 14	16
6.	Associação Atlética Corisabbá	14	4	4	6	20 - 18	13
7.	Comercial Atlético Clube Campo Maior (*Relegated*)	14	5	0	9	13 - 23	12
8.	Ferroviário Atlético Clube Parnaíba (*Disqualified & Relegated*)	14	0	0	14	0 - 42	0

Top-4 were qualified for the Semi-Finals.

Semi-Finals (29.03.-01.04.2023)

Parnahyba Sport Club - Ríver Atlético Clube Teresina	0-2(0-0)	0-0
Associação Atlética de Altos - Fluminense Esporte Clube Teresina*	1-0(0-0)	1-2(1-2)

*advanced due to their best performance in the first stage.

Piauí Championship Finals (09-15.04.2023)

Fluminense Esporte Clube Teresina - Ríver Atlético Clube Teresina	1-0(0-0)
Ríver Atlético Clube Teresina* - Fluminense Esporte Clube Teresina	1-0(1-0)

*winner due to their best performance in the first stage.

Piauí State Championship Winners 2023: **Ríver Atlético Clube Teresina**

Rio de Janeiro

Rio de Janeiro State Championship winners:

1906	Fluminense FC Rio de Janeiro
1907	Fluminense FC Rio de Janeiro & Botafogo FC Rio de Janeiro [shared]
1908	Fluminense FC Rio de Janeiro
1909	Fluminense FC Rio de Janeiro
1910	Botafogo FC Rio de Janeiro
1911	Fluminense FC Rio de Janeiro
1912	Paysandu Cricket Club Rio de Janeiro[1] Botafogo FC Rio de Janeiro[2]
1913	América FC Rio de Janeiro
1914	CR do Flamengo Rio de Janeiro
1915	CR do Flamengo Rio de Janeiro
1916	América FC Rio de Janeiro
1917	Fluminense FC Rio de Janeiro
1918	Fluminense FC Rio de Janeiro
1919	Fluminense FC Rio de Janeiro
1920	CR do Flamengo Rio de Janeiro
1921	CR do Flamengo Rio de Janeiro
1922	América FC Rio de Janeiro
1923	CR Vasco da Gama Rio de Janeiro
1924	CR Vasco da Gama Rio de Janeiro[3] Fluminense FC Rio de Janeiro[4]
1925	CR do Flamengo Rio de Janeiro
1926	São Cristóvão AC Rio de Janeiro
1927	CR do Flamengo Rio de Janeiro
1928	América FC Rio de Janeiro
1929	CR Vasco da Gama Rio de Janeiro
1930	Botafogo FC Rio de Janeiro
1931	América FC Rio de Janeiro
1932	Botafogo FC Rio de Janeiro
1933	Botafogo FC Rio de Janeiro[4] Bangu Atlético Clube Rio de Janeiro[5]
1934	Botafogo FC Rio de Janeiro[4] CR Vasco da Gama Rio de Janeiro[5]
1935	Botafogo FC Rio de Janeiro[6] América FC Rio de Janeiro[5]
1936	CR Vasco da Gama Rio de Janeiro[6] Fluminense FC Rio de Janeiro[5]
1937	Fluminense FC Rio de Janeiro
1938	Fluminense FC Rio de Janeiro
1939	CR do Flamengo Rio de Janeiro
1940	Fluminense FC Rio de Janeiro
1941	Fluminense FC Rio de Janeiro
1942	CR do Flamengo Rio de Janeiro
1943	CR do Flamengo Rio de Janeiro
1944	CR do Flamengo Rio de Janeiro
1945	CR Vasco da Gama Rio de Janeiro
1946	Fluminense FC Rio de Janeiro
1947	CR Vasco da Gama Rio de Janeiro
1948	Botafogo de FR Rio de Janeiro
1962	Botafogo de FR Rio de Janeiro
1963	CR do Flamengo Rio de Janeiro
1964	Fluminense FC Rio de Janeiro
1965	CR do Flamengo Rio de Janeiro
1966	Bangu AC Rio de Janeiro
1967	Botafogo de FR Rio de Janeiro
1968	Botafogo de FR Rio de Janeiro
1969	Fluminense FC Rio de Janeiro
1970	CR Vasco da Gama Rio de Janeiro
1971	Fluminense FC Rio de Janeiro
1972	CR do Flamengo Rio de Janeiro
1973	Fluminense FC Rio de Janeiro
1974	CR do Flamengo Rio de Janeiro
1975	Fluminense FC Rio de Janeiro
1976	Fluminense FC Rio de Janeiro
1977	CR Vasco da Gama Rio de Janeiro
1978	CR do Flamengo Rio de Janeiro
1979	CR do Flamengo Rio de Janeiro
	CR do Flamengo Rio de Janeiro*
1980	Fluminense FC Rio de Janeiro
1981	CR do Flamengo Rio de Janeiro
1982	CR Vasco da Gama Rio de Janeiro
1983	Fluminense FC Rio de Janeiro
1984	Fluminense FC Rio de Janeiro
1985	Fluminense FC Rio de Janeiro
1986	CR do Flamengo Rio de Janeiro
1987	CR Vasco da Gama Rio de Janeiro
1988	CR Vasco da Gama Rio de Janeiro
1989	Botafogo de FR Rio de Janeiro
1990	Botafogo de FR Rio de Janeiro
1991	CR do Flamengo Rio de Janeiro
1992	CR Vasco da Gama Rio de Janeiro
1993	CR Vasco da Gama Rio de Janeiro
1994	CR Vasco da Gama Rio de Janeiro
1995	Fluminense FC Rio de Janeiro
1996	CR do Flamengo Rio de Janeiro
1997	Botafogo de FR Rio de Janeiro
1998	CR Vasco da Gama Rio de Janeiro
1999	CR do Flamengo Rio de Janeiro
2000	CR do Flamengo Rio de Janeiro
2001	CR do Flamengo Rio de Janeiro
2002	Fluminense FC Rio de Janeiro
2003	CR Vasco da Gama Rio de Janeiro
2004	CR do Flamengo Rio de Janeiro
2005	Fluminense FC Rio de Janeiro
2006	Botafogo de FR Rio de Janeiro
2007	CR do Flamengo Rio de Janeiro
2008	CR do Flamengo Rio de Janeiro
2009	CR do Flamengo Rio de Janeiro
2010	Botafogo de FR Rio de Janeiro

1949	CR Vasco da Gama Rio de Janeiro		2011	CR do Flamengo Rio de Janeiro
1950	CR Vasco da Gama Rio de Janeiro		2012	Fluminense FC Rio de Janeiro
1951	Fluminense FC Rio de Janeiro		2013	Botafogo de FR Rio de Janeiro
1952	CR Vasco da Gama Rio de Janeiro		2014	CR do Flamengo Rio de Janeiro
1953	CR do Flamengo Rio de Janeiro		2015	CR Vasco da Gama Rio de Janeiro
1954	CR do Flamengo Rio de Janeiro		2016	CR Vasco da Gama Rio de Janeiro
1955	CR do Flamengo Rio de Janeiro		2017	CR do Flamengo Rio de Janeiro
1956	CR Vasco da Gama Rio de Janeiro		2018	Botafogo de FR Rio de Janeiro
1957	Botafogo de FR Rio de Janeiro		2019	CR do Flamengo Rio de Janeiro
1958	CR Vasco da Gama Rio de Janeiro		2020	CR do Flamengo Rio de Janeiro
1959	Fluminense FC Rio de Janeiro		2021	CR do Flamengo Rio de Janeiro
1960	América FC Rio de Janeiro		2022	Fluminense FC Rio de Janeiro
1961	Botafogo de FR Rio de Janeiro		2023	Fluminense FC Rio de Janeiro

[1] champions of LMSA [Liga Metropolitana de Sports Athleticos]
[2] champions of AFRJ [Associação de Football do Rio de Janeiro]
[3] champions of LMDT [Liga Metropolitana de Desportos Terrestres]
[4] champions of AMEA [Associação Metropolitana de Esportes Athleticos]
[5] champions of LCF [Liga Carioca de Futebol]
[6] champions of FMD [Federação Metropolitana de Desportos]
*two editions played in 1979

Rio de Janeiro State Championship (Campeonato Carioca) 2023

Main Stage (Taça Guanabara)

1.	Fluminense FC Rio de Janeiro	11	8	1	2	20 - 4	25
2.	CR Vasco da Gama Rio de Janeiro	11	7	2	2	20 - 6	23
3.	CR do Flamengo Rio de Janeiro	11	7	2	2	19 - 6	23
4.	Volta Redonda Futebol Clube	11	6	2	3	27 - 15	20
5.	Botafogo de FR Rio de Janeiro	11	6	1	4	13 - 6	19
6.	Audax Rio de Janeiro EC	11	4	4	3	14 - 13	16
7.	Nova Iguaçu Futebol Clube	11	3	4	4	8 - 11	13
8.	Associação Atlética Portuguesa Rio de Janeiro	11	3	4	4	9 - 14	13
9.	Bangu Atlético Clube Rio de Janeiro	11	3	3	5	6 - 17	12
10.	Madureira Esporte Clube Rio de Janeiro	11	2	3	6	5 - 18	9
11.	Boavista Sport Club Saquarema	11	1	3	7	11 - 23	6
12.	Resende Futebol Clube (*Relegated*)	11	1	1	9	3 - 22	4

Top-4 were qualified for the Semi-Finals, teams ranked 5-8 were qualified for the Taça Rio Semi-Finals.

Taça Rio Semi-Finals (18-26/27.03.2023)

Nova Iguaçu Futebol Clube - Audax Rio de Janeiro EC	1-1(0-0)	0-1(0-1)
Associação Atlética Portuguesa Rio de Janeiro - Botafogo de FR Rio de Janeiro	0-0	1-3(1-1)

Taça Rio Finals (02-08.04.2023)

Audax Rio de Janeiro EC - Botafogo de FR Rio de Janeiro	1-2(1-0)	2-5(1-3)

2023 Taça Rio Winners: **Botafogo de FR Rio de Janeiro**

State Championship Semi-Finals (12/13-18/19.03.2023)

Volta Redonda Futebol Clube - Fluminense FC Rio de Janeiro	2-1(1-0)	0-7(0-5)
CR do Flamengo Rio de Janeiro - CR Vasco da Gama Rio de Janeiro	3-2(2-1)	3-1(1-1)

Rio de Janeiro Championship Finals (01-09.04.2023)

CR do Flamengo Rio de Janeiro - Fluminense FC Rio de Janeiro	2-0(0-0)
Fluminense FC Rio de Janeiro - CR do Flamengo Rio de Janeiro	4-1(2-0)

Rio de Janeiro State Championship Winners 2023: **Fluminense FC Rio de Janeiro**

Rio Grande Do Norte

Rio Grande do Norte State Championship winners:

Year	Winner	Year	Winner
1918	Championship not finished	1971	ABC Futebol Clube Natal
1919	América Futebol Clube Natal	1972	ABC Futebol Clube Natal
1920	América Futebol Clube Natal	1973	ABC Futebol Clube Natal
1921	Centro Esportivo Natalense Natal	1974	América Futebol Clube Natal
1922	América Futebol Clube Natal	1975	América Futebol Clube Natal
1923	ABC Futebol Clube Natal	1976	ABC Futebol Clube Natal
1924	Alecrim Futebol Clube Natal	1977	América Futebol Clube Natal
1925	Alecrim Futebol Clube Natal & ABC Futebol Clube Natal [shared]	1978	ABC Futebol Clube Natal
		1979	América Futebol Clube Natal
1926	América Futebol Clube Natal	1980	América Futebol Clube Natal
1927	América Futebol Clube Natal	1981	América Futebol Clube Natal
1928	ABC Futebol Clube Natal	1982	América Futebol Clube Natal
1929	ABC Futebol Clube Natal	1983	ABC Futebol Clube Natal
1930	América Futebol Clube Natal	1984	ABC Futebol Clube Natal
1931	América Futebol Clube Natal	1985	Alecrim Futebol Clube Natal
1932	ABC Futebol Clube Natal	1986	Alecrim Futebol Clube Natal
1933	ABC Futebol Clube Natal	1987	América Futebol Clube Natal
1934	ABC Futebol Clube Natal	1988	América Futebol Clube Natal
1935	ABC Futebol Clube Natal	1989	América Futebol Clube Natal
1936	ABC Futebol Clube Natal	1990	ABC Futebol Clube Natal
1937	ABC Futebol Clube Natal	1991	América Futebol Clube Natal
1938	ABC Futebol Clube Natal	1992	América Futebol Clube Natal
1939	ABC Futebol Clube Natal	1993	ABC Futebol Clube Natal
1940	ABC Futebol Clube Natal	1994	ABC Futebol Clube Natal
1941	ABC Futebol Clube Natal	1995	ABC Futebol Clube Natal
1942	América Futebol Clube Natal	1996	América Futebol Clube Natal
1943	Santa Cruz Esporte e Cultura Natal	1997	ABC Futebol Clube Natal
1944	ABC Futebol Clube Natal	1998	ABC Futebol Clube Natal
1945	ABC Futebol Clube Natal	1999	ABC Futebol Clube Natal
1946	América Futebol Clube Natal	2000	ABC Futebol Clube Natal
1947	ABC Futebol Clube Natal	2001	Atlético Clube Coríntians Caicó
1948	América Futebol Clube Natal	2002	América Futebol Clube Natal
1949	América Futebol Clube Natal	2003	América Futebol Clube Natal
1950	ABC Futebol Clube Natal	2004	AC Desportiva Potiguar Mossoró
1951	América Futebol Clube Natal	2005	ABC Futebol Clube Natal
1952	América Futebol Clube Natal	2006	AC Esporte Clube Baraúnas Mossoró

1953	ABC Futebol Clube Natal
1954	ABC Futebol Clube Natal
1955	ABC Futebol Clube Natal
1956	América Futebol Clube Natal
1957	América Futebol Clube Natal
1958	ABC Futebol Clube Natal
1959	ABC Futebol Clube Natal
1960	ABC Futebol Clube Natal
1961	ABC Futebol Clube Natal
1962	ABC Futebol Clube Natal
1963	Alecrim Futebol Clube Natal
1964	Alecrim Futebol Clube Natal
1965	ABC Futebol Clube Natal
1966	ABC Futebol Clube Natal
1967	América Futebol Clube Natal
1968	Alecrim Futebol Clube Natal
1969	América Futebol Clube Natal
1970	ABC Futebol Clube Natal
2007	ABC Futebol Clube Natal
2008	ABC Futebol Clube Natal
2009	AS Sociedade Unida Açu
2010	ABC Futebol Clube Natal
2011	ABC Futebol Clube Natal
2012	América Futebol Clube Natal
2013	AC Desportiva Potiguar Mossoró
2014	América Futebol Clube Natal
2015	América Futebol Clube Natal
2016	ABC Futebol Clube Natal
2017	ABC Futebol Clube Natal
2018	ABC Futebol Clube Natal
2019	América Futebol Clube Natal
2020	ABC Futebol Clube Natal
2021	Globo Futebol Clube Ceará Mirim
2022	ABC Futebol Clube Natal
2023	América Futebol Clube Natal

Rio Grande do Norte State Championship (Campeonato Potiguar) 2023

First Stage

Grupo A

1.	ABC Futebol Clube Natal	8	7	1	0	23 - 2	22
2.	Santa Cruz Futebol Clube Natal	8	2	3	3	7 - 13	9
3.	Associação Cultural e Desportiva Potyguar Seridoense	8	2	1	5	3 - 12	7
4.	Alecrim Futebol Clube (*Relegation Play-offs*)	8	0	3	5	3 - 13	3

Grupo B

1.	América Futebol Clube Natal	8	6	1	1	18 - 3	19
2.	Associação Cultural e Desportiva Potiguar Mossoró	8	3	3	2	13 - 12	12
3.	Centro Esportivo Força e Luz Natal	8	2	2	4	6 - 10	8
4.	Globo Futebol Clube Ceará Mirim (*Relegation Play-offs*)	8	2	2	4	3 - 11	8

Top-2 teams of each group were qualified for the Second Stage.

Relegation Play-offs (30.07.-06.08.2023)

Alecrim Futebol Clube - Globo Futebol Clube Ceará Mirim   0-1(0-0)   2-2(0-1)

Second Stage

1.	América Futebol Clube Natal	6	4	1	1	14 - 3	13
2.	ABC Futebol Clube Natal	6	4	0	2	9 - 6	12
3.	Associação Cultural e Desportiva Potiguar Mossoró	6	2	1	3	7 - 10	7
4.	Santa Cruz Futebol Clube Natal	6	1	0	5	4 - 15	3

Winner and runner-up were qualified for the Championship Finals.

Rio Grande do Norte Championship Finals (10-13.04.2023)

América Futebol Clube Natal - ABC Futebol Clube Natal	1-0 (0-0)
ABC Futebol Clube Natal - América Futebol Clube Natal	0-0

Rio Grande do Norte State Championship Winners 2023: **América Futebol Clube Natal**

Aggregate Table 2023

1.	América Futebol Clube Natal	16	11	2	2	33 - 6	36
2.	ABC Futebol Clube Natal	16	11	2	3	32 - 9	35
3.	Associação Cultural e Desportiva Potiguar Mossoró	14	5	4	5	20 - 22	19
4.	Santa Cruz Futebol Clube Natal	14	3	3	8	11 - 28	12
5.	Centro Esportivo Força e Luz Natal	8	2	2	4	6 - 10	8
6.	Associação Cultural e Desportiva Potyguar Seridoense	8	2	1	5	3 - 12	7
7.	Globo Futebol Clube Ceará Mirim	10	3	3	4	6 - 13	12
8.	Alecrim Futebol Clube (*Relegated*)	10	0	4	6	5 - 16	4

Rio Grande do Sul

Year	Champion	Year	Champion
1919	Grêmio Esportivo Brasil Pelotas	1972	Sport Club Internacional Porto Alegre
1920	Guarany Futebol Clube Bagé	1973	Sport Club Internacional Porto Alegre
1921	Grêmio Foot-ball Porto Alegrense	1974	Sport Club Internacional Porto Alegre
1922	Grêmio Foot-ball Porto Alegrense	1975	Sport Club Internacional Porto Alegre
1923	*No competition*	1976	Sport Club Internacional Porto Alegre
1924	*No competition*	1977	Grêmio Foot-ball Porto Alegrense
1925	Grêmio Esportivo Bagé	1978	Sport Club Internacional Porto Alegre
1926	Grêmio Foot-ball Porto Alegrense	1979	Grêmio Foot-ball Porto Alegrense
1927	Sport Club Internacional Porto Alegre	1980	Grêmio Foot-ball Porto Alegrense
1928	Sport Club Americano Porto Alegre	1981	Sport Club Internacional Porto Alegre
1929	Esporte Clube Cruzeiro Porto Alegre	1982	Sport Club Internacional Porto Alegre
1930	Esporte Clube Pelotas Pelotas	1983	Sport Club Internacional Porto Alegre
1931	Grêmio Foot-ball Porto Alegrense	1984	Sport Club Internacional Porto Alegre
1932	Grêmio Foot-ball Porto Alegrense	1985	Grêmio Foot-ball Porto Alegrense
1933	Sport Club São Paulo Rio Grande	1986	Grêmio Foot-ball Porto Alegrense
1934	Sport Club Internacional Porto Alegre	1987	Grêmio Foot-ball Porto Alegrense
1935	Grêmio Atlético Farroupilha Pelotas	1988	Grêmio Foot-ball Porto Alegrense
1936	Sport Club Rio Grande Rio Grande	1989	Grêmio Foot-ball Porto Alegrense
1937	Grêmio Foot-ball Santanense	1990	Grêmio Foot-ball Porto Alegrense
1938	Guarany Futebol Clube Bagé	1991	Sport Club Internacional Porto Alegre
1939	FC Riograndense Rio Grande	1992	Sport Club Internacional Porto Alegre
1940	Sport Club Internacional Porto Alegre	1993	Grêmio Foot-ball Porto Alegrense
1941	Sport Club Internacional Porto Alegre	1994	Sport Club Internacional Porto Alegre
1942	Sport Club Internacional Porto Alegre	1995	Grêmio Foot-ball Porto Alegrense
1943	Sport Club Internacional Porto Alegre	1996	Grêmio Foot-ball Porto Alegrense
1944	Sport Club Internacional Porto Alegre	1997	Sport Club Internacional Porto Alegre
1945	Sport Club Internacional Porto Alegre	1998	Esporte Clube Juventude Caxias do Sul
1946	Grêmio Foot-ball Porto Alegrense	1999	Grêmio Foot-ball Porto Alegrense
1947	Sport Club Internacional Porto Alegre	2000	SE Recreativa Caxias do Sul
1948	Sport Club Internacional Porto Alegre	2001	Grêmio Foot-ball Porto Alegrense
1949	Grêmio Foot-ball Porto Alegrense	2002	Sport Club Internacional Porto Alegre
1950	Sport Club Internacional Porto Alegre	2003	Sport Club Internacional Porto Alegre
1951	Sport Club Internacional Porto Alegre	2004	Sport Club Internacional Porto Alegre
1952	Sport Club Internacional Porto Alegre	2005	Sport Club Internacional Porto Alegre
1953	Sport Club Internacional Porto Alegre	2006	Grêmio Foot-ball Porto Alegrense
1954	Sport Club Renner Porto Alegre	2007	Grêmio Foot-ball Porto Alegrense
1955	Sport Club Internacional Porto Alegre	2008	Sport Club Internacional Porto Alegre
1956	Grêmio Foot-ball Porto Alegrense	2009	Sport Club Internacional Porto Alegre
1957	Grêmio Foot-ball Porto Alegrense	2010	Grêmio Foot-ball Porto Alegrense
1958	Grêmio Foot-ball Porto Alegrense	2011	Sport Club Internacional Porto Alegre
1959	Grêmio Foot-ball Porto Alegrense	2012	Sport Club Internacional Porto Alegre
1960	Grêmio Foot-ball Porto Alegrense	2013	Sport Club Internacional Porto Alegre
1961	Sport Club Internacional Porto Alegre	2014	Sport Club Internacional Porto Alegre
1962	Grêmio Foot-ball Porto Alegrense	2015	Sport Club Internacional Porto Alegre
1963	Grêmio Foot-ball Porto Alegrense	2016	Sport Club Internacional Porto Alegre
1964	Grêmio Foot-ball Porto Alegrense	2017	Esporte Clube Novo Hamburgo
1965	Grêmio Foot-ball Porto Alegrense	2018	Grêmio Foot-ball Porto Alegrense
1966	Grêmio Foot-ball Porto Alegrense	2019	Grêmio Foot-ball Porto Alegrense
1967	Grêmio Foot-ball Porto Alegrense	2020	Grêmio Foot-ball Porto Alegrense
1968	Grêmio Foot-ball Porto Alegrense	2021	Grêmio Foot-ball Porto Alegrense
1969	Sport Club Internacional Porto Alegre	2022	Grêmio Foot-ball Porto Alegrense
1970	Sport Club Internacional Porto Alegre	2023	Grêmio Foot-ball Porto Alegrense
1971	Sport Club Internacional Porto Alegre		

Rio Grande do Sul State Championship (Campeonato Gaúcho) 2023

First Stage

1.	Grêmio Foot-ball Porto Alegrense	11	9	2	0	22 - 5	29
2.	Sport Club Internacional Porto Alegre	11	6	4	1	22 - 8	22
3.	Sociedade Esportiva e Recreativa Caxias do Sul	11	5	5	1	19 - 11	20
4.	Ypiranga Futebol Clube Erechim	11	5	3	3	17 - 15	18
5.	Esporte Clube Juventude Caxias do Sul	11	4	5	2	17 - 14	17
6.	Esporte Clube São José	11	4	4	3	11 - 12	16
7.	Grêmio Esportivo Brasil Pelotas	11	3	4	4	6 - 8	13
8.	Esporte Clube Novo Hamburgo	11	2	5	4	7 - 13	11
9.	Esporte Clube Avenida Santa Cruz do Sul	11	2	4	5	7 - 11	10
10.	Esporte Clube São Luiz	11	2	4	5	6 - 13	10
11.	Clube Esportivo Bento Gonçalves (*Relegated*)	11	1	3	7	6 - 19	6
12.	Clube Esportivo Aimoré São Leopoldo (*Relegated*)	11	1	1	9	5 - 16	4

Top-4 were qualified for the Semi-Finals.

Semi-Finals (18/19-25/26.03.2023)

Ypiranga Futebol Clube Erechim - Grêmio Foot-ball Porto Alegrense	2-1(0-1)	1-2 aet 4-5 pen
Sociedade Esportiva e Recreativa Caxias do Sul - SC Internacional Porto Alegre	1-1(1-1)	1-1 aet; 5-4 pen

Rio Grande do Sul Championship Finals (01-08.04.2023)

SE e Recreativa Caxias do Sul - Grêmio Foot-ball Porto Alegrense	1-1(1-1)
Grêmio Foot-ball Porto Alegrense - SE e Recreativa Caxias do Sul	1-0(0-0)

Rio Grande do Sul State Championship Winners 2023: **Grêmio Foot-ball Porto Alegrense**

Rondônia

Rondonia State Championship winners:

1945	Ypiranga Esporte Clube Porto Velho
1946	Ferroviário Atlético Clube Porto Velho
1947	Ferroviário Atlético Clube Porto Velho
1948	Ferroviário Atlético Clube Porto Velho
1949	Ferroviário Atlético Clube Porto Velho
1950	Ferroviário Atlético Clube Porto Velho
1951	Ferroviário Atlético Clube Porto Velho
1952	Ferroviário Atlético Clube Porto Velho
1953	Ypiranga Esporte Clube Porto Velho
1954	Moto Clube Porto Velho
1955	Ferroviário Atlético Clube Porto Velho
1956	CR Flamengo Porto Velho
1957	Ferroviário Atlético Clube Porto Velho
1958	Ferroviário Atlético Clube Porto Velho
1959	Ypiranga Esporte Clube Porto Velho
1960	CR Flamengo Porto Velho
1961	CR Flamengo Porto Velho
1962	CR Flamengo Porto Velho
1963	Ferroviário Atlético Clube Porto Velho
1964	Ypiranga Esporte Clube Porto Velho
1965	CR Flamengo Porto Velho
1966	CR Flamengo Porto Velho
1967	CR Flamengo Porto Velho
1968	Moto Clube Porto Velho
1969	Moto Clube Porto Velho
1970	Ferroviário Atlético Clube Porto Velho
1971	Moto Clube Porto Velho
1972	Moto Clube Porto Velho
1973	São Domingos EC Porto Velho
1974	Botafogo Futebol Clube Porto Velho
1975	Moto Clube Porto Velho
1976	Moto Clube Porto Velho
1977	Moto Clube Porto Velho
1978	Ferroviário Atlético Clube Porto Velho
1979	Ferroviário Atlético Clube Porto Velho
1980	Moto Clube Porto Velho
1981	Moto Clube Porto Velho
1982	CR Flamengo Porto Velho
1983	CR Flamengo Porto Velho
1984	Ypiranga Esporte Clube Porto Velho
1985	CR Flamengo Porto Velho
1986	Ferroviário Atlético Clube Porto Velho
1987	Ferroviário Atlético Clube Porto Velho
1988	*No competition*
1989	Ferroviário Atlético Clube Porto Velho
1990	*No competition*
1991	Ji-Paraná Futebol Clube
1992	Ji-Paraná Futebol Clube
1993	Sociedade Esportiva Ariquemes
1994	Sociedade Esportiva Ariquemes
1995	Ji-Paraná Futebol Clube
1996	Ji-Paraná Futebol Clube
1997	Ji-Paraná Futebol Clube
1998	Ji-Paraná Futebol Clube
1999	Ji-Paraná Futebol Clube
2000	Guajará Esporte Clube Guajará-Mirim
2001	Ji-Paraná Futebol Clube
2002	Centro de Fut. Amazônia Porto Velho
2003	Sociedade Esportiva União Cacoalense
2004	Sociedade Esportiva União Cacoalense
2005	Vilhena Esporte Clube
2006	Sport Clube Ulbra Ji-Paraná
2007	Sport Clube Ulbra Ji-Paraná
2008	Sport Clube Ulbra Ji-Paraná
2009	Vilhena Esporte Clube
2010	Vilhena Esporte Clube
2011	Esporte Clube Espigão
2012	Ji-Paraná Futebol Clube
2013	Vilhena Esporte Clube
2014	Vilhena Esporte Clube
2015	Sport Club Genus de Porto Velho
2016	Rondoniense Social Clube Vilhena
2017	Real Desportivo Ariquemes FC
2018	Real Desportivo Ariquemes FC
2019	Vilhenense Esportivo Clube
2020	Porto Velho Esporte Clube
2021	Porto Velho Esporte Clube
2022	Real Desportivo Ariquemes FC
2023	Porto Velho Esporte Clube

Rondônia State Championship (Campeonato Rondoniense) 2023

First Stage

1.	Porto Velho Esporte Clube	7	5	1	1	13	-	5	16
2.	Sociedade Esportiva União Cacoalense	7	5	0	2	11	-	5	15
3.	Real Desportivo Ariquemes Futebol Clube	7	4	1	2	10	-	5	13
4.	Ji-Paraná Futebol Clube	7	3	2	2	8	-	4	11
5.	Guaporé Futebol Clube	7	3	1	3	5	-	4	10
6.	Vilhenense Esportivo Clube	7	2	3	2	4	-	6	9
7.	Sport Club Genus de Porto Velho	7	1	1	5	4	-	15	4
8.	Rondoniense Social Clube Vilhena (*Relegated*)	7	0	1	6	1	-	12	1

Top-4 were qualified for the Semi-Finals. Porto Velho Esporte Clube, as winner, entered the State Championship finals.

First Stage Semi-Finals (16-22/23.04.2023)

Ji-Paraná Futebol Clube - Porto Velho Esporte Clube	2-1	0-1 aet 3-2 pen
Real Desportivo Ariquemes FC - Sociedade Esportiva União Cacoalense	0-0	2-0

First Stage Finals (16-22/23.04.2023)

Ji-Paraná Futebol Clube - Real Desportivo Ariquemes Futebol Clube	1-0	2-2

Rondônia Championship Finals (14-20.05.2023)

Ji-Paraná Futebol Clube - Porto Velho Esporte Clube	0-1(0-1)
Porto Velho Esporte Clube - Ji-Paraná Futebol Clube	0-0

Rondônia State Championship Winners 2023: **Porto Velho Esporte Clube**

Roraima

Roraima State Championship winners:

Amateur Era:

1974	São Francisco Futebol Clube Boa Vista
1975	Atlético Roraima Clube Boa Vista
1976	Atlético Roraima Clube Boa Vista
1977	São Raimundo Esporte Clube Boa Vista
1978	Atlético Roraima Clube Boa Vista
1979	River Esporte Clube Boa Vista
1980	Atlético Roraima Clube Boa Vista
1981	Atlético Roraima Clube Boa Vista
1982	Baré Esporte Clube Boa Vista
1983	Atlético Roraima Clube Boa Vista
1984	Baré Esporte Clube Boa Vista
1985	Atlético Roraima Clube Boa Vista
1986	Baré Esporte Clube Boa Vista
1987	Atlético Roraima Clube Boa Vista
1988	Baré Esporte Clube Boa Vista
1989	River Esporte Clube Boa Vista
1990	Atlético Roraima Clube Boa Vista
1991	Atlético Rio Negro Clube Boa Vista
1992	São Raimundo Esporte Clube Boa Vista
1993	Atlético Roraima Clube Boa Vista
1994	River Esporte Clube Boa Vista

Professional Era:

1995	Atlético Roraima Clube Boa Vista
1996	Baré Esporte Clube Boa Vista
1997	Baré Esporte Clube Boa Vista
1998	Atlético Roraima Clube Boa Vista
1999	Baré Esporte Clube Boa Vista
2000	Atlético Rio Negro Clube Boa Vista
2001	Atlético Roraima Clube Boa Vista
2002	Atlético Roraima Clube Boa Vista
2003	Atlético Roraima Clube Boa Vista
2004	São Raimundo Esporte Clube Boa Vista
2005	São Raimundo Esporte Clube Boa Vista
2006	Baré Esporte Clube Boa Vista
2007	Atlético Roraima Clube Boa Vista
2008	Atlético Roraima Clube Boa Vista
2009	Atlético Roraima Clube Boa Vista
2010	Baré Esporte Clube Boa Vista
2011	AE Real São Luiz do Anauá
2012	São Raimundo Esporte Clube Boa Vista
2013	Náutico Futebol Clube Boa Vista
2014	São Raimundo Esporte Clube Boa Vista
2015	Náutico Futebol Clube Boa Vista
2016	São Raimundo Esporte Clube Boa Vista
2017	São Raimundo Esporte Clube Boa Vista
2018	São Raimundo Esporte Clube Boa Vista
2019	São Raimundo Esporte Clube Boa Vista
2020	São Raimundo Esporte Clube Boa Vista
2021	São Raimundo Esporte Clube Boa Vista
2022	São Raimundo Esporte Clube Boa Vista
2023	São Raimundo Esporte Clube Boa Vista

Roraima State Championship (Campeonato Roraimense) 2023

First Stage / Primeiro Turno (Taça Boa Vista)

Grupo A

		P	W	D	L	GF		GA	Pts
1.	Grêmio Atlético Sampaio Boa Vista	4	4	0	0	18	-	6	12
2.	Náutico Futebol Clube Boa Vista	4	2	1	1	11	-	6	7
3.	Baré Esporte Clube Boa Vista	4	1	2	1	5	-	6	5
4.	Atlético Roraima Clube Boa Vista	4	1	0	3	8	-	10	3
5.	Atlético Rio Negro Clube Boa Vista	4	0	1	3	1	-	15	1

Grupo B

		P	W	D	L	GF		GA	Pts
1.	São Raimundo Esporte Clube Boa Vista	3	2	1	0	10	-	1	7
2.	Associação Esportiva Real São Luiz do Anauá	3	2	1	0	4	-	1	7
3.	River Esporte Clube Boa Vista	3	1	0	2	5	-	8	3
4.	Atlético Progresso Clube Mucajaí	3	0	0	3	1	-	10	0

Top-2 of each group were qualified for the Stage Semi-Finals.

Taça Boa Vista Semi-Finals (08-09.04.2023)

Grêmio Atlético Sampaio Boa Vista - Associação Esport. Real São Luiz do Anauá 3-2
São Raimundo Esporte Clube Boa Vista - Náutico Futebol Clube Boa Vista 1-0

Taça Boa Vista Finals (12.04.2023)

Grêmio Atlético Sampaio Boa Vista - São Raimundo Esporte Clube Boa Vista 0-2
São Raimundo Esporte Clube Boa Vista, as winner were qualified for the State Championship Finals.

Second Stage / Segundo Turno

Grupo A

1.	Grêmio Atlético Sampaio Boa Vista	4	2	1	1	6 - 3		7
2.	Atlético Roraima Clube Boa Vista	4	2	1	1	4 - 4		7
3.	Náutico Futebol Clube Boa Vista	4	2	1	1	14 - 12		7
4.	Atlético Rio Negro Clube Boa Vista	4	1	1	2	6 - 12		4
5.	Baré Esporte Clube Boa Vista	4	1	0	3	4 - 9		3

Grupo B

1.	São Raimundo Esporte Clube Boa Vista	5	4	1	0	13 - 0		13
2.	Associação Esportiva Real São Luiz do Anauá	5	3	2	0	14 - 5		11
3.	River Esporte Clube Boa Vista	5	1	0	4	5 - 13		3
4.	Atlético Progresso Clube Mucajaí	5	0	1	4	8 - 16		1

Top-2 of each group were qualified for the Stage Semi-Finals.

Semi-Finals (18.05.2023)

Grêmio Atlético Sampaio Boa Vista - Associação Esport. Real São Luiz do Anauá 2-2 aet; 1-4 pen
São Raimundo Esporte Clube Boa Vista - Atlético Roraima Clube Boa Vista 4-2

Finals (25.05.2023)

Associação Esportiva Real São Luiz do Anauá - São Raimundo EC Boa Vista 2-2 aet; 2-4 pen
São Raimundo Esporte Clube Boa Vista, as winner were qualified for the State Championship Finals.

Roraima Championship Finals

No final matches needed, as São Raimundo Esporte Clube Boa Vista was winner of both Primeiro and Segundo Turno.

Roraima State Championship Winners 2023: **São Raimundo Esporte Clube Boa Vista**

Santa Catarina

Santa Catarina State Championship winners:

Year	Winner	Year	Winner
1924	Avaí Futebol Clube Florianópolis	1974	Figueirense FC Florianópolis
1925	Externato Futebol Clube Florianópolis	1975	Avaí Futebol Clube Florianópolis
1926	Avaí Futebol Clube Florianópolis	1976	Joinville Esporte Clube
1927	Avaí Futebol Clube Florianópolis	1977	Ass. Chapecoense de Futebol Chapecó
1928	Avaí Futebol Clube Florianópolis	1978	Joinville Esporte Clube
1929	Caxias Futebol Clube Joinville	1979	Joinville Esporte Clube
1930	Avaí Futebol Clube Florianópolis	1980	Joinville Esporte Clube
1931	Lauro Müller Futebol Clube Itajaí	1981	Joinville Esporte Clube
1932	Figueirense FC Florianópolis	1982	Joinville Esporte Clube
1933	*Not finished*	1983	Joinville Esporte Clube
1934	CA Catarinense Florianópolis	1984	Joinville Esporte Clube
1935	Figueirense FC Florianópolis	1985	Joinville Esporte Clube
1936	Figueirense FC Florianópolis	1986	Criciúma Esporte Clube
1937	Figueirense FC Florianópolis	1987	Joinville Esporte Clube
1938	CIP Futebol Clube Itajaí	1988	Avaí Futebol Clube Florianópolis
1939	Figueirense FC Florianópolis	1989	Criciúma Esporte Clube
1940	Ypiranga FC São Francisco do Sul	1990	Criciúma Esporte Clube
1941	Figueirense FC Florianópolis	1991	Criciúma Esporte Clube
1942	Avaí Futebol Clube Florianópolis	1992	Brusque Futebol Clube
1943	Avaí Futebol Clube Florianópolis	1993	Criciúma Esporte Clube
1944	Avaí Futebol Clube Florianópolis	1994	Figueirense FC Florianópolis
1945	Avaí Futebol Clube Florianópolis	1995	Criciúma Esporte Clube
1946	*No competition*	1996	Ass. Chapecoense de Futebol Chapecó
1947	América Futebol Clube Joinville	1997	Avaí Futebol Clube Florianópolis
1948	América Futebol Clube Joinville	1998	Criciúma Esporte Clube
1949	Grêmio Esportivo Olímpico Blumenau	1999	Figueirense FC Florianópolis
1950	Clube Atlético Carlos Renaux Brusque	2000	Joinville Esporte Clube
1951	América Futebol Clube Joinville	2001	Joinville Esporte Clube
1952	América Futebol Clube Joinville	2002	Figueirense FC Florianópolis
1953	Clube Atlético Carlos Renaux Brusque	2003	Figueirense FC Florianópolis
1954	Caxias Futebol Clube Joinville	2004	Figueirense FC Florianópolis
1955	Caxias Futebol Clube Joinville	2005	Criciúma Esporte Clube
1956	Clube Atlético Operário Joinville	2006	Figueirense FC Florianópolis
1957	Hercílio Luz Futebol Clube Tubarão	2007	Ass. Chapecoense de Futebol Chapecó
1958	Hercílio Luz Futebol Clube Tubarão	2008	Figueirense FC Florianópolis
1959	Paula Ramos EC Florianópolis	2009	Avaí Futebol Clube Florianópolis
1960	Esporte Clube Metropol Criciúma	2010	Avaí Futebol Clube Florianópolis
1961	Esporte Clube Metropol Criciúma	2011	Ass. Chapecoense de Futebol Chapecó
1962	Esporte Clube Metropol Criciúma	2012	Avaí Futebol Clube Florianópolis
1963	Clube Náutico Marcílio Dias Itajaí	2013	Criciúma Esporte Clube
1964	Grêmio Esportivo Olímpico Blumenau	2014	Figueirense FC Florianópolis
1965	Esporte Clube Internacional Lages	2015	Figueirense FC Florianópolis
1966	SER Perdigão Concórdia	2016	Ass. Chapecoense de Futebol Chapecó
1967	Esporte Clube Metropol Criciúma	2017	Ass. Chapecoense de Futebol Chapecó
1968	Comerciário Esporte Clube Criciúma	2018	Figueirense FC Florianópolis
1969	Esporte Clube Metropol Criciúma	2019	Avaí Futebol Clube Florianópolis
1970	Esporte Clube Ferroviário Tubarão	2020	Ass. Chapecoense de Futebol Chapecó
1971	América Futebol Clube Joinville	2021	Avaí Futebol Clube Florianópolis
1972	Figueirense FC Florianópolis	2022	Brusque Futebol Clube
1973	Avaí Futebol Clube Florianópolis	2023	Criciúma Esporte Clube

Santa Catarina State Championship (Campeonato Catarinense) 2023

First Stage

1.	Hercílio Luiz Futebol Clube Tubarão	11	6	4	1	9	-	3	22
2.	Associação Chapecoense de Futebol Chapecó	11	5	5	1	16	-	7	20
3.	Brusque Futebol Clube	11	4	7	0	11	-	6	19
4.	Criciúma Esporte Clube	11	4	6	1	12	-	6	18
5.	Avaí Futebol Clube Florianópolis	11	5	2	4	18	-	14	17
6.	Concórdia Atlético Clube	11	3	7	1	9	-	5	16
7.	Barra Futebol Clube Balneário Camboriú	11	3	4	4	10	-	14	13
8.	Figueirense Futebol Clube Florianópolis	11	3	3	5	11	-	13	12
9.	Joinville Esporte Clube	11	2	6	3	10	-	6	12
10.	Clube Náutico Marcílio Dias Itajaí	11	3	2	6	8	-	15	11
11.	Camboriú Futebol Clube (*Relegated*)	11	2	5	4	7	-	14	11
12.	Clube Atlético Catarinense (*Relegated*)	11	0	1	10	2	-	20	1

Top-8 teams were qualified for the Quarter-Finals.

Quarter-Finals (18/19-22/23.03.2023)

Figueirense Futebol Clube Florianópolis - Hercílio Luiz Futebol Clube Tubarão	0-1(0-1)	0-0
Barra FC Balneário Camboriú - Associação Chapecoense de Futebol Chapecó	2-0(1-0)	2-1(0-1)
Concórdia Atlético Clube - Brusque Futebol Clube	0-0	0-2(0-1)
Avaí Futebol Clube Florianópolis - Criciúma Esporte Clube	0-0	0-0 aet; 13-14pen

Semi-Finals (25/26-30.03.2023)

Criciúma Esporte Clube - Hercílio Luiz Futebol Clube Tubarão	2-0(2-0)	1-2(0-1)
Barra Futebol Clube Balneário Camboriú - Brusque Futebol Clube	1-2(1-0)	1-3(0-2)

Santa Catarina Championship Finals (01-08.04.2023)

Criciúma Esporte Clube - Brusque Futebol Clube	1-0(0-0)
Brusque Futebol Clube - Criciúma Esporte Clube	0-1(0-0)

Santa Catarina State Championship Winners 2023: **Criciúma Esporte Clube**

São Paulo

São Paulo State Championship winners:

1902	São Paulo Athletic Club
1903	São Paulo Athletic Club
1904	São Paulo Athletic Club
1905	Clube Atlético Paulistano São Paulo
1906	Sport Club Germânia São Paulo
1907	Sport Club Internacional São Paulo
1908	Clube Atlético Paulistano São Paulo
1909	AA das Palmeiras São Paulo
1910	AA das Palmeiras São Paulo
1911	São Paulo Athletic Club
1912	Sport Club Americano São Paulo
1913	Sport Club Americano São Paulo[1]
	Clube Atlético Paulistano São Paulo[2]
1914	SC Corinthians Paulista São Paulo[1]
	AA São Bento São Paulo[2]
1915	Sport Club Germânia São Paulo[1]
	AA das Palmeiras São Paulo[2]
1916	SC Corinthians Paulista São Paulo[1]
	Clube Atlético Paulistano São Paulo[2]
1917	Clube Atlético Paulistano São Paulo
1918	Clube Atlético Paulistano São Paulo
1919	Clube Atlético Paulistano São Paulo
1920	Palestra Itália São Paulo
1921	Clube Atlético Paulistano São Paulo
1922	SC Corinthians Paulista São Paulo
1923	SC Corinthians Paulista São Paulo
1924	SC Corinthians Paulista São Paulo
1925	AA São Bento São Paulo
1926	Palestra Itália São Paulo[2]
	Clube Atlético Paulistano São Paulo[3]
1927	Palestra Itália São Paulo[2]
	Clube Atlético Paulistano São Paulo[3]
1928	SC Corinthians Paulista São Paulo[2]
	Sport Club Internacional São Paulo[3]
1929	SC Corinthians Paulista São Paulo[2]
	Clube Atlético Paulistano São Paulo[3]
1930	SC Corinthians Paulista São Paulo
1931	São Paulo Futebol Clube
1932	Palestra Itália São Paulo
1933	Palestra Itália São Paulo
1934	Palestra Itália São Paulo
1935	Santos Futebol Clube[1]
	Portuguesa de Desportos São Paulo[2]
1936	Palestra Itália São Paulo[1]
	Portuguesa de Desportos São Paulo[2]
1937	SC Corinthians Paulista São Paulo
1938	SC Corinthians Paulista São Paulo
1939	SC Corinthians Paulista São Paulo
1940	Palestra Itália São Paulo
1941	SC Corinthians Paulista São Paulo
1959	SE Palmeiras São Paulo
1960	Santos Futebol Clube
1961	Santos Futebol Clube
1962	Santos Futebol Clube
1963	SE Palmeiras São Paulo
1964	Santos Futebol Clube
1965	Santos Futebol Clube
1966	SE Palmeiras São Paulo
1967	Santos Futebol Clube
1968	Santos Futebol Clube
1969	Santos Futebol Clube
1970	São Paulo Futebol Clube
1971	São Paulo Futebol Clube
1972	SE Palmeiras São Paulo
1973	Santos Futebol Clube & Portuguesa de Desportos São Paulo*
1974	SE Palmeiras São Paulo
1975	São Paulo Futebol Clube
1976	SE Palmeiras São Paulo
1977	SC Corinthians Paulista São Paulo
1978	Santos Futebol Clube
1979	SC Corinthians Paulista São Paulo
1980	São Paulo Futebol Clube
1981	São Paulo Futebol Clube
1982	SC Corinthians Paulista São Paulo
1983	SC Corinthians Paulista São Paulo
1984	Santos Futebol Clube
1985	São Paulo Futebol Clube
1986	Assoc. Atlética Internacional Limeira
1987	São Paulo Futebol Clube
1988	SC Corinthians Paulista São Paulo
1989	SC Corinthians Paulista São Paulo
1990	CA Bragantino Bragança Paulista
1991	São Paulo Futebol Clube
1992	São Paulo Futebol Clube
1993	SE Palmeiras São Paulo
1994	SE Palmeiras São Paulo
1995	SC Corinthians Paulista São Paulo
1996	SE Palmeiras São Paulo
1997	SC Corinthians Paulista São Paulo
1998	São Paulo Futebol Clube
1999	SC Corinthians Paulista São Paulo
2000	São Paulo Futebol Clube
2001	SC Corinthians Paulista São Paulo
2002	Ituano Futebol Clube Itu
2003	SC Corinthians Paulista São Paulo
2004	São Caetano Futebol Limitada
2005	São Paulo Futebol Clube
2006	Santos Futebol Clube
2007	Santos Futebol Clube

1942	SE Palmeiras São Paulo		2008	SE Palmeiras São Paulo
1943	São Paulo Futebol Clube		2009	SC Corinthians Paulista São Paulo
1944	SE Palmeiras São Paulo		2010	Santos Futebol Clube
1945	São Paulo Futebol Clube		2011	Santos Futebol Clube
1946	São Paulo Futebol Clube		2012	Santos Futebol Clube
1947	SE Palmeiras São Paulo		2013	SC Corinthians Paulista São Paulo
1948	São Paulo Futebol Clube		2014	Ituano Futebol Clube São Paulo
1949	São Paulo Futebol Clube		2015	Santos Futebol Clube
1950	SE Palmeiras São Paulo		2016	Santos Futebol Clube
1951	SC Corinthians Paulista São Paulo		2017	SC Corinthians Paulista São Paulo
1952	SC Corinthians Paulista São Paulo		2018	SC Corinthians Paulista São Paulo
1953	São Paulo Futebol Clube		2019	SC Corinthians Paulista São Paulo
1954	SC Corinthians Paulista São Paulo		2020	SE Palmeiras São Paulo
1955	Santos Futebol Clube		2021	São Paulo Futebol Clube
1956	Santos Futebol Clube		2022	SE Palmeiras São Paulo
1957	São Paulo Futebol Clube		2023	SE Palmeiras São Paulo
1958	Santos Futebol Clube			

[1] champions of LPF [Liga Paulista de Foot-Ball]
[2] champions of APEA [Associação Paulista de Esportes Atléticos]
[3] champions of LAF [Liga dos Amadores de Futebol]
*shared winners

São Paulo State Championship (Campeonato Paulista) 2023

First Stage

Top-2 of each group qualified for the quarter-finals.

Grupo A

1.	Red Bull Bragantino Bragança Paulista	12	6	2	4	15 - 10	20
2.	Botafogo Futebol Clube Ribeirão Preto	12	4	2	6	14 - 17	14
3.	Santos Futebol Clube	12	3	5	4	14 - 17	14
4.	Associação Atlética Internacional Limeira	12	3	2	7	4 - 18	11

Grupo B

1.	São Paulo Futebol Clube	12	7	2	3	23 - 10	23
2.	Esporte Clube Água Santa Diadema	12	7	2	3	13 - 9	23
3.	Mirassol Futebol Clube	12	4	3	5	14 - 14	15
4.	Guarani Futebol Clube Campinas	12	4	2	6	14 - 14	14

Grupo C

1.	Sport Club Corinthians Paulista São Paulo	12	6	4	2	19 - 10	22
2.	Ituano Futebol Clube São Paulo	12	3	3	6	11 - 18	12
3.	Esporte Clube São Bento	12	2	4	6	5 - 14	10
4.	Associação Ferroviária de Esportes Araraquara	12	2	3	7	11 - 18	9

Grupo D

1.	Sociedade Esportiva Palmeiras São Paulo	12	8	4	0	18 - 5	28
2.	São Bernardo Futebol Clube	12	8	2	2	21 - 9	26
3.	Esporte Clube Santo André	12	4	2	6	9 - 14	14
4.	Associação Portuguesa de Desportos São Paulo	12	2	4	6	10 - 18	10

Quarter-Finals (22-24.03.2023)		
Sociedade Esportiva Palmeiras São Paulo - São Bernardo Futebol Clube	1-0(1-0)	
Sport Club Corinthians Paulista São Paulo - Ituano Futebol Clube São Paulo	1-1 aet;	6-7 pen
Red Bull Bragantino Bragança Paulista - Botafogo Futebol Clube Ribeirão Preto	2-0(1-0)	
São Paulo Futebol Clube - Esporte Clube Água Santa Diadema	0-0 aet;	5-6 pen

Semi-Finals (26-27.03.2023)		
Sociedade Esportiva Palmeiras São Paulo - Ituano Futebol Clube São Paulo	1-0(0-0)	
Esporte Clube Água Santa Diadema - Red Bull Bragantino Bragança Paulista	1-1 aet;	4-2 pen

São Paulo Championship Finals (02-09.04.2023)	
Esporte Clube Água Santa Diadema - Sociedade Esportiva Palmeiras São Paulo	2-1(1-0)
Sociedade Esportiva Palmeiras São Paulo - Esporte Clube Água Santa Diadema	4-0(3-0)

São Paulo State Championship Winners 2023: **Sociedade Esportiva Palmeiras São Paulo**

Aggregate Table 2023								
1. Sociedade Esportiva Palmeiras São Paulo	16	11	4	1	25	-	7	37
2. Esporte Clube Água Santa Diadema	16	8	4	4	16	-	15	28
3. Red Bull Bragantino Bragança Paulista	14	7	3	4	18	-	11	24
4. Ituano Futebol Clube São Paulo	14	3	4	7	12	-	20	13
5. São Bernardo Futebol Clube	13	8	2	3	21	-	10	26
6. São Paulo Futebol Clube	13	7	3	3	23	-	10	24
7. Sport Club Corinthians Paulista São Paulo	13	6	5	2	20	-	11	23
8. Botafogo Futebol Clube Ribeirão Preto	13	4	2	7	14	-	19	14
9. Mirassol Futebol Clube	12	4	3	5	14	-	14	15
10. Guarani Futebol Clube Campinas	12	4	2	6	14	-	14	14
11. Esporte Clube Santo André	12	4	2	6	9	-	14	14
12. Santos Futebol Clube	12	3	5	4	14	-	17	14
13. Associação Atlética Internacional Limeira	12	3	2	7	4	-	18	11
14. Associação Portuguesa de Desportos São Paulo	12	2	4	6	10	-	18	10
15. Esporte Clube São Bento (*Relegated*)	12	2	4	6	5	-	14	10
16. Associação Ferroviária de Esportes Araraquara (*Relegated*)	12	2	3	7	11	-	18	9

Promoted clubs for the 2024 São Paulo State Championship:
Associação Atlética Ponte Preta
Grêmio Esportivo Novorizontino

Sergipe

Sergipe State Championship winners:

1918	Cotinguiba Sport Club Aracaju	1972	Club Sportivo Sergipe Aracaju
1919	No competition	1973	Associação Olímpica Itabaiana
1920	Cotinguiba Sport Club Aracaju	1974	Club Sportivo Sergipe Aracaju
1921	Industrial Futebol Clube Aracaju	1975	Club Sportivo Sergipe Aracaju
1922	Club Sportivo Sergipe Aracaju	1976	Assoc. Desportiva Confiança Aracaju
1923	Cotinguiba Sport Club Aracaju	1977	Assoc. Desportiva Confiança Aracaju
1924	Club Sportivo Sergipe Aracaju	1978	Associação Olímpica Itabaiana
1925	No competition	1979	Associação Olímpica Itabaiana
1926	No competition	1980	Associação Olímpica Itabaiana
1927	Club Sportivo Sergipe Aracaju	1981	Associação Olímpica Itabaiana
1928	Club Sportivo Sergipe Aracaju	1982	Associação Olímpica Itabaiana & Club Sportivo Sergipe Aracaju [shared]
1929	Club Sportivo Sergipe Aracaju		
1930	No competition	1983	Assoc. Desportiva Confiança Aracaju
1931	No competition	1984	Club Sportivo Sergipe Aracaju
1932	Club Sportivo Sergipe Aracaju	1985	Club Sportivo Sergipe Aracaju
1933	Club Sportivo Sergipe Aracaju	1986	Assoc. Desportiva Confiança Aracaju
1934	Palestra Futebol Clube Aracaju	1987	Vasco Esporte Clube Aracaju
1935	Palestra Futebol Clube Aracaju	1988	Assoc. Desportiva Confiança Aracaju
1936	Cotinguiba Sport Club Aracaju	1989	Club Sportivo Sergipe Aracaju
1937	Club Sportivo Sergipe Aracaju	1990	Assoc. Desportiva Confiança Aracaju
1938	No competition	1991	Club Sportivo Sergipe Aracaju
1939	Ipiranga Futebol Clube Maruim	1992	Club Sportivo Sergipe Aracaju
1940	Club Sportivo Sergipe Aracaju	1993	Club Sportivo Sergipe Aracaju
1941	Riachuelo Futebol Clube Aracaju	1994	Club Sportivo Sergipe Aracaju
1942	Cotinguiba Sport Club Aracaju	1995	Club Sportivo Sergipe Aracaju
1943	Club Sportivo Sergipe Aracaju	1996	Club Sportivo Sergipe Aracaju
1944	Vasco Esporte Clube Aracaju	1997	Associação Olímpica Itabaiana
1945	Ipiranga Futebol Clube Maruim	1998	Olimpico Lagartense Lagarto
1946	Olímpico Futebol Clube Aracaju	1999	Club Sportivo Sergipe Aracaju
1947	Olímpico Futebol Clube Aracaju	2000	Club Sportivo Sergipe Aracaju
1948	Vasco Esporte Clube Aracaju	2001	Assoc. Desportiva Confiança Aracaju
1949	Palestra Futebol Clube Aracaju	2002	Assoc. Desportiva Confiança Aracaju
1950	Passagem Futebol Clube Aracaju	2003	Club Sportivo Sergipe Aracaju
1951	Assoc. Desportiva Confiança Aracaju	2004	Assoc. Desportiva Confiança Aracaju
1952	Cotinguiba Sport Club Aracaju	2005	Associação Olímpica Itabaiana
1953	Vasco Esporte Clube Aracaju	2006	Olímpico Pirambu Futebol Clube
1954	Assoc. Desportiva Confiança Aracaju	2007	América Futebol Clube Propriá
1955	Club Sportivo Sergipe Aracaju	2008	Assoc. Desportiva Confiança Aracaju
1956	Esporte Clube Santa Cruz Estância	2009	Assoc. Desportiva Confiança Aracaju
1957	Esporte Clube Santa Cruz Estância	2010	Soc. Esportiva River Plate Carmópolis
1958	Esporte Clube Santa Cruz Estância	2011	Soc. Esportiva River Plate Carmópolis
1959	Esporte Clube Santa Cruz Estância	2012	Olímpico Esporte Clube Itabaianinha
1960	Esporte Clube Santa Cruz Estância	2013	Club Sportivo Sergipe Aracaju
1961	Club Sportivo Sergipe Aracaju	2014	Assoc. Desportiva Confiança Aracaju
1962	Assoc. Desportiva Confiança Aracaju	2015	Assoc. Desportiva Confiança Aracaju
1963	Assoc. Desportiva Confiança Aracaju	2016	Club Sportivo Sergipe Aracaju
1964	Club Sportivo Sergipe Aracaju	2017	Assoc. Desportiva Confiança Aracaju
1965	Assoc. Desportiva Confiança Aracaju	2018	Club Sportivo Sergipe Aracaju
1966	América Futebol Clube Propriá	2019	Associação Desportiva Freipaulistano
1967	Club Sportivo Sergipe Aracaju	2020	Assoc. Desportiva Confiança Aracaju

1968	Assoc. Desportiva Confiança Aracaju
1969	Associação Olímpica Itabaiana
1970	Club Sportivo Sergipe Aracaju
1971	Club Sportivo Sergipe Aracaju

2021	Club Sportivo Sergipe Aracaju
2022	Club Sportivo Sergipe Aracaju
2023	Itabaiana Coritiba Foot Ball Clube

Sergipe State Championship (Campeonato Sergipano) 2023

First Stage

1. Associação Desportiva Confiança Aracaju	9	8	0	1	16	-	5	24
2. Club Sportivo Sergipe Aracaju	9	6	2	1	13	-	5	20
3. Lagarto Futebol Clube	9	5	2	2	17	-	7	17
4. Itabaiana Coritiba Foot Ball Clube	9	5	1	3	10	-	7	16
5. Falcon Futebol Clube	9	3	2	4	12	-	12	11
6. Associação Desportiva Atlético Gloriense	9	2	4	3	4	-	5	10
7. Associação Desportiva Freipaulistano	9	2	2	5	7	-	13	8
8. América Futebol Clube Propriá	9	1	5	3	5	-	10	8
9. Estanciano Esporte Clube	9	2	1	6	5	-	14	7
10. Dorense Futebol Clube	9	1	1	7	4	-	15	4

Top-2 teams were qualified for the Semi-Finals, while teams ranked 3-6 were qualified for the Quarter-Finals.

Relegation Play-offs (31.03./01.04.-02/03.04.2023)

Dorense Futebol Clube - Associação Desportiva Freipaulistano	1-0(0-0)	1-0(1-0)
Estanciano Esporte Clube - América Futebol Clube Propriá	0-3(0-1)	2-0(0-0)

Associação Desportiva Freipaulistano and Estanciano Esporte Clube were relegated.

Quarter-Finals (18/19-25/26.03.2023)

Itabaiana Coritiba Foot Ball Clube - Falcon Futebol Clube	1-1(0-0)	1-1 aet 0-3 pen
Associação Desportiva Atlético Gloriense - Lagarto Futebol Clube	1-0(1-0)	0-2(0-0)

Semi-Finals (01/02-08/09.04.2023)

Lagarto Futebol Clube - Associação Desportiva Confiança Aracaju	0-0	0-2(0-2)
Itabaiana Coritiba Foot Ball Clube - Club Sportivo Sergipe Aracaju	2-1(1-0)	1-2 aet 5-4 pen

*qualified having better results in the First Stage.

Sergipe Championship Finals (16-22.04.2023)

Itabaiana Coritiba Foot Ball Clube - Associação Desportiva Confiança Aracaju	2-0(1-0)
Associação Desportiva Confiança Aracaju - Itabaiana Coritiba Foot Ball Clube	0-2(0-1)

Sergipe State Championship Winners 2023: **Itabaiana Coritiba Foot Ball Clube**

Tocatins

Tocatins State Championship winners:

1993	Tocantinópolis Esporte Clube	2009	Araguaína Futebol e Regatas
1994	União Atlética Araguainense	2010	Gurupi Esporte Clube Tocantinópolis
1995	Intercap Esporte Clube Paraíso	2011	Gurupi Esporte Clube Tocantinópolis
1996	Gurupi Esporte Clube	2012	Gurupi Esporte Clube Tocantinópolis
1997	Gurupi Esporte Clube	2013	Interporto FC Porto Nacional
1998	Associação Atlética Alvorada	2014	Interporto FC Porto Nacional
1999	Interporto FC Porto Nacional	2015	Tocantinópolis Esporte Clube
2000	Palmas Futebol e Regatas	2016	Gurupi Esporte Clube Tocantinópolis
2001	Palmas Futebol e Regatas	2017	Interporto FC Porto Nacional
2002	Tocantinópolis Esporte Clube	2018	Palmas Futebol e Regatas
2003	Palmas Futebol e Regatas	2019	Palmas Futebol e Regatas
2004	Palmas Futebol e Regatas	2020	Palmas Futebol e Regatas
2005	Colinas Esporte Clube	2021	Tocantinópolis Esporte Clube
2006	Araguaína Futebol e Regatas	2022	Tocantinópolis Esporte Clube
2007	Palmas Futebol e Regatas	2023	Tocantinópolis Esporte Clube
2008	Tocantins Futebol Clube Palmas		

Tocatins State Championship (Campeonato Tocantinense) 2023

First Stage

1.	Tocantinópolis Esporte Clube	7	4	3	0	14 - 1		15
2.	Bela Vista Futebol Cachoeirense	7	3	3	1	9 - 4		12
3.	Capital Futebol Clube Palmas	7	2	4	1	9 - 5		10
4.	Tocatins Esporte Clube Miracema do Tocatins	7	4	0	3	7 - 10		12
5.	Gurupi Esporte Clube	7	2	3	2	6 - 6		9
6.	União Atlético Clube Carmôlandia	7	2	4	1	6 - 3		6
7.	Interporto Futebol Clube Porto Nacional (*Relegated*)	7	2	1	4	5 - 6		4
8.	Palmas Futebol e Regatas (*Relegated*)	7	0	0	7	0 - 21		0

Top-4 teams were qualified for the Semi-Finals.

Semi-Finals (18/20-25/26.03.2023)

Tocatins Esporte Clube Miracema do Tocatins - Tocantinópolis Esporte Clube	0-4(0-3)	0-0
Capital Futebol Clube Palmas - Bela Vista Futebol Cachoeirense	1-1(1-1)	1-1 aet 3-2 pen

Tocatins Championship Finals (02-09.04.2023)

Capital Futebol Clube Palmas - Tocantinópolis Esporte Clube	1-2(1-0)
Tocantinópolis Esporte Clube - Capital Futebol Clube Palmas	4-3(1-1)

Tocatins State Championship Winners 2023: **Tocantinópolis Esporte Clube**

THE NATIONAL TEAM 2023

INTERNATIONAL MATCHES
(16.07.2023 – 31.12.2023)

08.09.2023	*Belém*	*Brazil - Bolivia*	*5-1(1-0)*	*(WCQ)*
12.09.2023	*Lima*	*Peru - Brazil*	*0-1(0-0)*	*(WCQ)*
12.10.2023	*Cuiabá*	*Brazil - Venezuela*	*1-1(0-0)*	*(WCQ)*
17.10.2023	*Montevideo*	*Uruguay - Brazil*	*2-0(1-0)*	*(WCQ)*
16.11.2023	*Barranquilla*	*Colombia - Brazil*	*2-1(0-1)*	*(WCQ)*
21.11.2023	*Rio de Janeiro*	*Brazil - Argentina*	*0-1(0-0)*	*(WCQ)*

08.09.2023, 23rd FIFA World Cup Qualifiers
Estádio Olímpico do Pará [Mangueirão], Belém; Attendance: 48,183
Referee: Juan Gabriel Benítez Marecos (Paraguay)
BRAZIL - BOLIVIA   **5-1(1-0)**
BRA: Ederson II (22/0), Danilo I (52/1), Marquinhos III (79/6), Gabriel Magalhães (1/0) [84.Roger Ibañez (3/0)], Renan Lodi (17/0) [71.Caio Henrique (1/0)], Casemiro (Cap) (72/7), Bruno Guimarães (13/1) [71.Joelinton (3/1)], Neymar (125/79), Raphinha (17/6), Richarlison (45/20) [71.Matheus Cunha (9/0)], Rodrygo (15/4) [89.Gabriel Jesus (60/19)]. Trainer: Fernando Diniz Silva (1).
Goals: Rodrygo (24), Raphinha (47), Rodrygo (53), Neymar (61, 90+3).

12.09.2023, 23rd FIFA World Cup Qualifiers
Estadio Nacional, Lima; Attendance: 36,328
Referee: Fernando Andrés Rapallini (Argentina)
PERU - BRAZIL   **0-1(0-0)**
BRA: Ederson II (23/0), Danilo I (53/1) [85.Vanderson (2/0)], Marquinhos III (80/7), Gabriel Magalhães (2/0), Renan Lodi (18/0), Casemiro (Cap) (73/7), Bruno Guimarães (14/1) [85.Joelinton (4/1)], Neymar (126/79) [90+3.Raphael Veiga (4/0)], Raphinha (18/6) [85.Gabriel Martinelli (7/0)], Richarlison (46/20) [64.Gabriel Jesus (61/19)], Rodrygo (16/4). Trainer: Fernando Diniz Silva (2).
Goal: Marquinhos III (90).

12.10.2023, 23rd FIFA World Cup Qualifiers
Arena Pantanal, Cuiabá; Attendance: 39,018
Referee: Kevin Ortega Pimentel (Peru)
BRAZIL - VENEZUELA   **1-1(0-0)**
BRA: Ederson II (24/0), Danilo I (54/1) [42.Yan Couto (1/0)], Marquinhos III (81/7), Gabriel Magalhães (3/1), Guilherme Arana (5/0), Casemiro (Cap) (74/7) [79.André III (2/0)], Bruno Guimarães (15/1) [79.Gérson (5/0)], Rodrygo (17/4), Neymar (127/79), Vinícius Júnior (24/3) [79.Matheus Cunha (10/0)], Richarlison (47/20) [59.Gabriel Jesus (62/19)]. Trainer: Fernando Diniz Silva (3).
Goal: Gabriel Magalhães (50).

17.10.2023, 23rd FIFA World Cup Qualifiers
Estadio Centenario, Montevideo; Attendance: 52,477
Referee: Alexis Adrián Herrera Hernández (Venezuela)
URUGUAY - BRAZIL **2-0(1-0)**
BRA: Ederson II (25/0), Yan Couto (2/0) [73.David Neres (8/1)], Marquinhos III (82/7), Gabriel Magalhães (4/1), Carlos Augusto (1/0) [73.Guilherme Arana (6/0)], Casemiro Cap) (75/7), Bruno Guimarães (16/1) [84.Raphael Veiga (5/0)], Neymar (128/79) [45+4.Richarlison (48/20)], Rodrygo (18/4), Gabriel Jesus (63/19), Vinícius Júnior (25/3) [84.Matheus Cunha (11/0)]. Trainer: Fernando Diniz Silva (4).

16.11.2023, 23rd FIFA World Cup Qualifiers
Estadio Metropolitano "Roberto Meléndez", Barranquilla; Attendance: 44,604
Referee: Andrés Matías Matonte Cabrera (Uruguay)
COLOMBIA - BRAZIL **2-1(0-1)**
BRA: Alisson Becker (62/0), Emerson (9/0), Marquinhos III (Cap) (83/7), Gabriel Magalhães (5/1) [82.Douglas Luiz (10/0)], Renan Lodi (19/0) [81.Pepê (1/0)], André III (3/0), Bruno Guimarães (17/1), Rodrygo (19/4) [69.Paulinho IV (1/0)], Gabriel Martinelli (8/1), Raphinha (19/6) [82.Endrick (1/0)], Vinícius Júnior (26/3) [27.João Pedro (1/0)]. Trainer: Fernando Diniz Silva (5).
Goal: Gabriel Martinelli (4).

21.11.2023, 23rd FIFA World Cup Qualifiers
Estádio "Jornalista Mário Filho" [Maracanã], Rio de Janeiro; Attendance: 68,138
Referee: Piero Daniel Maza Gómez (Chile)
BRAZIL - ARGENTINA **0-1(0-0)**
BRA: Alisson Becker (63/0), Emerson (10/0), Marquinhos III (Cap) (84/7) [46.Nino (1/0)], Gabriel Magalhães (6/1) [72.Joelinton (5/1)], Carlos Augusto (2/0), André III (4/0), Bruno Guimarães (18/1) [78.Douglas Luiz (11/0)], Rodrygo (20/4), Gabriel Martinelli (9/1) [78.Raphael Veiga (6/0)], Raphinha (20/6) [72.Endrick (2/0)], Gabriel Jesus (64/19). Trainer: Fernando Diniz Silva (6).

NATIONAL TEAM PLAYERS 2023			
Name	DOB	Caps	Goals
[Club 2023]			

(Caps and goals at 31.12.2023)

Goalkeepers

ALISSON Ramses BECKER *[Liverpool FC (ENG)]*	02.10.1992	63	0
Ederson Santana de Moraes "EDERSON II" *[Manchester City FC (ENG)]*	17.08.1993	25	0

Defenders

CAIO HENRIQUE Oliveira Silva *[AS Monaco FC (FRA)]*	31.07.1997	1	0
CARLOS AUGUSTO Zapolato Neves *[FC Internazionale Milano (ITA)]*	07.01.1999	2	0
Danilo Luiz da Silva „DANILO I" *[Juventus FC Torino (ITA)]*	15.07.1991	54	1
EMERSON Aparecido Leite de Souza Junior *[Tottenham Hotspur FC London (ENG)]*	14.01.1999	10	0
GABRIEL dos Santos MAGALHÃES *[Arsenal FC London (ENG)]*	19.12.1997	6	1
GUILHERME Antonio ARANA Lopes *[Clube Atlético Mineiro Belo Horizonte]*	14.04.1997	6	0
Marcos Aoás Corrêa „MARQUINHOS III" *[Paris Saint-Germain FC (FRA)]*	14.05.1994	84	7
Marcilio Florencio Mota Filho "NINO" *[Fluminense FC Rio de Janeiro]*	10.04.1997	1	0
RENAN Augusto LODI dos Santos *[Olympique de Marseille (FRA)]*	08.04.1998	19	0
ROGER IBAÑEZ da Silva *[Al-Ahli Saudi FC Jeddah (KSA)]*	23.11.1998	3	0
VANDERSON de Oliveira Campos *[AS Monaco FC (FRA)]*	21.06.2001	2	0
YAN Bueno COUTO *[Girona FC (ESP)]*	03.06.2002	2	0

Midfielders

André Trindade da Costa Neto "ANDRÉ III" *[Fluminense FC Rio de Janeiro]*	16.07.2001	4	0
BRUNO GUIMARÃES Rodriguez Moura *[Newcastle United FC (ENG)]*	16.11.1997	18	1
Carlos Henrique Casimiro „CASEMIRO" *[Manchester United FC (ENG)]*	23.02.1992	75	7
DOUGLAS LUIZ Soares de Paulo *[Aston Villa FC Birmingham (ENG)]*	09.05.1998	11	0
GERSON Santos da Silva *[CR Flamengo Rio de Janeiro]*	20.05.1997	5	0
JOELINTON Cássio Apolinário de Lira *[Newcastle United FC (ENG)]*	14.08.1996	5	1
RAPHAEL Cavalcante VEIGA *[SE Palmeiras São Paulo]*	19.06.1995	6	0

Forwards

DAVID NERES Campos *[Sport Lisboa e Benfica (POR)]*	03.03.1997	8	1
ENDRICK Felipe Moreira de Sousa *[SE Palmeiras São Paulo]*	21.07.2006	2	0
GABRIEL Fernando de JESUS *[Arsenal FC London (ENG)]*	03.04.1997	64	19
GABRIEL Teodoro MARTINELLI Silva *[Arsenal FC London (ENG)]*	18.06.2001	9	1
JOÃO PEDRO Junqueira de Jesus *[Brighton & Hove Albion FC (ENG)]*	26.09.2001	1	0
MATHEUS Santos Carneiro da CUNHA *[Wolverhampton Wanderers FC (ENG)]*	27.05.1999	11	0
NEYMAR da Silva Santos Júnior *[Al Hilal Saudi FC Riyadh (KSA)]*	05.02.1992	128	79
Paulo Henrique Sampaio Filho "PAULINHO IV" *[Clube Atlético Mineiro Belo Horizonte]*	15.07.2000	1	0
Eduardo Gabriel Aquino Cossa „PEPÊ" *[FC do Porto (POR)]*	24.02.1997	1	0
Raphael Dias Belloli "RAPHINHA" *[FC Barcelona (ESP)]*	14.12.1996	20	6
RICHARLISON de Andrade *[Tottenham Hotspur FC London (ENG)]*	10.05.1997	48	20
RODRYGO Silva de Goes *[Real Madrid CF (ESP)]*	09.01.2001	20	4
VINÍCIUS José Paixão de Oliveira JÚNIOR *[Real Madrid CF (ESP)]*	12.07.2000	26	3

National coach

FERNANDO DINIZ Silva [from 04.07.2023]	27.03.1974	6 M; 2 W; 1 D; 3 L; 8-7

CHILE

The FA:
Federación de Fútbol de Chile
Avenida Quilín No. 5635, Casilla No. 3733
Central de Casillas, Santiago
Year of Formation: 1895
Member of FIFA since: 1913
Member of CONMEBOL since: 1916
Internet: www.anfp.cl

The Country:
República de Chile (Republic of Chile)
Capital: Santiago
Surface: 756,950 km²
Inhabitants: 18,430,408 [2022]
Time: UTC-5

NATIONAL TEAM RECORDS

First international match:
27.05.1910, Buenos Aires: Argentina – Chile 3-1

Most international caps:
Gary Alexis Medel Soto
161 caps (since 2007)

Most international goals:
Alexis Alejandro Sánchez Sánchez
51 goals / 160 caps (since 2006)

OLYMPIC FOOTBALL TOURNAMENTS 1908-2020

1908	Did not enter	1976	Qualifiers
1912	Did not enter	1980	Qualifiers
1920	Did not enter	1984	Final Tournament (Quarter-Finals)
1924	Did not enter	1988	Qualifiers
1928	Consolation Round	1992	Qualifiers
1936	*Withdrew*	1996	Qualifiers
1948	Did not enter	2000	Final Tournament (3rd Place)
1952	Final Tournament (1st Round)	2004	Qualifiers
1956	Did not enter	2008	Qualifiers
1960	Qualifiers	2012	Qualifiers
1964	Qualifiers	2016	Qualifiers
1968	Qualifiers	2020	Qualifiers
1972	Qualifiers		

FIFA CONFEDERATIONS CUP 1992-2017

2017 (Runners-up)

COPA AMÉRICA	
1916	4th Place
1917	4th Place
1919	4th Place
1920	4th Place
1921	*Withdrew*
1922	5th Place
1923	*Withdrew*
1924	4th Place
1925	*Withdrew*
1926	3rd Place
1927	*Withdrew*
1929	*Withdrew*
1935	4th Place
1937	5th Place
1939	4th Place
1941	3rd Place
1942	6th Place
1945	3rd Place
1946	5th Place
1947	4th Place
1949	5th Place
1953	4th Place
1955	Runners-up
1956	Runners-up
1957	6th Place
1959	5th Place
1959E	*Withdrew*
1963	*Withdrew*
1967	3rd Place
1975	Round 1
1979	Runners-up
1983	Round 1
1987	Runners-up
1989	Round 1
1991	3rd Place
1993	Round 1
1995	Round 1
1997	Round 1
1999	4th Place
2001	Quarter-Finals
2004	Round 1
2007	Quarter-Finals
2011	Quarter-Finals
2015	**Winners**
2016	**Winners**
2019	4th Place
2021	Quarter-Finals

FIFA WORLD CUP	
1930	Final Tournament (Group Stage)
1934	*Withdrew*
1938	*Withdrew*
1950	Final Tournament (Group Stage)
1954	Qualifiers
1958	Qualifiers
1962	Final Tournament (3rd Place)
1966	Final Tournament (Group Stage)
1970	Qualifiers
1974	Final Tournament (Group Stage)
1978	Qualifiers
1982	Final Tournament (Group Stage)
1986	Qualifiers
1990	Disqualified by the FIFA
1994	Banned by the FIFA
1998	Final Tournament (2nd Round of 16)
2002	Qualifiers
2006	Qualifiers
2010	Final Tournament (2nd Round of 16)
2014	Final Tournament (2nd Round of 16)
2018	Qualifiers
2022	Qualifiers

CHILEAN CLUB HONOURS IN SOUTH AMERICAN CLUB COMPETITIONS:

COPA LIBERTADORES 1960-2023		
Club Social y Deportivo Colo-Colo Santiago	1	1991

COPA SUDAMERICANA 2002-2023		
Club Universidad de Chile Santiago	1	2011

RECOPA SUDAMERICANA 1989-2023		
Club Social y Deportivo Colo-Colo Santiago	1	1992

COPA CONMEBOL[1] 1992-1999
None

SUPERCUP „JOÃO HAVELANGE"[1] 1988-1997*
None

COPA MERCOSUR[1] 1998-2001**
None

[1] defunct competition
*Contested betwenn winners of all previous editions of the Copa Libertadores
**Contested between teams belonging countries from the southern part of South America (Argentina, Brazil, Chile, Paraguay and Uruguay).

NATIONAL COMPETITIONS
TABLE OF HONOURS

	CHAMPIONS	CUP WINNERS
1933	CD Magallanes Santiago	-
1934	CD Magallanes Santiago	-
1935	CD Magallanes Santiago	-
1936	Audax CS Italiano Santiago*	-
1937	CSD Colo-Colo Santiago	-
1938	CD Magallanes Santiago	-
1939	CSD Colo-Colo Santiago	-
1940	CFP de la Universidad de Chile	-
1941	CSD Colo-Colo Santiago	-
1942	CD Santiago Morning	-
1943	Club Unión Española Santiago	-
1944	CSD Colo-Colo Santiago	-
1945	CD Green Cross Santiago	-
1946	Audax CS Italiano Santiago	-
1947	CSD Colo-Colo Santiago	-
1948	Audax CS Italiano Santiago	-
1949	CD Universidad Católica Santiago	-
1950	Everton de Viña del Mar	-
1951	Club Unión Española Santiago	-
1952	Everton de Viña del Mar	-
1953	CSD Colo-Colo Santiago	-
1954	CD Universidad Católica Santiago	-

Year	Winner 1	Winner 2
1955	CD Palestino Santiago	-
1956	CSD Colo-Colo Santiago	-
1957	Audax CS Italiano Santiago	-
1958	CD Santiago Wanderers Valparaíso	CSD Colo-Colo Santiago
1959	CFP de la Universidad de Chile	CD Santiago Wanderers Valparaíso
1960	CSD Colo-Colo Santiago	Club de Deportes La Serena
1961	CD Universidad Católica Santiago	CD Santiago Wanderers Valparaíso
1962	CFP de la Universidad de Chile	CD Luis Cruz Martínez Curicó
1963	CSD Colo-Colo Santiago	*No competition*
1964	CFP de la Universidad de Chile	*No competition*
1965	CFP de la Universidad de Chile	*No competition*
1966	CD Universidad Católica Santiago	*No competition*
1967	CFP de la Universidad de Chile	*No competition*
1968	CD Santiago Wanderers Valparaíso	*No competition*
1969	CFP de la Universidad de Chile	*No competition*
1970	CSD Colo-Colo Santiago	*No competition*
1971	CD Unión San Felipe	*No competition*
1972	CSD Colo-Colo Santiago	*No competition*
1973	Club Unión Española Santiago	*No competition*
1974	CD Huachipato Talcahuano	CSD Colo-Colo Santiago
1975	Club Unión Española Santiago	CD Palestino Santiago
1976	Everton de Viña del Mar	*No competition*
1977	Club Unión Española Santiago	*No competition*
1978	CD Palestino Santiago	CD Palestino Santiago
1979	CSD Colo-Colo Santiago	CFP de la Universidad de Chile
1980	CD Cobreloa Calama	CD Municipal Iquique
1981	CSD Colo-Colo Santiago	CSD Colo-Colo Santiago
1982	CD Cobreloa Calama	CSD Colo-Colo Santiago
1983	CSD Colo-Colo Santiago	CD Universidad Católica Santiago
1984	CD Universidad Católica Santiago	Everton de Viña del Mar
1985	CD Cobreloa Calama	CSD Colo-Colo Santiago
1986	CSD Colo-Colo Santiago	CD Cobreloa Calama
1987	CD Universidad Católica Santiago	CD Cobresal El Salvador
1988	CD Cobreloa Calama	CSD Colo-Colo Santiago
1989	CSD Colo-Colo Santiago	CSD Colo-Colo Santiago
1990	CSD Colo-Colo Santiago	CSD Colo-Colo Santiago
1991	CSD Colo-Colo Santiago	CD Universidad Católica Santiago
1992	CD Cobreloa Calama	Club Unión Española Santiago
1993	CSD Colo-Colo Santiago	Club Unión Española Santiago
1994	CFP de la Universidad de Chile	CSD Colo-Colo Santiago
1995	CFP de la Universidad de Chile	CD Universidad Católica Santiago
1996	CSD Colo-Colo Santiago	CSD Colo-Colo Santiago
1997	Ape: CD Universidad Católica Santiago Cla: CSD Colo-Colo Santiago	*No competition*
1998	CSD Colo-Colo Santiago	CFP de la Universidad de Chile
1999	CFP de la Universidad de Chile	*No competition*
2000	CFP de la Universidad de Chile	CFP de la Universidad de Chile
2001	CD Santiago Wanderers Valparaíso	*No competition*
2002	Ape: CD Universidad Católica Santiago Cla: CSD Colo-Colo Santiago	*No competition*
2003	Ape: CD Cobreloa Calama Cla: CD Cobreloa Calama	*No competition*

2004	Ape:	CFP de la Universidad de Chile	*No competition*
	Cla:	CD Cobreloa Calama	
2005	Ape:	Club Unión Española Santiago	*No competition*
	Cla:	CD Universidad Católica Santiago	
2006	Ape:	CSD Colo-Colo Santiago	*No competition*
	Cla:	CSD Colo-Colo Santiago	
2007	Ape:	CSD Colo-Colo Santiago	*No competition*
	Cla:	CSD Colo-Colo Santiago	
2008	Ape:	Everton de Viña del Mar	Universidad de Concepción
	Cla:	CSD Colo-Colo Santiago	
2009	Ape:	CFP de la Universidad de Chile	CD Unión San Felipe
	Cla:	CSD Colo-Colo Santiago	
2010	CD Universidad Católica Santiago		CD Municipal Iquique
2011	Ape:	CFP de la Universidad de Chile	CD Universidad Católica Santiago
	Cla:	CFP de la Universidad de Chile	
2012	Ape:	CFP de la Universidad de Chile	CFP de la Universidad de Chile (2012/2013)
	Cla:	CD Huachipato Talcahuano	
2013	Club Unión Española Santiago		-
2013/2014	Ape:	CD O'Higgins Rancagua	CD Iquique
	Cla:	CSD Colo-Colo Santiago	
2014/2015	Ape:	Club Universidad de Chile	CD Universidad de Concepción
	Cla:	CD Cobresal El Salvador	
2015/2016	Ape:	CSD Colo-Colo Santiago	Club Universidad de Chile Santiago
	Cla:	CD Universidad Católica Santiago	
2016/2017	Ape:	CD Universidad Católica Santiago	CSD Colo-Colo Santiago
	Cla:	Club Universidad de Chile Santiago	
2017	CSD Colo-Colo Santiago		CD Santiago Wanderers Valparaíso
2018	CD Universidad Católica Santiago		CD Palestino Santiago
2019	CD Universidad Católica Santiago		CSD Colo-Colo Santiago
2020	CD Universidad Católica Santiago		*No competition*
2021	CD Universidad Católica Santiago		CSD Colo-Colo Santiago
2022	CSD Colo-Colo Santiago		CD Magallanes Santiago
2023	CD Huachipato Talcahuano		CSD Colo-Colo Santiago

*became in January 2007 Audax CS Italiano La Florida.

	BEST GOALSCORERS	
1933	Luis Carvallo (CSD Colo-Colo Santiago)	9
1934	Carlos Giudice (Audax CS Italiano Santiago)	19
1935	Aurelio Domínguez (CSD Colo-Colo Santiago) Guillermo Ogaz (CD Magallanes Santiago)	12
1936	Hernán Bolaños (CRC, Audax CS Italiano Santiago)	14
1937	Hernán Bolaños (CRC, Audax CS Italiano Santiago)	16
1938	Gustavo Pizarro (Badminton FC Santiago)	17
1939	Alfonso Domínguez (CSD Colo-Colo Santiago)	32
1940	Victor Alonso (CFP de la Universidad de Chile Santiago) Pedro Valenzuela (CD Magallanes Santiago)	20
1941	José Profetta (ARG, Santiago National FC)	19
1942	Domingo Romo (CD Santiago Morning)	16
1943	Luis Machuca (Club Unión Española Santiago) Victor Mancilla (CD Universidad Católica Santiago)	17

1944	Juan Alcantara (CSD Colo-Colo Santiago)	
	Alfonso Domínguez (Audax CS Italiano Santiago)	19
1945	Ubaldo Cruche (URU, CFP de la Universidad de Chile Santiago)	
	Hugo Giorgi (Audax CS Italiano Santiago)	
	Juan Zárate (ARG, CD Green Cross Santiago)	17
1946	Ubaldo Cruche (URU, CFP de la Universidad de Chile Santiago)	25
1947	Apolonides Vera (Santiago National FC)	17
1948	Juan Zárate (ARG, Audax CS Italiano Santiago)	22
1949	Mario Lorca (Club Unión Española Santiago)	20
1950	Félix Díaz (ARG, CD Green Cross Santiago)	21
1951	Rubén Aguilera (CD Santiago Morning)	
	Carlos Tello (Audax CS Italiano Santiago)	21
1952	René Meléndez (Everton de Viña del Mar)	30
1953	Jorge Robledo Oliver (CSD Colo-Colo Santiago)	26
1954	Jorge Robledo Oliver (CSD Colo-Colo Santiago)	25
1955	Nicolas Moreno (ARG, CD Green Cross Santiago)	27
1956	Guillermo Villarroel (CD O'Higgins Rancagua)	19
1957	Gustavo Albella (ARG, CD Green Cross Santiago)	27
1958	Gustavo Albella (ARG, CD Green Cross Santiago)	
	Carlos Verdejo (Club de Deportes La Serena)	23
1959	José Benito Rios (CD O'Higgins Rancagua)	
1960	Juan Falcón (ARG, CD Palestino Santiago)	21
1961	Carlos Campos Sánchez (CFP de la Universidad de Chile Santiago)	
	Honorino Landa Vera (Club Unión Española Santiago)	24
1962	Carlos Campos Sánchez (CFP de la Universidad de Chile Santiago)	34
1963	Luis Hernán Álvarez (CSD Colo-Colo Santiago)	37
1964	Daniel Escudero (Everton de Viña del Mar)	25
1965	Héctor Scandolli (CSD Rangers Talca)	25
1966	Felipe Bracamonte (ARG, CD Unión San Felipe)	
	Carlos Campos Sánchez (CFP de la Universidad de Chile Santiago)	21
1967	Eladio Zarate (PAR, Club Unión Española Santiago)	28
1968	Carlos Enzo Reinoso Valdenegro (Audax CS Italiano Santiago)	21
1969	Eladio Zarate (PAR, Club Unión Española Santiago)	22
1970	Osvaldo Castro Pelayo (Universidad de Concepción)	36
1971	Eladio Zarate (PAR, CFP de la Universidad de Chile Santiago)	25
1972	Fernando Espinoza (CD Magallanes Santiago)	25
1973	Guillermo Yávar (Club Unión Española Santiago)	21
1974	Julio Crisosto (CSD Colo-Colo Santiago)	28
1975	Víctor Pizarro (CD Santiago Morning)	27
1976	Oscar Fabbiani (ARG, CD Palestino Santiago)	23
1977	Oscar Fabbiani (ARG, CD Palestino Santiago)	34
1978	Oscar Fabbiani (ARG, CD Palestino Santiago)	35
1979	Carlos Humberto Caszely Garrido (CSD Colo-Colo Santiago)	20
1980	Carlos Humberto Caszely Garrido (CSD Colo-Colo Santiago)	26
1981	Víctor Cabrera (CD San Luis de Quillota)	
	Carlos Humberto Caszely Garrido (CSD Colo-Colo Santiago)	
	Luis Marcoleta (CD Magallanes Santiago)	20
1982	Jorge Luis Siviero (URU, CD Cobreloa Calama)	18
1983	Washington Oliveira (URU, CD Cobreloa Calama)	29
1984	Víctor Cabrera (CD Regional Atacama Copiapó)	18
1985	Ivo Alexis Basay Hatibovic (CD Magallanes Santiago)	19
1986	Sergio Salgado (CD Cobresal El Salvador)	18

Año		Jugador	Goles
1987		Osvaldo Heriberto Hurtado Galeguillo (CD Universidad Católica Santiago)	21
1988		Gustavo De Luca (ARG, Club de Deportes La Serena)	
		Juan José Oré (PER, CD Municipal Iquique)	18
1989		Rubén Martínez (CD Cobresal El Salvador)	25
1990		Rubén Martínez (CSD Colo-Colo Santiago)	22
1991		Rubén Martínez (CSD Colo-Colo Santiago)	23
1992		Aníbal Segundo González Espinoza (CSD Colo-Colo Santiago)	24
1993		Marco Antonio Figueroa Montero (CD Cobreloa Calama)	18
1994		Alberto Federico Acosta (ARG, CD Universidad Católica Santiago)	33
1995		Gabriel Esteban Caballero Schiker (ARG, Club Deportes Antofagasta)	
		Aníbal Segundo González Espinoza (CD Palestino Santiago)	18
1996		Mario Véner (CD Santiago Wanderers Valparaíso)	30
1997	Ape:	David Bisconti (ARG, CD Universidad Católica Santiago)	15
	Cla:	Richard Martín Báez Fernández (PAR, Universidad de Chile Santiago)	
		Rubén Vallejos (Club de Deportes Puerto Montt)	10
1998		Pedro Alejandro González Vera (CFP de la Universidad de Chile Santiago)	23
1999		Mario Núñez (CD O'Higgins Rancagua)	34
2000		Pedro Alejandro González Vera (CFP de la Universidad de Chile Santiago)	26
2001		Héctor Santiago Tapia Urdile (CSD Colo-Colo Santiago)	24
2002	Ape:	Sebastián Ignacio González Valdés (CSD Colo-Colo Santiago)	18
	Cla:	Manuel Alejandro Neira Díaz (CSD Colo-Colo Santiago)	14
2003	Ape:	Salvador Cabañas Ortega (PAR, Audax CS Italiano Santiago)	18
	Cla:	Gustavo Javier Biscayzacú Perea (URU, Club Unión Española Santiago)	21
2004	Ape:	Patricio Sebastián Galaz Sepúlveda (CD Cobreloa Calama)	23
	Cla:	Patricio Sebastián Galaz Sepúlveda (CD Cobreloa Calama)	19
2005	Ape:	Joel Estay Silva (Everton de Viña del Mar)	
		Álvaro Gustavo Sarabia Navarro (CD Huachipato Talcahuano)	
		Héctor Raúl Mancilla (CD Cobresal El Salvador)	13
	Cla:	Cristian Antonio Montecinos González (CD Concepción)	
		Gonzalo Antonio Fierro Caniullán (CSD Colo-Colo Santiago)	
		César Díaz (CD Cobresal El Salvador)	13
2006	Ape:	Humberto Andrés Suazo Pontivo (CSD Colo-Colo Santiago)	19
	Cla:	Leonardo Esteban Monje Valenzuela (Universidad de Concepción)	17
2007	Ape:	Humberto Andrés Suazo Pontivo (CSD Colo-Colo Santiago)	18
	Cla:	Carlos Andrés Villanueva Roland (Audax CS Italiano La Florida)	20
2008	Ape:	Lucas Ramón Barrios Arioli (ARG, CSD Colo-Colo Santiago)	19
	Cla:	Lucas Ramón Barrios Arioli (ARG, CSD Colo-Colo Santiago)	18
2009	Ape:	Esteban Efraín Paredes Quintanilla (CD Santiago Morning)	17
	Cla:	Diego Gabriel Rivarola Popón (ARG, CD Santiago Morning)	13
2010		Milovan Petar Mirošević Albornoz (CD Universidad Católica Santiago)	19
2011	Ape:	Matías Héctor Sebastián Urbano (ARG, CD Unión San Felipe)	11
	Cla:	Esteban Efraín Paredes Quintanilla (CSD Colo-Colo Santiago)	14
2012	Ape:	Enzo Hernán Gutiérrez Lencinas (CD O'Higgins Rancagua)	
		Emanuel Herrera (Club Unión Española Santiago)	
		Sebastián Andrés Ubilla Cambón (CD Santiago Wanderers Valparaíso)	11
	Cla:	Sebastián Oscar Jaime (ARG, Club Unión Española Santiago)	
		Carlos Andrés Muñoz Rojas (CSD Colo-Colo Santiago)	
		Jorge Sebastián Sáez (ARG, Audax CS Italiano La Florida)	12
2013	Tra:	Javier Aníbal Elizondo (ARG, CD Antofagasta)	
		Jorge Sebastián Sáez (ARG, Audax CS Italiano La Florida)	14
2013/2014	Ape:	Claudio Luciano Vázquez (ARG, Deportivo Ñublense Chillán)	11
	Cla:	Esteban Efraín Paredes Quintanilla (CSD Colo-Colo Santiago)	16

2014/2015	Ape:	Esteban Efraín Paredes Quintanilla (CSD Colo-Colo Santiago)	12
	Cla:	Jean Paul Jesús Pineda Cortés (CD Unión La Calera)	
		Esteban Efraín Paredes Quintanilla (CSD Colo-Colo Santiago)	11
2015/2016	Ape:	Marcos Daniel Riquelme (ARG, CD Palestino Santiago)	10
	Cla:	Nicolás Ignacio Castillo Mora (CD Universidad Católica Santiago)	11
2016/2017	Ape:	Nicolás Ignacio Castillo Mora (CD Universidad Católica Santiago)	13
	Cla:	Felipe Andrés Mora Aliaga (Club Universidad de Chile Santiago)	13
2017	Tra:	Bryan Paul Carrasco Santos (Audax CS Italiano La Florida)	10
2018		Esteban Efraín Paredes Quintanilla (CSD Colo-Colo Santiago)	19
2019		Lucas Giuliano Passerini (ARG, CD Palestino Santiago)	14
2020		Fernando Matías Zampedri (ARG, CD Universidad Católica Santiago)	20
2021		Gonzalo Moisés Sosa (ARG, CD Melipilla)	
		Fernando Matías Zampedri (ARG, CD Universidad Católica Santiago)	23
2022		Fernando Matías Zampedri (ARG, CD Universidad Católica Santiago)	18
2023		Fernando Matías Zampedri (ARG, CD Universidad Católica Santiago)	17

NATIONAL CHAMPIONSHIP
Primera División de Chile
Campeonato Betsson 2023

Results

Round 1 [20-23.01.2023]
CD Magallanes - O'Higgins 0-1(0-0)
Unión Española - CD Ñublense 0-1(0-1)
CD Palestino - Audax Italiano 1-1(0-0)
CD Cobresal - Unión La Calera 3-1(2-1)
Everton - Univ. Católica 0-3(0-2)
CD Copiapó - Colo-Colo 2-5(1-2)
Curicó Unido - Coquimbo 1-0(0-0)
Universidad de Chile - CD Huachipato 1-3(1-1)

Round 2 [27-29.01.2023]
CD Ñublense - CD Magallanes 3-2(1-0)
Unión La Calera - Everton 3-2(3-0)
Coquimbo - CD Palestino 1-1(0-0)
Universidad de Chile-Unión Española 1-0(1-0)
Univ. Católica - Curicó Unido 3-1(1-0)
CD Huachipato - CD Cobresal 2-1(1-1)
O'Higgins - Colo-Colo 5-1(0-1)
Audax Italiano - CD Copiapó 3-0(1-0)

Round 3 [03-06.02.2023]
Coquimbo - Univ. Católica 2-1(1-1)
Curicó Unido - Audax Italiano 2-1(0-0)
CD Magallanes - Unión La Calera 1-1(1-0)
Unión Española - Everton 1-1(1-0)
CD Palestino - Universidad de Chile 2-0(0-0)
CD Cobresal - CD Copiapó 1-0(1-0)
O'Higgins - CD Huachipato 0-1(0-1)
Colo-Colo - Ñublense 1-0(0-0) [13.02.2023]

Round 4 [09-12.02.2023]
Audax Italiano - Unión Española 1-1(1-1)
CD Copiapó - CD Palestino 1-3(1-1)
Unión La Calera - Curicó Unido 3-2(0-0)
Universidad de Chile - CD Magallanes 2-1(1-0)
Everton - Coquimbo 2-0(2-0)
Univ. Católica - CD Cobresal 3-3(3-2)
Ñublense - O'Higgins 2-1(1-0) [31.03.2023]
Huachipato - Colo-Colo 0-1(0-0) [01.04.2023]

Round 5 [16-20.02.2023]
Curicó Unido - CD Copiapó 1-2(1-1)
Unión Española - CD Magallanes 1-2(0-1)
Coquimbo - CD Huachipato 1-2(0-1)
CD Cobresal - CD Ñublense 1-1(1-1)
Audax Italiano - Univ. Católica 1-2(1-0)
O'Higgins - Universidad de Chile 0-1(0-0)
Colo-Colo - Everton 1-1(1-0)
CD Palestino - Unión La Calera 1-1(1-1)

Round 6 [24-27.02.2023]
Curicó Unido - Universidad de Chile 1-3(0-1)
Univ. Católica - CD Palestino 5-2(3-1)
CD Magallanes - CD Cobresal 2-1(2-1)
Unión La Calera - CD Ñublense 1-1(1-1)
Colo-Colo - Coquimbo 2-3(1-3)
CD Copiapó - O'Higgins 2-2(1-0)
Everton - Audax Italiano 3-1(1-1)
Huachipato-Unión Española 1-0(0-0)[05.04.23]

Round 7 [02-05.03.2023]
Universidad de Chile-Unión La Calera 1-1(1-0)
Coquimbo - Audax Italiano 3-1(1-1)
CD Palestino - CD Huachipato 2-1(1-0)
CD Ñublense - Univ. Católica 1-2(1-0)
O'Higgins - Curicó Unido 2-2(1-1)
Unión Española - CD Copiapó 3-0(2-0)
Colo-Colo - CD Magallanes 2-0(1-0)
CD Cobresal - Everton 3-2(2-2)

Round 8 [10-13.03.2023]
CD Copiapó - Unión La Calera 0-0
Everton - CD Ñublense 1-0(0-0)
Curicó Unido - CD Huachipato 1-3(0-1)
Univ. Católica - Unión Española 2-2(0-2)
Colo-Colo - Universidad de Chile 0-0
Audax Italiano - O'Higgins 2-2(2-1)
Coquimbo - CD Cobresal 2-1; *awarded* 0-3
Palestino - Magallanes 3-2(2-1) [01.04.2023]

Round 9 [17-19.03.2023]
CD Ñublense - Curicó Unido 1-2(1-1)
CD Huachipato - Everton 3-0(2-0)
O'Higgins - Coquimbo 0-2(0-0)
CD Cobresal - Colo-Colo 3-1(2-0)
Unión La Calera - Audax Italiano 0-0
Universidad de Chile - CD Copiapó 0-0
CD Magallanes - Univ. Católica 1-1(0-0)
Unión Española - CD Palestino 2-0(1-0)

Round 10 [14-17.04.2023]
CD Palestino - CD Cobresal 1-5(1-2)
CD Ñublense - Coquimbo 1-3(1-0)
Everton - CD Magallanes 2-0(1-0)
Univ. Católica - Colo-Colo 0-0
CD Copiapó - CD Huachipato 1-1(1-1)
Audax Italiano - Universidad de Chile 1-2(1-1)
Unión La Calera - O'Higgins 0-1(0-0)
Curicó Unido - Unión Española 0-1(0-1)

Round 11 [22-24.04.2023]
CD Huachipato - Unión La Calera 2-3(2-2)
Everton - Universidad de Chile 1-2(0-1)
Univ. Católica - O'Higgins 0-1(0-1)
CD Cobresal - Curicó Unido 2-0(1-0)
CD Magallanes - CD Copiapó 0-2(0-2)
Colo-Colo - CD Palestino 3-1(1-0)
Unión Española - Coquimbo 2-0(0-0)
CD Ñublense - Audax Italiano 2-5(1-2)

Round 12 [28-30.04.2023]
Unión La Calera - Colo-Colo 0-0
CD Palestino - CD Ñublense 1-2(0-1)
Curicó Unido - Everton 2-3(0-1)
Audax Italiano - CD Cobresal 1-0(0-0)
O'Higgins - Unión Española 1-1(0-1)
CD Copiapó - Coquimbo 1-0(0-0)
Universidad Ch.-U.Católica 3-0(1-0) [28.06.23]
Huachipato - Magallanes 1-1(0-0) [03.07.2023]

Round 13 [09-11.05.2023]
CD Magallanes - Curicó Unido 1-2(0-1)
CD Ñublense - CD Copiapó 1-0(1-0)
Unión Española - Unión La Calera 3-2(2-1)
Colo-Colo - Audax Italiano 2-1(2-0)
CD Cobresal - O'Higgins 1-0(0-0)
Coquimbo - Universidad de Chile 2-1(1-1)
Univ. Católica - CD Huachipato 1-2(0-1)
Everton - CD Palestino 2-2(0-1)

Round 14 [13-15.05.2023]
CD Magallanes - Audax Italiano 1-2(0-2)
Unión Española - Colo-Colo 1-1(0-1)
CD Huachipato - CD Ñublense 2-0(2-0)
Unión La Calera - Coquimbo 1-2(0-0)
CD Copiapó - Univ. Católica 1-4(0-2)
Curicó Unido - CD Palestino 0-1(0-1)
Universidad de Chile - CD Cobresal 0-0
O'Higgins - Everton 1-1(0-0)

Round 15 [18-21.05.2023]
Colo-Colo - Curicó Unido 0-1(0-1)
CD Palestino - O'Higgins 0-1(0-0)
Audax Italiano - CD Huachipato 1-0(1-0)
Coquimbo - CD Magallanes 1-0(0-0)
CD Ñublense - Universidad de Chile 1-1(1-0)
Everton - CD Copiapó 2-1(2-1)
Univ. Católica - Unión La Calera 1-1(1-1)
CD Cobresal - Unión Española 0-0

Round 16 [06-12.07.2023]
CD Ñublense - Unión Española 0-1(0-0)
Audax Italiano - CD Palestino 0-3(0-1)
CD Huachipato - Universidad de Chile 1-2(0-2)
Univ. Católica - Everton 0-1(0-0)
Unión La Calera - CD Cobresal 1-1(0-0)
O'Higgins - CD Magallanes 1-2(1-2)
Coquimbo - Curicó Unido 1-0(0-0)
Colo-Colo - CD Copiapó 1-1(0-0) [14.09.2023]

Round 17 [14-17.07.2023]
CD Cobresal - CD Huachipato 2-0(1-0)
Colo-Colo - O'Higgins 2-0(1-0)
CD Copiapó - Audax Italiano 1-0(1-0)
CD Magallanes - CD Ñublense 1-1(0-1)
Everton - Unión La Calera 1-2(0-1)
Curicó Unido - Univ. Católica 2-0(0-0)
CD Palestino - Coquimbo 1-1(0-0)
Unión Española-Universidad de Chile 3-0(2-0)

Round 18 [21-25.07.2023]
Unión La Calera - CD Magallanes 2-1(1-1)
CD Copiapó - CD Cobresal 0-3(0-1)
CD Huachipato - O'Higgins 2-0(2-0)
Universidad de Chile - CD Palestino 0-1(0-0)
Everton - Unión Española 1-0(0-0)
Univ. Católica - Coquimbo 2-1(1-0)
Audax Italiano - Curicó Unido 3-0(1-0)
CD Ñublense - Colo-Colo 0-0

Round 19 [28-30.07.2023]
O'Higgins - CD Ñublense 1-2(1-0)
CD Cobresal - Univ. Católica 2-2(0-1)
Colo-Colo - CD Huachipato 3-1(0-1)
Unión Española - Audax Italiano 3-0(1-0)
CD Magallanes - Universidad de Chile 2-1(1-0)
CD Palestino - CD Copiapó 2-0(0-0)
Curicó Unido - Unión La Calera 0-3(0-1)
Coquimbo - Everton 0-2(0-1)

Round 20 [05-07.08.2023]
CD Magallanes - Unión Española 1-0(1-0)
CD Huachipato - Coquimbo 2-2(2-1)
Univ. Católica - Audax Italiano 0-2(0-2)
CD Ñublense - CD Cobresal 1-2(1-0)
Everton - Colo-Colo 1-2(1-1)
CD Copiapó - Curicó Unido 1-1(1-0)
Unión La Calera - CD Palestino 2-3(0-1)
Universidad de Chile - O'Higgins 2-5(0-0)

Round 21 [11-15.08.2023]
CD Cobresal - CD Magallanes 3-1(2-0)
Coquimbo - Colo-Colo 2-2(1-1)
O'Higgins - CD Copiapó 1-1(0-1)
Unión Española - CD Huachipato 0-1(0-0)
CD Palestino - Univ. Católica 3-0(2-0)
Audax Italiano - Everton 0-1(0-1)
Universidad de Chile - Curicó Unido 1-1(0-1)
CD Ñublense - Unión La Calera 1-1(1-1)

Round 22 [25-28.08.2023]
Audax Italiano - Coquimbo 1-1(1-0)
Unión La Calera-Universidad de Chile 2-1(1-0)
CD Copiapó - Unión Española 4-3(3-0)
Univ. Católica - CD Ñublense 2-1(1-0)
Everton - CD Cobresal 2-2(0-0)
Curicó Uni. - O'Higgins 1-3(0-1) [13.09.2023]
Huachipato - Palestino 2-2(0-1) [14.09.2023]
Magallanes - Colo-Colo 1-2(0-0) [07.11.2023]

Round 23 [31.08.-03.09.2023]
Unión Española - Univ. Católica 2-2(2-1)
Unión La Calera - CD Copiapó 1-1(1-0)
Universidad de Chile - Colo-Colo 1-1(1-1)
CD Huachipato - Curicó Unido 3-0(1-0)
CD Magallanes - CD Palestino 2-0(2-0)
CD Cobresal - Coquimbo 3-2(1-0)
O'Higgins - Audax Italiano 2-1(0-1)
CD Ñublense - Everton 1-0(0-0)

Round 24 [22-24.09.2023]
Coquimbo - O'Higgins 2-1(0-1)
CD Palestino - Unión Española 2-1(1-0)
Curicó Unido - CD Ñublense 0-3(0-2)
Colo-Colo - CD Cobresal 6-0(4-0)
Everton - CD Huachipato 1-2(1-1)
CD Copiapó - Universidad de Chile 3-1(2-1)
Univ. Católica - CD Magallanes 1-0(0-0)
Audax Italiano - Unión La Calera 2-1(1-0)

Round 25 [30.09.-02.10.2023]
Coquimbo - CD Ñublense 1-3(0-0)
CD Magallanes - Everton 1-4(0-1)
CD Huachipato - CD Copiapó 1-0(1-0)
Unión Española - Curicó Unido 2-2(1-0)
O'Higgins - Unión La Calera 0-1(0-0)
Colo-Colo - Univ. Católica 2-1(0-0)
CD Cobresal - CD Palestino 2-1(1-0)
Universidad de Chile - Audax Italiano 2-0(0-0)

Round 26 [06-08.10.2023]
Unión La Calera - CD Huachipato 2-4(0-1)
Curicó Unido - CD Cobresal 1-2(0-1)
O'Higgins - Univ. Católica 0-3(0-1)
Coquimbo - Unión Española 3-1(2-1)
CD Copiapó - CD Magallanes 2-1(1-1)
CD Palestino - Colo-Colo 1-0(0-0)
Audax Italiano - CD Ñublense 1-0(0-0)
Universidad Ch. - Everton 1-2(1-1) [06.11.23]

Round 27 [11-12.11.2023]
Univ. Católica - Universidad de Chile 1-3(0-2)
CD Cobresal - Audax Italiano 3-4(1-2)
CD Ñublense - CD Palestino 1-1(0-0)
CD Magallanes - CD Huachipato 1-1(0-1)
Everton - Curicó Unido 1-1(0-1)
Colo-Colo - Unión La Calera 2-0(0-0)
Coquimbo - CD Copiapó 1-0(0-0)
Unión Española - O'Higgins 3-3(1-2)

Round 28 [23-26.11.2023]
CD Palestino - Everton 0-2(0-1)
Universidad de Chile - Coquimbo 1-2(0-2)
Unión La Calera - Unión Española 4-0(3-0)
O'Higgins - CD Cobresal 0-0
CD Huachipato - Univ. Católica 1-1(0-1)
Audax Italiano - Colo-Colo 0-1(0-1)
CD Copiapó - CD Ñublense 1-1(0-0)
Curicó Unido - CD Magallanes 3-4(2-2)

Round 29 [01-03.12.2023]
Coquimbo - Unión La Calera 1-2(1-2)
Audax Italiano - CD Magallanes 0-2(0-2)
CD Palestino - Curicó Unido 4-0(0-0)
Univ. Católica - CD Copiapó 2-2(2-2)
Everton - O'Higgins 0-2(0-1)
CD Cobresal - Universidad de Chile 4-3(1-0)
Colo-Colo - Unión Española 0-2(0-0)
CD Ñublense - CD Huachipato 0-1(0-0)

Round 30 [08-09.12.2023]
Curicó Unido - Colo-Colo 0-1(0-0)
CD Huachipato - Audax Italiano 2-0(0-0)
Unión Española - CD Cobresal 1-0(0-0)
O'Higgins - CD Palestino 0-1(0-1)
CD Copiapó - Everton 2-0(2-0)
CD Magallanes - Coquimbo 2-3(1-1)
Unión La Calera - Univ. Católica 0-3(0-1)
Universidad de Chile - CD Ñublense 3-1(1-1)

Final Standings

1.	**CD Huachipato Talcahuano**	30	17	6	7	48	-	30	57
2.	CD Cobresal El Salvador	30	16	8	6	56	-	39	56
3.	CSD Colo-Colo Santiago	30	15	9	6	45	-	29	54
4.	CD Palestino Santiago	30	14	7	9	46	-	40	49
5.	CD Coquimbo Unido	30	14	5	11	43	-	42	47
6.	Everton de Viña del Mar	30	13	6	11	42	-	39	45
7.	CD Universidad Católica Santiago	30	11	9	10	48	-	43	42
8.	CD Unión La Calera	30	10	11	9	42	-	41	41
9.	Club Universidad de Chile Santiago	30	11	7	12	40	-	42	40
10.	Club Unión Española Santiago	30	10	9	11	40	-	36	39
11.	CD O'Higgins Rancagua	30	9	8	13	37	-	39	35
12.	CD Ñublense Chillán	30	9	8	13	33	-	39	35
13.	Audax CS Italiano La Florida	30	10	5	15	36	-	43	35
14.	CD Copiapó	30	8	10	12	32	-	45	34
15.	CD Magallanes San Bernardo (*Relegated*)	30	8	5	17	36	-	49	29
16.	CD Provincial Curicó Unido (*Relegated*)	30	6	5	19	30	-	58	23

Top goalscorers:
17 goals: **Fernando Matías Zampedri (ARG)** **(CD Universidad Católica Santiago)**
16 goals: Rodrigo Julián Holgado (ARG) (CD Coquimbo Unido)
15 goals: Patricio Rodolfo Rubio Pulgar (CD Ñublense Chillán)

CD Huachipato Talcahuano, CD Cobresal El Salvador, CSD Colo-Colo Santiago (as 2023 Copa Chile winners) and CD Palestino Santiago were qualified for the 2024 Copa Libertadores.

CD Coquimbo Unido, Everton de Viña del Mar, CD Universidad Católica Santiago and CD Unión La Calera were qualified for the 2024 Copa Sudamericana.

NATIONAL CUP
Copa Chile - Final 2023

13.12.2023, Estadio Tierra de Campeones, Iquique; Attendance: 13,000
Referee: Cristián Marcelo Garay Reyes
CSD Colo-Colo Santiago - CD Magallanes Santiago   3-1(2-1)
CSD Colo-Colo: Brayan Josué Cortés Fernández, Óscar Mauricio Opazo Lara, Ramiro Gabriel González Hernández, Emiliano Javier Amor, Érick Andrés Wiemberg Higuera, Vicente Tomás Pizarro Durcudoy (90+2.César Nicolás Fuentes González), Esteban Andrés Pavez Suazo (Cap), Pablo Alejandro Parra Rubilar (90+2.Marcos Nikolas Bolados Hidalgo), Leonardo Roque Albano Gil (82.Leandro Hernández Espínoza), Carlos Alonso Enrique Palacios Núñez (82.Agustín Bouzat), Damián Nicolás Pizarro Huenuqueo (82.Leandro Iván Benegas). Trainer: Gustavo Domingo Quinteros Desabato (Bolivia).

CD Magallanes: Diego Andrés Tapia Rojas, Fernando Piñero, Nicolás Berardo Konic (83.Albert Alejandro Acevedo Vergara), Matías Alonso Vásquez Poblete (64.Felipe Ignacio Flores Chandia), Alfred Jeafran Canales Céspedes, Iván Gonzalo Vásquez Quilodrán (Cap), Julián Israel Alfaro Gaete, Cristóbal Andrés Jorquera Torres (64.Carlos Andrés Villanueva Rolland), Simón Alberto Contreras Valenzuela (73.Nicolás Ignacio Crovetto Aqueveque), Yorman Zapata Mina, Joaquín Óscar Larrivey. Trainer: Mario José Salas Saieg.

Goals: 0-1 Joaquín Óscar Larrivey (13), 1-1 Emiliano Javier Amor (17), 2-1 Fernando Piñero (39), 3-1 Vicente Tomás Pizarro Durcudoy (60).

<u>2023 Copa Chile Winners</u>: **CSD Colo-Colo Santiago**

THE CLUBS 2023

AUDAX CLUB SPORTIVO ITALIANO LA FLORIDA

Foundation date: November 30, 1910
Address: Enrique Olivares 1003, La Florida, 832-0000 Santiago
Stadium: Estadio Bicentenario Municipal de La Florida (12,130)

Trainer:		
	Manuel Fernández (ARG)	31.10.1983
[17.04.2023]	José Antonio Calderón Bilbao	17.07.1972
[26.04.2023]	Luca Miguel Marcogiuseppe (ARG)	21.02.1980
[15.09.2023]	Francisco Esteban Arrué Pardo	07.08.1977

THE SQUAD

	DOB	M	(s)	G
Goalkeepers:				
Tomás Alejando Ahumada Oteíza	24.06.2001	25		
Joaquín Emanuel Muñoz Almarza	28.12.1990	5		
Defenders:				
Roberto Andrés Cereceda Guajardo	10.10.1984	9	(10)	
Nicolás Esteban Fernández Muñoz	03.08.1999	20	(4)	
Carlos Alfredo Labrín Candia	02.12.1990	23		
Esteban Patricio Matus Castro	12.02.2002	21	(7)	
Diego Andres Monreal Villablanca	05.09.2002	5	(6)	1
Cristóbal Felipe Muñoz Vásquez	11.10.1999		(1)	
Sebastián Ernesto Pereira Arredondo	14.01.1999	6	(4)	1
Oliver Jesús Rojas Múñoz	11.06.2000	15	(11)	1
Bastián Ignacio Tapia Sepúlveda	09.08.2002	3	(1)	
Fabián Andrés Torres Cuello	27.04.1989	7	(4)	1
Midfielders:				
Osvaldo Javier Bosso Torres	14.10.1993	20		2
Marco Antonio Collao Ramos	11.04.1998	11	(10)	2
Marcelo Alfonso Díaz Rojas	30.12.1986	20	(1)	
Ian Didier Godoy Parraguez	09.01.2003		(1)	
Gabriel Alejandro Hachen (ARG)	16.10.1990	12	(12)	2
Fernando Ezequiel Juárez (ARG)	23.08.1998	19	(1)	
Gonzalo Alejandro Ríos (ARG)	27.01.1999	18	(6)	8
Matías Ignacio Sepúlveda Méndez	12.03.1999	21	(6)	3
Forwards:				
Gonzalo Estebán Álvarez Morales	20.01.1997	2	(20)	
Jhonatan Marcelo Candia Hernández (URU)	15.03.1995	8	(2)	
Michael Andrés Fuentes Vadulli	27.05.1998	17	(7)	1
Ignacio Alexander Fuenzalida Contreras	07.08.2002	2	(1)	2
Javier Antonio Quiñones Navarro	07.10.2002		(3)	
Alessandro Riep Klekoc	03.07.2003	5	(5)	
Luis Enrique Riveros Valenzuela (PAR)	24.03.1998	11	(5)	2
Gonzalo Ariel Sosa (ARG)	04.01.1989	25	(1)	10

CLUB DE DEPORTES COBRESAL EL SALVADOR

Foundation date: May 5, 1979
Address: Avenida Arqueros 2500, 150-8101 El Salvador, comuna Diego de Almagro
Stadium: Estadio El Cobre, El Salvador (11,240)

Trainer:	Gustavo Ernesto Huerta Araya	15.10.1957		

THE SQUAD				
	DOB	M	(s)	G
Goalkeepers:				
Leandro Daniel Requena (ARG)	11.09.1987	25		1
Alejandro Jesús Santander Caro	05.11.2002	5		
Defenders:				
Francisco Arturo Alarcón Cruz	25.02.1990	26		1
Diego Andrés Céspedes Maturana	25.09.1998	17	(3)	
Iván Alejandro Contreras Araya	26.07.2001	1	(1)	
Marcelo Alejandro Filla Toro	14.02.1998	2	(2)	
Marcelo Pablo Jorquera Silva	13.10.1992	28		
Yerco Abraham Oyanedel Hernández	19.09.2000	1	(4)	
Guillermo Alfonso Pacheco Tudela	10.04.1989	24	(1)	4
Sebastián Ignacio Silva Pérez	16.07.1991	14	(2)	
Cristián Alejandro Toro Castañeda	10.11.2000	3	(3)	
Midfielders:				
Alejandro Maximiliano Camargo (ARG)	12.06.1989	29		5
Pablo Ignacio Cárdenas Baeza	10.02.2000	4	(5)	1
Franco Emanuel García (ARG)	04.06.1997	19	(11)	3
Christopher Ignacio Mesías Sepúlveda	02.05.1998	8	(15)	3
Ignacio Benjamín Pacheco Cárcamo	04.04.2004	4		
Walter Maximiliano Rueda (ARG)	02.12.1997	3	(17)	1
Nelson Alejandro Sepúlveda Moya	22.01.1992	13	(11)	1
Leonardo Felipe Valencia Rossel	25.04.1991	24	(4)	6
Luis Andrés Vásquez Reyes	08.01.2002	9	(8)	
Forwards:				
Julio Alfonso Castro Gutiérrez	19.08.1996	4	(9)	3
Lucas Di Maio (ARG)	26.01.2005		(1)	
Gastón Andrés Lezcano (ARG)	21.11.1986	16	(12)	10
César Augusto Munder Rodríguez (CUB)	07.01.2000	25	(3)	5
Benjamín Osses Miranda	24.06.2002	2	(1)	
Cecilio Alfonso Waterman Ruiz (PAN)	13.04.1991	24	(1)	10

CLUB SOCIAL Y DEPORTIVO COLO-COLO SANTIAGO
Foundation date: April 19, 1925
Address: Avenida Marathon 5300, Macul, 782-0919 Santiago
Stadium: Estadio Monumental „David Arellano", Santiago (44,424)

Trainer:	Gustavo Domingo Quinteros Desabato (BOL)	15.02.1965		

THE SQUAD				
	DOB	M	(s)	G
Goalkeepers:				
Brayan Josué Cortés Fernández	11.03.1995	21		
Fernando Carlos de Paul Lanciotti	25.04.1991	9	(1)	
Defenders:				
Emiliano Javier Amor (ARG)	16.05.1995	1		
Matías De Los Santos de los Santos (URU)	22.11.1992	4	(2)	
Maximiliano Joel Falcón Picart (URU)	01.05.1997	21		
Ramiro Gabriel González Hernández (ARG)	21.11.1990	20	(2)	
Bruno Guiliano Gutiérrez Vilches	25.06.2002	8	(2)	
Daniel Ademir Gutiérrez Rojas	16.02.2003	8	(7)	
Óscar Mauricio Opazo Lara	18.10.1990	6	(4)	1
Jeyson Alejandro Rojas Orellana	23.01.2002	7	(5)	
Alan Gabriel Saldivia Vázquez (URU)	06.04.2002	14	(3)	
Érick Andrés Wiemberg Higuera	20.06.1994	18	(2)	2
Midfielders:				
César Nicolás Fuentes González	12.04.1993	22	(3)	2
Leonardo Roque Albano Gil (ARG)	31.05.1991	20	(2)	3
Leandro Hernández Espínoza	13.06.2005		(2)	
Pablo Alejandro Parra Rubilar	23.06.1994	6	(2)	
Esteban Andrés Pavez Suazo	01.05.1990	26		1
Vicente Tomás Pizarro Durcudoy	05.11.2002	20	(4)	2
Lucas Sebastián Soto Olivares	24.02.2003		(2)	
Forwards:				
Leandro Iván Benegas (ARG)	27.11.1988	14	(11)	6
Marcos Nikolas Bolados Hidalgo	28.02.1996	15	(11)	3
Agustín Bouzat (ARG)	28.03.1994	12	(12)	
Fabián Andrés Castillo Sánchez (COL)	17.06.1992	7	(5)	2
Dario Lezcano Fariña (PAR)	30.06.1990	1	(7)	3
Matías Hernán Moya (ARG)	26.03.1998	3	(5)	
Alexander Antonio Oroz Huerta	15.12.2002	2	(11)	2
Carlos Alonso Enrique Palacios Núñez	20.07.2000	17	(6)	7
Damián Nicolás Pizarro Huenuqueo	28.03.2005	16	(6)	6
Marco Rodrigo Rojas (NZL)	05.11.1991	1	(3)	
Jordhy Eduardo Thompson Dávila	10.08.2004	11	(4)	3

COQUIMBO UNIDO

Foundation date: August 30, 1958
Address: Calle Edwards 50, Le Llano, Coquimbo
Stadium: Estadio Bicentenario "Francisco Sánchez Rumoroso", Coquimbo (18,750)

Trainer:	Fernando Maximiliano Díaz Seguel	27.12.1961

THE SQUAD

	DOB	M	(s)	G
Goalkeepers:				
Miguel Ángel Pinto Jerez	04.07.1983	1		
Diego Sánchez Carvajal	08.05.1987	29		
Defenders:				
Cristopher Jesús Barrera Vergara	18.04.1998	1	(5)	1
Levit Moises Bejar Pino	21.12.2003	2	(2)	
Cristopher Jesús Barrera Vergara (ARG)	28.04.1997	6		1
Sebastián Cardozo Coitinho (URU)	09.09.1995	11		
Diego Andrés Carrasco Muñoz	25.05.1995	19	(1)	1
Juan Francisco Cornejo Palma	27.02.1990	29		
Gonzalo Alejandro Jara Reyes	29.08.1985	1	(2)	
Ignacio Antonio Mesina Silva	16.01.2001	5		
Salvador Sánchez (ARG)	31.07.1995	24		2
Felipe Ariel Yáñez Parra	18.10.2004	1	(4)	
Midfielders:				
Jhon Alexander Bravo Astudillo	19.03.2001		(3)	
Luciano Javier Cabral	26.04.1995	24	(5)	5
Fabián Alejandro Carmona Fredes	21.03.1994	2	(12)	1
Dylan Alejandro Escobar Álvarez	02.12.2000	25	(2)	
Sebastián Paolo Galani Villega	17.08.1997	29		
Dylan Emanuel Glaby (ARG)	07.04.1996	25	(1)	1
Diego Ignacio Orellana Riffo	09.01.2002	1		
Matías Tomás Palavecino (ARG)	23.05.1998	7	(11)	1
Luis Antonio Pavez Contreras	25.06.1988	3	(10)	
Forwards:				
Joe Axel Abrigo Navarro	22.03.1995	1	(6)	2
Cristian Alejandro Aravena Viveros	07.03.1998		(4)	
Felipe Andrés Barrientos Mena	06.03.1997		(1)	
Benjamín Andrés Chandía Miles	25.11.2002	24		3
Wladimir Alejandro Cid Fuentes	28.05.1997	1		
Rubén Ignacio Farfán Arancibia	25.09.1991	25	(2)	4
Rodrigo Julián Holgado (ARG)	28.06.1995	27		16
César Alejandro Huanca Araya	04.06.2001		(5)	
Javier Andrés Parraguez Herrera	31.12.1989	7	(11)	4
Nicolás Andrés Rivera Faundez	27.06.1998		(24)	2

CLUB DE DEPORTES PROVINCIAL CURICÓ UNIDO

Foundation date: February 26, 1973
Address: Avenida Peña 819, Curicó
Stadium: Estadio La Granja, Curicó (10,081)

Trainer:		
	Damián Darío Muñoz Galaz	13.01.1984
[14.06.2023]	Juan José Ribera Fonseca	01.10.1980
[25.09.2023]	Miguel Augusto Riffo Garay	21.06.1981

THE SQUAD

	DOB	M	(s)	G
Goalkeepers:				
Fabián Alfredo Cerda Valdés	07.02.1989	25		
Luis Rodrigo Santelices Tello	29.10.1985	5	(1)	
Defenders:				
Cristopher Jesús Barrera Vergara	18.04.1998	4	(1)	
Augusto Sebastián Barrios Silva	03.10.1991	13	(9)	1
Franco Bechtholdt Chervaz (ARG)	15.08.1993	20	(3)	
Sebastián Eduardo Cabrera Morgado	16.03.1998	11	(1)	1
Matías Cahais (ARG)	24.12.1987	17		
Ronald Bladimir de la Fuente Arias	25.01.1991	19		
Darko Nicolás Fiamengo Pinto	13.02.2003	3	(3)	
Joaquin Esteban González Saavedra	06.08.2001	7	(5)	
Kennet Michel Lara Arbunic	10.06.1999	6	(2)	2
Omar Jesús Merlo (ARG)	12.06.1987	14	(6)	1
Diego Ariel Muñoz Quezada	01.04.2002	5	(1)	
Matías Nicolás Ormazábal Valdés	21.09.1998	1	(2)	
Midfielders:				
Rony Alfonso Albornoz Zenteno	23.09.2002	1	(1)	
Dilan Benjamín Acevedo Orellana	23.05.2003	1	(2)	
Jason Flores Abrigo	28.02.1997	13	(11)	3
Iván Andrés Garrido Soto	19.11.2003		(1)	
Jorge Alexis Henríquez Neira	17.06.1994	2		
Yerko Bastián Leiva Lazo	14.06.1998	25	(2)	2
Agustín Nadruz Blanco (URU)	29.06.1996	24	(2)	
Felipe Sebastián Ortíz Venegas	25.09.2001	9	(5)	
Mario Aníbal Sandoval Toro	24.07.1991	18	(4)	1
Diego Alonso Urzúa Rojas	04.02.1997	2	(7)	
Forwards:				
Ian Franco Aliaga Basaez	27.03.2002	4		
Nicolás Antonio Barrios Rebeco	17.09.2003	13	(3)	2
Cristian Alejandro Bustamante Bustamante	18.05.2002	3		
Federico Gastón Castro (ARG)	24.08.1993	14	(7)	5
Diego Martín Coelho Díaz (URU)	28.01.1995	18	(12)	8
Tobias Nahuel Figueroa (ARG)	04.02.1992	10	(15)	1
Felipe Luciano Fritz Saldías	23.09.1997	3	(19)	
Benjamín Antonio Ortíz Acuña	22.05.1999		(1)	
Matías Ignacio Retamal Cáceres	05.09.2006		(2)	
Sergio Andrés Vergara Sáez	25.04.1994		(1)	
Cristian Alexander Zavala Briones	03.08.1999	20	(6)	1

CLUB DE DEPORTES COPIAPÓ

Foundation date: March 9, 1999
Address: Calle Atacama 680, Copiapó
Stadium: Estadio Bicentenario Municipal „Luis Valenzuela Hermosilla", Copiapó (8,452)

Trainer:	Héctor Alfredo Almandoz (ARG)	17.01.1968
[01.089.2023]	Ivo Alexie Basay Hatibović	13.04.1966

THE SQUAD				
	DOB	M	(s)	G
Goalkeepers:				
Nelson Francisco Espinoza Díaz	22.09.1995	22		
Richard Andrés Leyton Abrigo	25.01.1987	8	(1)	
Defenders:				
Jens Buss Barrios	24.01.1997	8		
Juan José Contreras Contreras	08.07.1993	3	(8)	
Diego Ignacio García Medina	19.12.1996	25	(2)	1
Agustín Ignacio Ortíz Moreno	30.01.1999	17	(3)	1
Yerco Abraham Oyanedel Hernández	19.09.2000	11	(2)	
Wilson Eduardo Piñones Aguirre	07.04.1988		(2)	
Bruno Sebastián Romo Rojas	20.05.1989	6	(2)	
Juan Ignacio Sills (ARG)	04.05.1987	21	(4)	
David Octavio Tati Díaz	06.06.2002	7	(4)	
Ian Ronaldo Toro Ibarra	24.12.2002	10		
Pablo Nicolás Vargas Romero	15.09.1993	11		
Midfielders:				
Luis Alberto Cabrera Figueroa	07.01.1994	12	(6)	
Juan Miguel Jaime (ARG)	01.01.1993	27		2
Jorge Luis Luna Vacca (ARG)	14.12.1986	17	(7)	1
Marco Antonio Medel de la Fuente	30.06.1989	13	(8)	
Axl Franchescho Antoninno Ríos Urrejola	11.07.1999	4	(10)	
Iván Marcelo Rozas Agüero	01.07.1998	23	(6)	1
Forwards:				
Reiner Alvey Castro Barrera (VEN)	10.01.1994	11	(3)	2
Isaac Alejandro Díaz Lobos	24.03.1990	19	(4)	6
Manuel López (ARG)	30.11.1995	4	(22)	5
Luca Alonso Pontigo Marín	25.11.1994	1	(6)	
Maximiliano Quinteros (ARG)	28.04.1989	24	(6)	8
Felipe Andrés Reynero Galarce	14.03.1989	17	(6)	
John Nicolás Valladares Moya	03.09.2003	9	(15)	4

EVERTON DE VIÑA DEL MAR

Foundation date: June 24, 1909
Address: Avenida Valparaíso 585, Oficina 32, 252-0431 Viña del Mar
Stadium: Estadio Sausalito, Viña del Mar (14,430)

| Trainer: | Francisco Meneghini Correa (ARG) | 13.08.1988 | | |

THE SQUAD				
	DOB	M	(s)	G
Goalkeepers:				
Claudio Iván González Landeros	26.04.1990	1		
Franco Luis Torgnascioli Lagreca (URU)	24.08.1990	29		
Defenders:				
Julio Alberto Barroso (ARG)	16.01.1985	22		
Felipe Manuel Campos Mosqueira	08.11.1993	14	(5)	1
Jorge Andrés Espejo Leppe	28.07.2000	19	(6)	1
Cristopher Alejandro Medina García	13.02.2001	2	(8)	
Diego Alejandro Oyarzún Carrasco	19.01.1993	29		1
Sebastián Rodrigo Pereira Abarca	14.01.1999	7	(3)	
Cristián Alonso Riquelme Piña	14.10.2003	19	(6)	1
Vicente Alonso Vega Arancibia	06.05.2004	6	(4)	
Midfielders:				
Benjamín Rodrigo Berríos Reyes	09.03.1998	28		
Joan Manuel Cruz Castro	04.04.2003	2	(3)	
Juan Ezequiel Cuevas (ARG)	04.06.1988	11	(4)	1
Rodrigo Eduardo Echeverría Sáez	17.04.1995	18		3
Alejandro Henríquez Henríquez	25.06.2001	4	(7)	1
Álvaro Alfredo Alejandro Madrid Gaete	05.04.1995	30		3
Luis Arturo Montes Jiménez (MEX)	15.05.1986	16	(6)	2
Víctor Ismael Sosa (ARG)	18.01.1987	3	(4)	
Bryan Andrés Soto Pereira	01.06.2001	1	(15)	
Forwards:				
Matías Rodrigo Campos López	18.08.1991	21	(8)	7
Martín Cárcamo Villarroel	17.12.2003		(4)	1
Lautaro Leonel Pastrán Tello (ARG)	27.06.2002	11	(6)	5
Emiliano Máximo Ramos Avilés	08.03.2005		(1)	
Jorge Sebastián Sáez (ARG)	24.01.1985	23	(5)	12
Pedro Iván Sánchez Torrealba	07.02.1998	6	(14)	1
Leonardo Exequiel Sequeira (ARG)	26.04.1995	8	(6)	2

CLUB DEPORTIVO HUACHIPATO TALCAHUANO

Foundation date: June 7, 1947
Address: Avenida Desiderio García 909, Las Higueras, 429-0035 Talcahuano
Stadium: Estadio CAP-Acero, Talcahuano (10,500)

Trainer: Gustavo Álvarez (ARG)   24.11.1972

THE SQUAD

	DOB	M	(s)	G
Goalkeepers:				
Gabriel Jesús Castellón Velazque	08.09.1993	29		
Martín Cristián Parra Plaza	01.09.2000	1	(1)	
Defenders:				
Nicolás Eduardo Baeza Martínez	07.05.1997	15	(6)	
Antonio Andrés Castillo Navarrete	15.11.1998	13	(11)	1
Benjamín José Gazzolo Freire	14.07.1997	24	(4)	1
Nelson Guillermo Guaiquil Ruiz	13.01.2003	3		
Joaquín Ignacio Gutiérrez Jara	04.07.2002	22	(7)	
Felipe Ignacio Loyola Olea	09.11.2000	12	(4)	4
Renzo Mariano Malanca (ARG)	06.05.2003	4	(9)	
Nicolás Enrique Ramírez Aguilera	01.05.1997	26	(2)	
Midfielders:				
Javier Adolfo Altamirano Altamirano	21.08.1999	18		3
Carlos Alberto Lobos Ubilla	21.02.1997		(4)	
Jimmy Antonio Martínez Ruiz	26.01.1997	26	(2)	2
Gonzalo Montes Calderini (URU)	22.12.1994	22	(3)	8
Claudio Elias Sepúlveda Castro	19.06.1992	26		
Carlo Alberto Villanueva Fuentes	01.07.1999	1	(7)	
Forwards:				
Mateo Agustín Acosta (ARG)	22.09.1992	4	(6)	2
Julián Agustín Brea (ARG)	10.10.1999	4	(22)	2
César Alejandro Huanca Araya	04.06.2001		(3)	
Pablo Daniel Magnín (ARG)	25.04.1990	4	(9)	1
Cris Robert Martínez Escobar (PAR)	24.04.1993	28		12
Brayan Enrique Palmezano Reyes (VEN)	17.09.2000	19	(6)	4
Maximiliano Alexander Rodríguez Vejar	31.05.2000	24	(4)	7
Claudio Gerardo Torres Gaete	30.03.2003	5	(12)	

CLUB DEPORTIVO MAGALLANES SAN BERNARDO

Foundation date: October 27 1897
Address: *Not known*
Stadium: Estadio Municipal „Alcalde Luis Navarro Avilés", San Bernardo, Santiago (3,500)

Trainer: Nicolás Arnaldo Núñez Rojas	12.09.1984	
[15.05.2023] Braulio Antonio Leal Salvo	22.11.1981	
[26.05.2023] Mario José Salas Saieg	11.10.1967	

THE SQUAD

	DOB	M	(s)	G
Goalkeepers:				
Matías Gastón Rodríguez Olivera (URU)	12.02.1994	20		
Diego Andrés Tapia Rojas	07.05.1995	10	(1)	
Defenders:				
Albert Alejandro Acevedo Vergara	06.05.1983	6	(4)	
Nicolás Berardo Konic (ARG)	26.07.1990	18	(4)	2
Nicolás Ignacio Crovetto Aqueveque	15.03.1986	5	(4)	
Felipe Espinoza Ramírez	20.09.1999	23	(1)	
Marcelo Alejandro Filla Toro	14.02.1998	7	(1)	
Fernando Piñero (ARG)	16.02.1993	22	(5)	3
Matías Alonso Vásquez Poblete	12.01.2003	19		
Christian Alberto Vilches González	13.07.1983	23	(1)	1
Midfielders:				
Tomás Benjamín Aránguiz Aránguiz	15.04.1997	23	(4)	1
Alfred Jeafran Canales Céspedes	27.04.2000	23	(5)	3
César Alexis Cortés Pinto	09.01.1984	5	(1)	
Yéiler Andrés Góez (COL)	01.11.1999		(2)	
Thomas Luciano Jones Mariani	25.09.1997	13	(9)	1
Cristóbal Andrés Jorquera Torres	04.08.1988	9	(12)	3
Javier Ignacio Quiroz Núñez	14.11.2000	1	(3)	
Andrés Souper de la Cruz	06.05.1999		(7)	
Iván Gonzalo Vásquez Quilodrán	13.08.1985	13	(5)	
Carlos Andrés Villanueva Rolland	05.02.1986	11	(14)	2
Forwards:				
Julián Israel Alfaro Gaete	02.09.2001	13	(14)	2
Alonso Raul Barría Rivas	13.02.2005	1	(2)	
Felipe Cadenazzi (ARG)	12.10.1991	1	(4)	
Simón Alberto Contreras Valenzuela	29.03.2002	6	(16)	1
Felipe Ignacio Flores Chandia	09.01.1987	22	(3)	4
Joaquín Óscar Larrivey (ARG)	20.08.1984	10	(2)	7
Francisco Antonio Peña Rojas	11.08.2003		(1)	
Manuel Fernando Vicuña Martínez	31.10.1999	3	(9)	
Yorman Zapata Mina (COL)	01.09.2000	23	(3)	4

CLUB DEPORTIVO ÑUBLENSE CHILLÁN

Foundation date: August 20, 1916
Address: Avenida Bulnes 377, 378-0000 Chillán
Stadium: Estadio Bicentenario Municipal "Nelson Oyarzún", Chillán (14,410)

Trainer:	Jaime Eusebio García Arévalo	30.08.1977
[15.09.2023]	Héctor Hernán Caputto Gómez (ARG)	06.10.1974

THE SQUAD

	DOB	M	(s)	G
Goalkeepers:				
Hernán Muñoz Espinoza	09.08.1988	2		
Alison Nicola Pérez Barone (URU)	05.02.1990	28		
Defenders:				
Lucas Nicolás Abascia (ARG)	10.12.1995	12	(5)	1
Jovany Alberto Campusano Villega	11.01.1993	24	(1)	
Rafael Antonio Caroca Cordero	19.07.1989	29		1
Bernardo Humberto Cerezo Rojas	21.01.1995	22	(3)	1
Juan Guillermo Córdova Torres	25.06.1995	3	(5)	
Enzo Francesco Guerrero Segovia	31.01.1991	10	(4)	
Raimundo Andrés Rebolledo Valenzuela	14.05.1997	14	(7)	
Nicolás Mauricio Zalazar (ARG)	29.01.1997	20	(2)	2
Midfielders:				
Rodrigo Antonio Cisterna Arancibia	25.03.2002	9	(12)	
Santiago Dittborn Martínez-Conde	30.10.1992	1	(7)	
Jorge Alexis Henríquez Neira	17.06.1994	9	(5)	1
Juan Andrés Leiva Mieres	11.11.1993	22	(7)	
Walter Martínez Tauda	31.01.2000		(4)	
Branco Antonio Provoste Ovalle	14.04.2000	2	(10)	
Lorenzo Enrique Reyes Vicencio	13.06.1991	24	(1)	2
Robinson Manuel Rivera Zúñiga	17.02.1996	18	(4)	
Forwards:				
Pablo Mauricio Aránguiz Salazar	17.03.1997	5	(11)	1
Bayron Andrés Oyarzo Muñoz	14.07.1995	16	(9)	1
Patricio Rodolfo Rubio Pulgar	18.04.1989	22	(3)	15
Víctor Ismael Sosa (ARG)	18.01.1987	14	(1)	3
Alex Joel Valdés Voissin	08.08.2002	12	(10)	3
Andrés Alejandro Vílches Araneda	14.01.1992	12	(9)	2

CLUB DEPORTIVO O'HIGGINS RANCAGUA

Foundation date: April 7, 1955
Address: Calle Cuevas 51, 284-0608 Rancagua
Stadium: Estadio El Teniente, Rancagua (12,275)

Trainer:	Pablo Daniel de Muner (ARG)	14.04.1981
[03.08.2023]	Juan Manuel Azconzábal (ARG)	08.09.1974

THE SQUAD

	DOB	M	(s)	G
Goalkeepers:				
Diego Alberto Carreño Parada	26.04.2002	2		
José Ignacio González Catalán	02.12.1989	24		
Luis Alfonso Ureta Medina	08.03.1999	4		
Defenders:				
Antonio Alejandro Díaz Campos	26.04.2000	18	(3)	2
Juan Eduardo Fuentes Jiménez	21.03.1995	16	(3)	
Moisés Alejandro González Torres	20.11.2000	14	(2)	1
Diego Abraham González Torres	29.04.1998	18	(2)	2
Ronald Enrique Guzmán Huaique	21.12.2001	3		
Fabián Marcelo Hormazábal Berríos	26.04.1996	28	(2)	1
Pedro Ignacio Navarro Castillo	30.03.2001		(5)	
Nicolás Alejandro Thaller (ARG)	07.09.1998	20	(3)	
Brian Nicolás Torrealba Silva	14.07.1997	18	(2)	1
Midfielders:				
Cristóbal Alonso Castillo Espinaza	04.02.2003	4	(6)	
Diego Nicolás Fernández Castro	08.03.1998	11	(12)	1
Pedro Pablo Hernández	24.10.1986	20	(5)	
Valentín Larralde (ARG)	15.11.2000	12	(3)	
Matías Nicolás Marín Vega	19.12.1999	16		6
Martín Ignacio Maturana Romero	18.01.2004	3	(7)	
Camilo Andrés Moya Carreño	19.03.1998	20	(5)	
Lucas Matías Páez (ARG)	01.01.2001		(3)	
Bryan Martín Rabello Mella	16.05.1994	9	(4)	1
Forwards:				
Francisco Andrés Arancibia Silva	12.11.1996	2	(14)	2
Matías Ismael Belmar Díaz	26.08.2002	10	(7)	4
Brian Leonel Blando (ARG)	01.04.1995	10	(4)	5
Arnaldo Castillo Benega (PAR)	09.05.1997	10	(14)	4
Facundo Ismael Castro Soto (URU)	22.01.1995	21	(5)	3
Jorge Matías Donoso Gárate	08.07.1986	4	(7)	1
Matías Francisco Meneses Letelier	28.03.1999		(3)	
Esteban Ignacio Moreira Soto	17.02.2002	13	(11)	2

CLUB DEPORTIVO PALESTINO SANTIAGO

Foundation date: August 20, 1920
Address: Avenida El Parrón 999, La Cisterna, 797-0227 Santiago
Stadium: Estadio Municipal de La Cisterna, Santiago (5,927)

| Trainer: | Pablo Andrés Sánchez (ARG) | 03.01.1973 | | |

THE SQUAD

	DOB	M	(s)	G
Goalkeepers:				
Gonzalo Antonio Collao Villegas	09.09.1997	3	(1)	
César Pablo Rigamonti (ARG)	07.04.1987	27		
Defenders:				
José Carlos Bizama Venegas	25.06.1994	10	(2)	
Antonio Alejandro Ceza Gavilán	23.11.2002	15	(3)	1
Vicente Felipe Fernández Godoy	17.02.1999	2		
Fernando Nicolás Meza (ARG)	21.03.1990	18	(2)	
Alan Tomás Riquelme Ormazábal	07.12.2003	3		
Benjamin Ignacio Rojas Ferrera	01.03.2001	11	(8)	
Iván Ramiro Román Hurtado	12.07.2006		(2)	
Cristián Fernando Suárez Figueroa	06.02.1987	22	(1)	1
Bryan Alfonso Véjar Utreras	14.07.1995	15	(4)	
Dilan Patricio Zúñiga Espinoza	26.07.1996	21	(2)	1
Midfielders:				
Joe Axel Abrigo Navarro	22.03.1995	11	(3)	3
Felipe Sebastián Chamorro Aspe	30.07.2001	4	(15)	2
Fernando Nicolás Cornejo Miranda	26.12.1995	24	(4)	5
Misael Aldair Dávila Carvajal	17.07.1991	24	(3)	10
Carlos Agustín Farías (ARG)	25.12.1987	27		2
Maicol Andrés León Muñoz	09.06.2003		(10)	
Ariel Elías Martínez Arce	10.01.1994	9	(7)	1
Nicolás Alonso Meza Muñoz	12.04.2002	4	(17)	
Forwards:				
Martín Ignacio Araya Vera	27.09.2005		(2)	
Bruno Barticciotto dí Bartolo	07.05.2001	11	(3)	3
Jonathan Óscar Benítez (ARG)	04.09.1991	21	(5)	3
Bryan Paul Carrasco Santos	31.01.1991	23	(7)	5
Hernán Daniel Rivero (ARG)	12.09.1992		(7)	
Maximiliano Nahuel Salas (ARG)	01.12.1997	25		8
Dylan Amaro Salgado Soto	12.07.2003		(4)	

CLUB UNIÓN ESPAÑOLA SANTIAGO

Foundation date: May 18, 1897
Address: Calle Julio Martínez Pradanos 1365, Independencia, 833-0072 Santiago
Stadium: Estadio „Santa Laura"-Universidad SEK, Santiago (19,977)

Trainer:	Ronald Hugo Fuentes Núñez	22.06.1969

THE SQUAD

	DOB	M	(s)	G
Goalkeepers:				
Juan José Echave Turri	24.01.2001	3		
Nicolás Guirin Chialvo (URU)	07.05.1995	4		
Alonso Ignacio Montecinos Guajardo	13.05.1999		(1)	
Sebastián Andrés Pérez Kirby	02.12.1990	23		
Defenders:				
Manuel Elías Fernández Guzmán (URU)	25.01.1989	12	(3)	1
Stefano Magnasco Galindo	28.09.1992	6		1
Luis Alberto Pávez Muñoz	17.09.1995	25		
Simón Alonso Ramírez Cuevas	03.11.1998	22	(3)	
Andrés Segovia Hernández	27.07.1997		(3)	
José Danilo Tiznado Contreras	03.09.1994	20	(1)	1
Valentín Vidal Tapia	12.05.2004	10	(10)	
Jonathan Gabriel Villagra Bustamante	28.03.2001	22	(4)	
Midfielders:				
Diego Antony Acevedo Godoy	23.02.2001	2	(8)	1
Bryan Andrés Carvallo Utreras	15.09.1996	9	(16)	2
Emanuel Rodrigo Cecchini (ARG)	24.12.1996	12	(5)	
Claudio Enrique Espinoza Espinoza	24.06.2002		(2)	
Sebastián Ignacio Leyton Hevia	13.05.1993	19	(4)	
Felipe Andres Massri Antihuay	18.02.2002	11	(12)	1
Mauro Jesús Maureira Maureira	01.06.2001		(1)	
Ignacio Antonio Núñez Estrada	15.01.1999	22	(3)	1
Jeremy Nicolás Silva González	08.02.2001	1	(3)	
Ariel Alfonso Uribe Lepe	14.02.1999	23	(3)	5
Rodrigo Ignacio Vásquez Navarrete	09.04.2005		(1)	
Forwards:				
Vicente Javier Conelli González	07.01.2003	5	(12)	2
Benjamín Ignacio Galdames Millán (MEX)	24.02.2001	7	(7)	
Leandro Julián Garate (ARG)	02.09.1993	30		14
Gabriel Adonis Norambuena Moraga	07.05.2003	11	(8)	
Rodrigo Andrés Piñeiro Silva (URU)	05.05.1999	19	(2)	11
Thomas Rodríguez Trogsar	05.04.1996	3	(6)	
Bastián Jean Paul Yáñez Miranda	27.06.2001	9	(13)	

CLUB DEPORTIVO UNIÓN LA CALERA

Foundation date: January 26, 1954
Address: Lord Cochrane 308, La Calera, Quillota
Stadium: Estadio Municipal „Nicolás Chahuán", La Calera (9,211)

Trainer:		
	Gerardo Pablo Ameli (ARG)	18.09.1970
[12.05.2023]	Carlos Patricio Galdames Vásquez	01.03.1980
[17.05.2023]	Martín Leonel Cicotello (ARG)	14.05.1981

THE SQUAD

	DOB	M	(s)	G
Goalkeepers:				
Gabriel Omar Carabalí Quiñónez	12.06.1997	26		
Fernando Andrés Otárola (ARG)	04.02.1986	4		
Defenders:				
Tomás Pablo Asta-Buruaga Montoya	11.10.1996	27	(1)	1
Leandro Enrique Díaz Parra	16.03.1999	21	(4)	
Enzo Nicolás Ferrario Argüello	03.03.2000	5	(1)	
Juan Pablo Freytes (ARG)	11.01.2000	19	(5)	2
Hernán Ezequiel Lópes (ARG)	28.03.1991	18	(3)	1
Nicolás Ignacio Peñailillo Acuña	13.06.1991	3	(8)	
John Michael Salas Torres	12.10.1996	6	(8)	
Francisco Antonio Salinas Concha	04.12.1999	21	(4)	2
Diego Mauricio Sanhueza Hemmelmann	30.06.2002	1	(1)	
Midfielders:				
Nelson Fernando Acevedo (ARG)	11.07.1988	7	(1)	
Nicolás Alejandro Aedo Muñoz	06.04.2001		(8)	
William Héctor Alarcón Cepeda	29.11.2000	7		1
Diego Mario Buonanotte Rende (ARG)	19.04.1988	20	(10)	3
Patricio Alessandro Flores Bascur	30.01.2002	2	(6)	
Brayan Andrés Garrido Martínez	22.01.1999	7	(13)	
Farick Teofilo Noé Haddad Dubo	19.12.2002		(2)	
Augusto Max (ARG)	10.08.1992	11	(4)	
César Ignacio Pérez Maldonado	29.11.2002	24	(3)	6
Esteban Cristobal Valencia Reyes	13.08.1999	24	(3)	
Forwards:				
Matías Cavalleri Lopetegui	08.04.1998	17	(3)	4
Juan Carlos Darío Gaete Contreras	21.05.1997	6	(8)	2
Sebastián Ariel Lomónaco (ARG)	17.09.1998	13	(14)	4
Nicolás Iván Orellana Acuña	03.09.1995	19	(7)	4
Lucas Giuliano Passerini (ARG)	16.07.1994	12	(2)	7
Bairo Riveros Carvajal	24.02.1999		(8)	1
Germán Agustín Rodríguez Rosano (URU)	10.02.1998	10	(2)	4

CLUB DEPORTIVO UNIVERSIDAD CATÓLICA SANTIAGO

Foundation date: April 21, 1937
Address: Avenida Andrés Bello 2782, Las Condes, 755-0006 Santiago
Stadium: Estadio „Santa Laura"-Universidad SEK, Santiago (19,977)

Trainer:	Ariel Enrique Holan (ARG)	14.09.1960
[19.07.2023]	Rodrigo Valenzuela Avilés	27.11.1975
[24.07.2023]	Nicolás Arnaldo Núñez Rojas	12.09.1984

THE SQUAD

	DOB	M	(s)	G
Goalkeepers:				
Matías Ezequiel Dituro (ARG)	08.05.1987	15		
Nicolás Aldo Peranic (ARG)	02.06.1985	15		
Defenders:				
Erwin Branco Ampuero Vera	19.07.1993	21	(2)	
Guillermo Enio Burdisso (ARG)	26.09.1988	12	(3)	
Daniel Enrique González Orellana	20.02.2002	9	(9)	
Mauricio Anibal Isla Isla	12.06.1988	9	(1)	1
Gary Christofer Kagelmacher Pérez (URU)	21.04.1988	22		3
Eugenio Esteban Mena Reveco	18.07.1988	20	(1)	1
Byron Rodrigo Nieto Salinas	03.02.1998	14	(10)	
Alfonso Cristián Parot Rojas	15.10.1989	16	(10)	
Midfielders:				
Bryan David González Guzmán	23.02.2003	2		
Jorge Eduardo Ortíz Torres	23.01.2004	5	(7)	1
César Ignacio Pinares Tamayo	23.05.1991	18	(3)	2
Juan Francisco Rossel Corozo	17.03.2005		(3)	
Brayan Andrés Rovira Ferreira (COL)	02.12.1996	16	(5)	
Ignacio Antonio Saavedra Pino	12.01.1999	28		
Forwards:				
Alexander Ernesto Aravena Guzman	06.09.2002	27	(1)	13
Axel Milovan Cerda Ponce	13.04.2006		(1)	
Diego Corral Contreras	09.03.2005		(2)	
Cristian Alejandro Cuevas Jara	02.04.1995	19	(9)	2
Franco Matías Di Santo (ARG)	07.04.1989	12	(8)	2
Luis Felipe Hernández Maluenda	12.01.2004		(5)	
Clemente José Montes Barroilhet	25.04.2001	13	(2)	1
Diego Ossa Vives	14.04.2004	1		
Gonzalo Andrés Tapia Dubournais	18.02.2002	9	(16)	4
Fernando Matías Zampedri (ARG)	14.02.1988	27	(1)	17

CLUB UNIVERSIDAD DE CHILE SANTIAGO

Foundation date: May 24, 1927
Address: Avenida Campo de Deportes 565, Ñuñoa, 775-0332 Santiago
Stadium: Estadio „Santa Laura"-Universidad SEK, Santiago (19,977)

| Trainer: | Mauricio Andrés Pellegrino Luna (ARG) | 05.10.1971 |

THE SQUAD

	DOB	M	(s)	G
Goalkeepers:				
Cristóbal Alejandro Campos Véliz	27.08.1999	21		
Cristopher Benjamín Toselli Ríos	15.06.1988	9	(1)	
Defenders:				
Yonathan Wladimir Andía León	06.08.1992	12	(15)	
Luis Ignacio Casanova Sandoval	01.07.1992	28		1
José Ignacio Castro Mena	13.10.2001	8		
Nery Andrés Domínguez (ARG)	09.04.1990	19	(4)	
Vicente Felipe Fernández Godoy	17.02.1999	2	(4)	
Juan Pablo Gómez Vidal (ARG)	11.05.1991	19	(6)	
Marcelo Ariel Morales Suárez	06.06.2003	19	(2)	
Daniel Alejandro Navarrete Candia	17.04.2001		(2)	
Ignacio Alejandro Tapia Bustamante	22.02.1999	5	(6)	1
Matías Ezequiel Zaldivia (ARG)	22.01.1991	23		
Midfielders:				
Lucas Humberto Assadi Reygadas	08.01.2004	13	(12)	3
Renato Antonio Cordero Romo	16.04.2003	9	(3)	
Enzo Bastián Fernández Pitto	26.03.2002		(1)	
Jeison Joaquín Fuentealba Vergara	10.01.2003	3	(17)	1
Luis Felipe Gallegos Leiva	03.12.1991	2	(1)	
Federico Joel Mateos (ARG)	28.03.1993	18	(2)	2
Mauricio Gerardo Morales Olivares	07.01.2000	1	(6)	
Pedro Emmanuel Ojeda (ARG)	05.11.1997	20	(4)	
Israel Elías Poblete Zúñiga	22.06.1995	24	(3)	2
Forwards:				
Leandro Miguel Fernández (ARG)	12.03.1991	22	(4)	10
Nicolás Bastián Guerra Ruz	09.01.1999	20	(7)	6
Renato Huerta Vallejos	17.02.2004	6	(7)	
César Franco Lobos Asman	22.02.1999		(10)	
Darío Esteban Osorio Osorio	24.01.2004	12	(5)	3
Cristian Martín Palacios Ferreira (URU)	02.09.1990	15	(9)	9
Cristian Leandro Pardo López	10.01.2003		(1)	
Jeisson Andrés Vargas Salazar	15.09.1997		(3)	

SECOND LEVEL
Campeonato Nacional de Primera División B del Fútbol Profesional Chileno 2023 / Campeonato Nacional "Ascenso Betsson" 2023

1.	CD Cobreloa Calama (*Promoted*)	30	16	6	8	41 - 30	54
2.	CD Iquique	30	14	10	6	54 - 39	52
3.	CD Santiago Wanderers Valparaíso	30	14	9	7	37 - 28	51
4.	CD Temuco	30	14	8	8	39 - 36	50
5.	CD Antofagasta	30	14	4	12	50 - 38	46
6.	CD San Luis de Quillota	30	12	8	10	43 - 31	44
7.	CD La Serena	30	13	5	12	38 - 39	44
8.	CD Unión San Felipe	30	11	8	11	40 - 34	41
9.	Athletic Club Barnechea	30	11	8	11	40 - 41	41
10.	CD San Marcos de Arica	30	11	7	12	51 - 52	40
11.	CSD Rangers Talca	30	10	6	14	35 - 47	36
12.	CD Santiago Morning	30	9	7	14	32 - 38	34
13.	CD Universidad de Concepción	30	9	7	14	35 - 48	34
14.	CD Santa Cruz	30	8	9	13	27 - 36	33
15.	CD Recoleta Santiago	30	7	9	14	34 - 43	30
16.	CD Puerto Montt (*Relegated*)	30	7	9	14	25 - 41	30

Runners-up were qualified for the Promotion Play-offs Semi-Finals, while teams ranked 3-8 advanced to the Promotion Play-offs Quarter-Finals.

Promotion Play-offs – Liguilla de Promoción

Quarter-Finals [08/09/10-14/15.11.2023]
CD La Serena - CD Temuco	1-0(1-0)	0-1 aet; 1-3 pen
CD San Luis de Quillota - CD Antofagasta	1-1(0-1)	1-1 aet; 5-6 pen
CD Unión San Felipe - CD Santiago Wanderers Valparaíso	2-1(0-1)	0-2(0-1)

Semi-Finals [19-26.11.2023]
CD Antofagasta - CD Iquique	2-2(0-0)	0-3(0-1)
CD Temuco - CD Santiago Wanderers Valparaíso	2-3(0-2)	0-1(0-0)

Promotion Play-off Final [23-27.11.2023]
CD Santiago Wanderers Valparaíso - CD Iquique	1-1(0-0)
CD Iquique - CD Santiago Wanderers Valparaíso	3-3(2-1,3-3,3-3); 3-2 pen

CD Iquique promoted to the Primera División de Chile 2024

THE NATIONAL TEAM 2023

INTERNATIONAL MATCHES
(16.07.2023 – 31.12.2023)

08.09.2023	Montevideo	Uruguay - Chile	3-1(2-0)	(WCQ)
12.09.2023	Santiago	Chile - Colombia	0-0	(WCQ)
12.10.2023	Santiago	Chile - Peru	2-0(0-0)	(WCQ)
17.10.2023	Maturín	Venezuela - Chile	3-0(1-0)	(WCQ)
16.11.2023	Santiago	Chile - Paraguay	0-0	(WCQ)
21.11.2023	Quito	Ecuador - Chile	1-0(1-0)	(WCQ)

08.09.2023, 23rd FIFA World Cup Qualifiers
Estadio Centenario, Montevideo; Attendance: 49,713
Referee: Darío Humberto Herrera (Argentina)
URUGUAY - CHILE **3-1(2-0)**
CHI: Brayan Josué Cortés Fernández (11/0), Nayel Rayan Mehssatou Sepúlveda (8/0) [67.Juan Antonio Delgado Baeza (14/1)], Gary Alexis Medel Soto (Cap) (157/7), Guillermo Alfonso Maripán Loaysa (43/2), Gabriel Alonso Suazo Urbina (17/0), Diego Alfonso Valdés Contreras (27/1), Erick Antonio Pulgar Farfán (44/4), Charles Mariano Aránguiz Sandoval (98/7) [67.Arturo Erasmo Vidal Pardo (141/34)], Marcelino Ignacio Núñez Espinoza (19/3) [90.Rodrigo Eduardo Echeverría Sáez (3/1)], Alexander Ernesto Aravena Guzmán (4/0) [82.Darío Esteban Osorio Osorio (4/0)], Benjamin Anthony Brereton Díaz (22/7). Trainer: Manuel Eduardo Berizzo Magnolo (Argentina, 12).
Goal: Arturo Erasmo Vidal Pardo (74).

12.09.2023, 23rd FIFA World Cup Qualifiers
Estadio Monumental "David Arellano", Santiago; Attendance: 22,153
Referee: Jesús Noel Valenzuela Sáez (Venezuela)
CHILE - COLOMBIA **0-0**
CHI: Brayan Josué Cortés Fernández (12/0), Matías Ezequiel Catalán (3/0) [73.Juan Antonio Delgado Baeza (15/1)], Gary Alexis Medel Soto (Cap) (158/7), Guillermo Alfonso Maripán Loaysa (44/2), Gabriel Alonso Suazo Urbina (18/0), Rodrigo Eduardo Echeverría Sáez (4/1), Erick Antonio Pulgar Farfán (45/4), Diego Alfonso Valdés Contreras (28/1), Arturo Erasmo Vidal Pardo (142/34) [73.Charles Mariano Aránguiz Sandoval (99/7)], Benjamin Anthony Brereton Díaz (23/7) [76.Alexander Ernesto Aravena Guzmán (6/0)], Alexis Alejandro Sánchez Sánchez (156/51). Trainer: Manuel Eduardo Berizzo Magnolo (Argentina, 13).

12.10.2023, 23rd FIFA World Cup Qualifiers
Estadio Monumental "David Arellano", Santiago; Attendance: 36,847
Referee: Wilmar Alexander Roldán Pérez (Colombia)
CHILE - PERU **2-0(0-0)**
CHI: Brayan Josué Cortés Fernández (13/0), Matías Ezequiel Catalán (4/0) [13.Paulo César Díaz Huincales (41/1)], Gary Alexis Medel Soto (Cap) (159/7), Guillermo Alfonso Maripán Loaysa (45/2) [46.Matías Ignacio Fernández Cordero (1/0)], Gabriel Alonso Suazo Urbina (19/0), Erick Antonio Pulgar Farfán (46/4), Víctor Felipe Méndez Obando (10/0) [80.Charles Mariano Aránguiz Sandoval (**100**/7)], Rodrigo Eduardo Echeverría Sáez (5/1), Diego Alfonso Valdés Contreras (29/2) [89.Marcelino Ignacio Núñez Espinoza (20/4)], Benjamin Anthony Brereton Díaz (24/7) [80.Alexander Ernesto Aravena Guzmán (6/0)], Alexis Alejandro Sánchez Sánchez (157/51). Trainer: Manuel Eduardo Berizzo Magnolo (Argentina, 14).
Goals: Diego Alfonso Valdés Contreras (74), Marcelino Ignacio Núñez Espinoza (90+1).

17.10.2023, 23rd FIFA World Cup Qualifiers
Estadio Monumental, Maturín; Attendance: 50,932
Referee: Flavio Rodrigues de Souza (Brazil)
VENEZUELA - CHILE **3-0(1-0)**
CHI: Brayan Josué Cortés Fernández (14/0), Felipe Ignacio Loyola Olea (1/0), Gary Alexis Medel Soto (Cap) (160/7), Paulo César Díaz Huincales (42/1), Gabriel Alonso Suazo Urbina (20/0), Rodrigo Eduardo Echeverría Sáez (6/1), Charles Mariano Aránguiz Sandoval (101/7) [46.Marcelino Ignacio Núñez Espinoza (21/4) [*sent off 59*]], Víctor Felipe Méndez Obando (11/0) [68.Víctor Alejandro Dávila Zavala (6/0)], Diego Alfonso Valdés Contreras (30/2) [22.Darío Esteban Osorio Osorio (5/0); 81.Williams Héctor Alarcón Cepeda (5/0)], Benjamin Anthony Brereton Díaz (25/7) [68.Alexander Ernesto Aravena Guzmán (7/0)], Alexis Alejandro Sánchez Sánchez (158/51). Trainer: Manuel Eduardo Berizzo Magnolo (Argentina, 15).

16.11.2023, 23rd FIFA World Cup Qualifiers
Estadio Monumental "David Arellano", Santiago; Attendance: 30,076
Referee: Fernando Andrés Rapallini (Argentina)
CHILE - PARAGUAY **0-0**
CHI: Brayan Josué Cortés Fernández (15/0), Paulo César Díaz Huincales (43/1) [78.Felipe Ignacio Loyola Olea (2/0)], Gary Alexis Medel Soto (Cap) (161/7), Guillermo Alfonso Maripán Loaysa (46/2), Gabriel Alonso Suazo Urbina (21/0), Rodrigo Eduardo Echeverría Sáez (7/1) [61.Víctor Felipe Méndez Obando (12/0) [*sent off 88*]], Erick Antonio Pulgar Farfán (47/4), Víctor Alejandro Dávila Zavala (7/0) [78.Maximiliano Gabriel Guerrero Peña (1/0)], Benjamin Anthony Brereton Díaz (26/7) [61.Alexander Ernesto Aravena Guzmán (8/0)], Alexis Alejandro Sánchez Sánchez (159/51), Damián Nicolás Pizarro Huenuqueo (1/0). Trainer: Manuel Eduardo Berizzo Magnolo (Argentina, 16).

21.11.2023, 23rd FIFA World Cup Qualifiers
Estadio "Rodrigo Paz Delgado", Quito; Attendance: 36,873
Referee: Anderson Daronco (Brazil)
ECUADOR - CHILE **1-0(1-0)**
CHI: Brayan Josué Cortés Fernández (16/0), Matías Ezequiel Catalán (5/0), Guillermo Alfonso Maripán Loaysa (47/2), Paulo César Díaz Huincales (44/1), Gabriel Alonso Suazo Urbina (22/0), Marcelino Ignacio Núñez Espinoza (22/4) [79.Darío Esteban Osorio Osorio (6/0)], Erick Antonio Pulgar Farfán (48/4) [70.César Ignacio Pérez Maldonado (1/0)], Felipe Ignacio Loyola Olea (3/0) [55.Víctor Alejandro Dávila Zavala (8/0)], Rodrigo Eduardo Echeverría Sáez (8/1) [79.Vicente Tomás Pizarro Durcudoy (1/0)], Alexander Ernesto Aravena Guzmán (9/0) [55.Benjamin Anthony Brereton Díaz (27/7)], Alexis Alejandro Sánchez Sánchez (Cap) (160/51). Trainer: Nicolás Andrés Córdova San Cristóbal (1).

NATIONAL TEAM PLAYERS 2023			
Name	DOB	Caps	Goals
[Club 2023]			

(Caps and goals at 31.12.2023)

Goalkeepers

Brayan Josué CORTÉS FERNÁNDEZ *[CSD Colo-Colo Santiago]*	11.03.1995	16	0

Defenders

Matías Ezequiel CATALÁN *[CA Talleres Córdoba (ARG)]*	19.08.1992	5	0
Juan Antonio DELGADO Baeza *[Sheffield Wednesday FC (ENG)]*	05.03.1993	15	1
Paulo César DÍAZ Huincales *[CA River Plate Buenos Aires (ARG)]*	24.03.1994	44	1
Matías Ignacio FERNÁNDEZ Cordero *[CARE Independiente del Valle Sangolquí (ECU)]*	14.08.1995	1	0
Felipe Ignacio LOYOLA Olea *[CD Huachipato Talcahuano]*	09.11.2000	3	0
Guillermo Alfonso MARIPÁN Loaysa *[AS Monaco FC (FRA)]*	06.05.1994	47	2
Gary Alexis MEDEL Soto *[CR Vasco da Gama Rio de Janeiro (BRA)]*	03.08.1987	161	7
Nayel Rayan MEHSSATOU Sepúlveda *[KV Kortrijk (BEL)]*	08.08.2002	8	0
Gabriel Alonso SUAZO Urbina *[Toulouse FC (FRA)]*	09.08.1997	22	0

Midfielders

Name	DOB	Caps	Goals
Williams Héctor ALARCÓN Cepeda *[CA Huracán Buenos Aires (ARG)]*	29.11.2000	5	0
Charles Mariano ARÁNGUIZ Sandoval *[SC Internacional Porto Alegre (BRA)]*	17.04.1989	101	7
Rodrigo Eduardo ECHEVERRÍA Sáez *[CA Huracán Buenos Aires (ARG)]*	17.05.1995	8	1
Víctor Felipe MÉNDEZ Obando *[FK CSKA Moskva (RUS)]*	23.09.1999	12	0
Marcelino Ignacio NUÑEZ Espinoza *[Norwich City FC (ENG)]*	01.03.2000	22	4
Darío Esteban OSORIO Osorio *[FC Midtjyllland Herning (DEN)]*	24.01.2004	6	0
César Ignacio PÉREZ Maldonado *CD Unión La Calera [ ]*	29.11.2002	1	0
Erick Antonio PULGAR Farfán *[CR Flamengo Rio de Janeiro (BRA)]*	15.01.1994	48	4
Diego Alfonso VALDÉS Contreras *[CF América Ciudad de México (MEX)]*	30.01.1994	30	2
Arturo Erasmo VIDAL Pardo *[Club Athletico Paranaense (BRA)]*	22.05.1987	142	33

Forwards

Name	DOB	Caps	Goals
Alexander Ernesto ARAVENA Guzmán *[CD Universidad Católica Santiago]*	06.09.2002	9	0
Benjamin Anthony BRERETON Díaz *[Villarreal CF (ESP)]*	18.04.1999	27	7
Víctor Alejandro DÁVILA Zavala *[FK CSKA Moskva (RUS)]*	04.11.1997	8	0
Maximiliano Gabriel GUERRERO Peña *[Club Universidad de Chile]*	15.01.2000	1	0
Damián Nicolás PIZARRO Huenuqueo *[CSD Colo-Colo Santiago]*	28.03.2005	1	0
Vicente Tomás PIZARRO Durcudoy *[CSD Colo-Colo Santiago]*	05.11.2002	1	0
Alexis Alejandro SÁNCHEZ Sánchez *[FC Internazionale Milano (ITA)]*	19.12.1988	160	51

National coach

Name	DOB	Record
Manuel Eduardo BERIZZO Magnolo (Argentina) [26.05.2022 – 17.11.2023]	13.11.1969	16 M; 4 W; 6 D; 6 L; 16-17
Nicolás Andrés CÓRDOVA San Cristóbal [from 18.11.2023]	09.02.1979	1 M; 0 W; 0 D; 1 L; 0-1

COLOMBIA

The FA:
Federación Colombiana de Fútbol
Carrera 45 A No. 94-06, Pisos 6, 7 y 8, Bogotá D.C.
Year of Formation: 1924
Member of FIFA since: 1936
Member of CONMEBOL since: 1936
Internet: fcf.com.co

The Country:
República de Colombia (Republic of Colombia)
Capital: Bogotá
Surface: 1,141,748 km²
Inhabitants: 49,336,454 [2023]
Time: UTC-5

NATIONAL TEAM RECORDS

First international match:
10.02.1938, Ciudad de Panamá: Mexico – Colombia 3-1

Most international caps:	Most international goals:
David Ospina Ramírez	Radamel Falcao García Zárate
128 caps (since 2007)	**36 goals** / 104 caps (since 2007)

OLYMPIC FOOTBALL TOURNAMENTS 1908-2020

1908	Did not enter		1976	Qualifiers
1912	Did not enter		1980	Final Tournament (Group Stage)
1920	Did not enter		1984	Qualifiers
1924	Did not enter		1988	Qualifiers
1928	Did not enter		1992	Final Tournament (Group Stage)
1936	Did not enter		1996	Qualifiers
1948	Did not enter		2000	Qualifiers
1952	Did not enter		2004	Qualifiers
1956	Did not enter		2008	Qualifiers
1960	Qualifiers		2012	Qualifiers
1964	Qualifiers		2016	Final Tournament (Quarter-Finals)
1968	Final Tournament (Group Stage)		2020	Qualifiers
1972	Final Tournament (Group Stage)			

FIFA CONFEDERATIONS CUP 1992-2017

2003 (4th Place)

COPA AMÉRICA	
1916	Did not enter
1917	Did not enter
1919	Did not enter
1920	Did not enter
1921	Did not enter
1922	Did not enter
1923	Did not enter
1924	Did not enter
1925	Did not enter
1926	Did not enter
1927	Did not enter
1929	Did not enter
1935	Did not enter
1937	Did not enter
1939	Did not enter
1941	Did not enter
1942	Did not enter
1945	5th Place
1946	*Withdrew*
1947	8th Place
1949	8th Place
1953	*Withdrew*
1955	*Withdrew*
1956	*Withdrew*
1957	5th Place
1959	*Withdrew*
1959E	*Withdrew*
1963	7th Place
1967	Qualifying Round
1975	Runners-up
1979	Round 1
1983	Round 1
1987	3rd Place
1989	Group Stage
1991	4th Place
1993	3rd Place
1995	3rd Place
1997	Quarter-Finals
1999	Quarter-Finals
2001	**Winners**
2004	4th Place
2007	Group Stage
2011	Quarter-Finals
2015	Quarter-Finals
2016	3rd Place
2019	Quarter-Finals
2021	3rd Place

FIFA WORLD CUP	
1930	Did not enter
1934	Did not enter
1938	*Withdrew*
1950	Did not enter
1954	Did not enter
1958	Qualifiers
1962	Final Tournament (Group Stage)
1966	Qualifiers
1970	Qualifiers
1974	Qualifiers
1978	Qualifiers
1982	Qualifiers
1986	Qualifiers
1990	Final Tournament (2nd Round of 16)
1994	Final Tournament (Group Stage)
1998	Final Tournament (Group Stage)
2002	Qualifiers
2006	Qualifiers
2010	Qualifiers
2014	Final Tournament (Quarter-Finals)
2018	Final Tournament (2nd Round of 16)
2022	Qualifiers

COLOMBIAN CLUB HONOURS IN SOUTH AMERICAN CLUB COMPETITIONS:

COPA LIBERTADORES 1960-2023		
Atlético Nacional Medellín	2	1989, 2016
CD Once Caldas Manizales	1	2004

COPA SUDAMERICANA 2002-2023		
Club Independiente Santa Fe Bogotá	1	2015

RECOPA SUDAMERICANA 1989-2023		
Atlético Nacional Medellín	1	2017

COPA CONMEBOL[1] 1992-1999
None

SUPERCUP „JOÃO HAVELANGE"[1] 1988-1997*
None

COPA MERCONORTE[1] 1998-2001**		
Atlético Nacional Medellín	2	1998, 2000
Corporación Deportiva América de Cali	1	1999
Millonarios FC Bogotá	1	2001

[1] defunct competition
*Contested betwenn winners of all previous editions of the Copa Libertadores
**Contested between teams belonging countries from the northern part of South America (Bolivia, Colombia, Ecuador, Peru and Venezuela).

NATIONAL COMPETITIONS
TABLE OF HONOURS

NATIONAL CHAMPIONS 1948-2023	
1948	Independiente Santa Fé Bogotá[1]
1949	CD Los Millonarios Bogotá
1950	CD Once Caldas Manizales
1951	CD Los Millonarios Bogotá
1952	CD Los Millonarios Bogotá
1953	CD Los Millonarios Bogotá
1954	Club Atlético Nacional Medellín
1955	CD Independiente Medellín
1956	Deportes Quindío Armenia
1957	CD Independiente Medellín
1958	Independiente Santa Fé Bogotá
1959	CD Los Millonarios Bogotá
1960	Independiente Santa Fé Bogotá
1961	CD Los Millonarios Bogotá
1962	CD Los Millonarios Bogotá
1963	CD Los Millonarios Bogotá
1964	CD Los Millonarios Bogotá
1965	Asociación Deportivo Cali

1966	Independiente Santa Fé Bogotá	
1967	Asociación Deportivo Cali	
1968	AD Unión Magdalena Santa Marta	
1969	Asociación Deportivo Cali	
1970	Asociación Deportivo Cali	
1971	Independiente Santa Fé Bogotá	
1972	CD Los Millonarios Bogotá	
1973	Club Atlético Nacional Medellín	
1974	Asociación Deportivo Cali	
1975	Independiente Santa Fé Bogotá	
1976	Club Atlético Nacional Medellín	
1977	CDPJ Atlético Junior Barranquilla	
1978	CD Los Millonarios Bogotá	
1979	CD América de Cali	
1980	CDPJ Atlético Junior Barranquilla	
1981	Club Atlético Nacional Medellín	
1982	CD América de Cali	
1983	CD América de Cali	
1984	CD América de Cali	
1985	CD América de Cali	
1986	CD América de Cali	
1987	CD Los Millonarios Bogotá	
1988	CD Los Millonarios Bogotá	
1989	*Championship cancelled*	
1990	CD América de Cali	
1991	Club Atlético Nacional Medellín	
1992	CD América de Cali	
1993	CDPJ Atlético Junior Barranquilla	
1994	Club Atlético Nacional Medellín	
1995	CDPJ Atlético Junior Barranquilla[2]	
1995/1996	Asociación Deportivo Cali	
1996/1997	CD América de Cali	
1998	Asociación Deportivo Cali	
1999	Club Atlético Nacional Medellín	
2000	CD América de Cali	
2001	CD América de Cali	
2002	Ape:	CD América de Cali
	Fin:	CD Independiente Medellín
2003	Ape:	CD Once Caldas Manizales
	Fin:	CC Deportes Tolima Ibagué
2004	Ape:	CD Independiente Medellín
	Fin:	CDPJ Atlético Junior Barranquilla
2005	Ape:	Club Atlético Nacional Medellín
	Fin:	Asociación Deportivo Cali
2006	Ape:	Asociación Deportivo Pasto
	Fin:	CN Cúcuta Deportivo
2007	Ape:	Club Atlético Nacional Medellín
	Fin:	Club Atlético Nacional Medellín
2008	Ape:	Boyacá Chicó FC Tunja
	Fin:	CD América de Cali
2009	Ape:	CD Once Caldas Manizales
	Fin:	CD Independiente Medellín

2010	Ape:	CDP Junior FC Barranquilla
	Fin:	CD Once Caldas Manizales
2011	Ape:	Club Atlético Nacional Medellín
	Fin:	CDP Junior FC Barranquilla
2012	Ape:	Santa Fe CD Bogotá
	Fin:	CD Los Millonarios Bogotá
2013	Ape:	Club Atlético Nacional Medellín
	Fin:	Club Atlético Nacional Medellín
2014	Ape:	Club Atlético Nacional Medellín
	Fin:	Santa Fe CD Bogotá
2015	Ape:	Asociación Deportivo Cali
	Fin:	Club Atlético Nacional Medellín
2016	Ape:	CD Independiente Medellín
	Fin:	Club Independiente Santa Fe Bogotá
2017	Ape:	Club Atlético Nacional Medellín
	Fin:	CD Los Millonarios Bogotá
2018	Ape:	CC Deportes Tolima Ibagué
	Fin:	CDP Junior FC Barranquilla
2019	Ape:	CDP Junior FC Barranquilla
	Fin:	SAD América de Cali
2020	Ape:	SAD América de Cali
2021	Ape:	CD Tolima Ibagué
	Fin:	Asociación Deportivo Cali
2022	Ape:	Club Atlético Nacional Medellín
	Fin:	CS Deportivo y Cultural Pereira
2023	Ape:	Millonarios FC Bogotá
	Fin:	CDP Junior FC Barranquilla

[1]became Santa Fe CD Bogotá.
[2]became CDP Junior FC Barranquilla.

	BEST GOALSCORERS	
1948	Alfredo Castillo (ARG, CD Los Millonarios Bogotá)	31
1949	Pedro Cabillón (ARG, CD Los Millonarios Bogotá)	42
1950	Casimiro Ávalos (PAR, CSDC de Pereira)	27
1951	Alfredo Stéfano Di Stéfano Laulhé (ARG, CD Los Millonarios Bogotá)	31
1952	Alfredo Stéfano Di Stéfano Laulhé (ARG, CD Los Millonarios Bogotá)	19
1953	Mario Garelli (ARG, Deportes Quindío Armenia)	20
1954	Carlos Alberto Gambina (ARG, Club Atlético Nacional Medellín)	21
1955	Felipe Marino (ARG, CD Independiente Medellín)	22
1956	Jaime Gutiérrez (Deportes Quindío Armenia)	21
1957	José Vicente Grecco (ARG, CD Independiente Medellín)	30
1958	José Americo Montanini (ARG, Club Atlético Bucaramanga CD)	36
1959	Felipe Marino (ARG, CN Cúcuta Deportivo)	35
1960	Walter Marcolini (ARG, Asociación Deportivo Cali)	30
1961	Alberto Perazzo (ARG, Independiente Santa Fé Bogotá)	32
1962	José Omar Verdún (URU, CN Cúcuta Deportivo)	36
1963	Omar Lorenzo Devanni (ARG, Club Atlético Bucaramanga CD) José Omar Verdún (URU, CN Cúcuta Deportivo)	36
1964	Omar Lorenzo Devanni (ARG, AD Unión Magdalena Santa Marta / Club Atlético Bucaramanga CD)	28

Year	Player	Goals
1965	Perfecto Rodríguez (ARG, CD Independiente Medellín)	38
1966	Omar Lorenzo Devanni (ARG, Independiente Santa Fé Bogotá)	31
1967	José María Ferrero (ARG, CD Los Millonarios Bogotá)	38
1968	José María Ferrero (ARG, CD Los Millonarios Bogotá)	32
1969	Hugo Horacio Londero (ARG, CD América de Cali)	25
1970	José María Ferrero (ARG, CN Cúcuta Deportivo) Walter Sosa (URU, Independiente Santa Fé Bogotá)	27
1971	Hugo Horacio Londero (ARG, CN Cúcuta Deportivo) Apolinar Paniagua (PAR, CSDC de Pereira)	30
1972	Hugo Horacio Londero (ARG, CN Cúcuta Deportivo)	27
1973	Nelson Silva Pacheco (URU, CN Cúcuta Deportivo)	36
1974	Víctor Ephanor (BRA, CDPJ Atlético Junior Barranquilla)	33
1975	Jorge Ramón Cáceres (ARG, CSDC de Pereira)	35
1976	Miguel Ángel Converti (ARG, CD Los Millonarios Bogotá)	33
1977	Oswaldo Marcial Palavecino (ARG, Club Atlético Nacional Medellín)	33
1978	Oswaldo Marcial Palavecino (ARG, Club Atlético Nacional Medellín)	36
1979	Juan José Irigiyon (ARG, CD Los Millonarios Bogotá)	36
1980	Sergio Cierra (ARG, CSDC de Pereira)	26
1981	Víctor Hugo Del Río (ARG, CC Deportes Tolima Ibagué)	29
1982	Miguel Oswaldo González (ARG, Club Atlético Bucaramanga CD)	27
1983	Hugo Ernesto Gottardi (ARG, Independiente Santa Fé Bogotá)	29
1984	Hugo Ernesto Gottardi (ARG, Independiente Santa Fé Bogotá)	23
1985	Miguel Oswaldo González (ARG, Club Atlético Bucaramanga CD)	34
1986	Hugo Ramón Sosa (ARG, CD Independiente Medellín)	23
1987	Jorge Orlando Aravena Plaza (CHI, Asociación Deportivo Cali)	23
1988	Sergio Angulo Bolaños (Independiente Santa Fé Bogotá)	29
1989	Héctor Gerardo Móndez (URU, CSDC de Pereira)	17
1990	Antony William de Ávila Charris (CD América de Cali)	25
1991	Sergio Angulo Bolaños (CDPJ Atlético Junior Barranquilla)	30
1992	John Jairo Tréllez (Club Atlético Nacional Medellín)	25
1993	Miguel Guerrero (CDPJ Atlético Junior Barranquilla)	34
1994	Rubén Darío Hernández (Club Atlético Nacional Medellín / CSDC de Pereira / CD América de Cali)	32
1995	Iván René Valenciano Pérez (CDPJ Atlético Junior Barranquilla)	24
1995/1996	Iván René Valenciano Pérez (CDPJ Atlético Junior Barranquilla)	36
1996/1997	Hamilton Ricard Cuesta (Asociación Deportivo Cali)	36
1998	Víctor Manuel Bonilla Hinestroza (Asociación Deportivo Cali)	37
1999	Sergio Galván Rey (ARG, CD Once Caldas Manizales)	26
2000	Carlos Alberto Castro (CD Los Millonarios Bogotá)	24
2001	Carlos Alberto Castro (CD Los Millonarios Bogotá) Jorge Horacio Serna Castañeda (CD Independiente Medellín)	29
2002	Ape: Luis Fernando Zuleta (AD Unión Magdalena Santa Marta)	13
2002	Fin: Orlando Enrique Ballesteros Santos (Club Atlético Bucaramanga CD) Milton Fabián Rodríguez Suárez (CSDC de Pereira)	13
2003	Ape: Arnulfo Valentierra Cuero (CD Once Caldas Manizales)	13
2003	Fin: Léider Calimenio Preciado Guerrero (Asociación Deportivo Cali)	17
2004	Ape: Sergio Darío Herrera Month (CD América de Cali)	13
2004	Fin: Leonardo Fabio Moreno Cortés (CD América de Cali) Léider Calimenio Preciado Guerrero (Independiente Santa Fé Bogotá)	15

2005	Ape:	Víctor Hugo Aristizábal Posada (Club Atlético Nacional Medellín)	16
	Fin:	Jémerson Rentería (Independiente Santa Fé Bogotá)	
		Hugo Rodallega Martínez (Asociación Deportivo Cali)	12
2006	Ape:	Jorge Moreno (CN Cúcuta Deportivo)	15
	Fin:	Diego Álvarez (CD Independiente Medellín)	
		John Jairo Charria Escobar (CC Deportes Tolima Ibagué)	11
2007	Ape:	Fredy Henkyer Montero Muñoz Jr. (CD Atlético Huila Neiva)	
		Sergio Galván Rey (Club Atlético Nacional Medellín)	13
	Fin:	Dayro Mauricio Moreno Galindo (CD Once Caldas Manizales)	16
2008	Ape:	Iván Velásquez (Deportes Quindío Armenia)	
		Miguel Eduardo Caneo (ARG, Boyacá Chicó FC Tunja)	13
	Fin:	Fredy Henkyer Montero Muñoz Jr. (Asociación Deportivo Cali)	16
2009	Ape:	Teófilo Antonio Gutiérrez Rocancio (CDP Junior FC Barranquilla)	16
	Fin:	Jackson Arley Martínez Valencia (CD Independiente Medellín)	18
2010	Ape:	Carlos Arturo Bacca Ahumada (CDP Junior FC Barranquilla)	
		Carlos Alveiro Rentería Cuesta (CD La Equidad Seguros Bogotá)	12
	Fin:	Wilder Andrés Medina Tamayo (CC Deportes Tolima Ibagué)	17
2011	Ape:	Carlos Alveiro Rentería Cuesta (Club Atlético Nacional Medellín)	12
	Fin:	Carlos Arturo Bacca Ahumada (CDP Junior FC Barranquilla)	12
2012	Ape:	Robin Ariel Ramírez González (CC Deportes Tolima Ibagué)	13
	Fin:	Henry Javier Hernández Álvarez (CN Cúcuta Deportivo)	9
2013	Ape:	Wilder Andrés Medina Tamayo (Santa Fe CD Bogotá)	12
	Fin:	Dayro Mauricio Moreno Galindo (CD Los Millonarios Bogotá)	
		Luis Carlos Ruiz Morales (CDP Junior FC Barranquilla)	16
2014	Ape:	Dayro Mauricio Moreno Galindo (CD Los Millonarios Bogotá)	13
	Fin:	Germán Ezequiel Cano (ARG, CD Independiente Medellín)	16
2015	Ape:	Fernando Uribe Hincapié (Millonarios FC Bogotá)	15
	Fin:	Jefferson Andrés Duque Montoya (Club Atlético Nacional Medellín)	15
2016	Ape:	Miguel Ángel Borja Hernández (Corporación Club Deportivo Tuluá)	19
	Fin:	Ayron del Valle Rodríguez (Millonarios FC Bogotá)	12
2017	Ape:	Dayro Mauricio Moreno Galindo (Club Atlético Nacional Medellín)	14
	Fin:	Yimmi Javier Chará Zamora (CDP Junior FC Barranquilla)	
		Ayron del Valle Rodríguez (Millonarios FC Bogotá)	
		Dayro Mauricio Moreno Galindo (Club Atlético Nacional Medellín)	
		Carmelo Enrique Valencia Chaverra (CD La Equidad Seguros Bogotá)	11
2018	Ape:	Germán Ezequiel Cano Recalde (ARG, CD Independiente Medellín)	12
	Fin:	Germán Ezequiel Cano Recalde (ARG, CD Independiente Medellín)	20
2019	Ape:	Germán Ezequiel Cano Recalde (ARG, CD Independiente Medellín)	21
	Fin:	Germán Ezequiel Cano Recalde (ARG, CD Independiente Medellín)	
		Michael Jhon Ander Rangel Valencia (SAD América de Cali)	13
2020	Ape:	Miguel Ángel Borja Hernández (CDP Junior FC Barranquilla)	14
2021	Ape:	Jefferson Andrés Duque Montoya (Atlético Nacional Medellín)	
		Fernando Uribe Hincapié (Millonarios FC Bogotá)	
		Diego Fernando Herazo Moreno (CD La Equidad Seguros Bogotá)	13
	Fin:	Harold Fabián Preciado Villarreal (Asociación Deportivo Cali)	12
2022	Ape:	Dayro Mauricio Moreno Galindo (Club Atlético Bucaramanga)	13
	Fin:	Leonardo Fabio Castro Loaiza (CS Deportivo y Cultural Pereira)	15
2023	Ape:	Marco Jhonnier Pérez Murillo (Rionegro Águilas Doradas)	13
	Fin:	Carlos Arturo Bacca (CDP Junior FC Barranquilla)	18

NATIONAL CHAMPIONSHIP
PRIMERA A 2023

Torneo Apertura 2023 / Liga BetPlay Dimayor-I

Results

Round 1 [24-27.01.2023]
CA Bucaramanga - Envigado FC 0-0
Unión Magdalena - Atlético Huila 2-1(0-0)
Águilas Doradas - CDP Junior 1-1(0-1)
Boyacá Chicó - Alianza Petrolera 2-0(1-0)
CD Tolima - América de Cali 2-1(1-0)
Atlético Nacional - Once Caldas 1-0(0-0)
Jaguares - Santa Fe 2-2(2-2)
La Equidad - Independiente 2-1(2-0) [15.02.23]
Deport. Cali - Pereira 0-1(0-1) [01.03.23]
Millonarios - AD Pasto 2-0(0-0) [22.03.2023]

Round 2 [28-31.01.2023]
Envigado FC - La Equidad 1-1(1-0)
Atlético Huila - CA Bucaramanga 1-2(1-1)
Atlético Nacional - Águilas Doradas 0-0
Pereira - Millonarios 2-3(1-1)
CDP Junior - Independiente 1-1(0-0)
Once Caldas - CD Tolima 1-1(1-1)
Boyacá Chicó - Jaguares 1-0(0-0)
América de Cali - Unión Magdalena 4-0(2-0)
Alianza Petrolera-AD Pasto 3-1(1-0) [09.03.23]
Santa Fe - Deportivo Cali 3-0(1-0) [22.03.23]

Round 3 [03-06.02.2023]
Pereira - Atlético Huila 2-1(1-0)
Independiente - Santa Fe 1-1(0-1)
Jaguares - Atlético Nacional 2-1(1-0)
AD Pasto - América de Cali 2-4(1-2)
Deportivo Cali - Once Caldas 0-0
CA Bucaramanga - CDP Junior 1-0(1-0)
Unión Magdalena - Envigado FC 1-1(0-0)
Águilas Doradas - CD Tolima 4-2(3-1)
La Equidad - Boyacá Chicó 2-2(1-2) [23.03.23]
Millonarios-Alianza Petrol. 3-1(1-1) [10.05.23]

Round 4 [09-14.02.2023]
CDP Junior - Unión Magdalena 0-0
Alianza Petrolera - Atlético Huila 2-0(2-0)
Jaguares - CA Bucaramanga 1-1(1-1)
Envigado FC - Independiente 2-1(0-1)
Once Caldas - Águilas Doradas 1-2(0-1)
América de Cali - La Equidad 1-1(1-1)
Boyacá Chicó - Pereira 3-1(1-0)
Atlético Nacional - Deportivo Cali 1-1(1-0)
Santa Fe - AD Pasto 0-2(0-0)
CD Tolima - Millonarios 1-1(0-1) [29.03.2023]

Round 5 [17-20.02.2023]
Atlético Huila - CD Tolima 0-0
Envigado FC - Alianza Petrolera 0-0
Independiente - América de Cali 0-1(0-0)
Millonarios - Jaguares 2-1(0-0)
AD Pasto - CDP Junior 1-0(0-0)
Pereira - Once Caldas 3-1(2-0)
La Equidad - Santa Fe 0-1(0-1)
CA Bucaramanga - Atlético Nacional 1-1(0-1)
Deportivo Cali - Águilas Doradas 1-1(0-0)
Unión Magdalena-Boyacá Chicó 0-0 [10.05.23]

Round 6 [24-27.02.2023]
Águilas Doradas - CA Bucaramanga 1-0(0-0)
CDP Junior - La Equidad 1-0(1-0)
Jaguares - Pereira 2-0(1-0)
América de Cali - Envigado FC 1-0(1-0)
Santa Fe - Unión Magdalena 0-0
Once Caldas - Millonarios 1-0(1-0)
CD Tolima - Deportivo Cali 1-2(1-1)
Alianza Petrolera - Independiente 0-1(0-1)
Atlético Nacional - Atlético Huila 3-1(1-0)
Boyacá Chicó - AD Pasto 1-1(0-0)

Round 7 [03-06.03.2023]
CA Bucaramanga - Once Caldas 0-1(0-0)
La Equidad - Alianza Petrolera 1-1(0-0)
Envigado FC - Santa Fe 3-2(0-0)
Unión Magdalena - Jaguares 1-1(1-0)
Independiente - Águilas Doradas 3-0(1-0)
Millonarios - Deportivo Cali 2-0(2-0)
AD Pasto - Atlético Nacional 0-1(0-1)
Pereira - CD Tolima 1-1(0-1)
Atlético Huila - Boyacá Chicó 3-2(3-1)
América Cali - CDP Junior 2-0(0-0) [23.03.23]

Round 8 [10-14.03.2023]
Jaguares - Atlético Huila 1-2(1-2)
Deportivo Cali - CA Bucaramanga 1-1(1-0)
Atlético Nacional - Millonarios 0-0
Boyacá Chicó - Independiente 2-0(1-0)
Águilas Doradas - Pereira 2-1(2-1)
CDP Junior - Envigado FC 1-2(0-0)
Alianza Petrolera - Unión Magdalena 2-1(0-0)
Once Caldas - AD Pasto 0-1(0-1)
CD Tolima - La Equidad 1-0(0-0)
Santa Fe - América de Cali 2-0(1-0)

Round 9 [17-20.03.2023]
Pereira - Atlético Nacional 0-2(0-1)
Envigado FC - Boyacá Chicó 0-1(0-0)
La Equidad - Unión Magdalena 0-0
AD Pasto - Deportivo Cali 2-1(0-0)
CDP Junior - Santa Fe 1-1(1-1)
América de Cali - Alianza Petrolera 1-0(1-0)
Millonarios - Águilas Doradas 2-2(2-2)
Independiente - Jaguares 1-0(0-0)
CA Bucaramanga - CD Tolima 1-1(1-0)
Atlético Huila - Once Caldas 2-1(1-1)

Round 10 [24-28.03.2023]
Águilas Doradas - Envigado FC 1-0(1-0)
Once Caldas - Pereira 1-1(0-1)
Alianza Petrolera - CA Bucaramanga 2-0(1-0)
Atlético Nacional - Independiente 1-1(0-1)
CD Tolima - Atlético Huila 2-1(0-1)
Unión Magdalena - CDP Junior 2-2(0-0)
Deportivo Cali - América de Cali 1-1(1-1)
Santa Fe - Millonarios 1-2(1-1)
Jaguares - AD Pasto 0-1(0-0)
Boyacá Chicó - La Equidad 3-1(2-0)

Round 11 [31.03.-03.04.2023]
AD Pasto - Pereira 0-0
Santa Fe - Boyacá Chicó 1-0(1-0)
Envigado FC - Once Caldas 0-0
Independiente - CD Tolima 1-1(1-1)
La Equidad - Atlético Nacional 0-0
CA Bucaramanga - Millonarios 0-2(0-0)
América de Cali - Jaguares 0-0
Unión Magdalena - Águilas Doradas 3-1(1-1)
Atlético Huila - Deportivo Cali 1-0(1-0)
CDP Junior - Alianza Petrolera 1-0(0-0)

Round 12 [07-10.04.2023]
Águilas Doradas - Atlético Huila 2-1(1-1)
Once Caldas - Unión Magdalena 1-1(0-0)
Jaguares - Envigado FC 2-0(0-0)
Deportivo Cali - La Equidad 0-0
Millonarios - Independiente 2-1(0-1)
Pereira - CA Bucaramanga 1-1(1-1)
Alianza Petrolera - Santa Fe 3-1(3-0)
Atlético Nacional - CDP Junior 0-1(0-0)
CD Tolima - AD Pasto 3-1(2-0)
Boyacá Ch. - América Cali 1-1(0-1) [19.04.23]

Round 13 [11-14.04.2023]
La Equidad - Once Caldas 4-1(1-0)
Atlético Huila - Millonarios 1-1(1-1)
América de Cali - Águilas Doradas 1-3(1-1)
Unión Magdalena - Pereira 0-3(0-2)
Independiente - Deportivo Cali 3-0(1-0)
Envigado FC - CD Tolima 2-1(1-1)
AD Pasto - CA Bucaramanga 1-0(1-0)
CDP Junior - Boyacá Chicó 1-1(0-1)
Alianza Petrolera - Jaguares 3-0(2-0)
Santa Fe - Atlét. Nacional 0-2(0-1) [11.05.23]

Round 14 [15-18.04.2023]
Deportivo Cali - Unión Magdalena 2-1(1-1)
Pereira - Santa Fe 2-2(2-2)
CA Bucaramanga - Independiente 1-2(1-0)
CD Tolima - CDP Junior 0-1(0-0)
Águilas Doradas - Boyacá Chicó 2-0(1-0)
Atlético Huila - AD Pasto 1-1(1-0)
Once Caldas - Alianza Petrolera 1-2(0-2)
Jaguares - La Equidad 1-1(0-0)
Millonarios - Envigado FC 1-1(0-0) [04.05.23]
Atl. Nacional-América Cali 2-1(2-1) [04.05.23]

Round 15 [21-24.04.2023]
AD Pasto - Águilas Doradas 0-0
La Equidad - Atlético Huila 2-1(2-0)
Alianza Petrolera - Deportivo Cali 0-3(0-2)
CDP Junior - Jaguares 1-0(0-0)
Santa Fe - CA Bucaramanga 3-0(0-0)
Envigado FC - Atlético Nacional 0-0
Unión Magdalena - Millonarios 1-1(1-0)
Boyacá Chicó - CD Tolima 2-0(2-0)
América de Cali - Pereira 2-1(1-0)
Independiente-Once Caldas 2-2(2-1) [11.05.23]

Round 16 [25-27.04.2023]
CA Bucaramanga - Alianza Petrolera 1-1(0-1)
AD Pasto - La Equidad 1-1(0-1)
Atlético Huila - Independiente 2-3(1-2)
Once Caldas - Boyacá Chicó 1-1(0-1)
CD Tolima - Jaguares 1-1(0-0)
Águilas Doradas - Santa Fe 3-1(3-0)
Atlético Nacional - Unión Magdalena 2-0(1-0)
Pereira - Envigado FC 0-0
Deportivo Cali - CDP Junior 3-2(2-2)
Millonarios - América de Cali 4-3(2-1)

Round 17 [29.04.-01.05.2023]
Santa Fe - CD Tolima 2-0(1-0)
Unión Magdalena - AD Pasto 2-1(2-0)
Alianza Petrolera - Águilas Doradas 2-1(2-1)
Independiente - Atlético Nacional 1-3(0-2)
La Equidad - Pereira 2-0(0-0)
CDP Junior - Millonarios 1-0(1-0)
América de Cali - Deportivo Cali 5-2(3-1)
Boyacá Chicó - CA Bucaramanga 0-0
Envigado FC - Atlético Huila 0-1(0-1)
Jaguares - Once Caldas 1-0(0-0)

Round 18 [05-08.05.2023]
Águilas Doradas - La Equidad 1-1(0-0)
CA Bucaramanga - Unión Magdalena 3-0(2-0)
CD Tolima - Alianza Petrolera 2-1(2-1)
Once Caldas - CDP Junior 2-0(1-0)
Pereira - Independiente 3-1(0-1)
Atlético Nacional - Boyacá Chicó 3-1(2-1)
Millonarios - Santa Fe 1-0(1-0)
AD Pasto - Jaguares 4-0(1-0)
Deportivo Cali - Envigado FC 2-0(2-0)
Atlético Huila - América de Cali 0-2(0-1)

Round 19 [12-14.05.2023]
Envigado FC - Águilas Doradas 1-2(1-2)
Jaguares - Deportivo Cali 1-1(1-0)
La Equidad - CA Bucaramanga 1-0(0-0)
Unión Magdalena - CD Tolima 1-1(0-1)
Boyacá Chicó - Millonarios 1-1(0-1)
CDP Junior - Pereira 0-0
Independiente - AD Pasto 1-0(0-0)
América de Cali - Once Caldas 0-0
Alianza Petrolera - Atlético Nacional 2-1(1-1)
Santa Fe - Atlético Huila 5-0(3-0)

Round 20 [17.05.2023]
Águilas Doradas - Jaguares 3-0(0-0)
CA Bucaramanga - América de Cali 2-1(1-1)
Deportivo Cali - Boyacá Chicó 0-0
Atlético Huila - CDP Junior 0-2(0-1)
Independiente - Unión Magdalena 4-0(0-0)
Millonarios - La Equidad 0-0
Once Caldas - Santa Fe 3-1(1-1)
AD Pasto - Envigado FC 2-1(0-1)
Pereira - Alianza Petrolera 2-1(1-0)
CD Tolima - Atlético Nacional 2-2(2-1)

Final Standings

1.	Rionegro Águilas Doradas	20	11	6	3	32	-	21	39
2.	Millonarios FC Bogotá	20	10	8	2	30	-	18	38
3.	Atlético Nacional Medellín	20	9	8	3	26	-	14	35
4.	SAD América de Cali	20	9	5	6	32	-	23	32
5.	Boyacá Chicó FC Tunja	20	7	9	4	24	-	18	30
6.	CD Alianza Petrolera Barrancabermeja	20	9	3	8	27	-	22	30
7.	Deportivo Independiente Medellín	20	8	5	7	29	-	24	29
8.	Asociación Deportivo Pasto	20	8	5	7	22	-	21	29
9.	CDP Junior FC Barranquilla	20	7	7	6	17	-	17	28
10.	Club Independiente Santa Fe Bogotá	20	7	5	8	29	-	25	26
11.	CD La Equidad Seguros Bogotá	20	5	11	4	20	-	17	26
12.	Deportivo Pereira FC	20	6	7	7	24	-	25	25
13.	CD Tolima Ibagué	20	5	9	6	23	-	26	24
14.	Asociación Deportivo Cali	20	5	8	7	20	-	26	23
15.	Club Atlético Bucaramanga	20	4	8	8	15	-	21	20
16.	Envigado FC	20	4	8	8	14	-	20	20
17.	CD Once Caldas Manizales	20	4	8	8	17	-	24	20
18.	Jaguares de Córdoba FC Montería	20	4	7	9	16	-	26	19
19.	Unión Magdalena Santa Marta	20	3	10	7	16	-	30	19
20.	CD Atlético Huila Neiva	20	5	3	12	20	-	35	18

Top-8 were qualified for the Championship Play-offs (Cuadrangulares semifinales).

Torneo Apertura Play-offs / Cuadrangulares semifinales

Grupo A

Round 1 [20-22.05.2023]
AD Pasto - Atlético Nacional 1-1(0-0)
Alianza Petrolera - Águilas Doradas 5-3(1-2)

Round 2 [27-28.05.2023]
Águilas Doradas - AD Pasto 0-0
Atlético Nacional - Alianza Petrolera 1-1(1-1)

Round 3 [01.06.2023]
AD Pasto - Alianza Petrolera 0-0
Atlético Nacional - Águilas Doradas 1-0(1-0)

Round 4 [04.06.2023]
Águilas Doradas - Atlético Nacional 0-1(0-1)
Alianza Petrolera - AD Pasto 1-0(0-0)

Round 5 [10-12.06.2023]
AD Pasto - Águilas Doradas 3-0(0-0)
Alianza Petrolera - Atlético Nacional 0-0

Round 6 [17.06.2023]
Atlético Nacional - AD Pasto 3-2(1-1)
Águilas Doradas - Alianza Petrolera 1-1(1-0)

Grupo B

Round 1 [20-21.05.2023]
Independiente - Millonarios 2-2(0-1)
Boyacá Chicó - América de Cali 1-1(1-0)

Round 2 [27-28.05.2023]
Millonarios - Boyacá Chicó 1-0(1-0)
América de Cali - Independiente 2-0(0-0)

Round 3 [31.05.2023]
Boyacá Chicó - Independiente 1-0(0-0)
América de Cali - Millonarios 0-1(0-1)

Round 4 [03.06.2023]
Independiente - Boyacá Chicó 0-0
Millonarios - América de Cali 2-1(1-1)

Round 5 [11-12.06.2023]
Boyacá Chicó - Millonarios 2-1(0-0)
Independiente - América de Cali 0-1(0-0)

Round 6 [17.06.2023]
América de Cali - Boyacá Chicó 3-2(1-1)
Millonarios - Independiente 2-1(0-0)

Final Standings

Grupo A
1. Atlético Nacional Medellín	6	3	3	0	7	- 4	12
2. CD Alianza Petrolera Barrancabermeja	6	2	4	0	8	- 5	10
3. Asociación Deportivo Pasto	6	1	3	2	6	- 5	6
4. Rionegro Águilas Doradas	6	0	2	4	4	- 11	2

Grupo B
1. Millonarios FC Bogotá	6	4	1	1	9	- 6	13
2. SAD América de Cali	6	3	1	2	8	- 6	10
3. Boyacá Chicó FC Tunja	6	2	2	2	6	- 6	8
4. Deportivo Independiente Medellín	6	0	2	4	3	- 8	2

Winners were qualified for the Torneo Apertura Finals.

Torneo Apertura Finals

21.06.2023, Estadio "Atanasio Girardot", Medellín; Attendance: 44,157
Referee: Carlos Arturo Ortega Jaimes
Atlético Nacional Medellín - Millonarios FC Bogotá   0-0
Atlético Nacional: Harlen Alfred Castillo Moreno, Édier Ocampo Vidal (46.Jhon Fredy Duque Arias), Cristián Eduardo Zapata Valencia, Juan Felipe Aguirre Tabares, Danovis Banguero Lerma, Yerson Candelo Miranda, Sebastián Gómez Londoño, Nelson Daniel Palacio Ruíz, Nelson Alexander Deossa Suárez (84.Jhon Élmer Solís Romero), Jarlan Junior Barrera Escalona (84.Tomás Ángel Gutiérrez), Dorlan Mauricio Pabón Ríos. Trainer: Paulo Autuori de Mello (Brazil).
Millonarios: Juan Esteban Moreno Córdoba, Elvis Yohan Perlaza Lara, Andrés Llinás Montejo, Jorge Enrique Arias de la Hoz, Omar Andrés Bertel Vergara, Daniel Eduardo Giraldo Cárdenas, Stiven Vega Londoño (77.Juan Carlos Pereira Díaz), David Macalister Silva Mosquera (90+3.Beckham David Castro Espinosa), Daniel Felipe Cataño Torres (71.Larry Vásquez Ortega), Jader Andrés Valencia Mena, Leonardo Fabio Castro Loaiza (77.Fernando Uribe Hincapié). Trainer: Alberto Miguel Gamero Morillo.

24.06.2023, Estadio "Nemesio Camacho" [El Campín], Bogotá; Attendance: 33,644
Referee: Carlos Andrés Betancur Gutiérrez
Millonarios FC Bogotá - Atlético Nacional Medellín   1-1(0-1,1-1,1-1); 3-2 on penalties
Millonarios: Juan Esteban Moreno Córdoba, Elvis Yohan Perlaza Lara, Andrés Llinás Montejo, Jorge Enrique Arias de la Hoz, Omar Andrés Bertel Vergara (90+5.Juan Carlos Pereira Díaz), Daniel Eduardo Giraldo Cárdenas (65.Luis Carlos Ruiz Morales), Stiven Vega Londoño (90+5.Larry Vásquez Ortega), Daniel Felipe Cataño Torres, David Macalister Silva Mosquera, Óscar Manuel Cortés Cortés (46.Jader Andrés Valencia Mena), Leonardo Fabio Castro Loaiza (64.Fernando Uribe Hincapié). Trainer: Alberto Miguel Gamero Morillo.
Atlético Nacional: Kevin Leonardo Mier Robles, Yerson Candelo Miranda, Cristián Eduardo Zapata Valencia, Juan Felipe Aguirre Tabares, Danovis Banguero Lerma, Sebastián Gómez Londoño, Nelson Daniel Palacio Ruíz, Tomás Ángel Gutiérrez (62.Cristian Castro Devenish; 90+8.Jarlan Junior Barrera Escalona), Nelson Alexander Deossa Suárez (90+8.Jhon Élmer Solís Romero), Jefferson Andrés Duque Montoya, Dorlan Mauricio Pabón Ríos. Trainer: Paulo Autuori de Mello (Brazil).
Goals: 0-1 Jefferson Andrés Duque Montoya (31), 1-1 Andrés Llinás Montejo (70).
Penalties: Dorlan Mauricio Pabón Ríos (missed); Jader Andrés Valencia Mena (saved); Danovis Banguero Lerma 0-1; Jorge Enrique Arias de la Hoz 1-1; Jefferson Andrés Duque Montoya 1-2; Juan Carlos Pereira Díaz 2-2; Cristián Eduardo Zapata Valencia (saved); Luis Carlos Ruiz Morales (saved); Jarlan Junior Barrera Escalona (saved); Larry Vásquez Ortega 3-2.

2023 Torneo Apertura Champions: **Millonarios FC Bogotá**

Top goalscorers:
13 goals:	Marco Jhonnier Pérez Murillo	(Rionegro Águilas Doradas)
9 goals:	Gonzalo Lencina (ARG)	(Club Atlético Bucaramanga)
	Dayro Mauricio Moreno Galindo	(CD Once Caldas Manizales)
	Edwar Manuel López Gómez	(Asociación Deportivo Pasto)

Torneo Finalización 2023 / Liga BetPlay Dimayor-II

Results

Round 1 [14-19.07.2023]
Envigado FC - CA Bucaramanga 1-3(0-1)
Atlético Huila - Unión Magdalena 2-1(2-1)
Independiente - La Equidad 2-2(1-1)
CDP Junior - Águilas Doradas 0-1(0-0)
AD Pasto - Millonarios 0-0
América de Cali - CD Tolima 1-0(1-0)
Once Caldas - Atlético Nacional 1-1(1-1)
Pereira - Deportivo Cali 0-2(0-1)
Santa Fe - Jaguares 1-0(0-0)
Alianza Petrol.-Boyacá Ch. 1-1(0-1) [05.09.23]

Round 2 [21-24.07.2023]
CD Tolima - Once Caldas 3-1(2-1)
La Equidad - Envigado FC 1-1(1-0)
AD Pasto - Alianza Petrolera 1-1(1-1)
Millonarios - Pereira 0-0
CA Bucaramanga - Atlético Huila 1-0(0-0)
Independiente - CDP Junior 1-0(0-0)
Jaguares - Boyacá Chicó 2-1(2-0)
U. Magdalena - América de Cali 0-0 [30.08.23]
Águilas Dor. - At. Nacional 2-0(1-0) [30.08.23]
Deportivo Cali - Santa Fe 2-2(1-1) [06.09.23]

Round 3 [29.07.-02.08.2023]
CD Tolima - Águilas Doradas 1-1(1-1)
Alianza Petrolera - Millonarios 1-0(1-0)
Atlético Nacional - Jaguares 2-1(1-1)
Once Caldas - Deportivo Cali 4-0(2-0)
América de Cali - AD Pasto 1-1(0-0)
Atlético Huila - Pereira 2-0(1-0)
Envigado FC - Unión Magdalena 0-0
Boyacá Chicó - La Equidad 0-2(0-2)
CDP Junior - CA Bucaramanga 1-1(1-1)
Santa Fe - Independiente 1-0(1-0)

Round 4 [04-07.08.2023]
Atlético Huila - Alianza Petrolera 0-0
Águilas Doradas - Once Caldas 2-1(1-0)
Unión Magdalena - CDP Junior 0-0
Pereira - Boyacá Chicó 1-1(0-0)
Independiente - Envigado FC 1-0(0-0)
La Equidad - América de Cali 1-1(1-1)
Deportivo Cali - Atlético Nacional 1-1(1-0)
AD Pasto - Santa Fe 2-0(0-0)
CA Bucaramanga - Jaguares 3-0(1-0)
Millonarios - CD Tolima 1-0(0-0)

Round 5 [10-14.08.2023]
Alianza Petrolera - Envigado FC 3-1(1-0)
Águilas Doradas - Deportivo Cali 1-0(0-0)
CD Tolima - Atlético Huila 1-0(1-0)
Santa Fe - La Equidad 1-1(1-0)
CDP Junior - AD Pasto 0-0
Once Caldas - Pereira 1-0(1-0)
América de Cali - Independiente 1-3(0-2)
Jaguares - Millonarios 2-0(1-0)
Atlético Nacional - CA Bucaramanga 2-1(2-0)
Boyacá Chicó - Unión Magdalena 0-0

Round 6 [19-21.08.2023]
Pereira - Jaguares 3-0(1-0)
Unión Magdalena - Santa Fe 2-2(2-0)
La Equidad - CDP Junior 0-0
AD Pasto - Boyacá Chicó 1-0(0-0)
Independiente - Alianza Petrolera 2-1(2-0)
Atlético Huila - Atlético Nacional 0-1(0-0)
CA Bucaramanga - Águilas Doradas 1-1(1-1)
Millonarios - Once Caldas 2-1(1-0)
Envigado FC - América de Cali 0-0 [06.09.23]
Deportivo Cali - Tolima 2-0(1-0) [11.10.23]

Round 7 [22-25.08.2023]
Jaguares - Unión Magdalena 0-1(0-0)
Alianza Petrolera - La Equidad 1-0(0-0)
Santa Fe - Envigado FC 2-0(1-0)
CDP Junior - América de Cali 4-3(1-3)
Boyacá Chicó - Atlético Huila 1-1(1-1)
Atlético Nacional - AD Pasto 2-0(1-0)
Deportivo Cali - Millonarios 0-0
Once Caldas - CA Bucaramanga 1-0(0-0)
Águilas Doradas - Independiente 1-1(0-1)
CD Tolima - Pereira 2-3(1-0) [06.09.23]

Round 8 [26-29.08.2023]
Envigado FC - CDP Junior 1-2(0-0)
Unión Magdalena - Alianza Petrolera 2-0(2-0)
La Equidad - CD Tolima 0-0
Millonarios - Atlético Nacional 1-0(1-0)
América de Cali - Santa Fe 2-0(1-0)
Atlético Huila - Jaguares 0-0
Independiente - Boyacá Chicó 1-1(1-1)
CA Bucaramanga - Deportivo Cali 1-0(0-0)
AD Pasto - Once Caldas 1-0(1-0)
Pereira - Águilas D. 0-0 [11.10.23]

Round 9 [01-04.09.2023]
Boyacá Chicó - Envigado FC 1-0(1-0)
CD Tolima - CA Bucaramanga 0-0
Jaguares - Independiente 1-1(1-0)
Santa Fe - CDP Junior 1-0(1-0)
Alianza Petrolera - América de Cali 2-3(1-2)
Atlético Nacional - Pereira 2-0(1-0)
Águilas Doradas - Millonarios 2-0(0-0)
Deportivo Cali - AD Pasto 4-0(3-0)
Unión Magdalena - La Equidad 1-0(0-0)
Once Caldas - Atlético Huila 1-2(1-2)

Round 10 [08-11.09.2023]
AD Pasto - Jaguares 1-0(1-0)
La Equidad - Boyacá Chicó 0-0
CDP Junior - Unión Magdalena 7-1(5-0)
Independiente - Atlético Nacional 1-0(0-0)
Pereira - Once Caldas 1-2(0-1)
América de Cali - Deportivo Cali 3-0(1-0)
Millonarios - Santa Fe 2-4(1-0)
Envigado FC - Águilas Doradas 2-2(1-1)
Atlético Huila - CD Tolima 3-0(3-0)
CA Bucaramanga - Alianza Petrolera 0-1(0-1)

Round 11 [13-15.09.2023]
Pereira - AD Pasto 2-1(1-1)
Boyacá Chicó - Santa Fe 1-1(1-1)
Jaguares - América de Cali 0-1(0-0)
Atlético Nacional - La Equidad 5-0(2-0)
CD Tolima - Independiente 1-1(0-1)
Águilas Doradas - Unión Magdalena 2-1(1-0)
Deportivo Cali - Atlético Huila 0-1(0-1)
Alianza Petrolera - CDP Junior 1-5(1-3)
Once Caldas - Envigado FC 0-0
Millonarios - CA Bucaramanga 3-0(2-0)

Round 12 [16-19.09.2023]
América de Cali - Boyacá Chicó 5-0(3-0)
Santa Fe - Alianza Petrolera 0-1(0-0)
CDP Junior - Atlético Nacional 1-1(1-1)
Atlético Huila - Águilas Doradas 1-1(1-0)
AD Pasto - CD Tolima 1-2(1-0)
Envigado FC - Jaguares 1-0(0-0)
Unión Magdalena - Once Caldas 1-1(0-0)
CA Bucaramanga - Pereira 1-1(0-0)
Independiente - Millonarios 1-1(0-1)
La Equidad - Deportivo Cali 1-1(1-1)

Round 13 [20-22.09.2023]
Boyacá Chicó - CDP Junior 2-1(1-1)
Águilas Doradas - América de Cali 2-2(2-0)
Atlético Nacional - Santa Fe 3-0(1-0)
Pereira - Unión Magdalena 1-2(0-1)
CD Tolima - Envigado FC 0-1(0-0)
CA Bucaramanga - AD Pasto 0-2(0-1)
Millonarios - Atlético Huila 2-1(1-1)
Jaguares - Alianza Petrolera 0-0
Once Caldas - La Equidad 1-1(0-1)
Deportivo Cali - Independiente 2-2(2-1)

Round 14 [23-26.09.2023]
Boyacá Chicó - Águilas Doradas 0-1(0-0)
América de Cali - Atlético Nacional 4-1(2-0)
Santa Fe - Pereira 1-0(0-0)
CDP Junior - CD Tolima 0-1(0-1)
Envigado FC - Millonarios 1-2(1-0)
La Equidad - Jaguares 2-0(2-0)
Alianza Petrolera - Once Caldas 2-1(2-0)
Independiente - CA Bucaramanga 2-0(1-0)
Unión Magdalena - Deportivo Cali 3-4(3-1)
AD Pasto - Atlético Huila 1-0(1-0)

Round 15 [29.09.-02.10.2023]
Jaguares - CDP Junior 0-0
CD Tolima - Boyacá Chicó 2-0(0-0)
CA Bucaramanga - Santa Fe 1-1(1-0)
Atlético Nacional - Envigado FC 3-0(1-0)
Águilas Doradas - AD Pasto 3-0(0-0)
Pereira - América de Cali 2-4(2-2)
Once Caldas - Independiente 2-2(0-0)
Deportivo Cali - Alianza Petrolera 1-0(1-0)
Atlético Huila - La Equidad 1-1(1-0)
Millonarios - Unión Magd. 1-1(0-0) [18.10.23]

Round 16 [06-10.10.2023]
Jaguares - CD Tolima 0-1(0-1)
CDP Junior - Deportivo Cali 3-2(2-1)
Envigado FC - Pereira 2-3(1-0)
Unión Magdalena - Atlético Nacional 2-1(1-0)
Santa Fe - Águilas Doradas 0-5(0-2)
La Equidad - AD Pasto 1-0(0-0)
Independiente - Atlético Huila 2-0(2-0)
Boyacá Chicó - Once Caldas 2-1(0-1)
Alianza Petrolera - CA Bucaramanga 1-0(0-0)
América Cali - Millonarios 1-0(1-0) [30.10.23]

Round 17 [13-16.10.2023]
AD Pasto - Unión Magdalena 3-1(1-0)
Once Caldas - Jaguares 0-0
Pereira - La Equidad 1-0(0-0)
Atlético Nacional - Independiente 1-2(0-1)
Millonarios - CDP Junior 1-0(1-0)
Águilas Doradas - Alianza Petrolera 3-0(2-0)
Deportivo Cali - América de Cali 0-0
CD Tolima - Santa Fe 1-0(1-0)
Atlético Huila - Envigado FC 3-3(2-1)
CA Bucaramanga - Boyacá Chicó 1-0(0-0)

Round 18 [20-23.10.2023]
Envigado FC - Deportivo Cali 3-0(1-0)
Jaguares - AD Pasto 1-0(1-0)
La Equidad - Águilas Doradas 1-1(1-1)
Santa Fe - Millonarios 2-3(1-1)
Unión Magdalena - CA Bucaramanga 1-2(1-2)
CDP Junior - Once Caldas 1-0(1-0)
Boyacá Chicó - Atlético Nacional 1-3(0-1)
Independiente - Pereira 1-0(1-0)
Alianza Petrolera - CD Tolima 0-1(0-1)
América de Cali - Atlético Huila 1-0(0-0)

Round 19 [24-27.10.2023]
Águilas Doradas - Envigado FC 3-1(1-1)
Deportivo Cali - Jaguares 2-0(1-0)
CA Bucaramanga - La Equidad 2-3(1-1)
Pereira - CDP Junior 0-2(0-1)
Millonarios - Boyacá Chicó 1-1(1-1)
AD Pasto - Independiente 0-0
Once Caldas - América de Cali 1-1(0-0)
Atlético Nacional - Alianza Petrolera 2-0(1-0)
Atlético Huila - Santa Fe 2-2(0-1)
CD Tolima - Unión Magdalena 2-1(2-1)

Round 20 [07-08.11.2023]
Boyacá Chicó - Deportivo Cali 1-1(0-0)
Envigado FC - AD Pasto 1-1(1-1)
CDP Junior - Atlético Huila 2-0(1-0)
Alianza Petrolera - Pereira 2-1(2-1)
Santa Fe - Once Caldas 0-1(0-1)
América de Cali - CA Bucaramanga 1-2(1-1)
Atlético Nacional - CD Tolima 2-3(0-1)
Jaguares - Águilas Doradas 0-1(0-0)
La Equidad - Millonarios 2-1(0-1)
Unión Magdalena - Independiente 0-4(0-2)

Final Standings

1.	Rionegro Águilas Doradas	20	12	8	0	35 - 12	44
2.	Deportivo Independiente Medellín	20	10	9	1	30 - 15	39
3.	SAD América de Cali	20	10	7	3	35 - 19	37
4.	CD Tolima Ibagué	20	11	4	5	23 - 17	37
5.	Atlético Nacional Medellín	20	10	3	7	33 - 21	33
6.	CDP Junior FC Barranquilla	20	8	6	6	29 - 17	30
7.	Millonarios FC Bogotá	20	8	6	6	21 - 20	30
8.	Asociación Deportivo Cali	20	7	7	6	25 - 25	28
9.	CD Alianza Petrolera Barrancabermeja	20	8	4	8	18 - 24	28
10.	CD La Equidad Seguros Bogotá	20	5	11	4	19 - 20	26
11.	Club Atlético Bucaramanga	20	7	5	8	20 - 22	26
12.	Asociación Deportivo Pasto	20	6	7	7	16 - 20	25
13.	Club Independiente Santa Fe Bogotá	20	6	6	8	21 - 29	24
14.	CD Once Caldas Manizales	20	5	7	8	21 - 22	22
15.	Unión Magdalena Santa Marta	20	5	7	8	21 - 32	22
16.	CD Atlético Huila Neiva	20	4	7	9	18 - 22	19
17.	Deportivo Pereira FC	20	5	4	11	19 - 28	19
18.	Boyacá Chicó FC Tunja	20	3	10	7	15 - 26	19
19.	Jaguares de Córdoba FC Montería	20	3	5	12	7 - 21	14
20.	Envigado FC	20	2	7	11	18 - 32	13

Top-8 were qualified for the Championship Play-offs (Cuadrangulares semifinales).

Torneo Finalización Play-offs / Cuadrangulares semifinales

Grupo A

Round 1 [12.11.2023]
Deportivo Cali - Águilas Doradas 1-1(0-0)
CD Tolima - CDP Junior 3-1(1-0)

Round 2 [19.11.2023]
Águilas Doradas - CD Tolima 0-4(0-2)
CDP Junior - Deportivo Cali 3-0(1-0)

Round 3 [26.11.2023]
CD Tolima - Deportivo Cali 4-2(2-1)
CDP Junior - Águilas Doradas 3-1(1-1)

Round 4 [30.11.2023]
Águilas Doradas - CDP Junior 1-1(0-0)
Deportivo Cali - CD Tolima 0-2(0-0)

Round 5 [03.12.2023]
CD Tolima - Águilas Doradas 0-1(0-0)
Deportivo Cali - CDP Junior 0-2(0-0)

Round 6 [06.12.2023]
Águilas Doradas - Deportivo Cali 3-1(1-1)
CDP Junior - CD Tolima 4-2(3-2)

Grupo B

Round 1 [13.11.2023]
Atlético Nacional - Millonarios 0-1(0-1)
América de Cali - Independiente 1-2(1-2)

Round 2 [18.11.2023]
Millonarios - América de Cali 2-1(0-1)
Independiente - Atlético Nacional 2-1(2-0)

Round 3 [25.11.2023]
Millonarios - Independiente 1-0(1-0)
Atlético Nacional - América de Cali 1-0(0-0)

Round 4 [29.11.2023]
América de Cali - Atlético Nacional 0-1(0-1)
Independiente - Millonarios 2-1(2-0)

Round 5 [02.12.2023]
Atlético Nacional - Independiente 0-5(0-2)
América de Cali - Millonarios 1-0(0-0)

Round 6 [06.12.2023]
Millonarios - Atlético Nacional 0-1(0-0)
Independiente - América de Cali 2-1(2-1)

Final Standings

Grupo A

1. CDP Junior FC Barranquilla	6	4	1	1	14 - 7	13
2. CD Tolima Ibagué	6	4	0	2	15 - 8	12
3. Rionegro Águilas Doradas	6	2	2	2	7 - 10	8
4. Asociación Deportivo Cali	6	0	1	5	4 - 15	1

Grupo B

1. Deportivo Independiente Medellín	6	5	0	1	13 - 5	15
2. Millonarios FC Bogotá	6	3	0	3	5 - 5	9
3. Atlético Nacional Medellín	6	3	0	3	4 - 8	9
4. SAD América de Cali	6	1	0	5	4 - 8	3

Winners were qualified for the Torneo Finalización Finals.

Torneo Finalización Finals

10.12.2023, Estadio Metropolitano "Roberto Meléndez", Barranquilla; Attendance: n/a
Referee: Andrés José Rojas Noguera
CDP Junior FC Barranquilla - Deportivo Independiente Medellín   3-2(2-1)
Junior: Santiago Andrés Mele Castanero, Walmer Pacheco Mejía (79.Nilson David Castrillón Burbano), Jermein Zidane Peña Maiguel, Emanuel Olivera, Gabriel Rafael Fuentes Gómez, Didier Andrés Moreno Asprilla (79.Diego Andrés Mendoza Benítez), Homer Enríque Martínez Yepez, Luis Daniel González Cova (65.Vladimir Javier Hernández Rivero), José David Enamorado Gómez (71.Léider Iván Berrío Peña), Déiber Jair Caicedo Mideros, Carlos Arturo Bacca Ahumada (Cap) (77.Andrés Steven Rodríguez Ossa). Trainer: Arturo Ernesto Reyes Montero.
Independiente: Andrés Felipe Mosquera Marmolejo, Luis Manuel Orejuela García (77.Leyser Chaverra Renteria), José Enrique Ortíz Cortés, Joaquin Varela Romero, Daniel Londoño Castañeda, Jaime Alberto Alvarado Hoyos, Daniel Alejandro Torres Rojas (Cap), Edwuin Stiven Cetré Angulo (46.Ánderson Daniel Plata Guillén), Yairo Yesid Moreno Berrío, Brayan Léon Muñiz, Luciano Daniel Pons (46.Diego Fernando Moreno Quintero). Trainer: Alfredo Carlos Arias Sánchez (Uruguay).
Goals: 1-0 Carlos Arturo Bacca Ahumada (4), 2-0 José David Enamorado Gómez (16), 2-1 José Enrique Ortíz Cortés (40), 3-1 Carlos Arturo Bacca Ahumada (81), 3-2 Diego Fernando Moreno Quintero (88).

13.12.2023, Estadio "Atanasio Girardot", Medellín; Attendance: n/a
Referee: Nicolás Gallo Barragán
**Deportivo Independiente Medellín - CDP Junior FC Barranquilla   2-1(1-0,2-1,2-1);
                                                                     3-5 on penalties**
Independiente: Andrés Felipe Mosquera Marmolejo, Luis Manuel Orejuela García (70.Leyser Chaverra Renteria), José Enrique Ortíz Cortés, Joaquin Varela Romero, Daniel Londoño Castañeda, Jaime Alberto Alvarado Hoyos (82.Andrés Ricaurte Vélez), Daniel Alejandro Torres Rojas (Cap), Diego Fernando Moreno Quintero (82.Jhon Alexander Palacios Santos), Edwuin Stiven Cetré Angulo (61.Ánderson Daniel Plata Guillén), Yairo Yesid Moreno Berrío, Brayan Léon Muñiz (82.Luciano Daniel Pons). Trainer: Alfredo Carlos Arias Sánchez (Uruguay).
Junior: Santiago Andrés Mele Castanero, Walmer Pacheco Mejía (90+7.Edwin Alberto Herrera Hernández), Jermein Zidane Peña Maiguel, Emanuel Olivera (46.Brayan Andrés Ceballos Jiménez), Gabriel Rafael Fuentes Gómez, Didier Andrés Moreno Asprilla (75.Andrés Steven Rodríguez Ossa), Homer Enríque Martínez Yepez, Luis Daniel González Cova (63.Léider Iván Berrío Peña), José David Enamorado Gómez (63.Vladimir Javier Hernández Rivero), Déiber Jair Caicedo Mideros, Carlos Arturo Bacca Ahumada (Cap). Trainer: Arturo Ernesto Reyes Montero.
Goals: 1-0 Joaquin Varela Romero (14), 2-0 Edwuin Stiven Cetré Angulo (56), 2-1 Vladimir Javier Hernández Rivero (90).
Penalties: Carlos Arturo Bacca Ahumada 0-1; Daniel Alejandro Torres Rojas (saved); Edwin Alberto Herrera Hernández 0-2; Andrés Ricaurte Vélez 1-2; Andrés Steven Rodríguez Ossa 1-3; Luciano Daniel Pons 2-3; Gabriel Rafael Fuentes Gómez 2-4; Leyser Chaverra Renteria 3-4; Léider Iván Berrío Peña 3-5.

<u>2023 Torneo Finalización Champions</u>: **CDP Junior FC Barranquilla**

Top goalscorers:
18 goals: Carlos Arturo Bacca   (CDP Junior FC Barranquilla)
15 goals: Marco Jhonnier Pérez Murillo   (Rionegro Águilas Doradas)
            Edwuin Stiven Cetré Angulo   (CD Independiente Medellín)

	Aggregate Table 2023								
1.	Rionegro Águilas Doradas	52	25	18	9	78	-	54	93
2.	Millonarios FC Bogotá	54	25	17	12	66	-	50	92
3.	Atlético Nacional Medellín	54	25	16	13	71	-	48	91
4.	Deportivo Independiente Medellín	54	24	16	14	79	-	56	88
5.	SAD América de Cali	52	23	13	16	79	-	56	82
6.	CDP Junior FC Barranquilla	48	20	14	14	64	-	45	74
7.	CD Tolima Ibagué	46	20	13	13	61	-	51	73
8.	CD Alianza Petrolera Barrancabermeja	46	19	11	16	53	-	51	68
9.	Asociación Deportivo Pasto	46	15	15	16	44	-	46	60
10.	Boyacá Chicó FC Tunja	46	12	21	13	45	-	50	57
11.	CD La Equidad Seguros Bogotá	40	10	22	8	39	-	37	52
12.	Asociación Deportivo Cali	46	12	16	18	49	-	66	52
13.	Club Independiente Santa Fe Bogotá	40	13	11	16	50	-	54	50
14.	Club Atlético Bucaramanga	40	11	13	16	35	-	43	46
15.	Deportivo Pereira FC	40	11	11	18	43	-	53	44
16.	CD Once Caldas Manizales	40	9	15	16	38	-	46	42
17.	Unión Magdalena Santa Marta	40	8	17	15	37	-	62	41
18.	CD Atlético Huila Neiva	40	9	10	21	38	-	57	37
19.	Envigado FC	40	6	15	19	32	-	52	33
20.	Jaguares de Córdoba FC Montería	40	7	12	21	23	-	47	33

Qualified for the 2024 Copa Libertadores (Group Stage):
Millonarios FC Bogotá (as Apertura champions), CDP Junior FC Barranquilla (as Finalización champions).

Qualified for the 2024 Copa Libertadores (Second Stage):
Rionegro Águilas Doradas, Atlético Nacional Medellín.

Qualified for the 2024 Copa Sudamericana (First Stage):
Deportivo Independiente Medellín, SAD América de Cali, CD Tolima Ibagué, CD Alianza Petrolera Barrancabermeja.

Relegation Table 2023

Relegation was determined by the average of points obtained in the past three championships (2021, 2022 and 2023).

Pos	Team	2021 P	2022 P	2023 P	Total P	Total M	Aver
1.	Millonarios FC Bogotá	69	74	68	211	118	1.79
2.	Atlético Nacional Medellín	76	66	68	210	118	1.78
3.	CD Tolima Ibagué	66	66	61	193	118	1.64
4.	Deportivo Independiente Medellín	52	67	68	189	118	1.60
5.	CDP Junior FC Barranquilla	62	63	58	183	118	1.55
6.	SAD América de Cali	58	54	69	181	118	1.53
7.	Rionegro Águilas Doradas	39	58	83	180	118	1.53
8.	Club Independiente Santa Fe Bogotá	58	61	50	169	118	1.43
9.	CD La Equidad Seguros Bogotá	55	58	52	165	118	1.40
10.	Club Atlético Bucaramanga	51	59	46	156	118	1.32
11.	Deportivo Pereira FC	51	55	44	150	118	1.27
12.	Asociación Deportivo Pasto	39	54	54	147	118	1.25
13.	Asociación Deportivo Cali	62	34	51	147	118	1.25
14.	Boyacá Chicó FC Tunja	—	—	49	49	40	1.23
15.	CD Alianza Petrolera Barrancabermeja	37	46	58	141	118	1.19
16.	CD Once Caldas Manizales	37	56	42	135	118	1.14
17.	Envigado FC	44	57	33	134	118	1.14
18.	Jaguares de Córdoba FC Montería	52	47	33	132	118	1.12
19.	Unión Magdalena Santa Marta (*Relegated*)	—	40	41	81	80	1.01
20.	CD Atlético Huila Neiva (*Relegated*)	—	—	37	37	40	0.93

COPA COLOMBIA
Copa BetPlay Dimayor - Final 2023

15.11.2023, Estadio "Nemesio Camacho" [El Campín], Bogotá; Attendance: n/a
Referee: Jhon Alexander Hinestroza Romaña
Millonarios FC Bogotá - Atlético Nacional Medellín   1-1(0-1)
Millonarios: Juan Esteban Moreno Córdoba, Stiven Vega Londoño, Andrés Llinás Montejo, Jorge Enrique Arias de la Hoz, Omar Andrés Bertel Vergara, Juan Carlos Pereira Díaz (70.Beckham David Castro Espinosa), Daniel Eduardo Giraldo Cárdenas, Daniel Felipe Cataño Torres, David Macalister Silva Mosquera (Cap) (90.Larry Vásquez Ortega), Daniel Felipe Ruiz Rivera (90.Fernando Uribe Hincapié), Leonardo Fabio Castro Loaiza (90.Edgar Andrés Guerra Hernández). Trainer: Alberto Miguel Gamero Morillo.
Atlético Nacional: Harlen Alfred Castillo Moreno, Éder Ocampo Vidal (87.Alexandro Licona), Sergio Andrés Mosquera Zapata, Juan Felipe Aguirre Tabares (82.Cristián Eduardo Zapata Valencia), Samuel Velásquez Uribe, Jhon Fredy Duque Arias, Robert Andrés Mejía Navarrete, Brahian Palacios Alzate, Dorlan Mauricio Pabón Ríos (Cap) (57.Juan Pablo Torres Patiño), Oscar Andrés Perea Abonce (82.Jader Barbosa da Silva Gentil), Jefferson Andrés Duque Montoya (82.Emilio Aristizábal Chavarriaga). Trainer: Jhon Jairo Bodmer Restrepo.
Goals: 0-1 Dorlan Mauricio Pabón Ríos (20), 1-1 Leonardo Fabio Castro Loaiza (80).

23.11.2023, Estadio "Atanasio Girardot", Medellín; Attendance: n/a
Referee: Carlos Andrés Betancur Gutiérrez
Atlético Nacional Medellín - Millonarios FC Bogotá   1-1(0-0,1-1,1-1); 5-4 on penalties
Atlético Nacional: Kevin Leonardo Mier Robles, Éder Ocampo Vidal, Samuel Velásquez Uribe, Álvaro Anyiver Angulo Mosquera (76.Eric Kleybel Ramírez Matheus), Sergio Andrés Mosquera Zapata, Juan Felipe Aguirre Tabares, Jhon Fredy Duque Arias (63.Brahian Palacios Alzate), Robert Andrés Mejía Navarrete, Neyder Stiven Moreno Betancur (84.Oscar Andrés Perea Abonce), Dorlan Mauricio Pabón Ríos (Cap) (63.Juan Pablo Torres Patiño), Jefferson Andrés Duque Montoya. Trainer: Jhon Jairo Bodmer Restrepo.
Millonarios: Álvaro David Montero Perales, Andrés Llinás Montejo, Juan Pablo Vargas Campos, Elvis Yohan Perlaza Lara, Omar Andrés Bertel Vergara, Daniel Eduardo Giraldo Cárdenas (81.Larry Vásquez Ortega), Juan Carlos Pereira Díaz, Daniel Felipe Cataño Torres (90.Edgar Andrés Guerra Hernández), Daniel Felipe Ruiz Rivera (90.Beckham David Castro Espinosa), David Macalister Silva Mosquera (Cap) (84.Jorge Enrique Arias de la Hoz), Leonardo Fabio Castro Loaiza (81.Fernando Uribe Hincapié). Trainer: Alberto Miguel Gamero Morillo.
Goals: 0-1 Leonardo Fabio Castro Loaiza (59), 1-1 Juan Felipe Aguirre Tabares (90+3).
Penalties: Juan Carlos Pereira Díaz 0-1; Jefferson Andrés Duque Montoya 1-1; Jorge Enrique Arias de la Hoz 1-2; Robert Andrés Mejía Navarrete 2-2; Juan Pablo Vargas Campos 2-3; Kevin Leonardo Mier Robles 3-3; Edgar Andrés Guerra Hernández (saved); Sergio Andrés Mosquera Zapata 4-3; Larry Vásquez Ortega 4-4; Eric Kleybel Ramírez Matheus 5-4.

2023 Copa Colombia Winners: **Atlético Nacional Medellín**

THE CLUBS 2023

Please note: appearances and goals are including Regular Stages and Play-offs (Apertura or Finalización).

ÁGUILAS DORADAS RIONEGRO

Foundation date: July 16, 2008
Address: Calle 36 N° 59, Rionegro
Stadium: Estadio "Alberto Grisales", Rionegro (14,000)

Trainer:			
	Lucas Fidolo González Vélez	07.06.1981	Ape
[29.06.2023]	César Alejandro Farías Acosta (VEN)	07.03.1973	Fin

THE SQUAD

	DOB	Ape M	(s)	G	Fin M	(s)	G
Goalkeepers:							
Héctor Fabio Arango Criollo	15.07.2002		(1)				
José David Contreras Verna (VEN)	20.10.1994	25			25		
Juan David Valencia Arboleda	19.03.1993	1			1	(1)	
Defenders:							
Darwin Zamir Andrade Marmolejo	11.02.1991	1					
Carlos Mario Arboleda Ampudia	08.06.1986				6	(3)	
Danovis Banguero Lerma	27.10.1989				18	(1)	1
Jean Franco Alexi Fuentes Velazco (VEN)	07.02.1997	8	(4)				
Yhormar David Hurtado Torres	14.12.1996	9	(5)				
Nicolás Lara Vásquez	23.02.2003	1					
Dylan Stiven Lozano Chica	15.07.2002				1	(1)	
Javier Alexander Mena Mosquera	03.12.2004					(1)	
Yoni Alejandro Mosquera Palacio	23.03.2002				1		
Hayen Santiago Palacios Sánchez	08.09.1999		(1)				
Jean Carlos Pestaña Hernández	25.08.1997	19	(2)	1	19		2
Mateo Puerta Peláez	12.06.1997	23		1	21	(2)	3
Jeison Estiven Quiñónes Botina	17.08.1997	19	(2)	1	20	(1)	2
Johan Sebastián Rodríguez Cordoba	03.12.2000	5	(2)		2		1
Diego Alejandro Sánchez Rodríguez	28.03.1993	9	(3)				
Midfielders:							
Juan Esteban Avalo Trejos	30.09.2001		(2)				
Kevin Duván Castaño Gil	29.09.2000	16	(1)	2			
Guillermo León Celis Montiel	08.05.1993				19	(1)	
José Abad Cuenú Rodríguez	17.02.1995				17	(6)	2
Oscar Javier Hernández Niño (VEN)	24.02.1993	12	(2)		8	(13)	
José David Leudo Romaña	09.11.1993	3	(8)				
Jorge Duván Mosquera Campaña	26.03.1998				4	(7)	
Auli Alexander Oliveros Estrada	01.08.2001	7	(10)			(7)	
Jean Carlos Pineda Jiménez	17.09.1997	23	(1)	5	21	(2)	
Jesús David Rivas Hernández	06.04.1997	24	(1)	4	22	(3)	4
Tomas Salazar Henao	09.06.2000	4	(5)		2	(9)	
Moisés Villarroel Angulo (BOL)	07.09.1998				9	(7)	
Forwards:							
Royner Andrés Benítez Hernández	21.06.2005	1	(7)		1	(1)	
Johan Camilo Caballero Cristancho	15.05.1998	23	(3)	4	11	(8)	
Álex Stik Castro Giraldo	08.03.1994	7	(8)				
Wilson David Morelo López	21.05.1987				6	(19)	4

Adrián Estacio Peña	20.04.1998				2	(17)	
Marco Jhonnier Pérez Murillo	18.09.1990	22	(1)	13	22	(2)	15
Jorge Alexander Rengifo Clavel	21.01.1997		(17)				
Jeferson Rivas Tirado	19.05.1997				1	(8)	1
Jhon Fredy Salazar Valencia	01.04.1995	20	(5)	2	24		5
Fabián Alexis Suárez Chalares	12.07.2004	1	(9)	1			
Diego Valdés Giraldo	29.01.1991	3	(11)	2			
Anthony Vásquez Arcila	29.06.2002		(2)		3	(5)	1

CLUB DEPORTIVO ALIANZA PETROLERA BARRANCABERMEJA
Foundation date: October 24, 1991
Address: Calle 67 Carrera 11, Barrancabermeja
Stadium: Estadio "Daniel Villa Zapata", Floridablanca (10,400)

Trainer:	Hubert Antonio Bodhert Barrios	17.01.1972	Ape
[25.06.2023]	César Fernando Torres Ramírez	23.09.1976	Fin

THE SQUAD							
	DOB		Ape			Fin	
		M	(s)	G	M	(s)	G
Goalkeepers:							
José Luis Chunga Vega	11.07.1991	22					
Pier Luigi Grazziani Serrano	14.08.1994	3	(2)		10		
Jaime David Mora Granados	12.06.1997	1					
Carlos Alexander Mosquera Blandón	19.10.1994				10		
Defenders:							
Brayan Esteban Blandón Ramírez	24.09.1998	1					
Pedro Camilo Franco Ulloa	23.04.1991	25		1	20		1
Juan José Hurtado Bolaños	19.05.1998	1					
Efraín Navarro Guerrero	12.08.1999	25		1	17	(1)	1
Luciano Alejandro Ospina Londoño	18.02.1991	25		1	18		
Juan Pablo Patiño Paz	10.09.1998	13			2	(2)	
Daniel Mateo Rodas Jiménez	11.01.1998	2	(3)		2	(1)	
Leonardo Enrique Saldaña Carvajal	08.12.1989	13	(1)	1	18	(1)	
Alfonso Simarra Valdez	13.07.2000				7	(8)	1
Midfielders:							
John Wilmar Arango Monsalve	13.02.1998					(3)	
Joel Alejandro Arenas Piñerez	17.01.2006		(1)				
Jair Andrés Castillo León	21.04.1997	8	(9)		13	(3)	
Juan Diego Ceballos Cardona	31.12.1998	1	(3)				
Royscer Rafael Colpa Bolaño	23.05.1995	8	(12)	1	8	(1)	2
Freddy Alexander Flórez Carrillo	14.02.1993	19	(4)		13	(3)	
Rubén Darío Manjarrés Jiménez	18.08.2000	22	(2)	1			
Hárrison Arley Mojica Betancourt	17.02.1993	16	(4)	3			
Santiago Orozco Fernández	16.03.1996	4	(22)	2	12	(5)	
Forwards:							
Sebastián Acosta Pineda	01.11.1994	11	(8)	3	11	(7)	5
Luis Miguel Angulo Sevillano	23.03.2004	20	(1)	3			
Pablo Sebastián Bueno (ARG)	30.03.1990	14	(4)	6	13	(5)	2
Ferlys Fernando García Duarte	23.02.2002	6	(3)	1		(5)	
Mayer Andrés Gil Hurtado (SLV)	07.09.2003	1	(13)	3	7	(5)	2
Andrés Felipe Morales Mosquera	27.11.1999	2	(9)		1	(6)	

Jesús Muñoz Gutiérrez	18.01.2002	1	(4)		9	(8)	1
Andrés Yair Rentería Morelo	06.03.1993				6	(6)	2
Andrés Steven Rodríguez Ossa	13.10.1998	6	(16)	6			
Diego Antonio Torres Cáceres	26.03.2004					(1)	
Edwin Andrés Torres Palacios	09.11.1997	15	(6)		19	(1)	1
Kevin Oswaldo Torres Rodríguez	02.07.2002	1			2	(9)	
Diego Valdés Giraldo	29.01.1991				2	(8)	

SOCIEDAD ANÓNIMA DEPORTIVA AMÉRICA DE CALI
Foundation date: February 13, 1927
Address: Carrera 101 # 11a – 32, Santiago de Cali
Stadium: Estadio Olímpico "Pascual Guerrero", Cali (35,405)

THE SQUAD

Trainer: Alexandre Henrique Borges Guimarães (BRA)	07.11.1959		Ape
[29.06.2023] Lucas Fidolo González Vélez	07.06.1981		Fin

THE SQUAD

	DOB	Ape			Fin		
		M	(s)	G	M	(s)	G
Goalkeepers:							
Juan Pablo Munera Silva	17.07.2001		(1)				
Diego Alejandro Novoa Urrego	31.05.1989	25			2		
Luis David Quintero Zúñiga	29.01.1998	1					
Jorge Iván Soto Botero	02.08.1993				24		
Defenders:							
Kevin Orlando Andrade Murillo	16.06.1999	20	(1)		21	(1)	1
Kevin José Angulo Garcés	05.02.2002	3	(1)				
Cristian Camilo Arrieta Medina	03.01.1996	1	(8)		6	(3)	
Jhoiner Asprilla Renteria	15.12.2004	2	(1)				
Edwin Andrés Cardona Bedoya	08.12.1992				13	(6)	6
Brayan Stiven Córdoba Barrientos	18.09.1999	23					
Brayan Correa	15.03.2004					(4)	
Aurelio Estiven Domínguez Ramírez	26.03.2003					(1)	
John Edison García Zabala	04.06.1989	6	(1)	1	14	(3)	
Marcos David Mina Lucumí	12.04.1999				12	(3)	
Joyce Esteban Ossa Rios	14.05.1998				3	(3)	
Gastón Sauro (ARG)	23.02.1990				4	(2)	
Maicol Edud Valencia Ambuila	24.07.2004				1		
Edwin Alexis Velasco Uzuriaga	05.11.1991	20	(1)		14	(2)	1
Brayan Emanuel Vera Ramírez	15.01.1999	1					
Midfielders:							
Cristian Darío Barrios Puerta	19.05.1998	16	(9)	6	17	(4)	5
Pedro Antonio Bravo Landazuri	26.11.2004	1	(1)				
Gustavo Adolfo Carvajal Gómez	17.06.2000		(2)				
Josen David Escobar Del Duca	12.12.2004				15	(5)	
Franco Ezequiel Leys (ARG)	18.10.1993	22			10	(5)	
Esneyder Mena Perea	03.11.1997	18	(6)	1	15	(5)	1
Luis Alejandro Paz Mulato	08.09.1988	9	(11)		16	(5)	
Juan Camilo Portilla Orozco	12.09.1998	20	(1)	1	18		
Daniel Alexander Quiñones Navarro	07.04.1999	5	(8)	1			
Jader Andrés Quiñónes Caicedo	12.12.2000				21	(3)	2

Luis Francisco Sánchez Mosquera	18.09.2000	4	(18)	3			
Forwards:							
David Contreras Angulo	13.01.2003	2			1	(5)	
Yojan Andrés Garcés Mina	27.05.2006					(1)	
Iago Falque Silva (ESP)	04.01.1990	11	(5)	4			
Segundo Víctor Ibarbo Guerrero	19.05.1990				3	(15)	3
Daniel Fernando Mosquera Bonilla	20.10.1999	1	(13)		1	(5)	
Luis Felipe Mosquera Paredes	05.06.2002	5	(6)	1	8	(8)	2
Juan David Nazarith Navarrete	05.02.2005		(2)				
Carlos Darwin Quintero Villalba	19.09.1987	20	(1)	4	13	(8)	1
Gustavo Adrián Ramos Vásquez	22.01.1986	11	(9)	4	17	(4)	8
Andrés de Jesús Sarmiento Salas	15.01.1998	15	(5)	6	11	(8)	6
Facundo Ezequiel Suárez (ARG)	01.07.1994	24	(1)	8	6	(6)	2

CLUB ATLÉTICO BUCARAMANGA

Foundation date: May 11, 1949
Address: Carrera 20 N° 34-47, Bucaramanga
Stadium: Estadio "Alfonso López", Bucaramanga (25,000)

Trainer:	Raúl Agustín Armando (ARG)	23.06.1965	Ape
[03.04.2023]	José Alexis Márquez Restrepo	27.06.1976	Ape/Fin
[26.09.2023]	Rubén Darío Zapata Taborda &	24.06.1977	Fin
	Diego Julián Vargas Espinosa	22.02.1982	Fin
[11.10.2023]	Jorge Ernesto Ramoa (ARG)	10.06.1962	Fin

THE SQUAD							
	DOB		Ape			Fin	
		M	(s)	G	M	(s)	G
Goalkeepers:							
James José Aguirre Hernández	21.05.1992	6	(2)		19		
Cristopher Javier Varela Caicedo (VEN)	27.11.1999	14			1	(1)	
Defenders:							
Hadier Borja Aguilar	05.04.1997	6	(3)		1		
Aldair de Jesús Cantillo Hernández	28.04.1996				1	(2)	
Bayron David Duarte Duarte	20.02.2003				7	(2)	
Cristian Felipe Florez García	30.12.1994	15	(3)		2	(4)	
David Alejandro Gómez Rojas	25.03.1988	8	(7)		13	(3)	
Carlos Alberto Henao Sánchez	03.12.1988	5	(1)		12		3
Stevenson Andrés Jérez Estrada	18.09.2002		(1)		1		
Santiago Jiménez Mejía	23.03.1998				11	(1)	
Steven Andrés Lugo Galeano	30.08.2002		(1)				
Nicolás Marotta (ARG)	23.12.1996	17	(1)				
Jefferson Mena Palacios	15.06.1989		(1)		15		
Francisco Javier Meza Palma	29.08.1991	18	(1)	1			
Cristhian Camilo Subero Mier	26.05.1991	13	(1)				
Midfielders:							
Óscar Alberto Alcócer Castro	01.09.2000	1	(4)				
Jork Eblin Becerra Portocarrero	23.08.1998	5	(6)		4	(3)	
Diego Gabriel Chávez (ARG)	24.09.1997	18	(1)	2	16	(2)	
Adriel Matías Galeano (ARG)	01.03.2001	1	(3)			(3)	
Víctor Danilo Mejía Mina	04.02.1993	15	(2)		17		
Jhon Fredy Pérez Lizarazo	22.07.1988				4	(13)	2

Name	DOB	Ape M	(s)	G	Fin M	(s)	G
Javier Arley Reina Calvo	04.01.1989	16			18		1
Nelson Mauricio Reyes Jaimes	15.04.2002		(6)				
Francisco Javier Rodríguez Ibarra	24.06.1987	3	(5)		12	(5)	1
Juan David Rodríguez Rico	24.09.1992				4	(12)	
Aldair Enrique Zárate Palma	22.02.1999	7	(5)		2	(7)	
Forwards:							
Santiago Andrés Ahumada Ortíz	11.01.2004					(1)	
Jhon Emerson Córdoba Mosquera	15.07.2000				14	(4)	7
Jhord Bayron Garcés Moreno	30.05.1993	2	(4)				
Teófilo Antonio Gutiérrez Roncancio	17.05.1985	6	(7)				
Gonzalo Lencina (ARG)	18.10.1997	19		9			
Juan Gabriel Marcelin Pérez	05.06.2000	1	(9)		6	(3)	
Misael Smith Martínez Olivella	25.03.1998				12	(4)	2
Jáder Antonio Maza Rodríguez	04.11.1994	12	(3)	2	8	(6)	1
Yeison Daniel Moreno Murillo	08.04.1997	1	(9)				
Carlos Andrés Mosquera Perea	12.06.1991				6	(8)	
Neymar David Sánchez Segura	17.11.2003	2	(2)	1		(1)	
Gustavo Adolfo Torres Grueso	15.06.1996	9	(4)				
Dairon Andrés Valencia Mosquera	30.06.1999				11	(7)	1
Emmanuel Alexander Zagert (ARG)	18.09.1995				3	(3)	2

CLUB DEPORTIVO ATLÉTICO HUILA NEIVA

Foundation date: November 29, 1990
Address: Carrera 18 N° 18-25, Neiva
Stadium: Estadio „Guillermo Plazas Alcid", Neiva (22,000)

Trainer: Néstor Oscar Craviotto (ARG)		03.10.1963	Ape/Fin
[22.08.2023] Diego Andrés Corredor Hurtado		30.06.1981	Fin

THE SQUAD							
	DOB	Ape			Fin		
		M	(s)	G	M	(s)	G
Goalkeepers:							
Víctor Andrés Cabezas Vergel	02.11.1997				3		
José Huber Escobar Giraldo	10.09.1987	1					
Jhon Alexander Figueroa Córdoba	07.06.1993	19			11	(1)	
Luis Erney Vásquez Caicedo	01.03.1996				6		
Defenders:							
Luis Alberto Caicedo Medina	11.05.2002				13	(4)	
Aldair de Jesús Cantillo Hernández	28.04.1996	5	(5)				
Didier Delgado Delgado	25.07.1992	3	(4)		5	(6)	
Leonardo Javier Escorcia Barraza	09.08.1996	19		6	11	(2)	
Jaime Andrés Giraldo Ocampo	08.02.1998	6	(2)				
Germán Andrés Gutiérrez Henao	16.01.1990				3		1
Jonathan Herrera Baquero	24.02.1996	1	(5)				
Jhon Anderson Lerma Longa	01.01.2003	17		1	14	(3)	
Jonathan Lopera Jiménez	02.06.1987	13	(4)				
Dylan Stiven Lozano Chica	15.07.2002	4	(7)				
Brayan Stiven Medina Hurtado	04.03.2002				8	(2)	
Johan Sebastián Perdomo Mallungo	01.11.2005				1		
Andrés Felipe Rivera Lozano	28.02.1995	16			9	(3)	
Midfielders:							

Bladimir Angulo Castro	13.04.2001				8	(3)	
Andrés David Ariza Escalante	07.01.1998				13	(2)	
Blas Yamil Díaz Silva (PAR)	03.02.1991	19		1	10	(5)	
Jhonatan Franco Perlaza	03.01.1993		(2)				
Daniel Alejandro Hernández González	10.12.1990	5	(4)				
Sebastián Hernández Mejía	02.10.1986	19			15	(3)	2
Marcus Vinicius Felicio Pereira (BRA)	19.02.1997	11	(7)	5	16	(3)	8
Willian Felipe Ordóñez Landazury	02.02.2004				1	(2)	
José Gabriel Ramírez Agudelo	18.09.1990	2	(8)	1			
Carlos Julio Robles Rocha	16.05.1992				10	(2)	1
George Saunders (ENG)	10.06.1989	6	(6)				
Edwin Ronaldo Tavera Contreras	31.07.1995	1	(13)		6	(4)	
Yosimarc Torres Asprilla	01.02.1999	14	(4)				
Yenier David Vargas Santana	14.02.2003		(2)				
Forwards:								
Gustavo Ezequiel Britos (ARG)	20.02.1990	20		6			
Brandon Andrés Caicedo Angulo	09.05.2001				2	(3)	
Juan Fernando Caicedo Benítez	13.07.1989				5	(5)	
Jhonatan Carmona Casanova	22.10.2002		(3)				
Marcelo Hernando Dávalos Benítez (PAR)	11.02.1999		(4)				
Wilfrido De La Rosa Mendoza	07.02.1993				19		3
Tomás Andrés Díaz Carabali	25.09.2005					(4)	
Faber Andrés Gil Mosquera	14.03.1995	19			15	(3)	1
Exneider Guerrero Quintana	24.06.1997				2	(8)	1
Carlos Alberto Lucumí González	04.03.2000				3	(4)	
Jader Enrique Manyoma Córdoba	21.04.2004					(1)	
John Deivid Méndez Muñoz	04.09.2004					(3)	
Víctor Alexis Minota Quiñones	25.03.2003		(1)				
Jairo Gabriel Molina Ospino	28.04.1993		(8)				
José David Montes Flórez	04.12.2004		(1)				
Yuber Antonio Mosquera Perea	31.08.1984				6	(3)	
Juan Camilo Romero Ternara	15.06.2005					(1)	
Maicol Sequeda Arroyo	03.02.2003					(6)	
Cristian Alejandro Tobar Luna	05.07.2000				5	(6)	1

ATLÉTICO NACIONAL MEDELLÍN

Foundation date: March 7, 1947
Address: Calle 62 N° 44-103, Coltejer Itagüí, Medellín
Stadium: Estadio „Atanasio Girardot", Medellín (40,943)

Trainer:				
	Paulo Autuori de Mello (BRA)	25.08.1956	Ape	
[06.07.2023]	William Amaral de Andrade (BRA)	27.12.1967	Fin	
[09.10.2023]	Jhon Jairo Bodmer Restrepo	27.11.1981	Fin	

THE SQUAD

	DOB	Ape M	(s)	G	Fin M	(s)	G
Goalkeepers:							
Harlen Alfred Castillo Moreno	17.08.1993	9	(1)		8	(1)	
Kevin Leonardo Mier Robles	18.05.2000	19			18		
Defenders:							
Juan Felipe Aguirre Tabares	29.08.1996	18	(4)	1	17		2
Álvaro Anyiver Angulo Mosquera	03.06.1997				13	(1)	2
Juan José Arias Henao	08.01.2004	1	(2)		5	(4)	
Danovis Banguero Lerma	27.10.1989	23		1			
Cristian Blanco Betancur	29.01.1999	1	(1)				
Yerson Candelo Miranda	24.02.1992	17	(2)	1			
Cristian Castro Devenish	25.01.2001	13	(3)		6	(2)	
Alexandro Licona	18.02.2004				1	(2)	
Sergio Andrés Mosquera Zapata	09.02.1994	4	(5)		10	(2)	
Édier Ocampo Vidal	03.10.2003	5			14	(4)	
Andrés Felipe Román Mosquera	05.10.1995	16		2	10	(1)	
Samuel Velásquez Uribe	29.05.2003	2	(2)		11	(4)	2
Cristián Eduardo Zapata Valencia	30.09.1986	23			14	(1)	
Midfielders:							
Jarlan Junior Barrera Escalona	16.09.1995	8	(8)	3			
Marcos Maximiliano Cantera Mora (URU)	10.05.1993				5	(7)	
Félix Eduardo Charrupí Mina	13.05.2001		(1)				
Nelson Alexander Deossa Suárez	06.02.2000	16	(4)	1	14	(4)	4
Jhon Fredy Duque Arias	04.06.1992	4	(6)		15	(7)	1
Simón García	10.11.2005				2		
Yéiler Andrés Góez	01.11.1999	3	(6)				
Sebastián Gómez Londoño	03.06.1996	14	(2)				
Robert Andrés Mejía Navarrete	06.10.2000				19	(2)	
Neyder Stiven Moreno Betancur	09.02.1997				8	(6)	1
Ewil Hernando Murillo Rentería	21.06.2000		(1)				
Nelson Daniel Palacio Ruíz	16.06.2001	20	(1)	1			
Andrés Salazar Osorio	15.01.2003	2	(1)		4		
Jhon Élmer Solís Romero	03.10.2004	14	(4)		4	(2)	
Juan Pablo Torres Patiño	22.06.2004	5	(5)		9	(7)	2
Forwards:							
Tomás Ángel Gutiérrez	20.02.2003	12	(3)	5	3	(6)	
Emilio Aristizábal Chavarriaga	05.08.2005					(1)	
Jayder Asprilla Moreno	20.03.2003	1	(4)		1	(5)	1
Francisco da Costa Aragão „Chico" (BRA)	05.05.1995	5	(5)	1			
Jefferson Andrés Duque Montoya	17.05.1987	14	(7)	8	17	(7)	2
Jader Barbosa da Silva Gentil (BRA)	24.07.2003	11	(6)	1	1	(11)	3
Yair Mena Palacios	28.06.2000	1	(2)		5	(2)	

Dorlan Mauricio Pabón Ríos	24.01.1988	17	(3)	6	10	(3)	2
Brahian Palacios Alzate	24.11.2002	3	(11)	1	15	(7)	2
Gianfranco Peña Aponzá	11.07.2000	2	(4)				
Oscar Andrés Perea Abonce	27.09.2005	5	(7)	1	17	(6)	4
Eric Kleybel Ramírez Matheus (VEN)	20.11.1998				10	(10)	8
Kilian Toscano Bassa	02.03.2004					(2)	

BOYACÁ CHICÓ FÚTBOL CLUB TUNJA

Foundation date: March 26, 2002 (*as Bogotá Chico*)
Address: Carrera 7 N° 156 – 80, Tunja
Stadium: Estadio La Independencia, Tunja (20,630)

Trainer:			
	Mario Humberto García Caboara (MEX)	14.09.1980	Ape/Fin
[17.08.2023]	Bélmer Aguilar López	11.11.1973	Fin

THE SQUAD							
	DOB	Ape			Fin		
		M	(s)	G	M	(s)	G
Goalkeepers:							
Rogerio Andrés Caicedo Vásquez	18.12.1993	24			10		
Víctor Hugo Soto Azcarate	12.11.1989	2			10	(1)	
Defenders:							
Agustín Ignacio Aleo (ARG)	20.05.1998	9	(10)		7	(5)	
Delvin José Alfonzo Briceño (VEN)	04.09.2000	24	(1)		18		1
Eduard David Banguero Ramos	04.02.2001	22	(4)	1	18	(1)	
Galileo Antonio del Castillo Carrasquel (VEN)	13.05.1991	4	(9)		6	(5)	
Jairo David Fuentes Gómez	20.10.2000				1		
Quelmer Hurtado Herrera	04.02.1999				5		
Braynner Mejía	09.09.2001					(2)	
Ronaldo Aldair Mejía Sandoval	16.03.2001				1	(1)	
Elkín Darío Mosquera Moreno	24.11.1989	23			17	(2)	
Víctor Perea Hinestroza	06.05.1997		(4)		7	(7)	
Henry Junior Plazas Mendoza (VEN)	12.12.1992	25		5	18		
Midfielders:							
Mauricio Javier García Hernández	30.05.1999		(5)			(4)	
Kevin Andrey Londoño Florez	09.07.2000	19	(6)	1	10	(6)	
Frank Sebastián Lozano Rengifo	22.08.1993	26		2	20		3
Juan Sebastián Ostos Forero	08.10.2001				1	(2)	
Nicolás Fernando Rubio Guzmán	29.01.1995		(1)				
Pablo Nicolás Ramos Rubio	27.07.1999		(3)				
José Daniel Soto Montero (VEN)	18.05.1994	1	(7)		7	(1)	1
Sebastián Támara Manrrique	10.05.1996	25	(1)	1	16	(4)	1
Forwards:							
Juan Fernando Asprilla Mosquera	30.08.1999	1	(5)				
Geimer Romir Balanta Echeverry	15.01.1993	25	(1)	5	11	(2)	
Félix Esneider Chaverra Hinestroza	03.01.2000					(6)	1
Sebastián José Colón Guerra	23.05.1998	1	(8)	1	5	(6)	1
Wilmar Alexander Cruz Moreno	27.07.1993	19	(7)	4	19		3
Michael Nike Gómez Vega	04.04.1997	14	(6)	4	4	(8)	2
Mauricio Andrés Liñan Berdugo	29.05.2001					(6)	1
Brayan Moreno Cárdenas	26.06.1998	1	(5)				
Louis Angelo Peña Puentes (VEN)	25.12.1989	15	(10)	4	9	(5)	1
Jacobo Pimentel Betancourt	13.01.2002	6	(2)	1			

ASOCIACIÓN DEPORTIVO CALI

Foundation date: November 23, 1912
Address: Calle 34 Norte N°2 BN 75, Cali
Stadium: Estadio Deportivo Cali, Palmira (42,000)

Trainer:			
	Jorge Luis Pinto Afanador	16.12.1952	Ape
[08.07.2023]	Sergio Darío Herrera Montt	15.03.1981	Fin
[14.07.2023]	Jaime de la Pava Márquez	14.04.1967	Fin

THE SQUAD

Name	DOB	M	Ape (s)	G	M	Fin (s)	G
Goalkeepers:							
Kevin Emiliano Dawson Blanco (URU)	08.02.1992	19					
Alejandro Rodríguez Bahena	12.01.2001				16		
Johan Wallens Otálvaro	03.08.1992	1			10		
Defenders:							
Onel Jhosep Acosta Barrera	17.01.2000				18	(1)	
Jhon Barreiro	24.06.2005				1		
José Carlos Caldera Alvis	04.02.2002	7	(1)				
Jefferson Abel Díaz Beleño	05.12.2000	7	(1)	2	21	(1)	
Juan Esteban Franco Caicedo	02.01.2002		(1)		19		
Aldair Yesid Gutiérrez Toncel	17.06.1998	19			6	(6)	
Luis Fernando Haquín López (BOL)	15.11.1997				15		
Jhildrey Alejandro Lasso Aranguren	14.07.2002				4	(1)	
Germán Mera Cáceres	05.03.1990	19			9	(2)	
Juan José Mina González	27.07.2004	1	(3)			(1)	
Brayan Stiven Montaño Montaño	02.05.2002	9	(2)		10	(4)	
Nicola Profeta Cabrales	27.02.2006					(2)	
Kevin Stuar Riascos Segura	21.06.1995	6					
Kevin Saucedo Mosquera	28.02.2000	2	(2)			(1)	
Juan José Tello Perlaza	17.05.2002	12	(1)				
Midfielders:							
Jean Paul Arce Cruz	29.03.2002					(4)	
Andrés Juan Arroyo Romero	20.01.2002	9	(7)	3	9	(6)	1
Rafael Guillermo Bustamante Cantillo	02.10.1999	12	(4)				
Gian Franco Cabezas Rodríguez	01.01.2003				13	(5)	
Edgard Enrique Camargo Rodríguez	04.01.2002	2	(5)		6	(10)	
Juan Andrés Castilla Lozano (USA)	27.07.2004				7	(4)	
Edwin Fabry Castro Barros	21.02.1992	12	(4)		22	(1)	2
Yimmi Andrés Congo Caicedo	28.02.1998	9	(1)				
Santiago Steven Cortes Castillo	20.08.2000		(1)				
Daniel Andrés Mantilla Ossa	25.12.1996	17	(2)	1			
Freilin Moreno	06.04.2005					(1)	
Kevin Andrés Salazar Sandoval	11.11.1997	5	(2)		15	(9)	
Forwards:							
Juan Manuel Arango Tenorio	16.06.2007				1		
Jhon Sfraeiler Cabal Moreno	12.10.2003	1	(4)		2	(6)	1
Juan José Córdoba Zapata	11.07.2003	2	(4)		5	(8)	1
Teófilo Antonio Gutiérrez Roncancio	17.05.1985				13	(4)	3
Duván Felipe Mina Martínez	30.10.2002				1		
Jaider Moreno Sinisterra	10.05.2004					(1)	
Roger Andretty Murillo Soto	17.03.2002		(4)			(4)	

Néider Stiven Ospina Flórez	27.01.2003				2	(5)	
Adrián Parra Osorio	16.01.1997		(7)	1	10	(11)	3
Gustavo Adrián Ramírez Rojas (PAR)	13.05.1990	6	(7)	2	16	(4)	7
Jefferson Michell Ramos Ramírez	21.06.1998		(3)				
Luis Fernando Sandoval Oyola	01.06.1999				19	(2)	9
Jhon Freduar Vásquez Anaya	12.02.1995	11	(6)	1	16	(5)	1
Kevin Andrés Velasco Bonilla	30.04.1997	18	(2)	6			
Kevin Stiven Viveros Rodallega	26.04.2000	14	(5)	4			

ASOCIACIÓN DEPORTIVO PASTO

Foundation date: October 12, 1949
Address: Avenida Panamericana Sur, San Juan de Pasto
Stadium: Estadio Departamental Libertad, Pasto (18,000)

Trainer:	José Flabio Torres Sierra	07.12.1970	Ape/Fin

THE SQUAD							
	DOB	Ape			Fin		
		M	(s)	G	M	(s)	G
Goalkeepers:							
Víctor Andrés Cabezas Vergel	02.11.1997	1					
Diego Alejandro Martínez Marín	29.11.1989	25			20		
Defenders:							
Israel Alba Marín	06.05.1995				15	(1)	
Eduar Hernán Caicedo Solís	23.04.1995				1		
Jesús Antonio Figueroa Olaya	13.02.1996	22			10		
Juan Mateo Garavito Peláez	24.10.2000	14	(4)				
Gilberto García Olarte	27.01.1987	8	(6)	1			
Christian Camilo Mafla Rebellón	15.01.1993	25	(1)		14	(1)	
Jerson Andrés Malagón Piracún	26.06.1993	6	(6)	1	19		2
Jesús Alejandro Quintero (VEN)	01.02.2001				6	(7)	
Yilson David Rosales Guerra	09.12.2000	5	(8)		8	(2)	1
Cristian Camilo Tovar Angola	06.05.1998	24	(2)	1			
John Fredy Valencia Martínez	06.08.1997				5		
Víctor Hugo Yánez Borja	02.12.1998				1	(3)	
Midfielders:							
Camilo Andrés Ayala Quintero	23.06.1986	14	(1)	3	12	(7)	
José Eduardo Bernal Chong (PAN)	20.08.2002				1	(2)	1
Johan Caicedo Caicedo	13.03.2004	18	(3)		6	(2)	
Cesar Mateo Castaño Gómez	15.04.1999	1	(1)				
Gustavo Adolfo Charrupí Díaz	27.07.2004					(1)	
Daniel Esteban Guzmán Betancourt	11.12.1997					(1)	
Álvaro José Montaño Loango	14.09.2000		(2)				
Willian Felipe Ordóñez Landazury	02.02.2004		(5)				
Juan Pablo Otálvaro Bedoya	11.12.1997				5		
Didier Jair Pino Córdoba	19.08.1995	7	(8)		15	(4)	
Vicente Prado Moreno	16.05.1999	2	(7)				
Juan Camilo Roa Estrada	14.11.1994	21	(1)		13	(5)	
Yeison Andrés Tolosa Castro	12.06.1999	1					
Yosimarc Torres Asprilla	01.02.1999				3	(4)	
Oscar Eduardo Vallecilla Castillo	09.07.2002					(1)	
Forwards:							

Name	DOB	M	(s)	G	M	(s)	G
Billy Vladimir Arce Mina (ECU)	12.07.1998	10	(7)	1			
Gustavo Ezequiel Britos (ARG)	20.02.1990				5	(8)	1
Johan Camilo Campaña Barrera	09.09.2002	3	(19)	1	5	(11)	1
Jown Anderson Cardona Agudelo	09.01.1995				3	(4)	
Joffre Andrés Escobar Moyano (ECU)	24.10.1996	8	(9)	3			
Adrián Estacio Peña	20.04.1998	21	(3)	3			
Carlos Daniel Hidalgo Cadena	25.04.1986	5	(2)	1			
Jhonier Hurtado Castro	21.04.2001					(4)	
Darwin Guillermo López Tobías	10.02.1992	5	(10)	2	15	(3)	6
Edwar Manuel López Gómez	09.03.1995	25		9	15	(2)	1
Daniel Moreno Mosquera	17.01.1995	15	(10)	1	19		1
Jefferson Michell Ramos Ramírez	21.06.1998				3	(7)	
Duván Riascos Ibarbo	09.07.2003		(1)		1	(11)	1

DEPORTIVO PEREIRA FUTBOL CLUB

Foundation date: February 12, 1944
Address: Calle 14 No. 12 – 198, Pereira
Stadium: Estadio "Hernán Ramírez Villegas", Pereira (30,297)

Trainer:	Alejandro Restrepo Mazo	30.01.1982	Ape/Fin

THE SQUAD

Name	DOB	Ape			Fin		
		M	(s)	G	M	(s)	G
Goalkeepers:							
Santiago Castaño Palacio (USA)	14.04.1995	1					
Wilmar Santiago Londoño Ruiz	09.03.1995	2			2		
Franklin Mosquera Mosquera	05.04.1999	1					
Aldair Alejandro Quintana Rojas	11.07.1994	16			18		
Defenders:							
Cristian Blanco Betancur	29.01.1999				7	(3)	
Carlos Emiro Garcés Torres	11.10.2001				10	(2)	
Thomas Gutiérrez Serna	01.05.2000	1					
Diego Armando Hernández Quiñones	04.05.2000	15	(1)		8	(2)	1
Jordy Joâo Monroy Ararat (ARM)	03.01.1996				11	(6)	
Juan Camilo Moreno Abadía	13.12.2001	1	(3)			(2)	
Jesús David Murillo León	17.08.1993	3	(2)		3	(2)	
Geisson Alexander Perea Ocoró	06.08.1991	16	(1)	1	7	(2)	
Juan Sebastián Quintero Fletcher	23.03.1995	5	(3)		12	(2)	
Carlos Andrés Ramírez Aguirre	01.05.1988	14	(1)	4	15		5
Edisson Restrepo Perea	19.12.1996	2	(3)		1	(1)	
Yeison Abelardo Suárez Vásquez	08.07.1997	10	(3)		11	(5)	1
Midfielders:							
Larry Johan Angulo Riascos	10.08.1995	4	(6)		2	(1)	1
Johan Steven Bocanegra Mora	20.10.1998	11	(7)	1	12	(3)	
Yesús Segundo Cabrera Ramírez	15.09.1990	1	(4)		1	(3)	
Yimmi Andrés Congo Caicedo	28.02.1998				7	(4)	
Jimer Esteban Fory Mejía	24.05.2002	11	(2)		7	(1)	
Maicol Giovanny Medina Medina	04.06.1997	11	(7)	2	6	(3)	
Eber Antonio Moreno Gómez	11.01.2002	12	(5)	1	8	(4)	
Ewil Hernando Murillo Renteria	21.06.2000				12	(2)	1
Ederson Moreno Ramírez	18.01.1994				6	(6)	

Delio Ángel Ramírez Raigosa	25.11.2000		(1)				
Juan Danilo Santacruz González (PAR)	12.06.1995	2	(2)			(3)	
Jhonny Alexander Vásquez Salazar	23.07.1987	10	(4)		1		
Yílmar Andrés Velásquez Palacios	21.08.1999	15	(2)	1			
Juan Pablo Zuluaga Estrada	15.06.1993	14	(3)	2	12	(4)	
Forwards:							
Kevin Ademola Aladesanmi Sánchez	12.11.1998	10	(8)	3			
Adrián Martín Balboa Camacho (URU)	19.01.1994				9	(3)	4
Javier Andrés Mena Márquez	18.09.2005		(1)			(8)	
Kevin Alexander Palacios Salazar	31.01.2000	3	(6)				
Juan Sebastián Peñaloza Ragga	03.05.2000	1	(1)				
Alejandro Piedrahita Díaz	03.09.2002				5	(7)	1
Ángelo José Rodríguez Henry	04.04.1989	10	(4)	4	12	(4)	3
Arley José Rodríguez Henry	13.02.1993	13	(6)	4	8	(5)	
Kener Julián Valencia Chara	04.10.2001	5	(5)	1	7	(4)	2

ENVIGADO FÚTBOL CLUB

Foundation date: October 14, 1989
Address: Polideportivo Sur Carrera 48 - 46 Sur 150, Envigado
Stadium: Estadio Polideportivo Sur, Envigado (14,000)

Trainer:			
	José Alberto Suárez Giraldo	22.02.1961	Ape/Fin
[27.07.2023]	Andrés Felipe Orozco Vázquez	18.03.1979	Fin
[26.09.2023]	Dayron Alexánder Pérez Calle	24.12.1978	Fin

THE SQUAD							
	DOB	Ape			Fin		
		M	(s)	G	M	(s)	G
Goalkeepers:							
Joan Felipe Parra Marín	10.06.2000	20		1	20		1
Defenders:							
Christian Alfonso Andrade Olmedo	08.04.2000					(2)	
Jhon Anderson Banguera Riascos	03.04.2004	16		1			
Andrés Felipe Cadavid Cardona	28.12.1985				17		
Geindry Steven Cuervo Holguín	21.08.2001	17			18		1
Ever William Meza Mercado	21.07.2000				9	(1)	
Heiler Mosquera Vargas	05.02.2003		(3)				
Yéiler Fabián Mosquera Mosquera	29.03.2002				1		
Yilson Alejandro Mosquera Bedoya	20.07.2001	9	(2)		13	(1)	
Santiago Noreña Galeano	11.06.1998	16			4		
Carlos Alberto Ordóñez Esterilla	16.06.2002	6	(2)		1		
Hayen Santiago Palacios Sánchez	08.09.1999				3	(6)	1
Julián Andrés Palacios Isaza	07.08.2003		(4)		6	(3)	
William Parra Sinisterra	01.03.1995				5	(5)	
Yeferson Andrés Rodallega Paz	23.11.2000	16			19		2
Midfielders:							
Daniel Felipe Arcila Rojas	16.05.2002	7	(2)		17		
Yhojan Iván Arenas Valbuena	13.07.1997				1	(2)	
Juan Pablo Aristizábal Echeverri	10.09.2005					(1)	
Diego Adrian Betancourth Sandoval	13.03.2003	2	(11)				
Yilmar Zamir Celedón Salas	08.01.2000	4	(2)		7	(6)	
Félix Eduardo Charrupí Mina	13.05.2001				9	(4)	2

William Camilo Hurtado Ortíz	31.05.2004	2	(12)		1	(4)	
Felipe Jaramillo Velásquez	18.04.1996	14			13	(2)	
Edison Alexánder López Gil	20.10.1999	10	(6)				
Diego Fernando Moreno Quintero	27.02.1996	9	(5)	1			
Daniel Alexander Zapata Ruiz	14.12.2003	3	(9)		6	(5)	
Juan Manuel Zapata Zumaque	19.05.2000	17	(1)	2			

Forwards:							
Pablo Álvarez Lopera	15.10.2002		(2)			(1)	
Juan Camilo Becerra Maya	23.02.1998				7	(4)	
Luis Angel Díaz Cuesta	24.04.2004	8	(6)	3	12	(2)	4
Rubio César España Álvarez	11.01.2004	14	(4)	2	15	(4)	1
Freddy Espinal Valverde	30.10.1997	4	(6)				
Jhord Bayron Garcés Moreno	30.05.1993				7	(2)	5
Luis Felipe Gómez Palomino	27.04.2004		(2)		1	(7)	
Jackson Smith Jaramillo Becerra	17.07.2004		(1)		1	(9)	
Ivo Kestler (ARG)	12.06.1998	9					
Henry David Mosquera Sánchez	15.11.2001	9		3			
Aly Jhonny Palacios Palacios	20.06.2003				1	(9)	1
Carlos Andrés Paternina Molina	12.04.2001		(2)		1	(7)	
Jesús Armando Vargas Rojas (VEN)	26.08.1999	8	(4)	1	5	(3)	

DEPORTIVO INDEPENDIENTE MEDELLÍN

Foundation date: November 14, 1913 (*as Medellín Foot Ball Club*)
Address: Carrera 74 N° 48-37 C.E. Obelisco Oficina 1037, Medellín
Stadium: Estadio „Atanasio Girardot", Medellín (40,940)

Trainer:			
	David González Giraldo	20.07.1982	Ape
[09.05.2023]	Juan Sebastián Botero	04.07.1986	Ape
[04.07.2023]	Alfredo Carlos Arias Sánchez (URU)	28.11.1958	Fin

THE SQUAD	DOB	Ape			Fin		
		M	(s)	G	M	(s)	G
Goalkeepers:							
José Luis Chunga Vega	11.07.1991				20		
Yimy Andrés Gómez Palacio	04.08.1999				3	(1)	
Andrés Felipe Mosquera Marmolejo	10.09.1991	16			5		
Luis Erney Vásquez Caicedo	01.03.1996	10	(3)				
Defenders:							
Andrés Felipe Alfonso Ciprián	01.02.2005	1					
Andrés Felipe Cadavid Cardona	28.12.1985	19	(3)	1			
Leyser Chaverra Renteria	01.04.1997				9	(12)	
Yulián Andrés Gómez Mosquera	04.08.1997	10	(6)		10	(9)	
Christian Graciano Morales	13.05.2003	1				(1)	
Daniel Londoño Castañeda	01.01.1995	18	(1)	2	19	(2)	2
Jonathan Marulanda Vásquez	21.11.1995	9	(3)		1		
Jordy João Monroy Ararat (ARM)	03.01.1996	14	(3)				
Víctor Andrés Moreno Córdoba	23.10.1994	17	(1)	2	5	(1)	
Luis Manuel Orejuela García	20.08.1995				17	(3)	1
José Enrique Ortíz Cortés	16.11.1998				23	(2)	1
Jhon Alexander Palacios Santos	02.10.1999	13	(4)	1	8	(5)	
Malcom David Palacios Mosquera	08.04.2004	2					

Guillermo Alejandro Tegüé Caicedo	06.02.2000	1					
Joaquin Varela Romero (URU)	27.06.1998				22	(1)	3
Midfielders:							
Jaime Alberto Alvarado Hoyos	26.07.1999	16	(4)		20	(6)	
Juan David Arizala Micolta	10.10.2005	2	(3)		1	(1)	
Edwuin Stiven Cetré Angulo	01.01.1998	15	(9)	5	26	(2)	14
Juan Manuel Cuesta Baena	09.02.2002				2	(4)	
David Alejandro Loaiza Gutiérrez	03.10.1993	10	(10)	1	8	(1)	
Samir Mayo Herrera	30.01.2003		(1)				
Miguel Ángel Monsalve González	27.02.2004	7	(3)	2	6	(6)	1
Diego Fernando Moreno Quintero	27.02.1996				11	(13)	7
Yairo Yesid Moreno Berrío	04.04.1995				8	(4)	
Edgar Felipe Pardo Castro	17.08.1990	10	(4)	3			
Déinner Alexander Quiñónes Quiñónes	16.08.1995	5	(12)		7	(5)	2
Andrés Ricaurte Vélez	03.10.1991	12	(7)	1	3	(11)	
Daniel Alejandro Torres Rojas	15.11.1989	20	(3)	1	20	(7)	2
Ever Augusto Valencia Ruiz	23.01.1997	6	(5)	1			
Forwards:							
Emerson Geovanny Batalla Martínez	30.06.2001	7	(10)	1			
Jorge Leguín Cabezas Hurtado	06.09.2003	4	(2)				
Diber Armando Cambindo Abonia	17.02.1996	10	(7)	8			
Andrés Felipe Ibargüen García	07.05.1992	10	(4)		3	(12)	
Brayan Léon Muñiz	19.10.2000				20	(5)	4
Johan Andrés Martinez Agudelo	15.03.2002	1	(1)				
Breiner Moya	14.01.2003		(1)				
Darwin Palacio	30.03.2004		(1)				
Ánderson Daniel Plata Guillén	08.11.1990				11	(13)	2
Luciano Daniel Pons (ARG)	18.04.1990	20	(3)	3	20	(4)	5

CLUB INDEPENDIENTE SANTA FE BOGOTÁ

Foundation date: February 28, 1941
Address: Calle 64 a N° 50 b – 08 (Nueva Nomenclatura), Bogotá
Stadium: Estadio „Nemesio Camacho" [El Campín], Bogotá (36,340)

Trainer:			
	Harold Rivera Roa	06.07.1970	Ape
[12.05.2023]	Gerardo Alberto Bedoya Múnera	26.11.1975	Ape
[25.06.2023]	Hubert Antonio Bodhert Barrios	17.01.1972	Fin
[09.10.2023]	Pablo Peirano Pardeiro (URU)	21.01.1975	Fin

THE SQUAD

	DOB	Ape M	(s)	G	Fin M	(s)	G
Goalkeepers:							
Andrés Leandro Castellanos Serrano	09.03.1984	1					
Juan Daniel Espitia Rodríguez	14.02.2000	10			1		
Antony Domingo Silva Cano	27.02.1984				19		
José Johan Silva Hurtatiz	12.06.1994	9	(1)				
Defenders:							
José Manuel Aja Livchich (URU)	10.05.1993	14		2	12	(2)	
Fabio Alejandro Delgado Tacán	28.05.1999	9			1		
Juan Mateo Garavito Peláez	24.10.2000				8	(3)	
Kevin Andrés Mantilla Camargo	22.05.2003	5	(1)				
John Wenceslao Meléndez Murillo	11.01.2002				1	(1)	
Julián Camilo Millán Díaz	27.03.1998	10		1	12	(1)	
Carlos Alberto Moreno Romaña	02.09.1991	2					
Dairon Mosquera Chaverra	23.06.1992	10			10	(3)	
David Esteban Ramírez Pïsciotti	03.01.2002	7			3		
Luis Eduardo Rentería Rodríguez	27.11.2005	1				(1)	
Iván René Scarpeta Silgado	05.06.1996				14	(1)	1
Enrique Carlos Serje Orozco	10.01.1996				3	(4)	
Marlon Aldair Torres Obeso	17.04.1996	7					
Fabián Alexis Viáfara Alarcón	16.03.1992	18		1	19		
Midfielders:							
Juan Camilo Aristizábal Gómez	06.08.2001				1	(2)	
Jonathan Daniel Barboza Bonilla (URU)	02.11.1990	7	(2)	1			
José David Enamorado Gómez	13.01.1999	16	(4)	5			
Jersson David González Niño	15.09.2001	2	(10)	1	10	(2)	3
Davinson Ibarra Velasco	06.03.2001					(3)	
Kevin Alexander Londoño Asprilla	23.11.1993				5	(8)	
Rubén Darío Manjarrés Jiménez	18.08.2000				6	(9)	
Christian Camilo Marrugo Rodríguez	18.07.1985	11	(7)		9	(8)	1
Neyder Stiven Moreno Betancur	09.02.1997	4	(11)	1			
Kelvin David Osorio Antury	29.10.1993	3	(3)				
William Ovalle	26.03.2005					(1)	
Dubán Felipe Palacio Mosquera	16.03.1997		(4)				
José Gabriel Ramírez Agudelo	18.09.1990					(1)	
Harold Andrés Rivera Chavarro	19.03.1993	11	(1)		4	(4)	
Juan Daniel Roa Reyes	20.08.1991	2	(9)				
Iván Andrés Rojas Vásquez	24.07.1997	16	(4)	1	10	(4)	
Fabián Héctor Sambueza (ARG)	01.08.1988	12	(4)	2	15	(3)	1
Jhojan Camilo Torres Guazá	12.01.2003	3	(4)	1	10	(1)	
Yílmar Andrés Velásquez Palacios	21.08.1999				7		

Forwards:							
Emerson Geovanny Batalla Martínez	30.06.2001				4	(12)	1
Wilfrido de la Rosa Mendoza	07.02.1993	8	(7)	1			
Jairo Junior Ditta Ruiz	31.12.2003					(4)	
Hollman Camilo McCormick Pinzón	28.10.2005					(2)	
Wilson David Morelo López	21.05.1987	11	(8)	3			
Yeison Daniel Moreno Murillo	08.04.1997				11	(6)	4
Jeferson Rivas Tirado	19.05.1997		(4)				
Hugo Rodallega Martínez	25.07.1985	11	(7)	6	8	(4)	6
Ever Augusto Valencia Ruiz	23.01.1997				17	(2)	3

JAGUARES DE CÓRDOBA FÚTBOL CLUB MONTERÍA

Foundation date: December 5, 2012
Address: *Not available*
Stadium: Estadio Jaraguay [Municipal de Montería], Montería (12,000)

Trainer:			
	Carlos Alberto Restrepo Isaza	05.03.1961	Ape
[28.05.2023]	Luis Pompilio Páez	18.12.1959	Fin
[23.08.2023]	Julio Méndez	31.12.1976	Fin
[21.09.2023]	Carlos Mario Hoyos Jaramillo	28.02.1962	Fin

THE SQUAD							
	DOB	Ape			Fin		
		M	(s)	G	M	(s)	G
Goalkeepers:							
Geovanni Banguera Delgado	15.12.1995				17		
Arled Cadavid Valencia	29.03.1991				3	(1)	
Jorge Iván Soto Botero	02.08.1993	20					
Defenders:							
Darwin Zamir Andrade Marmolejo	11.02.1991				5	(3)	
Jonathan Ávila Martínez	01.11.1991	4	(1)				
Mauricio Castaño Grisales	06.12.1993	18			14		
Diego Luis Contreras Aparicio	10.10.2003				1	(1)	
Jaime de Jesús Díaz Montes	25.03.2000	10	(3)		11	(6)	
Carlos Henríquez	04.01.2003		(1)			(1)	
Juan Sebastián Madrid Cabarcas	30.01.2002					(2)	
Geremías Meléndez Rhenals (VEN)	05.05.1995	19			9	(1)	
Elvis David Mosquera Valdés	22.01.1991				14	(2)	
Kleimar Andrés Mosquera Murillo	26.01.2000	3	(4)		6	(1)	
Carlos Andrés Páez Rivera	22.06.1998				14	(3)	
Carlos Mario Pájaro Castro	15.03.1998	11	(2)		10	(3)	
Breiner Alexander Paz Medina	27.09.1997	14					
Nelino José Tapia Gil	01.02.1991	1	(8)	1			
Midfielders:							
Miguel Ángel Álvarez Oquendo	27.09.2002					(1)	
Luis Eduardo Anaya Segura	27.09.2002		(3)		8	(6)	
Yilber Arboleda Quiñones	13.01.1999		(10)		16	(2)	1
Juan Carlos Castellanos Anuel (VEN)	30.10.1995	1	(3)	1	2	(2)	
Brayner Jesús De Alba Castro	26.01.1993	8	(3)	1		(1)	
Juan Camilo García Soto	24.02.1997	6	(3)				
Sneyder Julián Guevara Muñoz	04.05.1992	20		1	15	(3)	
Juan Esteban Henao	23.01.2005		(1)				

Daniel Enríque Padilla Pérez	15.12.1993	13	(1)		11	(7)	
Jhon Fredy Pérez Lizarazo	22.07.1988	4	(8)	1			

Forwards:

Juan Diego Alegría Arango	06.06.2002				11	(3)	1
Armando José Araque Peña (VEN)	06.03.1989		(7)				
Carlos Andrés Copete Velez	07.05.2000	6	(8)				
William Omar Duarte Figueroa	18.07.1995	16	(1)	4			
Freddy Espinal Valverde	30.10.1997				4	(7)	
Kahiser Lenis Navarro (PAN)	23.07.2000	1	(6)		5	(1)	
Hernán Camilo Luna Gómez	11.11.1991				1	(3)	
José Armando Mendoza Longas	28.07.2001	4	(3)	1	1	(4)	
Edgar José Medrano Ayarza	23.09.1994				5	(13)	1
Feiver Alonso Mercado Galera	01.06.1990				3	(2)	
Jairo Gabriel Molina Ospino	28.04.1993				9	(4)	1
Javier Antonio Narváez Marín	28.07.2000		(3)				
Juan David Pérez Benítez	23.03.1991				8	(4)	
Duván Rodríguez Urango (VEN)	05.05.1996	7	(5)		1	(5)	1
Pablo José Rojas Cardales	23.09.1991	19		5			
Jhonier Viveros Díaz	28.04.1992	15	(2)	1	16		2

CORPORACIÓN DEPORTIVO POPULAR JUNIOR FUTBOL CLUB BARRANQUILLA

Foundation date: August 7, 1924
Address: Carrera 57 N° 72-56, Barranquilla
Stadium: Estadio Metropolitano "Roberto Meléndez", Barranquilla (46,690)

Trainer:			
	Arturo Ernesto Reyes Montero	08.04.1969	Ape
[15.03.2023]	Hernán Darío Gómez Jaramillo	03.02.1956	Ape/Fin
[17.08.2023]	Arturo Ernesto Reyes Montero	08.04.1969	Fin

THE SQUAD

	DOB	Ape			Fin		
		M	(s)	G	M	(s)	G
Goalkeepers:							
Jefersson Justino Martínez Valverde	16.08.1993	10			8		
Santiago Andrés Mele Castanero (URU)	06.09.1997				20		
Mario Sebastián Viera Galaín (URU)	07.03.1983	10		1			
Defenders:							
Federico Andueza Velazco (URU)	25.05.1997	11					
Nilson David Castrillón Burbano	28.01.1996	4	(3)		2	(7)	
Brayan Andrés Ceballos Jiménez	24.05.2001				9	(3)	1
Gabriel Rafael Fuentes Gómez	09.02.1997				21		2
César Rafael Haydar Villarreal	31.03.2001	3	(1)				
Edwin Alberto Herrera Hernández	02.09.1998	17	(1)	1	18	(3)	
Homer Enríque Martínez Yepez	06.10.1997	8	(8)		24	(1)	1
Diego Andrés Mendoza Benítez	10.01.2001				1	(7)	
Emanuel Olivera (ARG)	02.04.1990				24	(2)	
José Enrique Ortíz Córtes	16.11.1998	8	(1)				
Walmer Pacheco Mejía	16.01.1995	15			18	(5)	
Jermein Zidane Peña Maiguel	16.10.1999				21	(3)	
Daniel Alejandro Rosero Valencia	06.10.1993	3					
Iván René Scarpeta Silgado	05.06.1996	13	(1)				

Alfonso Simarra Valdez	13.07.2000	1	(1)			
Amaury Torralvo Polo	12.01.1994	2				
Midfielders:						
Fabián Steven Ángel Bernal	10.01.2001				3	(5)
Jordan Andrés Barrera Herrera	11.04.2006		(1)			
Leider Sebastián Berdugo Ruiz	19.02.2002	6	(2)			(1)
Léider Iván Berrío Peña	07.06.1998	11	(5)	1	2	(12)
José David Enamorado Gómez	13.01.1999				12	(7)	3
Fredy Hinestroza Arias	05.04.1990	10	(2)		3	(13)
Didier Andrés Moreno Asprilla	15.09.1991	16		1	19		2
Kevin Javier Padilla Madrid	27.04.2001					(3)
Juan Fernando Quintero Paniagua	18.01.1993	6		1		
Enrique Carlos Serje Orozco	10.01.1996		(1)			
Carlos José Sierra López	25.10.1990	7	(10)	1		(2)
Jhon Jaider Vélez Carey	25.07.2003	5	(1)		10	(4)
Forwards:						
Omar Antonio Albornoz Contreras	28.09.1995	4	(6)	2	1	
Carlos Arturo Bacca Ahumada	08.09.1986	11	(6)	1	27	(1)	17
Déiber Jair Caicedo Mideros	25.03.2000				22	(2)	5
Andrey Estupiñán Quiñones	05.07.1994	1	(7)			(6)
Luis Daniel González Cova (VEN)	22.12.1990	10	(6)	2	21	(3)	7
Vladimir Javier Hernández Rivero	08.02.1989	14	(5)	3	12	(11)	1
Gonzalo Lencina (ARG)	18.10.1997				3	(12)	1
Brayan Léon Muñiz	19.10.2000	10	(7)			
Andrés Steven Rodríguez Ossa	13.10.1998					(14)	4
Pablo José Rojas Cardales	23.09.2001				7	
Luis Fernando Sandoval Oyola	01.06.1999	4	(8)	3		

CLUB DEPORTIVO LA EQUIDAD SEGUROS

Foundation date: Ocotober 12, 1990
Address: Calle 193 N° 38-20, Bogotá
Stadium: Estadio Metropolitano de Techo, Bogotá (10,000)

Trainer: Alexis Enrique García Vega   21.07.1960   Ape/Fin

THE SQUAD							
	DOB	Ape			Fin		
		M	(s)	G	M	(s)	G
Goalkeepers:							
Washington Jesús Ortega Olivera (URU)	13.11.1994	20			20		
Defenders:							
Jhon Bayro Altamiranda Arrieta	19.05.2000		(1)		2	(1)	
Carlos Mario Arboleda Ampudia	08.06.1986	8	(5)				
Didier Antonio Bueno Perea	30.10.2000	10	(2)	1			
Joan Sebastián Castro Dinas	13.01.1997	13	(5)		17		1
Andrés Correa Valencia	29.01.1994	14			19		1
Yoiver González Mosquera (EQG)	22.11.1989	7	(2)		7	(1)	
Joiner Moreno Montero	02.08.2000	10	(2)	1	3	(4)	
Diego Danilo Páez Abril	12.04.2000					(1)	
Martín Enrique Payares Campo	27.03.1995				20		1
Daniel Eduardo Polanco García	16.11.1998	11			8	(4)	
Alejandro Fabián Prieto Romero (URU)	20.04.1991	12			1	(5)	
Amaury Torralvo Polo	12.01.1994				3	(9)	
Midfielders:							
Felipe Acosta Bayer	25.05.1994				19	(1)	1
Yesid Alberto Díaz Montero	24.07.1997	1	(14)		1	(6)	
Pablo Lima Gualco (URU)	19.08.1990	15		1	19		2
Kevin Alexander Londoño Asprilla	23.11.1993	15	(5)	1			
Santiago López de Mesa Pareja	09.02.2002				1	(7)	
Juan Alejandro Mahecha Molina	22.07.1987	10	(4)		7	(6)	
Ederson Moreno Ramírez	18.01.1994	16	(2)				
Élan Joseph Ricardo Ochoa	20.02.2004		(1)		1	(1)	
Johan Rojas Echavarria	20.09.2002	8	(6)	2	14		3
Kevin David Salazar Chiquiza	09.02.1996	4	(4)		4	(5)	1
Forwards:							
Jhonathan Caicedo Vergara	15.11.1995	1	(2)		2	(5)	1
David Andrés Camacho Valencia	12.06.1997	15	(5)	4	17		3
Francisco Javier Chaverra Angulo	13.03.2000	11	(5)	1	14	(5)	2
Brayan Alexis Fernández Garcés	25.01.1992				5	(7)	1
José Manuel Hernández Chávez (VEN)	02.08.1996	8	(4)	2		(1)	
José David Lloreda Guevara	12.08.1994	3	(11)	1	12	(3)	1
Mack Cleverson Stephen Murillo Da Silva	02.11.2003					(1)	
Luis Angel Palacios Mena	10.04.2001	1	(3)			(3)	
Jorge Luis Ramos Sánchez	02.10.1992	7	(9)	2	4	(5)	

AZUL y BLANCO MILLONARIOS FÚTBOL CLUB BOGOTÁ
Foundation date: June 18, 1946
Address: Carrera 50 N° 59-54, Bogotá
Stadium: Estadio „Nemesio Camacho" [El Campín], Bogotá (36,340)

Trainer:	Alberto Miguel Gamero Morillo	03.02.1964	Ape/Fin

THE SQUAD						
	DOB	Ape			Fin		
		M	(s)	G	M	(s)	G
Goalkeepers:							
Álvaro David Montero Perales	29.03.1995	19			20		
Juan Esteban Moreno Córdoba	18.07.1999	9			6		
Defenders:							
Israel Alba Marín	06.05.1995	7	(1)	1			
Jorge Enrique Arias de la Hoz	13.11.1992	20	(4)	2	12	(9)	
Samuel David Asprilla Gallego	30.11.2003	9	(1)		5	(2)	1
Omar Andrés Bertel Vergara	09.09.1996	5	(6)		17	(2)	
Jhoan Hernández Mejía	20.02.2006		(3)			(1)	
Andrés Llinás Montejo	23.07.1997	16	(1)	2	17	(1)	1
Alex Fernando Moreno Paz	25.01.2002	6	(2)	1	5	(1)	
Andrés Felipe Murillo Segura	04.01.1996	5	(1)		1	(1)	
Sander Andrés Navarro de la Cruz	22.07.2003				13		
Elvis Yohan Perlaza Lara	07.03.1989	19	(2)		7		
Ricardo Enríque Rosales Martínez	31.01.2001	2	(2)		4		
Óscar Luis Vanegas Zúñiga	07.05.1996	6			6	(3)	
Juan Pablo Vargas Campos (CRC)	06.06.1995	17		2	17		1
Midfielders:							
Joseph Nicolás Arévalo Chaparro	13.03.2003	4	(1)		2		
Daniel Felipe Cataño Torres	17.01.1992	14	(3)	3	15	(1)	3
Kevin Santiago Cortés Díaz	06.08.2003		(1)				
Daniel Eduardo Giraldo Cárdenas	01.07.1992	20	(1)	1	16	(5)	
Kliver Exney Moreno Robles	09.08.2000	4	(4)		2	(1)	
Juan Carlos Pereira Díaz	08.02.1993	10	(7)	1	13	(5)	1
Daniel Felipe Ruiz Rivera	30.07.2001				14	(1)	1
David Macalister Silva Mosquera	13.12.1986	16	(4)	3	16	(3)	
Juan David Torres Henríquez	31.03.2001	3	(3)			(2)	
Larry Vásquez Ortega	19.09.1992	14	(6)		14	(7)	2
Stiven Vega Londoño	22.05.1998	11	(8)		7	(6)	
Dewar Steven Victoria Palacios	19.03.2001		(2)				
Forwards:							
Ramiro Alberto Brochero Vásquez	05.03.2000	1	(6)			(3)	
Juan Esteban Carvajal Granados	23.07.2003				2	(8)	1
Beckham David Castro Espinosa	12.09.2003	9	(4)	2	7	(10)	4
Leonardo Fabio Castro Loaiza	14.06.1992	15	(1)	6	22		5
Óscar Manuel Cortés Cortés	03.12.2003	7	(4)	5			
Edgar Andrés Guerra Hernández	09.03.2001	6	(10)		10	(10)	3
Luis Andrés Paredes Bustamante	13.06.2001	8	(7)	2	5	(9)	
Jarrinson Yuber Quiñones Guerrero	08.10.2002	9	(5)	1	2	(2)	
Luis Carlos Ruiz Morales	08.01.1987	4	(6)	1			
Fernando Uribe Hincapié	01.01.1988	8	(12)	4	3	(14)	
Jader Andrés Valencia Mena	15.11.1999	5	(8)	2	6	(3)	2
Neyser Villarreal	24.04.2005					(3)	

CORPORACIÓN DEPORTIVA ONCE CALDAS MANIZALES

Foundation date: April 16, 1947
Address: Carrera 23 N° 55-81, Puerta 18, Manizales
Stadium: Estadio Palogrande, Manizales (28,678)

Trainer:			
	Diego Andrés Corredor Hurtado	30.06.1981	Ape
[13.02.2023]	Elkin Soto Jaramillo	04.08.1980	Ape
[05.03.2023]	Pedro Enrique Sarmiento Solís	26.10.1956	Ape/Fin
[23.10.2023]	Hernán Darßio Herrera Ramírez	28.10.1957	Fin

THE SQUAD

	DOB	Ape M	Ape (s)	Ape G	Fin M	Fin (s)	Fin G
Goalkeepers:							
Eder Aleixo Chaux Ospina	20.12.1991	16			20		
Gerardo Amilcar Ortíz Zarza (PAR)	25.03.1989	4					
Defenders:							
Alejandro Artunduaga Meneses	09.09.1997	5	(3)				
Jorge Luis Cardona Gutiérrez	23.02.1999	9	(4)	1	15		1
Andrés Felipe Correa Osorio	02.07.1984	19		2	10	(3)	
Juan David Cuesta Santos	21.11.1997				18	(1)	1
Yohan Eduardo Cumaná Hernández	08.03.1996					(3)	
Nahuel Ezequiel Gallardo (ARG)	09.05.1998	4	(5)				
Santiago Jiménez Mejía	23.03.1998	7	(3)				
Léyder Morán Mina	25.12.2004	8			5	(4)	
Sergio Stevan Palacios Zapata	14.02.2005				5	(1)	
Marlon Javier Piedrahita Londoño	13.06.1985	11	(7)		2	(4)	
Jáider Alfonso Riquett Molina	10.05.1990	4	(1)		9	(1)	
Fáiner Torijano Cano	31.08.1988	19		2	18		
Yeiler Stith Valencia Banguero	28.05.2004	1	(3)			(11)	1
Midfielders:							
Johan Esteban Beltrán Montano	18.10.1999				3	(9)	
Sherman Andrés Cárdenas Estupiñán	07.08.1989	18	(2)		4	(5)	
Guillermo León Celis Montiel	08.05.1993	9					
Alejandro García Castillo	28.02.2001	10	(1)	1	15	(1)	
Jorge Antonio Méndez Castillo (PAN)	06.04.2001		(5)				
Álvaro José Montaño Loango	14.09.2000				13	(1)	1
Junior Andrés Orobio Montaño	27.07.2007					(2)	
Luis Felipe Pérez Valencia	28.05.1996	17	(1)		17		
Rubén Leonardo Pico Carvajal	04.10.1991		(4)				
Dannovi Quiñónes Quiñónes	18.01.2001	11	(1)		2	(1)	
Juan David Rodríguez Rico	24.09.1992	3	(4)				
Jeyson Velasco Rodríguez	01.02.2004		(3)			(1)	
Forwards:							
Jhon Deiby Araujo Sevillano	18.07.2002	3	(9)		3	(2)	
Billy Vladimir Arce Mina (ECU)	12.07.1998				17		2
Santiago Antonio Cubides Guevara	08.09.2000	1	(10)			(1)	
David Fernando Lemos Cortés	05.05.1995	13	(4)	1	10	(3)	1
Johar Franco Mejía Moreno	10.01.2000				3	(15)	1
Santiago Mera Orejuela	19.07.2001				2	(6)	
Luis Fernando Miranda Molinarez	27.08.1997	5	(8)		9	(5)	1
Dayro Mauricio Moreno Galindo	16.09.1985	19	(1)	9	20		11
Santiago Muñoz Gómez	06.08.1999		(3)				
Jhon Fredy Pajoy Ortíz	10.11.1988	4	(5)				

CLUB DEPORTES TOLIMA IBAGUÉ

Foundation date: December 18, 1954
Address: Carrera 4 Bis N° 34-60,. Ibagué
Stadium: Estadio „Manuel Murillo Toro", Ibagué (28,170)

Trainer:			
	Hernán Torres Oliveros	18.02.1961	Ape
[24.04.2023]	Carlos César Castro Varón	28.08.1968	Ape
[28.04.2023]	Juan Cruz Real (ARG)	08.10.1976	Ape/Fin
[08.09.2023]	José Arastey Eres (ESP)	30.06.1966	Fin
[18.09.2023]	David González Giraldo	20.07.1982	Fin

THE SQUAD							
	DOB	Ape			Fin		
		M	(s)	G	M	(s)	G
Goalkeepers:							
Juan Camilo Chaverra Martínez	12.12.1992	1				(1)	
William David Cuesta Mosquera	19.02.1993	10					
Alvino Volpi *Neto* (BRA)	01.08.1992				25		
Christian Vargas Cortez	16.11.1989	9	(1)		1	(1)	
Defenders:							
Anderson Darley Angulo Tenorio	01.07.1996	11			9		
Jeison Andrés Angulo Trujillo	27.06.1996	1	(1)				
Juan Guillermo Arboleda Sánchez	28.07.1989	8	(2)		4	(2)	
Shean Paul Barbosa Gómez	07.04.2004	2	(2)				
Facundo Nicolás Boné Vale (URU)	16.11.1995	13	(4)	2	7	(5)	3
José Abad Cuenú Rodríguez	17.02.1995	8	(1)				
Nicolás Andrés Giraldo Urueta	29.03.1993	1			10	(2)	
César Rafael Haydar Villarreal	31.03.2001				24		
Yhormar David Hurtado Torres	14.12.1996				20	(4)	1
Juan José Mera González	12.03.2002	3			2	(1)	
Julián Alveiro Quiñónes García	05.11.1989	16	(1)	2	5		2
Léider Andrés Riascos Suárez	04.07.2000	12			7	(5)	
Marlon Aldair Torres Obeso	17.04.1996				14	(2)	
Midfielders:							
Carlos Andrés Esparragoza Pérez	06.03.1999	2	(3)		3	(9)	
Yeison Estiven Guzmán Gómez	22.03.1998	16	(2)	2	23	(2)	6
Fabián Camilo Mosquera Mercado	03.03.1995	6	(5)		3	(12)	
Juan Pablo Nieto Salazar	25.02.1993	9	(4)		22	(2)	2
Juan David Ríos Henao	07.10.1991	13			21	(2)	
Juan José Rubiano Falla	04.01.2002	1	(3)				
Eduardo José Sosa Vega (VEN)	20.06.1996	3	(5)		1	(12)	1
Cristian Esteban Trujillo Riascos	08.08.1998	9	(1)		6	(11)	1
Juan Manuel Valencia Aponzá	20.06.1998	5	(3)				
Oscar Eduardo Vallecilla Castillo	09.07.2002		(3)				
Forwards:							
Julián Estiben Angulo Sevillano	14.05.2002		(4)				
Estefano Arango González	18.01.1994	14	(1)	1	8	(5)	1
Juan Fernando Caicedo Benítez	13.07.1989	7	(6)	3			
Juan David Carabalí	26.02.2003					(2)	
Alex Stik Castro Giraldo	08.03.1994				11	(5)	3
Jeinner Felipe Fuentes Giraldo	07.05.2005		(2)	1			
Brayan Alexander Gil Hurtado	28.06.2001	6	(4)	2	2	(16)	2
Lucas González (ARG)	25.07.1997				3	(1)	

Diego Fernando Herazo Moreno	14.04.1996	8	(7)	5	20	(4)	9
Junior Alexis Hernández Angulo	05.04.1999	13			17	(3)	1
Jeison Steven Lucumí Mina	08.04.1995	8			9	(3)	2
Álvaro José Meléndez Escobar	28.01.1997	2	(1)	1			
Kevin Andrés Pérez Pérez	18.07.1997	3	(10)	1	9	(5)	2
Andrés Yair Rentería Morelo	06.03.1993		(2)	1			

UNIÓN MAGDALENA SANTA MARTA

Foundation date: April 19, 1953
Address: Calle 13 N° 1-19 Santa Marta
Stadium: Estadio Sierra Nevada, Santa Marta (16,120)

Trainer:	Claudio Sergio Rodríguez (ARG)	17.01.1960	Ape
[28.05.2023]	Harold Rivera Roa	06.07.1970	Fin

THE SQUAD

	DOB	Ape			Fin		
		M	(s)	G	M	(s)	G
Goalkeepers:							
Carlos Andrés Bejarano Palacios (EQG)	29.01.1985				4	(1)	
José Ramiro Sánchez Carvajal	05.10.1983	20			15		
Efrain David Ustariz Bolaño	15.10.2003				1		
Defenders:							
Juan Camilo Angulo Villegas	26.09.1988	13			11		
Anthony Patricio Bedoya Caicedo (ECU)	26.01.1996				11		
Jesús Fernando Cano Meza	09.06.1998	2					
Fabián David Cantillo Beleño	17.09.1997	12	(1)		19		2
Brayan Steven Caralí Bonilla	25.02.1999	1	(3)				
James Enrique Castro Maestre	24.11.1984		(4)		1	(2)	
Brayan Darío Correa Gamarra	23.01.1993	16	(2)		6		
Nicolás Gil Uribe	01.04.1997	17			14		1
Alain Yulián Guerrero Acosta	26.08.2001	2	(1)		12		
José David Mercado Bojato	21.08.2003	2	(9)		11	(5)	
Freddy Enrique Molina Salcedo (VEN)	01.01.2004				1	(1)	
Eder Daniel Munive Royero	17.09.1989	9	(3)		3		
Brayam Manuel Palacios Palacios	02.08.1998	1	(2)				
Jermein Zidane Peña Maiguel	16.10.1999	14	(1)				
Jefrey Trujillo González	04.11.2002				1	(2)	
Midfielders:							
Gianfranco Baier (ARG)	18.02.1999	19			3	(9)	
Jean Carlos Colorado Sánchez	11.09.2000	8	(2)		14	(1)	1
Arneth David González Meza	19.03.2004		(5)			(4)	
Ronaldo Luis Lora Ballestas	12.07.1997	5	(3)	1	13	(4)	
Gonzalo Lucero (ARG)	02.04.1994	6	(10)				
Alexander Mejía Sabalsa	11.07.1988	17			10	(2)	
Stiven David Palomeque Mosquera	07.06.2000		(2)				
Jairo Fabián Palomino Sierra	02.08.1988	8	(3)	1			
Carlos Marío Rodríguez Torres	30.01.1995	2	(1)				
Cristian Emanuel Sención Rodríguez (URU)	28.01.1996				6	(8)	
Forwards:							
Ruyery Alfonso Blanco Yus	07.12.1998				1	(5)	
Isaac David Camargo Pineda	14.12.1999	9	(10)	7	6	(11)	2

Andrés Lorenzo Carreño Zambrano	05.05.2003		(1)				(3)		
Joel Jesús Contreras Torres	01.05.1999	8	(7)	1		6	(9)	3	
Wilder Andrés Guisao Correa	30.07.1991	10	(4)	2		4	(3)		
Roberto Carlos Hinojosa Marín	02.07.1999					11	(5)	1	
Ricardo Luis Márquez González	09.11.1997	10	(3)	3		13	(6)	4	
Yamil Jorge Gonzalo Romero (ARG)	11.07.1995	9	(6)	1					
Gustavo Adolfo Torres Grueso	15.06.1996					17	(1)	7	
Daiver José Vega Mejía	30.05.1996		(1)			6	(6)		

SECOND LEVEL
Primera B 2023 - Torneo BetPlay Dimayor

Torneo Apertura 2023

First Stage

1.	Llaneros FC Villavicencio	16	9	5	2	19	-	10	32
2.	Patriotas Boyacá Tunja	16	8	6	2	20	-	7	30
3.	Cúcuta Deportivo FC	16	7	7	2	19	-	12	28
4.	Deportes Quindío Armenia	16	8	4	4	17	-	12	28
5.	Cortuluá FC Tuluá	16	7	6	3	22	-	16	27
6.	CD Real Cartagena FC	16	7	5	4	24	-	19	26
7.	Fortaleza CEIF Bogotá	16	6	7	3	20	-	15	25
8.	Valledupar FC	16	5	6	5	18	-	21	21
9.	CD Real Santander	16	5	5	6	13	-	12	20
10.	Itagüí Leones FC	16	4	6	6	26	-	28	18
11.	Bogotá FC	16	4	5	7	12	-	16	17
12.	Barranquilla FC	16	5	2	9	18	-	24	17
13.	Orsomarso SC Palmira	16	5	2	9	12	-	20	17
14.	Tigres FC Bogotá	16	4	3	9	7	-	13	15
15.	Boca Juniors de Cali	16	2	6	8	14	-	22	12
16.	Atlético FC Cali	16	1	7	8	16	-	30	10

Top-8 teams advanced to the Apertura Play-offs (Cuadrangulares semifinales).

Cuadrangulares semifinales

Grupo A

1.	Llaneros FC Villavicencio	6	4	1	1	9	-	5	13
2.	Fortaleza CEIF Bogotá	6	4	0	2	11	-	3	12
3.	CD Real Cartagena FC	6	1	2	3	5	-	10	5
4.	Deportes Quindío Armenia	6	0	3	3	5	-	12	3

Grupo B

1.	Patriotas Boyacá Tunja	6	1	5	0	6	-	4	8
2.	Cúcuta Deportivo FC	6	1	5	0	10	-	8	8
3.	Valledupar FC	6	1	3	2	5	-	6	6
4.	Cortuluá FC Tuluá	6	1	3	2	4	-	7	6

Group winners advanced to the Finals.

Torneo Apertura Finals [18-23.06.2023]

Patriotas Boyacá Tunja - Llaneros FC Villavicencio   1-0(0-0)   0-0

Patriotas Boyacá Tunja were qualified for the Gran Final 2023.

Torneo Finalización 2023

First Stage

1.	Fortaleza CEIF Bogotá	16	12	3	1	24	-	9	39
2.	Llaneros FC Villavicencio	16	7	6	3	19	-	10	27
3.	Cúcuta Deportivo FC	16	7	6	3	22	-	15	27
4.	CD Real Cartagena FC	16	7	6	3	20	-	15	27
5.	Barranquilla FC	16	7	5	4	20	-	19	26
6.	Itaguí Leones FC	16	7	3	6	28	-	23	24
7.	Atlético FC Cali	16	7	3	6	19	-	19	24
8.	Boca Juniors de Cali	16	6	4	6	13	-	14	22
9.	Patriotas Boyacá Tunja	16	6	3	7	19	-	19	21
10.	CD Real Santander	16	5	6	5	18	-	19	21
11.	Deportes Quindío Armenia	16	4	6	6	13	-	18	18
12.	Cortuluá FC Tuluá	16	4	5	7	17	-	15	17
13.	Bogotá FC	16	4	4	8	11	-	17	16
14.	Orsomarso SC Palmira	16	4	3	9	11	-	20	15
15.	Real Soacha Cundinamarca*	16	2	8	6	13	-	19	14
16.	Tigres FC Bogotá	16	2	3	11	12	-	28	9

Top-8 teams advanced to the Finalización Play-offs (Cuadrangulares semifinales).
*Please note: Real Soacha Cundinamarca replaced Valledupar FC (Club was dissolved).

Cuadrangulares semifinales

Grupo A

1.	Fortaleza CEIF Bogotá	6	4	1	1	10 - 7	13
2.	Itaguí Leones FC	6	3	2	1	13 - 9	11
3.	Boca Juniors de Cali	6	1	2	3	9 - 11	5
4.	CD Real Cartagena FC	6	1	1	4	5 - 10	4

Grupo B

1.	Cúcuta Deportivo FC	6	4	1	1	7 - 4	13
2.	Llaneros FC Villavicencio	6	3	2	1	10 - 7	11
3.	Barranquilla FC	6	1	2	3	4 - 7	5
4.	Atlético FC Cali	6	0	3	3	4 - 7	3

Group winners advanced to the Finals.

Torneo Finalización Finals [14-17.11.2023]

Cúcuta Deportivo FC - Fortaleza CEIF Bogotá 1-0(1-0) 0-2(0-1)
Fortaleza CEIF Bogotá were qualified for the Gran Final 2023.

Gran Final 2023 [22-28.11.2023]

Patriotas Boyacá Tunja - Fortaleza CEIF Bogotá 3-1(1-1)
Fortaleza CEIF Bogotá - Patriotas Boyacá Tunja 1-0(1-0)

Patriotas Boyacá Tunja promoted to the 2024 Primera A.

Aggregate Table 2023

1.	Fortaleza CEIF Bogotá	48	28	11	9	69	-	38	95
2.	Llaneros FC Villavicencio	46	23	15	8	56	-	33	84
3.	Cúcuta Deportivo FC	46	20	19	7	59	-	41	79
4.	Patriotas Boyacá Tunja	42	17	15	10	49	-	32	66
5.	CD Real Cartagena FC	44	16	14	14	54	-	54	62
6.	Itagüí Leones FC	38	14	11	13	67	-	60	53
7.	Cortuluá FC Tuluá	38	12	14	12	43	-	38	50
8.	Deportes Quindío Armenia	38	12	13	13	35	-	42	49
9.	Barranquilla FC	38	13	9	16	42	-	50	48
10.	CD Real Santander	32	10	11	11	31	-	31	41
11.	Real Soacha Cundinamarca	38	8	17	13	36	-	46	41
12.	Boca Juniors de Cali	38	9	12	17	36	-	47	39
13.	Atlético FC Cali	38	8	13	17	39	-	56	37
14.	Bogotá FC	32	8	9	15	23	-	33	33
15.	Orsomarso SC Palmira	32	9	5	18	23	-	40	32
16.	Tigres FC Bogotá	32	6	6	20	19	-	41	24

Fortaleza CEIF Bogotá, as Aggregate Table winner, were qualified for the Promotion Play-offs.

Promotion Play-offs

No matches needed.
Fortaleza CEIF Bogotá, as Aggregate Table winner and Gran Final loser were promoted to the 2024 Primera A.

THE NATIONAL TEAM 2023

INTERNATIONAL MATCHES
(16.07.2023 – 31.12.2023)

07.09.2023	Barranquilla	Colombia - Venezuela	1-0(0-0)	(WCQ)
12.09.2023	Santiago	Chile - Colombia	0-0	(WCQ)
12.10.2023	Barranquilla	Colombia - Uruguay	2-2(1-0)	(WCQ)
17.10.2023	Quito	Ecuador - Colombia	0-0	(WCQ)
16.11.2023	Barranquilla	Colombia - Brazil	2-1(0-1)	(WCQ)
21.11.2023	Asunción	Paraguay - Colombia	0-1(0-1)	(WCQ)
10.12.2023	Fort Lauderdale	Colombia - Venezuela	1-0(1-0)	(F)
16.12.2023	Los Angeles	Mexico - Colombia	2-3(1-0)	(F)

07.09.2023, 23rd FIFA World Cup Qualifiers
Estadio Metropolitano "Roberto Meléndez", Barranquilla; Attendance: 43,084
Referee: Anderson Daronco (Brazil)
COLOMBIA - VENEZUELA   **1-0(0-0)**
COL: Camilo Andrés Vargas Gil (15/0), Daniel Muñoz Mejía (20/0), Yerry Fernando Mina González (41/7), Jhon Janer Lucumí Bonilla (13/0), Deiver Andrés Machado Mena (6/0), Jefferson Andrés Lerma Solís (36/1), Andrés Mateus Uribe Villa (48/5) [85.Wílmar Enrique Barrios Terán (55/1)], Jhon Adolfo Arias Andrade (7/0) [75.James David Rodríguez Rubio (91/26)], Juan Guillermo Cuadrado Bello (Cap) (116/11) [46.Jorge Andrés Carrascal Guardo (7/1)], Luis Fernando Díaz Marulanda (40/9) [88.Luis Fernando Sinisterra Lucumí (8/3)], Rafael Santos Borré Maury (25/4) [75.Jhon Jader Durán Palacio (6/1)]. Trainer: Néstor Gabriel Lorenzo (9, Argentina).
Goal: Rafael Santos Borré Maury (46).

12.09.2023, 23rd FIFA World Cup Qualifiers
Estadio Monumental "David Arellano", Santiago; Attendance: 22,153
Referee: Jesús Noel Valenzuela Sáez (Venezuela)
CHILE - COLOMBIA   **0-0**
COL: Camilo Andrés Vargas Gil (16/0), Daniel Muñoz Mejía (21/0), Yerry Fernando Mina González (42/7) [23.Davinson Sánchez Mina (55/1)], Jhon Janer Lucumí Bonilla (14/0), Deiver Andrés Machado Mena (7/0), Jefferson Andrés Lerma Solís (37/1), Andrés Mateus Uribe Villa (Cap) (49/5), Jhon Adolfo Arias Andrade (8/0) [71.Juan Fernando Quintero Paniagua (33/4)], Jorge Andrés Carrascal Guardo (8/1) [58.James David Rodríguez Rubio (92/26)], Luis Fernando Díaz Marulanda (41/9) [71.Luis Fernando Sinisterra Lucumí (9/3)], Rafael Santos Borré Maury (26/4) [58.Jhon Jader Durán Palacio (7/1)]. Trainer: Néstor Gabriel Lorenzo (10, Argentina).

12.10.2023, 23rd FIFA World Cup Qualifiers
Estadio Metropolitano "Roberto Meléndez", Barranquilla; Attendance: 43,915
Referee: Piero Daniel Maza Gómez (Chile)
COLOMBIA - URUGUAY   **2-2(1-0)**
COL: Camilo Andrés Vargas Gil (17/0) [sent off 87], Santiago Arias Naranjo (55/0) [90.Yerson Mosquera Valdelamar (1/0)], Davinson Sánchez Mina (56/1), Carlos Eccehomo Cuesta Figueroa (11/0), Frank Yusty Fabra Palacios (28/1), Wílmar Enrique Barrios Terán (56/1), Andrés Mateus Uribe Villa (50/6) [67.Richard Ríos Montoya (1/0)], James David Rodríguez Rubio (Cap) (93/27) [81.Jorge Andrés Carrascal Guardo (9/1)], Jhon Adolfo Arias Andrade (9/0) [90.Álvaro David Montero Perales (6/0)], Luis Fernando Díaz Marulanda (42/9), Rafael Santos Borré Maury (27/4) [80.Luis Fernando Sinisterra Lucumí (10/3)]. Trainer: Néstor Gabriel Lorenzo (11, Argentina).
Goals: James David Rodríguez Rubio (35), Andrés Mateus Uribe Villa (52).

17.10.2023, 23rd FIFA World Cup Qualifiers
Estadio "Rodrigo Paz Delgado", Quito; Attendance: 38,702
Referee: Facundo Raúl Tello Figueroa (Argentina)
ECUADOR - COLOMBIA　　　　　　　　　　　　　　　　　　　**0-0**
COL: Álvaro David Montero Perales (7/0), Carlos Eccehomo Cuesta Figueroa (12/0), Davinson Sánchez Mina (57/1), Yerson Mosquera Valdelamar (2/0) [86.Willer Emilio Ditta Pérez (1/0)], Deiver Andrés Machado Mena (8/0), Kevin Duvan Castaño Gil (5/0) [88.Wílmar Enrique Barrios Terán (57/1)], Andrés Mateus Uribe Villa (51/6) [75.Richard Ríos Montoya (2/0)], Jhon Adolfo Arias Andrade (10/0), James David Rodríguez Rubio (Cap) (94/27), Luis Fernando Díaz Marulanda (43/9), Rafael Santos Borré Maury (28/4) [75.Jhon Jader Durán Palacio (8/1)]. Trainer: Néstor Gabriel Lorenzo (12, Argentina).

16.11.2023, 23rd FIFA World Cup Qualifiers
Estadio Metropolitano "Roberto Meléndez", Barranquilla; Attendance: 44,604
Referee: Andrés Matías Matonte Cabrera (Uruguay)
COLOMBIA - BRAZIL　　　　　　　　　　　　　　　　　　　**2-1(0-1)**
COL: Camilo Andrés Vargas Gil (18/0), Daniel Muñoz Mejía (22/0), Davinson Sánchez Mina (58/1), Jhon Janer Lucumí Bonilla (15/0), Deiver Andrés Machado Mena (9/0) [46.Cristián Alexis Borja González (6/0)], Jorge Andrés Carrascal Guardo (10/1) [74.Richard Ríos Montoya (3/0)], Kevin Duvan Castaño Gil (6/0) [83.Jefferson Andrés Lerma Solís (38/1)], Andrés Mateus Uribe Villa (52/6) [46.Luis Fernando Sinisterra Lucumí (11/3)], James David Rodríguez Rubio (Cap) (95/27), Luis Fernando Díaz Marulanda (44/11), Rafael Santos Borré Maury (29/4) [68. Jhon Andrés Córdoba Copete (1/0)]. Trainer: Néstor Gabriel Lorenzo (13, Argentina).
Goals: Luis Fernando Díaz Marulanda (75, 79).

21.11.2023, 23rd FIFA World Cup Qualifiers
Estadio Defensores del Chaco, Asunción; Attendance: 25,190
Referee: Jesús Noel Valenzuela Sáez (Venezuela)
PARAGUAY - COLOMBIA　　　　　　　　　　　　　　　　　**0-1(0-1)**
COL: Camilo Andrés Vargas Gil (19/0), Daniel Muñoz Mejía (23/0), Yerry Fernando Mina González (43/7), Luis Fernando Sinisterra Lucumí (12/3), Cristián Alexis Borja González (7/0) [89.Yerson Mosquera Valdelamar (3/0)], Kevin Duvan Castaño Gil (7/0) [81.Andrés Mateus Uribe Villa (53/6)], Jefferson Andrés Lerma Solís (39/1), Jhon Adolfo Arias Andrade (11/0), James David Rodríguez Rubio (Cap) (96/27) [74.Jorge Andrés Carrascal Guardo (11/1)], Luis Fernando Díaz Marulanda (45/11) [81.Jaminton Leandro Campaz (2/0)], Rafael Santos Borré Maury (30/5) [74.Jhon Andrés Córdoba Copete (2/0)]. Trainer: Néstor Gabriel Lorenzo (14, Argentina).
Goal: Rafael Santos Borré Maury (11 penalty).

10.12.2023, Friendly International
DRV PNK Stadium, Fort Lauderdale (United States); Attendance: n/a
Referee: Rubiel Vásquez (United States)
COLOMBIA - VENEZUELA　　　　　　　　　　　　　　　　**1-0(1-0)**
COL: Álvaro David Montero Perales (8/0), Juan David Mosquera López (1/0) [46.Devan Austin Tanton Pedraza (1/0)], Andrés Felipe Reyes Ambuila (1/0) [80.Andrés Llinás Montejo (4/0)], Brayan Emanuel Vera Ramírez (1/0), Samuel Velásquez Uribe (1/0), Sebastián Gómez Londoño (1/0), Jorman David Campuzano Puentes (4/0), Carlos Andrés Gómez Hinestroza (1/0) [63.Henry David Mosquera Sánchez (1/0)], Ian Carlo Poveda-Ocampo (1/0) [80.Daniel Felipe Ruiz Rivera (2/0)], David Macalister Silva Mosquera (1/0) [62. Daniel Felipe Cataño Torres (1/0)], Roger Beyker Martínez Tobinson (26/3) [80.Diber Armando Cambindo Abonia (1/0)]. Trainer: Néstor Gabriel Lorenzo (15, Argentina).
Goal: Andrés Enrique Ferro Peña (41 own goal).

16.12.2023, Friendly International
Lincoln Financial Field, Philadelphia (United States); Attendance: n/a
Referee: Victor Rivas (United States)
MEXICO - COLOMBIA   **2-3(1-0)**
COL: David Ospina Ramírez (Cap) (128/0), Juan David Mosquera López (2/0), Andrés Felipe Reyes Ambuila (2/1), Brayan Emanuel Vera Ramírez (2/0), Samuel Velásquez Uribe (2/0), Jorman David Campuzano Puentes (5/0), Ian Carlo Poveda-Ocampo (2/0) [75.Carlos Andrés Gómez Hinestroza (2/1)], Sebastián Gómez Londoño (2/0), Daniel Felipe Ruiz Rivera (3/0) [62.Jader Andrés Quiñónes Caicedo (1/0); 82.David Macalister Silva Mosquera (2/0)], Roger Beyker Martínez Tobinson (27/4), Juan Camilo Hernández Suárez (4/2) [82.Henry David Mosquera Sánchez (2/0)]. Trainer: Néstor Gabriel Lorenzo (16, Argentina).
Goals: Andrés Felipe Reyes Ambuila (55), Roger Beyker Martínez Tobinson (69), Carlos Andrés Gómez Hinestroza (90+2).

NATIONAL TEAM PLAYERS 2023			
Name	**DOB**	**Caps**	**Goals**
[Club 2023]			

(Caps and goals at 31.12.2023)

Goalkeepers

Álvaro David MONTERO Perales *[Millonarios FC Bogotá]*	29.03.1995	8	0
David OSPINA Ramírez *[Al Nassr FC Riyadh (KSA)]*	31.08.1988	128	0
Camilo Andrés VARGAS Gil *[Atlas FC Guadalajara (MEX)]*	09.03.1989	19	0

Defenders

Santiago ARIAS Naranjo *[FC Cincinnati (USA)]*	13.01.1992	55	0
Cristian Alexis BORJA González *[SC Braga (POR)]*	18.02.1993	7	0
Carlos Eccehomo CUESTA Figueroa *[KRC Genk (BEL)]*	09.03.1999	12	0
Willer Emilio DITTA Pérez *[CF Cruz Azul Ciudad de México (MEX)]*	23.01.1997	1	0
Frank Yusty FABRA Palacios *[CA Boca Juniors Buenos Aires (ARG)]*	22.02.1991	28	1
Andrés LLINÁS Montejo *[Millonarios FC Bogotá]*	23.07.1997	4	0
Jhon Janer LUCUMÍ Bonilla *[Bologna FC 1909 (ITA)]*	26.06.1998	15	0
Deiver Andrés MACHADO Mena *[Racing Club de Lens (FRA)]*	02.09.1993	9	0

Yerry Fernando MINA González [ACF Fiorentina (ITA)]	23.09.1994	43	7
Juan David MOSQUERA López [Portland Timbers]	05.09.2002	2	0
Yerson MOSQUERA Valdelamar [FC Cincinnati (USA)]	02.05.2001	3	0
Daniel MUÑOZ Mejía [KRC Genk (BEL)]	24.05.1996	23	0
Andrés Felipe REYES Ambuila [New York Red Bulls (USA)]	08.09.2002	2	1
Davinson SÁNCHEZ Mina [Galatasaray SK Istanbul (TUR)]	12.05.1996	58	1
Devan Austin TANTON Pedraza [Fulham FC London (ENG)]	03.01.2004	1	0
Samuel VELÁSQUEZ Uribe [Atlético Nacional Medellín]	29.05.2003	2	0
Brayan Emanuel VERA Ramírez [Real Salt Lake City (USA)]	15.01.1999	2	0

Midfielders

Jhon Adolfo ARIAS Andrade [Fluminense FC Rio de Janeiro (BRA)]	21.09.1997	11	0
Wílmar Enrique BARRIOS Terán [FK Zenit Saint Petersburg (RUS)]	16.10.1993	57	1
Jorman David CAMPUZANO Puentes [CA Boca Juniors Buenos Aires (ARG)]	30.04.1996	5	0
Jorge Andrés CARRASCAL Guardo [FK Dinamo Moskva (RUS)]	25.05.1998	11	1
Kevin Duvan CASTAÑO Gil [CF Cruz Azul Ciudad de México (MEX)]	29.09.2000	7	0
Daniel Felipe CATAÑO Torres [Millonarios FC Bogotá]	17.01.1992	1	0
Juan Guillermo CUADRADO Bello [FC Internazionale Milano (ITA)]	26.05.1988	116	11
Sebastián GÓMEZ Londoño [Coritiba Foot Ball Club (BRA)]	03.06.1996	2	0
Jaminton LEANDRO Campaz [CA Rosario Central (ARG)]	24.05.2000	2	0
Jefferson Andrés LERMA Solís [Crystal Palace FC London (ENG)]	25.10.1994	39	1
Jader Andrés QUIÑONES Caicedo [SAD América de Cali]	12.12.2000	1	0
Juan Fernando QUINTERO Paniagua [Racing Club de Avellaneda (ARG)]	18.01.1993	33	4
Richard RÍOS Montoya [SE Palmeiras São Paulo]	02.06.2000	3	0
James David RODRÍGUEZ Rubio [São Paulo FC (BRA)]	12.07.1991	96	27

David Macalister SILVA Mosquera [Millonarios FC Bogotá]	12.12.1986	2	0
Andrés Mateus URIBE Villa [Al Sadd SC Doha (QAT)]	21.03.1991	53	6

Forwards

Rafael Santos BORRÉ Maury [SV Werder Bremen (GER)]	15.09.1995	30	5
Diber Armando CAMBINDO Abonia [CF Cruz Azul Ciudad de México (MEX)]	17.02.1996	2	0
Jhon Andrés CÓRDOBA Copete [FK Krasnodar (RUS)]	11.05.1993	2	0
Luis Fernando DÍAZ Marulanda [Liverpool FC (ENG)]	13.01.1997	45	11
Jhon Jader DURÁN Palacio [Aston Villa FC Birmingham (ENG)]	13.12.2003	8	1
Carlos Andrés GÓMEZ Hinestroza [Real Salt Lake City]	12.09.2002	2	1
Juan Camilo HERNÁNDEZ Suárez [Columbus Crew (USA)]	22.04.1999	4	2
Roger Beyker MARTÍNEZ Tobinson [Racing Club de Avellaneda (ARG)]	23.06.1994	27	4
Henry David MOSQUERA Sánchez [Red Bull Bragantino (BRA)]	15.11.2001	2	0
Ian Carlo POVEDA-OCAMPO [Leeds United FC (ENG)]	09.02.2000	2	0
Daniel Felipe RUIZ Rivera [Millonarios FC Bogotá]	30.07.2001	3	0
Luis Fernando SINISTERRA Lucumí [AFC Bournemouth (ENG)]	17.06.1999	12	3

National coach

Néstor Gabriel LORENZO (Argentina) [from 09.07.2022]	26.02.1966	16 M; 11 W; 5 D; 0 L; 26-11

ECUADOR

The FA:
Federación Ecuatoriana de Fútbol
Avenida Las Aguas y Calle Alianza, P.O. Box 09-01-7447,
Guayaquíl
Year of Formation: 1925
Member of FIFA since: 1926
Member of CONMEBOL since: 1927
Internet: www.fef.ec

The Country:
República del Ecuador (Republic of Ecuador)
Capital: Quito
Surface: 256,370 km²
Inhabitants: 17,483,326 [2023]
Time: UTC-5 to -6

NATIONAL TEAM RECORDS

First international match:
08.08.1938, Bogotá: Bolivia – Ecuador 1-1

Most international caps:	Most international goals:
Iván Jacinto Hurtado Angulo	Enner Remberto Valencia Lastra
168 caps (1992-2014)	**40 goals** / 83 caps (since 2012)

OLYMPIC FOOTBALL TOURNAMENTS 1908-2020

Year	Status	Year	Status
1908	Did not enter	1976	Did not enter
1912	Did not enter	1980	Did not enter
1920	Did not enter	1984	Qualifiers
1924	Qualifiers	1988	Qualifiers
1928	Did not enter	1992	Qualifiers
1936	Did not enter	1996	Qualifiers
1948	Did not enter	2000	Qualifiers
1952	Did not enter	2004	Qualifiers
1956	Did not enter	2008	Qualifiers
1960	Did not enter	2012	Qualifiers
1964	Did not enter	2016	Qualifiers
1968	Qualifiers	2020	Qualifiers
1972	Qualifiers		

COPA AMÉRICA	
1916	Did not enter
1917	Did not enter
1919	Did not enter
1920	Did not enter
1921	Did not enter
1922	Did not enter
1923	Did not enter
1924	Did not enter
1925	Did not enter
1926	Did not enter
1927	Did not enter
1929	Did not enter
1935	Did not enter
1937	Did not enter
1939	5th Place
1941	5th Place
1942	7th Place
1945	7th Place
1946	*Withdrew*
1947	6th Place
1949	7th Place
1953	6th Place
1955	7th Place
1956	*Withdrew*
1957	7th Place
1959	*Withdrew*
1959E	4th Place
1963	6th Place
1967	Qualifying Round
1975	Round 1
1979	Round 1
1983	Round 1
1987	Group Stage
1989	Group Stage
1991	Group Stage
1993	4th Place
1995	Group Stage
1997	Quarter-Finals
1999	Group Stage
2001	Group Stage
2004	Group Stage
2007	Group Stage
2011	Group Stage
2015	Group Stage
2016	Quarter-Finals
2019	Group Stage
2021	Quarter-Finals

FIFA WORLD CUP	
1930	Did not enter
1934	Did not enter
1938	Did not enter
1950	*Withdrew*
1954	Did not enter
1958	Did not enter
1962	Qualifiers
1966	Qualifiers
1970	Qualifiers
1974	Qualifiers
1978	Qualifiers
1982	Qualifiers
1986	Qualifiers
1990	Qualifiers
1994	Qualifiers
1998	Qualifiers
2002	Final Tournament (Group Stage)
2006	Final Tournament (2nd Round of 16)
2010	Qualifiers
2014	Final Tournament (Group Stage)
2018	Qualifiers
2022	Final Tournament (Group Stage)

ECUADORIAN CLUB HONOURS IN SOUTH AMERICAN CLUB COMPETITIONS:

COPA LIBERTADORES 1960-2023

Liga Deportiva Universitaria de Quito	1	2008

COPA SUDAMERICANA 2002-2023

Liga Deportiva Universitaria de Quito	2	2009, 2023
CEAR Independiente del Valle Sangolquí	2	2019, 2022

RECOPA SUDAMERICANA 1989-2023

Liga Deportiva Universitaria Quito	2	2009, 2010
CEAR Independiente del Valle Sangolquí	1	2023

COPA CONMEBOL[1] 1992-1999

None

SUPERCUP „JOÃO HAVELANGE"[1] 1988-1997*

None

COPA MERCONORTE[1] 1998-2001**

None

[1] *defunct competition*
*Contested betwenn winners of all previous editions of the Copa Libertadores
**Contested between teams belonging countries from the northern part of South America (Bolivia, Colombia, Ecuador, Peru and Venezuela).

NATIONAL COMPETITIONS
TABLE OF HONOURS

NATIONAL CHAMPIONS 1957-2023

1957	CS Emelec Guayaquil
1958	*No competition*
1959	*No competition*
1960	Barcelona SC Guayaquil
1961	CS Emelec Guayaquil
1962	CD Everest Guayaquil
1963	Barcelona SC Guayaquil
1964	Sociedad Deportivo Quito
1965	CS Emelec Guayaquil
1966	Barcelona SC Guayaquil
1967	CD El Nacional Quito
1968	Sociedad Deportivo Quito
1969	LDU de Quito
1970	Barcelona SC Guayaquil
1971	Barcelona SC Guayaquil
1972	CS Emelec Guayaquil
1973	CD El Nacional Quito
1974	LDU de Quito
1975	LDU de Quito

1976	CD El Nacional Quito
1977	CD El Nacional Quito
1978	CD El Nacional Quito
1979	CS Emelec Guayaquil
1980	Barcelona SC Guayaquil
1981	Barcelona SC Guayaquil
1982	CD El Nacional Quito
1983	CD El Nacional Quito
1984	CD El Nacional Quito
1985	Barcelona SC Guayaquil
1986	CD El Nacional Quito
1987	Barcelona SC Guayaquil
1988	CS Emelec Guayaquil
1989	Barcelona SC Guayaquil
1990	LDU de Quito
1991	Barcelona SC Guayaquil
1992	CD El Nacional Quito
1993	CS Emelec Guayaquil
1994	CS Emelec Guayaquil
1995	Barcelona SC Guayaquil
1996	CD El Nacional Quito
1997	Barcelona SC Guayaquil
1998	LDU de Quito
1999	LDU de Quito
2000	CD Olmedo Riobamba
2001	CS Emelec Guayaquil
2002	CS Emelec Guayaquil
2003	LDU de Quito
2004	Club Deportivo Cuenca
2005	Ape: LDU de Quito Fin: CD El Nacional Quito
2006	CD El Nacional Quito
2007	LDU de Quito
2008	Sociedad Deportivo Quito
2009	Sociedad Deportivo Quito
2010	LDU de Quito
2011	Sociedad Deportivo Quito
2012	Barcelona SC Guayaquil
2013	CS Emelec Guayaquil
2014	CS Emelec Guayaquil
2015	CS Emelec Guayaquil
2016	Barcelona SC Guayaquil
2017	CS Emelec Guayaquil
2018	LDU de Quito
2019	Delfin SC Manta
2020	Barcelona SC Guayaquil
2021	CEAR Independiente del Valle Sangolquí
2022	SD Aucas Quito
2023	Liga Deportiva Universitaria de Quito

	BEST GOALSCORERS	
1957	Simón Cañarte (Barcelona SC Guayaquil)	4
1960	Enrique Cantos (Barcelona SC Guayaquil)	8
1961	Galo Pinto (CD Everest Guayaquil)	12
1962	Iris López (BRA, Barcelona SC Guayaquil)	9
1963	Carlos Alberto Raffo Vallaco (ARG, CS Emelec Guayaquil)	4
1964	Jorge Valencia (CD América de Manta)	8
1965	Hélio Cruz (BRA, Barcelona SC Guayaquil)	8
1966	Pio Coutinho (BRA, LDU de Quito)	13
1967	Tomás Rodríguez (CD El Nacional Quito)	16
1968	Víctor Manuel Battaini Treglia (URU, Sociedad Deportivo Quito)	19
1969	Francisco Bertocchi (URU, LDU de Quito)	26
1970	Rómulo Dudar Mina (CSD Macará)	19
1971	Alfonso Obregón (PAR, LDU de Portoviejo)	18
1972	Nelson Miranda „Nelsinho" (BRA, Barcelona SC Guayaquil)	15
1973	Ángel Marín (URU, CD América de Quito)	18
1974	Ángel Luis Liciardi Pasculi (ARG, Club Deportivo Cuenca)	19
1975	Ángel Luis Liciardi Pasculi (ARG, Club Deportivo Cuenca)	36
1976	Ángel Luis Liciardi Pasculi (ARG, Club Deportivo Cuenca)	35
1977	Fabián Paz y Miño (CD El Nacional Quito) Ángel Marín (URU, Sociedad Deportivo Quito)	27
1978	Juan José Pérez (ARG, LDU de Portoviejo)	24
1979	Carlos Horacio Miori (ARG, CS Emelec Guayaquil)	26
1980	Miguel Ángel Gutiérrez (ARG, CD América de Quito)	26
1981	Paulo César Evangelista (BRA, LDU de Quito)	25
1982	José Villafuerte (CD El Nacional Quito)	25
1983	Paulo César Evangelista (BRA, Barcelona SC Guayaquil)	28
1984	Sergio Antonio Saucedo (ARG, Sociedad Deportivo Quito)	25
1985	Juan Carlos de Lima (URU, CD Universidad Católica Quito) Alexander Da Silva „Guga" (BRA, CSD Esmeraldas Petrolero)	24
1986	Juan Carlos de Lima (URU, Sociedad Deportivo Quito)	23
1987	Ermen Benítez (CD El Nacional Quito) Hamilton Cuvi (CD Filanbanco Guayaquil) Waldemar Barreto Victorino (URU, LDU de Portoviejo)	23
1988	Janio Pinto (BRA, LDU de Quito)	18
1989	Ermen Benítez (CD El Nacional Quito)	23
1990	Ermen Benítez (CD El Nacional Quito)	28
1991	Pedro Emir Varela (URU, Delfin SC Manta)	24
1992	Carlos Antonio Muñoz Martínez (Barcelona SC Guayaquil)	19
1993	Diego Rodrigo Herrera (LDU de Quito)	18
1994	Manuel Antonio Uquillas (CD Espoli Quito)	
1995	Manuel Antonio Uquillas (Barcelona SC Guayaquil)	24
1996	Ariel José Graziani Lentini (ARG, CS Emelec Guayaquil)	29
1997	Ariel José Graziani Lentini (ARG, CS Emelec Guayaquil)	24
1998	Jaime Iván Kaviedes Llorenty (CS Emelec Guayaquil)	43
1999	Christian José Botero (ARG, CSD Macará)	25
2000	Alejandro Martín Kenig (ARG, CS Emelec Guayaquil)	25
2001	Carlos Alberto Juárez Devico (ARG, CS Emelec Guayaquil)	17
2002	Christian Gabriel Carnero (ARG, Sociedad Deportivo Quito)	26
2003	Ariel José Graziani Lentini (ARG, Barcelona SC Guayaquil)	23
2004	Ebelio Agustín Ordóñez Martínez (CD El Nacional Quito)	28

2005	Ape:	Wilson Segura (LDU de Quito)	21
	Fin:	Omar Alfredo Guerra Castilla (SD Aucas Quito)	
2006		Luis Miguel Escalada (ARG, CS Emelec Guayaquil)	29
2007		Juan Carlos Ferreyra (ARG, Club Deportivo Cuenca)	17
2008		Pablo David Palacios Herrería (Barcelona SC Guayaquil)	20
2009		Claudio Daniel Bieler (ARG, LDU de Quito)	22
2010		Jaime Javier Ayoví Corozo (CS Emelec Guayaquil)	23
2011		Arrinton Narciso Mina Villalba (CSD Independiente José Terán Sangolquí)	28
2012		Arrinton Narciso Mina Villalba (Barcelona SC Guayaquil)	30
2013		Federico Gastón Nieto (ARG, Sociedad Deportivo Quito)	29
2014		Armando Lenin Wila Canga (CD Universidad Católica Quito)	20
2015		Miller Alejandro Bolaños Reascos (CS Emelec Guayaquil)	25
2016		Maximiliano Fabián Barreiro (ARG, Delfín Sporting Club Manta)	26
2017		Hernán Barcos (ARG, Liga Deportiva Universitaria de Quito)	21
2018		Jhon Jairo Cifuente Vergara (CD Universidad Católica Quito)	37
2019		Luis Antonio Amarilla Lencina (PAR, CD Universidad Católica Quito)	19
2020		Cristian Martínez Borja (COL, Liga Deportiva Universitaria de Quito)	24
2021		Jonathan Jesús Bauman (ARG, Mushuc Runa SC / CEAR Independiente del Valle)	26
2022		Francisco David Fydriszewski (ARG, SD Aucas Quito)	15
2023		Miguel Enrique Parrales Vera (Guayaquil City FC)	16

NATIONAL CHAMPIONSHIP
Campeonato Ecuatoriano de Fútbol
Serie A – LigaPro Bet593 2023

Primera Etapa

Results

Round 1 [24-27.02.2023]
CD Cuenca - LDU Quito 2-0(1-0)
Independiente del Valle-Mushuc Runa 3-1(2-1)
Guayaquil City - Cumbayá 1-1(0-1)
Gualaceo SC - Barcelona SC 2-1(1-1)
Técnico Universitario - U. Católica 4-1(2-0)
Aucas - El Nacional 0-2(0-1)
Emelec - Libertad FC 2-0(2-0)
Delfín SC - Orense SC 1-1(1-0)

Round 2 [03-06.03.2023]
Libertad FC - CD Cuenca 3-1(0-1)
El Nacional - Técnico Universitario 3-2(2-0)
LDU Quito - Aucas 1-1(1-1)
Barcelona SC - Delfín SC 5-0(2-0)
Mushuc Runa - Gualaceo SC 2-1(1-1)
U. Católica - Guayaquil City 3-0(2-0)
Orense SC - Emelec 2-1(0-0)
Cumbayá - Independiente del Valle 1-0(1-0)

Round 3 [17-20.03.2023]
Gualaceo SC - Orense SC 2-1(1-1)
Delfín SC - Libertad FC 3-2(2-1)
Guayaquil City - Mushuc Runa 4-1(2-1)
Independiente del Valle-Barcelona SC 1-0(0-0)
Aucas - U. Católica 4-1(1-1)
El Nacional - LDU Quito 0-2(0-0)
Emelec - Técnico Universitario 1-0(1-0)
CD Cuenca - Cumbayá 1-0(0-0)

Round 4 [31.03.-02.04.2023]
U. Católica - Independiente del Valle 2-3(2-2)
LDU Quito - Gualaceo SC 6-1(4-0)
Libertad FC - Aucas 2-2(1-1)
Barcelona SC - Mushuc Runa 1-0(0-0)
Delfín SC - Emelec 3-2(1-1)
Técnico Universitario - CD Cuenca 3-0(2-0)
Cumbayá - El Nacional 2-0(2-0)
Orense SC - Guayaquil City 3-2(2-2)

Round 5 [07-10.04.2023]
Orense SC - CD Cuenca 2-0(2-0)
Gualaceo SC - Técnico Universitario 1-1(1-1)
El Nacional - U. Católica 1-2(1-1)
Independiente del Valle - Delfín SC 3-0(2-0)
Mushuc Runa - Libertad FC 2-1(1-0)
Guayaquil City - LDU Quito 1-2(1-0)
Aucas - Emelec 2-1(1-0)
Barcelona SC - Cumbayá 4-1(1-1)

Round 6 [14-17.04.2023]
Libertad FC - Independiente del Valle 0-0
Técnico Universitario - Aucas 0-1(0-0)
CD Cuenca - Guayaquil City 4-1(1-1)
LDU Quito - Barcelona SC 0-1(0-1)
Cumbayá - Gualaceo SC 1-0(1-0)
Delfín SC - Mushuc Runa 3-0(1-0)
Emelec - El Nacional 1-2(1-1)
U. Católica - Orense SC 1-1(0-0)

Round 7 [21-24.04.2023]
Guayaquil City - Delfín SC 2-1(0-1)
Gualaceo SC - U. Católica 1-0(0-0)
Independiente del Valle - Técnico Un. 1-0(1-0)
Orense SC - LDU Quito 2-1(1-0)
El Nacional - Libertad FC 4-2(2-2)
Barcelona SC - CD Cuenca 2-1(0-1)
Mushuc Runa - Emelec 0-0
Aucas - Cumbayá 2-1(1-0)

Round 8 [28-30.04.2023]
Aucas - Guayaquil City 1-0(0-0)
Emelec - Independiente del Valle 2-3(0-0)
CD Cuenca - Gualaceo SC 1-2(0-1)
U. Católica - LDU Quito 0-4(0-3)
Técnico Universitario - Barcelona SC 2-2(1-0)
Cumbayá - Mushuc Runa 1-1(0-0)
Libertad FC - Orense SC 0-0
Delfín SC - El Nacional 2-0(1-0)

Round 9 [05-08.05.2023]
Orense SC - Técnico Universitario 2-1(1-1)
U. Católica - CD Cuenca 1-0(1-0)
Guayaquil City - Libertad FC 1-1(0-0)
Gualaceo SC-Independiente del Valle 1-2(1-0)
Mushuc Runa - El Nacional 0-1(0-1)
Cumbayá - Emelec 0-0
Barcelona SC - Aucas 5-1(2-0)
LDU Quito - Delfín SC 1-1(0-0)

Round 10 [12-15.05.2023]
CD Cuenca - Mushuc Runa 3-0(1-0)
El Nacional - Orense SC 3-1(3-0)
Aucas - Gualaceo SC 1-0(1-0)
Libertad FC - Barcelona SC 2-2(0-2)
Delfín SC - U. Católica 0-0
Independ. del Valle - Guayaquil City 4-0(1-0)
Emelec - LDU Quito 1-1(1-0)
Técnico Universitario - Cumbayá 0-0

Round 11 [19-21.05.2023]
LDU Quito - Técnico Universitario 2-1(1-0)
Barcelona SC - Orense SC 2-0(0-0)
Mushuc Runa - Aucas 0-0
CD Cuenca - Independiente del Valle 1-2(0-1)
U. Católica - Emelec 3-2(1-0)
Gualaceo SC - Libertad FC 1-1(0-0)
Cumbayá - Delfín SC 0-1(0-1)
Guayaquil City - El Nacional 3-1(1-0)

Round 12 [26-29.05.2023]
Libertad FC - U. Católica 2-2(0-1)
Técnico Universitario - Mushuc Runa 1-0(1-0)
Orense SC - Cumbayá 1-0(0-0)
Delfín SC - Gualaceo SC 1-0(0-0)
Aucas - CD Cuenca 0-2(0-1)
Independiente del Valle - LDU Quito 2-3(2-0)
El Nacional - Barcelona SC 4-1(2-1)
Emelec - Guayaquil City 0-0

Round 13 [02-05.06.2023]
Independiente del Valle - Aucas 2-0(1-0)
LDU Quito - Libertad FC 4-2(1-2)
Mushuc Runa - Orense SC 3-1(1-0)
Barcelona SC - Emelec 1-3(0-0)
Cumbayá - U. Católica 0-1(0-1)
Técnico Universitario-Guayaquil City 3-0(1-0)
Gualaceo SC - El Nacional 3-4(1-1)
CD Cuenca - Delfín SC 4-0(3-0)

Round 14 [09-12.06.2023]
U. Católica - Mushuc Runa 3-2(3-0)
Libertad FC - Técnico Universitario 1-0(0-0)
LDU Quito - Cumbayá 0-0
El Nacional - CD Cuenca 3-1(1-1)
Delfín SC - Aucas 2-0(1-0)
Guayaquil City - Barcelona SC 1-2(0-2)
Orense SC - Independiente del Valle 0-2(0-1)
Emelec - Gualaceo SC 0-0

Round 15 [16-23.06.2023]
Independiente del Valle - El Nacional 3-4(1-2)
Cumbayá - Libertad FC 2-1(1-0)
Gualaceo SC - Guayaquil City 2-1(0-0)
Mushuc Runa - LDU Quito 2-2(0-0)
CD Cuenca - Emelec 3-2(1-1)
Barcelona SC - U. Católica 1-2(0-2)
Técnico Universitario - Delfín SC 3-0(2-0)
Aucas - Orense SC 2-0(1-0)

Final Standings

1.	CEAR Independiente del Valle Sangolquí	15	11	1	3	31 - 15	34
2.	CD El Nacional Quito	15	10	0	5	32 - 25	30
3.	Liga Deportiva Universitaria de Quito	15	7	5	3	29 - 17	26
4.	Barcelona SC Guayaquil	15	8	2	5	30 - 20	26
5.	SD Aucas Quito	15	7	3	5	17 - 19	24
6.	CD Universidad Católica Quito	15	7	3	5	22 - 25	24
7.	Delfín SC Manta	15	7	3	5	18 - 23	24
8.	CD Cuenca	15	7	0	8	24 - 21	21
9.	Orense SC Machala	15	6	3	6	17 - 21	21
10.	CD Técnico Universitario Ambato	15	5	3	7	21 - 15	18
11.	Gualaceo Sporting Club	15	5	3	7	17 - 23	18
12.	Cumbayá FC Quito	15	4	5	6	10 - 13	17
13.	CS Emelec Guayaquil	15	3	5	7	18 - 20	14
14.	Libertad FC Loja	15	2	7	6	20 - 26	13
15.	Mushuc Runa SC Ambato	15	3	4	8	14 - 25	13
16.	Guayaquil City FC	15	3	3	9	17 - 29	12

CEAR Independiente del Valle Sangolquí were qualified for the Championship Finals.

Segunda Etapa

Results

Round 1 [04-07.08.2023]
Libertad FC - Emelec 0-0
U. Católica - Técnico Universitario 0-0
Orense SC - Delfín SC 0-0
El Nacional - Aucas 2-2(1-2)
Mushuc Runa-Independiente del Valle 1-0(0-0)
Cumbayá - Guayaquil City 2-2(1-1)
Barcelona SC - Gualaceo SC 2-0(1-0)
LDU Quito - CD Cuenca 2-0(1-0)

Round 2 [11-13.08.2023]
Guayaquil City - U. Católica 0-0
Gualaceo SC - Mushuc Runa 0-0
CD Cuenca - Libertad FC 2-1(1-0)
Técnico Universitario - El Nacional 3-3(0-2)
Delfín SC - Barcelona SC 1-1(1-0)
Independiente del Valle - Cumbayá 2-0(1-0)
Emelec - Orense SC 0-0
Aucas - LDU Quito 0-0

Round 3 [16-18.08.2023]
Mushuc Runa - Guayaquil City 3-0(3-0)
Orense SC - Gualaceo SC 2-0(1-0)
Libertad FC - Delfín SC 1-3(0-1)
U. Católica - Aucas 2-2(1-0)
Técnico Universitario - Emelec 0-0
Cumbayá - CD Cuenca 1-1(1-0)
LDU Quito - El Nacional 0-0
Barcelona SC-Independiente del Valle 1-1(0-0)

Round 4 [25-28.08.2023]
El Nacional - Cumbayá 2-2(1-2)
Independiente del Valle - U. Católica 0-1(0-0)
Guayaquil City - Orense SC 1-0(1-0)
Mushuc Runa - Barcelona SC 2-2(0-1)
Aucas - Libertad FC 1-2(0-0)
Emelec - Delfín SC 0-1(0-0)
Gualaceo SC - LDU Quito 1-3(0-1)
CD Cuenca - Técnico Universitario 1-1(1-0)

Round 5 [01-04.09.2023]
Delfín SC - Independiente del Valle 1-0(0-0)
Libertad FC - Mushuc Runa 0-1(0-1)
U. Católica - El Nacional 1-1(0-0)
Emelec - Aucas 0-0
CD Cuenca - Orense SC 1-0(0-0)
Técnico Universitario - Gualaceo SC 4-0(4-0)
Cumbayá - Barcelona SC 2-2(1-1)
LDU Quito - Guayaquil City 2-0(1-0)

Round 6 [15-18.09.2023]
Orense SC - U. Católica 1-2(1-1)
Mushuc Runa - Delfín SC 2-0(1-0)
Guayaquil City - CD Cuenca 0-0
El Nacional - Emelec 1-1(1-0)
Aucas - Técnico Universitario 2-4(2-3)
Independiente del Valle - Libertad FC 2-0(1-0)
Barcelona SC - LDU Quito 1-0(1-0)
Gualaceo SC - Cumbayá 0-3(0-0)

Round 7 [22-25.09.2023]
LDU Quito - Orense SC 1-0(0-0)
U. Católica - Gualaceo SC 0-0
Emelec - Mushuc Runa 3-1(1-1)
Técnico Un. - Independiente del Valle 2-2(0-1)
Cumbayá - Aucas 1-1(0-0)
Delfín SC - Guayaquil City 1-0(0-0)
CD Cuenca - Barcelona SC 1-2(0-0)
Libertad FC - El Nacional 0-1(0-0)

Round 8 [29.09.-01.10.2023]
Gualaceo SC - CD Cuenca 1-1(0-0)
Mushuc Runa - Cumbayá 1-1(1-1)
El Nacional - Delfín SC 2-2(0-2)
Independiente del Valle - Emelec 2-1(1-1)
Guayaquil City - Aucas 0-1(0-1)
Orense SC - Libertad FC 3-0(1-0)
Barcelona SC - Técnico Universitario 1-0(1-0)
LDU Quito - U. Católica 1-0(0-0) [01.11.2023]

Round 9 [06-09.10.2023]
CD Cuenca - U. Católica 2-3(1-2)
Técnico Universitario - Orense SC 2-1(2-0)
Emelec - Cumbayá 3-0(1-0)
Aucas - Barcelona SC 3-2(1-2)
El Nacional - Mushuc Runa 2-0(0-0)
Independiente del Valle-Gualaceo SC 2-0(2-0)
Delfín SC - LDU Quito 0-0
Libertad FC - Guayaquil City 1-0(0-0)

Round 10 [20-23.10.2023]
Orense SC - El Nacional 1-1(0-1)
Cumbayá - Técnico Universitario 0-1(0-1)
Mushuc Runa - CD Cuenca 1-1(1-1)
Barcelona SC - Libertad FC 1-0(1-0)
Gualaceo SC - Aucas 1-2(1-0)
Guayaquil City - Independ. del Valle 0-2(0-2)
LDU Quito - Emelec 1-0(0-0)
U. Católica - Delfín SC 2-2(1-0)

Round 11 [27-30.10.2023]
Libertad FC - Gualaceo SC 3-0(1-0)
Independiente del Valle - CD Cuenca 2-0(1-0)
Emelec - U. Católica 2-1(0-0)
Delfín SC - Cumbayá 4-0(2-0)
Aucas - Mushuc Runa 4-0(1-0)
Orense SC - Barcelona SC 2-3(2-1)
El Nacional - Guayaquil City 2-0(1-0)
Técnico Un.-LDU Quito 0-2(0-1) [08.11.2023]

Round 12 [03-06.11.2023]
CD Cuenca - Aucas 0-0
Gualaceo SC - Delfín SC 2-2(1-2)
Guayaquil City - Emelec 0-0
LDU Quito - Independiente del Valle 2-0(2-0)
Mushuc Runa - Técnico Universitario 1-0(0-0)
Cumbayá - Orense SC 0-1(0-0)
Barcelona SC - El Nacional 3-2(1-1)
U. Católica - Libertad FC 0-0

Round 13 [10-13.11.2023]
Orense SC - Mushuc Runa 1-0(1-0)
U. Católica - Cumbayá 1-0(0-0)
Guayaquil City-Técnico Universitario 1-0(0-0)
Aucas - Independiente del Valle 2-0(1-0)
El Nacional - Gualaceo SC 4-2(0-1)
Libertad FC - LDU Quito 0-2(0-0)
Emelec - Barcelona SC 0-0
Delfín SC - CD Cuenca 0-0

Round 14 [25-26.11.2023]
Aucas - Delfín SC 0-0
CD Cuenca - El Nacional 1-0(0-0)
Independiente del Valle - Orense SC 2-2(1-0)
Mushuc Runa - U. Católica 0-2(0-1)
Barcelona SC - Guayaquil City 2-1(0-0)
Cumbayá - LDU Quito 1-2(0-0)
Gualaceo SC - Emelec 0-2(0-1)
Técnico Universitario - Libertad FC 1-1(0-0)

Round 15 [02-03.12.2023]
El Nacional - Independiente del Valle 2-1(0-1)
Guayaquil City - Gualaceo SC 0-2(0-1)
Libertad FC - Cumbayá 3-1(2-0)
LDU Quito - Mushuc Runa 3-1(2-1)
Delfín SC - Técnico Universitario 2-2(1-0)
Emelec - CD Cuenca 2-1(0-1)
Orense SC - Aucas 1-2(1-1)
U. Católica - Barcelona SC 0-1(0-0)

Final Standings

1.	Liga Deportiva Universitaria de Quito	15	11	3	1	21 - 4	36
2.	Barcelona SC Guayaquil	15	9	5	1	24 - 15	32
3.	SD Aucas Quito	15	6	7	2	22 - 15	25
4.	Delfín SC Manta	15	5	9	1	19 - 12	24
5.	CD El Nacional Quito	15	5	8	2	25 - 19	23
6.	CS Emelec Guayaquil	15	5	7	3	14 - 8	22
7.	CD Universidad Católica Quito	15	5	7	3	15 - 12	22
8.	CEAR Independiente del Valle Sangolquí	15	6	3	6	18 - 15	21
9.	CD Técnico Universitario Ambato	15	4	7	4	20 - 17	19
10.	Mushuc Runa SC Ambato	15	5	4	6	14 - 19	19
11.	Orense SC Machala	15	4	4	7	15 - 15	16
12.	CD Cuenca	15	3	7	5	12 - 16	16
13.	Libertad FC Loja	15	4	3	8	12 - 18	15
14.	Guayaquil City FC	15	2	4	9	5 - 18	10
15.	Cumbayá FC Quito	15	1	6	8	14 - 26	9
16.	Gualaceo Sporting Club	15	1	4	10	9 - 30	7

Liga Deportiva Universitaria de Quito were qualified for the Championship Finals.

Tercera Etapa

Campeonato Ecuatoriano de Fútbol - Final 2023

10.12.2023, Estadio Banco Guayaquil, Quito; Attendance: 8,167
Referee: Guillermo Enrique Guerrero Alcívar
CEAR Independiente del Valle Sangolquí - Liga Deportiva Universitaria de Quito   0-0
Independiente del Valle: Wellington Moisés Ramírez Preciado, Anthony Rigoberto Landázuri Estacio, Mateo Carabajal, Agustín Eugenio García Basso, Matías Ignacio Fernández Cordero, Jordy José Alcívar Macías (75.Julio Joao Ortíz Landázuri), Lorenzo Abel Faravelli (75.Cristian Alberto Pellerano), Beder Julio Caicedo Lastra (80.Jhoanner Stalin Chávez Quintero), Ray Kendry Páez Andrade, Junior Nazareno Sornoza Moreira (Cap) (80.Patrickson Luiggy Delgado Villa), Michael Ryan Hoyos (90.Yaimar Abel Medina Ortíz). Trainer: Martín Rodrigo Anselmi (Argentina).
LDU de Quito: Alexander Domínguez Carabalí, José Alfredo Quintero Ordóñez, Ricardo Adé Kat, Facundo Santiago Rodríguez Fábregas, Leonel Enríque Quiñónez Padilla (88.Bryan Josías Ramírez León), Mauricio Leonel Martínez, Lucas Ezequiel Piovi (Cap), Lisandro Joel Alzugaray (88.Richard Alexander Mina Caicedo), Alex Renato Ibarra Mina (70.Sebastián González Baquero), José Paolo Guerrero Gonzales (79.Jan Carlos Hurtado Anchico). Trainer: Luis Francisco Zubeldía (Argentina).

17.12.2023, Estadio "Rodrigo Paz Delgado", Quito; Attendance: 23,649
Referee: Augusto Bergelio Aragón Bautista
Liga Deportiva Universitaria de Quito - CEAR Independiente del Valle Sangolquí
1-1(1-1,1-1,1-1); 3-0 on penalties
LDU de Quito: Alexander Domínguez Carabalí, Leonel Enríque Quiñónez Padilla, Ricardo Adé Kat, Facundo Santiago Rodríguez Fábregas, José Alfredo Quintero Ordóñez, Mauricio Leonel Martínez (80.Alexander Antonio Alvarado Carriel), Lucas Ezequiel Piovi (Cap), Jhojan Esmaides Julio Palacios, Sebastián González Baquero (72.Óscar Steven Zambrano Preciado), Alex Renato Ibarra Mina (72.Lisandro Joel Alzugaray), José Paolo Guerrero Gonzales (80.Jan Carlos Hurtado Anchico). Trainer: Luis Francisco Zubeldía (Argentina).
Independiente del Valle: Wellington Moisés Ramírez Preciado, Anthony Rigoberto Landázuri Estacio, Mateo Carabajal, Agustín Eugenio García Basso, Matías Ignacio Fernández Cordero, Jordy José Alcívar Macías, Lorenzo Abel Faravelli (Cap), Jhoanner Stalin Chávez Quintero (73.Beder Julio Caicedo Lastra), Julio Joao Ortíz Landázuri (89.Cristian Alberto Pellerano), Ray Kendry Páez Andrade (73.Marcelo Moreno Martins), Michael Ryan Hoyos (60.Junior Nazareno Sornoza Moreira). Trainer: Martín Rodrigo Anselmi (Argentina).
Goals: 0-1 Ray Kendry Páez Andrade (15), 1-1 Alex Renato Ibarra Mina (18).
Penalties: Lorenzo Abel Faravelli (saved); Lisandro Joel Alzugaray 1-0;
Jordy José Alcívar Macías (saved); Jan Carlos Hurtado Anchico 2-0;
Marcelo Moreno Martins (missed); Leonel Enríque Quiñónez Padilla 3-0.

2023 Campeonato Ecuatoriano de Fútbol Winners: **Liga Deportiva Universitaria de Quito**

	Aggregate Table 2023								
1.	Liga Deportiva Universitaria de Quito	30	18	8	4	50	-	21	62
2.	Barcelona SC Guayaquil	30	17	7	6	54	-	35	58
3.	CEAR Independiente del Valle Sangolquí	30	17	4	9	49	-	30	55
4.	CD El Nacional Quito	30	15	8	7	57	-	44	53
5.	SD Aucas Quito	30	13	10	7	39	-	34	49
6.	Delfin SC Manta	30	12	12	6	37	-	35	48
7.	CD Universidad Católica Quito	30	12	10	8	37	-	37	46
8.	CD Técnico Universitario Ambato	30	9	10	11	41	-	32	37
9.	CD Cuenca	30	10	7	13	36	-	37	37
10.	Orense SC Machala	30	10	7	13	32	-	36	37
11.	CS Emelec Guayaquil	30	8	12	10	32	-	28	36
12.	Mushuc Runa SC Ambato	30	8	8	14	28	-	44	32
13.	Libertad FC Loja	30	6	10	14	32	-	44	28
14.	Cumbayá FC Quito	30	5	11	14	24	-	39	26
15.	Gualaceo Sporting Club (*Relegated*)	30	6	7	17	26	-	53	25
16.	Guayaquil City FC (*Relegated*)	30	5	7	18	22	-	47	22

Top goalscorers:
16 goals: **Miguel Enrique Parrales Vera** **(Guayaquil City FC)**
13 goals: Jean Carlos Blanco Becerra (COL) (CD Técnico Universitario Ambato)
12 goals: Michael Ryan Hoyos (ARG) (Independiente del Valle Sangolquí)
Francisco David Fydriszewski (ARG) (Barcelona SC Guayaquil)

Liga Deportiva Universitaria de Quito, Barcelona SC Guayaquil, CEAR Independiente del Valle Sangolquí, CD El Nacional Quito and SD Aucas Quito qualified for the 2024 Copa Libertadores.

Delfin SC Manta, CD Universidad Católica Quito, CD Técnico Universitario Ambato and CD Cuenca qualified for the 2024 Copa Sudamericana.

THE CLUBS 2023

SOCIEDAD DEPORTIVA AUCAS

Foundation date: February 6, 1945
Address: Villalengua E1-48 e Iñaquito, Quito
Stadium: Estadio „ Gonzalo Pozo Ripalda", Quito (18,799)

Trainer:		
	César Alejandro Farías Acosta (VEN)	07.03.1973
[15.06.2023]	Nelson Ariel Videla (ARG)	07.02.1981
[24.06.2023]	Santiago Gustavo Escobar Saldarriaga (COL)	13.01.1964

THE SQUAD

Name	DOB	M	(s)	G
Goalkeepers:				
Bismar Yasmani Castro Mina	22.03.2002	1		
Damián Andrés Frascarelli Gutiérrez (URU)	02.06.1985	7		
Hernán Ismael Galíndez (ARG)	30.03.1987	21	(1)	
Johan David Lara Medrano	28.02.1999	1		
Defenders:				
Darío Javier Aimar Álvarez	05.01.1995	5		
Wilker José Ángel Romero (VEN)	18.03.1993	11		
Édison Armando Caicedo Castro	13.03.1990	18	(2)	1
Yerson Candelo Miranda (COL)	24.02.1992	15		1
Luis David Cangá Sánchez	15.06.1995	26		1
Byron Yardel Carabalí Delgado	22.04.2003	2		
Franklin Alexander Carabalí Carabalí	27.06.1996	3		
Diego Armando Corozo Castillo	25.12.1990	1	(3)	
Carlos Andres Cuero Quiñonez	17.02.1996	21	(3)	2
Aubrey Rudolph Robert David (TRI)	11.10.1990	4	(2)	
Alan Ariel García Jama	08.02.2000	7	(5)	
Jordán Josué Mohor Nazareno	12.12.2000		(1)	
Pedro Pablo Perlaza Caicedo	03.02.1991	5	(3)	
Carlos Adalberto Rolón Ibarra (PAR)	30.06.1992	10	(2)	
Luis Manuel Romero Véliz	15.05.1984	6	(2)	
Midfielders:				
Christian Fernando Alemán Alegria	05.02.1996	1		
Ronald Elain Briones Legarda	15.06.2000	3	(8)	
Luis Ángel Cano Quintana	05.09.1999	19	(5)	4
Michael Alexander Carcelén Carabalí	13.04.1997	6	(4)	1
Diego Alan Espinosa Acosta	24.01.2003		(3)	
Piero Andrés Gúzman Arrobo	14.06.2003		(2)	
Angelo Javier Mina Jara	01.03.1999	12	(7)	
Jefferson Antonio Montero Vite	01.09.1989	3	(10)	
Kavier Vicente Ortíz Córtez	05.04.2002	5		1
Rómulo Otero Vásquez (VEN)	09.11.1992	14	(11)	2
Ronald Elkin Perlaza Bravo	11.05.2005	4	(6)	1
Jhonny Raúl Quiñónez Ruíz	11.06.1998	17	(4)	1
Sergio Saúl Quintero Chávez	12.03.1999	2	(3)	
Jordan Lenín Rezabala Anzules	29.02.2000	3	(3)	1
Edison Fernando Vega Obando	08.03.1990	20	(5)	
Forwards:				
Erick Leonel Castillo Arroyo	05.02.1995	16	(7)	3
Jhon Jairo Cifuente Vergara	23.07.1992	8	(20)	11

Jeison Medina Escobar (COL)	27.02.1995	13	(2)	8
Marcos Pedro Mejía Mero	26.06.1998	4		
Michael Jahir Mieles Tejena	13.08.2000	1	(1)	
Roberto Javier Ordóñez Ayoví	04.05.1985	4	(11)	1
Stiven Ricardo Plaza Castillo	11.03.1999	1	(1)	
Michael Jhon Ander Rangel Valencia (COL)	08.03.1991	5	(2)	
Daniel Isaías Segura González	17.03.1999	1	(1)	
Cristhoper Douglas Zambrano Méndez	05.07.2004	4	(3)	

BARCELONA SPORTING CLUB GUAYAQUIL

Foundation date: May 1, 1925
Address: Ciudadela Bellavista, Estadio Monumental, Guayaquil
Stadium: Estadio Monumental Banco Pichincha "Isidro Romero Carbo", Guayaquil (57,267)

Trainer: Fabián Daniel Bustos Barbero (ARG)	28.03.1969	
[05.06.2023] Segundo Alejandro Castillo Nazareno	15.05.1982	
[12.07.2023] Luis Diego López Breijo (URU)	22.08.1974	

THE SQUAD

	DOB	M	(s)	G
Goalkeepers:				
Javier Nicolás Burrai (ARG)	09.10.1990	22		
Víctor Eduardo Mendoza Izurieta	30.09.1994	8		
Defenders:				
Jeison Segundo Mina Váldez	27.06.2001	3	(2)	
Jordan Eduardo Morán Córtez	17.03.2002		(1)	
Pedro Pablo Perlaza Caicedo	03.02.1991	13		
Mario Alberto Pineida Martínez	06.07.1992	20		
Segundo Arlen Portocarrero Rodríguez	15.10.1996	16	(10)	1
Joshué Jampier Quiñónez Rodríguez	29.05.2001	5	(4)	
Guillermo Alejandro Rendón Moreira	22.03.2002		(1)	
Carlos Emilio Rodríguez Rodríguez (URU)	07.04.1990	25	(2)	3
Luca Alexander Sosa (ARG)	11.06.1994	29		2
Pedro Pablo Velasco Arboleda	29.06.1993	10	(3)	
Midfielders:				
Jefferson Stalin Arce Mina	29.05.2000	4	(7)	
Luis Arturo Arce Mina	03.12.1993		(1)	
Gabriel Jhon Cortéz Casierra	10.10.1995	10	(14)	5
Damián Rodrigo Díaz (ARG)	01.05.1986	17	(7)	10
Fernando Vicente Gaibor Orellana	08.10.1991	21	(7)	1
Leonai Souza de Almeida (BRA)	28.04.1995	23	(1)	
Allen Aldair Obando Ayoví	13.06.2006	1	(5)	1
Bruno Piñatares Prieto (URU)	25.06.1990	5	(13)	
Jesús Emiliano Trindade Flores (URU)	10.07.1993	13	(2)	1
Forwards:				
Jhon Neid Acurio Ramírez	18.01.2007		(1)	
Jonathan Jesús Bauman (ARG)	30.03.1991	10	(15)	2
Janner Hitcler Corozo Alman	08.09.1995	26	(1)	4
Francisco David Fydriszewski (ARG)	13.04.1993	22	(5)	12
Fidel Francisco Martínez Tenorio	15.02.1990		(10)	2
Cristian Jonatan Ortíz López (ARG)	20.08.1992	18	(7)	2
Adonis Stalin Preciado Quintero	23.03.1997	7	(15)	3
Germán Agustín Rodríguez Rosano (URU)	10.02.1998	2	(8)	3

CUMBAYÁ FÚTBOL CLUB QUITO

Foundation date: May 31, 1970 (*as Club Deportivo Los Loros*)
Address: *Not available*
Stadium: Estadio Olímpico Atahualpa, Quito (38,258)

Trainer:	Edwin Patricio Hurtado Zurita	09.08.1970
[06.11.2023]	Leonardo Fernando Vanegas Barcia	16.07.1982

THE SQUAD				
	DOB	M	(s)	G
Goalkeepers:				
Omar Benjamín Cárdenas Salazar	01.09.1999	3		
Alexi Ever Lemos Castillo	15.12.1989	1		
Leonel Romario Nazareno Delgado	05.08.1994	25	(1)	
Erik Dalin Viveros Acosta	22.01.1996	1		
Defenders:				
Pablo César Cifuentes Cortez	17.04.1988	25	(2)	1
Luis Carlos Gustavino Chila	09.05.1999	11		
Oswaldo Marcelo Mantilla Pincay	12.09.2001	2	(4)	
Jimmy Jader Mina Quiñónez	27.05.1999	11	(1)	
Davor Alberto Montiel Loor	26.05.1998	3		
Yeison Ernan Nazareno Izquierdo	07.08.1997		(4)	
Juan Carlos Paredes Reasco	08.07.1987	28	(1)	1
Teodoro Paul Paredes Pavón (PAR)	01.04.1993	27		3
Arián Benjamin Pucheta (ARG)	08.03.1995	20	(3)	
Darwin Ernesto Suárez Vélez	17.01.1995	25	(1)	1
Midfielders:				
Ariel Esteban Aguas Jaramillo	06.04.1999	5	(2)	
Iván Leonel Becker (ARG)	18.05.1991	3	(6)	
Ronal Ariel Jiménez Alban	20.04.2003	2	(4)	
David Santiago Ortíz Alomia	09.10.2004		(1)	
Jefferson Jordano Padilla Delgado	03.09.1997	2	(3)	
Jonathan Alberto Robledo Valencia	23.01.1999	1	(4)	
Denis Rodríguez (ARG)	21.03.1996	2	(11)	
Leandro Nicolás Sottile Villena (ARG)	05.05.1993	4		
Rommel Alejandro Tapia Lucero	02.10.1992	24	(2)	2
Thiago Augusto *Serpa* Carmona (BRA)	24.07.1999	13		
Forwards:				
Joel Alirio Almache Hidalgo	20.02.1998	4	(10)	
Jorge Ariel Almagro Albán	14.02.2001	15	(2)	1
Hancel Javier Batalla Carreño	09.11.1997	20	(2)	6
Melvin Fabricio Díaz Canencia	26.11.2001	5	(5)	
Cristian David Duma (ARG)	15.07.1996	2	(7)	
Diego Pablo Hurtado Vásconez	29.06.1995	1	(13)	1
Agustín Maziero (ARG)	27.11.1997	29	(1)	6
Derlis Joel Mereles Mora (PAR)	19.11.2000		(1)	
Lucas Elías Ontivero (ARG)	09.09.1994		(7)	1
Jaime Andrés Ortíz Contreras	05.05.1999	3	(8)	
Mathias Alejandro Solis Jaramillo	13.11.2004		(3)	
Maikel Antonio Valencia Escobar	19.07.2000	11	(11)	
Ignacio Valsangiácomo (ARG)	20.05.1994	2	(13)	

DELFÍN SPORTING CLUB MANTA

Foundation date: March 1, 1989
Address: *Not available*
Stadium: Estadio Jocay, Manta (22,000)

| Trainer: | Guillermo Andrés Duró (ARG) | 14.03.1969 |

THE SQUAD

	DOB	M	(s)	G
Goalkeepers:				
Dennis Wílber Corozo Villalva	05.04.1988	13		
Brian Roberto Heras González	17.04.1995	14		
Carlos Andrés Ortíz Assos	26.10.1992	1		
Juan Martín Rojas (ARG)	09.08.1999	2		
Defenders:				
Luis Adrián Caicedo Valencia	24.09.1997	27	(2)	1
Josué William Cuero Mercado	21.05.2001	14	(4)	
Jeison Alfonso Domínguez Quiñónez	31.05.1995	1	(2)	
Matías José Ferreira Guerrero (URU)	21.01.1994	4	(10)	
Nicolás Omar Eduardo Goitea (ARG)	11.06.1997	28		2
Jonnathan Gabriel Mina Jara	28.03.1995	28		
Jefferson José Nazareno Jama	25.03.1999	5	(4)	1
Midfielders:				
Kevin Anthony Álvarez Mendoza	04.10.2001		(1)	
Luis Armando Castro Garzón	02.03.1996	1	(10)	
Cristhian Efraín García Vera	30.08.2002		(2)	
Cristian Gabriel García (ARG)	22.07.1996	26		
Renny Salén Jaramillo Barre	12.06.1998	27	(1)	1
Nixon Andrés Molina Torres	26.03.1993	6	(17)	3
Maikel Stalin Reyes Alcivar	13.01.2003	17	(5)	1
Andrés Felipe Sánchez Duque (COL)	24.08.1996		(8)	
Forwards:				
Jostin Aldahir Alman Herrera	11.05.1995	15	(6)	3
Ruyery Alfonso Blanco Yus (COL)	07.12.1998		(11)	
Facundo Castelli (ARG)	18.02.1995	12		4
Franco Lautaro Costa (ARG)	10.12.1991	2	(5)	1
Brian Ezequiel Oyola (ARG)	15.06.1996	30		8
Cristian Anderson Penilla Caicedo	02.05.1991		(18)	1
Alexis Agustín Rodríguez (ARG)	21.03.1996	25	(5)	5
Juan Diego Rojas Caicedo	23.12.1992	3	(13)	1
Juan Pablo Ruiz Gómez (ARG)	10.01.1994	29		4

CLUB DEPORTIVO CUENCA

Foundation date: March 4, 1971
Address: Avenida del Estadio y José Peralta, Cuenca
Stadium: Estadio „Alejandro Serrano Aguilar", Cuenca (18,549)

Trainer:		
	Gabriel del Valle Medina (ARG)	03.12.1970
[05.05.2023]	Jerson Jacinto Stacio Bobadilla	30.12.1976
[12.05.2023]	Carlos Luis Ischia (ARG)	28.10.1956

THE SQUAD				
	DOB	M	(s)	G
Goalkeepers:				
Eduardo David Bores Díaz (VEN)	28.10.2002	2	(1)	
Hamilton Emanuel Piedra Ordóñez	20.02.1993	28		
Defenders:				
Ronny Alfonso Biojó Preciado	20.07.1999	13	(4)	
Luis Mario Cordova Mina	17.01.2003	2		
Bruno Ezequiel Duarte (ARG)	20.06.1995	14		1
Richard Alexander Farías Pianda	17.01.1995	6	(5)	
Guillermo Fratta Cabrera (URU)	19.09.1995	10	(1)	
Silvio Patricio Gutiérrez Álvarez	28.02.1993	2	(5)	
Marcos Andrés López Cabrera	04.02.1993	29	(1)	2
Luciano Leonel Recalde (ARG)	12.08.1995	27	(1)	
Bryan Steven Rivera Andrango	26.02.1997	24	(2)	
Midfielders:				
Jalmar Johan Almeida Márquez	29.01.1999	5	(14)	
Luis Aldair Arroyo Cabeza	08.04.1996	1	(3)	1
Vilinton Germán Branda Mérlin	23.11.2001	8	(7)	2
Esteban Nicolás Dávila Alarcón	07.02.1996	15	(11)	4
Luis Felipe Fernández-Salvador	28.02.2000		(3)	
Sergio Daniel López (ARG)	04.01.1989	13	(2)	4
Lucas Eduardo Mancinelli (ARG)	06.07.1989	24	(2)	3
Rodrigo Iñaki Melo (ARG)	24.09.1995	27		
Mayer Alexis Méndez Carcelén	01.03.2001	1		
Francisco Javier Mera Herrera	06.06.1992	16	(12)	1
David Alejandro Noboa Tello	16.05.1995	5	(14)	1
Nicolás Rinaldi (ARG)	23.08.1993	25	(2)	1
Forwards:				
Diego Francisco Ávila Murillo	15.11.1993	1	(13)	2
Raúl Óscar Becerra (ARG)	01.10.1987	23	(5)	10
Enzo Adrián López (ARG)	10.03.1998	8	(18)	3
Yerlin Josué Quiñónez Nazareno	03.06.2001	1	(4)	

CLUB DEPORTIVO EL NACIONAL QUITO

Foundation date: March 7, 1960
Address: Yasuní e Isla San Cristóbal, Ciudadela Jipijapa, Quito
Stadium: Estadio Olímpico Atahualpa, Quito (38,258)

Trainer:	Éver Hugo Almeida Almada (PAR)	01.07.1948		

THE SQUAD

	DOB	M	(s)	G
Goalkeepers:				
David Estalin Cabezas Medina	12.06.1995	18		
Leodan Raúl Chalá Ayoví	25.01.1998	12		
Defenders:				
Rommel Andrés Cabezas Briones	27.05.2000	3	(1)	
Walter Jhonnier Chalá Rosales	04.05.2000	27		3
Jeremy Ronaldo del Castillo Badaraco	18.11.2002	4	(5)	
Eddy Joel Mejía Montero	09.03.2000	4	(8)	
Norman Andrés Micolta Arroyo	06.06.1999	23		3
Bryan Cristhian Nazareno Morcillo	28.02.2000	13	(4)	1
Jerry Luis Parrales Arizaga	08.02.1997	23	(2)	1
Daniel Alberto Patiño Mencias	01.12.1993	18	(5)	
Orlin Peter Quiñónez Ayoví	08.07.1994	13	(4)	
Midfielders:				
Diego Andrés Armas Benavides	02.07.1990	8	(3)	1
Ronny Matías Borja Robalino	10.06.2005	9	(3)	1
Éder Derik Cetré Castillo	15.11.1994		(5)	
Ronal David De Jesús Ogonaga	15.03.1986		(3)	
Madison Marcelo Julio Santos	10.10.1997	15	(6)	1
Kevin Bryan Mercado Mina	28.01.1995	1	(5)	
Jipson George Orovio Arroyo	30.05.1996	1	(4)	
Kevin Marcelo Peralta Ayoví	01.05.1997		(2)	
Bryan Israel Tana Vargas	17.02.1998	15	(4)	1
Jefferson Laider Valverde Arboleda	04.05.1999	15		
Forwards:				
Gustavo Adolfo Asprilla Caicedo	14.09.1993	9	(11)	2
Faberth Manuel Balda Rodríguez	21.02.1992	9	(8)	2
Eber Edison Caicedo Peralta	03.05.1991	1	(9)	2
Ronie Edmundo Carrillo Morales	08.09.1996	14	(1)	9
Steven Alex Gómez Mina	18.03.1997	4	(8)	1
Bryan Gabriel Oña Simbaña	12.12.1993	2	(3)	1
Jorge Antonio Ordóñez Galarce	27.06.1995	21	(3)	8
Byron Efraín Palacios Vélez	20.02.1995	17	(9)	7
Ángel Fernando Quiñónez Guerrero	04.09.1996	6	(11)	5
Maicon Stiven Solís Arroyo	11.05.1994	25	(3)	7

CLUB SPORT EMELEC GUAYAQUIL

Foundation date: April 29, 1929
Address: General Gómez 1312 y Avenida Quito, Guayaquil
Stadium: Estadio „George Capwell" [Banco de Pacífico], Guayaquil (40,059)

Trainer:		
	Miguel Ángel Rondelli (ARG)	24.01.1978
[08.06.2023]	Hernán Torres Oliveros (COL)	18.02.1961

THE SQUAD

	DOB	M	(s)	G
Goalkeepers:				
Pedro Alfredo Ortíz Angulo	19.02.1990	30		
Defenders:				
Bleiner David Agrón Mosquera (COL)	24.02.2001	6	(3)	
Diogo Osmar Bagüí Tobar	20.03.2005	1		
Bryan Ignacio Carabalí Cañola	18.12.1997	10	(7)	
Aníbal Hernán Chalá Ayoví	09.05.1996	11	(1)	2
Christian Geovanny Cruz Tapia	01.08.1992	6	(2)	
Caín Jair Fara (ARG)	06.03.1994	11	(1)	
Aníbal Leguizamón Espínola (ARG)	10.01.1992	26		2
Luis Fernando León Bermeo	11.04.1993	24		
Joel Steven Quintero Nazareno	25.09.1998		(1)	
Midfielders:				
José Alberti Loyarte (URU)	29.03.1997	8	(3)	
Dixon Jair Arroyo Espinoza	01.06.1992	3		
Miler Alejandro Bolaños Reascos	01.06.1990	12	(3)	8
Romario Javier Caicedo Ante	23.05.1990	23	(3)	
Michael Alexander Carcelén Carabalí	13.04.1997	1	(4)	
José Francisco Cevallos Enríquez	18.01.1995	20	(5)	3
Joseph Alejandro Espinoza Montenegro	02.07.2000	15	(4)	
Diego Gonzalo García Cardozo (URU)	29.12.1996	25	(1)	1
Juan José Pérez Suaza (COL)	25.07.2004	1	(4)	
Jackson Gabriel Rodríguez Perlaza	07.10.1998	6	(2)	
Cristhian Javier Valencia Sánchez	06.08.1999	11	(10)	
Carlos Gabriel Villalba Rivas (ARG)	19.07.1998	13	(7)	1
Bryan Stiven Wittle Caicedo	28.04.2000		(3)	
Alexis Zapata Álvarez (COL)	10.05.1995	7	(2)	2
Forwards:				
Bryan Dennis Angulo Tenorio	30.11.1995	5	(9)	
Jaime Javier Ayoví Corozo	21.02.1988	12	(2)	5
Richard Alberto Borja Suárez	28.04.2004	1	(1)	
Alejandro Jair Cabeza Jiménez	11.03.1997	12	(3)	3
Marcos Jackson Caicedo Caicedo	10.11.1991	1	(2)	
Tommy Leonardo Chamba Chenche	23.10.2004	3	(14)	
Edgar Eyffer Lastre Mercado	13.09.1999	3	(15)	1
Jhon Jairo Sánchez Enríquez	30.07.1999	11	(11)	2
Samuel Alejandro Sosa Cordero (VEN)	17.12.1999	12	(5)	2
Dixon Jair Vera Rodríguez	06.04.2003		(3)	

GUALACEO SPORTING CLUB

Foundation date: April 2, 2000
Address: *Not available*
Stadium: Estadio "Jorge Andrade Cantos", Azogues (14,000)

Trainer:		
	Leonardo Fernando Vanegas Barcia	16.07.1982
[22.09.2023]	Fabián Alberto Frías (ARG)	05.03.1971

THE SQUAD

	DOB	M	(s)	G
Goalkeepers:				
Telmo Alexander Eras Quilambaqui	05.02.1999	5		
Walter Wilfrido Hinostroza Jacome	27.10.1988	25		
Defenders:				
Andrés Stiven Campas Monroy	05.08.1992	9	(1)	1
Dubar Adrián Enríquez Sánchez	10.08.1992	5	(7)	
Manuel José Hernández Porozo	18.12.1996	12	(2)	
Edwin Ernesto Mesa Mercado	09.07.1998	19	(6)	
Romey Stalin Morocho Roldán	18.05.1998	18	(8)	2
Ousmane N'Dong (SEN)	20.09.1999	16	(4)	1
John Jairo Ontaneda Campos	02.06.1996	27		
Henry Raúl Quiñónez Díaz	22.06.1993	7	(2)	
Janvier Yardely Rodríguez López	29.11.1994	5	(3)	
Byron Andrés Torrez Mina	10.12.1993	16	(4)	
Midfielders:				
William José Beltrán Sarmiento	07.06.2003		(2)	
Federico Jesús Flores (ARG)	18.05.1992	19	(3)	
Jorge Bryan Góngora Manzaba	09.06.1992	21	(1)	
John Jairo Medina Solís	13.10.1992	6	(2)	
Henrry Alexander Mercado Cabeza	26.07.1997	3	(3)	
Cristian Emanuel Sención Rodríguez (URU)	28.01.1996	1	(4)	
Joaquín Azzem Vergés Collazo (URU)	01.06.1992	29	(1)	11
Forwards:				
Byron Andrés Angulo Grueso	15.10.1996	6	(8)	3
Vinicio César Angulo Pata	26.07.1988	11	(6)	2
Armando Jesús Calle González	13.01.2001		(1)	
Jean Franco Carrión Jiménez	12.05.2001	1	(9)	1
Tobías Daniel Donsanti (ARG)	15.05.2000	5	(2)	1
Olmes Fernando García Flórez (COL)	21.10.1992	5	(5)	
Tomson Geraldy Minda Borja	07.12.2000	7	(11)	1
Manuel Ignacio Nuñez Méndez (URU)	03.04.2001	4	(2)	
Denilson Josué Ovando Ramírez	23.09.2001	3	(7)	
Henry Leonel Patta Quintero	14.01.1987	17	(10)	1
Jésus Alberto Preciado Fares	23.07.1994	26	(3)	2
Óscar Damián Villalba (ARG)	03.05.1991	2	(8)	

GUAYAQUIL CITY FÚTBOL CLUB

Foundation date: September 7, 2007
Address: Estadio La Fortaleza, km 14,5 via Samborondón, Guayaquil
Stadium: Estadio "Christian Benítez Betancourt", Guayaquil (10,152)

Trainer:	Pool Geovanny Gavilánez Solís	03.08.1981		

THE SQUAD				
	DOB	M	(s)	G
Goalkeepers:				
José Gabriel Cevallos Enríquez	19.03.1998	2		
Gonzalo Roberto Valle Bustamante	28.02.1996	28		
Defenders:				
Darío Javier Aimar Álvarez	05.01.1995	13		
Roger Bismarck Arias Briones	26.02.2000	29		
Junior Jimar Ayoví Caicedo	21.12.2001	3	(20)	
Kevin Steeven Becerra Wila	05.01.1996	23	(6)	
Ángel Fernando Gracia Toral	30.05.1989	1	(2)	
Kléber Augusto Caetano Leite Filho „Klebinho" (BRA)	02.08.1998	22	(5)	1
Carlos Alejandro Medina Castillo	23.10.2001	2	(7)	
Marlon Mauricio Mejía Díaz	21.09.1994	4	(2)	
John William Narváez Arroyo	12.06.1991	13	(10)	
Darwin Fabián Torres Alonso (URU)	16.02.1991	14		
Willian Andrés Vargas León	12.06.1997	22	(7)	1
Midfielders:				
Manuel Ronald Corozo Nazareno	11.09.1999		(4)	
Emerson Leao Espinoza Tenorio	11.03.2001		(1)	
Silvano Denilson Estacio Mina	29.04.2002		(3)	
Wiston Daniel Fernández Queirolo (URU)	04.01.1998	23	(7)	
Gabriel Marques de Andrade Pinto (BRA)	04.03.1988		(1)	
Jean Carlos Humanante Vargas	13.05.1996	18	(8)	
Jean Carlos Montaño Valencia	28.01.1999	12	(2)	
Jordan Lenín Rezabala Anzules	29.02.2000	15		1
Kevin Josué Sambonino Terán	14.04.2000	6	(11)	
Forwards:				
Mauricio Sebastián Alonso Pereda (URU)	12.02.1994	25	(3)	1
Fabián Agustín Dávila Silva (URU)	05.01.1999	1	(7)	
Fernando Alexander Guerrero Vásquez	31.07.1989		(1)	
Clelio Gustavo Nnachi Espinoza	08.02.2002		(1)	
Renato César Pérez (URU)	16.08.1993	17	(1)	
Miguel Enrique Parrales Vera	26.12.1995	26		16
Stiven Ricardo Plaza Castillo	11.03.1999	2	(5)	
Eduar Ayrton Preciado García	17.07.1994	5	(9)	
Santiago Ramón Ramírez Debali (URU)	12.03.1998	3	(8)	
Daniel Isaías Segura González	17.03.1999		(6)	
Federico Vietto (ARG)	01.01.1998	1	(9)	1

CLUB ESPECIALIZADO DE ALTO RENDIMIENTO INDEPENDIENTE DEL VALLE SANGOLQUÍ

Foundation date: March 1, 1958
Address: Calle Oinchincha 603 y Calle García Moreno, Sangolquí
Stadium: Estadio Banco Guayaquil, Quito (12,000)

Trainer: Martín Rodrigo Anselmi (ARG)   11.07.1985

THE SQUAD

	DOB	M	(s)	G
Goalkeepers:				
Kleber David Pinargote Lara	27.04.2003	4		
Wellington Moisés Ramírez Preciado	09.09.2000	23		
Alexis Napoleón Villa León	22.09.2001	5		
Defenders:				
Esnáider Eliécer Cabezas Castillo	27.02.1999	4	(5)	
Beder Julio Caicedo Lastra	13.05.1992	12	(3)	1
Mateo Carabajal (ARG)	21.02.1997	21	(2)	
Jhoanner Stalin Chávez Quintero	25.04.2002	9	(6)	2
Gustavo Orlando Cortéz Quiñónez	11.10.1997	10	(6)	
Agustín Eugenio García Basso (ARG)	26.03.1992	27		2
Anthony Rigoberto Landázuri Estacio	19.04.1997	21	(2)	1
Elkin Eduardo Ruíz Congo	27.05.2006		(1)	
Carlos Uvilde Sánchez Esmeraldas	06.02.2001	6	(4)	
Richard Hernán Schunke (ARG)	26.11.1991	13	(1)	
Midfielders:				
Jordy José Alcívar Macías	05.08.1999	18	(7)	3
Keny Alexander Arroyo Alvarado	14.02.2006		(1)	
Patrickson Luiggy Delgado Villa	17.10.2003	2	(4)	
Lorenzo Abel Faravelli (ARG)	29.03.1993	20	(4)	2
Matías Ignacio Fernández Cordero (CHI)	14.08.1995	17	(3)	
Bryan Jahir García Realpe	18.01.2001	5	(2)	
Yaimar Abel Medina Ortíz	05.11.2004	11	(7)	1
Patrik Kleiver Mercado Altamirano	31.07.2003	8	(15)	2
Julio Joao Ortíz Landázuri	01.05.1996	20	(6)	
Ray Kendry Páez Andrade	04.05.2007	14	(10)	5
Cristian Alberto Pellerano (ARG)	01.02.1982	12	(9)	1
Nicolás Martín Previtali (ARG)	07.07.1995	6	(5)	
Jairo Joel Reyes Castillo	07.01.2006		(1)	
Junior Nazareno Sornoza Moreira	28.01.1994	19	(7)	3
Forwards:				
Justin Raúl Cuero Palacio	18.03.2004		(2)	
Lautaro Ariel Díaz (ARG)	21.05.1998	13	(10)	4
Michael Ryan Hoyos (ARG)	02.08.1991	17	(7)	12
José Andres Klinger Sosa	10.03.2005		(2)	
Alan Steve Minda García	14.05.2003	1	(5)	1
Marcelo Moreno Martins (BOL)	18.06.1987	8	(12)	4
Kevin José Rodríguez Cortez	04.03.2000	6	(10)	4

Please note: appearances and goals in Championship Finals included.

LIBERTAD FÚTBOL CLUB LOJA

Foundation date: January 1, 1926
Address: *Not known*
Stadium: Estadio Federativo Reina del Cisne, Loja (14,935)

Trainer:		
	Ángeles Paúl Vélez Ordóñez	12.05.1971
[24.05.2023]	Juan Marcelo Robledo Pizarro (BOL)	03.12.1978
[21.08.2023]	Geovanny Patricio Cumbicus Castillo	25.01.1980

THE SQUAD

	DOB	M	(s)	G
Goalkeepers:				
Humberto José Acevedo Serrano (COL)	23.05.1997	6		
José Luis Angulo Angulo	09.12.1997	16		
Juan Cruz Bolado (ARG)	22.07.1997	8		
Defenders:				
Juan Ignacio Alvacete (ARG)	12.01.1991	15		
Federico Arbeláez Ocampo (COL)	10.11.1996	15	(2)	
Milton Javier Bolaños Parraga	09.02.1992	14	(3)	
Jonnathan Ariel Bravo Sellán	08.07.1997	1	(2)	
José Antonio Caicedo Cortez	20.11.2003	1	(6)	
Jordan Joao Chillambo Vernaza	10.05.1995	19	(2)	
Cristian Ramón Enciso Barreto (PAR)	12.05.1991	20	(2)	1
Andrés Gabriel García Gallo	10.02.1994	3	(2)	
Jefferson Manuel Quiñónez Angüisaca	23.01.1999	1	(1)	
Joao Fernando Quiñónez Araujo	15.05.1999	10	(1)	
Róbinson Andrés Requene Reasco	01.12.1992	13	(4)	
Janvier Yardely Rodríguez López	29.11.1994	14		
Midfielders:				
Daniel Alejandro Álvarez Patiño	19.06.2004		(1)	
Andrés Felipe Ávila Tavera (COL)	30.01.1994	14	(10)	3
Lenín Paul Chininín Tenezaca	15.05.2002		(5)	
Carlos Alfredo Feraud Silva	23.10.1990	4	(10)	
Roberto Daniel Garcés Salazar	07.06.1993	23	(4)	5
Francisco Nicolás Gatti (ARG)	27.05.1994	5	(7)	1
Pedro Sebastián Larrea Arellano	21.05.1986	21	(2)	1
Darío Fabián Pazmiño Daza	25.05.2000	8		
Thiago Augusto *Serpa* Carmona (BRA)	24.07.1999		(1)	
Gonzalo Nahuel Valenzuela (ARG)	05.02.1997		(1)	
Arnaldo Andrés Valverde Morante	03.05.1991	6	(22)	
Forwards:				
Walberto Rolando Caicedo Caicedo	21.08.1992	2	(7)	1
Elian Carlos Carabalí Bernardo	11.04.2000		(12)	4
Anderson Alexander Naula Cumbicus	22.06.1998	28	(2)	3
Daniel Guillermo Porozo Valencia	20.09.1997	24	(3)	5
Kevin Aldahir Rivera Reyes	23.03.2000		(2)	
Bryan Javier Rodríguez Estrella	18.01.1990	8	(4)	1
Renny Hernán Simisterra Boboy	10.12.1997	19	(9)	7
Sergio Candelario Sosa (ARG)	15.03.1994	3	(7)	
Dixon Jair Vera Rodríguez	06.04.2003	9	(6)	

LIGA DEPORTIVA UNIVERSITARIA DE QUITO

Foundation date: January 11, 1930
Address: Calle Robles 653 y Avenida Amazonas 41-01, Edif. Proinco, Quito
Stadium: Estadio "Rodrigo Paz Delgado" [Casa Blanca], Quito (41,575)

Trainer:	Luis Francisco Zubeldía (ARG)	13.01.1981		

THE SQUAD

	DOB	M	(s)	G
Goalkeepers:				
Alexander Domínguez Carabalí	05.06.1987	27		
Adrián José Gabbarini (ARG)	10.10.1985	4		
Ethan Gabriel Minda Humanante	04.07.2004	1		
Defenders:				
Ricardo Adé Kat (HAI)	21.05.1990	27	(1)	
Yeltzin Hernán Enrique Villigua	27.03.2003	1		
Richard Alexander Mina Caicedo	22.07.1999	11	(2)	
Leonel Enríque Quiñónez Padilla	03.07.1993	21	(2)	1
José Alfredo Quintero Ordóñez	20.06.1990	18	(5)	5
Bryan Josías Ramírez León	11.08.2000	13	(12)	
Facundo Santiago Rodríguez Fábregas (ARG)	26.02.2000	26		1
Daykol Alejandro Romero Padilla	07.05.2001	13	(2)	
Midfielders:				
Jefferson Stalin Arce Mina	29.05.2000	1	(4)	
Sebastián González Baquero	06.06.2003	13	(9)	1
Jhojan Esmaides Julio Palacios	11.02.1998	20	(7)	4
Mauricio Leonel Martínez (ARG)	20.02.1993	14	(7)	2
Marcos David Olmedo Garrido	01.06.1999	1	(1)	
Lucas Ezequiel Piovi (ARG)	20.08.1992	23	(4)	
Jefferson Laider Valverde Arboleda	04.05.1999	2	(1)	
Óscar Steven Zambrano Preciado	20.04.2004	17	(7)	
Forwards:				
Alexander Antonio Alvarado Carriel	21.04.1999	22	(9)	10
Lisandro Joel Alzugaray (ARG)	17.04.1990	22	(8)	5
Juan Luis Anangonó León	13.04.1989	3	(8)	3
José Enrique Angulo Caicedo	03.02.1995	16	(6)	5
Walter Leodán Chalá Vázquez	24.02.1992		(12)	
Jairón Andrés Charcopa Cabezas	27.01.2004		(3)	
Ángel Emanuel González (ARG)	16.05.1994	3	(7)	2
José Paolo Guerrero Gonzales (PER)	01.01.1984	11	(2)	5
Jan Carlos Hurtado Anchico (VEN)	05.03.2000	1	(9)	3
Alex Renato Ibarra Mina	20.01.1991	17	(9)	3
Danny Gabriel Luna Moran	25.05.1991	4	(9)	1
Madison Ariel Mina Ibarra	22.04.2003		(2)	

Please note: appearances and goals in Championship Finals included.

MUSHUC RUNA SPORTING CLUB AMBATO

Foundation date: January 2, 2003
Address: *not available*
Stadium: Estadio Mushuc Runa Cooperativa de Ahorro y Crédito, Ambato (8,200)

Trainer:		
	Geovanny Patricio Cumbicus Castillo	25.01.1980
[30.05.2023]	Franklin Renato Salas Baldeón	15.02.1970

THE SQUAD

	DOB	M	(s)	G
Goalkeepers:				
Wilman Adonnis Pabón Cárcelen	11.09.1995	9	(1)	
Jorge Bladimir Pinos Haiman	03.10.1989	21	(1)	
Defenders:				
Franklin Alexander Carabalí Carabalí	27.06.1996	7	(4)	
Marco Alexander Carrasco Bonilla	03.01.1993	9	(5)	2
Moisés David Corozo Cañizares	25.10.1992	5	(2)	
Eddie Fernando Guevara Chávez	02.04.1990	20		
José Luis Monaga Quiñónez	29.03.1998	14	(8)	
Marco Roberto Montaño Díaz	08.09.1992	24	(3)	
Darwin Estuardo Quilumba Díaz	07.12.1988	13	(5)	
José Luis Quiñones Mancilla	13.06.2002	3		
Facundo Emmanuel Rivero (ARG)	07.08.1993	17	(4)	3
Rody Jossephe Zambrano Marcillo	21.02.1993	16	(5)	
Midfielders:				
Ariel Fernando Alcivar Sánchez	28.01.2001		(1)	
Jonathan Darwin Borja Colorado	05.04.1994	4	(11)	1
Alex Jonathan Capuz Sisa	23.01.1999		(1)	
Jean Carlos Estacio Nazareno	11.10.1997	18	(5)	
Juan Enríque Nazareno Izquierdo	18.08.1998	2	(3)	
Bruno Téliz Carrasco (URU)	16.08.1991	19	(2)	1
Kelvin David Osorio Antury (COL)	29.10.1993	4	(6)	
Sergio Saúl Quintero Chávez	12.03.1999	5	(5)	
Charles Ariel Vélez Plaza	26.12.1992	20	(6)	1
Arnaldo Andrés Zambrano Parraga	22.12.2001	6	(1)	
Forwards:				
Wilter Andrés Ayoví Mina	17.04.1997	7	(7)	1
Bagner Samuel Delgado Loor	20.11.1995	17		2
Jimmy Evans Oghenerukwe (NGA)	13.03.1999	22	(5)	2
Enzo Ariel Fernández (ARG)	30.05.1992	1	(6)	
Sergio Fabián González (ARG)	05.04.1995	26	(4)	6
Gustavo Ariel Guerreño Otasu (PAR)	17.10.1991	1	(2)	
Oscar Eduardo Jaramillo Arroyo	08.02.1998		(1)	
Diego Iván Ledesma (ARG)	26.06.1993	16	(10)	7
Marcos Pedro Mejía Mero	26.06.1998	1	(3)	
William Fernando Ocles Lara	05.05.1998	2	(5)	
Leonardo Adrián Villagra Enciso (PAR)	02.09.1990	1	(7)	1

ORENSE SPORTING CLUB MACHALA

Foundation date: December 15, 2009
Address: Complejo Deportivo "Euclides Palacios Palacios", Av. Luis León Román 3, 070219 Machala
Stadium: Estadio 9 de Mayo, Orense (16,456)

Trainer:	Juan Carlos León Zambrano	24.01.1975

THE SQUAD				
	DOB	M	(s)	G
Goalkeepers:				
Rolando David Silva Cabello	15.06.1995	30		
Defenders:				
Gabriel Eduardo Achilier Zurita	24.03.1985	29		2
Andy David Burbano Guapi	27.05.1994	10		1
Jhonnier Slaick Estrada Camacho	17.08.2001	5	(6)	
Marlon Mauricio Mejía Díaz	21.09.1994	4	(2)	
Glendys Carlos Mina Cortez	25.02.1996	25		
Facundo Queiroz Martínez (URU)	16.03.1998	1	(3)	
Bryan Leonardo Quiñónez Mendoza	17.07.2003	4	(3)	
Marlon Steeven Quiñónez Mendoza	19.02.2001	14	(4)	
Oscar Esteban Quiñónez Mendoza	19.02.2001	25		1
Mayckel Jair Uriarte Llerena	13.08.1999		(4)	
Midfielders:				
Alberto Sebastián Assis Silva (URU)	04.03.1993	26	(4)	2
José Joel Carabalí Prado	19.05.1997	12	(3)	1
Richard Rodrigo Calderón Llori	25.06.1993	9	(16)	3
Wilson Arturo Chuchuca Arreaga	02.09.2003		(3)	
David Ribeiro Pereira (BRA)	23.04.1998	5	(2)	
Erick Alexander Plúas Vera	20.03.2002	23	(6)	
Sergio Ronaldo Vásquez Cabrera	04.01.2004	1	(5)	
Bryan Elián Viñán Rodríguez	20.06.2000		(9)	
Erick Smith Zambrano Pesantez	14.11.2007	1	(3)	
Forwards:				
José Miguel Andrade de la Torre	14.01.1993	12	(11)	1
Robert Javier Burbano Cobeña	10.04.1995	29		4
Dany Josue Coronel Ocampo	03.09.2002	16	(9)	3
Cristian Martínez Borja (COL)	01.01.1988	10	(2)	1
Rodrigo Rivas González (COL)	11.04.1997	12	(11)	3
Adolfo Alejandro Muñoz Cervantes	12.12.1997	4	(5)	1
Alejandro Gabriel Quintana (ARG)	20.02.1992		(8)	1
Cristhian Julio Solano Barro	08.02.1999	23	(7)	7

CLUB DEPORTIVO TÉCNICO UNIVERSITARIO AMBATO
Foundation date: April 11, 1971
Address: Av. 12 de Noviembre C.C. Ambato Bloque N, Ambato
Stadium: Estadio Bellavista, Ambato (16,467)

Trainer:	Juan Pablo Buch Pabón (COL)	21.11.1986		

THE SQUAD				
	DOB	M	(s)	G
Goalkeepers:				
Adrián Javier Bone Sánchez	08.09.1988	2		
Walter Daniel Chávez Solorzano	06.04.1994	28		
Defenders:				
Luis Miguel Ayala Brucil	24.09.1993	10	(5)	
Edison Javier Carcelén Chalá	09.11.1992	18	(4)	
Marco Jair Castillo Montenegro	14.08.1997	3	(3)	
Roberto Francisco Luzárraga Mendoza	24.02.1991	10	(2)	
Marlon Joel Medranda Valencia	19.05.1999	15	(7)	
Byron Andrés Mina Cuero	01.08.1991	3	(1)	
Dennis Fabian Quintero Loor	14.06.1997	24	(1)	
José Orlando Pérez Castillo (COL)	14.04.1997		(3)	
Alex Daniel Rangel Corozo	18.03.2002	20	(2)	1
Midfielders:				
Davis Darío Camacho Navarrete	10.02.1998		(10)	
Willian Daniel Cevallos Caicedo	15.05.1990	7	(3)	3
Juan David Jiménez Alvarado (COL)	12.03.1994	21	(9)	
Onofre Ramiro Mejía Mero	24.03.1986	17	(6)	1
Alex Leonel Mendoza López	11.06.1999		(1)	1
Enson Jesús Rodríguez Mesa (VEN)	05.09.1989	1	(13)	1
Steven Tapiero Rodallega (COL)	28.07.1991	18	(6)	3
Elvis Kevin Velasco Chere	03.09.1999		(6)	
Forwards:				
Carlos Alexi Arboleda Ruíz	24.01.1991	21	(5)	2
Jean Carlos Blanco Becerra (COL)	06.04.1992	18	(2)	13
Alexander David Bolaños Casierra	12.12.1999	21	(3)	7
Jefferson Steven Caicedo Figueroa	05.12.1994	8	(11)	3
Cristhian David Cuero Valencia	22.12.1989	3	(5)	1
Luis Joel Estupiñán García	13.05.1999	18	(9)	3
Yílmar Alexis Filigrana Possu (COL)	08.11.1990	3	(11)	
Adolfo Alejandro Muñoz Cervantes	12.12.1997	12	(2)	1
Joao Alonzo Paredes Quiñónez	19.01.1997	2	(4)	
Elvis Adán Patta Quintero	17.11.1990	27	(3)	1

CLUB DEPORTIVO UNIVERSIDAD CATÓLICA QUITO

Foundation date: June 26, 1963
Address: Pasaje Manuela Sáenz 827 y Hénández Girón, Quito
Stadium: Estadio Olímpico Atahualpa, Quito (38,258)

Trainer: Igor Oca Pulido (ESP)   07.05.1981

THE SQUAD

Name	DOB	M	(s)	G
Goalkeepers:				
Darwin Patricio Cuero Anangono	15.10.1994	7		
Rafael Enrique Romo Pérez (VEN)	25.02.1990	23		
Defenders:				
Gregori Alexander Anangonó Minda	16.05.1998	19	(3)	1
Jesús Luis Castillo Saa	26.04.1999	3	(8)	
Lautaro Fausto Grillo (ARG)	20.02.1993	14		
Franklin Joshua Guerra Cedeño	12.04.1992	29		1
Luis Carlos Gustavino Chila	09.05.1999	6	(2)	
Layan Manuel Loor Requelme	23.05.2001	24	(2)	
Yuber Antonio Mosquera Perea (COL)	31.08.1984	1	(7)	
Tomás Alexis Oneto (ARG)	19.02.1998	12	(2)	1
Andersson Rafael Ordóñez Váldez	29.01.1994	7	(1)	
Midfielders:				
José Joel Carabalí Prado	19.05.1997	6	(2)	
Willian Daniel Cevallos Caicedo	15.05.1990	1	(6)	
Mauro Alberto Díaz (ARG)	10.03.1991	19	(2)	6
Facundo Martin Martínez Montagnoli (URU)	02.04.1985	27	(1)	1
Daniel Mauricio Mejia Simisterra	24.10.2005		(3)	
Jeremy Wilmer Mina Valencia	16.09.2001		(2)	
Kevin Andrés Minda Ruales	21.11.1998	27		3
Luis Johan Moreno Zuñiga	28.02.2005		(1)	
Darwin Carlos Nazareno Arroyo	20.04.2004		(2)	
Christian Andrés Oña Alcocer	23.01.1993	6	(2)	
Rooney Anderson Troya Macías	20.02.2006		(2)	
Santiago Gabriel Zamora Araújo	10.09.2001	2	(13)	
Forwards:				
Federico Óscar Andrada (ARG)	03.03.1994	4	(5)	1
Byron Andrés Angulo Grueso	15.10.1996	7	(7)	2
Daniel Emiliano Clavijo Romero	28.05.2000	13	(6)	2
Cristian Ariel Colmán Ortiz (PAR)	26.02.1994	9	(4)	2
Ismael Díaz de León (PAN)	12.05.1997	16	(4)	8
Joffre Andrés Escobar Moyano	24.10.1996	4	(4)	
Darlin Alberto Leiton Lamilla	09.05.2001	3	(2)	
Cristian Martínez Borja (COL)	01.01.1988	6	(8)	2
Arón David Rodriguez Franco	06.08.1999	26	(2)	5
Isaac Mateo Sánchez Cortez	08.06.2006	1		
Janus Guillermo Vivar Estrella	07.09.1998	4	(4)	
Jordan David Yépez Espinoza	06.02.2004	4	(7)	1

SECOND LEVEL
Campeonato Ecuatoriano de Fútbol Serie B 2023
LigaPro Bet593 Serie B

1.	CD Macará Ambato (*Promoted*)	36	18	10	8	47 - 34	64
2.	Imbabura SC Ibarra (*Promoted*)	36	15	13	8	58 - 43	58
3.	Coniburo FC Cayambe	36	14	13	9	54 - 39	55
4.	Manta FC	36	14	10	12	39 - 37	52
5.	CD Independiente Juniors Sangolquí*	36	13	12	11	40 - 40	51
6.	9 de Octubre FC Guayaquil	36	12	8	16	48 - 48	44
7.	CD Vargas Torres Esmeraldas	36	10	14	12	27 - 34	44
8.	Chacaritas FC Pelileo	36	12	7	17	44 - 47	43
9.	CD América de Quito (*Relegated*)	36	11	10	15	46 - 58	43
10.	Búhos ULVR FC Guayaquil (*Relegated*)	36	5	15	16	30 - 53	30

Reserve teams were ineligible for promotion

THE NATIONAL TEAM 2023

INTERNATIONAL MATCHES
(16.07.2023 – 31.12.2023)

07.09.2023	Buenos Aires	Argentina - Ecuador	1-0(0-0)	(WCQ)
12.09.2023	Quito	Ecuador - Uruguay	2-1(1-1)	(WCQ)
12.10.2023	La Paz	Bolivia - Ecuador	1-2(0-1)	(WCQ)
17.10.2023	Quito	Ecuador - Colombia	0-0	(WCQ)
16.11.2023	Maturín	Venezuela - Ecuador	0-0	(WCQ)
21.11.2023	Quito	Ecuador - Chile	1-0(1-0)	(WCQ)

07.09.2023, 23rd FIFA World Cup Qualifiers
Estadio Monumental „Antonio Vespucio Liberti", Buenos Aires; Attendance: 84,500
Referee: Wilmar Alexander Roldán Pérez (Colombia)
ARGENTINA - ECUADOR   **1-0(0-0)**
ECU: Hernán Ismael Galíndez (17/0), José Andrés Hurtado Cheme (4/0) [81.Angelo Smit Preciado Quiñónez (31/0)], Robert Abel Arboleda Escobar (36/2), Willian Joel Pacho Tenorio (4/2), Félix Eduardo Torres Caicedo (25/3) [81.Ángel Israel Mena Delgado (51/7)], Pervis Josué Estupiñán Tenorio (36/4), Moisés Isaac Caicedo Corozo (33/3), Carlos Armando Gruezo Arboleda (50/1), José Adoni Cifuentes Charcopa (17/0) [68.Julio Joao Ortíz Landázuri (3/0)], Gonzalo Jordy Plata Jiménez (35/5) [67.Kevin José Rodríguez Cortez (6/0)], Enner Remberto Valencia Lastra (Cap) (80/40). Trainer: Félix Sánchez Bas (Spain, 1).

12.09.2023, 23rd FIFA World Cup Qualifiers
Estadio "Rodrigo Paz Delgado", Quito; Attendance: 35,613
Referee: Wilton Pereira Sampaio (Brazil)
ECUADOR - URUGUAY   **2-1(1-1)**
ECU: Hernán Ismael Galíndez (18/0), Angelo Smit Preciado Quiñónez (32/0) [84.José Andrés Hurtado Cheme (5/0)], Robert Abel Arboleda Escobar (37/2) [70.Leonardo Javier Realpe Montaño (2/0)], Willian Joel Pacho Tenorio (5/2), Félix Eduardo Torres Caicedo (26/5), Pervis Josué Estupiñán Tenorio (37/4), Moisés Isaac Caicedo Corozo (34/3), Carlos Armando Gruezo Arboleda (51/1), Ray Kendry Páez Andrade (1/0) [70.Julio Joao Ortíz Landázuri (4/0)], Jhojan Esmaides Julio Palacios (6/0) [70.Ángel Israel Mena Delgado (52/7)], Enner Remberto Valencia Lastra (Cap) (81/40) [90+1.Kevin José Rodríguez Cortez (7/0)]. Trainer: Félix Sánchez Bas (Spain, 1).
Goals: Félix Eduardo Torres Caicedo (45+5, 61).

12.10.2023, 23rd FIFA World Cup Qualifiers
Estadio „Hernándo Siles Reyes", La Paz; Attendance: 34,200
Referee: Cristian Garay (Chile)
BOLIVIA - ECUADOR   **1-2(0-1)**
ECU: Wellington Moisés Ramírez Preciado (5/0), Piero Martín Hincapié Reyna (28/1), Willian Joel Pacho Tenorio (6/2), Félix Eduardo Torres Caicedo (27/5), Jhoanner Stalin Chávez Quintero (2/0) [78.Beder Julio Caicedo Lastra (10/1)], Julio Joao Ortíz Landázuri (5/0), Moisés Isaac Caicedo Corozo (35/3), José Adoni Cifuentes Charcopa (18/0) [56.Carlos Armando Gruezo Arboleda (52/1)], Ray Kendry Páez Andrade (2/1) [78.Kevin José Rodríguez Cortez (8/1)], Jordy Josué Caicedo Medina (11/2) [56.Angelo Smit Preciado Quiñónez (33/0)], Enner Remberto Valencia Lastra (Cap) (82/40). Trainer: Félix Sánchez Bas (Spain, 1).
Goals: Ray Kendry Páez Andrade (45), Kevin José Rodríguez Cortez (90+6).

17.10.2023, 23rd FIFA World Cup Qualifiers
Estadio "Rodrigo Paz Delgado", Quito; Attendance: 38,702
Referee: Facundo Raúl Tello Figueroa (Argentina)
ECUADOR - COLOMBIA   **0-0**
ECU: Wellington Moisés Ramírez Preciado (6/0), Angelo Smit Preciado Quiñónez (34/0) [85.José Andrés Hurtado Cheme (6/0)], Piero Martín Hincapié Reyna (29/1), Willian Joel Pacho Tenorio (7/2), Félix Eduardo Torres Caicedo (28/5), Jhoanner Stalin Chávez Quintero (3/0), Moisés Isaac Caicedo Corozo (36/3), Carlos Armando Gruezo Arboleda (53/1), Ray Kendry Páez Andrade (3/1) [74.Ángel Israel Mena Delgado (53/7)], Kevin José Rodríguez Cortez (9/1) [74.Jhojan Esmaides Julio Palacios (7/0)], Enner Remberto Valencia Lastra (Cap) (83/40) [88.Jordy Josué Caicedo Medina (12/2)]. Trainer: Félix Sánchez Bas (Spain, 1).

16.11.2023, 23rd FIFA World Cup Qualifiers
Estadio Monumental, Maturín; Attendance: 51,083
Referee: Juan Gabriel Benítez (Paraguay)
VENEZUELA - ECUADOR   **0-0**
ECU: Alexander Domínguez Carabalí (Cap) (70/0), Angelo Smit Preciado Quiñónez (35/0), Félix Eduardo Torres Caicedo (29/5), Willian Joel Pacho Tenorio (8/2), Piero Martín Hincapié Reyna (30/1), Moisés Isaac Caicedo Corozo (37/3), Alan Steven Franco Palma (31/1), José Adoni Cifuentes Charcopa (19/0) [90+2.Julio Joao Ortíz Landázuri (6/0)], Ray Kendry Páez Andrade (4/1) [70.Ángel Israel Mena Delgado (54/7)], Júnior Nazareno Sornoza Moreira (16/2) [86.Jhojan Esmaides Julio Palacios (8/0)], Kevin José Rodríguez Cortez (10/1) [71.Leonardo Campana Romero (14/0)]. Trainer: Félix Sánchez Bas (Spain, 1).

21.11.2023, 23rd FIFA World Cup Qualifiers
Estadio "Rodrigo Paz Delgado", Quito; Attendance: 36,873
Referee: Anderson Daronco (Brazil)
ECUADOR - CHILE   **1-0(1-0)**
ECU: Alexander Domínguez Carabalí (Cap) (71/0), Angelo Smit Preciado Quiñónez (36/0), Félix Eduardo Torres Caicedo (30/5), Robert Abel Arboleda Escobar (38/2), Willian Joel Pacho Tenorio (9/2), Moisés Isaac Caicedo Corozo (38/3), Carlos Armando Gruezo Arboleda (54/1), Ángel Israel Mena Delgado (55/8) [75.Julio Joao Ortíz Landázuri (7/0)], Ray Kendry Páez Andrade (5/1) [82.Alan Steven Franco Palma (32/1)], Júnior Nazareno Sornoza Moreira (17/2) [57.Jhojan Esmaides Julio Palacios (9/0)], Kevin José Rodríguez Cortez (11/1) [82.Leonardo Campana Romero (15/0)]. Trainer: Félix Sánchez Bas (Spain, 1).
Goal: Ángel Israel Mena Delgado (21).

NATIONAL TEAM PLAYERS 2023

Name *[Club 2023]*	DOB	Caps	Goals
(Caps and goals at 31.12.2023)			

Goalkeepers

Name *[Club 2023]*	DOB	Caps	Goals
Alexander DOMÍNGUEZ Carabalí *[LDU de Quito]*	05.06.1987	71	0
Hernán Ismael GALÍNDEZ *[SD Aucas Quito]*	30.03.1987	18	0
Wellington Moisés RAMÍREZ Preciado *[CEAR Independiente del Valle Sangolquí]*	09.09.2000	6	0

Defenders

Name *[Club 2023]*	DOB	Caps	Goals
Robert Abel ARBOLEDA Escobar *[São Paulo FC (BRA)]*	22.10.1991	38	2
Beder Julio CAICEDO Lastra *[CEAR Independiente del Valle Sangolquí]*	13.05.1992	10	1
Jhoanner Stalin CHÁVEZ Quintero *[CEAR Independiente del Valle Sangolquí]*	25.04.2002	3	0
Pervis Josué ESTUPIÑÁN Tenorio *[Brighton & Hove Albion FC (ENG)]*	21.01.1998	37	4
Piero Martín HINCAPIÉ Reyna *[Bayer 04 Leverkusen (GER)]*	09.01.2002	30	1
José Andrés HURTADO Cheme *[Red Bull Bragantino (BRA)]*	23.12.2001	6	0
Willian Joel PACHO Tenorio *[Eintracht Frankfurt (GER)]*	16.10.2001	9	2
Ángelo Smit PRECIADO Quiñónez *[AC Sparta Praha (CZE)]*	18.02.1998	36	0
Leonardo Javier REALPE Montaño *[Red Bull Bragantino (BRA)]*	26.02.2001	2	0
Felix Eduardo TORRES Caicedo *[Club Santos Laguna Torreón (MEX)]*	11.01.1997	30	5

Midfielders

Moisés Isaac CAICEDO Corozo *[Chelsea FC London (ENG)]*	02.11.2001	**38**	3
José Adoni CIFUENTES Charcopa *[Rangers FC Glasgow (SCO)]*	12.03.1999	**19**	0
Alan Steven FRANCO Palma *[Clube Atlético Mineiro Belo Horizonte (BRA)]*	21.08.1998	**32**	1
Carlos Armando GRUEZO Arboleda *[San Jose Earthquakes (USA)]*	19.04.1995	**54**	1
Julio Joao ORTÍZ Landázuri *[CEAR Independiente del Valle Sangolquí]*	01.05.1996	**7**	0
Ray Kendry PÁEZ Andrade *[CEAR Independiente del Valle Sangolquí]*	04.05.2007	**5**	1
Gonzalo Jordy PLATA Jiménez *[Al Sadd SC Doha (QAT)]*	01.11.2000	**35**	5
Junior Nazareno SORNOZA Moreira *[CEAR Independiente del Valle Sangolquí]*	28.01.1994	**17**	2

Forwards

Jordy Josué CAICEDO Medina *[Atlas FC Guadalajara (MEX)]*	18.11.1997	**12**	2
Leonardo CAMPANA Romero *[CIF Miami (USA)]*	24.07.2000	**15**	0
Jhojan Esmaides JULIO Palacios *[LDU de Quito]*	11.02.1998	**9**	0
Ángel Israel MENA Delgado *[Club León (MEX)]*	21.01.1988	**55**	8
Kevin José RODRÍGUEZ Cortez *[Royale Union Saint-Gilloise (BEL)]*	04.03.2000	**11**	1
Enner Remberto VALENCIA Lastra *[SC Internacional Porto Alegre (BRA)]*	11.04.1989	**83**	40

National coach

Félix SÁNCHEZ Bas (Spain) [from 11.03.2023]	13.12.1975	10 M; 6 W; 2 D; 2 L; 12-8

PARAGUAY

The FA:
Asociación Paraguaya de Fútbol
Avenida Medallistas Olímpicos No1, Parque Olímpico,
Ñu Guasu de la ciudad de Luque, Asunción
Year of Formation: 1906
Member of FIFA since: 1925
Member of CONMEBOL since: 1921
Internet: www.apf.org.py

The Country:
República del Paraguay (Republic of Paraguay)
Capital: Asunción
Surface: 406,752 km²
Inhabitants: 6,109,644 [2022]
Time: UTC-4

NATIONAL TEAM RECORDS

First international match:
11.05.1919, Asunción: Paraguay - Argentina 1-5

Most international caps:
Paulo César da Silva Barrios
148 caps (2000-2017)

Most international goals:
Roque Luis Santa Cruz Cantero
32 goals / 112 caps (1999-2016)

OLYMPIC FOOTBALL TOURNAMENTS 1908-2020

Year	Result	Year	Result
1908	Did not enter	1976	Did not enter
1912	Did not enter	1980	Did not enter
1920	Did not enter	1984	Qualifiers
1924	Did not enter	1988	Qualifiers
1928	Did not enter	1992	Final Tournament (Quarter-Finals)
1936	Did not enter	1996	Qualifiers
1948	Did not enter	2000	Qualifiers
1952	Did not enter	2004	Final Tournament (Runners-up)
1956	Did not enter	2008	Qualifiers
1960	Did not enter	2012	Qualifiers
1964	Did not enter	2016	Qualifiers
1968	Qualifiers	2020	Qualifiers
1972	Qualifiers		

COPA AMÉRICA	
1916	Did not enter
1917	Did not enter
1919	Did not enter
1920	Did not enter
1921	4th Place
1922	Runners-up
1923	3rd Place
1924	3rd Place
1925	3rd Place
1926	4th Place
1927	*Withdrew*
1929	Runners-up
1935	*Withdrew*
1937	4th Place
1939	3rd Place
1941	*Withdrew*
1942	4th Place
1945	*Withdrew*
1946	3rd Place
1947	Runners-up
1949	Runners-up
1953	**Winners**
1955	5th Place
1956	5th Place
1957	*Withdrew*
1959	3rd Place
1959E	5th Place
1963	Runners-up
1967	4th Place
1975	Round 1
1979	**Winners**
1983	Semi-Finals
1987	Round 1
1989	4th Place
1991	Group Stage
1993	Quarter-Finals
1995	Quarter-Finals
1997	Quarter-Finals
1999	Quarter-Finals
2001	Group Stage
2004	Quarter-Finals
2007	Quarter-Finals
2011	Runners-up
2015	4th Place
2016	Group Stage
2019	Quarter-Finals
2021	Quarter-Finals

FIFA WORLD CUP	
1930	Final Tournament (1st Round)
1934	Did not enter
1938	Did not enter
1950	Final Tournament (Group Stage)
1954	Qualifiers
1958	Final Tournament (Group Stage)
1962	Qualifiers
1966	Qualifiers
1970	Qualifiers
1974	Qualifiers
1978	Qualifiers
1982	Qualifiers
1986	Final Tournament (2nd Round of 16)
1990	Qualifiers
1994	Qualifiers
1998	Final Tournament (2nd Round of 16)
2002	Final Tournament (2nd Round of 16)
2006	Final Tournament (Group Stage)
2010	Final Tournament (Quarter-Finals)
2014	Qualifiers
2018	Qualifiers
2022	Qualifiers

PARAGUAYAN CLUB HONOURS IN SOUTH AMERICAN CLUB COMPETITIONS:

COPA LIBERTADORES 1960-2023		
Club Olimpia Asunción	3	1979, 1990, 2002

COPA SUDAMERICANA 2002-2023	
None	

RECOPA SUDAMERICANA 1989-2023		
Club Olimpia Asunción	2	1991, 2003

COPA CONMEBOL[1] 1992-1999	
None	

SUPERCUP „JOÃO HAVELANGE"[1] 1988-1997*		
Club Olimpia Asunción	1	1990

COPA MERCOSUR[1] 1998-2001**	
None	

[1] *defunct competition*
*Contested betwenn winners of all previous editions of the Copa Libertadores
**Contested between teams belonging countries from the southern part of South America (Argentina, Brazil, Chile, Paraguay and Uruguay).

NATIONAL COMPETITIONS
TABLE OF HONOURS

NATIONAL CHAMPIONS 1906-2023	
Amateur Era Championship	
1906	Club Guaraní Asunción
1907	Club Guaraní Asunción
1908	*No championship*
1909	Club Nacional Asunción
1910	Club Libertad Asunción
1911	Club Nacional Asunción
1912	Club Olimpia Asunción
1913	Club Cerro Porteño Asunción
1914	Club Olimpia Asunción
1915	Club Cerro Porteño Asunción
1916	Club Olimpia Asunción
1917	Club Libertad Asunción
1918	Club Cerro Porteño Asunción
1919	Club Cerro Porteño Asunción
1920	Club Libertad Asunción
1921	Club Guaraní Asunción
1922	*No championship*
1923	Club Guaraní Asunción
1924	Club Nacional Asunción
1925	Club Olimpia Asunción

1926	Club Nacional Asunción
1927	Club Olimpia Asunción
1928	Club Olimpia Asunción
1929	Club Olimpia Asunción
1930	Club Libertad Asunción
1931	Club Olimpia Asunción
1932	*No championship*
1933	*No championship*
1934	*No championship*
	Professional Era Championship
1935	Club Cerro Porteño Asunción
1936	Club Olimpia Asunción
1937	Club Olimpia Asunción
1938	Club Olimpia Asunción
1939	Club Cerro Porteño Asunción
1940	Club Cerro Porteño Asunción
1941	Club Cerro Porteño Asunción
1942	Club Nacional Asunción
1943	Club Libertad Asunción
1944	Club Cerro Porteño Asunción
1945	Club Libertad Asunción
1946	Club Nacional Asunción
1947	Club Olimpia Asunción
1948	Club Olimpia Asunción
1949	Club Guaraní Asunción
1950	Club Cerro Porteño Asunción
1951	Club Sportivo Luqueño
1952	Club Presidente Hayes Asunción
1953	Club Sportivo Luqueño
1954	Club Cerro Porteño Asunción
1955	Club Libertad Asunción
1956	Club Olimpia Asunción
1957	Club Olimpia Asunción
1958	Club Olimpia Asunción
1959	Club Olimpia Asunción
1960	Club Olimpia Asunción
1961	Club Cerro Porteño Asunción
1962	Club Olimpia Asunción
1963	Club Cerro Porteño Asunción
1964	Club Guaraní Asunción
1965	Club Olimpia Asunción
1966	Club Cerro Porteño Asunción
1967	Club Guaraní Asunción
1968	Club Olimpia Asunción
1969	Club Guaraní Asunción
1970	Club Cerro Porteño Asunción
1971	Club Olimpia Asunción
1972	Club Cerro Porteño Asunción
1973	Club Cerro Porteño Asunción
1974	Club Cerro Porteño Asunción
1975	Club Olimpia Asunción
1976	Club Libertad Asunción

1977		Club Cerro Porteño Asunción
1978		Club Olimpia Asunción
1979		Club Olimpia Asunción
1980		Club Olimpia Asunción
1981		Club Olimpia Asunción
1982		Club Olimpia Asunción
1983		Club Olimpia Asunción
1984		Club Guaraní Asunción
1985		Club Olimpia Asunción
1986		Club Sol de América Asunción
1987		Club Cerro Porteño Asunción
1988		Club Olimpia Asunción
1989		Club Olimpia Asunción
1990		Club Cerro Porteño Asunción
1991		Club Sol de América Asunción
1992		Club Cerro Porteño Asunción
1993		Club Olimpia Asunción
1994		Club Cerro Porteño Asunción
1995		Club Olimpia Asunción
1996		Club Cerro Porteño Asunción
1997		Club Olimpia Asunción
1998		Club Olimpia Asunción
1999		Club Olimpia Asunción
2000		Club Olimpia Asunción
2001		Club Cerro Porteño Asunción
2002		Club Libertad Asunción
2003		Club Libertad Asunción
2004		Club Cerro Porteño Asunción
2005		Club Cerro Porteño Asunción
2006		Club Libertad Asunción
2007		Club Libertad Asunción
2008	Ape:	Club Libertad Asunción
	Cla:	Club Libertad Asunción
2009	Ape:	Club Cerro Porteño Asunción
	Cla:	Club Nacional Asunción
2010	Ape:	Club Guaraní Asunción
	Cla:	Club Libertad Asunción
2011	Ape:	Club Nacional Asunción
	Cla:	Club Olimpia Asunción
2012	Ape:	Club Cerro Porteño Asunción
	Cla:	Club Libertad Asunción
2013	Ape:	Club Nacional Asunción
	Cla:	Club Cerro Porteño Asunción
2014	Ape:	Club Libertad Asunción
	Cla:	Club Libertad Asunción
2015	Ape:	Club Cerro Porteño Asunción
	Cla:	Club Olimpia Asunción
2016	Ape:	Club Libertad Asunción
	Cla:	Club Guaraní Asunción
2017	Ape:	Club Libertad Asunción
	Cla:	Club Cerro Porteño Asunción

2018	Ape:	Club Olimpia Asunción
	Cla:	Club Olimpia Asunción
2019	Ape:	Club Olimpia Asunción
	Cla:	Club Olimpia Asunción
2020	Ape:	Club Cerro Porteño Asunción
	Cla:	Club Olimpia Asunción
2021	Ape:	Club Libertad Asunción
	Cla:	Club Cerro Porteño Asunción
2022	Ape:	Club Libertad Asunción
	Cla:	Club Olimpia Asunción
2023	Ape:	Club Libertad Asunción
	Cla:	Club Libertad Asunción

	BEST GOALSCORERS	
1935	Pedro Osorio (Club Cerro Porteño Asunción)	18
1936	Flaminio Silva (Club Olimpia Asunción)	36
1937	Francisco Sosa (Club Cerro Porteño Asunción)	21
1938	Martín Flor (Club Cerro Porteño Asunción)	
	Amado Salinas (Club Libertad Asunción)	17
1939	Teófilo Salinas (Club Libertad Asunción)	28
1940	José Vinsac (Club Cerro Porteño Asunción)	30
1941	Benjamín Laterza (Club Cerro Porteño Asunción)	
	Fabio Franco (Club Nacional Asunción)	18
1942	Francisco Sosa (Club Cerro Porteño Asunción)	23
1943	Atilio Mellone (Club Guaraní Asunción)	27
1944	Porfirio Rolón (Club Libertad Asunción)	
	Sixto Noceda (Club Presidente Hayes Asunción)	18
1945	Porfirio Rolón (Club Libertad Asunción)	18
1946	Leocadio Marín (Club Olimpia Asunción)	26
1947	Leocadio Marín (Club Olimpia Asunción)	27
1948	Fabio Franco (Club Nacional Asunción)	24
1949	Darío Jara Saguier (Club Cerro Porteño Asunción)	18
1950	Darío Jara Saguier (Club Cerro Porteño Asunción)	18
1951	Antonio Ramón Gómez (Club Libertad Asunción)	19
1952	Antonio Ramón Gómez (Club Libertad Asunción)	
	Rubén Fernández Real (Club Libertad Asunción)	16
1953	Antonio Acosta (Club Presidente Hayes Asunción)	15
1954	Máximo Rolón (Club Libertad Asunción)	24
1955	Máximo Rolón (Club Libertad Asunción)	25
1956	Máximo Rolón (Club Libertad Asunción)	26
1957	Juan Bautista Agüero (Club Olimpia Asunción)	14
1958	Juan Bautista Agüero (Club Olimpia Asunción)	16
1959	Ramón Rodríguez (Club River Plate Asunción)	17
1960	Benigno Gilberto Penayo (Club Cerro Porteño Asunción)	18
1961	Justo Pastor Leiva (Club Guaraní Asunción)	17
1962	Cecilio Martínez (Club Nacional Asunción)	19
1963	Juan Cabañas (Club Libertad Asunción)	17
1964	Genaro García (Club Guaraní Asunción)	
	A. Jara (Club Sol de América Asunción)	
	Antonio González (Club Rubio Ñu Asunción)	8
1965	Genaro García (Club Guaraní Asunción)	15

Year	Player	Goals
1966	Celino Mora (Club Cerro Porteño Asunción)	14
1967	Sebastián Fleitas Miranda (Club Libertad Asunción)	18
1968	Pedro Antonio Cibils (Club Libertad Asunción)	13
1969	Benicio Ferreira (Club Olimpia Asunción)	13
1970	Saturnino Arrúa (Club Cerro Porteño Asunción)	19
1971	Cristóbal Maldonado (Club Libertad Asunción)	11
1972	Saturnino Arrúa (Club Cerro Porteño Asunción)	17
1973	Mario Beron (Club Cerro Porteño Asunción)	15
	Clemente Rolón (Club River Plate Asunción)	
1974	Mario Beron (Club Cerro Porteño Asunción)	
	Fermín Cabrera (Club Sportivo Luqueño)	10
1975	Hugo Enrique Kiesse (Club Olimpia Asunción)	12
1976	Arsenio Meza (Club River Plate Asunción)	11
1977	Gustavo Fanego (Club Guaraní Asunción)	12
1978	Enrique Villalba (Club Olimpia Asunción)	10
1979	Edgar Ozuna (Club Capitán Figari Lambaré)	10
1980	Miguel Michelagnoli (Club Olimpia Asunción)	11
1981	Eulalio Mora (Club Guaraní Asunción)	9
1982	Pedro Fernánez (Club River Plate Asunción)	13
1983	Rafael Bobadilla (Club Olimpia Asunción)	14
1984	Amancio Mereles (Club River Plate Asunción)	
	Milciades Morel (Club Cerro Porteño Asunción)	12
1985	Adriano Samaniego Giménez (Club Olimpia Asunción)	19
1986	Félix Ricardo Torres (Club Sol de América Asunción)	13
1987	Félix Brítez Román (Club Cerro Porteño Asunción)	11
1988	Raúl Vicente Amarilla (Club Olimpia Asunción)	17
1989	Jorge López (Club Sportivo San Lorenzo)	16
1990	Buenaventura Ferreira Gómez (Club Libertad Asunción / Club Cerro Porteño Asunción)	
	Julio César Romero (Club Sportivo Luqueño)	17
1991	Carlos Luis Torres (Club Olimpia Asunción)	
	Lilio Torales (Club Atlético Colegiales)	12
1992	Felipe Nery Franco (Club Libertad Asunción)	13
1993	Francisco Flaminio Ferreira Romero (Club Sportivo Luqueño)	13
1994	Héctor Núñez Bello (URU, Club Cerro Porteño Asunción)	27
1995	Héctor Núñez Bello (URU, Club Cerro Porteño Asunción)	17
1996	Arístides Miguel Rojas Aranda (Club Guaraní Asunción)	22
1997	Luis Molinas (Club Nacional Asunción / Club Atlético Tembetary Yparé)	13
1998	Mauro Antonio Caballero (Club Olimpia Asunción)	21
1999	Paulo Roberto Junges „Gauchinho" (BRA, Club Cerro Porteño Asunción)	22
2000	Francisco Flaminio Ferreira Romero (Club Cerro Porteño Asunción)	23
2001	Mauro Antonio Caballero López (Club Cerro Porteño Asunción / Club Libertad Asunción)	13
2002	Juan Eduardo Samudio Serna (Club Libertad Asunción)	23
2003	Erwin Lorenzo Ávalos (Club Cerro Porteño Asunción)	17
2004	Juan Eduardo Samudio Serna (Club Libertad Asunción)	22
2005	Dante Rafael López Fariña (Club Nacional Asunción / Club Olimpia Asunción)	21
2006	Hernán Rodrigo López Mora (URU, Club Libertad Asunción)	27
2007	Fabio Ramón Ramos Mereles (Club Nacional Asunción)	
	Pablo Daniel Zeballos Ocampos (Club Sol de América Asunción)	15
2008	Ape: Fabio Escobar Benítez (Club Nacional Asunción)	13
	Cla: Edgar Benítez Santander (Club Sol de América Asunción)	14

2009	Ape:	Pablo César Leonardo Velázquez Centurión (Club Rubio Ñu Asunción)	16
	Cla:	César Cáceres Cañete (Club Guaraní Asunción)	11
2010	Ape:	Rodrigo Teixeira Pereira (BRA, Club Guaraní Asunción) Pablo Daniel Zeballos Ocampos (Club Cerro Porteño Asunción)	16
	Cla:	Juan Carlos Ferreyra (ARG, Club Olimpia Asunción) Roberto Antonio Nanni (ARG, Club Cerro Porteño Asunción)	12
2011	Ape:	Pablo Daniel Zeballos Ocampos (Club Olimpia Asunción)	13
	Cla:	Freddy José Barreiro Gamarra (Club Cerro Porteño Asunción)	13
2012	Ape:	José María Ortigoza Ortíz (Club Sol de América Asunción)	13
	Cla:	José Ariel Nuñez Portelli (Club Libertad Asunción)	13
2013	Ape:	Julián Alfonso Benítez Franco (Club Nacional Asunción)	13
	Cla:	Hernán Rodrigo López Mora (URU, Club Sportivo Luqueño)	17
2014	Ape:	Hernán Rodrigo López Mora (URU, Club Libertad Asunción) Christian Gilberto Ovelar Rodríguez (Club Sol de América Asunción)	19
	Cla:	Fernando Fabián Fernández Acosta (Club Guaraní Asunción)	17
2015	Ape:	Fernando Fabián Fernández Acosta (Club Guaraní Asunción) José María Ortigoza Ortíz (Club Cerro Porteño Asunción) Santiago Gabriel Salcedo González (Club Sol de América Asunción)	11
	Cla:	Santiago Gabriel Salcedo González (Club Sol de América Asunción)	19
2016	Ape:	Brian Guillermo Montenegro Martínez (Club Nacional Asunción)	18
	Cla:	Ernesto Raúl Álvarez (Club Sol de América Asunción) Cecilio Andrés Domínguez Ruíz (Club Cerro Porteño Asunción)	14
2017	Ape:	Santiago Gabriel Salcedo González (Club Libertad Asunción)	15
	Cla:	Rodrigo Manuel Bogarín Giménez (Club Guaraní Asunción) Diego Churín Puyo (ARG, Club Cerro Porteño Asunción)	11
2018	Ape:	Néstor Abrahan Camacho Ledesma (Club Olimpia Asunción)	14
	Cla:	Óscar René Cardozo Marín (Club Libertad Asunción)	15
2019	Ape:	William Gabriel Mendieta Pintos (Club Olimpia Asunción) Roque Luis Santa Cruz Cantero (Club Olimpia Asunción)	11
	Cla:	Roque Luis Santa Cruz Cantero (Club Olimpia Asunción)	15
2020	Ape:	Carlos Sebastián Ferreira Vidal (Club Libertad Asunción)	13
	Cla:	Jorge Eduardo Recalde Ramírez (Club Olimpia Asunción)	9
2021	Ape:	Leonardo Adrián Villagra Enciso (Club Nacional Asunción)	10
	Cla:	Carlos Sebastián Ferreira Vidal (Club Libertad Asunción) Lorenzo Antonio Melgarejo Sanabria (Club Libertad Asunción)	9
2022	Ape:	Fernando Fabián Fernández Acosta (Club Guaraní Asunción)	13
	Cla:	Derlis Alberto González Galeano (Club Olimpia Asunción) Lorenzo Antonio Melgarejo Sanabria (Club Libertad Asunción)	12
2023	Ape:	Óscar René Cardozo Marín (Club Libertad Asunción)	10
	Cla:	Óscar René Cardozo Marín (Club Libertad Asunción)	11

NATIONAL CHAMPIONSHIP
División Profesional - Copa de Primera Tigo – Ueno 2023
Torneo Apertura „Homenaje al Dr. Marcelo Pecci" 2023

Results

Round 1 [27-30.01.2023]
Libertad - Guaraní 1-0(0-0)
CS Trinidense - Tacuary FC 2-0(0-0)
Guaireña FC - Nacional 1-3(1-1)
General Caballero - Resistencia SC 2-0(1-0)
Cerro Porteño - CS Ameliano 1-1(0-1)
Olimpia - CS Luqueño 2-1(1-0)

Round 2 [03-05.02.2023]
Tacuary FC - Guaireña FC 1-2(1-1)
Guaraní - CS Ameliano 2-2(1-1)
CS Trinidense - Cerro Porteño 0-1(0-1)
Resistencia SC - Libertad 0-2(0-0)
CS Luqueño - General Caballero 1-1(1-0)
Nacional - Olimpia 1-1(0-0) [08.03.2023]

Round 3 [10-12.02.2023]
CS Ameliano - Resistencia SC 0-3(0-1)
Libertad - CS Luqueño 1-1(0-1)
General Caballero - Nacional 0-1(0-1)
Cerro Porteño - Guaraní 1-1(0-0)
Guaireña FC - CS Trinidense 1-1(0-0)
Olimpia - Tacuary FC 4-0(1-0)

Round 4 [17-19.02.2023]
Resistencia SC - Guaraní 0-4(0-2)
Guaireña FC - Cerro Porteño 0-2(0-1)
CS Trinidense - Olimpia 3-1(0-1)
Nacional - Libertad 1-2(1-2)
Tacuary FC - General Caballero 1-1(1-0)
CS Luqueño - CS Ameliano 1-1(0-1)

Round 5 [24-26.02.2023]
CS Ameliano - Nacional 0-0
Cerro Porteño - Resistencia SC 1-1(1-0)
Guaraní - CS Luqueño 3-1(3-1)
Libertad - Tacuary FC 1-0(1-0)
General Caballero - CS Trinidense 1-4(1-2)
Olimpia - Guaireña FC 1-1(1-1)

Round 6 [02-05.03.2023]
Tacuary FC - CS Ameliano 1-3(1-2)
Guaireña FC - General Caballero 0-0
Nacional - Guaraní 0-2(0-0)
Olimpia - Cerro Porteño 2-2(0-1)
CS Luqueño - Resistencia SC 1-0(0-0)
CS Trinidense - Libertad 1-2(1-0)

Round 7 [11-14.03.2023]
Libertad - Guaireña FC 2-0(0-0)
General Caballero - Olimpia 1-2(1-2)
Resistencia SC - Nacional 0-1(0-0)
CS Ameliano - CS Trinidense 2-1(0-0)
Cerro Porteño - CS Luqueño 3-3(0-1)
Guaraní - Tacuary FC 1-0(1-0)

Round 8 [18-20.03.2023]
Guaireña FC - CS Ameliano 0-1(0-1)
Nacional - CS Luqueño 0-1(0-0)
Olimpia - Libertad 2-1(1-1)
CS Trinidense - Guaraní 1-1(1-0)
General Caballero - Cerro Porteño 2-3(2-1)
Tacuary FC - Resistencia SC 2-0(1-0)

Round 9 [24-26.03.2023]
Guaraní - Guaireña FC 1-1(0-0)
CS Ameliano - Olimpia 2-2(1-1)
Cerro Porteño - Nacional 4-1(2-0)
CS Luqueño - Tacuary FC 2-0(2-0)
Resistencia SC - CS Trinidense 1-0(1-0)
Libertad – Gen.Caballero 1-0(0-0) [30.03.2023]

Round 10 [31.03.-02.04.2023]
Tacuary FC - Nacional 0-0
Olimpia - Guaraní 0-1(0-0)
CS Trinidense - CS Luqueño 2-2(2-2)
Guaireña FC - Resistencia SC 1-3(1-0)
Libertad - Cerro Porteño 5-0(5-0)
General Caballero - CS Ameliano 0-1(0-0)

Round 11 [08-10.04.2023]
Nacional - CS Trinidense 0-1(0-1)
CS Luqueño - Guaireña FC 0-0
Resistencia SC - Olimpia 0-3(0-1)
Cerro Porteño - Tacuary FC 1-0(0-0)
CS Ameliano - Libertad 2-5(2-1)
Guaraní - General Caballero 3-1(2-1)

Round 12 [11-14.04.2023]
Nacional - Guaireña FC 2-2(1-1)
CS Luqueño - Olimpia 1-0(0-0)
Tacuary FC - CS Trinidense 0-1(0-0)
CS Ameliano - Cerro Porteño 1-2(0-2)
Guaraní - Libertad 0-0
Resistencia SC - General Caballero 1-1(1-1)

Round 13 [15-17.04.2023]
Guaireña FC - Tacuary FC 0-1(0-1)
Olimpia - Nacional 0-1(0-0)
Cerro Porteño - CS Trinidense 3-2(2-0)
CS Ameliano - Guaraní 1-1(0-1)
Libertad - Resistencia SC 4-0(3-0)
General Caballero - CS Luqueño 3-2(2-1)

Round 14 [22-24.04.2023]
CS Trinidense - Guaireña FC 1-0(1-0)
Resistencia SC - CS Ameliano 1-1(1-1)
Tacuary FC - Olimpia 0-1(0-0)
Nacional - General Caballero 2-0(0-0)
CS Luqueño - Libertad 0-2(0-1)
Guaraní - Cerro Porteño 0-3(0-2)

Round 15 [27.04.-01.05.2023]
General Caballero - Tacuary FC 1-0(1-0)
Olimpia - CS Trinidense 1-1(0-1)
Cerro Porteño - Guaireña FC 2-0(1-0)
Guaraní - Resistencia SC 1-0(0-0)
Libertad - Nacional 2-1(2-0)
CS Ameliano - CS Luqueño 2-0(0-0)

Round 16 [05-08.05.2023]
Nacional - CS Ameliano 1-0(1-0)
CS Luqueño - Guaraní 3-0(1-0)
CS Trinidense - General Caballero 2-0(1-0)
Resistencia SC - Cerro Porteño 1-2(1-2)
Guaireña FC - Olimpia 1-0(1-0)
Tacuary FC - Libertad 3-0(1-0)

Round 17 [11-14.05.2023]
General Caballero - Guaireña FC 3-0(0-0)
CS Ameliano - Tacuary FC 2-1(1-0)
Libertad - CS Trinidense 2-1(1-0)
Cerro Porteño - Olimpia 2-2(2-1)
Guaraní - Nacional 2-2(0-0)
Resistencia SC - CS Luqueño 1-1(0-1)

Round 18 [16-18.05.2023]
Guaireña FC - Libertad 0-2(0-1)
Olimpia - General Caballero 1-1(1-0)
CS Luqueño - Cerro Porteño 1-1(0-1)
Tacuary FC - Guaraní 1-3(0-2)
CS Trinidense - CS Ameliano 2-0(1-0)
Nacional - Resistencia SC 0-0

Round 19 [20-22.05.2023]
Cerro Porteño - General Caballero 1-2(1-0)
Libertad - Olimpia 1-0(1-0)
Guaraní - CS Trinidense 0-2(0-1)
Resistencia SC - Tacuary FC 1-0(1-0)
CS Ameliano - Guaireña FC 1-1(0-0)
CS Luqueño - Nacional 0-1(0-0)

Round 20 [27-30.05.2023]
CS Trinidense - Resistencia SC 2-0(1-0)
General Caballero - Libertad 0-2(0-1)
Nacional - Cerro Porteño 2-1(1-0)
Guaireña FC - Guaraní 2-2(1-0)
Olimpia - CS Ameliano 1-3(1-2)
Tacuary FC - CS Luqueño 3-1(2-1)

Round 21 [03-04.06.2023]
Cerro Porteño - Libertad 2-0(1-0)
Guaraní - Olimpia 1-2(1-1)
CS Luqueño - CS Trinidense 2-2(1-1)
CS Ameliano - General Caballero 0-1(0-1)
Nacional - Tacuary FC 2-0(1-0)
Resistencia SC - Guaireña FC 0-2(0-2)

Round 22 [09-11.06.2023]
Guaireña FC - CS Luqueño 0-2(0-0)
Libertad - CS Ameliano 1-1(0-1)
General Caballero - Guaraní 0-0
CS Trinidense - Nacional 2-1(1-0)
Tacuary FC - Cerro Porteño 2-2(1-1)
Olimpia - Resistencia SC 4-1(1-0)

Final Standings

1.	Club Libertad Asunción	22	16	3	3	39 - 15	51
2.	Club Cerro Porteño Asunción	22	11	8	3	40 - 29	41
3.	CS Trinidense Asunción	22	11	5	6	34 - 21	38
4.	Club Guaraní Asunción	22	8	9	5	29 - 24	33
5.	Club Nacional Asunción	22	9	6	7	23 - 21	33
6.	Club Olimpia Asunción	22	8	7	7	32 - 26	31
7.	CS Ameliano Asunción	22	7	9	6	27 - 28	30
8.	CS Luqueño	22	6	9	7	27 - 28	27
9.	Club General Caballero Dr. Juan León Mallorquín	22	6	6	10	21 - 28	24
10.	Guaireña FC Villarrica	22	3	8	11	15 - 31	17
11.	Resistencia SC Asunción	22	4	5	13	14 - 35	17
12.	Tacuary FC Asunción	22	4	3	15	16 - 31	15

Top goalscorers:
10 goals: Óscar René Cardozo Marín (Club Libertad Asunción)
 8 goals: Marcelo de la Cruz Pérez Mosqueira (CS Luqueño)
 7 goals: Pedro Reinaldo Delvalle Romero (CS Trinidense)

NATIONAL CHAMPIONSHIP
División Profesional - Copa de Primera Tigo – Ueno 2023
Torneo Clausura "Centenary del Club Tacuary" 2023

Results

Round 1 [07-09.07.2023]
Resistencia SC - General Caballero 1-1(0-0)
Libertad - Nacional 2-0(1-0)
CS Trinidense - CS Ameliano 3-2(1-2)
Olimpia - Tacuary FC 1-2(1-1)
CS Luqueño - Guaraní 1-2(0-1)
Cerro Porteño - Guaireña FC 1-3(0-1)

Round 2 [15-17.07.2023]
Resistencia SC - Olimpia 3-2(2-1)
CS Ameliano - Cerro Porteño 0-1(0-1)
General Caballero - CS Trinidense 2-0(0-0)
Guaraní - Libertad 0-3(0-1)
Guaireña FC - CS Luqueño 2-2(2-0)
Nacional - Tacuary FC 1-1(0-1)

Round 3 [21-24.07.2023]
Tacuary FC - Guaraní 0-1(0-0)
CS Trinidense - Resistencia SC 1-2(0-0)
Cerro Porteño - General Caballero 2-0(1-0)
CS Luqueño - CS Ameliano 1-2(0-1)
Olimpia - Nacional 1-2(1-0)
Libertad - Guaireña FC 4-3(1-1)

Round 4 [28-30.07.2023]
General Caballero - CS Luqueño 1-0(0-0)
Guaraní - Nacional 1-1(1-1)
CS Trinidense - Olimpia 1-1(0-0)
CS Ameliano - Libertad 0-2(0-0)
Guaireña FC - Tacuary FC 1-2(0-1)
Resistencia SC - Cerro Porteño 0-1(0-1)

Round 5 [04-07.08.2023]
Libertad - General Caballero 0-0
Cerro Porteño - CS Trinidense 4-1(1-1)
CS Luqueño - Resistencia SC 2-2(1-1)
Olimpia - Guaraní 5-3(3-1)
Nacional - Guaireña FC 2-0(0-0)
Tacuary FC - CS Ameliano 2-2(1-1)

Round 6 [11-14.08.2023]
CS Ameliano - Nacional 2-0(1-0)
Resistencia SC - Libertad 0-1(0-0)
Guaireña FC - Guaraní 2-1(1-1)
Cerro Porteño - Olimpia 1-1(0-0)
General Caballero - Tacuary FC 0-0
CS Trinidense - CS Luqueño 1-2(0-1)

Round 7 [18-21.08.2023]
Olimpia - Guaireña FC 1-1(1-1)
Guaraní - CS Ameliano 0-3(0-1)
Libertad - CS Trinidense 0-1(0-0)
CS Luqueño - Cerro Porteño 2-2(1-1)
Nacional - General Caballero 2-3(0-2)
Tacuary FC - Resistencia SC 1-0(0-0)

Round 8 [25-28.08.2023]
CS Ameliano - Guaireña FC 4-0(2-0)
CS Trinidense - Tacuary FC 1-1(1-0)
Cerro Porteño - Libertad 1-1(0-1)
CS Luqueño - Olimpia 0-1(0-0)
General Caballero - Guaraní 0-1(0-1)
Resistencia SC - Nacional 2-1(0-1)

Round 9 [01-03.09.2023]
Guaireña FC - General Caballero 2-1(2-1)
Tacuary FC - Cerro Porteño 1-1(1-1)
Libertad - CS Luqueño 2-0(0-0)
Guaraní - Resistencia SC 3-2(1-0)
Nacional - CS Trinidense 1-2(1-1)
Olimpia - CS Ameliano 4-0(2-0) [20.09.2023]

Round 10 [09-11.09.2023]
CS Trinidense - Guaraní 0-0
General Caballero - CS Ameliano 1-4(1-1)
CS Luqueño - Tacuary FC 3-1(0-1)
Cerro Porteño - Nacional 1-1(1-0)
Resistencia SC - Guaireña FC 1-0(1-0)
Libertad - Olimpia 4-0(3-0) [27.09.2023]

Round 11 [15-17.09.2023]
Guaireña FC - CS Trinidense 2-0(1-0)
Nacional - CS Luqueño 2-1(0-0)
Tacuary FC - Libertad 0-4(0-0)
Olimpia - General Caballero 3-1(0-1)
CS Ameliano - Resistencia SC 1-2(0-0)
Guaraní - Cerro Porteño 1-0(0-0)

Round 12 [22-24.09.2023]
General Caballero - Resistencia SC 2-0(0-0)
Guaireña FC - Cerro Porteño 1-4(1-2)
Tacuary FC - Olimpia 0-0
Nacional - Libertad 2-3(1-2)
Guaraní - CS Luqueño 2-1(2-0)
CS Ameliano - CS Trinidense 0-3(0-0)

Round 13 [29.09.-02.10.2023]
CS Trinidense - General Caballero 0-3(0-1)
Tacuary FC - Nacional 0-3(0-1)
Cerro Porteño - CS Ameliano 3-2(0-1)
Libertad - Guaraní 0-0
CS Luqueño - Guaireña FC 1-0(0-0)
Olimpia - Resistencia SC 0-0

Round 14 [06-09.10.2023]
General Caballero - Cerro Porteño 1-1(0-0)
Guaireña FC - Libertad 1-5(0-2)
Nacional - Olimpia 1-0(0-0)
Resistencia SC - CS Trinidense 1-4(1-1)
Guaraní - Tacuary FC 2-0(2-0)
CS Ameliano - CS Luqueño 0-2(0-1)

Round 15 [18-21.10.2023]
Nacional - Guaraní 4-0(2-0)
Tacuary FC - Guaireña FC 1-3(1-2)
CS Luqueño - General Caballero 1-0(0-0)
Libertad - CS Ameliano 3-0(2-0)
Olimpia - CS Trinidense 2-2(1-1)
Cerro Porteño - Resistencia SC 4-1(1-0)

Round 16 [22-25.10.2023]
Guaireña FC - Nacional 0-0
General Caballero - Libertad 0-0
CS Ameliano - Tacuary FC 2-1(0-1)
CS Trinidense - Cerro Porteño 2-5(2-3)
Guaraní - Olimpia 0-1(0-1)
Resistencia SC - CS Luqueño 0-0

Round 17 [27-30.10.2023]
Tacuary FC - General Caballero 3-0(1-0)
Nacional - CS Ameliano 2-1(2-0)
Guaraní - Guaireña FC 0-0
Olimpia - Cerro Porteño 0-0
CS Luqueño - CS Trinidense 2-1(1-0)
Libertad - Resistencia SC 4-1(2-0)

Round 18 [01-03.11.2023]
CS Ameliano - Guaraní 0-0
General Caballero - Nacional 0-0
Resistencia SC - Tacuary FC 1-3(0-3)
CS Trinidense - Libertad 1-1(0-1)
Guaireña FC - Olimpia 0-1(0-0)
Cerro Porteño - CS Luqueño 2-0(0-0)

Round 19 [05-07.11.2023]
Tacuary FC - CS Trinidense 1-0(0-0)
Guaraní - General Caballero 2-0(2-0)
Libertad - Cerro Porteño 1-1(0-0)
Nacional - Resistencia SC 5-0(0-0)
Guaireña FC - CS Ameliano 2-2(1-0)
Olimpia - CS Luqueño 2-1(1-0)

Round 20 [11-13.11.2023]
CS Ameliano - Olimpia 1-0(1-0)
General Caballero - Guaireña FC 0-0
Cerro Porteño - Tacuary FC 1-1(1-1)
CS Luqueño - Libertad 0-1(0-0)
Resistencia SC - Guaraní 0-1(0-1)
CS Trinidense - Nacional 1-1(1-0)

Round 21 [23-26.11.2023]
Tacuary FC - CS Luqueño 1-1(0-0)
Guaireña FC - Resistencia SC 4-1(2-1)
CS Ameliano - General Caballero 1-2(1-0)
Olimpia - Libertad 1-3(1-1)
Guaraní - CS Trinidense 0-2(0-0)
Nacional - Cerro Porteño 1-1(0-0)

Round 22 [29.11.-01.12.2023]
CS Trinidense - Guaireña FC 7-2(2-1)
Libertad - Tacuary FC 1-2(0-1)
Resistencia SC - CS Ameliano 0-3(0-1)
General Caballero - Olimpia 0-1(0-0)
Cerro Porteño - Guaraní 4-0(3-0)
CS Luqueño - Nacional 1-1(1-1)

Final Standings

1.	**Club Libertad Asunción**	22	14	6	2	45	-	14	48
2.	Club Cerro Porteño Asunción	22	10	10	2	41	-	21	40
3.	Club Nacional Asunción	22	8	8	6	33	-	23	32
4.	Club Guaraní Asunción	22	9	5	8	20	-	29	32
5.	Club Olimpia Asunción	22	8	7	7	28	-	26	31
6.	Tacuary FC Asunción	22	7	8	7	24	-	29	29
7.	CS Trinidense Asunción	22	7	6	9	34	-	35	27
8.	CS Ameliano Asunción	22	8	3	11	32	-	34	27
9.	Club General Caballero Dr. Juan León Mallorquín	22	6	7	9	18	-	24	25
10.	CS Luqueño	22	6	6	10	24	-	28	24
11.	Guaireña FC Villarrica	22	6	6	10	29	-	41	24
12.	Resistencia SC Asunción	22	5	4	13	20	-	44	19

Top goalscorers:
11 goals: **Óscar René Cardozo Marín** **(Club Libertad Asunción)**
9 goals: Gustavo Ángel Aguilar Encina (Club Nacional Asunción)
8 goals: Elvio de Jesús Vera Brítez (CS Ameliano Asunción)

Aggregate Table 2023

Pos	Team	P	W	D	L	GF	-	GA	Pts
1.	Club Libertad Asunción	44	30	9	5	84	-	29	99
2.	Club Cerro Porteño Asunción	44	21	18	5	81	-	50	81
3.	CS Trinidense Asunción	44	18	11	15	68	-	56	65
4.	Club Nacional Asunción	44	17	14	13	56	-	44	65
5.	Club Guaraní Asunción	44	17	14	13	49	-	53	65
6.	Club Olimpia Asunción	44	16	14	14	60	-	52	62
7.	CS Ameliano Asunción	44	15	12	17	59	-	62	57
8.	CS Luqueño	44	12	15	17	51	-	56	51
9.	Club General Caballero Dr. Juan León Mallorquín	44	12	13	19	39	-	52	49
10.	Tacuary FC Asunción	44	11	11	22	40	-	60	44
11.	Guaireña FC Villarrica	44	9	14	21	44	-	72	41
12.	Resistencia SC Asunción	44	9	9	26	34	-	79	36

Club Libertad Asunción, Club Cerro Porteño Asunción, CS Trinidense and Club Nacional Asunción qualified for the 2024 Copa Libertadores.

Club Guaraní Asunción, Club Olimpia Asunción, CS Ameliano Asunción and CS Luqueño qualified for the 2024 Copa Sudamericana.

Relegation Table

The team which will be relegated is determined on average points taking into account results of the last six seasons (Apertura & Clausura 2021, Apertura & Clausura 2022, Apertura & Clausura 2023).

Pos	Team	2021 P	2022 P	2023 P	Total P	Total M	Aver
1.	Club Libertad Asunción	65	91	99	255	124	2.056
2.	Club Cerro Porteño Asunción	66	98	81	245	124	1.976
3.	Club Olimpia Asunción	51	92	62	205	124	1.653
4.	Club Nacional Asunción	50	71	65	186	124	1.500
5.	CS Trinidense Asunción	—	—	65	65	44	1.477
6.	Club Guaraní Asunción	61	55	65	181	124	1.460
7.	CS Ameliano Asunción	—	48	57	105	88	1.193
8.	CS Luqueño	—	—	51	51	44	1.159
9.	Club General Caballero Dr. Juan León Mallorquín	—	51	49	100	88	1.136
10.	Tacuary FC Asunción	—	53	44	97	88	1.102
11.	Guaireña FC Villarrica (*Relegated*)	44	50	41	135	124	1.089
12.	Resistencia SC Asunción (*Relegated*)	—	49	36	85	88	0.966

COPA PARAGUAY 2023
Final

02.12.2023, Estadio Parque del Guairá, Villarrica; Attendance: n/a
Referee: Juan Gabriel Benítez
CS Trinidense Asunción - Club Libertad Asunción   **1-1(0-0,1-1,1-1); 1-4 on penalties**
CS Trinidense: Victor Samudio Núñez, Cesar Iván Benítez León, Armando Marcelo Ruíz Díaz Galeano, Juan Vera Gómez, Paul Vicente Riveros Allende (74.Jorge Alejandro Jara González), Sergio Adrián Mendoza Espinola, Juan Jesús Salcedo Zárate (69.Pablo David Ayala), Joel Ramón Román Ojeda (69.Pedro Marcelo Arce Meaurio), Ronaldo Báez Mendoza (74.Rodrigo Fredy Arévalo Portillo), Nicolás Andrés Maná (69.Alex Junior Álvarez Rojas), Óscar Guillermo Giménez Irala. Trainer: José Gabriel Arrúa Ovelar.
Club Libertad Asunción: Martín Andrés Silva Leites, Diego Francisco Viera Ruiz Díaz, Iván Rodrigo Ramírez Segovia, Alexander Nahuel Barboza Ullua, Néstor Rafael Giménez Florentín (90+3.Iván Rodrigo Piris Leguizamón), Matías David Espinoza Acosta, Álvaro Marcial Campuzano, Lucas Daniel Sanabria Brítez (90+3.Hugo Javier Martínez Cantero), Bautista Merlini (76.William Gabriel Mendieta Pintos), Óscar René Cardozo Marín (80.Roque Luis Santa Cruz Cantero), Antonio Bareiro Álvarez (76.Marcelo Fabián Fernández Benítez). Trainer: Ariel Galeano.
Goals: 0-1 Alexander Nahuel Barboza Ullua (51), 1-1 Alex Junior Álvarez Rojas (90+4).
Penalties: William Gabriel Mendieta Pintos 0-1; Pedro Marcelo Arce Meaurio (saved); Alexander Nahuel Barboza Ullua 0-2; Sergio Adrián Mendoza Espinola (saved); Diego Francisco Viera Ruiz Díaz 0-3; Cesar Iván Benítez León 1-3; Matías David Espinoza Acosta 1-4.

THE CLUBS 2023

CLUB CERRO PORTEÑO ASUNCIÓN
Foundation date: October 1, 1912
Address: Avenida 5ta, N° 828 c/ Tacuary, Barrio Obrero, Asunción
Stadium: Estadio „General Pablo Rojas", Asunción (45,000)

Trainer:			
	Francisco Javier Arce Rolón	02.04.1971	Ape
[06.02.2023]	Diego Antonio Gavilán Zárate	01.03.1980	Ape
[13.02.2023]	Facundo Sava (ARG)	07.03.1974	Ape/Cla
[10.07.2023]	Víctor Eduardo Ceferino Bernay (ARG)	04.04.1970	Cla
[23.07.2023]	Diego Antonio Gavilán Zárate	01.03.1980	Cla
[19.09.2023]	Víctor Eduardo Ceferino Bernay (ARG)	04.04.1970	Cla

THE SQUAD

	DOB	Ape M	Ape (s)	Ape G	Cla M	Cla (s)	Cla G
Goalkeepers:							
Jean Paulo Fernandes Filho (BRA)	26.10.1995	20			20		
Miguel Ángel Martínez Irala	29.09.1998	2			2		
José Eduardo Miers Zárate	07.12.2000		(1)				
Defenders:							
Pedro Esteban Álvarez Benítez	10.02.2001	8				(1)	
Santiago Arzamendia Duarte	05.05.1998				19		3
Gabriel Alejandro Báez Corradi (ARG)	21.07.1995	18	(1)		1		
Alan Max Benítez Domínguez	25.01.1994				14	(2)	
Víctor Ramón Cabañas	13.02.2003	1					
Ronaldo de Jesús López	21.04.2001		(1)		6	(3)	2
Rodrigo Elías Delvalle Noguera	17.05.2001	2					
Matias Fabián Duarte Rojas	15.10.2002	2					
Eduardo Schroeder *Brock* (BRA)	06.05.1991	8	(6)		11		
Alberto Espínola Giménez	08.02.1991	14	(2)	3			
Rodrigo Ariel Melgarejo Ferreira	23.05.2002					(2)	
Jorge Emanuel Morel Barrios	22.01.1998				16	(2)	2
Alan Herminio Núñez Duarte	01.10.2004	3	(2)		6	(4)	
Juan Gabriel Patiño Martínez	29.11.1989	11			1		
Lucas Ariel Quintana Rodríguez	02.01.2005	2	(1)		10	(2)	
Leonardo Daniel Rivas	06.12.2001	6	(5)	1	1	(3)	
Luis Abelardo Vargas Zorrilla	25.06.2000				2	(4)	
Midfielders:							
Damián Josué Bobadilla Benítez	11.07.2001	10	(9)	4	16	(3)	4
Ángel Rodrigo Cardozo Lucena	19.10.1994	13	(2)	1	2	(1)	
Rafael Andrés Carrascal Avílez (COL)	26.11.1992	6	(6)	2	8	(8)	3
Alexis Adrián Fariña Romero	17.12.2004	2	(4)				
Enzo Daniel Giménez Rojas	17.02.1998	7	(10)		5	(13)	2
Fabrizio Jesus Jara Ledesma	19.08.2002					(1)	
Fabrizio José Peralta Ramírez	02.08.2002		(1)		12	(2)	3
Robert Ayrton Piris Da Motta Mendoza	26.07.1994	14	(2)		1	(1)	
Fredy David Vera Gaona	21.06.1998				3	(4)	
Wilder Viera Caballero	04.03.2002	10	(2)	1	16	(3)	
Forwards:							
Claudio Ezequiel Aquino (ARG)	24.07.1991	14	(3)	6	3	(1)	1
Federico Gastón Carrizo (ARG)	17.05.1991	14	(4)	2	21	(1)	3

Name	DOB	M	(s)	G	M	(s)	G
Diego Churín Puyo (ARG)	01.12.1989	12	(6)	4	16	(3)	5
Dramane Diarra (MLI)	01.11.2003		(2)				
Sergio Ismael Díaz Velázquez	05.03.1998	3	(5)				
Cecilio Andrés Domínguez Ruiz	11.08.1994				14	(5)	6
Fernando Fabián Fernández Acosta	08.01.1992	7	(8)	3	1	(9)	
Antonio Javier Galeano Ferreira	22.03.2000	7	(8)	2			
Isaias Emmanuel Gavilán Romero	31.08.2002	1	(1)				
Tobías Emmanuel Gavilán Romero	31.08.2002				1		
Robert Osmar Morales Benítez	17.03.1999	13	(1)	5			
Marcelo Moreno Martins (BOL)	18.06.1987	2	(3)				
Alfio Ovidio Oviedo Álvarez	18.12.1995				7	(10)	6
Tobías Gabriel Portillo Ávalos	16.02.2005				4	(1)	1
Luis Enrique Riveros Valenzuela	24.03.1998				2	(6)	
Fernando Raúl Romero González	24.04.2000				1	(5)	
Braian José Samudio Segovia	23.12.1995	10	(8)	5			

CLUB "GENERAL BERNARDINO CABALLERO"
DR. JUAN LEÓN MALLORQUÍN

Foundation date: June 21, 1962
Address: *Not available*
Stadium: Estadio Ka'arendy, Dr. Juan León Mallorquín (10,000)

Trainer:	Humberto Jesús Ovelar Rojas	24.12.1969	Ape
[27.02.2023]	Troadio Daniel Duarte Barreto	03.04.1977	Ape/Cla
[14.11.2023]	Héctor Fabián Ponce (ARG)	10.07.1971	Cla

THE SQUAD

Name	DOB	Ape M	Ape (s)	Ape G	Cla M	Cla (s)	Cla G
Goalkeepers:							
Juanito José Alfonso Guevara	24.06.1990	7					
Gustavo Ariel Arévalos Jara	30.10.1984	15			19		
Rubén Escobar Fernández	06.02.1991				3		
Defenders:							
Pablo Javier Adorno Martínez	06.02.1996	8	(1)				
Wildo Javier Alonso Bobadilla	30.07.1990	15	(1)		15	(1)	
Cesar Tobías Castellano	14.05.2000	2	(2)				
Tomás Eliezer Lezcano Olmedo	24.08.1995	7	(7)		7	(6)	
Miller David Mareco Colmán	31.01.1994	10	(4)		9	(5)	1
Gustavo Manuel Navarro Galeano	16.09.1996	12			8	(1)	
Alexis Adrián Rodas Silvero	06.02.1997	2	(3)		16	(2)	
Manuel Romero Galeano	14.03.1993	16		2	18		
Juan Ignacio Saborido (ARG)	25.04.1998	13	(3)	1	21	(1)	1
Alexis Zorrilla Vera	23.06.1995	2				(1)	
Midfielders:							
Teodoro Sebastián Arce Villaverde	21.01.2000	4	(10)	3	3	(12)	
Giovanni David Bordón Alvarenga	25.07.1999	2	(7)				
Iván Alexander Duarte Benítez	08.07.2005				2		
Juan Alexander Franco Núñez	26.08.2002	15	(5)		11	(8)	
Santiago Alejandro Gallucci Otero (ARG)	08.03.1991	3	(3)				
Guillermo Fernando Hauché (ARG)	31.03.1993	18	(1)	1	3	(9)	
Marcos Antonio Machuca Galeano	08.03.2005	1			14		1

Michael Leonel Pierce (ARG)	28.07.1993	2	(2)				
Wálter David Rodríguez Burgos	07.10.1995				21		1
José Manuel Vera	26.12.1990	10	(4)		12	(6)	

Forwards:							
Cristhian Báez Martínez	02.04.2003	15		2		(4)	
Edgar Milciades Benítez Santander	08.11.1987	2	(8)				
Franco Lautaro Costa (ARG)	10.12.1991	14	(3)	1			
Clementino González Martínez	04.06.1990	14	(4)	5	13	(7)	
Juan José Heinze (ARG)	02.10.1999	2	(7)		4	(6)	
Júnior Osvaldo Marabel Jara	26.03.1998				5	(4)	5
Derlis Darío Martínez González	09.12.1999	1	(11)			(5)	
Diego Maximo Martínez Adorno	17.10.1995				10	(10)	3
Roberto Andrés Ovelar Maldonado	01.12.1985	2	(7)	2			
Hernán Arsenio Pérez González	25.02.1989	16	(3)	1	14	(6)	1
Jorge Luis Sanguina Morínigo	02.05.1999	12	(5)	3	14	(7)	5

GUAIREÑA FÚTBOL CLUB VILLARRICA

Foundation date: March 28, 2016
Address: *Not available*
Stadium: Estadio Parque del Guairá, San Villarrica (12,000)

Trainer:			
	Roberto Ismael Torres Báez	06.04.1972	Ape
[04.04.2023]	Luciano Ariel Theiler (ARG)	01.06.1981	Ape/Cla
[08.08.2023]	Humberto Jesús Ovelar Rojas	24.12.1969	Cla

THE SQUAD							
	DOB	Ape			Cla		
		M	(s)	G	M	(s)	G
Goalkeepers:							
Leandro Farid Finochietto (ARG)	25.04.1997	14			12	(1)	
Aldo Sebastián Pérez Ramos	03.11.2000	8					
Carlos María Servín Caballero	24.05.1987				10		
Defenders:							
Rodrigo Alborno Ortega	12.08.1993	17		1			
Claudio Javier Araujo Ramírez	07.02.2001	1					
Elías José Brítez Jara	02.06.2001	6			4		
Ever René Cáceres Cáceres	03.11.1997	6	(6)		11	(1)	2
Cesar Tobías Castellano	14.05.2000				14	(1)	
Matías Nicolas Céspedes Crause	03.11.1998	9	(3)				
Richard Ernesto Fernández Rodríguez (URU)	29.09.1996	8	(3)				
Aquilino Giménez Gaona	21.04.1993	10	(4)		14	(3)	
Jorge Daniel González Vázquez	02.02.1997				12	(3)	1
Ángel Enrique Lezcano Duarte	13.08.2002	1	(3)				
Paulo Fabián Lima Simoes (URU)	20.01.1992	13	(1)	2			
Ángel David Martínez	13.04.1989				11	(9)	
Jonathan Carlos David Paiz (ARG)	01.02.1997				12	(1)	
Miguel Ángel Paniagua Rivarola	14.05.1987	16	(1)		22		2
Iván Emilio Villalba Chamorro	19.01.1995	12	(1)				
Midfielders:							
Marcelo Rubén Acosta Ríos	06.12.2000	16	(3)	1	7		1
Juan José Aguilar Orzusa	24.06.1989	12	(4)		14	(4)	
Brian Emanuel Camisassa (ARG)	30.07.1997				9	(1)	

Iván Javier Cazal Báez	22.03.1999			2	(5)	
Miguel Sebastián Chamorro Borja	10.06.2003		(1)			
Patricio Coronel	2007			6	(1)	
Alex Fernando Franco Zayas	20.07.2001			10	(8)	1
Diego Armando Godoy Vásquez	01.04.1992			10	(5)	1
Vicente Alberto Leiva Elizaur	09.01.2003		(1)			
Milton Marcelo Maciel Britez	13.09.1999	8	(8)			
Esteban Ramón Maidana García	19.04.1999		(1)			
Saúl Sadam Nelle (ARG)	24.11.1993			1		
Tomás Iván Rojas Goméz	17.03.1997			1		
Rosalino Ramón Toledo Acosta	30.08.1988	8	(3)	1	(14)	
Diego Gabriel Valdez Samudio	14.11.1993	11	(2)	2	4	(1)	1
Osvaldo de Jesús Vázquez Gómez	29.01.2005	4	(2)		10	(2)	
Forwards:							
Franco Airaldi Girala	03.01.2002	1				
Enzo Damián Avalos Caire	03.03.2004		(1)			
Enrique Javier Borja Araújo	30.05.1995			2	(12)	1
Derlis Damián Cabañas Ortíz	12.04.1995	1	(6)	1		
Lautaro Nicolás Comas (ARG)	15.01.1995			22		4
Julio Sebastián Doldán Zacarías	15.10.1993				(2)	
Carlos Agustín Duarte Martínez	28.08.1982	3	(9)		(13)	2
Edgar David González González	02.04.2004	10		1	(2)	
Antonio Marín Colmán	21.07.1999	4				
Nicolás Gabriel Meaurio (ARG)	29.04.2003	3	(10)			
Alan Alexis Méndez Salinas	19.01.2001		(6)			
José Ariel Núñez Portelli	12.09.1988	11	(10)	3		
Mario Nicolás Otazú Vera	05.07.1996	7	(5)	1		
Kevin Daniel Parzajuk Rodríguez	09.09.2002			11	(7)	6
Alexis Ricardo Rojas Villalba	08.10.1996		(4)			
José Feliciano Verdún Duarte	14.04.1992	14	(6)	2	10	(7)	6
Nildo Arturo Viera Recalde	20.03.1993	8	(4)	1		

CLUB GUARANÍ ASUNCIÓN

Foundation date: October 12, 1903
Address: Avenida Dr. Eusebio Ayala N° 770 y Calle 1811, Barrio Dos Bocas, Asunción
Stadium: Estadio „Rogelio Livieres", Asunción (6,000)

Trainer:			
	Hernán Rodrigo López Mora (URU)	21.01.1978	Ape
[14.06.2023]	Juan Pablo Pumpido (ARG)	21.12.1982	Cla
[17.08.2023]	Buenaventura Ferreira Gómez	14.07.1960	Cla
[28.08.2023]	Pablo Daniel de Muner (ARG)	14.04.1981	Cla

THE SQUAD

	DOB	Ape			Cla		
		M	(s)	G	M	(s)	G
Goalkeepers:							
Rodrigo Martin Muñoz Salomón (URU)	22.01.1982	18			18		
Martín Sebastián Rodríguez Prantl (URU)	20.09.1989	4			4		
Defenders:							
Alcides Javier Barbotte Fariña	26.06.2002	4					
Miguel Ángel Benítez Guayuan	13.08.1997	7	(2)	1	4	(1)	
Marcos Antonio Cáceres Centurión	05.05.1986	14		2			
Raúl Alejandro Cáceres Bogado	18.09.1991	18	(1)	2	17		
Alexis Javier Cantero Fernández	05.02.2003	6	(1)		5		
Walter David Clar Fritz	27.09.1994	9	(2)				
Jorge Emanuel Morel Barrios	22.01.1998	2					
José David Moya Rojas (COL)	07.08.1992	15	(3)	1	11		
Juan Daniel Pérez Centurión	17.11.1993				5		
César Gregorio Ramírez Perdesen	09.09.2003	1			1	(3)	
Paul Vicente Riveros Allende	08.07.1997				21		2
Felipe Franco Salomoni (ARG)	28.03.2003				13	(3)	
Thiago Adrián Servín Aguilar	05.06.2003	3	(6)				
Gustavo David Vargas Areco	29.09.2001	5	(3)			(1)	
Midfielders:							
Rodrigo Daniel Amarilla Rodas	29.11.1999	9	(5)	1		(6)	
Alberto Cirilo Contrera Jiménez	14.02.1992	2	(5)				
Víctor Hugo Dorrego Coito (URU)	09.05.1993	14	(4)	1			
Luis Carlos Fariña Olivera (ARG)	20.04.1991	11	(9)	2	1	(4)	
Brahian Matías Fernández Fernández	14.11.2001	1	(4)		1	(1)	
Gastón Ignacio Gil Romero (ARG)	06.05.1993	11			19	(1)	
Luis Gilberto Martínez Soto	16.02.2000	4	(3)		7	(6)	
Estivel Iván Moreira Benítez	16.04.1999	7	(5)	1	13	(4)	
Marcelo José Palau Balzaretti (URU)	01.08.1985	4	(4)				
Richard Fabián Prieto Franco	25.02.1997				10	(6)	1
Rubén Darío Ríos (ARG)	02.11.1995	14	(4)		6	(6)	
Víctor Gustavo Rivarola	16.05.2002	3		1	1	(5)	
Forwards:							
Facundo Barceló Viera (URU)	31.03.1993	11	(2)	5	14	(5)	4
Bernardo Romeo Benítez Fariña	14.11.2002	6	(6)	1	15	(5)	4
Enrique Javier Borja Araújo	30.05.1995	4	(12)	1			
Néstor Abraham Camacho Ledesma	15.10.1987	14	(2)	6	15		3
Victor Imanol Céspedes Barreto	28.03.2003		(1)	1	1		
Bruno Marcelo Díaz Macedo	27.03.2002				7	(5)	
Oscar Daniel Echeverria Aguilera	02.05.2003				1	(2)	
Jonathan David Gallardo (ARG)	28.02.1997				6	(8)	

Kevin Agustín Lezcano	28.08.2003	2	(1)				
Arístides Osvaldo López Candia	17.05.2004		(1)				
César Eduardo Miño Amarilla	31.05.2007		(3)		4	(6)	1
Alan Gustavo Pereira Guillén	20.09.1999				5	(9)	2
Leonardo Alexander Rolón Acosta	16.05.2003		(1)				
Fernando José Román Torales	23.02.2001	6	(4)		11	(6)	
Federico Javier Santander Mereles	04.06.1991	9	(4)	3	6	(6)	2
Elías Rubén Sarquis Vargas	21.03.1991					(5)	
Matías Emanuel Segovia Torales	04.01.2003	4	(1)				

CLUB LIBERTAD ASUNCIÓN

Foundation date: July 30, 1905
Address: Avenida Artigas N° 1030, esq. Cusmanich, Asunción
Stadium: Estadio „Tigo La Huerta", Asunción (10,200)

Trainer:	Daniel Oscar Garnero (ARG)	01.04.1969	Ape/Cla
[21.09.2023]	Ariel Galeano	07.09.1996	Cla

THE SQUAD

	DOB	Ape			Cla		
		M	(s)	G	M	(s)	G
Goalkeepers:							
Rodrigo Mario Morínigo Acosta	07.10.1998	3			1		
Martín Andrés Silva Leites (URU)	25.03.1983	19			21		
Defenders:							
Alexander Nahuel Barboza Ullua (ARG)	16.03.1995	15		1	14	(1)	3
Luis Carlos Cardozo Espillaga	10.10.1988	5	(1)		3		
Matías David Espinoza Acosta	19.09.1997	11			17	(3)	2
Gilberto Ivan Flores Melgarejo	01.04.2003	1	(1)		1		
Néstor Rafael Giménez Florentín	24.07.1997	15	(1)		12	(2)	1
Camilo Sebastián Mayada Mesa (URU)	08.01.1991	2	(6)		2		
Iván Rodrigo Piris Leguizamón	10.03.1989	16	(1)		13	(3)	
Iván Rodrigo Ramírez Segovia	08.12.1994	6	(9)	2	9	(6)	1
Diego Francisco Viera Ruiz Díaz	30.04.1991	17			19		
Midfielders:							
Hernesto Ezequiel Caballero Benítez	09.04.1991	8			7	(11)	1
Álvaro Marcial Campuzano	12.06.1995	11	(5)		16	(2)	
Diego Alexander Gómez Amarilla	27.03.2003	15	(2)	3	2		
Rubén Lezcano Portillo	09.02.2004	7	(5)	1	10	(9)	1
Christian Iván Martínez Giménez	01.02.2005		(2)			(1)	
Hugo Javier Martínez Cantero	27.04.2000	8			1		
William Gabriel Mendieta Pintos	09.01.1989	2	(9)	1	5	(6)	2
Amin Ezequiel Molinas Torres	01.09.2005				3		
Cristian Miguel Riveros Núñez	16.10.1982	4	(8)	1	2	(3)	
Lucas Daniel Sanabria Brítez	13.09.1999	11	(8)	3	12	(5)	1
Rodrigo Javier Villalba Benítez	02.03.2006	1				(6)	
Forwards:							
Oscar Rodrigo Alexander Acuña Vera	14.12.2007		(1)			(1)	
Adrián Alcaraz Torales	28.09.1999	1	(3)			(2)	1
Antonio Bareiro Álvarez	24.04.1989		(4)	1	8	(11)	3
Óscar René Cardozo Marín	20.05.1983	13	(6)	10	17	(3)	11
Marcelo Fabián Fernández Benítez	25.10.2001		(8)		5	(5)	

Enso David González Medina	20.01.2005	13	(2)	2	7	(1)	1
Lorenzo Antonio Melgarejo Sanabria	10.08.1990	11	(3)	6	11	(4)	5
Bautista Merlini (ARG)	04.07.1995				8	(4)	2
Alfio Ovidio Oviedo Álvarez	18.12.1995	6	(2)	2			
Roque Luis Santa Cruz Cantero	16.08.1981	3	(12)		5	(17)	3
Héctor Daniel Villalba	26.07.1994	18		6	11		7

CLUB NACIONAL ASUNCIÓN

Foundation date: June 5, 1904
Address: Cerro León y Paraguarí, Barrio Obrero, Asunción
Stadium: Estadio „Arsenio Erico", Asunción (4,434)

Trainer: Pedro Alcides Sarabia Achucarro		05.07.1975	Ape/Cla
[25.08.2023] Juan Pablo Pumpido (ARG)		21.12.1982	Cla

THE SQUAD							
	DOB	Ape			Cla		
		M	(s)	G	M	(s)	G
Goalkeepers:							
Héctor Adán Espínola Varela	12.02.1991	20			17		
Aldo Sebastián Pérez Ramos	03.11.2000				3		
Cristhian David Riveros Silvero	29.08.1998	2			2		
Defenders:							
Francisco Javier Báez Ramírez	11.08.1991	14			7	(3)	
Ismael Benegas Arévalos	01.08.1987	4	(2)		18	(1)	
Gastón Kevin Benítez Ibarra	21.05.2002	5			2	(2)	
Kevin Tomás Benites Torres	06.07.2004					(1)	
Óscar Alberto Brizuela (ARG)	18.09.1990	3					
Richard Ariel Cabrera Aveiro	30.05.1995	13		2	2	(2)	
Carlos Niño Junior Espínola Díaz	25.12.1999	5	(10)		14	(4)	
Juan Sebastián González Arza	22.06.1999	1					
Claudio Ronaldo Núñez Aquino	19.11.1995	14			19		1
Carlos Adalberto Rolón Ibarra	30.06.1992	16			4		
Fernando Aurelio Román Villalba	20.11.1998	15			21		
Midfielders:							
Juan Fernando Alfaro (ARG)	16.10.1999	15	(3)	4	20	(1)	3
Juan David Argüello Arias	28.09.1991		(1)				
Fabio Ariel Avalos Giménez	27.02.2005				1		
Carlos Alberto Arrúa García	30.09.1997	1		1			
Blas Antonio Cáceres Garay	01.07.1989				3	(5)	
Willian Benito Candia Garay	27.03.1993	8	(5)	1			
Jorge Damián González Estigarribia	26.03.2003	2					
Leandro Matías Meza Meza	05.12.2001	1	(2)		1	(6)	
Edgardo Daniel Orzusa Cáceres	22.06.1990	15	(4)		6	(7)	
Jordan Federico Santacruz Rodas	14.12.1995	8	(8)		15	(1)	1
Enzo Gabriel Trinidad (ARG)	19.09.1996		(1)			(13)	2
Juan Sebastián Vargas Melgarejo	17.01.2002	8	(3)			(2)	
Facundo Ezequiel Velazco Flores (ARG)	19.03.1999				15	(5)	5
Rodrigo Francisco Vera Encina	23.11.1995	1					
Forwards:							
Gustavo Ángel Aguilar Encina	14.12.1999	14	(5)	5	19	(1)	9
Feliciano Brizuela Baez	17.07.1996	9	(7)		15		4

Gustavo Rubén Caballero González	21.09.2001	7	(8)	1			
Tiago Isaias Caballero Fleytas	27.05.2005	1			15		2
Jesús Manuel Cáceres Solis	30.01.2004	4	(1)				
David Manuel Fleitas Montiel	08.03.1997	6	(10)	1		(11)	1
Orlando Gabriel Gaona Lugo	25.07.1990				8	(12)	
Alan Alberto Gómez Benítez	29.08.2002	2	(4)	1			
Roberto Mathías Martínez Pereira	12.08.1994	14	(4)	1	12	(8)	2
Francisco Javier Morel Sánchez	05.05.2004	8	(2)			(3)	
José Ariel Núñez Portelli	12.09.1988				1	(13)	
Cristhian David Ocampos Domínguez	13.07.1999	6	(13)	6	2	(6)	2

CLUB OLIMPIA ASUNCIÓN

Foundation date: July 25, 1902
Address: Avenida Mariscal López 1499, casi Avenida General M. Santos, Barrio Las Mercedes, Asunción
Stadium: Estadio „Manuel Ferreira", Asunción (22,000)

Trainer:			
	Julio César Cáceres López	05.10.1979	Ape
[06.03.2023]	Carlos Aitor García Sanz (ESP) [Matchday 2 & 7]	14.02.1984	Ape
[13.03.2023]	Diego Vicente Aguirre Cambior (URU)	13.09.1965	Ape/Cla
[21.07.2023]	Francisco Javier Arce Rolón	02.04.1971	Cla

THE SQUAD

	DOB	Ape			Cla		
		M	(s)	G	M	(s)	G
Goalkeepers:							
Juan Ángel Espínola González	02.11.1994	5	(1)		19	(1)	
Rodrigo Daniel Frutos Cristaldo	06.01.2003				1		
Gastón Hernán Olveira Echeverría (URU)	21.04.1993	17			2		
Defenders:							
Antolín Alcaráz Viveros	30.07.1982	4	(1)		1		
Kevin Ezequiel Báez Bogarin	23.01.2004				1		
Orlando Junior Barreto Viera	13.01.1998	11	(3)		11	(4)	
Mateo Gamarra González	20.10.2000	16			18		2
Sergio Andrés Otálvaro Botero (COL)	10.12.1986	4	(2)		2	(6)	
Jhohan Sebastián Romaña Espitia (COL)	13.09.1998	2	(3)		8	(2)	
Víctor Ezequiel Salazar (ARG)	26.05.1993	13	(2)		8	(2)	1
Saúl Savín Salcedo Zárate	29.08.1997				3	(1)	
Iván Arturo Torres Riveros	27.02.1991	10	(2)		15	(2)	
Facundo Gabriel Zabala Díaz (ARG)	02.01.1999	16	(1)	1	20	(2)	1
Luis Felipe Zárate Cardozo	25.02.2000	14	(1)	1	6		
Midfielders:							
Fernando David Cardozo Paniagua	08.02.2001	18	(3)	3	18	(2)	4
Ronald Javier Cornet Bogado	01.02.2002		(4)			(2)	
Hugo Francisco Fernández Martínez	02.12.1997	18	(2)	4	10	(9)	4
Alex Fernando Franco Zayas	20.07.2001	1	(4)				
Marcos Ezequiel Gómez Paredes	10.11.2001	14	(3)		11	(5)	
Ramón Martínez López	04.01.1996	4	(1)		5	(6)	
César Ramón Olmedo Alcaraz	28.02.2003				2	(3)	
Richard Ortíz Bustos	22.05.1990	9	(4)	2	10	(3)	1
Hugo Lorenzo Quintana Escobar	10.11.2001	4	(14)	1	7	(7)	1
Víctor Sebastián Quintana Herrera	06.03.2003	8	(4)	1	2	(3)	
Paulo Ángel Riveros Sequeira	24.02.2006				3		

Tobias Sanabria Panotto	30.03.2004					(2)	
Alejandro Daniel Silva González (URU)	04.09.1989	17	(1)	3	12	(3)	2
Forwards:							
Facundo Bruera (ARG)	23.09.1998	7	(10)	4	5	(8)	3
Alan Benjamín Cano Esteche	18.04.2005				8	(1)	
Fredy Antonio Colmán Ruiz	08.08.2005				2		
Derlis Alberto González Galeano	20.03.1994	8		4	6	(3)	
Wálter Rodrigo González Sosa	21.05.1995				4	(8)	
Derlis Eduardo Martínez Noguera	20.05.2006					(1)	
Brian Guillermo Montenegro Martínez	10.06.1993	4	(6)	3	7	(3)	5
Aníbal Aaron Páez Cardozo	03.02.2005				3	(1)	
Guillermo Miguel Paiva Ayala	17.08.1997	10	(6)	4	7	(6)	1
Juan Manuel Romero Báez	05.05.2001	3	(13)		3	(8)	2
Diego Joel Torres Garcete	14.10.2002	4	(8)		2	(1)	
Allam Steven Wlk Duré	01.03.2003	1	(3)				

RESISTENCIA SPORT CLUB ASUNCIÓN

Foundation date: December 27, 1917
Address: Calle Mampol y Florencia Villamayor, Barrio Ricardo Brugada (La Chacarita), Asunción
Stadium: Estadio "Luis Alfonso Giagni", Villa Elisa (11,000)

Trainer:			
	Miguel Ángel Zahzú (ARG)	24.02.1966	Ape
[07.03.2023]	Sergio Daniel Orteman Rodríguez (URU)	29.09.1978	Ape
[09.05.2023]	Carlos Ariel Recalde González	14.12.1983	Ape/Cla

THE SQUAD							
	DOB	Ape			Cla		
		M	(s)	G	M	(s)	G
Goalkeepers:							
Marino Osmar Arzamendia Espinoza	19.01.1998	7			4		
Cesár Rodrigo Giménez	10.09.1997				2		
Rhuan dos Santos Nascimento (BRA)	14.07.1995	15			16		
Defenders:							
Edson Efrain Acevedo Hernández (COL)	05.02.2002				3	(1)	
Marcos Antonio Acosta Rojas	07.12.1991				1	(1)	
Pablo Javier Adorno Martínez	06.02.1996				10	(3)	
Ariel Luciano Benítez Guillen	15.09.1995	11	(2)		5	(3)	
Marcelo Raúl Benítez Guillén	19.10.1999	9	(2)		19		1
Óscar Alberto Brizuela (ARG)	18.09.1990				14		
Andrés Daniel Duarte Pereira jr.	05.01.1996	15	(1)	1			
Matías Fabián Duarte Rojas	15.10.2002					(1)	
Rodrigo Nicolás Mazur (ARG)	03.01.1992	15	(1)	1			
Jorge Luís Moreira Ferreira	01.02.1990				14	(4)	1
Juan Miguel Ojeda Gauto	04.04.1998	8					
Gilberto Samuel Pérez Lesmo	15.12.2004		(2)				
Juan Adrián Recalde Estigarribia	06.09.2000				1	(1)	
Ruan Vinicius Silva de Jesus (BRA)	21.10.1998	9	(1)		4	(4)	
Alexis Villalba Mosqueda	28.08.1996	13	(3)	2	17		1
Hermes David Villalba Jacquet	25.03.1991	2	(1)				
Midfielders:							
Diego Agustín Aguilera Colman (ARG)	28.08.2003	9	(4)		5	(4)	
Martín Ariel Amarilla Morel	03.02.2005					(3)	

Name	DOB	Ape M	(s)	G	Cla M	(s)	G
Jesús Daniel Araújo Colmán	03.07.1991				2	(5)	
Èdgar Enrique Balbuena Zevallos	20.01.1994	1	(8)				
Edilson Cabrera Benítez	09.08.2003				2	(1)	
Willian Benito Candia Garay	27.03.1993				12	(7)	1
Estifen Díaz	09.04.2005				7	(5)	1
Fernando Gastón Garcete	10.09.2002	3	(14)	1			
Diego Armando Godoy Vásquez	01.04.1992	9	(6)				
Héctor Joaquín Lezcano Gonzáles	30.04.1998				14	(5)	4
Milton Marcelo Maciel Brítez	13.09.1999				5	(7)	2
Christian Arnaldo Martínez Candia	27.04.1991				17	(1)	
Federico Motta	13.10.1993		(7)				
Jorge Daniel Núñez Giménez	16.08.1995	16	(5)	1	4	(11)	
Aldo Emmanuel Quiñónez Ayala	08.02.1991				13	(6)	
Erwin Alex Quintana	08.04.2003	1	(1)				
Wálter David Rodríguez Burgos	07.10.1995	18		1			
Facundo Alejandro Rolón Lugo	22.04.2009					(1)	
Raúl Matías Villarreal (ARG)	16.01.1992	14	(3)				
Forwards:							
Jorge David Colmán Aguayo	12.12.1997	8	(10)		12	(3)	
Nelson Matías Da Silva (ARG)	25.08.1996	13	(6)	2	2	(9)	
Rubén David Enciso Garcete	14.11.2006				4	(2)	
Ángel Fabián González Coronel	26.06.2002				7	(9)	2
Diego Maximo Martínez	17.10.1995	12	(7)	1			
Alan Gustavo Pereira Guillén	20.09.1999	10	(7)	2			
Rodrigo Ruiz Díaz Molinas	15.01.1999				14	(1)	5
Walter Iván Pacheco Fernández	15.05.1996				3	(2)	1
Richard Daniel Salinas Rivero	06.06.1995	11	(7)	1	9	(8)	1
Alan Sebastián Sombra (ARG)	23.05.1994	13	(4)	1			

CLUB SPORTIVO AMELIANO ASUNCIÓN
Foundation date: January 6, 1936
Address: *Not available*
Stadium: Estadio "Martín Torres", Asunción (3,000)

Trainer:	Humberto Antonio García Ramírez	13.05.1974	Ape/Cla

THE SQUAD	DOB	Ape			Cla		
		M	(s)	G	M	(s)	G
Goalkeepers:							
Junior Ramón Balbuena	31.08.1994	4			2		
Joaquin Matías Papaleo (ARG)	23.03.1994	18	(1)		20		
Defenders:							
Marcelo Miguel Argaña Romero	03.04.2002					(1)	
Alcides Javier Barbotte Fariña	26.06.2002				1		
Hugo Javier Benítez	21.03.1999	19			11	(2)	
Walter Cabrera Cañiza	07.01.1990	11	(7)		21		
Hugo Fabián Franco Schlender	11.10.1998				15	(3)	2
Julio César González Trinidad	28.06.1992	7	(4)		8	(5)	1
Thomas Gutiérrez Serna (COL)	01.05.2000				11	(2)	
Ángel David Martínez	13.04.1989	13	(8)				
Marcos Daniel Martinich (ARG)	08.08.1996	10	(2)				

Franco Lautaro Ortellado (ARG)	30.05.2001	15			1		
Jesús Abel Paredes Melgarejo	27.05.1997	5	(4)		19		
Nicolás Ramos Ríos (URU)	10.03.1999	2	(3)				
Víctor Hugo Rojas Ortíz	26.04.2004	6			1		
Midfielders:							
Fredderik Alexander Alfonso Colmán	30.08.1996	4	(3)				
Diego Fabián Barreto Lara	31.05.1993				10	(5)	1
Kevin Agustín Benítez (ARG)	05.01.2002	2			3	(4)	
Marcos David Benítez Acosta	17.08.1995				1	(7)	
Giovanni Emmanuel Bogado Duarte	16.09.2001	8	(6)	1	5		1
Blas Antonio Cáceres Garay	01.07.1989	11	(7)	1			
Alberto Cirilo Contrera Jiménez	14.02.1992				13	(6)	2
Marcelo Alejandro Estigarribia Balmori	21.09.1987	1	(2)		1	(6)	
Fernando Sebastián Leguizamón Samudio	15.03.2006	2					
Aldo Agustín Maíz Gill	27.08.2000				14	(2)	1
Luis Alejandro Ortíz Franco	06.01.2000	4	(6)	1	3	(10)	1
Óscar Rigoberto Romero Adorno	06.03.1999	1					
Alex Rodrigo Servían Giménez	22.07.2005				2	(1)	
Silvio Gabriel Torales Giménez	23.09.1991	6	(6)		4		1
Edgar Catalino Zaracho Zorilla	25.11.1989	17			8	(1)	
Fredy David Vera Gaona	21.06.1998	11	(5)	5			
Forwards:							
Milciades Bautista Adorno Aguero	27.01.2005	1			10		1
Ángel Paul Arce López	12.01.1997			1			
Sergio Elías Bareiro Cardozo	04.11.1998	6	(4)	1	18	(2)	4
Gustavo Rubén Caballero González	21.09.2001				3	(5)	
Julio Sebastián Doldán Zacarías	15.10.1993	8	(1)	1			
Diego Ariel Duarte Gárcete	08.04.2002	5	(2)	1		(11)	1
Roland Escobar	11.05.2001	5	(2)			(2)	
Julio César González Coronel	04.10.2006				2	(1)	
Alejandro Samudio Ramírez	25.06.1999	7	(10)	2	12	(8)	3
Elías Rubén Sarquis Vargas	21.03.1991	15	(6)	6			
Richard Daniel Torales Peralta	26.02.2001	6	(2)	2	8	(9)	2
Aníbal Gabriel Vega da Silva	18.03.2000	1	(10)		2	(9)	2
Elvio de Jesús Vera Brítez	14.12.2000	10	(7)	5	13	(5)	8

CLUB SPORTIVO LUQUEÑO

Foundation date: May 1, 1921
Address: Avenida Sportivo Luqueño y Gaspar R. de Francia, Barrio Tercer, Luque
Stadium: Estadio „Feliciano Cáceres", Luque (26,974)

Trainer:			
Gustavo Atilano Florentín Morínigo	30.06.1978	Ape	
[31.05.2023] Julio César Cáceres López	05.10.1979	Ape/Cla	

THE SQUAD

	DOB	Ape M	Ape (s)	Ape G	Cla M	Cla (s)	Cla G
Goalkeepers:							
Alfredo Ariel Aguilar	18.07.1988				12		
Gonzalo Adrián Falcón Vitancour (URU)	16.11.1996	19			10		
Francisco Peralta Vázquez	18.04.2001	3					
Defenders:							
Pablo César Aguilar Benítez	02.04.1987	19		1	21		1
Rodrigo Alborno Ortega	12.08.1993				9		
Eduardo Daniel Duarte González	21.03.1994	12	(2)	1	8	(1)	
Rodi David Ferreira	29.05.1998	11	(6)	1	18		1
Mario Alexander Godoy Gómez	27.02.2001		(2)				
Joel Elías Ronaldo Jiménez Cabrera	22.05.1997	13	(2)		11		
Alan Ezequiel Ledesma (ARG)	15.05.1998	5	(6)	1	3	(1)	
José Ramón Leguizamón Ortega	23.08.1991				6	(1)	
Juan Isidro Núñez Benítez	22.08.1989	11			1	(7)	
Sebastián Olmedo Pereira	21.06.2001	13	(1)				
Diego Roberto Vera Cabrera	27.11.1989	5			2	(2)	
Iván Emilio Villalba Chamorro	19.01.1995				13		1
Midfielders:							
Patrocinio de Jesús Alvarenga Rolón	24.03.2003	3	(2)				
Julio César Báez Meza	13.01.2000	15	(4)		15	(3)	
Fernando Benítez Aguirre	04.06.1999		(2)		9	(5)	
Diego Agustín Fernández Servín	02.09.2002	13	(8)	2	12	(1)	2
Sebastián Maldonado Leiva	07.05.2000	9	(9)			(2)	
Osvaldo David Martínez Arce	08.04.1986		(4)				
Jorge Darío Mendoza Torres	15.05.1989	16	(2)	1	14	(4)	
Juan Rodrigo Rojas Ovelar	09.04.1988	17		2	16	(2)	2
Sebastián Emanuel Ruíz Díaz Ferreira	06.03.2004	10	(4)	2	2	(6)	
Rodrigo Pascual Viega Alves (URU)	07.08.1991	1	(7)				
Forwards:							
Diego Emmanuel Acosta Curtido	12.11.2002					(3)	
Derlis Roberto Alegre Amante	10.01.1994		(4)	1	4	(13)	2
Lucas Ramón Barrios Cáceres	13.11.1984				15	(2)	4
Óscar Rodrigo Cáceres Prieto	18.02.2005				2		
Matías Gastón Castro (ARG)	18.12.1991	6	(8)	2	1	(10)	
Paul Charpentier (ARG)	01.05.2000	9	(13)	3	10	(12)	5
Sergio Daniel Fretes Galeano	07.02.1999	11	(6)		8	(9)	
Ángel Andrés González Alarcón	11.03.2005				7	(1)	
Matías Medina	19.09.2005	1	(1)	1	6	(2)	1
Kevin Tadeo Pereira Leguizamón	15.01.2004				1	(9)	
Marcelo de la Cruz Pérez Mosqueira	23.03.2001	20	(2)	8	6	(1)	5
Julio César Villalba Gaona	17.09.1998		(1)				

CLUB SPORTIVO TRINIDENSE ASUNCIÓN

Foundation date: August 11, 1935
Address: Avenida Molas López, Barrio Santísima Trinidad, Asunción
Stadium: Estadio "Martín Torres", Asunción (3,000)

Trainer:	José Gabriel Arrúa Ovelar	11.01.1988	Ape/Cla

THE SQUAD						
	DOB	Ape			Cla	
		M	(s)	G	M	(s)	G
Goalkeepers:							
Pablo Martín Gavilán Fernández	18.06.1989	13			8		
Víctor Samudio Núñez	17.05.1987	9			14		
Defenders:							
José Carlos Báez	15.08.1987	9	(2)		9	(3)	
Cesar Iván Benítez León	22.05.1990	20	(2)		19	(2)	
Luis Eladio de la Cruz	23.02.1991	9	(3)		14		1
Rodrigo Elías Delvalle Noguera	17.05.2001				3	(1)	
Gustavo Ramón Mencia Dávalos	05.07.1988	1	(1)		1	(1)	
Sergio Adrián Mendoza Espinola	27.05.1994	21			19		
Alan Gabriel Paredes González	25.05.2001	1			2		
Paul Vicente Riveros Allende	08.07.1997	21		3			
Armando Marcelo Ruíz Díaz Galeano	14.07.1993	5	(4)		6	(1)	2
Juan Vera Gómez	05.02.1999				17		2
Midfielders:							
Pedro Marcelo Arce Meaurio	09.08.1991	2	(12)	1	2	(11)	2
Víctor René Argüello Alfonso	21.10.2001	1	(8)		2	(10)	
Pablo David Ayala	30.06.1995	5	(13)	1	9	(8)	
Pedro Reinaldo Delvalle Romero	06.01.1994	16	(4)	7	12	(6)	1
Jorge Alejandro Jara González	11.11.1991	13	(4)	2	6	(4)	
Marcos Antonio Riveros Krayacich	04.09.1988	20		2	11		1
Joel Ramón Román Ojeda	19.03.1990	11	(5)	2	13	(7)	3
Juan Jesús Salcedo Zárate	12.08.2003	10	(2)		17	(2)	
Forwards:							
Matías Facundo Almeida Martínez	13.03.2005	3					
Alex Junior Álvarez Rojas	18.08.1997	14	(4)	5	12	(10)	3
Rodrigo Fredy Arévalo Portillo	14.03.1995	5	(5)		8	(9)	1
Ronaldo Báez Mendoza	23.03.1998		(6)		3	(11)	4
Lucas Ramón Barrios Cáceres	13.11.1984	13	(6)	4			
Evelio Ramón Cardozo (ARG)	06.02.2001		(1)				
David Emanuel Fernández Farina	05.01.2006				16		2
Óscar Guillermo Giménez Irala	26.04.1990	5	(16)	3	11	(9)	7
Bruno Antonio López Giosa	13.08.2002					(1)	
Nicolás Andrés Maná (ARG)	25.03.1994	14	(7)	3	8	(11)	3
Lucas Elías Ontivero (ARG)	09.09.1994		(3)				
Sebastián Manuel Sanabria Sanabria	05.01.2003	1					

TACUARY FOOTBALL CLUB ASUNCIÓN

Foundation date: December 10, 1923
Address: Calle Libertad y Pitiantuta, Barrio Jara, Asunción
Stadium: Estadio "Luis Alfonso Giagni", Villa Elisa (11,000)

Trainer:			
	Robert Pereira Molina	30.05.1968	Ape
[05.02.2023]	Carlos Humberto Paredes Monges	16.07.1976	Ape
[28.03.2023]	Badayco Jorge Crispín Maciel	23.04.1981	Ape
[13.04.2023]	Ever Iván Almeida Romero	22.01.1978	Ape/Cla
[18.09.2023]	Aldo Antonio Bobadilla Ávalos	20.04.1976	Cla
[20.10.2023]	Vinícius Soares Eutrópio (BRA)	27.06.1966	Cla

THE SQUAD

	DOB	Ape M	Ape (s)	Ape G	Cla M	Cla (s)	Cla G
Goalkeepers:							
Diego Sebastián Huesca Colmán	08.08.2000					(1)	
Carlos María Servín Caballero	24.05.1987	22					
Gaspar Andrés Servio (ARG)	09.03.1992				22		1
Defenders:							
Rodolfo Argüello Balbuena	14.09.2003	1					
Nery Rubén Bareiro Zorrilla	03.03.1988	15	(2)				
Édgar Ramón Benítez Franco	14.03.1997	9	(2)		4	(4)	
Luis Alberto Cabral Vázquez	23.09.1983	11	(5)		13	(5)	1
Marcos Antonio Cáceres Centurión	05.05.1986				15		1
Walter David Clar Fritz	27.09.1994				17	(4)	2
Víctor Hugo Dávalos Aguirre	03.02.1991				14		1
Alexis Roque Fabián Fernández Nizio	16.08.1997	16	(1)		4	(2)	
Igor Francisco Ribeiro (BRA)	04.10.1996	15					
Paulo Fabián Lima Simoes (URU)	20.01.1992				11	(1)	1
Luis Mario Martínez González	22.10.2003	11	(1)	1		(2)	
Rodney Miguel Pedrozo	05.09.1993	10	(1)		7	(1)	
Javier Alexandro Vallejos Fleitas	07.01.2004		(2)		3		
Yony Enrique Villasanti Aquino	25.09.1996	1	(2)				
Midfielders:							
Nelson Fernando Acevedo (ARG)	11.07.1988				15	(3)	
Elías Ezequiel Alfonso Aranda	25.09.1999	6	(5)		2	(6)	
Alfredo Ramón Amarilla	06.09.2001	6	(2)				
Víctor Hugo Ayala Núñez	01.01.1988	7	(12)	1			
Marcos David Benítez Acosta	17.08.1995	3	(6)				
Ronal Ivan Domínguez Colman	19.07.1992	10	(3)	1	15	(5)	
Juan José Maria Gauto Cáceres	29.04.1994					(5)	
Jorge Daniel González Marquet	25.03.1988	6	(4)		5	(6)	
Gustavo Raúl Medina Rivas	02.03.2004	1	(1)			(1)	
Marcelino Nicolás Ñamandú Ojeda	28.07.1999	1	(1)				
Marcelo Miguel Paredes Váldez	04.01.1993	18	(1)		18	(1)	3
Lucas Ramón Romero Gómez	29.08.2002		(1)			(6)	
Óscar Ramón Ruiz Roa	14.05.1991	19	(1)	4	15	(2)	2
Valdeci Moreira da Silva (BRA)	26.03.1995	4	(7)		8	(3)	1
Matías Nicolás Verdún Alonso	16.03.1998	7	(4)			(6)	
Forwards:							
Matías Facundo Almeida Martínez	13.03.2005				12	(6)	2
Héctor Ariel Bustamante	31.03.1995				1	(3)	

Renzo Domingo Carballo Romero	06.05.1996	7	(7)				
Jose Edson Barros da Silva „Edson Caríus" (BRA)	12.10.1988	6	(6)	1			
Emanuel David Morales Genes	14.08.1996		(2)				
Martín Núñez Domínguez	05.05.2001		(1)		2	(7)	
Jorge Miguel Ortega Salinas	16.04.1991				17	(3)	4
Mario Nicolás Otazú Vera	05.07.1996				3	(3)	1
Antonio Oviedo Cortizo (URU)	01.09.1996		(10)				
Patryck Magalhães Ferreira (BRA)	05.09.1998	5	(5)	1			
Bruno Emanuel Recalde Ávalos	04.03.2004				2	(10)	
Derlis Osmár Rodríguez Maciel	18.09.1997	8	(4)	1	15		3
Hugo Iván Valdez Medina	10.06.1995	17	(3)	6			
Nildo Arturo Viera Recalde	20.03.1993				2	(7)	1

SECOND LEVEL
División Intermedia 2023

1.	Club Sol de América Asunción (*Promoted*)	30	21	4	5	46 - 25		67
2.	CS 2 de Mayo Pedro Juan Caballero (*Promoted*)	30	16	9	5	46 - 23		57
3.	Independiente FBC Asunción	30	14	9	7	53 - 35		51
4.	CD Recoleta Asunción	30	15	6	9	59 - 45		51
5.	Club Fernando de la Mora Asunción	30	14	6	10	40 - 31		48
6.	Club Rubio Ñu Asunción	30	12	8	10	42 - 44		44
7.	CD Santaní San Estanislao	30	12	8	10	41 - 43		44
8.	CS Carapeguá	30	11	10	9	43 - 31		43
9.	Pastoreo FC Doctor Juan Manuel Frutos	30	11	10	9	37 - 31		43
10.	CS San Lorenzo	30	11	9	10	35 - 27		42
11.	CA 3 de Febrero Ciudad del Este	30	11	6	13	39 - 42		39
12.	Club Atlético Colegiales Lambaré	30	9	5	16	29 - 44		32
13.	Club General Martín Ledesma Capiatá	30	8	7	15	30 - 41		31
14.	Club 24 de Setiembre Areguá	30	7	8	15	38 - 52		29
15.	Atyrá FC	30	7	5	18	32 - 58		26
16.	12 de Octubre Football Club Itauguá	30	2	8	20	24 - 62		14

Relegation Table

The team which will be relegated is determined on average points taking into account results of the last three seasons (2021, 2022 and 2023).

Pos	Team	2021 P	2022 P	2023 P	Total P	M	Aver
1.	Club Sol de América Asunción	—	—	67	67	30	2.233
2.	CD Recoleta Asunción	—	—	51	51	30	1.700
3.	Pastoreo FC Doctor Juan Manuel Frutos	—	53	43	96	60	1.600
4.	CS San Lorenzo	53	54	42	149	94	1.585
5.	Independiente FBC Asunción	51	41	51	143	94	1.521
6.	Club Fernando de la Mora Asunción	45	48	48	141	94	1.500
7.	CS Carapeguá	—	—	43	43	30	1.433
8.	Club Rubio Ñu Asunción	39	44	44	127	94	1.351
9.	CS 2 de Mayo Pedro Juan Caballero	36	29	57	122	94	1.298
10.	CA 3 de Febrero Ciudad del Este	48	35	39	122	94	1.298
11.	Club General Martín Ledesma Capiatá	—	45	31	76	60	1.267
12.	CD Santaní San Estanislao	41	33	44	118	94	1.255
13.	Club Atlético Colegiales Lambaré	—	36	32	68	60	1.133
14.	Atyrá FC (*Relegated*)	43	36	26	105	94	1.117
15.	Club 24 de Setiembre Areguá (*Relegated*)	—	—	29	29	30	0.967
16.	12 de Octubre Football Club Itauguá (*Relegated*)	—	—	14	14	30	0.467

THE NATIONAL TEAM 2023

INTERNATIONAL MATCHES
(16.07.2023 – 31.12.2023)

07.09.2023	Ciudad del Este	Paraguay - Peru	0-0	(WCQ)
12.09.2023	Maturín	Venezuela - Paraguay	1-0(0-0)	(WCQ)
12.10.2023	Buenos Aires	Argentina - Paraguay	1-0(1-0)	(WCQ)
17.10.2023	Asunción	Paraguay - Bolivia	1-0(0-0)	(WCQ)
16.11.2023	Santiago	Chile - Paraguay	0-0	(WCQ)
21.11.2023	Asunción	Paraguay - Colombia	0-1(0-1)	(WCQ)

07.09.2023, 23rd FIFA World Cup Qualifiers
Estadio "Antonio Aranda", Ciudad del Este; Attendance: 16,211
Referee: Andrés Matías Matonte Cabrera (Uruguay)
PARAGUAY - PERU　　　　　　　　　　　　　　　　　　**0-0**
PAR: Carlos Miguel Coronel (1/0), Robert Samuel Rojas Chávez (22/1) [78.Iván Rodrigo Piris Leguizamón (37/0)], Gustavo Raúl Gómez Portillo (Cap) (67/4), Fabián Cornelio Balbuena González (33/2), Blas Miguel Riveros Galeano (13/0), Adrián Andrés Cubas (15/0), Mathías Adalberto Villasanti Rolón (31/0), Diego Alexander Gómez Amarilla (5/0) [66.Alejandro Sebastián Romero Gamarra (16/5)], Miguel Ángel Almirón Rejala (50/7), Ramón Sosa Acosta (3/0) [88.Matías Nicolás Rojas Romero (16/1)], Gabriel Ávalos Stumpfs (11/2) [78.Carlos Gabriel González Espínola (15/0)]. Trainer: Guillermo Barros Schelotto (Argentina, 16).

12.09.2023, 23rd FIFA World Cup Qualifiers
Estadio Monumental, Maturín; Attendance: 48,523
Referee: Andrés José Rojas Noguera (Colombia)
VENEZUELA - PARAGUAY　　　　　　　　　　　　　　　**1-0(0-0)**
PAR: Carlos Miguel Coronel (2/0), Robert Samuel Rojas Chávez (23/1) [71.Iván Rodrigo Piris Leguizamón (38/0)], Gustavo Raúl Gómez Portillo (Cap) (68/4), Fabián Cornelio Balbuena González (34/2), Júnior Osmar Ignacio Alonso Mujica (51/2), Adrián Andrés Cubas (16/0), Richard Ortíz Bustos (39/6) [46.Richard Rafael Sánchez Guerrero (32/1)], Mathías Adalberto Villasanti Rolón (32/0), Miguel Ángel Almirón Rejala (51/7) [85.Alejandro Sebastián Romero Gamarra (17/5)], Ramón Sosa Acosta (4/0), Gabriel Ávalos Stumpfs (12/2) [59.Carlos Gabriel González Espínola (16/0)]. Trainer: Guillermo Barros Schelotto (Argentina, 17).

12.10.2023, 23rd FIFA World Cup Qualifiers
Estadio Monumental „Antonio Vespucio Liberti", Buenos Aires; Attendance: 80,000
Referee: Raphael Claus (Brazil)
ARGENTINA - PARAGUAY　　　　　　　　　　　　　　　**1-0(1-0)**
PAR: Carlos Miguel Coronel (3/0), Gustavo Raúl Gómez Portillo (Cap) (69/4), Júnior Osmar Ignacio Alonso Mujica (52/2) [76.Héctor Daniel Villalba (3/0)], Fabián Cornelio Balbuena González (35/2), Iván Rodrigo Ramírez Segovia (4/0) [46.Robert Samuel Rojas Chávez (24/1)], Álvaro Marcial Campuzano (2/0) [71.Braian Óscar Ojeda Rodríguez (9/0)], Richard Rafael Sánchez Guerrero (33/1), Matías David Espinoza Acosta (3/0), Miguel Ángel Almirón Rejala (52/7) [86.Gabriel Ávalos Stumpfs (13/2)], Ramón Sosa Acosta (5/0), Adam Fernando Bareiro Gamarra (1/0) [70.Arnaldo Antonio Sanabria Ayala (29/2)]. Trainer: Daniel Óscar Garnero (Argentina, 1).

17.10.2023, 23rd FIFA World Cup Qualifiers
Estadio Defensores del Chaco, Asunción; Attendance: 30,681
Referee: Gustavo Adrián Tejera Capo (Uruguay)
PARAGUAY - BOLIVIA **1-0(0-0)**
PAR: Carlos Miguel Coronel (4/0), Alberto Espínola Giménez (12/0) [67.Robert Samuel Rojas Chávez (25/1)], Gustavo Raúl Gómez Portillo (Cap) (70/4), Omar Federico Alderete Fernández (13/0), Matías David Espinoza Acosta (4/0), Mathías Adalberto Villasanti Rolón (33/0), Álvaro Marcial Campuzano (3/0), Miguel Ángel Almirón Rejala (53/7), Alejandro Sebastián Romero Gamarra (18/5) [61.Gabriel Ávalos Stumpfs (14/2)], Ramón Sosa Acosta (6/0) [45+2.Héctor Daniel Villalba (4/0)], Adam Fernando Bareiro Gamarra (2/0) [67.Arnaldo Antonio Sanabria Ayala (30/3)]. Trainer: Daniel Óscar Garnero (Argentina, 2).
Goal: Arnaldo Antonio Sanabria Ayala (69).

16.11.2023, 23rd FIFA World Cup Qualifiers
Estadio Monumental "David Arellano", Santiago; Attendance: 30,076
Referee: Fernando Andrés Rapallini (Argentina)
CHILE - PARAGUAY **0-0**
PAR: Carlos Miguel Coronel (5/0), Robert Samuel Rojas Chávez (26/1) [*sent off 44*], Gustavo Raúl Gómez Portillo (Cap) (71/4), Omar Federico Alderete Fernández (14/0), Matías David Espinoza Acosta (5/0), Adrián Andrés Cubas (17/0), Mathías Adalberto Villasanti Rolón (34/0) [63.Hernesto Ezequiel Caballero Benítez (1/0)], Matías Nicolás Rojas Romero (17/1) [85.Matías Galarza Fonda (4/0)], Diego Alexander Gómez Amarilla (6/0) [62.Ramón Sosa Acosta (7/0)], Arnaldo Antonio Sanabria Ayala (31/3) [45+1.Juan José Cáceres (1/0)], Gabriel Ávalos Stumpfs (15/2) [85.Álvaro Marcial Campuzano (4/0)]. Trainer: Daniel Óscar Garnero (Argentina, 3).

21.11.2023, 23rd FIFA World Cup Qualifiers
Estadio Defensores del Chaco, Asunción; Attendance: 25,190
Referee: Jesús Noel Valenzuela Sáez (Venezuela)
PARAGUAY - COLOMBIA **0-1(0-1)**
PAR: Carlos Miguel Coronel (6/0), Juan José Cáceres (2/0), Gustavo Raúl Gómez Portillo (Cap) (72/4), Omar Federico Alderete Fernández (15/0), Matías David Espinoza Acosta (6/0), Adrián Andrés Cubas (18/0) [85.Óscar René Cardozo Marín (58/12)], Mathías Adalberto Villasanti Rolón (35/0) [66.Diego Alexander Gómez Amarilla (7/0)], Matías Nicolás Rojas Romero (18/1) [46.Hernesto Ezequiel Caballero Benítez (2/0)], Ramón Sosa Acosta (8/0), Adam Fernando Bareiro Gamarra (3/0) [74.Gabriel Ávalos Stumpfs (16/2)], Arnaldo Antonio Sanabria Ayala (32/3) [46.Iván Rodrigo Piris Leguizamón (39/0)]. Trainer: Daniel Óscar Garnero (Argentina, 4).

NATIONAL TEAM PLAYERS 2023			
Name	DOB	Caps	Goals
[Club 2023]			

(Caps and goals at 31.12.2023)

Goalkeepers

Carlos Miguel CORONEL *[New York Red Bulls (USA)]*	29.12.1996	6	0

Defenders

Omar Federico ALDERETE Fernández *[Getafe CF (ESP)]*	26.12.1996	15	0
Júnior Osmar Ignacio ALONSO Mujica *[FK Krasnodar (RUS)]*	09.02.1993	52	2
Fabián Cornelio BALBUENA González *[FK Dinamo Moskva (RUS)]*	23.08.1991	35	2
Juan José CÁCERES *[CA Lanús (ARG)]*	01.06.2000	2	0
Alberto ESPÍNOLA Giménez *[CA Colón de Santa Fe (ARG)]*	08.02.1991	12	0
Mathías David ESPINOZA Acosta *[Club Libertad Asunción]*	19.09.1997	6	0
Gustavo Raúl GÓMEZ Portillo *[SE Palmeiras São Paulo (BRA)]*	06.05.1993	72	4
Iván Rodrigo PIRIS Leguizamón *[Club Libertad Asunción]*	10.03.1989	39	0
Iván Rodrigo RAMÍREZ Segovia *[CA Central Córdoba (ARG)]*	08.12.1994	4	0
Blas Miguel RIVEROS Galeano *[CA Talleres Córdoba (ARG)]*	03.02.1998	13	0
Robert Samuel ROJAS Chávez *[CA Tigre (ARG)]*	30.04.1996	26	1

Midfielders

Miguel Ángel ALMIRÓN Rejala *[Newcastle United FC (ENG)]*	13.11.1993	53	7
Hernesto Ezequiel CABALLERO Benítez *[Club Libertad Asunción]*	09.04.1991	2	0
Álvaro Marcial CAMPUZANO *[Club Libertad Asunción]*	12.06.1995	4	0
Adrián Andrés CUBAS *[Vancouver Whitecaps FC (CAN)]*	22.05.1996	18	0

Matías GALARZA Fonda *[CA Talleres Córdoba (ARG)]*	11.02.2002	4	0
Diego Alexander GÓMEZ Amarilla *[CIF Miami (USA)]*	27.03.2003	7	0
Braian Óscar OJEDA Rodríguez *[Real Salt Lake (USA)]*	27.06.2000	9	0
Richard ORTÍZ Bustos *[Club Olimpia Asunción]*	22.05.1988	39	6
Matías Nicolás ROJAS Romero *[SC Corinthians Paulista São Paulo (BRA)]*	03.11.1995	18	1
Alejandro Sebastián ROMERO Gamarra *[Al Ain FC (UAE)]*	11.01.1995	18	5
Richard Rafael SÁNCHEZ Guerrero *[CF América Ciudad de México (MEX)]*	29.03.1996	33	1
Mathías Adalberto VILLASANTI Rolón *[Grêmio Foot-Ball Porto Alegrense (BRA)]*	24.01.1997	35	0

Forwards

Gabriel ÁVALOS Stumpfs *[AA Argentinos Juniors Buenos Aires (ARG)]*	12.10.1990	16	2
Adam Fernando BAREIRO Gamarra *[CA San Lorenzo de Almagro (ARG)]*	26.07.1996	3	0
Oscar René CARDOZO Marín *[Club Libertad Asunción]*	20.05.1983	58	12
Carlos Gabriel GONZÁLEZ Espínola *[Club Tijuana Xoloitzcuintles de Caliente (MEX)]*	04.02.1993	16	0
Arnaldo Antonio SANABRIA Ayala *[Torino FC (ITA)]*	04.03.1996	32	3
Ramón SOSA Acosta *[CA Talleres Córdoba (ARG)]*	31.08.1999	8	0
Héctor Daniel VILLALBA *[Club Libertad Asunción]*	26.07.1994	4	0

National coach

Guillermo BARROS SCHELOTTO (Argentina) [20.10.2021 – 16.09.2023]	04.05.1973	17 M; 4 W; 4 D; 9 L; 12-22
Daniel Óscar GARNERO (Argentina) [from 21.09.2023]	01.04.1969	4 M; 1 W; 1 D; 2 L; 1-2

PERU

The FA:
Federación Peruana de Fútbol
Avenida Aviación 2085, San Luis, Lima 30
Year of Formation: 1922
Member of FIFA since: 1924
Member of CONMEBOL since: 1925
Internet: www.fpf.org.pe

The Country:
República del Perú (Republic of Peru)
Capital: Lima
Surface: 1,285,216 km²
Inhabitants: 34,352,719 [2023]
Time: UTC-5

NATIONAL TEAM RECORDS

First international match:
01.11.1927, Lima: Peru – Uruguay 0-4

Most international caps:
Roberto Carlos Palacios Mestas
128 caps (1992-2012)
Víctor Yoshimar Yotún Flores
128 caps (since 2011)

Most international goals:
José Paolo Guerrero Gonzáles
39 goals / 115 caps (since 2004)

OLYMPIC FOOTBALL TOURNAMENTS 1908-2020

Year	Result	Year	Result
1908	Qualifiers	1976	Qualifiers
1912	Qualifiers	1980	Qualifiers
1920	Qualifiers	1984	Qualifiers
1924	Qualifiers	1988	Qualifiers
1928	Qualifiers	1992	Qualifiers
1936	Final Tournament (Quarter-Finals)	1996	Qualifiers
1948	Qualifiers	2000	Qualifiers
1952	Did not enter	2004	Qualifiers
1956	Qualifiers	2008	Qualifiers
1960	Final Tounament (Group Stage)	2012	Qualifiers
1964	Qualifiers	2016	Qualifiers
1968	Qualifiers	2020	Qualifiers
1972	Qualifiers		

COPA AMÉRICA	
1916	Did not enter
1917	Did not enter
1919	Did not enter
1920	Did not enter
1921	Did not enter
1922	Did not enter
1923	Did not enter
1924	Did not enter
1925	Did not enter
1926	Did not enter
1927	3rd Place
1929	4th Place
1935	3rd Place
1937	6th Place
1939	**Winners**
1941	4th Place
1942	5th Place
1945	*Withdrew*
1946	*Withdrew*
1947	5th Place
1949	3rd Place
1953	5th Place
1955	3rd Place
1956	6th Place
1957	4th Place
1959	4th Place
1959E	Did not enter
1963	5th Place
1967	*Withdrew*
1975	**Winners**
1979	Semi-Finals
1983	Semi-Finals
1987	Group Stage
1989	Group Stage
1991	Group Stage
1993	Quarter-Finals
1995	Group Stage
1997	4th Place
1999	Quarter-Finals
2001	Quarter-Finals
2004	Quarter-Finals
2007	Quarter-Finals
2011	3rd Place
2015	3rd Place
2016	Quarter-Finals
2019	Runners-up
2021	4th Place

FIFA WORLD CUP	
1930	Final Tournament (Group Stage)
1934	*Withdrew*
1938	Qualifiers
1950	*Withdrew*
1954	*Withdrew*
1958	Qualifiers
1962	Qualifiers
1966	Qualifiers
1970	Final Tournament (Quarter-Finals)
1974	Qualifiers
1978	Final Tournament (2nd Round of 16)
1982	Final Tournament (Group Stage)
1986	Qualifiers
1990	Qualifiers
1994	Qualifiers
1998	Qualifiers
2002	Qualifiers
2006	Qualifiers
2010	Qualifiers
2014	Qualifiers
2018	Final Tounament (Group Stage)
2022	Qualifiers

PERUVIAN CLUB HONOURS IN SOUTH AMERICAN CLUB COMPETITIONS:

COPA LIBERTADORES 1960-2023
None

COPA SUDAMERICANA 2002-2023
| Club Sportivo Cienciano Cuzco | 1 | 2003 |

RECOPA SUDAMERICANA 1989-2023
| Club Sportivo Cienciano Cuzco | 1 | 2004 |

COPA CONMEBOL[1] 1992-1999
None

SUPERCUP „JOÃO HAVELANGE"[1] 1988-1997*
None

COPA MERCONORTE[1] 1998-2001**
None

[1] *defunct competition*
*Contested betwenn winners of all previous editions of the Copa Libertadores
** Contested between teams belonging countries from the northern part of South America (Bolivia, Colombia, Ecuador, Peru and Venezuela).*

NATIONAL COMPETITIONS
TABLE OF HONOURS

NATIONAL CHAMPIONS 1906-2023

	Liga Peruana
1912	Lima Cricket and Football Club
1913	Jorge Chávez Nr. 1 Lima
1914	Lima Cricket and Football Club
1915	Sport José Galvez Lima
1916	Sport José Galvez Lima
1917	Sport Juan Bielovucic Lima
1918	Sport Alianza Lima[1]
1919	Sport Alianza Lima
1920	Sport Inca Lima
1921	Sport Progreso Lima
1922	*No competition*
1923	*No competition*
1924	*No competition*
1925	*No competition*
	Amateur Era Championship
1926	Sport Progreso Lima
1927	Club Alianza Lima
1928	Club Alianza Lima
1929	Federación Universitaria Lima[2]
1930	Club Atlético Chalaco Callao

1931	Club Alianza Lima
1932	Club Alianza Lima
1933	Club Alianza Lima
1934	Club Universitario de Deportes Lima
1935	Sport Boys Association Callao
1936	*No competition*
1937	Sport Boys Association Callao
1938	Club Centro Deportivo Municipal Lima
1939	Club Universitario de Deportes Lima
1940	Club Centro Deportivo Municipal Lima
1941	Club Universitario de Deportes Lima
1942	Sport Boys Association Callao
1943	Club Centro Deportivo Municipal Lima
1944	Mariscal Sucre FC Lima
1945	Club Universitario de Deportes Lima
1946	Club Universitario de Deportes Lima
1947	Club Atlético Chalaco Callao
1948	Club Alianza Lima
1949	Club Universitario de Deportes Lima
1950	Club Centro Deportivo Municipal Lima
	Lima & Callao League
1951	Sport Boys Association Callao
1952	Club Alianza Lima
1953	Mariscal Sucre FC Lima
1954	Club Alianza Lima
1955	Club Alianza Lima
1956	Club Sporting Cristal Lima
1957	Club Centro Iqueño Lima
1958	Sport Boys Association Callao
1959	Club Universitario de Deportes Lima
1960	Club Universitario de Deportes Lima
1961	Club Sporting Cristal Lima
1962	Club Alianza Lima
1963	Club Alianza Lima
1964	Club Universitario de Deportes Lima
1965	Club Alianza Lima
	Professional (Descentralizado) Era Championship
1966	Club Universitario de Deportes Lima
1967	Club Universitario de Deportes Lima
1968	Club Sporting Cristal Lima
1969	Club Universitario de Deportes Lima
1970	Club Sporting Cristal Lima
1971	Club Universitario de Deportes Lima
1972	Club Sporting Cristal Lima
1973	Club Atlético Defensor Lima
1974	Club Universitario de Deportes Lima
1975	Club Alianza Lima
1976	Club Sport Unión Huaral
1977	Club Alianza Lima
1978	Club Alianza Lima
1979	Club Sporting Cristal Lima
1980	Club Sporting Cristal Lima

1981	Foot Ball Club Melgar Arequipa	
1982	Club Universitario de Deportes Lima	
1983	Club Sporting Cristal Lima	
1984	Sport Boys Association Callao	
1985	Club Universitario de Deportes Lima	
1986	Club Deportivo Colegio San Agustín Lima	
1987	Club Universitario de Deportes Lima	
1988	Club Sporting Cristal Lima	
1989	Club Sport Unión Huaral	
1990	Club Universitario de Deportes Lima	
1991	Club Sporting Cristal Lima	
1992	Club Universitario de Deportes Lima	
1993	Club Universitario de Deportes Lima	
1994	Club Sporting Cristal Lima	
1995	Club Sporting Cristal Lima	
1996	Club Sporting Cristal Lima	
1997	Club Alianza Lima	
1998	Club Universitario de Deportes Lima	
1999	Club Universitario de Deportes Lima	
2000	Club Universitario de Deportes Lima	
2001	Club Alianza Lima	
2002	Club Sporting Cristal Lima	
2003	Club Alianza Lima	
2004	Club Alianza Lima	
2005	Club Sporting Cristal Lima	
2006	Club Alianza Lima	
2007	Club Deportivo Universidad San Martín de Porres	
2008	Club Deportivo Universidad San Martín de Porres	
2009	Club Universitario de Deportes Lima	
2010	Club Deportivo Universidad San Martín de Porres	
2011	Club Juan Aurich de Chiclayo	
2012	Club Sporting Cristal Lima	
2013	Club Universitario de Deportes Lima	
2014	Club Sporting Cristal Lima	
2015	Foot Ball Club Melgar Arequipa	
2016	Club Sporting Cristal Lima	
2017	Club Alianza Lima	
2018	Club Sporting Cristal Lima	
2019	Escuela Municipal Deportivo Binacional Desaguadero	
2020	Club Sporting Cristal Lima	
2021	Club Alianza Lima	
2022	Club Alianza Lima	
2023	Club Universitario de Deportes Lima	

[1]became 1927 Club Alianza Lima
[2]became 1931 Club Universitario de Deportes Lima

		BEST GOALSCORERS	
	1928	Carlos Alejandro Villanueva Martinez (Club Alianza Lima)	3
	1929	Carlos Cilloniz (Federación Universitaria Lima)	8
	1930	Manuel Puente (Club Atlético Chalaco Callao)	3
	1931	Carlos Alejandro Villanueva Martinez (Club Alianza Lima)	16
	1932	Teodoro Fernández Meyzán (Club Universitario de Deportes Lima)	11
	1933	Teodoro Fernández Meyzán (Club Universitario de Deportes Lima)	9
	1934	Teodoro Fernández Meyzán (Club Universitario de Deportes Lima)	9
	1935	Jorge Alcalde (Sport Boys Association Callao)	5
	1936	No competition	
	1937	Juan Flores (Sport Boys Association Callao)	10
	1938	Jorge Alcalde (Sport Boys Association Callao)	8
	1939	Teodoro Fernández Meyzán (Club Universitario de Deportes Lima)	15
	1940	Teodoro Fernández Meyzán (Club Universitario de Deportes Lima)	15
	1941	Jorge Cabrejos (Club Centro Deportivo Municipal Lima)	13
	1942	Teodoro Fernández Meyzán (Club Universitario de Deportes Lima)	11
	1943	German Cerro (Club Universitario de Deportes Lima)	9
	1944	Victor Espinoza (Club Universitario de Deportes Lima)	16
	1945	Teodoro Fernández Meyzán (Club Universitario de Deportes Lima)	16
	1946	Valeriano López (Sport Boys Association Callao)	22
	1947	Valeriano López (Sport Boys Association Callao)	20
	1948	Valeriano López (Sport Boys Association Callao)	20
	1949	Emilio Salinas (Club Alianza Lima)	18
	1950	Alberto Terry Arias-Schreiber (Club Universitario de Deportes Lima)	16
	1951	Valeriano López (Sport Boys Association Callao)	31
	1952	Emilio Salinas (Club Alianza Lima)	22
	1953	Gualberto Blanco (Club Atlético Chalaco Callao)	17
	1954	Vicente Villanueva (Club Sporting Tabaco Lima)	
	1955	Maximo Mosquera (Club Alianza Lima)	11
	1956	Daniel Ruiz (Club Universitario de Deportes Lima)	16
	1957	Daniel Ruiz (Club Universitario de Deportes Lima)	20
	1958	Juan Joya (Club Alianza Lima)	17
	1959	Daniel Ruiz (Club Universitario de Deportes Lima)	28
	1960	Fernando Olaechea (Club Centro Iqueño Lima)	18
	1961	Alberto Gallardo (Club Sporting Cristal Lima)	18
	1962	Alberto Gallardo (Club Sporting Cristal Lima)	22
	1963	Pedro Pablo León García (Club Alianza Lima)	13
	1964	Ángel Uribe Sánchez (Club Universitario de Deportes Lima)	15
	1965	Carlos Urranaga (Club Atlético Defensor Lima)	16
	1966	Teófilo Juan Cubillas Arizaga (Club Alianza Lima)	19
	1967	Pedro Pablo León García (Club Alianza Lima)	14
	1968	Oswaldo Felipe Ramírez Salcedo (Sport Boys Association Callao)	26
	1969	Jaime Moreno (Club Centro Deportivo Municipal Lima)	15
	1970	Teófilo Juan Cubillas Arizaga (Club Alianza Lima)	22
	1971	Manuel Mellan (Club Centro Deportivo Municipal Lima)	25
	1972	Francisco González (Club Atlético Defensor Lima)	20
	1973	Francisco González (Club Atlético Defensor Lima)	25
	1974	Pablo Muchotrigo (Club Sportivo Cienciano Cuzco)	32
	1975	José Leyva (Club Alfonso Ugarte Puno)	28
	1976	Alejandro Luces (Club Sport Unión Huaral)	17
	1977	Freddy Ravello (Club Alianza Lima)	21
	1978	Juan José Oré Herrera (Club Universitario de Deportes Lima)	19

Year	Player	Goals
1979	José Leyva (Club Alfonso Ugarte Puno)	28
1980	Oswaldo Felipe Ramírez Salcedo (Club Sporting Cristal Lima)	18
1981	José Carranza (Club Alianza Lima)	15
1982	Percy Rojas Montero (Club Universitario de Deportes Lima)	19
1983	Juan Caballero (Club Sporting Cristal Lima)	29
1984	Jaime Drago (Club Universitario de Deportes Lima) Francisco Montero (Club Atlético Torino de Talara)	13
1985	Genaro Neyra (Foot Ball Club Melgar Arequipa)	22
1986	Juvenal Briceño (Foot Ball Club Melgar Arequipa)	16
1987	Fidel Suárez (Club Universitario de Deportes Lima)	20
1988	Alberto Mora (Club Social Deportivo Octavio Espinoza Ica)	15
1989	Carlos Delgado (Club Carlos Mannucci de Trujillo)	14
1990	Cláudio Adalberto Adão (BRA, Sport Boys Association Callao)	31
1991	Horacio Raúl Baldessari Guntero (ARG, Club Sporting Cristal Lima)	25
1992	Marco dos Santos „Marquinho" (BRA, Sport Boys Association Callao)	18
1993	Waldir Alejandro Sáenz Pérez (Club Alianza Lima)	31
1994	Flavio Francisco Maestri Andrade (Club Sporting Cristal Lima)	25
1995	Julio César de Andrade Moura „Julinho" (BRA, Club Sporting Cristal Lima)	23
1996	Waldir Alejandro Sáenz Pérez (Club Alianza Lima)	19
1997	Ricardo Zegarra (Club Alianza Atlético Sullana)	17
1998	Nílson Esídio Mora (BRA, Club Sporting Cristal Lima)	25
1999	Herlyn Ysrael Zuñiga Yañez (Foot Ball Club Melgar Arequipa)	32
2000	José Eduardo Esidio (BRA, Club Universitario de Deportes Lima)	37
2001	Jorge Ramírez (Club Deportivo Wanka Huancayo)	21
2002	Luis Fabián Artime (ARG, Foot Ball Club Melgar Arequipa)	24
2003	Luis Alberto Bonnet (ARG, Club Sporting Cristal Lima)	20
2004	Gabriel García (URU, Foot Ball Club Melgar Arequipa)	35
2005	Miguel Ángel Mostto Fernández-Prada (Club Sportivo Cienciano Cuzco)	18
2006	Miguel Ángel Mostto Fernández-Prada (Club Sportivo Cienciano Cuzco)	22
2007	Johan Javier Fano Espinoza (Club Universitario de Deportes Lima)	19
2008	Miguel Alejandro Ximénez Acosta (URU, Club Sporting Cristal Lima)	32
2009	Richard María Estigarribia (PAR, Total Chalaco FBC Callao)	23
2010	Héber Alberto Arriola (ARG, CD Universidad San Martín de Porres)	24
2011	Luis Carlos Tejada Hansell (PAN, Club Juan Aurich de Chiclayo)	17
2012	Andy Roberto Pando García (Asociación Civil Real Atlético Garcilaso)	27
2013	Víctor Alfonso Rossel Del Mar (CD Unión Comercio Nueva Cajamarca) Raúl Mario Ruidíaz Misitich (Club Universitario de Deportes Lima)	21
2014	Santiago Silva Gerez (URU, CD Universidad San Martín de Porres)	23
2015	Lionard Fernando Pajoy Ortíz (COL, CD Unión Comercio Nueva Cajamarca)	18
2016	Robinson Aponzá Carabalí (COL, CS Alianza Atlético Sullana)	30
2017	Irven Beybe Ávila Acero (Club Sporting Cristal Lima)	22
2018	Emanuel Herrera (ARG, Club Sporting Cristal Lima)	40
2019	Bernardo Nicolás Cuesta (ARG, Foot Ball Club Melgar Arequipa)	27
2020	Emanuel Herrera (ARG, Club Sporting Cristal Lima)	20
2021	Luis Enrique Iberico Robalino (Foot Ball Club Melgar Arequipa) Felipe Jorge Rodríguez Valla (URU, CSD Carlos A. Manucci Trujillo)	12
2022	Luis Enrique Benites Vargas (Deportivo Sport Huancayo)	19
2023	Santiago Giordana (ARG, CD Garcilaso Cuzco)	22

NATIONAL CHAMPIONSHIP
Liga 1 Betsson 2023

Torneo Apertura 2023

Results

Please note: Round 1 was played after Round 9; Round 2 was played after Round 15.

Round 3 [03-07.02.2023]
Cusco FC - Sport Huancayo 0-3 *awarded*
Atlético Grau - FBC Melgar 3-0 *awarded*
„U" Técnica - Cienciano 3-0 *awarded*
Universitario Lima - Acad. Cantolao 4-0(1-0)
CD Garcilaso - Dep. Binacional 3-0 *awarded*
Sporting Cristal - Alianza Lima 3-0 *awarded*
Sport Boys - Unión Comercio 2-1(0-0)
„U" Cesar Vallejo - Alianza Atlético 2-2(0-0)
Dep. Municipal - C.A. Mannucci 0-3 *awarded*

Round 4 [10-13.02.2023]
Cienciano - Cusco FC 2-0(1-0)
Acad. Cantolao - „U" Cesar Vallejo 1-2(1-0)
Dep. Binacional - Atlético Grau 2-4(0-1)
AD Tarma - CD Garcilaso 1-2(0-1)
Alianza Atlético - „U" Técnica 2-0(1-0)
Unión Comercio - Universitario Lima 1-0(0-0)
C.A. Mannucci - Sporting Cristal 1-1(0-0)
Alianza Lima - Sport Boys 2-0(1-0)
FBC Melgar - Deportivo Municipal 0-2(0-0)

Round 5 [17-22.02.2023]
Sporting Cristal - FBC Melgar 1-0(1-0)
„U" Cesar Vallejo - Unión Comercio 3-1(0-1)
Sport Huancayo - Cienciano 1-3(0-2)
Sport Boys - C.A. Mannucci 0-1(0-1)
Atlético Grau - AD Tarma 1-1(1-1)
Universitario Lima - Alianza Lima 1-2(0-1)
Cusco FC - Alianza Atlético 2-1(0-0)
Deportivo Municipal-Dep. Binacional 2-0(1-0)
„U" Técnica - Acad. Cantolao 1-0(1-0)

Round 6 [25-27.02.2023]
Alianza Atlético - Sport Huancayo 4-2(3-0)
CD Garcilaso - Atlético Grau 2-0(0-0)
Unión Comercio - „U" Técnica 1-0(0-0)
AD Tarma - Deportivo Municipal 3-0(2-0)
C.A. Mannucci - Universitario Lima 2-0(0-0)
Acad. Cantolao - Cusco FC 2-3(1-0)
Alianza L.- Cesar Vallejo 2-0(0-0) [11.05.23]
FBC Melgar - Sport Boys 2-0(1-0) [12.05.23]
D.Binacional – Sp. Cristal 0-1(0-0) [18.05.23]

Round 7 [03-06.03.2023]
Sport Boys - Dep. Binacional 2-2(1-1)
Sport Huancayo - Acad. Cantolao 4-0(1-0)
Sporting Cristal - AD Tarma 0-0
„U" Cesar Vallejo - C.A. Mannucci 2-0(0-0)
„U" Técnica - Alianza Lima 0-1(0-0)
Universitario Lima - FBC Melgar 1-0(0-0)
Deportivo Municipal - CD Garcilaso 0-3(0-1)
Cusco FC - Unión Comercio 2-1(0-0)
Cienciano-Alianza Atlético 5-2(3-2) [10.05.23]

Round 8 [10-13.03.2023]
AD Tarma - Sport Boys 1-0(1-0)
Alianza Lima - Cusco FC 2-0(1-0)
Unión Comercio - Sport Huancayo 2-0(1-0)
Atlético Grau - Deportivo Municipal 1-1(0-0)
Acad. Cantolao - Cienciano 1-0(1-0)
CD Garcilaso - Sporting Cristal 4-4(0-1)
Dep. Binacional - Universitario Lima 1-2(1-1)
CA Mannucci-„U" Técnica 0-1(0-1) [17.05.23]
Melgar - „U" Cesar Vallejo 2-2(1-0) [31.05.23]

Round 9 [17-20.03.2023]
Sport Boys - CD Garcilaso 2-1(0-0)
Alianza Atlético - Acad. Cantolao 2-1(0-0)
„U" Técnica - FBC Melgar 0-0
Cienciano - Unión Comercio 3-1(2-1)
Universitario Lima - AD Tarma 3-1(1-1)
„U" Cesar Vallejo - Dep. Binacional 2-0(1-0)
Sporting Cristal - Atlético Grau 2-1(1-1)
Sport Huancayo - Alianza Lima 2-1(1-1)
Cusco FC - C.A. Mannucci 3-0(1-0)

Round 1 [24-27.03.2023]
Universitario Lima - Cienciano 3-0(2-0)
Sporting Cristal - Acad. Cantolao 2-0(0-0)
„U" Cesar Vallejo - Sport Huancayo 0-2(0-0)
Deportivo Municipal-Unión Comercio 2-0(1-0)
Atlético Grau - Alianza Lima 1-2(1-1)
AD Tarma - FBC Melgar 0-0
Sport Boys - Alianza Atlético 0-1(0-0)
CD Garcilaso - C.A. Mannucci 1-2(0-0)
„U" Técnica - Cusco FC 0-0

Round 10 [31.03.-02.04.2023]
Deportivo Municipal - Sporting Cristal 1-1(1-1)
AD Tarma - „U" Cesar Vallejo 2-0(2-0)
CD Garcilaso - Universitario Lima 0-0
FBC Melgar - Cusco FC 1-1(1-0)
Alianza Lima - Cienciano 2-0(0-0)
Unión Comercio - Alianza Atlético 3-3(3-2)
C.A. Mannucci - Sport Huancayo 0-0
Atlético Grau - Sport Boys 3-0(2-0)
Dep. Binacional - „U" Técnica 1-1(0-1)

Round 11 [07-10.04.2023]
Cusco FC - Dep. Binacional 2-1(1-1)
Sport Boys - Deportivo Municipal 0-2(0-2)
„U" Técnica - AD Tarma 1-0(0-0)
Cienciano - C.A. Mannucci 1-0(0-0)
Alianza Atlético - Alianza Lima 0-1(0-1)
Sport Huancayo - FBC Melgar 1-1(1-0)
Universitario Lima - Atlético Grau 2-1(0-0)
Acad. Cantolao - Unión Comercio 1-2(0-0)
„U" Cesar Vallejo - CD Garcilaso 3-0(1-0)

Round 12 [14-16.04.2023]
Sporting Cristal - Sport Boys 1-1(0-1)
FBC Melgar - Cienciano 1-0(1-0)
Atlético Grau - „U" Cesar Vallejo 1-1(0-1)
Alianza Lima - Acad. Cantolao 3-0(1-0)
CD Garcilaso - „U" Técnica 2-2(1-1)
AD Tarma - Cusco FC 0-2(0-1)
Deport.Municipal - Universitario Lima 1-2(1-1)
Dep. Binacional - Sport Huancayo 5-3(3-0)
C.A. Mannucci - Alianza Atlético 1-0(1-0)

Round 13 [21-24.04.2023]
„U" Técnica - Atlético Grau 1-1(0-0)
Acad. Cantolao - C.A. Mannucci 0-2(0-0)
Sport Huancayo - AD Tarma 1-3(1-1)
Cienciano - Dep. Binacional 1-1(0-0)
Unión Comercio - Alianza Lima 1-3(1-1)
Cusco FC - CD Garcilaso 2-1(0-1)
Alianza Atlético - FBC Melgar 3-3(0-2)
„U" Cesar Vallejo - Deport. Municipal 1-1(0-0)
Universitario Lima - Sporting Cristal 2-0(1-0)

Round 14 [28-30.04.2023]
Sporting Cristal - „U" Cesar Vallejo 1-1(0-0)
Atlético Grau - Cusco FC 3-0(1-0)
Sport Boys - Universitario Lima 0-3(0-0)
CD Garcilaso - Sport Huancayo 1-1(1-1)
FBC Melgar - Acad. Cantolao 5-0(4-0)
Dep. Binacional - Alianza Atlético 4-2(1-2)
Deportivo Municipal - „U" Técnica 2-0(0-0)
AD Tarma - Cienciano 3-4(1-4)
C.A. Mannucci - Unión Comercio 2-0(0-0)

Round 15 [05-08.05.2023]
Acad. Cantolao - Dep. Binacional 1-0(1-0)
Cusco FC - Deportivo Municipal 1-0(0-0)
Alianza Atlético - AD Tarma 1-1(1-0)
Sport Huancayo - Atlético Grau 1-0(0-0)
Cienciano - CD Garcilaso 0-0
„U" Técnica - Sporting Cristal 1-1(1-0)
„U" Cesar Vallejo - Sport Boys 2-0(1-0)
Alianza Lima - C.A. Mannucci 3-0(2-0)
Unión Comercio - FBC Melgar 1-1(0-0)

Round 2 [12-16.05.2023]
Sport Huancayo - „U" Técnica 5-1(2-1)
Dep. Binacional - AD Tarma 1-0(0-0)
Unión Comercio - Sporting Cristal 1-6(1-2)
C.A. Mannucci - Atlético Grau 1-0(1-0)
Alianza Atlético - Universitario Lima 3-1(1-0)
Cienciano - „U" Cesar Vallejo 1-1(0-0)
FBC Melgar - CD Garcilaso 2-4(1-3)
Alianza Lima - Deportivo Municipal 2-1(0-0)
Acad. Cantolao - Sport Boys 0-0

Round 16 [19-22.05.2023]
FBC Melgar - Alianza Lima 2-1(1-0)
Universitario Lima-„U" Cesar Vallejo 4-0(2-0)
AD Tarma - Acad. Cantolao 1-1(1-1)
CD Garcilaso - Alianza Atlético 3-2(2-1)
Sporting Cristal - Cusco FC 3-2(0-2)
Atlético Grau - Cienciano 4-0(3-0)
Deportivo Municipal - Sp. Huancayo 1-2(1-1)
Sport Boys - „U" Técnica 3-2(1-0)
Dep. Binacional - Unión Comercio 5-0(3-0)

Round 17 [26-28.05.2023]
Acad. Cantolao - CD Garcilaso 1-1(1-1)
Cienciano - Deportivo Municipal 1-0(1-0)
Alianza Atlético - Atlético Grau 3-2(2-1)
Cusco FC - Sport Boys 2-1(1-0)
Unión Comercio - AD Tarma 4-3(0-2)
„U" Técnica - Universitario Lima 1-0(1-0)
Sport Huancayo - Sporting Cristal 1-2(0-0)
C.A. Mannucci - FBC Melgar 1-2(0-0)
Alianza Lima - Dep. Binacional 6-1(2-1)

Round 18 [01-04.06.2023]
Sporting Cristal - Cienciano 4-2(2-0)
AD Tarma - Alianza Lima 2-1(1-0)
Universitario Lima - Cusco FC 1-0(1-0)
Deportivo Municipal-Alianza Atlético 2-1(2-1)
Dep. Binacional - C.A. Mannucci 3-0(2-0)
CD Garcilaso - Unión Comercio 2-2(0-0)
Atlético Grau - Acad. Cantolao 3-0(1-0)
Sport Boys - Sport Huancayo 1-0(0-0)
„U" Cesar Vallejo - „U" Técnica 3-1(0-0)

Round 19 [09-11.06.2023]
Cienciano - Sport Boys 0-1(0-0)
Unión Comercio - Atlético Grau 2-2(1-1)
Acad. Cantolao - Deportivo Municipal 0-1(0-0)
FBC Melgar - Dep. Binacional 2-1(1-1)
C.A. Mannucci - AD Tarma 1-1(1-1)
Alianza Lima - CD Garcilaso 3-2(2-0)
Alianza Atlético - Sporting Cristal 0-0
Cusco FC - „U" Cesar Vallejo 2-0(0-0)
Sport Huancayo - Universitario Lima 1-0(0-0)

Final Standings

1.	Club Alianza Lima	18	14	0	4	37 - 16	42
2.	Club Sporting Cristal Lima	18	9	8	1	33 - 18	35
3.	Club Universitario de Deportes Lima	18	11	1	6	29 - 14	34
4.	Cusco FC	18	10	2	6	24 - 22	32
5.	Deportivo Sport Huancayo	18	8	3	7	30 - 25	27
6.	CD Universidad César Vallejo Trujillo	18	7	6	5	25 - 23	27
7.	CSD Carlos A. Manucci Trujillo	18	8	3	7	17 - 18	27
8.	CD Garcilaso Cuzco	18	6	7	5	32 - 27	25
9.	Foot Ball Club Melgar Arequipa	18	6	7	5	24 - 22	25
10.	Club Centro Deportivo Municipal Lima	18	7	3	8	19 - 21	24
11.	CS Cienciano Cuzco	18	7	3	8	23 - 28	24
12.	CSD Atlético Grau Piura	18	6	5	7	31 - 21	23
13.	CS Alianza Atlético Sullana	18	6	5	7	32 - 33	23
14.	AD Terma	18	5	6	7	23 - 23	21
15.	CCD Universidad Técnica de Cajamarca	18	5	6	7	16 - 22	21
16.	CD Unión Comercio Nueva Cajamarca	18	5	4	9	24 - 40	19
17.	Deportivo Binacional FC Juliaca	18	5	3	10	28 - 34	18
18.	Sport Boys Association Callao	18	5	3	10	13 - 26	18
19.	Academia Deportiva Cantolao Callao	18	2	3	13	9 - 36	9

Club Alianza Lima, as winner of Torneo Apertura were qualified for the Championship Play-offs.

Torneo Clausura 2023

Results

Round 1 [22-26.06.2023]
Acad. Cantolao - Sporting Cristal 0-2(0-2)
FBC Melgar - AD Tarma 4-0(2-0)
Cienciano - Universitario Lima 1-1(0-1)
Alianza Lima - Atlético Grau 2-0(2-0)
Sport Huancayo - „U" Cesar Vallejo 2-0(0-0)
C.A. Mannucci - CD Garcilaso 0-1(0-0)
Alianza Atlético - Sport Boys 1-2(0-1)
Unión Comercio-Deportivo Municipal 1-3(0-0)
Cusco FC - „U" Técnica 2-1(0-0)

Round 2 [30.06.-04.07.2023]
„U" Técnica - Sport Huancayo 0-0
AD Tarma - Dep. Binacional 2-0(2-0)
CD Garcilaso - FBC Melgar 2-2(1-2)
Deportivo Municipal - Alianza Lima 0-1(0-0)
Sporting Cristal - Unión Comercio 3-0(2-0)
Atlético Grau - C.A. Mannucci 0-2(0-0)
„U" Cesar Vallejo - Cienciano 0-3(0-1)
Universitario Lima - Alianza Atlético 2-0(2-0)
Sport Boys - Acad. Cantolao 0-1(0-0)

Round 3 [07-10.07.2023]
FBC Melgar - Atlético Grau 3-0(0-0)
Acad. Cantolao - Universitario Lima 1-4(0-3)
Alianza Atlético - „U" Cesar Vallejo 0-1(0-0)
Cienciano - „U" Técnica 2-2(0-1)
CA Mannucci - Deport. Municipal 3-0 *awarded*
Alianza Lima - Sporting Cristal 0-0
Unión Comercio - Sport Boys 0-1(0-0)
Dep. Binacional - CD Garcilaso 1-5(1-2)
Sport Huancayo - Cusco FC 3-1(2-1)

Round 4 [14-17.07.2023]
„U" Técnica - Alianza Atlético 1-1(0-0)
Universitario Lima - Unión Comercio 2-0(1-0)
CD Garcilaso - AD Tarma 1-2(0-0)
Sporting Cristal - C.A. Mannucci 3-2(1-1)
„U" Cesar Vallejo - Acad. Cantolao 2-1(0-1)
Atlético Grau - Dep. Binacional 2-1(0-0)
Sport Boys - Alianza Lima 1-0(1-0)
Cusco FC - Cienciano 0-0
Deportivo Municipal - FBC Melgar 0-1(0-0)

Round 5 [21-24.07.2023]
Unión Comercio - „U" Cesar Vallejo 1-4(1-2)
Cienciano - Sport Huancayo 1-0(1-0)
Alianza Atlético - Cusco FC 2-0(1-0)
Alianza Lima - Universitario Lima 0-0
Acad. Cantolao - „U" Técnica 2-0(0-0)
C.A. Mannucci - Sport Boys 0-0
AD Tarma - Atlético Grau 1-0(1-0)
FBC Melgar - Sporting Cristal 1-1(1-0)
Dep. Binacional-Deportivo Municipal 4-1(2-0)

Round 6 [27.07.-01.08.2023]
Sporting Cristal - Dep. Binacional 5-0(2-0)
Cusco FC - Acad. Cantolao 3-0(1-0)
„U" Técnica - Unión Comercio 1-1(1-1)
„U" Cesar Vallejo - Alianza Lima 1-1(1-0)
Atlético Grau - CD Garcilaso 1-1(1-1)
Sport Boys - FBC Melgar 0-2(0-2)
Sport Huancayo - Alianza Atlético 2-0(2-0)
Universitario Lima - C.A. Mannucci 3-0(2-0)
Deportivo Municipal - AD Tarma 1-2(0-1)

Round 7 [04-07.08.2023]
Unión Comercio - Cusco FC 2-1(2-0)
Dep. Binacional - Sport Boys 4-0(3-0)
Alianza Lima - „U" Técnica 1-0(0-0)
Alianza Atlético - Cienciano 2-1(1-0)
C.A. Mannucci - „U" Cesar Vallejo 2-1(2-1)
AD Tarma - Sporting Cristal 1-1(0-1)
FBC Melgar - Universitario Lima 0-1(0-1)
Acad. Cantolao - Sport Huancayo 1-1(0-1)
CD Garcilaso - Deportivo Municipal 5-2(2-2)

Round 8 [11-13.08.2023]
Sport Huancayo - Unión Comercio 1-1(0-1)
„U" Técnica - C.A. Mannucci 2-0(2-0)
„U" Cesar Vallejo - FBC Melgar 1-2(1-2)
Sport Boys - AD Tarma 1-1(1-0)
Cienciano - Acad. Cantolao 1-0(1-0)
Universitario Lima - Dep. Binacional 1-0(1-0)
Sporting Cristal - CD Garcilaso 3-0(2-0)
Cusco FC - Alianza Lima 1-1(1-0)
Deport. Municipal - Atlético Grau 0-3 *awarded*

Round 9 [15-17.08.2023]
Unión Comercio - Cienciano 2-0(1-0)
Acad. Cantolao - Alianza Atlético 1-0(0-0)
FBC Melgar - „U" Técnica 1-1(0-0)
AD Tarma - Universitario Lima 2-0(1-0)
C.A. Mannucci - Cusco FC 0-0
CD Garcilaso - Sport Boys 3-0(2-0)
Alianza Lima - Sport Huancayo 1-0(0-0)
Dep. Binacional - „U" Cesar Vallejo 1-0(1-0)
Atlético Grau - Sporting Cristal 2-3(2-0)

Round 10 [19-21.08.2023]
Alianza Atlético - Unión Comercio 2-2(1-1)
Cusco FC - FBC Melgar 1-1(0-0)
Sport Huancayo - C.A. Mannucci 3-1(2-0)
Universitario Lima - CD Garcilaso 1-1(0-1)
Sporting Cristal - Deportivo Municipal 1-0(0-0)
Cienciano - Alianza Lima 0-0
Sport Boys - Atlético Grau 1-1(0-0)
„U" Técnica - Dep. Binacional 3-2(0-2)
„U" Cesar Vallejo - AD Tarma 1-1(1-1)

Round 11 [26-28.08.2023]
Unión Comercio - Acad. Cantolao 2-1(2-0)
C.A. Mannucci - Cienciano 2-0(1-0)
Dep. Binacional - Cusco FC 2-0(1-0)
Alianza Lima - Alianza Atlético 1-0(0-0)
Atlético Grau - Universitario Lima 2-2(1-1)
Deportivo Municipal - Sport Boys 0-3(0-1)
FBC Melgar - Sport Huancayo 1-3(0-0)
AD Tarma - „U" Técnica 0-0
CD Garcilaso - „U" Cesar Vallejo 1-0(1-0)

Round 12 [02-04.09.2023]
Alianza Atlético - C.A. Mannucci 1-1(0-1)
Cusco FC - AD Tarma 1-0(1-0)
Sport Huancayo - Dep. Binacional 3-1(0-1)
„U" Técnica - CD Garcilaso 0-0
„U" Cesar Vallejo - Atlético Grau 5-0(1-0)
A.Cantolao - Alianza Lima 0-2(0-1) [09.09.23]
Cienciano - FBC Melgar 0-1(0-0) [09.09.23]
Sport Boys - Sport. Cristal 1-1(1-0) [10.09.23]
Universitario-Dp.Municipal 1-0(0-0)[10.09.23]

Round 13 [15-17.09.2023]
Atlético Grau - „U" Técnica 4-2(1-1)
C.A. Mannucci - Acad. Cantolao 1-2(0-2)
FBC Melgar - Alianza Atlético 4-0(3-0)
Dep. Binacional - Cienciano 2-2(1-2)
Deportivo Municipal - Cesar Vallejo 0-3(0-2)
CD Garcilaso - Cusco FC 2-1(1-0)
Sporting Cristal - Universitario Lima 0-0
AD Tarma - Sport Huancayo 2-1(1-0)
Alianza Lima - Unión Comercio 3-1(1-1)

Round 14 [19-21.09.2023]
Alianza Atlético - Dep. Binacional 1-0(0-0)
Acad. Cantolao - FBC Melgar 0-1(0-0)
Unión Comercio - C.A. Mannucci 0-0
„U" Técnica - Deportivo Municipal 5-1(4-1)
Cienciano - AD Tarma 2-2(1-1)
Universitario Lima - Sport Boys 3-0(1-0)
Sport Huancayo - CD Garcilaso 0-0
Cusco FC - Atlético Grau 0-0
„U" Cesar Vallejo - Sporting Cristal 0-1(0-1)

Round 15 [23-25.09.2023]
Dep. Binacional - Acad. Cantolao 1-0(1-0)
AD Tarma - Alianza Atlético 1-0(1-0)
Sport Boys - „U" Cesar Vallejo 0-2(0-1)
FBC Melgar - Unión Comercio 3-1(2-0)
C.A. Mannucci - Alianza Lima 1-2(1-0)
CD Garcilaso - Cienciano 0-3(0-1)
Deportivo Municipal - Cusco FC 2-0(0-0)
Atlético Grau - Sport Huancayo 0-0
Sporting Cristal - „U" Técnica 1-1(0-0)

Round 16 [28.09.-01.10.2023]
Unión Comercio - Dep. Binacional 2-2(2-2)
„U" Cesar Vallejo-Universitario Lima 0-1(0-0)
Alianza Lima - FBC Melgar 0-0
Sport Huancayo-Deportivo Municipal 2-0(0-0)
„U" Técnica - Sport Boys 1-0(1-0)
Cusco FC - Sporting Cristal 4-1(1-0)
Cienciano - Atlético Grau 2-0(2-0)
Alianza Atlético - CD Garcilaso 2-0(2-0)
Acad. Cantolao - AD Tarma 0-1(0-0)

Round 17 [02-08.10.2023]
Universitario Lima - „U" Técnica 3-0(1-0)
Sporting Cristal - Sport Huancayo 2-0(1-0)
Sport Boys - Cusco FC 2-1(2-0)
FBC Melgar - C.A. Mannucci 2-1(1-1)
Dep. Binacional - Alianza Lima 1-2(0-1)
Deportivo Municipal - Cienciano 4-1(2-0)
CD Garcilaso - Acad. Cantolao 0-0
Atlético Grau - Alianza Atlético 1-1(0-0)
AD Tarma - Unión Comercio 3-0(0-0)

Round 18 [20-23.10.2023]
„U" Técnica - „U" Cesar Vallejo 1-1(1-0)
Alianza Atlético-Deportivo Municipal 1-2(1-0)
Alianza Lima - AD Tarma 0-0
Cusco FC - Universitario Lima 1-1(0-0)
Unión Comercio - CD Garcilaso 1-2(1-0)
Sport Huancayo - Sport Boys 1-0(0-0)
C.A. Mannucci - Dep. Binacional 3-2(0-0)
Cienciano - Sporting Cristal 1-0(0-0)
Acad. Cantolao - Atlético Grau 0-4(0-2)

Round 19 [28-29.10.2023]
„U" Cesar Vallejo - Cusco FC 3-1(1-1)
Deportivo Municipal - Acad. Cantolao 1-2(0-0)
Sport Boys - Cienciano 2-1(1-1)
AD Tarma - C.A. Mannucci 0-0
Sporting Cristal - Alianza Atlético 3-0(3-0)
Universitario Lima - Sport Huancayo 2-0(1-0)
Dep. Binacional - FBC Melgar 1-2(1-1)
Atlético Grau - Unión Comercio 0-1(0-1)
CD Garcilaso - Alianza Lima 0-1(0-1)

Final Standings

1.	Club Universitario de Deportes Lima	18	11	6	1	28 - 8	39
2.	Foot Ball Club Melgar Arequipa	18	11	5	2	31 - 13	38
3.	Club Alianza Lima	18	10	7	1	18 - 6	37
4.	Club Sporting Cristal Lima	18	10	6	2	31 - 13	36
5.	AD Tarma	18	9	7	2	21 - 13	34
6.	Deportivo Sport Huancayo	18	8	5	5	22 - 14	29
7.	CD Garcilaso Cuzco	18	7	6	5	24 - 20	27
8.	CD Universidad César Vallejo Trujillo	18	7	3	8	25 - 19	24
9.	CS Cienciano Cuzco	18	6	6	6	21 - 20	24
10.	Sport Boys Association Callao	18	6	5	7	15 - 23	23
11.	CSD Carlos A. Manucci Trujillo	18	5	5	8	16 - 22	20
12.	CCD Universidad Técnica de Cajamarca	18	3	10	5	21 - 23	19
13.	Cusco FC	18	4	6	8	18 - 23	18
14.	CSD Atlético Grau Piura	18	4	6	8	17 - 27	18
15.	Deportivo Binacional FC Juliaca	18	5	2	11	25 - 34	17
16.	CD Unión Comercio Nueva Cajamarca	18	4	5	9	18 - 32	17
17.	Academia Deportiva Cantolao Callao	18	5	2	11	12 - 26	17
18.	CS Alianza Atlético Sullana	18	4	4	10	14 - 25	16
19.	Club Centro Deportivo Municipal Lima	18	4	0	14	17 - 33	12

Club Universitario de Deportes Lima, as winner of Torneo Clausura were qualified for the Championship Play-offs.

Aggregate Table 2023

#	Club	P	W	D	L	GF	-	GA	Pts
1.	Club Alianza Lima	36	24	7	5	55	-	22	79
2.	Club Universitario de Deportes Lima	36	22	7	7	57	-	22	73
3.	Club Sporting Cristal Lima	36	19	14	3	64	-	31	71
4.	Foot Ball Club Melgar Arequipa	36	17	12	7	55	-	35	63
5.	Deportivo Sport Huancayo	36	16	8	12	52	-	39	56
6.	AD Tarma	36	14	13	9	44	-	36	55
7.	CD Garcilaso Cuzco[1]	36	13	13	10	56	-	47	51
8.	CD Universidad César Vallejo Trujillo	36	14	9	13	50	-	42	51
9.	Cusco FC	36	14	8	14	42	-	45	50
10.	CS Cienciano Cuzco	36	13	9	14	44	-	48	48
11.	CSD Carlos A. Manucci Trujillo	36	13	8	15	33	-	40	47
12.	CSD Atlético Grau Piura	36	10	11	15	48	-	48	41
13.	CCD Universidad Técnica de Cajamarca	36	8	16	12	37	-	45	40
14.	CS Alianza Atlético Sullana	36	10	9	17	46	-	58	39
15.	Sport Boys Association Callao[2]	36	11	8	17	28	-	49	37
16.	CD Unión Comercio Nueva Cajamarca	36	9	9	18	42	-	72	36
17.	Deportivo Binacional FC Juliaca (*Relegated*)	36	10	5	21	53	-	68	35
18.	Club Centro Deportivo Municipal Lima[3] (*Relegated*)	36	11	3	22	36	-	54	31
19.	Academia Deportiva Cantolao Callao (*Relegated*)	36	7	5	24	21	-	62	26

[1] *1 point deducted;*
[2] *4 points deducted;*
[3] *5 points deducted;*

Club Alianza Lima, Club Universitario de Deportes Lima, Club Sporting Cristal Lima and Foot Ball Club Melgar Arequipa were qualified for the 2024 Copa Libertadores.

Deportivo Sport Huancayo, AD Terma, CD Garcilaso Cuzco and CD Universidad César Vallejo Trujillo were qualified for the 2024 Copa Sudamericana.

Championship Play-offs

For a better understanding, here is a graphic representation of the knockout stage:

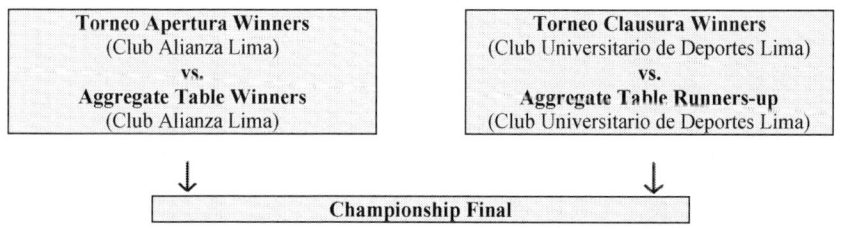

As a result, Club Alianza Lima and Club Universitario de Deportes Lima were qualified for the Championship Finals.

Championship Finals

04.11.2023, Estadio Monumental, Lima; Attendance: n/a
Referee: Kevin Ortega Pimentel
Club Universitario de Deportes Lima - Club Alianza Lima   1-1(0-0)
Universitario Lima: José Aurelio Carvallo Alonso, Aldo Sebastián Corzo Chávez (Cap), Williams Ismael Riveros Ibáñez, Matías Ezequiel Di Benedetto, Andy Jorman Polo Andrade, Martín Pérez Guedes (86.Jorge Salvador Murrugarra Torres), Rodrigo Andrés Ureña Reyes, Piero Aldair Quispe Córdova (86.Horacio Martín Calcaterra), Nelson Jhonny Luis Cabanillas Jésus, Édison Michael Flores Peralta (76.Luis Alfredo Urruti Giménez), Álex Eduardo Valera Sandoval (90+1.Emanuel Herrera). Trainer: Jorge Daniel Fossati Lurachi (Uruguay).
Alianza Lima: Ángelo Ademir Campos Turriarte, Gino Peruzzi Lucchetti, Yordi Eduardo Vilchez Cienfuegos, Pablo Nicolas Míguez Farre, Ricardo César Lagos Puyen, Josepmir Aarón Ballón Villacorta (Cap), Jesús Castillo Peña (63.Carlos Augusto Zambrano Ochandarte), Jairo Jair Concha Gonzáles, Marco Aldair Rodríguez Iraola (76.Pablo David Sabbag Daccarett), Franco Zanelatto Tellez (46.Bryan Roberto Reyna Casaverde), Hernán Barcos (87.Basilio Gabriel Costa Heredia). Trainer: José Mauricio Larriera Dibarboure.
Goals: 1-0 Álex Eduardo Valera Sandoval (63 penalty), 1-1 Basilio Gabriel Costa Heredia (90+4).

08.11.2023, Estadio "Alejandro Villanueva", Lima; Attendance: n/a
Referee: Edwin Rodrigo Ordóñez Medina
Club Alianza Lima - Club Universitario de Deportes Lima   0-2(0-1)
Alianza Lima: Ángelo Ademir Campos Turriarte, Carlos Augusto Zambrano Ochandarte, Pablo Nicolas Míguez Farre, Yordi Eduardo Vilchez Cienfuegos, Gino Peruzzi Lucchetti (83.Marco Aldair Rodríguez Iraola), Josepmir Aarón Ballón Villacorta (Cap), Jairo Jair Concha Gonzáles, Oswaldo Josúe Valenzuela Dileo (37.Franco Zanelatto Tellez), Ricardo César Lagos Puyen (46.Bryan Roberto Reyna Casaverde), Pablo David Sabbag Daccarett (46.Basilio Gabriel Costa Heredia), Hernán Barcos. Trainer: José Mauricio Larriera Dibarboure.
Universitario Lima: José Aurelio Carvallo Alonso, Aldo Sebastián Corzo Chávez (Cap), Williams Ismael Riveros Ibáñez, Matías Ezequiel Di Benedetto, Andy Jorman Polo Andrade, Martín Pérez Guedes (84.Jorge Salvador Murrugarra Torres), Rodrigo Andrés Ureña Reyes, Piero Aldair Quispe Córdova (85.José Daniel Rivera Martínez), Nelson Jhonny Luis Cabanillas Jésus (84.José Vidal Bolívar Ormeño), Édison Michael Flores Peralta (69.Horacio Martín Calcaterra), Álex Eduardo Valera Sandoval (90+3.Marco Antonio Saravia Antinori). Trainer: Jorge Daniel Fossati Lurachi (Uruguay).
Goals: 0-1 Édison Michael Flores Peralta (3), 0-2 Horacio Martín Calcaterra (82).

2023 Liga 1 Winners: **Club Universitario de Deportes Lima**

Top goalscorers:
22 goals:	**Santiago Giordana (ARG)**	**(CD Garcilaso Cuzco)**
17 goals:	Hernán Barcos (ARG)	(Club Alianza Lima)
	Bernardo Nicolás Cuesta Veratrini	(Foot Ball Club Melgar Arequipa)
	Yorleys Mena Palacios (COL)	(CD Universidad César Vallejo Trujillo)

THE CLUBS 2023

ACADEMIA DEPORTIVA CANTOLAO CALLAO

Foundation date: April 14, 1981
Address: Calle García y García 275, Distrito de La Punta, Callao
Stadium: Estadio Municipal „Segundo Aranda Torres", Huacho (8,000)

Trainer:	Víctor Matías Rosa Castro (URU)	10.01.1982
[13.04.2023]	Ramón Perleche Aıbulú	
[22.04.2023]	Edgardo Blas Malvestiti (ARG)	12.12.1969
[14.09.2023]	Jersi Jair Sócola Romero	07.07.1990

THE SQUAD

	DOB	M	(s)	G
Goalkeepers:				
José Pablo Cruz Agüero	21.07.1997	1		
Christian Gonzalo Limousin (ARG)	29.11.1991	34		
José Luis Lozada Gamarra	12.12.1991	1		
Defenders:				
Robinson Esteban Alzamora Lloclla	12.08.1999	8	(2)	
Giancarlo Carmona Maldonado	12.10.1985	14		1
Francisco Elías Duclós Flores	29.01.1996	23	(3)	1
Carlos Junior Huerto Saavedra	26.04.1999	16	(7)	1
Sebastian Andrés Lojas Solano	04.07.1995	10	(2)	
Carlos Joao Montoya García	04.05.2002	10	(2)	
Saúl Yonatan Salas Carrillo	10.10.1994	5	(2)	
José Arón Sánchez Flores	04.05.2003	21		2
Alonso Tamariz Ramírez	13.01.1998	26	(4)	
Ronald Bryce Vega Guzmán	12.03.2000	2		
Midfielders:				
David Michel Acosta Márquez (URU)	14.02.1988	15	(5)	
Antonio Valentino Delgado Calisaya	11.09.2006	7	(4)	
Rafael Nicanor Guarderas Saravia	12.09.1993	28	(1)	
Jeamson Jomar Jiménez Rosado	31.03.2005		(1)	
Jean Franco Lara Borda	07.11.2006		(1)	
Facundo Maximiliano Moreira Burgos (URU)	27.02.1989	15	(10)	
Diego Antonio Ramírez Cutti	02.11.1994	25	(4)	
Luis Alberto Ramírez Lucay	10.11.1984	16	(9)	1
Christian André Sánchez Soto	05.04.1999	6	(13)	
Josimaı Hugo Vargas García	06.04.1990	15	(4)	
Stefano Enrique Velasco Saldaña	05.03.2005	10	(7)	
Forwards:				
Brian Calabrese Tantucci (ARG)	17.04.1996	8	(6)	2
Aarón Omar Carnero Tenazoa	22.04.1999		(3)	
Renato Espinosa Torres	06.07.1998	15	(17)	1
Pier Gonzáles Aponte	07.04.2003		(3)	
Hober Gabriel Leyes Viera (URU)	29.05.1990	15	(2)	4
Álvaro Eduardo Medrano Chuchuca	23.10.1995	3	(10)	
Guillermo Lino Oliva Montes	11.04.2004		(1)	
Mario Vicente Panaifo Huani	26.03.2006		(1)	
Ítalo Estuard Regalado Algendones	15.09.1995	11	(17)	2
Mario Kazuma Tajima López (COL)	31.05.1993	13	(4)	2
Hebert Alexander Vergara Larrosa (URU)	22.03.2002	23	(7)	3

CLUB ALIANZA ATLÉTICO SULLANA

Foundation date: January 18, 1920
Address: Calle Jr. Sucre 462, 2° Piso, Sullana
Stadium: Estadio „Campeones del 36", Sullana (12,000)

Trainer:		
	Carlos Alberto Desio (ARG)	25.01.1973
[11.05.2023]	Jorge Ágapo Gonzales Saldarriaga	25.03.1967
[14.06.2023]	Carlos Horacio Compagnucci (ARG)	06.08.1968
[21.08.2023]	Jorge Ágapo Gonzales Saldarriaga	25.03.1967

THE SQUAD

	DOB	M	(s)	G
Goalkeepers:				
Jeremy Giordano Aguirre Minan	20.02.1999		(1)	
Diego Melián de León (URU)	04.11.1991	35		
Federico Ariel Nicosia Malizia (ARG)	05.02.1990	1		
Defenders:				
Rotceh Américo Aguilar Rupany	12.06.2001	2	(5)	
Joaquín Aldaír Aguirre Luza	24.07.1995	23	(6)	2
Luiggi Aldair Alburqueque Sánchez	14.11.2002	12	(1)	
Manuel Alonso Ganoza Cacho Sousa	09.06.1999	12	(1)	
Williams Aldair Guzmán Vargas	21.08.2000	11	(1)	
Jesús Alexander Mendieta Rojas	11.04.1998	23	(7)	1
Marcos Armando Ortíz Lovera	27.03.1993	4	(6)	
Aldair Perleche Romero	04.06.1995	26	(6)	1
Ángelo Matías Pizzorno Bracco (URU)	21.10.1991	22	(1)	4
José Antonio Racchumick Nuñez	01.01.2002	1	(1)	
Jesús Alexander Piero Reyes Espinoza	11.01.2002	2		
Midfielders:				
Santiago Daniel Arias Fierro (URU)	19.06.1995	32		2
Juan Pablo Mariano Carranza Estéves	10.03.2001	5	(11)	
Miguel Cornejo Loli	18.01.2000	13	(8)	3
Stéfano José Fernández Pizarro	12.02.2002	9	(4)	
Fernando Emanuel Ibáñez (ARG)	07.10.1993	5	(9)	
Piero Joel Serra Aguilar	03.07.1997	24	(3)	
Róger Mauricio Torres Hoya (COL)	13.07.1991	20	(12)	2
Forwards:				
Jeremy Jorge Canela Torres	06.03.1998	28	(1)	5
Mathías Petter Carpio Ferro	15.11.2002	6	(5)	
José Leonardo de la Cruz Robatti	12.01.2001		(11)	
Néstor Adrián Fernández Palacios (PAR)	04.08.1992	34		16
Flavio Abraham Fernández Angulo	06.03.2001	8	(8)	1
Guillermo Alessandro Larios Saavedra	11.05.2002	18	(12)	4
José Miguel Manzaneda Pineda	10.09.1994	15	(13)	3
Mauricio Daiki Matzuda Gusukuda	05.01.2000	1	(9)	1
Santiago Edgardo Rebagliati Patroni	01.08.1996	1	(12)	
Aryan Issait Romaní Velasco	12.07.2001	2	(7)	1
Diego Alonso Saffadi Carrillo	16.09.1997	1	(8)	

CLUB ALIANZA LIMA

Foundation date: February 15, 1901
Address: Calle Jirón Abtao con Avenida Isabel La Católica 821, La Victoria, Lima
Stadium: Estadio „Alejandro Villanueva", Lima (33,938)

Trainer:		
	Guillermo Sandro Salas Suárez	21.10.1974
[24.07.2023]	Nixon Perea Mosquera (COL)	15.08.1973
[02.08.2023]	José Mauricio Larriera Dibarboure	26.08.1970

THE SQUAD

	DOB	M	(s)	G
Goalkeepers:				
Ángelo Ademir Campos Turriarte	27.04.1993	24		
Ítalo Gilmar Espinoza Gómez	17.04.1996	2		
Franco Manuel Saravia Rojas	02.06.1999	11		
Defenders:				
José Nicolás Amasifuen De Paz	05.07.2005	4	(1)	
Edinson José Chávez Quiñónez	20.11.1993	8	(5)	
Santiago García (ARG)	08.07.1988	20		1
Ricardo César Lagos Puyen	20.04.1996	30	(4)	1
Pablo Nicolas Míguez Farre (URU)	19.06.1987	22	(7)	
Carlos Joao Montoya García	04.05.2002	3	(1)	
Gino Peruzzi Lucchetti (ARG)	09.06.1992	20	(3)	1
Yordi Eduardo Vilchez Cienfuegos	13.02.1995	22	(2)	
Carlos Augusto Zambrano Ochandarte	10.07.1989	17	(3)	2
Midfielders:				
Andrés Felipe Andrade Torres (COL)	23.02.1989	10	(3)	2
José Mauricio Arrasco Calderón	26.05.2004		(4)	
Josepmir Aarón Ballón Villacorta	21.03.1988	34		1
Enzo Borletti Acevedo	28.01.2004		(2)	
Jesús Castillo Peña	10.03.1996	22	(10)	2
Jairo Jair Concha Gonzáles	27.05.1999	28	(5)	2
Basilio Gabriel Costa Heredia (URU)	02.04.1990	18	(11)	5
Jorge Andree Del Castillo Díaz	28.09.2004		(2)	
Pablo Damián Lavandeira Hernández (URU)	11.05.1990	5	(9)	1
Oscar Manuel Pinto Marín	20.01.2002	1	(3)	
Bassco Soyer Cantella	17.10.2006		(4)	
Oswaldo Josúe Valenzuela Dileo	20.12.2000	5	(10)	
Jhoao Velásquez Chumpitaz	02.08.2005		(2)	
Franco Zanelatto Tellez (PAR)	09.05.2000	16	(8)	4
Forwards:				
Hernán Barcos (ARG)	11.04.1984	25	(9)	17
Christian Alberto Cueva Bravo	23.11.1991	14	(7)	
Juan Pablo Goicochea del Carpio	12.01.2005		(3)	
Bryan Roberto Reyna Casaverde	23.08.1998	18	(8)	4
Marco Aldair Rodríguez Iraola	06.08.1994	15	(17)	3
Pablo David Sabbag Daccarett (SYR)	11.06.1997	13	(8)	9

Please note: appearances and goals in Championship Finals included.
Apertura Round 3: Club Sporting Cristal Lima – Club Alianza Lima (awarded 3-0) was not played.

ASOCIACIÓN DEPORTIVA TARMA

Foundation date: June 18, 1929
Address: *Not known*
Stadium: Estadio Unión, Tarma (9,100)

Trainer:	Franco Enrique Navarro Monteiro	10.11.1961

THE SQUAD	DOB	M	(s)	G
Goalkeepers:				
Ignacio Barrios (URU)	26.10.1992	33		
Pedro Díaz	21.04.1998	3	(1)	
Defenders:				
Gu Rum Choi Guevara	22.08.1998	24	(2)	
Marcos Abner Delgado Ocampo	17.02.1988	4	(6)	
Jean Franco Falconí Huamán	04.06.1996	10	(9)	
Emilio Andrés Gutiérrez Sáenz	04.11.1992	12	(1)	
César Johan Inga Velásquez	30.04.2002	17	(5)	
Kevin Manuel Moreno Alzamora	08.05.1997	7	(5)	
Gonzalo Nicolás Rizzo Sánchez (URU)	27.12.1995	34		5
Emilio Esteban Saba Fassioli	26.03.2001	26	(2)	
Mathías Emanuel Silvera Almeida (URU)	20.03.1999	12	(2)	
Midfielders:				
Armando André Alfageme Palacios	03.11.1990	28	(1)	
Waldir Jesús Calderón Montes	09.06.1997		(1)	
José Luis Cazares Quiñónez (ECU)	14.05.1991	3	(4)	
Victor Andrés Cedrón Zurita	06.10.1993	9	(15)	1
Yimy Manuel Gamero López	07.01.2002	6	(3)	
Willyan Junior Mimbela Cáceres	15.05.1992	27	(4)	4
Jorge Jiampiere Palomino Poma	07.09.1995	17	(4)	1
Christian Martín Velarde Arrunátegui	20.06.1998	16	(10)	
Forwards:				
Jorge Christopher Agüero Pozo	25.07.2001	4	(9)	
Sinclair Osnar García Quezada	16.08.1993		(1)	
Daniel Fabio Morales Quispe	28.04.1992	4	(8)	
Víctor Manuel Perlaza Caicedo (COL)	29.07.1994	25	(9)	6
Janio Carlo Posito Olazábal	10.10.1989	29	(5)	13
Piero Luis Ratto Caballero	11.05.1998	2	(5)	
Hernán Rengifo Trigoso	18.04.1983	7	(15)	6
Diego Alonso Saffadi Carrillo	16.09.1997	1	(6)	
Kevin Steven Serna Jaramillo (COL)	17.12.1997	36		6

CLUB ATLÉTICO GRAU PIURA

Foundation date: June 5, 1919
Address: *Not known*
Stadium: Estadio Municipal de Bernal, Piura (7,000)

Trainer:		
	Daniel Héctor Ahmed (ARG)	22.11.1965
[06.08.2023]	Ángel David Comizzo Leiva (ARG)	27.04.1962

THE SQUAD				
	DOB	M	(s)	G
Goalkeepers:				
Patricio Leonel Álvarez Noguera	24.01.1994	9		
Raúl Omar Fernández Valverde	06.10.1985	22		
Alvaro Efraín Reynoso Centeno	06.05.2003		(1)	
Ronald Pierre Ruíz Ordinola	02.08.1987	3		
Defenders:				
Álvaro Francisco Ampuero García Rosell	25.09.1992	7	(8)	1
José Eduardo Caballero Bazán	31.03.1997	25	(3)	1
Daniel Alejandro Franco (ARG)	15.07.1991	29		1
Alessandro Milesi Germoni	21.12.1999	10	(7)	1
Elsar Rodas Mendoza	28.02.1994	24	(4)	
Fabio Renato Rojas Prieto	04.08.1999	12	(5)	
Jeremy Martín Rostaing Verástegui	23.05.1995	1	(12)	
Manuel Angel Tejada Medina	12.01.1989	25	(4)	1
Midfielders:				
Luis Enrique Álvarez Valdivia	17.05.1990	31	(1)	
Paulo César De La Cruz	22.10.1999	14	(19)	3
Joel Brandon López Pissano (ARG)	06.01.1997	20	(4)	4
Neil Jaime Marcos Morán	11.05.1992	3	(15)	
Axel Aarón Moyano Durand	03.01.2001	20	(9)	
Ray Anderson Sandoval Baylón	13.02.1995	20	(4)	4
Forwards:				
Neri Ricardo Bandiera (ARG)	03.07.1989	32	(1)	14
Nicolás Amaedo Figueroa Rodríguez	24.05.2002		(4)	
Franklin Martin Godos Merino	15.12.2003		(4)	
Fernando Andrés Márquez (ARG)	10.12.1987	13	(10)	5
Oslimg Roberto Mora Pasache	02.06.1999	28	(4)	3
Rodrigo Javier Salinas (ARG)	04.07.1986	19	(10)	6
Piero Antonio Vivanco Ayala	17.01.2000	7	(12)	

Apertura Round 3: CSD Atlético Grau Piura - Foot Ball Club Melgar Arequipa (awarded 3-0) was not played.
Clausura Round 8: Club Centro Deportivo Municipal Lima - CSD Atlético Grau Piura (awarded 3-0) was not played.

CLUB SOCIAL Y DEPORTIVO CARLOS A. MANUCCI TRUJILLO
Foundation date: November 16, 1959
Address: *Not available*
Stadium: Estadio Mansiche, Trujillo (25,036)

Trainer:	Mario Roberto Viera Gil (URU)	19.10.1959

THE SQUAD			
	DOB	M (s)	G
Goalkeepers:			
Manuel Alexander Heredia Rojas	09.01.1986	34	
Defenders:			
Maximiliano Javier Amondarain Colzada (URU)	22.01.1993	18 (6)	
Matías Cortave (ARG)	27.06.1992	32	1
Alexis Cossio Zamora	11.02.1995	23 (3)	1
Marcelo Enrique Gaona Flores	26.03.1999	13 (3)	
Mathias Daniel Llontop Diáz	22.05.2002	13 (4)	1
Carlos Roberto Neyra Layva	24.05.1995	1 (3)	
Erick Anthony Perleche Cruzado	15.08.2000	19 (4)	
Jefferson Carlos Portales Lavalle	29.11.1997	19	
Marlon Brayan Ruidías Cutipa	13.05.1999	5 (4)	
Midfielders:			
Tarek Brahan Carranza Terry	13.02.1992	16 (5)	
Carlos Armando Correa Flores	25.01.1995	13 (9)	
Raziel Samir Fernando García Paredes	15.02.1994	15 (6)	1
Erick Paul Gonzáles Aponte	11.04.1996	23 (7)	2
Yamir Edhu Oliva Rodríguez	17.01.1996	5 (12)	1
Bryan Franclin Urrutia Zavaleta	14.04.2002	2 (18)	1
Gustavo Agustín Viera Velázquez (PAR)	28.08.1995	16 (6)	
Forwards:			
Wilmer Alexander Aguirre Vázquez	10.05.1983	4 (7)	
Léiner de Jesús Escalante Escorcia (COL)	18.12.1991	25 (8)	2
Federico Rafael González (ARG)	06.01.1987	15 (12)	2
Alexander Lecaros Aragón	13.10.1999	6 (5)	
Javier Eduardo Núñez Mendoza	23.01.1997	16 (9)	1
Michel Ademir Rasmussen Grados	14.08.1999	5 (5)	
Kevin Alejandro Ruíz Rosales	14.02.1995	4 (11)	2
Juan Matías Succar Cañote	16.02.1999	32 (1)	11
Joao de Jesús Villamarin Antúnez	10.02.1992	(12)	1

Apertura Round 3: Club Centro Deportivo Municipal Lima – CSD Carlos A. Manucci Trujillo (awarded 0-3) was not played.
Clausura Round 3: CSD Carlos A. Manucci Trujillo - Club Centro Deportivo Municipal Lima (awarded 3-0) was not played.

CLUB CIENCIANO CUSCO

Foundation date: July 8, 1901
Address: Colegio Ciencias 2do piso, Plaza San Francisco S/N, Cuzco
Stadium: Estadio Inca Garcilaso de la Vega, Cuzco (45,000)

Trainer:		
	Leonel de Jesús Álvarez Zuleta (COL)	29.07.1965
[19.05.2023]	Alessandro Morán Torres	30.11.1972
[22.05.2023]	Gerardo Pablo Ameli (ARG)	18.09.1970
[11.09.2023]	Óscar Manuel Ibáñez Holzmann	08.08.1967

THE SQUAD

	DOB	M	(s)	G
Goalkeepers:				
Jeferson Josue Nolasco Garcés	19.03.2002	7		
Miguel Ángel Vargas Mañan (CHI)	15.06.1996	28		
Defenders:				
Roberto Efraín Koichi Aparicio Mori	06.06.1992	14	(7)	1
Carlos Javier Beltrán Neroni (ARG)	18.08.1990	32		6
Yhirbis Yosec Córdova Guizasola	03.01.1991	5	(6)	1
Fernando Andrés Evangelista Iglesias (ARG)	21.10.1991	17	(1)	1
Luis Fernando Garro Sánchez	20.07.1996	28	(3)	
José Ramón Leguizamón Ortega (PAR)	23.08.1991	4	(8)	
Franco Anthony Medina Soto	18.07.1999	2	(2)	
Ayrthon Carlos Edú Quintana Azalde	14.03.2001	23	(8)	
Hansell Argenis Riojas La Rosa	15.10.1991	22	(1)	
Iván Diego Santillán Atoche	06.05.1991	15	(8)	
Midfielders:				
Mathías Petter Carpio Ferro	15.11.2002	2	(1)	
Lenin Leomar Checco Chacón	01.11.2003		(1)	
Gianlucca Fatecha Benítez (PAR)	17.02.1998	4	(8)	
Gonzalo Federico González Pereyra (URU)	07.10.1993	10	(8)	
Didier Jeanpier La Torre Arana	21.03.2002	6	(4)	3
Ángel Ojeda Allauca	11.08.1992	15	(7)	1
Alberto Abdiel Quintero Medina (PAN)	18.12.1987	25	(5)	3
Alfredo Sebastián Ramúa (ARG)	04.09.1986	9	(8)	1
Kevin Armando Sandoval Laynes	03.05.1997	17	(3)	3
Augusto Leonel Solís Ramírez	30.08.1996	8	(3)	1
Claudio Fermín Torrejón Tineo	14.05.1993	18	(3)	
Forwards:				
Danilo Ezequiel Carando (ARG)	05.08.1988	4	(12)	2
Jean Carlos Francisco Deza Sánchez	09.06.1993	3	(3)	
Carlos Jhon Garcés Acosta (ECU)	01.03.1990	28	(3)	16
Cristopher Paolo César Hurtado Huertas	27.07.1990	11	(8)	
Fernando José Pacheco Rivas	26.06.1999	7	(4)	1
Sharif Aaron Ramírez Naupari	13.03.2003	2	(5)	
Rodrigo Gabriel Rodríguez Meza	28.05.2003		(6)	
Juan Bautista Romagnoli Costa (ARG)	20.06.1996	19	(6)	3

Apertura Round 3: CCD Universidad Técnica de Cajamarca – CS Cienciano Cuzco (awarded 3-0) was not played.

CUSCO FÚTBOL CLUB

Foundation date: July 16, 2009
Address: Calle Bellavista L 4, Residencial Huancaro, Cuzco
Stadium: Estadio Inca Garcilaso de la Vega, Cuzco (45,000)

Trainer:	Pablo Peirano Pardeiro (URU)	21.01.1975
[19.09.2023]	Luis Alberto Flores Villena	18.08.1964

THE SQUAD

	DOB	M	(s)	G
Goalkeepers:				
Daniel Andrés Ferreyra Silva (ARG)	22.01.1982	33		
Éder Alberto Hermoza Guevara	04.04.1990	2	(1)	
Defenders:				
Federico Damián Alonso del Monte (URU)	04.04.1991	25		1
Horacio Cristian Benincasa Olaya	11.04.1994	10	(8)	
Jonathan Alberto Bilbao Vásquez	29.07.1999	12	(12)	1
Josué Daniel Estrada Aguilar	07.09.1994	29	(1)	1
Anthony Manuel Alberto Gordillo Vásquez	30.04.1994	20	(8)	
Nelinho Minzúm Quina Asín	11.05.1987	32		
José Junior Velásquez Huillca	29.10.1998	1	(2)	
Freddy Alonso Yovera Pérez	11.02.2001	17	(10)	
Midfielders:				
Miguel Ángel Aucca Cruz	10.08.1998	8	(14)	
Abdiel Armando Ayarza Cocanegra (PAN)	12.09.1992	23	(10)	9
Gerson Alexis Barreto Gamboa	18.08.1995	31	(2)	1
Jordan Marcelo Guivin Tanta	23.02.1998	12	(4)	
Alfredo Sebastian Ramúa (ARG)	04.09.1986	1	(3)	
Carlos Iván Uribe Zambrano	25.03.1992	6	(8)	
Sebastián Rumi Zarabia Orihuela	22.02.2005		(1)	
Forwards:				
Hideyoshi Enrique Arakaki Chinen	02.01.1998	5	(18)	2
Tiago Cantoro Armentano	06.01.2001	2	(19)	3
Mauro Andrés da Luz Regalado (URU)	05.09.1994	24	(9)	6
Rolando Javier Díaz Cáceres	07.05.1999	3	(11)	
José Fajardo Nelson (PAN)	18.08.1993	17		6
James Christian Morales Sequeiros	12.04.2000	1	(5)	1
Christopher Robin Olivares Burga	03.04.1999	13		
Felipe Jorge Rodríguez Valla (URU)	26.05.1990	32	(1)	9
Jhonny Víctor Vidales Lature	22.04.1992	26	(6)	1

Apertura Round 3: Cusco FC – Deportivo Sport Huancayo (awarded 0-3) was not played.

DEPORTIVO BINACIONAL FÚTBOL CLUB JULIACA

Foundation date: December 18, 2010
Address: *Not available*
Stadium: Estadio "Guillermo Briceño Rosamedina", Juliaca (18,080)

Trainer:		
	Wilmar Elar Valencia Pacheco	27.10.1961
[18.03.2023]	José Mauro Díaz Díaz	28.10.1974
[22.03.2023]	Darío Javier Franco Gatti (ARG)	17.01.1969
[20.05.2023]	José Mauro Díaz Díaz	28.10.1974
[01.06.2023]	Aristóteles Ramos Escate	09.03.1972
[19.06.2023]	Juan Manuel Azconzábal (ARG)	08.09.1974
[04.08.2023]	César Eduardo Vaioli (ARG)	26.04.1969

THE SQUAD

	DOB	M	(s)	G
Goalkeepers:				
Ángel David Azurín Condori	29.05.1991	3		
Diego Mauricio Enríquez Gutiérrez	24.01.2002	32		
Defenders:				
Alberto Benjamín Ampuero Aróstegui	05.08.2000	1	(1)	
Stiwar Mena Serna (COL)	02.10.1994	11	(1)	
Leonardo William Mifflin Cabezudo	04.01.2000	12	(4)	
Diego Alejandro Minaya Naters	01.05.1990	10	(5)	1
Yonatan Yovanny Murillo Alegría (COL)	05.07.1992	33		1
Orlando Núñez Castillo	16.01.2000	19	(9)	
Minzum Nelinho Quina Asín	11.05.1987	8	(7)	2
José Anthony Rosell Delgado	20.04.1995	28	(3)	
Éder Benjamin Villalta Mori	24.07.2000	5	(4)	
Roberto Daniel Villamarín Mora	25.09.1997	18	(1)	2
Gustavo Antonio Villamayor Achucarro (PAR)	20.03.1993	1		
Midfielders:				
Edson Diego Aubert Cervantes	24.11.1988	25	(5)	
Jefferson Justo Cáceres Chávez	22.08.2002	11	(10)	3
Hoover Saúl Crespo Gómez	07.01.1992	7	(16)	1
Jacobo Salvador Kouffati Agostini (VEN)	30.06.1993	1	(4)	
Freddy Alejandro Oncoy Huarote	29.09.2000	30	(2)	7
Ángel Elías Romero Iparraguirre	09.08.1990	28	(1)	2
Jordy Franchesco Jack Santa María Mamani	30.11.2001		(1)	
Forwards:				
Manuel Alonso Chumpitaz Hidalgo	17.12.2002		(1)	
Jack Harrinson Cirilo Silva	27.01.1999		(15)	1
Jack Kevin Durán Abán	08.12.1991	17	(6)	
Brayan Alexis Fernández Garcés (COL)	25.01.1992	16	(1)	7
Brandon Roberto Palacios Bustamante	26.03.1998	27	(6)	11
Andy Jeferson Polar Paredes	17.02.1997	25	(3)	7
Julio Cesar Vizcarra Jiménez	02.10.2002		(10)	
Héctor Alipio Zeta Lacherre	15.05.1994	17	(14)	7

Apertura Round 3: CD Garcilaso Cuzco – Deportivo Binacional FC Juliaca (awarded 3-0) was not played.

CLUB DEPORTIVO GARCILASO CUZCO

Foundation date: April 13, 1957
Address: *Not available*
Stadium: Estadio Inca Garcilaso de la Vega, Cuzco (45,000)

Trainer:		
	Roberto Carlos Tristán Jorges	06.05.1983
[19.04.2023]	Jorge César Fortunato Celico (ARG)	13.09.1964
[21.04.2023]	Juan Alberto Peña Segura	

THE SQUAD				
	DOB	M	(s)	G
Goalkeepers:				
Juniors Branco Barbieri García	20.01.1996	5		
Diego Alonso Roberto Penny Valdez	22.04.1984	30		
Miguel Gabriel Ramírez Pichilingue	05.04.1991		(1)	
Defenders:				
Carlos Alberto Caraza Pérez	14.11.1985	20	(13)	
Anderson Anderson Condeña Timpo	03.12.2003		(2)	
Edwin Alexi Gómez Gutiérrez	04.03.1993	27		3
Juan Diego Lojas Solano	23.04.1989	33		3
Paolo Anthony Méndez Sánchez	05.11.1998	7	(12)	
Álvaro Franco Olaya Rosales	25.07.1993	2	(9)	
Alex Enrique Rambal Ramírez (COL)	24.09.1992	26		3
Héctor Aldair Salazar Tejada	19.08.1994	27		
Pedro Aldair Zúñiga Pacheco	15.02.1998	1	(8)	
Midfielders:				
Herbert Luis Castillo Figuero	05.12.1991	1	(1)	
David Josué Dioses Agurto	20.02.1996	21	(9)	
Jean Pierre Fuentes Siguas	18.10.1991	5	(7)	1
Jhony Alberto Obeso Panduro	02.06.1991	12	(12)	
José Antonio Parodi Colunga	27.09.1997	8	(19)	1
Emmanuel Jesús Páucar Reyes	09.08.1996	28	(5)	
Joao Robin Rojas Mendoza (ECU)	14.06.1989	25	(2)	5
Forwards:				
Wilmer Alexander Aguirre Vázquez	10.05.1983	1	(5)	
Jorge Luis Bazán Lazarte	23.03.1991	28	(6)	1
Jonathan Enrique Betancourt Mina (ECU)	14.02.1995	17	(14)	3
Carlos Alfredo Fernández Pilco	01.04.1995		(4)	
Santiago Giordana (ARG)	03.05.1995	30	(2)	22
Mauricio Alberto Malpartida Añanca	01.10.1999		(4)	
Kevin Martín Quevedo Mathey	22.02.1997	29	(2)	8
Paulo Leandro Rodríguez Muelle	17.03.2003		(8)	1
Raúl Alexander Tito Cano	05.09.1997	2	(11)	

Apertura Round 3: CD Garcilaso Cuzco – Deportivo Binacional FC Juliaca (awarded 3-0) was not played.

CLUB CENTRO DEPORTIVO MUNICIPAL LIMA

Foundation date: July 27, 1935
Address: *not available*
Stadium: Estadio "Iván Elías Moreno", Lima (13,000)

Trainer:		
	Ángel David Comizzo Leiva (ARG)	27.04.1962
[20.06.2023]	Adrián Celis Ayllon	19.09.1998
[23.06.2023]	Rafael Castillo Lazón	26.09.1960
[02.08.2023]	Adrián Celis Ayllon	19.09.1998
[23.09.2023]	Santiago Wilmer Acasiete Ariadela	??.11.1977

THE SQUAD

	DOB	M	(s)	G
Goalkeepers:				
Steven Aldair Rivadeneyra del Villar	02.11.1994	23		
Carlos Martín Solís Ugarte	20.09.1990	10		
Defenders:				
Rotceh Américo Aguilar Rupany	12.06.2001	15		1
Alberto Benjamín Ampuero Aróstegui	05.08.2000	5	(2)	
Francesco Cavagna Salazar	16.09.2000	14	(5)	
Jair Edson Céspedes Zegarra	22.05.1984	21	(2)	1
Fernando Andrés Evangelista Iglesias (ARG)	21.10.1991	16		
Williams Aldair Guzmán Vargas	21.08.2000	9	(4)	
Farihd André Ortega Barquero	08.01.2004	4	(1)	
Leonardo José Rugel Morán	02.06.2001	23	(5)	
Jorge Jair Toledo Bravo	22.06.1996	16	(9)	
Antonio Yáñez	10.09.2002	5	(3)	
Midfielders:				
Daniel Fabricio Cabrera Ramirez	17.09.1997	8	(7)	1
Eduardo Daniel Cabrera Cruzado	19.03.2003	1	(2)	
Emiliano José Ciucci Marino (ARG)	07.04.1986	6	(10)	
Eslyn Imanol Correa Vilela	29.06.2005	9	(4)	
Christian Martín Flores Córdova	12.01.2001	18	(8)	
Sebastián Jonathan Jaurena (ARG)	22.07.1999	7	(5)	1
Dorian Damian Moyano Zevallos	09.01.2003	2	(5)	
Kevin Gabriel Peña Quintana	06.03.1998	12	(2)	
Matías Augusto Pérez García (ARG)	13.10.1984	28	(2)	5
José Antonio Romero Castro	24.06.2005		(1)	
Augusto Leonel Solís Ramírez	30.08.1996	12	(1)	
Diego Paolo Soto Vidarte	31.08.2001	12	(3)	1
Cristian Vega Flores	05.05.2005		(1)	
Forwards:				
Pablo Agustín Erustes (ARG)	24.03.1994	19	(9)	11
Santiago Gálvez del Cuadro	03.01.2004	3	(10)	
Orlando Gabriel Gaona Lugo (PAR)	25.07.1990	5		
Jhosep Joel Anderson Núñez Quintana	04.11.2003	16	(9)	3
Carlos Dante Olascuaga Viera	22.07.1992	8	(3)	1
Christopher Robin Olivares Burga	03.04.1999	15		6
Fernando José Pacheco Rivas	26.06.1999	10		2
Mathias Panduro	08.05.2004		(4)	
Luis Alejandro Ramos Leiva	13.12.1999	3	(12)	2
Facundo Rodríguez Grandillo (/URU)	08.02.1995	8	(5)	1
Fabricio Guillermo Rojas	09.01.2004		(1)	

Apertura Round 3: Club Centro Deportivo Municipal Lima – CSD Carlos A. Manucci Trujillo (awarded 0-3) was not played.
Clausura Round 3: CSD Carlos A. Manucci Trujillo - Club Centro Deportivo Municipal Lima (awarded 3-0) was not played.
Clausura Round 8: Club Centro Deportivo Municipal Lima - CSD Atlético Grau Piura (awarded 3-0) was not played.

FOOT BALL CLUB MELGAR AREQUIPA

Foundation date: March 25, 1915
Address: Calle Consuelo 414, Arequipa
Stadium: Estadio Monumental de la UNSA, Arequipa (60,370)

Trainer:		
	Pablo Hernán Lavallén (ARG)	07.09.1972
[06.03.2023]	Marco Antonio Valencia Pacheco	01.08.1971
[14.03.2023]	Mariano Andrés Soso (ARG)	30.04.1981

THE SQUAD

	DOB	M	(s)	G
Goalkeepers:				
Jorge Denilson Cabezudo Ormeño	21.10.2001	2		
Carlos Enrique Cáceda Ollaguez	27.09.1991	29		
Ricardo Daniel Farro Caballero	06.03.1985	4		
Defenders:				
Juan Sebastián Ayqque Coaquira	29.08.2003		(2)	
Sebastián José Cavero Nakahoro	20.06.2002	9	(4)	
Alec Hugo Deneumostier Ortmann	05.05.1999	16		2
Leonel Ezequiel Galeano (ARG)	02.08.1991	31		4
Pedro Guillermo Ibáñez Gálvez	16.01.2001	2	(2)	
Matías Fernando Lazo Zapata	11.07.2003	9	(10)	
Leonardo William Mifflin Cabezudo	04.01.2000	2	(1)	
Elías Alejandro Ramos Castillo	13.09.1998	19	(2)	
Paolo Alessandro Reyna Lea	13.10.2001	7	(6)	
Midfielders:				
Carlos Abraham Aguinaga Romero	22.08.2002	1	(16)	
Jean Pierre Archimbaud Arriarán	16.08.1994	26	(7)	
Alexis Arias Tuesta	13.12.1995	24	(10)	1
Carlos Marcelo Cervantes Morales	03.05.2003	1		
Pablo Damián Lavandeira Hernández (URU)	11.05.1990	17		6
Tomás Martínez (ARG)	07.03.1995	25	(5)	6
Horacio de Dios Orzán (ARG)	14.04.1988	29	(1)	
Walter Angello Tandazo Silva	14.06.2000	24	(9)	1
Lisandro André Vasquez Pizarro	30.01.2003		(4)	
Forwards:				
Mariano Barreda Botto	07.06.2003		(1)	
Cristian Ariel Bordacahar (ARG)	27.10.1991	27	(7)	6
Kenji Giovanni Cabrera Nakamura	27.01.2003	15	(15)	2
Bernardo Nicolás Cuesta (ARG)	20.12.1988	28	(2)	17
Jhamir Adrián D'Arrigo Huanca	15.11.1999	19	(13)	1
Luiz Humberto Da Silva Silva	28.12.1996		(10)	
Luis Enrique Iberico Robalino	06.02.1998	12	(2)	5
Pablo Daniel Magnín (ARG)	25.04.1990	7	(7)	3
Bruno Fabricio Portugal Paredes	28.06.2003		(8)	

Apertura Round 3: CSD Atlético Grau Piura – Foot Ball Club Melgar Arequipa (awarded 3-0) was not played.

SPORT BOYS ASSOCIATION CALLAO

Foundation date: July 28, 1927
Address: Calle Jr. Pedro Ruíz Gallo 153, Callao
Stadium: Estadio "Miguel Grau", Callao (17,000)

Trainer:		
	Guillermo Óscar Sanguinetti Giordan (URU)	21.06.1966
[08.05.2023]	Juan César Alayo Vergara	18.11.1985
[19.05.2023]	Fernando Andrés Gamboa (ARG)	28.10.1970

THE SQUAD

	DOB	M	(s)	G
Goalkeepers:				
Ismael Josué Quispe Estrada	23.08.1999	4	(1)	
Álvaro Villete Melgar (URU)	01.07.1991	32		
Defenders:				
Oliver Paz Benítez (ARG)	07.06.1991	35		1
Cristian Humberto Carbajal Díaz	20.09.1999	20	(4)	
Dylan Pave Caro Salas	23.03.1999	11	(5)	
Rodrigo Cuba Piedra	17.05.1992	7	(6)	
Federico Emanuel Milo (ARG)	10.01.1992	21	(4)	1
Christian Guillermo Martín Ramos Garagay	04.11.1988	28	(1)	
Renzo Stefano Salazar Huamán	09.04.2003	6	(2)	
Werner Luis Schuler Gamarra	27.07.1990	14	(3)	1
Christian James Vásquez Pérez	15.10.1999	27	(3)	1
Midfielders:				
Josimar Jair Atoche Bances	29.09.1989	1	(2)	
Jesús Miguel Barco Bozzeta	09.03.1997	24	(5)	7
Heiner Jesús Chávez Salazar	05.03.1986	4	(10)	
Juan Gustavo Waldemar Morales Coronado	06.03.1989	32	(2)	
Kevin Gabriel Peña Quintana	06.03.1998	3	(10)	
Jorge Luis Emerson Ríos Guevara	07.12.1999	25	(3)	
Diego Martín Sánchez Lazo	19.08.2002	8	(6)	
Eduardo Alberto Uribe Oshiro	02.09.1985	5	(6)	1
Marcio André Valverde Zamora	23.10.1987	4	(8)	
Forwards:				
Baruj Aba Aburto Argote	22.02.2002	3	(3)	
Walberto Rolando Caicedo Caicedo (ECU)	21.08.1992	3	(3)	
Tarek Brahan Carranza Terry	18.08.1998	15	(17)	1
Joyce Leopoldo Conde Chigne	08.09.1991	1	(9)	
Leandro Nicolás Contín (ARG)	07.12.1995	12	(5)	2
Alexis Leonell Huamán Romero	05.05.2004		(7)	
Jhilmar Augusto Lobatón Espejo	22.05.1998		(15)	
Edinson Manuel Mero Figueroa (ECU)	03.08.1998	24	(6)	2
Óscar Manuel Pinto Marín	20.01.2002	1	(2)	
Fabrizio Fernando Roca Reyes	20.03.2002	18	(16)	9
Kevin Luis Sánchez Ojeda	16.12.1998	8	(6)	1

DEPORTIVO SPORT HUANCAYO

Foundation date: February 7, 2007
Address: Jr. Loreto N° 839 - 2do. Piso - Huancayo
Stadium: Estadio Huancayo, Huancayo (20,000)

Trainer:		
Nifflin Bermúdez Tucto		04.02.1978
[30.04.2023] Elar Wilmar Elisban Valencia Pacheco		27.10.1961

THE SQUAD

Name	DOB	M	(s)	G
Goalkeepers:				
Joel Ademir Pinto Herrera	05.06.1980	1		
Ángel Gustavo Zamudio Chávez	21.04.1997	34		
Defenders:				
Hugo Alexis Ademir Ángeles Chávez	18.12.1993	31		
Víctor Julio Rodolfo Balta Mori	03.01.1986	12	(8)	
Rodrigo Jesús Colombo (ARG)	19.11.1992	32		2
Marco Lenhyn Huamán Asis	25.09.2002	25		1
Rodrigo Favio Menacho Anticona	13.04.1999	1	(1)	
Felipe Arturo Mesones Bayona	08.10.1994	1	(3)	
Ángel Arturo Pérez Madrid	07.10.1989	16	(15)	3
Jimmy Valoyes Córdoba (COL)	30.11.1986	27	(3)	1
Midfielders:				
Ray Jesus Gómez Carreño	29.12.1993	14	(6)	6
Marco Alexander Lliuya Cristobál	27.03.1992	33	(2)	3
Juan David Martínez Olivares	12.02.2005		(1)	
José Guillermo Meza Pichardo	27.12.2004		(1)	
Donald Diego Millán Rodríguez (COL)	21.03.1986	5	(9)	
Jimmy Maguin Pérez Rodríguez	05.06.2001	4	(5)	
Alfredo Junior Rojas Pajuelo	01.05.1991	10	(14)	2
Ricardo Enrique Salcedo Smith	23.03.1990	28	(1)	
Leonardo Marcelo Villar Callupe	18.03.2000	9	(6)	
Forwards:				
Luis Enrique Benites Vargas	09.07.1996	20	(14)	10
Carlos Humberto Escobar Ortíz (CHI)	24.12.1989	11	(16)	4
Kevin Josué Ferreyra Chonlón	07.06.1999	1		
Ronal Omar Huaccha Jurado	20.12.1993	27	(6)	13
Carlos Bryan Jiménez Ortíz	07.01.1998		(9)	1
Cristian Joel Mendoza Suárez	13.08.2003		(1)	
Juan David Pérez Benítez (COL)	23.03.1991	9	(2)	2
Alexis Sleiter Rojas Castilla	14.04.1996	3	(15)	
Carlos Esteban Ross Cotal (CHI)	23.11.1990	31	(2)	1

Apertura Round 3: Cusco FC – Deportivo Sport Huancayo (awarded 0-3) was not played.

CLUB SPORTING CRISTAL LIMA

Foundation date: December 13, 1955
Address: Calle 18 s/n, La Florida, Rímac, Lima
Stadium: Estadio "Alberto Gallardo", San Martín de Porres (11,500)

Trainer:	Tiago Retzlaff Nunes (BRA)	15.02.1980

THE SQUAD

	DOB	M	(s)	G
Goalkeepers:				
Matías Córdova Espinel	06.05.2002	1		
Alejandro Christoph Duarte Preus	05.04.1994	6		
Renato Alfredo Solis Salinas	28.01.1998	28		
Defenders:				
Flavio Gabriel Alcedo Gutiérrez	19.01.2003	2	(2)	
Gabriel Ernesto Alfaro Martínez	13.06.2003		(2)	
Gianfranco Chávez Massoni	10.08.1998	29	(1)	1
Leonardo Díaz Laffore	19.03.2004	7	(10)	1
Ignácio da Silva Oliveira (BRA)	01.12.1996	31		3
Carlos Jhilmar Lora Saavedra	24.10.2000	24	(2)	
Nilson Evair Loyola Morales	26.10.1994	7	(8)	1
Rafael Julián Lutiger Vidalón	03.07.2001	17	(5)	1
Johan Arturo Alexander Madrid Reyes	26.11.1996	2	(2)	
Franco Anthony Medina Soto	18.07.1999	3	(3)	
Gilmar Alonso Paredes Esquives	08.01.2003		(1)	
Nicolás Pasquini (ARG)	02.01.1991	15		
Midfielders:				
Junior Gonzalo Aguirre Arenas (ARG)	06.05.2003	1	(3)	
Jostin Alexis Alarcón Paquiyauri	12.07.2002	12	(15)	1
Adrián Ademir Ascues Earl	15.11.2002	5	(13)	1
Jesús Abdallah Castillo Molina	11.06.2001	12	(2)	
Alejandro Jesús Pósito Olazábal	05.09.2005		(1)	
Jesús Emanuel Pretell Panta	26.03.1999	14	(5)	
Leandro Sosa Toranza (URU)	24.06.1994	24	(11)	5
Diego Paolo Soto Vidarte	31.08.2001		(1)	
Gerald Martin Távara Mogollón	25.03.1999	25	(8)	3
Víctor Yoshimar Yotún Flores	07.04.1990	24	(1)	5
Forwards:				
Irven Beybe Ávila Accro	02.07.1990	13	(13)	2
Brenner Marlos Varanda de Oliveira (BRA)	01.03.1994	22	(8)	13
Washington Bryan Corozo Becerra (ECU)	09.07.1998	12	(16)	4
Joao Alberto Grimaldo Ubidia	20.02.2003	26	(6)	7
Joel Douglas Herrera Gonsalez	15.06.2004		(1)	
Alejandro Hohberg González	20.08.1991	21	(10)	11
Carlos Percy Liza Espinoza	10.04.2000		(3)	
Diego Otoya (USA)	13.09.2004		(8)	1
Adrián Martín Ugarriza Tello	01.01.1997	2	(9)	

Apertura Round 3: Club Sporting Cristal Lima – Club Alianza Lima (awarded 3-0) was not played.

CLUB DEPORTIVO UNIÓN COMERCIO NUEVA CAJAMARCA

Foundation date: January 31, 2002
Address: *Not available*
Stadium: Estadio Municipal "Carlos Vidaurre García", Tarapoto (7,000)

	Trainer:		
	Jesús Oropesa Chivilches	31.03.1970	
[05.04.2023]	Raymundo Paz Oré	15.03.1967	
[15.04.2023]	Jaime de la Pava Márquez (COL)	14.04.1967	
[20.05.2023]	Raymundo Paz Oré	15.03.1967	
[27.05.2023]	Daniel Alejandro Farías Acosta (VEN)	14.04.1981	
[27.07.2023]	José Marcelo Vivas (ARG)	08.02.1966	
[24.10.2023]	Raymundo Paz Oré	15.03.1967	

THE SQUAD

	DOB	M	(s)	G
Goalkeepers:				
Willy Arnold Díaz Shupingahua	15.05.1993	16		
Salomón Alexis Libman Pastor	25.02.1984	5	(1)	
Ronald Pierre Ruíz Ordinola	02.08.1987	15		
Defenders:				
Jhon Holter Álvarez Ríos	30.11.2000	14	(6)	
Sebastián Alexandre Aranda Vallumbrosio	07.10.2003	14		1
Wadid Jesús Arismendi Lazo	25.03.1987	3	(4)	
Joaquín Alfonso Delgado Espinoza	28.04.2003		(4)	
Pedro Daniel García Reategui	16.02.2000	1		
Hervé Kambou (CIV)	01.05.1985	5		1
Nicolás Palacios Vidal (COL)	11.02.1992	14	(4)	2
Luis Miguel Payares Blanco (COL)	14.01.1990	15		
Andy Maelo Reátegui Castillo	14.06.1995	29	(2)	1
Félix Josimar Uculmana Aliaga	25.02.1991	14	(5)	1
Denilson Vargas Herrera	19.01.1999	33	(2)	
Midfielders:				
Joazhino Waldhir Arroé Salcedo	05.06.1992	4	(12)	
Óscar David Barreto Pérez (COL)	28.04.1993	31	(2)	5
Jack Forsith Carhualllanqui Navarro	09.05.2004	4	(9)	
Paulo César Goyoneche Yaranga	08.04.1993	4	(4)	
Luis Javier Navea Tolmos	11.05.2003	1	(2)	
Christian Neira Herrera	23.11.2000	28	(3)	4
Vieri Pérez Paredes	03.02.2002		(2)	
Kelvin Denis Sánchez Vásquez	03.01.1999	27	(5)	2
Yorkman Tello Hayashida	21.07.1989	16	(4)	1
Forwards:				
Jesús David Arrieta Farak (COL)	10.01.1991	11	(19)	4
Miguel Alexander Carranza Macahuachi	03.11.1995	23	(9)	3
Marlon Jonathan De Jesús Pabón (ECU)	04.09.1991	27	(6)	13
Gino Guerrero Lara	24.10.1992	18	(11)	2
Jorge Erickzon Jiménez García	03.07.1999	2	(4)	
Osama Vinladen Jiménez López	07.10.2002	4	(3)	
José Francisco López Quintanilla	16.02.2003		(1)	
Josué Alberto Rodríguez Malpartida	13.05.1993	1		
Antonio Madreluis Romero Urquiola (VEN)	16.01.1997	8	(5)	2
Javier Alejandro Trauco Ramírez	22.05.1991		(13)	
Cristhian Alberto Vargas Reyes	14.06.1995	9	(15)	

CLUB DEPORTIVO UNIVERSIDAD CÉSAR VALLEJO TRUJILLO

Foundation date: January 6, 1996
Address: Avenida Víctor Larco 1700, Trujillo
Stadium: Estadio Mansiche, Trujillo (25,036)

Trainer:		
	Washington Sebastián Abreu Gallo (URU)	17.10.1976
[31.08.2023]	Roberto Orlando Mosquera Vera	21.06.1956

THE SQUAD

	DOB	M	(s)	G
Goalkeepers:				
Carlos Alfonso Grados Heredia	15.05.1995	18		
Máximo Saúl Rabines Terrones	05.07.1993	17		
Josué Eduardo Vargas Castro	28.03.2003	1		
Defenders:				
Carlos Antonio Ascues Ávila (VEN)	19.06.1992	29		
Carlos Miguel Cabello Anagua	22.09.1997	24	(1)	1
Leandro Roberto Fleitas Ovejero (ARG)	29.12.1983	9	(5)	
Renzo Renato Garcés Mori	12.06.1996	30		
José Félix Luján Effio	12.01.1997	3		
Johan Arturo Alexander Madrid Reyes	26.11.1996	15	(2)	
Juan Jesús Quiñones Goicochea	25.03.2001	20	(3)	
Sais Giusseppe Santibáñez Cano	18.09.2003	2	(4)	
Jerson Vásquez Shapiama	05.03.1986	9		1
Anderson Mishael Villacorta Beltrán	25.07.2005	8	(6)	
Midfielders:				
Luis Ángel Fabio Fano Medina	27.04.2004	1		
Franchesco Ángel Flores Ayo	15.06.2001	1	(1)	1
Aldair Amarildo Fuentes Siguas	25.01.1998	18	(10)	2
Erick Stalin Morillo Calderón	19.02.2000	2		
Ronald Jhonatan Quinteros Sánchez	28.06.1985	13	(12)	1
Ángel Leonardo Rodríguez Güelmo (URU)	02.12.1992	6	(5)	
Santiago Andrés Torres González (ARG)	10.05.2000	9	(14)	
Jairo David Vélez Cedeño (ECU)	21.04.1995	33		3
Frank Joseph Ysique Alguedas	20.06.1996	25	(5)	1
Forwards:				
Edgar Milciades Benítez Santander (PAR)	08.11.1987	11	(4)	3
Luiz Humberto Da Silva Silva	28.12.1996	3		
Yorleys Mena Palacios (COL)	20.07.1991	34	(1)	17
Osnar Noronha Montani	17.12.1991	15	(17)	6
Aldo Stefano Olaya Maker	13.01.2003	9	(11)	
Alejandro Junior Ramírez Zárate	28.12.1991	22	(11)	4
Facundo Rodríguez Calleriza (URU)	20.08.1995	5	(11)	5
Nahuel Jeremy Rodríguez Meneses	04.03.2002		(8)	
Ray Andrés Vanegas Zúñiga (COL)	12.03.1993	4	(10)	1

CLUB CULTURAL Y DEPORTIVO
UNIVERSIDAD TÉCNICA DE CAJAMARCA

Foundation date: July 14, 1964
Address: *Not available*
Stadium: Estadio "Héroes de San Ramón", Cajamarca (10,495)

Trainer:		
	Marcelo Grioni (ARG)	27.07.1966
[15.05.2023]	José Alberto Infante Silva	
[24.05.2023]	Francisco Pizarro Fortunat	03.03.1971
[26.07.2023]	Carlos Alberto Ramacciotti (ARG)	29.05.1955

THE SQUAD

	DOB	M	(s)	G
Goalkeepers:				
Jonathan Benito Medina Angulo	29.04.1993	1	(1)	
Patrick Sergei Zubczuk Meléndez	21.02.1995	34		
Defenders:				
Erick Alfredo Canales Colunga	07.06.2001	16	(12)	
John Anderson Fajardo Pinchi	24.02.1989	14	(7)	
Gianmarco Gambetta Sponza	02.05.1991	12	(2)	
Adrián Júnior Gutiérrez Toledo	20.02.2000	18		1
Joao Luis Ortíz Pérez (CHI)	10.02.1991	9	(15)	
Eduardo Valentín Rabanal Jaramillo	30.01.1997	1	(2)	
Juan Cruz Randazzo (ARG)	11.10.1994	33	(1)	4
Pedro Paulo Requena Cisneros	24.01.1991	16	(7)	
Luis Enrique Trujillo Ortíz	27.12.1990	27		2
Midfielders:				
Matías Alberto Abisab Gutiérrez (URU)	10.09.1993	25	(8)	1
Carlos Stefano Diez Lino	18.04.1996	33		2
Jean Pierre Fuentes Siguas	18.10.1991	3	(9)	
Richard Michael Guevara Coba	12.09.2002		(1)	
Cristian Adrián Mejía Quintanilla	15.12.1992	19	(9)	
Érinson Raimundo Ramírez Manrique	15.03.1998	21	(12)	4
Joel Melchor Sánchez Alegría	11.06.1989	21	(12)	1
Forwards:				
Oscar Héctor Belinetz (ARG)	03.02.1994	7	(12)	
Rely Henry Fernández Manzanares	01.11.1997	20	(11)	3
Gaspar Gentile (ARG)	16.02.1995	32	(3)	6
Facundo Peraza Fontana (URU)	27.07.1992	23	(10)	10
Yves Patrick Marcos Roach Farfán	07.08.1992		(4)	

Apertura Round 3: CCD Universidad Técnica de Cajamarca - CS Cienciano Cuzco (awarded 3-0) was not played.

CLUB UNIVERSITARIO DE DEPORTES LIMA

Foundation date: August 7, 1924
Address: Avenida Javier Prado Este, 77 Ate-Vitarte, Lima
Stadium: Estadio Monumental del Perú, Lima (80,093)

Trainer:		
	Carlos Horacio Compagnucci (ARG)	06.08.1968
[01.03.2023]	Jorge Araujo Paredes	30.11.1979
[07.03.2023]	Jorge Daniel Fossati Lurachi (URU)	22.11.1952

THE SQUAD

	DOB	M	(s)	G
Goalkeepers:				
José Aurelio Carvallo Alonso	01.03.1986	30		
Diego Alonso Romero Cachay	17.08.2001	8		
Defenders:				
José Vidal Bolívar Ormeño	17.01.2000	15	(9)	
Aldo Sebastián Corzo Chávez	20.05.1989	30	(1)	
Matías Ezequiel Di Benedetto (ARG)	19.11.1992	33		1
Piero Estefano Guzmán Simbala	21.01.2000	4	(8)	
Williams Ismael Riveros Ibáñez (PAR)	20.11.1992	31		2
Marco Antonio Saravia Antinori	06.02.1999	12	(8)	1
Midfielders:				
Hugo Axell Ancajima Effio	10.02.1998	11	(8)	
Alfonso Daniel Barco Del Solar	07.12.2001	3	(10)	
Nelson Jhonny Luis Cabanillas Jésus	08.02.2000	23	(5)	
Horacio Martín Calcaterra	22.02.1989	12	(25)	4
Yuriel Darío Celi Guerrero	20.02.2002	1	(9)	
Jordan Marcelo Guivin Tanta	23.02.1998		(5)	
Jorge Salvador Murrugarra Torres	22.03.1997	3	(19)	
Martín Pérez Guedes (ARG)	18.08.1991	35	(1)	3
Andy Jorman Polo Andrade	29.09.1994	31	(1)	1
Piero Aldair Quispe Córdova	14.08.2001	28	(6)	4
Álvaro Rojas Quesada	12.03.2005		(2)	
Rodrigo Andrés Ureña Reyes (CHI)	01.03.1993	33	(1)	1
Forwards:				
Anghelo Francesco Flores Medina	02.02.2004			
Édison Michael Flores Peralta	14.05.1994	8	(7)	6
Emanuel Herrera (ARG)	13.04.1987	14	(13)	6
José Daniel Rivera Martínez	08.05.1997	13	(13)	3
Alexander Nasim Succar Cañote	12.08.1995		(11)	
Luis Alfredo Urruti Giménez (URU)	11.09.1992	17	(14)	11
Álex Eduardo Valera Sandoval	16.05.1996	23	(7)	15

Please note: appearances and goals in Championship Finals included.

SECOND LEVEL
Liga 2 de Fútbol Profesional del Perú 2023

1. CSDC Comerciantes Unidos Cutervo (*Promoted*)	26	20	3	3	54	-	22	63
2. CD Los Chankas Andahuaylas	26	16	5	5	72	-	25	53
3. CSDC Alianza Universidad de Huánuco	26	15	6	5	43	-	25	51
4. CSC Deportivo Llacuabamba	26	13	7	6	44	-	31	46
5. Santos FC Ica	26	12	6	8	32	-	24	42
6. AD Comerciantes FC Iquitos	26	11	6	9	27	-	26	39
7. CD Universidad San Martín de Porres	26	10	6	10	34	-	30	36
8. CD Coopsol Lima	26	10	6	10	30	-	29	36
9. Club Juan Aurich de Chiclayo	26	7	10	9	23	-	27	31
10. Ayacucho FC	26	6	7	13	39	-	49	25
11. Club Sport Unión Huaral	26	5	9	12	22	-	34	24
12. Pirata FC Chiclayo	26	5	6	15	22	-	59	21
13. FC Carlos Stein Jaén	26	1	5	20	26	-	76	8
14. CD Alfonso Ugarte Puno (*Relegated*)	26	6	8	12	35	-	46	26

Please note: teams ranked 2-3 were qualified for the Play-offs de Ascenso Semi-Finals, while teams ranked 4-7 advanced to the Play-offs de ascenso Quarter-Finals.

Play-offs de ascenso

Quarter-Finals [02-06.10.2023]

AD Comerciantes FC Iquitos - Santos FC Ica	1-0(0-0)	*cancelled*
CD Universidad San Martín de Porres - CSC Deportivo Llacuabamba	1-0(0-0)	0-1 aet; 4-3 pen

Semi-Finals [10/11-15.10.2023]

AD Comerciantes FC Iquitos - CD Los Chankas Andahuaylas	1-1(1-0)	0-3(0-1)
CD Universidad San Martín de Porres - CSDC Alianza Universidad	2-3(2-0)	1-3(0-1)

Finals [20-27.10.2023]

CSDC Alianza Universidad de Huánuco - CD Los Chankas Andahuaylas	3-1(1-0)	1-3 aet; 2-3 pen

CD Los Chankas Andahuaylas promoted for the 2024 Liga I.

THE NATIONAL TEAM 2023

INTERNATIONAL MATCHES
(16.07.2023 – 31.12.2023)

07.09.2023	*Ciudad del Este*	*Paraguay - Peru*	*0-0*	*(WCQ)*
12.09.2023	*Lima*	*Peru - Brazil*	*0-1(0-0)*	*(WCQ)*
12.10.2023	*Santiago*	*Chile - Peru*	*2-0(0-0)*	*(WCQ)*
17.10.2023	*Lima*	*Peru - Argentina*	*0-2(0-2)*	*(WCQ)*
16.11.2023	*La Paz*	*Bolivia - Peru*	*2-0(1-0)*	*(WCQ)*
21.11.2023	*Lima*	*Peru - Venezuela*	*1-1(1-0)*	*(WCQ)*

07.09.2023, 23rd FIFA World Cup Qualifiers
Estadio Antonio Aranda, Ciudad del Este; Attendance: 16,211
Referee: Andrés Matías Matonte Cabrera (Uruguay)
PARAGUAY - PERU   **0-0**
PER: Pedro David Gallese Quiróz (98/0), Luis Jan Piers Advíncula Castrillón (111/2) [*sent off 45*], Miguel Gianpierre Araujo Blanco (29/0) [46.Aldo Sebastián Corzo Chávez (45/0)], Luis Alfonso Abram Ugarelli (36/1), Miguel Ángel Trauco Saavedra (71/0) [71.Jesús Abdallah Castillo Molina (5/0)], Víctor Yoshimar Yotún Flores (123/7), Renato Fabrizio Tapia Cortijo (80/5), Andy Jorman Polo Andrade (40/1) [90.Carlos Antonio Ascues Ávila (25/5)], Christofer Gonzáles Crespo (46/3) [46.Wilder José Cartagena Mendoza (25/0)], André Martín Carrillo Díaz (93/11) [46.Marcos Johan López Lanfranco (28/0)], José Paolo Guerrero Gonzáles (Cap) (110/39). Trainer: Juan Máximo Reynoso Guzmán (1).

12.09.2023, 23rd FIFA World Cup Qualifiers
Estadio Nacional, Lima; Attendance: 36,328
Referee: Fernando Andrés Rapallini (Argentina)
PERU - BRAZIL   **0-1(0-0)**
PER: Pedro David Gallese Quiróz (99/0), Aldo Sebastián Corzo Chávez (46/0), Renato Fabrizio Tapia Cortijo (81/5), Luis Alfonso Abram Ugarelli (37/1), Miguel Ángel Trauco Saavedra (72/0) [90+2.Alex Eduardo Valera Sandoval (14/3)], Víctor Yoshimar Yotún Flores (124/7), Wilder José Cartagena Mendoza (26/0) [68.Jesús Abdallah Castillo Molina (6/0)], Andy Jorman Polo Andrade (41/1) [46.Joao Alberto Grimaldo Ubidia (1/0)], Marcos Johan López Lanfranco (29/0), André Martín Carrillo Díaz (94/11) [78.Raúl Mario Ruidíaz Misitich (54/4)], José Paolo Guerrero Gonzáles (Cap) (111/39). Trainer: Juan Máximo Reynoso Guzmán (1).

12.10.2023, 23rd FIFA World Cup Qualifiers
Estadio Monumental "David Arellano", Santiago; Attendance: 36,847
Referee: Wilmar Alexander Roldán Pérez (Colombia)
CHILE - PERU   **2-0(0-0)**
PER: Pedro David Gallese Quiróz (**100**/0), Aldo Sebastián Corzo Chávez (47/0) [79.Brayan Roberto Reyna Casaverde (6/2)], Carlos Augusto Zambrano Ochandarte (68/4) [68.Anderson Santamaría Bardales (29/0)], Luis Alfonso Abram Ugarelli (38/1), Miguel Ángel Trauco Saavedra (73/0) [68.Wilder José Cartagena Mendoza (27/0)], Víctor Yoshimar Yotún Flores (125/7), Pedro Jesús Aquino Sánchez (44/3), Luis Jan Piers Advíncula Castrillón (112/2), Christofer Gonzáles Crespo (47/3) [68.André Martín Carrillo Díaz (95/11)], Andy Jorman Polo Andrade (42/1) [46.Marcos Johan López Lanfranco (30/0)], José Paolo Guerrero Gonzáles (Cap) (112/39). Trainer: Juan Máximo Reynoso Guzmán (1).

17.10.2023, 23rd FIFA World Cup Qualifiers
Estadio Nacional, Lima; Attendance: 37,675
Referee: Jesús Noel Valenzuela Sáez (Venezuela)
PERU - ARGENTINA   **0-2(0-2)**
PER: Pedro David Gallese Quiróz (101/0), Luis Jan Piers Advíncula Castrillón (113/2), Anderson Santamaría Bardales (30/0) [46.Renato Fabrizio Tapia Cortijo (82/5)], Luis Alfonso Abram Ugarelli (39/1), Nilson Evair Loyola Morales (10/0) [46.Miguel Ángel Trauco Saavedra (74/0)], Víctor Yoshimar Yotún Flores (126/7), Wilder José Cartagena Mendoza (28/0), Andy Jorman Polo Andrade (43/1) [46.Joao Alberto Grimaldo Ubidia (2/0)], Franco Zanelatto Téllez (1/0) [67.Sergio Fernando Peña Flores (34/3)], André Martín Carrillo Díaz (96/11), José Paolo Guerrero Gonzáles (Cap) (113/39) [46.Brayan Roberto Reyna Casaverde (7/2)]. Trainer: Juan Máximo Reynoso Guzmán (1).

16.11.2023, 23rd FIFA World Cup Qualifiers
Estadio "Hernando Siles Reyes", La Paz; Attendance: 28,000
Referee: Guillermo Enrique Guerrero Alcívar (Ecuador)
BOLIVIA - PERU   **2-0(1-0)**
PER: Pedro David Gallese Quiróz (Cap) (102/0), Aldo Sebastián Corzo Chávez (48/0) [81.Édison Michael Flores Peralta (69/15)], Carlos Augusto Zambrano Ochandarte (69/4), Alexander Martín Marquinho Callens Asín (39/1), Marcos Johan López Lanfranco (31/0) [69.Sergio Fernando Peña Flores (35/3)], Renato Fabrizio Tapia Cortijo (83/5), Víctor Yoshimar Yotún Flores (127/7), Piero Aldair Quispe Córdova (2/0), Joao Alberto Grimaldo Ubidia (3/0) [69.Luis Jan Piers Advíncula Castrillón (114/2)], Franco Zanelatto Téllez (2/0) [57.Brayan Roberto Reyna Casaverde (8/2)], Gianluca Lapadula Vargas (28/8) [56.José Paolo Guerrero Gonzáles (114/39)]. Trainer: Juan Máximo Reynoso Guzmán (1).

21.11.2023, 23rd FIFA World Cup Qualifiers
Estadio Nacional, Lima; Attendance: 27,323
Referee: Darío Humberto Herrera (Argentina)
PERU - VENEZUELA   **1-1(1-0)**
PER: Pedro David Gallese Quiróz (Cap) (103/0), Aldo Sebastián Corzo Chávez (49/0), Renato Fabrizio Tapia Cortijo (85/5), Alexander Martín Marquinho Callens Asín (40/1), Marcos Johan López Lanfranco (32/0) [84.José Paolo Guerrero Gonzáles (115/39)], Víctor Yoshimar Yotún Flores (128/8), Pedro Jesús Aquino Sánchez (45/3) [84.Wilder José Cartagena Mendoza (29/0)], Joao Alberto Grimaldo Ubidia (4/0) [65.Franco Zanelatto Téllez (3/0)], Piero Aldair Quispe Córdova (3/0) [65.André Martín Carrillo Díaz (97/11)], Brayan Roberto Reyna Casaverde (9/2) [55.Édison Michael Flores Peralta (70/15)], Gianluca Lapadula Vargas (29/8). Trainer: Juan Máximo Reynoso Guzmán (1).
Goal: Víctor Yoshimar Yotún Flores (17).

NATIONAL TEAM PLAYERS 2023			
Name	DOB	Caps	Goals
[Club 2023]			

(Caps and goals at 31.12.2023)

Goalkeepers

Name	DOB	Caps	Goals
Pedro David GALLESE Quiroz *[Orlando City SC (USA)]*	23.04.1990	103	0

Defenders

Name	DOB	Caps	Goals
Luis Alfonso ABRAM Ugarelli *[Atlanta United FC (USA)]*	27.02.1996	39	1
Luis Jan Piers ADVÍNCULA Castrillón *[CA Boca Juniors Buenos Aires (ARG)]*	02.03.1990	114	2
Miguel Gianpierre ARAUJO Blanco *[Portland Timbers (USA)]*	24.10.1994	29	0
Carlos Antonio ASCUES Ávila *[CD Universidad César Vallejo Trujillo]*	06.06.1992	25	5
Alexander Martín Marquinho CALLENS Asín *[AEK Athina (GRE)]*	04.05.1992	40	1
Aldo Sebastián CORZO Chávez *[Club Universitario de Deportes Lima]*	20.04.1989	49	0
Marcos Johan LÓPEZ Lanfranco *[Feyenoord Rotterdam (FRA)]*	20.11.1999	32	0
Nilson Evair LOYOLA Morales *[Club Sporting Cristal Lima]*	26.10.1994	10	0
Anderson SANTAMARÍA Bardales *[Atlas FC Guadalajara (MEX)]*	10.01.1992	30	0
Miguel Ángel TRAUCO Saavedra *[San Jose Earthquakes (USA)]*	25.08.1992	74	0
Carlos Augusto ZAMBRANO Ochandarte *[Club Alianza Lima]*	10.07.1989	69	4

Midfielders

Pedro Jesús AQUINO Sánchez *[Club Santos Laguna Torreón (MEX)]*	13.04.1995	45	3
Wilder José CARTAGENA Mendoza *[Orlando City SC (USA)]*	23.09.1994	29	0
Jesús Abdallah CASTILLO Molina *[Gil Vicente FC Barcelos (POR)]*	11.06.2001	6	0
Christofer GONZÁLES Crespo *[Al Adalah FC Al Hulaylah (KSA)]*	12.10.1992	47	3
Sergio Fernando PEÑA Flores *[Malmö FF (SWE)]*	28.09.1995	35	3
Piero Aldair QUISPE Córdova *[Club Universitario de Deportes Lima]*	14.08.2001	3	0
Renato Fabrizio TAPIA Cortijo *[RC Celta de Vigo (ESP)]*	28.07.1995	85	5
Víctor Yoshimar YOTÚN Flores *[Club Sporting Cristal Lima]*	07.04.1990	128	8

Forwards

André Martín CARRILLO Díaz *[Al-Qadsiah FC Khobar (KSA)]*	14.06.1991	97	11
Édison Michael FLORES Peralta *[Club Universitario de Deportes Lima]*	15.05.1994	70	15
Joao Alberto GRIMALDO Ubidia *[Club Sporting Cristal Lima]*	20.02.2003	4	0
José Paolo GUERRERO Gonzales *[LDU de Quito (ECU)]*		115	39
Gianluca LAPADULA Vargas *[Cagliari Calcio (ITA)]*	07.02.1990	29	8
Andy Jorman POLO Andrade *[Club Universitario de Deportes Lima]*	29.09.1994	43	1
Bryan Roberto REYNA Casaverde *[Club Alianza Lima]*	23.08.1998	9	2
Raúl Mario RUIDÍAZ Misitich *[Seattle Sounders FC (USA)]*	25.07.1990	54	4
Alex Eduardo VALERA Sandoval *[Club Universitario de Deportes Lima]*	16.05.1996	14	3
Franco ZANELATTO Téllez *[Club Alianza Lima]*	09.05.2000	3	0

National coach

Juan Máximo REYNOSO Guzmán [02.08.2022 – 13.12.2023]	28.12.1969	14 M; 4 W; 3 D; 7 L; 9-16
Jorge Daniel FOSSATI Lurachi (Uruguay) [from 27.12.2023]	22.11.1952	-

URUGUAY

The FA:
Asociación Uruguaya de Fútbol
Guayabo 1531, Montevideo 11200
Year of Formation: 1900
Member of FIFA since: 1923
Member of CONMEBOL since: 1916
Internet: www.auf.org.uy

The Country:
República Oriental del Uruguay (Oriental Republic of Uruguay)
Capital: Montevideo
Surface: 176,215 km²
Inhabitants: 3,444,263 [2023]
Time: UTC-3

NATIONAL TEAM RECORDS

First international match:
20.07.1902, Montevideo: Uruguay – Argentina 0-6

Most international caps:
Diego Roberto Godín Leal
161 caps (2005-2022)

Most international goals:
Luis Alberto Suárez Díaz
68 goals / 138 caps (since 2007)

OLYMPIC FOOTBALL TOURNAMENTS 1908-2020

Year	Result	Year	Result
1908	Did not enter	1976	*Withdrew*
1912	Did not enter	1980	Qualifiers
1920	Did not enter	1984	Qualifiers
1924	**Final Tournament (Winners)**	1988	Qualifiers
1928	**Final Tournament (Winners)**	1992	Qualifiers
1936	*Withdrew*	1996	Qualifiers
1948	Qualifiers	2000	Qualifiers
1952	Qualifiers	2004	Qualifiers
1956	Qualifiers	2008	Qualifiers
1960	Qualifiers	2012	Final Tournament (Group Stage)
1964	Qualifiers	2016	Qualifiers
1968	Qualifiers	2020	Qualifiers
1972	Qualifiers		

FIFA CONFEDERATIONS CUP 1992-2017

1997 (4th Place), 2013 (4th Place)

COPA AMÉRICA	
1916	**Winners**
1917	**Winners**
1919	Runners-up
1920	**Winners**
1921	3rd Place
1922	3rd Place
1923	**Winners**
1924	**Winners**
1925	Withdrew
1926	**Winners**
1927	Runners-up
1929	3rd Place
1935	**Winners**
1937	3rd Place
1939	Runners-up
1941	Runners-up
1942	**Winners**
1945	4th Place
1946	4th Place
1947	3rd Place
1949	6th Place
1953	3rd Place
1955	4th Place
1956	**Winners**
1957	3rd Place
1959	5th Place
1959E	**Winners**
1963	*Withdrew*
1967	**Winners**
1975	Semi-Finals
1979	Round 1
1983	**Winners**
1987	**Winners**
1989	Runners-up
1991	Group Stage
1993	Quarter-Finals
1995	**Winners**
1997	Group Stage
1999	Runners-up
2001	Semi-Finals
2004	3rd Place
2007	Semi-Finals
2011	**Winners**
2015	Quarter-Finals
2016	Group Stage
2019	Quarter-Finals
2021	Quarter-Finals

FIFA WORLD CUP	
1930	**Final Tournament (Winners)**
1934	*Withdrew*
1938	Did not enter
1950	**Final Tournament (Winners)**
1954	Final Tournament (Semi-Finals)
1958	Qualifiers
1962	Final Tournament (Group Stage)
1966	Final Tournament (Quarter-Finals)
1970	Final Tournament (4th Place)
1974	Final Tournament (Group Stage)
1978	Qualifiers
1982	Qualifiers
1986	Final Tournament (2nd Round of 16)
1990	Final Tournament (2nd Round of 16)
1994	Qualifiers
1998	Qualifiers
2002	Final Tournament (Group Stage)
2006	Qualifiers
2010	Final Tournament (4th Place)
2014	Final Tournament (2nd Round of 16)
2018	Final Tournament (Quarter-Finals)
2022	Final Tournament (Group Stage)

URUGUAYAN CLUB HONOURS IN SOUTH AMERICAN CLUB COMPETITIONS:

COPA LIBERTADORES 1960-2023

Club Atlético Peñarol Montevideo	5	1960, 1961, 1966, 1982, 1987
Club Nacional de Football Montevideo	3	1971, 1980, 1988

COPA SUDAMERICANA 2002-2023

None

RECOPA SUDAMERICANA 1989-2023

Club Nacional de Football Montevideo	1	1989

COPA CONMEBOL[1] 1992-1999

None

SUPERCUP „JOÃO HAVELANGE"[1] 1988-1997*

None

COPA MERCOSUR[1] 1998-2001**

None

[1] defunct competition
*Contested betwenn winners of all previous editions of the Copa Libertadores
**Contested between teams belonging countries from the southern part of South America (Argentina, Brazil, Chile, Paraguay and Uruguay).

NATIONAL COMPETITIONS
TABLE OF HONOURS

NATIONAL CHAMPIONS 1900-2023

	THE AMATEUR ERA
	Uruguay Association Foot-ball League
1900	Central Uruguay Railway Cricket Club Montevideo (CURCC)
1901	Central Uruguay Railway Cricket Club Montevideo
1902	Club Nacional de Football Montevideo
1903	Club Nacional de Football Montevideo
1904	*No competition*
1905	Central Uruguay Railway Cricket Club Montevideo
1906	Montevideo Wanderers FC
1907	Central Uruguay Railway Cricket Club Montevideo
	Liga Uruguaya
1908	River Plate FC Montevideo
1909	Montevideo Wanderers FC
1910	River Plate FC Montevideo
1911	Central Uruguay Railway Cricket Club Montevideo
1912	Club Nacional de Football Montevideo
1913	River Plate FC Montevideo
1914	River Plate FC Montevideo

	Asociación Uruguaya de Foot-ball
1915	Club Nacional de Football Montevideo
1916	Club Nacional de Football Montevideo
1917	Club Nacional de Football Montevideo
1918	CA Peñarol Montevideo
1919	Club Nacional de Football Montevideo
1920	Club Nacional de Football Montevideo
1921	CA Peñarol Montevideo
1922	Club Nacional de Football Montevideo
1923	Club Nacional de Football Montevideo
1924	Club Nacional de Football Montevideo
1925	*Championship not finished*
	Consejo Provisorio
1926	CA Peñarol Montevideo
	Asociación Uruguaya de Foot-ball
1927	Rampla Juniors FC Montevideo
1928	CA Peñarol Montevideo
1929	CA Peñarol Montevideo
1930	*No competition*
1931	Montevideo Wanderers FC
	THE PROFESSIONAL ERA
	Asociación Uruguaya de Fútbol
1932	CA Peñarol Montevideo
1933	Club Nacional de Football Montevideo
1934	Club Nacional de Football Montevideo
1935	CA Peñarol Montevideo
1936	CA Peñarol Montevideo
1937	CA Peñarol Montevideo
1938	CA Peñarol Montevideo
1939	Club Nacional de Football Montevideo
1940	Club Nacional de Football Montevideo
1941	Club Nacional de Football Montevideo
1942	Club Nacional de Football Montevideo
1943	Club Nacional de Football Montevideo
1944	CA Peñarol Montevideo
1945	CA Peñarol Montevideo
1946	Club Nacional de Football Montevideo
1947	Club Nacional de Football Montevideo
1948	*Championship not fiished*
1949	CA Peñarol Montevideo
1950	Club Nacional de Football Montevideo
1951	CA Peñarol Montevideo
1952	Club Nacional de Football Montevideo
1953	CA Peñarol Montevideo
1954	CA Peñarol Montevideo
1955	Club Nacional de Football Montevideo
1956	Club Nacional de Football Montevideo
1957	Club Nacional de Football Montevideo
1958	CA Peñarol Montevideo
1959	CA Peñarol Montevideo
1960	CA Peñarol Montevideo

1961	CA Peñarol Montevideo
1962	CA Peñarol Montevideo
1963	Club Nacional de Football Montevideo
1964	CA Peñarol Montevideo
1965	CA Peñarol Montevideo
1966	Club Nacional de Football Montevideo
1967	CA Peñarol Montevideo
1968	CA Peñarol Montevideo
1969	Club Nacional de Football Montevideo
1970	Club Nacional de Football Montevideo
1971	Club Nacional de Football Montevideo
1972	Club Nacional de Football Montevideo
1973	CA Peñarol Montevideo
1974	CA Peñarol Montevideo
1975	CA Peñarol Montevideo
1976	Defensor SC Montevideo
1977	Club Nacional de Football Montevideo
1978	CA Peñarol Montevideo
1979	CA Peñarol Montevideo
1980	Club Nacional de Football Montevideo
1981	CA Peñarol Montevideo
1982	CA Peñarol Montevideo
1983	Club Nacional de Football Montevideo
1984	Central Español FC Montevideo
1985	CA Peñarol Montevideo
1986	CA Peñarol Montevideo
1987	Defensor SC Montevideo
1988	Danubio FC Montevideo
1989	CA Progreso Montevideo
1990	CA Bella Vista Montevideo
1991	Defensor SC Montevideo
1992	Club Nacional de Football Montevideo
1993	CA Peñarol Montevideo
1994	CA Peñarol Montevideo
1995	CA Peñarol Montevideo
1996	CA Peñarol Montevideo
1997	CA Peñarol Montevideo
1998	Club Nacional de Football Montevideo
1999	CA Peñarol Montevideo
2000	Club Nacional de Football Montevideo
2001	Club Nacional de Football Montevideo
2002	Club Nacional de Football Montevideo
2003	CA Peñarol Montevideo
2004	Danubio FC Montevideo
2005	Club Nacional de Football Montevideo
2005/2006	Club Nacional de Football Montevideo
2006/2007	Danubio FC Montevideo
2007/2008	Defensor SC Montevideo
2008/2009	Club Nacional de Football Montevideo
2009/2010	CA Peñarol Montevideo
2010/2011	Club Nacional de Football Montevideo
2011/2012	Club Nacional de Football Montevideo

2012/2013	CA Peñarol Montevideo
2013/2014	Danubio FC Montevideo
2014/2015	Club Nacional de Football Montevideo
2015/2016	CA Peñarol Montevideo
2016	Club Nacional de Football Montevideo
2017	CA Peñarol Montevideo
2018	CA Peñarol Montevideo
2019	Club Nacional de Football Montevideo
2020	Club Nacional de Football Montevideo
2021	CA Peñarol Montevideo
2022	Club Nacional de Football Montevideo
2023	Liverpool FC Montevideo

	BEST GOALSCORERS	
1932	Juan Labraga (Rampla Juniors FC Montevideo)	17
1933	Juan Young (CA Peñarol Montevideo)	33
1934	Aníbal Ciocca (Club Nacional de Football Montevideo)	13
1935	Antonio Cataldo (Defensor SC Montevideo)	12
1936	Aníbal Ciocca (Club Nacional de Football Montevideo)	14
1937	Horacio Tellechea (CA Peñarol Montevideo)	16
1938	Atilio Ceferino García Pérez (ARG, Club Nacional de Football Montevideo)	20
1939	Atilio Ceferino García Pérez (ARG, Club Nacional de Football Montevideo)	21
1940	Atilio Ceferino García Pérez (ARG, Club Nacional de Football Montevideo)	18
1941	Atilio Ceferino García Pérez (ARG, Club Nacional de Football Montevideo)	23
1942	Atilio Ceferino García Pérez (ARG, Club Nacional de Football Montevideo)	19
1943	Atilio Ceferino García Pérez (ARG, Club Nacional de Football Montevideo)	18
1944	Atilio Ceferino García Pérez (ARG, Club Nacional de Football Montevideo)	21
1945	Nicolás Falero (CA Peñarol Montevideo) Juan Alberto Schiaffino Villano (CA Peñarol Montevideo)	21
1946	Atilio Ceferino García Pérez (ARG, Club Nacional de Football Montevideo)	21
1947	Nicolás Falero (CA Peñarol Montevideo)	17
1948	Óscar Omar Míguez (CA Peñarol Montevideo)	8
1949	Óscar Omar Míguez (CA Peñarol Montevideo)	20
1950	Juan Ramón Orlandi (Club Nacional de Football Montevideo)	14
1951	Juan Eduardo Hohberg (CA Peñarol Montevideo)	17
1952	Jorge Enrico (Club Nacional de Football Montevideo)	15
1953	Juan Eduardo Hohberg (CA Peñarol Montevideo)	17
1954	Juan Romay (CA Peñarol Montevideo)	12
1955	Javier Ambrois (Club Nacional de Football Montevideo)	17
1956	Carlos Carranza (CA Cerro Montevideo)	18
1957	Walter Hernández (Defensor SC Montevideo)	16
1958	Manuel Pedersen (Rampla Juniors FC Montevideo)	12
1959	Víctor Guaglianone (Montevideo Wanderers FC)	13
1960	Ángel Cabrera (CA Peñarol Montevideo)	14
1961	Alberto Spencer Herrera (ECU, CA Peñarol Montevideo)	18
1962	Alberto Spencer Herrera (ECU, CA Peñarol Montevideo)	16
1963	Pedro Virgilio Rocha Franchetti (CA Peñarol Montevideo)	18
1964	Héctor Salva (Rampla Juniors FC Montevideo)	12
1965	Pedro Virgilio Rocha Franchetti (CA Peñarol Montevideo)	15
1966	Araquem De Melo (BRA, Danubio FC Montevideo)	12
1967	Alberto Spencer Herrera (ECU, CA Peñarol Montevideo)	11

Year	Player	Goals
1968	Alberto Spencer Herrera (ECU, CA Peñarol Montevideo)	
	Pedro Virgilio Rocha Franchetti (CA Peñarol Montevideo)	
	Ruben García (CA Cerro Montevideo)	
	Ruben Bareño (CA Cerro Montevideo)	8
1969	Luis Artime (ARG, Club Nacional de Football Montevideo)	24
1970	Luis Artime (ARG, Club Nacional de Football Montevideo)	21
1971	Luis Artime (ARG, Club Nacional de Football Montevideo)	16
1972	Juan Carlos Mamelli (Club Nacional de Football Montevideo)	20
1973	Fernando Morena Belora (CA Peñarol Montevideo)	23
1974	Fernando Morena Belora (CA Peñarol Montevideo)	27
1975	Fernando Morena Belora (CA Peñarol Montevideo)	34
1976	Fernando Morena Belora (CA Peñarol Montevideo)	18
1977	Fernando Morena Belora (CA Peñarol Montevideo)	19
1978	Fernando Morena Belora (CA Peñarol Montevideo)	36
1979	Waldemar Barreto Victorino (Club Nacional de Football Montevideo)	19
1980	Jorge Luis Siviero Vlahussich (Institución Atlética Sud América Montevideo)	19
1981	Ruben Walter Paz Márquez (CA Peñarol Montevideo)	17
1982	Fernando Morena Belora (CA Peñarol Montevideo)	17
1983	Roberto Arsenio Luzardo Correa (Club Nacional de Football Montevideo)	13
1984	José Villareal (Central Español FC Montevideo)	18
1985	Antonio Valentín Alzamendi Casas (CA Peñarol Montevideo)	13
1986	Juan Ramón Carrasco Torres (Club Nacional de Football Montevideo)	
	Gerardo Miranda (Defensor SC Montevideo)	11
1987	Gerardo Miranda (Defensor SC Montevideo)	13
1988	Rubén Fernando da Silva Echeverrito (Danubio FC Montevideo)	23
1989	Johnny Miqueiro (CA Progreso Montevideo)	
	Diego Vicente Aguirre Camblor (CA Peñarol Montevideo)	
	Oscar Quagliata (CSD Huracán Buceo)	7
1990	Adolfo Barán (CA Peñarol Montevideo)	13
1991	Julio César Dely Valdés (PAN, Club Nacional de Football Montevideo)	16
1992	Julio César Dely Valdés (PAN, Club Nacional de Football Montevideo)	13
1993	Wilmar Rubens Cabrera Sappa (CSD Huracán Buceo)	12
1994	Darío Debray Silva Pereira (CA Peñarol Montevideo)	19
1995	Juan Antonio González Crespo (Club Nacional de Football Montevideo)	16
1996	Juan Antonio González Crespo (Club Nacional de Football Montevideo)	13
1997	Pablo Javier Bengoechea Dutra (CA Peñarol Montevideo)	10
1998	Jorge Martín Rodríguez Alba (CA River Plate Montevideo)	
	Rubén Sosa Ardáiz (Club Nacional de Football Montevideo)	13
1999	Jorge Gabriel Álvez Fernández (Club Nacional de Football Montevideo)	24
2000	Ernesto Javier Chevantón Espinoza (Danubio FC Montevideo)	33
2001	Eliomar Marcón (BRA, Defensor SC Montevideo)	21
2002	Germán Hornos (Centro Atlético Fénix Montevideo)	25
2003	Alexander Jesús Medina Reobasco (Liverpool FC Montevideo)	22
2004	Alexander Jesús Medina Reobasco (Club Nacional de Football Montevideo)	
	Carlos Éber Bueno Suárez (CA Peñarol Montevideo)	26
2005	Pablo Mariano Granoche Louro (Club Sportivo Miramar Misiones)	16
2005/2006	Pedro Cardoso (Rocha Fútbol Club)	17
2006/2007	Aldo Díaz (Tacuarembó FC)	15
2007/2008	Christian Ricardo Stuani (Danubio FC Montevideo)	
	Richard Aníbal Porta Candelaresi (CA River Plate Montevideo)	19
2008/2009	Líber Quiñones (Racing Club de Montevideo)	
	Antonio Pacheco D'Agosti (CA Peñarol Montevideo)	12

2009/2010	Antonio Pacheco D'Agosti (CA Peñarol Montevideo)	23
2010/2011	Santiago Damián García Correa (Club Nacional de Football Montevideo)	23
2011/2012	Richard Aníbal Porta Candelaresi (Club Nacional de Football Montevideo)	17
2012/2013	Juan Manuel Olivera López (CA Peñarol Montevideo)	18
2013/2014	Héctor Fabián Acuña Maciel (CA Cerro Montevideo)	20
2014/2015	Iván Daniel Alonso Vallejo (Club Nacional de Football Montevideo)	22
2015/2016	Gastón Rodríguez Maeso (Montevideo Wanderers FC) Junior Gabriel Arias Cáceres (Liverpool FC Montevideo)	19
2016	Gabriel Matías Fernández Leites (Racing Club de Montevideo) Pablo Martín Silva (CSD Villa Española Montevideo)	8
2017	Cristian Martín Palacios Ferreira (Montevideo Wanderers FC / CA Peñarol Montevideo)	19
2018	Gonzalo Rubén Bergessio (ARG, Club Nacional de Football Montevideo)	17
2019	Juan Ignacio Ramírez Polero (Liverpool FC Montevideo)	23
2020	Gonzalo Rubén Bergessio (ARG, Club Nacional de Football Montevideo)	25
2021	Maximiliano Joaquín Silvera Cabo (CA Cerro Montevideo)	21
2022	Thiago Nicolás Borbas Silva (CA River Plate Montevideo)	18
2023	Juan Ignacio Ramírez Polaro (Club Nacional de Football Montevideo)	19

NATIONAL CHAMPIONSHIP
Campeonato Uruguayo de Primera División 2023

Torneo Apertura 2023

Results

Round 1 [04-06.02.2023]
Racing Club - Boston River 0-2(0-0)
Peñarol - CA Cerro 2-0(1-0)
Cerro Largo - River Plate 2-1(0-0)
La Luz FC - Wanderers FC 1-3(0-2)
City Torque - Danubio FC 1-1(0-0)
Nacional - Liverpool FC 2-1(2-0)
Plaza Colonia - CD Maldonado 0-1(0-1)
Defensor Sporting - CA Fénix 1-3(0-2)

Round 2 [10-13.02.2023]
Nacional - Cerro Largo 0-0
CA Fénix - City Torque 1-2(0-1)
River Plate - Plaza Colonia 2-0(1-0)
CD Maldonado - Racing Club 1-1(1-0)
Boston River - CA Cerro 0-3(0-2)
Danubio FC - Liverpool FC 1-1(0-1)
Wanderers FC - Defensor Sporting 1-1(0-1)
La Luz FC - Peñarol 3-4(1-2)

Round 3 [17-20.02.2023]
Cerro Largo - Danubio FC 1-0(0-0)
CA Cerro - CD Maldonado 0-0
Plaza Colonia - Nacional 2-1(0-0)
Racing Club - River Plate 0-0
Defensor Sporting - La Luz FC 1-0(0-0)
Peñarol - Boston River 1-0(1-0)
Liverpool FC - CA Fénix 3-1(1-0)
City Torque - Wanderers FC 0-1(0-0)

Round 4 [25-27.02.2023]
River Plate - CA Cerro 3-2(2-1)
CA Fénix - Cerro Largo 0-0
Defensor Sporting - Peñarol 2-2(1-1)
Danubio FC - Plaza Colonia 5-0(1-0)
CD Maldonado - Boston River 3-2(1-0)
Nacional - Racing Club 3-1(2-0)
La Luz FC - City Torque 1-1(0-0)*
Wanderers FC - Liverpool FC 1-1(1-1)

awarded as a win for Montevideo City Torque as La Luz FC Montevideo fielded an uneligible player.

Round 5 [03-06.03.2023]
Racing Club - Danubio FC 1-1(0-1)
City Torque - Defensor Sporting 0-3(0-2)
CA Cerro - Nacional 2-2(1-1)
Boston River - River Plate 0-0
Liverpool FC - La Luz FC 2-3(1-1)
Peñarol - CD Maldonado 2-1(1-1)
Cerro Largo - Wanderers FC 0-0
Plaza Colonia - CA Fénix 3-1(1-0)

Round 6 [10-13.03.2023]
La Luz FC - Cerro Largo 0-3(0-2)
Wanderers FC - Plaza Colonia 0-1(0-1)
Nacional - Boston River 3-1(1-0)
Danubio FC - CA Cerro 1-0(1-0)
CA Fénix - Racing Club 0-1(0-0)
Peñarol - City Torque 2-2(1-0)
River Plate - CD Maldonado 3-1(0-0)
Defensor Sporting - Liverpool FC 2-2(1-2)

Round 7 [17-20.03.2023]
Plaza Colonia - La Luz FC 1-1(1-1)
Liverpool FC - City Torque 1-0(0-0)
CD Maldonado - Nacional 0-0
Peñarol - River Plate 1-0(0-0)
Cerro Largo - Defensor Sporting 0-3(0-1)
Boston River - Danubio FC 3-3(2-1)
Racing Club - Wanderers FC 1-1(0-1)
CA Cerro - CA Fénix 2-0(1-0)

Round 8 [24-27.03.2023]
Defensor Sporting - Plaza Colonia 4-0(2-0)
Danubio FC - CD Maldonado 4-0(2-0)
Liverpool FC - Peñarol 1-0(0-0)
Wanderers FC - CA Cerro 3-0(1-0)
CA Fénix - Boston River 0-0
Nacional - River Plate 3-0(1-0)
La Luz FC - Racing Club 1-3(0-3)
City Torque - Cerro Largo 1-2(1-1)

Round 9 [31.03.-03.04.2023]
River Plate - Danubio FC 2-1(2-0)
Cerro Largo - Liverpool FC 1-0(0-0)
Peñarol - Nacional 2-0(0-0)
CD Maldonado - CA Fénix 2-0(2-0)
CA Cerro - La Luz FC 0-0
Boston River - Wanderers FC 0-1(0-1)
Racing Club - Defensor Sporting 0-1(0-0)
Plaza Colonia - City Torque 1-2(0-1)

Round 10 [07-10.04.2023]
Wanderers FC - CD Maldonado 0-1(0-1)
CA Fénix - River Plate 0-0
Defensor Sporting - CA Cerro 1-1(1-1)
City Torque - Racing Club 0-2(0-0)
Danubio FC - Nacional 0-0
Cerro Largo - Peñarol 0-0
Liverpool FC - Plaza Colonia 3-1(1-0)
La Luz FC - Boston River 2-1(1-1)

Round 11 [14-17.04.2023]
Nacional - CA Fénix 4-0(3-0)
Racing Club - Liverpool FC 1-1(0-1)
Peñarol - Danubio FC 2-0(1-0)
Plaza Colonia - Cerro Largo 2-0(1-0)
Boston River - Defensor Sporting 1-0(0-0)
River Plate - Wanderers FC 1-2(0-1)
CA Cerro - City Torque 0-2(0-1)
La Luz FC - CD Maldonado 4-2(2-1)

Round 12 [21-24.04.2023]
Cerro Largo - Racing Club 2-1(2-1)
City Torque - Boston River 1-1(0-1)
La Luz FC - River Plate 2-2(0-1)
Defensor Sporting - CD Maldonado 1-1(0-1)
CA Fénix - Danubio FC 2-1(1-1)
Plaza Colonia - Peñarol 1-2(1-1)
Liverpool FC - CA Cerro 1-1(1-0)
Wanderers FC - Nacional 0-1(0-0)

Round 13 [28-30.04.2023]
Boston River - Liverpool FC 1-3(1-1)
Peñarol - CA Fénix 2-0(1-0)
Danubio FC - Wanderers FC 0-2(0-1)
CA Cerro - Cerro Largo 0-0
Nacional - La Luz FC 3-0(2-0)
River Plate - Defensor Sporting 0-4(0-3)
CD Maldonado - City Torque 3-2(2-1)
Racing Club-Plaza Colonia 1-1(1-1) [03.05.23]

Round 14 [05-08.05.2023]
Cerro Largo - Boston River 2-2(0-2)
Wanderers FC - CA Fénix 0-3(0-0)
Liverpool FC - CD Maldonado 4-2(3-0)
La Luz FC - Danubio FC 3-1(1-0)
Defensor Sporting - Nacional 2-2(1-1)
City Torque - River Plate 1-1(1-1)
Plaza Colonia - CA Cerro 1-1(1-1)
Racing Club - Peñarol 0-2(0-0)

Round 15 [12-15.05.2023]

CD Maldonado - Cerro Largo 0-0
River Plate - Liverpool FC 2-0(0-0)
Peñarol - Wanderers FC 1-1(1-0)
CA Fénix - La Luz FC 0-2(0-0)

Danubio FC - Defensor Sporting 1-1(1-0)
City Torque - Nacional 0-4(0-4)
Boston River - Plaza Colonia 1-1(1-1)
CA Cerro - Racing Club 1-0(1-0)

Final Standings

1.	CA Peñarol Montevideo	15	10	4	1	25	-	11	34
2.	Club Nacional de Football Montevideo	15	8	5	2	28	-	11	29
3.	Defensor Sporting Club Montevideo	15	6	7	2	27	-	14	25
4.	ACSC Cerro Largo FC Melo	15	6	7	2	13	-	10	25
5.	Liverpool FC Montevideo	15	6	5	4	24	-	19	23
6.	Montevideo Wanderers FC	15	6	5	4	16	-	12	23
7.	CA River Plate Montevideo	15	5	5	5	17	-	19	20
8.	CD Maldonado	15	5	5	5	18	-	23	20
9.	La Luz FC Montevideo*	15	5	4	6	23	-	27	18
10.	CA Cerro Montevideo	15	3	7	5	13	-	16	16
11.	Montevideo City Torque*	15	3	5	7	15	-	24	16
12.	Club Plaza Colonia de Deportes	15	4	4	7	15	-	25	16
13.	Danubio FC Montevideo	15	3	6	6	20	-	19	15
14.	Racing Club de Montevideo	15	3	6	6	13	-	17	15
15.	CA Boston River Montevideo	15	2	6	7	15	-	23	12
16.	CA Fénix Montevideo	15	3	3	9	11	-	23	12

Please note: Montevideo City Torque were awarded two points and La Luz were deducted one point due to La Luz fielding the ineligible player Álvaro González during the match between both teams.

CA Peñarol Montevideo were qualified for the Championship Play-offs Semi-Finals.

Torneo Intermedio 2023

Grupo A

Round 1 [02-05.06.2023]

La Luz FC - Peñarol 3-2(0-0)
Wanderers FC - Danubio FC 1-1(1-0)
River Plate - Boston River 0-1(0-1)
City Torque - Defensor Sporting 1-1(1-0)

Round 2 [16-18.06.2023]

Danubio FC - City Torque 1-0(0-0)
Boston River - La Luz FC 4-0(2-0)
Peñarol - River Plate 1-3(1-1)
Defensor Sporting - Wanderers FC 2-0(0-0)

Round 3 [23-25.06.2023]

La Luz FC - Danubio FC 0-2(0-2)
River Plate - Defensor Sporting 1-1(0-1)
Wanderers FC - Peñarol 0-0
City Torque - Boston River 3-1(1-0)

Grupo B

Round 1 [02-05.06.2023]

Liverpool FC - Racing Club 3-2(0-0)
CA Cerro - Nacional 1-1(1-0)
Plaza Colonia - Cerro Largo 3-3(2-0)
CD Maldonado - CA Fénix 1-1(1-0)

Round 2 [16-18.06.2023]

Cerro Largo - Liverpool FC 1-3(0-0)
CA Fénix - CA Cerro 0-0
Nacional - CD Maldonado 4-0(1-0)
Racing Club - Plaza Colonia 4-1(1-0)

Round 3 [23-25.06.2023]

Liverpool FC - Nacional 3-0(1-0)
Plaza Colonia - CA Fénix 1-1(0-0)
CA Cerro - Racing Club 1-2(0-1)
CD Maldonado - Cerro Largo 0-0

Round 4 [01-03.07.2023]
Defensor Sporting - La Luz FC 3-0(1-0)
Wanderers FC - River Plate 4-0(0-0)
Boston River - Danubio FC 1-0(0-0)
Peñarol - City Torque 2-0(0-0)

Round 4 [02-05.07.2023]
CA Fénix - Racing Club 3-0(3-0)
Cerro Largo - CA Cerro 0-1(0-0)
Liverpool FC - CD Maldonado 3-2(1-2)
Nacional - Plaza Colonia 4-1(1-0)

Round 5 [07-10.07.2023]
La Luz FC - Wanderers FC 2-3(2-0)
Danubio FC - Peñarol 1-0(0-0)
Boston River - Defensor Sporting 0-1(0-0)
City Torque - River Plate 0-1(0-0)

Round 5 [08-09.07.2023]
CA Cerro - Liverpool FC 1-0(0-0)
Cerro Largo - CA Fénix 2-1(1-0)
Plaza Colonia - CD Maldonado 1-3(1-2)
Racing Club - Nacional 2-2(1-1)

Round 6 [14-16.07.2023]
Defensor Sporting - Danubio FC 2-1(1-0)
River Plate - La Luz FC 0-0
Peñarol - Boston River 2-1(2-0)
Wanderers FC - City Torque 1-1(1-0)

Round 6 [15-17.07.2023]
Liverpool FC - Plaza Colonia 2-2(1-2)
Cerro Largo - Racing Club 2-0(0-0)
Nacional - CA Fénix 0-1(0-0)
CD Maldonado - CA Cerro 1-2(0-1)

Round 7 [21-23.07.2023]
La Luz FC - City Torque 1-3(1-2)
Danubio FC - River Plate 0-0
Boston River - Wanderers FC 0-1(0-1)
Peñarol - Defensor Sporting 2-1(0-0)

Round 7 [21-24.07.2023]
CA Fénix - Liverpool FC 0-1(0-0)
Racing Club - CD Maldonado 2-0(1-0)
Nacional - Cerro Largo 1-0(1-0)
CA Cerro - Plaza Colonia 0-0

Final Standings

Grupo A

1. Defensor Sporting Club Montevideo	7	4	2	1	11 - 5	14
2. Montevideo Wanderers FC	7	3	3	1	10 - 6	12
3. Danubio FC Montevideo	7	3	2	2	6 - 4	11
4. CA Peñarol Montevideo	7	3	1	3	9 - 9	10
5. CA Boston River Montevideo	7	3	0	4	8 - 7	9
6. CA River Plate Montevideo	7	2	3	2	5 - 7	9
7. Montevideo City Torque	7	2	2	3	8 - 8	8
8. La Luz FC Montevideo	7	1	1	5	6 - 17	4

Grupo B

1. Liverpool FC Montevideo	7	5	1	1	15 - 8	16
2. CA Cerro Montevideo	7	3	3	1	6 - 4	12
3. Club Nacional de Football Montevideo	7	3	2	2	12 - 8	11
4. Racing Club de Montevideo	7	3	1	3	12 - 12	10
5. CA Fénix Montevideo	7	2	3	2	7 - 5	9
6. ACSC Cerro Largo FC Melo	7	2	2	3	8 - 9	8
7. CD Maldonado	7	1	2	4	7 - 13	5
8. Club Plaza Colonia de Deportes	7	0	4	3	9 - 17	4

Please note: both group winners were qualified for the Torneo Intermedio Final.

Torneo Intermedio Final [30.07.2023]

Defensor Sporting Club Montevideo - **Liverpool FC Montevideo**   0-1(0-0)

Torneo Clausura 2023

Results

Round 1 [18-20.08.2023]
CD Maldonado - Plaza Colonia 0-0
River Plate - Cerro Largo 0-0
CA Fénix - Defensor Sporting 1-1(0-1)
CA Cerro - Peñarol 1-1(1-0)
Wanderers FC - La Luz FC 0-1(0-0)
Boston River - Racing Club 1-0(1-0)
Danubio FC - City Torque 0-1(0-0)
Liverpool FC - Nacional 0-0

Round 2 [25-27.08.2023]
City Torque - CA Fénix 1-1(0-1)
Defensor Sporting - Wanderers FC 3-0(1-0)
Plaza Colonia - River Plate 0-1(0-0)
Liverpool FC - Danubio FC 1-0(1-0)
Cerro Largo - Nacional 2-2(1-1)
CA Cerro - Boston River 1-2(0-1)
Racing Club - CD Maldonado 1-1(0-1)
Peñarol - La Luz FC 2-2(1-2)

Round 3 [01-03.09.2023]
Wanderers FC - City Torque 2-1(2-0)
Danubio FC - Cerro Largo 2-0(1-0)
Boston River - Peñarol 0-1(0-0)
La Luz FC - Defensor Sporting 1-1(1-0)
CA Fénix - Liverpool FC 1-0(1-0)
River Plate - Racing Club 0-0
Nacional - Plaza Colonia 0-0
CD Maldonado - CA Cerro 2-1(1-0)

Round 4 [05-08.10.2023]
Racing Club - Nacional 1-2(1-1)
City Torque - La Luz FC 1-0(1-0)
Cerro Largo - CA Fénix 1-0(0-0)
Liverpool FC - Wanderers FC 2-1(2-0)
Peñarol - Defensor Sporting 2-1(1-1)
Plaza Colonia - Danubio FC 1-0(0-0)
Boston River - CD Maldonado 2-0(0-0)
CA Cerro - River Plate 1-0(1-0)

Round 5 [13-15.10.2023]
CA Fénix - Plaza Colonia 1-4(0-3)
Defensor Sporting - City Torque 2-0(1-0)
CD Maldonado - Peñarol 0-1(0-1)
Danubio FC - Racing Club 0-2(0-1)
La Luz FC - Liverpool FC 0-2(0-0)
Wanderers FC - Cerro Largo 1-0(0-0)
River Plate - Boston River 2-1(1-1)
Nacional - CA Cerro 2-1(1-1)

Round 6 [18-19.10.2023]
Liverpool FC - Defensor Sporting 2-0(1-0)
Plaza Colonia - Wanderers FC 1-0(1-0)
Cerro Largo - La Luz FC 1-3(0-1)
City Torque - Peñarol 2-3(2-2)
Racing Club - CA Fénix 2-0(2-0)
CD Maldonado - River Plate 0-0
CA Cerro - Danubio FC 1-1(0-1)
Boston River - Nacional 2-0(1-0)

Round 7 [21-24.10.2023]
Defensor Sporting - Cerro Largo 2-0(0-0)
CA Fénix - CA Cerro 1-1(0-0)
River Plate - Peñarol 0-3(0-2)
La Luz FC - Plaza Colonia 1-1(1-1)
City Torque - Liverpool FC 2-3(0-1)
Nacional - CD Maldonado 1-3(1-1)
Danubio FC - Boston River 1-1(0-0)
Wanderers FC - Racing Club 1-2(1-0)

Round 8 [03-06.11.2023]
CA Cerro - Wanderers FC 0-1(0-1)
Boston River - CA Fénix 1-1(1-0)
Cerro Largo - City Torque 1-2(0-1)
River Plate - Nacional 0-3(0-1)
Racing Club - La Luz FC 1-1(1-0)
Plaza Colonia - Defensor Sporting 0-2(0-0)
Peñarol - Liverpool FC 0-1(0-0)
CD Maldonado - Danubio FC 1-2(0-0)

Round 9 [10-12.11.2023]
Liverpool FC - Cerro Largo 3-0(3-0)
City Torque - Plaza Colonia 2-2(1-0)
Defensor Sporting - Racing Club 3-0(1-0)
Danubio FC - River Plate 0-0
Nacional - Peñarol 2-2(1-0)
La Luz FC - CA Cerro 1-2(0-1)
CA Fénix - CD Maldonado 1-0(0-0)
Wanderers FC - Boston River 0-2(0-1)

Round 10 [14-16.11.2023]
Racing Club - City Torque 1-0(0-0)
Plaza Colonia - Liverpool FC 0-0
Peñarol - Cerro Largo 1-1(0-1)
CA Cerro - Defensor Sporting 1-1(1-0)
CD Maldonado - Wanderers FC 3-0(1-0)
Nacional - Danubio FC 1-3(1-1)
River Plate - CA Fénix 1-0(1-0)
Boston River - La Luz FC 1-2(0-2)

Round 11 [18-20.11.2023]
Cerro Largo - Plaza Colonia 4-0(3-0)
City Torque - CA Cerro 1-0(1-0)
Liverpool FC - Racing Club 2-3(1-0)
Danubio FC - Peñarol 2-1(2-0)
CD Maldonado - La Luz FC 1-0(0-0)
Wanderers FC - River Plate 2-1(0-1)
CA Fénix - Nacional 1-1(0-1)
Defensor Sporting - Boston River 2-0(1-0)

Round 12 [24-26.11.2023]
Boston River - City Torque 2-0(1-0)
CA Cerro - Liverpool FC 0-1(0-0)
Peñarol - Plaza Colonia 0-0
Racing Club - Cerro Largo 1-0(0-0)
Danubio FC - CA Fénix 0-0
CD Maldonado - Defensor Sporting 2-1(1-1)
River Plate - La Luz FC 1-0(0-0)
Nacional - Wanderers FC 3-1(3-0)

Round 13 [28-30.11.2023]
CA Fénix - Peñarol 0-1(0-0)
Plaza Colonia - Racing Club 0-1(0-0)
City Torque - CD Maldonado 5-1(2-0)
Liverpool FC - Boston River 2-0(1-0)
Wanderers FC - Danubio FC 3-0(1-0)
Defensor Sporting - River Plate 0-1(0-0)
Cerro Largo - CA Cerro 0-0
La Luz FC - Nacional 0-1(0-0)

Round 14 [02-04.12.2023]
CA Fénix - Wanderers FC 1-1(1-0)
River Plate - City Torque 1-2(1-1)
Peñarol - Racing Club 1-1(0-0)
CD Maldonado - Liverpool FC 0-2(0-0)
Boston River - Cerro Largo 0-1(0-0)
Danubio FC - La Luz FC 2-1(1-0)
CA Cerro - Plaza Colonia 1-1(1-0)
Nacional - Defensor Sporting 1-0(0-0)

Round 15 [06-08.12.2023]
Wanderers FC - Peñarol 0-0
Liverpool FC - River Plate 2-1(1-0)
Cerro Largo - CD Maldonado 2-0(1-0)
La Luz FC - CA Fénix 0-2(0-0)

Defensor Sporting - Danubio FC 0-2(0-1)
Nacional - City Torque 1-1(0-1)
Racing Club - CA Cerro 0-1(0-0)
Plaza Colonia - Boston River 3-2(0-1)

Final Standings

1.	Liverpool FC Montevideo	15	11	2	2	23 - 8	35
2.	CA Peñarol Montevideo	15	6	7	2	19 - 13	25
3.	Racing Club de Montevideo	15	7	4	4	16 - 13	25
4.	Club Nacional de Football Montevideo	15	6	6	3	20 - 17	24
5.	Danubio FC Montevideo	15	6	4	5	15 - 14	22
6.	Defensor Sporting Club Montevideo	15	6	3	6	19 - 13	21
7.	Montevideo City Torque	15	6	3	6	21 - 20	21
8.	CA Boston River Montevideo	15	6	2	7	17 - 16	20
9.	Club Plaza Colonia de Deportes	15	4	7	4	13 - 15	19
10.	CA River Plate Montevideo	15	5	4	6	9 - 14	19
11.	CD Maldonado	15	5	3	7	14 - 19	18
12.	ACSC Cerro Largo FC Melo	15	4	5	6	14 - 17	17
13.	CA Fénix Montevideo	15	3	7	5	11 - 15	16
14.	CA Cerro Montevideo	15	3	6	6	12 - 15	15
15.	Montevideo Wanderers FC	15	4	3	8	13 - 21	15
16.	La Luz FC Montevideo	15	3	4	8	13 - 19	13

Liverpool FC Montevideo were qualified for the Championship Play-offs Semi-Finals.

Aggregate Table 2023

1.	Liverpool FC Montevideo	37	22	8	7	62	-	35	74
2.	CA Peñarol Montevideo	37	19	12	6	53	-	33	69
3.	Club Nacional de Football Montevideo	37	17	13	7	60	-	36	64
4.	Defensor Sporting Club Montevideo	37	16	12	9	57	-	32	60
5.	Montevideo Wanderers FC	37	13	11	13	39	-	39	50
6.	Racing Club de Montevideo	37	13	11	13	41	-	42	50
7.	ACSC Cerro Largo FC Melo	37	12	14	11	35	-	36	50
8.	Danubio FC Montevideo	37	12	12	13	41	-	37	48
9.	CA River Plate Montevideo	37	12	12	13	31	-	40	48
10.	Montevideo City Torque	37	11	10	16	44	-	52	45
11.	CA Cerro Montevideo	37	9	16	12	31	-	35	43
12.	CD Maldonado	37	11	10	16	39	-	55	43
13.	CA Boston River Montevideo	37	11	8	18	40	-	46	41
14.	Club Plaza Colonia de Deportes	37	8	15	14	37	-	57	39
15.	CA Fénix Montevideo	37	8	13	16	29	-	43	37
16.	La Luz FC Montevideo	37	9	9	19	42	-	63	35

Liverpool FC Montevideo, as Aggregate Table winner, were qualified for the Championship Final.

Liverpool FC Montevideo, CA Peñarol Montevideo, Club Nacional de Football Montevideo and Defensor Sporting Club Montevideo were qualified for the 2024 Copa Libertadores.

Montevideo Wanderers FC, Racing Club de Montevideo, ACSC Cerro Largo FC Melo and Danubio FC Montevideo were qualified for the 2024 Copa Sudamericana.

Championship Semi-Final [09.12.2023]

(played between Torneo Apertura and Torneo Clausura winners)
Liverpool FC Montevideo - CA Peñarol Montevideo   0-1(0-0,0-0)

Championship Final 2023

(played between Aggregate Table winners and Semi-Final winners)

13.12.2023, Estadio Belvedere, Montevideo; Attendance: 2,600
Referee: Esteban Daniel Ostojich Vega
Liverpool FC Montevideo - CA Peñarol Montevideo   2-0(0-0)
Liverpool FC: Sebastián Javier Britos Rodríguez, Andrés Federico Pereira Castelnoble (Cap), Juan Manuel Izquierdo Viana, Mateo Antoni Pavón (75.Federico Andueza Velazco), Miguel Ángel Ramón Samudio, Martín Barríos Santos, Gonzalo Nápoli Soria [*sent off 66*], César Marcelo Meli (46.Rubén Daniel Bentancourt Morales), Luciano Rodríguez Rosales (87.Matías Ernesto Ocampo Ornizún), Alan Damián Medina Silva (83.Agustín Cayetano Arbelo), Thiago Vecino Berriel (75.Pablo Fabricio Siles Morales). Trainer: Jorge Rodrigo Bava.
Peñarol: Guillermo Rafael De Amores Ravelo, Maximiliano Martín Olivera de Andrea, Leonardo Henriques Coelho „Léo Coelho", Jorge Hernán Menosse Acosta, Camilo Sebastián Mayada Mesa, Sebastián Javier Rodríguez Iriarte (75.José Pablo Neris Figueredo), Ignacio Sosa Ospital (59.Sebastián Carlos Cristóforo Pepe), Sergio Damián García Graña (83.Santiago Damián Homenchenko Bianchi), Lucas Camilo Hernández Perdomo (Cap) (46.Matías Aguirregaray Guruceaga), Ángel Emanuel González (59.Franco González Fernández [*sent off 64*]), Douglas Matías Arezo Martínez. Trainer: Diego Vicente Aguirre Camblor.
Goals: 1-0 Thiago Vecino Berriel (70), 2-0 Rubén Daniel Bentancourt Morales (81).

16.12.2023, Estadio Campeón del Siglo, Montevideo; Attendance: 38,500
Referee: Andrés Matías Matonte Cabrera
CA Peñarol Montevideo - Liverpool FC Montevideo   0-1(0-1)
Peñarol: Guillermo Rafael De Amores Ravelo, Maximiliano Martín Olivera de Andrea (46.Abel Mathías Hernández Platero), Leonardo Henriques Coelho „Léo Coelho", Jorge Hernán Menosse Acosta, Camilo Sebastián Mayada Mesa, Sebastián Javier Rodríguez Iriarte, Santiago Damián Homenchenko Bianchi (59.Sergio Damián García Graña), Sebastián Carlos Cristóforo Pepe, Lucas Camilo Hernández Perdomo (Cap) (59.Pedro Milans Carámbula), Ángel Emanuel González (75.José Pablo Neris Figueredo), Douglas Matías Arezo Martínez (85.Bruno Emanuel Betancor Baeza). Trainer: Diego Vicente Aguirre Camblor.
Liverpool FC: Sebastián Javier Britos Rodríguez, Andrés Federico Pereira Castelnoble (Cap), Juan Manuel Izquierdo Viana, Mateo Antoni Pavón, Miguel Ángel Ramón Samudio (77.Agustín Cayetano Arbelo), Luciano Rodríguez Rosales (90+2.Renzo Neri Machado Pertusso), Martín Barríos Santos, César Marcelo Meli (86.Pablo Fabricio Siles Morales), Alan Damián Medina Silva, Thiago Vecino Berriel (77.Matías Ernesto Ocampo Ornizún), Rubén Daniel Bentancourt Morales (46.Federico Andueza Velazco). Trainer: Jorge Rodrigo Bava.
Goal: 0-1 Rubén Daniel Bentancourt Morales (15).

2023 Campeonato Uruguayo de Primera División Winners: **Liverpool FC Montevideo**

Top goalscorers:
19 goals: Juan Ignacio Ramírez Polaro   (Club Nacional de Football Montevideo)
18 goals: Douglas Matías Arezo Martínez   (CA Peñarol Montevideo)
17 goals: Osinachi Christian Ebere (NGA)   (Club Plaza Colonia de Deportes)

Relegation Table 2023

The relagation was determined by computing an average of the number of points earned per game over the two most recent seasons (2022, 2023).

Pos	Team	2022 P	2023 P	Total P	Total M	Aver
1.	Liverpool FC Montevideo	74	72	146	74	1.973
2.	Club Nacional de Football Montevideo	81	64	145	74	1.959
3.	CA Peñarol Montevideo	59	69	128	74	1.730
4.	Defensor Sporting Club Montevideo	58	60	118	74	1.595
5.	CA River Plate Montevideo	60	48	108	74	1.459
6.	CD Maldonado	63	43	106	74	1.432
7.	Danubio FC Montevideo	56	48	104	74	1.405
8.	CA Boston River Montevideo	62	41	103	74	1.392
9.	Montevideo Wanderers FC	51	50	101	74	1.365
10.	Racing Club de Montevideo	—	50	50	37	1.351
11.	ACSC Cerro Largo FC Melo	40	50	90	74	1.216
12.	CA Cerro Montevideo	—	43	43	37	1.162
13.	CA Fénix Montevideo	49	37	86	74	1.162
14.	Montevideo City Torque (*Relegated*)	36	45	81	74	1.095
15.	Club Plaza Colonia de Deportes (*Relegated*)	35	39	74	74	1.000
16.	La Luz FC Montevideo (*Relegated*)	—	35	35	37	0.946

THE CLUBS 2023

Please note: appearances and goals are including all matches played (Apertura+Intermedio+Clausura+ Championship Play-off Semi-Final & Finals).

CLUB ATLÉTICO BOSTON RIVER MONTEVIDEO

Foundation date: February 20, 1939
Address: Calle Saladero Fariña 3388, Montevideo
Stadium: Estadio Juventud Parque Atigas, Las Piedras (6,148)

Trainer:		
	Daniel Alejandro Farías Acosta (VEN)	14.04.1981
[04.04.2023]	Alejandro Rubén Apud Varela	21.10.1967

THE SQUAD

	DOB	M	(s)	G
Goalkeepers:				
Juan Ignacio González Quiroga	10.07.1993	6		
Santiago Ibraim Silva Azambuja	11.05.1999	31		
Defenders:				
Gian Franco Allala Menéndez	17.01.1997	20	(6)	3
Emanuel Tomás Beltrán Bardas	23.01.1998	31		1
Santiago Corbo Fariello	29.06.2002	11	(10)	1
Leonard Richard Costa Martínez	24.08.1998	9	(5)	
Carlos Ayrton Cougo Rivero	15.06.1996	10	(1)	
Joaquín Fernández Pertusso	22.01.1999	2		
Marco Leonardo Mancebo Clavero	02.05.2001	3		1
Gianni Danielle Rodríguez Fernández	07.06.1994	5	(5)	1
Guzmán Rodríguez Ferrari	08.02.2000	34		1
Pedro Silva Torrejón (ARG)	25.01.1997	11	(3)	1
Carlos Adrián Valdez Suárez	02.05.1983	28	(2)	2
Midfielders:				
Rodrigo Agustín Amado Hernández	06.02.2001	8	(3)	
Francisco Barrios Azzini	19.02.2002	10	(4)	1
Martín Alejandro Fernández Figueira	08.05.2001	19	(6)	1
Martín Fernández Benítez	23.06.2003		(9)	
Leandro Gastón Méndez Varese	06.03.2003	1	(13)	
Facundo Ezequiel Muñoa dos Santos	11.06.2004	20	(3)	1
Renato Alexandrino da Silva (BRA)	31.12.2002		(1)	
Hernán Novick Rettich	13.12.1988	9	(7)	1
Emiliano Gastón Sosa Viera	18.02.1998	24	(11)	
Leandro Suhr Avondet	24.09.1997	5	(13)	
Mateo Germán Torres Álvarez	27.02.2002	5	(8)	
Paulo Matías Zunino Escudero	20.04.1990	3	(8)	1
Forwards:				
Bruno Abbate	05.07.2002	1	(10)	
Mathías Alexander Acuña Maciel	28.11.1992	10	(3)	3
Brayan Jesús Alcócer Narváez (VEN)	17.08.2003	3	(3)	
Bruno Gabriel Barja Sampedro	16.09.2002		(1)	
Fernando Manuel Camarda Rosa	08.11.2003		(3)	
Fabián Agustín Dávila Silva	05.01.1999	1		
Emiliano Gómez Dutra	18.09.2001	22	(4)	8
Juan Manuel Gutiérrez Freire	04.02.2002	11	(3)	4
Alexander Nicolás Machado Aycaguer	28.05.2002	3	(8)	1
Cristian Gonzalo Olivera Ibarra	17.04.2002	21		6
José Alexander Riasco Brizuela (VEN)	02.02.2004	5	(6)	1
Emiliano Rodríguez Rosales	16.07.2003	11	(3)	
Kevin Johel Rodríguez Cabral	02.03.2006		(2)	
Jonathan Matías Urretaviscaya da Luz	19.03.1990	14	(3)	

CLUB ATLÉTICO CERRO MONTEVIDEO

Foundation date: December 1, 1922
Address: Avenida Grecia 3621, 11600 Montevideo
Stadium: Estadio Monumental "Luis Tróccoli", Montevideo (25,000)

Trainer:		
	Luis Danielo Núñez Maciel	25.10.1964
[05.04.2023]	Héctor Walter Búrguez Balsas	18.10.1967
[10.04.2023]	Gustavo Washington Ferreyra Briozzo	29.05.1972
[02.10.2023]	Sergio Damián Santín Francia	22.09.1980

THE SQUAD

	DOB	M	(s)	G
Goalkeepers:				
Gabriel Araújo Soto	28.03.1993	4		
Emiliano Darío Denis Figueroa	16.12.1991	33		
Defenders:				
Mathías Nicolás Abero Villan	09.04.1990	20	(5)	4
Emiliano Federico Álvarez Silva	06.02.2001	3	(6)	
Simón Bentancur Dluzniewski	23.04.2003		(1)	
Nicolás Joaquín Cabral (ARG)	09.10.1999	11		1
Ramiro Fernández (ARG)	12.11.1995	18	(3)	
Alan Nicolás García Pereyra	14.09.1999	18	(4)	1
Nicolas Evar Gómez Silveira	24.06.1992	14		
Pablo Martín Lacoste Icardi	15.01.1988	27		
Hugo Alejandro Magallanes Silveira	26.08.1997	21		1
Nicolás Ramos Ríos	10.03.1999		(3)	
Maximiliano Gabriel Rao Cabrera	22.03.1997	1		
Fernando Esekiel Souza Píriz	24.05.1998	20	(5)	1
Midfielders:				
Roberto Sebastián Brum Gutiérrez	05.07.1983	4	(9)	
Matías Julio Cabrera Acevedo	16.05.1986	4	(17)	
Sebastián Cáceres Carranza	15.01.2000	17	(11)	
Jairo Nicolas Coronel Valdéz	04.03.1996	14	(5)	
Franco Miguel Faría (ARG)	29.09.1992	10	(3)	
Ignacio Ojeda Ferreira	04.02.1999	2	(3)	
Hamilton Miguel Pereira Ferrón	26.06.1987	9	(3)	
Gastón Alejandro Pérez Conde	19.10.1999	24	(5)	
Lucas Guzmán Rodríguez Cardoso	08.05.1993	34	(1)	5
Mateo Nicolás Suárez Álves	29.05.1997	1	(5)	
José Luis Tancredi Malatez	14.02.1983		(9)	
Forwards:				
Nahuel Acosta Da Silva	11.05.1999	12	(11)	
Erardo Danilo Cóccaro Díaz	22.08.1991	6	(15)	4
Luis Enrique Femia Ríos	27.05.2002		(3)	
Luca Marco Sebastián Franco (ARG)	26.11.2002	12	(11)	3
Daniel Nicolás González Álvarez	23.06.1997	2	(2)	
Enzo Nicolas Lemos Paniagua	21.01.2001	2	(1)	
Joel Martínez Álvarez	16.11.1998	3	(8)	1
Dylan Alexander Nandín Berrutti	28.02.2002	16	(7)	4
Mariano Ezequiel Peralta Bauer (ARG)	20.02.1998	11	(1)	2
Santiago Ramón Ramírez Debali	12.03.1998	1	(4)	
Cristhian Andrés Tizón Correa	26.01.1996	27	(4)	3
Tabaré Uruguay Viúdez Mora	08.09.1989	6	(8)	

ASOCIACIÓN CIVIL, SOCIAL Y CULTURAL
CERRO LARGO FÚTBOL CLUB MELO

Foundation date: November 19, 2002
Address: Calle José Batlle y Ordóñez 695 esc. 101 Melo
Stadium: Estadio "Arquitecto Antonio Eleuterio Ubilla", Melo (7,000)

Trainer: Eduardo Fabián Espinel Porley		28.06.1972
[03.07.2023] José Ignacio Batlle Ordoñez De Los Campos		22.01.1985
[16.11.2023] Juan Jacinto Rodríguez Araújo		27.11.1958

THE SQUAD

	DOB	M	(s)	G
Goalkeepers:				
Renzo Damián Bacchia Rodríguez	23.01.1999	12		
Pablo Ramiro Bentancur Rodríguez	28.02.1989	10	(2)	
Tomer Haran (ISR)	26.10.1998	12		
Matheus Brandão de Campos (BRA)	16.01.1996		(1)	
Gino Santilli (ARG)	26.10.2001	3		
Defenders:				
Mauro Alejandro Brasil Alcaire	27.04.1999	30	(1)	5
Lucas Leonel Correa Sebben	07.05.1996	15	(12)	2
Brian Ferrares Fernández	01.03.2000	13	(9)	2
Lucas Nahuel Furtado Cabrera	20.03.1998	35	(1)	2
Rafael García Casanova	06.01.1989	23	(1)	
Martín Germán Gianoli Abellán	27.09.2000	29	(3)	2
Ezequiel Olivera Reymundo	20.12.2003	5	(3)	
Renzo Facundo Rabino Albín	19.12.1997	33		
Midfielders:				
Diego Martín Alaníz Ávila	19.02.1993	8	(6)	2
Mauro Nahuel Estol Rodríguez	27.01.1995	3	(1)	
José Enrique Etcheverry Mendoza	10.05.1996		(1)	
Joaquín Fernández Benítez	08.02.2003	2	(8)	
Tiago *Galletto* López (ESP)	11.05.2002	25	(7)	1
Adolfo Justino Lima Camejo	24.07.1990	16	(8)	
Augusto Max (ARG)	10.08.1992	11	(1)	1
Matías *Mir* García (ESP)	26.05.2003	10	(2)	
Hamilton Miguel Pereira Ferrón	26.06.1987	5	(9)	
Santiago Nicolás Viera Moreira	04.06.1998	31	(1)	
Carlos Adrián Vila Núñez	01.01.2002	2	(14)	
Forwards:				
Alex Facundo da Costa Rodríguez	20.03.2003	2	(9)	2
Alfonso de Luca Ibargoyen	03.10.2005		(2)	
Brian Nicolás González Fernández	11.06.1999	11	(7)	1
Facundo Mariano Núñez Techeraz	24.02.2006	1	(22)	
Sergio Fabián Núñez Rosas	30.06.2000	8		5
Joel Maximiliano Ortíz (ARG)	18.08.2002		(1)	
Facundo Rodríguez Grandillo	08.02.1995	6	(9)	2
Hugo Gabriel Silveira Pereira	23.05.1993	20	(8)	7
Cristian Rafael Techera Cribelli	31.05.1992	9	(4)	
Emiliano Agustín Villar Vidal	21.10.1999	17	(9)	2

DANUBIO FOOTBALL CLUB MONTEVIDEO

Foundation date: March 1, 1932
Address: Avenida 8 de Octubre 4584, 12100 Montevideo
Stadium: Estadio Jardines del Hipódromo, Montevideo (18,000)

Trainer:		
	Esteban Néstor Conde Quintana	04.03.1983
[28.08.2023]	Mario Daniel Saralegui Iriarte	24.04.1959

THE SQUAD

Name	DOB	M	(s)	G
Goalkeepers:				
Emiliano Bermúdez Arias	09.06.1997	1		
Mauro Daniel Goicoechea Furia	27.03.1988	36		
Defenders:				
Mateo Argüello Santoro	10.07.2002	7	(4)	
Santiago Ezequiel Etchebarne Peressini	01.09.1994	11	(1)	
Lucas Agustín Ferreira Zagas	16.06.2000	27		
Rafael Germán Haller Piloni	17.08.2000	22		
Lucas Gabriel Monzón Lemos	29.09.2001	16	(3)	
Mateo Ponte Costa	24.05.2003	2	(6)	1
Martín Rea Zuccotti	13.11.1997	28	(3)	1
Luis Leandro Sosa Otermin	18.03.1991	30		1
Midfielders:				
Maximiliano Nahuel Añasco Dornells	04.05.2001	2	(5)	
Vilinton Germán Branda Merlín (ECU)	23.11.2001	3	(2)	1
Franco Miguel Faría (ARG)	29.09.1992		(5)	1
Franco González Fernández	22.06.2004	13	(1)	1
Kevin Mathías Lewis Rodríguez	08.01.1999	28	(2)	1
Nicolás Rossi Marachlian	21.03.2002	11	(2)	
Juan Andrés Millán Santarcieri	13.08.2001	18	(8)	2
Ignacio Pintos Widman	24.08.2004		(3)	
Ribair Rodríguez Pérez	04.10.1987	2	(11)	
Santiago Ernesto Romero Fernández	15.02.1990	22	(8)	3
Facundo Ezequiel Saravia Saravia	09.09.2002	13	(4)	
Jannenson Alberto Sarmiento Escobar (COL)	18.10.1999	3	(18)	2
Santiago Fabián Silva Silva	20.08.2004	14	(16)	
Facundo Ezequiel Silvera Adreoli	18.11.2001		(12)	
Facundo Nicolás Silvestre Álvarez	27.11.2000		(3)	
Forwards:				
Jonatan Daniel Álvez Sagar	31.05.1988		(5)	
Gonzalo Diego Bueno Bíngola	16.01.1993	5	(10)	3
Alejo Cruz Techera	01.09.2000	24	(5)	3
Sebastián Bruno Fernández Miglierina	23.05.1985	27	(9)	8
Emiliano García Melgar	19.01.2000	2	(3)	
Francisco Martinicorena Sellanes	09.02.2004	1	(3)	
Guillermo Luis May Bartesaghi	11.03.1998	17	(5)	9
Diego Daniel Vera Méndez	05.01.1985	17	(10)	2
Mauro Matías Zárate Riga (ARG)	18.03.1987	5	(2)	1

DEFENSOR SPORTING CLUB MONTEVIDEO

Foundation date: March 15, 1913
Address: Avenida 21 de Setiembre 2362, Parque Rodó, 11100 Montevideo
Stadium: Estadio "Luiz Franzini", Montevideo (16,000)

Trainer:	Marcelo Fabián Méndez Russo	10.01.1981

THE SQUAD

	DOB	M	(s)	G
Goalkeepers:				
Matías Ezequiel Dufour Camacho	24.02.1999	34		
Jonathan Nicolás Rossi Acuña	16.05.1998	4		
Defenders:				
Facundo Bonifazi Castro	29.09.1995		(5)	
Juan Sebastián Boselli Graf	04.12.2003	15		
Rodrigo Emmanuel Cabrera Aquino	07.08.2004	5	(3)	
Guillermo Gabriel de los Santos Viana	15.02.1991	30	(1)	2
Enzo Gabriel Martínez Suárez	29.04.1998	10		
Juan de Dios Pintado Leines	28.07.1997	36		1
Yeferson Agustín Quintana Alonso	19.04.1996	12	(5)	
Matías Emiliano Rocha Calderón	13.02.2001	11	(2)	
Nicolás Alejandro Rodríguez Charquero	22.07.1991	35	(2)	1
Midfielders:				
Lucas Agazzi Galeano	02.05.2005	13	(14)	3
Mauricio Federico Amaro Viega	19.07.2005		(1)	
Alfonso Daniel Barco Del Solar (PER)	07.12.2001	6	(2)	1
Facundo Bernal Cruz	21.08.2003	6	(6)	
Erico Cuello Gutiérrez	25.05.2005		(3)	
Lucas Paul de los Santos Ruiz Díaz	26.07.2001	8	(12)	
Fernando Gastón Elizari Sedano (ARG)	05.04.1991	27	(7)	2
Hernán Figueredo Alonzo	15.05.1985	3	(7)	1
Gonzalo Gastón Freitas Silva	02.10.1991	27	(5)	1
Juan Manuel Jorge Novino	22.04.2004		(1)	
Rodrigo Pérez Casada	23.07.1996	23	(6)	
Santiago Scotto Padín	26.04.1997	6	(3)	
Joaquin Valiente Cioli	13.04.2001	27	(5)	7
Lucas Ezequiel Ymbert Bico	29.01.2003		(1)	
Forwards:				
Matías Ezequiel Abaldo Menyou	02.04.2004	8	(6)	2
Adrián Martin Balboa Camacho	19.01.1994	20		8
Leandro Barcia Montero	08.10.1992	9	(12)	3
Augusto Cambón Rosas	17.01.2005		(15)	2
Anderson Nathael Duarte da Silva	23.03.2004	17	(7)	7
Andrés Martín Ferrari Malveira	03.01.2003	8	(2)	5
Álvaro Damián Navarro Bica	28.01.1985	11	(21)	7
Kevin Federik Ramírez Dutra	01.04.1994	7	(5)	2

CLUB DEPORTIVO MALDONADO

Foundation date: August 25, 1928
Address: Avenida España 693 esquina Ginés Cairo Medina, CP 20000 Maldonado
Stadium: Estadio "Domingo Burgueño Miguel", Maldonado (20,172)

Trainer: Fabián Coito Machado   17.03.1967

THE SQUAD

	DOB	M	(s)	G
Goalkeepers:				
Danilo Emanuel Lerda (ARG)	30.03.1987	15		
Guillermo Martín Reyes Maneiro	10.07.1986	22		
Defenders:				
Fernando Agustín Alfaro Bares	29.06.1999	25	(4)	1
Ángel Gabriel Cayetano Pirez	08.01.1991	27	(2)	
Guillermo Gastón Cotugno Lima	12.03.1995	36		
Robinson Martín Ferreira García	07.03.1992	27	(3)	
Nicolás Guillermo Fuica Collazzi	03.05.2004	1	(1)	
Robert Fabián Herrera Rosas	01.03.1989	11		1
Lucas Javier Núñez Núñez	09.06.2001	19	(8)	2
Facundo Tealde Sassano	15.03.1989	12		
Midfielders:				
Marcos Maximiliano Cantera Mora	10.05.1993	18	(1)	7
Santiago Cartagena Albistur	01.09.2002	10	(4)	
Bruno Nahuel Centeno Fernández	20.03.2005	7	(3)	
Washington Eduardo Darías Lafuente	28.02.1998	29	(1)	4
Elías de León Aristegui	17.08.2005	7	(9)	3
Gabriel Nicolás Mezquida Sero	21.01.1992	5	(7)	
Facundo Julián Píriz González	27.03.1990	21	(7)	
Juan Pablo Plada Ricci	06.08.1998		(9)	
Nicolás Queiroz Martínez	07.05.1996	18	(11)	
Ángel Leonardo Rodríguez Güelmo	02.12.1992	6	(3)	
Diego Romero Lanz	02.03.2000	16	(8)	
Hernán Darío Toledo (ARG)	17.01.1996	18	(7)	1
Forwards:				
Máximo David Alonso Fontes	05.07.2002	2	(11)	
Enzo Araciel Borges Couto	22.07.1986	3	(12)	1
Marcos Patricio Camarda Télis	22.11.2000	2	(6)	
Aldo Tomás Luján Fernández (ARG)	08.08.1998	25	(4)	7
Alexander Nicolás González Pérez	08.08.2002	4	(10)	4
Rodrigo Ariel Muniz Menosse	01.09.2001	2	(5)	
Mariano Nichele Atala	26.09.2000		(2)	
Marco Gastón Rubén Rodríguez (ARG)	26.10.1986		(2)	
Claudio Paul Spinelli (ARG)	21.01.1997	17	(5)	5
Matías Nicolás Tellechea Pérez	21.09.1992	2	(8)	

CENTRO ATLÉTICO FÉNIX MONTEVIDEO

Foundation date: July 7, 1916
Address: Avenida Capurro 874, 11200 Montevideo
Stadium: Estadio Parque Capurro, Montevideo (5,097)

Trainer:	Sergio Damián Santín Francia	22.09.1980
[04.04.2023]	Leonel Rocco Herrera	18.09.1966

THE SQUAD

	DOB	M	(s)	G
Goalkeepers:				
Cristian Darío Geist (ARG)	13.05.1999	3	(1)	
Emiliano Fernández Márquez	02.09.2002	1		
Andrés Ulises Mehring (ARG)	19.04.1994	24		
Agustín Requena de los Santos	09.12.1998	9		
Defenders:				
Juan Daniel Álvez Ortíz	21.08.1983	31	(3)	
Adrián Argachá González	21.12.1986	13	(2)	
Rubén Emanuel Carlos González	21.02.1999	13	(12)	1
Agustín Da Silveira Muñoa	11.12.2000	16	(5)	1
Sebastián Roberto Diana Suárez	02.08.1990	12	(1)	
Santiago Franca Ascarate	26.10.2002	14	(5)	
Guillermo Fratta Cabrera	19.09.1995	15		1
Ángelo Emanuel Gabrielli Scarrone	24.02.1992	15	(7)	
Jairo Sebastián O'Neill López	31.07.2001	9	(2)	
Guillermo Pereira Sosa	03.07.2002	8	(2)	2
Ignacio Nicolás Velázquez Quintana	31.10.2002	5	(3)	
Midfielders:				
Kevin Nicolás Alaniz Acuña	30.01.2003		(1)	
Hugo Diego Arismendi Ciapparetta	25.01.1988	11	(1)	
Nicolás Miguel Bertochi (ARG)	09.06.1989	16	(8)	
Breno Caetano de Souza (BRA)	11.03.1997	10	(3)	
Fabián Larry Estoyanoff Poggio	27.09.1982	2	(10)	
Maicol Sebastián Ferreira Soppi	20.01.1998	19	(12)	4
Braulio Guisolfo López	07.05.2002	6	(2)	
Santiago Marcel Pérez	17.03.2002	5	(18)	
Camilo Alejandro Núñez Gómez	06.03.1994	27	(2)	
Richard Gustavo Núñez	25.10.1997	13	(9)	1
Joaquín Ochoa Giménez (ARG)	01.09.1996	3	(4)	
Santiago Scotto Padín	26.04.1997	2	(1)	
Ignacio Sosa Ospital	31.08.2003	9		
Diego Sebastián Vicente Pereyra	19.07.1998	4		
Forwards:				
Gustavo Javier Alles Villa	09.04.1990	17	(9)	1
Óscar José Cruz González	04.04.2002	3		
Jesús Sebastián da Silva Mattos	28.04.2002	15	(15)	1
Sebastián De Marco Machado	22.01.2002	4	(8)	
Mauro Guevgeozián Crespo (ARM)	10.05.1986	1	(5)	
Maximiliano Juambeltz Fernández	09.06.2002	10	(4)	2
Mariano Nichele Atala	26.09.2000		(10)	
Lucas Agustín Ocampo Galván	23.11.1997	22		11
Diego Gonzalo Vega Martínez	29.06.1992	20	(6)	3

LA LUZ FÚTBOL CLUB MONTEVIDEO

Foundation date: April 19, 1929
Address: *not known*
Stadium: Estadio Parque Palermo, Montevideo (4,072)

Trainer:		
	Julio César Fuentes Vicente	03.02.1968
[18.02.2023]	Federico Gabriel Porto Fernández	02.06.1983
[21.02.2023]	José Ignacio Pallas Martínez	05.01.1983
[25.07.2023]	Marcelo Sebastián Russo López	01.02.1987

THE SQUAD

Name	DOB	M	(s)	G
Goalkeepers:				
José Fernando Colman Báez (PAR)	04.06.1996	2		
Fabrizio Nicolás Correa González	18.01.2001	13		
Ramiro Nahuel Méndez Camacho	07.01.2001	22		
Defenders:				
Emiliano Ancheta Da Rosa	09.06.1999	27	(3)	
Sebastián Cardozo Coitinho	09.09.1995	11		
Santiago Nicolás Carrera Sanguinetti	05.03.1994	15		
Enzo Castillo Sosa	23.12.2000	33	(1)	
Juan Pablo Fagúndez Duarte	16.07.1985	3	(13)	
Richard Martín González Lemos	03.06.1994	9	(1)	
Roberto Carlos Hernández Rodríguez	20.03.1994	12	(2)	
Francisco Martirena García	09.06.1999	1	(5)	
Guillermo Padula Lenna	16.09.1997	6		1
Marcos Andrés Paolini Banchero	14.08.2001	18	(1)	
Luciano Federico Puentes Hernández	26.09.2001	3	(2)	
Rodrigo Nicolás Viera Céspedes	30.11.1996	28	(1)	2
Midfielders:				
Jonathan Agustín Baeza Larrosa	31.05.2002	7	(3)	
Facundo Agustín Barreto Medina	26.06.2001	5	(6)	2
Marcos Matías De los Santos Morales	28.09.1998	12	(9)	
Brian Federico Ferreira (ARG)	24.05.1994		(2)	
Álvaro Rafael González Luengo	29.10.1984	6	(12)	1
Aníbal Gabriel Hernández De Los Santos	29.06.1986	25	(6)	7
Ignacio Nicolás Neira Borba	06.02.1998	8	(7)	1
Pablo Martín Porcile Palacios	24.06.1996	30	(3)	
Martín Ernesto Rabuñal Rey	22.04.1994	8	(2)	
Forwards:				
Juan Martín Boselli Duque	28.10.1994	4	(14)	1
Diego Alexis González Miranda	21.02.1997	10	(5)	2
Enzo Nicolas Lemos Paniagua	21.01.2001	2	(5)	1
Luis Enrique Machado Mora	22.12.1991	11	(14)	1
Federico Damián Millacet Echevarría	21.07.1991	2	(10)	
Bryan Gabriel Osores Molinelli	29.05.1999	5	(4)	
Juan Román Pucheta (ARG)	11.07.2002	2	(6)	
Juan Ignacio Quintana Silva	04.01.2000	25	(10)	7
Cristian Josué Quintero Carvajal (PAN)	23.05.1997	3	(11)	
Jonathan Raphael Ramis Persincula	06.11.1989		(5)	
Pablo Nicolás Royón Silvera	28.01.1991	15	(5)	4
Nicolás Javier Schiappacase Oliva	12.01.1999	11	(4)	9
Bruno Scorza Perdomo	01.10.2000	13	(10)	1

LIVERPOOL FÚTBOL CLUB MONTEVIDEO

Foundation date: February 15, 1915
Address: Avenida Agraciada 4186, 11200 Montevideo
Stadium: Estadio Belvedere, Montevideo (7,780)

Trainer:	Jorge Rodrigo Bava	02.08.1981

THE SQUAD

Name	DOB	M	(s)	G
Goalkeepers:				
Sebastián Javier Britos Rodríguez	02.01.1988	34		
Carlos Sebastián Lentinelly Villavicencio	07.08.1997	7		
Defenders:				
Kevin Johan Amaro Viega	03.03.2004	1		
Federico Andueza Velazco	25.05.1997		(7)	
Mateo Antoni Pavón	22.04.2003	19	(5)	1
Agustín Cayetano Arbelo	09.08.1999	1	(4)	
Juan Manuel Izquierdo Viana	04.07.1997	29	(2)	3
Gastón Nicolás Martirena Torres	05.01.2000	19	(1)	4
Gervásio Olivera Fernández	01.08.2000	4	(4)	
Facundo Perdomo Marmol	21.08.1999	10	(3)	
Andrés Federico Pereira Castelnoble	24.02.2000	28	(1)	3
Gonzalo Pérez Corbalán	04.01.2001	16	(5)	
Ignacio Rodríguez Elduayen	10.11.2003	3	(20)	
Miguel Ángel Ramón Samudio (PAR)	24.08.1986	33		2
Midfielders:				
Anthony Nahuel Aires Almeida	18.05.2004		(2)	
Martín Barríos Santos	24.01.1999	22	(14)	1
Fabricio Díaz Badaracco	03.02.2003	8	(6)	
Lucas Maximiliano Lemos Mayuncaldi	26.02.2000	12	(5)	1
Yordi Emanuel López Díaz	17.06.2002		(4)	
Alan Damián Medina Silva	10.04.1998	36	(2)	7
César Marcelo Meli (ARG)	20.06.1992	33	(5)	2
Gonzalo Nápoli Soria	08.05.2000	35	(4)	4
Rodrigo Rivero Fernández	27.12.1995	12	(15)	1
Pablo Fabricio Siles Morales	15.07.1997	12	(5)	
Matías Sebastián Silva Figarola	19.09.2004	1	(7)	
Lucas Wasilewsky Ferreira	21.04.2003		(1)	
Paulo Matías Zunino Escudero	20.04.1990		(6)	
Forwards:				
Rubén Daniel Bentancourt Morales	02.03.1993	24	(7)	13
Maicol Gabriel Cabrera Galain	11.05.1996	7	(11)	3
Renzo Neri Machado Pertusso	21.09.2005	1	(9)	1
Matías Ernesto Ocampo Ornizún	14.03.2002	3	(10)	1
Leandro Gastón Otormín Fumero	30.07.1996	9	(6)	3
Luciano Rodríguez Rosales	16.07.2003	24	(7)	9
Diego Nahuel Soria Barcos	23.01.2002		(1)	
Thiago Vecino Berriel	25.02.1999	8	(9)	7

MONTEVIDEO CITY TORQUE

Foundation date: December 23, 2007 (*as Club Atlético Torque*)
Address: Roque Graseras 694, CP 11300, Montevideo
Stadium: Estadio Charrúa, Montevideo (11,226)

Trainer:		
	Ignacio Ithurralde Sáez	30.05.1983
[11.04.2023]	Lucas Andrés Nardi (ARG)	07.09.1980
[14.09.2023]	Leonardo Alfredo Ramos Giro	11.09.1969

THE SQUAD

	DOB	M	(s)	G
Goalkeepers:				
Gastón Guruceaga Fagundez	15.03.1995	34		
Juan Francisco Tinaglini Olariaga	09.11.1998	3		
Defenders:				
Eduardo Gabriel Agüero Ruíz	14.02.2004	16	(1)	1
Gabriel Fabricio Chocobar (ARG)	05.08.1999	4		
Renzo Miguel Orihuela Barcos	04.04.2001	3	(3)	1
Joaquín Alejandro Pereyra Cantero	10.07.1994	13	(5)	
Rodrigo Hernán Petryk Vidal	21.10.1994	22	(6)	
Franco Nicolás Pizzichillo Fernández	03.01.1996	29	(5)	1
Julián Pou Rosa	21.11.2003	1	(2)	
Facundo Rodríguez Aguilera	30.08.1993	6	(6)	1
Lucas Rodríguez Álvarez	15.01.1999	1	(1)	
Oscar Camilo Salomón (ARG)	22.03.1999	25	(4)	
Juan Pablo Segovia González (ARG)	21.03.1989	6		
Fabricio Silveira Pérez	18.09.2004	3		
Lautaro Marco Spatz di Lorenzo (ARG)	19.10.2001	1	(1)	
Andrew Christopher Teuten Ponzoni	20.07.1998	5	(4)	
Maximiliano Agustín Villa Pereira	03.03.1997	19	(9)	
Midfielders:				
Kevin Nahuel Altez Moyano	15.12.2004	2	(5)	2
Agustín Álvarez Wallace	20.04.2001	29	(4)	1
Álvaro Nicolás Brun Martínez	10.04.1987	8	(3)	1
Franco Catarozzi Parafita	02.04.2000	19	(3)	2
Tobías Joaquín Correa Bertolino	30.12.2004		(4)	
Santiago Nicolás Costa Harreguy	12.02.2000	21	(9)	1
Nicolás Martín Previtali (ARG)	07.07.1995	4		
Martín Ernesto Rabuñal Rey	22.04.1994		(3)	
Santiago Mariano Rodríguez Molina	08.01.2000	1		1
Forwards:				
José Ignacio Álvarez Medero	27.12.1994	27	(6)	1
Juan Bautista Cejas (ARG)	06.03.1998	2	(2)	
Sebastián Guerrero Martínez	23.09.2000	25	(9)	6
Bruno Daniel Morales Rodríguez	10.12.2004	1	(13)	1
Franco Nicola Albanell	18.04.2002	5	(11)	
Tiago Asael Palacios (ARG)	28.03.2001	35		9
Ignacio Agustín Pereira González	14.04.1998	1	(14)	1
Sebastián César Helios Ribas Barbato	11.03.1988	6	(14)	3
Lucas Rodríguez Álvarez	25.02.1997	11	(10)	2
Nicolás Hernán Siri Cagno	17.04.2004	19	(10)	10
Lucas Viana Gauna	09.02.2004		(1)	

MONTEVIDEO WANDERERS FÚTBOL CLUB

Foundation date: August 15, 1902
Address: Avenida Agraciada 2871, 11700 Montevideo
Stadium: Estadio Parque „Alfredo Víctor Viera", Montevideo (9,000)

Trainer:		
	Sergio Rubén Blanco	25.11.1981
[17.11.2023]	Alejandro Martín Cappuccio Díaz	07.02.1976

THE SQUAD

	DOB	M	(s)	G
Goalkeepers:				
Fernando Darío Laforia García	01.09.1987	1		
Mauro Santiago Silveira Lacuesta	06.05.2000	36		
Defenders:				
Juan Manuel Acosta Díaz	11.11.1993	31	(1)	
Gonzalo Daniel Camargo Pintos	16.02.1991	31	(3)	
Sebastián María Figueredo Vilar del Valle	25.08.2001	6	(8)	1
Emiliano Martín García Tellechea	26.11.1989	33	(1)	
Ismael García da Costa	24.09.2001	10	(7)	
Mario Pablo Risso Caffiro	31.01.1988	31	(1)	1
Kevin Adrián Rolón Benítez	02.03.2001	14	(8)	
Midfielders:				
Tomás Gustavo Andrade (ARG)	16.11.1996	9		1
Francisco Javier Cerro (ARG)	09.02.1988	34		1
Nicolás Fonseca (ITA)	19.10.1998	32	(1)	1
Leonardo Javier Pais Corbo	07.07.1994	26	(6)	4
Martín Eduardo Suárez Debattista	16.06.2004	4	(9)	1
Bruno Enrico Veglio Araújo	12.02.1998	18	(6)	1
Guillermo Federico Wagner Canabal	09.01.2002		(13)	
Forwards:				
Agustín Albarracín Basil	29.08.2005	7	(11)	1
Nicolás Gabriel Albarracín Basil	11.06.1993	26	(9)	3
Luciano Cosentino	18.05.2001		(6)	
Ramiro Costa (ARG)	21.08.1992	13	(6)	3
Michael Nicolás Ferreira Berrondo	07.02.2002	5	(12)	2
Matias Fonseca (ITA)	12.03.2001	16	(9)	6
Diego Manuel Hernández González	22.06.2000	13		5
Facundo Nahuel Milán Osorio	03.02.2001	5	(15)	3
Rodrigo Pastorini de León	04.03.1990		(6)	
Santiago Valentín Ramírez Polero	03.09.2001	5	(6)	
Agustín Santurio García	02.05.2001	1	(6)	1
Tabaré Uruguay Viudez Mora	08.09.1989		(10)	2

CLUB NACIONAL DE FOOTBALL MONTEVIDEO

Foundation date: May 14, 1899
Address: Avenida 8 de Octubre 2847, 11200 Montevideo
Stadium: Estadio Gran Parque Central, Montevideo (34,000)

Trainer:		
	Ricardo Alberto Zielinski (ARG)	14.10.1959
[20.03.2023]	Álvaro Gutiérrez Felscher	21.07.1968
[20.10.2023]	Álvaro Alexandre Recoba Rivero	17.03.1976

THE SQUAD

	DOB	M	(s)	G
Goalkeepers:				
Salvador Ichazo Fernández	26.01.1992	15		
Sergio Ramón Rochet Álvarez	23.03.1993	17		
Ignacio Nahuel Suárez Ferreira	05.02.2002	5		
Defenders:				
Christian Andrés Almeida Rodríguez	25.12.1989	2	(4)	
Gabriel Alejandro Báez Corradi (ARG)	21.07.1995	14		1
Daniel Eduardo Bocanegra Ortíz (COL)	23.04.1987	21	(3)	2
Camilo Damián Cándido Aquino	02.06.1995	20		1
Leandro Nicolás Lozano Fernández	19.12.1998	29	(1)	1
Fredy Joel Martínez Mancilla	01.05.2001	5	(2)	
Fabián Ariel Noguera (ARG)	20.03.1993	21		1
Maximiliano Perg Schneider	16.09.1991		(2)	
Diego Fabián Polenta Musetti	06.02.1992	27	(2)	1
Franco Gastón Romero Ponte	11.02.1995	3	(2)	
Emiliano Daniel Velázquez Maldonado	30.04.1994	1	(1)	
Midfielders:				
José Alberti Loyarte	29.03.1997	3	(4)	
Santiago Cartagena Albistur	01.09.2002	1	(4)	
Gonzalo Castro Irazábal	14.09.1984	6	(3)	
Rodrigo Sebastián Chagas Díaz	20.08.2003	5	(6)	
Facundo de León Abate	01.05.2004	1	(5)	
Francisco Ginella Dabezies	21.01.1999	8	(4)	
Thiago Emanuel Helguera Merello	26.03.2006	7	(5)	
Luciano Ezequiel Inverso Esnal	22.03.2005		(1)	
Marcos Daniel Montiel González	12.07.1995	10	(9)	2
Manuel Monzeglio Velázquez	25.09.2001		(10)	1
Lucas Nahuel Morales Burruzo	25.11.1999	9	(5)	
Gastón Rodrigo Pereiro López	11.06.1995	14	(4)	2
Diego Martín Rodríguez Berrini	04.09.1984	21	(4)	
Yonathan Alexis Rodríguez Benítez	01.07.1993	21		5
Alfonso Trezza Hernández	22.06.1999	6	(14)	2
Diego Martín Zabala Morales	19.09.1991	24	(12)	5
Forwards:				
Gonzalo Rodrigo Carneiro Méndez	12.09.1995	8	(3)	4
Bruno Damiani Píriz	18.04.2002	3	(11)	1
Franco Misael Fagúndez Rosa	19.07.2000	17	(13)	2
Antonio Javier Galeano Ferreira (PAR)	22.03.2000	2	(5)	
Emmanuel Gigliotti (ARG)	20.05.1987	6	(13)	4
Juan Manuel Gutiérrez Freire	04.02.2002		(1)	
Federico Andrés Martínez Berroa	28.02.1996	28	(3)	6
Juan Ignacio Ramírez Polero	01.02.1997	27	(7)	18
Renzo Sánchez Veiga	17.02.2004		(3)	

CLUB ATLÉTICO PEÑAROL MONTEVIDEO

Foundation date: September 28, 1891
Address: Palacio Peñarol „Contador Gastón Güelfi", Avenida Magallanes 1721, 11200 Montevideo
Stadium: Estadio "Campeón del Siglo", Montevideo (40,770)

Trainer:	Alfredo Carlos Arias Sánchez	28.11.1958
[19.06.2023]	Juan Manuel Olivera López	14.08.1981
[26.06.2023]	Darío Octavio Rodríguez Peña	17.09.1974
[16.11.2023]	Juan Manuel Olivera López	14.08.1981
[21.11.2023]	Diego Vicente Aguirre Camblor	13.09.1965

THE SQUAD

Name	DOB	M	(s)	G
Goalkeepers:				
Thiago Gastón Cardozo	31.07.1996	21		
Guillermo Rafael De Amores Ravelo	19.10.1994	18		
Jonathan Lima Castelli	24.05.1999	1		
Defenders:				
Matías Aguirregaray Guruceaga	01.04.1989	18	(7)	
Joaquín Ferreira Padilla	02.07.2003	1		
Lucas Camilo Hernández Perdomo	05.08.1992	28	(4)	1
Nahuel Herrera Viera	01.12.2004	3	(2)	
Leonardo Henriques Coelho „Léo Coelho" (BRA)	17.05.1993	28	(3)	
Pablo López Quintero	01.03.2002	1		
Andrés Ivani Madruga del Puerto	06.02.2004	3		
Camilo Sebastián Mayada Mesa	08.01.1991	6	(4)	1
Jorge Hernán Menosse Acosta	28.04.1987	26	(4)	1
Pedro Milans Carámbula	24.03.2002	18	(5)	
Maximiliano Martín Olivera de Andrea	05.03.1992	10	(1)	
Yonathan Nicolás Rak Barragán	18.08.1993	13	(5)	
Juan Manuel Ramos Pintos	01.09.1996	3	(2)	
Diego Valentín Rodríguez Alonso	13.06.2001	15	(10)	1
Midfielders:				
Sebastián Carlos Cristóforo Pepe	23.08.1993	26	(7)	1
Matías Agustín Ferreira Correa	19.12.2002		(6)	
Sergio Damián García Graña	15.07.2003	20	(1)	
Franco González Fernández	22.06.2004	9	(5)	3
Santiago Damián Homenchenko Bianchi	30.08.2003	10	(14)	
Ignacio Jesús Laquintana Marsico	01.02.1999	8	(1)	1
Alán Kevin Méndez Olivera	10.01.1996	18	(5)	1
Sebastián Javier Rodríguez Iriarte	16.08.1992	36	(1)	7
Nicolás Rossi Marachlian	21.03.2002	5	(12)	1
Carlos Andrés Sánchez Arcosa	02.12.1984	9	(11)	3
Rodrigo Agustín Saravia Salvia	17.08.2000	6	(13)	1
Ignacio Sosa Ospital	31.08.2003	6	(3)	
Forwards:				
Máximo David Alonso Fontes	05.07.2002	1	(3)	1
Douglas Matías Arezo Martínez	21.11.2002	30	(3)	18
Bruno Emanuel Betancor Baeza	18.12.2003	4	(7)	
Óscar José Cruz González	04.04.2002	2	(4)	
Santiago Nicolás Díaz Prado	31.08.2003	1	(3)	
Ángel Emanuel González (ARG)	16.05.1994	10	(6)	
Abel Mathías Hernández Platero	08.08.1990	13	(9)	12
Brian Nicolás Mansilla Islas	14.05.2002	8	(15)	
José Pablo Neris Figueredo	13.03.2000	4	(11)	2
Diego Alejandro Rolán Silva	24.03.1993	1	(4)	

CLUB PLAZA COLONIA DE DEPORTES
COLONIA DEL SACRAMENTO

Foundation date: April 22, 1917
Address: Avenida General Flores 272, Colonia del Sacramento
Stadium: Estadio "Parque Juan Gaspar Prandi", Colonia del Sacramento (4,500)

Trainer:		
	Nicolás Ignacio Vigneri Cetrulo	06.07.1983
[22.05.2023]	Claudio Adrián Fernández Leal	30.01.1977
[27.08.2023]	Sebastián Díaz Villán	28.06.1983

THE SQUAD

	DOB	M	(s)	G
Goalkeepers:				
Kevin Emiliano Dawson Blanco	08.02.1992	14		
Nicolás Guirin Chialvo	07.05.1995	5		
Núbel Joaquín Silva González	19.07.1997	18		
Defenders:				
Jorge Nicolás Ayala Silva	15.08.1995	29	(5)	1
Federico Ricardo Barrandeguy Martino	08.05.1996	6	(1)	
Juan Mathias Bogado Castro (ARG)	23.03.1990	15	(2)	
Mathías Agustín Goyeni de Armas	17.01.1995	7	(10)	1
Edhard Alfredo Greising Pellaton	02.09.2000	20	(6)	
Martín Ezequiel Jourdan Félix	13.10.2001		(2)	
Máximo Lorenzi Gómez	02.02.2001	4	(5)	
Luis Nicolás Olivera Moreira	17.02.1993	25	(4)	2
Lucas Rodríguez Álvarez	15.01.1999	10		
Haibrany Nick Ruíz Díaz Minervino	31.08.1992	32		
Emilio Enrique Zeballos Gutiérrez	05.08.1992	7	(1)	
Midfielders:				
José Valentín Amoroso Guerra	31.07.2000	6	(2)	
Álvaro Nicolás Brun Martínez	10.04.1987	7	(3)	
Yvo Nahuel Calleros Rébori	14.03.1998	23		
Álvaro Fernández Gay	11.10.1985	7	(5)	1
Yacouba Meité (CIV)	16.12.2004	1	(1)	
Nicolás Milesi van Lommel	10.11.1992	3		
Bryan Olivera Calvo	11.03.1994	16	(10)	1
José Agustín Pérez Siri	20.08.2000	12	(15)	1
Ezequias Emanuel Redín Morales	11.05.1995	17	(11)	1
Jeremías Silveira Tolosa	19.07.2003	7	(2)	
Diego Sebastián Villalba Martucci	20.05.1999	16	(8)	2
Forwards:				
Alex Bruno da Costa Lima (BRA)	07.01.1999	9	(12)	1
Rodrigo Nahuel Amaral Pereira	25.03.1997	3	(4)	1
Jorge Nicolás Brun Betancur	02.08.1999	11	(14)	1
Lucas Nicolás Carrizo Peombo	03.03.2003	4	(7)	
Luciano Cosentino	18.05.2001	9	(5)	
Daniel Pedro Moura e Silva „Daniel Bahia" (BRA)	21.08.1998	5	(7)	1
Nicolás Ezequiel Dibble Aristimuño	27.05.1994	4	(2)	1
Osinachi Christian Ebere (NGA)	04.04.1998	33	(2)	17
Franco Gaimarí Sánchez	22.07.2001	2	(4)	
Emanuel Natanael Guzmán (ARG)	11.08.1999	9	(8)	1
Juan Crúz Mascia Paysée	03.01.1994		(3)	
Santiago Martín Paiva Mattos	11.01.1999	6	(7)	
Álex Emanuel Perdomo Nebu	14.03.2002		(2)	2
Ramiro Manuel Quintana Hernández	28.08.1994	5	(9)	

RACING CLUB DE MONTEVIDEO

Foundation date: April 6, 1919
Address: Avenida Millán 4712 entre Avenida Sayago y Vedia, Barrio Sayago, 12900 Montevideo
Stadium: Estadio Parque "Osvaldo Roberto", Montevideo (5,400)

Trainer:		
	Gustavo Hugo Fermani (ARG)	14.01.1969
[15.09.2023]	Eduardo Fabián Espinel Porley	28.06.1972

THE SQUAD

	DOB	M	(s)	G
Goalkeepers:				
Nicolás Enrique Gentilio Martínez	13.04.1987	23	(1)	
Luis Ricardo Mejía Cajar (PAN)	16.03.1991	13		
Rodrigo Odriozola López	31.08.1988	1		
Defenders:				
Gonzalo Aguilar Camacho	02.08.1987		(1)	
Gastón Matías Bueno Sciutto	02.02.1985	22	(1)	1
Hugo Alejandro Magallanes Silveira	26.08.1997	13		
Álvaro Santiago Mouriño González	13.02.2002	14		
Santiago Otegui Ferreira	17.01.2003	2	(2)	
Franco Ezequiel Paredes (ARG)	18.03.1999	6		
Pablo Agustín Pereira Castelnoble	24.03.2001	25	(7)	3
Fabián Eduardo Píriz González	25.01.1998	4	(4)	
Diego Alejandro Sosa (ARG)	28.07.1997	33	(1)	1
Leandro Sebastián Vega (ARG)	27.05.1996	2	(3)	
Matías Exequiel Velázquez Maldonado	16.05.1992	14	(1)	
Midfielders:				
Gilmar Aldair Bolívar Martínez (COL)	27.10.2001	3		
Alejandro Ariel Cabral (ARG)	11.09.1987	15	(1)	
Mateo Emanuel Carrizo González	05.09.2003		(2)	
Agustín Da Rocha Falero	25.01.2002		(5)	
Gonzalo Erik De Los Santos Olivera	16.01.1999	21		1
Alexander Nahuel Hernández Domínguez	18.08.2004		(10)	
Lucas Maximiliano Lemos Mayuncaldi	26.02.2000	12	(1)	
Emiliano Jorge Rubén Méndez (ARG)	15.02.1989	4	(2)	
Óscar Javier Méndez Albornoz	05.12.1994	17		1
Facundo Ospitaleche Hernández	11.04.1996	1	(8)	
Agustín Rodríguez da Luz	18.05.2000	5	(7)	
Mateo Nicolás Suárez Álves	29.05.1997		(4)	
José Pablo Varela Rebollo	29.05.1988	21	(3)	
Enzo Luciano Zapata Anchorena	30.10.2004		(1)	
Forwards:				
Mauricio Affonso Prieto	26.01.1992		(1)	
Carlos Javier Airala (ARG)	25.08.2002		(3)	
Agustín Nicolás Alaniz Sani	16.05.2002	31	(3)	4
Fernando Matías Benítez (ARG)	13.11.2000	5	(10)	
Luis Antonio Gorocito Resende	05.10.1992	12	(8)	7
Jorge Ignacio Lema Otormin	24.01.2003		(1)	
Manuel Ignacio Nuñez Méndez	03.04.2001		(4)	
Axel Alejandro Pérez Etchelar	18.02.2002	8	(10)	
Jonathan Rodrigo Rey Jorge	18.10.2004	9	(10)	2
Juan Sebastián Rivero Pin	27.06.1999	19	(17)	5
Raúl Octavio Rivero Falero	24.01.1992	13	(2)	6

Jonathan Matías Urretaviscaya da Luz	19.03.1990	14	(1)	
Tomás Verón Lupi (ARG)	03.09.2000	24	(13)	7
Agustín Vuletich (ARG)	03.11.1991	1	(9)	1

CLUB ATLÉTICO RIVER PLATE MONTEVIDEO
Foundation date: May 11, 1932
Address: Avenida 19 de Abril 1145, 11200 Montevideo
Stadium: Estadio Parque „Federico Omar Saroldi", Montevideo (5,165)

Trainer: Gustavo Díaz Domínguez	07.11.1974	
[30.07.203] Ignacio Ithurralde Sáez	30.05.1983	

THE SQUAD				
	DOB	M	(s)	G
Goalkeepers:				
Fabrizio Nicolás Correa González	18.01.2001	13		
Rodrigo Nicolás Formento Chialanza	25.09.1999	24		
Defenders:				
Santiago Brunelli Llorca	15.05.1998	33	(1)	2
Ezequiel Busquets Sanguinetti	24.10.2000	5	(11)	
Ricardo Agustín Chopitea Trujillo	10.02.1999	21	(2)	
Facundo Kidd Álvarez	04.08.1997	15	(8)	
Pablo Martín Marta Rodríguez	28.01.1997	1		
Gervásio Olivera Fernández	01.08.2000	11	(1)	
Victorio Maximiliano Pereira Páez	08.06.1984	12		1
Roque Ramírez (ARG)	16.08.1999	1		
Horacio David Salaberry Marrero	03.04.1987	12	(5)	1
Fabricio Nicolás Vidal Piñeiro	20.03.2003	9	(2)	
Gonzalo Viera Davyt	08.02.1987	30	(1)	2
Midfielders:				
Matías Iván Alfonso Colina	29.02.2000	19	(14)	1
Jonathan Daniel Barboza Bonilla	02.11.1990	10	(1)	
Gonzalo Castro Irizabal	14.09.1984	16	(2)	1
Ramiro Nicolás Cristóbal Calderón	10.04.1996	23	(4)	2
Walter Alejandro Gargano Guevara	23.07.1984	8	(5)	
Tomás León López Burgos	13.12.2004		(1)	
Ihojan Fabián Pérez Cuadro	17.02.2006		(9)	
Rodrigo Ezequiel Pintado González	15.09.2004	5	(9)	
Joaquin Gabriel Trasante Hernández	14.03.1999	14	(6)	
Francisco Triver Pesce	18.04.2006		(1)	
Agustín Bernardo Vera Flores	02.01.2004	13	(7)	1
Forwards:				
Deivis Faustino Barone Mora	11.05.2006	10	(11)	3
Cristian Barros Mirabal	09.04.2000	15	(6)	4
Maicol Gabriel Cabrera Galain	11.05.1996	4	(4)	
Tiziano Correa Reyes	31.08.2004	6	(5)	
Juan Cruz de los Santos	22.02.2003	8	(6)	1
Jonathan David dos Santos Duré	18.04.1992	10	(13)	7
Pablo Javier García Lafluf	15.04.1999	15	(13)	
Joaquín Lavega Colzada	03.02.2005	18	(11)	1
Pablo Nicolás López de León	08.10.1996	17	(7)	1
Hernán Daniel Rivero (ARG)	12.09.1992	9	(2)	2

SECOND LEVEL
Campeonato Uruguayo de Segunda División 2023

Torneo Competencia

Grupo A

1.	CA Progreso Montevideo	6	4	2	0	11 - 2	14
2.	Rampla Juniors FC Montevideo	6	4	1	1	10 - 6	13
3.	Club Oriental de Football La Paz	6	3	1	2	8 - 4	10
4.	Albion FC Montevideo	6	2	1	3	8 - 12	7
5.	Institución Atlética Sud América Montevideo	6	2	0	4	7 - 10	6
6.	Uruguay Montevideo FC	6	2	0	4	5 - 9	6
7.	CA Atenas de San Carlos	6	1	1	4	3 - 9	4

Grupo B

1.	CA Juventud de Las Piedras	6	4	1	1	9 - 2	13
2.	CS Miramar Misiones Montevideo	6	3	3	0	12 - 8	12
3.	CA Rentistas Montevideo	6	3	2	1	7 - 3	11
4.	CA Bella Vista Montevideo	6	2	1	3	7 - 8	7
5.	Institución Atlética Potencia La Teja	6	1	2	3	8 - 12	5
6.	CS Cerrito Montevideo	6	1	2	3	5 - 10	5
7.	Tacuarembó FC	6	1	1	4	8 - 13	4

Both group winners were qualified for the Torneo Competencia Final.

Torneo Competencia Final [29.04.2023]

CA Juventud de Las Piedras - CA Progreso Montevideo 1-5(1-3)

Regular Stage

Please note: Matches played in Torneo Competencia were added to the Regular Stage matches.

1.	CS Miramar Misiones Montevideo (*Promoted*)	32	18	12	2	52 - 24	66
2.	CA Progreso Montevideo (*Promoted*)	32	19	8	5	60 - 36	65
3.	Uruguay Montevideo FC	32	17	5	10	47 - 33	56
4.	CA Juventud de Las Piedras	32	15	6	11	38 - 30	51
5.	CA Rentistas Montevideo	32	12	11	9	39 - 27	47
6.	Rampla Juniors FC Montevideo	32	12	11	9	41 - 32	47
7.	Club Oriental de Football La Paz	32	14	5	13	40 - 39	47
8.	Albion FC Montevideo	32	12	5	15	43 - 41	41
9.	CS Cerrito Montevideo	32	11	8	13	38 - 56	41
10.	CA Atenas de San Carlos	32	10	10	12	26 - 32	40
11.	Tacuarembó FC	32	11	6	15	43 - 49	39
12.	CA Bella Vista Montevideo	32	8	5	19	24 - 48	29
13.	Institución Atlética Sud América Montevideo	32	6	8	18	26 - 45	26
14.	Institución Atlética Potencia La Teja	32	3	12	17	24 - 50	21

Teams ranked 3-6 were qualified for the Promotion Play-offs.

Promotion Play-offs

Semi-Finals [15-19.01.2024]

Rampla Juniors FC Montevideo - Uruguay Montevideo FC	0-0	3-0(1-0)
CA Rentistas Montevideo - CA Juventud de Las Piedras	0-0	1-2(0-1)

Final [23-27.01.2024]

Rampla Juniors FC Montevideo - CA Juventud de Las Piedras	2-1(1-1)
CA Juventud de Las Piedras - Rampla Juniors FC Montevideo	0-0

Rampla Juniors FC Montevideo were promoted as third team to 2024 Campeonato Uruguayo de Primera División.

Relegation Table 2023

Pos	Team	2022 P	2023 P	Total P	Total M	Aver
1.	CS Miramar Misiones Montevideo	40	66	106	59	1,797
2.	Uruguay Montevideo FC	44	56	100	59	1,695
3.	CA Progreso Montevideo	31	65	96	59	1,627
4.	CA Rentistas Montevideo	–	47	47	32	1,469
5.	Club Oriental de Football La Paz	–	47	47	32	1,469
6.	Rampla Juniors FC Montevideo	35	47	82	59	1,389
7.	CA Juventud de Las Piedras	27	51	78	59	1,322
8.	Albion FC Montevideo	–	41	41	32	1,281
9.	CS Cerrito Montevideo	–	41	41	32	1,281
10.	CA Atenas de San Carlos	32	40	72	59	1,220
11.	Tacuarembó FC	–	39	39	32	1,219
12.	Institución Atlética Sud América Montevideo	33	26	59	59	1,000
13.	CA Bella Vista Montevideo (*Relegation Play-offs*)	–	29	29	32	0,906
14.	Institución Atlética Potencia La Teja (*Relegation Play-offs*)	–	21	21	32	0,656

THE NATIONAL TEAM 2023

INTERNATIONAL MATCHES
(16.07.2023 – 31.12.2023)

08.09.2023	Montevideo	Uruguay - Chile	3-1(2-0)	(WCQ)
12.09.2023	Quito	Ecuador - Uruguay	2-1(1-1)	(WCQ)
12.10.2023	Barranquilla	Colombia - Uruguay	2-2(1-0)	(WCQ)
17.10.2023	Montevideo	Uruguay - Brazil	2-0(1-0)	(WCQ)
16.11.2023	Buenos Aires	Argentina - Uruguay	0-2(0-1)	(WCQ)
21.11.2023	Montevideo	Uruguay - Bolivia	3-0(2-0)	(WCQ)

08.09.2023, 23rd FIFA World Cup Qualifiers
Estadio Centenario, Montevideo; Attendance: 49,713
Referee: Darío Humberto Herrera (Argentina)
URUGUAY - CHILE   **3-1(2-0)**
URU: Sergio Ramón Rochet Álvarez (14/0), Nahitan Michel Nández Acosta (50/0) [86.Bruno Méndez Cittadini (5/0)], Sebastián Enzo Cáceres Ramos (4/0), Matías Nicolás Viña Susperreguy (31/0), Joaquín Piquerez Moreira (10/0), Manuel Ugarte Ribeiro (9/0), Federico Santiago Valverde Dipetta (Cap) (50/6), Diego Nicolás de la Cruz Arcosa (20/4) [87.Felipe Ignacio Carballo Ares (5/0)], Facundo Pellistri Rebollo (13/0) [71.Paul Brian Rodríguez Bravo (20/4)], Maximiliano Javier Araújo Vilches (3/1), Darwin Gabriel Núñez Ribeiro (17/3) [73.Maximiliano Gómez González (32/4)]. Trainer: Marcelo Alberto Bielsa Caldera (Argentina, 3).
Goals: Diego Nicolás de la Cruz Arcosa (38), Federico Santiago Valverde Dipetta (45+2), Diego Nicolás de la Cruz Arcosa (71).

12.09.2023, 23rd FIFA World Cup Qualifiers
Estadio "Rodrigo Paz Delgado", Quito; Attendance: 35,613
Referee: Wilton Pereira Sampaio (Brazil)
ECUADOR - URUGUAY   **2-1(1-1)**
URU: Sergio Ramón Rochet Álvarez (15/0), Nahitan Michel Nández Acosta (51/0), Sebastián Enzo Cáceres Ramos (5/0), Matías Nicolás Viña Susperreguy (32/0), Joaquín Piquerez Moreira (11/0) [60.Mathías Olivera Miramontes (13/0)], Manuel Ugarte Ribeiro (10/0), Federico Santiago Valverde Dipetta (Cap) (51/6), Diego Nicolás de la Cruz Arcosa (21/4) [46.Felipe Ignacio Carballo Ares (6/0)], Agustín Canobbio Graviz (8/1) [70.Facundo Pellistri Rebollo (14/0)], Maximiliano Javier Araújo Vilches (4/1) [70.Facundo Daniel Torres Pérez (14/1)], Darwin Gabriel Núñez Ribeiro (18/3) [46.Cristian Gonzalo Olivera Ibarra (1/0)]. Trainer: Marcelo Alberto Bielsa Caldera (Argentina, 4).
Goal: Agustín Canobbio Graviz (38).

12.10.2023, 23rd FIFA World Cup Qualifiers
Estadio Metropolitano "Roberto Meléndez", Barranquilla; Attendance: 43,915
Referee: Piero Daniel Maza Gómez (Chile)
COLOMBIA - URUGUAY   **2-2(1-0)**
URU: Santiago Andrés Mele Castanero (3/0), Nahitan Michel Nández Acosta (52/0) [61.Giorgian Daniel de Arrascaeta Benedetti (43/10)], Sebastián Enzo Cáceres Ramos (6/0), Ronald Federico Araújo da Silva (13/0), Joaquín Piquerez Moreira (12/0) [46.Mathías Olivera Miramontes (14/1)], Manuel Ugarte Ribeiro (11/0) [72.Maximiliano Javier Araújo Vilches (5/1)], Federico Santiago Valverde Dipetta (Cap) (52/6), Diego Nicolás de la Cruz Arcosa (22/4), Facundo Pellistri Rebollo (15/0) [46.Cristian Gonzalo Olivera Ibarra (2/0)], Paul Brian Rodríguez Bravo (21/4) [72.Matías Vecino Falero (68/5)], Darwin Gabriel Núñez Ribeiro (19/4). Trainer: Marcelo Alberto Bielsa Caldera (Argentina, 5).
Goals: Mathías Olivera Miramontes (47), Darwin Gabriel Núñez Ribeiro (90+1 penalty).

17.10.2023, 23rd FIFA World Cup Qualifiers
Estadio Centenario, Montevideo; Attendance: 52,477
Referee: Alexis Adrián Herrera Hernández (Venezuela)
URUGUAY - BRAZIL **2-0(1-0)**
URU: Sergio Ramón Rochet Álvarez (16/0), Nahitan Michel Nández Acosta (53/0) [68.Bruno Méndez Cittadini (6/0)], Sebastián Enzo Cáceres Ramos (7/0), Ronald Federico Araújo da Silva (14/0), Mathías Olivera Miramontes (15/1) [84.Matías Nicolás Viña Susperreguy (33/0)], Federico Santiago Valverde Dipetta (Cap) (53/6), Manuel Ugarte Ribeiro (12/0), Facundo Pellistri Rebollo (16/0) [88.Joaquín Piquerez Moreira (13/0)], Diego Nicolás de la Cruz Arcosa (23/5), Maximiliano Javier Araújo Vilches (6/1) [87.Matías Vecino Falero (69/5)], Darwin Gabriel Núñez Ribeiro (20/5). Trainer: Marcelo Alberto Bielsa Caldera (Argentina, 6).
Goals: Darwin Gabriel Núñez Ribeiro (42), Diego Nicolás de la Cruz Arcosa (77).

16.11.2023, 23rd FIFA World Cup Qualifiers
Estadio „Alberto José Armando", Buenos Aires; Attendance: 51,900
Referee: Wilmar Alexander Roldán Pérez (Colombia)
ARGENTINA - URUGUAY **0-2(0-1)**
URU: Sergio Ramón Rochet Álvarez (17/0), Ronald Federico Araújo da Silva (15/1), Sebastián Enzo Cáceres Ramos (8/0), Mathías Olivera Miramontes (16/1), Matías Nicolás Viña Susperreguy (34/0) [46.José María Giménez de Vargas (82/8)], Federico Santiago Valverde Dipetta (Cap) (54/6), Manuel Ugarte Ribeiro (13/0) [88.Agustín Canobbio Graviz (9/1)], Facundo Pellistri Rebollo (17/0), Diego Nicolás de la Cruz Arcosa (24/5), Maximiliano Javier Araújo Vilches (7/1) [62.Rodrigo Bentancur Colmán (55/1)], Darwin Gabriel Núñez Ribeiro (21/6) [90+1.Federico Sebastián Viñas Barboza (1/0)]. Trainer: Marcelo Alberto Bielsa Caldera (Argentina, 7).
Goals: Ronald Federico Araújo da Silva (41), Darwin Gabriel Núñez Ribeiro (87).

21.11.2023, 23rd FIFA World Cup Qualifiers
Estadio Centenario, Montevideo; Attendance: 46,100
Referee: Kevin Ortega Pimentel (Peru)
URUGUAY - BOLIVIA **3-0(2-0)**
URU: Sergio Ramón Rochet Álvarez (18/0), Ronald Federico Araújo da Silva (16/1), José María Giménez de Vargas (Cap) (83/8), Sebastián Enzo Cáceres Ramos (9/0), Matías Nicolás Viña Susperreguy (35/0), Rodrigo Bentancur Colmán (56/1) [86.Felipe Ignacio Carballo Ares (7/0)], Federico Santiago Valverde Dipetta (55/6), Diego Nicolás de la Cruz Arcosa (25/5) [73.Giorgian Daniel de Arrascaeta Benedetti (44/10)], Facundo Pellistri Rebollo (18/0) [77.Facundo Daniel Torres Pérez (15/1)], Cristian Gonzalo Olivera Ibarra (3/0) [87.Agustín Canobbio Graviz (10/1)], Darwin Gabriel Núñez Ribeiro (22/8) [73.Luis Alberto Suárez Díaz (138/68)]. Trainer: Marcelo Alberto Bielsa Caldera (Argentina, 8).
Goals: Darwin Gabriel Núñez Ribeiro (15), Gabriel Alejandro Villamíl Cortez (39 own goal), Darwin Gabriel Núñez Ribeiro (71).

NATIONAL TEAM PLAYERS 2023			
Name	DOB	Caps	Goals
[Club 2023]			

(Caps and goals at 31.12.2023)

Goalkeepers

Santiago Andrés MELE Castañero *[CDP Junior FC Barranquilla (COL)]*	06.09.1997	**3**	**0**
Sergio Ramón ROCHET Álvarez *[SC Internacional Porto Alegre (BRA)]*	23.03.1993	**18**	**0**

Defenders

Ronald Federico ARAÚJO da Silva *[FC Barcelona (ESP)]*	07.03.1999	**16**	**1**
Sebastián Enzo CÁCERES Ramos *[CF América Ciudad de México (MEX)]*	18.08.1999	**9**	**0**
José María GIMÉNEZ De Vargas *[Club Atlético de Madrid (ESP)]*	20.01.1995	**83**	**8**
Bruno MÉNDEZ Cittadini *[SC Corinthians Paulista São Paulo (BRA)]*	10.09.1999	**6**	**0**
Nahitan Michel NÁNDEZ Acosta *[Cagliari Calcio (ITA)]*	28.12.1995	**53**	**0**
Mathías OLIVERA Miramontes *[SSC Napoli (ITA)]*	31.10.1997	**16**	**1**
Joaquín PIQUEREZ Moreira *[SE Palmeiras São Paulo (BRA)]*	24.08.1998	**13**	**0**
Matías Nicolás VIÑA Susperreguy *[US Sassuolo Calcio (ITA)]*	09.11.1997	**35**	**0**

Midfielders

Maximiliano Javier ARAÚJO Vilches *[Deportivo Toluca FC (MEX)]*	15.02.2000	7	1
Rodrigo BENTANCUR Colmán *[Tottenham Hotspur FC London (ENG)]*	25.06.1997	56	1
Felipe Ignacio CARBALLO Ares *[Grêmio Foot-Ball Porto Alegrense (BRA)]*	04.10.1996	7	0
Giorgian Daniel DE ARRASCAETA Benedetti *[CR Flamengo Rio de Janeiro (BRA)]*	01.05.1994	44	10
Diego Nicolás DE LA CRUZ Arcosa *[CA River Plate Buenos Aires (ARG)]*	01.06.1997	25	5
Manuel UGARTE Ribeiro *[Paris Saint-Germain FC (FRA)]*	11.04.2001	13	0
Federico Santiago VALVERDE Dipetta *[Real Madrid CF (ESP)]*	22.07.1998	55	6
Matías VECINO Falero *[SS Lazio Roma (ITA)]*	24.08.1991	69	5

Forwards

Agustín CANOBBIO Graviz *[Club Athletico Paranaense (BRA)]*	01.10.1998	10	1
Maximiliano GÓMEZ González *[Cádiz CF (ESP)]*	14.08.1996	32	4
Darwin Gabriel NÚÑEZ Ribeiro *[Liverpool FC (ENG)]*	24.06.1999	22	8
Cristian Gonzalo OLIVERA Ibarra *[Los Angeles FC (USA)]*	17.04.2002	3	0
Facundo PELLISTRI Rebollo *[Manchester United FC (ENG)]*	20.12.2001	18	0
Paul Brian RODRÍGUEZ Bravo *[CF América Ciudad de México (MEX)]*	20.05.2000	21	4
Luis Alberto SUÁREZ Díaz *[CIF Miami (USA)]*	24.01.1987	138	68
Facundo Daniel TORRES Pérez *[Orlando City SC (USA)]*	13.04.2000	15	1
Federico Sebastián VIÑAS Barboza *[Club León (MEX)]*	30.06.1998	1	0

National coach

Marcelo Alberto BIELSA Caldera (Argentina) *[from 12.05.2023]*	21.07.1955	8 M; 6 W; 1 D; 1 L; 19-6

VENEZUELA

The FA:
Federación Venezolana de Fútbol
Avenida Santos Erminy Ira, Calle las Delicias,
Torre Mega II, P.H. B Sabana Grande, Caracas 1050
Year of Formation: 1926
Member of FIFA since: 1952
Member of CONMEBOL since: 1952
Internet: www.federacionvenezolanadefutbol.org

The Country:
República Bolivariana de Venezuela (Bolivarian Republic of Venezuela)
Capital: Caracas
Surface: 916,445 km²
Inhabitants: 30,518,260 [2023]
Time: UTC-4

NATIONAL TEAM RECORDS

First international match:
12.02.1938, Ciudad de Panamá: Panama – Venezuela 2-1

Most international caps:	Most international goals:
Tomás Eduardo Rincón Hernández	José Salomón Rondón Giménez
130 caps (since 2008)	**41 goals** / 102 caps (since 2008)

OLYMPIC FOOTBALL TOURNAMENTS 1908-2020

Year	Result	Year	Result
1908	Did not enter	1976	Did not enter
1912	Did not enter	1980	Final Tournament (Group Stage)
1920	Did not enter	1984	Qualifiers
1924	Did not enter	1988	Qualifiers
1928	Did not enter	1992	Qualifiers
1936	Did not enter	1996	Qualifiers
1948	Did not enter	2000	Qualifiers
1952	Did not enter	2004	Qualifiers
1956	Did not enter	2008	Qualifiers
1960	Did not enter	2012	Qualifiers
1964	Did not enter	2016	Qualifiers
1968	Qualifiers	2020	Qualifiers
1972	Qualifiers		

COPA AMÉRICA	
1916	Did not enter
1917	Did not enter
1919	Did not enter
1920	Did not enter
1921	Did not enter
1922	Did not enter
1923	Did not enter
1924	Did not enter
1925	Did not enter
1926	Did not enter
1927	Did not enter
1929	Did not enter
1935	Did not enter
1937	Did not enter
1939	Did not enter
1941	Did not enter
1942	Did not enter
1945	Did not enter
1946	Did not enter
1947	Did not enter
1949	Did not enter
1953	Did not enter
1955	Did not enter
1956	Did not enter
1957	Did not enter
1959	Did not enter
1959E	Did not enter
1963	Did not enter
1967	5th Place
1975	Round 1
1979	Round 1
1983	Round 1
1987	Group Stage
1989	Group Stage
1991	Group Stage
1993	Group Stage
1995	Group Stage
1997	Group Stage
1999	Group Stage
2001	Group Stage
2004	Group Stage
2007	Quarter-Finals
2011	4th Place
2015	Group Stage
2016	Quarter-Finals
2019	Quarter-Finals
2021	Group Stage

FIFA WORLD CUP	
1930	Did not enter
1934	Did not enter
1938	Did not enter
1950	Did not enter
1954	Did not enter
1958	*Withdrew*
1962	Did not enter
1966	Qualifiers
1970	Qualifiers
1974	*Withdrew*
1978	Qualifiers
1982	Qualifiers
1986	Qualifiers
1990	Qualifiers
1994	Qualifiers
1998	Qualifiers
2002	Qualifiers
2006	Qualifiers
2010	Qualifiers
2014	Qualifiers
2018	Qualifiers
2022	Qualifiers

VENEZUELAN CLUB HONOURS IN SOUTH AMERICAN CLUB COMPETITIONS:

COPA LIBERTADORES 1960-2023
None

COPA SUDAMERICANA 2002-2023
None

RECOPA SUDAMERICANA 1989-2023
None

COPA CONMEBOL[1] 1992-1999
None

SUPERCUP „JOÃO HAVELANGE"[1] 1988-1997*
None

COPA MERCONORTE[1] 1998-2001**
None

[1] *defunct competition*
*Contested betwenn winners of all previous editions of the Copa Libertadores
**Contested between teams belonging countries from the northern part of South America (Bolivia, Colombia, Ecuador, Peru and Venezuela).

NATIONAL COMPETITIONS
TABLE OF HONOURS

	CHAMPIONS	CUP WINNERS[1]
	THE AMATEUR ERA	
1921	Las América FC	-
1922	Centro Atlético SC	-
1923	Las América FC	-
1924	Centro Atlético SC	-
1925	Loyola SC	-
1926	Centro Atlético SC	-
1927	Venzóleo	-
1928	Deportivo Venezuela	-
1929	Deportivo Venezuela	-
1930	Centro Atlético SC	-
1931	Deportivo Venezuela	-
1932	Unión SC	-
1933	Deportivo Venezuela	-
1934	Unión SC	-
1935	Unión SC	-
1936	Dos Caminos SC	-
1937	Dos Caminos SC	-
1938	Dos Caminos SC	-
1939	Unión SC	-
1940	Unión SC	-
1941	Litoral SC	-

1942	Dos Caminos SC	-
1943	Loyola SC	-
1944	Loyola SC	-
1945	Dos Caminos SC	-
1946	Club Deportivo Español	-
1947	Unión SC	-
1948	Loyola SC	-
1949	Dos Caminos SC	-
1950	Unión SC	-
1951	Universidad Central de Venezuela FC	-
1952	La Salle FC	-
1953	Universidad Central de Venezuela FC	-
1954	Deportivo Vasco	-
1955	La Salle FC	-
1956	Banco Obrero	-
	THE PROFESSIONAL ERA	
1957	Universidad Central de Venezuela FC	-
1958	CD Portugués Caracas	-
1959	CD Español	CD Portugués Caracas
1960	CD Portugués Caracas	Banco Agrícola y Pecuario
1961	Deportivo Italia FC Caracas[2]	Deportivo Italia FC Caracas
1962	CD Portugués Caracas	Deportivo Italia FC Caracas
1963	Deportivo Italia FC Caracas	Unión Deportivo Canarias
1964	Deportivo Galicia Caracas[3]	Tiquire Flores FC
1965	Lara FC Barquisimeto	Valencia FC
1966	Deportivo Italia FC Caracas	Deportivo Galicia Caracas
1967	CD Portugués Caracas	Deportivo Galicia Caracas
1968	Unión Deportivo Canarias	Unión Deportivo Canarias
1969	Deportivo Galicia Caracas	Deportivo Galicia Caracas
1970	Deportivo Galicia Caracas	Deportivo Italia FC Caracas
1971	Valencia FC[4]	Estudiantes de Mérida FC
1972	Deportivo Italia FC Caracas	CD Portugués Caracas
1973	Portuguesa FC Araure	Portuguesa FC Araure
1974	Deportivo Galicia Caracas	*No competition*
1975	Portuguesa FC Araure	Estudiantes de Mérida FC
1976	Portuguesa FC Araure	Portuguesa FC Araure
1977	Portuguesa FC Araure	Portuguesa FC Araure
1978	Portuguesa FC Araure	Valencia FC
1979	Deportivo Táchira FC San Cristóbal[5]	Deportivo Galicia Caracas
1980	Estudiantes de Mérida FC	Atlético Zamora FC Barinas
1981	Deportivo Táchira FC San Cristóbal	Deportivo Galicia Caracas
1982	Club Atlético San Cristóbal	Atlético Zamora FC Barinas
1983	Universidad de Los Andes FC Mérida	*No competitio*
1984	Deportivo Táchira FC San Cristóbal	AC Mineros de Guayana FC Puerto Ordaz
1985	Estudiantes de Mérida FC	Estudiantes de Mérida FC
1986	Unión Atlético Táchira San Cristóbal	Deportivo Táchira FC San Cristóbal
1986/1987	CS Marítimo de Venezuela Caracas	CS Marítimo de Venezuela Caracas (1987)
1987/1988	CS Marítimo de Venezuela Caracas	Caracas FC (1988)
1988/1989	AC Mineros de Guayana FC Puerto Ordaz	CS Marítimo de Venezuela Caracas (1989)
1989/1990	CS Marítimo de Venezuela Caracas	Anzoátegui FC (1990)
1990/1991	Universidad de Los Andes FC Mérida	Internacional de Anzoátegui Puerto La Cruz (1991)

1991/1992	Caracas FC	Trujillanos FC Valera (1992)
1992/1993	CS Marítimo de Venezuela Caracas	No competition (1993)
1993/1994	Caracas FC	Caracas FC (1994)
1994/1995	Caracas FC	Caracas FC (1995)
1995/1996	AC Minervén Bolívar FC Ciudad Guayana	Universidad de Los Andes FC Mérida (1996)
1996/1997	Caracas FC	Atlético Zulia FC Maracaibo (1997)
1997/1998	Atlético Zulia FC Maracaibo	No competition (1998)
1998/1999	Deportivo Italchacao FC Caracas	No competition (1999)
1999/2000	Deportivo Táchira FC San Cristóbal	Caracas FC (2000)
2000/2001	Caracas FC	No competition (2001)
2001/2002	Club Nacional Táchira San Cristóbal	No competition (2002)
2002/2003	Caracas FC	No competition (2003)
2003/2004	Caracas FC	No competition (2004)
2004/2005	CD Unión Atlético Maracaibo	No competition (2005)
2005/2006	Caracas FC	No competition (2006)
2006/2007	Caracas FC	AC Aragua FC Maracay (2007)
2007/2008	Deportivo Táchira FC San Cristóbal	Deportivo Anzoátegui SC Puerto La Cruz (2008)
2008/2009	Caracas FC	Caracas FC (2009)
2009/2010	Caracas FC	Trujillanos FC Valera (2010)
2010/2011	Deportivo Táchira FC San Cristóbal	AC CD Mineros de Guayana Puerto Ordaz (2011)
2011/2012	CD Lara Barquisimeto	Deportivo Anzoátegui SC Puerto La Cruz (2012)
2012/2013	Zamora FC Barinas	Caracas FC (2013)
2013/2014	Zamora FC Barinas	Deportivo La Guaira Caracas (2014)
2014/2015	Deportivo Táchira FC San Cristóbal	-
2015	Zamora FC Barinas	Deportivo La Guaira Caracas
2016	Zamora FC Barinas	Zulia FC Maracaibo
2017	Monagas SC Maturín	AC CD Mineros de Guayana Puerto Ordaz
2018	Zamora FC Barinas	Zulia FC Maracaibo
2019	Caracas FC	Zamora FC Barinas
2020	Deportivo La Guaira Caracas	No competition
2021	Deportivo Táchira FC San Cristóbal	No competition
2022	Metropolitanos de Caracas FC	No competition
2023	Deportivo Táchira FC San Cristóbal	No competition

[1]The National Cup had different names over the years: Copa Liga Mayor (1959), Copa Naciones (1960), Copa Caracas (1961-1967), Copa Venezuela (1968-1971), Copa Valencia (1972), Copa Venezuela (1973-today).
[2]changed its name to Deportivo Italchacao FC Caracas between 1998 and 2006.
[3]became 2005 Galicia de Araguay, after moving to Maracay.
[4]became 1997 Carabobo FC Valencia.
[5]called Unión Atlético Táchira San Cristóbal between 1986 and 1999.

	BEST GOALSCORERS	
1957	Marino Araújo „Tonho" (BRA, Universidad Central de Venezuela FC)	12
1958	René Irazque (CD Portugués Caracas)	6
1959	Abel Benítez (ESP, CD Español)	15
1960	José Luis Iglesias (ESP, CD Portugués Caracas)	9
1961	Antonio Rávelo (Banco Agrícola y Pecuario)	11
1962	Jaime Araújo da Silva (BRA, Universidad Central de Venezuela FC)	16

Year	Player	Goals
1963	Aldeny Isidro „Nino" (BRA, CD Portugués Caracas)	15
1964	Hélio Rodrigues (BRA, Tiquire Flores FC)	12
1965	Mario Mateo (BRA, Lara FC Barquisimeto) Jorge Horacio Romero (ARG, La Salle FC)	16
1966	Luis De Mouros „Ratto" (BRA, CD Portugués Caracas)	21
1967	João Ramos (CD Portugués Caracas)	18
1968	Raimundo Lima „Raimundinho" (CD Portugués Caracas)	21
1969	Eustaquio Batista (Deportivo Italia FC Caracas) Aurélio dos Santos „Lelo" (Valencia FC)	19
1970	Roland Langón (URU, Deportivo Galicia Caracas)	13
1971	Agostinho Sabara (BRA, Tiquire Aragua FC)	20
1972	Francisco Rodríguez (Anzoátegui FC)	18
1973	José Chiazzaro (URU, Estudiantes de Mérida FC)	14
1974	José Chiazzaro (URU, Estudiantes de Mérida FC) Sergio Hugo Castillo (URU, Anzoátegui FC)	15
1975	Pedro Pascual Peralta (PAR, Portuguesa FC Araure)	20
1976	Pedro Pascual Peralta (PAR, Portuguesa FC Araure)	25
1977	Jair Ventura Filho „Jairzinho" (BRA, Portuguesa FC Araure) Juan César Silva (Portuguesa FC Araure)	20
1978	Jorge Luís Andrade (Universidad de Los Andes FC Mérida)	23
1979	Omar Ferrari (URU, Deportivo Táchira FC San Cristóbal)	15
1980	Walfrido Campos (BRA, Portuguesa FC Araure)	12
1981	Rafael Angulo (COL, Deportivo Táchira FC San Cristóbal)	14
1982	Germán Montero (URU, Estudiantes de Mérida FC)	21
1983	Johnny Castellanos (Atlético Zamora FC Barinas)	13
1984	Sérgio Meckler (BRA, Atlético Zamora FC Barinas)	15
1985	Sérgio Meckler (BRA, Deportivo Táchira FC San Cristóbal)	17
1986	Wilton Arreaza (Caracas FC)	8
1986/1987	Johnny Castellanos (Portuguesa FC Araure)	16
1987/1988	Miguel Oswaldo González (ARG, Unión Atlético Táchira San Cristóbal)	22
1988/1989	Johnny Castellanos (AC Mineros de Guayana FC Puerto Ordaz)	24
1989/1990	Herbert Márquez (CS Marítimo de Venezuela Caracas)	19
1990/1991	Alexander Bottini (Monagas SC Maturín)	15
1991/1992	Andreas Vogler (GER, Caracas FC)	22
1992/1993	Herbert Márquez (CS Marítimo de Venezuela Caracas)	21
1993/1994	Rodrigo Soto (COL, Trujillanos FC Valera)	20
1994/1995	Rogeiro Da Silva (BRA, Mineros de Guayana FC Puerto Ordaz)	30
1995/1996	José Luis Dolgetta (Caracas FC)	22
1996/1997	Rafael Ernesto Castellín García (Caracas FC)	19
1997/1998	José Luis Dolgetta (Estudiantes de Mérida FC / Caracas FC)	22
1998/1999	Gustavo Fonseca (COL, Internacional Lara FC)	24
1999/2000	Juan García Rivas (Caracas FC)	24
2000/2001	(Estudiantes de Mérida FC)	12
2001/2002	Juan García Rivas (Club Nacional Táchira San Cristóbal)	34
2002/2003	Juan García Rivas (Monagas SC Maturín / AC Mineros de Guayana FC)	19
2003/2004	Juan García Rivas (AC Mineros de Guayana FC Puerto Ordaz)	18
2004/2005	Daniel Delfino (ARG, Carabobo FC Valencia)	19
2005/2006	Juan García Rivas (Deportivo Táchira FC San Cristóbal)	21
2006/2007	Robinson Rentería (COL, Trujillanos FC Valera)	19
2007/2008	Alexander Rondón Heredia (Deportivo Anzoátegui SC Puerto La Cruz)	19
2008/2009	Heatklif Rafael Castillo Delgado (AC Aragua FC Maracay) Daniel Enrique Arismendi (Deportivo Táchira FC San Cristóbal)	17

2009/2010	Norman Freddy Cabrera Valencia (Atlético El Vigía FC)	20
2010/2011	Daniel Enrique Arismendi (Deportivo Anzoátegui SC Puerto La Cruz)	20
2011/2012	Rafael Ernesto Castellín García (CD Lara Barquisimeto)	21
2012/2013	Gabriel Arturo Torres Tejada (Zamora FC Barinas)	20
2013/2014	Juan Manuel Falcón Jiménez (Zamora FC Barinas)	18
2014/2015	Edwin Enrique Aguilar Samaniego (Deportivo Anzoátegui SC Puerto La Cruz)	23
2015	Manuel Alejandro Arteaga Rubianes (Zulia FC Maracaibo)	17
2016	Gabriel Arturo Torres Tejada (PAN, Zamora FC Barinas)	22
2017	Anthony Miguel Blondell Blondell (Monagas SC Maturín)	24
2018	Anthony Chelin Uribe Francia (Zamora FC Barinas)	16
2019	Edder José Farías Martínez (Atlético Venezuela CF Caracas)	18
2020	Richard José Blanco Delgado (AC CD Mineros de Guayana Puerto Ordaz) Edder José Farías Martínez (Atlético Venezuela CF Caracas)	8
2021	Samson Olanrewaju Akinyoola (BEN, Caracas FC)	18
2022	Kevin Stiven Viveros Rodallega (COL, Carabobo FC Valencia)	21
2023	Luifer Enrique Hernández Quintero (Academia Puerto Cabello CF)	17

NATIONAL CHAMPIONSHIP
Primera División de Venezuela / Liga FUTVE 2023

Please note: ACD Lara Barquisimeto did not enter after failing club licence process.
Zulia FC Maracaibo and Deportivo Rayo Zuliano (2nd Level) merged on 12.12.2022. Deportivo Rayo Zuliano Maracaibo will play at fisrt level instead of Zulia FC.

First Stage / Fase regular

Results

Round 1 [03-05.02.2023]
Caracas FC - Carabobo FC 0-0
Zamora FC - CD Hermanos 2-0(0-0)
Angostura FC - Mineros Guayana 2-0(2-0)
La Guaira FC - Monagas SC 0-0
Metropolitanos - Universidad Central 1-1(1-0)
Deportivo Táchira-Estudiantes Mérida 3-0(1-0)
Academia P. Cabello - Rayo Zuliano 3-0(0-0)

Round 2 [10-12.02.2023]
CD Hermanos - Deportivo Táchira 3-1(1-1)
Universidad Central - La Guaira FC 1-1(0-1)
Portuguesa - Angostura FC 0-2(0-1)
Monagas SC - Mineros Guayana 3-1(1-0)
Estudiantes Mérida - Acad. P. Cabello 1-3(0-1)
Caracas FC - Rayo Zuliano 3-3(1-1)
Carabobo FC - Zamora FC 3-0(2-0)

Round 3 [17-19.02.2023]
Academia P. Cabello - Univ. Central 4-0(2-0)
La Guaira FC - Metropolitanos 2-0(0-0)
Deportivo Táchira - Monagas SC 1-0(0-0)
Angostura FC - Rayo Zuliano 1-1(0-1)
Caracas FC - CD Hermanos 2-2(1-1)
Mineros Guayana - Portuguesa 0-0
Zamora FC - Estudiantes Mérida 1-5(1-4)

Round 4 [24-26.02.2023]
CD Hermanos - La Guaira FC 0-0
Monagas SC - Angostura FC 1-0(0-0)
Metropolitanos - Zamora FC 1-2(1-0)
Carabobo FC - Deportivo Táchira 1-3(0-1)
Universidad Central - Caracas FC 0-2(0-0)
Rayo Zuliano - Mineros Guayana 4-4(1-3)
Portuguesa - Academia P. Cabello 0-2(0-1)

Round 5 [03-05.03.2023]
Caracas FC - Portuguesa 1-1(0-1)
Mineros Guayana-Universidad Central 2-0(2-0)
Academia P. Cabello - Metropolitanos 1-0(1-0)
La Guaira FC - Estudiantes Mérida 1-3(1-2)
Monagas SC - CD Hermanos 2-1(1-0)
Deportivo Táchira - Rayo Zuliano 5-0(3-0)
Angostura FC - Carabobo FC 0-1(0-1)

Round 6 [10-12.03.2023]
Portuguesa - La Guaira FC 2-0(1-0)
Estudiantes Mérida - Rayo Zuliano 1-2(0-1)
Zamora FC - Mineros Guayana 1-1(0-0)
Metropolitanos - Deportivo Táchira 2-0(2-0)
Universidad Central - Monagas SC 0-2(0-0)
CD Hermanos - Angostura FC 2-2(0-1)
Carabobo FC - Academia P. Cabello 0-2(0-0)

Round 7 [17-19.03.2023]
Mineros Guayana - Acad. P. Cabello 0-3(0-1)
CD Hermanos - Carabobo FC 2-1(1-1)
La Guaira FC - Zamora FC 3-0(2-0)
Monagas SC - Estudiantes Mérida 1-1(1-0)
Deport. Táchira - Universidad Central 1-1(1-1)
Rayo Zuliano - Portuguesa 1-1(0-0)
Caracas FC - Metropolitanos 2-0(1-0)

Round 8 [31.03.-02.04.2023]
Estudiantes Mérida - CD Hermanos 1-0(1-0)
Metropolitanos - Rayo Zuliano 2-1(1-1)
Carabobo FC - Monagas SC 3-0(2-0)
Portuguesa - Deportivo Táchira 0-1(0-0)
Academia P. Cabello - La Guaira FC 1-0(0-0)
Universidad Central - Angostura FC 1-2(1-2)
Zamora FC - Caracas FC 1-2(0-1)

Round 9 [07-09.04.2023]
CD Hermanos - Universidad Central 1-1(0-0)
Metropolitanos - Carabobo FC 1-0(1-0)
Deportivo Táchira - Zamora FC 1-1(0-1)
Mineros Guayana - La Guaira FC 0-2(0-1)
Caracas FC - Estudiantes Mérida 2-2(0-0)
Angostura FC - Academia P. Cabello 2-2(0-1)
Monagas SC - Portuguesa 1-2(1-0)

Round 10 [14-16.04.2023]
Estudiantes Mérida - Metropolitanos 0-2(0-0)
Zamora FC - Monagas SC 1-1(1-1)
Academia P. Cabello - CD Hermanos 1-0(0-0)
La Guaira FC - Angostura FC 1-0(1-0)
Carabobo FC - Rayo Zuliano 0-0
Caracas FC - Mineros Guayana 1-1(1-1)
Portuguesa - Universidad Central 2-0(1-0)

Round 11 [21-23.04.2023]
Rayo Zuliano - Zamora FC 1-1(0-1)
Univ. Central - Estudiantes Mérida 3-2(2-0)
Mineros Guayana - Carabobo FC 1-0(1-0)
CD Hermanos - Portuguesa 0-2(0-2)
Deportivo Táchira - Caracas FC 1-1(0-0)
Angostura FC - Metropolitanos 3-2(0-1)
Monagas SC - Academia P. Cabello 3-2(1-1)

Round 12 [28-30.04.2023]
Metropolitanos - Mineros Guayana 3-0(1-0)
Academia P. Cabello - Deportivo Táchira 0-0
Rayo Zuliano - CD Hermanos 1-1(1-1)
Carabobo FC - La Guaira FC 3-2(2-1)
Estudiantes Mérida - Portuguesa 0-1(0-1)
Caracas FC - Angostura FC 4-1(2-0)
Zamora FC - Universidad Central 1-0(0-0)

Round 13 [05-07.05.2023]
Universidad Central - Carabobo FC 0-0
Portuguesa - Zamora FC 2-1(1-0)
La Guaira FC - Rayo Zuliano 5-3(3-1)
Mineros Guayana - Deportivo Táchira 0-4(0-4)
Angostura FC - Estudiantes Mérida 2-3(0-1)
Monagas SC - Metropolitanos 0-2(0-1)
Academia P. Cabello - Caracas FC 2-1(2-1)

Round 14 [12-14.05.2023]
Carabobo FC - Portuguesa 1-0(1-0)
Metropolitanos - CD Hermanos 2-3(1-2)
Zamora FC - Academia P. Cabello 1-3(1-0)
Rayo Zuliano - Monagas SC 1-0(0-0)
Deportivo Táchira - Angostura FC 1-0(0-0)
Caracas FC - La Guaira FC 1-1(0-0)
Estudiantes Mérida-Mineros Guayana 3-1(2-0)

Round 15 [19-21.05.2023]
Universidad Central - Rayo Zuliano 2-0(2-0)
Angostura FC - Zamora FC 2-1(1-0)
La Guaira FC - Deportivo Táchira 0-0
Monagas SC - Caracas FC 0-2(0-2)
Portuguesa - Metropolitanos 0-1(0-1)
Carabobo FC - Estudiantes Mérida 2-0(1-0)
Mineros Guayana - CD Hermanos 2-2(0-1)

Round 16 [22-25.06.2023]
Estudiantes Mérida - Carabobo FC 1-1(0-1)
Metropolitanos - Portuguesa 0-1(0-0)
CD Hermanos - Mineros Guayana 1-2(1-0)
Rayo Zuliano - Universidad Central 0-0
Caracas FC - Monagas SC 2-0(0-0)
Zamora FC - Angostura FC 3-2(0-1)
Deportivo Táchira - La Guaira FC 2-0(0-0)

Round 17 [30.06.-02.07.2023]
Angostura FC - Deportivo Táchira 0-1(0-0)
Portuguesa - Carabobo FC 1-1(0-0)
Mineros Guayana-Estudiantes Mérida 1-1(0-1)
Academia P. Cabello - Zamora FC 2-0(2-0)
La Guaira FC - Caracas FC 2-1(2-1)
Monagas SC - Rayo Zuliano 1-3(1-1)
CD Hermanos - Metropolitanos 0-1(0-0)

Round 18 [06-09.07.2023]
Estudiantes Mérida - Angostura FC 5-0(2-0)
Carabobo FC - Universidad Central 2-1(2-1)
Rayo Zuliano - La Guaira FC 0-1(0-0)
Deportivo Táchira - Mineros Guayana 4-1(3-1)
Metropolitanos - Monagas SC 3-2(0-2)
Caracas FC - Academia P. Cabello 2-1(0-0)
Zamora FC - Portuguesa 1-2(1-2)

Round 19 [14-16.07.2023]
CD Hermanos - Rayo Zuliano 1-3(1-1)
Universidad Central - Zamora FC 5-0(1-0)
Angostura FC - Caracas FC 2-0(1-0)
La Guaira FC - Carabobo FC 1-1(1-1)
Dep. Táchira - Academia P. Cabello 1-0(0-0)
Portuguesa - Estudiantes Mérida 2-0(0-0)
Mineros Guayana - Metropolitanos 1-1(0-0)

Round 20 [21-23.07.2023]
Metropolitanos - Angostura FC 1-0(0-0)
Zamora FC - Rayo Zuliano 0-0
Carabobo FC - Mineros Guayana 6-1(3-0)
Estudiantes Mérida - Univers. Central 2-0(1-0)
Academia P. Cabello - Monagas SC 2-0(0-0)
Caracas FC - Deportivo Táchira 2-2(1-1)
Portuguesa - CD Hermanos 1-0(0-0)

Round 21 [27-29.07.2023]
Angostura FC - La Guaira FC 1-2(0-0)
Universidad Central - Portuguesa 0-1(0-1)
Monagas SC - Zamora FC 2-1(0-0)
CD Hermanos - Academia P. Cabello 0-1(0-0)
Rayo Zuliano - Carabobo FC 0-0
Mineros Guayana - Caracas FC 1-3(0-2)
Metropolitanos - Estudiantes Mérida 0-1(0-1)

Round 22 [04-06.08.2023]
Zamora FC - Deportivo Táchira 0-1(0-0)
Estudiantes Mérida - Caracas FC 0-2(0-1)
Portuguesa - Monagas SC 1-2(0-1)
La Guaira FC - Mineros Guayana 1-1(1-1)
Carabobo FC - Metropolitanos 2-2(2-1)
Academia P. Cabello - Angostura FC 2-0(1-0)
Universidad Central - CD Hermanos 2-1(0-0)

Round 23 [11-13.08.2023]
Angostura FC - Universidad Central 1-1(1-0)
La Guaira FC - Academia P. Cabello 2-1(1-0)
Rayo Zuliano - Metropolitanos 1-1(0-0)
Caracas FC - Zamora FC 4-0(2-0)
Monagas SC - Carabobo FC 1-1(0-0)
Deportivo Táchira - Portuguesa 1-1(0-0)
CD Hermanos - Estudiantes Mérida 1-0(1-0)

Round 24 [18-20.08.2023]
Carabobo FC - CD Hermanos 1-0(1-0)
Universid. Central - Deportivo Táchira 1-2(1-1)
Estudiantes Mérida - Monagas SC 1-1(0-0)
Acad. P. Cabello - Mineros Guayana 2-0(1-0)
Zamora FC - La Guaira FC 2-1(2-1)
Metropolitanos - Caracas FC 2-2(0-1)
Portuguesa - Rayo Zuliano 1-2(0-0)

Round 25 [25-27.08.2023]
Angostura FC - CD Hermanos 0-0
Academia P. Cabello - Carabobo FC 0-0
Deportivo Táchira - Metropolitanos 2-0(1-0)
La Guaira FC - Portuguesa 2-2(1-0)
Mineros Guayana - Zamora FC 1-2(1-2)
Rayo Zuliano - Estudiantes Mérida 2-1(1-1)
Monagas SC - Universidad Central 1-0(0-0)

Round 26 [01-03.09.2023]
Carabobo FC - Angostura FC 1-1(1-1)
Universidad Central-Mineros Guayana 2-0(1-0)
Estudiantes Mérida - La Guaira FC 2-1(2-0)
Portuguesa - Caracas FC 1-1(1-1)
Metropolitanos - Academia P. Cabello 2-1(0-1)
Rayo Zuliano - Deportivo Táchira 1-2(0-1)
CD Hermanos - Monagas SC 2-1(0-1)

Round 27 [15-17.09.2023]
Angostura FC - Monagas SC 2-0(1-0)
La Guaira FC - CD Hermanos 2-2(1-1)
Mineros Guayana - Rayo Zuliano 0-0(0-0)
Zamora FC - Metropolitanos 4-1(1-0)
Caracas FC - Universidad Central 0-0
Deportivo Táchira - Carabobo FC 1-0(0-0)
Academia P. Cabello - Portuguesa 4-1(1-0)

Round 28 [22-24.09.2023]
CD Hermanos - Caracas FC 0-0
Estudiantes Mérida - Zamora FC 2-2(1-1)
Rayo Zuliano - Angostura FC 2-1(1-0)
Univ. Central - Academia P. Cabello 2-3(1-2)
Portuguesa - Mineros Guayana 2-0(0-0)
Metropolitanos - La Guaira FC 2-2(1-1)
Monagas SC - Deportivo Táchira 1-2(1-1)

Round 29 [30.09.2023]
Angostura FC - Portuguesa 1-2(0-2)
Deportivo Táchira - CD Hermanos 1-0(0-0)
La Guaira FC - Universidad Central 0-0
Mineros Guayana - Monagas SC 2-1(1-1)
Acad. P. Cabello - Estudiantes Mérida 1-0(1-0)
Rayo Zuliano - Caracas FC 0-0
Zamora FC - Carabobo FC 0-2(0-0)

Round 30 [06-08.10.2023]
CD Hermanos - Zamora FC 0-2(0-1)
Mineros Guayana - Angostura FC 1-2(1-1)
Monagas SC - La Guaira FC 2-2(0-1)
Rayo Zuliano - Academia P. Cabello 1-0(1-0)
Universidad Central - Metropolitanos 3-2(3-1)
Estudiantes Mérida - Deportivo Táchira 1-3(0-1)
Carabobo FC - Caracas FC 1-1(0-1)

Final Standings

#	Team	P	W	D	L	GF	-	GA	Pts
1.	Deportivo Táchira FC San Cristóbal	28	19	7	2	47	-	17	64
2.	Academia Puerto Cabello CF	28	19	3	6	49	-	19	60
3.	Portuguesa FC Araure	28	13	7	8	32	-	26	46
4.	Caracas FC	28	10	15	3	44	-	27	45
5.	Carabobo FC Valencia	28	11	12	5	35	-	21	45
6.	Deportivo La Guaira FC Caracas	28	9	12	7	37	-	33	39
7.	Metropolitanos de Caracas FC	28	11	6	11	37	-	37	39
8.	Deportivo Rayo Zuliano Maracaibo	28	8	12	8	33	-	39	36
9.	Estudiantes de Mérida FC	28	9	6	13	39	-	41	33
10.	Angostura FC Ciudad Bolívar	28	8	6	14	32	-	41	30
11.	Monagas SC Maturín	28	8	6	14	29	-	41	30
12.	Zamora FC Barinas	28	8	6	14	31	-	50	30
13.	Universidad Central de Venezuela FC	28	6	9	13	27	-	36	27
14.	CD Hermanos Colmenárez Barinas*	28	5	9	14	25	-	37	24
15.	AC CD Mineros de Guayana Puerto Ordaz (*Relegated*)	28	4	8	16	25	-	57	20

Top-4 were qualified for the Championship Finals (Fase Final).

Deportivo Táchira FC San Cristóbal, Academia Puerto Cabello CF, Portuguesa FC Araure and Caracas FC were qualified for the 2024 Copa Libertadores.

Carabobo FC Valencia, Deportivo La Guaira FC Caracas, Metropolitanos de Caracas FC and Deportivo Rayo Zuliano Maracaibo were qualified for the 2024 Copa Sudamericana.

*Please note: CD Hermanos Colmenárez Barinas changed its name to CD Internacional De Barinas on 15.12.2023.

Fase Final - Results

Round 1 [21.10.2023]
Caracas FC - Deportivo Táchira 0-0
Portuguesa - Academia P. Cabello 1-1(0-1)

Round 2 [25.10.2023]
Academia P. Cabello - Caracas FC 0-0
Deportivo Táchira - Portuguesa 3-0(2-0)

Round 3 [29.10.2023]
Caracas FC - Portuguesa 2-0(1-0)
Academia P. Cabello - Depor. Táchira 0-1(0-1)

Round 4 [04.11.2023]
Portuguesa - Caracas FC 3-1(0-1)
Depor. Táchira - Academia P. Cabello 2-1(1-1)

Round 5 [08.11.2023]
Caracas FC - Academia P. Cabello 1-0(0-0)
Portuguesa - Deportivo Táchira 1-1(1-1)

Round 6 [12.11.2023]
Deportivo Táchira - Caracas FC 1-1(1-1)
Academia P. Cabello - Portuguesa 1-1(1-0)

Final Standings

1.	Deportivo Táchira FC San Cristóbal	6	3	3	0	8 - 3	12
2.	Caracas FC	6	2	3	1	5 - 4	9
3.	Portuguesa FC Araure	6	1	3	2	6 - 9	6
4.	Academia Puerto Cabello CF	6	0	3	3	3 - 6	3

Winner and runner-up were qualified for the Championship Final (Final absoluta).

2023 Championship Final - Final absoluta

25.11.2023, Estadio Polideportivo de Pueblo Nuevo, San Cristóbal; Attendance: 38,276
Referee: Jesús Noel Valenzuela Sáez
Deportivo Táchira FC San Cristóbal - Caracas FC   1-1(0-0,1-1,1-1); 4-1 on penalties
Deportivo Táchira: Alejandro José Araque Peña, Jiovany Javier Ramos Díaz, José Luis Marrufo Jiménez, Gonzalo Daniel Mottes (91.Gonzalo Gabriel Ritacco), Maurice Jesús Cova Sánchez (Cap), Leandro Ariel Fioravanti (81.Diomar Ángel Díaz Calderón), Nelson Antonio Hernández Bellorín (91.Julián Alonso Figueroa Rentería), Yanniel Alberto Hernández D'Elías (105.Esli Samuel García Cordero), Yerson Ronaldo Chacón Ramírez (86.Carlos Alberto Vivas González), Bryan José Castillo Rosendo (81.Jean Franco Castillo Castillo), Anthony Chelin Uribe Francia. Trainer: Eduardo José Saragó Carbón.
Caracas FC: Alain Baroja Méndez (Cap), Luis Fernando Casiani Zúñiga (87.Manuel Alejandro Sulbarán Solano [*sent off 103*]), Diego Alfonzo Luna Flores, Bianneider Nauj Tamayo Escalona, Ronaldo David Rivas Vielma, Leonardo José Flores Soto (87.Anderson Rafael Contreras Pérez), Vicente Bautista Rodríguez Cedeño (78.Ender Jesús Echenique Peña), Alexander David González Sibulo, Bryant Jesús Ortega Carmona, Ade Oguns (90.Emanuel Mercado; 115.Néstor Andrés Jiménez Ramírez), Saúl Alejandro Guarirapa Briceño (90.Édson Armando Rivas Vielma). Trainer: Leonardo Alberto González Antequera.
Goals: 1-0 Jean Franco Castillo Castillo (84), 1-1 Bryant Jesús Ortega Carmona (90+1).
Penalties: Gonzalo Gabriel Ritacco 1-0; Néstor Andrés Jiménez Ramírez (saved); Maurice Jesús Cova Sánchez 2-0; Alexander David González Sibulo 2-1; Esli Samuel García Cordero 3-1; Bryant Jesús Ortega Carmona (saved); Carlos Alberto Vivas González 4-1.

2023 Primera División de Venezuela Winners : **Deportivo Táchira FC San Cristóbal**

Top goalscorers:
17 goals:	**Luifer Enríque Hernández Quintero**	**(Academia Puerto Cabello CF)**
12 goals:	Ade Oguns (NGA)	(Caracas FC)
11 goals:	Richard José Blanco Delgado	(Portuguesa FC Araure)

THE CLUBS 2023

Please note: appearances and goals are including Regular Stage and Championship Finals.

ACADEMIA PUERTO CABELLO CLUB DE FÚTBOL

Foundation date: January 21, 2011
Address: Calle Principal Edif. Vista Mar, Piso PB Of. 1, Urb. Vistamar
Stadium: Complejo Deportivo Socialista, Puerto Cabello (7,500)

Trainer:	Noel Argelio Sanvicente Bethelmy	21.12.1964

THE SQUAD

	DOB	M	(s)	G
Goalkeepers:				
Luis Enrique Romero Durán	16.11.1990	31		
Miguel Alejandro Silva Jaimes	09.07.2000	3		
Defenders:				
Kevin Eduardo de la Hoz Morys	15.07.1998	9	(9)	1
Eduardo Enrique Fereira Peñaranda	29.09.2000	15	(1)	
Santiago Andrés Gómez Santana	18.05.2003	2		
José Luis Granados Asprilla	22.10.1986	27		
Diego Andrés Osio Valencia	03.01.1997	12	(8)	1
Edwin de Jesús Peraza Larez	11.03.1993	28		1
Carlos Gregorio Rivero González	27.11.1992	31	(1)	
Kendrys Jesús Silva Guzmán	17.12.1993	9	(1)	1
Midfielders:				
Jacob Olorunwa Adebanjo (NGA)	05.09.1993	5	(5)	1
Henrys Junior Alcalá Cedeño	25.07.1991	24	(4)	
George Ayimbire Ayine (GHA)	03.12.1998	13	(14)	1
Abraham Bahachille García	08.03.2001	2	(14)	
Jesús Alberto Cantillo Mejía	02.01.2004		(1)	
Juan Carlos Colina Silva	21.10.1986	8	(14)	
Raudy Javier Guerrero Reyes	19.11.1993	24	(6)	3
Williams José Lugo Ladera	16.12.1996	26	(6)	4
Gabriel Alberto Monjes Bordones	02.12.2004		(1)	
Christopher Alexander Montaña Rivas	03.01.1999		(3)	
Gerardo José Padrón Colmenares	31.10.2002		(8)	
Danny Marcos Pérez Valdez	23.01.2000	26	(6)	6
Gideon Iliya Zuma (NGA)	12.06.1999	21	(3)	1
Forwards:				
Marco Antonio Bustillo Benítez	01.08.1996	2	(4)	1
Gabriel Enrique Fermín Ávila	13.12.2002		(2)	
Richard José Figueroa Avilés	04.08.1996	6	(22)	
Wilmar Darío González Aguinaga (COL)	26.01.1994		(2)	1
Luifer Enríque Hernández Quintero	28.04.2001	27	(3)	18
Andrés Eduardo Montero Cadenas	05.03.1994	4	(8)	
Yeangel Emilio Montero Manzano	25.12.1998	1	(10)	
Stevy Okitokandjo (NED)	18.06.1994	12	(7)	5
Alfredo Horacio Stephens Francis (PAN)	25.12.1994	6	(7)	4

ANGOSTURA FÚTBOL CLUB CIUDAD BOLÍVAR

Foundation date: December 1, 2007
Address: 8001 Ciudad Bolívar
Stadium: Complejo Polideportivo "Ricardo Tulio Maya", Ciudad Bolívar (2,500)

Trainer:	Osmar Eduardo Castillo Rojas	03.08.1978

THE SQUAD				
	DOB	M	(s)	G
Goalkeepers:				
Moisés Alfonzo Gallo Tortolero	06.01.1998	2		
Héctor Eduardo Pérez Cuevas	16.06.1991	24		
Alejandro Reyes Gutierrez Rodríguez	20.06.2007	2		
Defenders:				
Andrés Eloy Farreras Martínez	23.06.2001	6	(6)	
Jenner Cecilio González Romero	08.07.1990	21	(3)	
Lawrence Sebastián Lonsdale Sánchez	04.01.2001	3	(1)	
Michael Leonel Maldonado Uzcátegui	30.06.2001	6	(2)	
Adrián Enrique Montañez Ibarguen	06.02.2000	10	(5)	
Alejandro Javier Naranjo Moyetones	17.04.2001		(2)	
Manuel Alejandro Palma Guédez	04.01.2000	18	(1)	1
Luis Alejandro Parra	15.12.1996	19		2
Ebby José Pérez Acero	01.03.1991	4	(5)	1
Carlos David Roca Salazar	18.11.2005	4		
José Ignacio Rojas Montes	02.12.1996	13	(3)	
Midfielders:				
Anderson Leonel Cardozo Bucobo	26.08.1994	25	(1)	3
Willimger Alejandro Castillo Ángel	06.11.1997	4	(4)	
Aldry Javier Contreras Cabeza	16.06.2004	15	(6)	5
Argenis José Gómez Ortega	23.11.1987	6	(2)	
Christian Anthony Gómez Vargas	23.02.1999	7	(15)	
Jorge Luis Gómez Rodríguez	25.05.1997	5	(15)	1
Luis David González Torres	27.11.1998	7	(2)	2
José Daniel Lovera Espinoza	29.07.1999	20	(2)	1
Abraham Wilfredo Moreno	22.06.1997	24	(3)	1
David José Moreno Ramos	13.04.2000	1	(10)	1
Orlando José Peraza Vanegas	19.03.1991	5	(1)	
Bryant De Jesús Ramírez Mendoza	17.02.2006	1	(3)	
José Ramos	22.02.2006		(1)	
Forwards:				
Kevin Raphael Díaz	21.01.2002	3	(4)	
Ronny Jesús Maza Miranda	11.05.1997	14	(12)	5
Gleiker Teodoro Mendoza Barrios	08.12.2001	19	(7)	1
Kéiner Daniel Pérez Álvarez	08.05.1992	11	(10)	4
Rafael Eduardo Quiñones Sánchez	06.04.2004	2	(6)	
Hasan Leandro Vergara Ramos (COL)	03.04.1999	7	(6)	2

CARABOBO FÚTBOL CLUB VALENCIA

Foundation date: July 24, 1964
Address: Avenida Bolívar Norte, Valencia
Stadium: Estadio Polideportivo "Misael Delgado", Valencia (10,400)

Trainer:	Juan Domingo Tolisano Correa	07.08.1984

THE SQUAD

	DOB	M	(s)	G
Goalkeepers:				
Nicolás Andrés Caprio (ARG)	26.05.1989	11		
Thomas Riveros Eugui	05.10.2001	4		
Jérémy Vachoux (FRA)	07.07.1994	13		
Defenders:				
Leonardo Jesús Aponte Matute	30.04.1994	18	(1)	
Edilmer Paolo Chacón	27.05.1997	9	(1)	
Juan David Cuesta Santos (COL)	21.11.1997	7	(1)	
Carlos Javier Lujano Sánchez	14.07.1991	22		2
Loureins Manuel Martínez Eizaga	16.04.2005		(2)	1
Franyer José Oliveros Infante	14.10.2004		(1)	
Williams José Pedrozo García	28.12.2001		(4)	
Miguel Ángel Pernía Almao	01.11.2000	17		1
Brayan José Rodríguez Luna	04.09.1996	20		1
Midfielders:				
Moussa Bagayoko (MLI)	18.12.1998	1	(13)	
Harrison Contreras Mora	19.01.1989	6	(13)	
Michael O'Neal Covea Uzcátegui	21.08.1993	20	(4)	4
Francisco Javier Flores Sequera	30.04.1990	22	(1)	1
Gustavo Junior González Pérez	20.02.1996	25	(1)	
Luis Enríque Jiménez Jaimes (COL)	03.10.1997	4	(1)	
Franner Xavier López Castillo	19.06.2003	1	(4)	
Juan Camilo Pérez Vasco	22.12.1998	24	(4)	1
Carlos José Sosa Moreno	02.08.1995	22	(4)	5
Edson Alejandro Tortolero Toro	05.02.1998	5	(15)	3
Forwards:				
Juan Francisco Apaolaza (ARG)	19.06.1997	15	(7)	4
José Manuel Balza Liscano	15.06.1997	17	(8)	3
Jesús Isaac Hernández Córdova	06.01.1993	10	(12)	2
Robert Enrique Hernández Aguado	14.09.1993	6	(6)	2
Taddeus Nkeng Fomakwang (CMR)	26.02.2000	1	(7)	1
Juan Carlos Ortíz	01.10.1993	6	(7)	1
Álbaro José Polo Beleño	11.03.2005		(1)	
Gabriel Jaime Alejandro Vargas Díaz	15.09.2000	2	(10)	

CARACAS FÚTBOL CLUB

Foundation date: October 3, 1989
Address: Cocodrilos Sports Park, Cota 905, Ofoconas del Caracas FC, Caracas
Stadium: Estadio Olímpico de la Universidad Central de Venezuela, Caracas (23,940)

| Trainer: | Leonardo Alberto González Antequera | 14.07.1972 | | |

THE SQUAD

	DOB	M	(s)	G
Goalkeepers:				
Alain Baroja Méndez	23.10.1989	30		
Frankarlos Cruz Benítez Gutiérrez	03.05.2004	1		
Wilbert Miguel Hernández Torrealba	02.03.2001	4		
Defenders:				
Luis Fernando Casiani Zúñiga	20.07.2001	5	(8)	
Alexander David González Sibulo	13.09.1992	24	(3)	
Guillermo Andrés Guzmán Cones	27.03.2002	3		
Diego Alfonzo Luna Flores	02.01.2000	29	(2)	1
Roger Alexander Manríque Laorta	23.03.1999	14	(1)	
Rubert José Quijada Fasciana	10.02.1989	26		4
Renné Alejandro Rivas Alezones	21.03.2003	20	(7)	
Ronaldo David Rivas Vielma	31.10.1999	5	(2)	1
Daniel Alejandro Rivillo Godoy	21.12.1996	18	(6)	1
Bianneider Nauj Tamayo Escalona	13.01.2005	2	(4)	
Midfielders:				
Anderson Rafael Contreras Pérez	30.03.2001	11	(13)	
Ender Jesús Echenique Peña	02.04.2004	10	(13)	3
Leonardo José Flores Soto	05.08.1995	23	(6)	1
Bryant Jesús Ortega Carmona	28.02.2003	24	(7)	1
Daniel Alejandro Padilla Franco	26.02.2005		(7)	
Vicente Bautista Rodríguez Cedeño	13.11.1994	25	(6)	
Luisbert Jesús Salazar Maza	01.04.2003	1		
Forwards:				
Fernando Luís Aristeguieta de Luca	09.04.1992		(3)	1
Richard Enríque Celis Sánchez	23.04.1996	17	(10)	3
Saúl Alejandro Guarirapa Briceño	18.10.2002	30	(1)	9
Néstor Andrés Jiménez Ramírez	08.04.2003	2	(6)	1
Emanuel Mercado (ARG)	21.04.1997	4	(10)	3
Ade Oguns (NGA)	14.04.2001	27	(6)	12
Armando José Rivas Zambrano	03.01.2003		(3)	
Édson Armando Rivas Vielma	23.10.2001	5	(19)	3
Santiago Alfonzo Rodríguez Pacheco	29.01.2001	17	(7)	3
Manuel Alejandro Sulbarán Solano	08.10.2002	7	(15)	1
Luis Elías Urbina Criollo	12.03.2002	1	(9)	

DEPORTIVO LA GUAIRA FÚTBOL CLUB CARACAS

Foundation date: June 21, 2008
Address: Calle La Cinta, Complejo Deportivo Fray Luis, Piso 1, Oficina 02, Caracas
Stadium: Estadio Olímpico de la Universidad Central de Venezuela, Caracas (23,940)

Trainer:	Enrique García	10.07.1986

THE SQUAD				
	DOB	M	(s)	G
Goalkeepers:				
Nicolás Alejandro Forastiero (ARG)	15.07.1998	14		
Diego Alejandro González Rodríguez	25.02.2004	1		
Eduardo Luis Lima Prado	09.10.1992	12		
Jorge Orlando Sánchez Cano	30.09.2006	1		
Defenders:				
Moisés Manuel Acuña Morales	23.07.1996	20		2
Ignacio José Anzola Aguilar	28.07.1999	1	(3)	
Yohan Eduardo Cumaná Hernández	08.03.1996	2	(6)	
Álex Miguel Custodio Fernández (PER)	31.01.2004	13	(5)	1
Jorge Abdiel Gutiérrez Cornejo (PAN)	01.09.1998	26	(1)	
Richard Amed Peralta Robledo (PAN)	20.09.1993	13	(1)	1
Carlos Augusto Rojas Torres	23.01.2004	1		
Karin Alfredo Saab Pomonti	11.01.2001	3		
César José Urpín Díaz	14.08.1994	4	(4)	
Duván Felipe Viáfara Mina (COL)	20.08.1998	12		1
Midfielders:				
Pedro Luis Álvarez Benavides	01.02.2001	4	(5)	
César Alberto Da Silva Correia	13.02.2004	2	(9)	1
Arlés Eduardo Flores Crespo	12.04.1991	25		
Clyde Nick García Segura	19.03.2002		(2)	
Miguel Eduardo González Acosta	15.06.2004	4	(2)	1
Evelio De Jesús Hernández Guedez	18.06.1984	1	(1)	
Rommell Jhoan Ibarra Hernández	24.03.2000	19	(4)	
Keiber Alberto Lamadrid Briceño	18.11.2003	4	(10)	1
Elías Enrique Romero Barrios	12.07.1996	22	(3)	
Daniel Alessandro Saggiomo Mosquera	02.07.1998	19	(4)	1
Forwards:				
Kervin Mario Andrade Navarro	13.04.2005	10	(4)	2
Rafael Daniel Arace Gargaro	22.05.1995	26	(2)	6
Sebastián Alejandro Castillo Pérez	06.05.2005	9	(15)	5
Ronaldo Daniel Chacón Zambrano	18.02.1998	12	(9)	2
Edder José Farías Martínez	12.04.1988	9	(5)	5
Mayken Eduardo González Aldazoro	11.05.2006		(1)	
Aitor López López	04.06.1999		(4)	
Yehova Hernando Osorio Paredes	15.11.2002		(4)	
Darluis Andrés Paz Ferrer	26.03.2002	2	(2)	
Gelmín Javier Rivas Boada	23.03.1989	14	(9)	5
Yackson Stiven Rivas	18.03.2002	3	(15)	3

DEPORTIVO TÁCHIRA FÚTBOL CLUB SAN CRISTÓBAL

Foundation date: January 1, 1974
Address: Calle 14, entre carreras 20 y 21, N° 20-95, Quinta Chelita, Barrio Obrero, San Cristóbal, Estado Táchira
Stadium: Estadio Polideportivo de Pueblo Nuevo, San Cristóbal (38,755)

Trainer:	Eduardo José Saragó Carbón	11.01.1982

THE SQUAD

	DOB	M	(s)	G
Goalkeepers:				
Alejandro José Araque Peña	14.09.1995	35		
Defenders:				
Carlos Daniel Calzadilla Durán	14.11.2001	3	(10)	
Pablo Jesús Camacho Figueira	12.12.1990	8	(2)	
Yanniel Alberto Hernández D'Elías	10.07.1997	5	(5)	
Daniel Orlando Linárez Cordero	23.03.1992	3	(4)	
José Luis Marrufo Jiménez	12.05.1996	30	(3)	2
Gonzalo Daniel Mottes (ARG)	07.01.1998	19	(3)	1
Jesús Alejandro Quintero	01.02.2001	1	(1)	
Jiovany Javier Ramos Díaz (PAN)	26.01.1997	29	(3)	2
Carlos Alberto Vivas González	04.04.2002	18	(2)	
Midfielders:				
Luis Fernando Carrero	14.03.2007		(1)	
Maurice Jesús Cova Sánchez	11.08.1992	24	(2)	5
Diomar Ángel Díaz Calderón	07.03.1990	15	(10)	3
Julián Alonso Figueroa Rentería (COL)	29.01.1993	21	(8)	
Leandro Ariel Fioravanti (ARG)	16.03.1992	29	(1)	
Esli Samuel García Cordero	14.07.2000	19	(11)	5
Nelson Antonio Hernández Bellorín	08.07.1992	31	(1)	5
Gustavo Lozano	25.05.2007		(2)	
Carlos Yhonesky Méndez Silva	20.01.2004	1	(2)	
Carlos Miguel Paraco González	27.10.2003		(3)	1
Gonzalo Gabriel Ritacco (ARG)	21.05.1993	22	(5)	8
Jesús Daniel Valbuena Rojas	25.04.2005	2	(3)	
Forwards:				
Kevin Ademola Aladesanmi Sánchez (COL)	12.11.1998	7	(5)	1
Armando José Araque Peña	06.03.1989	1	(7)	
Bryan José Castillo Rosendo	14.05.2001	6	(11)	3
Jean Franco Castillo Castillo	04.10.2002	3	(21)	3
Yerson Ronaldo Chacón Ramírez	04.06.2003	22	(6)	5
Jesùs David Duarte Arias	20.12.2005		(9)	
Edder José Farías Martínez	12.04.1988	7	(1)	3
Deivid Tegues Hernández	05.02.2004		(1)	
Anthony Chelin Uribe Francia	24.10.1990	24	(6)	8

ESTUDIANTES DE MÉRIDA FÚTBOL CLUB

Foundation date: April 14, 1971
Address: Avenida Urdaneta con calle 51, N° 3-14, Edificio Confirmerca, PB. Mérida, Estado Mérida
Stadium: Estadio Olímpico Metropolitano de Mérida, Mérida (42,500)

Trainer:	José Alí Cañas Navas	19.06.1960
[02.06.2023]	Franklin José Lucena Peña	20.02.1981

THE SQUAD

	DOB	M	(s)	G
Goalkeepers:				
Beycker Eduardo Velásquez Ortega	06.10.1996	28		
Defenders:				
Jorge Luis Aguilar Miranda (PAR)	04.02.1993	8		
Sebastián Alejandro Dávila Balza	20.06.2000	1	(1)	
José Alexis Doldán Aquino (PAR)	27.02.1997	21		1
Marcel Daniel Guaramato García	02.11.1993	24	(1)	2
Omar Alberto Labrador Gutiérrez	18.02.1992	16		
Javier Alejandro Márquez Torres	14.02.2004	6	(1)	
Devinson Rafael Martínez Daboin	06.02.2001	10		
Anthony Gabriel Matos Rivero	06.10.1995	11	(5)	
Juan Carlos Medina Pérez	14.08.1991	3	(1)	
Edison José Penilla Herrera	06.01.1996	11	(4)	
Aarón David Rodríguez Pérez	28.02.2004	12	(6)	
Midfielders:				
José Antonio Ardila Saavedra	09.07.2005		(4)	
Rafael José Castrillo Belisario	29.10.1998	3	(9)	
Germán Eduardo Contreras Puentes	25.08.2000	1	(2)	
Cristian Leonardo Flores Calderón	03.04.1988	11	(9)	
Guilmer Ángel Giro Mendoza	23.01.2003		(3)	
Jesús Javier Gómez Mercado	06.08.1984	19	(4)	2
Jhonder José Gómez Bueno	24.04.2002	1	(1)	
Diego Alessandro Guillén Alarcón	04.03.2001	2		
Ander Izarra	17.08.2006	3	(4)	1
Jesús Manuel Lobo Meza	10.04.2002		(1)	
Antony José Medrano Fuentes (COL)	13.04.2002	1	(1)	
Jorge Alberto Páez Santamaria	19.08.1995	20	(5)	7
Alkelvis Parra			(1)	
Wilken Samir Ramírez Holguín	28.05.2002	11	(7)	
Cristian Yonaiker Rivas Vielma	20.01.1997	2		
Sebastián Augusto Uzcátegui Jaen	23.07.2001		(2)	
David Alejandro Zalzman Guevara	04.03.1996	7	(6)	
Forwards:				
Luis Alejandro Arenas Martínez	26.01.1999	11	(5)	3
Néstor Eduardo Canelón Gil	19.08.1991	18	(7)	3
Santiago Manuel de Sousa Tovar	26.03.2002	1	(1)	
Isidoro Joamir Hinestroza Hernández (PAN)	11.09.1997	1	(3)	
Gregory Alexander Materán Terán	15.04.1998		(12)	
Ayrton Andrés Páez Yepez	16.01.1995	1	(5)	
Junior José Paredes Jaspe	01.01.2001	11	(4)	5
Wilfredo Daniel Peña Peña	03.05.2001	11	(8)	4
Ervin Vladimir Zorrilla Pérez (PAN)	14.05.1996	22	(4)	9

CLUB DEPORTIVO HERMANOS COLMENÁREZ BARINAS

Foundation date: February 19, 2016
Address: *Not known*
Stadium: Estadio Olímpico "Agustín Tovar", Barinas (24,396)

Trainer:		
	Horacio Ignacio Matuszyczk (ARG)	29.11.1961
[29.03.2023]	Leonel Gerardo Vielma Peña	30.08.1978

THE SQUAD				
	DOB	M	(s)	G
Goalkeepers:				
Luis Eduardo Curiel Riera	28.06.1990	7		
Luis Alberto Terán Guzmán	14.08.1993	21		
Defenders:				
Yolfran Antonio Caricote Quintero	28.03.1999	24	(2)	2
Carlos Enrique Castro Abreu	04.12.1986	10	(1)	
Juan Carlos Deusa Cuero	31.10.1992	11		
Yanniel Alberto Hernández D'Elías	10.07.1997	4	(3)	
José Gregorio Manzanilla Azuaje	16.06.1994	13	(3)	
Junior Alberto Moreno Paredes	03.03.2000	5	(5)	
Johan José Osorio Paredes	02.09.1990	16	(5)	
Jesús Alberto Rangel Parra	02.07.2004		(4)	
Ronaldo David Rivas Vielma	31.10.1999	9		1
Dollbys Asdrubal Rodríguez Durán	01.03.1984	5	(7)	
Francisco Antonio Uviedo Vilera	26.02.1996	2	(4)	
Duván Felipe Viáfara Mina	20.08.1998	7		1
Jesús Natividad Yendis Gómez	18.03.1998	25	(1)	4
Midfielders:				
Jesús Leonardo Alvarado García	12.02.2002	2	(5)	
Luis Rafael Barco Cueva	06.08.2001		(2)	
Daniel David Bolívar Alvarado	15.02.2003	10	(13)	
Gabriel José Colmenárez Rodríguez	17.05.2002	14	(5)	
Kevin Raphael Díaz	21.01.2002	4	(7)	
Alexander González Moreno (PAN)	14.12.1994	7		
Eliézer José Meléndez Rodríguez	09.06.2001		(2)	
Ángel Gabriel Orelién González (PAN)	02.04.2001	5	(1)	
Jairo Antonio Pérez Solís	29.08.1991	3	(10)	
Miguel Andrés Pernía Izaga	20.10.2003	19	(6)	1
Maicol José Ruiz Uzcátegui	03.07.2003	15	(8)	
Ángel Ernesto Urdaneta Buenaño	01.06.1990	6	(4)	
Forwards:				
Maicol Balanta Peña (COL)	02.01.1990	6	(1)	2
Felipe Caballero Mosquera (COL)	08.03.2001	1	(4)	
Jefferson Collazos Viveros (COL)	01.12.1990	3	(4)	
Franklin Eduardo González Hernández	30.04.1998	26	(2)	9
César Andrés Magallán Estaba	21.10.1997	9	(3)	1
Edgardo Antonio Michelangelli Piñate	30.01.2003	1	(4)	
Yeison Andrés Palacios Mena (COL)	05.12.1996	12	(6)	4
Diego Armando Rodríguez Barcos	12.09.2006	4		
Diego Fernando Rodríguez Angulo	28.12.2000	2	(5)	

METROPOLITANOS DE CARACAS FÚTBOL CLUB

Foundation date: August 3, 2011
Address: *Not known*
Stadium: Estadio Olímpico de la Universidad Central de Venezuela, Caracas (23,940)

Trainer: José Maria Morr   12.04.1981

THE SQUAD

	DOB	M	(s)	G
Goalkeepers:				
Tito Daniel Rojas Rojas	11.10.1987	3		
Giancarlo Schiavone Modica	02.11.1993	25		
Defenders:				
Leminger Alcides Bolívar Echarry	18.02.1990	5		
Néstor José Gabriel Cova Meneses	02.05.1995	16	(2)	1
Carlos Manuel Díaz Ferrer	10.03.2001	3	(2)	
Andrés Felipe Ferro Peña	02.08.2001	11		1
Jean Franco Fuentes Velazco	07.02.1997	9		
Juan Ernesto Mancín Salami	31.01.2000	3	(10)	1
José Luis Moreno Peña (COL)	22.10.1996	10	(1)	
Steven Jesús Pabón Delgado	25.07.2001	14	(3)	2
Leonardo José Pérez Córdova	29.06.2003	3	(2)	
Rennier Alexander Rodríguez González	25.03.1984	1		
Jefre José Vargas Belisario	12.01.1995	19	(3)	
Midfielders:				
Walter Ramón Araújo Molinas (PAR)	05.09.1995	9	(5)	
Rolando Vicente Botello Garibaldo (PAN)	20.11.1991	7	(2)	
Christian Alexander Camarillo Adames	24.10.2002	8	(3)	
Carlos Eduardo Cermeño Uzcategui	09.08.1995	19	(4)	3
Robinson Daniel Flores Barrios	14.04.1998	11	(2)	2
Javier Giménez	17.08.2005		(1)	
Carlos Jair Gruezo Chamorro (ECU)	14.03.2000	4		
Christian Adán Larotonda Adán	26.05.1999	16	(4)	
Edwin David Laszo Ramos (COL)	02.03.1999	10	(2)	1
Ángelo Yonnier Lucena Soteldo	26.01.2003	8	(8)	3
Jheanfranco Alexander Ochoa Pérez	13.01.2005		(1)	
Carlos Ignacio Ramos Rodríguez	26.05.1999	1	(3)	
Alexis José Rodríguez Alvarado	27.02.2007		(1)	
Giovanny José Sequera Sequera	14.02.2006	1	(3)	
Ely Antonio Valderrey Medino	29.04.1986	6	(9)	
Forwards:				
Luis José Annese Aragúren	12.01.1993	2	(9)	1
Irwin Rafael Antón Barroso	10.01.1988	2	(6)	
Maicol Balanta Peña (COL)	02.01.1990	2	(6)	
Francisco Vidal Bareiro Muñoz (PAR)	21.11.1999	10	(13)	4
Marco Antonio Bustillo Benítez	01.08.1996	5	(5)	1
Diego Andrés Castillo Renteria (COL)	30.09.1999	3	(6)	1
Darwin de Jesús Gómez Rivas	24.10.1991	7	(3)	1
Jhon Lorens Marchán Cordero	02.09.1998	10	(7)	1
Jayson Alfredo Martínez Vásquez	12.07.2001	7	(5)	2
Charlis José Ortíz García	21.07.1986	23	(2)	8
Darwin David Pérez Cañizales	12.09.2006		(1)	
Freddy Enrique Vargas Piñero	01.04.1999	15	(3)	3

ASOCIACIÓN CIVIL CLUB DEPORTIVO
MINEROS DE GUAYANA PUERTO ORDAZ

Foundation date: November 20, 1981
Address: Urbanización Mendoza, Calle Jusepín, Puerto Ordaz, Estado Bolívar
Stadium: Centro Total de Entretenimiento Cachamay, Puerto Ordaz (41,600)

Trainer:	Antonio Franco López	28.08.1981
[14.04.2023]	Jesús Alonso Cabello	11.12.1982
[06.05.2023]	Jorge Luis Bernal (COL)	27.09.1952
[22.05.2023]	Jesús Alonso Cabello	11.12.1982
[24.06.2023]	Matías Mazmud (ARG)	24.11.1976
[26.07.2023]	Jesús Alonso Cabello	11.12.1982

THE SQUAD				
	DOB	M	(s)	G
Goalkeepers:				
Jesús Eduardo Lara Vivas	20.06.2006	1		
Denilson Antonio Ojeda Salazar	12.08.2001	12		
Fernando Vijande (ARG)	09.11.1993	15		
Defenders:				
Juberth Rafael Bermúdez Alonzo	23.06.2006		(4)	
Edwar Segundo Bracho Suárez	01.05.1987	8	(2)	
Jesús Daniel Chacón Martínez	08.06.2001	14	(7)	
René Gregorio Flores Navas	29.04.1991	8	(4)	
Danny Leonel Hernández Bucobo	18.07.2001	17	(2)	
Miller Stiwar Mosquera Cabrera (COL)	16.07.1992	6	(1)	
Maiker Alfonzo Rivas González	01.05.1999	12	(1)	
Rafael Guillermo Uzcátegui Golding	04.10.2004	20	(1)	1
José Pilar Velásquez Barreto	04.04.2001	5	(2)	
Andry Jesús Vera Cabrera	05.11.2003	24		
Midfielders:				
José António Baptista Rainieri (COL)	07.11.1997	1	(7)	
Jeferson Tony Caraballo Pinto	08.05.2002	9	(2)	2
Giovanny José Dolgetta Soto	18.05.1994	6		
Jesús Duven	26.04.2006		(1)	
Jorge Eliézer Echeverría Montilva	13.02.2000	8	(2)	2
Sebastián Alejandro Jaimes Méndez	14.01.2005		(1)	
Ángel Luis Lezama Montilla	22.04.2003	3	(5)	
Josué Mata	17.09.2006		(1)	
Francisco Mejias	23.01.2006		(1)	
Yeangel Emilio Montero Manzano	25.12.1998	8	(1)	2
Christian Morante		2	(1)	
Andrés Eduardo Muñoz Espinoza	28.06.2001		(3)	
Víctor Hugo Navas Barrera	18.05.2001	15	(12)	2
Gilberto Pildain	24.01.2005	2	(4)	1
Yanier José Antonio Rodríguez Tellechea	14.04.2004	8	(7)	
Emerson Eduardo Ruiz Rojas	01.03.2003	21	(1)	
Andrés Eduardo Saavedra Brito	20.03.2001	3	(5)	
John Henry Sánchez Valencia (COL)	15.05.1995	1	(6)	
Alberth Valenzuela	17.12.2005		(3)	
Anthony Vargas	26.09.2005		(1)	
Tomás Antonio Zamora Ascanio	02.06.2000	12	(2)	
Pedro José Zaragoza Cabrera	08.09.2002	9	(7)	

Forwards:				
Alexander De Jesús Acevedo Bello	05.05.2003	1	(4)	
Brayan Jesús Alcócer Narváez	17.08.2003	14		4
Johan José Arrieche	22.06.1991	2	(6)	
Richard José Blanco Delgado	21.01.1982	10	(1)	6
Yorlen José Cordero Díaz	05.02.2002	6	(9)	
Roibert Alexander Hernández Sánchez	18.04.2004	5	(7)	
Lisandro José Pérez Verenzuela	07.06.2000	20	(1)	5

MONAGAS SPORT CLUB MATURÍN
Foundation date: September 23, 1987
Address: Avenida Ugarte Pelayo, Centro, Maturín
Stadium: Estadio Monumental de Maturín, Maturín (51,796)

Trainer:	Jhonny Ferreira Camacho	05.12.1977
[10.07.2023]	Antonio Franco López	28.08.1981

THE SQUAD

	DOB	M	(s)	G
Goalkeepers:				
Orué Enrique Chacín Villegas	11.02.2003	2		
Yonatan Irrazábal Condines (URU)	12.02.1988	1		
Orlando Mosquera (PAN)	25.12.1994	17		
Jorge Alfredo Roa Ruíz	06.01.1998	8		
Defenders:				
Iván Alejandro Anderson Hernández (PAN)	24.11.1997	22	(1)	
Óscar Eduardo Cabezas Segura (COL)	22.12.1996	1	(1)	
José Gregorio Castellano Rivero	07.02.2005	1		
Hárold Oshkaly Cummings Segura (PAN)	01.03.1992	10	(1)	
Oscar Constantino González Rengifo	25.01.1992	19	(2)	
David Leandro Guevara Morales	01.08.2001	4	(2)	
Óscar Jesús Jiménez Pérez	11.09.2002	1		
Daniel Orlando Linárez Cordero	23.03.1992	10	(1)	1
Juan Alejandro Mota Cartaya	08.01.2002	5	(2)	
Yulwuis José De Jesus Pèrez Piamo	19.09.2005	1		
Grenddy Adrián Perozo Rincón	28.02.1986	3	(1)	
Rubén Alejandro Ramírez dos Ramos	18.10.1995	22	(2)	
Kleybert Rivero	20.08.2005		(1)	
Cristopher Jesús Rodríguez González	09.11.1997	23	(1)	3
Midfielders:				
Saúl José Gregorio Asibe Calil	08.06.2005	2	(3)	
Kleyder Del Jesús Barreto Díaz	16.03.2002		(1)	
Edgar Leonardo Carrión Dorta	07.07.2001	14	(9)	
Édson Daniel Castillo García	18.05.1994	9	(2)	3
Freyn Maclein Figueroa Roa	12.05.1998	1	(7)	1
Alejandro Andrés Goncalves Fernandes	23.02.2001	1	(4)	
Richard Josué Iriarte Hernández	07.08.2003	10	(9)	
Santiago Andrés Natera Maradey	22.09.2005	6	(6)	1
Aldo Emmanuel Quiñónez Ayala (PAR)	08.02.1991	11		
Cristian Yonaiker Rivas Vielma	20.01.1997	9	(1)	
Andrés Josué Romero Tocuyo	07.03.2003	15	(4)	1
Luis Armando Ruíz Carmona	03.08.1997	1	(4)	
Forwards:				
Abdiel Arroyo Molinar (PAN)	13.12.1993	13	(10)	1
Fernando Andrés Basante Barcelo	26.07.2003	15	(11)	4
Robin Osvaldo Betancourth Cué (GUA)	25.11.1991	11	(1)	1
Anthony Miguel Blondell Blondell	17.05.1994	1	(3)	
Santiago Herrera Yallonardo	27.11.1999	5	(8)	3
David Enmanuel Martínez Morales	07.02.2006	5	(3)	1
Edanyilber José Navas Alayón	14.01.2000	22	(4)	5
Humberto Segundo Osorio Botello (COL)	24.06.1988		(3)	
Alberson Alessandro Rodríguez Mora	17.01.2004		(3)	
Leandro Josué Rodríguez Santaella	11.06.2005	1	(14)	2
Ronald José Rodríguez Vizcaíno	05.04.2005	3	(5)	1
Edgardo Joao Silva Coronel	16.01.1997	3	(2)	

PORTUGUESA FÚTBOL CLUB ARAURE

Foundation date: March 2, 1987
Address: *Not known*
Stadium: Estadio "General José Antonio Páez", Araure (14,000)

Trainer:	Martín Eugenio Brignani (ARG)	10.05.1972
[01.03.2023]	Jesús Alejandro Ortíz Parra	03.09.1987

THE SQUAD

	DOB	M	(s)	G
Goalkeepers:				
Sergio José Fernández Bustamante	21.02.1999	1		
Yhonathan Alexander Yustiz Linárez	27.01.1992	33		
Defenders:				
Azmahar Anibal Ariano Navarro (PAN)	14.01.1991	6		
Joel Fernando Cáceres Álvarez	15.02.1993		(6)	
John Freins Chacón	16.08.1994	3	(1)	
Rodney Alexander Chirinos Torrealba	03.05.1996	20	(5)	
Yefferson Alexander Colmenárez Heredia	16.05.1998	8	(18)	2
Yeferson Alfredo Escudero Graterol	06.05.1998	5		
Manuel Alejandro Granados Asprilla	16.02.1989	16	(1)	
Anthony Eduardo Graterol Pérez	27.02.1995	27	(4)	1
Leandro Javier Lugarzo (ARG)	20.07.1990	23	(1)	2
Keivis Luis Páez Escalon	23.05.2001		(2)	
Henry Alcídes Pernía Almao	09.11.1990	21		
Midfielders:				
Gabriel Chiari de León (PAN)	07.06.1993	10	(7)	2
Luis Gerardo El Kuhffash	12.03.2003		(4)	
Adjin Livingstone Ebo (GHA)	12.04.1989	22	(8)	
Ronaldo Vidal Lucena Torrealba	27.02.1997	21	(10)	
Bernaldo Antonio Manzano Barón	07.06.1990	25	(1)	1
Johan Orlando Moreno Vivas	10.06.1991	14	(6)	3
Ridenson Josué Morillo Suárez	08.05.2001		(2)	
Cristian Ramírez Ramos	21.08.2003	3	(23)	
Darvis José Rodríguez	01.07.1994	18	(1)	1
Sergio Luis Sulbarán García	21.02.1998	11	(21)	4
Forwards:				
Richard José Blanco Delgado	21.01.1982	16	(1)	8
Yoel Alejandro Daboin Trivino	31.08.2004		(2)	
Ángel Arturo Osorio Meza	02.11.1990	4	(11)	1
José Alejandro Rivas Gamboa	13.09.1998	9	(11)	2
Rubén Emir Rojas Ordosgoitti	03.07.1992	34		7
Antonio Madreluis Romero Urquiola	16.01.1997	14	(2)	3
Guido Adalberto Rouse Luzando (PAN)	04.03.1996	10	(14)	1
Yorman Jesús Vásquez Rojas	23.02.2000		(1)	

DEPORTIVO RAYO ZULIANO MARACAIBO

Foundation date: January 16, 2005
Address: C.C Montielco, piso 12 oficina 1-2, Maracaibo
Stadium: Estadio Olímpico "José Encarnación 'Pachencho' Romero", Maracaibo (40,800)

Trainer:	Elvis Alfonso Martínez Dugarte	04.10.1970		

THE SQUAD				
	DOB	M	(s)	G
Goalkeepers:				
Luis Felipe Corredor Ramos	23.09.1997	5		
Daniel Eduardo Valdés Guerrero	09.04.1985	23		
Defenders:				
Albert Enrique Barboza Portillo	08.10.2000	5	(1)	
Frank Andrés Chávez Viloria	06.01.2005		(1)	
Pablo Esteban Espinoza Acosta (PAR)	21.06.1988	3	(2)	
Ángel Enrique Faría Mendoza	28.04.1983	19		
Jaider Daniel Julio Gastelbondo	27.11.2000	13	(2)	
Diego Enrique Meleán Berrueta	13.02.1993	9	(2)	
Agustín Nicolás Minnicelli (ARG)	17.02.2000	19		2
Jesús Ángel Paz Vásquez	13.05.2001	10		
Hermes Ramón Rodríguez Córdova	06.10.1999	22	(2)	
Midfielders:				
Andrusw Alberto Araujo Araque	05.06.2003	1	(4)	
Juan Manuel Castilla Meléndez	25.08.1995	10	(2)	
Edwin Robert José Castro Briceño	13.07.1998	19	(6)	2
Óscar Efraín Flores Méndez	30.09.2002	5	(6)	
Frank Francisco Fuentes Vásquez	07.07.1994		(5)	
Jesús Manuel Gamarra Chourio	06.06.2002	2	(10)	
José Ignacio Hurtado Rodríguez (COL)	20.09.1999	1	(1)	
Jeanpier Martínez Fuenmayor	30.06.2001		(1)	
Johao Alberto Martínez Villegas	20.04.1999	5	(4)	
Jhon Mejía	02.12.2001	7	(7)	1
Jesús Manuel Meza Moreno	06.01.1986	18	(2)	1
Kenin Ulises Montiel Urueta	02.05.1997	15	(3)	
Jeison Enrique Pirela Pérez	02.12.1990	7	(5)	1
Heiderber Antonio Ramírez Carruyo	25.08.2002	13	(4)	4
Saimon José Ramírez Marín	13.01.2002	19	(8)	3
Jhan Vélez	18.01.2006		(2)	
Ernesto Emanuel Walker Willis (PAN)	09.02.1999	8	(6)	1
Forwards:				
Jesús Blois	04.07.2003		(1)	
Junior Alexander Colina Bracho	09.12.2006	5	(6)	2
Cristian Gregory Maldonado Chourio	10.12.2005		(1)	
Gilmar Martínez	07.10.2006	3	(3)	1
José Luis Ochoa Machado	13.09.1998	16	(6)	5
Luis Enríque Paz Fernández	06.01.1995	2	(9)	3
Lewuis Nerban Peña Díaz	07.04.2004	7	(8)	3
César Alfonso Salazar Nava	06.02.1999	5	(6)	1
César Rodrigo Villagra Olmedo (PAR)	27.12.1988	12	(5)	1

UNIVERSIDAD CENTRAL DE VENEZUELA FÚTBOL CLUB CARACAS
Foundation date: January 6, 1950
Address: *Not known*
Stadium: Estadio Olímpico de la Universidad Central de Venezuela, Caracas (23,940)

Trainer:		
	Edson José Rodríguez Quilarque	24.07.1970
[21.04.2023]	Luis De Oliveira Carrillo	24.09.1983
[04.05.2023]	Daniel Ignacio Sasso Pacheco	12.11.1982

THE SQUAD

	DOB	M	(s)	G
Goalkeepers:				
Carlos Alfredo González Graterol	31.07.1999	10		
Juan Carlos Reyes Alberti	09.01.1995	18		
Defenders:				
José Darío Ascanio Pestana	07.10.1994	13	(3)	
Jhonny Alberto González Benavente	15.09.1995	22	(1)	1
José Daniel Graterol Hernández	10.08.1992	18	(1)	
Juan Pablo Lepervanche Rivero	22.08.2001	3	(4)	
Héctor Emilio Noguera Sánchez	01.02.1987	20	(2)	1
Williams Daniel Velásquez Reyes	04.04.1997	6	(1)	
Rosmel Gabriel Villanueva Parra	16.08.1992	14	(4)	1
Gonzalo Tomás Villarreal (ARG)	18.03.1998	4		
Midfielders:				
Kevin Mateo Cardona Bedoya (COL)	11.02.1996	3	(2)	
Julián Gabriel Cardozo (ARG)	02.01.1991	1	(2)	
Joantony Xavier Carmona Sarache	27.05.2001	1	(4)	
Alessandro Giraldi Álvarez	04.11.2004		(1)	
Kevin José González Almeda	21.08.1998	17	(8)	2
Frangel Rafael Huice Altera	01.09.2006	1	(1)	
Joel Antonio Infante Salas	15.02.1993	12		6
Anyer Jesús Maldonado Arteaga	18.01.2000	6	(9)	1
Luis Ángel Martell Castillo	07.10.1994	17	(2)	4
Gianmarco Martínez	24.02.2007		(3)	
Bryan Matamorros	18.06.2005		(1)	
Enmanuel Smith Meléndez Pérez	02.11.2006		(1)	
Kendry Alejandro Mendoza Guzmán	27.08.2003	22	(4)	1
Jhoan Manuel Montoya Vázquez	08.02.1999	2	(1)	
Ronald José Peña Ayala	27.01.2001	9	(4)	1
José Gregorio Pinto Mariani	14.01.1997	9	(7)	1
Joynner Walker Rivera Vivas	06.03.1993	12	(9)	1
Alberto Rodríguez De Afonseca	20.01.2005		(1)	
Luis Armando Ruíz Carmona	03.08.1997	7	(3)	
Forwards:				
Jhon Jairo Alvarado Maxwell (PAN)	07.11.2001	9	(2)	1
Luis Hernando Blanco Brito	07.08.1994	12	(11)	2
Dhylan Andrés Castillo Berrío	15.02.2003		(1)	
Carlos Daniel Castro Hoyos (COL)	08.01.1999	3	(1)	
Daniel Andrés De Sousa Badillo	13.02.2004	5	(10)	2
Gabriel David Estasio Alcedo	06.01.2005		(2)	
Aquiles David Ocanto Querales	18.11.1988	19	(2)	2
Ronaldo Luis Peña Vargas	10.03.1997	5	(5)	
Jean Carlos Polo Molina	18.07.2005	1	(6)	
Kevin Stiven Rodríguez (COL)	08.10.1998	1	(5)	
Christian Robert Santos Kwasniewski	24.03.1988	6	(2)	

ZAMORA FÚTBOL CLUB BARINAS

Foundation date: February 2, 1977
Address: Barinas 5201, Estado Barinas
Stadium: Estadio Olímpico „Agustín Tovar", Barinas (24,396)

Trainer:		
	Francesco Stifano Garzone	19.07.1979
[21.07.2023]	Alí Alvarado	13.06.1991
[01.08.2023]	Enrique Ricardo Maggiolo Díaz	16.09.1974

THE SQUAD

	DOB	M	(s)	G
Goalkeepers:				
Jean Pierre Ambuila González	18.03.1995	1		
Yáñez Alexis Angulo Vallejo	21.02.1984	15		
Jorge Abraham Graterol Nader	15.02.2000	8		
Moises Rivas	20.05.2004	1		
Carlos Alberto Salazar Lugo	20.08.1980	3		
Defenders:				
Nicolás Agustin Aguirre (ARG)	12.04.1991	2		
Giovanny José Dolgetta Soto	18.05.1994	5	(1)	
Yorjan Escalona	13.04.2004	3	(1)	
Mauro Daniel Fernández Sayas (URU)	11.08.1997	3	(5)	
Albert José González Zamora	20.09.1996	11	(1)	
Yohan González	28.04.2005		(3)	1
José Ismael Páez Pulido	04.05.1992	6		
Isaac Alexander Ramírez Mendoza	18.07.2001	19		
Luis Alejandro Rangel Molina	29.09.2001	5	(4)	
Lucas Federico Trejo (ARG)	29.12.1987	18		1
César José Urpín Díaz	14.08.1994	13	(1)	
José Pilar Velásquez Barreto	04.04.2001	1		
Alejandro Alonso Yearwood Francis (PAN)	29.04.1996	7		
Midfielders:				
José Alejandro Cadenas Martínez	02.02.2003	7	(9)	
Robert Alexander Garcés Sánchez	05.04.1993	26	(1)	4
Andrés Alejandro Hernández Hernández	21.04.1993	3	(2)	
José Moreno	09.07.2004		(2)	
Cleiderman Yonathan Osorio Paredes	28.02.1997	18	(2)	
Fabrizio Ezequiel Palma (ARG)	07.05.1993	9	(1)	1
Luis Ángel Casimiro Peña Martínez	07.03.2002	11	(2)	
Adrián Pinzón	07.07.2005		(1)	
Maikol Julián Quintero Mora	04.11.1999	2	(5)	
Carlos Ignacio Ramos Rodríguez	26.05.1999	6	(1)	
Yuxer McAllyster Requena Venales	21.05.1994	11	(8)	2
Simon David Rodríguez	05.06.2005	2		
Argel Sánchez	21.01.2004	5	(1)	
Santos Torrealba	02.05.2007		(1)	
Luis Humberto Vargas Archila	08.01.1988	13	(8)	1
Forwards:				
Jorman Israel Aguilar Bustamante (PAN)	11.09.1994	5	(3)	
Andrés Alexis Castillo Angulo	29.03.2001	2	(5)	1
Miguel Antonio Celis Napolitano	09.09.1995	3	(6)	1
Héber Daniel García Torrealba	27.03.1997	3	(9)	
César Andrés Magallán Estaba	21.10.1997	5	(3)	

Mauricio Isaac Márquez Centeno		20.03.2001	15	(3)	3
César Enrique Martínez Quintero		30.09.1991	4	(16)	3
Darluis Andrés Paz Ferrer		26.03.2002	1	(6)	
Gastón Poncet Otero (URU)		31.07.1991	10	(2)	6
Jeizon Jesús Ramírez Chacón		24.03.2001	4	(5)	
Yanowsky Yohan Reyes Jiménez		15.05.1995	13	(8)	4
Luis Teran		18.04.2003		(1)	
Gabriel Arturo Torres Tejada (PAN)		31.10.1988	9		2

SECOND LEVEL
Segunda División de Venezuela 2023

Torneo Apertura

Top-4 of of each group were qualified for the Apertura Play-offs (Fase eliminatoria).

Grupo Occidental

1.	Ureña Sport Club	14	7	4	3	29	-	15	25
2.	Héroes de Falcón FC Coro	14	5	7	2	19	-	12	22
3.	Real Frontera SC San Antonio de Táchira	14	6	3	5	23	-	19	21
4.	Trujillanos FC Valera	14	4	7	3	11	-	10	19
5.	Titanes FC Maracaibo	14	5	4	5	12	-	16	19
6.	Yaracuyanos FC San Felipe*	14	6	5	3	21	-	19	17
7.	Academia Rey Barquisimeto	14	3	2	9	12	-	29	11
8.	Atlético El Vigía FC	14	2	4	8	12	-	19	10

*6 points deducted.

Grupo Centro-Oriental

1.	Bolívar SC Ciudad Bolívar	14	6	5	3	14	-	9	23
2.	CS Marítimo de Venezuela La Guaira	14	5	7	2	12	-	8	22
3.	Nueva Esparta FC Pampatar	14	6	3	5	17	-	10	21
4.	Deportivo Miranda FC Caracas	14	6	3	5	10	-	12	21
5.	Academia Anzoátegui FC Puerto La Cruz	14	6	2	6	17	-	17	20
6.	AIFI FC Ciudad Guayana	14	5	4	5	11	-	13	19
7.	Atlético La Cruz Ciudad Bolívar	14	5	2	7	14	-	18	17
8.	Dynamo Puerto FC Puerto La Cruz	14	1	6	7	10	-	18	9

Fase Eliminatoria

Quarter-Finals [03/04 10/11.06.2023]

Nueva Esparta FC Pampatar - Héroes de Falcón FC Coro	3-3(2-1)	1-3(0-2)
Deportivo Miranda FC Caracas - Ureña Sport Club	0-1(0-0)	2-5(0-2)
Real Frontera SC San Antonio de Táchira - CS Marítimo La Guaira	1-2(1-0)	1-2(0-1)
Trujillanos FC Valera - Bolívar SC Ciudad Bolívar	1-0(1-0)	0-2(0-1)

Semi-Finals [17/18-24/25.06.2023]

Bolívar SC Ciudad Bolívar - CS Marítimo de Venezuela La Guaira	1-0(1-0)	1-1(0-0)
Héroes de Falcón FC Coro - Ureña Sport Club	1-1(0-1)	1-2(1-2)

Final [01-09.07.2023]

Bolívar SC Ciudad Bolívar - **Ureña Sport Club**	2-0(0-0)	0-3(0-1)

Torneo Clausura

Top-4 of of each group were qualified for the Clausura Play-offs (Fase eliminatoria).

Grupo Occidental

1.	Ureña Sport Club	14	8	4	2	21 - 7	28
2.	Yaracuyanos FC San Felipe	14	6	5	3	17 - 10	23
3.	Titanes FC Maracaibo	14	7	2	5	18 - 15	23
4.	Atlético El Vigía FC	14	5	7	2	18 - 12	22
5.	Héroes de Falcón FC Coro	14	6	3	5	20 - 17	21
6.	Trujillanos FC Valera	14	4	6	4	14 - 14	18
7.	Real Frontera SC San Antonio de Táchira	14	4	3	7	16 - 25	15
8.	Academia Rey Barquisimeto	14	0	2	12	12 - 36	2

Grupo Centro-Oriental

1.	CS Marítimo de Venezuela La Guaira	14	7	4	3	23 - 16	25
2.	Dynamo Puerto FC Puerto La Cruz	14	6	4	4	21 - 18	22
3.	Bolívar SC Ciudad Bolívar	14	5	6	3	19 - 12	21
4.	AIFI FC Ciudad Guayana	14	5	5	4	14 - 13	20
5.	Academia Anzoátegui FC Puerto La Cruz	14	4	7	3	14 - 11	19
6.	Deportivo Miranda FC Caracas	14	3	4	7	15 - 17	13
7.	Nueva Esparta FC Pampatar	14	1	10	3	9 - 13	13
8.	Atlético La Cruz Ciudad Bolívar	14	3	4	7	12 - 25	13

Fase Eliminatoria

Quarter-Finals [07/08-14/15.10.2023]

Titanes FC Maracaibo - Dynamo Puerto FC Puerto La Cruz	2-2(1-0)	2-2 aet; 2-4 pen
Bolívar SC Ciudad Bolívar - Yaracuyanos FC San Felipe	2-1(1-0)	2-0(1-0)
AIFI FC Ciudad Guayana - Ureña Sport Club	0-1(0-0)	1-2(1-1)
Atlético El Vigía FC - CS Marítimo de Venezuela La Guaira	0-0	0-1(0-0)

Semi-Finals [22/23-29.10.2023]

Bolívar SC Ciudad Bolívar - Ureña Sport Club	2-0(2-0)	0-2 aet; 2-0 pen
CS Marítimo La Guaira - Dynamo Puerto FC Puerto La Cruz	0-0	1-1 aet; 5-4 pen

Final [05-11.11.2023]

Bolívar SC Ciudad Bolívar - CS Marítimo de Venezuela La Guaira	3-1(2-0)	0-0

Final absoluta [22-29.11.2023] (Promotion Play-offs)

(*between winners of Torneo Apertura and Torneo Clausura*).

Ureña Sport Club - Bolívar SC Ciudad Bolívar	3-0(1-0)
Bolívar SC Ciudad Bolívar - Ureña Sport Club	2-1(0-0)

2023 Segunda División de Venezuela champions: **Ureña Sport Club**
(promoted to the 2024 Primera División)

THE NATIONAL TEAM 2023

INTERNATIONAL MATCHES (16.07.2023 – 31.12.2023)

07.09.2023	Barranquilla	Colombia - Venezuela	1-0(0-0)	(WCQ)
12.09.2023	Maturín	Venezuela - Paraguay	1-0(0-0)	(WCQ)
12.10.2023	Cuiabá	Brazil - Venezuela	1-1(0-0)	(WCQ)
17.10.2023	Maturín	Venezuela - Chile	3-0(1-0)	(WCQ)
16.11.2023	Maturín	Venezuela - Ecuador	0-0	(WCQ)
21.11.2023	Lima	Peru - Venezuela	1-1(1-0)	(WCQ)

07.09.2023, 23rd FIFA World Cup Qualifiers
Estadio Metropolitano "Roberto Meléndez", Barranquilla; Attendance: 43,084
Referee: Anderson Daronco (Brazil)
COLOMBIA - VENEZUELA   **1-0(0-0)**
VEN: Rafael Enrique Romo Pérez (15/0), Alexander David González Sibulo (61/2), Wilker José Ángel Romero (31/1), Yordan Hernando Osorio Paredes (23/0), Luis Enrique Del Pino Mago (19/2) [78.Roberto José Rosales Altuve (95/1)], Tomás Eduardo Rincón Hernández (Cap) (127/1), José Andrés Martínez Torres (24/0), Yangel Clemente Herrera Ravelo (28/3) [59.Josef Alexander Martínez Mencia (64/14)], Jefferson David Savarino Quintero (33/2) [59.Yeferson Julio Soteldo Martínez (34/3)], Darwin Daniel Machís Marcano (39/9) [82.Rómulo Otero Vásquez (49/6)], José Salomón Rondón Giménez (97/39) [78.Alejandro José Marqués Méndez (3/0)]. Trainer: Fernando Ariel Batista (Argentina, 5).

12.09.2023, 23rd FIFA World Cup Qualifiers
Estadio Monumental, Maturín; Attendance: 48,523
Referee: Andrés José Rojas Noguera (Colombia)
VENEZUELA - PARAGUAY   **1-0(0-0)**
VEN: Rafael Enrique Romo Pérez (16/0), Alexander David González Sibulo (62/2), Wilker José Ángel Romero (32/1), Yordan Hernando Osorio Paredes (24/0), Miguel Ángel Navarro Zárate (6/0) [90+6.Jhon Carlos Chancellor Cedeño (37/3)], José Andrés Martínez Torres (25/0) [67.Cristian Sleiker Cásseres Yepes Jr. (22/0)], Yangel Clemente Herrera Ravelo (29/3), Samuel Alejandro Sosa Cordero (3/0) [67.Jefferson David Savarino Quintero (34/2)], Yeferson Julio Soteldo Martínez (35/3) [90+6.Christian Frederick Bayoi Makoun Reyes (7/0)], Josef Alexander Martínez Mencia (65/14) [54.Sergio Duvan Córdova Lezama (17/0)], José Salomón Rondón Giménez (Cap) (98/40). Trainer: Fernando Ariel Batista (Argentina, 6).
Goal: José Salomón Rondón Giménez (90+3 penalty).

12.10.2023, 23rd FIFA World Cup Qualifiers
Arena Pantanal, Cuiabá; Attendance: 39,018
Referee: Kevin Ortega Pimentel (Peru)
BRAZIL - VENEZUELA   **1-1(0-0)**
VEN: Rafael Enrique Romo Pérez (17/0), Alexander David González Sibulo (63/2), Wilker José Ángel Romero (33/1), Yordan Hernando Osorio Paredes (25/0), Christian Frederick Bayoi Makoun Reyes (8/0), Yangel Clemente Herrera Ravelo (30/3) [46.Cristian Sleiker Cásseres Yepes Jr. (23/0)], Tomás Eduardo Rincón Hernández (Cap) (128/1) [67.Júnior Leonardo Moreno Borrero (38/1)], Darwin Daniel Machís Marcano (40/9) [58.Yeferson Julio Soteldo Martínez (36/3)], Samuel Alejandro Sosa Cordero (4/0) [79.Eduard Alexander Bello Gil (13/2)], Sergio Duvan Córdova Lezama (18/0) [46.Jefferson David Savarino Quintero (35/2)], José Salomón Rondón Giménez (99/40). Trainer: Fernando Ariel Batista (Argentina, 7).
Goal: Eduard Alexander Bello Gil (85).

17.10.2023, 23rd FIFA World Cup Qualifiers
Estadio Monumental, Maturín; Attendance: 50,932
Referee: Flavio Rodrigues de Souza (Brazil)
VENEZUELA - CHILE **3-0(1-0)**
VEN: Rafael Enrique Romo Pérez (18/0), Alexander David González Sibulo (64/2), Wilker José Ángel Romero (34/1), Yordan Hernando Osorio Paredes (26/0), Miguel Ángel Navarro Zárate (7/0), José Andrés Martínez Torres (26/0) [65.Júnior Leonardo Moreno Borrero (39/1)], Yangel Clemente Herrera Ravelo (31/3) [57.Tomás Eduardo Rincón Hernández (129/1)], Yeferson Julio Soteldo Martínez (37/4), Eduard Alexander Bello Gil (14/2) [46.Cristian Sleiker Cásseres Yepes Jr. (24/0)], Samuel Alejandro Sosa Cordero (5/0) [57.Darwin Daniel Machís Marcano (41/10)], José Salomón Rondón Giménez (Cap) (**100**/41) [87.Josef Alexander Martínez Mencia (66/14)]. Trainer: Fernando Ariel Batista (Argentina, 8).
Goals: Yeferson Julio Soteldo Martínez (45+1), José Salomón Rondón Giménez (72), Darwin Daniel Machís Marcano (79).

16.11.2023, 23rd FIFA World Cup Qualifiers
Estadio Monumental, Maturín; Attendance: 51,083
Referee: Juan Gabriel Benítez (Paraguay)
VENEZUELA - ECUADOR **0-0**
VEN: Rafael Enrique Romo Pérez (19/0), Alexander David González Sibulo (65/2), Wilker José Ángel Romero (35/1), Christian Frederick Bayoi Makoun Reyes (9/0) [84.Nahuel Adolfo Ferraresi Hernández (23/1)], Miguel Ángel Navarro Zárate (8/0), José Andrés Martínez Torres (27/0) [84.Tomás Eduardo Rincón Hernández (130/1)], Cristian Sleiker Cásseres Yepes Jr. (25/0) [84.Edson Daniel Castillo García (7/1)], Yangel Clemente Herrera Ravelo (32/3) [58.Rómulo Otero Vásquez (50/6)], Samuel Alejandro Sosa Cordero (6/0) [71.Darwin Daniel Machís Marcano (42/10)], Yeferson Julio Soteldo Martínez (38/4), José Salomón Rondón Giménez (Cap) (101/41). Trainer: Fernando Ariel Batista (Argentina, 9).

21.11.2023, 23rd FIFA World Cup Qualifiers
Estadio Nacional, Lima; Attendance: 27,323
Referee: Darío Humberto Herrera (Argentina)
PERU - VENEZUELA **1-1(1-0)**
VEN: Rafael Enrique Romo Pérez (20/0), Alexander David González Sibulo (66/2), Wilker José Ángel Romero (36/1), Yordan Hernando Osorio Paredes (27/0), Miguel Ángel Navarro Zárate (9/0), Yangel Clemente Herrera Ravelo (33/3) [90+4.Samuel Alejandro Sosa Cordero (7/0)], Júnior Leonardo Moreno Borrero (40/1) [85.Edson Daniel Castillo García (8/1)], Yeferson Julio Soteldo Martínez (39/4), Darwin Daniel Machís Marcano (43/10), Jefferson David Savarino Quintero (36/3) [77.Cristian Sleiker Cásseres Yepes Jr. (26/0)], José Salomón Rondón Giménez (Cap) (102/41) [85.Eric Kleybel Ramírez Matheus (9/1)]. Trainer: Fernando Ariel Batista (Argentina, 10).
Goal: Jefferson David Savarino Quintero (54).

NATIONAL TEAM PLAYERS 2023			
Name	DOB	Caps	Goals
[Club 2023]			

(Caps and goals at 31.12.2023)

Goalkeepers

Rafael Enrique ROMO Pérez *[CD Universidad Católica Quito (ECU)]*	25.02.1990	20	0

Defenders

Wilker José ÁNGEL Romero *[SD Aucas Quito (ECU)]*	18.03.1993	36	1
Jhon Carlos CHANCELLOR Cedeño *[ID Necaxa Aguascalientes (MEX)]*	02.01.1992	37	3
Luis Enrique DEL PINO Mago *[CA Banfield (ARG)]*	15.09.1994	19	2
Nahuel Adolfo FERRARESI Hernández *[São Paulo FC (BRA)]*	19.11.1998	23	1
Alexander David GONZÁLEZ Sibulo *[Caracas FC]*	13.09.1992	66	2
Christian Frederick Bayoi MAKOUN Reyes *[New England Revolution Boston (USA)]*	05.03.2000	9	0
Miguel Ángel NAVARRO Zárate *[Chicago Fire FC (USA)]*	26.02.1999	9	0
Yordan Hernando OSORIO Paredes *[Parma Calcio 1913 (ITA)]*	10.05.1994	27	0
Roberto José ROSALES Altuve *[Sport Club do Recife (BRA)]*	20.11.1988	95	1

Midfielders

Name	DOB	Caps	Goals
Eduard Alexander BELLO Gil [Mazatlán FC (MEX)]	20.08.1995	14	2
Cristian Sleiker CÁSSERES Yepes Jr. [Toulouse FC (FRA)]	20.01.2000	26	0
Edson Daniel CASTILLO García [Kaizer Chiefs FC Johannesburg (RSA)]	18.05.1994	8	1
Yangel Clemente HERRERA Ravelo [Girona FC (ESP)]	07.01.1998	33	3
José Andrés MARTÍNEZ Torres [Philadelphia Union (USA)]	07.08.1994	27	0
Júnior Leonardo MORENO Borrero [FC Cincinnati (USA)]	20.07.1993	40	1
Rómulo OTERO Vásquez [SD Aucas Quito (ECU)]	09.11.1992	50	6
Tomás Eduardo RINCÓN Hernández [Santos FC (BRA)]	13.01.1988	130	1
Jefferson David SAVARINO Quintero [Real Salt Lake (USA)]	11.11.1996	36	3
Samuel Alejandro SOSA Cordero [CS Emelec Guayaquil (ECU)]	17.12.1999	7	0
Yeferson Julio SOTELDO Martínez [Santos FC (BRA)]	30.06.1997	39	4

Forwards

Name	DOB	Caps	Goals
Sergio Duvan CÓRDOVA Lezama [Vancouver Whitecaps FC (CAN); 15.09.2023-> Alanyaspor Kulübü (TUR)]	09.08.1997	18	0
Darwin Daniel MACHÍS Marcano [Cádiz CF (ESP)]	07.02.1993	43	10
Alejandro José MARQUÉS Méndez [GD Estoril Praia (POR)]	04.08.2000	3	0
Josef Alexander MARTÍNEZ Mencia [CIF Miami (USA)]	19.05.1993	66	14
Eric Kleybel RAMÍREZ Matheus [Atlético Nacional Medellín (COL)]	20.11.1998	9	1
José Salomón RONDÓN Giménez [CA River Plate Buenos Aires (ARG)]	16.09.1989	102	41

National coach

Name	DOB	Record
Fernando Ariel BATISTA (Argentina) [from 10.03.2023]	20.08.1970	10 M; 5 W; 4 D; 1 L; 11-5

SOUTH AMERICAN FOOTBALLER OF THE YEAR 2023

The „South American Footballer of the Year" award is given to the best South American football player currently active in South America or Mexico. It was created in 1971 and was awarded until 1992 by the Venezuelan newspaper „El Mundo", the awards between 1971 and 1985 counted as official. Since 1986, the official award is made by Uruguayan newspaper „El País", they choose each year the best South American Player: „Rey del Fútbol de América". The same newspaper choose since 1986 the „South American Coach of the Year" too.

The „2023 South American Footballer of the Year" award, was won for the first time by Argentinian striker Germán Ezequiel Cano Recaldo (Fluminense FC Rio de Janeiro / Brazil). The winner earned 167 votes. Uruguayan striker Luis Alberto Suárez Díaz (Grêmio Foot-Ball Porto Alegrense / Brazil) and Uruguayan midfielder Diego Nicolás de la Cruz Arcosa (CA River Plate Buenos Aires / Argentina) came in second and third in the voting with 40 and 8 votes, respectively.

The „2023 South American Coach of the Year" was awarded for the first time to Fernando Diniz Silva (Brazil), interim-trainer of the Brazilian national team and head coach of Fluminense FC Rio de Janeiro.

All „South American Player of the Year" winners since 1971

Year	Player	Club	Country
1971	Eduardo Gonçalves de Andrade „Tostão"	Cruzeiro EC Belo Horizonte	Brazil
1972	Teófilo Juan Cubillas Arizaga	Club Alianza Lima	Peru
1973	Edson Arantes do Nascimento „Pelé"	Santos FC	Brazil
1974	Elías Ricardo Figueroa Brander	SC Internacional Porto Alegre (BRA)	Chile
1975	Elías Ricardo Figueroa Brander	SC Internacional Porto Alegre (BRA)	Chile
1976	Elías Ricardo Figueroa Brander	SC Internacional Porto Alegre (BRA)	Chile
1977	Arthur Antunes Coimbra „Zico"	CR Flamengo Rio de Janeiro	Brazil
1978	Mario Alberto Kempes	CF Valencia (ESP)	Argentina
1979	Diego Armando Maradona	AA Argentinos Juniors	Argentina
1980	Diego Armando Maradona	AA Argentinos Juniors	Argentina
1981	Arthur Antunes Coimbra „Zico"	CR Flamengo Rio de Janeiro	Brazil
1982	Arthur Antunes Coimbra „Zico"	CR Flamengo Rio de Janeiro	Brazil
1983	Sócrates Brasileiro Sampaio de Souza Vieira de Oliveira	SC Corinthians Paulista São Paulo	Brazil
1984	Enzo Francescoli Uriarte	CA River Plate Buenos Aires (ARG)	Uruguay
1985	Julio César Romero	Fluminense FC Rio de Janeiro (BRA)	Paraguay
1986	Antonio Alzamendi Casas	CA River Plate Buenos Aires (ARG)	Uruguay
1987	Carlos Alberto Valderrama Palacio	Asociación Deportivo Cali	Colombia
1988	Ruben Wálter Paz Márquez	Racing Club de Avellaneda (ARG)	Uruguay
1989	José Roberto Gama de Oliveira „Bebeto"	CR Vasco da Gama Rio de Janeiro	Brazil

Year	Player	Club	Country
1990	Raúl Vicente Amarilla Vera	Club Olimpia Asunción	Paraguay
1991	Oscar Alfredo Ruggeri	CA Vélez Sarsfield	Argentina
1992	Raí Souza Vieira de Oliveira	São Paulo FC	Brazil
1993	Carlos Alberto Valderrama Palacio	CD Atlético Junior Barranquilla	Colombia
1994	Marcos Evangelista de Moraes „Cafu"	São Paulo FC	Brazil
1995	Enzo Francescoli Uriarte	CA River Plate Buenos Aires (ARG)	Uruguay
1996	José Luis Félix Chilavert González	CA Vélez Sarsfield (ARG)	Paraguay
1997	José Marcelo Salas Melinao	CA River Plate Buenos Aires (ARG)	Chile
1998	Martín Palermo	CA Boca Juniors Buenos Aires	Argentina
1999	Javier Pedro Saviola Fernández	CA River Plate Buenos Aires	Argentina
2000	Romário de Souza Faria	CR Vasco da Gama Rio de Janeiro	Brazil
2001	Juan Román Riquelme	CA Boca Juniors Buenos Aires	Argentina
2002	José Saturnino Cardozo Otazú	Deportivo Toluca FC (MEX)	Paraguay
2003	Carlos Alberto Tévez	CA Boca Juniors Buenos Aires	Argentina
2004	Carlos Alberto Tévez	CA Boca Juniors Buenos Aires	Argentina
2005	Carlos Alberto Tévez	SC Corinthians Paulista São Paulo (BRA)	Argentina
2006	Matías Ariel Fernández Fernández	CSD Colo-Colo Santiago	Chile
2007	Salvador Cabañas Ortega	Club América Ciudad de México (MEX)	Paraguay
2008	Juan Sebastián Verón	Club Estudiantes de La Plata	Argentina
2009	Juan Sebastián Verón	Club Estudiantes de La Plata	Argentina
2010	Andrés Nicolás D'Alessandro	SC Internacional Porto Alegre (BRA)	Argentina
2011	Neymar da Silva Santos Júnior	Santos FC	Brazil
2012	Neymar da Silva Santos Júnior	Santos FC	Brazil
2013	Ronaldo de Assis Moreira „Ronaldinho"	Clube Atlético Mineiro Belo Horizonte	Brazil
2014	Teófilo Antonio Gutiérrez Roncancio	CA River Plate Buenos Aires	Colombia
2015	Carlos Andrés Sánchez Arcosa	CA River Plate Buenos Aires	Uruguay
2016	Miguel Ángel Borja Hernández	SE Palmeiras São Paulo (BRA)	Colombia
2017	Luan Guilherme de Jesus Vieira	Grêmio Foot-Ball Porto Alegrense	Brazil
2018	Gonzalo Nicolás Martínez	CA River Plate Buenos Aires	Argentina
2019	Gabriel Barbosa Almeida	CR Flamengo Rio de Janeiro	Brazil
2020	Mário Sérgio Santos Costa "Marinho"	Santos FC	Brazil
2021	Julián Álvarez	CA River Plate Buenos Aires	Argentina
2022	Pedro Guilherme Abreu dos Santos	CR Flamengo Rio de Janeiro	Brazil
2023	**Germán Ezequiel Cano Recaldo**	Fluminense FC Rio de Janeiro (BRA)	Argentina

All „South American Coach of the Year" winners since 1986

Year	Coach	Club/National Team	Country
1986	Dr. Carlos Salvador Bilardo	Argentina	Argentina
1987	Dr. Carlos Salvador Bilardo	Argentina	Argentina
1988	Roberto Fleitas	Club Nacional de Football Montevideo	Uruguay
1989	Sebastião Barroso Lazaroni	Brazil	Brazil
1990	Luis Alberto Cubilla Almeida	Club Olimpia Asunción (PAR)	Uruguay
1991	Alfredo „Alfio"Rubén Basile	Argentina	Argentina
1992	Telê Santana da Silva	São Paulo FC	Brazil
1993	Francisco Maturana	Colombia	Colombia
1994	Carlos Arcecio Bianchi	CA Vélez Sarsfield	Argentina
1995	Héctor Núñez Bello	Uruguay	Uruguay
1996	Hernán Darío Gómez	Colombia	Colombia
1997	Daniel Alberto Passarella	Argentina	Argentina
1998	Carlos Arcecio Bianchi	CA Boca Juniors Buenos Aires	Argentina
1999	Luiz Felipe Scolari	SE Palmeiras São Paulo	Brazil
2000	Carlos Arcecio Bianchi	CA Boca Juniors Buenos Aires	Argentina
2001	Carlos Arcecio Bianchi	CA Boca Juniors Buenos Aires	Argentina
2002	Luiz Felipe Scolari	Brazil	Brazil
2003	Carlos Arcecio Bianchi	CA Boca Juniors Buenos Aires	Argentina
2004	Luis Fernando Montoya Soto	CD Once Caldas Manizales	Colombia
2005	Aníbal Ruiz	Paraguay	Uruguay
2006	Claudio Daniel Borghi	CSD Colo-Colo Santiago (CHI)	Argentina
2007	Gerardo Daniel Martino	Paraguay	Argentina
2008	Edgardo Bauza	LDU de Quito (ECU)	Argentina
2009	Marcelo Alberto Bielsa Caldera	Chile	Argentina
2010	Óscar Wáshington Tabárez Silva	Uruguay	Uruguay
2011	Óscar Wáshington Tabárez Silva	Uruguay	Uruguay
2012	José Néstor Pekerman	Colombia	Argentina
2013	José Néstor Pekerman	Colombia	Argentina
2014	José Néstor Pekerman	Colombia	Argentina
2015	Jorge Luis Sampaoli Moya	Chile	Argentina
2016	Reinaldo Rueda Rivera	Club Atlético Nacional Medellín	Colombia
2017	Adenor Leonardo Bacchi „Tite"	Brazil	Brazil
2018	Marcelo Daniel Gallardo	CA River Plate Buenos Aires	Argentina
2019	Marcelo Daniel Gallardo	CA River Plate Buenos Aires	Argentina
2020	Marcelo Daniel Gallardo	CA River Plate Buenos Aires	Argentina
2021	Abel Fernando Moreira Ferreira	SE Palmeiras São Paulo (BRA)	Portugal
2022	Lionel Scaloni	Argentina	Argentina
2023	**Fernando Diniz Silva**	Brazil & Fluminense FC Rio de Janeiro	Brazil